心理压力（应激）系统模型

SYSTEM-BASED MODEL OF STRESS

医学心理学和心身医学文集

姜乾金◎编著

科学技术文献出版社
SCIENTIFIC AND TECHNICAL DOCUMENTATION PRESS
·北京·

图书在版编目（CIP）数据

心理压力(应激)系统模型：医学心理学和心身医学文集 = SYSTEM－BASED MODEL OF STRESS / 姜乾金编著. 北京：科学技术文献出版社, 2024. 9. -- ISBN 978-7-5235-1789-5

Ⅰ. C912. 62－53

中国国家版本馆 CIP 数据核字第 2024RY3882 号

心理压力（应激）系统模型——医学心理学和心身医学文集

策划编辑：杨　杨　　责任编辑：张瑶瑶　　责任校对：张　微　　责任出版：张志平

出　版　者　科学技术文献出版社
地　　　址　北京市复兴路15号　邮编　100038
编　务　部　(010) 58882938，58882087（传真）
发　行　部　(010) 58882868，58882870（传真）
邮　购　部　(010) 58882873
官 方 网 址　www.stdp.com.cn
发　行　者　科学技术文献出版社发行　全国各地新华书店经销
印　刷　者　北京厚诚则铭印刷科技有限公司
版　　　次　2024 年 9 月第 1 版　2024 年 9 月第 1 次印刷
开　　　本　889 × 1194　1/16
字　　　数　1160千
印　　　张　48
书　　　号　ISBN 978-7-5235-1789-5
定　　　价　188.00元

前 言

10 多年前，出版了专著《压力（应激）系统模型·解读婚姻》（浙江大学出版社，2011 年）和《医学心理学：理论，方法与临床》（人民卫生出版社，2012 年），合作主编了《临床心理问题指南》（人民卫生出版社，2011 年）。当时有友人问还写么，作者答 10 年后吧。因为当时还想在余下的时间里，将压力（应激）方面尚未完结的某些设想付诸实施，然后有机会再考虑。

几年的疫情，在不便走动的空当，作者完成了这册文集的收集和初稿的编撰。

作者前 20 年侧重于医学心理学学科和课程建设，属于“综合”的事情，以 2006 年获评国家级精品课程小结，后 20 年则延续于另一个“综合”的事情，那就是 40 年来对压力（应激）理论和应用的思考，这个文集算作结果。

以下几个问题需要做交代。

【关于本文集的目标和读者群】

编辑这个文集，目的是将长期累积的某些资料保存到图书馆，对 40 年来先后支持、协作和相伴的同事、朋友、老师、学生、各路合作同仁及家人也有个交代，然后是希望对某些现实中的朋友们有所帮助。

作者是医学心理学教授、心身医学主任医师，显得有点特殊，但职业显然是教师和医生，主要职责自然是帮助人们解决疾病或与健康相关的某些具体问题，特别是各种复杂的问题。

因此，作者希望本文集的读者，是那些因为心身疾病、心身问题，因为生活压力、职场困顿、家庭矛盾、婚姻不幸，因为灾难危机、临场紧张、“失独”适应等问题，特别是因为各种复杂的综合问题自己难以解决，最终陷入困难的朋友们。作者自然更欢迎那些热心于如何解决各种复杂心理问题的专业同仁通过本文集与作者开展交流、互相促进，作者还特别欢迎从事压力（应激）研究的精神病学和心理学界同行们关注此文集，并提出宝贵的意见。作者也希望其他跨界行业精英及广大群众能对本文集有兴趣。

从系统的角度，少数人愿意读下去并有所收益的文字，或许更有意义。

【关于“系统思维”和“线性思维”】

本文集反复出现的“系统思维”和“线性思维”，是作者基于压力（应激）系统模型（system-based model of stress，SMS）的特定概念，它们的操作性定义如下（可参阅第 20 章第 2 节第 6 张幻灯片）。

所谓“系统思维”，是基于压力系统模型的思维方式（不完全是 systematic thinking，而是 thinking of system-based model of stress）。包括：面对“系统问题”（指各种复杂的、综合的、难以解决的问题）时，需要多因素、多维度去思考；需要从不同维度之间的关系去思考；需要从这种维度之间关系的动态变化情况去思考；面对与人有关的系统问题时，还得考虑人的认知因素在问题中的关键作用，以及人的个性特点在问题发生和解决中的核心作用。综合起来，就是符合压力系统模型5项法则的一种思考问题的方式。

所谓“线性思维”（linear thinking），也更多是相对于这里的“系统思维”，是人们通常习惯化的、单维度或线性的“因－果”式思维。线性思维简单、便捷、现实，在我们日常生活中常用，但线性思维也容易陷于“两极”思维（即非好即坏、非对即错、非高大上即低小下等）。

对待系统思维和线性思维，也要避免“非此即彼”的两极态度。线性思维是人类思维的精华部分。在大多数情况下，线性思维使大多数人（如95%）可以将复杂的问题简单化，可以抓住问题的主要方面，大大提升人类认识事物的效率，是日常生活中最先使用的认识工具。在线性思维行不通的情况下，个体还会转向其他思维类型。但在少数情况下，也有少数人（如5%）在习惯性线性思维主导下，面对复杂的或综合的“系统问题”时，会陷于困难和迷茫。

这后者，正是医学和心理学临床关注的对象。但需要特别指出的是，这与一个人的知识和聪明程度无关。

【关于幻灯片和案例】

本文集中的系统模型、系统思维、系统问题等概念，都需要有“多维”或“立体”的分析和解读，才能变得清晰和被理解，特别是系统模型的实际应用方面。这让作者在写文章、备教案、做PPT时，用文字表达起来有点“弯弯绕”，也让读者在阅读理解和消化时变得有点“太缠了”，而且还容易忘。

这时候，较好的方式是利用图片（幻灯片）和案例。使用幻灯片和插图比用文字描述更适合表达“系统”中的错综复杂关系。这也是本文集与一般专著显著不同的地方。

本文集的一个特点，是使用了作者不同时期、不同场合、不同主题的讲座幻灯片。如果能够读懂幻灯片内容，不但有利于理解和把握该章节主题，更有利于有兴趣的读者（特别是专业工作者）直接将其作为模板参考使用。部分幻灯片资料在编撰时加了解说词，部分幻灯片资料因限于篇幅未加解说词（特别是后面应用部分的专题幻灯片，是内容比较容易直接“读懂”的），读者可结合基础知识和前文内容加深理解。

本文集的另一个特点是使用了典型案例。为了让“系统”的问题容易被读懂和被掌握，典型案例也是必需的，这很像临床医学的教学模型。

本文集是不同时期、不同场合、不同主题各种资料的组合，部分典型案例会在不同资料里出现。好在不像文艺工作追求剧情的多姿多彩，学术论证和健康科普工作中反复使用某些典型的案例（范例），有助于读者对压力系统模型理论构架的学习、理解和消化。所以在编撰本文集过程中，未进行更多的修订删改。

【关于内容重复和图表缺失】

作为文集，多数读者应该是根据自己的需要和兴趣，以章节为阅读浏览单元。然而，本文集收集各种历史资料，分章节汇编，整体上是为了表达压力系统模型这个主旨（所以没有完全按时序编排）。这就存在一对矛盾，既要保持文集整体上的流畅，又要保障各章节阅读浏览时的独立和通顺。

由于文集的素材取自不同历史时期的不同资料源，除了不可避免存在各章节之间某些内容的重复，还难免有一些标注的图表还留在原来的资料里。对于前者，为了保证章节内容的完整，不得不接受整体上存在某些内容的重复。对于后者，为避免阅读时跳跃着去寻找图表，在编辑文集时，凡涉及标注图表，尽量予以补齐，以使该章节阅读浏览通畅，但与资料原件则会出现一些差异。

【关于博文和微博】

10 多年来，作者除了通过社会合作、专业讲座和培训，还通过网络交流继续有关理论模式的构思和推广工作。其中，博文（微博）数量较多，内容涉及面广，基本围绕系统模型展开，是对前期工作的延续和拓展。

基于压力（应激）系统模型是生物、心理、社会多学科交叉的理论模式，其内容看似容易理解，实则较难把握，其学术价值也主要体现在被目标人群所接受和引用。为此，作者选取 2011—2022 年撰写的部分博文（原有链接和表情包已撤去），经组合分别列入部分章节之后，目的是加深阅读者对该章内容的理解和把握，同时也为他们可能开展系统模型主题宣讲和临床咨询等实际工作提供案例素材。

另外，作者 2002—2007 年通过网络咨询也累积有大量案例，未收入本文集，只有部分案例摘录在 2011 年出版的《压力（应激）系统模型·解读婚姻》一书中，随这次收录部分进入本文集。

【关于应激和压力概念】

应激和压力，在本文集是同义词。

压力系统模型的构建经历几十年。其间在概念的内涵和外延方面，以及在理论和应用侧重上均有些变化。早期理论探讨较多，更多使用“应激”，后期实际应用较多，较多采用“压力”。在本文集中第一篇更多使用“应激”，后几篇更多使用“压力”，但也不可避免有混合使用的情况。故请翻阅此书的读者先明了这一情况，避免在阅读和思考时陷于不必要的纠结。

【关于人格和个性概念及其他】

人格和个性，在本文集同义，与性格近义，但更多涉及个性倾向性，包括信念、态度和价值观等。在作者的认识里，许多观念，如生活观念、家庭观念、婚姻观念和性观念等，与信念甚至态度存在类似性，都是个体长期认知和行为习惯固化的结果，接近于人格浅层，左右着认知活动，都轻易不能被改变，是个体心理压力的人格方面的重要原因。关于作者对观念、信念、态度等的认识，可参阅专著《医学心理学：理论，方法与临床》（人民卫生出版社，2012 年）的第一章第一节。

作者

2023 年 4 月 5 日

目　录

第一篇　压力（应激）系统模型的由来

第三篇　系统模型在心身健康领域的应用

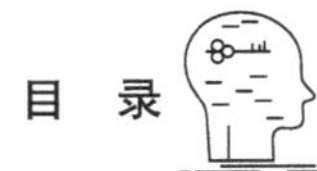

第一篇
压力（应激）系统模型的由来

作者主持的医学心理学国家级精品课程（2006 年教育部公布），实际上有一个较长的建设过程。压力（应激）系统模型，就是在这个课程建设过程中，结合一系列压力（应激）理论和实证研究衍生而来。

自 1982 年编写《医学心理学讲义》开始，在构建和完善新兴交叉学科医学心理学课程方面，作者花了几十年时间。这期间除了课程构架，在各章节内容组合和筛选方面也下了很大功夫。在作者主持的早期各版本教材中，分别加入理论、情绪与调节、应激、心身医学和实验等章节。心理应激是精品课程建设的最重要章节之一。

同样，始自 20 世纪 80 年代，作者花费几十年时间，进行心理社会因素与健康和疾病关系的文献研读和临床调查研究。其中，心血管病、肿瘤、外科和手术患者等是早期研究的重点，后来则逐渐探索普通人群。其间，作者更侧重压力（应激）的理论和实证研究。

在课程建设和应激研究过程中，作者同样关注一个理论问题，那就是心理社会应激多因素之间到底是怎样的关系。基于多维思考的习惯，作者在构建课程、查阅文献过程中，“偶遇系统论”，对之产生兴趣，并将其中某些论断吸收进来，促进了压力（应激）系统模型的最终成形。

以下第 1 ~ 第 6 章，属于压力（应激）系统模型的基础部分，包括事发缘由、基本概念、基本理论、基本技术和临床基本工作模式。

第 1 章　我，系统论，应激与应对

本章导言

本章是关于系统模型的“事发缘由”和“发展脉络”，不想深究的读者可先行跳过。

压力（应激）系统模型，曾经被直接称为系统论。在整理文集过程中，作者发现有必要就这个问题梳理一下，这才有了第 1 章。

1986 年，作者主持五校协编教材《医学心理学》的编写工作，首次设置“医学心理学理论”一章，同时也首次编写“系统论在医学心理学的应用”，置于“医学心理学研究方法”下。此后，系统思想影响了作者几十年，包括情绪和情绪调控、应激和应激调控、心身医学基础和临床等课程和学科建设方面。2012 年，在《医学心理学：理论，方法与临床》一书中，“医学心理学需要系统论”单独成为“医学心理学理论与方法”的一节，较全面地总结介绍了系统论在医学心理学中的意义。2016 年，在“我、系统论、压力系统模型与心身医学”学术会议报告专题中，介绍了系统论对作者个人及对压力（应激）研究历程的影响。但作者不认为自己是系统论的纯正信徒和坚定执行者。

本章资料涉及作者与系统论、应激与应对研究的关系，以及部分相关博文。通过这些资料，可以了解作者坚持了几十年的学术走向基本脉络。

第 1 节 信息论在医学心理学的应用（教材，1986）

摘录自 1986 年五校协编教材《医学心理学》（图 1－1－1）第二章第七节。

该教材由作者主持，是国内早期成体系的自编医学心理学教材之一，20 年后作者主持国家级精品课程，其基本结构也是承接于这个教材。该教材首次设置有“理论和研究方法”一章，控制论、信息论和系统论被作为医学心理学的理论和研究方法引入，在当时尚属首次。这也是作者几十年应激理论和实证研究中对系统论的最早涉及，只是还比较简单。

文中涉及的图表已转换成本文集编号或者略去。

严格说这是一种科学的思想方法在医学心理学研究中的应用问题。

20 世纪 40 年代初，通过运用数学和物理学的原理和方法，分析各种工程技术的控制问题，总结出有关控制与调节的一些规律和原则。继而，这种原则又被移用于对生物学和心理学功能的分析，使我们对人的生物性活动和心理活动有了进一步的认识。这种科学原则被称为控制论（cybernetics）。系统论、控制论、信息论是控制论的三部分内容。

图 1－1－1 1986 年五校协编《医学心理学》教材

系统论要求将一个机体看成是一个完整的结构和功能体，称之为生物系统。系统论认为，生物体是由器官系统、器官、组织、细胞、亚细胞、分子等不同层次水平组成的统一体，生理活动过程也是各层次统一活动的结果。同样，人的心理现象，包括感知觉、记忆、注意、思维、情感、意志活动和个性特征也互相有机地联合在一起，互相作用、互相影响。人的某一种心理活动过程（如学习记忆），也是一种系统活动过程。系统论还要求在研究心理现象时，将与之有关的物理、化学、生物、社会等系统通盘考虑，成为更大的系统。

控制论认为，生命活动（包括生理活动和心理活动）与工程技术的控制一样，是一种自动控制的过程。生理活动的调节是一种自动控制的过程之概念在生理学总论里已有阐述，如神经调节、体液调节、自身调节、反馈调节等。心理活动也存在许多自动控制的过程，如感知觉的控制、技能学习过程等，没有自动控制机制，人的心理活动将支离破碎。同样，社会事件、个人评价和心身健康之系统也是一种自动控制的过程。这种自动控制的失调，将造成心理、行为和躯体功能的障碍，这就是疾病（Suls，1985）。

信息论：自动控制系统作为一种闭合回路，其控制部分和受控部分必然存在双向信息联系。一方面，控制部分向受控部分输出控制信息，指挥受控部分行为活动；另一方面，受控部分的信息被反馈回到控制部分，只有这种反馈信息，才能使控制部分对受控部分的调节达到精确的程度。信息论不注意信息概念的具体生物学和心理学含义，而只强调研究自动控制过程中信息的传递、储存和转换等问题。

以行为活动过程为例（如骑自行车），说明控制论三部分的含义（图1－1－2）。操作信息（神经冲动）被传递到受控部分（如骨骼肌）时，肌肉收缩，车子向前运动。此时，视觉、前庭觉和本体觉随时将心身状态及时反馈到中枢（控制部分），各级中枢及时对反馈信息进行整合，其中包括利用过去经验（即记忆贮存信息）进行新的认识，并将部分认识结果再贮存人记忆，使技能更趋熟练，同时及时地调整输出的控制信息，使肌肉收缩协调，保持运动着的车子平稳，避免冲撞任何障碍物。在这一完整的行为活动过程中，既有感觉、记忆、注意、思维等心理的系统活动，也有物理、生物、环境的系统信息的协调；既有生理的、心理的整体自动控制，也有局部功能的自动调节（如感知觉的自动调节、肌梭功能的自动调节等）；既有整体的输出信息、反馈信息、参考信息（如中枢间的神经传递）、干扰信息（如注意的分散、旁人的警告提醒）的作用，也有各层次活动的信息加工（如神经、内分泌的反馈信息，记忆的信息贮存、编码、提取）。

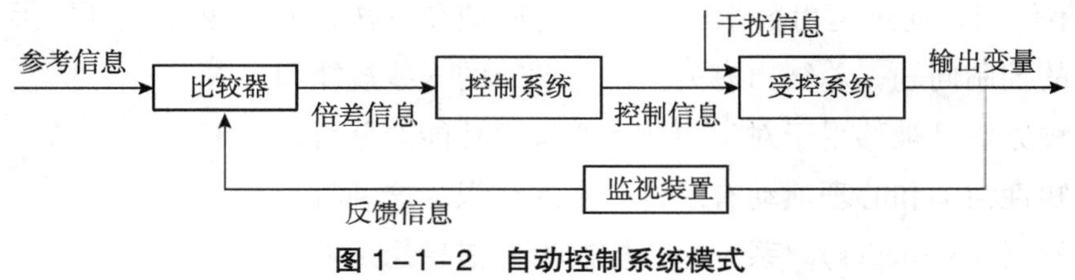

图1－1－2　自动控制系统模式

根据信息论的观点，可以对许多心理活动（包括记忆、思维、行为操作），以及心身过程（应激反应、医学模式、行为治疗等）进行新的认识，这为医学心理学开辟了新的认识途径。

第2节　医学心理学需要系统论（专著，2012）

摘录自2012年《医学心理学：理论，方法与临床》（人民卫生出版社）第二章第七节。较之20多年前的1986年，这里对系统论与医学心理学的关系，陈述得比较充分。文中涉及的图表已转换成本文集编号或者略去。

医学心理学特别强调人的生物、心理、社会属性，强调这些属性的综合性和系统性。医学心理学所涉及的许多问题，往往是多因素综合作用的系统问题。因此，在介绍了5种重要的心理学理论（方向）以后，系统论对于医学心理学来说是不可忽略的一种理论体系。

作者首次将系统论作为医学心理学基础理论之一纳入五校合编教材（1986年），是因为在构建新教材框架时，查阅大量国外文献过程中首次接触到系统论知识。在此后的20多年中，越来越倾向于将系统论思想引入医学心理学的整体构架，包括各版本教材的编写，以及有关课题的设计和研究，涉及医学模式讨论、情绪内容及其干预、应激系统论模型、心理诊断模型和心理干预程序设计等医学心理学多个领域（可参阅有关章节）。

本节只讨论系统论的科学思想与方法论及其在医学心理学中的意义。

一、基本概念

20 世纪 40 年代初，通过运用数学和物理学的原理和方法，分析各种工程技术的控制问题，总结出有关控制与调节的一些规律和原则。继而，这种原则又被移用于对生物学和心理学功能的分析，使我们对人的生物性活动和心理活动有了进一步的认识。这种科学原则被称为控制论。系统论、控制论、信息论是控制论的三部分内容。现已明确系统论是其他两论的基础。

（一）系统论

系统论（system theory）的创始人是奥地利理论生物学家贝塔朗菲（Bertalanffy L. von，1901—1972）。他早在 1937 年就提出系统论的观点，1945 年再次提出，1955 年出版专著《一般系统论》（*General System Theory*）。

所谓系统，是指由相互作用、相互制约的各个部分所构成的一个有机整体，而这个有机整体又包含在更大的系统之中。系统在整体上是一个动态平衡的结构体。系统论要求将一个机体看成是一个完整的结构和功能体，称之为生物系统。系统论认为，生物体是由器官系统、器官、组织、细胞、亚细胞、分子等不同层次水平组成的统一体，生理活动过程也是各层次统一活动的结果。同样，人的心理现象，包括感知觉、记忆、注意、思维、情感、意志活动和个性特征也互相有机地联合在一起，互相作用、互相影响。人的某一种心理活动过程（如学习记忆），也是一种系统活动过程。系统论还要求在研究心理现象时，将与之有关的物理、化学、生物、社会等系统通盘考虑，成为更大的系统。

概括起来，系统论关于生物体的理论认识要点包括：

① 系统由内部各因素构成，其本身又是更大系统的组成部分（整体性）；

② 系统中的各因素之间互相作用（关联性）；

③ 因素间的关联是动态的平衡（动态平衡）；

④ 系统是有层次的结构体（等级结构）；

⑤ 系统有自身发展的方向，如生命体从生到死（时序性）。

（二）控制论

与系统论相应的控制论（cybernetics）是美国数学家维纳（Wiener N.）等为适应近代科技发展中不同门类相互渗透与相互融合的总趋势所创立的。维纳 1948 年出版了其奠基之作《控制论》。控制论研究系统中的结构变化与控制，以及系统的控制规律。控制论认为，生命活动（包括生理活动和心理活动）与工程技术的控制一样，是一种自动控制的过程。生理活动的调节是一种自动控制的过程这个概念，在人体生理学的总论里就已有阐述，如神经调节、体液调节、自身调节、反馈调节等。心理活动也存在许多自动控制的过程，如感知觉的控制（感觉统合）、技能学习过程等。没有自动控制机制，人的心理活动将支离破碎。同样，社会事件、个人评价和心身健康也是一种自动控制的过程。这种自动控制的失调，将造成心理、行为和躯体功能的障碍，这就是疾病（Suls，1985）。

（三）信息论

与系统论相应的信息论（information theory）由美国数学家香农（Shannon C.E.，1916—2001）所创立，其 1948 年、1949 年发表了两篇信息论奠基之作，信息论以数量化的方式研究系统信息的获取、处理、传输、反馈和控制。按照信息论思想，自动控制系统作为一种闭合回路，其控制部分和受控部分存在双向信息联系。一方面，控制部分向受控部分输出控制信息，指挥受控部分行为活动；另一方面，受控部分的信息被反馈回到控制部分。只有这种反馈信息，才能使控制部分对受控部分的调节达到精确的程度。人的所有生物的、心理的、社会的功能活动都遵循这一信息论原则。信息论不注意信息概念的具体生物学和心理学含义，只强调研究自动控制过程中信息的传递、储存和转换等问题。

按照“老三论”原理，可以对许多心理活动（包括记忆、思维、行为操作），以及心身过程（包括应激反应、医学模式、行为治疗）等进行重新认识（见后）。

二、系统论与认知模式

较之前文各节的心理学理论（注：指精神分析理论、行为学习理论、人本主义理论、认知理论和心理生物学方向），本节的系统论主要是一种认识论、一种认知模式，暂且将其称为“系统论观念（或信念）”。

（一）系统论的认知特点

系统论如果被一个人接纳，将会内化成整体观或多维度的综合的认知模式（类似认知理论中的“信念”或“认知图式”）。系统论主导下的整体观与多维度认知模式，有助于接纳多角度的信息，重视多角度的结论，允许逆向思维，正视事物的未知侧面，容忍他人“不合理”的怀疑。因而，系统论观念有利于人们去把握事物的全貌，有利于个体接受新事物、新知识、新观点，发挥个体的前瞻性和创造性，自然也有利于医生整体认识和解决医学心理学中的“人”“疾病”和相应的各种“系统问题”。

（二）系统论有助于克服线性的或固化的两极思维的影响

1. 线性思维和两极思维的局限性

在人类进化过程中，为了让错综复杂的世界变得简单，能被我们更容易地认识，使人与人之间的交流更直观更方便，往往会将复杂的事物通过概括，用相对简单的概念或线性思维加以认识（人类语言中的大量概念和约定俗成的习惯性判断就是由此而来）。但是，也正是因为我们有这样的思维倾向，故在生活中就会习惯化地用“有其因必有其果”“天上不会掉馅饼”“只要功夫深铁杵磨成针”“非好即坏”等简单线性的、绝对化的和两分法的固化思维方式来判断事物。

例如，早年一对研究生夫妻因“闹离婚”（其实根本就没有“闹”过）而上法庭，他们的领导兼导师因不了解底细，于是就反复地问周围的人：“他们之中谁是被告？”导师简单的、线性的逻辑显然是“想当然”的——婚姻中的一个人出了问题（其因），此人就是法庭上的被告（其果）。但是真实情况也许是他们谁都没有出问题，也没有错误，也没有被告和原告。

又例如，乙告诉甲，今天在马路上发现天上掉下许多麦饼，甲不假思索地冲着乙说“你脑子进水了”。甲的思维逻辑是两分法的——“天上不会掉馅饼”，你居然说发现了天上掉麦饼，显然你是“发疯了”。但是真实情况也许是，确实有人在路旁的高楼上往下面马路抛麦饼，此人是麦饼店的老板，而且他疯了。

在其他综合领域，也存在大量的缺乏系统论观念的认知或决策倾向，以下多举些例子，对门诊心理指导工作或有参考意义：“政绩”工程，往往仅反映国家建设中“看得见”的维度，而忽略“看不见”的方面；用算术可以估算人口学中少生孩子与多生孩子所花费的资源，从而得出少生孩子的好处，但在当今某些家庭，一个孩子家庭所浪费的资源可能远远超过多个孩子家庭消费的资源；某些军事家对战术的判断，仅仅是纸上谈兵，而忽略了天时地利人和的“系统关系”；某些股票投资基金经理对投资方向的把握，仅取决于部分宏观信息的变化，忽略了“市场情绪”转变或许就在一瞬间，而这一瞬间的出现往往也是各种细小信号（包括股民的心态等）的累积结果；某些网友一说到人，就只有“好人”与“坏人”，一说到中国人，就只有“爱国者”与“汉奸”；等等。所有这些都是因为人们从小开始就一直接受两分法的格式化教育，故思维方式也容易被固化成非此即彼。

2. 缺乏系统论观念容易影响医学心理学的专业思维

缺乏系统论观念，在面对各种临床心理问题时，我们的思维方式容易受限于简单而又严密的线性逻辑，在心理问题的评估和干预中，会只注意“看得见”的“因果关系”，忽略看不见的潜在的“多因素系统关系”。

某心理学教授对一位心理咨询面试考生的责问具有代表性。该考生在报告案例时，有“来访者的性格求全、完美主义，婚后不久又因矛盾而想离婚，且迟迟不能果断做出决断，导致情绪问题”的叙述。教授责问，既然你说的来访者有完美主义、标准化的特点，为何在当初选择配偶时不起作用（即应选取尽可能完美的对象），又为何在是否离婚问题上会陷入心理冲突（即应该有标准决断力）？教授似乎认为，来访者的“完美主义”认知活动应该是意识可控的，就像一个优秀学生的严密计算过程，故不会在婚前选取一个有缺陷的对象，也不应该出现婚后的问题；来访者更不应该在决定是否离婚上出现心理矛盾与冲突，就像计算结果那样，应该干净利落地根据计算结果的利弊程度做出决定。在他看来，只有那些“糊涂”的和“马虎”的来访者，才会出现婚前的择偶失误、婚后的婚姻矛盾，以及最后对是否离婚的犹豫。可见，教授的逻辑是线性的、理性的，且是严密的，但不是系统论的，当然也不是医学心理学临床专业的。如果按这种认识继续演绎下去，还可以推论这些问题都可以通过“教育”或“说服”来解决。其实，有临床经验的人都知道，这类案例在心理咨询中是很常见的。

缺乏系统论观念，还会影响专家对超越本专业范围的各种问题的认知。专家们尽管更加懂得“山外有山，天外有天”的道理，但在实际工作中，由于有纯熟的本专业知识，在面对自身知识库以外的各种观点时，容易表露出强烈的反对或鄙视态度。

例如，作者等（1990）曾在地区学术会议上报告一篇论文，尝试分析应激多因素（生活事件、认知特点、社会支持、人格特点、文化等）与流行性癔病发作的关系，却遭到多位临床资深专家的激烈质疑。因为在他们的专业知识里，在有关疾病知识库中，“应激”和“癔病”属于两种疾病，是不能“混淆”在一起谈的。

缺乏系统论观念的专家，甚至容易出现故步自封、专横跋扈的学霸作风。

例如，在近年的某一次全国学术会议的专题互动会上，曾经发生第二主持嘉宾动手关掉第一主持嘉宾正在投影讲解的电脑的事件。在前者看来，只有自己的知识和学科才是正宗的，因而对边缘学科持藐视态度。

（三）系统论有助于抵制“常识”的不利影响

人的许多习惯化的线性思维模式往往以“常识”的形式存在，一般不会给生活带来妨碍，甚至具有容易理解和便于交流的好处。但一旦在某些专业人群中存在，则会影响其职业工作的成效。例如，因为生物、心理、社会知识储备不够，临床经验不足，特别是受生物医学模式或者受“常识”的影响，在国内某些与医学相关的应用心理学方面的书籍中，充斥过多的“常识心理学”内容。临床医生或临床心理工作者也可能受各种“常识医学”和线性思维习惯的影响，会导致误诊、误判、误治。例如，心肌梗死放射痛误判为胃病，躯体化障碍症状误判为躯体疾病等。

学术“常识”的负面影响例子可见于2011年诺贝尔化学奖获得者以色列人谢赫特曼，他在其发现准晶体的初期，因为挑战了当时科学界的“常识”（固态物质仅限于晶体与非晶体），曾被“所有人取笑”（其本人语），被斥为“胡言乱语”“伪科学家”，并曾被迫离开当时的研究小组。但这一成就最终却“改变了科学家的物质观”（历史背景：20世纪80年代初以前，科学界对固态物质的认识限于晶体与非晶体。根据固态物质构成的原子排列规律，晶体内原子应呈现周期性对称有序排列，非晶体内原子呈无序排列。1982年4月8日，谢赫特曼在实验中首次观察到合金中的原子以一种非周期性的有序排列方式组合。显然，具有这种原子排列方式的固体在当时理论下是不可能存在的。因此，谢赫特曼的发现引起极大争议。为维护自己的发现，他被迫离开当时的研究小组。但这一发现最终促使科学家重新思考对物质结构的认知，这种徘徊在晶体与非晶体之间的“另类”物质最终被命名为准晶体。谢赫特曼的感言是“当我告诉人们，我发现了准晶体的时候，所有人都取笑我”）。

（四）系统论有助于创新

人类对世界（包括人自己）这个大系统的认识，永远是相对狭窄的，但却是发展的。人对事物的认识总是由未知到已知，从部分因素到更多因素，从部分维度到更多维度，从部分侧面到更多侧面。这个过程就是“创新”。线性思维和常识，往往会阻碍这个进程，即影响创新思维。

例如，当人类面临是否存在基因，以及基因是什么“样子”的问题时，批判往往来自线性思维和常识。提出基因概念（当时称遗传因子）的遗传学杰出奠基人孟德尔，在我国学界就曾被斥为“唯心主义”。这也难怪，百年前的人们没有看到基因的样子，孟德尔也没有尝试去“提取”基因物质，何况今日人们所知道的基因其实也不是一种严格意义上的物质，而是 DNA 结构上的碱基对排列次序，类似 1、2、3 等数字符并不是电报，这些数字符的排列次序才是（历史背景：孟德尔通过大量的杂交试验，提出遗传单位是遗传因子（即基因），遗传的两个基本规律是分离律和自由组合律。但孟德尔的发现由于过于超越当时人们的知识或线性习惯思维，所以在长达 35 年的时间里没有被科学界所注意。直到 1900 年欧洲 3 位不同国籍的植物学家在各自杂交试验中分别予以证实，才获得科学界的重视和承认，从此遗传学研究很快发展起来）。

由于系统论承认事物具有多因素、多维度、多侧面和整体性的属性，自然也会宽容不同的学术见解，鼓励对未知的探索，允许有多种可能的假设性思考（因为“因素”外还可以有“因素”，“维度”外还可以有“维度”）。这样，“怀疑”成为合理的，“异端”说法不会被一棍子打死，对尚且无法获得明确答案的“难题”会采取更广泛的角度去思考，或者干脆承认未知而耐心地去等待，但不会急于用自身的知识和经验做出狭窄而武断的解释。

目前国内有一些专家对非自身熟悉的专业问题，轻易给人扣上各种“帽子”，这其实是我国学术创新的致命杀手。这种现象反映了系统论观念在我国科技界某些人身上的缺失。

三、系统论述评

（一）系统论与生物医学现象

在基础生物医学中，充满了“系统”现象。

血压的调控就是多因素的“系统”问题。

简单点，以患者失血为例，从失血与血压下降之间的关系来看，会得出两者是线性关系的结论，即失血越多，血压越低。但实际上，出血患者在某一阶段可能并不立即出现同步的血压下降，因为血压调控“系统”中的另外因素（或维度），如外周微血管收缩、肾小管重吸收增多、心搏加快加强使心输出量增加等，使血容量维持相对稳定，结果给人以失血不多的假象。但到了维持血压的整个系统平衡被打破的时候，患者血压就可能瞬间直线下降。可见，以单一维度或线性思维方式看待失血和血压的关系，会导致临床误判。

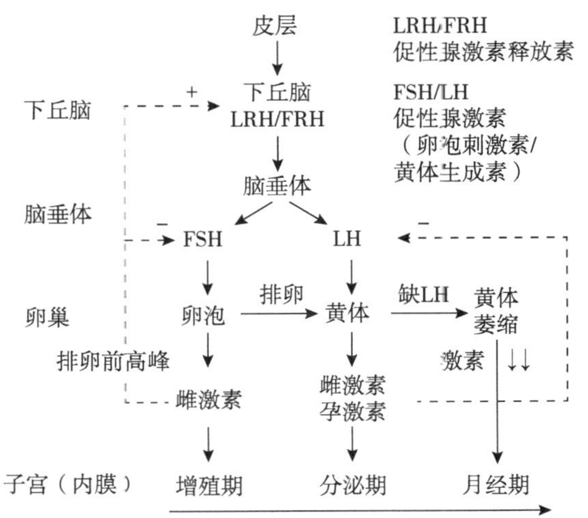

图 1-2-1　女性激素的“系统”示意

女性激素也是“系统”问题（图 1-2-1）。如果以单一维度或线性思维方式分别理解雌激素、孕激素、促性腺激素、促性腺激素释放素等与子宫内膜周期变化（月经），以及卵泡发育与排卵等之间的关系，则不能准确反映某些不孕患者的问题实质，自然也就不能正确解决临床问题。

同样，女性激素、女性器官和女性心身健康之间的关系，也是“系统”的问题。但在实际生活中，许多心理工作者（甚至包括部分医生）往往忽略这一点。

作者曾直面现场，某肿瘤科医生建议一位50岁单侧卵巢囊肿多年的患者施行双侧卵巢和子宫全切手术，在回答患者家属关心的手术是否对患者的心身健康有影响的问题时，仅简单地以“她不是已经绝经了吗”作答。显然，该医生的潜台词是“绝经了，卵巢和子宫也都没有用了”，听起来似乎也符合当前的病理生理学知识，但却未能将患者作为系统的“人”（包括心理）来回答（可参阅原著第八章）。

血液系统功能中的凝血与溶血机制也是“系统”的问题。其中就包括了诸如出血与止血、血液凝固（血凝）与纤维蛋白溶解（纤溶）、血液与血管、血小板与凝血因子、凝血酶原与凝血酶、纤维蛋白原与纤维蛋白等多因素、多维度的对立统一。凝血与纤溶机制完全符合“系统”的特点，包括多种成分和环节的相互作用、动态变化与动态的平衡、非线性反应等。因此，要准确认识与解决临床上的出血与止血问题，包括弥漫性血管内凝血（简称DIC），需要具备凝血与溶血机制的“系统”知识，并具有系统的思维能力。

作者对此有体会。作者等曾从事血凝和纤溶的基础实验研究（卢秀劲，姜乾金，1983），但这只是就事论事操控各项凝血和纤溶指标。在更早的医学临床工作中，作者也接触过不少DIC病例，基本上是对照资料中的说明逐项采取医疗措施，患者大多死亡（该症死亡率本来就高）。经过对系统论的学习与思考，多年以后反而对血凝与纤溶的“系统”关系认识得清晰起来。一次，偶遇一位术后出血不止患者，医生使用一种止血药并不断加大剂量但无效，情况危急。作者大胆建议考虑改换成作用机制不同的某常用止血药物，果然很快显效。

此外，中枢和外周各种神经递质的功能与调节、消化系统的功能及其调节、肾脏的功能及其调节、骨科及相关学科中的成骨细胞和破骨细胞之间的关系、近几十年迅速发展的免疫功能与调节等，都是“系统”的问题。

至于临床医学的各种疑难病症，几乎都是“系统”问题。在作者早期的临床医学工作中，百日咳脑病是当地的常见临床急症之一。患儿症状复杂、凶险，需要对病情的各个方面做出综合的分析，采取多渠道、多手段（镇静、止痉剂、脱水剂、冬眠灵、东莨菪碱、抗菌素、激素、强心剂、呼吸兴奋剂、输液、补碱、鼻饲等）的医疗措施，才能取得疗效。图1-2-2是作者（1975）在58例百日咳脑病临床分析基础上的设想，至今看来还是符合系统论的临床思维。

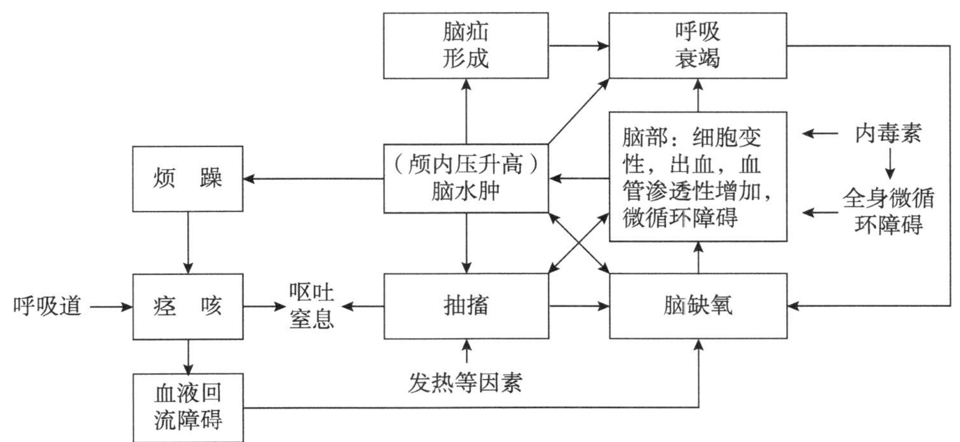

图 1-2-2　百日咳脑病发病机制的设想（姜乾金，1975）

专科医生由于长期的训练，可对本专科的某一类问题表现出“自动性的”系统思维，但对非本专科的某些问题则仍然容易落入简单的线性思维。这种情况在医学临床会严重影响患者的利益。有人戏称，我们生病、看病，首先要自己懂得看病，至少要先于医生知道自己应该去看哪一个科。从系统论的角度，在真正的全科医生尚缺位的当下，临床医学工作者需要尽可能“系统”地掌握和应用生物医学知识。

（二）系统论与医学心理现象

系统论有助于我们以“系统”的视角，看待各种医学心理学问题。

医学心理学涉及生物医学、心理学和社会文化领域，故医学心理学需要解决的问题，往往是更大的“系统”的问题。

医学心理学的对象是人，人是生物、心理、社会（行为）各种因素构成的大“系统”，这已经反映在有关新医学模式的讨论中。

情绪是医学心理学关心的重要心理现象之一。情绪是一个由主观感受、行为表现和生理反应等综合因素构成的“系统”，将会在第三章讨论（注：指原著，下同）。

应激和应激的控制，是“系统”问题，涉及多种因素、多个维度、多种途径，在第四章会有系统的介绍。

临床心理评估、心理诊断和心理干预、心理治疗，也都涉及“系统”问题，需要综合考虑多种因素，这些会在第五章、第六章讨论。

心理疾病等临床心理问题的预防工作是“系统”问题。至少从大的方面来看，需要心理干预和身体防治的结合，这会在第七章讨论。

心理卫生和心理咨询工作是“系统”问题，需要从多因素、多途径的系统角度开展，这会在第八章讨论。

（三）医学心理学需要系统论

综上所述，系统论能促使医学心理学工作者采用多维的系统认知模式，来认识人的生理功能活动、心理功能活动和整体心身活动，并做出相应的系统诊断和干预决策。

医学心理学工作者树立起牢固的系统论观念（或信念），有助于积极学习和吸取各种与“人”有关的生物、心理、社会方面知识。这些多学科的知识正是包括医学心理学专业工作者在内的所有从事“人”的工作的专业人员的必备条件。这也是与某些传统的生物医学工作的不同之处，后者往往重视某一生物领域的知识，容易忽视多学科的知识。

仍以上文接受子宫卵巢全切手术的50岁绝经妇女为例，即便是能够综合考虑各种女性激素与月经、性功能等生理功能的综合关系，也还仅仅是局限于生物医学各层次的系统问题，而有关手术的生物学方面、心理方面和社会功能方面的各种因素，则是医学心理学中关于“人”的更大的系统问题。如果能够将这3个方面所涉及的各种因素都给予综合考虑，医生的判断和给患者的解释也许会有所不同（可参阅有关章节）。

在医学心理学的临床工作（或心理健康临床工作）中，对于各种心理问题的整体判断和综合干预，需要系统论观念（或信念）。作者认为，大量的事实说明，心理学临床工作既是科学，也是“艺术”，就是说，单凭科学知识和严密思维未必能认识和解决某些心理问题，特别是涉及人的整体生物、心理、社会属性的一些问题，如慢性疼痛综合征、压力问题等的综合评估和系统干预。其实，凡是与事物多维属性有关的工作领域，包括某些创新性的工作，除了不可缺少的各种科学知识和严密的逻辑思维外，都需要这种“艺术”。

苹果“奇人”乔布斯回忆，他青年时期曾选择一门书法课程，想学学怎么写出一手漂亮字，他学习了各种衬线和无衬线字体，学习如何改变不同字体组合之间的字间距，学习如何做出漂亮的版式，他发现那是一种科学永远无法捕捉的充满美感、历史感和艺术感的微妙。“10年之后，当设计第一款Macintosh电脑时，这些东西全派上了用场”，他说。

这里的所谓“艺术”，包括了对工作对象的多维的认知模式，也包括通过训练才能获得的经验或直觉，还包括难以叙述清楚的对事物的整体感受或灵感。后两者实际上也包含多维的认知成分。战场指挥员对瞬息万变战局的把握、股票基金经理对投资方向的把握和临床心理咨询工作者对心理问题的评估和干预等均是如此，那些只有高学历，没有临场训练和“艺术”潜质的从业者是难以成为业中的优秀一员的。

当然，系统论的多维认知模式，并不能为解决某一具体问题直接提供所有的思考线索，因此它并不能直接解决某些未知的复杂问题。

第 3 节　关于前 20 年心理应激理论和应用（专题，2004）

摘录自 2004 年中国高等教育学会医学心理学教育分会第 11 届学术研讨会暨中国心理学会医学心理学专业委员会第 9 届学术研讨会（西安）专题材料，题目为《关于如何在医学心理学教材中体现心理应激理论和推行其在临床研究中应用的问题》，反映此前作者近 20 年的应激理论和应用研究情况。另外，相关主题于 2002 年以《近 20 年来对心理应激理论及其应用的探索》为题，刊于《中华医学会心身医学分会第 11 届学术年会论文集》（广州）；2006 年以《心理应激多因素系统》和《压力系统论与应用》为题，刊于《中华医学会心身医学分会第 12 届年会论文集》（上海）；2009 年以《应激（压力）系统论模型——理论与应用》为题，刊于《中华医学会心身医学分会全国第十五届学术年会论文汇编》（太原）；以《心理应激是多因素相互作用的系统——20 多年来对心理应激理论及其应用的探索》为题，长期被置于个人网站（www.medline.com.cn）“压力研究”栏目。以上均未收入本文集。

一、作者对应激理论的认识的发展过程

自 20 世纪 80 年代开始，作者通过多种样本、多种设计和多种分析方法的一系列研究，对心理应激有关因素，如生活事件、认知评价、应对方式、社会支持、个性特点、心身症状和健康、疾病与症状之间的理论关系，以及在心身医学研究中的意义等方面进行了较持久和深入的探讨（姜乾金，1987，1990，1993，1998，1999，2000；来桂英，1994）。随着研究的深入，作者对应激理论的认识有以下的发展过程。

① 20 世纪 80 年代初引入国外认知应激理论主要框架，加以修订，强调应激是以认知为核心的多因素的作用过程。后来通过实证研究，逐渐引入更多的应激相关因素。最后在主编的教材中列出由生活事件到心身反应的多因素作用过程示意图（姜乾金，1998）。多因素作用过程的理论认识，便于理解心理病因学中多因素的前因后果关系，有利于教学和临床研究思路的理顺，如最早进行的癌症多因素病因学研究（姜乾金，1987）。

② 随着应激和应对有关研究的深入，作者渐渐关注并突出了对应对在应激作用过程中重要意义的认识。提出应对活动发生在应激作用的全过程，强调应对是应激作用过程的主要中介因素的理念（姜乾金，1993）。在以后的临床研究工作中，我们较多地关注应对因素的意义（文献略）。

③ 随着应对研究的深入，作者进一步探讨了特质应对方式存在的可能性（姜乾金，1993，1999；卢抗生，2000）。所谓特质应对，是指受个体个性制约的、习惯性的应对活动，因此它可能有相对较高的跨情景一致性，其与健康和疾病之间的关系也可能相对稳定一些。特质应对不同于针对各种具体问题的过程应对，后者已被证明只适用于研究特定的生活事件。我们引进的医学应对问卷

MCMQ（姜乾金 等，2000）所反映的就是针对疾病的应对活动，因而不属于特质应对。几年来作者及其他人的一些工作，大致支持特质应对方式的存在。这将为心身医学研究提供新的思路。

④ 近些年来，作者对应激有关因素所进行的多因素实证分析研究证明，应激作用过程所涉及的各种因素其实是一种多因素相互作用的关系，而且各因素之间也存在内涵上的重叠和交叉。以往试图以一条通路、一个方向或一种因果的思路来反映应激多因素作用过程的理论构思，显然是太机械了。为此，在后来的各项研究中，我们基本上采用多因素分析的方法（文献略），也在新的教材中修改了心理应激多因素相互关系的示意图（吴均林 等，2001）。

总结起来，作者对应激理论的认识有一个发展过程。即将反映在作者主编的全国第六轮规划教材《医学心理学》中的应激理论模式，代表了作者最新的认识。

二、新的心理应激理论在医学心理学中具有多方面的指导意义

（一）整体理论框架

指导我们认识到，个体实际上是生活在多种应激刺激和中间影响因素相互作用的动态平衡过程之中。

（二）病因学意义

在疾病发生发展过程中，要重视心理、生物各应激因素或中间因素的作用及其相互作用的内在规律。

（三）治疗学方面

可以通过提供任何消除或降低多种应激因素的负面影响的方法达到治疗的目的，如所谓的支持疗法和应激干预。

（四）预防方面

任何合理调整应激刺激和各有关中间因素的构成体系，使每个人在适宜的内外环境下健康成长或保持适应，如所谓的应激无害化或应对指导训练，都可以看成是以应激理论为指导的心理保健措施。

三、心理应激理论的临床应用

利用心理应激和应对理论思路，作者和合作者对心理应激有关因素在内、外、妇、儿、癌症各科疾病的发生、发展、症状学、治疗与干预、预防与康复中的作用意义进行了长期的、多方面的探索。这有助于促进心理应激理论与方法学的进步，也有助于心身医学领域应用研究的深入。

（一）癌症

在国内较早探讨生活事件、认知评价和情绪反应、应对方式、个性等应激有关因素在癌症发生中的综合作用（姜乾金，1987），在该研究报告中已采用多元回归分析的方法。继而，尝试了利用认知干预、放松机制和集体社会促进效应等综合应激干预方法对癌症患者情绪压力的积极作用（姜乾金，1993）。此后，则集中探讨患者的应对方式在癌症临床中的意义（黄丽，1996；朱丽华，2000；姜乾金，2000）。值得指出的是，在癌症的各有关心身医学研究主题上，作者的研究工作不但时间上在国内较早，而且在研究方法、结果的理论解释等方面，往往走在同类研究的前面。癌症有关的医学心理学知识也被较早引入教材。

（二）外科手术

外科手术应激是重要的临床心身医学问题，作者较早予以注意。首先，通过文献向国内介绍外科手术患者的辅助行为治疗问题（姜乾金，1985）。紧接着在国内率先尝试对外科应激行为干预的系统研究（姜乾金，1988）。此后，利用应激多因素作用理论，对外科手术应激的机制做了较系统深入的研究（叶圣雅，1999；沈晓红，2001）。外科心身医学方面较系统的研究同样为应激理论研究提供了证据，有关基础知识也被较早纳入教材。

（三）内科心血管病

利用心理应激的理论思路，结合内科领域若干疾病（特别是心血管病）展开心身医学的研究和讨论。其中包括在国内最早对高血压患者进行放松训练降压实验研究（姜乾金，1986）；探讨心理行为因素与心血管病患者的关系（姜乾金，1986，1988，1990，1998）；探讨应激和应对机制在冠心病患者中的意义（王守谦，1992，1997）。此外，在其他内科疾病，如非溃疡性消化不良和慢性病方面也有一些探讨。这些探讨也大多与作者的心理应激研究相联系。

（四）其他

利用应激多因素作用理论，对儿童流行性癔病和儿童行为问题（姜乾金，1990；祝一虹，1998）、对妇科继发不孕妇女和计划生育后遗症（应佩云，2000；萧山，2001），以及对老年人（闻吾森，1999；卢抗生，2000）和运动员（陈永珍，1998）等群体的病因学和症状学做了分析和研讨。各项结果同样支持应激的多因素作用理论。

总结作者多年来各方面的研究论著，其中许多研究构思、方法和观点源于心理应激理论及其方法。许多心身医学方面的研究早于国内同类工作，有关成果被广泛引用；有的还影响到此后的教材内容，如心理应激与应对、外科心身问题等。在此基础上，作者申报的国家级继续教育项目“心理应激最新理论、方法及其临床应用”，在开办几年以后仍很受欢迎。由于长期心身医学方面的科研工作，1998 年被差额选举为中华医学会心身医学分会全国 3 位副主任委员之一。

第 4 节　30 年来我关注的应激与应对（专题，2015）

引自 2015 年浙江省心理卫生协会第 10 届学术会议（金华）专题报告，题目为《我的应对研究与压力调控策略——基于压力过程模型》，这里选摘幻灯片的第一部分“30 年来我关注的应激与应对”。另外，相关内容于 2013 年以《心理应激（压力）系统模型及应用》为题，刊于中国高等教育学会医学心理学教育分会第 17 届年会 / 中国心理学会医学心理学专业委员会 2013 年学术年会暨 2013 年温州市医学会心身医学年会论文集（温州）。

本节整体反映作者长期坚持在压力（应激）和应对研究方面的大致脉络。下文上为专题幻灯片（本文集所有幻灯片消去原有背景色以适应出版印刷），下为解说。

一、幻灯片 + 解说

①

浙江省心理卫生协会2015学术会议专题

30年来我关注的应激与应对

——由刺激-反应，多因素到过程再到系统

姜乾金　浙江大学

1. 心理应激（压力）及应激的应付（应对），是作者几十年职业生涯中，除了医学心理学课程和学科建设外，重点关注的学术领域。关于“心理应激系统模型”，离不开应激与应对研究的整个历程，这里选用作者 2015 年 的一组专题报告幻灯片，对其中的部分内容予以解读，或有助于在应激和应对研究方面对作者的大致了解。

②

应激（stress）又称压力

近70年来，有多种定义，与研究者和使用者所在的学科领域、学术出身、研究视角、使用目的等有关。

2. 先关注两个概念。

应激和压力，只是翻译的不同，基本同义。通常，stress 也泛指心理应激或心理压力。

但作者在不同时期不同版本《医学心理学》《心身医学》《行为医学》和《护理心理学》等书籍中，对心理应激和心理压力概念的使用，稍有区别。随着研究与思考的深入，特别是从理论逐渐转向应用，早期更多使用“应激”，后期更多使用“压力”。

③

应对（coping）又称应付

1998年，作者以“过程模型”定义：个体对生活事件，以及因生活事件而出现的自身不平衡状态所采取的认知和行为措施。该定义在许多教材被沿用。

3. 这里的应对定义，符合“原因一结果一处置”这一线性认知习惯。这也是至今许多学者仍然将应对看成是应激结果的后置措施的原因。

但作者基于压力（应激）系统模型，此后逐渐认识到，应对作用于应激的全过程，应对存在于整个应激系统。

④

1982年，编写早期《医学心理学讲义》，包含了“心理社会刺激”，指出作为病因，还受多因素的影响

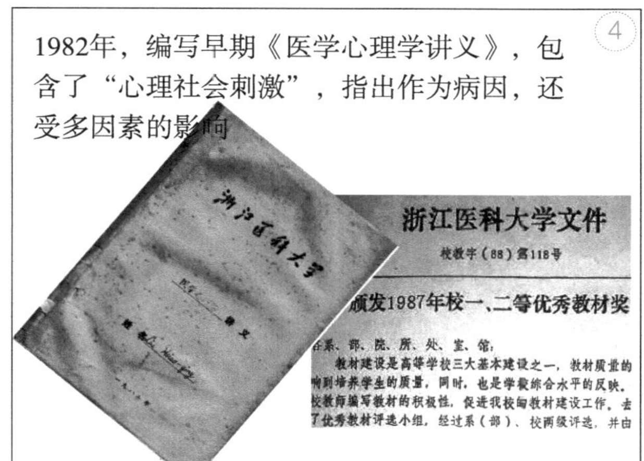

4.1982 年的《医学心理学讲义》是国内早期的自编教材（获校优秀教材二等奖）。其中，对“心理社会刺激”的描述：①心理社会刺激有可能致病，但不一定致病；②多重心理因素共同作用增强致病性；③外部刺激只是致病的一方面，还决定于机体的易感性。

聚焦于病因学，这里强调了“多因素”，以及心理生理反应，已经有点应激“过程模型”的味道。

⑤

1986年，主持《医学心理学》五校协编教材，在国内较早单独设置“心理应激”一章

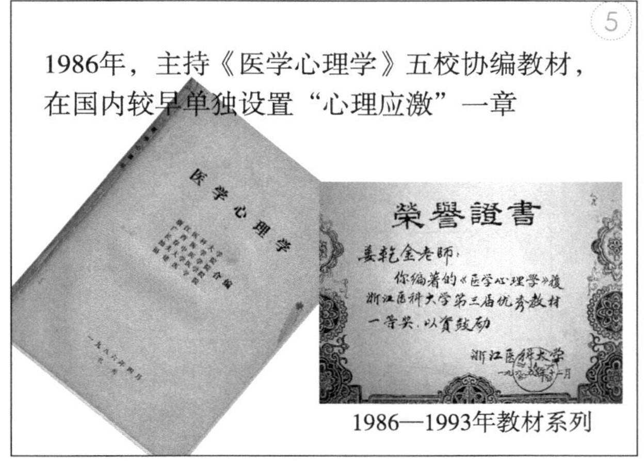

1986—1993年教材系列

5.1986 年，那是国内医学心理学正式教材的初创阶段。作者主持五校协编《医学心理学》教材（浙江大学图书馆“浙大文库”有收藏），在顶层设计上，首次设置医学心理学理论、心理应激、心身疾病和实验等重要章，以及疼痛心理、睡眠心理、手术心理等独立节，从理论性、系统性和实用性上力争课程构架的完整。

其中，初设的“心理应激”一章，包括应激刺激、应激反应和认知等中介变量。

⑥

1987年，国内早期的“心理社会应激”临床实证研究

·38·　中国心理卫生杂志1987年第1卷第1期

中国心理卫生杂志1987年第1卷第1期

癌症病人发病史中心理社会因素的临床对照调查分析

浙江医科大学医学心理组　姜乾金　刘小青
浙江省建工医院　吴根富

理社会应激史调查表和EPQ量
人86例和普通住院病人88例进行
明发病前的个人应激情绪体验、
率、消极心理应付方式以及内向
作用，其中抑郁情绪体验，家庭不幸，以及应

组基本类似，经过检验和X^2检验差异不显著，因而具可比性（表1）。该对照组绝大多数是内科病人（90%），其中心血管疾病占36%，心身疾病占20%，曾2次以上住院者占58%。

表1　两组病人一般情况比较

6. 1987 年《中国心理卫生杂志》创刊号上的这篇文章，开启了对“心理社会应激”多因素的长期理论和实证研讨。

该文的“应激”，涉及生活事件、情绪反应、应对（防御）和人格等诸项重要心理社会因素，与后期的应激系统模型对比，只缺了认知评价和社会支持。附件“自编心理社会应激史调查表”则是后来的心理压力系统模型评估量表的最早雏形。

7

1990年，发表在《中国心理卫生杂志》的调查研究文章中，涉及更多应激因素

中国心理卫生杂志 1990 年第 4 卷第 4 期 ·157·

·论著·

浙江淳安小学生流行性癔病的心理社会因素探讨*

一、社会、文化与环境 的迷信活动已不多见，但民间迷信观念仍较重，并直接影响到小学生。全乡幅员广，四、五年级学生基本住校，每周回家一次。学校座落在一小山岗上，三面临山，一面远离民房。宿

四、平时心理防卫方式

心理防卫或心理应对（coping）能力尚无公认的评定方法[1]。我们根据以前的工作[2]，结合儿童特点设计了 9 个封闭式条目作为对消极应对方式的评价。各条目答“是”人数比例分别是：①对不愉快事情难以忘记（44%、38%）；②与同学发生矛盾时长期不理对方（17%、11%）；③遇到不愉

二、人格特点 （EPQ）调查结果因男生人数太少，仅对女生作分析，见表 1。发病组 N 分比对照组高（P＜0.05）。

三、一年内生活事件和平时情绪状态

组被试答“是”的条目数的均值，分别为 3.36±2.20 和 2.78±1.80。以上各项结果两组间的差异相当一致，即发病组各项数据均大于对照组，显示发病组心理应对能力可能较低。

五、社会支持

从家庭、老师、同学、亲戚邻居等方面获得的支持程度，调查

7. 1990 年，作者等从心理社会应激的多因素角度，探索当地突发的流行性癔病的发生原因。调查项目除了一般情况，包括了文化背景、人格特点、生活事件、情绪反应、应对方式和社会支持等多种变量。

文章证明，这些变量与流行性癔病的发生有关。此后，这些变量逐渐成为应激（压力）因素，纳入作者后续的系列研究中。

8

1993年，主编北京科技版《医学心理学》教材，突出应激变量之间的关系，在结构上体现应激过程模型

三、心理应激有关变量及其相互关系

目前在心理应激研究中的变量很多，包括作为应激原因的生活事件，作为应激结果的心理生理反应，以及作为中间或中介影响变量认知评价、应对方式、社会支持、个性等。

许多研究已证明，上述所有应激有关变量与健康和疾病都有密切关系，在心理病因学研究中都不能忽略。然而，要在这些变量之间划上清晰的界线，确定它们在心理应激概念中的具体位置（是原因？是结果？是影响因素？）却并非易事。举例来说，Rent 在他的应激著作中将个人评价、应对方式和生理反应都归纳为应激“反应”（response）。虽然评价和应对未尝不是个体对刺激所作出的一种“反应”，甚至寻求社会支持实际上也是一种“反应”，但是这种“泛反应”的划分方法并不利于深入分析应激作用全过程。又例如，Lararus 1984 年曾将除认知评价以外的所有应激反应都归入“应对”（coping）范畴，Andrew 在同一年的

8. 这一版教材的“心理应激”一章，讨论了各种应激因素之间的相互关系、各种应激因素与健康和疾病的关系，以及如何理顺应激变量的界限等问题。后者特别涉及应对的定义和内涵问题。

在应激理论模型方面，该版本在结构上首次完整地体现作者的应激过程模型：即生活事件—中介变量（认知评价、应对、社会支持、个性）—应激反应。

9

1993年，开始了对应对方式与应激系统关系的长期研究

中国心理卫生杂志 1993 年 第 7 卷第 4 期 ·145·

·论文·

心理应激：应对的分类与心身健康①

浙江医科大学医学心理学教研室

姜乾金 黄丽 卢抗生 娄振山 杨爱如 陈慧 毛宗秀②

摘要 作者通过 610 例样本的系统分析，将 16 项特质性应对条目分成消极应对风格和积极应对风格两类，并证明其结构效度、同质信度和重测信度。其中消极应对风格与心理应激诸多变量（SCL-90、SDS、SAS、健康状况）有密切相关，而积极应对风格无此一现象。本文结果显示，在心理病因学和心理卫生调查研究中，可结合应对风格的评估和分析。

关键词 心理应激 应对分类 心身健康 效度 信度

应对（coping）是影响应激结果的重要中间变量[1]。作者曾参考 Folkman 的类似方法，根据心理防卫机制主要内容，以及分析个体在各种应激事件中

欢将自己的情绪压在心底里不让其表现出来，但又忘不掉；⑧常与类似情况人比较，就觉得算不了什么；⑨能较快将消极因素转化为积极因素；⑩对自己

9. 该文中的“特质应对”条目，与生活事件有关，与人格特质有关，与压力反应有关，据此分为“积极应对”和“消极应对”两个维度（注意！不是线性的两极），是“特质应对方式问卷 TCSQ”的前身。

此后，应对因素逐渐被证明与多种应激因素存在相关性，是应激系统中的重要因素。

应对研究，也是作者一直以来倾注较多精力的地方。

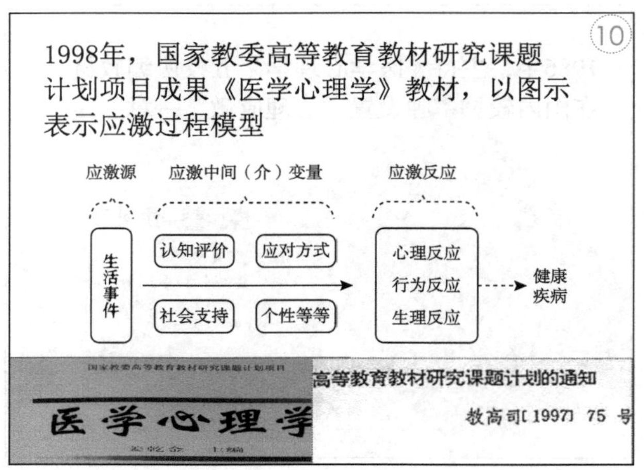

10. 在教材中，作者以图示方式完整表述了心理应激作用过程模型。

顺便提及，因为这一版教材 5 次印刷近 4 万册，促使作者在 2000 年全国申报过程中，被筛选担任 7 年制《医学心理学》规划教材主编，继后又被聘为 5 年制和 8 年制各版次的全国规划教材主编，前后持续十多年。这个过程也间接促进压力（应激）理论模型的完善和推广。

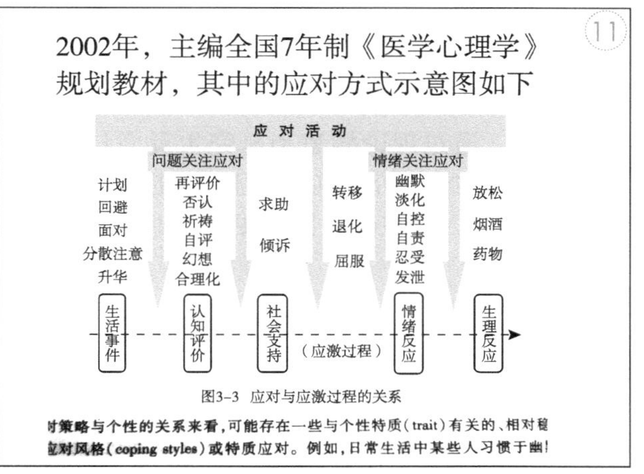

11. 经过长期实证研究，作者认为应对不仅是应激的后续变量（国内多数学者至今仍然这样看），应对存在于整个应激作用过程中。

该教材中的插图，反映了应激过程不同阶段存在各种不同的应对（应付）。这些应对策略可见于国外各种应对量表之中。

（7 年制教材中，应激理论模型仍采用 1998 年国家教委课题教材版的心理应激过程模型）

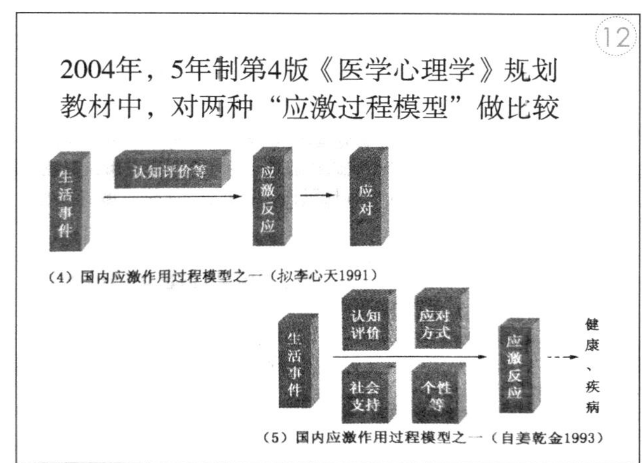

12. 该教材中的插图，左上图是多数人遵循的“应激过程”逻辑，即应对被置于过程之后，符合“原因—结果—办法”的线性思维逻辑；右下图是作者的逻辑，作者经过实证研究认为，应对与各种应激因素都存在相关，虽然图示也属于线性过程，但应对作为应激过程的重要因素已有所体现。

从这里可知，“应激作用过程模型”是对复杂事物的简单化的认知模式，但人们对“过程”的具体理解还是有所不同的。

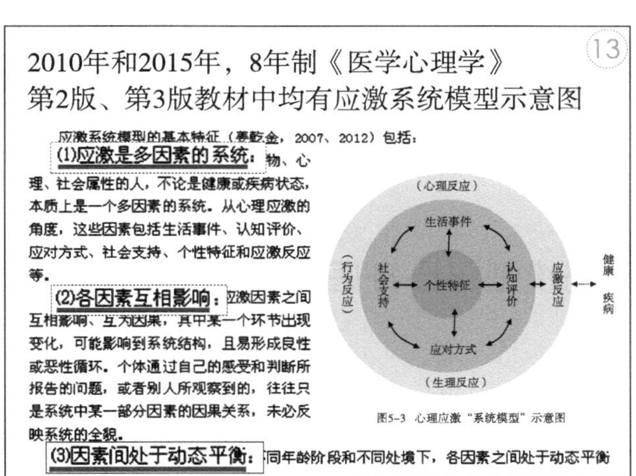

13.2010 年和 2015 年，全国 8 年制《医学心理学》规划教材第 2 版、第 3 版“心理应激”一章中，均有心理应激（压力）系统模型的插图。

文中内容同时显示应激系统模型的 5 项基本法则（即多因素、相关性、动态平衡、认知是关键、人格是核心）。这 5 项基本法则是压力系统模型的灵魂。

14－15. 自 1982 年开始，除了前面提到的两册内部发行教材，几十年时间里，作者在论文著作和学术报告等各种产出中，均有应激和应对方面的相关内容。其时序特点是：

开始与一般临床医生和心理学教师一样，关注的是应激的刺激或反应，即线性的两端。

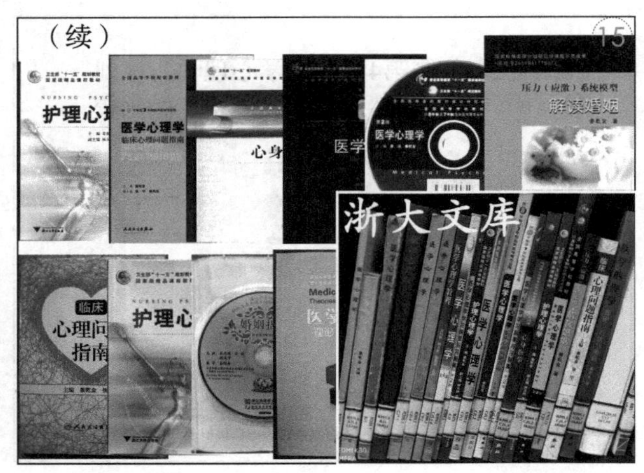

逐渐地，在调查研究中设置了更多相关的变量（应激因素），将应激的“过程”充实起来，然后确信应激作用过程模型。

最后，通过理论构思和研究生及同仁们帮助下的一系列实证研究，确立“压力（应激）系统模型”。再后来，十多年里则把更多的时间花费在实际应用方面。

二、编后感

作者在应激和应对研究方面坚持了几十年，体会了“跨界”（跨医学、心理学、思政教育等“条块”）探索系统性学术问题的艰辛。

与一般的选择性有限变量之间关系的学术研究不同，心理压力（应激）系统模型所涉及的面很广，每一个因素、每一种关系、每一种逻辑，从自然科学的一般角度，都需要数据证明。前面的没有妥，后面的就只能先推测，但仅凭推测自然阻碍后续工作。如此环环相扣又环环互制，有时候会觉得挺难的。

但不论这项工作后续如何，至少作者认为，从个人有限的生命角度，这项工作还是值得的。为了给今后有兴趣的人们备案，期待后继，才决定将几十年来的有关资料，以压力（应激）系统模型的名义，以文集形式，汇总出版。

第5节　我，系统论，压力（应激）系统模型与心身医学（专题，2016）

摘录自2016年浙江省医学会心身医学学术年会（相当于“前任主委”告别）专题报告，题目为《系统论与心身医学》，以及以该专题内容为基础制作的网络“美篇”。内容包括4个部分：我与“系统论”、什么是系统论、系统论与医学、心理压力系统模型。本节整体反映作者提出的压力（应激）系统模型与系统论的关系，以及该系统模型在心身医学等方面应用的大致脉络。内容与第2节有部分重叠，但本节内容形成时间较晚，且以幻灯片形式展现，值得浏览。

1

2016年浙江省医学会心身医学专题报告

我，系统论，压力系统模型与心身医学

姜乾金 浙江大学

1. 作者倡导的“压力（应激）系统模型 SMS”的核心是“系统”，系统的基础是“多因素”，多因素关系就是心理问题及一切复杂问题需要阐明的难题。

这里选用作者2016年的一组专题报告幻灯片，对其中的部分内容予以解读，或有助于了解作者与系统论、作者与系统模型、作者与应激理论和心身医学的关系。

2

一、引子——我与“系统论”

2. 作者自认为并非系统论信徒，也没有系统学习过系统论各种原著。作者只是在探索医学心理学和心身医学的道路上，幸遇系统论，结合个人经验和系统思考习惯，将系统论的一些认识论纳入一直关注的压力（应激）的多因素理论模型。

3

“系统思维”的习惯

20世纪70年代中期，当地百日咳脑病流行，患儿临床症状复杂凶险，死亡率高。因为文献资料不多，作者对此只能极尽“系统”分析和“综合”思考（如后图）。

3. 作者早有多因素或多维度思考问题的习惯。在早期的临床工作中，当地百日咳脑病多发，患儿症状复杂、凶险，需要对病情的各个方面做出综合分析，采取多渠道、多手段（镇静、止痉剂、脱水剂、冬眠灵、东莨菪碱、抗菌素、激素、强心剂、呼吸兴奋剂、输液、补碱、鼻饲等）的医疗措施，才能取得疗效。作者从纷杂的临床资料中，梳理出一篇《百日咳脑病58例临床分析》论文，刊于《医药科研交流（台州）》1975年第2期。

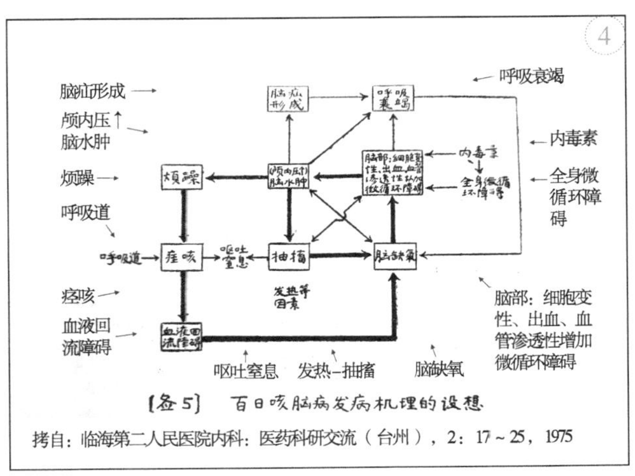

4. 当时“科学之春”尚未到来（指1978年全国科学大会），临床医生很少有人写学术论文。即使有人写了，署名的也是单位而不是作者本人（就像此文）。但作者不但花费大量时间撰写了文章，还通过“系统”分析和“综合”思考，在文中详细手绘了这一幅“百日咳脑病发病机理的设想”插图。图中涉及百日咳脑病的“多因素”。至今看上去，也有那么一点“系统”的样子。

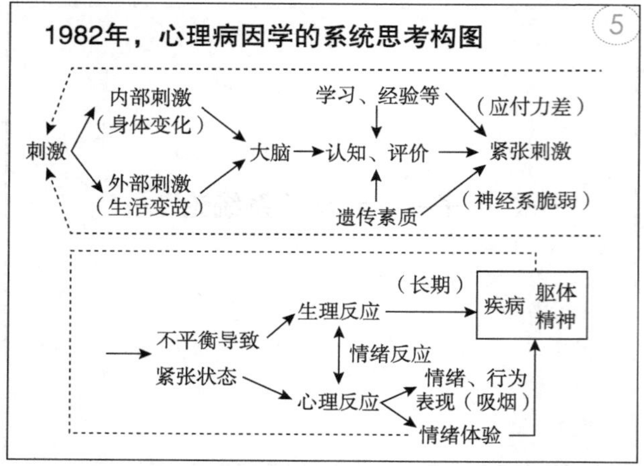

5. 在 1982 年编写的《医学心理学讲义》中，关于“心理病因学”的这个插图，虽然着眼点在“心理社会刺激”，符合当时医学界对病因学（寻找刺激因素）的认识习惯，但也反映了心理社会刺激是“多因素”的，其因素之间的关系也有点类似后来的应激过程模型（原图是连续体，为显示放大断开）。

6

20世纪80年代开始，作者参加的几项科学实验研究，虽属于生物化学和脑电生理学，但也都涉及较多因素，有助于系统思维的拓展，也有助于正好开始的医学心理学学科的建设工作，从此开始了一系列心理社会应激多因素的理论探讨和实证研究。

6. 20 世纪 80 年代，作者参加的生物科学实验研究：

卢秀劲，姜乾金. 米曲溶纤维蛋白酶（3.951）对血液凝固及纤维的（原）溶解作用的研究. 浙江医科大学学报，1983（3）122－126.

施浣云，姜乾金，张荣宝. 电针厥阴俞和足三里穴位对电刺激中枢神经系统诱发室性早搏影响的比较. 浙江医科大学学报，1988，17（5）：214－218.

7

1986年，主持《医学心理学》五校协编教材时，“偶遇”系统论

四、信息论的应用

严格说这是一种科学的思想方法在医学心理学研究中的
本世纪40年代初，通过运用数学和物理学的原理和方法
题，总结出有关控制与调节的一些规律和原则。继而，这种
学功能的分析，使我们对人的生物性活动和心理活动有了进
为控制论（cybernetics）。系统论、控制论、信息论是控制
系统论要求将一个机体看成是一个完整的结构和功能体
生物体是由器官系统、器官、组织、细胞、亚细胞、分子等
理活动过程也是各层次统一活动的结果。同样，人的心理现
思维、情感、意志活动和个性特征也互相有机地联合在一起
一种心理活动过程（如学习记忆），也是一种系统活动过程
时，要将与之有关的物理、化学、生物、社会等系统统盘考
控制论认为，生命活动（包括生理活动和心理活动）与
动控制的过程。生理活动的调节是一种自动控制的过程之

7. 那时正是国内医学心理学课程的架构阶段。作者为此翻阅了大量国外文献，偶然翻到“信息论”“系统论”和“控制论”，发现“系统论”与自己的思考习惯很契合，遂破例将其纳入首次设置的医学心理学理论和方法章节里。

“多因素和多角度”的思考习惯，与“系统论”的某些论点结合，成为作者此后各项工作中坚持的原则，对压力系统模型的最后成型起着重要作用。

8

1987年，在《中国心理卫生杂志》创刊号上，开始“心理社会应激”多因素病因学研究

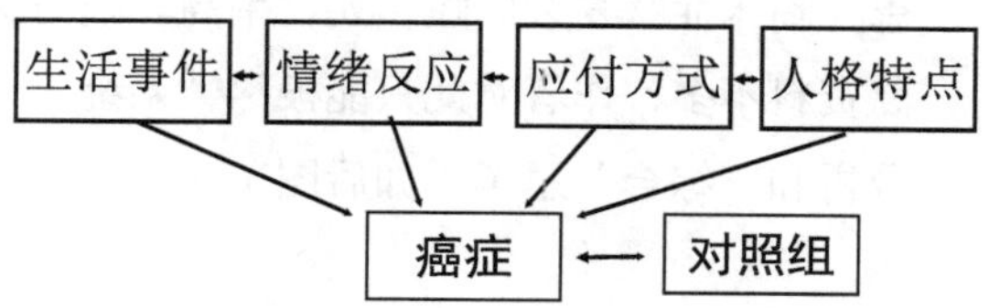

《癌症病人发病史中心理社会因素的临床对照调查分析》

8. 幻灯片显示的是这篇文章中关于应激的逻辑图。这是国内较早开展的心理社会应激多因素与癌症病因学关系的临床对照调查研究。

文中包含的应激多因素有：生活事件、情绪反应、应付（防御）方式和人格特点等。应激多因素的研究设计，为后续压力系统实证研究打下了基础。

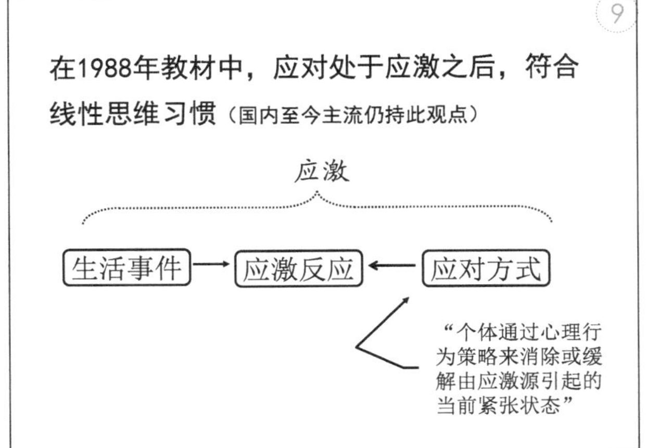

9. 幻灯片显示的是 1988 年作者主编的《医学心理学》（浙江大学出版社）中的应激逻辑图。陈演江教授撰写的心理应激一章，涉及应激源、应激反应和应对方式等因素。但对这些应激因素的认识，大致还属于线性的因果关系，即应对是应激反应的结果，应对是指向应激心理行为反应的。这与 1991 年李心天教授《医学心理学》中关于应对的思路一致，也是至今被一些同仁所坚持的。

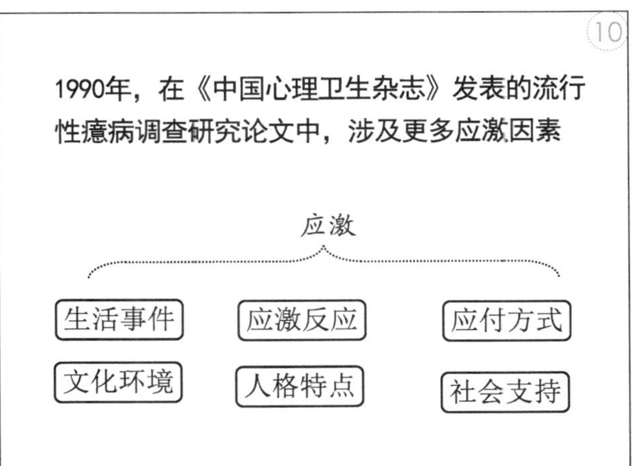

10. 幻灯片显示 1990 年在小学生流行性癔病的调查研究中涉及的应激因素。

该文采用应激多因素系统思维方式，将调查变量拓展到文化环境、人格特点、生活事件、应付（防御）方式和社会支持等诸多"心理社会应激因素"，接近于后来系统模型中的所有"压力因素"。

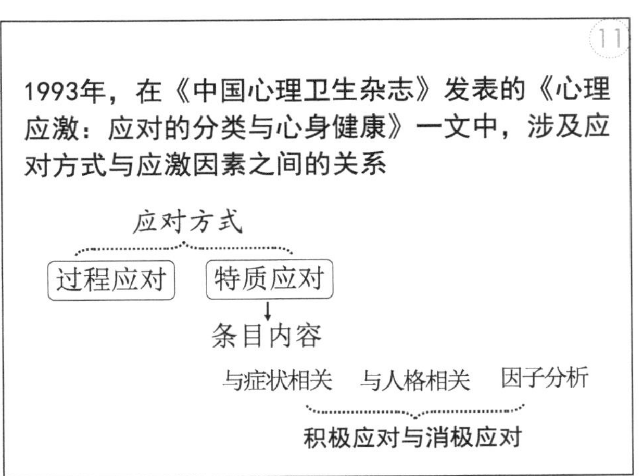

11. 幻灯片显示该文中关于应对的逻辑图。

应对与压力（应激）息息相关，这篇文章开启了作者对应对的持续研究。但是，应对到底是应激的结果（国内多数学者的认识），还是中间环节，或者反过来也是应激的原因之一，争论很大，也严重影响应激的理论构架。

作者坚持认为，应对是应激多因素中的一个重要因素，与所有应激因素相关，不仅只是应激的后续因素。

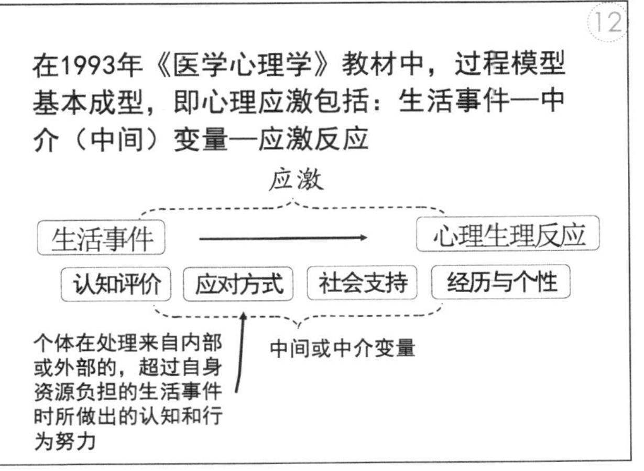

12. 这是"心理应激"一章中关于应激的逻辑图。

该章内容突出了应激多因素之间的相互关系，厘清应对等概念的定义和内涵等问题，以构建理论模型。

经过认知评价、应对方式、社会支持及经历与个性等 4 个方面因素的中介，最后到心理生理反应（注：个性、人格、个性特征和人格特点等概念互有交叉和重叠，历经几十年，作者后期更多使用后两者）。

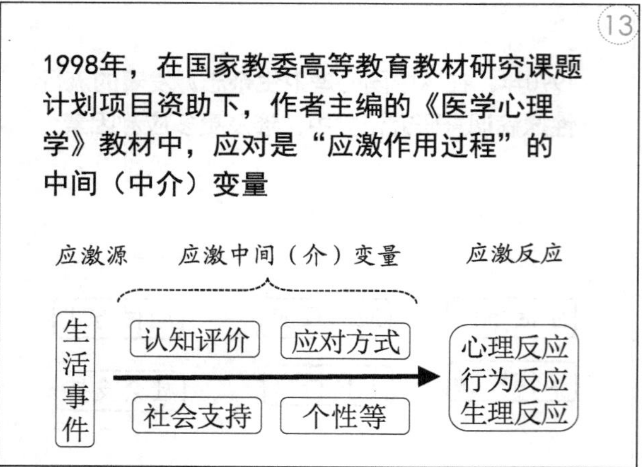

13. 幻灯片显示该教材中关于“应激过程模型”的插图，此后这个插图被反复使用。

对于作者来说，这一册教材的出版，是系统思想拓展的新的起点，包括由多因素的“过程模型”逐渐走向多因素的“系统模型”，也包括影响面的扩大。

14

1998年，以回归分析估算压力因素的权重

心理社会应激因素的综合评估

姜乾金

• 浙江省自然科学基金资助项目（288140）1989-1992
作者单位：310006 浙江医科大学医学心理学教研室

【摘要】 目的 对作者在心理病因学研究工作中逐渐形成的团体用心理……信度和效度等作十年小结。方法 对610例资料和文献作综合分析。结果……

【Key words】 Psychosocial stress Life events Emotion Copi……

认知应激理论认为心理应激是多因素的作用过程，它由生活……应对方式、社会支持、个性特征等多种中间因素的制约，最终影响……称为心理应激因素。

正由于上述应激各有关因素互相之间存在高相关性，故在病因……

14. 发表于《中国行为医学科学》的《心理社会应激因素的综合评估初探》一文，尝试以回归分析确定应激多因素的各自权重。

从系统的角度看应激或压力，各种应激因素互有相关，但这一认识还只是建立在观察和经验上，还只是一种思维方式，要确定因素之间的数量关系尚有难度。

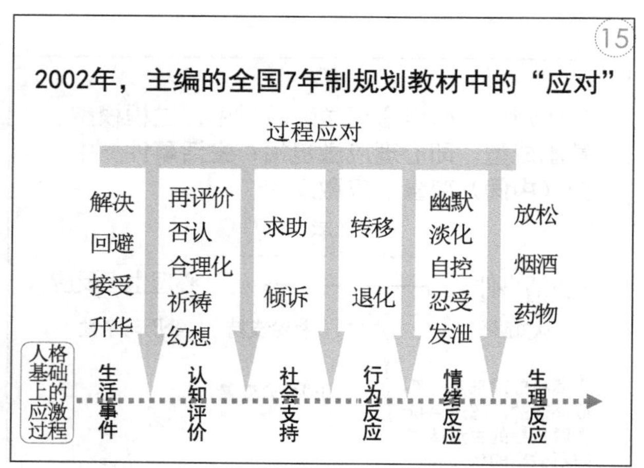

15. 该教材中关于应对的插图，表示应对存在于应激的全过程，即“过程应对”。理论模型也逐渐向“系统”方向发展。

这个示意图是作者综合分析国外多种应对方式问卷中的各种“因子”构画而成。

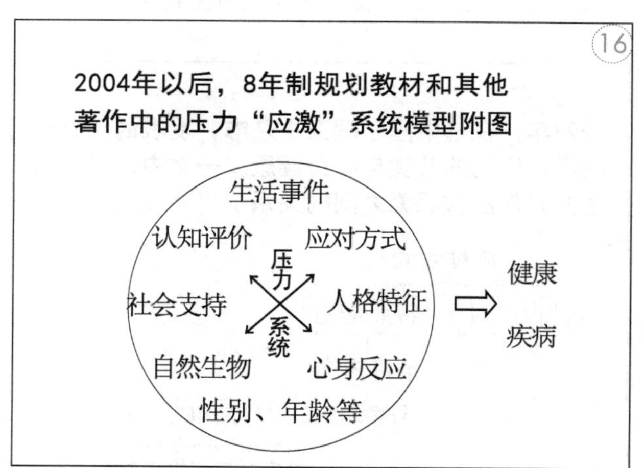

16. 作者在心理压力（应激）的理论和实证研究方向走过了几十个年头，学术思想也由刺激-反应模式，逐渐走向多因素模式，再走向过程模型，是后走向“应激（压力）系统模型”。

这个图见于2006年《护理心理学》，2008年《行为医学》，2007年《心身医学》，2010年、2015年《医学心理学》8年制全国规划教材第2版、第3版（大同小异）。

17

此外，部分与系统模型形成有关的历史研究

* 心理社会应激因素与多项心身健康指标的相关性分析. 中国行为医学科学，1996，5（4）：200–202.
* 生活事件、情绪、应对与心身症状探讨. 中国心理卫生杂志，1996，10（4）：180–181.
* 特质应对问卷的进一步探讨. 中国行为医学科学，1999，8（3）：167–169.
* 癌症应对研究与应激作用理论. 中国行为医学科学，2002，11（s）：3–5.
* 生活事件、社会支持、压力反应对医务人员应对方式的影响研究. 中国行为医学科学，2004，13（5）：560–562.

（有关的各种压力（应激）文献可参阅文献部分）

17. 心理压力（应激）系统模型，是在各种实证研究（论文形式）、理论思索（学术会议的专题报告、各种主题培训班的讲座等），以及出版各种书籍的过程中，逐渐成形的。

有关文献可参阅后续相关章节及资料目录部分。

18

部分与系统模型有关的研究生论文题目

冯锐	心理应激系统模型指导下-CBT在心理咨询中的运用
任伟荣	心理应激多因素系统综合评估的初步研究
钟霞	应激多因素作用系统理论的实证研究
顾成宇	心理应激系统论的实证研究
钱丽菊	大学生平时应对与考试应对的比较研究
滕燕	电力企业一线职工和管理人员心理压力及其影响因素
周敏	乡镇卫生院医务人员心身反应特点及其与应激因素的关系
韩耀静	心理即社会因素对技校生心身反应影响的研究
任夫乔	男性服刑人员心理压力一般状况及压力反应影响因素
钟霞	负性自动思维的因素分析及其在应激中的作用

18. 21 世纪初牵头申报设立精神病与精神卫生学学位点后，指导研究生围绕压力（应激）系统模型进行理论和实证研究，无不证明压力系统模型的科学性和实用性（该幻灯片是这次编辑时添加）。

19

系统思想在其他各方面的体现

* 几十年来，作者主持编写《医学心理学》《心身医学》《行为医学》《护理心理学》等多种教材的“心理应激”一章时，始终体现心理应激（压力）的多因素过程模型和系统模型。
* 系统论思想还被作者渗透到其他许多学科建设的方方面面。

19. 作者的系统思想，除了体现在心理应激系统模型上，还反映在其他多个方面。包括：

全国规划教材和国家级精品课程的顶层设计；早期教材中有关医学模式讨论；情绪内容及其干预；心身医学和心身疾病等章节的构架；各级研究课题的设计；心理诊断与心理干预临床工作范式（参阅有关章节）等。

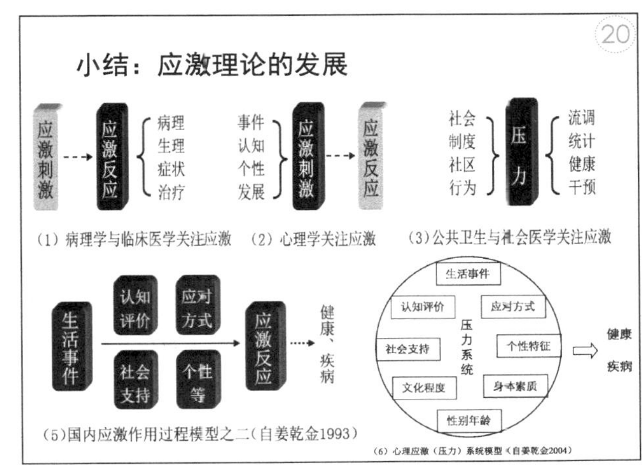

20. 总的来说，压力（应激）涉及的因素众多，人们的理解角度不同，专业人员的实际岗位不同，甚至个人的思维习惯不同，注定这是一个能引起人们长期争论的话题。

“系统模型”是在以往的“刺激–反应模型”和“作用过程模型”基础上，通过长期理论和实证研究提出来的，它能够较全面地反映事物的系统本质，具有很好的理论和实践价值，但其进一步的拓展，显然不是容易的事。

21

二、什么是系统论

21. 前面提到，作者对系统论经典没有过多研究，压力（应激）系统模型只是作者在实践工作过程中的一种思考，需要获得进一步的实证或佐证。严格来说，压力系统模型也并不算系统论或系统科学体系的派生物，最多算是吸收了系统论部分或局部的某些原则。

以下简单介绍系统论概况。

22

20世纪40年代，运用数学和物理学原理和方法分析各种工程技术的控制问题，总结出有关控制与调节的一些规律和原则（如图）。

自动控制系统模式图

22. 谈系统论之前，先了解一下什么是自动控制。

关于自动控制，对于医学出身的人来说，其实一点也不陌生，人体哪一部分功能活动都存在自动控制（生理学的第一课，就是讲反射弧和自动调节）。只是，在线性思维习惯的支配下，医务人员在实际工作中会关注器官而忽略系统、关注器官系统而忽略心身。

23

控制论（cybernetics）

美国数学家维纳（WienerN.）1948年出版了其奠基之作《控制论》。控制论研究工程技术的结构变化与控制，以及系统的控制规律。

23. 生理活动和心理活动也是自动控制过程，如神经调节、体液调节、自身调节、反馈调节等，以及认知、情感、行为之间的自动调节，技能学习过程等。

疾病是生物、心理、社会系统自动控制过程失调，造成的心理、行为和躯体功能的障碍（Suls，1985）。

24

信息论（informationtheory）

美国数学家香农（Shannon C.E.，1916—2001）于1948年、1949年发表两篇信息论奠基之作，以数量化的方式研究系统信息的获取、处理、传输、反馈和控制。

24. 信息论不注意信息概念的具体生物学和心理学含义，而只强调研究自动控制过程中信息的传递、储存和转换等问题。当今，信息就是财富。

25

系统论（systemtheory）

奥地利理论生物学家贝塔朗菲（Bertalanffy L. von，1901—1972）1937年就提出系统论的观点，1945年再次提出，1955年出版专著《一般系统论》（*General System Theory*）。

25. 系统论，首先来自工程技术。对于医学出身的我们，确实感觉陌生。即便我们懂得身体的各个“系统”，但此系统非彼系统，我们更多理解的是人体生理活动的现象学描述。系统论，在我们看来，就像是哲学。

26

系统论、控制论、信息论（又称**“老三论”**）是控制论的三部分内容。

系统论是其他两论的基础。

附：“新三论”指耗散结构论、协同论、突变论（DSC），20世纪70年代陆续确立，是系统科学领域新成就。

26. “新老三论”，系统论和系统科学，对于医学心理学和心身医学学科来说，值得参考，但不建议作为主攻方向。

27

系统论的认识论在医学心理学领域的积极意义（1）～（5）

27. 系统论的认识论最大意义在于为我们平常的线性两极思维习惯（是非、对错、好坏、高下、优劣……）提供补充思考工具，指导解决各种复杂问题。而医学和医学心理学涉及的各种问题大多数属于复杂的系统问题。

作者认为，系统论有以下（1）～（5）的现实意义。

28

（1）承认事物的多样性

接受事物的多因素、多维度和多样性，在学术上能宽容不同学术见解，鼓励对未知的探索，允许多种假设性思考。

这时，“怀疑”成为合理，“异端”说法不会被一棍子打死。

28. 系统论的认识论让人自觉接受事物的多因素、多维度和异质性，因为“因素”外还可以有“因素”，“维度”外还可以有“维度”。

因此，“怀疑”成为合理，对尚无法获得明确答案的“难题”会采取更广泛的角度去思考，不会急于用自身知识和经验做出武断的解释。

29

（2）避免两极思维

系统论的认识论可以避免两极思维，减少不必要的争论。

29. 生活和工作中，两极线性思维还是挺常见的。例如，作者等（1990）曾在地区学术会议上报告一篇论文，尝试分析应激多因素（生活事件、认知特点、社会支持、人格特点、文化等）与流行性癔病发作的关系，却遭到多位临床资深专家的激烈质疑。因为在专业知识和有关疾病知识库中，“应激”和“癔病”属于两种疾病，是不能“混淆”在一起的（非此即彼），但这却是线性思维。

30

（3）避免受常识的影响

系统论的认识论有利于克服“常识”的不利影响。

30. 常识给人们带来许多便利和快捷。但常识也会产生意料之外的问题。例如，2011 年诺贝尔化学奖获得者以色列人谢赫特曼在其发现准晶体的初期，因为挑战了当时“科学常识”（固态物质仅限于晶体与非晶体），曾被“所有人取笑”（其本人语），被斥为“胡言乱语”“伪科学家”，并曾被迫离开当时的研究小组。但这一成就最终却“改变了科学家的物质观”。

31

（4）有助于创新

根据系统论，人类对世界（包括人）这个大系统的认识，永远是相对狭窄的，但却是发展的。

31. 系统论的认识论，有助于打破成规，指导人们不断创新。例如，当人类面临是否存在基因，以及基因是什么“样子”的问题时，批判往往来自于线性思维和常识。遗传学奠基人孟德尔提出的基因概念（当时称遗传因子），在我国学界就曾被斥为“唯心主义”。

32

（5）有助于综合问题的研究设计

通常的线性思维会限制研究设计，例如：

* 临床研究设计，容易受疾病—病因—治疗这一线性思路的影响。

* 婚姻设计，往往试图寻找出其中的正确和错误一方，再通过批评教育加以解决。

32. 通常的线性思维，限制了研究设计，即便是指令性课题，也往往需要在命题的线性维度上，以系统思维找到科学研究构架。例如，对“心理问题的防治”这个命题，简单的线性理解就是有哪些心理问题，用什么方法去干预。但具体来做，涉及有哪些心理问题、受哪些因素影响、因素之间如何相互作用，以及各种干预方法如何起作用等，这些都需要系统思维。

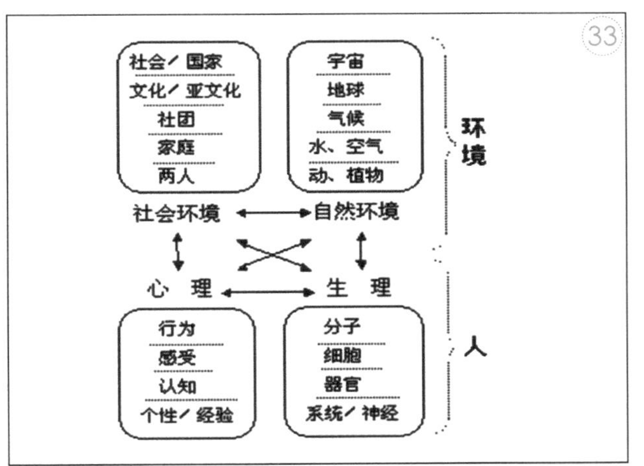

33. 回到医学心理学和心身医学，从“系统”的理念出发：

人的身体是由器官系统、器官、组织、细胞、亚细胞、分子等不同层次水平组成的系统。

人的心理是由认知、情感、意志活动和个性特征等互相联系的系统。

人的整体是由生理和心理，与自然、社会构成的更大系统。

这是作者常用的图书插图。

三、系统论与医学

34. 系统论的认识论有助于认识和解决医学中的“人”“疾病”和各种“系统问题”。

作者几十年始终以系统思维对待临床上各种医学心理学问题，并喜欢用系统图示表达。以下幻灯片中的示意图，引自作者以往各种著作（注：部分内容与前文重复，为保持本专题完整性，予以保留）。

（1）失血为例

线性地看，应该失血越多血压越低。

但实际上，出血患者在某一阶段可能并不立即出现同步的血压下降，到了某一极限值，血压就可能瞬间直线下降。

35. 出血患者在某一阶段可能并不立即出现同步的血压下降，是因为血压调控“系统”中的另外因素（或维度），如外周微血管收缩、肾小管重吸收增多、心搏加快加强使心输出量增加等，以及心理系统因素的作用，使血容量维持相对稳定，结果给人以失血不多的假象。到了维持血压的整个系统平衡被打破的时候，血压就可能瞬间直线下降。

（2）凝血和溶血功能调节为例

凝血与溶血是“系统”的问题。包括：出血与止血；血液凝固（血凝）与纤维蛋白溶解（纤溶）；血液与血管；血小板与凝血因子；凝血酶原与凝血酶；纤维蛋白原与纤维蛋白等。**是多因素、多维度的动态平衡系统。**

36. 在处理临床上的出血与止血问题时，包括弥漫性血管内凝血（DIC），需要对患者的凝血和溶血状况有整体的掌握，需要系统思维能力。对此作者在参与血凝和纤溶的基础实验研究时（卢秀劲，姜乾金，1983），有较深刻理解，但回忆早前医学临床接触过的不少 DIC 病例，仅仅只是对照资料逐项采取医疗措施，患者大多死亡（该症死亡率本来就高）。

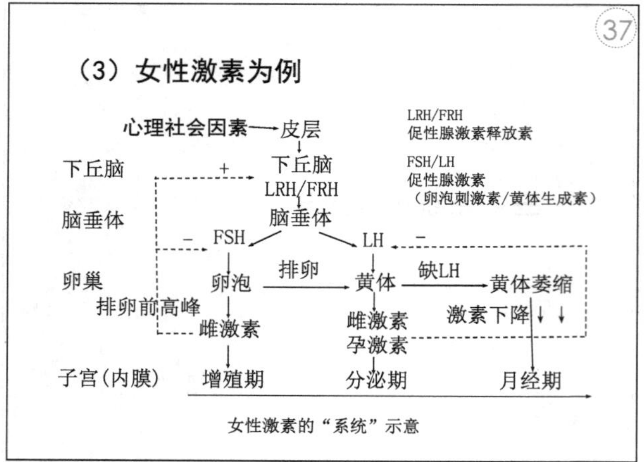

女性激素的“系统”示意

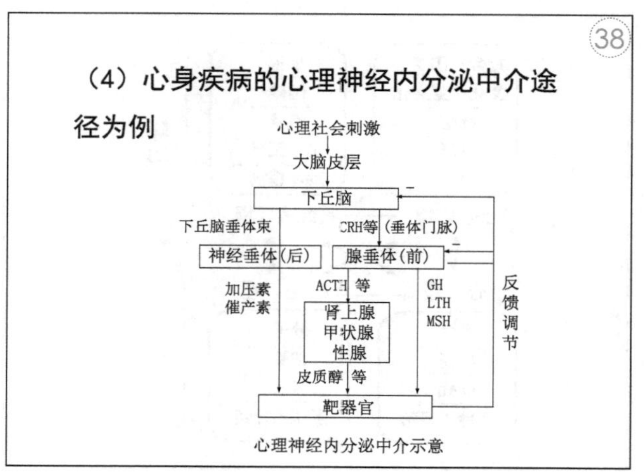

心理神经内分泌中介示意

37. 女性激素是一个“系统”问题，应该以系统思维模式，从雌激素、孕激素、促性腺激素、促性腺激素释放素，以及心理因素的系统作用，来讨论子宫内膜周期变化（月经）和卵泡发育与排卵等之间的关系，才能准确反映某些妇产科方面的心身医学问题，如不孕症患者的诊断和处置、绝经后妇科手术的选择问题等。

（本图及下文各图引自作者有关书籍、文章和资料）

38. 心理神经内分泌中介途径，是心身医学和心身疾病的重要调节系统。可能是由于该系统的作用过程和反馈机制相对比较“直线”（从上到下、由下到上），也或者这个系统经常出现于临床各科医生口中，故一般患者和正常人群也能大概理解。

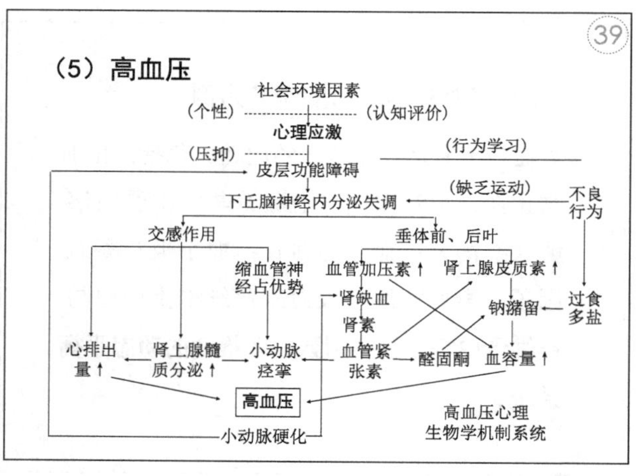

高血压心理生物学机制系统

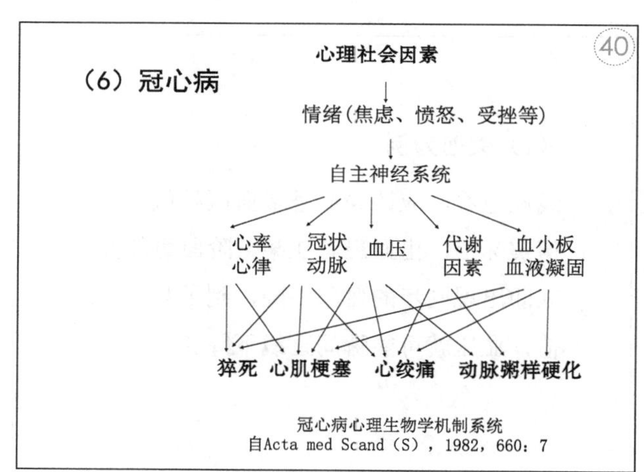

冠心病心理生物学机制系统
自Acta med Scand（S），1982，660：7

39. 在临床疾病方面，高血压的临床过程需要综合考虑生物心理多因素多维度的系统关系。高血压的发生问题，医生对患者的解释经常要么是线性武断，要么是不置可否。原因一方面是高血压的发病确实太“系统”了，一时说不清楚；另一方面也可能是医生确实也未必搞清楚了。高血压的干预，同样如此。

40. 冠心病的临床过程与高血压一样，需要综合考虑生物心理社会因素的系统关系。

心血管疾病是人类的首要杀手，由于其发病、发展、治疗和康复过程（有时候要经过几十年）都是系统问题，人类虽然投入大力气进行研究，但距离目标仍远。医学心理学和心身医学工作者在高血压和冠心病的防治方面，本来应该有所作为。

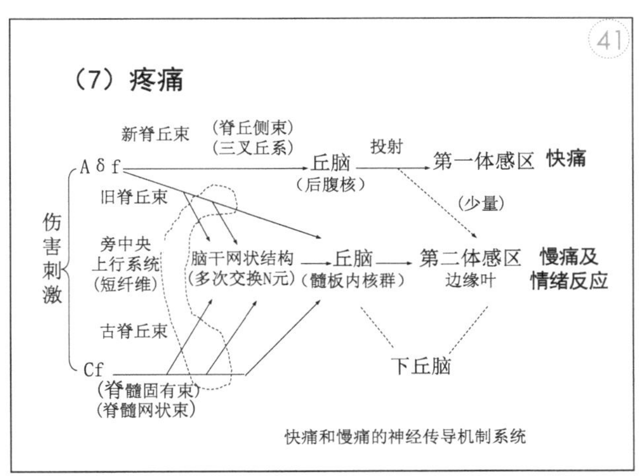

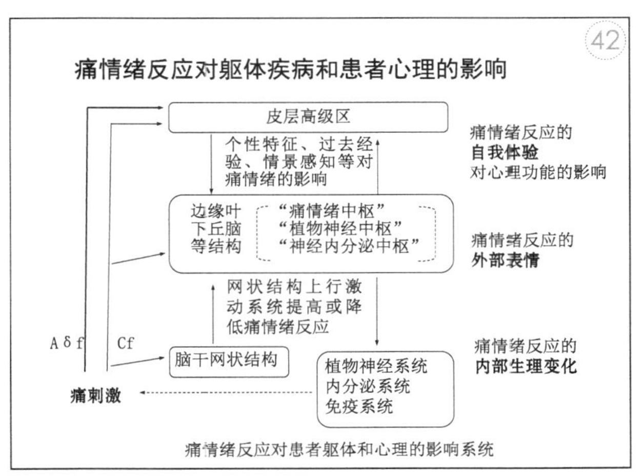

41. 以下这两张幻灯片关于快痛和慢痛，以及关于疼痛情绪反应，摘录自作者最早的综述论文《略谈痛觉和痛情绪反应问题》，该文是作者在1982 年厦门集美召开的全国医学心理学学术年会上做的大会报告（参阅第 18 章）。

42. 慢性疼痛（包括内脏痛），是临床的常见症状，也是心身医学的难题。其特点是传导速度慢、定位不明确，伴有明显的痛觉情绪反应（和内脏反应），且受心理社会因素的影响。慢痛的发生与神经传导和中枢机制的许多环节有关，也属于系统问题。

痛情绪反应，其原因、其影响，往往是涉及生物心理社会因素的系统问题。对痛情绪反应的心理干预最好也从系统的角度展开。

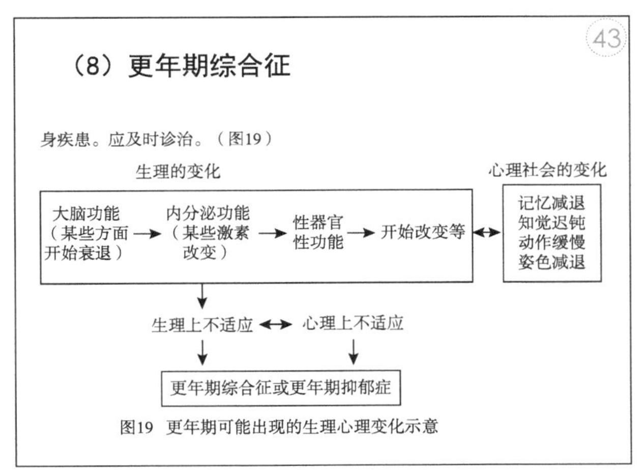

44

（9）其他

可以说，医学上的各种复杂问题，以及心身医学或心理门诊遇到的各种心身问题或心理问题，几乎都是“系统”问题。

43. 通常，会将更年期综合征简单归结为卵巢萎缩女性激素降低所致。于是第一个话题就是能否给补上女性激素。这其实是线性思维。作者早年分析，并且多年前在老年大学讲课时指出，更年期综合征激素降低是重要原因，但各种相关联的心理社会文化环境因素也是重要影响因素。这是一个系统问题。图片拍摄自作者 1982 年编写的《医学心理学讲义》。

44. 例如，中枢和外周各类神经递质的功能与调节、消化系统的功能及其调节、肾脏的功能及其调节、成骨细胞和破骨细胞之间的关系等，甚至整个临床医疗工作之间的关系，都是“系统”的问题。至于各种心身医学和医学心理学“问题”，更是毋庸置疑的系统问题。

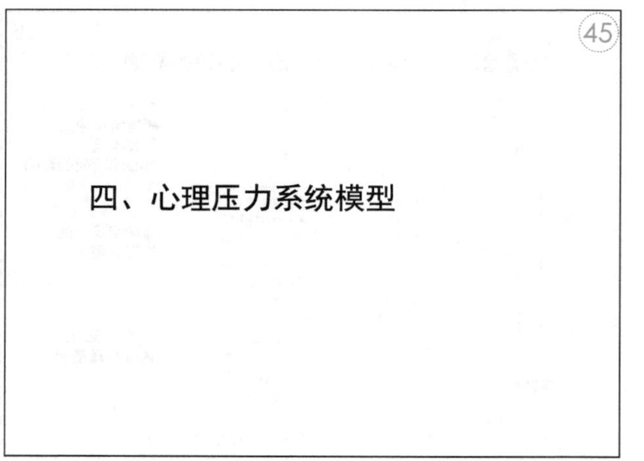

45. 作者在几十年的工作经验、系统论学习和理论与实证研究基础上，倡导应激（压力）系统模型，在医学心理学和心身医学各领域，有广泛的应用价值。以下选择部分幻灯片分享。

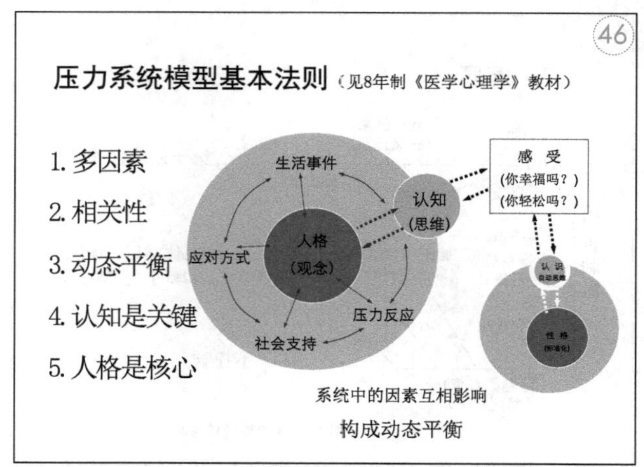

46. 心理压力（应激）系统模型基本法则：①多因素（包括生活事件、认知特点、应对方式、社会支持、人格特征、压力反应等）；②相关性（因素间互相作用、互为因果）；③动态平衡（因素间恶性循环可导致系统失衡，即为压力）；④认知是关键（认知的主动性和可控性，是管控压力的关键）；⑤人格是核心（人格特质潜在地和顽固地影响着各种压力因素）。

“系统思维”的操作定义就来自这里。

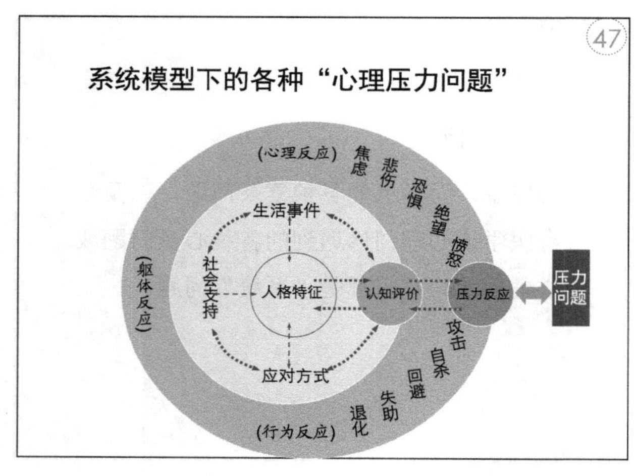

47. 对于诸如适应困难、情境紧张、婚姻冲突、心理危机、自杀等的各种临床压力问题，系统模型有助于分析问题，筹划解决问题的策略，寻找各种具体的干预方法。

同时，对于一些复杂的医学心理学和心身医学问题，如前面分析过的高血压、冠心病、慢性疼痛、更年期综合征等心身疾病，临床分析和综合干预也可参考压力（应激）系统模型。

第6节　博文集（一）

压力（应激）系统模型是生物心理社会多学科交叉的理论模式，其内容看似容易理解，实则较难把握，其学术价值又主要体现在被目标人群接受和应用上。为此，作者选取2011—2022年撰写的部分博文（原有链接和表情包已撤去），经组合分别列入若干章之后，目的是加深阅读者对该章内容的理解和把握，同时也为可能开展的系统模型各种主题宣讲和临床咨询等实际工作提供进一步的引用素材。

本节含28条博文，主要涉及简单与综合、单体与系统、单因素（维）和多因素（维）、线性思维（逻辑）和系统思维（逻辑）等话题。

"多维"（思维）不容易呀！（2017－09－04 12：30：50）

今天见到一篇有关"多维"（思维）、弦论、宇宙……的文章。

其中有一位网友发表评论，代表大多数："老实待在自己的维度吧，高维（即多维度思考）会逼疯你的，想象一下没有实体感的世界，渺小的人类。"

是的，博主也认同，生活中或许还是"单维"（思维）省力！而且也大都管用。因为毕竟那是人类千万年累积下来的宝贵财产。

但在面对复杂问题，如复杂的心理压力时，那还是得使用"多维"（思维），建议大力推荐压力系统模型。

我们面对的，有"系统问题"，也有"线性问题"（2017－10－28 10：30：58）

第五次医学心理学老专家千岛湖联谊活动昨天顺利结束，脑子刚闲下来，又回到"系统问题"。

人生要面对各种"问题"，包括"系统问题"和"线性问题"。

系统问题很普遍。大的如人类的进化与发展，中的如国人心理疾患的防治与示范，小的如某患者焦虑障碍的治疗与预防。压力问题也是系统问题（故有压力系统模型），大的如婚姻家庭问题的分析与指导，小的如某位家庭成员的危机干预。

系统问题包含多因素、多维度信息，对此可以有不同角度、不同看法，甚至"众说纷纭"。

刚看到网上有一组老照片，反映澳大利亚土著悲惨命运，场面骇人，男子排成一排，脖子上挂着铁链，旁边有持步枪白人看管，再现19世纪90年代生活在水深火热中的澳大利亚土著居民。

对此，网友中有人看到其中的弱肉强食，有人看到其中的人种差异，有人看到其中的社会变迁，有人看到其中的侵权罪恶，有人看到其中的人性泯灭，有人看到其中的免疫缺乏（欧洲带来的病菌致土著人灭绝），有人看到其中的团体差异……却未必是谁对谁错的问题，因为他们也许是生物学家、人类学家、社会学家、人权卫士、伦理学家、免疫学家、心理学家……或者，根本就是我等普罗大众。

所以，谈到风气，只要大家都树立起事情总是多维度的、问题总是“系统”的观念，采用“系统思维”，空气里的戾气将减少，个人的压力感也将降低。

当然，实现这一点也有些难。

至于线性问题，如记流水账、手术、上下班，那就简单得多（对或错、好或不好、准时或不准时），也容易取得一致（迟到怎算好员工、种瓜哪能不得瓜）。但线性思维也很容易导致另外的问题，如“天下无难事”“只要功夫深”“胜利只属于能坚持者”“有其因必有其果”“宁可站着死”等，都是线性思维基础上的极端化或绝对化，会让某些人面临的问题变得更复杂，这是另外的话题，也是认知治疗的话题。

附：博主与压力系统模型有关的资料

“医闹”小伙的线性逻辑（2017-12-25 08：26：22）

网讯：老人吐血急诊，医生问话，小伙怒，击之。

小伙的“线性”逻辑是：我爸“急病”，你得赶快“看病、治病”，怎么还要“问病”，我如果知道什么病还要你医生干什么，找打！

每人都有自己的道理，所谓互相理解，要从哪里开始？从“系统”多角度开始呀！

从传统和人格两维分析儿子举报母亲案（2018-03-02 22：40：11）

有人转了个旧闻，说有一位律师在后悔特定历史时期举报母亲致其被枪决。

其实这个“事件”就是个“系统问题”。可以从多个维度讨论其原因。这里抽取其中两个维度做分析。

一是传统的家庭伦理遭蔑视。

特定时代产生一定的人，特定风气产生一定的人，特定家庭结构产生一定的人，特定价值观产生一定的人。换了时代，换了风气，换了家庭结构，换了价值观，人们自然容易出现对各种前事的“后悔”。就在这样的后悔中，历史总结出并且留下了各种传统（如传统家庭伦理），并以这些传统来制约新一代的成长，以免下一代走得太远，酿成更多的后悔。

传统既然是社会长期发展的结果，本质上不会是线性的（非白即黑、非对即错），而是一种系统的存在。然而，某些青年甚至中年人，自我意识强烈，被“非白即黑”两极线性思维所主导，在时尚的反传统中，往往会一反到底，彻底抛弃传统（反对我的偶像，你就是我的敌人）。

我国古代，有父母亡故须回乡服丧三年的传统要求，相信少有儿子出于“正义”将母亲推上断头台；但在国外某些地区，有对犯禁亲人最高采用荣誉处决的传统，那么出于“正义”残杀亲人的事件就难以避免。

可见，传统家庭伦理的被蔑视，是本例的重要原因，但比照中外，却也可以理解。

二是偏执（执着）人格的影响。

根据系统模型，人格是导致许多严重后果的核心因素。本例中，当事家庭成员之间普遍存在偏执（执着）性格，矛盾升级，导致恶性循环，也是重要原因。

至于“偏执”人格的形成原因，包括个人和社会，也是系统的问题（略）。

自然，还可以从更多的维度（因素）讨论这个案例。讨论得越多维，越能接近事件本质，越有意义。

捐了 2 亿元，为何不能收获感恩（2018－04－05 09：50：43）

对《捐 2 亿元送乡亲别墅富豪反遇尴尬连续两年不愿回乡过年》一文，网评几乎异口同声在指斥农村、农民。

其实，只要采用系统思维，就可以有以下不同认识：

① 此事即使发生在城市，面对这么大的财富量和受益群体，如事先无规则，没有多维度的思考和设计，也会出现类似问题的。故此事无关农村的落后。

② 早就有“升米养恩斗米养仇”的说法。这么大的奉献量，面对复杂的受惠群体，事先应先从系统角度做综合分析，确定规则，然后实施。

线性思维无处不在（2018－05－14 10：44：38）

一条线索：剩菜中有亚硝酸盐，实验证明此物有致癌作用，故剩菜不能吃。

另一条线索：剩菜中有亚硝酸盐，实验证明此物有扩血管作用，故剩菜能吃。

一条线索：大丈夫不可跪着生，当求死。

另一条线索：大丈夫能屈能伸，当求活。

……

怎么办？大众需要有点系统思维，资深专业人士更需要。

“名言”，往往是哲学家、理论家复杂理论中的线性简单（2018－06－30 22：00：34）

日前有网文罗列出 14 位大哲学家对生命的各种名言（14 位哲学家对生命的点拨）。例如，苏格拉底：“我只知道一件事，就是我什么都不知道。”

对此有网友评论：

“这种不清不楚的寻章摘句，只会使人误解哲学，每个哲学家都是有自己的认识系统的，或者都是有他们关注的重点问题的。就像苏格拉底是关注城邦的公平正义的。靠单句的解释则会更深地误解哲学，也会使人的认识更加糊涂。因为他说的好像都对，但是没有办法接近，没有办法实行。”

博主倒是认为：

这种“寻章摘句”，就是试图从复杂的系统中寻找线性的简单。从复杂中求简单是人类面对陌生又复杂对象时的习性之一。

能够流传的各种哲学家“名言”，实际上就是习惯于线性逻辑的我们，从哲学家的理论系统中找到的线性简单；或者是哲学家自己为了让习惯于线性思维的我们能简单理解，故意从他那复杂的理论中“总结”出一个线性的简单。这与前博“系统模型－复杂事情看简单”所述近似。

从狗狗不牵绳子的线性理由说起（2018－07－31 08：06：23）

网上又见狗狗撕咬孩子的视频，场面血腥、骇人。其实这个视频被无数次转发过，转发者意图当然是提醒狗主人牵好自己的狗狗。但事实上，效果有限，最多的转发也不见得会触动某些习惯于不牵狗绳的狗主人。因为，他（她）们有许多条线性逻辑（理由）为自己辩护：

“这种情况很少见，特例而已”

“我的狗例外，从不咬人”

“你们大人自己不小心，未管好孩子”

“这孩子的运气不好，为何不咬别人”

……

别小看这类线性思维习惯（理由），现实生活中的许多矛盾、争论、戾气、打斗情境背后，就是某一方坚持这类线性逻辑，且很难“说服”他（她）们。

心理问题的发生和治疗，也需要注意线性思维的问题。

开幕式发言 5 分钟（2018－09－29 10：50：51）

首届浙江省学校－医院心理健康高峰论坛暨 C9 高校“双一流建设与心理健康工作”研讨会（浙大紫金港）

尊敬的各位领导、各位来宾，朋友们！会务组安排我讲 6 分钟。我琢磨一下，以我的现况，还是就我们团队在心理健康相关领域的工作历史，做简单汇报。

这个团队包括在座的朱教授、祝教授，还有坚持在医学院上医学心理学课的沈教授，以及各时期兄弟院校等合作者。

我们这个团队，在我国医学心理学、心身医学、心理卫生等交叉领域的发展早期，这里指的是“早期”，在以下 4 个方面做了一些工作，取得了一些成绩。

（一）课程建设：1982 年，我们就编写了国内早期的《医学心理学讲义》；1997 年获国家教委高等教育教材研究课题计划项目资助；2000 年获评卫生部重点 CAI 教材课题；2001 年后的十几年，先后主编主审全国 5 年制、7 年制、8 年制规划教材，所建立的课程构架得到延续。经过几十年课程建设，最终获评全国唯一的“医学心理学”国家级精品课程。

（二）医学心理学队伍：1984 年，我们主动筹办了全国医学心理学研讨会。这种活动形式在此后 30 多年，每 1 ~ 2 年举办一次，一直延续至今。可以说，我们为我国医学心理学初期的队伍聚集和后来的发展，做了贡献；我个人也获得后来成立的教学分会颁发的医学心理学终身成就奖（注：我们还举办过全国医学心理学教师进修班）。

（三）心理卫生和应激研究：1985 年，我们就已经开展应激（压力）多因素实证研究，论文次年发表在《中国心理卫生杂志》创刊号上，是少数论著之一；此后 30 多年，我们持续进行应激（压力）和应对的理论与应用研究，先后提出了“压力过程模型”和“压力系统模型”，在心理健康工作领域提出了一整套独特的应激理论模型、压力评估工具和临床工作范式。

（四）心身医学：1992 年，我们参与了早期中华医学会心身医学分会的筹建工作，通过无记名投票，我个人两次获任副会长；2007 年我们首次主编国内《心身医学》规划教材；同时我们也在国内较早筹建了心身医学省级学会组织；前些天我个人获得“中国心身医学终身成就奖”。

各位领导、各位嘉宾、各位代表，刚才汇报的是我们团队在国内心理健康各相关领域发展过程中所做的一些工作。在许多方面，特别是深度和后劲等方面，我们得虚心向包括各位嘉宾在内的先进单位学习。况历史只代表过去，我相信，通过这次学术活动，我们团队特别是年轻伙伴们，将会从各位大伽身上吸取更多更新的营养，为我国心理健康教育、心身医学发展和心理卫生事业，做出新贡献。

最后，预祝会议完满成功！祝各位领导、嘉宾、代表佳节愉快！

（注：本文涉及应激或压力研究在作者主持的学科建设中的历史位置）

家族的“五子循环”现象（2019－01－23 19：06：02）

富不过三代，是许多富人担心的事。

家庭和家族作为系统结构，必然存在多因素的相互作用，以及多因素作用结果的动态平衡变化。民间就有所谓“五子循环”的说法，就是苦子生勤子，勤子生富子，富子生福子，福子生败子，败子生苦子……这种“五子循环”现象，按 20 年一代算，需要百年才一个循环。因为时间较长，往往不被人们注意。因为隔代遥远，后“子”往往难以理解前“子”。例如，当代“福子”如果不经过理性思考，很难体会上代“苦子”（注：“五子循环”现象，是家族内外多种因素交互作用的非线性结果）。

超过系统的平衡点，难复原（2019－07－17 07：37：44）

评《是什么让世界超级大渔场变得死寂》。

生态是系统（健康、婚姻、命运等亦同），系统是多维度、多因素的平衡体。平衡体是动态的，在失平衡时可以修正之。但系统有平衡极点，过了平衡极点，就难以回归原有的动态平衡（但可以形成新的系统平衡，只是不再是原来的了）。

葬俗中的认知、情感和行为关系（2019－09－13 15：07：08）

行为：近期在浙南参加了亲友的葬俗仪式全程。煞是热闹。

认知：从认知的角度，这种流行于浙南小文化环境里的丧葬习俗，是既迷信又浪费，因为逝者根本感受不到后辈带给他的哀荣，又白白耗费许多人力、物力、财力。

情感：然而这种仪式场面却会给在世人带来某种情感上的影响，包括活动仪式化进程、不同身份人积极参与、把抽象虚无变成现实可见，或会增进人们的安全感。

认知：这些强烈的群体仪式感和伴随的社会支持感，又会影响甚至改变人们对现实和生死的认知。

以上认知、情感和行为互相影响的三角关系，是支撑这类局部亚文化现象的基础。

关于端粒长短“决定”寿命（2019－11－28 12：38）

这个论断的问题出在“决定”两个字上，契合线性思维的极端，意味着端粒长短等于寿命长短。

但实际上，即使端粒影响人的寿命，但心血管病、癌症等各种疾病及其他许多因素，都可以影响寿命。所以，寿命是个系统的问题，端粒可能起到重要作用，但不会是“决定”因素。

不过人们习惯了“线性思维”，如果在听到端粒“决定”寿命的宣告后，又从 MP4 播音中听到“今天有一种新药，能延长端粒，欢迎选购”，相信反应会很爆。

神经衰弱的“衰弱”与“易激惹”（2020－6－30 18：05）（微博）

神经衰弱，国人太熟悉了。

阅读精神病学诊断标准，神经衰弱项下有“衰弱”（其实是一个维度）和“易激惹”（其实是另一个维度）等症状描述。但许多人包括一些医生，往往只注意到“衰弱”（病名就是“衰弱”），忽略了“易激惹”。

于是，既然“衰弱”了，自然需要“振奋”（如“能量合剂”），自然需要“滋补”（如“补脑汁”）……

俚语“冇长头”（指缺乏预见性）（2020－08－07 09：12：20）

在老家几天，又听到久违的俚语——冇（没有）长头。

冇长头，直接意思是没有留下余地，其引申含义通常用于调侃或数落某些年轻人，指其看问题甚至待人处事缺乏预见性。

“冇长头”是训词，主要不是指对线性因果缺乏预见性，因为线性因果，人们凭直觉基本上都能预感到，这里主要是指对系统问题缺乏预见性。

“有长头”的提醒背后，是要求青少年对于复杂事物的前景有多因素、多角度（维度）及其动态关系的预估，并在预估的基础上形成一种取向，这一取向预期会有比较好的结果，在前进过程中一旦出现情况变化，又能适时做出调整。

“有长头”，这是童年不太爱听又不得不常听的来自长者训话中的“关键词”，如今听来不但不厌恶反而深感亲切。因为，有理，符合系统模型，有用，督促孩子由单纯变成熟。

正确背后的谬误——线性片段的堆砌不等于系统整体（2020－10－18 12：27：23）

趣味摘抄：“我和五百强企业——建设银行、农业银行、中移动、中石油、国家电网、沃尔玛、万达、阿里巴巴、腾讯等保持长期稳定的合作关系！”“世界杯已经举办了近100年了，但是中国足球队在世界杯中仅仅输过三场比赛！而强大的巴西队，在世界杯中也仅赢过中国足球队一次！”

“无限”深耕密植的背后是线性思维（2021－05－23 11：41）（微博）

（袁老逝去，引回忆）

困难时期，上山砍柴路上，桥头边。

某村水稻试验田，田中竖个巨牌（大意）：

目标：亩产稻谷 × 万斤。

措施：深耕 × 米（似乎越深耕，水稻根系也越深）；基肥 × × 担（似乎基肥越多，水稻吸收养分也越多）；密植 × 寸（似乎数据越小，稻穗越多，产量自然越高）……

以上的各种措施和目标，显然都是以线性思维（逻辑）为基础的。

当然，后来是不了了之。

身体的系统平衡与出汗（2021－07－15 20：15）（微博）

不知大家有否注意到，天热人体出汗有一个特点。不是处于酷暑的人，突然遇到高温天气，往往会大汗淋漓，人体好像不知道“节省”水分，很快就要脱水一样。但在酷暑下经过一段时间锻炼，人体的汗液分泌就会“节省”许多，细细地渗汗，似乎刚好供发汗散热之用。这样，在酷热天气下就可以活动更长时间而不易脱水。这恐怕也是人体与自然界构成的系统处于动态平衡状态的证据。

顺便发挥一下。热天劳动，人体出汗，频频用毛巾擦汗是影视剧中演员的夸张动作。实际生活中，此时出汗是身体为了散热调节体温。故除非大汗淋漓，影响视线，不得不用毛巾擦一下，一般情况下尽量保持体表一定汗水湿润，才会感觉到风凉。

在系统中，“变”是永恒的（2021－07－21 07：07）（微博）

变，是永恒的，不变，是暂时的。

——这是生存系统的基本规律。人生对此应有预设。

系统思维什么时候“用”(2021-09-10 10：18：53)

系统思维，虽然有助于发现复杂问题之本质，但因为其表达的思维方式与众不同（异于日常），如果在平常与人交往时总是以系统思维示人，易给人标新立异或自命不凡之感。所以系统思维，通常见于以下情况：

一种是自己处于“导师”位置，听众崇拜，试图让听众接受自己的观念，并有助于他们解决复杂问题，促进社会适应，如心理咨询时，以及在某些讲座中，因为有机会讲深讲透。

一种是自己处于某种人生关头，通过系统思维，认识问题，及时调整行动方向和情绪状态，达成心身新的动态平衡。

自然，最理想的是，通过日常生活的修炼，有意识地养成以系统思维面对复杂问题的习惯，使之成为优秀的人格品质之一。

系统里的周期变化(2022-01-19 08：58)(微博)

社会、经济，都是一个个系统。系统的变化，有时候会有一定的周期。

2008年金融风暴，一个“4万亿”，银行上门推销贷款。这让一些借款人以为，这些钱及所置办的软硬件，都是自己的资产（我亲耳听到的）。

几年后，情况变化，银根收紧，资金链开始紧张。但这些人却还是线性地认为，这是暂时的，很快银行又会上门来推销贷款（也是我亲耳听到的）。

其实，系统疯狂时，正是收缩的开始。当时我说，国家的周期不可能马上就转过来的，但这些人仍用不断拆东墙补西墙的方法试图渡过这个“难关”。结果可想而知。

现在，十几年过去了，一个新的周期来了，银行再一次“推销”贷款。大量的贷款会让银行的报表变得更好看。贷款以后即使收不回来，形成的坏账结果也要几年后显现。这也是银行小系统里面的小周期。

弱者，资助者，财物和其他(2022-01-22 21：16：20)

（略去了三段有关个人经历）

哪个时代都有各种各样的弱者。老家有一句俗话，叫作“未到88（岁），覅（讥）笑他人头破眼裂”。意思是，每一个人未到寿终之时，都有可能在人生某一个时段遭遇不幸，所以不要讥笑弱者（外貌），更别以他人的不幸取乐。

同情弱者，是一种文化，也是一种美德。但是同情弱者的背后潜在的逻辑（线性的或者是系统的）以及相应的行为表现，却是值得讨论的。先看事例。

曾经在一个电视节目中，我凑巧注意到有关主体单位领导人正在舞台上给一位贫病残人士赠送生活物资。只见摄像镜头逐渐地由整个舞台转向受助人的脸部，并且逐渐放大靠近两只眼睛，迟迟没有移开，显然是在等待受助者的眼泪。当时，我有一种酸楚的感觉，因为对受助人来说，除了对所获物资的感谢，这却也意味着自尊的被交换出去甚至被出卖，即出卖成为资助者的广告效应。然而，相信多数观众不会有此感觉，因为大众的逻辑很简单，也很线性：知恩图报，天经地义，滴水之恩，涌泉相报，怎么也不过分……这些成为人们对待资助和被资助两者之间关系的简单态度，并且在逻辑上似乎也是无懈可击的。

（略去一段关于资助者和受助者纷争案例）

换几个角度，如果我们从多因素、多维度去看一个人。舞台上的那位病残人士，贫困或者说缺乏财富是一个重要的维度，但也只是一个维度，作为人还有自尊等其他重要维度。如果我们只从单一的维度，那么给你钱财，你当然应该感恩戴德，怎么也不过分。但如果从多维度加以考虑，那么给你钱物，却以损伤自尊为代价，那资助行为无意中成为另一个维度的交换或买卖了。

因此，应该赞赏那些慷慨扶贫、乐善好施的善人们，更应该赞赏那些埋名做好事或至少注意保护被资助者自尊心的慈善家。

可能有人会说，既然你贫穷了，还要自尊干什么。这不值得与之进一步讨论，因为提问者是典型的线性思维。

陷入传销，让聪明人变糊涂（2022－04－23 09：52）（微博）

人们以旁观者的身份去看待传销案故事，觉得陷于传销的人太傻了。这是因为，整个传销故事的演化过程细节已经清楚，用线性思维一眼就能“看穿”问题的本质。这就是“旁观者清”。

对于陷入传销的当事人来说就不一样了。这些人听到和看到（认知）传销组织中大量的“成功”案例，与自身线性思维习惯共鸣，引导情感（期盼）和行为（尝试）陷入。认知、情感和行为三者互相促进，恶性循环，越陷越深。最终导致“当局者迷”（聪明人变糊涂）。

“不以胜败论英雄”（2022－04－24 11：20）（微博）

简评：“单亲爸爸专心带娃 18 年，儿子 19 岁留学后自杀”。

对于网上的天量声讨，博主说几句。

这确实是失败的案例，值得当今许多时尚家长思考。

但是，从系统的角度，也不能因此就认为，这个父亲一路过来所有的育儿方式一无是处。因为，这里涉及父亲采用的许多育儿方式与方法，有许多是符合理论和实际的。

同时，也不能因为自杀了，就认为这个儿子前面 18 年取得的各种成绩都是失败的。因为，这里包含了儿子成长过程中取得的许多成绩，有许多是值得肯定的，或者是可以复制的。

生活中，简单问题线性看，复杂问题系统看（2022－06－04 09：38）

生活中，简单的问题，线性地去处理即可，迅速有效。

生活中，复杂的问题，一定要系统地去思考，才能够找到处置问题的要诀。

道理很简单，甚至不屑去谈，但在实际工作和生活中，往往就是容易犯这样的“方向性”错误。

线性逻辑使“维生素越多越好”（2022－10－24 9：20）（微博）

科学实验证明，缺某一种维生素会影响某种代谢过程。线性逻辑：这种维生素对人有好处。

科学实验证明，许多维生素对人体有好处。线性思维：这么多维生素合在一起对人体一定更有好处。

既然许多维生素对人体有好处，线性推理：将所有维生素合在一起，一定更有好处、更保险，即使不治病也有保健作用。

经过民间线性“泛化”，含更多维生素的药丸，就是更好的“补品”，花更多的钱去买也值得，送出去也更有面子。

还别说，以上习惯化了的线性思维、逻辑、推理和泛化，不单存在于大妈大爷，即使许多医生也不例外。

宰相不出门，怎知天下事？（2022－10－24 10：23）（微博）

这不仅是因为宰相的知识和学问，更重要的是因为他能听各类线索的信息来源，不论是喜欢的或不喜欢的。

如果宰相也像“愣头青”，只选择喜欢听的、喜欢看的信息，厌恶、屏蔽不喜欢的信息，很难想象他能知天下事。

一个成熟的人，就是通过吸收各种类型的信息，然后经过自己的智力加工，实现对外部世界的动态认识。

可惜一些人即使已到中年，也不一定明白这个道理。

与线性思维者交流，较难！（2022－11－01 09：22）（微博）

与线性思维者交流，有点难度。因为在你展示某问题的系统结构时，线性思维者已率先发现问题“主线”，并认为你这种展示是多余的或者是错误的（这种情况在心理咨询门诊更多见）。

某些人的固执、偏执或执着，与知识无关，决定于线性思维习惯。只有在面临复杂问题陷于痛苦之时，才有可能在“听听看”的前提下，部分或暂时接受系统思维（回去后又很快“回潮”，在心理咨询门诊中多见）。

第2章　压力（应激）因素

本章导言

关于“系统”，一个重要的基本理念是多因素，而且因素之中还有因素，然后才是多因素之间的关系和规律。这看似简单，在生活中却又是最容易被忽略的。

实际上，世界上任何事物，任何人、家庭、民族、国家、历史、文化，任何难解的问题，都是由各种不同因素（或不同维度）构成。或者换一种说法，世界上任何复杂的问题，都会涉及许多因素，都可以从多个维度去看。单因素、单维度，或者通俗说的一个角度看问题，往往并不准确。然而，我们却更习惯于从单维度甚至两极的线性思维出发，去判读和解决问题。

压力（应激）既然被作为“系统”来认识，自然首先涉及有哪些应激因素。应激系统模型将这些因素概括为生活事件、认知评价、应对方式、社会支持、人格特征和应激反应。

本章资料除了较全面介绍各种应激因素的概念、分类、与医学的关系等基本知识外，还传递一个很重要的理念，即一切复杂的事物，总是由许多因素（许多维度）构成。

要熟练掌握压力（应激）系统模型的理论和应用，需要先熟悉本章内容。

第 1 节　生活事件（应激源）（专著，2012）

本章第 1 ~ 第 6 节摘录自 2012 年《医学心理学：理论，方法与临床》（人民卫生出版社）第四章。这部分内容是作者自 20 世纪 80 年代以来主编的各版本教材累积修订延续而来，对于读者也是全面认识和理解压力（应激）系统模型的基础。文中涉及的图表已转换成本文集编号或者略去。

一、应激与生活事件

（一）作为应激源的生活事件

凡事必有因，有因必有果。这几乎就是我们的共识。虽然这种论断在大量现实问题面前往往显得苍白无力，但我们暂时不去追究，后文会有交代，这里只是顺着这个论断，先集中讨论这个“因”。应激也得有“因”啊，这就是应激源（原）或压力源，从生理实验的角度，那就是应激刺激，从心理社会的角度，那就是生活事件。

按照通常的线性逻辑，应激由应激源（stressors）所引起，即引起应激的刺激，应激的原因。

在目前各种应激动物实验研究中，常用的应激源或应激刺激包括电击、水浸、捆绑、拥挤、恐吓等。

在人类生活中，应激源就是各种生活事件（life events），包括来自生物的、心理的、社会的和文化的各种事件。在许多医学心理学文献中，往往将生活事件和应激源作为同义词来看待。

生物性生活事件，是指生物学因素引起的事件，如患者被告知患有癌症。

心理性生活事件，主要指与个体心理特点相关的事件，如对别人升迁耿耿于怀。

社会性生活事件，是指社会环境因素引起的事件，如遭遇天灾人祸。

文化性生活事件，指与文化差异相关的事件，如移民、农民工进城。

探讨生活事件与健康的关系，是心理应激与健康关系研究的早期活跃领域。

文化性生活事件，在应激的生活事件研究中往往不被重视。其实，文化差异充斥于我们的现实生活之中。一个简单的例子，国人往往同吃一盘菜，却不习惯于接吻；西方人往往分开进食，却不忌讳接吻。这里似乎没有对与错、好与坏的区别，也不存在怕脏或者不怕脏的问题，而只有文化差异。因为文化差异导致心理困惑即文化性生活事件。

不同国家之间存在复杂的文化差异。因此，出国人员面临着文化差异的生活事件。作者近年来就多次接待过从国外特地飞回接受心理咨询的留学人员，他们的问题都多少与文化差异有关。

我国东西部之间或城乡之间存在亚文化差异，包括观念、风俗与习惯等。因此，农民工进城面临着亚文化差异的生活事件。近些年，一些边远地区的农民出远门到沿海发达地区打工，出现心身健康问题的人较多。我们在考虑这些人的发病原因时，往往更多地注意他们的经济困难、居住拥挤、工作重负，却忽略亚文化差异的潜在影响。极端的例子是，个别边远地区农民离开长期生活的中西部故土，远赴东南沿海打工，却在初次出远门的交通工具上突发旅途精神病，继而由于幻觉和被害妄想而一路奔逃、一路挥舞凶器，人们由于难以理解，往往将其视为“歹徒”而加以处置。

（二）生活事件的现象学分类

生活事件的内容很广，许多事件还相互交织在一起，要做出准确而又避免重复的分类比较困难，因而目前各种生活事件评估量表对事件的分类也不尽相同。以下仅从现象学角度对生活事件内容进行归并分类。其中，前 4 类生活事件有很高的跨文化一致性，即在世界不同民族和不同文化背景下，这几类生活事件仍具有普遍的重要性。

1. 工作事件

很多现代化的工作环境或工作的本身就具有极强的紧张性和刺激性，易使人产生不同程度的应激。①长期处于高温、低温、噪音、矿井等环境的工作。②高科技、现代化需要高度注意力集中和消耗脑力的工作。③长期远离人群（远洋、高山、沙漠）的工作，或高度消耗体力及威胁生命安全的工作，或经常改变生活节律无章可循的工作，或长期从事且单调重复的流水线工作，或社会要求和个人愿望超出本人实际能力限度的工作等，都可成为心理应激的来源。④失业和工作变动等。

2. 家庭事件

这是日常生活中最多见的应激源。包括多次恋爱不成功、失恋，夫妻关系不和、两地分居、外遇、情感破裂、离婚，配偶和家庭成员患病、死亡、外伤、分娩、手术，子女管教困难，住房拥挤，有长期需要照顾的老年人、残疾人、瘫痪患者，以及家庭成员之间关系紧张等。

3. 人际关系事件

包括与领导、同事、邻里、朋友之间的意见分歧和矛盾冲突等。研究证明，在和平稳定时期，个体与同事、领导之间的人际矛盾和冲突是很重要的生活事件。

4. 经济事件

包括经济上的困难或变故，如负债、失窃、处罚、亏损和失业等。

5. 社会和环境事件

每个人都生活在特定的自然环境和社会环境当中，面临无数自然和社会的变化，包括各种自然灾害，战争和动乱，社会政治经济制度变革，工业化、现代化和都市化所带来的各种环境污染，交通住房的拥挤、人口的过度集中，加快的生活节奏，知识的更新，竞争的加剧，物质的滥用，吸毒、酗酒及由此引起的卖淫、嫖赌偷盗等犯罪行为所造成的人为事件等。

6. 个人健康事件

指疾病或健康变故给个人造成的心理威胁，如疾病诊断、外伤、失眠、健康恶化、心身不适等。

7. 自我实现和自尊方面事件

指个人在事业和学业上的失败或挫折，以及涉案、被审查、被判刑等。

8. 喜庆事件

指结婚、再婚、立功受奖、晋升晋级等，也需要个体做出相应心理调整。

（三）正性事件和负性事件

按生活事件对当事人的影响性质，可分为正性和负性生活事件，往往以当事人的体验作为判断依据，这就涉及个人的认知评价了。

1. 正性生活事件（positive events）

是指个人认为对自己具有积极作用的事件。日常生活中有很多事件具有明显积极意义，如晋升、提级、立功、受奖等。但也有在一般人看来是可喜可贺的事情，在某些当事人身上同样出现消极的反应。例如，结婚对于某些当事人却引起心理障碍，成为负性事件。“范进中举”也是典型的文学故事。

2. 负性生活事件（negative events）

是指个人认为对自己产生消极作用的不愉快事件。这些事件都具有明显的厌恶性质或带给人痛苦悲伤心境，如亲人死亡、患急重病等。

研究证明，负性生活事件与心身健康相关性明显高于正性生活事件。因为负性生活事件对人具有威胁性，会造成较明显较持久的消极情绪体验，导致机体出现病感或疾病。

（四）客观事件和主观事件

1. 客观事件（objective events）

是指生活事件的发生不以人们的主观意志为转移，无法自己掌握和控制的事件。严重的客观事件多为突然发生的灾难，如地震、洪水、滑坡、火灾、车祸、空难、海难、空袭、战争等，当然也包括人的生、老、病、死事件。灾难事件或者创伤性事件可以引起强烈的急性精神创伤或延缓应激反应或创伤后应激障碍（post traumatic stress disorder，PTSD）。国内外诸多研究表明，该障碍往往病程迁延，严重影响患者的心理和社会功能。

这类具有客观属性的事件在进行评定时，其重测信度较高。

2. 主观事件（subjective events）

是指与个人主观原因有关的生活事件，如事业不遂。实际上，诸如居住条件差，工资收入低，父母、子女、夫妻、邻里、同事、上下级之间关系紧张，对职业不满意，婚姻不幸等事件，既具有客观属性，又具有一定的主观属性。可见，对生活事件做主、客观分类有时会遇到困难。

主观事件在评定时，其重测信度较低。

二、生活事件与临床

（一）生活事件与健康和疾病

首先应明确，生活事件并不总是消极的、有害的。从某种意义上可以说，一定的生活事件有助于孩子发展良好的社会适应能力，正所谓“千锤百炼”终成才。成年人的生活本身也是由大大小小的各种事件所构成，“碌碌无为”不是健康的表示。

但作为应激源，人们自然会首先想到生活事件对健康和疾病的影响。早期国外各种研究结果显示，伴有心理上丧失感的生活事件，如配偶的死亡，对健康的危害最大。有人对新近配偶死亡的903 名男性做了 6 年的追踪观察，结果发现，居丧第一年对健康的影响最大，其死亡率为对照组的12 倍，而第二、第三年的影响已不甚显著。当代的研究则进一步阐明了生活事件的质和量与健康和疾病的关系。

国内早期的一些研究也证明，生活事件与健康和疾病有重要的关联。

我国研究者早期即对生活事件与疾病的关系进行了很多调查研究。原北京医科大学（现北京大学医学部）曾对北京市 10 000 多人进行调查；中国科学院心理研究所和原北京医科大学协作，对钢铁工人也进行了调查，结果发现有 3 种刺激因素对疾病发生的影响最大。它们是：①在较紧张的学习或工作中伴随不愉快的情绪，容易得病；②工作中或家族中人际关系不协调，容易得病；③亲人的意外死亡或者突然的意外事故，是造成应激和疾病的重要原因。作者等（1987）在《中国心理卫生杂志》创刊号上报告，临床对照调查分析显示癌症患者发病史中的“家庭不幸事件”“工作学习过度”“人际关系不协调”等生活事件可能有重要意义。这与上述结果相一致。郑延平等（1990）调查证明，引起痛苦体验而且与疾病关系密切的大多数是负性生活事件，最严重的是丧偶、家庭成员的死亡。最大的生活事件是被人误解、错怪，子女管教困难，生活环境受噪音干扰，家庭主要成员患急、重病，家庭经济困难等。这些结果与国外的调查是一致的。范振国等（1993）研究发现，老年期抑郁状态的生活事件发生率与对照组有显著性差异，也高于老年期情感性精神障碍发病前的生活事件发生率。对老年人抑郁情绪影响较大的负性生活事件有重病外伤、家庭纠纷、经济收入减少等，与国外 Murphy 等（1982）的报告基本一致。另一些学者研究表明，不可预料、不可控制的负性生活事件对人威胁更大。

（二）生活事件致病机制

关于生活事件如何导致机体发病的详细机制还不清楚。显然，生活事件不是直接的致病因素。Rahe 认为，生活事件仅是引起疾病的危险因素，类似血清胆固醇升高与冠心病发病之间的关系。一些学者通过研究生活事件对人体免疫功能的影响，提出亲人病故、夫妻离异、事业受挫、遭受歧视等事件，经大脑的认知评价后引起悲伤、抑郁、孤独等负性心理体验，进而导致一系列生理生化变化，如免疫系统的改变。Bartrop 等（1977）首先报道丧偶后细胞免疫功能低下。随后 Schlaif 等分别检测了受试者在丧妻前后淋巴细胞对丝裂原植物血凝素（PHA）、刀豆蛋白 A（ConA）、美洲商陆（PWM）的反应性，发现在丧偶前细胞免疫水平没有显著改变，丧偶后的 2 个月则明显低下，一年后才恢复到丧偶前水平。家庭的破裂也可见到相似的结果，经历婚变的妇女，她们有严重的情感障碍，其淋巴细胞的反应性，TH 细胞、NK 细胞的百分率皆显著降低，而 EB 病毒抗体滴度增高，反映离异者细胞免疫受损。

所有的研究证明，生活事件是通过情绪反应和身体的生理、生化变化等环节来影响健康和疾病的。

（三）生活事件的量化方法及应用

1967 年，美国华盛顿大学医学院的精神病学专家 Homes T.H. 和 Rahe R.H. 通过对 5000 多人的调查研究编制了社会再适应评定量表（social readjustment rating scale，SRRS）。量表中列出了 43 种生活事件，每种生活事件标以不同的生活变化单位（life change units，LCU），用以表示事件对个体的心理刺激强度。其中，配偶死亡事件的心理刺激强度最高，为 100 LCU，意味着当事人重新适应所需要付出的努力程度也最大，与健康的关系最为密切。结婚为 50 LCU，居中。其他有关事件依次定值，如微小违规最低，为 11 LCU。利用这个量表可以检测一个人在某一段时间内所经历的各种生活事件，并以生活变化单位 LCU 的总量来表示。Holmes 早期研究发现，一个人一年期累计 LCU 得分确实与第二年的身体健康有关。Rabkin（1976）研究发现，生活变化单位的升高与突然的心源性死亡、心肌梗死、结核、白血病、多发性硬化、糖尿病、运动创伤和交通事故也有类似的相关性。

SRRS 发表以后，世界各国学者纷纷致力于生活事件的性质、种类、发生频度、持续时间等因素与有关疾病，如神经症、躯体疾病和心身疾病等之间关系的调查。国内张明园（1987）编制了同类生活事件量表。

但是，一些研究者也逐渐发现，类似 SRRS 这种客观定标的生活变化单位与疾病的相关程度较低，有的研究还证明没有相关（Byrne，1980）。这说明评定生活事件所致的应激强度和应激反应的类型还应考虑许多其他因素的影响，如个体的认知评价、应对方式、人格特征和生理素质等。其中，特别是认知因素的影响。因而在 Holmes 以后，不断出现各种被试者自己估计事件强度的生活事件量表。在这些量表中各种生活事件由被试者按事件对自己的影响程度做出评分，并以事件的正、负性质分别计分和统计。这些量表所获的生活事件分与健康和疾病的相关性有明显的提高。目前使用的生活事件量表大多属于这一类。国内杨德森等（1988）也编制了这类生活事件量表（LES）。在作者的心理社会应激调查表（PSS）中，也编制有生活事件问卷（LEQ）（参见第 21 章）。

不过，作者曾通过简单的分析发现，上述由被试者自己评分的量化方式也存在另一端的问题。例如，对主观事件的自我估分其信度较低，即估分的高低受心情好坏的直接影响等。特别是许多量表追求条目数量，致使存在重复计分的现象。例如，夫妻不和、分居、外遇、离婚等条目在事件性质和内容上有很大的重叠。为此，作者（1998a）曾比较过，发现由被试者自己评分 64 项生活事件，这种重复计分导致的失真程度，并不低于使用 13 类生活事件简化量表（PSSG）造成某些事件漏计的失真程度。因此，生活事件量表条目并不是分得越细、条目越多越好。目前一些学者在研究生活事件时使用简化归类的方法。例如，作者编制的团体用心理社会应激调查表（PSSG，详见第 21 章）中的生活事件就分为 13 类，以避免同一事件被重复计分的问题，而且使用简单。

另外，一直以来也有一些学者始终重视研究具体某种生活事件的病因学意义，而不是个人在某段时间里共有多少生活事件。例如，专门研究丧偶妇女群体一年内的免疫指标和心身健康变化。一些学者在临床诊断中，坚持单独评估患者的各种具体生活事件，而不使用包含许多事件的量表。这与目前临床医生在病程录中的做法相似。

（四）生活事件与临床干预

在心理门诊，对于那些仅因为生活事件而就诊的来访者，应帮助他们分析事件，解释事件的种类、对健康的作用机制、影响因素，并指导解决、回避或接受生活事件的方法。对于更多的来访者，实际上生活事件只是众多应激因素中的一个因素，就需要以应激理论来做综合分析和具体处理（见后续各章）。

作为临床医生，应关注患者疾病背后的各种生活事件。在新医学模式基础上，医疗文书中应记录患者重要的生活事件及其影响和处置方法。

第 2 节　认知评价（专著，2012）

一、应激与认知评价

（一）认知评价的概念

认识决定一切。不知从何时开始，这句话已成为许多人的口头禅。不能小看这句话的高度科学性，但它的可行性却又经常受到质疑。前者是因为现代心理科学已经证明认识在人们对抗环境压力时起着决定性的作用。后者是因为许多人坚信自己的知识和逻辑，却在内外压力下无能为力。这里涉及一组耳熟能详的词汇或概念，即认知、认识、评价、思维、考虑、逻辑、道理、理由等，在应激研究领域，我们关注认知评价概念。

所谓认知评价（evaluation or appraisal）是指个体对遇到的生活事件的性质、程度和可能的危害情况的认知估计。Folkman S. 等（1984）将个体对生活事件的认知评价过程分为初级评价和次级评价。

初级评价（primary appraisal）是指个体在某一事件发生时立即通过认知活动判断其是否与自己有利害关系。这里的所谓“利害关系”，不是完全指物质需要方面的关系，如对方夺走自己的财务，而更多是指精神需要方面的关系，如看到路上有人倚强凌弱，自己作为第三者由于道德感被侵犯所以该事件变得与己有利害关系。如果初级评价为与己无关，则个体进入适应状态；如果初级评价为与己有关，则进入次级评价。

次级评价（secondary appraisal）是指一旦初级评价得到事件与已有利害关系的判断，个体立即会对事件的是否可以改变（即对个人的能力）做出估计，这就是次级评价。伴随着次级评价，个体会同时进行相应的应对活动：如果次级评价为事件是可以改变的，采用的往往是问题关注应对；如果次级评价为不可改变，则往往采用情绪关注应对（图 2-2-1）。

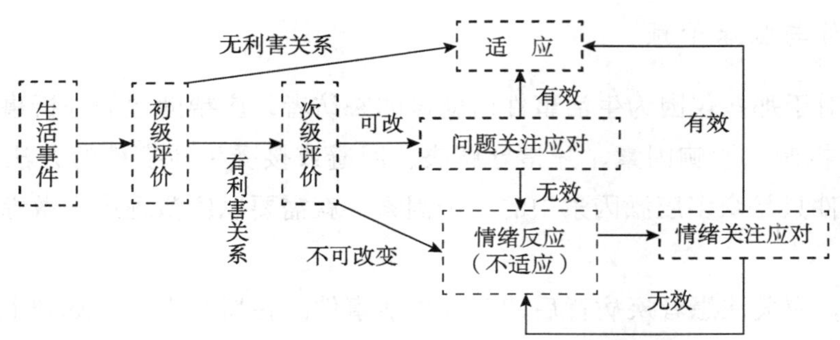

图 2-2-1　事件、评价、应对与应激过程

认知再评价（cognitive reappraisal），是此后提出的补充概念，指在前两级评价基础上，个体对现实情境的再度认识，对潜在应激源做出再评价，确定是否应激。

（二）认知因素在应激中的重要作用

认知评价在生活事件到应激反应的过程中起重要的中介作用，这是 20 世纪 70 年代以后 Lazarus 等提出的应激交互作用理论的核心因素。这种认识在国内一直延续影响至今。Lazarus 早期从认知理论的角度，曾认为应激发生于个体察觉或评估一种有威胁的情景之时，具体来说是关于对需求及处理需求的能力的察觉和评估，甚至认为应激不决定于具体的刺激和反应。随着应对方式研究的进展，Folkman 等将认知评价与应对方式一起作为应激的重要中介因素。

从过程论模型来看，对生活事件的认知评价会直接、间接地影响个体应对活动和心身反应。上一节提及的以客观计分标准研究生活事件和心身健康关系所存在的问题，其原因之一就是未考虑个人对事件的真实评价。

二、认知评价与临床

（一）认知因素与疾病

认知因素是许多心理疾病的直接原因，也是某些心身疾病和躯体疾病的间接原因。在“想出毛病来”和“杯弓蛇影”现象中，可知认知因素的主导作用。

虽然认知因素可以致病，但近年来许多研究证明，认知因素与其他多种因素一起共同起病因学作用。应激系统模型能从理论上说明其中的关系（见后续相关章节）。

医学临床上，患者对待疾病的认知评价，会直接或间接影响主诉，影响诊断与治疗，影响医患合作，可以给疾病带来不利影响。

（二）认知因素致病机制

认知致病的心理学机制大致过程：内外环境刺激，通过认知评价，导致负性情绪和不良行为，再影响心身健康和疾病过程。

认知致病的生理学机制大致过程：内外环境刺激，通过大脑皮层特别是前额叶（认知活动），经过边缘系统的“情绪脑”和“内脏脑”，输出各种神经和体液调节指令，最终影响身体功能。

（三）认知因素的量化方法及应用

认知评价在应激过程和心理病因学中的重要性与其量化研究程度两者之间并不相称。认知在应激中的重要性，以及认知对疾病的影响，几乎无人不知，但如何将认知因素加以数量化研究，并用于临床，则存在不少具体困难。虽然 Folkman 本人曾对认知评价活动进行过定量研究，但至今尚缺乏经典的用于对生活事件做出认知评价的测量工具。不过目前一些自我估分的生活事件量表中，实际上已部分结合个人的认知评价因素。

目前，在临床心理学研究工作中，为了探讨认知因素在事件引起的应激性病因机制中的作用，可以根据问题性质和客观条件，选择采用问卷或访谈的方法，将被试者对有关事件的认知特点一一做出等级评估。

叶圣雅等（1999b）曾在上腹部手术患者的应激因素与手术后心身反应问题的研究中，设计包括 3 个方面的问卷条目，即患者对手术本身的认知、对手术医生的认知和对手术后适应问题预期。结果显示，这 3 个方面的认知特点对手术前后的心身反应有不同的影响。国内近年有不少研究就也采用这样的方法，并且结果都证明认知评价在生活事件与某些疾病的联系中确实起着重要的中介作用。

在临床工作中，由于无法选择各种对应的认知量表，故对患者的认知特点也只能采用晤谈和观察的评估方法。

（四）认知因素与临床干预

医学临床和心理门诊都关心如何控制应激反应以保护和促进患者的健康，其中最直接和最可行的途径是设法先改变患者的认知过程。即使采用系统模型，通过对其他应激因素的干预，如改善应对方式、增强社会支持等来实现对应激反应的控制，这些干预过程也同样都需要调动当事人的认知功能。

调动和改变患者的认知，可以选择采用有关知识的解释和指导，以及实施认知治疗（注：参见第 5、第 6 章）。

第 3 节　应对方式（专著，2012）

一、应激与应对方式

（一）应对概念

办法总比困难多，这是人类在长期与自然和社会环境互动中累积下来的真言，是智慧的结晶。但在实际生活中，人们在面对困难，特别是处于一筹莫展之时，往往就“忘了”它，不是一意孤行就是自行了断，这是很可惜的，也是很无奈的。这里，涉及一组重要概念，即应对方式（风格）或应对策略（手段）、应付、防御或防卫等。

应对（coping）又称应付。由于应对可以被直接理解成是个体解决生活事件和减轻事件对自身影响的各种策略，故又称应对策略（coping strategies）。Folkman（1986）的定义是个体在处理来自内外部超过自身资源负担的生活事件时所做出的认知和行为努力。作者（1998c）主编的教材中将应对定义为，个体对生活事件及因生活事件而出现的自身不平稳状态所采取的认知和行为措施。

心理防御机制（defense mechanism）与应对概念比较接近。但两者理论基础不同，前者是精神分析理论的概念，是潜意识的；后者是应激理论的概念，主要是意识的和行为的活动。但两者也存在着一定联系。例如，两者一定程度上都是心理的自我保护措施。目前，国内外各种应对量表中，几乎都包含有许多心理防御的条目或因子，如合理化、压抑、迁怒等。

与应激相关的应对研究始于近30年，近十几年才被国内重视。作者等（1987，1993）在国内很早就开展应对的系统研究。至今，有关应对概念的内涵、外延、性质、种类，以及与其他心理社会因素的关系和在应激过程中的地位等问题仍未有一致看法，在具体讨论过程中均易引出歧义和异议，是应激研究中颇具争论性的领域。例如，最早被人接受的应对概念定位于“应激刺激—应激反应—应对方式”，即应对是从应激源到应激反应结果以后的概念。由于这种定位符合人类的“因—果—对策”逻辑思维习惯，在国内一度被许多人所接受。作者通过对国际上各种应对问卷的综合分析，可以发现应对的内容非常丰富，涉及从生活事件到应激反应的应激作用整个“过程”，且应对概念与其他应激因素，如认知、社会支持等概念交叉，并互相影响，故应对不完全是应激之后的一个变量，其实是应激过程中或者应激系统中的一个变量。图2-3-1是作者（2002）以“过程模型”为基础，以国外应对量表中出现的各种因子为分析对象，描绘出的应对活动实际涉及应激作用过程的各个环节。

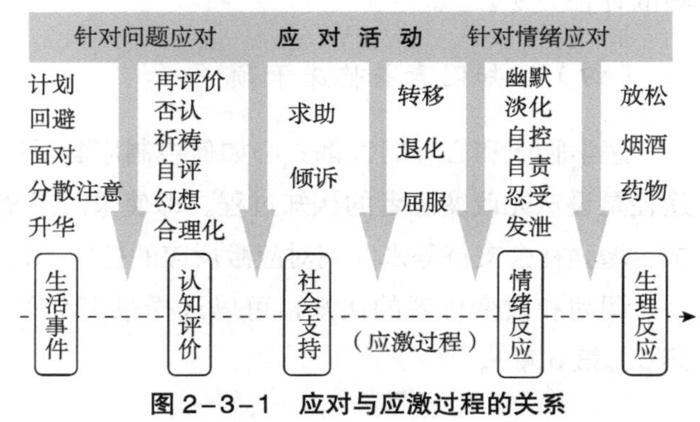

图2-3-1　应对与应激过程的关系

总之，应对概念的含义是很广的，或者说应对是多维度的。

（二）应对分类

由于应对本身也是多维度的概念，因此应对的分类问题就显得比较复杂。

从应对的主体角度看，应对活动涉及个体的心理活动应对（如再评价）、行为操作应对（如回避）和躯体变化应对（如叹气放松）。目前多数应对量表兼有这几方面的应对条目内容。

从应对的指向性看，有的应对策略是针对事件或问题的，有的则是针对个体的情绪反应的，Folkman等曾将前者称为针对问题应对（problem-focused coping），将后者称为针对情绪应对（emotion-focused coping）。目前多数应对量表兼有这两方面的应对条目。近年来对这两种应对方式的研究有所拓展。例如，Matud（2004）调查发现，女性在应对风格方面比男性更多采用针对情绪应对。

从应对是否有利于缓冲应激的作用，从而对健康产生有利或者不利的影响来看，可能存在积极应对和消极应对。包括作者（1987，1993）在内的国内一些研究者已经涉及这方面的理论和应用问题。例如，许多应对策略缺乏跨情景一致性，因此往往难以将这些应对方式分别归入“积极”或者“消极”行列（即有些情况下是积极的，有些情况下是消极的）。但是，还是可以筛查出一些应对方式，特别是情绪关注应对一类中，它们往往有较高的跨情景一致性，Folkman 对此也早有提及。实证研究显示，这些应对方式往往在对抗或者缓冲应激的作用方面具有相对稳定的积极或者消极作用，前者被称为积极应对（positive coping），后者被称为消极应对（negative coping）。

从应对策略与人格的关系来看，作者等（1999）始终认为存在一些与人格特质有关的、相对稳定的、习惯化了的应对风格（coping styles），或称为特质应对（trait coping）。例如，日常生活中某些人习惯于幽默，而有些人习惯于回避（借酒消愁）。国外的一些研究工作也证明，遗传因素通过人格特质影响个体的许多应对风格（Busjahn，1999）。

此外，从应对指向应激系统的因素与环节来看，有针对生活事件：计划、回避、面对、分散注意、升华等；有针对认知评价：自责、幻想、淡化等；也有针对社会支持：求助、倾诉、隔离等。

针对特定事件或对象的应对，有医学应对（如 MCMQ）、有心肌梗死患者的“否认”应对（如否认机制问卷）等。

（三）应对方式在应激中的重要作用

不论是有人坚持将应对看成是应激以后的处置方式，或者作者将应对看成是应激过程（或系统）中间的一个因素，都说明应对是影响应激的重要因素。因此，认识应对方式（概念、内涵、分类、作用机制等），也就有利于认识应激；改变应对方式，也就改变应激结果。

二、应对方式与临床

（一）应对方式与疾病

有关应对在心理应激过程中的作用的研究，往往延伸为研究应对在心理病因学中的意义。这已成为目前心理应激研究中很活跃的一个领域。

多年来，大量研究证明，应对方式与多种健康状态和各种疾病有关。整体结果都显示，应对是健康和疾病的重要影响和调节因素。

以癌症研究为例，作者等（1997，2000，2002，2003）自 20 世纪 80 年代中期开始於多种研究资料证明，癌症的发生、发展明显受到包括应对因素在内的心理社会应激因素的影响；由于癌症本身作为一种严重的生活事件，对患者又起着心理应激源的作用，使癌症患者往往采用更多的应对策略，癌症的转归、预后，患者的睡眠问题、生活质量、康复等（可看作应激结果）也就明显受患者的各种应对策略的影响；因此，通过对癌症患者应对活动特点、影响因素和作用规律的研究，除了可以为癌症临床制定和实施应对干预手段提供科学依据以外，也可以通过对癌症患者应对策略及其与应激有关因素相互关系的认识，从临床实际研究的角度揭示应对和应激过程之间的理论关系。

（二）应对方式的量化方法及应用

作为多维度概念的应对方式，迫切需要开发各种临床使用的量化问卷。目前，国内外已经有大量的应对量表。

Folkman 和 Lazarus 1980 年编制、1985 年修订的应对方式量表（ways of coping）将应对分为 8 种，即对抗、淡化、自控、求助、自责、逃避、计划和自评，分别被划归为针对问题应对和针对情绪应对两大类。这是经典的应对过程研究问卷。从 Folkman 本人赠送的早期背景资料中可以看出，在不同事件和不同对象中，该问卷条目的主成分筛选结果一致性较低。

国内肖计划等（1995）的应付方式问卷（coping style questionnaire，CSQ）筛选出解决问题、自责、求助、幻想、退避和合理化 6 种应付方式。

卢抗生等（2000）修订自 Folkman 等的老年应对问卷（ways of coping for senile，WOCS）包含 5 种应对方式，即面对、淡化、探索、幻想、回避，分别被划归为积极应对和消极应对两类。

作者等（1987，1993，1999）以特质应对思路，采用因素筛选与效标考查相结合的办法，将一组与一定的人格特质有内在联系的应对条目分成消极应对和积极应对两类，形成特质应对方式问卷（triat coping style questionnaire，TCSQ）。这两类应对方式与 EPQ 的 E 和 N 量表有明显相关，说明应对模式与一定的人格特质有内在联系，其中情绪不稳定和性格内向者更倾向于采用消极应对方式。经分析，消极应对风格与心理应激诸多相关变量（SCL－90、SDS、SAS、健康状态）有密切相关，显示消极应对有较高的心身症状或不利于健康的保持，具有增加应激反应的作用；而积极应对风格无此现象。近十几年各种调查还显示，消极应对与癌症、男性十二指肠溃疡、睡眠质量下降、小学生流行性癔症等病症有关（见相关参考文献）。多年的实际使用显示，其是一种简便、有效的可供临床使用的应对测查量表。

沈晓红等（2000）修订的 Feifel 医学应对问卷（medical coping modes questionnaire，MCMQ）包含患者的 3 种疾病应对策略：面对、回避和屈服。这 3 种应对方式代表了人们在遇到疾病威胁时的基本行为方式，具有很好的临床和研究应用价值。

由于人们对应对的认识还在不断发展。因此，目前在临床和研究领域应提倡从多角度入手，建议分别采用不同的应对量表。

在研究工作中，可以从“广义”的应对角度展开研究，上述 ways of coping 及其各种修订版、国内的应付方式问卷等，均试图将个体在生活事件中的各种可能应对策略尽数列入研究范围。在临床工作中，也可以从相对“狭义”的应对角度进行研究。上述的 MCMQ 只选择研究针对疾病这一特定事件的应对策略；Levine 否认机制问卷（Levine’s denial of illness scale，LDIS）（国内未有修订；王守谦 等，1992），则仅针对心肌梗死患者对待疾病的各种应对方式中的否认应对策略；作者的 TCSQ 只选择那些与人格有关、与个体健康有关的特质应对条目等。当然，这也不是绝对的。

（三）应对方式与临床干预

在医学临床工作中，应通过晤谈、调查或量表测查等方式，评估患者的应对特点及其对疾病过程的影响，并有针对性地实施应对指导。在心理门诊，应对指导和训练是重要的心理干预内容。

第4节　社会支持（专著，2012）

一、应激与社会支持

（一）社会支持的概念

人在天性上属于群体动物。寻求人与人之间的温暖和寻求食物、配偶一样，都属于最基本的生物和社会性需要，只是前者经常不被人们意识到，甚至反而被人们以为是多余的，如有“我喜欢安静”之说。“喜欢安静”其实并不完全是天性，更多只是心理社会因素长期交互作用的结果，在某一位人身上的体现。不信？可以孤身一人隔断通信在深山老林或在陌生的国外住上一段时间试试，也可以想象一下祥林嫂生命末期的生态。

脱离人与人之间的接触，所产生的结果受许多因素的影响，但孤独感的产生及不得不寻求降低孤独感的措施（应对方式）还是能够让人理解的。这里就涉及与应激或压力有关的一个很重要概念——社会支持。

社会支持（social support）是指个体与社会各方面，包括亲属、朋友、同事、伙伴等社会人，以及家庭、单位、党团、工会等组织所产生的精神上和物质上的联系程度。

社会支持所包含的内容相当广泛，可从多个维度进行认识。常见的分类有：

① 客观支持、主观支持和支持的利用度；

② 家庭内支持和家庭外支持；

③ 社会支持的数量和质量（个人领悟的支持水平）等。

具体来看，客观支持是指一个人与社会所发生的客观的或实际的联系程度，包括得到的物质上的直接援助和社会网络关系。这里的社会网络是指稳定的（如家庭、婚姻、朋友、同事等）或不稳定的（如非正式团体、暂时性的交际等）社会联系的大小和获得程度。主观支持是指个体体验到在社会中被尊重、被支持和被理解的满意程度。许多研究证明，个体感知到的支持程度与社会支持的效果是一致的。但客观支持高的未必主观支持也高。

（二）社会支持在应激中的重要作用

在应激研究领域，不论常识还是理论上，都认为社会支持具有减轻应激的作用，是应激作用过程中个体“可利用的外部资源”。即社会支持越高，个体抗应激能力越强，应激反应越低，健康保持越好。

个体在面临重大压力时，有向周围群体获取社会支持的天性。

例如，当人们处在黄山顶峰时，由于身处高处所产生的压力感（有点紧张，有点兴奋和恐惧），人与人之间的距离感会自然地缩小，互相之间会显得亲切、友善和乐助，也显得话多。此时，向陌生人的一句问话，可能会引来许多人的回答。但如果同样是这些人，此时正处在平常的市区街道上，则人与人之间的这种亲近感会大大降低，甚至有点冷漠。

又如，当婚姻中的一方长期陷于婚姻和家庭生活的压力时，来自婚姻外的人士的任何示好，都容易被当事人感受为良好的社会支持（即主观社会支持），为第三者的出现等婚姻意外留下隐患。

（三）社会支持抗应激作用的心理学机制

社会支持对应激的缓冲和保护作用机制有两种理论解释。

1. 缓冲作用假说

一些研究结果显示，社会支持本身对健康无直接影响，而是通过提高个体对现实刺激的应对能力和顺应性，从而缓冲生活事件对健康的损害。

社会支持能够消减日常生活中应激刺激所引起的伤害性生理作用。Nuckolls 等（1972）研究孕期妇女的生活事件量、社会支持水平与妊娠并发症的关系。结果表明，社会支持、生活事件与妊娠并发症之间没有独立的联系；但如果将社会支持与生活事件结合起来分析，则生活事件分高、社会支持水平亦高的妇女并发症的发生机会仅为社会支持水平低、生活事件分高的妇女的 1/3。他们认为，社会支持缓冲了生活事件对健康的损害作用。

Blumenthal（1987）也证明，社会支持能改善 A 型行为者的冠心病临床过程，然而却对 B 型行为者无意义。因为 A 型行为者在同样的事件挑战下，更容易出现应激反应，此时社会支持起到了应激的缓冲作用。

这些结果也与 Cohen 等（1985）提出的社会支持具有“干预应激”作用的理论假设一致，即只有在个体有应激情况时，社会支持才能发挥缓冲应激的作用。

2. 独立作用假说

该假说认为社会支持不一定要在心理应激存在下才能发挥作用，而是通过社会支持本身的作用以维持个体良好的情绪进而促进健康。

Berkman 等（1979）发现，与世隔绝的老年人比与社会有密切联系（指有充分信任的个人关系）的老年人相对死亡率高。这一结果支持密切联系社会能防护各种病理后果的假说。

从常识和现象学的角度也能说明，社会支持低下本身可能导致个体产生不良心理体验，如孤独感、无助感，从而使心理健康水平降低。

二、社会支持与临床

（一）社会支持与疾病

缺乏社会支持，会减少个体的应激“可利用资源”，此时环境刺激容易导致应激反应，容易诱发某些疾病，可以恶化疾病的临床过程。

本书开篇案例（注：指原著）中，一位 70 岁的农村不幸老人，年轻时因政治原因被清理回乡，终身未娶，单身一人，也没有一个亲友，自己坚持原则，却受到村里人的冷眼与辱骂，结果患了头痛病和高血压，而且症状奇怪，只有到农田卖力地劳动时才可减轻症状，在家静处时则症状加重。可以设想，严重缺乏社会支持是该案例疾病和奇怪症状的重要病因之一。

充分的社会支持，有利于健康促进和疾病康复。包括作者等在内的许多调查研究证明，社会支持与心身症状呈负相关，说明社会支持对健康确实具有保护性作用，并进一步促进疾病的康复。

不过，作者等（1990）在特定的人群研究中也发现，社会支持与应激和疾病的关系，未必都呈负相关关系。该研究显示，在小学高年级儿童样本中，社会支持程度越高，心理疾病（流行性癔病）的患病率也越高。这可能与过高的社会支持（在国内的表现其实就是这些学生的家庭物质条件和学校精神条件都过分优越于其他学生）让这些学生产生较高的娇惯性和暗示性，由于心理疾病“流行性癔病”与暗示因素密切相关，故这些学生反而容易致病。这至少部分说明任何事物都不是绝对的，社会支持或者近似的某些因素在一些情况下可能也有增加致病性的作用，值得进一步研究。

（二）社会支持致病生理机制

有证据表明，幼年严重的情绪剥夺（相当于失去社会支持，或者失去依恋关系），可产生某些神经内分泌的变化，如 ACTH 及生长激素不足等。

Thomas 等（1985）研究 256 名健康成人的血胆固醇水平、血尿酸水平及免疫功能。通常应激会使血胆固醇水平升高、血尿酸水平升高、免疫机能降低。他们发现，社会相互关系调查表（ISSI）的“密友关系”部分得分越高，则血胆固醇水平及血尿酸水平越低，免疫反应水平越高。这与年龄、体重、吸烟、酗酒、情绪不良体验等因素无关。

动物实验也证明了社会支持与心身健康之间的肯定联系。有人发现如果有同窝动物或动物母亲存在、有其他较弱小动物存在，或者有实验人员的安抚时，可以减少在实验应激情境下小白鼠的胃溃疡、地鼠的高血压、山羊的实验性神经症和兔的动脉粥样硬化性心脏病的形成。相反，扰乱动物的社会关系，如模拟“社会隔离”可导致动物行为明显异常。

（三）社会支持的量化方法及应用

由于社会支持涉及面广，需要采用多维的分类方式，相关的量表也相对较多。

肖水源（1987）的社会支持评定量表（social support rating scale，SSRS），包括主观支持、客观支持和利用度 3 个量表分，在国内被普遍使用。

Blumenthal（1987）等介绍的领悟社会支持量表（perceived social support scale，PSSS），已经由作者（2000，2001）等引进国内，并被多种研究所采用。该量表原来包括家庭支持、朋友支持和其他人支持 3 个量表分和总分；国内经过因素分析，形成家庭内支持和家庭外支持 2 个量表分和总分。

Wilcox（1982）的社会支持调查表（SSI），包括情绪支持、归属支持和实质支持。作者获赠该量表但未做修订引进。

Saranson 等（1981）的社会支持问卷（SSQ）有两个维度：社会支持的数量，即在需要的时候能够依靠别人的程度；对获得的支持的满意程度。作者获赠该量表但未做修订引进。

在临床工作中，可以选择使用适当的量表测定患者的社会支持程度，也可以通过晤谈和调查（如询问家属、同事）的方式做出评估。

（四）社会支持与临床干预

由于社会支持与个体应激有关，与疾病发生发展和康复有关，故在理论上就应当将提供社会支持作为临床治疗的辅助手段。具体包括给予患者以医务人员和医院人文环境的社会支持，给患者以社会支持意义方面的知识介绍，以及指导患者增进社会支持的途径等。但在目前实际临床工作中，医务人员其实很少注意这些问题。

在心理门诊，提供和改善社会支持是作为一个常识性的问题被重视。

第 5 节　人格特征（专著，2012）

一、应激与人格特征

门诊案例：一对年轻夫妇因家庭问题而致严重冲突，心身疲惫。晤谈发现，他们早期感情基础很好，婚后生活中出现的各种事件从他人看来也多数是“小事”，双方又都是“讲道理”的人。亲友们也曾经多次参与，并就各种家庭事件、双方对事件的认识、各种具体的解决办法，以及双方的行为表现等，进行过多次讨论、调解、批评和帮助，还将问题从夫妻感情基础上做过分析，但问题却越来越严重。在这个例子里，当事人及其亲友们都注意到了生活事件、认知评价、应对方式、社会支持等因素，但却忽略了当事人双方的人格（个性）因素。其实，这个案例的核心影响因素是双方人格（包括信念或部分观念）的差异，也就是通常所说的“性格不合”。

人格（personality）可以直接或间接影响其他各种应激因素，导致恶性循环，最终影响应激过程和结果。由于人格对各种应激因素的影响往往被应激过程中的各种表面现象所掩盖，故很容易被当事人或介入调解的第三方所忽略。在一些家庭问题中，由于人格（个性）差异起着核心的作用，使当事人面对许多现实生活中的问题时，难以通过“就事论事”“明辨是非”的方式来解决，反而越“解决”，越引发、加深、恶化双方的矛盾，以至越陷越深。结果，双方又只得采用“不谈伤心事”的回避、调和方法，但这种方法并不能持久，双方的人格差异仍然会在新的事件中重复以前的“故事”。

与应激有关的人格因素涉及整个人格含义，包括人格倾向性（如需要、兴趣、态度、价值观、信念）、人格特征（如气质、性格或习惯）和自我意识的差异。同样以婚姻问题为例，在作者的门诊记录中，这些差异包括：北方人的粗线条性格和南方人的细腻性格；双方自幼形成的生活习惯上的差异；农村背景与城市背景在各种信念或观念上的差异；等等。其中，双方在信念或观念上的差异又尤其重要，如婚姻观念、家庭观念、道德观念、经济观念、平等观念等的差异，往往更隐蔽，也更难以被当事人所察觉。有关这方面的内容，可参阅《压力（应激）系统模型·解读婚姻》一书（姜乾金，2011）。

除了婚姻和家庭问题，人格因素在其他各种应激事件中同样起核心的影响作用。

二、人格特征与临床

（一）人格与疾病

人格（个性）是最早被重视的心身相关因素之一。人格与健康的密切联系早有报告和研究。早期精神分析论者认为，不同的人格类型与几种经典的心身疾病，如溃疡病、溃疡性结肠炎、原发性高血压、支气管哮喘等之间存在内在联系。近几十年大量的人格调查研究证明，某些人格因素确与多种疾病的发生发展有关，但其特异性并不高。

关于是否存在某些特定的应激或疾病易感性人格或个性，一般认为确实存在某种所谓的“脆弱性”人格特点。在作者长期心理门诊接触的来访者中，多数表现为“求全、完美主义和标准化倾向”的人格特点。心理学文献上也有不少与“应激易感”人格相关的特征描写，如A型行为类型（type A behavior pattern，TABP）、坚韧人格（hardy personality）等。梁宝勇等也已编制了坚韧人格量表，但尚待进一步研究。

（二）人格致病机制

其实，人格与疾病的关联，很难说两者之间是直接因果关系。倒是人们早已注意到，人格－情绪（应激）－疾病之间存在联系。许多资料证明，特定的人格确易导致特定的负性情绪反应，进而与精神症状和躯体症状发生联系。这说明，情绪可能是人格与疾病之间的桥梁。但这一认识并未能进一步解释人格与情绪之间又是如何联系的。

作者等（1987—2007）通过多年的多种样本调查，利用多种统计分析方法，证明国人的人格特征与其他应激因素互有相关性，并共同对应激结果（如心身症状、某些疾病）或其他应激变量（如应对方式）做出“贡献”。这一类研究为上述人格致病机制提供一定的解释：在应激作用过程中，人格与各种应激因素存在广泛联系，人格通过与各因素间的互相作用，影响应激心身反应的性质和程度，并最终与个体的健康和疾病相联系。

（三）人格（个性）的量化方法及应用

一些人格量表（如MMPI等）是临床上测定患者人格的重要工具。该量表不仅用于精神疾病的辅助诊断和疗效评价，而且也可用于非精神疾病患者和正常人。在心理门诊，MMPI中的某些量表分（如Pd分）升高，往往反映正常来访者固执、钻牛角尖、思维古怪等性格特点。但由于MMPI及如EPQ、16pf等各种常用的人格量表往往条目过多，除了研究所需，或心理门诊选择使用，一般不适用于医学临床工作，可代之以通过晤谈、观察和调查来评估患者的人格特点。但医生需要掌握基本的人格知识和晤谈技巧。

（四）人格与临床干预

在心理门诊，对每一个来访者都需要判断其人格特征。对于那些人格因素在问题中起突出作用的人，应给予单独指出，解释作用机制，指导解决问题的途径，并可能采用心理治疗的方法。至于更多的来访者，其人格因素仅仅是众多因素中的一项，可以在应激理论指导下做综合分析和具体处理（注：见第 5、第 6 章等）。

临床医生也应关注患者疾病背后的人格特点，判断其对临床诊断、治疗的影响，并设法做针对性的处置，如采用不同的心理支持方法。

第 6 节　应激反应（心身反应）（专著，2012）

一、应激反应及相关概念

（一）应激反应定义

应激反应（stress reaction）从广义来说，是指应激源所引起的个体的各种生物、心理、社会、行为方面的变化。为便于讨论，本节将其分为应激的心理行为反应和应激的生理反应。从狭义的角度，应激反应是指个体在严重事件打击下，出现各种异常的心理、行为和生物学变化（通常指医学临床各种症状）。

需要指出的是，在应激研究中，要对应激反应做严格界定不是易事。原因是，应激反应与各种应激因素，在概念和内涵上往往存在一定的重叠和交叉。例如，对生活事件的认知评价，本身也是对该事件的一种“反应”。许多应对活动也是因为事件而做出的“反应”，甚至继发的生活事件也是个体对原发事件的进一步“反应”（如被人欺负后报复伤人）。这样一来，这些“认知”“应对”“继发事件”似乎都可以被包括进“应激反应”。

单就“应激反应”概念本身做分析，也存在相同的情况：通常我们将应激反应分为心理反应、行为反应和生理反应 3 个部分，其中的心理反应又可以进一步分成情绪性反应、认知性反应等。但如果我们将“情绪性反应”（如焦虑情绪反应）再做深入剖析，就会发现，按照现代有关的情绪概念，焦虑情绪反应其实应该包括焦虑情绪体验、焦虑情绪表现（表情行为）和焦虑情绪生理变化。而后两者在概念上已经属于应激的行为反应和生理反应了。

可见，要准确理解各种情况下的应激反应概念，需要理解应激研究对象的多维性和综合体属性，注意这些分类的相对性。

（二）应激、应激反应与心身反应

在第 3 章我们会知道，塞里的早期应激概念主要就是指个体的各种生理反应，以后在应激研究中，才逐渐从应激整体概念中游离出来，出现“应激反应”概念。但在我国医学界的传统认识中，由于职业性质（诊断与治疗）的缘故，在某些医学领域，如精神病学或心身医学临床，“应激”与“应激反应”又几乎是同义语，因为医学界倾向于将应激就看成是“反应”，如临床上的创伤后应激障碍等。

应激反应通常又被称为应激的“心身反应”（psychosomatic response）。目前，心身反应一词已经是心身医学和临床心理学等多个领域的常用术语。

（三）应激反应与情绪应激

在心理学领域，依据强度、持续性和渲染性等特点，将情绪分为心境、激情和应激3类。可见，在普通心理学里，“应激”就是一种情绪，是重大刺激下个体所表现的强烈情绪反应。这显然与本节的应激反应概念中的情绪行为反应概念相接近。

（四）应激、应激反应与挫折

同样，普通心理学有挫折（frustration）概念，是指个体在通向目标的过程中遇到难以克服的障碍或干扰，使目标不能达到、需要无法满足时，所产生的不愉快情绪反应。这样，“挫折”概念也大致与本节“应激反应”特别是情绪行为反应内容相接近。但挫折概念其实既包括挫折情境，又包括挫折感受，这样又接近于“应激”概念。

二、应激的心理行为反应

应激的心理反应可以涉及心理现象的各个方面。例如，急性应激可使个体出现认识偏差、情绪激动、行动刻板，慢性应激甚至可以涉及人格的深层部分，如影响到自信心等。但与健康和疾病关系最直接的是应激的情绪反应。以下重点介绍应激的情绪性反应、某些认知性反应和行为性反应。

（一）情绪性应激反应

个体在应激时产生什么样的情绪反应（emotional response）及其强度如何，受很多因素的影响，差异很大。这里介绍几种常见的情绪反应。

1. 焦虑（anxiety）

最常出现的情绪性应激反应。焦虑是个体预期将要发生危险或不良后果的事物时所表现的紧张、恐惧和担心等情绪状态。在心理应激条件下，适度的焦虑可提高人的警觉水平，伴随焦虑产生的交感神经系统的被激活可提高人对环境的适应和应对能力，是一种保护性反应。但如果焦虑过度，就是有害的心理反应。这里指的是状态焦虑（state anxiety），由应激刺激所引起。还有一种特质焦虑（trait anxiety）是指无明确原因的焦虑，这与焦虑性人格特质有关，即使日常微小的事情也可使个体表现出焦虑。

2. 恐惧（fear）

一种企图摆脱有特定危险会受到伤害或生命受威胁的情景时的情绪状态，伴有交感神经兴奋，肾上腺髓质分泌增加，全身动员，但没有信心和能力战胜危险，往往只有回避或逃跑。过度或持久的恐惧会对人产生严重不利影响。

3. 抑郁（depression）

表现为悲哀、寂寞、孤独、丧失感和厌世感等消极情绪状态，伴有失眠、食欲减退、性欲降低等，常由亲人丧亡、失恋、失学、失业，遭受重大挫折和长期病痛等原因引起，这里指的是外源性抑郁。还有一种内源性抑郁，与人的内在生物因素有关。抑郁有时还能导致自杀，故对有这种情绪反应的人应该深入了解有无消极厌世情绪，并采取适当的防范措施。

4. 愤怒（anger）

与挫折和威胁有关的情绪状态，由于目标受到阻碍，自尊心受到打击，为排除阻碍或恢复自尊，常可激起愤怒，此时交感神经兴奋，肾上腺分泌增加，因而心率加快，心输出量增加，血液重新分配，支气管扩张，肝糖原分解，并多伴有攻击性行为。患者的愤怒情绪往往成为医患关系紧张的一种原因。

上述应激负性情绪反应除了直接通过情绪生理机制影响健康外，还对个体其他心理功能如认知能力和行为活动产生交互影响。

（二）认知性应激反应

轻度应激刺激（如面临考试），可以使人适度唤起（arousal），此时个体的认知能力，如注意力、记忆力和思维想象力增强，以适应和应对外界环境的变化。这可算是积极的认知性应激反应。但强烈的应激刺激由于唤起过度，也可使个体产生负面的认知性应激反应，可表现为意识障碍，如意识朦胧、意识范围狭小；注意力受损，如注意集中困难、注意范围变窄；记忆、思维、想象力减退等。

这些负面的认知性应激反应，让我们看到一些人在应激现场或者灾难以后所表现的种种令人难以理解的行为（以下 1 ~ 4 修自刘破资，2008）：

1. 偏执（paranoia）

当事人表现为认识上的狭窄、偏激和认死理，平时理智的人，此时可能变得固执、钻牛角尖、蛮不讲理（其实有他自己偏执的“理”）。也可表现为过分自我关注，即注意自身的感受、想法、信念等内部世界，而不是外部世界。

2. 灾难化（catastrophizing）

是一种常见的认知性应激反应，表现为当事人过度强调应激事件的潜在和消极的后果，必然导致整日的不良情绪反应。

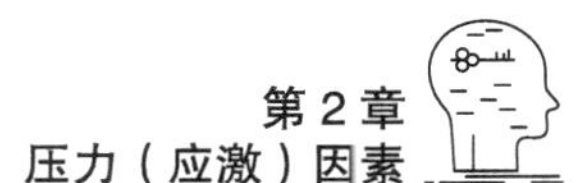

3. 反复沉思（rumination）

即对应激事件不由自主地反复思考，从而影响适应性应对策略如宽恕、否认等机制的出现，导致适应受阻。值得注意的是，这种反复思考往往具有强迫症状特性。显然这与某些人格因素有关。

4. 闪回（flashback）与“闯入”（intrusive）性思维

是指遭遇严重灾难性应激事件以后，在生活里经常不由自主闪回灾难的影子，或者脑海中突然闯入既往的一些灾难性痛苦情景或思维内容，表现为挥之不去的特点。这些也是创伤后应激障碍（PTSD）的重要症状之一。

（三）行为性应激反应

伴随应激的心理反应，个体的行为也可有相应改变。

1. 逃避（escape）与回避（avoidance）

逃避是指已经接触到应激源后而远离应激源的行为；回避是指率先知道应激源将要出现，在未接触应激源之前就远离应激源。

2. 退化（regression）与依赖（dependence）

退化是个体受到挫折或遭遇应激时，表现出幼儿时期的行为。退化行为必然会伴有依赖心理和行为，即事事处处依靠别人关心照顾。临床上，退化与依赖行为可见于病情危重经抢救脱险后的患者及慢性患者。

3. 敌对（hostility）与攻击（attack）

其共同的心理基础是愤怒。敌对是对相关人员的不友好、谩骂、憎恨或羞辱别人。攻击是在应激刺激下个体以攻击方式做出反应，攻击对象可以是人或物，可以针对别人也可以针对自己。例如，临床上某些患者表现不肯服药或拒绝接受治疗，表现自损自伤行为，包括自己拔掉引流管、输液管等。

4. 无助（helplessness）与自怜（self-pity）

无助或称失助，是一种无能为力、无所适从、听天由命、被动挨打的行为状态，通常是在经过反复应对不能奏效，对应激情境无法控制时的行为反应，其心理基础包含了一定的抑郁成分。无助使人不能主动摆脱不利的情境，从而对个体造成伤害性影响，故必须加以引导和矫正。自怜即自己可怜自己，对自己怜悯惋惜，其心理基础包含对自身的焦虑和愤怒等成分。自怜多见于独居、对外界环境缺乏兴趣者，当他们遭遇应激时常独自哀叹、缺乏安全感和自尊心。

5. 物质滥用（substance abuse）

某些人在心理冲突或应激情况下会以习惯性的饮酒、吸烟或服用某些药物的行为方式来转换自己对应激的行为反应方式。这些不良行为能通过负强化机制成为习惯。

三、应激的生理反应

（一）早期研究

坎农于20世纪20年代提出的“应急”或“战或逃”反应，塞里于1936年提出的“一般适应综合征（GAS）”，其主要内容本质上就属于应激的生理反应（结合下一章）。Gellhorn（1967）在Hess（1925）有关大脑对内脏活动调节作用的研究基础上，提出自主-整合理论模型（theory of autonomic-somatic integration），按照这种理论模型，个体以两个互相对抗又互相补充的神经生物系统的动态平衡方式对应激刺激做出反应，以此调节神经系统、内脏和情绪行为，实现个体与环境的适应或发展。这两个系统分别是非特应性系统（ergotropic system）和向营养性系统（trophotropic system）。其中，非特应性系统中介的是“战或逃”反应，是个体对伤害性环境刺激做出的生理反应（表2-6-1）。

表2-6-1　非特应性系统和向营养性系统的兴奋效应

兴奋效应	非特应性系统（递质：NE、DA）	向营养性系统（递质：5-HT、Ach）
自主神经效应	交感神经活动加强，包括：心率增加、心输出量增加、汗腺分泌、瞳孔扩大、胃肠运动和分泌减少	副交感神经活动加强，包括：心率降低、血压降低、汗腺分泌停止、瞳孔缩小、胃肠运动和分泌增加
躯体效应	包括：EEG去同步、肌张力增强、提高分解代谢及其有关激素分泌（肾上腺素、去甲肾上腺素、皮质醇、甲状腺素、生长素、抗利尿激素）	包括：EEG同步、肌张力降低、促进合成代谢及其有关激素分泌（胰岛素、性激素等）
行为效应	包括：觉醒、警戒、情绪反应好活动加强	包括：减少活动、瞌睡睡眠

注：修自段淑贞材料（1983）。

综合早期研究及根据基本的医学知识，应激生理反应是以神经生理为基础，涉及全身各个系统和器官。即各种应激刺激作用于人的内外感官，引起神经冲动，通过脑干的感觉通路传递到丘脑和网状结构，而后继续传递到涉及生理功能调节的自主神经和内分泌的下丘脑，以及涉及心理活动的“认知脑”（如前额叶）区和“情绪脑”（如边缘系统）区，在这些脑区之间有广泛的神经联系，实现活动的整合；另外，通过神经体液途径，调节脑下垂体和其他分泌腺体的活动，以及对应激的免疫反应。

可见，应激生理反应及影响心身健康的心身中介机制（mediating mechanism）涉及神经、内分泌和免疫系统。这3个中介途径其实也是一个整体，但细节情况正是需要深入研究的课题。

（二）后期研究

应激生理反应研究一直以来都是病理生理学、分子生物学、神经与精神病学等医学相关领域的热门研究领域。几十年来在应激反应模型主导下，在大量人体与动物的应激研究中，医学界和神经心理学界在应激生理反应研究中取得丰硕的成果，形成浩瀚的文献资料。其中在研究对象上，涉及机体在应激刺激下的各种神经、内分泌和免疫学方面的反应性变化。作者（1990b）在《心理神经免疫学研究近况》一文中，介绍了当时刚刚提出不久的心理神经免疫学，其中就涉及应激与免疫学和生活事件与免疫学等最新进展。在研究方法上，各历史阶段出现的各种最新技术如分子免疫学技术，基因组学技术等，总是被争先使用。在理论方面，出现一些试图阐明上述应激反应的神经、内分泌和免疫机制之间的整体作用机制。例如，Chrousos 等（1992）介绍了应激系统（the stress system）的概念。所谓"应激系统"包括：下丘脑室旁核 – 促皮质素释放激素（PVN – CRH）系统、蓝斑 – 去甲肾上腺素 / 交感为主的自主神经（LC – NE / 交感）系统、杏仁核在其中起着承上启下的协调作用，以及它们的外周效应器（垂体 – 肾上腺皮质轴和自主神经系统支配的组织）。该应激系统概念同样强调应激生理反应也是一个复杂的、多因素互动的系统（注意：Chrousos 等的应激系统是应激反应的"系统"，应区别于作者的"应激系统模型"）。

但需要指出的是，我们迫切希望清晰了解应激生理反应细节，从临床的角度还希望知道不同应激条件、不同个体特质与不同心身疾病之间的生理反应的差异，但实际情况距离这些目标还很远。甚至可以说，自坎农、塞里和赫斯以后，虽然应激生物学基础研究一直在迅速发展，也有许多新的发现和新的进展，但整体上还没能超越前人很远。也许，这方面的真正"突破"，需要脑科学研究水平的首先突破。

由于应激生理反应所涉及的各种神经解剖学、神经生物学或神经生化学方面等基础知识和最新成果，在各种医学课程（如病理生理学和分子生物学）中有一定介绍，有的内容则在本书（注：指原著）其他章节（如心身医学章）中有所叙述，这里不再做更多的讨论。

四、应激反应与临床

（一）应激反应与健康和疾病

心理应激反应在健康和疾病中具有重要的理论和实际意义。

首先，必须看到，应激反应是个体对变化着的内外环境所做出的一种适应，这种适应是生物界赖以发展的原始动力。对于一个成长中的个体来说，一定的应激反应不但可以看成是其调整与环境契合关系的能力，而且这种应激性锻炼有利于人格和体格的健全，从而为将来的环境适应提供素质条件。可见，应激反应并不总是对人体是有害的。

其次，毕竟应激反应涉及个体的心身功能的整体平衡问题。临末医学中的许多问题实际上就是平衡与不平衡的关系，如生理与病理、健康与疾病。研究证明，应激反应与一些功能性疾病症状或心身障碍常常有直接的关联。更有许多证据显示，目前严重影响人类健康的疾病当中，多数与心理应激因素的长期作用有关，这些疾病即心身疾病。例如，应激性工作和生活环境导致某些素质基础的个体出现溃疡病，或使一些人的溃疡病长期迁延。

从应激的心身反应，到心身障碍的心身症状，再到心身疾病，在逻辑上显然存在某种联系。这是病因学的重要研究领域，也是心理应激理论与应用的研究课题。心理应激与疾病之间的关系由此建立起了联系。

（二）应激反应致病的生物学机制

在前文有关应激生理反应内容中已提到，应激反应与疾病的生理学机制涉及神经解剖学、神经生物学或神经生化学等方面的大量研究。可以将其概括为心理－神经中介机制、心理－神经－内分泌机制和心理－神经－内分泌－免疫机制 3 个中介途径。不过需要指出，目前尚不能阐明应激与各种不同疾病之间生物学机制的细节。

（三）应激反应的量化及应用

在医学临床工作中，医生往往通过医学诊疗标准（主要通过问诊、观察和调查）来判断患者是否存在各种精神症状，以及性质和程度。故应激反应这一概念较少被使用。

在临床研究工作中，如研究应激因素对疾病发生、发展和预后的影响，则需要先确定应激反应变量的量化方法。另外，由于应激反应、心身障碍、心身疾病三者存在联系，在国内外的一些量化研究中，经常将心身障碍和心身疾病也作为应激的“反应变量”进行研究。例如，将心身障碍和心身疾病作为因变量，与各种应激因素做多元分析，探讨心理应激在发病学中的意义；或将心身障碍和心身疾病作为效标变量，为各种应激因素的量化研究提供效度证据。

在心理门诊，作为一个与应激有关的概念，应激反应（或心身反应）的量化问题就显得很重要。

在实际工作中，应激反应的量化方法包括：

首先，可以根据应激反应的具体内容，分别选择相应的量化指标。例如，情绪反应选用焦虑或抑郁问卷等，生理反应可以选择血压、尿儿茶酚胺等。

其次，根据应激反应同时涉及生物、心理、行为方面的变化，目前常采用能整体反映心身健康水平的问卷测试方法，其中 SCL90 使用最多。

最后，在掌握应激反应概念内容的基础上，可以通过晤谈、观察和调查的方法对来访者的应激反应做出描述性或等级（序量化）评估。

（四）应激反应与临床干预

在医学临床，对于各种精神症状有特定的医疗诊断与治疗标准。

在心理门诊，应激反应是首要的心理干预目标。对于心理行为反应，通常采用各种知识教育、心理指导和心理治疗等手段（参见第 5 章）；对于生理反应，除了松弛疗法、生物反馈等心理治疗方法，还可考虑使用医学方法如药物。

第 7 节　博文集（二）

压力（应激）系统模型是生物心理社会多学科交叉的理论模式，其内容看似容易理解实则较难把握，其学术价值又主要体现在被目标人群接受和应用上。为此，作者选取 2011—2022 年撰写的部分博文（原有链接和表情包已撤去），经组合分别列入若干章之后，目的是加深阅读者对该章内容的理解和把握，同时也为可能开展的系统模型各种主题宣讲和临床咨询等实际工作提供引用素材。

本节含 17 条博文，主要涉及因素与系统、单维和多维、线性思维（逻辑）和系统思维（逻辑）等话题。

或许可以从医学生对人体标本致谢仪式开始（2011－11－02 08：15：06）

今日网络又传医患关系危机——患儿的父亲对医生诊疗过程全程录音。

对此，网上讨论，各种观点都有。实际上，医患关系问题由多种因素交织所致。

从大众方面看，有对医生工作中对患者的冷漠，有对某些医疗腐败问题的不满。从医生方面看，有对自身工作深感危机四伏的不安，有对患者和家属的防备心理。当然，还有一些双方认识是一致的因素，如医院市场化等方面。

如果单就“医生冷漠”来说事，又会涉及许多因素，比如医学生培养过程中是重“病”还是重“人”的问题。

医学生开始接触医学中的“人”，是从人体解剖课程的尸体和标本开始的。医学生在面对尸体和各种标本时，往往由开始的恐怖感，逐渐到后来的习以为常，慢慢地这些标本成为没有生命的“教具”，类似于专业上的机器零部件。学生时代课程中获得的知识，对于今后的医生们当然是很重要的。但在课程过程中，却缺乏培养一种对“人”的尊重态度和敬畏感。

如果在开设解剖课程时，在课前和课后，恢复对为课程服务的“人”的致谢（行为学上称之为“仪式行为”），也许有助于培养学生对“人”的崇拜和敬畏，提升今后作为医生对患者作为“人”的体验，影响对患者的态度和行为。

心理行为科学告诉我们，人的日常态度和行为，并不都是通过认识来调控的，仪式行为和示范学习也起着重要的作用。

西湖留住了古人，古人繁荣了西湖——多角度随想（2013－11－15 22：55：22）

西湖为何“美”？相信会有许多答案，但起码不会是单一的，而是多方面多因素的。

昨晚，微雨，闲中，想几十年在杭州西湖边，却未体味过雨中西湖的感觉，逐冒着毛毛细雨，也不带雨具，沿着六公园、少年宫、望湖楼、断桥、白堤、孤山、西泠桥至苏堤跨虹桥，将西湖北半圈走了一遍。一路上，走走停停，除了稍能感受一点点苏轼的“山色空蒙雨亦奇”那种雨中西湖朦胧美，却也意外发现，或者是第一次注意到，短短的 1、2 公里沿途，竟有那么多的古人——秦始皇、李泌、白居易、苏轼、林和靖、阮元、俞曲园、孝童、秋瑾、苏小小、“武松”、康熙、乾隆等。

西湖的名气和美，应该与这些古人有关。

这让我继续想下去。史上名人雅士、文人骚客多多，其生活轨迹很广，但从历史的角度，更多的应留在北方，为何在杭州西湖这样的“旮旯”之处，集中如此多的足迹？显然，不是古人在西湖留下更多，而是北方某些地方的后人没将这些足迹留下，让其世代相传。就西湖本身而言，那不过就一个泻湖，如果不是因为记住了更多古人足迹，从而时不时地对湖底加以疏浚，恐怕只需要几十年或百把年，早在历史上消失得无影无踪。

显然，是西湖留住了古人，古人又繁荣了西湖。

顺着这个思路，很想探讨一下，为何历朝历代累积的古人踪迹，会被西湖所保留，而不是其他地形地貌差不多的地方。换句话说，如果都像西湖那样，留下历朝历代名人足迹，全国就会出现无数个西湖风景名胜区了。特别是，这些古人中，许多生活在北方，大都只在杭州西湖短暂工作，或仅仅是路过，甚至不过是传说（如伍子胥、武松）。

要回答这个问题显然是困难的。除了战争，博主觉得应该与地域的“文化人格”有关，但没将这段联想继续下去，以免引地域争议。

回过来，“西湖留住了古人，古人繁荣了西湖”这种关系，其实也适用于学术组织。以学派为例，如果不能像西湖那样包容“古人”，派系内成员必会忙于当前的扎小圈子，争山大王，就会投机盛行、抄袭成风，就会抹杀前人、屏蔽他人，除了部分人会有一时的所得，学派本身就难以成为“西湖”，会像千千万万个历史上早已湮没的“西湖”，也很快没落消失，最终影响一个学派的形成，制约学术的创新。

想到这里，似乎又诱导出一个“名人效应”的问题。这同样可以从多个角度去讨论。

宋代苏东坡的“水光潋滟晴方好，山色空蒙雨亦奇；欲把西湖比西子，淡妆浓抹总相宜（饮湖上初晴后雨二首）”，给西湖以雨时景色的美好想象，使得西湖印象在后人心目中变得越来越美。但也有人注意到，明代唐宜久有一文：“昔人以西湖比西子，人皆知其为誉西子也。而西湖之病，则寓乎其间乎？可见古人比类之工，寓讽之隐：不言西湖无有丈夫气，但借其声称以誉天下之殊色，而人自不察耳”。（明小品三百篇）在这里，唐氏注意到的是西湖缺乏大丈夫气概。关于苏东坡与唐宜久对西湖的描述或感受不同，其实后人很少去追究谁更真实，更准确。但西湖，显然在众多古人中，选择了苏东坡，选择美文。如果西湖选择这位唐宜久，如果唐氏的名人效应也如苏轼，则西湖留给后人的印象就会不同，西湖在历史上恐怕早就不存在了。

这进一步说明，西湖留住了名人，名人繁荣了西湖，西湖也提升了名人效应（注：此文虽然谈西湖，但与应激一样，也是多维度、多因素的话题）。

人性是多维度的，其中隐伏着“正能量”（2015-09-06 17：30：57）

人性中有"正能量"——今天有空乱弹一弹。

我家寄居在杨姓村子，邻村周姓。杨、周两村历史上曾因纠纷大打出手，双方都邀请同宗参与械斗，结果据说死了人。此后双方都发誓子子孙孙不通婚。

大约1951年我6岁，晚上邻家发生大火，火势很猛。着火的房子很大，前后两进，各有正、厢房，住户众多，杨姓邻居忙于搬运孩子和家什。

此时，不知哪里冒出一批“打火队”（坊间称救火为“打火”），有冒险上房顶掀瓦片的（避免火势上冲受阻向四周快速扩散），有挑水、递水的。大人们说这些都是周姓村子里的人，他们非常卖力，也不计代价。很快火势被控制，只烧毁了后进房子的一部分，没有人员伤亡。

至今，杨、周两村虽仍不直接通婚，两姓群众之间的敌意降了不少。虽然双方仍有暗中较劲，如对方造一个大祠堂，这边也造一个华丽的，但基本相安无大事。

这次火灾对我的人性观的形成影响挺大，加上20世纪70年代我家也遭火灾，获得杨、周两姓及周边群众的帮助，以及上下几代人的生活际遇和父母的信仰，我始终相信，人与人之间充满各种利益、各种矛盾，但人心普遍存在着某种“正义”和“善心”，现在可称之为“正能量”。

但人性中“正能量”常常不被一些人承认，因为它被其他各种各样的“负能量”掩盖着（注：“人性”与应激一样，也是多维度、多因素的话题）。

多维度看“水肿”，有正确的，有谬误的（2015－11－21 14：05：01）

困难时期，亲见许多人因为低蛋白而水肿。民间有说，水肿达到胸部人就会死去。我母亲水肿已及脐部，似乎死期也近了。

后来听邻里说，水肿是因为体内有毒，需要以毒攻毒。于是捡来被人丢弃的烂臭“敲魚”头，煎成汤，当药喝下。果然几天退肿，救了一条命。老妈为此一直庆幸。显然，是鱼汤中的残余蛋白质起了作用。

民间的线性思维是：既然“毒”能致人水肿，则水肿说明有毒，既然毒能攻毒，那就设法找到有毒的烂鱼头作“药”。结果却是歪打正着。

有趣的是，当时还见过一种科学的线性思维，老师课堂上科普宣传，说人缺乏维生素B1会引起水肿，现在那么多人水肿，应该是缺维生素B，让告诉家长，烧饭前不要多次洗米，那样会洗掉米表面的维生素B1。还说要鼓励多吃米皮糠，因为米糠含更多维生素B。当时确实因为少粮许多人吃过糠，但老师的这个说法显然是错误的。

简单的一个“水肿”，与许多因素有关，就看你从哪个方向（逻辑）去认识。

在这里，营养不良，低蛋白质，水肿，是一条正确的反映真相的线性逻辑，但却会受其他各种错误线性逻辑的干扰。

（注：曾有一短暂时期，渔民用敲梆的方法赶鱼入网，几乎捕绝大小黄鱼，许多捕获的“敲鱼”烂掉，后被叫停）

如何理解唐人街家禽店被围攻（2017－06－02 22：41：29）

不少网友对唐人街有人围攻家禽店，抗议残暴对待活体家禽的行为不理解，评论中充斥着讽刺挖苦。

其实，这很像对待死刑犯的态度。古人认为反正是死，杀头供大家看看也挺热闹；今人认为虽然是死，但公开杀头太没人性。古人和今人皆有其道理，都是在当时文化背景下，以各自认可的正确角度看问题、表达态度和行为，故很难用“不是我对必是他错”的线性两极思维加以评判。

这也是作者近年反复对来访者强调的，面对各种自己无法理解的言论和行为，首先应该从事物具有多维性的理念，去做多角度判断，然后才得出自己认可的线性结论。非白即黑的认知习惯，或动不动给对方扣上个大帽子，带来的只能是烦恼。

“只有……才能”（2017-10-21 11：50：57）

群里正在讨论“只有……才能”：

正方：“只有加强社会心理服务体系建设，充分利用心理学研究成果，预测、引导和改善个体、群体、社会的情感和行为，才能提高国民心理素质，促进国民心理健康，提升国家凝聚力。唯有心安，才有民安，才有国安。”

反方：“只有经济繁荣、政治文明、社会公正，才能提高国民心理素质，促进国民心理健康，提升国家凝聚力，心理学工作者可以在这个过程中锦上添花，大有作为。”

其实这两个逻辑都是正确的。就人群良好心境而言，无它，当然难有社会和谐（正方）。就社会公平环境而言，无它，自然难有良好心境（反方）。

面对多维的系统问题，很容易在其中的两个维度上，较上一段劲儿。但真要找出其中最正确的维度，确实难。或者就是常说的“都对，但角度不同”。

线性地看和系统地看问题几则（2017-10-22 12：13：54）

*** 关于“临床” clinic**

30多年前，长期累积的医学知识和工作经历，让发端自国内的“医学心理学”，很容易线性地将医学的临床和心理学的临床等同起来，于是就认为临床心理学是医学心理学的分支（部分对，实为交叉），进而，认为临床心理学是医疗范畴的概念（不对，严格来说应该是心理学的临床）。

*** 关于“治疗” treatment or therapy**

近些年，累积的医学知识和工作经历，让部分医学界人士甚至生物医学氛围下的老百姓，很容易线性地将医学治疗和心理治疗的“治疗”等同起来，于是认为心理治疗是医学治疗的组成部分（对的），进而认为只有医生有资格执业心理治疗（部分对），顺此认为医疗以外的心理治疗就是非法的（不对，心理学也有心理治疗）。

*** 关于“孝心” filial piety**

近日，一位友人为父母做冥寿，引起另一友人的深深自责，因为他家无此传统，父母在世时大家连生日也不重视，甚至记不清具体日期。

系统地看，孝心自然包括许多方面（维度），如尊重、供养、问候、温情、顺意、树威、护理、记挂、过生日、做冥寿、豪华坟墓……以上各方面（维度）都做得不错，自然是有孝心（对的）。但线性地看，对父母有以上任一方面的突出表现（如做冥寿），就是有“孝心”（可能对）；反之没给父母做冥寿的，就是缺乏孝心（不对，要看其他方面做得如何）。

孝心的内容和表达，还与生活环境、家庭人员结构、职业、经济水平、地域、风俗等因素有关。举个例子，艰难的童年家庭生存条件、幼年即毫无怨言协助父母缓解生活压力、成年后努力拼搏提升父母社会地位、偏远和紧凑的工作仍时不时给父母报平安、1/2 的薪水用于瘫痪父或母的护理和治疗、对父母的拖累毫无怨言只有不断的慰藉……这位朋友，你即使没为父母做冥寿，怎就能算是不孝？

*** 关于“戾气（敌意）”hostility**

网络上，不是“好人”就是“坏人”，不是爱国就是卖国，戾气盛行……与线性绝对化思维有关（见前博）。

*** 关于“压力（应激）”stress**

学术上，线性地看，压力是生活事件（偏心理学、教育学），或压力是心身反应或症状（偏医学）；系统地看，压力（或应激）也许是生活事件、心身反应，以及认知评价、应对方式、社会支持、人格特质等多因素、多维度的系统……

为何出现“升米恩，担米仇”现象（2017－11－16 10：26：44）

“升米养恩，担米养仇”。其中的机制，很难用两个因素之间的“线性关系”来解释。

因为，人是多因素、多维度的系统，人与人之间则是更复杂的系统。许多问题，需要多维度地去看。

“升米”（因）可以解决“饥饿”（果）。这个“因－果”是线性的，只涉及单一维度，即：饥饿——“升米”——饱足——感恩。给米者成为“恩人”。就是通常说的“滴水之恩当涌泉相报”。

“担米”（因）则不单单解决“饥饿”，还要换钱用于解决“穿衣”、“搞买卖”、“摆谱”……等（果）。这里出现一因多果，涉及多个维度。多维度之间一旦失平衡，如不满足、贪心、嫉妒、攀比……问题就来了。即：饥饿、缺衣、缺钱、缺面子——“担米”——不满足——某些因素介入（如与富人攀比）——导致多因素间恶性循环——记仇。给米者成为“仇人”。

后注：

受近日评论启示，以上“担米仇”的原理再增一维：担米——受益者愧疚（常情，受之有愧）——自尊导致回避（潜意识）——良性情感互动减少——误解增加——恶性循环——怨恨成仇（冷漠）。

博主给网上联系的并不怎么认识的一些人编制过心理测验程序，免费的。也许一般人都知道弄这东西挺费劲，有价值，对受赠者来说，是继续保持联系还是从此远离不认，这是个问题。结果，还真的是有一去不返的。最终虽没有“成仇”，但原理似与上述相近。

朋友少，并不都是因为缺“钱”（2019－07－22 08：24：17）

人作为群体生物，除了饮食男女，还需要真心朋友。平等的、无话不说的朋友，可以互相抵消心理压力，在压力理论中被称为社会支持系统。

但现实中有一种线性的观念，认为有钱才有朋友，钱少朋友少，钱多朋友多。

其实，如果以“钱”为横轴，以“朋友”为纵轴，画出的线或许不是直线形的，而是抛物线形，或倒“U”字形的。两者的关系是这样的：

钱少，确实会影响交友，少到一定程度，甚至没有了朋友。

但钱多，虽有利于交友，但多到一定程度以后，甚至可出现钱越多朋友越少的情况，甚至到了缺少可以平等真心交往的大众朋友。

所以，朋友的有与无，是个人与社会系统中多维度、多因素交互作用的结果，“钱”只是其中一个因素。

此文内容是给特定咨询者的。

再议“性格”是先天的或是后天的（2019－12－25 12：45：29）

网上又有“性格决定命运”的专家论题。该命题或永远正确，但内容有讨论余地。

心理学上有个“人格”概念，它长期被关注但又始终理不太清。一般认为，人格包括性格（如做好事）、气质（如灵敏度）、价值观与信念（如“良心”）、自我等组分。其中气质较多决定于先天生物（遗传）因素，性格较多决定于后天环境因素，价值观等的决定因素或许后天环境多一些。而网上或一些专家所谈的“性格”，其实往往除了性格，还包含如气质、价值观和自我意识等其他人格组分。

人们善于线性思维，于是在日常或某些专业环境，经常出现要么认为“性格”决定于遗传，要么认为“性格”决定于环境。让这些话题永远争论下去。

实际上，“性格”（李教授文中所说的性格其实接近人格）是一个系统问题。从系统的角度，“性格”（人格）的形成，与遗传和环境的发展都有关系，是综合作用的结果。其中，又因成分不同，先天因素和后天因素所占的比重会有所不同。比如跟气质有关的，如冲动的速度、强度、令行禁止的容易程度，较多决定于遗传因素；跟观念有关的，如价值观念、人生态度，与后天环境关系更大。

故是否容易犯罪，虽与价值观和良心等有关（如谋财害命），但冲动性和制怒性也在其中起关键作用（如激情伤人）。前者后天环境因素占优，后者先天生物因素占优。但也非绝对，如“良心”背后的同情心和同理心或也有内在生物遗传成分（如天生冷酷），而制怒能力背后的“挫折教育和试错训练”虽属外部环境教育因素，但能否成功也与内在生物因素有关。

认知、情感、行为，是三角关系（2020－05－20 10：46：38）

网络故事，养老院里有两位老人，各有两个孩子，各有千万钱财。第一位老人提前将钱分了，每个孩子 500 万，结果自己进养老院后很少有子孙来探望，越到后来越显得冷清。而第二位老人没有分钱，子孙们来探望时，就给他们五百、一千的，进养老院以后也一样，结果来探望者众多，非常热闹，直到去世，还有余钱分给子女。

两位老人的做法和结果，对比鲜明。对此，不少老人恨恨地说，这些子孙后代也太功利、太自私了，他们都是冲着钱来的。其实，这是线性思维。

这里涉及认知、情感和行为三者之间的系统关系。

表面上，第一位老人的子女是看（认识）在钱上，才有了探望老人的行为，且似乎有多少钱的认知与探视多少次的行为之间，有线性关系（线性思维的基础）。据此结论，自然是子女太自私了。但是实际上，第二位老人也付出了同样多的钱啊，如果金钱通过认知绝对决定探视行为的话，那么第二位老人的子女也应该认识到，自己与第一位老人子女得到的钱其实是一样的，看在钱的份儿上（认知），自然也会探视老人（行为），然而却没有。

所以，看在钱多少上（认知），并不完全决定探望（行为）的多少。

那么问题在哪里？问题在认识和行为中间还有一个情感因素。即：认识—情感—行为—认识……

第一位老人每次在子女来探望的时候多少给他们一点钱，此时哪怕是给一个饼、一块糖，或者一个小礼品，子女们也会产生一种愉悦感（情感），在连续的愉悦情感的作用下，增强了对老人的探望行为，即给钱或礼品通过愉悦情感对探望行为起到奖励作用（也就是行为科学上的正强化）。而第二位老人，虽然也给了同样多的钱，但因为一次性给的，时间久了，愉悦感的影响也淡化了，对子女探望行为的奖励作用也没有了。

这些事例同样可以证明，认知、情感和行为三者是既独立又互相作用的系统关系。

“无意中的关注”与认知的倾向性（2020－07－06 09：14）（微博）

一家子，母亲无意中关注的多是留学生妈妈，父亲无意中关注的多是国际愤青，奶奶无意中关注的多是节约，爷爷无意中关注的多是批判……“无意中关注”，反映的是人的潜意识动力方向。不同的经历，各种心理社会因素的影响，使得不同的人会有不同的认知倾向性，而且都是有其自身的道理。由此，不同的人组成的系统结构如家庭，自然会表现出多样的认知倾向性。世界也是这样的。

“全场看哭”的弃婴故事背后，应该还有多种解读（2021－01－17 20：08：24）

电视节目播出一位弃婴在火车站被养父母捡到并艰难养育成人最后奋发成才的故事，观众在赞赏养父母和养女的同时，有人对弃婴的生身父母表示谴责和厌弃。

其实，这类故事古今中外时时刻刻都在发生着，每一个故事的背后，涉及许多相关人物的辛酸苦辣故事，只是需要有人去解读，以及选择从哪个人物切入去解读而已。

节目中的故事人物，除了养女自己，还涉及养父母和“隐身”的生身父母，每个人物背后都可能隐藏着各自的催人泪下的故事。例如，养父母为何高龄无亲生子女，分别有何经历，有何苦衷，对养育弃婴有何影响？同样，生身父母为何丢弃亲生骨肉，分别有何情感经历，有何隐情，后续又有怎样的动静？这些人物也都可以成为切入点进行故事发掘和故事报道，有时候也会很感人，很震撼。这次，电视编导选择了从养女切入，讲述养父母养育弃婴的艰辛，养女的乖巧和对养父母的情深，以及知恩图报和奋发图强的故事，并未触及生身父母，节目带来了“全场看哭”的效果，也就是震撼了所有观众，说明节目很成功。

从节目制作的角度，根据宣传主旨，会选择从不同的角度（如励志、社会和谐、亲情……），不同的人物（养女、养父母、生父母……）切入，去解读故事和传播故事，不会顾及故事背后的系统故事。节目的宣传效果和催泪效果，则更是很大程度上取决于编导摄制的艺术水平。

至于对节目或感同身受，或同病相怜，甚或因此陷于自身的恩怨情仇之中的朋友，请评评博主说的是否也有点道理。

“因”与“果”，有时候会颠倒（2022-01-08 12：30）（微博）

困难时期，穷孩子到富亲戚家做客。吃饭时，富亲戚叨念，穷孩子肚子（量）大，太会吃了，吃穷了（食量大导致“穷”）。说话者或并无恶意，而且还有同情，但却伤到了孩子。

实际上，穷和食量大，这两个最简单的因素之间，如果缺乏系统的分析，许多情况下会将因果搞颠倒的。或许，在这里，是“穷”导致了食量大。

这类现象，各种人身上多少都会发生，当事人还经常不能发现自己的问题。

原因就是习惯的线性两极思维。

皇帝平均寿命短，不等于中医不行（2022-05-02 20：18）（微博）

这个话题其实就是问哪些因素决定寿命。

据查，我国历史上几百位皇帝的平均寿命只有39.2岁，还不到40岁。对此结果，一些人得出中医没水平，中医无用的结论。理由是：为皇帝服务的肯定是最好的中医师，皇帝享受的肯定是最好的中药，结果……所以……

以皇帝不长寿为依据得出中医不行的结论，是基于单一维度的线性思维。如果从系统的角度来看一个人的寿命，谁都知道，它的影响因素（维度）太多了。虽然皇帝的特权让他能获得高于常人的中医服务，如果中医有效，自然有助于提升他们的寿命。但在“系统”的其他许多方面，如不同于常人的纵欲、压力、饮食等心理行为方面，也都被现代科学证明是影响身体健康和影响寿命的重要因素（维度）。就皇帝个人的“系统”来说，并不是某一个线性维度的条件越好寿命就越长，这是谁都能理解的逻辑，只是平时线性思维基调下，人们不会也没有必要去考虑而已。

抽高档烟的“综合”享受（2022-06-18 13：40）（微博）

人的有一些享受行为，也可以分解开来看。

在某地观察比较过几位抽高档烟的朋友。抽“特别”高档烟的人，从他摸出这盒烟开始，在眼前一晃，可以感觉他就开始享受了。此时，周围人的羡慕和赞赏眼神也会给他带来满足感。然后拿出打火机，啪一声，狠狠地吸上一口，看那样子似乎吸进的是真金白银。再略抬头，轻松地喷出烟雾，构成一种对空间占有的别样的充实感。然后手指一弹，烟灰掉落，目空一切之满足感也油然而生。最后放下夹着烟的手，瞟一眼周围的烟友，他们似乎正在关注自己两指间正在燃烧的高档烟，并且飘过来羡慕、嫉妒和失落的眼神，那正是自己获得欣快感之所需。这个过程，涉及认知、情感和行为，是一种综合的享受。

上面就是部分抽特别高档烟者与抽普通烟者的不同之处，至少对个别人是这样。至于真正的烟味，其实差别没那么大。

部分喝“特别”高档酒的人，以及穿戴“特别”珍贵衣饰的人……现场行为也可类推。

许多成语（俗语）反映事物的多维性（2022－08－30 09：12）（微信）

JT 转发的这个（附下文），很重要。还可以加上，“大丈夫宁可站着死不可跪着生”对应“大丈夫能屈能伸”等。

这不单单是好玩，它反映了一个深刻的系统道理，就是世上的事物如果分解开来，有许多个维度可以看。然而人们总喜欢以自己的一个维度去看一个事物。然后就出现绝对化的倾向，导致一些人只是一味偏执和钻牛角尖。

因此，关于思维的多维性，从小孩子开始就应该学，应该有所懂。

【附】俗话说，可俗话又说：

好马不吃回头草，浪子回头金不换；

兔子不吃窝边草，近水楼台先得月；

宰相肚里能撑船，有仇不报非君子；

车到山前必有路，不撞南山不回头；

人不犯我我不犯人，先下手为强后下手遭殃；

一个好汉三个帮，靠人不如靠自己；

人不可貌相海水不可斗量，人靠衣裳马靠鞍；

苦海无边回头是岸，开弓没有回头箭；

退一步海阔天空，狭路相逢勇者胜；

金钱不是万能的，有钱能使鬼推磨；

出淤泥而不染，近朱者赤近墨者黑；

青出于蓝而胜于蓝，姜还是老的辣；

书到用时方恨少，百无一用是书生。

第 3 章　系统模型（一）理论构架

本章导言

话说我们人类有一种超越动物的技能，能够从各种“综合”问题中快速“细分”出线性的简单，如好坏、高低、优劣、宽容刻薄等。例如，面对婚姻矛盾这类综合问题，我们或会认为是因为缺乏宽容。面对自杀，我们或会认为是因为抑郁。这些线性认识往往大多正确且简单有效。这是我们的常态。

然而，在面对综合问题时，线性的简单经常会出偏。如婚姻矛盾，除了缺乏宽容，或许更因为缺乏感情或者过度贫穷。如自杀问题，除了抑郁，或许更因为压力或者危机。更值得注意的是，线性的简单还容易滑向极端，如缺乏宽容必然是刻薄，抑郁定然是小心眼，还有非红即白、非对即错、非正确即错误、非伟大即卑微、非爱国即汉奸等。这时候，不但出偏，还会出乱子。

为了避免以上缺陷，我们可以用多几条线性简单来认识“综合”的问题（即多几个维度或换几个角度看问题），这会大大降低前述线性认识的偏差，增加对复杂问题认识的准确性。压力（应激）系统模型，通常首先会推荐这种“多维度”的认识。

然而，如果忽略了“综合”的内在规律，有时候即使多几个维度去认识也未必准确。例如，博文部分有提到，某意大利人看到中国人“是只会劳动没有休闲没有葬礼的神秘人”，然后他来中国看到国人“是日夜忙碌省吃俭用也不休息的忙碌人”。两个角度结合，他还是没能看到“系统”的中国人。只有他动态地观察发现国人在某些时间节点上也有“光鲜的消费行为甚至有更张杨的葬礼”时，他才向了解“系统”的中国人前进了一大步。

现实生活和工作中，我们经常会陷于同样的困境——即使多几个角度，如果不能动态地去认识，也有可能洞察不到“系统”的真实。

作者通过长期理论和实证研究，探索综合问题背后的系统关系，最终倡导压力（应激）系统模型。根据这个模型，面对复杂的综合问题，主张多维思维和动态思维，即用“系统思维”去认识和解决综合、复杂、疑难问题。

本章资料包括压力（应激）系统模型的基本理论构架，以及涉及系统模型的部分博文等相关资料。

第1节 应激及其概念模型（书稿，2015）

第1～第5节摘录自2015年作者撰写的应激相关书稿，是在综合近30年作者主编的各版本书籍中有关应激和应激理论模型内容基础上写成，代表了作者对压力（应激）系统模型的最新认识。文中涉及的图表已转换成本文集编号或者略去。

一、概念与概念模型的发展与意义

应激（stress），或者翻译为压力、紧张等，是多学科关注的概念，医学、心理学、社会学、管理学等均以此为重要研究课题。由于学科的不同，研究领域的不同，研究侧重点和目的的各异，应激概念及内涵在不同领域和不同时期有较大差异。本书稿的重点是心理应激（psychological stress），即与心理社会因素密切相关的应激或压力。

下面先简单介绍在应激研究历史上有重要意义的有关主要概念模型。

（一）坎农的稳态与应急

20世纪20年代，著名生理学家坎农（Cannon）提出稳态说和应急概念，是应激研究前期的一段重要历史。

直观地看，人体每个细胞似乎都是独立生存单位，但实际上人体内的细胞活动离不开内、外环境。例如，大多数细胞不直接与外环境大气接触，但气候的变化同样会影响细胞的功能。显然，人体的每一部分功能活动（不论细胞、器官、系统）都是在一定范围内波动，并通过各种自动调节机制，在变化着的内、外环境中保持着动态平衡，机体在面对环境变化时能保持内环境的稳定，坎农将其称为内稳态或自稳态（homeostasis）。

当个体遇到严重内外环境干扰性刺激时，内稳态被打破，个体的交感-肾上腺髓质系统首先被激活，出现心率加快、血压升高、心肌收缩力增强、心输出量和回心血量增加、呼吸频率加快、潮气量增加、脑和骨骼肌血流量增加，而皮肤、黏膜和消化道血流量减少，脂肪动员，肝糖原分解，凝血时间缩短等整体性反应，来维持内稳态。这种情况在某些动物实验和人体研究中均可看到。坎农将这种严重干扰性刺激时机体所出现的整体反应，称为应急（emergency）即“战或逃”（fight or flight）。

可见，坎农的自稳态、应急和“战或逃”概念，涉及内外环境刺激与机体功能反应稳定的问题，显示出其对环境与健康之间关系的系统的认识特征，这与后来各种应激研究息息相关。

（二）塞里的“一般适应综合征”与应激

关于应激的概念，首推病理生理学家塞里（Selye）。在坎农的稳态说的影响下，1936年，塞里提出著名的“一般适应综合征”和应激概念。

20 世纪前半叶，医学界关于病理生理过程的研究，还集中在病因与结果的特异性关系的探索上。例如，我们知道，失血、中毒、感染的病理生理过程是不同的，是“特异性”的。但塞里在动物实验和临床疾病患者的观察中发现，在失血、感染、中毒等不同有害刺激作用下的个体，都可出现肾上腺增大和颜色变深，胸腺、脾及淋巴结缩小，胃肠道溃疡、出血等病理变化。塞里认为，在各种严重的疾病或有害刺激下，机体都会有这种相同的、特征性的和涉及全身的生理病理反应过程。换句话说，在严重的干扰性刺激下，机体会通过一些非特异性的反应过程加以“适应”，而与刺激种类无关。1936 年，塞里将机体在严重刺激下出现一系列非特异性反应称为应激（stress），将这种非特异反应称为一般适应综合征（general adaptation syndrome，GAS）（注：后来研究显示，不同的应激刺激也可诱发不同的应激反应，即特异性反应）。

塞里根据应激时的特定生物学标志，如腺体形态变化、应激激素变化及躯体资源的渐趋枯竭等情况，将 GAS 分为警戒、阻抗和衰竭 3 个阶段：①警戒期（alarm stage）：机体识别有害刺激，进入“战或逃”反应，应激激素肾上腺素和皮质醇等随之升高，是唤起体内整体防御能力的动员阶段。②阻抗期（resistance stage）：有害刺激持续存在，机体进一步提升体内的结构和机能水平，以增强对应激源的抵抗程度，此期躯体仍然试图去适应所受到的挑战，但其所需要的生理资源可能逐渐趋向枯竭。③衰竭期（exhaustion stage）：应激刺激持续时间太久或过于严重，机体会丧失所获得的抵抗能力，转入衰竭阶段，此时机体免疫系统严重受损，疾病产生或死亡。

塞里的工作在应激研究历史上有重要地位。

（三）拉扎勒斯的应激、认知评价和应对

20 世纪 60—80 年代，在心理应激研究领域，认知理论越来越被关注。其中 Lazarus 等（1984）根据认知评价（cognitive appraisal）在心理应激中起重要作用，提出了应激的认知交互作用理论。

Lazarus 曾指出，应激并不伴随特定的刺激或特定的反应，而是发生于个体察觉或估价一种有威胁的情景之时。也就是说，应激刺激或生活事件虽然是应激源，但应激反应的是否出现及如何出现，决定于当事人对事件的认识。简单举例，离婚作为重要事件，当事人的“反应”也许是忧郁、也许是开心，全决定于他（她）的认知。此后，Folkman 等还进一步研究应对方式（coping）在应激中的中介作用，从而将心理应激研究逐渐引向应激、认知评价和应对方式等多因素的关系方面。

Lazarus 是心理学界在应激研究领域的代表性人物之一，随着以后应对方式等应激有关因素的被重视，以认知因素为核心的应激多因素交互作用及其实证研究越来越受到学术界的关注。

（四）概念的发展和生物学意义

尽管一些人（甚至部分医学心理学教师）至今一听到应激或压力，脑子里首先出现的仍是各种与中文字义直接关联的概念表象，如“打击”“威胁”“哭泣”“失眠”。但一个不争的现实是，当今应激（或压力）概念的含义已远超中文字本身，成为一种特定的、系统的认识论和方法学。而且可以肯定，应激的概念、理论与应用研究今后还会有更大的拓展。

就目前的成果来看，心理应激研究在认识心理社会因素在疾病发生发展过程中的作用规律（心理病因学），在维护个体的生物心理社会因素间的动态平衡（心身健康）、降低各种心理社会因素对个体的负面影响（应激管理）等方面，以至在其他医学工作领域，均有理论与实践指导意义，已成为医学心理学的重要内容之一。

还需要指出，早期学术界之所以关心应激，往往因为应激给个体带来消极影响。随着应激研究的发展，人们开始注意到应激的积极作用。从生命科学的角度，应急、应激都是个体与外部环境保持动态适应的过程。生物界如果不存在这种过程，个体面对变化的环境，在心身两方面都会难以适应，甚至物种也会很难发展，故一定水平之下的应激，对个体是有积极意义的。作者（2012）在专著中曾提出，在孩子成长过程中，需要有“挫折教育”和“试错训练”，使之在适度的应激环境中得到不断锻炼，以提高个体与环境之间的适应能力。

从医学心理学的角度，需要宣传适度应激对于个体健康的重要性，但更需要讨论减少和降低应激的理论与方法。

二、概念模型的学科差异

应激和心理应激的理论发展经历了较长过程。如果整体去认识应激研究的历史，可以发现，自20世纪初起，各个时期关于应激和应激的理论认识，是由先期的分别重视应激反应和重视应激刺激，到以后重视应激刺激到反应的“作用过程”。同时我们也看到，由于学科或研究领域的不同，不同学科对应激的认识往往不同，使用应激概念和理论模型方面也存在很大的差异。

下面简单介绍与医学心理学密切相关的应激概念模型及其现状。

（一）应激反应模型与医学界所关注的应激

应激反应模型（response-based model of stress）强调应激反应，包括生理反应和心理反应，但对应激刺激及相关因素关注不多。

1. 背景

早期塞里的应激概念，以及一般适应综合征（GAS），是应激反应模型的代表，而且重点是内分泌反应或病理生理反应。

医学界一直来关注病理生理现象的“特异性”，如细菌感染和出血所致的病理过程是不同的。塞里提出GAS，则强调有机体对各种不同刺激，存在一种整体的“非特异性”的病理反应过程，故某种程度上是病因学认识上的一种进步。

但从生物心理社会医学模式的角度，以及从应激本质上包含发生器和效应器来看，应激反应模型在认识论上不符合“整体观”和“系统论”。

2. 现状

由于医学科学的特殊性，以及生物医学模式的长期影响，决定了应激反应模型特别符合医学工作任务，并与临床症状相关联，故应激反应模型在医学界被长期重视，直到现阶段，医学界仍然主要以应激反应模型来认识应激和应激现象（包括生理反应和心理行为反应）。

病理生理学作为医学的重要基础领域，将应激研究置于学科前沿，但始终重视的是机体的应激病理生理反应，特别是分子生物学机制方面，对各种应激刺激物，特别是心理社会刺激及其影响因素，在科学性的把握和指标的量化程度方面有欠缺。

精神病学的重点是临床，自然将应激作为临床疾病来研究。在国内外各种精神疾病诊断标准中，与应激有关的精神障碍种类很多，其关注的是各种应激反应症状，对引起这种症状的应激刺激关注不够或不细。

此外，预防医学或公共卫生领域，也重视压力（应激）的研究，但往往将压力放在社会生活所导致的个体主观感受（症状主诉）方面，如目前使用比较多的知觉心理压力问卷（CPSS），其条目基本反映的是压力的主观体验、情绪反应和行为表现。

由于在病理生理学和精神病学教材中，对应激反应的分子生物学，以及应激引起的躯体疾病和应激性精神障碍的临床，即所谓的“应激的医学结果”，已有深入介绍，故作者一直主张，在统编医学心理学教材中，对此不做过多介绍，以避免过多的重复，而把重点放在应激的心理社会属性方面。

（二）应激刺激模型与心理学界关注的应激

应激刺激模型（stimulus-based model of stress）强调应激刺激，包括应激刺激物的性质、种类、作用机制及影响因素等，而对应激反应特别是生物反应的关注较少。

1. 背景

心理学也关注应激，但其重点往往是社会生活中的各种紧张事件及其影响，如失业、至亲亡故、婚姻冲突。在早期，往往将 stress 翻译为紧张刺激。

例如，20 世纪 80 年代初，随着医学心理学的兴起，包括作者（1982）在内的一些教师编写国内早期几本医学心理学讲义，其中就涉及心理、社会、文化、化学、生物物理等“紧张刺激”，显然是接受了当时心理学界老师们的文献与理念。即使如前文 Lazarus 等的应激认知交互作用理论，关注的也是与应激相关的多种心理社会因素，并未深入探讨应激的生理机制。

从生物心理社会医学模式的角度，应激刺激模型淡化病理生理反应，其认识论也不符合“整体观”和“系统论”。

2. 现状

关注和强调应激刺激，在生活中很容易被人接受，因为这符合人们常识性的逻辑思维。我们平时与别人谈论压力（应激）时，第一反应也总是工作量的大小、经济上的宽紧等。

由于知识背景和工作性质，特别是由于特定的历史和社会原因，我国前期心理学往往在师范院校和教育系，与医学或自然科学学科交叉较少，导致早期国内心理学出身的与医学出身的人在应激问题上往往“说不到一块”。直到今天，国内心理学界虽然也有生理心理学、神经心理学等研究，但主流还是在应激刺激及其心理社会影响方面。例如，前些年在一次有关部委组织的高校新生心理评估量表使用论证会上，有著名心理学家在会上认为，“生活事件”问卷就是“心理应激”问卷。

同类现象也出现在近年国内的心理咨询师培训资料中，心理学概念中的“动机冲突”等也被看成是“应激”。

在当前其他一些心理学应用领域，如灾难心理学和危机干预、职业压力和耗竭等问题上，首先关注的也是应激刺激及各种心理社会影响因素，然后是各种心理行为症状，较少涉及应激生理机制。

但公允地说，心理学界对于应激多因素的重视程度，以及对各种应激因素之间的理论探讨，要超过其他学科。

（三）应激过程模型与医学心理学关注的应激

应激过程模型（process－based model of stress）关注的是由应激刺激到应激反应的复杂的应激作用过程。国内过程模型的出现本身就有个“过程”。

1. 背景

20 世纪 80 年代中，梁宝勇（1985）和作者（1986）在各自主编的医学心理学讲义中开始设置“心理应激”专章，后徐斌（1991）在教材中描述过“应激过程的模式”。自 1986 年起，作者在主编的教材中将应激作为“过程”来理解，但尚待验证。1987 年，作者在《中国心理卫生杂志》创刊号的论文中，设计的“心理社会因素”包括生活事件、应付（应对）、人格（个性）、应激反应（情绪反应）等变量，这是对应激多因素“过程模型”的最初实证性探讨。此后，作者等（1990，1993，1994，1996，1998，1999，2000，2001，2002）以相同构思，持续进行 10 多年的研究，验证应激是由生活事件到应激反应的多因素作用过程，在浙江省自然科学基金资助下还编制了相应的“团体用心理社会应激调查表”（PSSG）。在上述实证调查研究基础上，结合国内外文献、应激学说的发展史，以及 Lazarus 等的应激交互作用理论（其也是一个发展的过程），作者在历年主编的教材中，特别是 1998 年国家教委高等教育教材研究课题计划项目的成果教材（后来成为规划教材的整体框架）以后，明确心理应激是由应激源（生活事件）到应激反应的多因素作用的“过程”，并以简单图示表示（图 3－1－1、图 3－1－2）。

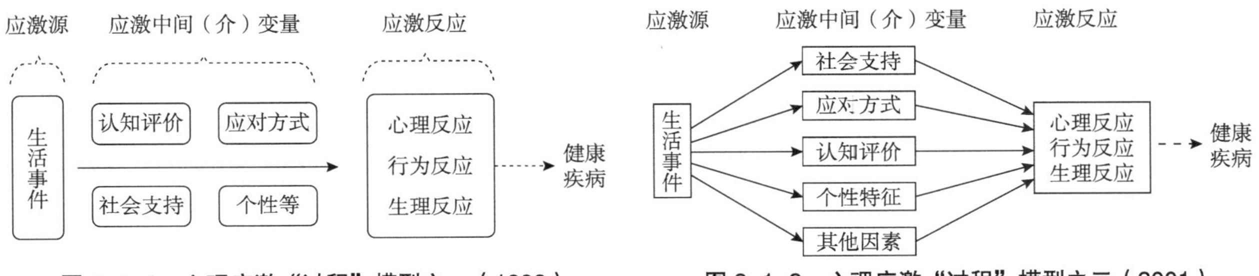

图 3－1－1　心理应激“过程”模型之一（1998）

图 3－1－2　心理应激“过程”模型之二（2001）

根据过程模型，心理应激（psychological stress）可定义为：个体在应激源作用下，通过认知、应对、社会支持和个性特征等中间因素的影响或中介，最终以心理生理反应表现出来的多因素作用过程。

该定义强调，应激是个体对环境威胁和挑战的一种适应过程；应激的原因是生活事件，应激的结果是适应的和不适应的心身反应；从生活事件到应激反应的过程受个体的认知等多种内外因素的制约。

2. 现状

过程模型符合人们通常的因果逻辑思维习惯，也符合医学心理学重视心身相关性，以及便于对某些疾病发生的心身病因做出解释，故从生物心理社会医学模式的角度，应激过程模型的认识论更接近“整体观”和“系统论”。

目前国内医学心理学教材已普遍采用应激的过程模型。但对“过程”的细节也存在分歧。

其一，“应对”出现在应激之后还是过程中？前者示意应对只是解决应激结果，后者示意应对是应激的参与因素。作者主编的教材属于后者，另有一些教材属于前者。

其二，关于“中介因素”，一些教材在章节安排上，有“心理中介”和“生理中介”之分，这从应激源到疾病发生的“过程”来说是符合逻辑的，但将应激的某些生理反应也归入中介因素，会与后面设置的生理反应一节相混淆。在作者主编的各版教材中，直接将生理反应作为应激反应的一部分，它可以中介（介导）为最终的躯体疾病（属于病理生理学），也可以直接就是心身症状。同样，心理反应可以中介为应激性精神疾病（属于精神病学），也可以是直接的心理症状。

值得指出的是，学科的发展与社会组织和行政管控等“条块”密切相关，应激问题涉及不同学科和不同“条块”，决定了应激研究和实际应用上的优势和劣势。医学心理学和其派生出来的应激系统模型就是典型。

第2节　应激因素交互影响（书稿，2015）

上一节讨论了应激过程模型，并提到将应激看成是多因素的作用“过程”，符合人们的因果逻辑思维习惯，有助于认识和处置急性应激事件。但需要进一步指出的是，各种应激因素之间普遍存在反向的作用，特别是在慢性应激情况下，这种多因素的双向影响关系会使应激过程变得复杂，应激其实不仅仅是单向的线性作用过程。关于应激因素之间的相互作用，作者及相关人士20年来（1987—2007）在这一方面做了许多实证调查研究，如周敏（2007）、韩耀静（2006）、吴志霞（2006b）、周倩（2005）、任伟荣（2005）、钟霞（2004，2005）、卢抗生（2002）、应佩云（2000）、闻吾森（1999）、姜乾金（1996a，1996b）、来桂英（1994）等。下面分开叙述。

一、生活事件受其他应激因素的影响

生活事件作为“应激源”本身也受应激反应等因素的“反作用”。

许多研究证明，认知评价、应对方式、社会支持、人格特点和应激反应反过来也会影响许多生活事件的发生、发展、性质和程度。仅以人格为例，某些人格特征（如钻牛角尖性格）不但可以放大个体对生活事件的感知，而且还可导致新的生活事件的形成。

二、认知评价受其他应激因素的影响

认知评价因生活事件属性的不同而不同，这是常识。

社会支持一定程度上可以改变个体的认知过程。例如，当你面对街路上有人恃强凌弱时，旁边是否有熟悉伙伴相随可影响你对事件的次级评价（干涉还是不干涉）。

应对方式本身就涉及许多认知调节的问题，如否认、再评价等，而发泄等应对机制也可以直接或间接影响认知评价。例如，日常可以见到，一位当事人由于不断诉说（倾诉、发泄）而最终出现对原始事件的认知逆转。

人格特征间接影响个体对某些事件的认知。其中态度、价值观和行为准则，以及能力和性格等人格心理特征因素，都可以不同程度影响个体在应激过程中的初级评价和次级评价。这些因素决定个体对各种内外刺激的认知倾向，从而影响对个人现状的评估。例如，事业心太强或性格太脆弱的人就容易判断自己的失败；具有完美主义倾向人格特征的人往往存在非理性的认知偏差，使个体对各种内外刺激发生评价上的“歪曲”。吴志霞等（2006a，2006c）验证了人格特质影响自动性思维。

应激反应也并不总是像“过程论”所叙述的单向“接受”应激源或中介变量对它的汇聚。实际上，应激反应同样影响认知评价。例如，等待手术期间过分紧张导致失眠，后者可能使手术当日患者的认知趋向于消极。

顾成宇等（2007）通过实证调查分析显示，多种应激因素可以影响重型罪犯对自己刑罚的认知评价。

三、应对方式受其他应激因素的影响

应对方式也受其他各种应激有关因素的影响，分述于下。

生活事件属性的不同往往应对方式也不同，这是常识；连续的负性生活事件也可能使主体的应对方式趋向消极（如“祥林嫂”后期）。

认知评价影响应对方式。例如，认知评价直接决定个体采用针对问题应对或针对情绪应对，且个体的认知策略如再评价本身就是一种应对。

社会支持一定程度上可以改变个体的应对方式。例如，面对上述街道上恃强凌弱现象时，周围是否有熟悉人群伴随可以影响个体是否强势出面干涉。

人格特征和行为类型也间接影响个体对特定生活事件的应对方式。例如，有完美主义人格倾向的人，在“再评价”应对过程中，会表现更多的消极应对策略；具有冲动性人格特质的人在紧急事件面前可能容易失去有效的应对能力。

不同人格类型的个体在面临应激时可以表现出不同的应对策略。作者等（1993）资料显示，人格中的情绪不稳定性和内外向维度与特质应对问卷中的条目有相关性，显示人格特质一定程度与应对活动的倾向性即应对风格相关。Folkman曾根据针对情绪应对的跨情景重测相关高于针对问题应对，认为针对情绪应对更多的受人格影响。Glass等（1977）的研究发现：当面对无法控制的应激时，A型行为模式的人与B型行为模式的人相比，其应对行为更多的显示出缺乏灵活性和适应不良。而Vingerhoets等（1984）的研究却提示：面临应激环境时，A型行为模式的人较B型行为模式的人更多地采用积极正视问题的应付行为，而不是默认。同时还发现A型行为模式的人不像B型行为模式的人那样易于接受现实，对问题的起因他们更多地强调自身因素而不是环境。

应激反应同样影响应对方式。例如，长期慢性应激可使个体进入失助状态，失去了积极应对环境的能力，此时给予任何细小生活事件刺激都可能因为失去应对能力而产生严重后果（俗称压垮骆驼的最后一根稻草）。

作者团队10余年来通过多种样本的实证研究证明，应对方式确实受上述有关应激因素的影响，此外还与性别、年龄、文化、职业、身体素质等有关。

四、社会支持受其他应激因素的影响

社会支持也受其他应激有关因素的影响，分述于下。

许多生活事件可以直接导致社会支持的问题。例如，临床实践可见，夫妻因为双方家庭背景差异而经常争吵（生活事件），结果导致家庭内的社会支持评估量表分极低。

认知因素可影响个体社会支持的获得，且特别影响主观支持的质量。例如，由于不能正确认识和理解周围同事们的好心关怀，降低了自身的主观社会支持水平。

某些应对方式本身就涉及社会支持的问题，如求助、倾诉，因此成功的应对也导致成功的社会支持。

人格特征也直接或间接影响个体的社会支持。人格可以影响一个人的客观社会支持程度，也可影响其主观社会支持程度（如领悟社会支持量表PSSS得分）。

Sarason等（1981）发现艾森克人格问卷的外向分与社会支持数量（SSQN）正相关，而神经质分与社会支持数量（SSQN）和社会支持满意程度（SSQS）二者均呈负相关，显示人格可以与社会支持互为影响。现实生活中，具有完美主义价值观念的人，其“负性自动性思维”也会影响其对社会支持的正确感悟，如总是觉得社会对自己冷漠和不公，从而降低了领悟社会支持水平。人与人之间的支持是相互作用的过程，一个人在支持别人的同时，也为获得别人对自己的支持打下了基础，一位个性孤僻、不好交往、万事不求人的人是很难得到和充分利用社会支持的。

应激反应同样影响社会支持。例如，慢性疼痛综合征由于长期的心身症状，后期患者的社会支持水平会变得很低。

五、人格因素受其他应激因素的影响

按照传统的心理学观点（如国内心理学家许某某教授在1982年医学心理学学术会议曾向作者友好提出的），人格是“不能”改变的。“江山好改、禀性难移”等常识也是这个意思。这样，在应激系统模型中就产生了一个问题，就是人格可以对其他各种应激因素产生影响，而其他因素是否也能反过来影响人格特征。

其实，即使从常识的角度，人格的某些方面如智力，特别是青少年智力在一定限度内是可以改变的，被叫作开发智力。能力更是可以训练和改变的。性格难改变但也不是不能改变。兴趣、态度、观念、习惯也都能部分改变。

从逻辑的角度，人格是幼年至成年逐渐形成并最终“定型”的一种心理属性。一个人的人格特征很像一棵定型了的大树，它是由幼苗经过特定空间、条件的长期作用，最终成长并定型的。因此改变歪斜了的树体确实是困难的。但我们还是可以继续比喻下去，通过给予支撑等方式，将歪斜的树体往正直的方向用力，同样假以时日，与环境处于动态平衡关系的活体树木，是会慢慢自我重新扎根的，到时候取去支撑，树体将被矫正。可见，应激有关因素对人格产生影响的可能性在逻辑上也是讲得通的，只是所需的时间要比较长。

在基础研究和临床工作中也可以发现，那些处于长期慢性心理应激状态下的个体，其行为模式和性格特征会渐渐异化。例如，国外研究报道，慢性疼痛综合征患者随着病程迁延，慢慢地会出现宿命观念、自卑、丧失信心、依赖，以及 MMPM 测查的疑病量表分升高等人格方面的变化。

据上所述，可以做如下判断，过多过重的生活事件、负性自动思维、消极应对方式、社会支持缺乏和严重应激反应等情况的长期存在，最终会影响人格的健全。实际上，国外在有关慢性疼痛患者的人格研究中早已发现这一现象（注：参见第 18 章等）。

六、应激反应受其他应激因素的影响

在应激过程模型中，已经强调各种应激因素共同作用最终导致应激反应，在此无须过多讨论。这里只是再强调一下人格对应激反应形成和程度的影响：同样的生活事件，在不同人格的人身上可以出现不同的心身反应结果。

七、应激因素之间交互影响

从上文内容中可以看出，各种应激因素之间几乎都存在着交互的作用，可以说各种应激因素处于同一个“系统”之中（图 3-2-1）。

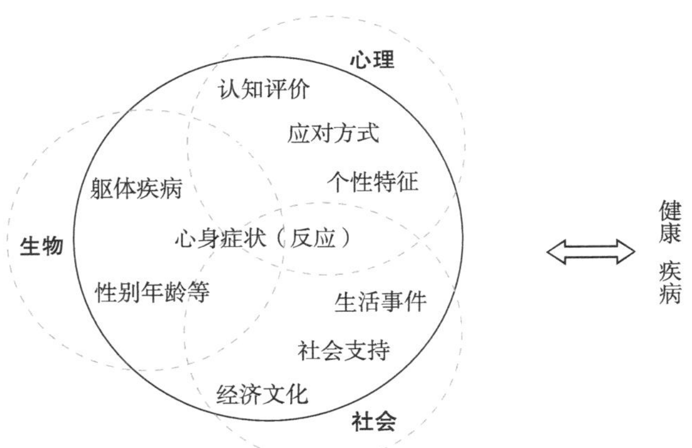

图 3-2-1　各种应激因素处于同一个“系统”之中

第 3 节　应激（压力）系统模型（书稿，2015）

一、系统模型的提出

应该说，应激过程模型在认识论上仍然是单维的，只反映由生活事件到应激反应（直至临床疾病）一个维度。应对方式、社会支持、个性特征等同样重要的应激变量，只被看作是这个维度的影响或中介因素，诸如这些因素又受哪些因素的反作用等问题，则未予关注。

作者等自 1987 年以来，对应激与健康、应激因素之间的关系等做了长期临床与实证研究（注：参见第 4 章），在此基础上，进入 21 世纪以后，又经过近 10 年的探索，以多篇实证研究论文（钟霞 等，2004；顾成宇 等，2007）和有关著作（注：见参考资料），论证各种应激因素之间的相关性或反作用关系。例如，不同的患者可以对相同的生活事件做出不同的认知评价，甚至同一个患者可以对同一个生活事件在不同时间产生不同的认知评价，从而趋向于采用不同的应对方式和利用不同的社会支持，导致不同的应激反应（过程模型）；反过来，应激反应也影响社会支持、应对方式、认知评价直至生活事件；同样，认知评价、应对方式、社会支持甚至个性特征等作为过程论的中间因素，也分别各自或共同影响其他因素，或者反之受其他各种因素的影响和制约。它们既可以是因，也可以是果。同时，作者在相当长的时间里，开展应激（压力）实际应用方面的研究，并取得一定的成效，具有相当的实证价值。因此，作者在 2004 年以后，逐渐在各种出版物中明确心理应激其实是各种应激因素相互作用的“系统”，并以简单图示表示，即应激系统模型（system-based model of stress，SMS）。

根据系统模型，心理应激（psychological stress）可定义为：个体是生活事件、认知评价、应对方式、社会支持、个性特征和心身反应等生物、心理、社会因素构成的“系统”，系统中因素相互作用、动态平衡，当由于某种原因导致系统失衡，个体产生痛苦或者适应不良就是心理应激（图 3-3-1）。

应激系统模型首先强调应激是多因素交互作用的、多维度发展的系统，这有作者及团队多年(1997—2007)的实证研究证据，国外近些年也有类似的一些研究结果(Kardum et al.，2001)。按照应激因素之间存在交互作用的事实，必然既可形成良性循环（平衡），也可形成恶性循环（失平衡），后者会导致各种各样的“应激”相关问题。

应激系统模型还强调，“应激评估”除了需要评估生活事件和应激反应，还需要评估认知评价、应对方式、社会支持和人格特征等应激因素。而且，还要系统地分析各因素之间综合作用规律。

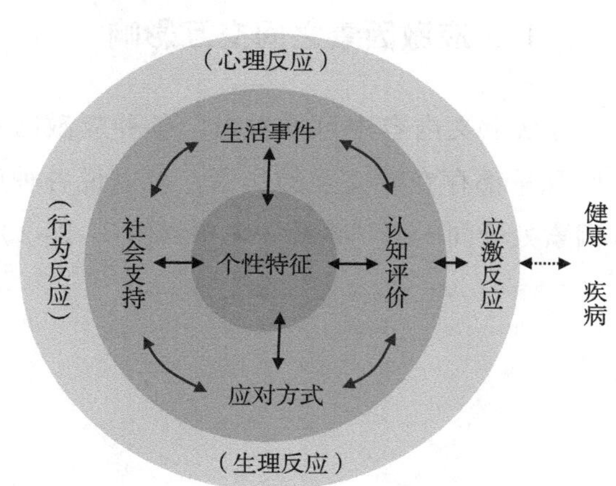

图 3-3-1　心理应激“系统模型”

应激系统模型还强调，“应激干预”除了可以选择从多种应激因素入手，如控制和回避生活事件、调整认知、改变应对策略、提供社会支持、降低应激反应，以及通过心理治疗来影响人格因素，甚至可以改变环境和利用各种自然条件，同时还需要注意对个体应激系统的动态综合管理与控制。

应激系统模型对应激的认识，符合环境与机体之间的系统关系，符合健康和疾病的生物、心理、社会“整体观”和“系统论”，有利于对各种应激有关因素之间的相互作用机制进行研究并做出解释（例如，研究应对的影响因素或者研究社会支持的影响因素），进而有利于促进研究个体整体心身健康的保持。

应激系统模型此后已反映在作者各种著作中，如《心身医学》（2007a）、《行为医学》（2008a）、《护理心理学》（2006b，2012）、《医学心理学》（2005，2010b）和婚姻专著（2011），也在国内十几个学术会议上做了交流（2007b，2008b，2010a等）。

鉴于篇幅限制，有关应激系统模型及相应内容，可参阅作者相关教材与著作。

二、应激系统模型的基本特征（法则）

应激系统模型的基本法则（姜乾金，2007，2012）包括以下几个方面。

（一）应激是多因素的系统

具有生物、心理、社会属性的人，不论是健康或疾病状态，本质上是一个多因素的系统。从心理应激的角度，这些因素包括生活事件、认知评价、应对方式、社会支持、个性特征和应激反应等。

（二）各因素互相影响

各种应激因素之间互相影响、互为因果，其中某一个环节出现变化，可能影响到系统结构，且易形成良性或恶性循环。个体通过自己的感受和判断所报告的问题，或者别人所观察到的，往往只是系统中某一部分因素的因果关系，未必反映系统的全貌。

（三）因素间处于动态平衡

人生不同年龄阶段和不同处境下，各因素处于动态平衡之中，并维持健康适应状态。这里涉及两个要素，即动态和平衡。因素之间的而关系不是一成不变的，而是动态发展的。动态的目的是保持系统的平衡。一旦这种平衡被打破，如不能建立新的平衡，则出现不适应，产生心身健康问题，是为“压力”。

（四）认知因素起关键作用

认知应激理论就强调认知因素在生活事件到应激反应过程中起中介作用。在临床实际工作中，无论是患者对自身健康问题的判断和症状报告，还是对大多数心理干预技术的接纳、理解和执行，患者的认知功能都起关键作用。

（五）个性因素起核心作用

个性因素包括性格、脾气、习惯、信念等，其中信念上的问题更值得注意，它影响认知（如认知治疗中的 “自动思维”），也直接间接影响其他应激因素，在心理应激系统平衡和失衡中起到核心的作用。

三、应激系统模型的理论意义

（一）引导理论和实证研究

应激系统模型反映环境与机体之间的系统关系，符合生物、心理、社会“整体观”和“系统论”。在应激系统模型主导下，有利于对各种应激有关因素之间的相互作用机制进行研究。例如，研究有哪些因素影响一个人的应对能力，社会支持受哪些因素的制约等，进而解释心理社会因素在健康和疾病中的作用，寻找有利于促进个体整体心身健康的各种途径。

（二）提出和强化“系统思维”

（注：本部分是编辑本文集时新添加）

在本文集“自序”部分，作者已经给“系统思维”和“线性思维”下过操作性定义。

所谓“系统思维”，是基于应激系统模型的思维方式。包括：面对“系统问题”（指各种复杂的、综合的、难以解决的问题）时，需要多因素、多维度去思考；需要从不同维度之间的关系去思考；需要从这种维度之间关系的动态变化情况去思考；面对与人有关的系统问题时，还得考虑人的认知因素在问题中的关键作用；以及人的个性特点在问题发生和解决中的核心作用。综合起来，就是符合应激系统模型 5 项法则的一种思考问题的方式。

所谓“线性思维”，是相对于“系统思维”而言。线性思维是人们通常习惯化的、单维度或线性“因–果”式的思维。线性思维简单、便捷，在我们日常生活中常用，但线性思维也容易陷于“两极”思维（即非好即坏、非对即错、非高大上即低小下等），在面对复杂的或综合的“系统问题”时，线性思维也往往会陷入困难或谬误。

系统思维，应该成为研究和解决许多心身问题的基本思维模式。

（三）指导认识和解决临床上和生活中的各种“心理问题”

应激系统模型特别强调系统中的多因素动态平衡。在系统模型主导下，个体被看成是应激多因素动态系统，健康是心理社会因素的动态平衡，而疾病是应激多因素的失平衡和恶性循环的结果。例如，日常遇到的各种复杂的“心理问题”，往往就是长期多因素失平衡和恶性循环的结果，甚至这种恶性循环，最终使我们无法采用线性思维找到“源头”也难以确定“主线因果”，从而干净利落地加以解释和解决。

（四）有助于理顺医学心理学结构上的紊乱

目前，应激系统模型已在一些医学心理学书籍中被采用。但需要指出的是，虽然过程模型和系统模型都能为医学中的应激问题提供框架思路，但理论逻辑是不同的。有的教材却未能对两者加以区分，一方面以事件、中介、反应的“过程”模型安排教材章节；另一方面在应激因素之间的相互作用方面，在各种应激因素的管理和调控方面，又以“系统”模型展开讨论，结果导致阅读理解上的紊乱。

由此也可看出，较之过程模型，系统模型对于认识和解决属于“系统”问题的心理应激，有更清晰的理论指导作用。

四、应激系统模型的实际应用

应激系统模型为医学心理学和心身医学实际工作提供了良好的框架思路，在临床医学、预防医学和健康促进等领域有多方面的实际应用价值。

（一）病因学方面

系统模型有助于清晰认识，疾病和症状的发生发展与多种应激因素的相互作用有关。例如，将生活事件、认知因素、应对方式、社会支持、个性特点和某些生物学因素，“平等”地作为应激有关因素进行病因学多因素分析研究，如相关分析、回归分析、通径分析和结构方程等，取得较好的研究成果。

（二）临床方面

系统模型强调应激是多因素交互作用的系统，故强调“应激评估”需要系统评估生活事件、认知评价、应对方式、社会支持、个性特征、应激反应等各种因素，以及各种因素之间的综合作用。强调“应激干预”可以通过任何消除或降低各种应激因素的负面影响、促进系统因素之间的良性循环，实现新的平衡，达到治疗的目的。在作者主编的各种教材和书籍中，提倡“应激管理”“压力自我管理计划（self-management program）”“应激综合控制与管理”等，其基本策略至少涉及系统模型中的多个环节，包括：① 控制或回避生活事件；② 改变认知评价；③ 改善社会支持；④ 应对指导；⑤ 个性调控；⑥松弛训练等，甚至包括改变环境和利用各种自然条件等手段。

近些年，作者更进一步强调，以上这6个环节尚只是应激的6个维度，综合的、动态的认识和干预更值得关注。

（三）保健方面

系统模型有助于认识和指导合理调整应激各有关因素的动态平衡，促进个体在不同阶段、不同内外环境下的健康成长或保持适应（心理卫生），如压力管理和情绪调节宣讲，应对指导训练、社会支持系统的建立、个性健全的促进等，都是可用的心理保健措施。

（四）其他应用

系统模型还可应用于个体心理咨询、生活压力管理、危机干预、家庭评估与干预等方面（姜乾金 等，2011；姜乾金，2011，2012）。

五、附：应激系统模型不等于系统论[①]

应激系统模型曾受到年轻学者的关注。图 3-3-2 是其[②]从系统论和系统科学的角度，提出的压力系统模型的“不足”，包括“不具备开放性”和“没有建立要素之间的结构关系”等。

（一）系统模型不具备开放性

开放系统是一般系统论中最重要的基本概念。开放系统是与环境发生相互作用的，依赖于不断的物质、能量和信息的输入、输出来维持的系统。这里输入是指环境对系统的作用，输出则是指系统对环境的作用。系统科学的研究表明，开放性是系统内部的有序性和结构的存在和发展的基本条件[13]。封闭系统则与此相反，它与外界环境之间不存在物质、能量或信息的交换。用系统思想来观察现实世界，几乎一切系统都是开放系统。在图 2 的系统模型中只给出了系统的输出，从而构筑了封闭的、静止的、难以进化的理论框架，不符合现代系统理论的基本思想。

（二）没有建立要素之间的结构关系

系统是指边界内的多个部分（或要素），这些部分之间的相互关系，以及全部这些内容综合而成的整体性等。按照系统科学对系统结构的定义，所

图 3-3-2　压力系统模型的“不足”

作者在此做简单回应。

① 在系统论或系统科学甚至哲学的角度，“系统”确是开放甚至无限的，也就是说，压力系统模型图示“圈内”的 6 个因素，与圈外的更多因素进一步交互作用。这应该是对的，实际上，“圈内”也不见得只有这 6 个因素。但这样一来，岂不是变成无限的哲学问题了。从实际应用角度构架并逐渐予以实证的压力系统模型，只能划出边界，界内的才加以研讨操控，为具体目标（即解决具体问题）服务。这就像医学临床，疾病就是封闭的系统问题，对于疾病的诊断和治疗，必须要界定范围，制订可操作的规程，不作无限延伸。例如，讨论和解决临床患者血压问题，也只能局限在心脏、血液、血管、神经内分泌调节等有限的影响因素。不宜将宇宙星空因素也纳入临床考虑范围，尽管从理论上，从开放的角度，或许星空对血压也有影响。

这里顺便提一下，压力系统模型从一开始就起源于临床实践的观察和总结，并未特意与系统论挂钩，自然也不是系统论的直接延伸。这一点在第 1 章已有所指。

②“因素”之间的关系确需要深入研究。尽管前 30 年作者们已有许多研讨，尚祈盼后面的接力。

第 4 节　基于系统模型的应激（压力）控制（书稿，2015）

（注：本文集后面各章大多涉及基于系统模型的应激（压力）控制的问题，本节仅是大概的描述，有点类似概论）

① 注：本部分是编辑本文集时新添加。

② 姜智. 系统科学视域下多要素心理应激系统过程模型 [J]. 集美大学学报（教育科学版），2012，13（4）：16-20，36.

所谓应激（压力）控制，根据前文内容可以轻易得出结论：刺激模型必然强调如何解决生活事件（应激源）；反应模型必然强调如何消除应激症状；过程模型则重视从事件到应激反应主线的追踪与控制。只有应激系统模型，由于其强调应激因素间的互相影响和动态平衡，理论上任何一个或几个应激因素的异常，都可导致应激系统的失衡，同样对任何一个或几个应激因素的管理，都可以促进应激系统的再平衡。也就是说，应激系统模型强调对应激因素和应激系统的综合管理。

按应激系统模型，应激管理（stress management）被定义为，通过促进应激因素之间的良性互动，将因素间可能的恶性循环关系转化为良性循环，最终维护整个系统的动态平衡，达到促进健康、预防或消除应激有害影响的目的。

讨论应激控制与管理，可分为 3 个部分：一是应激因素和应激系统的临床评估和分别管理；二是个体和群体的综合应激控制与管理；三是如何将这种管理理论与技术应用于各个领域。本节重点介绍第一部分，简要介绍第二部分，第三部分内容即应激管理理论与技术在生活压力、婚姻家庭问题、心理危机等领域的应用，则从略（或见拓展阅读）。

一、应激因素的临床评估

（一）评估方法

1. 晤谈、观察与调查

对应激有关因素的基本评估和应激系统的综合分析，不可避免地需要采用医生通常采用的晤谈、观察和调查的方法。这种评估方式需要医生对应激系统模型所涉及的因素有基本了解（见上一章），而且需要一定的实际工作经验，不被表面现象所蒙蔽。例如，某些心理压力巨大的癌症患者，却可以表现得很轻松，语言也很积极，其实却有可能存在情感反应被压制（suppression）的情况。又如，一位面临手术的患者诉说自己紧张得“要命”，仔细全面晤谈和观察也许你会发现他并不比某些矢口否认紧张的患者更紧张。此时需要评估其情绪反应的 3 个方面——主诉、表情观察和生理反应证据。

半结构式晤谈有助于初学者完成此项评估工作。即分别从生活事件、认知特点、应对方式、社会支持、个性和应激反应等因素，以及因素间常见的循环关系，以半结构的腹稿，一一展开晤谈、调查和观察，以免遗漏。

2. 量表

选用合适量表，如生活事件、应对、社会支持、个性、心身症状量表等，分别评定各种应激因素，或选用 PSS 综合评估应激系统。但目前一些量表在内容上存在重叠或交叉。例如，应对问卷中包含一定的生活事件和社会支持内容，社会支持问卷包括一定的生活事件和某些应对策略，这样的评估结果将影响后面的分析或诊断，故应尽量选择在概念和内容上符合或接近某种应激因素的量表（应激因素概念之间的交叉问题，作者在多年主编的教材中有详细分析）。

为避免以上情况，作者等经过长期工作，在有关政府基金资助下，最终编制了包含 4 项主要应激因素的心理社会应激调查表（psycho－social stress scale，PSS）（参见第 21 章）。其中生活事件问卷

（LEQ）包含应激性事件和对事件的认知评价，并分为4类；应激反应问卷（SRQ）包含生理反应、情绪反应和行为反应；特质应对方式问卷（TCSQ）包含消极应对和积极应对；领悟社会支持量表（PSSS）包含家庭支持和家庭外支持。各因素问卷在内容上界限相对清晰，使用该套量表，有利于开展应激因素的综合分析和判断（姜乾金，2011，2012）。

此外，在一些领域使用着的量表，如预防医学中的知觉压力量表（CPSS）（杨廷忠，2007），职业枯竭量表等，因其有特定的概念和内涵，在此不做讨论。

在实际工作中，如果缺乏合适的量表，就不必勉强，不如将评估的手段主要放在对晤谈和调查的正确把握上。

3. 实验

应激评估中涉及的生物学因素，如应激的生理反应、应激心身中介机制的某些生化学指标、神经电生理指标等，可考虑临床实验的测定方法。

4. 判断信、效度

即分析以上各种方法所获信息和资料是否可靠。对于心理测验结果，除了需要按照心理测验的基本原则去做外，里面还需要有许多实际经验。例如，一位来访者的SCL90测量结果显示，所有9个因子分在剖面图上都高高在上，且高点之间无明显错落感，则不一定说明来访者真的存在严重的心身反应症状。

（二）分析与判断

1. 对应激因素的分析与判断

通过上述晤谈、观察、调查和量表测查，或者结合一定的临床检验指标，对应激因素作现象学判断。注意个体的生活事件、认知评价、应对方式、社会支持、个性特征和应激反应各因素是否偏离，并做现象学的描述。例如，某男，某岁，遭遇某生活事件、绝对化的认知、消极应对方式、缺乏家庭内社会支持、完美主义的个性、行为退缩等。作者在临床工作中还同时保存应激因素测验结果，如PSS的剖面图等。

对于测验结果，应根据医生自己的知识、理论和经验（主要针对晤谈、观察、调查到的信息），或者与常模做比较（主要针对量表评定或实验结果），分别判定各项应激因素是否在正常水平。其中如果是量表评定结果，一般以高于常模1个标准差和2个标准差为线，大致考虑该项得分结果是偏高（偏低）或过高（过低）。这样的单项因素评估结果其本身也有临床诊断上的意义。例如，某位来访者在特质应对量表TCSQ中的消极应对量表分过高，可判断其有习惯化的消极应对风格，反映其具有消极应对的个性特质，还可以推断其可能具有更多的生活事件，更差的社会支持，和更复杂的心身症状。

同时，还要注意多项应激因素异常往往比单项应激因素异常更有实际意义。例如，在临床上，来访者可以单独显示较高的心身症状（应激反应），也可兼有MMPI测查的高Pd分和Pt分，或者兼有较高的消极应对（NC）量分，甚至还包括生活事件的高分和家庭内（或家庭外）社会支持的低分。这几种不同的组合往往体现来访者应激系统不同的失衡或者紊乱。可据此制定不同的控制和管理方法。如能判断应激因素中的“启动因素”和“重要因素”，则更有利于此后的应激干预（姜乾金，2012）。

2. 对应激系统的综合分析与判断

在各种应激因素的评估基础上，结合病史（问题发展过程）、系统模型法则和实际经验，分析判断个体的应激系统，为更深层次的干预做准备。

二、应激因素的控制与管理

各种应激因素的控制与管理，既是应激管理的一种形式（如果问题比较单一），也是综合应激管理（涉及多因素、多层次的系统问题）的基础技术；应激因素的控制与管理，需要选择或结合采用心理教育、心理指导、心理治疗等干预技术（姜乾金，2010—2012）。

（一）针对生活事件（或应激刺激）的管理

通过评估，全面了解来访者的生物、心理、社会和文化生活事件，或者现象学上的家庭、工作、人际和经济生活事件，还要关注各种事件在一个人身上的累积效应。

根据事件的性质、程度和影响情况，分别选择“解决”“回避”“缓冲”3 种不同管理策略。

解决就是指导来访者解决应激事件，如同事间的冲突与误会、重大的考试等。

回避就是指导当事人与应激事件隔离，指导来访者暂时回避应激事件现场，以利其内部转机的出现。例如，劝导当事人先离开剧烈争吵现场，指导工作负担过重者短期旅游，引导某些受难者离开地震灾难现场等。

缓冲或接受，在生物学上属于“屈服”，在人类就是“能屈能伸”。对于某些生活事件，或者人类原本就无法抗拒或回避，或者个体自身条件致使无法摆脱，则需要指导来访者接受之，为重新奋起带来缓冲期。

这里需要特别指出的是主观生活事件（subjective events）的管理。大量事实证明，生活事件往往与来访者的主观评价密切有关，如事业不遂、婚姻不理想、没有升入理想的大学等。对于这些主观事件，往往需要后述更有技巧性的认知指导。由于还涉及许多信念或观念差异方面的问题故还需要心理治疗。例如，一些特别执着的人往往会不断“制造”生活事件。曾有一位老教授为了“不使国家受损失”，反复上书各级机关直至国家领导人，整个过程他在不断制造更多的生活事件，甚至最后都恨起自己来，要求老伴只要发现自己又开始写信就拿扫把来打他。这类连当事人都知道但又不能解决的生活事件，显然与其个性特征有关，更需要后述心理治疗的干预。

（二）针对认知评价的管理

认知评价在应激系统模型中被看成关键因素，原因之一是其在应激管理中更具可操作性。

从常识来看，认知活动是建立在个人的知识、经验和逻辑思维习惯的基础上。然而，由于事物的多维性和多变性，即使当事人知识程度很高，思维逻辑性很强，难免有时候会出现“聪明一世，糊涂一时”的情况。在应激管理过程中的认知管理方面，需要通过采用各种可以影响认知过程的技巧来改变当事人的认知。例如，指导心理移位（知识和技术）；指导角色身份转换（原理和举例）；实施他暗示或指导自我暗示（学会“讲故事”）；安慰、激励技术等。这里举一例，某大学毕业生应聘某公司担任电话营销员，因在电话中不断挨客户的“骂”而心情极差，工作压力感沉重。通过介绍社会角色及角色转换的原理，广泛举例说明“挨骂”是某些工作的角色身份要求，促使其对自身工作角色的再认知，促进工作角色的适应。

作者在长期临床工作中，对于认知评价的教育和指导，总结出八字原则——“接纳差异，快乐竞争”。即说服当事人，世界事物之间，差异是永恒的，标准化是暂时的，“接纳差异”将不至于恶化自己的压力系统，“快乐竞争”将最终带来与环境新的动态平衡。这很像优秀运动员面对球场上的误判纠纷，力争自己的利益提出抗议是必需的（快乐竞争），一旦判罚已定则需平心静气（接纳差异），去拼搏下面的比赛（快乐竞争），而不能发怒或攻击裁判（不接纳差异）。

临床上的认知管理有时候是很困难的，且不一定是当事人缺乏知识或不讲理。我们知道，许多情况是由于信念或观念上的差异导致“自动性思维”，使当事人对应激事件或应激结果产生认知“偏差（或歪曲）”，导致应激反应。对这些人的一些心理测验如明尼苏达多相人格调查表（MMPI）可以反映其一般性认知特点，如偏执、绝对化和僵化。这时候，就需要通过后述的“再评价”等应对指导，或者通过挖掘“负性自动性思维”等认知治疗手段，加以管理。

（三）针对应对方式的管理

第 4 节已经提到，应对几乎涉及应激过程（系统）的所有环节，因此应对管理对于压力管理至关重要。图 2-3-1 中所列的针对不同应激环节的应对策略，如升华、再评价、否认、合理化、祈祷、倾诉、幽默、发泄、放松、药物等，在特定的应激条件下，都可能成为应激管理的切入口。

上述每一种应对方式的管理，都会涉及相关的基础知识与具体方法。以“否认”机制与心肌梗死患者的应对管理为例，分 3 个方面加以说明，以期举一反三。

首先，要掌握“否认”概念及其与临床的关系。所谓否认（denial），是指否定、漠视、淡化应激事件的存在或其严重性的一种心理应对方式，可伴有一系列认识上、情感上和行为上的相应表现。关于否认机制与心肌梗死临床的关系，国外研究很多，可通过查阅文献获得。例如，急诊监护下的心肌梗死患者，首先的应对机制往往是否认（Hackett et al.，1968）；Levine（1987）编制有否认机制量表（levine denial of illness scale，LDIS）；因素分析显示，否认机制包含对疾病的认知否认、对负面后果的否认、对需要照顾的否认和情感否认等 4 个主成分（Gentry et al.，1988）；否认机制可以导致心肌梗死患者低估疾病的严重性从而降低应激性情绪反应水平，甚至可能降低病死率（Jacobsen et al.，1992）；近年更有研究慢性患者和伤残者的否认机制问题（Livneh et al.，2009）等。

其次，要掌握否认机制的相关临床规律和个体差异。研究证明，否认机制在冠心病临床早期易导致就诊的延误，因为患者虽能感觉到先兆症状，但否定其重要性，甚至将某些心脏症状理解成消化系统症状；否认机制在急性心肌梗死期则有利于心、身的适应已如上述；否认机制在康复期又有不利的影响，因为有否认倾向的患者，对康复期的摄生指导、运动锻炼的合理安排和各种不良行为的改造计划等医嘱往往不屑一顾。另外，否认机制还受个人的特质性否认倾向、环境、社会支持、经历、期望等因素的个别差异的影响，即在不同事件中个人的否认程度差异很大。

最后，在掌握以上基础知识和临床规律基础上，通过晤谈、调查或否认量表，对患者的否认机制程度做出评估。在评估基础上，结合个体差异，分别对早期、梗死期和康复期的心肌梗死患者，采取不同的指导、暗示等手段，帮助患者进行否认机制的应对管理。其中对急性梗死期患者，主要是保护、促进、利用否认机制；对有心肌梗死可能或心肌梗死康复期患者，则主要是告诫、说服、避免否认机制。

应对管理是多侧面、多角度、多手段的。除了上述否认机制，升华（指导更有意义的活动）、再评价（任何事物都可有不同的认识角度）、合理化（如自圆其说）、祈祷（如特定的弥留患者）、幽默（如示以名人的幽默感）、发泄（如建议进发泄室、运动）、放松（指导呼吸放松技术）等，也都属之。

此外，从特质应对的角度，还可以通过特质应对方式问卷（TCSQ）评定来访者的消极应对水平，并根据20个条目反应的具体情况，开展相应的应对指导和训练。

（四）针对社会支持的管理

作为应激可利用的外部资源，调动社会支持也是应激管理的重要一环。几乎所有处于应激情况下的人，都需要社会支持。我们也知道，处于危险位置（如在高山之巅）时，人与人之间会显得非寻常的友善和热情，说明人类在应激时具有天然的寻求社会支持的行为倾向。

然而，实际生活中，人们往往忽视社会支持的重要性。例如，某些处于危机状态下的当事人回避接触他人（等于自己放弃社会支持）；一些爱心人士既给落魄者送钱财，又传播受助者当场流泪的特写镜头（提供客观支持，却损害主观支持）；一些旁观者面对高楼顶上的自杀者，齐声高呼“跳下来”（等于“社会杀人”）。

社会支持的管理也需要在晤谈、调查或测验评估的基础上进行，可以采用多种手段或途径。例如，在灾难现场，应及时联络灾民的亲友到现场以提供家庭支持；调动一些人，人多力量大，更还能在灾民心理上产生社会支持效应；对于个别损失极大处于精神崩溃状态的灾民，也许任何话语都是多余的，而简单地、长时间握着他（她）的手就是一种支持；等等。

又例如，对一些慢性应激当事人，可以指导其积极与人交往以提高社会支持程度；通过对相关对立面的人的“再评价”以增强其主观支持；通过交往技巧指导如对配偶“多说对方的好处”，以改善家庭支持程度；通过组织集体活动来增强成员之间的主观支持程度。某些团体心理训练或者心理治疗活动，其中也包含着社会支持的效应。

（五）针对个性特征的管理

个性特征与应激管理存在千丝万缕的联系。个性特征在应激系统模型中属于核心因素，也是个体应激管理的核心内容。个性的管理同样涉及心理指导或心理治疗两途径。

在心理指导方面，可以向来访者讲解，他（她）的某些个性特征（如信念或观念方面的问题——价值观、爱情观、人生观）在其应激产生和发展中具有核心的作用，告知其因个性原因所致的“求全、完美”倾向的重要性。临床实践显示，确有不少来访者仅仅因为这样的讲解指导产生认识上的“领悟”而有减压效应，虽然往往持续时间不长（个性因素有其稳定性）。另外，指导来访者进行某些积极的习惯性应对行为训练，如指导学生面对“挫折”的训练，也是常用的针对个性方面的应激管理措施。

在心理治疗方面，由于个性因素的相对稳定性，试图触动个性某些层面来实施应激管理，通常需要较长期的心理治疗程序。各种心理治疗策略建立在各自的理论框架基础上，兼有认知理论和行为学习理论优势的认知行为治疗是目前常用的手段。

（六）针对应激反应的管理

根据应激的心身反应特点，可以选择通过松弛训练、生物反馈、音乐治疗、催眠、药物，以及自然和生物因素如空气、阳光、森林、泥、温泉浴等手段，控制与缓解心身症状。

其中关于药物使用方面，作为医务人员，除了看到某些药物对于降低应激反应本身症状如降低焦虑的作用外，还应看到药物通过应激系统因素之间的良性循环所产生的间接作用，如促进认知、应对和社会支持向积极方向发展，并对患者实施指导。

三、应激的综合控制与管理

现实中的“应激问题”通常是复杂的、多层次的系统问题（也就是“应激系统”），需要综合的控制与管理，是多维度的工程，分层次的过程。

就具体操作来看，应激综合控制与管理的流程包括：评估与诊断、干预方案制订与实施、干预效果的评估。这 3 个阶段是循环的过程。以下只作简单介绍，详细可参阅作者等（2011）和作者（2011，2012）最新著作内容。

（一）个体应激综合控制与管理

个体应激综合控制与管理是临床心理咨询的重要任务，作者根据应激系统模型设计的临床运作流程如下。

1. 评估

采用晤谈、调查和量表评定直至实验方法，对个体的“问题”分 3 个层面做出综合评估。

第一层是评估患者的心身问题，即分析患者的应激反应和心身症状情况，做出问题的诊断，可能符合医学临床诊断（如恐怖症、高血压、适应障碍），或者以现象学做出“问题”诊断（如学习困难、失眠、行为退缩、一般心理问题或障碍等）。

第二层是评估生活事件、认知评价、应对方式和社会支持程度，分析和确定各因素在“问题”中的地位，以及因素之间的互动关系。

第三层是通过分析个性特点特别是信念或观念方面的如求全、完美主义倾向，确定个性因素在整个“问题”系统中的作用（图 3-4-1）。

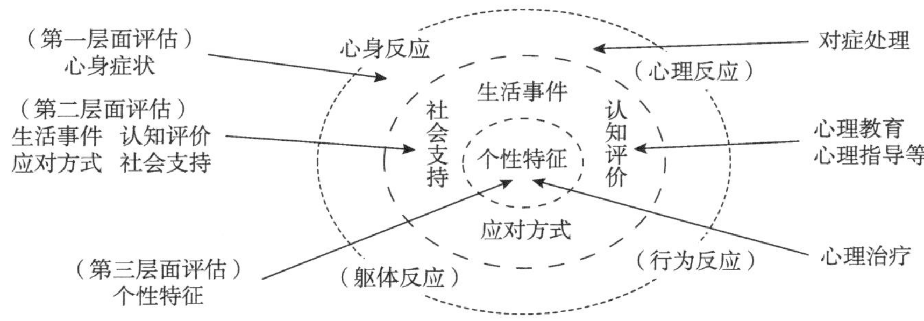

图 3-4-1 应激的“系统”评估和干预示意

2. 干预决策与实施

在以上综合评估基础上，依据应激系统模型做出综合干预决策。可以决定采用心理教育、心理指导、系统心理治疗等心理干预技术，或者结合使用药物等方法。

其中对于第二层面问题，主要采用心理教育和心理指导等方法。例如，通过分析和具体指导，帮助来访者解决、回避或者缓冲生活事件；通过再评价、暗示、安慰、激励、调整思想方法等，帮助来访者改变消极认知评价；通过指导转移、发泄、升华、放松、利用自然环境等，帮助来访者提高应对效能；通过提供客观支持、改变主观支持、加强家庭支持，帮助来访者改善社会支持水平等。

对于第三层面问题，除了通过对应激（压力）系统的分析和讲解，使来访者在平时生活中重视对自己个性（如完美主义性格）的修正，往往需要在有关心理理论指导下实施心理治疗（如认知行为疗法）。

对于第一层面的问题，其往往是各种干预方法的最终目标，除了各种心理指导和心理治疗手段可以直接或间接促进其心身症状的改善，还包括药物的使用等。

（二）团体应激控制与管理策略

在团体应激管理的实际工作中，更有必要将 stress 翻译为“压力”。

根据系统模型，就个体而言，人人处于压力多因素系统之中；就团体而言（如工作单位），则是各种个体的亚系统所构成的更大系统；个体的系统平衡受制于团体系统的平衡，但又影响团体的平衡。

在社会转型期，个人普遍感受到压力，而社会团体的压力也非常突出。由 Walsh（1982）首次提出，至今在国内也已逐渐成为流行语的员工援助计划（employee assistance programs，EAP），其核心内容之一就涉及团体内员工压力综合管理问题。

作者等以系统模型制定并实施过的团体压力管理大致流程如下。

通过计算机评估，建立包含各种心理压力因素的团体成员个人心理档案；与常模比较，评估各种压力因素的群体分布特点；评估整体压力程度；筛查高压力个体（可能同时存在较多的异常因素）；定期追踪。

对发现的高压力个体，实施个别心理咨询和应激管理指导或者心理治疗（见上文）。

不定期开展压力管理讲座。以通俗和举例的方法，推动员工自觉调控和管理自己的工作和生活压力。提供各种宣传、教育、阅读资料，提高员工个体和团体的抗压力素质。

根据评估结果，以减轻个体压力和提高单位生产效能为一致目标，向单位首长提供各类相关的团体心理管理方面的决策建议。

对于团体压力控制与管理方案，这里讨论的基本流程只是相对的，应根据具体团体性质和特色问题，制订相应的差异化管理方案。

（注：以上资料的重点在压力因素的评估和干预，也是作者前期的侧重点。近10年，作者更进一步强调压力层次和综合压力的评估和干预，可参见本文集其他章节内容）

第5节　拓展阅读：应激研究及应用进展（书稿，2015）

一、应激与病理生理学

应激是另一门医学课程病理生理学的重要研究领域，也是国家自然科学基金长盛不衰的选题。多年来，应激基础研究不断深入，形成了浩瀚的文献库。

当前，在病理生理学研究中，应激刺激变量除了冷、热、创伤、疲劳等传统的躯体性刺激外，在方法上也在不断改进，如以恐吓（激发情绪）、不可逃避、心理冲突等模拟心理性刺激，不过与人的复杂心理社会现实仍有距离。

应激反应变量则随着生物科学研究技术的发展而发展，许多研究涉及分子生物学前沿。例如，应激导致的c-Fos蛋白表达与细胞凋亡；应激情况下体内氧化与抗氧化失衡导致的细胞缺氧（氧化应激，oxidative stress）；应激下的代谢紊乱（代谢应激，metabolic stress）；慢性应激下的脑源性神经营养因子（BDNF）表达等。

应激基础研究的重点往往在神经-内分泌机制方面，几乎涉及所有的激素、神经肽和神经递质、免疫物质，包括促肾上腺皮质激素释放素、促肾上腺皮质激素、糖皮质激素、去甲肾上腺素与肾上腺素、多巴胺、内源性阿片肽、生长抑素、P物质、神经肽Y、血管紧张素、性腺激素、甲状腺素、胰岛素和免疫细胞与免疫活性物质等。动物应激研究中涉及的应激调节因子（mediators of allostasis），就包括神经内分泌激素、神经递质和各种细胞因子等。

病理生理的应激研究也涉及溃疡病、心血管疾病、睡眠呼吸暂停综合征、抑郁症等具体疾病的病理基础方面，同时建立起各种实验动物模型如慢性应激抑郁症动物模型。

可以相信，在应激生物学基础研究的方法和成果方面，今后还会有更长足的发展。

二、应激与临床医学

应激在临床医学中涉及面很广，其中与精神病学关系最为密切。国内外3种重要精神疾病分类标准里，都有专门的应激相关障碍，包括急性应激性精神病（严重的应激性事件导致精神障碍）、延缓性应激反应（创伤后应激障碍，PTSD），以及适应障碍（因应激性事件导致的一类精神障碍）等。

精神病学对应激的关注，除了集中在应激的临床症状和相应的治疗措施方面，也涉及应激因素与某些精神疾病（如抑郁症、创伤后应激障碍和精神分裂症等）的发病机制方面，前述病理生理学不少前沿研究与此有关。

心理应激与其他临床疾病有关，许多属于心身医学的范畴，目前也属于医学心理学课程的组成部分。心理应激与临床疾病的关系，同样涉及前文病理生理学的许多病因学基础研究。同时，有更多的调查研究涉及应激因素与临床各种疾病的发生、发展、治疗、康复的关系。例如，作者等多年来报告应激因素与各种临床疾病的发生、症状或康复等有相关性，包括高血压（1986）、癌症（1987，1996，2000—2003）、外科手术（1988，1999—2003）、流行性癔病（1990）、冠心病和心肌梗死（1992，1998）、非溃疡性消化不良（1998）、不孕症（2000）、继发不孕（2000）、绝育术后心身症（2001）、神经症（2005）、老年抑郁（2001）、睡眠质量（2003）等，并在某些样本研究基础上提出应激系统模型，建立起系统评估与综合干预的临床方法（姜乾金，2007，2010—2012）。

由于应激的系统结构属性，决定了心理应激临床和应用研究的多维性，相信今后会有更多的理论与应用探索。

三、其他领域的应用

（一）应激与军事医学科学

应激是军事医学科学的重点课题之一。其中涉及工作应激、军事应激（战斗应激反应和创伤后应激障碍等）、特殊环境应激（低氧、低温、微重力等）的反应机制、影响因素及防治方法（蒋春雷，2006）。

（二）应激与生活压力

生活压力与生活事件有关，但其同样与个体的认知、应对、社会支持和个性特征与文化背景等因素有关，且这些因素互相影响的结果有时候会使具体个人的压力表现难以被人理解，依据压力（应激）系统模型，可以整体设计和实施生活压力的管理和调节（姜乾金 等，2011）。

（三）应激与危机干预

心理危机与危机干预是当前热门话题。国外有关危机及危机干预的理论非常广泛，如精神分析理论、发展理论、行为理论、认知理论、系统论等（Loughran，2011）。心理危机显然与心理应激密切有关。国内近年也有人将压力（应激）理论作为灾难心理学的重要内容（时戡 等，2010）。前述危机与危机干预理论中的系统论，与作者的应激系统模型基本一致。应激系统模型可以解释心理危机，并用于指导心理危机的系统评估和构建危机综合干预策略（姜乾金，2012）。

（四）应激与家庭婚姻问题

当前家庭婚姻问题有愈演愈烈之势。国外有多种家庭理论，但在国内并未能普遍应用。作为国家科技支撑计划项目分课题成果，作者以应激系统模型为基础，建立了家庭婚姻问题的系统评估方法，设计了相应的家庭婚姻问题综合干预措施（姜乾金，2011）。

（五）应激与职业枯竭

欧美日 1998 年首次召开国际会议，呼吁关注职业压力（occupational stress）问题。枯竭（burnout）一般是指由积累性的、服务性的职业压力所导致的身体、情绪和心理上的耗尽感（Golembiewski et al.，1983）；由职业要求、职业资源、耗尽和不再投入 4 个成分组成（Demerouti et al.，2001）。随着我国现代化的进展，职业压力与枯竭问题已受到学术界和国家层面的重视，作者（2007—2009）执笔的“心理疾患防治研究与示范”国家科技支撑计划项目十大课题中，就包括职业压力与枯竭。

（六）应激与免疫接种

免疫应激（immunity stress）是指动物在疫苗接种后，机体在产生免疫应答的同时，本身也受到一定程度的损害，疫苗的使用不当等也可给机体造成较严重的应激反应，可给畜牧业生产造成损失。研究免疫应激对动物的危害、临床表现、对生长发育和营养代谢的影响、作用机制及预防措施，是应激基础研究在畜牧业的重要应用（袁志航 等，2007）。

第 6 节　国内技术现状（部分）（资料，2008）

摘录自 2008 年国家科技支撑计划项目“心理疾患防治研究与示范”建议书。该建议书含 10 个课题，这里摘录的是作者撰写的课题 3“我国人群心理压力的评估、预警与干预示范研究”的“国内外现有技术、知识产权和技术标准现状及预期分析”栏目的一部分，即与作者的压力（应激）系统模型关联的部分（作者是该项目建议书、可行性研究报告和申报指南的执笔人和报告人，延续近两年直至申报工作完成，并也参与了项目验收会）。

Lazarus 于 1976 年提出的压力交互作用模型，在认识论上主要方面还是属于单维的“过程”，其中心点是指向压力反应。国内浙江大学姜乾金团队在有关压力与健康、压力有关因素之间的关系等长期临床与实证研究的基础上，提出压力系统论模型[①]。姜乾金等自 1980 现代以来，对压力有关因素与心理健康与疾病的关系做了大量独立的理论探索与实证研究。其中较突出的创新方面是证明压

① 姜乾金 . 心身医学［M］. 北京：人民卫生出版社，2007：43-49.

力（应激）不仅仅是从生活事件到应激反应的“过程”，而是压力有关因素交互作用的“系统”，提出具有我国文化特色的压力系统模型。

一、验证压力是多因素交互作用的系统

主要涉及：

① 生活事件不但是压力源（传统上的认识），即是导致压力反应的原因，但在长期的社会生活中，生活事件本身的发生频度与严重度，也受其他压力有关因素如个体的认识评价、应对方式、社会支持、应激反应甚至个性特征的影响。

② 认知评价是压力反应的重要中介因素（认知应激理论），但其本身也受压力反应和生活事件、应对方式、社会支持、个性特征和等其他压力有关因素的影响。

③ 应对方式是压力反应的另一重要中介因素（Folkman 等），但其本身也受生活事件、认识评价、社会支持、个性特征、压力反应等其他压力有关因素的影响。

④ 社会支持是压力的“可利用的资源”因素（社会支持理论），但其本身也受生活事件、应对方式、个性特点、压力反应等其他压力有关因素的影响。

⑤ 个性可以影响生活事件的形成；个性中的态度、价值观和行为准则，以及能力和性格等个性因素，都可以不同程度影响个体在压力作用过程中的认知评价；个性影响应对方式特别是情绪关注应对（emotion－focused coping）或者特质应对（trait coping）；个性特征间接影响客观社会支持的形成，也直接影响主观社会支持和社会支持的利用度水平；个性与压力反应的形成和程度有关。同样，长期的压力因素的综合作用（如慢性疼痛综合征），可以改变某些个性特征。

⑥ 压力反应决定于各种压力有关因素的综合作用，但压力反应同样反过来可影响生活事件、认知评价、应对方式、社会支持和个性特征等其他各种压力有关因素。

因此，心理压力不仅是简单的因－果或刺激－反应过程，其实是多因素相互作用的系统。

二、阐明压力系统模型的基本特征

压力（应激）系统模型（system-based model of stress，SMS）的基本特征（法则）包括：

① 压力是多因素的系统：作为具有生物、社会属性的人，不论是健康或者疾病状态，本质上都是处于一个多因素的系统之中。

② 各因素之间互相影响：个体所涉及的各压力因素之间均处于互为因果状态，其中每一个环节出现变化，将可能影响到系统结构，且易形成良性（健康）或恶性循环（压力或心理疾病）。

③ 各因素之间是动态的发展平衡：人的一生是发展变化的过程，在不同年龄阶段和不同处境下，各因素之间处于动态平衡之中，并维持健康适应状态。一旦这种平衡被打破，不能建立新的平衡，则出现不适应，并产生心理疾病。也就是说，昨天心理健康的人，今天可能因为某种压力因素的触动而导致系统平衡失调出现心理疾患。

④ 认知评价是关键因素：认知因素在系统平衡和失衡中有关键性的意义，是个体可以操作的因素。

⑤ 个性特征是核心因素：个性因素中的性格、脾气、习惯、信念等，特别是信念上的问题，往往直接影响认知评价，也直接间接影响其他压力因素，在心理压力系统平衡和失衡中起到核心的作用。

另外一些作者对人格因素、躯体生理、应对应激的策略（运动和各种应激预处理）对压力状态下的心理与生理指标的改善和心理健康水平的提高进行了多年系统的实证性研究，证明了上述因素是影响机体应激的强度和诱发心理与躯体疾病的因素。

三、制定压力综合评估工具

在浙江省自然科学基金资助下，姜乾金等已经制定包括生活事件、特质应对方式（含部分个性特征）、领悟社会支持、应激反应等多个分量表的综合压力评估工具，建立了地区常模。

四、构建实用的、程序化、立体式临床压力综合评估与干预模式

建立在压力多因素系统模型基础上的压力综合干预技术，已经在个体心理压力干预、团体压力管理及婚姻指导方面，取得良好的应用效果。

（一）应用于个体压力评估与干预

该技术首先根据应激系统模型对个体的心理压力相关因素做出综合测量（包括补充会谈）。在此基础上，程式化地分析个体的压力反应和心身症状情况，做出问题的第一层次的评估，可能符合医学临床诊断（如恐惧症），或者以现象学做出“问题”诊断（如工作负担过重、人际关系紧张、失眠、行为退缩、心理问题）。通过进一步分析生活事件、认知评价、应对方式和社会支持程度，做出问题的第二层次评估，确定压力各因素在“问题”中的地位及因素之间的互动关系。通过分析个性特点特别是信念和观念方面的如求全、完美主义倾向，可做出问题的第三层次评估，以确定个性因素在整个“问题”系统中的作用。

然后，据此制订程式化的具体压力干预策略，决定采用心理教育、心理指导、心理治疗等心理干预技术，或者结合使用药物等方法。其中心理教育和心理指导的干预方法主要针对上述第二层面问题，包括通过分析和具体指导，帮助来访者解决、缓冲或者回避生活事件；通过再评价、暗示、安慰、激励、调整思想方法等，帮助来访者改变消极认知评价；通过指导转移、发泄、升华、放松、利用自然环境等，帮助来访者提高应对效能；通过提供客观支持、改变主观支持、加强家庭支持，帮助来访者改善社会支持水平；通过压力系统分析和讲解，使来访者在平时生活中重视对自己个性（如完美观念）的修正。至于第三层面的问题，则需要在有关心理理论指导下实施系统心理治疗（如认知疗法）。而改善第一层面的各种症状往往是心理干预或者药物治疗的最终目标。

（二）应用于团体压力管理

正常人群生活在生物、心理、社会多因素的系统之中。就个体而言，处于应激多因素系统之中；就社会群体而言（如工作单位），是由各种个体的亚系统所构成的更大系统；个体应激系统的平衡受制于单位系统的平衡，但又影响单位的平衡。在社会转型期，人们普遍感受到压力（应激）。当事人往往总是以自以为正确的认知方式生活、工作和待人，这样难免出现系统的失衡，容易产生压力反应的感受（或症状），使许多人诉说现在的压力太大了。因而，出现了所谓的压力管理（stress management）的说法。

团体压力管理过程也是程式化的，包括：

1. 压力评估

首先对该群体成员分层实施定期压力综合评估，分析该单位整体压力水平和变化特点（与常模比较），分析各种压力有关因素在该群体中的互相影响规律。

同时筛查高压力个体。

最后，建立单位人群的压力管理档案，定期复查、追踪，及早发现问题，及时干预。

2. 压力管理

① 根据压力评估与分析，对群体压力状况及高压力个体情况向主管部门提出具体的报告和预防性建议。

② 对高压力个体实施相应的心理干预：对筛查发现的高压力个体，实施心理干预（同上文个体压力评估与干预）。

③ 对高级精英人物的特别管理：专门重点建档，追踪服务，定期提供压力管理建议。

④ 对群体的同类压力问题，实施集体干预包括：

⑤ 专家讲座：包括个人压力管理策略、单位团体心理健康、管理中的减压措施等。

⑥ 专题减压活动：根据团体和成员的条件，分别实施不同级别的运动、短期放松旅游，包括温泉、冥想、登山、集体角色扮演等组合内容。

（三）应用于婚姻适应指导

婚姻主要是双方两个压力（应激）多因素系统的平衡体系，实际上还包括家庭背景各种人等各自的“系统”，可见婚姻涉及一个很大的多因素系统问题。压力系统模型显示，婚姻的基本条件虽然是当事人情感上的“爱”，但还需要在双方心理压力有关因素差异方面的“适应”。这里的“适应”不是对对方差异的忍受，也不是统一，也不是改造，而是在“接纳差异”基础上的“快乐互动”与适应，最终部分改变了对方或者自己，或者达成了对差异的永久接纳。如果这种涉及多因素的“适应”问题处理不好，那么“爱”的感受也会慢慢地被破坏，最终导致第一个基本条件“爱”的感受也消失。这是大部分婚姻变质的常态。

以压力系统模型为基础，提出婚姻问题的“爱”与“适应”指导原则，用于恋爱问题，婚姻问题、离婚后问题、家庭问题，均有良好的效果。

……

以上国内有关压力理论、综合评估与干预实际工作研究，具有较高的自主创新性，有必要也有条件在全国开展研究和示范推广，应用于“心理疾患”的防治。

第 7 节　应激理论在医学心理学中的位置（专题，2001）

摘录自 2001 年全国医学心理学教学会议（无锡）交流资料，题目“对医学心理学学科若干问题的认识”。该资料反映作者的医学心理学学科定位，将心理应激理论列于医学心理学五大传统理论之后，作为重要的医学心理学学科理论来认识。

（注：本组幻灯未加解说，可直接浏览阅读图文，如能结合医学心理学和心身医学基础知识，则更易理解）

①

全国医学心理学教学研讨会

对医学心理学学科若干问题的认识

浙江大学医学院　　姜乾金
2001年7月（无锡）

②

对一门新学科的正确认定，关系该学科在科学领域的归属与分类；关系到该学科被学术界的接纳程度；更关系到该学科后继人才的培养和发展。

在医学心理学学科建设中，上述问题的严重性已越来越暴露出来。

下面结合个人教学、科研和临床工作经验，谈谈医学心理学学科中几个重要问题：

一、对医学心理学学科性质的认识
二、对医学心理学涉及的理论的认识
三、对医学心理学临床应用的认识
四、医学心理学的发展前景

③

一、对医学心理学学科性质的认识

实际上，关于医学心理学的学科性质问题，在20世纪80年代即已被提出来。只是由于当时大家对医学心理学充满信心，才未能及时对这一问题给予普遍的关注和重视。但一定范围内的争论持续了十几年。其中大致有三方面的观点：心理学分支、医学分支和交叉学科。

本人坚持认为医学心理学是一门交叉学科，并有以下几方面认识：

④

1. 特定历史时期、特定国情下诞生的交叉学科

医学心理学是根据我国医学模式发展的需要，有目的地组织起来的一门心理行为科学与医学相结合的交叉学科。它与西方许多学科如行为医学、心身医学、临床心理学不同，后者是通过较长历史过程而自然发展起来的。在本人主编的医学心理学教材中，始终强调医学心理学的交叉学科性质。

5

2．综合的内容和重组的结构

作为新的交叉学科，医学心理学的内容应是综合性的、重组的，即通过对西方多种心理行为科学内容的有所取与有所不取，构筑起新的学科结构，形成新的课程体系。在我们的教材体系中，一直坚持这一原则，全书综合包括了纵向（即疾病发生、发展、诊断、治疗、预防）和横向（即内、外、妇、儿、神经精神各科）两个医学侧面的心理行为科学知识、理论和方法。

6

3．关于“分支”学科

我们在早期对有关医学心理学各种分支学科的描述，现在看来是有些牵强，易造成认识上的混乱。

实际上，许多国外各自发展起来的学科与医学心理学之间只是一种交叉、重叠或相似的关系，而较少存在归属的关系。在我们的教材中对此有较多的强调。

7

二、对医学心理学涉及的理论的认识

多学科交叉的特点，决定了医学心理学在很大程度上是一门实验和理论并重的学科。心身相关问题不是单凭实证所能全部阐明的，理论解释在此成了不可或缺的手段。强调理论在医学心理学中的重要性，还有助于防止医学心理学陷入常识心理学的泥潭。

本人一直强调理论在医学心理学中的重要性，在教材中坚持设置和完善理论章节；在长期科研工作中，也坚持以理论特别是应激理论来指导研究设计和主导对研究结果的解释。

8

1. 五大理论应被重视

精神分析理论、行为学习理论、认知理论、人本主义理论和心理生物学理论这五大理论，从各自的理论体系或研究方向出发，几乎对疾病的发生、发展、治疗、预防所有方面都提供了理论解释和支持。作为交叉学科，应重视这五种来自不同学科的理论。

我们一直来在教材中设立理论章节，并使之与病因心理、心理诊断、心理治疗、预防（健康）心理等章节相呼应。事实越来越证明这样处理是正确的。

9

2．应激理论的重要意义

应激的研究近一个世纪以来在医学界和心理学界始终未中止过。应激研究包括了宏观和微观两方面。所有宏观和微观研究对于阐明心身相关性均有深刻意义。将这些研究成果与理论引入新兴交叉学科医学心理学之中，很有必要。

本人综合各种应激理论观点，并结合自己长期在这方面的研究探索，倡导将应激理论也作为教材的重要章节。**认为在医学心理学中，应激理论与前述五种理论具有同等重要的理论意义，特别是用于整体说明心理社会因素致病机制方面，应激理论更有优势。**

10

[附] 应激理论在医学心理学中的意义

(1)**理论框架**：个体生活在多种应激刺激和中间影响因素相互作用的动态平衡过程之中；

(2)**病因学意义**：在疾病发生发展过程中，重视心理、生物各应激因素或中间因素的作用及其规律；

(3)**治疗学方面**：用消除或降低多种应激因素的负面影响的方法达到治疗的目的，如所谓的支持疗法和应激干预；

(4)**预防方面**：所谓应激无害化或应对指导训练等，都可以看成是以应激理论为指导的心理保健措施。

11

三、对医学心理学临床应用的认识

作为交叉学科，医学心理学可以应用于各种医学学科领域。从临床医学的角度，在疾病发生、诊断、治疗至康复等各个环节都可应用医学心理学理论与方法。这是多数医学心理学工作者的认识，虽然也有一些人始终认为医学心理学的临床应用就是对病理心理的诊断与治疗（这就与精神病学临床无太多的差别）。

关于临床应用问题，本人有以下两点具体认识：

12

1．广义的“应用”

作为交叉学科的医学心理学，应是所有医学临床工作者必学的**临床基础学科**（可惜十几年的实践显示，距离这一目标尚有很长的路要走）。

本人的国家级继续教育科目“心理应激最新理论在临床的应用”，就是在这一主导思想下于近几年进行了积极的推广。

13

2．狭义的应用

目前，许多综合医院开设心理门诊，多属精神科性质。实际上这些门诊应当是医学心理学门诊，其内容涉及医学心理学学科所交叉的所有方面，为院内外那些需要心理行为科学方面帮助的对象服务，因而其从事人员应是掌握全面的医学心理学知识和技术的医学心理学工作者。

据此，本人认为医学心理学同时也是一门**临床应用学科**。本人也在近十年时间里身体力行，开设了每周几次的心理门诊，并注意在方式方法上贯彻上述学科思想。

14

四、对医学心理学发展前景的认识

根据以上关于医学心理学是我国特定历史条件下构筑起来的多学科交叉学科的认识，我们再来看看医学心理学学科的将来前景，

个人认为医学心理学的前景有两种可能：

15

1. 作为一种历史过渡

随今后医学心理学框架中某些部分的突出发展，最终完成历史使命，分解成各种独立的学科，诸如目前的神经心理学、临床心理学、行为医学、健康心理学等。

16

2. 继续发展

根据医学的发展和社会（政策）的变化，将医学心理学推向与社会发展相一致的轨道上去，则该学科不但继续存在下去，而且队伍会快速发展壮大，成为今后的重要学科门类。

对这一种前景，个人认为其前提是，通过同仁们的努力，内部不断调整和统一对医学心理学学科的认识，促进一个相对稳定的学术队伍，形成与社会需求相一致的独立的职业系列（医学心理医生）。当然，良好外部环境如政策的配合，也是不可缺少的条件。

第 8 节　博文集（三）

压力（应激）系统模型是生物心理社会多学科交叉的理论模式，其内容看似容易理解实则较难把握，其学术价值又主要体现在被目标人群接受和应用上。为此，作者选取 2011—2022 年撰写的部分博文（原有链接和表情包已撤去），经组合分别列入若干章之后，目的是加深阅读者对该章内容的理解和把握，同时也为可能开展的系统模型各种主题宣讲和临床咨询等实际工作提供进一步的引用素材。

本节含 15 条博文，主要涉及与系统模型基本法则相关联的案例和话题。

作者为何后期越来越专注于应激的心理社会因素（2014－02－23 17：58：37）

一、我国医学模式转变的“四项任务”

我（1984）在医学心理学学科建设的初期，曾就我国的生物医学模式向生物心理社会医学模式转变，以及国内医学心理学的工作，提出以下四方面设想任务：

首先，要从医学教育抓起，要使医学界的下一代从观念上牢固树立生物心理社会医学模式，并在临床工作中付诸实践。医学生在校期间应能学到包括心理、社会及其他行为学科知识在内的广博知识。所谓的“广博知识”，涉及知识和观念两个方面。学习医学心理学知识，对于医学生来说并不困难，但通过学习提高医学生甚至将来的医生们的观念（或信念），则是长期的任务。

其次，要积极开展心理行为学科的国内研究工作，要用我国自己的大量研究成果来充实和提高教学内容，争取更多的人对新医学模式的信服和支持，推动行为科学理论在我国卫生保健事业中的直接应用。

再次，要改变现有的临床结构。我国综合性医院缺乏心理行为学科各类人才，广大在职医务人员也大多缺少心理行为方面的知识，这种现状很难解决人民群众日益增加的心理社会及行为方面的医学需求。

解决这个问题的方法，需要通过举办各类专题讲座、专题讨论和学习班，以及各种继续教育项目，通过互教互学来补充现有专业人员在这方面知识的不足。同时更重要的是建立人才培养机制，在高等医学院校开设相应的心理行为学课程，开设专门的心理行为学专业，以便向我国医学临床不断输送心理行为学科人才。

另外，在心理行为理论和技术方面，除了引进，还要强调自主创新和本土化。

最后，改变管理模式。在我国，医学行政管理部门对医学发展有决定性作用，这包括管理机构和管理人员思想认识两方面。应创造条件逐渐建立独立的心理行为学科各级学术机构。行政干部更要首先接受生物心理社会医学模式，学习一些心理行为学科的新知识。所有这些都关系到管理模式的改变。

二、医学模式转变的现状（不理想）

几十年以后，再来看看这几项“任务”，应该说并不理想。从整体上来看，国内医学整体上仍以生物医学占主导地位。当前医患关系问题就是例证。

纵观几十年医学心理学教学过程也可以发现，医学界（不论学生、教师、医生、护士、疾控人员）在接受“医学心理学”时，凡是与生物学指标有关的知识，如记忆的生理学基础、应激的内分泌指标变化，很容易被理解和接受，但最终还是被还原为“生理”；凡是与心理、社会现象有关的系统知识和观念（或信念），如心理因素对内分泌的影响等，则听起来似曾相识，但事后和实行起来则要么被忽略，要么按照生物学径路走了样或被曲解。

反思作者从教医学心理学30年，开始时与部分医学出身的教师一样，也是兴奋于心理生理机制方面的进展，热衷于心理生物学基础的课堂讲解，津津乐道于医学心理学与生理学、生化学的联系，好像不这样就不能显示医学心理学的科学性。现在看来这其实正好反映了教师原有的生物医学观念的潜在支配作用。总结几十年来国内的变化，再来看这种教学态度和方法，不但没有推动医学模式的改变，反而一定程度上巩固了生物医学观念——因为学生会以为，只有生物学研究才能说明心理现象。这里既说明生物医学模式在我国医学界的坚固性和隐蔽性，也反映以前的教材内容和教学方式上的问题。

也因此，后来作者在主编各类教材时，逐渐不再迎合生物医学“口味”构建课程内容，而是考虑更多地介绍心理行为现象方面的“三基”知识和技术。例如，在心理应激一章，强调各种心理社会因素之间的系统关系，不去过分深挖分子生物学机制。

（注：博文中关于医学模式转变的“四项任务”，最早刊于姜乾金（1984）①。此后几十年，在作者主编的各类教材绪论部分，均有体现。收录这个博文的部分内容，可以反映“压力（应激）系统模型”之渊源，即缘何作者以临床医学和生理学的出身，却越来越重视心理社会文化和环境因素）

能否整体介绍一下压力系统模型？（2015-09-13 10：29：39）

“姜教授，能否整体介绍一下你的压力系统模型”，昨天在省医学会心身医学年会上，博主专题报告“心身医学20年随想”进入提问阶段，一位年轻女生突然跑题提问。

“这个问题几句话可讲不清楚。正好接下来冯教授将作创伤后应激障碍（PTSD）的专题报告，我们就以PTSD为例，试用压力（应激）系统模型做简要分析”，我说。

以下是博主用几分钟时间所做的现场解答：

根据压力系统模型，我们有必要关注PTSD的生活事件即应激源，研究应激源的种类与分类，与PTSD临床进程的关系及其机制，评估方法，对应的干预手段等，并应用于PTSD临床。

同样，还要研究PTSD患者的认知评价，包括认知种类，个体认知特点及其与PTSD临床进程的关系和机制，评估方法，对应的认知改变技术等，并应用于PTSD临床。

---

① 姜乾金．医学模式与我国医学模式［J］．福建高教通讯，1984（4）：75-79.

还要研究 PTSD 患者的应对方式和应对策略，包括应对的种类，不同阶段应对特点及其与 PTSD 临床进程的关系和机制，评估方法，相应的应对指导技术等，并应用于 PTSD 临床。

要研究 PTSD 患者的社会支持，包括社会支持的种类、不同社会支持与 PTSD 临床进程的关系及其机制，评估方法，促进社会支持的各种方法与手段等，并应用于 PTSD 临床。

要研究 PTSD 患者的人格特征，包括不同人格特点在 PTSD 发病中的作用，可能的机制，评估方法，相对应的心理行为辅助措施、效果极其机制等，并应用于 PTSD 临床。

要研究 PTSD 患者的心身反应，包括不同心身症状的可能生物心理社会机制，评估方法，相对应的心理行为干预方法、效果及其机制等，并应用于 PTSD 临床。

根据系统模型，以上六方面都与 PTSD 有关，是压力相关因素，且每个因素还包含许多子因素，故属于多维思维。同时，压力系统模型更强调上面多种压力因素之间的相互关系，需要研究这些因素之间可能存在相互作用和动态过程的机制，探讨其临床意义，寻找对应的综合干预途径和手段，研究综合干预的效果极其机制等，并应用于 PTSD 临床，这就属于系统思维了。

不知以上解释是否有助于你了解压力（应激）系统模型？

月牙泉不被风沙填埋——自然界也存在“系统”平衡现象（2015－11－21 15：48：36）

（近日刚从西北回来）作者设想月牙泉不干的理由：西北季风从鸣沙山口吹入，类似向装有面粉的锅里吹气，面粉不是向锅底集中，而是向锅四周上沿移动，这就导致月牙泉千百年不被周围的沙山填埋，即使人类参观活动将沙子向山下踩踏，也会在不断的西风作用下向沙山上部移动，保持了沙山的高度的动态稳定。

“看病”等于“修电脑”？（2016－03－04 22：06：21）

不知是谁写了一则 “医院院长修电脑”的笑话故事。

这个笑话故事的大致意思——花钱看病与花钱修电脑、花钱买馒头一样，都是服务工作，花多少钱办多少事，天经地义，线性逻辑挺严密。

照这个思路，就会出现这样的情节——电脑修不好或馒头没有给，退钱；患者花了许多钱，人却活不了，也应退钱。

不少严重的伤医事件的当事人，其大致理由还真就是这样的，还引来不少网友的支持。

可见，当前某些地方的紧张医患矛盾，除了医院和医生方面的问题外，许多人的线性思维也是重要原因。这个问题的解决之难可想而知。

为何败者被纪念，胜者被忽略？（2016－08－29 14：25：08）

前天时差，昏昏沉沉，突发异想，在群里问小朋友们一个问题。

为何滑铁卢之战，败者被纪念，胜者却被忽略？

结果，小朋友加大朋友，回复多多，从历史、地理、人文、社会和逻辑学（思维模式）等维度多有分析：

（1）二百年前欧洲各国封建主处于死亡阶段但却是此战胜利者，拿破仑代表共和却是失败者，败虽败了，欧洲却从此进入共和至今，后人是从历史长河评价纪念一个人的。

（2）欧洲多小国，地处相近，虽然类似我战国期，但各国历史上联姻频繁，都是“亲戚”，性相近，把失败一方“彻底灭了”的意愿可能比真正的外族要淡些，容易兄弟亲友一笑泯恩仇。

（3）后期基督教（不是中世纪那个）善待敌人的宗教文化，容易接受“公平”竞争，现代体育竞技精神就来自他们。

（4）也许也有人的心理病理属性的原因，即斯德哥尔摩现象。

（5）也许因战争本身战术原因，天气不助人，导致失败，故人们怀念（偶然因素导致的）失败者。

……

也许，这类带有“系统”属性的问题，还有更多的维度（角度）可以讨论，且很难确定哪些肯定是，哪些肯定不是。

系统模型的使用人群（2017-02-09 16：55）（微博）

我推荐的“系统思维”模型，与以线性为基础的通常思维模式不合。多数人没动力也没必要去改变自己，我们也不应该试图改造所有人的思维，就像一位八年制学生说的，常人不可能对生活中所有事都先来个“数学建模”。

但系统模型适用于存在心理问题的那部分人，如社会不适应的人、陷入绝望之中的人、家庭婚姻困难的人等。

所以，系统模型当前更适用于帮助认识心理问题和解决心理问题。

（注：系统模型的宣教活动显示，它还有助于提升个人的抗压能力）

关于压力（应激）研究的建议（2017-09-10 09：14：45）

近期在与某“中心”的规划讨论中，就压力（应激）研究问题，提了点建议：

如果仍然考虑前面与我协作的压力系统模型方向，那么应该在此基础上，把社会实践中的各种工作任务及遇到的各种复杂问题，通过这个理论模型及其工具，加以综合分析研究，形成自己的特色性应用成果。如果能打上自己某些特征或标签，对于自身发展会有价值。

但是，从前面协作情况来看，这种系统模型的思维模式比较吃力，与人们通常的线性思维不一样，只有在自己经历过一次完整的理论构思、系统设计（选多少维度及为什么）、工具把控（序量化、问卷、测验、实验）、结果分析和成果形成等工作实践以后，才会进入境界，得心应手，驰骋自如。

孩子成长中的认知、情绪和行为环境（2017－11－04 07：39：12）

现实中，许多人希望自己的下一代具有高雅气质、温文脾气和乐观精神。

但许多家长和老师却理性地以为，高雅气质、温文脾气和乐观精神等个人品性，都是孩子学习和想通（即“认知”）的结果，却不知道这些品质往往是在轻松愉快的“情绪”和互相赞赏的“行为”这样的成长环境中才能自然形成。

家长，也包括现实中的一些教师，往往重视这种理想化的“认知”教育，忽视对轻松愉快“情绪”和互相赞赏“行为”环境的营造。

这里，认知、情绪和行为三者，互相影响，是“系统”问题。

系统模型，是要把复杂的问题变“简单”（2018－06－18 07：38：22）

系统模型，会把简单的问题变得复杂？

这是误解。系统模型是要把复杂的系统问题变“简单”。这里举个例子。

有意大利人说，中国人是只会劳动没有休闲没有葬礼的神秘人。这显然只是意大利人对部分外出赚钱的中国人的观察结论，是对“系统”的中国人的一个“维度”的观察和一个“线性”的认识。如果此人换一个角度，到中国来，他发现，中国人仍然是日夜忙碌省吃俭用也不休息的忙碌人。这时候，虽然有两个“线性”的结论，但还是不能反映“系统”的中国人的真实。

如果意大利人能够动态地观察各个时间节点上的中国人各种行为，他会发现，中国人赚钱后照样可以表现出光鲜的消费行为甚至还有更加张杨的葬礼。如果他能够注意到各种行为现象之间的先后联系和互相影响，或许他能从复杂中找到了简单，即中国人“标志性”的特点是“勤劳和会生活”。当然，关于人种的特点，内涵过于庞大，他还可以找到中国人其他的代表性特点，但至少要比他前面那两个线性结论更接近于中国人这个“系统”的真实。

觉得系统思维会把简单的事情变复杂的人，往往是初次接触系统模型。他们的认识本身就是线性的，即一条线总比多条线甚至交缠线，更简单清晰。

附：系统模型基础讲座——压力系统调控

“新药比不上老药”现象的系统分析（2019－11－16 13：38：30）

近来，突然有许多关于新药上市的报道，引起热议，也让许多慢性患者重燃希望。这当然是好现象。

然而，平日里一些医生同行，一些慢性病患者，经常提起，一些新的药品，开始时介绍的疗效很好，副作用少。但是时间一久，发现其疗效和副作用方面，并不优于一些老药。但此时老药已去，不生产或买不到，只能使用贵几倍甚至几十倍的新药了。

这里就涉及一个议题，为何有些新药会比不上老药？

原因或有多个方面（也就是系统问题的多个维度）。或许：

慢性疾病多数病因未明，药物研发本身就带一定的经验甚至运气成分。在这里介入的各种人群，虽然主观上一般能坚持科学精神，但客观上影响的因素还是很多，就像长流水线加工产品，每一个环节微小的误差，也可能影响最终成品，导致研发出来的新药不能名至实归。

就药品制造商和研究人员，虽然他们在意识层面未必有心去造假，但在运作过程中，在潜意识层面，不可避免地受利益的动力影响。在动物实验过程，在临床试验过程，在数据处理，在论文报告和结果评估，在产品推广等，虽然在某些环节强调双盲操作，但偏向成功偏向积极的潜力还是会起一定作用的。

就患者方面，期望是人生的支柱。一些慢性患者不断接受医生处方，但效果并不理想，有的还“久病成良医”，总在反复比较现有药物的不理想，总是期盼有新的更好新药的出现，此时，任何新药信息都会引起患者极高关注，助推新药生产和流通。

另外，也许还有新药使用以后抗药性、耐受性等纯生物学因素的作用。

老药在以上多方面力量的挤压下，即使效果差异不大甚至还更优，也极易被淘汰。待到新药使用广泛了，其不足才逐渐暴露，甚至被发现还不如老药，但此时生产商，市场，医院与医生，患者与家庭，都已固定，极难回归。

结果，一种新药，开始似乎不错，不久发现还不如老药，但也只能如此，少见有老药被重新启用的。

当然，这里谈到的不应是普遍现象，推陈出新永远是药物发展大方向。

线性叙事和系统话题（2020－02－23 21：06：19）

以二伯死于霍乱为例，晚饭后再与孔君聊线性叙事和系统话题。

线性叙事：“二伯死于霍乱”。这件事的“因”是霍乱流行，“果”是姜家死了人。但这只是认识这件事情的一个维度，就外人而言，这种“因与果”的线性叙事已足够了，虽然有时也会不全面甚至出偏，就像我们对世上许多事情的认识。

系统话题：如果说到二伯一死影响了他家甚至我家几代人的命运，就必须坐下来说了，要从多个维度去说明，就是一个系统话题，要用系统思维去理解。

具体涉及：二伯家寡妇与未成年 2 子 2 女的成长及其一辈子的不幸历程；经济与社会变迁的交互恶性循环作用；家庭成员结构的交错矛盾并连累下三代人（2022 年注：未成年 2 个女儿近两年以悲惨方式孤老死去）；二伯家的变迁对我父亲这一家命运的影响也甚大等多个维度的话题。

这些维度又都可分更多的“亚维度”作进一步说明，才能系统反映“二伯死去”这件事的全部真实。

院士多长寿，因为终身工作？（2020－12－04 11：24：04）

短视频，画面里一位老先生声情并茂地演讲，说经过仔细观察分析，科学院院士多长寿，是因为他们终身工作。他的结论是，老人坚持工作（或爱好活动）可延年益寿。

略评：

国情下，院士有未变的工作，无尽的荣誉，簇拥的人际关系，终身的生活情趣和愉悦情感……然后是长寿。这些都是系统问题的各种因素，各个维度。要探讨系统中某些因素之间的因与果，往往受习惯的线性思维的制约，其结论往往就看你是从哪些因素，哪些维度入手。

视频中老先生的说辞，有其线性的因与果的道理，即工作为因，长寿为果，相信也是先生充分思考后的结论。其实也是常识，但未必反映真实。

视频里的老人只是选择了系统的其中一条线性维度，即工作与长寿的关系，但并未涉及荣誉与长寿的关系、社会支持与长寿的关系、情趣、情感与长寿的关系，甚至制度（如各种待遇）与长寿的关系等其他线性维度。从医学心理学和心身医学角度，这些单独或共同也都会影响健康和寿命。

以前曾写有博文谈到，让长寿老人说说自己长寿的原因，往往有的说是吃饭清淡，有的说是喝酒吃肉，有的说是坚持劳动，有的说是淡泊名利，不一而足。其实，这种试图让长寿老人自己找出长寿的原因，实际上开个玩笑，这是在逼长寿老人“撒谎”。

扯远一点，关于心理问题（心理疾病），旁人、本人、常人，甚至某些专业人士对其的认识何尝不是类同！

附两年前博文：“知道吗？你或许正在逼百岁老人撒谎”

独生子女，教育与孝心——20年拒绝回国见父母（2021-09-28 21：29：04）

网文“独生女某某不孝史，她的家庭教育，远比你想象的更糟糕”，说的是国外某大学华人女教授，为了逃脱“变态的掌控欲”的父母，20年不回去见他们……

简评：

关于问题性质

系统问题。独女、父母和评论者各类人等从不同的维度来看问题，都是有道理的，而且分别给他们带来了痛苦、同情或愤怒（此主题文章就有明显倾向性）。

类似这一类系统问题，需要用压力系统模型的基本法则去认识：

① 系统中包含了许多维度和许多因素；

② 这些因素之间是互相影响的；

③ 因素之间处于动态平衡（或失平衡甚至恶性循环）；

④ 认识很重要；

⑤ 人格（观念）是核心。

关于问题产生的原因

可从3个维度思考：家庭环境和教育出问题；中西方观念差异也是重要原因；独生子女本身问题（自我中心）。

家庭和教育维度：这对父母早年通过自己的言行向下一代传递的处世观念是：父母辛苦是应该的，督促孩子向上也是应该的，但下代人对上代人负有责任则似乎是多余的。成长环境让小孩子没有形成一种良好的处世观念，缺乏符合传统的家庭责任感，只知索取，不知付出。

中西差异维度：西方强调人本主义，强调个体自由成长，这种观念在青少年身上一旦固定下来，就会自我责任过强，传统责任感减弱。所以她可以在西方发展得比较好，但是对于中方的家庭就有亏欠。

个体维度：作为独生子女又处在中西文化差异的环境中，她本应努力理解父母教育方式的缺陷，学会适应两种文化之间的差异。然而她显然是以自己为中心，以自己的标准看待父母，那么要么偏向于西方，要么就偏向于中方，处理不好，就会出现严重的冲突。

关于解决途径

以上家庭、社会和个体3个维度的分析都与问题形成有关，但机动性最大的还是个体维度。

一个成熟的成年人，应该并且能够按照上面讲的系统模型的5个方面来认识自己、认识家庭、认识世界，反思自己成长过程中各维度（因素）之间的恶性循环是如何形成的，最终采用“接纳差异，快乐互动”的为人处事基本原则去适应。

小结

如果要简单点容易理解点，那就是这个女孩在成长过程中未形成“孝心”，一直被“是与非”“对与错”等线性思维占据了认知空间，理性判断充盈，感性亲情贫乏，故需要由此入手加以重新认识和自我调整。

有了孝心的人，对于父母，不论以往发生了什么，以及前面讨论到的方方面面如何，最终都能自己"想通"，无师自通，实现上述个人家庭社会各方面的动态平衡。

“内卷”与系统内部的动态平衡（2021－12－19）（微博）

“内卷”，当今网络流行词，偏移点的含义有点近似“内斗”“内耗或无尽争论”，偏消极、负面。但如果从某些特定系统的内部动态平衡的角度，或许也可另议。

例如，古代皇帝家天下和现今西方社会，“内卷”都是保持其系统内部动态平衡的途径之一。皇家手下没有大臣们之间的“内卷（内争）”，会滋生拉帮结派，导致腐败流行，皇位或不稳。西方社会没有西式“内卷（无尽争论）”，资本社会或难动态发展。

线性思维和系统思维比较要点（2022－01－16 14：24：41）

压力系统模型之“线性思维”：

① 双因素（单维度）；

② 一因一果（有其果必有其因，或非白即黑）；

③ 因果关系是固定的（解决问题必是消除原因）；

④ 唯认识论；

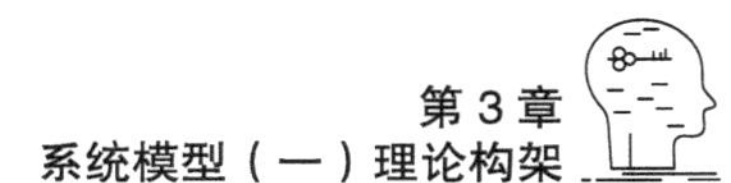

⑤ 忽视人格因素。

压力系统模型之“系统思维”：

① 多因素（多维度）；

② 因素间互相影响（有其果却未必有其因，或一因多果，多因一果）；

③ 因素间的关系是动态变化的（因果随时间会转换，解决问题即是促进因素间的动态平衡）；

④ 认知是关键因素；

⑤ 人格是核心因素。

第 4 章　系统模型（二）实证资料

本章导言

压力（应激）系统模型是作者及团队和协作者在几十年的理论和实证研究工作基础上逐步推进形成的。

作者推动的压力（应激）理论和实证研究历史，可以大致分两个阶段。

二十世纪八九十年代，以及二十一世纪初几年，作者团队和协作者主要以各种心身疾病患者及部分正常人群为研究对象，围绕压力（应激）因素、应激多因素关系、应对和应对机制、应激过程模型等展开调查研究，以各种论文（也是工作量所需）形式发表。整个过程虽然松散，但始终紧扣压力（应激）和应对的理论和实证研究这条主线。

进入 21 世纪，随着 2000 年精神病和精神卫生学学位点的建立，作者有意引导研究生和合作者集中于压力（应激）系统模型的实证研究。此段时间相对较短，却是压力（应激）系统模型理论探讨和实证研究最集中的时期，并卓有成效。

与“细化”研究可以单刀直入不同，压力（应激）的理论和实证研究属于“综合”。这类研究环环相扣，由压力因素相互关系探索到多因素理论架构，由实证到抽象，由理论思辨到实际应用，由质性到量化（按现代科学量化研究要求），期间充满了不确定性，经历各种“无妄之灾”，放弃许多该做而未做之事，终于还是坚持下来了，但也不能算完美。

本章包括压力（应激）系统模型的各种实证资料。相关资料以摘要形式，按时序排列。统观这些资料，早期的和后期的存在较大的区别，需结合学科发展、历史进程和大环境变化等动态地理解。

第 1 节　应激和应激理论相关研究论文（摘要）

摘录自历年来在各种刊物上发表的部分相关研究论文，计 25 篇（摘要部分）。二十世纪八九十年代，以及二十一世纪初几年，作者团队和协作者主要以各种心身疾病患者及部分正常人群为研究对象，围绕压力（应激）因素、应激多因素关系、应对和应对机制、应激过程模型等展开调查研究，以各种论文（也是工作量所需）形式发表。整个过程虽然松散，但始终紧扣压力（应激）和应对的理论和实证研究这条主线。

一、癌症患者发病史中心理社会因素的临床对照调查分析

《中国心理卫生杂志》1987 年第 1 卷第 1 期（38 ~ 42），作者姜乾金、刘小青、吴根富。

【摘要】

本文报告了对 86 例癌症住院患者病前心理社会应激因素作的调查，并以同一医院 88 例其他疾病住院患者做对照分析。通过自行设计问卷调查揭示癌症患者经历的负性心理社会应激因素（74%）明显多于对照组（51%），并以消极应付为主，内向性格亦较明显。计算机回归分析亦显示此同一趋势。

（注：这是作者第一篇有关应激的量化研究，与《中国心理卫生杂志》创刊同年，内容涉及此后应激因素中的生活事件、应对方式、个性特点、情绪反应等，是此后应激理论和实证研究的开始）

二、浙江淳安小学生流行性癔病的心理社会因素探讨

《中国心理卫生杂志》1990 年第 4 卷第 4 期（157 ~ 159），作者姜乾金、黄丽、戴阳。

【摘要】

本文报告对前文所述文昌乡中心小学 4 个流行性癔病发病班级 137 名学生进行问卷调查，其中曾发病者 36 人（女 31 人，男 5 人）与未发病的 45 人（女 38 人，男 7 人）对照组进行比较。结果显示，发病组 EPQ 测定 N 分（神经质）高，平时情绪消极，应对能力差，依赖性强，体质较差，关系密切同学中患病者多，害怕鬼神等。与对照组比，均有显著性差异。

（注：该研究调查问卷设计包括社会文化、生活事件、人格特点、心理防卫或应对、社会支持等应激有关因素，成文后在某地专业学术会上报告时，因为“应激”因素和“流行性癔病”同时出现，遭到专家们剧烈质疑。考虑当年环境，逐在投稿时删去了文中的“应激”字样）

三、心理应激：应对的分类与心身健康

《中国心理卫生杂志》1993 年第 7 卷第 4 期（145 ~ 147），作者姜乾金、黄丽、卢抗生、娄振山、杨爱如、陈慧、毛宗秀。

【摘要】

作者通过 610 例样本的系统分析，将 16 项特质性应对条目分成消极应对风格和积极应对风格两类。并证明其结构效度、同质信度和重测信度。其中消极应对风格与心理应激诸多变量（SCL－90、SDS、SAS、健康状况）有密切相关。而积极应对风格无此一现象。本文结果显示，在心理病因学和心理卫生调查研究中，可结合应对风格的评估和分析。

（注：这是作者首次对应对的系统研究，从此有一系列进一步探讨。应对方式一直来被作者认为是应激的重要中间变量）

四、心理社会应激因素与多项心身健康指标的相关性分析

《中国行为医学科学》1996 年第 5 卷第 4 期（200 ~ 202），作者姜乾金、祝一虹、王守谦、黄丽、娄振山。

【摘要】

目的：研究心理社会应激因素与若干心身健康指标的相关性；探索这些因素的概念界定及其定量方法。

方法：以自编心理社会应激调查表对 610 例被试作调查，检验调查表中的条目、应激因素分和总分分别与 SCL－90、SAS、SDS、身体素质和是否患者等多项心身健康指标的相关性。

结果：各负性应激因素的绝大部分条目与 SCL－90 总分有较高正相关性（$P < 0.05 \sim 0.01$）；生活事件、消极情绪 NE 和消极应对 NC 计分及应激总分，与大部分心身健康指标有正相关性（$P < 0.05 \sim 0.01$）；积极情绪 PE 和积极应对 PC 的条目和因素分与各心身健康指标大部分无相关（$P > 0.05$）。

结论：负性生活事件、对生活事件的消极情绪体验、消极应对方式不利于心身健康；自编心理社会应激调查表可作为心理应激水平的团体评估工具。

五、生活事件、情绪、应对与心身症状探讨

《中国心理卫生杂志》1996 年第 10 卷第 1 期（180 ~ 181），作者姜乾金、黄丽、王守谦、卢抗生。

【摘要】

以自编心理应激调查表和 SCL－90 对 610 例被试作测查，结果显示生活事件、情绪体验（特别是负性情绪）和应对风格（特别是消极应对）诸因素与 SCL－90 总分之间存在密切的内在联系。

六、心理社会应激因素的综合评估初探①

《中国行为医学科学》1998 年第 7 卷第 3 期（182 ~ 184），作者姜乾金。

【摘要】

目的：探索心理社会应激的综合评估方法。

方法：用自编团体用心理社会应激调查表 PSSG（含生活事件 L、情绪反应和应对方式各 13、15 和 16 条目）测查 610 例样本并结合 10 年文献做有关信度和效度分析。

结果：主成分分析确立消极情绪 NE、积极情绪 PE、消极应对 NC 和积极应对 PC 4 个因素。证明其有构思效度；条目 – 总分相关检验和克伦巴赫 α 系数显示 4 个因素内部一致性良好；多元回归分析建立起应激总分 TS 的计算式；TS、L、NE、PE、NC、PC 与 SCL – 90、SAS、SDS、健康水平等变量分别做相关检验并结合文献，显示 PSSG 特别是 TS 效标效度良好；TS、L、NE、PE、NC、PC 四周重测信度分别为 0.88、0.70、0.83、0.62、0.80、0.62。

结论：PSSG 有一定的信度和效度，可选择在应激总分、应激因素分（特别 NC、NE 和 L 等负性因素分）直至条目频度水平上对团体间的心理社会应激情况做对照分析。

七、应激和应对方式与非溃疡性消化不良

《中国行为医学科学》1998 年第 7 卷第 4 期（288 ~ 289），作者沈贵林、华德林、姜乾金、钱致礽、赵梅。

【摘要】

目的：探讨心理应激因素与非溃疡性消化不良的关系。

方法：测定并分析 100 例非溃疡性消化不良患者（NUD 组）及 100 例健康人（对照组）的生活变化单位（LCU）、积极应对方式（PC）、消极应对方式（NC）和艾森克人格问卷 4 项量分（EPQ – P、EPQ – E、EPQ – N、EPQ – L）。

结果 NUD 组的 LCU、NC、EPQ – N 量分明显高于健康组（$P < 0.01$）；多元逐步回归分析结合各因素间的相关分析显示，消极应对在应激作用过程中起关键的作用。

结论：高生活变化单位通过消极应对方式的中介可能诱发 NUD，并受个性特征的影响。

八、心理社会因素与手术康复的关系（一）临床调查与理论探讨

《中国行为医学科学》1999 年第 8 卷第 3 期（199 ~ 200），作者叶圣雅、沈晓红、姜乾金、徐乒、任小琴。

【摘要】

目的：探索心理应激因素与外科手术后心身康复的相关性。

① 浙江省自然科学基金资助项目（该文曾被该刊评为“1998 年度中国行为医学十佳论著”）。

方法：以40例择期上腹部手术患者为对象，在术前一天测定其认知评价、应对方式、社会支持和个性特征等心理应激因素，在术后分别测定和记录其状态焦虑量分、肠道排气时间、止痛剂用量及对手术经历的痛苦体验程度等心身康复指标，在SPSS软件包支持下做统计分析。

结果：相关分析结合回归分析显示，术前的不良认知评价、屈服应对特点、社会支持程度和精神质个性特性等心理应激因素与手术后各心身康复指标有显著相关（$P < 0.05$）。

结论：心理应激因素影响手术康复，术前的心理行为指导和应激干预工作应予加强。

九、特质应对问卷的进一步探讨

《中国行为医学科学》1999年第8卷第3期（167～169），作者姜乾金、祝一虹。

【摘要】

目的：对自编特质应对问卷（CSQ）作进一步探讨。

方法：将修订后的CSQ使用于2751人并作系统的信度和效度分析。

结果：通过因素分析获两个主成分：消极应对（NC）和积极应对（PC）各含10个条目，两者呈低相关。NC和PC的克伦巴赫α系数分别为0.69和0.70，重测相关分别为0.75和0.65，本人与亲属测定结果的相关系数分别为0.75和0.73。NC与SCL-90总分和各因子及EPQ的N分均有高度正相关（$P < 0.01$）；PC与SCL-90总分和各因子无相关，但与EPQ的E分有正相关（$P < 0.05$）。躯体患者较之健康人有较高的NC分（$P < 0.01$）。不论患者组或健康组，年龄越高NC越高而PC越低（$P < 0.05$）；女性较之男性有高NC和低PC的特点（$P < 0.01$）；农民在各种职业中有较高的NC量分和低PC分（$P < 0.01$）；学历越高NC越低（$P < 0.01$）。

结论：CSQ有一定的信度和效度，可在心理病因学研究方面加以应用。

十、癌症患者应对特点研究

中国行为医学科学2000年第9卷第6期（438～439、457），作者朱丽华、姜乾金、祝一虹。

【摘要】

目的：研究癌症患者的应对特点及影响因素，从而为临床干预提供依据。

方法：对168名在近3年内参加杭州市癌症康复俱乐部的癌症患者进行问卷调查，包括医学应对问卷（MCMQ）、特质应对条目（TCI）、心身症状自评量表（SCL90）、自编心理社会因素问卷，并由SPSS做相关/回归分析。

结果：MCMQ中的屈服与TCI中的消极应对、心身症状和其他多项心理社会因素有相关性；多元回归分析显示，影响癌症屈服应对的主要因素是信心不足、平时的消极特质应对和病期短。

结论：屈服是最影响癌症患者心身健康或康复的一种应对策略；提高癌症患者的康复信心是心理干预的主要手段。

十一、继发不孕妇女的心身健康与心理社会应激因素

《中国心理卫生杂志》2000 年第 14 卷第 4 期（239 ~ 241），作者应佩云、姜乾金。

【摘要】

目的：探索继发不孕妇女的心身健康状况、心理社会特点及影响因素。

方法：对 78 例 24 ~ 36 岁的继发不孕妇女施测 90 项症状自评量表、特质应对问卷、社会支持问卷和艾森克人格问卷，分析心身症状与各项心理社会因素的相关性。

结果：继发不孕妇女有较高的焦虑、抑郁和躯体症状，且与职业、婚否等一般因素无关，但与应对方式、社会支持和个性特征等心理社会应激有关因素有一定的相关性。

结论：继发不孕妇女的心身健康情况较差，其主要影响因素是心理应激有关因素。

十二、绝育后神经症患者心理应激对比分析

《中国心理卫生杂志》2001 年第 15 卷第 4 期（241），作者童蓉、姜乾金、沈颖婕。

【摘要】

目的：探索心理应激有关因素与绝育后神经症的相关性。

方法：以绝育后神经症患者和绝育后正常人各 60 例为对象，测定其认知评价、应对方式、社会支持和个性特征等心理应激有关因素及一般项目，在 SPSS 软件包支持下做统计分析。

结果：单因素比较分析显示，神经症组术前有较多的对后遗症和劳动力影响方面的担心、平时易体验到较多的对生活事件的消极情绪和易采用消极的应对方式、主观社会支持较低、个性中的情绪不稳定性较高（均 $P < 0.01$）；多元逐步回归分析显示，不良的认知体验、消极的应对方式和不稳定个性特性等心理应激中介（间）因素与绝育术后神经症有最主要的关系（$R^2 = 0.53$）。

结论：绝育术后神经症的发生很可能与患者平时对待各种生活事件的不良的认知、应对和个性等内部心理特征有关。

（注：此为原文摘要，刊登时删减）

十三、心理应激有关因素与女性绝育术后心身症状的相关性

《中国行为医学科学》2001 年第 10 卷第 3 期（180 ~ 182），作者童蓉、姜乾金、沈颖婕。

【摘要】

目的：探索心理应激有关因素与绝育后妇女心身症状的相关性。

方法：以绝育后妇女 120 例为对象，测定其心身症状及认知评价、应对方式、社会支持和个性特征等心理应激有关因素及一般项目，在 SPSS 软件包支持下做统计分析。

结果：单因素相关分析显示，心身症状与以下个体心理素质因素有关，包括术前有较多的对后遗症和劳动力影响方面的担心，主观社会支持较低，个性中的情绪不稳定性较高和内向，平时易体

验到较多的对生活事件的消极情绪和易采用消极的应对方式等 ；多元逐步回归分析显示不稳定个性特性，不良的认知体验因素和宗教信仰与心身症状有最主要的关系。

结论：绝育术后神经症样症状的发生，很可能与个人平时对待各种生活事件的不良的认知，情绪，应对和个性等内部心理特征及与一定经济文化条件有关。

十四、退休老人心理社会应激因素与身体健康状况关系的研究

《中国行为医学科学》2002 年第 11 卷第 3 期（313 ~ 315），作者卢抗生、姜乾金、闻吾森。

【摘要】

目的：探讨退休老年群体心身健康与心理社会因素的关系。

方法：对 298 例退休老人施测艾森克人格问卷、特质应对问卷、生活事件量表和 90 项症状自评量表，以及做有关身体和血液生化学检查。分析各心理社会因素分别与心理健康水平的相关性，并以心理症状总量分为因变量做多元逐步回归分析，以寻找老人心理健康水平受哪些心理社会应激因素的影响；同时，统计和分析老人身体健康水平受心理社会因素影响的可能性。

结果：生活事件、消极应对和情绪不稳定个性特征 3 项心理应激因素与心理症状各种量分之间有正相关（$P < 0.01$），积极应对和外向个性两项心理应激因素与心理症状各种量分之间有负相关（$P < 0.01$）；多元逐步回归分析以情绪不稳定性、积极应对、消极应对 3 项进入方程；情绪不稳定性（N 分）、消极应对和 SCL－90 总分等心理社会指标与血小板功能、血甘油三酯和载脂蛋白 B 等指标有部分相关；患有心血管病、糖尿病和慢性支气管炎等疾病的退休老人存在较多的消极心理社会因素，包括内向和情绪不稳定、心理痛苦症状多和消极的应对方式等 .

结论：应对方式和个性特征是影响退休老人心理健康水平的主要因素；消极的心理社会因素可能对老年的心血管系统有直接的和不良的生物化学影响，与老年身体疾病也可能存在互为因果的关系。

十五、癌症应对研究与应激作用理论（专论）

《中国行为医学科学》2002 年第 11 卷创刊 10 周年专刊（3 ~ 5），作者姜乾金、朱丽华。

【结论】

本文通过对癌症应对临床研究资料和作者多项工作的分析，提出：

① 应对在应激过程中是重要中介因素，但其本身是多维度、多侧面的；

② 应对在特定条件下有好坏之分；

③ 应对与各种应激有关因素存在广泛的相关性；

④ 应对研究应是多样化的。

十六、影响癌症患者屈服应对策略的心理社会因素

《中国心理卫生杂志》2003 年第 17 卷第 9 期（644 ~ 645），作者徐晓燕、冯丽云、姜乾金。

【讨论】

单因素分析结果表明，癌症患者屈服应对策略与其病期、经济状况、身体状况、认知特点、应对方式和社会支持等多方面因素存在显著相关性。

多因素分析结果表明，患者病期越长，越较少采用屈服应对策略（负值），可能的解释是随着病期的延长，死亡威胁逐渐淡化，康复的期望随之升高，故屈服应对策略使用减少；NC（积极应对）量分越高（正值），屈服应对策略使用得越多，说明患者平时个性中的消极应对习惯可能会影响对癌症的应对策略；患者在面对癌症这一具体生活事件时，如果在认识上缺乏康复信心，或者生活幸福感减少，则会促使其更多地采用屈服应对策略，这与认知评价在应激作用过程中始终起到关键性的作用的观点是一致的。

从理论探讨的角度，以往的应激作用理论往往关注或强调的是生活事件与心身反应之间的因果过程关系，本文结果则显示，应对方式同样可以作为应激多因素研究中的一个结果或“目标”因素加以探索和认识，这似乎提示关于应激是一种单向作用过程的理论认识不一定是全面的。

（注：此是原文摘要，刊登时删减）

十七、癌症患者心身症状影响因素的通径分析

作者：徐晓燕（七年制学生，20030517）

目的：初探癌症患者心身症状的直接和间接影响因素及其数学模型。

方法：采用 90 项心身症状自评量表（SCL－90）、医学应对问卷（MCMQ）、特质应对条目（TCI）及自编心理社会因素问卷，调查 168 名癌症患者，采用 SAS 软件进行因子分析和通径分析。

结果：影响癌症患者心身症状的主要直接因素是消极特质应对、屈服应对、对疾病的担心和社会支持（$P < 0.01$），解释程度为 29.32%。

结论：初步建立了癌症患者心理应激模式，结果的解释较满意，建议在临床心理干预中着重考虑这些因素。

（注：因七年制学生转出，该文未投刊物。这次翻出，感觉有理论意义，特收入）

十八、退休老年群体睡眠质量影响因素分析

《中国行为医学科学》2003 年第 12 卷第 4 期（443 ~ 444），作者徐晓燕、冯丽云、姜乾金。

【摘要】

目的：探讨影响退休老年人睡眠质量的心理社会因素。

方法：对目标人群施测 90 项症状自评量表（SCL–90）、艾森克人格问卷（EPQ）、特质应对条目（TCI）和生活事件量表（LES），最后做相关 / 回归分析。

结果：退休老年群体睡眠质量与其心身症状、人格特征、特质应对及生活事件具有显著相关性；多元逐步回归显示影响退休老年人睡眠质量的主要因素是焦虑、躯体化、偏执、敌意、强迫、人际敏感、消极应对和神经质。

结论：及时地对退休老年人的负性情绪进行疏导，对其睡眠质量的改善和生活质量的提高具有重要意义。

（注：此是原文摘要，刊登时被删减）

十九、生活事件、社会支持、压力反应对医务人员应对方式的影响研究

《中国行为医学科学》2004 年第 13 卷第 5 期（560 ~ 562），作者钟霞、姜乾金、吴志霞、钱丽菊[①]。

【摘要】

目的：研究生活事件、社会支持、应激反应等应激有关因素对医务人员应对方式的影响，探讨应对方式在应激系统中的理论意义。

方法：应用特质应对方式问卷、领悟社会支持量表、自编压力反应问卷和生活事件量表，及一般情况调查表对 556 名医务人员进行调查，将结果输入 SPSS10.0 软件进行统计分析。

结果：单因素相关分析显示：医务人员消极应对方式与压力反应、家庭事件、工作学习事件、社交与其他事件和经济事件呈正相关，与家庭内支持、年龄、性别、文化程度有负相关（$P < 0.05$ 或 $P < 0.01$）。医务人员积极应对方式与压力反应、工作学习事件呈负相关，与家庭内支持、家庭外支持、性别有正相关（$P < 0.01$）。多元逐步回归分析提示：影响医务人员消极应对方式的主要因素有压力反应总分、年龄、性别和工作学习问题（$P < 0.05$ 或 $P < 0.001$），影响医务人员积极应对方式的主要因素有家庭外支持、压力反应和性别（$P < 0.01$ 或 $P < 0.001$）。

结论：医务人员的应对方式与生活事件、社会支持、压力反应、性别和年龄有关，提示心理应激是一个多因素交互作用的系统。

二十、医务人员压力反应与社会支持、生活事件、应对方式的相关研究

《中国临床心理学杂志》2005 年第 13 卷第 1 期（70 ~ 72），作者钟霞、姜乾金、钱丽菊、吴志霞。

【摘要】

目的：研究生活事件、应对方式、社会支持等应激有关因素对医务人员应激反应的影响，探讨在应激系统中各应激有关因素的作用途径。

方法：使用领悟社会支持量表、生活事件量表、特质应对方式问卷和自编压力反应问卷对 556 名医务人员进行调查，在 SPSS10.0 软件支持下做统计分析。

① 本文获中国行为医学科学第 8 届优秀论文（一等奖）。

结果：单因素相关分析显示：压力反应与生活事件、应对方式、社会支持之间相关均有显著性意义。多因素回归分析和路径分析表明生活事件、应对方式、社会支持对压力反应均有预测性。其中消极应对方式是影响医务人员压力反应的最主要因素；积极应对方式通过影响消极应对方式间接影响压力反应；生活事件可以直接导致压力反应，也可通过应对方式间接影响压力反应；社会支持对压力反应没有直接影响，而是通过生活事件和应对方式来影响压力反应。

结论：心理压力是多因素相互作用的系统。

二十一、神经症患者压力反应与应激有关因素关系的对照研究

《中国临床心理学杂志》2005 年第 13 卷第 4 期（465 ~ 466），作者任伟荣、姜乾金、钱丽菊、吴志霞。

【摘要】

目的：研究生活事件、应对方式、社会支持等应激有关因素与神经症患者压力反应的关系，并与正常组做比较分析。

方法：使用生活事件量表、特质应对方式问卷、领悟社会支持量表和压力反应问卷对 88 例神经症患者和 100 例健康人群作调查和分析。

结果：神经症组的心理反应、躯体反应、社会行为反应、家庭事件和消极应对分高于健康组（$P < 0.01$），家庭外支持和积极应对分低于健康组（$P < 0.01$ 或 $P < 0.05$）。多元逐步回归分析显示，神经症组进入方程的是消极应对和社交事件（$R^2 = 31.9$）；健康组进入方程的是消极应对和家庭事件（$R^2 = 40.6$）。路径分析也表明类似的结果。

结论：神经症患者在心理应激有关因素方面大多差于健康人群；神经症患者压力反应与消极应对和社交事件关系较大，而健康人群压力反应与消极应对和家庭事件关系较大；神经症患者的压力反应受本研究范围内各应激有关因素的影响相对较小。

二十二、不同职业人群的应对方式与社会支持比较

《中国健康心理学杂志》2005 年第 13 卷第 6 期（477 ~ 479）。作考周倩、钱丽菊、姜乾金、王俐。

【摘要】

目的：探讨不同职业人群应对方式和社会支持情况及两者关系。

方法：用特质应对方式问卷和领悟社会支持量表对教师、工人、农民、干部 4 个职业人群，共 1753 例作调查分析。

结果：农民的积极应对较其他职业低，消极应对较其他职业高，干部则正好相反；教师相对于其他职业人群感受到更多的家庭外支持，各职业人群的家庭内支持无明显差异；4 个不同职业人群的社会支持与积极应对方式均显著相关，而消极应对与社会支持相关性不是很显著。

结论：应对方式和社会支持在不同的职业人群中各有特点，且在不同的人群中两者的相互影响是不同的，说明应激相关因素的作用是多途径的。

二十三、生活事件、社会支持和应对方式对护士心身反应的交互作用探讨

《中国实用护理杂志》2006 年第 21 卷第 12 期（63 ~ 64），作者吴志霞、姜乾金、钟霞。

【摘要】

目的：探讨生活事件、社会支持和应对方式等应激有关因素对心身反应的作用规律。

方法：采用心理应激相关自评问卷调查护士群体心理应激主要因素，并对数据做相关分析与多因素方差分析。

结果：生活事件、社会支持、消极和积极应对与心身反应相关系数分别为 0.296，-0.154，0.627，-0.175（$P < 0.05$）。生活事件和消极应对对心身反应有显著主效应，社会支持和积极应对交互作用下影响心身反应，且只在积极应对高分组中社会支持高分组与低分组心身反应存在明显差异。

结论：生活事件和消极应对独立地影响心身健康；社会支持是在个体倾向于较高积极应对基础上，才对心身反应起明显影响作用。

二十四、神经症患者主客观生活事件的影响因素分析

《中国行为医学科学》2006 年第 15 卷第 1 期（32 ~ 33），作者任伟荣、吴志霞、钱丽菊、冯锐、姜乾金。

目的：研究应对方式、社会支持和压力反应等与应激有关因素对神经症患者主观、客观生活事件的影响。

方法：应用自编生活事件量表、压力反应问卷、特质应对问卷、领悟社会支持量表及一般情况调查表对 88 例神经症患者和 88 名健康对照进行调查和分析。

结果：神经症组主观事件得分［（13.295 ± 11.845）分］高于健康组［（7.261 ± 10.873）分］（P0.01），而神经症组客观事件得分［（10.239 ± 9.105）分］与健康组得分［（8.376 ± 11.213）分］差异无显著性（$P < 0.05$）。神经症组主观事件与压力反应正相关，与家庭内支持和年龄负相关（$P < 0.01$），客观生活事件与应激其他因素均无关；健康对照组主观事件与压力反应正相关，客观生活事件与压力反应和消极应对正相关（$P < 0.01$）。多元逐步回归分析提示，影响神经症组主观事件的因素依次有客观事件、年龄、压力反应和家庭内支持，预测力为 47.7%；但影响神经症组客观事件、健康组主观事件和客观事件的仅有相对应的主观或客观事件。

结论：神经症患者主观事件报告明显多于健康人群，且神经症患者主观事件受其他压力有关因素的影响较大。

二十五、电力企业职工和管理人员心理压力状况及影响因素比较

《中国行为医学科学》2007 年第 16 卷 12 期（1111 ~ 1113），作者滕燕、周敏、姜乾金。

【摘要】

目的：探讨供电企业一线职工和管理人员心理压力状况及其影响因素。

方法： 采用分层随机抽样方法抽取样本，使用压力反应问卷、领悟社会支持量表、生活事件量表、特质应对方式问卷对 559 名供电企业职工进行调查，采用 SPSS13.0 软件做统计分析。

结果： 一线岗位职工的压力反应总分、生活事件总分、社会支持总分［分别为（70.95 ± 27.81）、（20.74 ± 22.78）、（58.03 ± 9.47）］，高于管理组［分别为（61.28 ± 22.56）、（15.93 ± 16.62）、（55.29 ± 9.80）］，差异有显著性［分别为（t=3.767，$P < 0.01$）、（t=2.507，$P < 0.05$）、（t=2.820，$P < 0.01$）］；消极应对和积极应对分两组无显著统计学差异（$P > 0.05$）。多元逐步回归分析显示：一线组进入方程的变量是消极应对、工作学习事件、社交及其他事件、积极应对和工作时间（R^2=49.5）；管理组进入方程的变量是消极应对、家庭内社会支持和工作学习事件（R^2=48.1）。

结论： 电力一线职工的心理压力水平明显高于同单位的管理人员，影响其心理压力的主要因素是应对方式、生活事件和工作时间等多因素。

第 2 节　后期研究生相关毕业答辩论文（摘要）

2000 年作者牵头获批建立精神病与精神卫生学学位点后，即有意引导研究生集中于压力（应激）系统模型的实证研究。此段时间相对较短，却是压力（应激）系统模型理论探讨和实证研究最集中的时期。以下是通过答辩的 12 位研究生毕业论文摘要部分。

一、应激多因素作用系统理论的实证研究（答辩论文）

作者钟霞（导师姜乾金，2005）

【摘要】

在现代社会中，社会发展日益加快，竞争越来越激烈，人们面临的压力也越来越大，遭受到的心理刺激的数量增多和强度增大，并由此引起一系列的心身反应症状。心理应激理论有助于解释心理社会因素与健康和疾病之间的关系。近半个多世纪以来，心理应激作为心理社会因素同疾病联系的一个十分重要的环节，已成为临床心理学研究的一个热门课题。

“应激”是一个不断发展的概念。关于应激的概念和理论模型可以概括为以下几类：

① 将应激作为引起个体产生紧张反应的刺激物。这一理论模型来源于物理学中的 Hooke 弹性定律。

② 将应激作为对刺激的反应。这一反应模型来源于生理学和医学。

③ 将应激作为中间变量或插入状态。着重于探讨应激刺激物和应激反应之间的中介变量，如认知评价、应对方式等。这一理论的倡导者多数为心理学家。

④ 应激是多因素作用过程。其中包含应激源、应激反应及其中介因素。这一理论模型包纳了以上几种模型。

应激理论的发展历史揭示这一理论正在逐步深入，趋于完善。对于应激的研究正表现出一种多因素的综合性的研究发展趋势。“应激”这一概念，现已发展成为一个多因素的集合概念，其中包括生活事件、认知因素、应对方式、社会支持、个性特点、心身反应及其他有关心理、社会和生物学因素。但这些应激变量之间并无清晰的界线，它们在心理应激中作用的具体位置（原因？结果？影响因素？）至今尚无定论，有关应激多因素之间的作用规律也无定论。

近年来国内外许多研究是将影响健康的心理社会因素从应激作用过程的角度来进行研究，他们将心身健康的变异情况（如情绪反应、心身症状）作为应激作用过程的结果或应激反应来看待，而将与健康和疾病有关的各种心理社会因素（如生活事件、认知因素、应对方式、社会支持等）作为应激有关因素进行多因素的分析研究。以上各种应激学说都有它们独特的道理，然而每种理论又都不能完整地解释应激问题的全部本质。但它们却提供了对应激的不同维度的认知信息，有助于现代应激概念的建立和完善。

姜乾金近年来通过对心理应激多因素的研究，提出“应激多因素作用系统”的认识，即应激不是简单的因-果或刺激-反应过程，而是由应激源、应激反应和其他许多有关因素所构成的多因素之间相互作用、反馈调节、控制的系统。这一认识给应激予以一个生物心理社会一体化的系统概念，它将生物心理社会模式根植于一般系统论，是应激与健康、疾病关系的多因素、多原因、多效应的模型。然而，至今尚无较全面的研究来证明。故迫切需要通过各种途径，特别是采用实证研究来证明这一心理应激多因素作用系统理论。

基于此理论背景，本研究以探讨应激有关因素之间的作用途径和规律为基点，具体通过建立路径模型进行比较研究的方式探讨各应激有关因素受其他因素作用影响的差异，尝试从实证的角度探讨心理应激产生的深层心理机制，证明应激不一定仅仅是应激源通过应激中介因素导致应激反应的单一作用过程，而是多因素相互作用的综合系统这一理论。为当前心理应激的理论研究提供新视角。

本研究使用心理应激调查问卷，包括自编压力反应问卷（SRQ）、生活事件量表（LES）、特质应对方式问卷（TCSQ）、领悟社会支持量表（PSSS）和一般情况（包括年龄、性别、文化程度、嗜好和宗教信仰等）对浙江省、地、市级医院各年龄阶段和文化层次的556名医务人员进行调查。原始数据进行计算机录入，使用计算机数据分析软件（SPSS）进行统计分析，做生活事件、应对方式、社会支持、应激反应，以及年龄、性别、文化、职业等应激有关因素之间的相关性分析；并分别以生活事件、应对方式、社会支持、应激反应为研究目标变量，其余各种因素为影响因素，进行多元回归分析和路径分析。

单因素相关分析显示：压力反应、应对方式、社会支持与生活事件之间均具有一定程度的相关，与一般情况之间也有相关性（$P < 0.05$ 或 $P < 0.01$）。

多因素回归分析和路径分析结果显示：

① 医务人员压力反应主要受消极应对方式的影响。生活事件可直接或间接地引起压力反应。积极应对方式和社会支持可间接减轻压力反应的程度。

② 医务人员的消极应对方式主要受压力反应的影响。生活事件的发生可直接或间接地促进消极应对方式的使用。积极应对方式和社会支持可减少消极应对方式的使用。

③ 医务人员的积极应对方式主要受家庭外支持的影响。生活事件和压力反应可通过消极应对方式，从而影响积极应对方式的使用，但它们的影响均较弱。

④ 医务人员的社会支持主要受积极应对方式的影响。经济事件的发生会影响社会支持，而其他生活事件作用不明显。压力反应和消极应对方式对社会支持的影响间接且弱。

⑤ 医务人员的各类生活事件之间相互影响较大。压力反应可直接引起生活事件的发生，特别是家庭事件。应对方式和社会支持对生活事件作用较弱，其中家庭内支持可直接减少经济事件的发生。

⑥ 医务人员的压力反应、社会支持、应对方式、生活事件与性别、年龄、文化程度等一般因素也有关。

结果提示，医务人员的压力反应、社会支持、应对方式和生活事件等应激有关因素之间，存在着相互作用，互为因果的关系，支持心理应激多因素作用系统理论。

二、心理应激多因素系统中的负性自动思维研究（答辩论文）

作者吴志霞（导师姜乾金，2006）

【摘要】

目的：近 20 年来，医学心理学对应激的认识从应激过程论倾向于应激系统论，即应激是包括应激源（生活事件）、应激反应和其他因素所构成的多因素之间相互作用的系统。应激相关研究在应激源指向应激反应的基础上，已从生活事件、应对方式和社会支持等多种角度探察系统内部各因素之间的复杂的相互作用。认知因素在应激中具有重要意义，但由于认知概念的复杂性和评定方法存在一定困难，使得认知因素在应激作用系统中的实际意义相关研究较少。

贝克情绪障碍认知理论认为，早年形成的认知结构特点即潜在功能失调性假设，在某些情境下被激活后，便会产生大量的负性自动想法，可保持或加强负性情绪，并与之互为作用，导致抑郁严重程度呈螺旋式上升。在此理论基础上，帮助情绪障碍患者识别、检验其负性自动思维并通过各种方法对其加以矫正，成为情绪障碍认知治疗的核心部分。

自动思维问卷（automatic thoughts questionnaire，ATQ），是 Hollon 等（1980）为评价与抑郁有关的自动出现的消极思想的频度而设计的，用以找出抑郁患者表达自己认知体验的内在自我描写。涉及抑郁的 4 个层面：个体适应不良及对改变的渴求、消极的自我概念和消极的期望、自信不足、无助感。国内外均证实其具有较好的信度和效度。

国内外对负性自动思维的频度和抑郁症的相关研究表明，负性自动思维的频度与抑郁程度正相关，且对抑郁程度有着较高的预测性。目前，研究者开始关注负性自动思维本身的机制基础，以及其他心理因素，如个体危险行为倾向、暴食障碍等方面的理论与实际意义。

基于以上背景，采用自动思维问卷、卡特尔 16 项人格因素问卷、90 项症状自评量表、应对问卷、社会支持评定量表对大学生进行问卷调查，运用相关分析、多元逐步回归分析等统计方法，探讨负性自动思维的特质构成、人格特质对负性自动思维的影响作用，分析负性自动思维与应对方式、社会支持、应激反应等因素的相关性，以及负性自动思维、应对方式、社会支持等因素对应激反应的交互作用机制。

方法：2004 年 11 月—2005 年 3 月，采用包括一般情况（性别、年龄）、卡特尔 16 项个性因素测验（16PF）、症状自评量表（SCL-90）、自动思维问卷（ATQ）、应对问卷和社会支持量表在内的问卷调查杭州某大学高年级非毕业班医学生共 312 名。计算机录入原始数据，使用数据分析软件 SPSS，经主成分分析、独立样本 t 检验、相关分析、多元逐步回归分析等统计分析。

结果：312 名大学生负性自动思维平均得分为 50.70 ± 15.75，男生和女生分别为 51.58 ± 16.13 和 49.73 ± 15.31，经独立样本 t 检验，性别差异未达显著水平（$P=0.302$）。

对自动思维问卷经主成分分析提取了 5 个成分，累计解释变异量为 56.8%，第一个成分的解释变异量为 38.3%；且特征值从第一个成分的 11.488 降至第二个成分的 1.795，差距较大。自动思维问卷总分内部一致性 α 系数为 0.940。

以自动思维总分为因变量，与其显著相关的人格特质为自变量，多元逐步回归分析，结果表明进入方程的人格特质依次为紧张（Q_4）、稳定（C）、忧虑（O）、兴奋（F）和聪慧（B），总预测力为 30.2%；女生依次为紧张（Q_4）、聪慧（B）和忧虑（O），总预测力为 28.3%；男生依次为稳定（C）、忧虑性（O）、兴奋（F）和紧张（Q_4），总预测力为 37.0%。

自动思维总分与社会支持总分、主观支持、客观支持、支持利用度呈负相关，相关系数分别为 -0.286、-0.220、-0.227、-0.204（$P < 0.01$）；与消极应对、幻想、逃避呈正相关，相关系数分别为 0.396、0.341、0.349（$P < 0.01$）。性别分组后进行分析，男生的 ATQ 总分与积极应对的面对亚因子分也呈一定程度的相关性，相关系数为 -0.166。

以应激反应为因变量，经相关分析显示与其显著相关因素为自变量，经多元逐步回归分析，结果可见应激反应的主要影响因素，依次为负性自动思维、幻想应对方式，预测力为 55.4%。性别分组后进行分析，在女生，主要影响因素只有负性自动思维，预测力为 51.3%；在男生，依次为负性自动思维、幻想应对方式，预测力为 63.2%。

经独立样本 t 检验，自动思维问卷总分的高分组的与症状自评量表的症状总分及其因子分均较高于低分组。ATQ 总分与症状自评量表的症状总分及其因子分均呈较高的正相关（相关系数 0.414～0.771）。自动思维问卷的 30 个条目分与症状总分均呈较高的正相关（相关系数 0.321～0.580）。经逐步回归分析，“我肯定有问题”“我不好”“我无法同时对付这些事情”等 10 个条目依次进入方程，预测力为 61.4%。性别分组后进行分析，在女生，“我肯定有问题”“我这是怎么了”“我无法重新开始”等 8 个条目依次进入方程，预测力为 64.3%；在男生，“我让人失望”“我无法同时对付这些事情”“我觉得孤立无援”等 6 个条目依次进入方程，预测力为 63.4%。

结论：大学生群体中，负性自动思维作为功能不良认知的一种较浅层的表达，其出现的频率男女相当。人格特质尤其情绪因子对负性自动思维具有一定影响，男生的稳定性和女生的紧张性的作用显著。负性自动思维与消极应对及社会支持具有一定的相互影响，且对应激反应具有一定影响作用。负性自动思维是应激反应的重要影响因素，某些负性的想法对应激反应具有较高的预测性。

三、大学生平时应对与考试应对的比较研究——兼对特质应对与过程应对的理论探讨（答辩论文）

作者钱丽菊（导师姜乾金，2006）

【摘要】

目的：修订大学生平时和考试用的应对问卷及考查在该两种情景下该问卷的信、效度；比较大学生在平时和考试两种情景中的应对特点，探讨两种应对是否存在及之间的可能关系。

方法：以浙江省几所大学的学生为研究对象，采用经过修订的 ways of coping 问卷（在 Folkmant 等主要是用来进行过程应对，通过修改问卷的提示语后可用于特殊事件的应对研究）进行整群随机取样，数据输入 SPSS11.5 进行探索性因素分析，信、效度检验和相关分析等。

结果：

一、平时和考试两种情境下的问卷经过因素筛选所得的 6 个因子有 5 个因子的命名含义基本一致，分别为解决问题、回避、祈盼、淡化和责怪，另一个因子在平时面临各种生活事件应对问卷时命名为接受 / 宣泄；在考试应对问卷时命名为学习模仿；经信、效度考查该两份问卷的信、效度达到一般心理测量问卷的要求标准。

二、两种情景下应对问卷比较结果

1. 条目比较结果显示

① 从条目与条目相关结果看：其中相关系数 r 最大的是第 60 条 $r=0.78$，最小的是第 8 条 $r=0.13$，相关系数平均数是 0.51，其中 $r>0.60$ 的条目有 18 条，$0.5<r\leqslant 0.6$ 的条目有 23 条，$0.4<r\leqslant 0.5$ 的条目有 10 条，$0.3<r\leqslant 0.4$ 的条目有 12 条，$r\leqslant 0.3$ 的条目有 3 条；

② 从条目与 16pf 个性特质相关结果看：66 个条目在各自的情景中几乎均与个性的某些特质因素存在显著的相关，同时还发现有些条目在两种情景下与某些个性特质的相关一致性比较高；但某些条目与个性的相关也存在相对不明显的一致性；应对条目与个性相关一致性的条目相对于不一致性的条目多一些。

2. 因子比较结果显示

① 从具有相同含义因子在两种情景下的相关分析结果看：6 个因子之间存在显著的相关且相关均有统计学意义。相关系数 r 除因子 6 是 0.36 外，余均在 0.50 以上，可见应对方式在两种情境下具有一定的跨情景一致性；

② 从具有相同含义因子与 16pf 个性特质相关结果看：C 稳定性、F 兴奋性、L 怀疑性、M 幻想性、N 世故性与应对的相关性在两种情境下是相对一致的；E 恃强性、I 敏感性、L 怀疑性、N 世故性与应对的相关性在两种不同的情境下是相对不一致的；另有一部分个性特质，如 A 乐群性、B 聪慧性、O 忧虑性、Q1 激进性、Q2 独立性、Q3 自律性与个性的相关性在两种情境下都相对不显著，可见一定的个性对应一定的应对方式；在两种情境下的应对因子与 16PF 个性特质的相关均比较一致，从相关的个性特质所占的百分比分析，解决问题、祈盼、责怪均在 50% 以上，其余 3 种也在 30% 以上，而与 16PF 个性特质的相关具有显著性意义的应对因子是解决问题、祈盼、责怪，在两种

情景下与它们显著相关的个性因子分别占了 50%、37.5%、75%。

3. 综合条目、因子比较结果显示

① 两种情景下所得因子除接受 / 宣泄与学习模仿这两个因子在含义和条目包含上均有很大差异外，其余含义相同的因子包含的条目具有很大的一致性，用百分比来表示则均在 50%以上，其中回避、祈盼、淡化在 70%以上。

② 在两种情景下因子同时包含的条目与 16PF 个性特质相关系数最高的因子的差异性并按相关性由高到低的顺序排列。结果发现，当在两种情景下 $r < 0.40$ 的条目，与之对应的相关性最高的个性特质也不一致，而相关性＞ 0.40 的条目除第 5、第 6、第 35、第 44、第 60、第 65 外与之对应的个性特质是一致的。同时我们发现，条目 5 和条目 6 与 16pf 个性的相关性基本上不显著，条目 35、条目 44、条目 60、条目 65 与 16pf 个性特质相关在很大程度上是一致的，只是在相关最大值上有差异。进一步说明两种情境下相关系数越高则个性稳定性越高。

结论：

① 所得的应对问卷可以用来作为学生在两种情境下的应对测量，对在平时和考试两种情景下的应对可以具体地进行评估；

② 综合两种情境下的应对方式差异性比较和应对因子之间及应对与个性的相关性结果得出：应对既具有跨情境一致性又具有一定个性稳定性，有些应对是某些个性的一个反应，而某些应对方式在两种情境下存在情境特异性或不稳定性。所以应对具有特质性又具有情境性。

四、心理应激多因素系统的综合评估初步研究——心理应激调查表（psycho-logical stress schedules，PSS）的制定（答辩论文）

作者任伟荣（导师姜乾金，2006）

【摘要】

应激是普遍的生理心理现象。关于应激的研究已有不短的历史。自 20 世纪 30 年代以来，应激研究可以归纳为以下 4 种途径：①应激是引起机体发生应激反应的刺激物；②应激是机体对有害刺激的反应；③应激是应激源和应激反应的中间变量；④应激是以中介因素为核心的多因素相互作用的过程。

“应激”是一个不断发展的概念。随着心理应激理论研究的不断深入和完善，近年来姜乾金通过对心理应激多因素的研究，提出了“应激多因素作用系统”的认识，即应激是由应激源、应激反应和其他许多有关因素所构成的多因素之间相互作用、反馈调节与控制的系统。“应激”是个多因素的集合概念，其中包括生活事件、认知评价、应对方式、社会支持、人格特征、心身反应及其他有关心理、社会和生物学因素。应激多因素系统理论的研究是最新的应激研究领域。

目前不少研究者试图以实证研究来证明应激多因素之间的作用和关系，必然涉及对各应激因素的量化评定。虽然自 20 世纪 80 年代以来，国内对应激有关因素的测量方法发展较快，修订和编制了不少关于心理应激有关因素的评定量表。但由于各种量表修订和编制时的理论基础、分类方法和测试人群等存在的差异，使得评定相同应激因素的不同量表有不同的特点和适用范围。姜乾金在多年探讨心理应激有关因素与健康和疾病关系的研究中，在 20 世纪 90 年代初编制了用于团体对照分析的简便心理社会应激调查表（PSSG），PSSG 有一定的信度和效度，在设有对照组的情况下，能反映一定时期团体间心理压力的综合主观评估，但 PSSG 条目和计量不够细致，并不适用于做个体的精确评估。随着应激研究的不断深入，迫切需要发展一种综合的心理应激评估工具。

本课题旨在编制一份综合生活事件、应对方式、社会支持和压力反应这 4 个主要应激变量的心理应激评估工具，即心理应激调查表，以探索这些主要应激变量间的数量关系，为国内心理社会因素病因学的研究提供一种简便、有效而能对主要应激变量做综合数量分析的调查工具，为研究者从实证研究的角度认识应激的实质，且能为心理应激的实证研究提供一定的思路和方法。

本研究编制的心理应激调查表主要包括 4 个分量表：压力反应问卷（SRQ）、生活事件量表（LES）、特质应对方式问卷（TCSQ）、领悟社会支持量表（PSSS），其中还包括一般情况（性别、年龄、文化程度、职业、身体素质、疾病诊断等）。本研究中还使用了包括 SCL－90、SAS、SDS 和 EPQ 在内的其他调查问卷。使用自编心理应激调查表在浙江省各地市分 30 处共调查了 2751 例被试。2751 例被试中有 131 例被试间隔 4 周后重复测试；140 例被试同时测查 SCL－90；75 名被试同时测查 EPQ；169 例被试同时测查 SAS 和 SDS；111 例被试在自测的同时还请其家属按条目内容另行对被试做出评估，以供有关信度、效度分析。原始数据进行计算机录入，使用计算机数据分析软件（SPSS）进行统计分析，对各分量表进行项目分析、因素分析和信效度的分析。

各量表的项目分析和因素分析显示，PSS 的压力反应问卷、特质应对问卷和领悟社会支持量表均具有良好的结构效度。生活事件量表不适合做因素分析，但各条目与总分的 pearson 相关系数显示，该问卷的各条目均具有一定的鉴别度。

4 个分量表 α 系数及每个分量表各因素的 α 系数证明了 PSS 具有较好的同质性，符合一般心理测量问卷的要求。且压力反应问卷、特质应对问卷和领悟社会支持量表有关因素总分与条目的相关系数也从另一角度证明了上述分量表良好的内部一致性。

压力反应问卷、特质应对问卷的消极应对总分（NC）和积极应对总分（PC）、领悟社会支持量表和生活事件量表的重测相关系数分别为 0.886、0.708 和 0.778、0.737 和 0.394（$P < 0.001$）。压力反应问卷、特质应对问卷的消极应对总分（NC）和积极应对总分（PC）、领悟社会支持量表和生活事件量表的被试自测与家属代测的相关系数为 0.838、0.615 和 0.760、0.631 和 0.462（$P < 0.001$）。上述数据显示压力反应问卷、特质应对问卷和领悟社会支持量表有较好的稳定性，而生活事件量表的重测相关系数和被试自测与家属代测相关系数均偏低，与该量表编制时内含一定的认知评价因素有关，不同的个体乃至同一个体的不同时期对同一生活事件的评价会有所不同，生活事件量表的重测信度有待于日后进一步的验证。

压力反应问卷总分和各因素分与应激理论中常用的效标变量 SCL－90 总分及各因子分、SAS 和 SDS 均有显著的正相关。特质应对问卷 NC 与 SCL－90 的各因子分（SCL－1 外）及总分、SAS 和 SDS 均呈显著的正相关，PC 与 SCL－90 和 SAS 无明显相关，与 SDS 呈负相关。结果说明 NC 与心身症状有高度的相关性，PC 则否，与设计原则和目的一致。NC 与 EPQ 的 N 分有高度的正相关，

PC 与 EPQ 的 E 分呈正相关，显示情绪不稳定者较多采用消极应对方式，性格外向者较多采用积极应对方式。领悟社会支持量表与 SCL-90、SAS 和 SDS 无显著相关性。生活事件总分与 SCL-90、SAS 和 SDS 呈明显的正相关，说明心身症状明显者报告较多的生活事件得分。

综上所述，心理应激调查表（PSS）的理论构思基础是在应激的过程论向系统论的发展过程中形成的，PSS 以多因素系统论为理论基础和研究背景，具有一定的理论高度。

根据信度和效度分析结果，除生活事件分量表的重测信度偏低外，PSS 各量表均具有良好的信度和效度，符合一般心理测量量表的要求。

PSS 理论思路清晰，条目数目适中，便于操作，为国内进行心理应激多因素系统研究提供了相对简单和有效的调查工具；同时也为研究者从实证研究的角度认识心理应激的实质提供了新的研究思路和方法。

五、应激相关因素对护士生活质量的影响探讨（答辩论文）

作者王晓蕾（导师任蔚虹，2006）

【摘要】

护士作为健康服务提供者，是完成医院医疗任务的重要力量，而护士的生活质量高低与她们的工作效率及护理质量息息相关，因此近年来护士健康相关生活质量越来越受到关注。同时应激（又称压力）作为心理社会因素同疾病联系的一个重要环节，已经成为护士的一种职业性危险，给护士的身心健康带来重大影响。而要科学干预应激对护士生活质量的负面影响，必须先了解其作用规律。虽然目前已有不少关于应激对护士生活质量的研究，而这些研究仅限于某单个应激相关因素，如生活事件、应付方式等，且对其内部作用途径也未见报道。然而应激作为一个广泛概念，包括压力反应、生活事件、应对方式、社会支持和个性特点等因素，且这些因素是相互作用的，因而将应激内部相关因素作为一个系统去研究对护士生活质量的影响时，可以更科学，更全面的揭示应激对护士生活质量的影响，同时可探索其内部作用途径，最终为科学改善护士生活质量提供理论依据。

研究目的：本研究期望通过对护士生活质量及应激相关 5 个因素（压力反应、生活事件、应对方式、社会支持及个性特征）的测定，来分析应激相关因素作为一个系统对护士生活质量的作用，具体通过各因素与生活质量之间的相关分析、回归分析，以及结构模型进行比较研究的方式探讨其影响程度及作用路径，旨在通过了解其作用机制后，利用其内部作用原理综合运用直接间接干预措施处理对护士生活质量有不良影响的应激因素，进一步维护护士的身心健康。

研究方法：本研究通过使用生活质量综合评定问卷（QOL-74）和心理应激调查问卷，包括：压力（应激）反应问卷（SRQ）、生活事件量表（LES）、特质应对方式问卷（TCSQ）、领悟社会支持量表（PSSS）、艾森克人格问卷（EPQ）对 405 名各年龄层的护士进行调查。原始数据进行计算机录入，使用计算机分析软件（SPSS）进行统计分析，分别进行护士一般情况的描述性分析、生活质量总分及生活质量的 4 个维度（躯体、社会、心理、物质）与应激反应、生活事件、应对方式、社会支持、个性特征有关维度之间的相关性分析；还有分别以生活质量总分、躯体功能维度、社会功能维度、心理功能维度、物质功能维度为研究目标变量，其余应激相关因素为自变量，进行逐步多元回归分析；最后应用结构方程分析护士生活质量与应激各相关因素间的作用结构。

结果：单因素相关分析显示：护士的压力反应、生活事件、应对方式、社会支持和个性特征与综合生活质量以及生活质量的各个维度之间均有一定程度的相关性（$P < 0.05$）。应激相关的这 5 个因素对综合生活质量、躯体功能、心理功能、社会功能和物质功能的预测力介于 52.9%、32.6%、55.3%、46.0%和 6.6%，说明应激相关因素能对综合生活质量、躯体功能、心理功能和社会功能产生重大影响；其中对生活质量及其躯体功能维度影响最明显的是压力反应中的躯体反应（标准回归系数 β 分别为 –0.491、–0.466）；对心理功能影响最明显的是压力反应中的情绪反应（$\beta = -0.458$）；对社会功能影响最明显的是行为反应（$\beta = -0.322$）；对物质功能影响最大的是工作学习事件（$\beta = -0.183$）。而压力反应、生活事件、消极应对、个性特征中的神经质、精神质维度对生活质量产生的是负性影响；积极应对、社会支持及个性特征中的内外向、掩饰维度对生活质量具有保护意义。结构方程分析提示压力反应、生活事件、社会支持、个性特征对生活质量均有直接作用，而应对方式需借助这些因素才能对生活质量产生作用，应激相关的这 5 个因素都可以互为中介对生活质量产生间接影响，结构方程分析的拟合指标较佳（CMINDF：2.344；GFI：0.928；AGFI：0.891；RMSEA：0.060），说明结构方程分析所得作用模式有较高的参考价值。

结论：

① 生活质量总分及其躯体、心理、社会功能维度均与应激相关 5 个因素的各个维度有明显相关（$P < 0.05$）；而生活质量的物质功能维度则仅与躯体反应、家庭、工作学习事件和家庭内社会支持明显相关（$P < 0.05$）。

② 压力反应、生活事件、社会支持、个性特征和应对方式这 5 个应激相关因素，对护士总体生活质量、躯体功能、心理功能、社会功能的预测力较大，提示这些因素对总体生活质量及躯体、心理、社会功能的均有显著影响，对综合生活质量及其躯体功能维度影响最明显的是压力反应中的躯体反应；对心理功能影响最明显的是压力反应中的情绪反应；对社会功能影响最明显的是行为反应；对物质功能影响最大的是工作学习事件。

③ 压力反应、生活事件、社会支持和个性特征均能直接作用于生活质量，应对方式则通过应激其他因素间接产生作用，应激内部相关各个因素均可互为中介对护士生活质量的产生间接作用，应激对护士生活质量的影响形成了一个交叉作用系统。

综上所述，护士的压力反应、生活事件、社会支持、个性特征和应对方式均能显著影响生活质量，且应激因素间对生活质量的作用可以互为中介，因而一方面需重视应激相关因素对护士生活质量的影响；另一方面提高护士生活质量可以从应激因素的多方面入手，直接间接干预并用以达到最佳效果。

六、心理及社会因素对技校生心身反应影响的研究（MPH 答辩论文）

作者韩耀静（导师姜乾金，2006）

【摘要】

目的：我国的技校生普遍被认为是一个较难教育、具有特殊思想特点和心理行为特点的群体。本研究的目的就是要客观了解他们的心理健康情况，并进一步通过探讨对其心身健康的影响因素，分析他们的应对方式、个性特点、社会支持及生活事件与心身反应的关系，以期达到在认识技校生的心理健康特点的基础上，能够对技校生的心理健康教育指引出更具针对性、科学性的心理健康教育模式。

方法：采用集体问卷方式对杭州市轻工技工学校一年级学生进行问卷调查，了解技校生的心理健康水平和相关因素。

① 采用症状自评量表（SCL－90），用以评估技校生的自觉症状特点，评定心理健康水平；

② 青少年生活事件量表（ASLEC），用以评估技校生的精神负荷；

③ 艾森克人格问卷（EPQ），用以评估技校生在一定情境下经常表现出的较为稳定的行为与情感反应，即对人的人格进行测量；

④ 特质应对方式问卷（TCSQ），用以评估技校生具有特质属性的并与健康有一定关系的一部分应对策略；

⑤ 社会支持量表（SSRS），用以评估技校生客观或主观的实际的或可见的支持，包括物质上的援助与社会网络。

结果输入 SPSS 软件进行多元相关、u 检验和多元逐步回归分析。

结果：

① 在校技校生的心身反应显著高于同龄学生的平均水平，技校生的心身反应除 F3（人际敏感）、F4（忧郁）以外，其余 7 个因子分数均显著高于常模水平（$P < 0.01$）；

② 技校生的心身反应与青少年生活事件具有显著正相关（$P < 0.01$）；

③ 技校生的心身反应与 EPQ 的 N（神经质）维度有显著正相关（$P < 0.01$），与 EPQ 的 P（精神质）维度呈正相关（$P < 0.05$ 或 $P < 0.01$），与 L（掩饰）呈显著负相关（$P < 0.01$）；

④ 技校生的心身反应与特质应对方式的积极应对方式（PC）呈正相关（$P < 0.05$ 或 $P < 0.01$），与消极应对方式（NC）呈显著负相关（$P < 0.01$）；

⑤ 技校生的心身反应与客观社会支持有正相关（$P < 0.05$ 或 $P < 0.01$），与社会支持总分、主观及利用度呈负相关（$P < 0.05$ 或 $P < 0.01$）。

⑥ 多元回归分析显示：以心身反应的各个因子为因变量，每个因子的进入多元逐步回归方程的因素有 2 ~ 4 个，包括青少年生活事件和社会支持、应对方式及人格特征的因子，其可解释因变量为 21.6% 到 39.1%。

结论：技校生存在的心理健康问题，表现在从感觉、情感、思维、意识、行为直至饮食睡眠生活等各个方面。技校生的应对方式、个性特点、社会支持及生活事件对他们的心身反应均有着一定的正性或负性的作用。在探讨其个性特点、应对方式、社会支持及生活事件对心身反应的科学性、规律性时，也进一步验证了在应激理论假设框架中，青少年生活事件作为应激源，心身反应作为应激反应，其个性特点、应对方式、社会支持系统同其他因素如认知评价、自然环境因素等作为中介机制，相互作用、相互渗透、相互影响，对心身反应起着系统的、有规律的、综合的影响作用。从中我们得到重要的信息：心理健康水平的提高绝不是一堆心理知识和抽象概念的灌输，而是需要在塑造其健康的人格个性、提高其积极应对方式，避免主观支持及利用度不足，避免消极应对方式等方面制定科学性和针对性都较强的综合手段，密切结合社会、学校、教师学生的实践，从而达到改善技校生的心理健康情况，顺利完成素质教育。

七、公务员心身反应特点及其与应激有关因素的相关性研究（MPH 答辩论文）

作者季巧英（导师姜乾金，2006）

【摘要】

目的：探讨公务员的心身反应特点及其与应激有关因素的相关性，为提高公务员的心理健康咨询和干预提供理论依据。

方法：采用自编一般情况量表和心理社会压力调查表。①压力反应量表 SRQ，测量情绪反应 SER、躯体反应 SPR、行为反应 SBR 和压力反应总分 SR。②生活事件量表 LES，测量家庭事件 LCU1、工作学习事件 LCU2、社交及其他事件 LCU3、经济事件 LCU4 和生活事件总分 LCU。③领悟社会支持量表 PSSS，测量家庭内支持 SIF、家庭外支持 SOF 和社会支持总分 SS。特质应对方式问卷 ICSQ，测量积极应对 PC 和消极应对 NC。对丽水市 500 名公务员进行调查分析，所有数据输入 SPSS11.5 进行相关分析、逐步多元回归分析和方差分析等。

结果：

1. 公务员与正常人群的常模的比较结果显示：丽水市公务员当前心身反应与一般人群相比有显著差异性；

2. 采用独立样本 T 检验和单因素方差分析对不同性别、年龄、岗位、级别、婚姻和文化的公务员进行比较分析，结果如下：①对不同性别公务员的心身反应、生活事件、应对方式、社会支持进行比较分析，结果显示不同性别的公务员在 2、3、4 类生活事件、积极应对和社会支持之间存在显著差异（$P < 0.05$）。②对不同年龄段公务员心身反应、生活事件、应对方式、社会支持进行比较分析，从结果可以看出，在不同年龄组的公务员中，SER、SR、LCU1、PC、SOF、SS 之间存在显著差异，具体组间比较结果存在差异性的是：SER：2 组与 1、3、4 组；SPR：2 组与 3 组；SBR：4 组与 1、3 组；SR：2 组与 1、3、4 组；LCU1：4 组与 1、3、4 组；LCU2：2 组与 3、4 组；PC：2 组与 1、3、4 组；社会支持在各组之间基本上均存在显著差异。③对不同岗位公务员心身反应、生活事件、应对方式、社会支持进行比较分析，结果显示，公务员的情绪反应、压力反应总分及家庭外支持存在一定的组间差异；具体地，应用单因素方差分析组内的具体差异时发现，心身反应：SER：1 组与 2 组之间有显著性差异；SPR：1 组与 2 组，2 组与 1、3 组存在显著性差异。生活事件：LCU1：1 组与 3 组；

LCU2：1 组与 4 组：LCU4：1 组与 2 组。应对方式之间没有显著性差异。家庭支持：3、4 组与 2、3 组之间均存在显著性差异。④对不同级别公务员心身反应、生活事件、应对方式、社会支持进行比较分析，结果显示，不同级别的公务员，在 LCU3 及家庭外社会支持和社会支持总分之间存在显著性差异，具体比较组间的差异时结果发现，SER：3 组与 1、2 组之间存在显著性差异；LCU2：2 与 3 组之间存在显著性差异；LCU3：2 组与 1、3 组之间存在显著性差异；SOF：2 组与 1、3 组存在显著性差异；SS：2 组与 1、3 组之间存在显著性差异。余几组没有显著性差异。⑤对不同婚姻公务员心身反应、生活事件、应对方式、社会支持进行比较分析，结果显示，不同婚姻状态的公务员在 LCU4 和家庭内外社会支持及社会支持总分之间存在显著差异；具体比较组间差异时发现，LCU2：1 组与 2 组，LCU4：1 组与 2、3 组之间，PC：1 组与 2 组，SIF：S 三组之间均存在显著差异；SOF：1 组与 2、3 组存在显著差异；SS：1 组与 2、3 组之间存在显著差异。⑥对不同文化公务员心身反应、生活事件、应对方式、社会支持进行比较分析，结果显示，SBR、LCU3、PC 这几个因素在文化因素影响下组间存在显著差异，当具体比较组内的差异时发现，SBR：2 组与 1、3 组存在显著差异；LCU3：1 组与 2、3 组存在显著差异；PC：2 组与 1、3 组存在显著差异；SS：2 组与 3 组存在显著差异。

3. 公务员压力反应与应激有关因素及公务员应激有关因素之间的部分相关分析：①公务员压力反应与应激有关因素的关系分析结果显示，公务员的生活事件、特质应对和社会支持各因素及其总分除 LCU4 外与心身反应各因素及其总分之间均存在显著相关；②通过公务员应激有关因素之间的部分相关分析，可以看出，除经济类生活事件与其他各因素及其总分相关不显著及家庭外支持与生活事件中的 LCU2、LCU3、LCU4 相关不显著，其他应激各相关因素之间存在显著相关（$P < 0.01$，$P < 0.001$）。

4. 根据公务员压力反应与各应激有关因素及一般情况的多元回归分析，可以看出，首先进入方程的均是消极应对因素，具体各因素依次进入方程的是 SR：NC，PC，LCU2，LCU4，SIF，LCU4；SER：NC，LCU2，PC，SIF；SPR：NC，PC，LCU1，LCU4；SBR：NC，LCU2，PC，LCU1，LCU4。

结论：

① 公务员的心身反应及应激有关因素与性别、年龄、岗位、级别、婚姻、文化程度等存在不同程度的差异；

② 在该研究中得出应激有关因素之间存在不同程度显著相关；

③ 消极应对是影响公务员心身反应的主要应激相关因素，其次生活事件和社会支持也在不同程度上影响着公务员的心身反应。

八、男性服刑人员心理压力一般状况及压力反应影响因素研究（MPH 答辩论文）

作者任夫乔（导师姜乾金，2006）

【摘要】

目的：研究男性服刑人员主要心理压力因素（压力反应、自动思维、应对方式、社会支持和人格）的差异以及男性服刑人员心理压力反应的影响因素，探索分层管理的心理科学方法。

方法：使用压力反应问卷（SRQ）、自动思维问卷（ATQ）、特质应对方式问卷（TCSQ）、领悟社会支持量表（PSSS）、艾森克人格问卷（EPQ），自编服刑态度问卷（分不服判、悔罪、不良预期）和一般情况问卷对 540 名重刑服刑人员进行调查，在 SPSS10.0 软件支持下做统计分析。

结果：服刑人员的年龄、文化程度、经济条件、服刑态度与主要心理压力因素（压力反应、自动思维、应对方式、社会支持和人格）之间均有相关性；不同职业、婚姻状况、健康状况的主要心理压力因素（压力反应、自动思维、应对方式、社会支持和人格）存在组间差异；不同刑期和不同已服刑期的主要心理压力因素（压力反应、自动思维、应对方式、社会支持和人格）无组间差异；相关分析结果显示，男性服刑人员的压力反应与其负性自动性思维、应对方式、社会支持和人格特征等均有相关性，与其文化程度、家庭经济、疾病和已经服刑时间等也有一定的相关性。进一步的多元回归分析结果显示，主要影响男性服刑人员压力反应的因素有：消极应对方式、负性自动性思维、神经质人格特征、对判决不服、文化程度低、疾病和对前途的不良预期等因素。

结论：不同男性服刑人员的主要心理压力因素存在差异；压力反应、负性自动性思维、应对方式、社会支持和人格特征等压力因素之间均有相关性；男性服刑人员压力反应的影响因素有对消极应对方式、负性自动性思维、神经质人格特征、对判决不服、文化程度低、家庭经济差、身患疾病和对前途有不良预期等。本文研究的结果支持应激是多因素综合作用“系统”的理论假设。本研究结果对于促进服刑人员要科学分层管理，采取混合性的教育改造措施，有的放矢地改造服刑人员，较好地缓解服刑人员心理压力，促使他们以健康心态积极投入改造，消除监狱不稳定因素、预防各类事故发生、确保监狱改造秩序的稳定、提高服刑人员的生活质量，预防和减少重新犯罪等，均具有的十分重要的指导意义。

九、乡镇卫生院医务人员心身反应特点及其与应激有关因素的相关性研究（MPH 答辩论文）

作者周敏（导师姜乾金，2007）

【摘要】

目的：探讨乡镇卫生院医务人员的心身反应特点及其与应激有关因素的相关性，为提高乡镇卫生院医务人员的心理健康水平和干预提供理论依据。

方法：采用自编一般情况量表和心理社会压力调查表（包括压力反应量表、生活事件量表、社会支持量表和特质应对量表）对 360 名乡镇卫生院医务人员进行调查分析，所有数据输入 SPSS 13.0 进行相关分析、方差分析和逐步多元回归分析等。

结果：①乡镇卫生院医务人员压力反应总分（SR）（61.55 ± 22.62）高于县市级医院医务人员（对照组 1）（60.02 ± 21.75），更高于一般人群（对照组 2）（59.67 ± 21.88）（$P < 0.01$）。②乡镇卫生院医务人员在工作事件（LCU2）、社交事件（LCU3）、经济事件（LCU4）、积极应对（PC）和社会支持（SS）方面存在性别差异；在情绪反应（SER）、压力反应总分（SR）、家庭事件（LCU1）、PC、家庭外支持（SOF）、SS 方面存在年龄段差异；在 SER、SR 及 SOF 方面存在不同岗位的组间

差异；在LCU3、SOF、SS存在不同技术职称的组间差异；在SER、SR、LCU1、PC、SOF、SS之间存在不同工作年限的组间差异；在LCU4和SS方面存在不同婚姻状态的差异；在SBR、LCU3、PC存在文化程度上的组间差异（以上均$P < 0.05$ – $P < 0.001$）。③乡镇卫生院医务人员的心身反应、生活事件、特质应对和社会支持各因素及其总分（除LCU4外）之间互有相关性（$P < 0.01$ – $P < 0.001$）。④以乡镇卫生院医务人员的SR为因变量作逐步多元回归分析，进入方程的依次是消极应对（NC）、PC、LCU2、LCU1、家庭内支持（SIF）、LCU4，$R^2 = 0.43$。

结论：①乡镇卫生院医务人员的心理压力反应水平较高，尤以低年龄、低年资者为显著；临床和护理岗位压力反应明显高于医技和行政后勤人员。②乡镇卫生院医务人员的压力反应与生活事件、特质应对和社会支持各因素之间存在相关性。③乡镇卫生院医务人员的心身反应受消极应对的显著影响，也受积极应对、生活事件和社会支持的影响，但程度较小。

十、心理应激系统模式指导下认知–行为疗法在心理咨询与治疗中的运用（答辩论文）

作者冯锐（导师姜乾金，2007）

【摘要】

“应激”是一个不断发展的概念，概括20世纪30年代以来的各种应激研究，可以归纳为4种概念类型：应激属于有机体对有害刺激的反应；应激是引起机体发生应激反应的刺激物；应激是应激源和应激反应的中间变量；应激是以中介因素为核心的多因素相互作用的系统。心理应激作为一种理论，在医学心理学中的本身意义是有限度的，但应激理论能为心理病因学研究提供一种框架思路，也为临床工作提供了一种心理干预的策略。

认知心理学理论关于人的行为理解为：人的行为与其说是对外界刺激的反应，不如说是个体对这些刺激加工的结果。异常行为是适应不良认知的产物。认知行为疗法以矫正功能不良性认知或功能失调性图式为主要目的的一类心理治疗方法，理论假设是：人的认知对其情感和行为具有决定性作用，通过改变不恰当的认知方式，可以改善情绪及行为障碍。

从认知行为疗法角度看，单纯认知行为疗法对部分来访者的问题并无明显作用。分析这些来访者的特点，多伴随低水平的社会支持、不良的社会适应、人际交往障碍、婚姻的不和谐及人格障碍等特征。来访者本身是个系统。系统是普遍存在的，世界上任何事物都可以看成是一个系统。系统定义为：由若干要素以一定结构形式联结构成的具有某种功能的有机整体。系统的定义中包括了系统、要素、结构、功能4个概念，系统论的核心思想是整体观念。

心理应激系统理论为临床工作提供了一种心理干预模式，即所谓的应激干预策略，使得对来访者的心理病因学分析及更好地使用认知行为疗法提高疗效提供了指导。临床遇到的各种心理问题，首先是各种情绪的、行为的或心身的症状主诉或表现，这是压力系统中多因素相互作用的表现层次即压力反应，最容易被本人所感受和首先所报告。与之密切相关的是第二层次问题有生活事件、认知评价、应对方式和社会支持等主要压力因素，通过适当深入的整体分析，可以判断这些因素与压力反应之间的关系。人格因素是最不容易被本人感受和报告的，从干预的目的来看也是最难达到，这是第三层次的问题。

应激干预策略正是在分析与判断心理问题与压力系统关系的基础上，从应激系统中各种有关因素或环节入手，如①控制或回避应激源、②改变认知评价、③提供或寻求社会支持、④应对指导、⑤松弛训练或药物等、⑥涉及人格层面的问题，实施系统认知行为治疗，有利于在系统论与整体观的水平上做出适当的干预决策。

本文提供了 3 例在浙江大学心理卫生与行为治疗中心就诊的来访者，望通过此文加深我们对心理咨询与治疗的探讨。

十一、压力（应激）系统模型的实证性研究（答辩论文）

作者顾成宇（导师姜乾金，2007）

【摘要】

近年来姜乾金教授等通过对心理压力（应激）多因素的研究，提出了应激系统模型的理论概念：应激是由应激源、应激反应和其他许多有关因素所构成的多因素之间相互作用、反馈调节与控制的系统。心理应激不是简单的因与果的关系或刺激与反应的过程。

“系统”是由一个对象集合和一个建立在这些对象之间的关系集合而组成的。用符号表示时，系统可以写为一个有序偶对：S＝（M，R），其中，M 和 R 分别为系统 S 的对象集和关系集。

应激系统模型的实证性研究需要完成两个任务：应激系统的对象集合和应激系统的关系集合。

目的：拟证实或证伪应激系统论，在证实应激系统论的基础上研究应激系统论的对象集合和关系集合。

方法：使用心理压力反应问卷、特质应对方式问卷、自动思维问卷、领悟社会支持量表、艾森克人格问卷、自编服刑认知评价问卷和自编一般情况问卷对 580 名男性服刑人员进行调查，在 SPSS13.0 软件、MINITAB 和 AMOS4.0 软件的支持下做相关分析、多重线性回归分析和结构方程建模。

结果：通过相关分析、回归分析和结构方程分析表明对于本研究对象男性服刑人员的应激系统的主要对象集是：艾森克人格的精神质维度、神经质维度、内外向维度、掩饰维度，消极应对、积极应对、负性自动思维、消极认知、家庭内支持、家庭外支持、经济因素和已服刑期。

以应激反应总分为因变量，以通过单因素相关分析和等级相关分析表明本研究的可能主要对象集为自变量，进行多元逐步回归，消极应对、负性自动思维、神经质、消极认知、学历、掩饰人格（L）、精神质人格（P）7 个自变量依次进入方程，预测力为 70.5%。

结构方程分析表明外向性人格和掩饰性人格倾向于采用积极应对策略和争取家庭外支持，掩饰性人格倾向于采用积极应对策略和争取家庭内支持，但同时也采取消极应对；神经症性人格倾向于采取消极应对策略而不倾向于采取积极应对策略，易于产生负性自动思维；精神质人格倾向于采取消极应对和产生负性自动思维。人格对应激反应没有直接的显著效应，但是对应激反应的标准化间接效应总和达 0.988。

社会支持对应激反应没有直接的显著效应，主要是通过降低负性自动思维和增加积极应对来缓冲应激反应。

不当的应对方式对应激反应有强大的影响——消极应对方式对应激反应的标准化路径系数达0.91。消极应对对应激反应的标准化直接和间接效应总和为0.440。积极应对对消极应对没有显著的直接影响，对应激反应的标准化间接效应总和为－0.05. 应对方式强烈的受到人格的影响，神经质和精神质对消极应对的标准化路径系数分别达1.08和0.44，内外向人格对积极应对的标准化路径系数达0.26。

从结构上看，负性自动思维和消极认知对应激反应有强烈的直接和间接的影响，人格、社会支持、应对对应激反应的作用都得经过负性自动思维和消极认知（因为消极应对里含有消极认知成分）；从效应上看，负性自动思维对应激反应的直接和间接效应的标准化路径系数之和为0.365（没有包含消极应对里含有认知成分的作用），负性自动思维对应激反应的标准化直接和间接效应总和为0.365，具有强有力的作用。所以无论从结构上还是从效应上，认知评价都可以看作关键性因素。应激反应对消极认知、消极应对有直接的负反馈调节作用，但是对负性自动思维没有直接的负反馈作用；消极认知对负性自动思维有直接的负反馈调节作用。家庭内支持和家庭外支持之间有正反馈调节作用，互相促进。

一般性因素中经济可以直接降低负性自动思维，直接增加领悟的家庭内支持。已服刑期增加消极认知，但是已服刑期对应激反应的总效应为负。

结论：压力（应激）是多因素相互联系、相互作用和反馈调节的系统；其中人格是核心因素，认知评价是关键因素，应对尤其消极应对是重要因素。

十二、电力企业一线职工和管理人员心理压力状况及其影响因素的比较（MPH答辩论文）

作者滕燕（导师姜乾金，2008）

【摘要】

目的：探讨电力企业一线职工和管理人员心理压力状况，分析其心理压力的影响因素以及压力与工作生活满意度之间的相关性，为改善其心身健康状况、提高满意度和工作积极性提供理论依据。

方法：采用自编一般情况量表、心理社会压力调查表（包括压力反应量表、生活事件量表、社会支持量表和特质应对量表）和自编工作生活满意度问卷，用整群抽样与分层抽样相结合的多级抽样方法，对559名某市电力企业职工进行调查分析，所有数据输入SPSS13.0进行均数比较分析、相关分析和多重线性回归分析（多元逐步回归法）等。

结果：①电力企业一线职工（一线组）压力反应总分（SR）（70.95 ± 27.81）高于管理岗位职工（管理组）（61.28 ± 22.56）（$P < 0.001$），更高于社会常模（59.65 ± 21.78）（$P < 0.001$），管理岗位职工的压力反应总分与社会常模比较差异无统计学意义（$P > 0.05$）。②一线组人员在生活事件总分（LCU）、工作事件（LCU2）、经济事件（LCU4）事件方面存在性别差异（$P < 0.05$），

在SR、躯体反应（SPR）、行为反应（SBR）、LCU、家庭事件（LCU1）、积极应对（PC）、社会支持总分（SS）、家庭内社会支持（SIF）和家庭外社会支持（SOF）方面存在年龄段差异（$P < 0.05$或$P < 0.001$），在SR、SPR、SBR、SS和SOF方面存在不同婚姻状况的组间差异（$P < 0.05$），在压力反应和各有关因素方面均无统计学意义的不同文化程度组间差异（$P > 0.05$）；管理组人员在社交事件（LCU3）、消极应对（NC）方面存在性别差异（$P < 0.05$），在情绪反应（SER）、SPR、LCU、LCU2和LCU3中存在年龄段差异（$P < 0.05$），在压力反应和各有关因素方面均无统计学意义的不同婚姻状况组间差异和不同文化程度组间差异（$P > 0.05$）。③两组对象的SR、SER、SPR、SBR与各应激有关因素之间的相关系数均有显著性意义（$P < 0.05$ – $P < 0.001$）；一线组的压力反应总分（SR）与天工作时间（N1）、夜班频繁（N3）、工作危险性（N4）、高温作业（N7）、工作独立性（N8）和直接面对客户频率（N9）的相关性均有显著意义（$P < 0.05$ – $P < 0.001$），而管理组的SR与所有的工作情况均无显著相关（$P > 0.05$）；两组对象应激各有关因素间互有相关性（除LCU1 – 4），PC、SS、SIF、SOF与压力反应、生活事件及积极应对之间为负相关。④以一线职工的SR为因变量做多元逐步回归分析，进入方程的依次是NC、LCU2、LCU3、PC和N1，$R^2 = 0.495$，以管理人员的SR为因变量做多元逐步回归分析，进入方程的依次是NC、SIF、LCU2，$R^2 = 0.481$。⑤一线职工工作生活满意度总分（JLS）（76.72 ± 16.94）低于管理组（81.58 ± 15.41）（$P < 0.01$）；两组对象的JLS与其SR、SER、SPR和SBR之间的相关系数均有显著性（$P < 0.001$）；两组对象的JLS与应激相关因素（除LCU4外）之间的相关系数均有显著性（$P < 0.05$ – $P < 0.001$）；一线职工的JLS与N1、加班频率（N2）、N3、N4、工作地点（N5）和N8、N9的相关系数均有显著性（$P < 0.05$ – $P < 0.001$），管理组的JLS仅与N2的相关系数有显著性（$P < 0.05$）。

结论：①电力企业一线职工心理压力反应水平高于管理人员，也高于社会常模，其中30 ~ 40岁组最为显著。②一线职工心理压力水平主要受应对方式、工作学习事件、家庭生活事件和天工作时间的影响。③一线职工对工作生活满意度明显低于管理人员，且与心理压力反应水平显著相关。

第 5 章　心理咨询（一）基本模式

本章导言

作为医学心理学和心身医学工作中形成的一种理论模式，压力（应激）系统模型首先是应用于临床工作，也就是引导建立一种独特的临床心理咨询工作模式，然后拓展使用。

临床心理咨询工作中，面对的往往是各种系统的问题（我们不妨统称为“心理问题”）。现实中的某些心理咨询活动，由于受理论、方法的制约，特别是受“细分”时代趋向（见第 3 章导言）和常识性“因－果”线性思维的影响（寻找线性的因与果），往往并不能帮助来访者认识这些“心理问题”的“综合”本质，也不能真正帮助解决问题。心理咨询，迫切需要一种工作模式，一种能够指导对各种“心理问题”做“综合（系统）”的分析、诊断和干预，一套可操作、可复制的工作模式。

自 1993 年开设临床心理咨询门诊起，作者始终坚持以应激过程模型（前期）和应激系统模型（后期）为基础的心理咨询工作模式。该模式经过逐渐完善，在临床心理咨询、各种心理卫生和心身医学等实践工作中得到应用。

本章资料重点是压力（应激）系统模型临床工作模式的基本套路和运作流程、具体操作技术，以及作者 1993 年开设的心理咨询门诊运作简况。

第 1 节　心理咨询中“心理问题”的评估与诊断（专著，2012）

摘录自 2012 年《医学心理学：理论，方法与临床》（人民卫生出版社）第五章第二节、2018－12－24 11：24：43 新浪博文。文中涉及的图表已转换成本文集编号或者略去。

关于临床心理咨询，压力系统模型及相应的技术是工具，各种“心理问题”是对象。在讨论压力系统模型心理咨询模式之前，需要先了解有哪些“心理问题”。

在医学临床开设基于压力系统模型的心理门诊，首先要有医学临床疾病的诊断（甄别躯体疾病，本节略），然后是“心理问题”的评估和诊断（同时甄别精神疾病），最后才是压力系统模型的评估和分析（对象除了各种“心理问题”，也包括适合接受心理咨询的躯体患者和精神患者）。本节对此有比较全面的介绍。

心理咨询的心理评估方法包括：①观察法：临床心理评估的最基本手段之一。顾名思义是通过对患者或来访者的心理行为表现做科学的观察和评价。②调查法：通过晤谈、访问、座谈或问卷等方式获得资料，对有关心理现象加以分析并做出评价。③实验法：部分心理现象可以通过实验手段加以客观地记录，如某些感知觉水平、操作能力和反应速度等的检测。但是，临床上能通过实验来做定量分析的心理变量并不多。④心理测验法：测验法是医学心理学临床评估的一类有效定量手段。读者可以参考相关章节内容。

一、心理诊断的指标

（一）知情意活动的协调性

心理诊断的第一个要件是“知、情、意”活动是否协调和统一。对心理活动的判断，可以从最基本的各种心理现象是否正常，再延伸到心理活动过程三者之间是否协调。

1. 心理现象的正常与偏离

这是判断心理健康与疾病、正常心理与异常心理的基础指标。包括：认知过程的感知觉、记忆、思维、想象、注意等心理功能是否正常；情感过程的情绪、情感反应是否正常；需要、动机、意志行为和抗挫折能力方面是否正常。这里涉及精神病学症状学内容，本书不做深入介绍。但需要指出，感知觉障碍中的幻觉和思维障碍中的妄想，是所有临床医学工作者必须熟悉掌握的病理性心理现象。

2. 心理过程的正常与偏离

即认知、情感和意志行为的过程是否偏离。这里的重点是认知过程。一个人的整体认知信息加工过程决定其对事物的认识，故临床上需要判断信息加工过程是否偏离。

例如，一位抑郁症来访者通过对现实的、记忆的、个人的、环境的各种信息的综合加工和判断过程，得出了完全与众不同的认识结论——自己可悲或环境黑暗。这个信息加工过程在细节上看似乎很“严密”和“标准化”，但整体上其认知加工过程是“偏离”的或“歪曲”的。

3.“知、情、意”整体协调和统一

知情意是否协调与统一，是判断心理健康与疾病、正常心理与异常心理的重要指标。

例如，面对地震中亲人惨亡的现场，一个人表现出认知上的消极，情绪上的痛苦和行为上的捶胸顿足，虽然这时的心理状态消极但其“知、情、意”活动之间是协调和一致的，与现实环境也是统一的。如果此人明知事故已经发生却兴高采烈，或者虽极度悲伤却漫无目的地满山奔跑或者手舞足蹈，我们都可以认为其“知、情、意”的协调性和统一性遭到破坏。

可见，某些心理现象的偏离，不一定就意味着“知、情、意”协调性的整体破坏，如轻度抑郁者的情绪低落、强迫症的注意力难集中，甚至部分轻度精神患者的幻觉症状，其“知、情、意”活动可以基本保持协调和统一。

（二）社会适应

心理诊断的第二个要件是社会适应。这里包括对当前环境的适应，人与人之间关系的适应，以及整体概念上的社会适应。重点是后者。

1. 环境适应力

一个人可能表现出对其目前环境的不适应。例如，读不好书，不适应某一件工作，这些确实属于社会适应方面的问题，同样需要引起重视和设法予以解决。但也应看到，此人虽然不适应上学，但也许很适合参军，或者适合个人创业。因此，环境适应力还不是判断一个人社会适应性的全部。

2. 人际适应力

一个人与别人相处总是困难，显示其存在社会适应的主要构成成分——人群沟通方面的障碍，进而也许会导致全面的社会适应不良。但同样也应看到，有的人虽然与人交往困难，却并不影响其社会生存。例如，一个略显孤僻的人可以在某一手艺领域大显身手，并不出现整体适应方面的大问题。

3. 社会适应力

这里指的是整体的社会适应能力，包括个体与自然、个体与群体，个体与社会之间的协调和统一关系。

例如，本书（注：指原著）最后一节里有一位中年女性来访者，诉说自己自幼至今几十年所遭受的各种不平和苦难。粗听起来，她叙述的每个情景、每一个人和每一个过程的因果关系似乎都符合逻辑，其结果都是值得同情的，甚至因此对她诉说中所涉及的那些人和事表示愤慨。正因为此，某记者为她刊发了一个整版的事迹报道以示声援。但来心理门诊时，她所控诉的对象却是从这个记者开始的，因为记者没有将“后续工作”继续下去。稍加分析就会发现，这么多的“不平”都会聚到她一个人身上，恰恰反映这可能是一位偏执型人格障碍者，她存在整体上的社会适应问题。

（三）自知力

心理诊断第三个要件是自知力问题。所谓自知力（insight）又称内省力，指个体对自己心理状态的认识能力。广义的自知力包括以下4个方面，其中心理症状的自知力是重点。

1. 意识清晰度

意识是临床医生最熟悉的概念，但又是被传统心理学领域所忽视的一种心理现象。在医学临床，个体处于严重的疾病状态，医生首先要检查患者意识的清晰度，是清醒，是朦胧，是谵妄，是昏迷，都要及时做出判断。实际上，在精神医学临床和心理学临床，同样需要准确判断患者或来访者的意识状态。

2. 自我意识

自我意识（self consciousness）这是指一个人对“我”的清晰认识。其中包括我是谁，我的身份，我的追求，我是否被别人读懂（理解）等。

心理学临床的很多青年来访者存在自我意识方面的问题。例如，“自我拒绝”“自我否定”者有之，长期陷于脱离现实的“理想自我”之中者有之，在“自我探索”过程中陷于迷茫者有之。还有一些青年来访者往往会询问自己是否有“双重”人格，但仔细追究往往发现只是处于自我意识的矛盾状态而已。

总之，自我意识的问题在青年成长期广泛存在。不过，我们也要注意到，有的人坚持自己的目标，并甘于长期甚至大半辈子不被别人“读懂”，不等于他就一定缺乏自知之明，也不能因此就认为他的自我意识存在问题。

3. 对人格偏离的自知力

这往往是表现在人格层面的某些观念（其背后是信念系统）方面的偏离或缺损，而本人则深信不疑。

心理门诊遇到的许多人格障碍（或人格偏离）者，往往自我意识的大部分都是正常的，但唯独对人格中某些信念或观念上的偏离缺乏自知力。例如，“人性观念”缺损或偏离的人，会发出“为什么要对别人的痛苦表现同情，难道杀人和杀鸡本质上有什么不同”的疑问；“家庭观念”偏离的人，发出“为什么一个人只能有一个性伴侣”的疑问；“生活观念”偏离的人，发出“人为什么要去做自己不喜欢做的事情”；“标准化观念”的人，发出“世界何日才能进入真正的公平和大同”的感叹等。这些都是对人格局部偏离缺乏自知力的表现。

4. 对心理症状的自知力

是指对异常的心理现象如幻听和妄想，对失调的心理活动过程如认知曲解，对“知、情、意”的失调如认知和情绪之间的矛盾，对自己与社会环境之间所存在的各种适应问题等，是否能够自己知晓。那些表现出明显的异常心理和社会适应困难但自己却坚决认为没有问题者，往往预示存在严重心理障碍。反之，具有症状自知力的来访者往往是轻性心理障碍（见下文）。

二、“心理障碍”的诊断

依据上述“知、情、意”活动的协调性、社会适应性和自知力三项基本指标，以生物心理社会的系统观点，可将心理障碍分为以下几大类（修自黎学涛，1998）（注：黎教授这是立足于精神病学对“心理障碍”的梳理，对心理咨询门诊很有参考价值）。

（一）轻性心理障碍

其发生与心理社会因素关系密切，但也与生物学素质和人格类型有一定关系。

1. 共同特点

“知、情、意”活动基本完整和统一，但存在心理活动的部分障碍。

基本保持对环境的适应，社会功能大部存在，但社会活动能力削弱。

自知力基本存在，本人能知晓心理障碍的存在，主动求医，但因人格的某些缺点，致使认知和行为的协调性削弱。

2. 精神病谱中常见的类型

神经症：包括焦虑症、恐惧症、强迫症、神经衰弱、疑病症和转换症状等。

神经症样障碍：由各种躯体疾病早期的心理压力以及长期慢性过程的沉重负担的作用下，在躯体疾患相关症状中伴随的神经症样障碍。

适应障碍：由非剧烈但持久的生活事件引起的心理障碍，以情绪障碍为主（如烦恼、不安、抑郁、不知所措、胆小害怕等）同时有适应不良行为（如退缩、回避交往等）和生理功能障碍（如睡眠不好、食欲不振等）症状最长不超过 6 个月。

（二）重性心理障碍

精神活动失去常态为主要特征的精神疾病，其中许多疾病机制尚不明确，对个体心理和社会的危害较严重。

1. 共同特点

“知、情、意”活动的完整性和统一性遭受严重破坏，有的以某几个心理活动障碍为突出表现，有的出现心理活动的全面瓦解。

严重社会适应不良，甚至给本人和社会带来危害。

自知力缺损，不能正确评价自己的言行和状态，不承认有病，拒绝医疗。

2. 精神病谱中常见的种类

① 精神分裂症，分裂样精神病。

② 情感性精神障碍（双相障碍、抑郁症）。

③ 反应性精神病，急性应激障碍、癔症性精神病（分离症状）。

④ 其他，包括偏执性精神病、周期性精神病、分裂情感性精神病、短暂精神病性障碍等。

（三）心理生理障碍（参见心身疾病章）

（四）大脑损害导致的心理障碍（略）

（五）行为问题和人格障碍

个体成长过程中由于心理社会因素和遗传因素的共同作用，形成固定的习得性行为，或者人格某部分偏离正常，构成对自己和他人及社会的危害。

1. 共同特点

某一行为或某部分人格品质（如反人性观念）偏离常态，不能通过自己的意志力予以约束。导致社会适应困难。

“知、情、意”的完整性和统一性保存。

除了偏离的那部分人格观念（如反人性），其他方面的自知力保持完好。

2. 精神病谱中常见类型

不良行为：烟瘾、酒瘾、药物依赖、过食、啃指癖、偷窃癖、拔毛癖等。

性变态：恋物癖、异装癖、露阴癖、窥阴癖等。

人格障碍：反社会型人格、分裂型人格、冲动型人格、偏执型人格、癔病型人格、强迫型人格、依赖型人格等。

（六）特殊条件下产生的心理障碍

包括在催眠、暗示、宗教、与世隔绝、感觉剥夺等特殊情景下引起的心理障碍，在精神活性物质作用下出现的特殊心理现象，由于聋、哑、盲、肢残、畸形、器官摘除残疾引起的心理异常等。

三、“心理问题”的诊断

在确定或排除上文所列各类精神疾病或心理障碍以后，心理学临床面对的是更多的带着“心理问题”的来访者。

（一）何为“心理问题”

然而，有“心理问题”（psychological problems）这个具有诊断意义的定义吗？时至今日，医学界的许多人还是难以接受这个称谓，因为至少在医学典籍里找不到。其他领域如心理学、教育学、思政工作者能接受这个称谓，但他们不太关注心理教育和思想教育以外的话题，特别是不关心操作性很强的临床医学诊断问题。实际上，这些问题虽然确实有教育的问题，但事实证明许多情况下教育对其已不起作用。

随着我国社会发展和经济腾飞，伴随的一些负面问题突显起来，比如高校学生的安全问题、家庭问题、孩子的情绪和行为问题、中青年的工作和生活压力问题、老年生活适应问题等。

显然，来访者的这些心理问题往往并没有达到精神病学的疾病诊断标准或各种“心理障碍”的程度，也不是教育部门或政工单位派几个教师通过上课就能解决的。正因为这样，“心理问题”对于医学心理学、对于健康心理学以至于对于社会生活中人，都是很重要的概念，但却都没有确切而统一的、能被广泛接受的定义。这也是医学心理学与某些相关学科长期不协调的问题之一。

我们希望，总有一天能够找到一个关于“心理问题”的确切定义。但目前还不行，还只能寻找操作层面的概念。

在作者等主编的《临床心理问题指南》（人民卫生出版社，2011）前言部分，曾对“心理问题”的名称或操作定义做了探讨，或对医学心理学和心身医学临床工作有参考价值。

（二）“心理问题”诊断困难

从上面附录内容可见，因为“心理问题”定义的模糊，必然导致诊断的困难。

从系统的认识角度，世界上任何事物，其内部的每一个侧面、每一个维度，都应该是连续体。比如身体健康状态，除了一端的“健康”和另一端的“生病”，大多数人处在中间状态。其中必然有不少人处在“亚健康”状况；又比如体重，消瘦与肥胖症是两个极端，中间是大多数，但也一定有“亚肥胖”的问题。同样，心理健康涉及各种心理现象的“健康”，各种心理活动的“健康”，各种心理活动之间平衡的“健康”，以及保持人与环境之间的一致性的“健康”。但“心理健康”的一端只能是少数，另一端的“心理疾病”也只是少数，多数人处在中间状态，其中一些人在某些方面会处在“亚心理疾病”状况，这也许就是“心理问题”。

生物医学模式指导下的医学临床工作，早已习惯了按疾病诊断标准来处理求诊者。其任务是确认是否存在躯体疾病或精神疾病。“亚健康”和“心理问题”，则不被重视。因此，如何给这些“心理问题”下诊断，就成为医学的空白。

医学心理学和心理学工作者希望能够在人类保健领域开拓出一个新的服务平台，这个平台的研究和服务对象就是这些有“心理问题”的正常人。

但是，理论和目的确定了，不等于具体的方法也解决了。最大的障碍仍然是缺乏有共识的定义。虽然包括作者在内的一些人长期关注这个领域，并不断地探索着。

2007 年底，科技部出乎意料提出的关于“心理疾病防治与示范”国家科技支撑计划项目的设想，让人见到了这方面的曙光和希望。项目的初衷是开展对那些非疾病状态的心理问题的研究并向全国示范，最终目标是建设和谐社会。由于作者全程参与了前期工作，对期间所出现的一些小插曲深有感触，久久回味。例如，在这个课题的建议书论证阶段，有关医学心理学专家就担心这个“心理疾病”用词易与耳熟能详的“精神疾病”相混淆，应改为“心理问题”或“心理疾患”，后经张侃教授提议改为“心理疾患”。但在可行性论证阶段，这个用词还是先后遭到精神医学领域专家的质疑，认为心理疾患还是属于精神疾病。可见，“心理问题”是一个尚未被确认的概念，这是事实。但它已成为人们关注的“问题”也是事实。

总之，在“心理问题”方面，虽然公认很重要，但却有很长的路需要走。

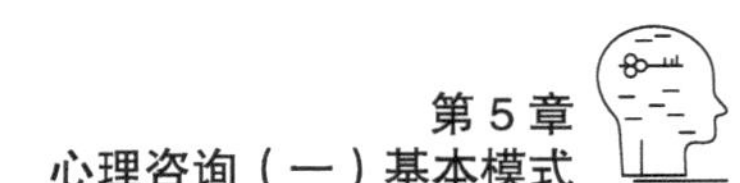

（三）“心理问题”的现象学诊断

正因为概念的不统一，目前对“心理问题”的诊断，多采用理论性的思辨或现象学的描述等方法。

由于各种理论（包括各种信念、信仰甚至观念）的不同，对心理问题的思辨也就不同。例如，对待苦行僧式的自残生活，一般人可以考虑属于心理问题，但信仰者则认为这很正常。

由于对“现象”的认识不同，对心理问题的描述自然也就不同。例如，教师可能采用“上课注意力不集中”“学习成绩下降”或“学习问题”，医生可能采用“眩晕”“记忆力下降”或“焦虑”，社会工作者可能采用“学校适应问题”。

日常生活中的许多常识性心理问题，如家庭矛盾、夫妻不和、生活压力、抑郁情绪、网络依赖、性功能问题、社交紧张、多食肥胖等，在没有达到相应的精神病诊断标准情况下，都可以采用理论性的思辨（如作者所重视的“压力问题”）或者现象学的评估和诊断方法。

在作者等主编的《临床心理问题指南》（2006，2011）书中，所列的“心理问题”有：生活压力、家庭问题、社交紧张、职业耗竭、多食肥胖行为问题、儿童行为问题、A 型行为问题、与性活动有关行为问题、成瘾行为问题、人格障碍、焦虑、抑郁、失眠、疼痛、更年期综合征、躯体化障碍、冠心病、脑血管病、消化系统病、糖尿病和肿瘤的临床心理问题等，包容了以上两种情况。但其中与“心理障碍”或“精神疾病”有交叉。

在前面提到的国家科技支撑计划项目中，所列出的“心理问题”课题包括：压力问题、家庭问题、儿童问题、情绪问题、有关心身疾病问题等。

目前国内流行的心理咨询师培训教本里分“一般心理问题”“严重心理问题”的诊断标准，也值得我们关注。其中强调了个体主观感受上的（心理冲突）痛苦程度及其特点等。

四、“心理问题”的压力系统模型分级评估

根据压力系统模型，“心理问题”可以分别作以下分层次评估：①压力因素的现象学评估，并做出多轴的描述性诊断；②在上一项基础上，对压力的 3 个层次做出描述性判断；③压力系统的整体分析与判断。

经十几年临床使用，这样的分级评估与诊断有助于理解和把握心理门诊中的某些“心理问题”，有助于开展相对应的心理干预，具有临床可操作性。

1. 压力因素的现象学诊断

按照压力系统模型，对个体的生活事件、认知评价、应对方式、社会支持、人格特征和应激反应各因素分别做出是否偏离的判断，并做现象学的描述并简单列表（参见下一节）。例如，遭遇某某生活事件、绝对化的认知、消极应对方式、社会支持缺乏、完美主义的个性、行为退缩等，并判断其中的“启动因素”和“重要因素”。

2. 压力的 3 个层次诊断

从临床心理工作的角度，将应激多因素的系统关系分为 3 个层次。

第一层次：心身症状。临床遇到的各种心理问题，首先是各种情绪的、行为的或心身症状的主诉或表现，这是系统中多因素相互作用的“表现”层次即心身反应，往往最容易被本人所感知，也容易被其首先报告，如焦虑、抑郁、失眠、夫妻不和、成绩下降、逃学。

第二层次：包括生活事件、认知评价、应对方式和社会支持等主要应激因素。通过整体分析，可以判断这些因素与第一层次心身反应之间的关系。例如，因社会矛盾或生活变故而抑郁，因对性的认识错误而致性功能障碍，因人际冲突而失眠。

第三层次：人格因素。人格作为系统中的核心因素，最不容易被本人所感受和报告，从干预效果来看也最难以改变。

几乎所有临床遇到的心理问题都有人格方面的原因。例如，人格缺陷往往导致人际冲突和因此表现出的各种心理症状，如焦虑；偏离的人生价值观，会导致对读书重要性的认识不足、引起家庭冲突的增加，继而出现逃学、失眠；求全、完美主义性格会引起认知偏差，应对消极并出现抑郁症状；习惯清净的人与马虎随便的丈夫结合，会导致双方家庭冲突，生活情趣低下和家庭支持水平的降低等。

3. 压力系统的整体分析与判断

结合以上 3 个层次的评估情况，对个体的压力系统做出整体的评估与判断。例如，来访者存在哪些压力因素的异常，其中的认知因素和人格因素起到多大作用，系统中的各种因素之间是否存在恶性循环，压力系统的平衡性和稳定性（例如，有的来访者一段时间能保持平衡，一段时间严重失衡）等。

这种系统评估方法，为个体心理问题的全面诊断和有效心理干预措施的制定与实施，打下必要的基础（详细参阅下一节）。

第 2 节　基于系统模型的门诊心理咨询基本流程（专著，2012）

摘录自 2012 年《医学心理学：理论，方法与临床》（人民卫生出版社）第八章第六、第七节（标题有改动）。文中涉及的图表已转换成本文集编号或者略去。

上一节（指原著）已经提到，所谓心理咨询，就是来访者存在“心理问题”，心理医生针对问题，使用医学心理学的知识、理论和技术，给予来访者以专业的帮助的过程。这里涉及来访者提出了哪些问题，咨询师应使用哪些知识、理论和技术。由于问题的复杂性，又由于知识、理论和方法的多样性，故心理咨询的具体操作过程难有完全统一的模式。但需要有自己熟练的一套策略。

作者在心理门诊处置各种“心理问题”时，长期采用压力系统模型基础上的门诊咨询模式。本节将主要介绍这一程序的操作要点。

一、咨询诊断基本流程

（一）信息的收集

采用晤谈、观察、调查、测验和实验的综合评估方法，主要收集来访者的生物、心理、社会的系统信息。基于压力系统模型，重点收集心身症状（应激反应）、生活事件、认知评价、应对方式、社会支持、人格特征等相关信息。

通常晤谈、观察和调查在门诊室进行，心理医生需要学习和训练自己把握临床访谈的基本技能。

心理测验在测验室完成，往往选择需时适当，且符合咨询诊断需要的若干量表。作者采用压力系统模型的常用测查量表 PSS 和 MMPI。其中 PSS 包含心身反应、生活事件、应对方式和社会支持 4 个量表，需时 30 ~ 45 分钟。

某些情况下还要注意对临床生物学指标的收集，如血压波动情况，应激性激素水平等。

在心理咨询门诊的评估信息收集过程中，要特别注意避免单凭来访者本人或监护人所诉说的“前因后果”一面之词。

（二）确定（排除）临床医学问题

根据收集到的系统信息，医学心理学的咨询门诊首先要注意判断是否存在临床医学问题。其中包括躯体疾病诊断，躯体疾病的心理症状判断，精神疾病诊断，心身疾病诊断和身心问题判断（如癌症患者的情感反应问题）等。

1. 躯体疾病诊断

一般心理门诊不处理临床各科的躯体疾病问题，但需要排除。

2. 躯体疾病的心理症状

注意有关感染（如伤寒、结核性脑膜炎），心源性、肺源性、肝源性和肾源性脑病，各种内分泌疾病、代谢性疾病，外科手术后，以及使用某些药物等躯体医学情况下，可能出现的心理症状。躯体疾病情况有时候可以出现各种心理症状，但最突出的表现往往在意识变化上（如朦胧、谵妄、昏迷）。这类情况一般应及时转诊，只对其中某些心理问题在条件允许下由心理门诊作辅助干预。

3. 精神疾病的诊断

以精神疾病诊断标准筛查诊断。符合门诊心理干预条件的（有自知力和求助动机），如各种神经症、人格问题和自知力恢复的各种精神病患者等，可进入心理咨询干预程序。注意掌握转介到精神病专科医院的指征，如精神分裂症、器质性精神病等。

4. 心身疾病诊断

往往在临床各科躯体疾病诊断基础上，按心身疾病的四方面条件（注：以躯体症状为主，病因中存在心理社会因素，疾病症状与应激情绪的生理反应有相似性，与神经症相鉴别）做出诊断。一旦确立，在继续接受生物医疗基础上，可进入心理咨询门诊干预程序。

5. 躯体疾病的心理反应

许多慢性疾病如癌症、冠心病、糖尿病、肝病、肾病患者存在各种心理问题如情绪抑郁和行为退化等，以及一些急性躯体疾病（如心肌梗死、伤残、手术）患者出现的各种急性心理反应如“情绪休克”等，是心理干预的对象。当然后者可能需要心理医生进到病床前。

（三）心理问题的系统评估与分析

在排除医学临床疾病基础上（不包括存在心理问题且适合接受心理干预的患者），需要对各种心理问题做出综合的系统评估与分析。因为心理问题几乎都是多因素综合作用的系统问题。

按照压力系统模型，顺序做压力因素评估与分析、压力层次评估与分析和压力系统评估与分析。

1. 压力因素的评估与分析

分析生活事件、认知特点、应对方式、社会支持、人格特点、心身反应等因素是否超越常模水平，超过常模水平几个标准差，以及是一个因素或者是几个因素超过。判断并标注各种因素所反映的相应现象学“心理问题”，如失眠、重大事件、消极应对、求全性格等。

作者常用压力因素综合评估结果的剖面图来标注患者的压力因素情况。图 5-2-1 是一位来访者（注：第 6 章第 2 节有详细幻灯片组）的压力因素结果剖面图（PSS 测验结果，该量表没有单独的认知评级和个性特征分量表）。为便于临床干预策略的制订，特别是因素干预，可以将评估结果用简单描述的方式列表（表 5-2-1）。

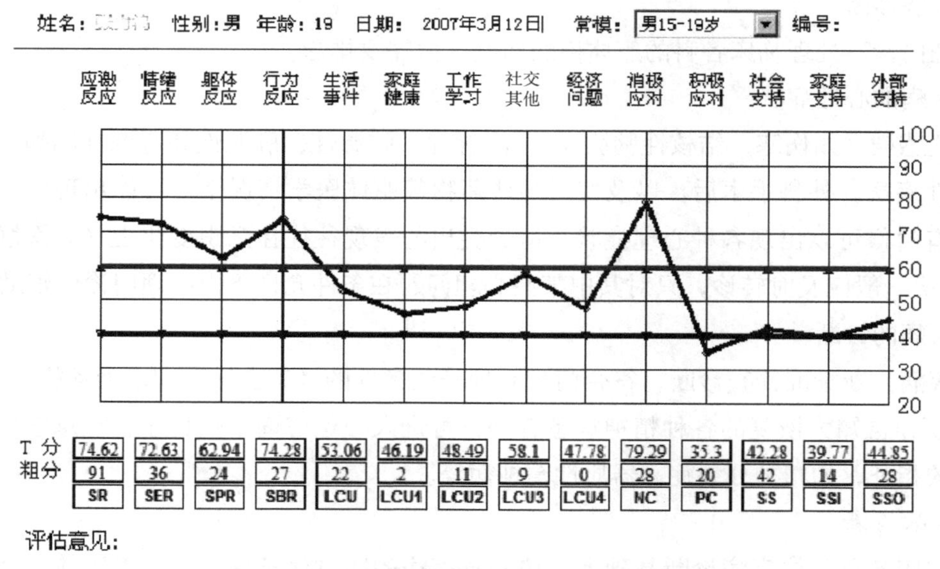

图 5-2-1 PSS 测量-压力因素结果剖面图

压力因素的评估与分析，是心理门诊具体干预工作的基础。

表 5-2-1　来访者压力因素评估结果

压力因素	特点描述（根据晤谈、调查、观察和测验）
生活事件	父亲失约（启动因素）、同学矛盾、成绩下降、班主任批评（多种家庭、学习、人际生活事件，包括负性生活事件和主观生活事件）
认知评价	敏感、偏执和绝对化等认知倾向，消极的自动性思维和功能不良假设（参见第六章）（关键因素）
应对方式	消极应对明显（重要因素），积极应对缺乏（特质应对方式问卷 TCSQ 测查结果，消极应对 T 分 79，积极应对 35）
社会支持	家庭内和家庭外的支持均缺如（领悟社会支持量表 PSSS 测查结果，家庭内支持 T 分 40，家庭外支持 T 分 45，总社会支持 T 分 42）
人格特征	求全、偏执和容易疲乏的人格特点（MMPI 测查 T 分结果，Pd75，Pt63）（核心因素）
心身反应	有明显的情绪反应、行为反应和躯体反应（压力反应问卷 SRQ 测查 T 分结果，躯体反应 63，心理反应 73，行为反应 74）

现象学分析还应同时关注其他有关因素，如文化因素（含亚文化）、经济因素，成长过程的自幼遭溺爱、来自贫困山区等。

关于文化因素，常常被我们忽略。例如，一位伊斯兰青年留学生来访者，他的心理问题完全与文化因素有关。该生来自伊斯兰教文化国家，留学期间受其他文化的影响，特别是受前些年特殊的网络舆情的影响，他不断地感受到周围人的眼光里透射出来的都是“你是否恐怖分子”的怀疑信息。同样，国内农民工外出经常发生旅行精神病，与其发病有关的因素中（如原有的亚文化生活环境、路途陌生环境、贫困、担心身边所带钱物、周围缺乏社会支持）就包含亚文化因素。

2. 压力层次的评估与分析

根据收集的信息，在压力因素评估的基础上，对来访者的心理问题做三个层次分析（图 5-2-2）。第一层，心身症状；第二层，生活事件、认知评价、应对方式、社会支持等；第三层，人格因素。

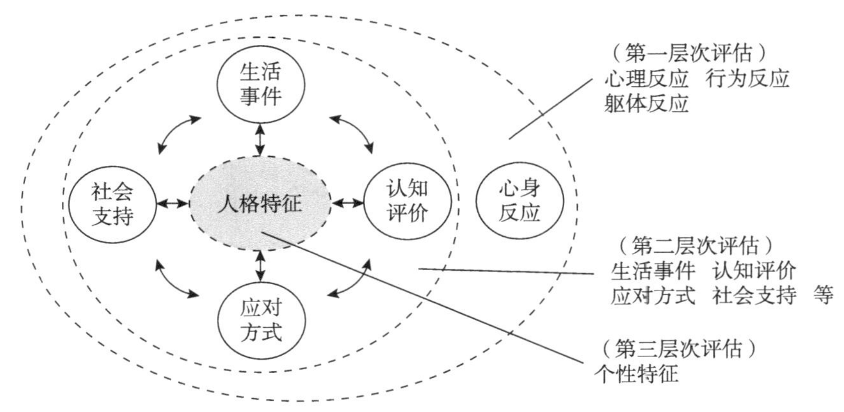

图 5-2-2　压力（应激）的层次评估

这种层次评估与分析，是心理门诊制订分阶段、有重点、逐步的干预策略的基础。例如，有的来访者的首要（或重点，或首发）问题是心身症状如强迫症，有的是生活事件为起点和主要因素，有的是人格因素起着核心的作用，心理干预的策略也相应有所不同，会从不同的层面开始，并各有侧重。

3. 压力系统的整体评估与分析

除了整体上需要诊断或排除前文所列的各种疾病或相关情况之外，还得对心理问题做出整体上的评估与分析。包括：在来访者的心理问题中，哪些是首发的或者起主要作用的因素；主要的失衡层次和整体系统因素之间的关系（如心身症状因素起多少作用、认知因素起多少作用、人格因素起多少作用）；整体系统中多因素恶性循环的程度；通过干预可能启动因素间良性循环的切入点等（图 5-2-3）。

二、咨询干预基本流程

心理咨询的目的是解决“心理问题”，但其解决方法并没有固定的模式。不同医生在心理干预的理论和手段方面，存在很大的差异。

根据压力系统模型，各种“心理问题”往往是受多因素影响的系统性问题。在前文对“心理问题”的相关压力因素、压力层次和压力系统做出分级评估与分析的基础上，可以开展对“心理问题”的综合干预。

（一）咨询干预依据

心理问题就是多因素的“系统问题”，这是一种哲理性的思考，但不能代替具体的干预技术和具体的介入方式，也不能代替证明心理干预方法对此一定有效。作者在压力系统模型的基础上，于2007 年以来在有关学术会议上及有关心理健康刊物上，对这个问题做了假设性图解。

图 5-2-3 显示一位来访者的心理社会系统结构的 3 个节点——感受（头部）、认知（颈部）、人格（龟甲）。各节点的可干预程度（即改变的难易程度）分析如下。

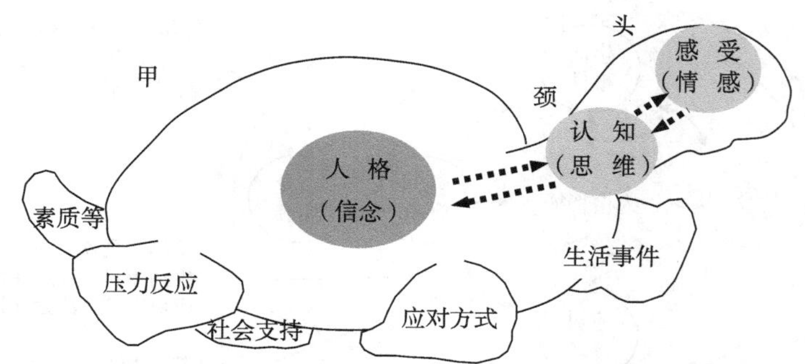

龟甲——表示人格，相对变异性小，但始终影响颈部（认知），间接影响头部（感受）。

龟颈——代表认知，相对可以改变，是压力控制的重点。人们总认为颈部（认知）决定头部（感受），却忽略了甲部（人格）对颈部（认知）的制约。

龟头——代表感受，在模型中代表压力的情感反应，受颈部（认知）的控制，但可以反过来制约认知，时间久了也可以影响甲部（人格）。

图 5-2-3　压力系统模型——多因素的平衡

① 感受（头部）："颈部"（认知）影响"头部"（感受），"头部"也可以反制"颈部"（认知），时间久了也可以影响"龟甲"（人格）。

由于心身症状（感受）往往是来访者求助的直接原因，往往希望首先得到解决，根据上面示意分析，为了改变心身症状，需要直接的生物学干预（如抗焦虑药）和对个体的认知干预，同时也可以间接通过改变生活事件、应对方式和社会支持，以及通过改变核心的人格因素。

但根据这里的分析，显然不是那么轻易地达到目的。

② 认知（颈部）："颈部"（认知）受自身知识和经验的影响，但"头部"（心身症状）也能反过来影响"颈部"（认知），更重要的是"龟甲"（人格）掣肘和控制着"颈部"（认知）的活动方向。

为了改变认知，可以通过提供各种必要的知识（往往是心理教育）；也可以通过促使生活事件、应对方式和社会支持各种因素的改变（往往通过心理指导）间接实现认识改变；但更重要的需要通过干预技术来动摇认知背后"坚固"的人格因素，例如，认知治疗中使用一系列技术来影响人格层面的"认知图式"。实际上一些非"认识"的心理干预方法，最终也可以影响来访者的认知（如暗示、沙盘、气功等）。针对认知的各种干预方法总是心理门诊的重点。

③ 人格（"龟甲"）："龟甲"具有坚固性，可塑性相对较小，但又是始终影响颈部（认知），间接影响头部（感受）的核心因素。

因此，心理咨询中最难解决的，还是那些与人格因素密切相关的心理问题或心理障碍（如多种神经症患者）。心理咨询效果缺乏持久性，其原因也与此有关。需要通过系统的心理治疗技术来改变与人格因素密切相关的某些心理问题（可见，掌握系统的心理治疗理论和熟练的心理治疗技术，是医学心理学咨询门诊不可缺少的基本条件）。

以上关于心理干预依据的认识，除了为医生提供心理干预的清晰思路，如果通过医生给来访者以简单的画图说明，还能让来访者更愿意接受门诊心理干预。

（二）咨询干预手段

心理干预包括知识教育、认知指导和心理治疗三类基本手段（技术）。这里从心理咨询基本流程角度先做简单描述（注：后续第 3、第 4 节还有关于干预手段的相关内容）。

1. 知识教育的干预模式

缺乏知识或知识错误确实是导致许多来访者产生知识性的认知歪曲，从而出现心理困惑。对此，还可以进一步将所缺乏的知识人为分成"结构"知识和"功能"知识两部分。

"结构"知识是相对静态的。例如，临床案例中有对病毒的存在与复制、睡眠和梦、性和性功能等的误解而导致心理冲突和痛苦的；也有下代人对上代人的特点不了解而导致不理解和家庭冲突的；等等。

"功能"知识是相对动态的。例如，儿童成长与教养问题；老年期的发展与适应问题；家庭（婚姻）的适应问题；人际交往与人际适应；情绪与情绪调节；应激与应激控制；心身疾病的病因和防治方法；心身相关基本规律与对策；健康生活方式与行为的建立等方面的正确知识。临床许多来访者是由于以上各方面知识的欠缺和误解，导致心理冲突和痛苦。

【具体方法】一般采用讲解、说明、举例等传授知识和解答疑问的方式，促使来访者改变原有的知识不足，调整认知偏差，消除心理困惑和痛苦。

不过，即便是知识教育，也需要有针对性和技巧性。所以心理咨询师不论何种出身，都需要在知识基础上有实际经验的积累。例如，上述关于“下代人对上代人的不了解导致不理解”的问题，是亲子冲突常见的知识性原因，但你将这一道理告诉子女，他（她）却未必能接受，往往需要他们自己也到那个年龄，则不用说他们也能理解。故必须通过另外的途径，如启动情感的沟通，以促进其“理解”。

2. 认知指导的干预模式

人的认知过程往往受多种认知规律的影响，如认知的多维性、认知的相对性、认知的联想性、认知的先占性等。个性特征也会影响认知过程，如个性敏感、拘谨、内向的人易产生认知上的先占，导致心理痛苦；完美主义（或“绝对公平”）的信念或观念也是影响认知过程的重要深层原因，但这已经属于人格层面的问题。

【具体方法】这是在心理咨询工作中，如何改变来访者认知方向和认知过程的问题。医生需要采用心理行为学技术，具备实际操作经验（包括“辩论”能力）。其中一些工作实际上已属于认知治疗的技术，如指导自动性思维的辨认。

通过对来访者心理问题的评估，可以发现来访者存在认知“策略”上的“问题”；或者发现其心理问题的形成可能与某些人格特点有关；或者发现其认知违反了认知规律、适应规律等。找出其中一种或多种主要影响因素。以宣讲、解释、举例、反证等认知指导方式（耍嘴皮），促使其改变原有的认知过程。

以价值观念导致心理痛苦为例。由于价值观念的不同，认知指导的方法和细节也不同。例如，对于“读书成绩就要是最好的”来访者，认知指导应证明“他已经是最好的”（改变其认知上的绝对化，因为世界上只有相对的好）；对于“读书就得比别人好”的来访者，认知指导应证明“有许多人比你差”（改变其认知上的两极思维，因为强中自有强中手）等。

以认知的整合性为例。可以利用认知整合性特点来指导一些来访者自我修正认知偏差，达到自我调节的目的。例如，有人被领导当众批评而感到“失面子”“无脸见人”，甚至认为“领导欲开除自己”。通过认知指导，促使其将认知整合成为“领导脾气急躁，谁出错就批评谁，这次是因为我出错，下次遇到别人也……”。

以认知的相对性为例。可以利用认知的相对性特点来指导来访者，使其看到问题的反面，从而产生相反的情感反应。例如，有人因为曾经对母亲生前照顾不周（其实往往是深爱其母，因性格求全而反而客观上伤害了母亲）而一直存在自责。后来，由于自己遇到生活挫折越来越多，更加深了这种内疚和痛苦。这时候的认识指导可以是：“你的自责说明你实际上深爱你母亲，母亲当然也爱着你。但母亲如果有知，一定会因为你长期自责、痛苦而使她感到痛苦，相反会因为你现在幸福而使她感到幸福。”

以下一些咨询干预方法主要属于心理教育与认知指导模式：压力干预模式、情绪调节模式、应对指导模式、人际交往与人际适应指导模式、家庭（婚姻）适应指导模式、儿童成长指导模式、老年适应指导模式等。

3. 心理治疗的干预模式

许多心理问题的产生和趋于复杂，不仅仅是知识或者意识层面的认识问题，其首要原因往往来自来访者的人格深层，如特定的人生观、价值观、信念与信仰、自我意识，甚至有关观念系统等。这时候，咨询干预的目的，在于想方设法动摇来访者人格层面的信念或观念系统，从而最终改变来访者意识层面的认知过程，并影响其情绪和行为。这时候，需要使用各种心理治疗方法。

【具体方法】由于系统的心理治疗受时间和条件的限制，在心理咨询过程中，可以采用类似于某种心理治疗模式的相对简单一些的咨询干预技术。

以认知治疗为例，其中有识别自动性思维和功能不良性假设的技术。按照认知理论，来访者的抑郁症状或消极行为是因为认知偏差（看问题消极），但这不是他的“故意”，而是由于他人格深层的自动的功能不良假设支配着他的认知方向（图 5－2－4）。此时，除了前面的心理教育和心理指导外，在咨询干预技术中可以采用对自动性假设和认知偏差的“识别”技术（包括提问、指导演示或模仿等方法），促使来访者逐步识别自动性思维（浅层的观念）及其背后的功能不良假设（深层的观念）。

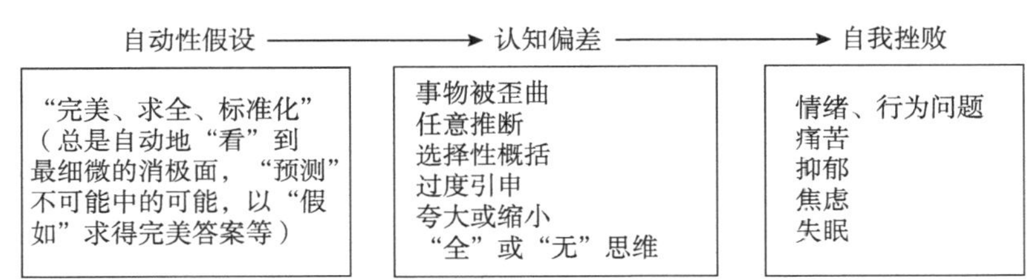

图 5－2－4　认知治疗模式咨询干预示意

［注：系统的认知行为治疗 CBT 可参阅《医学心理学：理论，方法与临床》（人民卫生出版社，2012 年）心理干预和心理治疗章］

此外，人本模式、心理动力模式、森田模式、催眠暗示模式、支持激励模式等咨询干预方法，也属于心理治疗的干预模式。

（三）咨询干预实施

基于“心理问题”往往是系统问题的事实，在咨询诊断部分，对于各种来访者的心理问题，已介绍了压力系统模型下的“压力因素”“压力层次”和“压力系统”的分级评估。医生可以按照自身的信念或习惯，采用上述心理教育、心理指导或系统心理治疗干预技术，分别制订和实施门诊综合干预计划。与评估流程先“因素”后“系统”相反，干预流程是先“系统”后“因素”。

1. 对来访者的压力系统作分析与指导

在首次门诊会谈中，结合图 5－2－3，作者往往通过简单画图加讲解，让来访者迅速明白，人是一个整体的系统结构，仅仅对某一、二种压力因素实施干预，有“头痛医头、脚痛医脚”之嫌，未必能真正建立起系统的再平衡。同时简单陈述，来访者心理问题的系统特点是什么，哪些因素是重点，哪些因素之间是恶性循环的关系，哪些可以建立起良性循环等。

这样的系统分析与指导，能给来访者以解决心理问题的信心，增强求助动机，而这些都是心理门诊开始的重要一步。同时，也能给某些来访者产生突然的领悟，在心理问题主要因素方面与医生取得共识，有助于后面重点压力因素干预工作的开展。最后，也有助于医生本人对来访者心理问题的整体把握，为下一步实施门诊干预创造清晰的思路。

压力系统的分析与指导，是门诊首次会谈的重点，此后每次门诊会谈的开始 5 ~ 10 分钟，继续给予简单复习，然后实施其他门诊干预计划内容。

[注：关于首次咨询给来访者做压力系统的分析与指导，可参阅《医学心理学：理论，方法与临床》（人民卫生出版社，2012 年）第四章第十节]

2. 根据压力层次的不同，制订不同的干预计划

在评估与分析压力层次特点基础上，制订门诊干预计划（图 5－2－5）。所制订的计划要求能切中来访者心理问题的要点，紧紧围绕压力系统内部恶性循环的关键部分，启动对重点压力因素的针对性干预。这就像面对最复杂的系统“乱麻”，除非快刀斩乱麻（但这不适用于心理问题），否则就得从细心的评估分析开始，找出线头部分，依次慢慢地予以解脱。

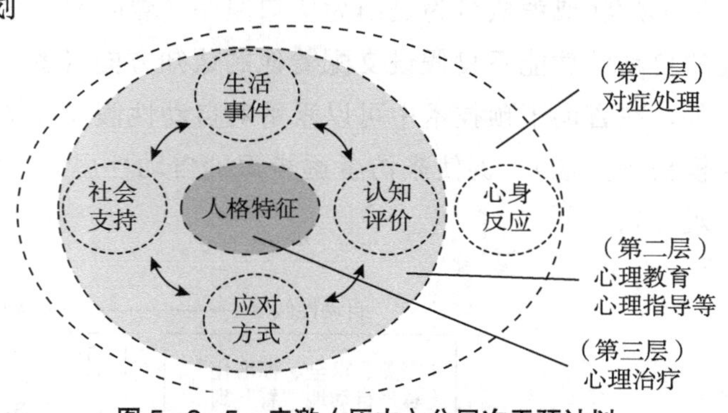

图 5－2－5　应激（压力）分层次干预计划

3. 压力因素的咨询干预

在实施门诊干预程序的过程中，从第二次门诊会谈开始，将逐渐地按主次对异常压力因素实施干预（注：参见第 3 章第 4 节），如生活事件、认知方式、应对策略、社会支持、个性特征和心身反应方面的问题。采用的手段包括各种知识教育、心理指导和心理治疗手段。

通过上述各有关压力因素的选择性干预，有助于缓解压力系统内部的恶性循环，启动因素间的良性循环，促进系统再平衡，实现恢复心理社会功能的门诊咨询目标。

三、某些注意事项

这里主要指门诊心理咨询工作过程中需要引起注意的事项。

（一）应有责权利方面的合约

正规的心理咨询需要签下“知情同意书”。让来访者对心理咨询过程的有关细节“知情”并表示“同意”，本身也是对来访者的知情权、选择权和同意权的尊重，有助于咨询过程双方的默契。另一层的意义则是防患于未然，咨询师与来访者之间的责权利等有关法律道德问题一一列入，能够尽可能减少咨询运作过程中出现的责任问题，也是对心理咨询职业的一种自我保护。

（二）应有特定的咨询环境条件

心理咨询是一种职业行为，须具备一种职业所必须具备的各种软硬条件，包括心理咨询室、心理测验室，以及可能的有配套仪器的心理治疗室等。除非咨询师在咨询干预中有特定的设计安排，否则不应该出现被来访者约到宾馆、私宅、野外等处进行心理咨询的情况。至少，这可以防范某些不测。

（三）特别注意躯体疾病的甄别与及时转诊

由于心理问题与躯体疾病症状有时候混淆在一起，来访者本人也未知自己实际上是躯体疾病（特别是早期）。因此，非医学专业出身的心理咨询师更应注意学习识别心理问题表象后面可能的躯体疾病，特别是某些躯体疾病的早期症状很像心理问题，如甲状腺功能亢进。为稳妥起见，不熟练的咨询师在这方面宁可小心一些，及时转介以借助临床医学甄别以后，再接受心理咨询。

（四）注意移情问题

这也是初学者需要多加注意的（见下）。

四、咨询中的移情问题

（一）什么是移情

在第六章第四节（注：指原著）精神分析治疗技术中，提到了移情（transference），也提到医生应保留自身细节资料（即不将所有的个人信息提供给来访者）将有助于移情关系的解决。

在精神分析治疗过程中，来访者可能将医生看成是过去与其心理冲突有关的某一人物，将自己的情感活动转移到医生身上，从而有机会重新“经历”往日的情感。这样，医生可能成为来访者喜欢的对象；也可能是憎恨的对象。前者是爱怜情感的转移，为正移情；后者是憎恶情感的转移，为负移情。医生通过对移情的分析，可以揭示来访者对医生的怨恨和对父母的怨恨之间的联系，从而了解来访者心理上的某些本质问题，以便帮助来访者进一步认识自己，并给以疏导。可见，识别和正确处理移情是精神分析治疗的重要技术，不是常人所理解的对来访者的同情与关爱。移情问题处理不好，显然会将医生拖入误区。

在心理咨询中，移情现象并不少见，主要是正移情（positive transference），而且不是咨询师有目的地引导出来的。移情往往发生在多次咨询以后，早期国内赵某某教授在医学心理学学术会议上曾提到在心理门诊出现“咨询依赖”的现象，也就是在接受一定次数的心理咨询以后，来访者老是记挂着与医生的接触，甚至在不属于咨询计划的时间段，也会强烈要求咨询。据作者多年的观察，这种情况许多是由于来访者的正移情。此时的医生已成为来访者的长辈、恩人、偶像、亲人、情人、友人或其他能够给来访者带来良好体验的对象。高明的医生会通过来访者传递的各种信息及时发现这种正移情。例如，发现来访者有一种超出正常的炽烈情感反应（如依恋或性的诱惑）。

由于心理咨询过程不像精神分析治疗那样严密，有关移情方面的技术训练也没有精神分析那样专业，故当来访者出现正移情时，一些咨询师甚至不能识别，也无法正确处置，容易将正移情理解为是咨询效果的体现（上述“咨询依赖”就是例子）。某些移情出现时（暂且称为非正常移情，下同），常会导致不良后果，20世纪80年代医学心理学刚在国内兴起时，就有人在来访者的移情上（大多是性爱上的移情）摔了大跤。

值得注意的是，人本主义治疗中的重要概念或技术——共情（empathy），作者早期曾翻译为通情、同理心或神入，并不是这里所谓的移情或正移情，需加以甄别。共情也是人本主义理论的临床重要技术。

关于在心理咨询中学会认识和处置移情现象，对初学者，显得非常重要。其中那些社会身份突出的中老年初学者，则更需引起注意。作者所知的“出事”实例都符合这一条件，可能与当事人具有的“人格魅力”有关（见下文），易导致来访者的正移情。咨询中出现的移情有时会超出你的想象，一不留神也许会跨越你的理智。

咨询中的负移情较少，即使出现也易被咨询师及时发现。

（二）正移情的影响因素

1. 咨询师方面

那种把心理咨询看成是思想工作的人，往往有一种信念使自己相信，凭着个人的学识和“人格魅力”，足可以帮助那些心理受困的人，将人家从混沌状态中解救出来，从低洼处提升上来，从卑贱中引导到高尚。因此，我们会看到一些初学者在马路口，在教室里，在饭桌上，在宾馆内，都会全心全意地、很投入地为那些陷入心理困境的人“传道、解惑”。殊不知也许被你帮助的人仅仅是因为你的“魅力”而感动，而对你有好感，而亲近你，而你却以为“咨询”起了作用，更卖力地使用自己的知识和魅力去“干预”。实际上两者在判断上是错位的，容易诱发来访者出现正移情，特别是非正常的正移情，也许有一天个别人会出大问题。

正因为此，作者长期坚持认为，心理医生或心理咨询师是一种职业，需要职业技能和职业角色的训练，而不是什么“人格魅力”，也反对随便接受邀请在宾馆里，在来访者的家庭里等场所进行个别咨询服务。

2. 来访者方面

来访者出现正移情有几种情况：

① 有的来访者本来就是寻找精神依托，就像无聊的人需要找个说得来的人一起戏水玩乐一样，或者仅仅需要一位人生历程中的情感替代者。例如，咨询师的年龄、性别、气质与来访者失去的（或追求的）某位长辈（或恋人）类似，容易成为来访者正移情的对象。生活中个别情感经历特殊的女孩对类似父亲年龄的老男人会出现在情感的共鸣和投入，在心理门诊也偶有出现；历史上，一些年轻精神科医生会娶上一位自己的患者，其开始时情感的产生或许也与此有关。

② 有的来访者本来就是寻找救助，就像落入水中垂死之人需要救援。比如生活陷入绝境、情感上处于饥渴的来访者，俗话说这时候甚至给他“一棵稻草”都可能诱发其强烈情感趋向反应。这种

情感趋向有时候来访者本人都不清楚其具体含义，是友情、亲情，还是爱情。这时，面对既和蔼可亲，又魅力四射的咨询师，来访者也许在情感上会出现错位（移情），就看自己是否理智和能否把得住。

（三）移情的预防与处置

作为不是很有经验的心理咨询师，由于不是解决移情问题的专业高手，最保险的办法是始终要树立起心理咨询是一种职业的观念。咨询师要坚持训练自己将日常生活与职业工作分开，将自身的“人格魅力”与来访者的“心理问题”分开，别总是想象着自己的魅力能够推动（感动）来访者心理转变（注意，这与共情是两码事）。也就是防患于未然。

初学者在尝试将生活中的你与职业中的你分开时，需要注意与来访者保持情感上的“中性”，始终提醒自己是在执行职业技能，将技能磨炼精到，而不是在施加自己的“人格魅力”（那是日常生活中同事之间、亲人之间的事）。这就像救护落水者，要注意防止来访者“贴身”过近，或者设法使用“木棒”等职业工具施救；也像初级演员，防止“做戏如做人”，将戏中的“抑郁症”都带到自己身上来。

资深者则凭借自身处置移情（包括正移情，也包括负移情）的职业技能，甚至特意利用移情现象，帮助来访者摆脱情感困惑。这就像救助激流中的落水者，有意识地让其近身，只要不让他困住自己（如上肢、腿和头颈部），就更有办法使其脱离苦海。至于用什么办法，其一是职业技能的炉火纯青，得心应手；其二是很像艺术，不可言喻只可意会，全凭经验积累和悟性。

有关移情方面的职业技能，可浏览有关书籍。

第 3 节　咨询中来访者认识改变的 3 个层面（专题，2007）

摘录自 2007 年在温州等地的“心理咨询中不同层次的问题”专题讲座幻灯片文字部分，以及 2012 年《医学心理学：理论，方法与临床》（人民卫生出版社）第八章。

解决心理问题，需要有策略，也需要有手段。压力系统模型指导心理咨询的策略（例如，给出 6 条途径），但实现策略目标，还得采用技术性手段（例如，采用各种教育、指导和治疗技术），推动来访者的认识改变。

一、心理咨询中的某些认识误区

从现象学来看，心理咨询是心理医生与来访者之间的信息交流过程，通过双方的认知互动，推动来访者的某种改变，实现其新的适应。在压力系统模型法则中，认知也是关键因素。但是，正因为认知互动在心理咨询中的特征性表现，心理咨询很容易被人误解为就是辅导和教育，就是思想工作，就是类同日常生活中的认识交流。这类认识误区包括以下几个方面。

1. 以为来访者是缺乏知识

心理咨询中来访者的痛苦未必是知识缺乏所造成。许多心理咨询来访者的知识层次较高，查阅过的有关文献或信息数量也多，智力水平还很高，但越是利用知识克服痛苦，痛苦越大；相反，许多愚钝的人不用宣传和介绍生活方法，自己却能活得平静而幸福。

2. 以为来访者的问题就是逻辑问题

心理咨询中来访者的痛苦未必能用常规逻辑来解释。例如，两个懒惰的男女，结婚后生活却滋润和幸福（0+0=1）；相反两个勤劳、认真、愿意奉献的人结合在一起却痛苦（1+1=0）；许多心理咨询来访者的问题不能用常理得到解释和解决。但长期形成的严密逻辑习惯已经深入人心，来访者自己也可能受此影响。

3. 以为来访者不明是非

心理咨询中来访者的痛苦未必就包含着“是与非”“对与错”。例如，许多来访者本身是个完美主义者，却将事情越办越复杂，心情越来越糟；相反，许多马大哈的人，事情却顺利得很，心境也不错。但长期形成的是非观念已经深入人心，来访者自己也可能受此影响。

4. 以为来访者是思想品质问题

心理咨询中来访者的痛苦未必就包含着思想品质问题。例如，高风格、高奉献、普度众生的人，心里未必舒畅；稍显自私、有点小心眼的人却也心情舒畅。但长期形成的思想道德水平决定个人行为的观念已深入人心，来访者自己也可能受此影响。

5. 以为来访者不够理性

心理咨询中来访者的痛苦未必是缺乏“理性”2003 年高考作文题“智子疑邻”反映的是 95% 的人们经常会犯的“错误”，因此是教育的命题。而人群中 5% 的人很可能正好相反，是“理性有余、感性不足”的问题，因此是心理咨询、心理治疗的命题（所以作者不赞同将理性情绪疗法的“理性”译为“合理”）。

二、心理咨询中不同层面问题和原因

（一）知识层面的问题——缺乏知识或知识错误所致

1. 缺乏“结构性”知识

例如，对病毒与疾病、睡眠和梦、性和性功能等的误解导致痛苦；下代人对上代人的不了解，导致不理解而痛苦。

2. 缺乏“功能性”知识

例如，对儿童成长与教养、老年适应、家庭（婚姻）适应、人际交往与人际适应、情绪与情绪调节、应激与应对、心身疾病病因和防治方法、心身相关规律、健康生活方式与行为的建立等方面知识的缺乏，引起痛苦。

（二）认知过程（信息加工）层面的问题——受认知规律和心理特点影响

1. 受认知规律的影响

① 认知的多维性："不识庐山真面目，只缘身在此山中"。

② 认知的相对性："乐极生悲""塞翁失马，安知非福"。

③ 认知的联想性："情人眼里出西施"。

④ 认知的先占性："先入为主""第一印象"。

2. 受心理特点的影响

① 价值观、世界观：如"错题－认知－痛苦"，认知背后的信念是"读书就是要争取最好成绩"，也可以是"读书就要比别人好"。又如"跳槽－认知－痛苦"中的认知，可以是"卖主求荣"与"应变能力"或"缺乏诚信"与"法制意识"两种观念之间的冲突。

② 个性特征：如个性敏感、拘谨和内向，易产生认知上的先占而致心理痛苦。

（三）深层面（未知层面）的问题——原因未明，如强迫性思维、消极思维倾向

1. 与某些未知规律有关，可用理论来解释

① 心理动力理论证据：强调潜意识。

幼年创伤→转换→心理障碍→精神分析式的咨询（治疗）模式。

② 行为学习理论证据：强调"习惯"性。

S → R → S（心理障碍）→行为治疗式的咨询模式。

③ 人本主义理论证据：强调个体受社会规范的制约。

④ 认知理论证据：强调认知图式和自动性思维。

自动性思维（原因是求全）→认知歪曲（表现为认识问题）→各种方法（而不仅是教育）改变认知歪曲。

2. 与生物因素有关（用药，略）

三、不同层面问题的不同干预模式

（一）知识层面的心理问题与教育模式

这是心理咨询与教育、思想工作、医疗等工作相重叠的部分。需要丰富的多方面知识和工作生活积累。

教育模式：

① 对来访者心理问题进行评估。

② 发现来访者存在"结构"或"功能"方面的知识缺陷，以及"经验"上的某些不足。例如，认为婴儿的养育核心是营养；认为"性"的发泄会损害身体；或认为睡眠与学习能力成正比等。

③ 以讲解、说明、举例等传授知识和解答疑问的方式，促其改变原有的知识结构，消除心理困惑和痛苦。

（二）认知过程层面的心理问题与指导模式

这是心理咨询工作中与教育、思想和医疗工作有很大区别的部分。需要采用符合心理行为规律的语言指导技术和实际工作经验。

指导模式：

① 对来访者心理问题进行评估。

② 从上述影响认知的因素入手，发现来访者存在认知“策略”上的“问题”。例如，其心理问题的形成可能与个性方面的特点或违反认知规律、适应规律等方面的因素有联系。找出其中影响因素。

③ 以宣讲、解释、举例、反证等认知指导方式，促其改变原有的认知过程。

例 1：…个性倾向性中的价值观念因素使人产生的痛苦，会因价值观念的不同对其的认知指导也需要有细微的不同。例如，前述“读书成绩就要是最好的”来访者，认知指导方向应是“没有人永远是最好的”；而“读书就要比别人好”的来访者，认知指导方向应是“有许多人比你差”…

例 2：…认知的整合性特点会使人自我修正一些认知偏差，达到自我调节。如有人被领导当众批评感到“失去面子”“无脸再见人”“抑郁、沮丧”，甚至认为“领导不喜欢自己，欲开除自己”；但指导其经过自我认知整合，会感到“领导脾气比较暴躁，谁出错就会批评谁，这次批评我是因为我出错，下次遇到别人也…”

例 3：…认知的相对性特点会使人对问题的看法相反，从而产生相反的情感反应。如有人因为曾经对母亲生前照顾不周（其实往往是深爱其母，因求全而反而客观上伤害母亲）而自责，后自己遇到生活的挫折而越来越加深了这种内疚和痛苦。这时候的认知指导可以是：“你的自责说明你实际上深爱你母亲，母亲当然也爱着你。但母亲如果有知，一定会因为你长期自责、痛苦而使她感到痛苦，相反会因为你现在幸福而使让她感到幸福。”

（三）深层面（未知层面）的心理障碍与治疗模式

这是心理咨询工作中如何采用独特的心理治疗技术的问题。需要具备各种心理学理论和治疗技术，以及实际操作经验。

治疗模式：

① 对来访者心理问题进行评估。

② 发现来访者的心理问题与其人格因素密切相关。

③ 采用各种治疗干预模式（如认知模式、人本模式、心理动力模式、森田模式、催眠暗示模式、激励模式）干预（见下）。

四、小结

心理咨询来访者（非精神病）的问题性质可分 3 个层面（但不是绝对的）。

第一层面是有关各种知识的缺乏。这是医学、教育学、社会学、心理学、甚至人类学、生态学等学者都可以承担的工作。方式是“教育模式”。

第二层面是认知（信息加工）方面的问题。从业者要具备本专业知识和技能，还应有丰富的生活和工作经验。方式是“指导模式”。

第三层面是深层次的心理问题。从业者要掌握几种重要的理论知识和利用这些知识去认识和解决问题的能力。方式是“治疗模式”。

第4节　咨询中的心理干预技术（专著，2012）

摘录自2012年《医学心理学：理论，方法与临床》（人民卫生出版社）第六章第一节、2018-12-23 05：44：06新浪博文。文中涉及的图表已转换成本文集编号或者略去。

关于心理干预手段（技术），在第2节心理咨询基本流程中已有一定介绍，内容上与本节有一定的重叠。两份资料来源不同，前者引自“心理咨询”，后者引自“心理治疗”。

本节关于心理干预技术，只是罗列了基本框架。在实际工作中，心理干预具有高度的知识性和技巧性，需要长期的训练和累积过程，本文集11个博文集所涉及的许多事例和内容，可以成为心理教育和心理指导等心理干预技术的引用素材。

广义的心理干预手段，除了本章后面介绍的各种系统心理疗法，还包括许多心理学技术，这些技术也都对某些相应的求助者有效，特别是那些介于正常与疾病之间的“心理问题”。作者在临床工作中，根据压力系统模型，在分析心理问题的多因素和分层次结构基础上，采用多层次多种手段心理干预，大致概括起来，包括心理教育、心理指导和心理治疗（图5-2-5）。

一、心理教育（知识教育与宣传）

在心理门诊，日常遇到的各种心理问题，许多确实是由于来访者的知识缺乏（缺乏日常知识或专业知识），那么医生给予各种科学的心理和生理知识的教育（education）与宣传，自然也是心理干预的重要手段。在第2章第5节（注：指原著）已经介绍过一位中年妇女用冰箱“消毒”引发家庭冲突的心理问题案例，门诊主要采用相应的知识教育与宣传手段。下面再介绍一个专业性更强的案例。

门诊案例：45岁的丈夫有较长时间的性生活不举，由于生活在边远农村，贤惠的妻子对此并没有过多的怨言。但近期妻子偶然发现丈夫在睡梦中能够勃起，经过追踪观察，居然发现丈夫“这个”是正常的，随之开始怀疑丈夫对自己的感情和责任。随着怀疑越来越重，信任越来越低，关系越来越冷，终于导致夫妻反目，并进一步恶性循环，引起压力（应激）系统模型第二层次中的许多问题（图5-2-5），如生活事件增多、认知消极、应对无效、社会支持低落等。此时，虽然也有妻子的个性敏感多疑（第三层问题）及长期情绪抑郁和失眠等症状（第一层问题），但缺乏性生理知识却是最根本的原因。在这里，当事人缺乏两个方面的知识，首先是现代睡眠研究证明，在快动眼（快波）睡眠时相，正常男子可出现包括阴茎勃起在内的自主神经躯体反应；其次是性功能障碍有生理的原因和心理的原因，心因性性功能障碍在睡眠时因意识控制减弱，反而容易出现上述阴茎勃起现象，她所发现的现象恰恰证明他们夫妻之间的性问题可能是心理性的，是心理治疗的指征。此时，重点给予这些性知识和睡眠知识的教育与宣传，便能启动其他层面问题的缓解。

可想而知，要完成这种专业性很强的门诊教育与宣传工作，指导者首先需要懂得这些睡眠知识和性知识，并能最终向来访者解释清楚。

临床上还有大量的类似心理学和生物学知识方面的缺乏引起的心理问题，在实施心理干预过程中都可以采用知识教育的手段。

二、心理指导

在心理门诊遇到的各种心理问题中，有许多属于认识过程上的问题（如推理、判断不正确），那么医生以心理学原理给予各种心理指导（guidance），也是心理干预的重要手段。

对于以认识偏差、生活事件、人际矛盾和应对困难等为主的心理问题，虽与来访者的人格有关（图5-2-5第三层问题），也存在各种心身症状（第一层问题），但不是主要因素者，则可选择采用专业的心理指导技术，包括认知策略指导，应对技巧介绍，提高社会支持等压力系统管理手段。例如，在社会竞争中受挫，加上应对方式的失当、流落他乡的环境，是目前城市外来人群中常见的压力问题。对此可以采用多方面的心理指导。包括：负性生活事件的认知调整（以暗示的口吻讲述成功人士的艰难历程故事），应对策略上的压力无害化（“换位思考”的故事），建立新的社会支持网络的策略指导（介绍新环境下人际交往的技巧）等。

需要注意的是，心理指导往往以“讲故事”的方式展开，职业圈内有人戏称为“耍嘴皮”。此时需要储备丰富的专业知识，还要有长期的实践积累。至少，大多数来访者在知识和智力方面并不比指导者低，试图用书本上的某些观点直接来指导来访者，有时候不但没有效果，可能还会产生副作用。

例如，目前一些高学历，高智力，高社会地位的压力承受者，他们的普遍心理特点是希望找到比自己还要高明的“智者”来指导自己走出困境，因为他们自己也把问题看成是意识可控的，因此迟迟不能走出求助这一步。但当终于走出求助这一步，带着希望去面对一个可能比自己“高明”的干预者时，结果却发现干预者所给予的其实都是自己思考过的，都是知道的，甚至在咨询过程中被干预者下意识渗透出来的鄙视与批判态度所伤。这样一来，来访者可能反而陷入比原先更深的无望状态（甚至加速自杀）。

但许多临床上的心理行为问题并不是简单的认识层面的问题，而且这一类心理行为问题往往是最需要医生给予帮助的，这就需要采用心理治疗的方法。

三、系统的心理治疗

对于人格因素（或非意识）起重要作用的求助者，虽然也有意识方面的认识问题、人际关系的矛盾和应对方式的缺陷等（图5-2-5第二层问题），以及表现相应的抑郁、焦虑等症状或行为问题等（第一层问题），但对这些人应设计系统的心理治疗（psychotherapy）程序。

例如，社交紧张是青年常见的心理问题，虽然其各种心身症状（第一层）和社会支持问题等（第二层）是客观存在的，但其条件反射性紧张和不由自主的担心（相当于认知理论中的自动性思维）才是关键的原因。这些属于人格层面的问题（第三层），从心理理论上来看涉及精神分析的心理防御机制、行为学习理论的学习强化、认知理论的负性自动性思维和功能不良假设，以及人本理论的潜能被压制与自我失调等机制（图 5－4－1）。在这些理论基础上，可以选择实施系统的心理治疗。

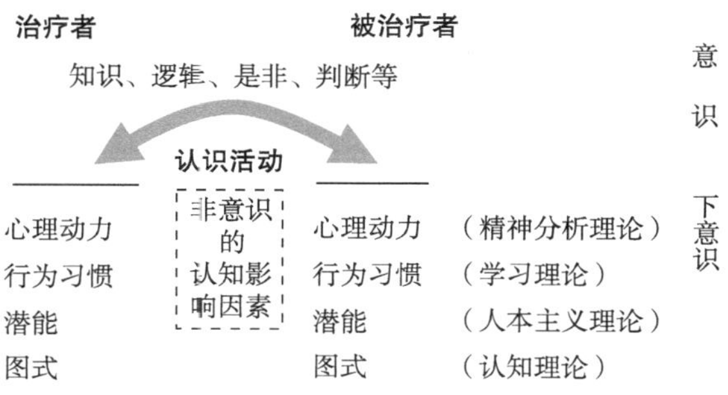

图 5－4－1　心理治疗中的理论与治疗者角色

目前使用较多的有认知行为疗法等（注：各种心理治疗方法参阅《医学心理学：理论、方法与临床》心理干预章）。

心理治疗的过程其实就是采用各种一般的或特定的程序化心理干预技术，逐渐改变人格深层问题的过程（消除心理防御、形成新习惯、建立新观念等）。为了取得疗效并予以巩固，往往需要较长期的、系统的治疗过程。

以上 3 类心理干预手段只是相对的，在制定干预策略时不应绝对分开。许多情况下应同时予以考虑。

四、关于药物的使用

在心理门诊，除了上述三类心理干预手段，药物在控制某些症状方面也不可忽略。

药物干预在解决系统心理问题中的作用可做如下解释：在药物较长时间控制心身症状（图 5－2－5 第一层问题）的情况下，使来访者能进入正常的生活和工作，改善内部的或与环境之间的系统结构的平衡（第二层问题），并逐渐使来访者人格深层的某些因素如消极的信念（第三层问题）获得改善。

例如，一位社交恐惧症来访者在社交场合的心身紧张反应被药物控制，使他能顺利完成本次社交任务，多次经验以后，又会降低他对下一次社交的紧张预期，应对能力获得提升，社会支持程度提高，社交失败事件减少，久而久之使他在生活事件、认知评价、应对方式和社会支持等系统因素之间形成良性循环，最终使他人格深层对社会环境的认知图式（或信念）也慢慢改善。

可见，那些认为药物只是控制症状对多因素系统未必有效，或者认为症状控制了就应该停止用药的看法，是片面的。

不过，也得认真对待药物给正规心理治疗可能带来的消极影响。最主要的影响在于药物对来访者心态的影响，包括对心理治疗的动机，对治疗效果的预期，以及对心理治疗操作指令的服从和执行等，如果把握不好，都会产生潜在的负面影响。

以上介绍的只是可供选择的各种心理干预手段。在实际操作中，还得通过一定的理论构架，合理选择使用这些手段。就像具有疗效的各种药物，具体使用时还需要依据临床诊断和医生的治疗决策。

五、附：咨询中常用的心理干预技术

（一）主要属于心理教育与心理指导的干预技术

* 应激干预模式（注：见本文集）。

* 情绪调节模式（参见《医学心理学：理论，方法与临床》人民卫生出版社 2012 年第三章第四节）。

* 应对指导模式（同上，第四章第四、第十一节）。

* 人际交往与人际适应指导模式（同上，第七章第一节）。

* 儿童成长指导模式（同上，第八章第二节）。

* 老年适应指导模式，等（同上，第八章第四节）。

* 家庭（婚姻）适应指导模式（参见《压力（应激）系统模型·解读婚姻》浙江大学出版社 2011 年）。

（二）主要属于心理治疗的干预技术

* 认知模式（参见《医学心理学：理论，方法与临床》人民卫生出版社 2012 年第六章）。

* 人本模式（来访者中心模式）（同上）。

* 心理动力模式（同上）。

* 催眠暗示模式（同上）。

* 森田模式。

* 激励模式等。

第 5 节　作者 1993 年开始的心理门诊模式

作者自 1993 年正式开设心理咨询门诊，既是医学心理学精品课程建设的内容之一，也是压力（应激）理论模型的临床实践部分。

一、心理门诊模式的建立

作者经过 10 年的医学心理学的理论构建，自 1993 年在浙江医科大学专家门诊部（延安路）正式开设心理咨询门诊，坚持每周预约两个半天。

2004 年，以医学院心理卫生和行为治疗中心的名义，随湖滨校区搬迁转入浙江大学两个校区医院（仍然向社会预约），2012 从华家池校区医院撤出，先后延续 20 年（图 5－5－1），始终在探索和完善压力系统模型的临床和实际应用问题。

图 5-5-1　浙江大学校医院心理咨询门诊室

在这 20 年期间，心理门诊建设也是医学心理学学科建设和精品课程建设（基础、临床）的重要部分。这在医学心理学国家级精品课程申报书中也有具体体现。

作者主持的心理门诊，从一开始就是基于压力（应激）多因素理论模型（开始的多因素，到后来的过程模型和系统模型）。长期坚持下来，逐渐形成了比较稳定的以压力过程模型为主，兼顾压力系统模型的心理咨询门诊运作模式。期间坚持记录并完整保存门诊录（图 5-5-2）。

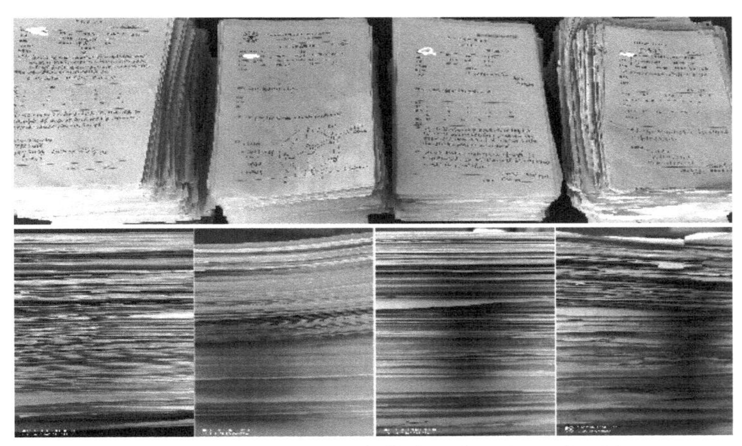

图 5-5-2　几千份门诊首诊录（不含 20 年后）

在 2012 年完成国家级精品课程建设以后，作者还将这一套心理咨询模式带到省市一些医院和中心。

二、心理咨询的基本程序

① 预约：通过电话预约。

② 压力多因素测评：除了明显与压力无关的，来访者一般先接受心理压力相关因素测验（收费一直来极低），然后进入专家门诊。

③ 首次咨询：晤谈、观察和必要的调查（陪人或相关可联系人员），结合心理压力测验结果，做出临床诊断和排除诊断，符合医学临床诊断者，会给予必要的药物。不论是否医学临床情况，均在压力评估基础上，给予压力系统整体分析和指导，告知咨询策略。

④ 第二次及以后的咨询：复习，根据评估结果分阶段开展压力管理教育或指导，必要时结合心理治疗，检查监督药物使用和心理行为作业情况。

⑤ 反复的指导演练过程……

（作者的心理咨询门诊详细情况，已体现在本章前文内容中）

三、在网络答疑中的应用

2002—2007 年，作者将压力系统模型主导下的心理咨询工作，延伸到免费网络咨询。期间，先后在西陆和浙江都市网等网路平台，接受网友咨询并基本能在几天内给予回复。期间达到几千人次，并且有问与答的完整文本记录。部分与婚恋家庭相关网络咨询案例已收集在婚姻家庭章节，其他绝大多数案例作为个人资料保存，不再收集到本文集。

第 6 章　心理咨询（二）实践和实例

本章导言

压力系统模型的临床工作模式，存在着心理问题的“综合”（系统）属性和咨询师的“细分”（线性）思维习惯之间的矛盾，因而并不是那么容易被深刻理解，更不是那么容易被正确掌握。

上一章资料反映压力系统模型临床心理咨询工作模式的基本套路或流程，本章的重点是通过有关专题、各种实例及部分博文，进一步加深对压力系统模型临床工作模式的理解，也为某些尝试在实践中应用该模式者提供实操范例。但需要注意，这里的部分资料来自相对早期，对于压力系统模型，作者在认识和做法上可能与此后存在一些差异。

第 1 节　压力系统模型与心理咨询技术（工作坊，2007）

摘录自 2007 年作者在中国心理卫生协会南昌学术会议上的工作坊幻灯片。

①

中国心理卫生协会学术会议工作坊
（2007，南昌）

压力系统模型与心理咨询技术

浙江大学医学院　　姜乾金

1. 2007 年，压力系统模型基本成形，借助中国心理卫生协会学术年会之机，在南昌学术会议现场举办“工作坊”。

这个工作坊，作者首次系统地介绍了压力系统模型的理论和应用。但请注意，这属于早期的，而且是学术会议上的组合介绍。

②

第一部分：

压力（应激）系统模型概述

2. 这一部分通过具体案例，现场演绎压力系统模型的理论发展过程，以及压力系统模型的基本法则。

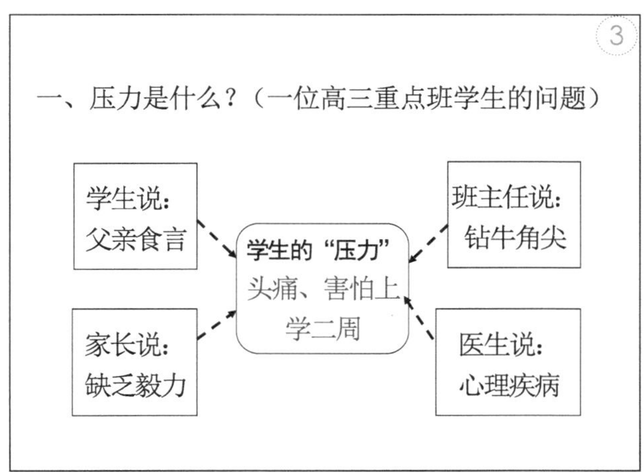

3. 压力是什么？作者代表性地列举了一位学生的心理压力问题。对于该生的问题，学生本人、家长、班主任和医生各有自己不同的看法（注，原有多张幻灯片链接，已略去。详细情况可参见下面第2节）。

可见，所谓“压力”，往往涉及多因素，需要多维度加以认识，是系统的问题。

压力的系统属性，才导致不同人从不同的维度对同一个压力问题，会有不同的认识和逻辑。

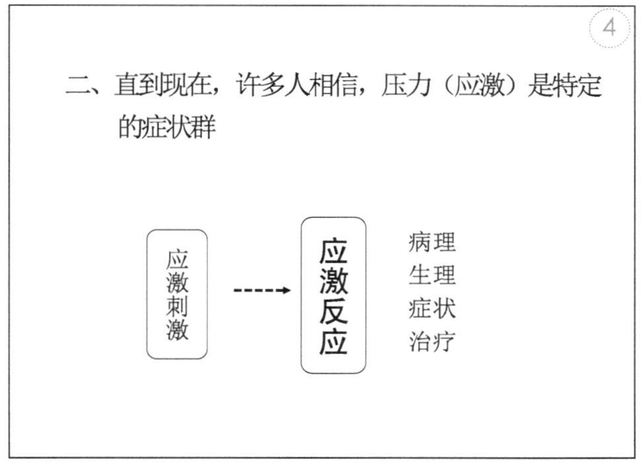

4. 对于压力（应激），不同学科，不同时期，有不同的认识。

这是医学和精神病学界的认识，重点是压力（应激）反应，即各种症状表现。例如，精神医学的延缓应激反应（delayed stress response）或创伤后应激障碍（post traumatic stress disorder，PTSD）；病理生理学研究应激刺激下的分子生物学变化规律等。

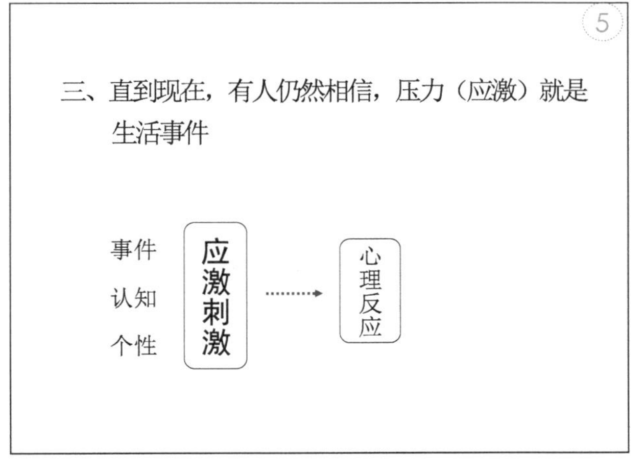

5. 这是心理学界的认识，重点压力（应激）刺激，即各种生活事件。例如，某某师范大学某心理学专家在讨论大学生入学心理测试问卷编制方面问题时，认为生活事件量表就是应激量表。

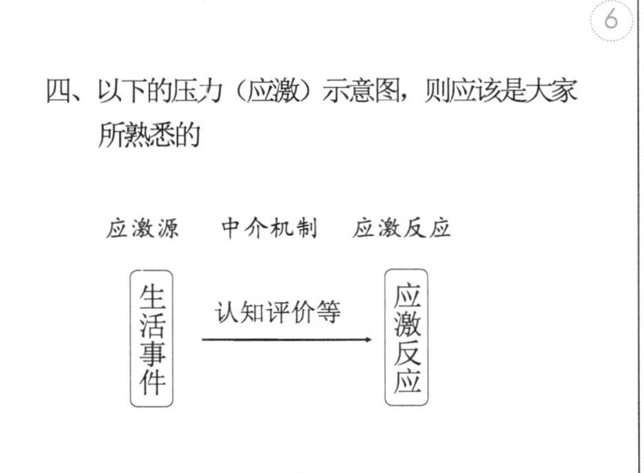

6. 这是国内医学心理学界的认识，关注生活事件（应激刺激）到应激反应的前因后果。

十多年来国内各种版本的医学心理学教材中，对压力或应激的认识虽然各有差异，但粗框架大致就是这个样子。

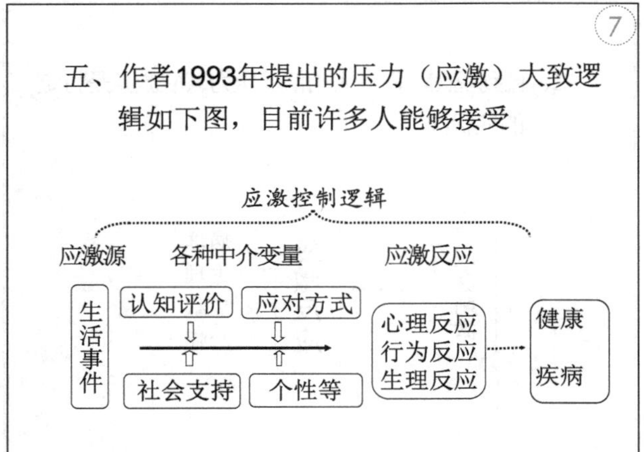

7. 作者更关心压力（应激）的多因素属性，特别是这些因素之间的逻辑关系。

经过理论和实证研究，20 世纪 90 年代，作者即倡导应激或压力是多因素作用的过程，即“压力过程模型”。其逻辑如图所示。

所谓应激或压力控制，逻辑上自然也涉及图中所示的各种应激因素。

8

六、但如果将压力（应激）“画”成以下的样子，一定有不少人表示不理解

生活事件
认知评价
应对方式
社会支持
压力系统
个性特征
自然生物
心身症状
性别年龄
健康
疾病

8. 再到后来，21 世纪初几年，作者将应激或压力作为系统来认识，如图所示。也就是“压力（应激）系统模型”。

对于“系统”中各种应激因素之间的关系，则需要有更多的实证研究的支持，所以一直来也只是画了一个示意图。

即使这样简单的示意图，在逻辑上，也是有临床实际指导意义的。

9

七、要是将压力（应激）“画”成是下面的样子，相信有人更愿意参与争论

感 受
(自我评价)
(各种症状)
生活事件
认 知
(自动思维)
压力反应
人 格
(信念)
应对方式
社会支持
认 知
自动思维
人 格
(标准化)
压力系统——
多因素的平衡与动态适应

9. 最后，经过反复理论分析和实证研究，作者对压力“系统”的认识，可用这个示意图表示。

图中这种应激或压力系统的逻辑关系，显示一个人的适应，在于其个人系统中应激或压力因素之间的动态平衡。

多人之间的适应，则在于各自应激或压力系统平衡基础上的互相接纳（也是一种动态平衡）。

10

这是作者20多年压力（应激）研究的主线：

1. 1987年中国心理卫生杂志创刊号——癌症的应激有关因素
2. 1989—1992年的浙江省自然科学基金项目——心理社会应激调查表制定
3. 1993、1995、1998有关论文——应对、特质应对、应激评估
4. 近年指导研究生的各种论文——应激是多因素互相作用的系统

10. 作者 20 年来应激或压力研究的大致时序过程。

11

八、压力系统模型的基本法则

1. 多因素系统（人生活于多因素的压力系统）
2. 因素互动（因素间互为因果，良性或恶性循环）
3. 动态平衡（系统的动态平衡即是适应和健康）
4. 认知的作用（认知因素在系统失衡中的关键作用）
5. 人格的作用（人格因素在系统失衡中的核心作用）

有关认识已部分反映在多种教材和出版物之中。
也在各种交流培训活动中作了宣讲。

11. 压力系统模型（作者后来的统一称呼）的基本法则，是很重要的对应激的认识指引，特别是前三者，即多因素、相关性和动态平衡，几乎在讨论和解决任何复杂的系统问题时，都不可忘记。

只是在生活中，因为线性思维习惯的影响，多数情况下难以做到，需要反复的指导和提示。这就有了临床上的意义。

12

第二部分：

压力系统模型在心理咨询工作中的应用

12. 这一部分通过具体案例，现场演绎基于压力系统模型的临床心理咨询情况。概括性的介绍白领心理压力集体咨询（讲座）、心理咨询师的临床干预模式（培训）、心理门诊程序化工作模式和婚姻（家庭咨询）的操作过程等4个部分。

13

之一：

白领心理压力集体咨询（讲座）

（几十次现场讲座，反映很好）

13. 作者将压力系统模型应用于“心理压力管理与情绪调节”讲座已经很多年，受众广泛，其中以白领阶层和领导干部居多，现场效果很好。

14

一、压力案例——多因素的问题，系统的问题

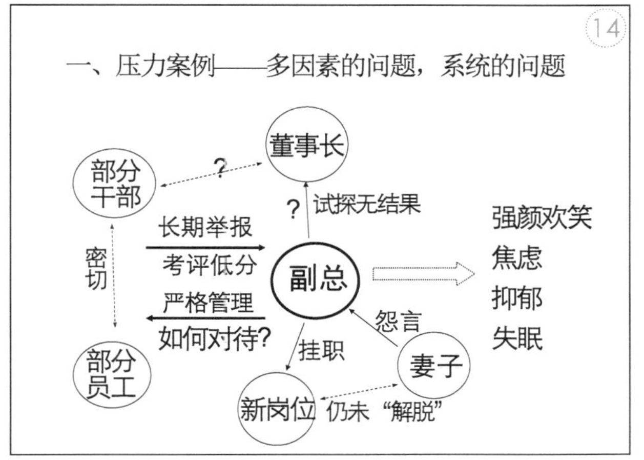

14. 这是作者采用的又一代表性案例。

白领副总的压力，线性地看是他接受不了被群众低评分的结果；系统分析则显示，是由于压力多因素相互作用并且恶性循环导致的系统失衡。

（注：该例详细情况，下面第3节和第7章第2节有详细介绍）

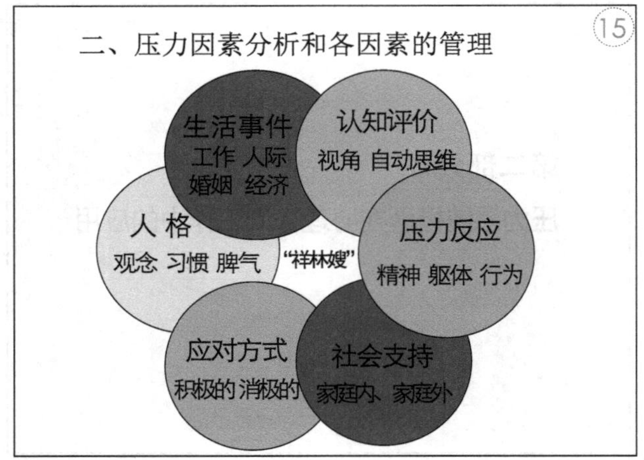

15. 压力管理，涉及压力的6个维度。

各个压力维度都包含了丰富的内涵和外延。压力管理要从这六个维度做起。

指导压力管理，自然要涉及一些具体的内容，使讲座有血有肉，使系统模型去空洞化（但这里略去了）。

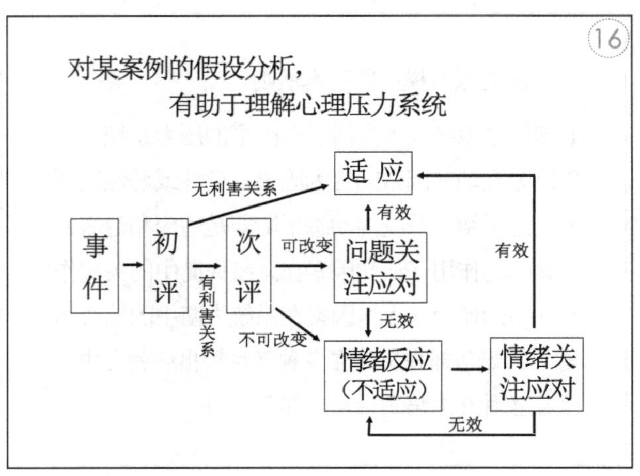

16. 在压力管理的宣讲过程中，会以一些时事案例作为分析对象。

例如，2004年马某爵事件发生。通过对他的压力系统的分析，指出，是消极的认知和反复应对的失败，使事件向不可挽回方向发展。

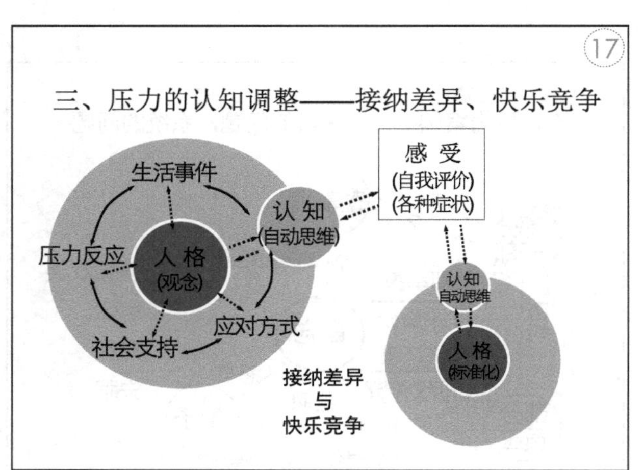

17. 白领压力的6个维度管理，其中最重要的是认知调控。

既然压力（应激）与多因素有关，是动态发展的过程，人与人之间又始终存在差异，那么作者提出，践行"承认差异，接纳差异，快乐竞争"，是个人自我压力管理的重要手段。

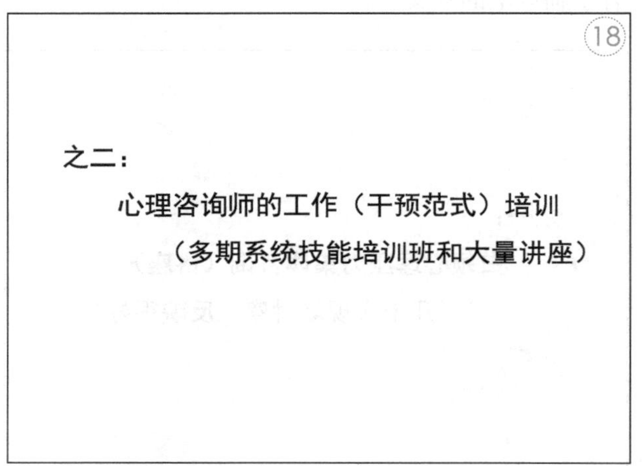

18. 当时正风行心理咨询师培训和考试。大量心理咨询师拿到证书后，却难以开展实际工作。原因自然是多方面的。

作者在协助心理咨询师技能培训时，重点推进基于压力系统模型的压力干预技能，特别是压力因素的控制技术。

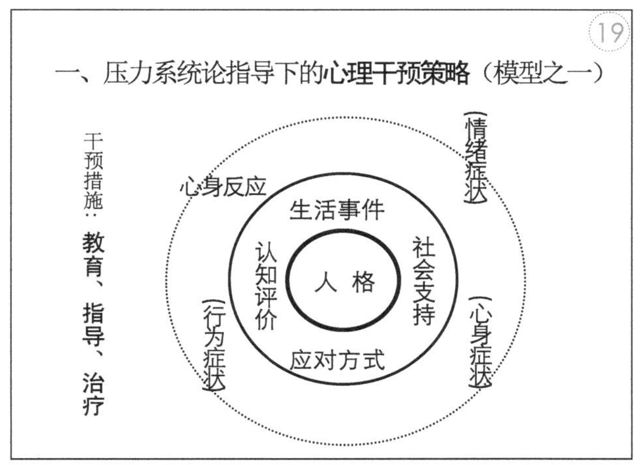

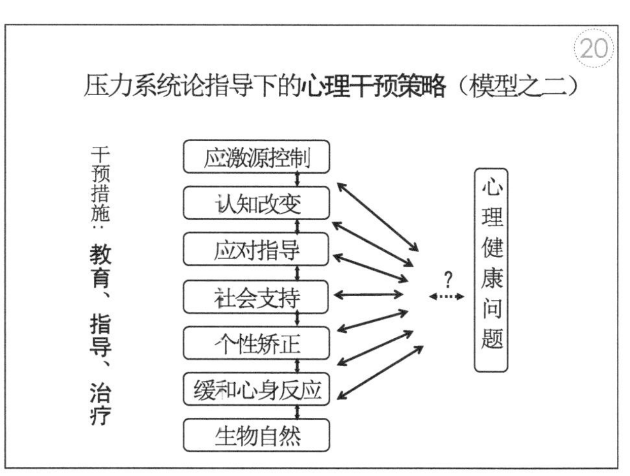

19. 心理干预有心理教育、心理指导和心理治疗等三种基本手段，在压力干预中分层次应用。

从图中可以看出，压力因素是分 3 个层次的。中层的 4 个压力因素通常需要心理教育和心理指导，人格方面因为比较“顽固”通常需要心理治疗或类心理治疗措施，而心身反应作为症状，采用实用主义的各种对症措施。

20. 这里是将压力因素“展平”，向心理咨询师强调，心理教育、心理指导和心理治疗 3 种基本手段，可以针对各种压力因素实施干预。这个图示让习惯于线性或平面思维的咨询师更容易理解。

21

二、心理压力系统模型指导下的**心理干预措施**

（以下内容上半年已经介绍，此处简单回顾）

（1）应激原

目标——解决、缓冲、回避应激原

主观事件，如：指导不去制造“问题”

客观事件，如：指导或帮助“问题解决”

22

（2）认知

目标——改变认知方向

指导“再评价”，特别是挖掘“认知歪曲”：
标准化→自动假设→自动挫败
指导调整“价值观”：
接纳差异→快乐竞争
其他方法：
暗示
安慰
激励

21. 下面具体展开。

首先是针对应激源的干预问题。

宣讲应激源不是压力的唯一决定因素。

强调不能只紧盯着“解决”一条道。这种通常的认识和做法，经常会让人陷入困境。

通过反复举例让来访者考虑也可以走“缓冲”和“接受”这两条道。以精英人物为例。

还应宣讲一下主观生活事件的重要性及其调控。

22. 针对认知改变的问题。

宣讲认知是压力的关键因素。

举例说明认知的多维性。这很重要。

在承认和接受认知的多维性的基础上，指导“再评价”“换位思考”“辨识负性自动性思维”，会容易一些；宣讲“接纳差异快乐竞争”之生活观念，实施暗示性语言指导，也更能生效。

要指出，利用通常的常识来改变来访者的认识，往往是徒劳的。

23

（3）应对

目标——增强积极应对；消除消极应对

应激无害化训练，如指导：
“回避”“否认”“升华”
“幽默”“祈祷”“发泄”
分散注意：
如指导“走出去”、音乐、运动
见下（各种相应的应对方法）

23. 针对应对策略的问题。

宣讲应对策略是压力的中介，很重要。

指出陷于压力问题，往往是个人应对策略的失败。从来访者身上找例子。

然后宣讲合理和积极应对的应对策略可以让许多压力问题获得化解。举精英例子。

24

压力作用过程与应对活动

问题关注应对　　情绪关注应对

计划 回避 面对 分散注意 升华	再评价 否认 祈祷 自评 幻想 合理化	求助 倾诉	转移 退化 淡化 屈服	幽默 淡化 自控 自责 忍受 发泄	放松 烟酒 药物
生活事件	认知评价	社会支持	（应激过程）	情绪反应	躯体反应

24. 强调应对策略涉及压力作用过程的所有环节。

通常来访者似乎陷于“一个压力问题只有一个应对办法”，找不到另外的办法，陷于无望之中。这其实是普遍的线性思维在作怪。

对于具体来访者，咨询师需要帮助分析和寻找各种可能有效的应对策略。

25

（4）社会支持

目标——提供客观支持；改变主观支持

例如：
交友
谈心
集体活动
家庭联系

25. 针对社会支持的问题。

咨询师要熟悉社会支持是心理压力的“可利用资源”的论断。

在面对来访者时，咨询师自己的言行就应该包含着浓浓的社会支持（特殊案例作为治疗手段例外）。

帮助来访者分析和指导采用各种提升社会支持水平的行为学方法。

26

（5）人格

目标——从人格深层矫正影响因素

实施各种心理治疗——
人本治疗、行为治疗、认知治疗等
认知行为疗法是目前常用的方法

26. 针对人格（个性）问题。

宣讲个性因素对于压力起核心作用。

宣讲人格因素的调控不是易事，往往需要通过程序式的门诊运作过程（指心理治疗）。

但也不放弃，临时的语言指导可能产生“顿悟”甚至“立地成佛”的作用。

作者特别推行“接纳差异、快乐竞争”的理念，并需要反复自我强化，将其变成个人的座右铭。

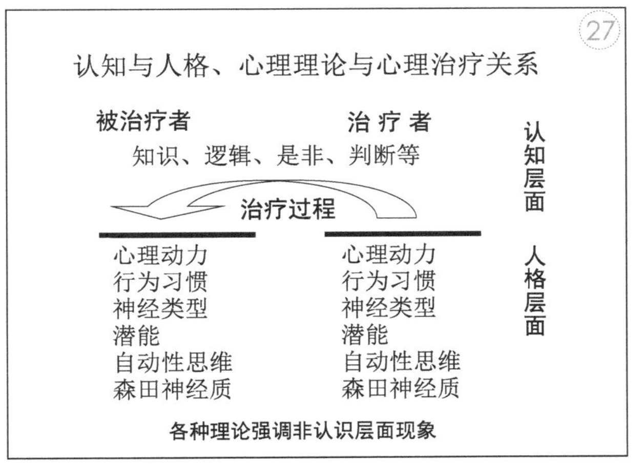

27. 各种成熟的心理治疗方法，理论不同，方法各异，但对于改变来访者的认识过程，并经此改变来访者某些与人格因素（或潜意识）有关的问题，则是共同的。

28

（6）心身反应

目标——缓解心身症状

倾诉、移情 （如“倾听”）

活动、转移注意（如“走出去”、音乐、运动）

松弛、生物反馈（如指导深而慢的呼吸放松、音乐松弛训练、生物反馈、催眠）

药物 （如合理用药对抗多种症状）

28. 针对压力反应的调控问题。

心身反应几乎涉及整个医疗和心理领域，干预的方法和技术也涉及这么广。作为个体咨询师，学习几种在实践中可以把控的“降压”技术，自然是很值得的。

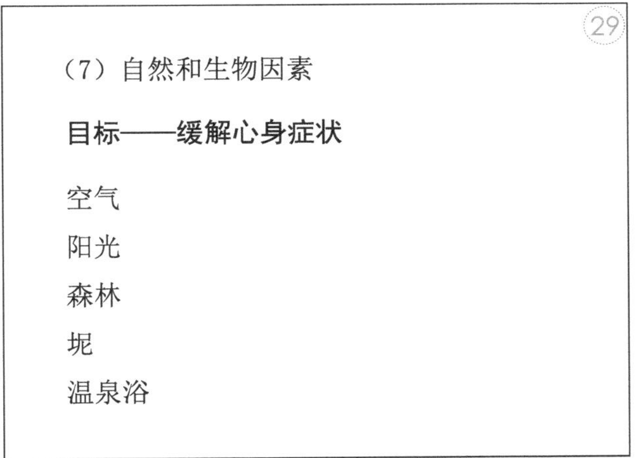

29. 其实，“系统”是开放的，除了提及的六项压力因素，其他许多因素也可以成为“减压”的选项。

30

之三：

程序化心理门诊个案工作

（本人多年来采用的心理门诊模式）

30. 1993 年，作者在学校的专家门诊部开设心理门诊。建立心理咨询的模式是考虑的重点（因为当时许多自称的心理咨询，其实就是讲道理，甚至训斥）。

经过长时间的实践提炼，在压力系统模型基础上，形成了一整套心理咨询门诊工作模式。主要包括压力评估方法和压力干预策略两部分。

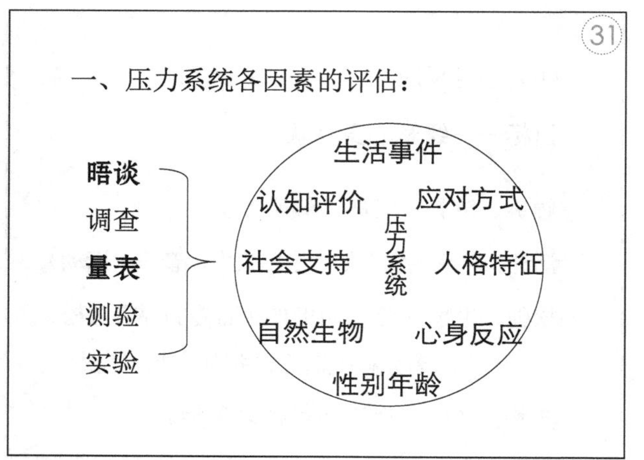

31. 压力因素的评估方法，包括晤谈、调查、量表、测验或实验。

评估的内容，包括压力因素的评估、压力层次的评估和压力综合评估。

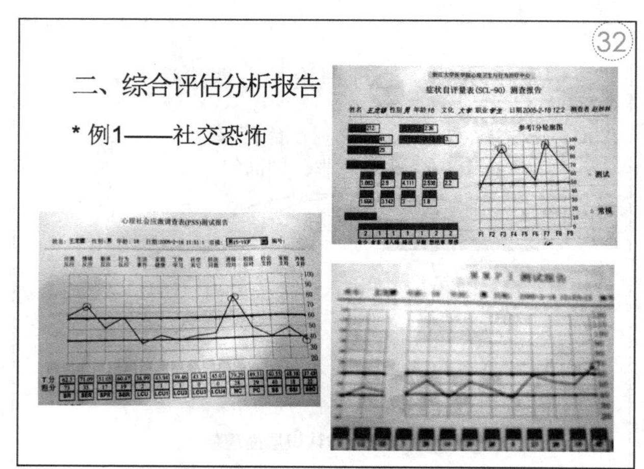

32. 压力评估的量表报告（注：这里有 4 张幻灯片，为节省篇幅，只给出一张）。

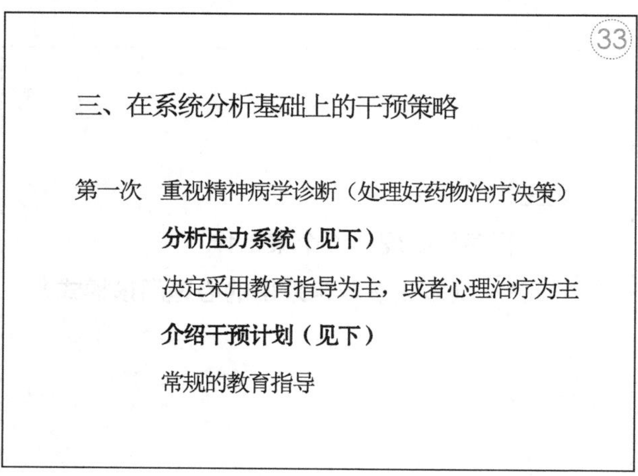

33. 压力干预，相当于医学临床上的治疗。压力干预策略要遵循压力系统模型基本法则。

在第一次门诊，在压力评估基础上，并排除或处理好精神病学问题后，重点对来访者的压力系统作分析介绍，指出将要采用的系统干预计划。

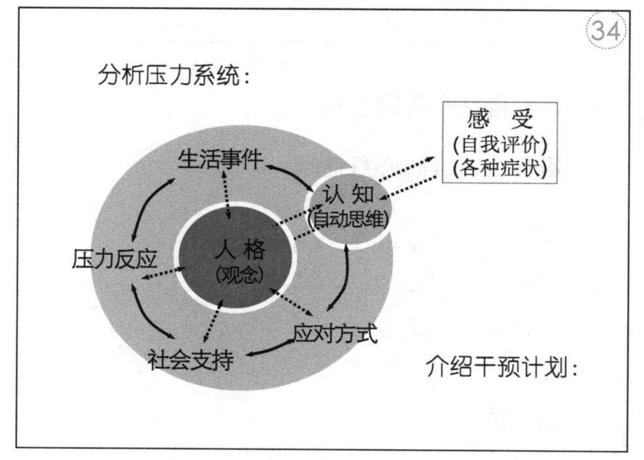

34. 通过讲解，让来访者理解自己心理问题的压力系统层次特点，以及与心理医生共同开展压力干预的计划。

35

第二次　重温压力系统，指出人格因素的意义

开始心理治疗（常用认知行为疗法）

识别自动性思维

（人格）　　（认知）　　（感受）

认知图式 ⟶ 自动性思维-认知歪曲 ⟶ 痛苦

35. 第二次以后的门诊，每次简短重温来访者的压力系统特点，然后利用教育、指导和治疗技术，开展心理压力干预工作。其中最常用的方法，是利用认知行为治疗（CBT）技术影响并逐渐帮助来访者解除人格因素（如信念和观念）对压力系统的核心消极影响作用。

36

之四：

婚姻（家庭）咨询

（不论何种婚姻问题，均很有效）

36. 作者的《压力（应激）系统模型 · 解读婚姻》一书出版于 2011 年，是国家科技支撑计划项目分课题成果。在此之前，作者的混合型心理门诊即已长期接受婚姻家庭咨询，并在工作中采用压力系统模型的婚姻家庭观，形成“爱”＋“适应（接纳差异、快乐互动）”的婚姻家庭指导模式。

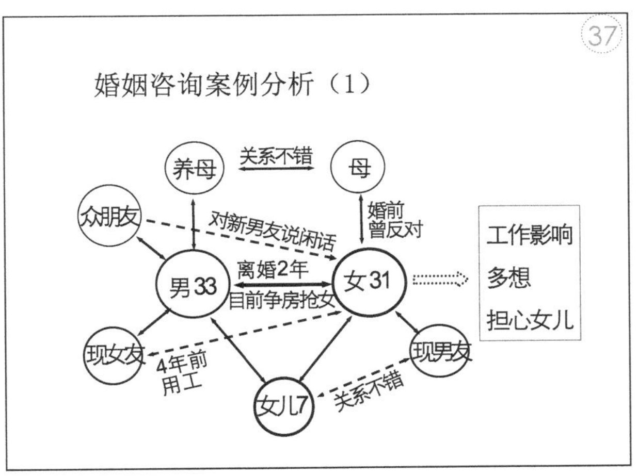

37. 这是作者又一个代表性案例，在各种婚姻家庭咨询（宣讲）活动中被提及。

在婚姻家庭问题中，有关各方往往互不接纳差异，总是试图改造对方，导致系统中各种压力因素相互之间的恶性循环。且当事人很难自己改变现状。通过教育和指导，促使有关各方逐渐树立“接纳差异、快乐互动”的婚恋观，是作者婚姻家庭咨询的基本手段。

（该例情况，第 9 章第 2 节有详细介绍）

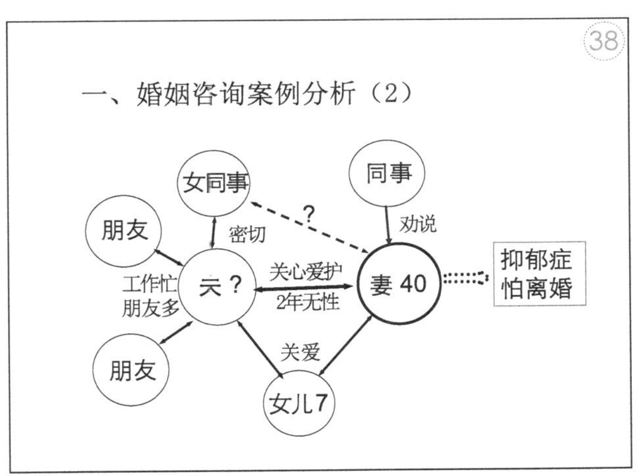

38. 此例，夫妻双方同样没能接纳各种压力因素的差异，形成因素之间的恶性循环，最终消融了双方当初的炽热之爱，只剩下丈夫的家庭责任和妻子的精神忧伤。此例同样适用“接纳差异、快来互动”的婚姻咨询指导原则（但此例属婚姻危机后期，“爱”被极度损伤，重新适应难度较大）。

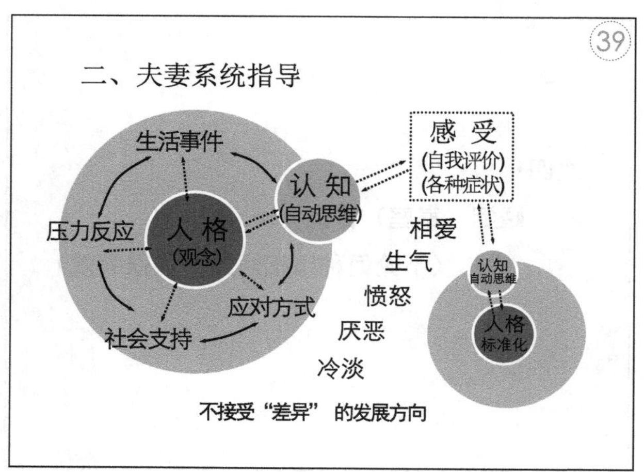

39. 这是作者在婚姻家庭咨询（宣讲）中使用的代表性辅助图示，通过直观的动画，让来访者放弃原有的线性“是非”逻辑，明白“不接纳差异”的恶性循环的结果，才是双方情感逐渐恶化的根本原因。

第 2 节　心理咨询实例分析和问题讨论（专题，2013）

摘录自 2013 年婚姻家庭心理咨询技能培训班（山东大华）最后一节，“实例分析和问题讨论”幻灯片，重点反映压力系统模型心理咨询的操作流程。这个简单案例（最后一节没有选取婚姻家庭案例），代表了作者坚持的心理咨询门诊个案操作最基本流程。

（本组幻灯图片未加解说，可直接浏览阅读图文，如能结合前面章节内容，则更容易理解）

①

心理咨询技能培训班（山东，2013）

实例分析和问题讨论

实例1：高三学生的心理问题

——系统评估与咨询基本流程

②

实例1心理咨询基本流程（目录）

（一）量表测查
（二）晤谈调查
（三）压力因素评估
（四）压力层次评估
（五）压力系统评估
（六）“压力系统”的分析指导
（七）“压力层次”的干预策略
（八）“压力因素”的干预
（九）系统模型个别咨询的“简化版”

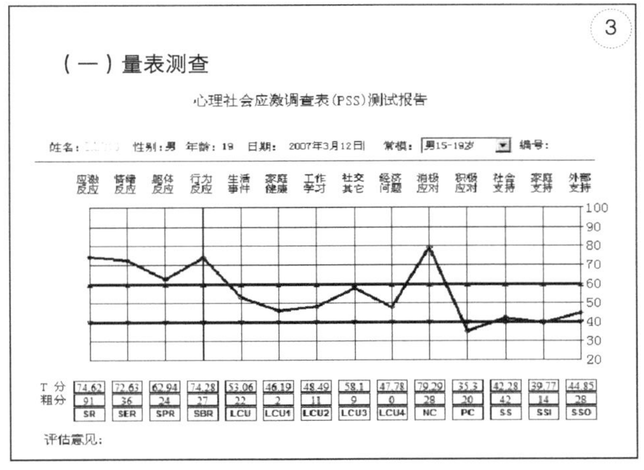

4

PSS：压力各因素测验T分简况：PSS的学习事件48，人际事件58；心理（情绪）反应73，压力躯体反应63，行为反应74；消极应对79，积极应对35；家庭内支持40，家庭外支持45。

同时使用SCL90和MMPI：SCL90的F1（躯体化）58，F3（人际敏感）58，F4（抑郁）69，F5（焦虑）70，F9（精神病性）65。MMPI的Pd（偏执）75，Pt（神衰）63。

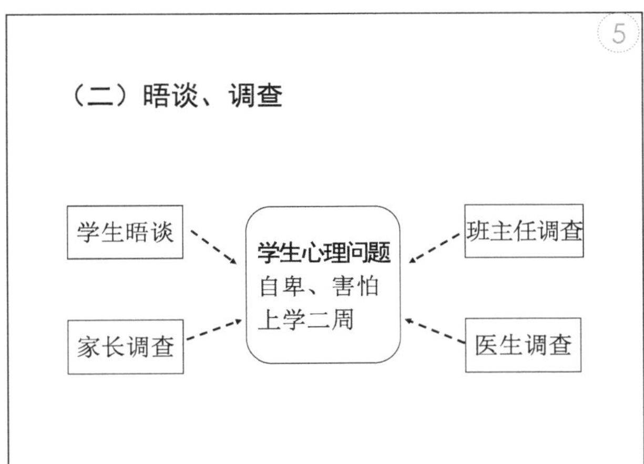

6

问题概述：

某男，18岁，重点中学高三重点班学生，成绩一直处于班级前列。三周前，因考试成绩有所下降，老师当着全班男女同学的面点名批评了该生，使该生很感失面子，因自卑、焦虑、抑郁、失眠、头痛，学习困难，人际冲突，害怕去学校、见同学，已两周不去上学（在家睡觉），在父亲陪伴督促下来诊。

7

学生诉说“原因”

该生认为，自己自卑，头痛、焦虑、失眠、学习艰难、在学校特别是见到同学时紧张，已经挣扎一年多，曾告诉家长但被认为是思想问题而不被重视。

追问他可能的原因，认为主要是初中毕业时父亲曾经答应考上重点高中将给买电脑，但事后又以会影响高中学习为由不予兑现。父亲的食言，使自己整个高中阶段情绪很坏，导致学习受影响，越来越乏味，自我感觉越来越差，终于不能支持下去。

8

家长分析“原因”

家长报告，该生在小学、初中阶段听话、认真，成绩优良，家长、老师、同学认同，关系良好，应该很有发展前景。家长认为目前主要原因可能是孩子一直来没有受到锻炼，怕苦，缺乏最后冲刺的毅力，对高三阶段的冲刺学习意义不能理解、不能承受而不去上学，但怎么劝说也无效，才想到心理医生的帮助。

⑨

班主任分析“原因”

班主任认为，该生在高中阶段成绩一直保持在前列，但不合群、要好同学不多，在某些问题上略显固执、钻牛角尖、太爱面子，不能正确对待老师的正常善意批评，行为反应过度，居然不来学习。

⑩

（三）压力因素评估

压力因素	特点描述（根据晤谈、调查、观察和测验）
生活事件	父亲失约（启动因素）、同学矛盾、成绩下降、班主任批评（多种家庭、学习、人际生活事件，包括负性生活事件和主观生活事件）
认知评价	敏感、偏执和绝对化等认知倾向，消极的自动性思维和功能不良假设（参见第六章）（关键因素）

⑪

应对方式	消极应对明显（重要因素），积极应对缺乏（特质应对问卷TCSQ测查结果，消极应对T分79，积极应对35）
社会支持	家庭内和家庭外的支持均缺如（领悟社会支持量表PSSS测查结果，家庭内支持T分40，家庭外支持T分45，总社会支持T分42）
人格特征	求全、偏执和容易疲乏的人格特点（MMPI测查T分结果，Pd75，Pt63）（核心因素）
心身反应	有明显的情绪反应、行为反应和躯体反应（压力反应问卷SRQ测查T分结果，躯体反应63，心理反应73，行为反应74）

⑫

因素评估（简化）

因素	分析
生活事件	父食言、挨批评等（LEQ）
认知评价	认真(偏执)、负性自动思维(MMPI)
应对方式	消极应对（TCSQ量分）
社会支持	家庭内、外支持(PSSS量分)
人格特征	标准化信念、自我中心
心身反应	自卑、失眠、适应（SRQ）

（相当于“线性”分析的组合）

⑬

（四）压力层次评估

第三层次的人格因素应该起着关键的作用。

第二层次的多种因素异常，是人格因素基础上各因素间恶性循环的结果，与其人格特征有关。例如，其求全和偏执的人格特点，让许多普通的事件变得复杂，且多属于主观事件；由人格因素启动的恶性循环，让自身的应对能力更加消极，使家庭内或者家庭外的社会支持进一步下降，也进一步导致认知评价的钻牛角尖。

第一层次存在一定心身症状。

⑭

（五）压力系统评估

系统评估包括：

* 来访者存在哪些压力因素的异常；
* 其中的认知因素和人格因素起到多大作用；
* 系统中的各种因素之间是否存在恶性循环（重点）

本例的人格特征是核心因素，已经诱发和形成多因素恶性循环，导致整个系统失衡。这种情况下的一个重要特征，就是来访者与相关人员如父母、班主任之间，在说法上往往说不到一块。即使不同心理咨询师，也很可能对心理问题的说法不同。

15

（六）“压力系统”的分析指导

向来访者作系统的分析指导，让其明白问题在于多因素的失衡，而不是单一因素的问题。其中要说明认识（龟颈）对症状（龟头）的重要性，又要说明人格（龟甲）因素对认识的影响，还要说明症状对认识的反作用。

要求：思路清晰，言简意赅，图示指引，使来访者轻易地领悟与接受。

效果：超越来访者的原有思维，即使学历高、

16

自觉很聪明、身份地位突出的来访者，也能产生一定的思想冲击和情感反响。并提升来访者接受进一步帮助的动机。

内容：①你的人格特点属于求全、完美和标准化的类型；②你的认识特点属于认真、执著（以前）、固执和钻牛角尖（目前）；③你的情感反应特点包括焦虑、失眠等心身症状；④三者互相影响，目前构成恶性循环（以往三者是良性循环）；⑤恶性循环的结果促使生活事件增多、

17

应对方式消极、社会支持缺乏，进一步加重恶性循环，使整个人的“系统”失去平衡，才形成这种“公说公有理，婆说婆有理”的现状；⑥因此，为了能够解决问题，请你必须正确认识自己性格方面的原因，注意！以前是优点，目前成为缺点，接受这一点很重要，它会让你调整认识，接受我们进一步深入的讨论，并能让你的症状相应地减轻。

18

（七）“压力层次”的干预策略

根据层次评估和分析结果，**本例心理问题的核心因素是第三层的人格特征，**包括求全和偏执的人格特点。故制订干预计划时将重点放在认知行为治疗上，即在第二次门诊开始，每次的轴心是认识行为治疗模式。但同时兼顾各项突出异常的压力因素，做好心理教育和心理指导工作，如生活事件、应对方式、社会支持等（见下文压力因素的干预）。

19

（八）“压力因素”的干预　（请学员细化）

因素	分析	因素干预
认知评价	偏执、负性思维	**认知指导**
应对方式	消极应对	**应对指导**
社会支持	家庭内、外支持低	**帮助改善社会支持**
生活事件	父食言、挨批评等	**指导解决问题**
人格特征	标准化信念、自我中心	**认知指导 认知治疗**
心身反应	自卑、失眠、适应	**药物 适应指导**

20

（九）系统模型个别咨询的“简化版”

1. 主诉（有需要立即解决的问题）
2. 通过晤谈了解与主诉问题可能有关的“系统因素”大致情况
3. 指出问题的发生与“系统失平衡”有关
4. 指导“接纳差异、快乐互动”原理
5. 就需要立即解决问题做出建议（如上学、情绪调节）

第3节 临床操作举例（专著，2012）

以下案例摘录自2012年《医学心理学：理论，方法与临床》有关章节（一些案例最早见于作者的历年各种版本书籍中），简要体现压力系统模型的临床评估和干预情况，详细门诊咨询过程参阅第5章。

一、白领职业压力临床评估与干预一例

（一）门诊案例

男，38岁，任某改制国企副总2年。来访者大学毕业后，因能力突出，很快由一般干部升任中层干部，不久又被提拔调任刚改制的某国企常务副总。肩上的担子一下子加重（该单位的老总是挂名的），但来访者不畏困难，白天黑夜，兢兢业业，严格管理。第一年，他发现有人向上级部门打自己的“小报告”，而且知道是部分骨干及与其关系密切的员工所为。来访者对此曾受打击，但很快调整过来，心正不怕影斜，继续“严格”行政就是。不料第二年年终（即来门诊前半月），上级搞了个群众评领导的民意测验，给来访者打低分的群众人数却惊人。

打击是很大的。来访者勉强维持着正常的行政角色，忙碌着单位年终的各项事务。但几周时间，来访者越来越发现自己出了问题：例如，某班组年终庆祝酒会上，自己作为被邀请的领导，在祝酒时却失态，忍不住说了不该说的话，事后很后悔；几次犹豫着想找老总谈谈，但以往雷厉风行的精神却丧失殆尽，反复犹豫之下找老总谈了一次，却什么也没有获得，因为老总只是嘻嘻哈哈一通天气如何如何，根本没有安慰来访者的意思（老总任命仅一年时间）；回到家说起自己的遭遇，同样是大学毕业并长期独自承担家庭和孩子生活的妻子，好心劝说，干吗呢，还是来帮我做点家务吧，却被来访者体会成是对自己的抱怨；前几天，来访者按照上一年年初的人事计划，留薪留职调岗到一个新的部门锻炼一年，事前自己还有一种终于逃脱的感觉，不料第一天就出了问题，那是他向一位不认识的年轻人要求打开电脑密码，因为自己要写一份总结，不料那位青年用怪怪的眼神看了他几秒钟，来访者当时就有受到蔑视和侮辱的感觉，真是虎落平阳被犬欺。焦虑越来越明显，失眠在加重，忍不住的多思多想，压力感和力不从心的感觉使得来访者不得不选择来心理门诊。

为了直观起见，现将来访者的各种事件和相关因素标示在图6-3-1中。

关于职业压力与枯竭（occupational stress and burnout）的命题，近年来已越来越受相关学术界的重视（Schaufeli et al.，2001）。

压力系统模型能够简易而清晰地解剖职业压力的构成，认识职业压力因素，并为职业压力的评估与管理提供理论支持，在实际工作中也便于操作。

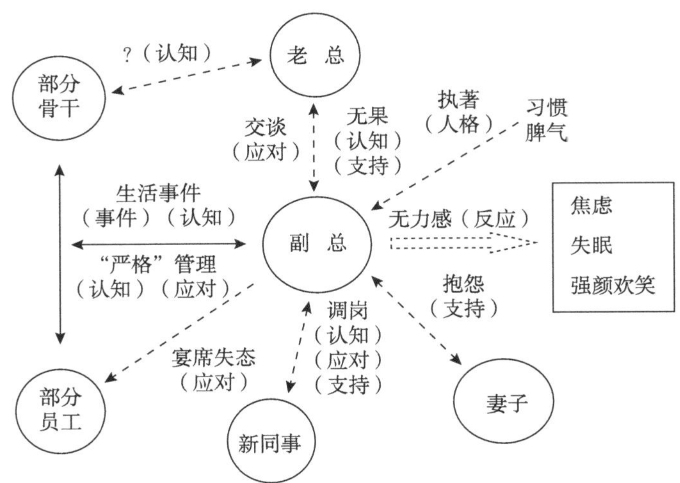

图 6-3-1 某领导的压力（括号内为压力因素）示意

（二）门诊心理评估与诊断

通过晤谈、调查和心理测验，获得相关的各项信息。在排除了各种可能的疾病以后，以压力系统模型为理论基础，重点对压力因素、压力层次和压力系统分别做出评估和诊断。

1. 压力因素的评估与分析

某领导干部的职业压力因素评估如表 6－3－1 所示。

表 6-3-1 某领导干部的职业压力因素评估

压力因素	特点描述（根据晤谈、调查、观察和测验）
生活事件	群众考评（启动因素），应对失败派生继发事件（宴席失态，老总、妻子、新同事）
认知评价	大量的负性自动思维（各种“小事”全变成了“大事”），专注于自身的形象
应对方式	消极应对明显，积极应对一般
社会支持	主观社会支持低，家庭支持尚可，家庭外支持低
人格特征	执着，敏感（重要因素）（第一年举报信后继续“严格”管理，导致第二年考核低分）
心身反应	焦虑，失眠，多想，失眠，压力感

2. 压力层次的评估与分析

本例第二层次中的生活事件群众考评是压力系统失衡的重要起点（启动因素），应对失败以后，影响认知评价、社会支持和应对方式，结果诱发更多的“次生”事件，如宴席上无意中失态，老总面前变得脆弱、妻子面前的理解偏差、新同事面前的易受伤。故第二层是这位来访者心理问题的重点。

第三层的人格特点如执着、敏感，在顺利时可以更顺利，但在失利时就会变得更失利。例如，第一年就发现有人举报自己，来访者能够在意识层面说服自己保持平静，但在继续“严格”管理的行为上，显然会“渗透”出敌意和怨恨，无意中“得罪”了更多人，导致第二年群众考评低分。故人格因素也是来访者心理问题的重点即重要因素（同时也是压力系统模型的核心因素）。

第一层次的各种心身症状，则完全是压力系统多因素失衡以后“导出”的变量。

3. 压力系统的评估与分析

本例以考评低分事件和人格偏执、敏感两项压力因素失常为起点，诱发社会支持降低、认知趋向消极、应对能力下降等更多压力因素的异常，继而导致各种压力因素之间的恶性循环，最后导致压力系统的失衡，才出现各种心身症状。其中以第二、第三层次的问题为重点。

（三）门诊心理干预的决策和实施

在以上评估基础上，采用心理教育、心理指导和系统心理治疗等各种心理干预技术，或者结合使用药物等方法，在压力系统模型下，开展心理问题的压力系统分析与指导、制订分层次干预策略和对各种压力因素的管理与控制。

1. 压力系统的分析与指导

属于整体性的一般教育，在第一次正式干预性晤谈时，首先给来访者分析他的心理问题的实质，压力系统结构特点、症状性质和形成原因，使来访者在全新的认知角度下，领悟自身的心理问题，并起到促进求助动机的作用。

2. 制定分层次干预策略

这是医生对进一步临床干预的一种决策。按照医生的理念，可以从压力系统模型中的三个层次去决策。

因为判断问题的启动点在第二层次，即主要生活事件群众低评（启动因素），及诱发的认知评价、应对方式和社会支持因素，需要采用心理教育和心理指导手段。

又因为判断问题的重点还在于第三层次，即人格因素方面的过分执著和偏执（重要因素和核心因素），需要采用认知理论和行为理论指导下的心理治疗（主要是认知行为疗法）。

因为判断本例心理问题的重点（或起点）不在第一层次，其许多心身症状，如多思多想（但不是强迫症状）、焦虑、失眠及强装笑脸等，都是系统失衡以后恶性循环的结果。如果能够通过第二、第三层次的干预产生效果，那么第一层次的症状也就自然会消除（因为各种干预方法的最终目标就是控制症状）。当然，如果症状严重影响生活，则需要使用药物和其他直接干预方法。

根据以上层次分析，接下来的门诊操作策略如下：每次晤谈开始先简单复习前面的压力系统分析与指导，然后执行认知行为治疗这条主线，并适当兼顾以生活事件为中心的各种压力因素的管理与控制（见下文）。

3. 压力因素的管理与控制

来访者的启动因素生活事件，即群众考评低分，是门诊干预的首要压力因素。作者采用各种心理学理论和技术，来解释、说明、演绎、比喻这种事件的必然性和积极面，不断指导来访者通过认识的转变来减少事件的影响。

来访者压力的重要和核心因素人格特点，也是压力因素干预的重点，但一般的教育、指导作用有限，重点是上述认知行为治疗模式，整个门诊过程就是沿着这条治疗模式展开。

除了作为重点的低分考评事件和执着、敏感人格因素，其他各种压力因素，如社会支持（包括家庭内支持）、认知调整、应对指导和心身症状的处理等，也在门诊认知行为治疗进展过程中，不断地加以讨论和指导。例如，通过分析和具体指导，帮助来访者解决、缓冲或者回避次生的生活事件；通过再评价、暗示、安慰、激励、调整思想方法等，帮助来访者改变消极认知评价；通过指导转移、发泄、升华、放松、利用自然环境等，帮助来访者提高应对效能；通过提供客观支持、改变主观支持、加强家庭支持，帮助来访者改善社会支持水平；通过压力系统分析和讲解，使来访者在平时生活中重视对自己人格（如完美主义的执着或绝对公平的观念与态度）的防范与修正；使用行为训练（如放松训练、环境调整）和某些心理技术（如暗示）来降低心身紧张症状等。

二、青年就业压力临床评估与干预一例

（一）案例简况

一位建筑专业的本科毕业生，在毕业离校的近两年时间里，应聘了近 10 个单位，但都在试用期未满就被所聘单位辞退。至今自觉走投无路，寻求门诊帮助。

该生出生在内地农村，家境贫寒，家乡对其有较高的期望。学习成绩优秀，考入了不错学校和专业。因为性格耿直，有强烈的公平观念，毕业后进入一个建筑研究单位，却与同科室的两个年青同事无法相容。具体情况是，那两个哥们，当主任在场时，他们会互相争着去打开水，当主任不在时，两人又一唱一和地调笑来访者“懒惰”，并指令其去打开水。因咽不下这口气，来访者不接受。于是在仅 4 个人的科室中，除了主任，是二比一。试用期满，来访者被主任辞退了。

接下来的一年多，类似的情况一再发生。最后决定，来杭州求职，并与女友商定，一旦立足，女友也一起来汇合。但这一次，让来访者的最后希望几乎破灭。原来事发当天，来访者在应聘的星级酒店做迎宾生，接他班的人却迟迟不来。等到半小时后终于来了，来人不但不表示歉意，还大大咧咧的样子。来访者忍不住说了他几句，没想到对方居然骂起来。忍无可忍下，两人就在大堂里吵了起来。这一吵，第二天经理让来访者走人，而与其吵架的人却没什么事。

（注：该例压力因素关系示意图可参阅第 7 章第 2 节幻灯片 9）

（二）压力系统模型分析

该案例最早的表现是焦虑、抑郁和愤怒等情绪症状，伴有失眠、敌意等行为问题，自我意识陷入自责、自卑。随着时间的推移，该生的心理系统进一步失衡，如来自贫穷家庭的事件增多（毕业多年不能自立）、来自女友的事件增多（无法给她交代）、多次失败后的自我评价和应付能力下降（趋向消极）、社会支持度的下降（远离原籍）。但只要依据系统模型加以整体认识，就会发现该生的心理问题虽然表现为系统的失衡，其核心因素是人格上存在问题，那就是求全的性格和绝对化的公平观念。这种人格特点，导致了一系列的情绪、行为和社会适应问题，并形成恶性循环。

（三）评估与诊断

对该案例的压力多因素评估结果的现象学描述如表 6-3-2 所示。分层次评估和系统评估可参阅第四章（注：指原著）。

表 6-3-2　案例压力因素评估结果

压力因素	特点描述（根据晤谈、调查、观察和测验）
生活事件	负性生活事件越来越多（一再被辞退、家庭急待经济来源、女友如何处置）
认知评价	对社会的看法越来越负面；认识问题越来越钻牛角尖
应对方式	反复失败后消极应对越来越占上风，积极应对几近荡然无存
社会支持	远离亲友支持；新的社会支持系统未能建立；女友的支持正在演变成负性事件
人格特征	求全，绝对公平观念（重要因素）；自我意识问题（自责、自卑、自我拒绝）
心身反应	浑身没劲，少量躯体化症状；焦虑、抑郁；失眠、冲动、敌意

（四）干预

按照评估结果，首先指导其认识到目前的问题是整个压力系统的失衡，其核心却是人格中的求全性格和绝对公平观念，通过反复心理指导使其认识到人格问题的重要性，并结合人格特点向其传授心理移位、放松训练等相应的心理行为技术。然后分层次对各种突出的压力因素实施干预（教育、指导和心理治疗）。

三、高血压患者心理压力临床评估与干预

（一）门诊案例

男，70 岁，农民。

主诉：反复头痛 20 年，近 5 年加重伴有高血压，症状在劳动时减轻，休息时加重。

简历：20 多岁时因政治原因（留宿表弟一夜，不料事后发现是个有严重问题的人），被从大城市的工人队伍中清理回乡（老家已无亲人），此后不断在历史节点上遭批判甚至斗争。终身未娶，单身一人，也没有亲戚、朋友。他自诉一直保留着当初码头工人积极分子的秉性，有干劲、积极向上。长期以来“坚持原则”“喜做好事”，却总得不到村里人的理解，反而屡遭冷眼与指责。例如，生产队集体劳动时，曾指责那些拄着锄头扎堆抽烟的年轻社员，你们要对得起每天挣得的劳动工分，反遭青年们的讥笑和白眼；一次上山挑来大量黄泥土填补村庄路面，将那些坑坑洼洼填平，不料暴雨后，却弄成了一路的泥泞，还弄脏了一路上原来用于雨天跳着“舞步”走路的石块，遭到几乎全村人的辱骂。他自诉早就反思过是否自己得“改一改”，也有人劝告过自己，但一提到这个问题，就会“不由自主”地想自己一身正气，居然为了“苟且”而放弃做人的底气，心有不甘，终不能融入当地

农村社会生活。50 岁以后，逐渐出现“头痛病”，近 5 年症状加重，且发现有高血压。奇怪的是，他的症状在下农田卖力劳动时会减轻甚至消失，而在家里静处时则加重，因此多年来不论风霜雨雪他几乎有事无事每天都要下农田。近期他感觉快要支撑不住了，才想到去早年工作过的城里看心理门诊。

来访者各种压力因素如图 6－3－2 所示。

此例已排除人格障碍与偏执型精神病。

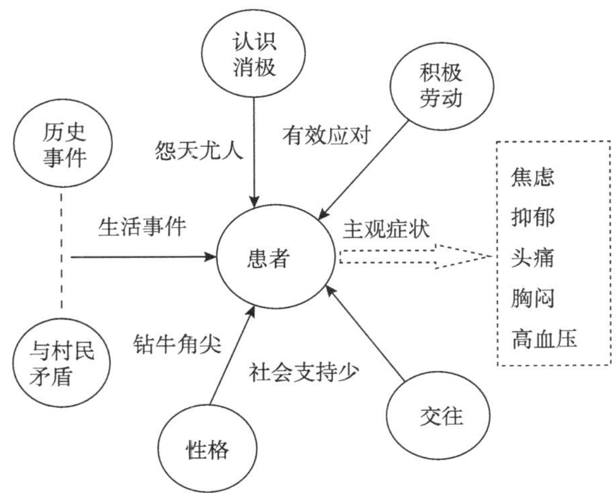

图 6－3－2　一位老年高血压患者的压力分析

（二）压力系统评估

根据压力系统模型的分级评估程序，使用晤谈、观察和部分量表获得结果：①压力因素评估：结果的现象学描述如表 6－3－3 所示。②压力三层次评估：其中第三层存在人格问题，第二层存在生活事件、认知评价、应对方式、社会支持问题，第一层存在心身症状问题。但从层次的比较角度，第三层次人格中的“超纯”观念，在“系统”的长期恶性循环中起着重要作用（同时也是压力系统模型中的核心因素）。③压力系统评估：整体上处于失平衡，这种失平衡不但表现为多种因素之间的恶性循环，还表现为条件反射性的失衡。例如，在家安静时，由于人格的影响，认识变消极，出现情绪反应和血压升高症状；反之，到农田劳动，压力系统趋于相对平衡，症状消失。

表 6－3－3　案例压力因素评估结果

压力因素	特点描述（根据晤谈、调查、观察和测验）
生活事件	历史累积的大量生活事件（被开除、历次运动冲击、村民的谩骂）
认知评价	看问题钻牛角尖（社会不公、自己作孽、没有前途）
应对方式	利用劳动可以忘却冤屈、分散注意、减轻症状，消极应对量表分低
社会支持	家庭内和家庭外的社会支持均缺如，量表测查支持该判断
人格特征	求全、超纯的道德观（重要因素），热心公益，MMPI 的 pd 分高
心身反应	焦虑、愤恨情绪，伴头痛等症状，SDS 量表分高

（三）压力综合干预

压力综合干预是在高血压药物治疗基础上进行的。

首先，做“压力系统的分析与指导”，使来访者对自身压力有全新的认识。

其次，根据压力三个层次的评估结果，制订“分层次的压力管理计划”，该例 3 个层次都存在问题，但人格因素起了重要作用，故应从第三层的人格方面入手，采用认知行为治疗的指导模式。

最后，根据门诊进度，逐步实施“压力因素的干预”，采用心理教育、心理指导的方式，如帮助其提高社会支持、改善应对方式等（注：具体参见原著第四章第十节）。

四、慢性疼痛患者心理压力临床评估与干预

（一）案例

一位由急性疼痛转化而来的慢性疼痛综合征患者的主要心理、社会和躯体问题，按系统模型整理如表6－3－4所示。

表6-3-4　急性疼痛和慢性疼痛综合征的心身问题比较

压力因素	急性疼痛期的心身特点 （伤后3个月之前情况）	慢性疼痛期的心身特点 （伤后1年以后情况）
认知评价	对预后看法积极，对治愈有信心，关注工作和外部世界	“痛”成为核心关注点、看问题悲观，专注于痛体验和先兆症状
应对方式	相信医生、求医和合作，使用止痛药，积极活动	祈祷、不断变换医生，寻求各种良方、药物依赖，卧床时间多
社会支持	亲友探视，友善待人	社会交往中断，容易怨恨别人
生活事件（疾病以外）	生活事件少（工作责任消除，家人理解融洽，获经济补偿）	家人冲突，工作事件，经济事件
人格特征	原有的人格特征（稍有求全、敏感倾向）	宿命观念、自卑、丧失信心，依赖，疑病量表分高
心身反应	焦虑、害怕、情绪行为积极，内脏生理觉醒（心率快等），局部或全身肌张力增高	情绪抑郁、波动、缺乏兴趣，回避现实，消瘦、肌萎缩、无力，嗜睡、失眠

（二）分级评估

通过晤谈、调查、观察和压力评估量表，对慢性疼痛患者进行压力分级评估，分别列出压力因素（表6-3-5），并进一步分析判断压力3个层次和整个压力系统的特点（参阅原著第四章第九节）。

表6-3-5　案例压力因素评估结果

压力因素	特点描述（根据晤谈、调查、观察和测验）
生活事件	（疾病以外）家人意见分歧，担心失去工作，经济困难
认知评价	看问题消极，预期悲观，专注于痛体验和先兆症状
应对方式	不断祈祷，不断变换医生，寻求良方、回避活动，药物依赖
社会支持	社会交往中断，容易怨恨别人
人格特征	宿命观念、自卑、丧失信心，依赖，疑病量表分高
心身反应	抑郁、失眠，回避现实，嗜睡，消瘦、肌萎缩与无力（重要因素）

（三）系统干预

根据分级评估结果，进行“压力系统分析与指导”，制定“压力层次干预策略”和实施各种“压力因素干预”。需要指出的是，心身症状是本案例系统失衡中的重要因素，作者认为类似这种病例，心理社会干预措施应在对症治疗的基础上进行，这与杜克大学的处置方式稍有不同。

五、医源性心理压力临床评估与干预

（一）门诊案例

因患有“乙肝”到处求医问药，耗尽积蓄后，听人建议来心理门诊。

经过门诊仔细晤谈，查明来访者是一位年轻的外来打工者，居住在城郊出租房。做个体泥工的丈夫和做缝纫的妻子带着一个孩子。一天，丈夫因为感冒发热觉得无力而上医院检查，血液化验显示乙肝三系阳性，但肝功能指标正常，医生口中不经意的几个词汇“乙肝阳性”，却在丈夫心理上产生严重的暗示作用（他暗示），确信自己得了“乙型肝炎”，且越来越觉得病情在加重（自我暗示），于是除了休息还到处寻找良方，去的又都是挂牌专门治疗乙肝的医院或者诊所，几乎将几年的积蓄耗尽。妻子发现丈夫“病情”严重，自己也感觉无力（丈夫的他暗示），怀疑自己是否也得了同样的病（自我暗示），到医院一查，也是“乙肝阳性”，而且还有“肝肋下两公分”，结果妻子也倒下了。由于来杭时间不长，积蓄不多，本想尽快将病治好可以外出赚钱，不曾想越急越乱投医，病没有治好，妻子也倒下了，更要命的是仅有的一点积蓄花费殆尽，夫妻陷入绝境。有邻居建议他们，是否试一试心理门诊，才来本门诊。

在此例中，来访者限于当时的生存条件，对“乙肝”常识无知是其自身的原因，但多个求治环节的医生未能让他明白乙肝与乙肝三系阳性的区别则是重要的医源性原因。其中可能缘于治疗收费的经济利益，也可能缘于责任缺失。其实直到目前，社会上类似的长期“肝病号”还有。

（二）评估

根据压力系统模型，采用晤谈和测验等方法，做压力分级评估（注：参见原著第四章第九节）。压力因素评估结果如表 6–3–6 所示。“压力层次”评估：第二层次的乙肝“诊断”信息是启动因素，认知因素（缺少知识和暗示作用）和社会支持缺乏是重点因素，第一层次的心身症状更多的是他暗示和自我暗示性的，第三层次的人格特征虽然在系统失衡后一定程度上影响其他因素，如应对更趋消极、助推了系统的失衡，但不是心理问题的主因。“压力系统”评估：由于缺少“乙肝”知识和缺乏社会支持，在医源性事件基础上，压力多因素的恶性循环，导致系统失衡。

表 6–3–6　案例压力因素评估结果

压力因素	特点描述（根据晤谈、调查、观察和测验）
生活事件	乙肝“诊断”（启动因素），经济困境，失业
认知评价	缺乏乙肝有关知识，判断和决策上的绝对化，暗示作用（重要因素）
应对方式	不断变换医院和医生寻求良方，TCSQ 消极应对 67、积极应对 43
社会支持	远离原籍，缺乏社会支持（重要因素），PSSS 家庭内支持 53、家庭外支持 31
人格特征	生物医学观念，自卑，疑病倾向
心身反应	焦虑、抑郁，失眠，无力

（三）干预

此例的压力系统模型干预方法，重点是开展心理教育和心理指导。策略上分级实施。

首先，将“压力系统”和“压力层次”评估结果向来访者做宣传和指导。指出对“乙肝”的理解错误是问题的起点，继而引起多种因素之间的恶性循环，才导致了问题的产生和恶化。通过解释和反暗示，当场取得不错的干预效果。

其次，针对不同的压力因素如认知偏差、社会支持缺乏、继发的生活事件、消极的应对方式和人格因素，分别以各种心理指导技术给予干预，必要是给予抗抑郁药。

六、人格障碍患者心理压力临床评估与干预

不论心理学界或精神病学界，都认为人格障碍是难以干预（治疗）的。原因之一是人格定型，改变困难。原因之二是这些人往往缺乏求助动机（来门诊目的往往是发泄、评理或请求治疗症状）。作者尝试以压力系统模型的门诊咨询模式对人格障碍问题来访者提供帮助。结果，部分来访者的社会适应和情绪控制方面有长进，显示有一定的效果。几位来访者门诊过程长达多年，至少说明这种干预方式能够帮助部分来访者建立和维持求助动机。

（一）案例

例 1：反社会人格

男，27 岁，未婚，独子，家境好，父母和众多亲友均有稳定工作和优越的社会地位；既往无严重脑和躯体疾病史。由于资料过多，综合介绍如下：

环境适应方面：长期不能承担正常的学业或职业角色。例如：小学和初中时成绩差，打架，因违纪而记过；初中毕业被送到乡下读高中，与“乡巴佬”同学斗，又经常吃亏，高考未上线；“高复”后考上“三本”，但与同寝室同学陷入冲突，毕业前“红灯”十几门，经反复补考才毕业；毕业后 3 年，已“跳槽”多次，目前待业。

信念或观念方面：极端自我（有时候又非常“为公”）、残酷、冷漠。例如：说“杀人与杀鸡有何区别！”；问他为何报考化学专业，回答说是希望有机会发明一种药，既可毒死坏人（仇人）又不被发现。

人际关系方面：对人缺乏诚意、残酷无情，以他人的痛苦为乐，缺乏稳定的朋友。例如：恶毒诅咒高中同学，听说其中一人出现意外，很是高兴；上网聊天遇到“弱者”，会变着法子捉弄对方，并引以为快，认为这些人本来就是下等人。

情绪行为方面：经常为一点小事暴怒不已；事后可有悔恨，但始终不能改变。例如：因为母亲唠叨，多次动手打母亲，事后后悔，甚至骂自己“不是人”，但不久又犯；挤公交车时感觉背后有人推搡，即回手予以一掌。

智力方面：聪明。例如，广读各种书籍，特别是“厚黑学”一类；曾多次到书市窃书作“收藏”，很少被发现；知识广，口才好，侃侃而谈；相貌堂堂，一表人才，初次接触彬彬有礼。

以上各种“特点”从童年开始。例如，在小学和初中时即有逃学、打架、往同学的饭盒里吐口水，用计谋与老师“斗”，以及摧残乌龟等品行问题。

对以上各种问题缺乏自知，一味埋怨别人，埋怨社会，但自我保护能力尚可，在与外部人员的冲突中，至今还没发生过严重的伤害。

例 2：偏执人格

女，35 岁，未婚。将信将疑地走进门诊室。诉说，小时候母亲如何对她不公平，例如，有一次弟弟有一个鸡蛋，却没有她的份。又诉说，长大到十几岁时，姐姐和姐夫欺负她，家里唯一像样点的房间被他们占作婚房。继而诉说，进入工作单位以后，先后有许多同事让她吃亏，先后有多个领导对她不公。所有这些，都有她具体动情的细节描述，足见事实的存在。

来访者一直在寻找说法，努力“讨回公道”。前几个月，她终于找到一个记者，向他倾诉了自己的不幸经历和各种委屈。记者很受感动，出于为妇女维权的责任感，倾情为她撰写了一篇关于妇女受到社会不公平对待的人物报道。为此她曾很开心，觉得终于找到了讨回公道的机会。可谁知，她很快发现这个记者也不是“好人”，因为报道是写了，但却没有帮她落实各种具体事项。找的次数多了，记者干脆就回避她，对此她非常愤恨。

听取她的诉述后，心理医生与这位来访者展开了讨论。期间尝试性地向她提问，你讲的每一件确实都是有道理的，但你换一个角度想一下，这么多年来（前后几十年），这么多人（有亲人、同事、领导、记者），这么多事（有各种小事、大事），为何总是你吃亏？听后，她没有接着话题一起讨论下去，而是警惕地似乎预知医生不支持她的“观点”，找借口离去了。

其实，她来心理门诊只是要诉说自己的“观点”，希望获得支持，而且还远远没有诉说完，如果处理不当，下一个愤恨的对象有可能就是医生。不过这位来访者最后还是重新来心理门诊，使得整个咨询活动能继续下去。

现阶段在心理门诊来访者中间，有不少属于人格方面的问题，或者接近于人格问题的案例。在触发其求诊动机和维系动机的基础上，可以通过压力多因素的干预，促进其适应社会，通过适应社会又进一步促进其人格或某些信念或观念的逐步改变。

（二）临床评估与干预

1. 案例 1

① 诊断分析：属于反社会人格（障碍）。在人格问题的五方面标准中，其关键点是正确的“人性”观念系统从小未能形成，不知道也不懂得体恤、同情、怜悯是何物，因而也很难说他是“故意”与社会作对（缺乏对此自知力），结果是造成无法矫正的社会不适应。

② 压力评估方法：主要通过晤谈和调查（问家人），以及心理测验（压力因素与压力系统、心身症状、MMPI 等人格量表），评估压力因素（表 6－3－7）、压力层次和压力系统特点。其中，要关注人格层次的信念或观念系统问题，即反道德、反社会和缺乏“人性”等特点（重要因素，也是压力系统模型的核心因素），还有应追查认知方面的特点，如消极自动思维和消极社会认知（重要因素，也是压力系统模型的关键因素）。

表 6-3-7　例 1 的压力因素评估结果

压力因素	特点描述（根据晤谈、调查、观察和测验）
生活事件	找不到工作（不适应社会）、攻击亲属，多次与社会人士冲突
认知评价	思维活跃、严密，有负性自动思维，有强迫思维倾向，社会认知消极（重要因素）
应对方式	容易肇事但处置能力尚好，消极应对量分低
社会支持	没有朋友、家庭外支持缺乏，家庭内支撑尚可，网络联系活跃但多为找刺激
人格特征	缺乏“人性”观念，异类价值观，冷酷，狡黠，对人格缺损无自知（重要因素）
心身反应	焦虑、抑郁、暴怒，仇恨，压力感，咽部症状

③ 干预方法：①通过宣传危害和后果启动和维持来访者求助动机。②压力系统分析指导，向来访者介绍人格问题的系统模型，强调是多因素的问题，但人格是核心，认识是关键。③针对压力层次评估的两个重要因素与压力系统模型的核心因素（人格）和关键因素（认知）重合，特别是“人性”信念或观念的异常，更宜采用认知行为治疗，通过认知治疗以及在良好感受基础上的社会行为训练，来促进正确“人性”观念的建立。这应成为正规门诊操作的主线，后面各种压力因素的管理也依附在这个心理治疗的主轴上。④针对评估获得的各种压力因素异常，采用压力综合管理与控制，以促进社会适应，以持续的社会适应来促进信念或观念系统的改变。

（注：该例断续门诊几年，有一定效果）

2. 案例 2

① 诊断分析：属于偏执人格（障碍）。在人格问题的五方面标准中，其要点是自幼“公平”观念内化过多（或“差异化”观念过少），在她的信念中只知道世界事物是公平的，不知道万物的差异才是永恒的，因而也很难说她是“故意”与社会作对（缺乏对此自知力），结果是造成无法矫正的社会不适应。

② 压力评估方法：主要通过晤谈和调查（问家人），以及心理测验（压力因素与压力系统、心身症状、MMPI 等人格量表），分级评估压力系统，重点追查其极端化的“公平”观念。

③ 干预方法：通过宣传危害和后果启动其求助动机；重点针对绝对“公平”的信念或观念，采用认知行为治疗方法，在良好感受基础上的社会行为训练，来促进“差异化”信念或观念的建立；针对各种压力因素异常情况，采用压力综合管理与控制，促进社会适应，继而促进观念系统的改变（注：偏执性人格障碍者心理咨询效果一般，该例复诊几次后失联）。

第 4 节　博文集（四）

压力（应激）系统模型是生物心理社会多学科交叉的理论模式，其内容看似容易理解实则较难把握，其学术价值又主要体现在被目标人群接受和应用上。为此，作者选取 2011—2022 年撰写的部分博文（原有链接和表情包已撤去），经组合分别列入若干章之后，目的是加深阅读者对该章内容的理解和把握，同时也为可能开展的系统模型各种主题宣讲和临床咨询等实际工作，提供部分可引用素材。

本节含 15 条博文，主要涉及与系统模型临床操作模式的原理、流程、技术、逻辑、注意事项等相关的一些案例和话题。

从对青霉素的恐惧，到对医药公司招牌的紧张（2013－06－23 11：24：16）

门诊案例：一位青霉素恐惧症患者的简单病史如下：女，45 岁，某医院护士长。曾接受青霉素注射，当即出现“过敏性休克”，但片刻好转（估计是紧张所致），从此对青霉素特别警惕，总是防备着。后来，她发现自己看到科室里用过的青霉素小瓶越来越紧张，因此请求调到供应室上班。一天，在供应室偶然看到一个纸箱，上面有“青霉素”字样，当即浑身发抖。从此只好病休回家。一次，侄子手捂屁股一瘸一瘸地走进来，她奇怪地问其为何，答曰刚从医院注射过青霉素。听到“青霉素”三字，她又一次当即差点晕倒。最后，某日她准备出门买菜，跨出家门时，不经意抬头发现对街有一个某某“医药公司”的招牌，瞬间极度紧张，急速返回关上家门。自此，不太敢外出，只能在家活动。

此案例是经过一次又一次的强化，才形成如此复杂而又怪异的症状，其中的条件刺激，从开始的青霉素药物，逐步泛化到小瓶、纸板箱、文字、语言、医药公司。

其心理门诊行为学治疗训练过程，则是一个反向的松弛条件反射建立和泛化的过程。

详细机制，可参阅行为学习理论中关于“经典条件反射”的章节内容（见姜乾金：《医学心理学：理论，方法与临床》第二章）。

不宜长期以哭泣作为应对压力的手段（2014－07－14 07：30：33）

从人民网浏览到 2004 年一篇与博主有关的文章，仍觉有理。予以转载（有删减）。

据报道，最近在南京市出现了一家收费“哭吧”，专门给人提供痛哭的场所，生意还不错。据老板说，他的想法来源于各种“发泄吧”，只是发泄的方式不一样。

中华医学会心身医学分会副主任委员姜乾金教授说，哭是人一种正常的情绪状态，是使身心达到平衡的一种手段。面对外界环境的压力，人总是会先选择用积极的手段去消除它，但是人的忍受力是有限度的，有时候也需要寻找一些途径来发泄。

人有很多减压的方式，比如打哈欠是睡前紧张情绪的释放，叹气是人主动地缓解压力，哭也是一种很好的解压方式，有助于个体达到暂时的平衡，所以那些到“哭吧”哭过的人，会暂时感到心情舒畅些。

但是姜乾金教授同时也提出，他并不提倡总是通过哭来缓解紧张和压力。人不是简单的动物，不能像动物一样，重复情绪堆积、发泄的简单过程。人是有认知功能的，有控制能力。如果一个人遇到任何困难和压力，不是积极主动地去化解，总是把哭当作一种发泄的方式，久而久之，哭就可能成为一种习惯性的行为，他的主动性、积极性、应对困境的能力就会降低。长期如此，他的人格就会有缺陷，性格和行为就会变得消极。

因此，如果不是客观事件造成的痛苦，如天灾人祸等，不提倡通过哭来发泄（注：人要学会坚强，学会忍耐，学会对各种心理压力的自我管理和调控）。

（来源：北京科技报）

网聊札记，强迫症状与行为理论和认知理论（2017－02－27 18：13：21）

担心划伤女儿，担心肮脏，担心上课注意力转移，越担心，强迫性对抗越烈。

类似这类强迫症状，可以用行为理论（刺激、强化、泛化等）来解释，这样的解释对患者和专业人士都有意义，但实际治疗效果上，确定性较低。

强迫症状也可用认知理论解释，那就是认知图式中的一连串“功能不良性假设”所致，同样具有“自动性”，意识左右不了。例如，万一（假如）女儿被我划伤，万一蟑螂残留有脏物，万一听课时注意转移了……后果将如何如何。结果在焦虑基础上真的发生了。这种现象是自动的，是长期严密认知逻辑沉积下来的，通过认识不会轻易地被控制或改交。

所以，行为学技术也好，认知技术也好，都需要通过长时间操作（技术）过程来实现改变。

说了半天，造成强迫性冲突的不良条件反射（行为学）和功能不良假设（认知学），其背后最根本的原因、为什么会发生，其实还是不清楚，即强迫倾向的最原始动力来自何方？原因不明。故一些人更倾向于脑神经生物学机制（药物有效）。

写“焦虑日记”治疗焦虑症（2017－04－19 15：10：20）

网上新闻，用“焦虑日记”治疗焦虑症。

其实，这就是“行为日记”中的“自我监督”。早在1986年，博主在医学心理学教材中引入行为疗法或行为矫正技术，其中就有介绍。行为矫正作为整体技术具有改变行为的作用，而其中所包含的行为日记（自我监测）和刺激控制、自我奖励（正强化）和自我惩罚等技术，也分别具有行为矫正的效果。当然，这里的“行为”是行为科学概念，包括各种心身活动。

家有医生，侧击“系统模型”（2017－04－25 19：03：41）

家有骨科医生，就“系统模型”谈看法：

系统思维，他人不易理解。就如同我的关节疼痛多因素理论观点。只有自己知道，和人家说不来的。

线性思维，其实就是把一个复杂问题单因素化。单因素说教对普通患者还是可以的，患者容易理解，且有利于遵循医嘱。

普通老百姓你和他介绍那么多，他们听不进去的。他们最喜欢听的是，我吃什么对膝盖好；做什么运动对膝盖好。所以很多医生就投其所好，制定了一些玄乎其玄的规矩。什么牛奶可以喝，鸡蛋不能吃啊，什么倒着走锻炼啊，还包括奇特的按摩手法啊。

（注：说的有道理。所以，系统模型的临床咨询，是一个细致的工作过程，不是一句话能定乾坤的）

网络案例——与父母决裂的“高考状元”（1）（2018－01－29 09：04：52）。

报载，某理科高考状元因适应不良等原因责怪父母，最终与父母决裂（个案附后）。

应 N 先生之约，谈谈此例的系统模型咨询策略

分析该例“状元”（下称来访者）：他的成长过程及所涉及的人与事，确实存在许多“是与非”“对与错”等具体线性问题；相关人士对其中问题的“因－果”分析，貌似也都有一定道理；来访者本人一直在苦苦寻找这类问题的答案；父母、师长、亲友、记者等相关人士，也都围绕着不同的线性问题的答案在不停地探讨着；相关人士就某些事件提出各种答案（解释），但答案却总是不同的，且也不能据以解决“问题”……

与多数心理社会问题一样，这类问题往往是“系统问题”，不能寄望于用各种线性的是非、对错、好坏标准去分析，去解释，去解决，也无法单独通过婴幼教育、人格发展、亲子关系、“大院”文化、社会适应、人际关系、情绪调节、职业选择等咨询话题，来达成问题的整体的解决。系统问题还得用另类的解决办法。

本例适合依据博主的“压力系统模型”，采用系统咨询模式：

首先，要排除精神方面原因，如精神分裂症、抑郁症、人格障碍等（特别是偏执性障碍）。

其次，按系统模型的门诊咨询步骤：

初步判定这个案例的人格特点（偏执或执着）是导致压力系统 6 个维度分别出现一系列问题的核心因素（正式判定则须有系统的晤谈和必要的测评）。

咨询的第一次或前几次，很重要，要让来访者接受整个问题的系统模型，使其认识并愿意通过系统调控方法，而不是从“对与错”“是与非”的答案上，来解决自己面临的问题。

这里要指出，如果只是对来访者叙述的问题作简单的“是与非”“对与错”的线性分析和解答，哪怕在理论上无懈可击，但也可能会让来访者陷入类似在国外心理咨询以后出现的问题——在国外心理咨询中，心理咨询师曾告诉他成长过程中缺乏父母的无条件积极关注。这个认识是人本主义的理论，本身没有错，但这个解释不是帮助来访者解除对父母的恨，反而是佐证了来访者一直来对父母的恨是有道理的，其心理问题更严重，与父母的关系也进一步失衡（与父母断绝关系）。

在接受系统模型基础上，咨询活动始终以促进来访者的系统再平衡为总目标。可分别针对“6 个维度的问题”，选择不同理论模型下的各种心理行为技术，如认知矫正、行为训练、社会强化等，一步一步促其实现目标。

当然，整个过程得重视来访者的认知这个关键因素，促其关注和体验心理系统各因素之间的交互影响和动态变化，提升再平衡能力。在咨询过程中，如能及时发现来访者的某些心理变化线索，促进其顿悟，或许一次咨询就能使其“恍然大悟”，并让接下来的治疗配合和响应都变得容易。

附个案：某大学毕业留学生发万字长文数落父母，12 年不回家

红星新闻

在父母和外人眼里，王猛（化名）符合所有“别人家孩子”特征：从小成绩数一数二，某一地级市高考理科状元，被某大学最好专业之一的生物专业录取，本科后又成为美国排名前 50 的大学研究生……

然而，这一切光环的背后，却是王猛和父母的决裂：12 年前，他不再回家过春节；6 年前，他拉黑了父母所有的联系方式；他甚至还准备再到某大读个心理学方面的博士，以解决自己长期压抑之下的心理问题。

他将自己与家庭决裂的根源归结为父母从小对自己的“过度关爱”。近日，他写下万字长文，并发给了一些要好的朋友，告诉这些年轻的父母“哪些事情是不能做的”。

儿子的万字长信（略）

网络案例——与父母决裂的“高考状元”（2）（2018-02-01 11：55：05）

N 先生又推荐一篇雄文，仍然是关于“状元与父母决裂”。雄文内容和针对性与前文类似，充满了是非对错和理论分析（证明父母的错。因篇幅过长，此处略）。粗粗回复，供同仁参考：

此文仍然是在系统问题中，以线性的角度或选定的维度，寻找“是”或“非”的答案，针对的仍然是父母。

其实，只要知识和智力不欠缺，所有的人换个不同角度，以是非、因果、对错等常识或“标准”，都可以从这个儿子与家长的系统关系中，分析出一连串具有对错、好坏标签的具体问题来。只是结论会不同，甚至会相反，而且针对的是儿子。

比如，文中说，父母应该批评“说坏话”的阿姨，以保护儿子，这个要求是对的。但结果，父母没有批评阿姨，而是提醒儿子“学会接受不如意的人与事”，以促进儿子适应环境，这其实也是对的啊。只是此文作者选择了前者。

又比如，文中认为，父母应该让孩子关房门，可以给孩子提供自我空间，这是对的。但结果是父母不让孩子关房门，这对于担心孩子自控力不够，不让关门也是一种行为监督技术，理论上也是对的啊。作者也是取前者。

此文似乎是某一个人（可能是心理咨询师），站在系统中痛苦的儿子立场上，以人本主义理论的角度，挖掘出符合人本理论、符合因果逻辑、符合情节事实的一连串问题来。其因果结论也是必然的——父母太坏了。结果也很符合来访者的“需求”。咨询师是完成任务了，既符合事实，也有理论基础，但来访者问题并不能解决，甚至更痛苦。

同样，如果让一位学过别的理论如行为学习理论的人，也站在儿子立场，来挖掘父母，也可以写出许多符合行为学理论、符合因果逻辑、符合情节事实的一连串问题来。对父母的结论则可以是好的，也可以是太坏了的，但与此文作者的结论通常会不一样。

再倒过来，换个角度，如果有人站在系统中痛苦的父母立场上，分析儿子，同样可列出儿子的一大串"不应该"来，且也符合理论、符合逻辑、符合实际。但结论却是——儿子太坏了。

所以，我的评论是，该文写得有理（通常的知识和理论），有节（符合所举例子局部的线性逻辑），也说出了来访者的心里话，与来访者的自身体验一致。只是，如果有人站在父母立场上来分析儿子的问题，也会说出许多父母的心里话，与父母的自身体验一致。然而，像这一类分析和结论，有做学问的意义（教师），并无解决问题之功效（医生）。

总之，该文与前文作者们的分析，符合通常人们的思维习惯，有可读性，也有很好的专业讨论价值，但关键是，无解决来访者这类系统问题的实用性。

网络案例——与父母决裂的"高考状元"（3）（2018－02－03 10：41：55）

关于"状元与父母决裂"，媒体与网络在继续发酵，包括高级报刊和许多"大 V"，继续在分析和寻找"为何会这样"的答案。结果几乎一致认为"原因"在父母，少数认为错在双方。这些以"是非、对错"为标准的判断，都没有"错"，反映的是人类正常认识。

然而，对于急需解除痛苦的状元（来访者）本人来说，这些集全国精英所得出的结论（父母错误是"因"，状元痛苦是"果"），又能给他带来什么样的结果呢？他能够，也只能够，以同样的、正常的、线性的"因－果"思维，更坚定地在认知维度上，确信，错在父母（坏的），自己是对的（好的）！但是，问题也许会更严重——来访者或会更仇恨父母，自己则更痛苦——就像父母所认为的，国外咨询以后，他更仇恨父母。（这里似乎无暇关注父母是否陷入极度的痛苦之中）

……

对于这位来访者，与其继续不断地以讲道理、寻答案的方式帮助他，不如采用基于压力系统模型的咨询指导模式：

首先，应通过认知维度，让来访者明白，死磕"是非、对错"，属于线性思维；一味追究父母的责任（好坏），并不能解决当前的痛苦。应在更高处，看到问题的多因素、多维度属性，才能从系统的视角加以认识和解决。以举例加强说服力：

多因素——你的问题包含认知（父母错），情感（恨父母），行为（放不开）等多因素，而父母的亦一样。你的痛苦至少涉及压力 6 个维度，父母的亦是。举例……

互相影响——你父母即使过去某些做法不妥，但影响是互相的。父母的做法对你的认知、情感直至行为维度可能产生影响，但后者对前者的影响也不能小觑。举例……

动态平衡——你的孩童阶段和现在成年阶段虽有关联，但根本上是动态变化的。成人的自我系统平衡及与环境之间的动态平衡能力是巨大的，不但能修复自身认知情感行为之间的失衡，也能促进与环境包括父母之间的再平衡，而后者与自己之间大系统的平衡就是终极目标。例如……

认知是关键——以上三项的实现，首先取决于你的认知维度，绕开通常的线性“是非”认知模式至关重要，否则永远跳不出认知维度上的死循环，更别说促进压力系统的内外多因素（自己与父母的）再平衡。举例……

人格是核心——你在认知上坚持“线性正确”（甚至偏执、顽固），与多种个性（信念）因素有关，虽然后者是在你成长过程多因素互相作用中形成，但现在反过来影响你的所有压力维度。这种恶性循环必须予以突破，才可能有认识上的“顿悟”。举例……

其次，在来访者配合下，采用各种理论指导下的心理行为技术，促进各种压力因素（维度）的内在平衡（6个维度的调节理论与技术），然后实现压力系统（个人、父母、环境）的整体平衡。

网络案例——与父母决裂的“高考状元”（4）（2018-02-06 00：10：06）

看来，“系统模型”及主导下的心理咨询模式并不“孤单”。从文后选取的截屏看，多位国内“大伽”在私聊和群聊中，表示了关注和支持。

同时，讨论中还引出一个重要话题——系统模型咨询模式所叙述的内容（也就是多次博文），能否让来访者自己去“读懂”，然后自己“纠错”？

答案是，对常人可以（但不需要），对有问题者不行！那往往需要“艺术”的运作过程（在互动过程中逐步演绎）。

其实这个道理同样适用于多种心理理论下的心理治疗技术。例如，给抑郁症患者阅读认知行为治疗范式的文字介绍，患者自己就能“读懂—想通—病除”吗？

不幸的是，当今不少教师、心理咨询师等人士，确实持有这种认识。归根结底他们将心理问题看成认识问题，说明他们自己就是陷于“是非对错”的线性思维陷阱里（笑）。

附：多位“大伽”在私聊和群中表示对作者博文的关注和支持（略）

“怕死”，线性思维或系统思维都为之奈何（2019-03-02 08：48：25）

提要：通过认知上的线性推理或系统分析，试图解除诸如乘飞机怕摔下等“怕死”问题，都存在难度。要另外设法。

友人 Xu 忽然来微信，笑谈乘飞机怕摔死的话题：

浅谈心理

有时去乘飞机，心里真有点慌，这么高，万一掉下来还有命吗？

然后想想，机上这么多人，有许多精英人士，也有许多豪富阔佬，更有许多挡不住春光外透的青春年少。飞机万一掉下来，大家不是同样都没了吗？比起他们来，自己这根老树又算得什么呢？于是安慰自己：别慌别慌。

转而一想，我们活到了古稀之年不容易，人的寿命就这么一点点，虽已活过平均寿命，那这剩下的一点点不是更宝贵的吗！这么一想心里又慌了。

再转而一想：平均寿命就这么多，咱已超过了平均寿命，这是上天对自己的格外开恩，过一天就已经赚一天了。况且……

我们小百姓算得什么？历史大人物出生入死，天下都是他们打下的，不是也同样活到这么岁数吗？

还有腰缠万贯的豪富们，有广厦万间，要风得风要雨得雨，但一旦缠病，“白和尚”传票到，这广厦万间带得去吗？

上天给予人们的寿数，是天下最最公平的事呀！

这么一想，心又不慌了。

姜回复：

有趣的“浅谈心理”！

文中的各种正反理由大致是在职位高低、财富多少、存活期长短等维度基础上的通常的线性推论。反映系统问题的多维属性。

例如，从存活期维度上：“我们活到了古稀之年不容易，人的寿命就这么一点点，虽已活过平均寿命，那这剩下的一点点不是更宝贵的吗！这么一想心里又慌了”。

但在存活期维度上，也可做另一推论：飞机坠落，年龄越大，失去的时光也越少，损失越小，越不可惜，越不用怕……

同样，在职位高低、财富多少等线性维度上，也难以使用推论来说服人们消除对坠机的担心或恐惧。

其实，人们通常是从概率大小这个线性维度，推论自己的飞机不会掉下来的。但，毕竟这个世界时不时会有飞机掉下来的记录，故还是有人因担心“万一”而会害怕的。

显然，人之怕死，并不能以各种线性的理由予以完全克服，因为：

人之怕死，与生存期无线性关系——幼儿怕“死”，青年不太怕死，老年又怕死，且也许越老越怕死，您就是一位。当然“生不如死”者除外。

人之怕死，也与官位大小、财富多少等无线性关系——官员、富翁的怕死未见与大众有何不同，相反他们的自杀也并不比常人更少见。

人之怕死，虽与事故的发生概率有关，却也不能推论以说服一些人别害怕意外事故，毕竟在这个世界上和生活中，意外事故天天在发生。

其实，怕死是与生俱来的：怕死是千万年生命延续过程中反复训练沉淀下来的，属于人的本性，是生物防御的组成部分，人们对之也只能叹奈何——好死不如赖活！

总之，人之怕死，不是线性问题，也未必是系统问题，本质上是天性问题，认知活动中的线性推理或系统分析，对于解除诸如乘飞机怕摔下等“怕死”问题，往往有难度。

或许，得想另外的办法。通过一些认知活动，如积极的暗示，或者尝试以博主曾提到的“未知领域说”进行“说教”，或能对某些过度怕死的人更有点说服力（注：某些心理问题通过一般的心理咨询是难以解决的）。

附博文：

1. 糊涂地活着与明白地死去（略）

2. 关于“怕死”的通信对话（略）

宣讲“睡眠的充足很重要”和“失眠的危害很严重”，带来什么？（2019-03-15 08：30：55）

前日，远方某报记者又来电采访，又是关于3月21日世界睡眠日宣传活动的话题。

这次我谈了一个很难谈清楚的问题，就是大力宣传睡眠的重要性，不断告诉大众失眠的危害性，真的就能让大众少些失眠，让失眠者恢复良好的睡眠？

在我的《医学心理学：理论，方法与临床》一书的第六章第一节之三中，谈到了包括失眠等心理问题的“意识”与“下意识”问题：

在实际工作中，我们可能希望通过意识活动，包括使用“常识”“逻辑”和“判断”等，试图说服或帮助来访者解决心理问题，好像各种心理问题都是“意识”的问题（即思想问题）。但实际情况是，一些来访者的心理问题并不能用意识问题来解释：例如，来访者明明知道自己的情绪低落（抑郁症状），或者明明知道自己有不必要的重复动作（强迫症状），或者迫切希望自己尽快入睡（失眠症状），说明他们在意识层面是能够“认识”到问题的存在的。而且他们还曾经长期通过自己的意识努力，比如查阅大量资料，获得各种知识，掌握其中原理，了解因果关系，试图“让”自己消除抑郁，控制重复动作，安然入睡。但实际上，他们越是这样努力地去“意识”问题，越是努力地使用自己的“随意”控制力去克服问题，问题往往越严重。同样，来访者亲友也尝试运用通常的“劝说”，让来访者“明白”这些道理，从而使这些来访者改变上述症状。结果同样无效。

这就说明，许多心理问题的产生和形成，超越了人类意识层面的认识活动和逻辑解释，需要从下意识的影响因素，由另外的“道理”——各种心理理论来解释和解决。

…………

采访结束，我开玩笑说：失眠是多因素的“系统问题”，除了生物因素（如遗传、疾病、长期用药），个体心理素质（如性格、暗示性）和心理压力（认知是关键因素），与某些信息的反复传入有关。在某种意义上，反复宣讲“睡眠的充足很重要”“失眠的危害很严重”，对敏感的失眠患者绝对是负性信息（注：这也说明，临床上许多心理问题，通过“常识”“逻辑”和“判断”等说教，是难以说服或帮助来访者解决问题的）。

厌学问题（咨询札记）（2019-12-19 21：29：01）

初二厌学男孩，在首次咨询后未能按承诺去上学，说明情况有点复杂。

前日首次咨询，由几位亲友陪同，检查未发现病理症状，根据其能自己欣然同意来诊，考虑其有解决“厌学”问题的欲望，即有求助动机。然后，在与其反复明确应有的思路和方法（附后）后，促其答应在第二天先尝试上学。

然而，孩子第二天没有兑现承诺，仍未上学。这说明他首次同意来咨询，未必真的有寻求解决自己问题的动机，其目的或仅仅想以此来证明自己的问题是解决不了的，本质上是对抗家长的施压。没有求助动机的来访者，自然心理咨询的效果会比较差。

在策略上，如果仅仅是“厌”（讨厌、害怕）学（作业），但有寻求改善的愿望，我们可以从促进“厌”转变为“悦”的方法入手，这是感受（情绪）层面上的问题，心理教育和指导容易有效果。

但厌学久了，长期的负性感受，会逐渐沉淀出某一类消极观念，比如“读书无用”。这类深藏的消极观念（通常不与师长说），除了加重对上学和作业的痛苦感受，也会影响认知（更消极）和行为（更逃避）。痛苦感受、消极认知和逃避行为三者互相影响，使问题变得复杂，解决起来棘手得多。这种已深入观念（信念）层面上的问题，不是简单的劝导就能够扭转的。

对于观念（信念）方面的问题，需要有耐心，还要有技巧。设法先动摇其消极的观念，要先搞清楚孩子心里到底是怎么想的，也就是他的观念问题出在哪里，然后利用心理指导方法，引进新的观念。比如，知道孩子已萌生“读书有什么用，不读书照样做生意”的价值观念（该生家长做生意），那么就要先设法“让”他知道，不读书也会有各种严重的后果，而读书特别是愉快地读（不涉及分数只强调知识收获）会有多少好处。然后接入下述思路和方法，推进思维（认知）、感受（情感）和行动（行为）的综合改变。

思路和方法：先承认玩手机抖音带来愉悦，做作业带来痛苦，再现场引导其体验曾经在完成作业后也有过愉悦感，然后一起将学习和作业的目标内容按难度分解为不同的等级，从低难度的目标开始，有计划分阶段去实现它，并且在实现目标的时候及时寻找自我强化，即设法让其感受实现该目标时的愉悦感和成就感。也可参阅博文“如何让孩子喜欢学习”（略）。

女孩问，我想变性，你怎么看？（2021－12－23）

女孩问：如果我想变性，你们有什么看法？

答：是觉得男人好，还是喜欢女人？

问：男人好（显然是社会层面对男女优劣的认识）。

答：这个世界，男人有好多好处，也有许多坏处，女人也有许多坏处，也有许多好处。因为，人类社会就是一个系统，是多因素构成的系统。许多问题，从一个角度看，是这么回事，只要稍微换一个角度，就成为另外一回事。

更重要的是，在目前环境下，变性以后，会有部分人觉得你是个“假”男人。一个“假”男人，在男性社会里不易融合进去，在女性的群体里，也易被排斥。两面不讨好（个别有另外优势的人例外）。

不论哪一种变性，都需要终身用药。长期使用激素，对人体的影响是持久的。

认知，情绪，行为，与抑郁症（2022-02-18 13：15）（微博）

（网上咨询摘录）

情绪、认知和行为，是互相影响的三角关系，是心理系统中三个关键的维度（深层的人格因素也不能忽略）。但更应该认识到，这三者之间是互相影响的，在抑郁状态下，三个维度都容易趋向于消极。

也曾跟你说过，不论用药物改善情绪，或者通过认知治疗改变认知，或者通过积极的社会生活训练改变行为，都是治疗抑郁的可行手段。三者同时进行，起相辅相成作用。

但如果问题的根本属性（如抑郁症）还在，这些调控的方法，其效果也是值得讨论的。

具体到你这一次。开始恋爱，男女相吸的愉悦，本身就是一种积极的情绪。情绪水平的提升，会让认知变得积极，行为也会比较活跃起来，反过来也部分的促进情绪的提升。这就是你自己的前面一段情况。

你已经知道，抑郁症的认知有一个基本特点，在求全完美标准化的认知图式基础上，看问题容易趋向线性的两个极端（即绝对化和极端化），及以自我为中心。以你这次后段时间为例，你先是认为女友应该全部顾及你的感受（其实这不可能），然后是认为离开女友冷静一段时间会更好一些（其实你的情绪低落在见识女友前就存在）。这就是两个极端。认识的极端，让你的行为表现也选择极端，要么全部拥有，要么完全离开。极端的认识和行为，不论是哪一种，哪一个方向，自然都与不良情绪相关联。然后你必然又会以不良的情绪去寻找、去认识问题的原因。在认识过程当中，又会走向两个极端。然后根据极端的认识，又会做出两个极端的行为选择。如此情绪、认识、行为三者互相影响，周而复始。方向却是负性的。

所以又回到开始说的话题。抗抑郁药物也好，认知治疗也好，积极参与各种社会活动和生活也好，都是解决你的问题的基本导向，但也都需比较长的过程，都需要认真的科学的指导下的积极参与过程。

另外，得指出的是，心理咨询中有一个“咨询依赖”的现象，就像一个幼年世界小朋友对母亲的长期依靠，或者自感体力不支者对拐棍的渴望和依 。这其实是一个咨询过程中的消极因素，需要提醒自己克服这种现象。

有同情心，还得有同理心（2022-09-27 09：14）（微博）

感觉上，我们中许多人不缺同情心（sympathy），但缺同理心（empathy）。比如眼看有人一步步走向不幸，我们能表示同情，但不能理解他为何要这样走——没道理呀！不应该啊！

只有同情心，可以做辅导师，尚不宜做心理治疗师（咨询师）。后者须有同理心，现在也有译为“共情”。

第二篇
压力（应激）系统模型与心理健康

压力系统模型是应用性理论，从一开始就瞄准医学心理学和心身医学临床及现实生活中各种复杂的心理问题。

首先，是各种压力因素方面的问题。从生活事件、认识评价、应对方式、社会支持、个性特征和压力反应，哪一方面都是心身医学临床和心理健康社会实践中的突出问题。其定义与分类、评估、干预及与健康的关系，都值得单独、深入地研究。

其次，是压力因素之间的关系问题。厘清其中的关系，找到能够整体认识它们的规律，构建理论模型。压力（应激）过程模型和系统模型由此而来。

最后，是回归到本源，探索如何将知识和理论模型应用到医学心理学和心身医学临床，应用到现实生活中的各种复杂的心理健康问题中。

近十余年，作者逐渐在生活压力问题、婚姻家庭问题、自杀和心理危机问题、各类人群及特殊群体的心理健康问题等方面，投入了更多的精力。本篇将先予以介绍。

以下第 7 ~ 第 14 章，体现压力（应激）系统模型的理论和技术在心理健康细分领域的应用。

第 7 章　压力管理与情绪调节

本章导言

依托应用压力系统模型开展压力管理和情绪调节的宣教工作，是作者坚持时间最久、受众面最广的一项理论推广活动。

说到压力管理和情绪调节，人们通常会认为这很简单，即把心放得宽一点，想得通透一点。虽然有点“线性思维”，却代表了人们的高度概括，通用性很强，也很有效。

也有不少人会因为压力管理和情绪调节不成功而陷入困境。此时，压力系统模型的“系统思维”或能给这些人以有效的帮助——必须从多维度入手，从多维度的相互作用入手，从多维度相互作用的动态变化过程入手，从人们的认知和人格因素入手，问题的答案或许会截然不同。

本章主要介绍基于压力系统模型（包括过程模型）的心理压力管理宣教讲座，经过作者多年的修订，其基本构架已经成形（给本章的专题幻灯图片配上文字讲解），现场具体宣讲内容则根据对象不同而异。考虑到部分宣讲对象是专业工作者，宣讲的内容侧重于压力系统模型的理论把握和技术运用。

本章资料包括压力（应激）系统模型宣教活动概况、宣教现场幻灯资料和部分与宣教活动相关的博文（第一节除标准外，部分内容为新撰写），重点是第二节。

第 1 节　写在前面

一、"运气"背后的系统模型法则

（微博，2022－10－15 16：54）

两人同龄同学同专业同单位，一人一顺百顺，越来越顺，最后功成名就，衣锦还乡；一人一事不顺，越来越不顺，最后要啥缺啥，落魄而归。

对此，人们通常会基于"有其因必有其果"的线性逻辑去寻找原因。很多情况下，旁人也总能从中找出七七八八的理由，如能力不同、性格不同、为人处世不同，也都能够说出其中的道理，却很难完整地说明问题原因，更无法帮助解决问题（即使这两人还处在不断努力的阶段）。最终，人们通常将其归于"运气"不同。

归因于"运气"，这是在普遍线性思维基调上认识系统问题的无奈之举。

一个人就一个系统，不同的人就是不同的系统。人生的方方面面充满各种复杂的"问题"，难以用"是非""对错"加以区分，也无法采用统一标准予以解决。上述两人就是两个不同的系统。如果用系统模型分析这两个人人生过程的差异，或许更能接近问题的本质，也有助于人们去思考如何避免同类问题的发生，虽然难度很大。

一个人在某个时间段遇到某个或大或小的阻碍时，如果其压力自我管理能力是健全的，是符合压力系统模型法则的，就很容易从这个小事中摆脱出来，无论是成功的还是失败的，然后等待动态变化的压力系统的新机遇。当他遇到或大或小的顺利时，同样会以压力系统模型法则向更顺利的方向发展，从而实现良性循环——一顺百顺，越来越顺。

另一个人在某个时间段遇到某个或大或小的阻碍时，如果其压力自我管理能力是欠缺的，是不符合压力系统模型法则的，那他就会陷入这个阻碍之中跳不出来，即便是暂时算是成功的，他若是没能跳出来，压力系统就会在他的操作下变得失衡。失衡的系统会不断出现各种新的阻碍，使得主人疲于应付，而他同样会以相同的、有违压力系统模型法则的形式继续抗争，从而形成恶性循环——一事不顺，越来越不顺。

二、人生的许多问题都是压力系统问题

人的一生面临着许多问题，实质上就是心理压力问题。认识和解决好心理压力问题，既是人生成功的关键，也是心理健康的保证。

因为习惯于线性思维，人们所认识的压力，通常是压力事件或压力反应。压力事件最易被大众理解。例如，问对方是否存在工作变化、家庭变故，就能理解是否有压力，简单明了。压力反应同样最能被大众所理解。例如，交谈中问对方是否郁闷、失眠，就能理解其是否有压力。

正因为压力事件和压力反应居于压力问题的线性两端——结果和原因，简单明了，因此，凡是通过压力事件（心理学）或压力反应（精神病学）展开压力调控宣传活动的，最容易被大众接受。

经历过的人都知道，心理压力问题并不简单、线性，也不容易看清楚其本质，真正陷进去的人并不容易跳出来。甚至有时候你会发现，越是有知识、有文化、有身份的人，自己摆脱压力的能力可能越欠缺。因此，凡是在压力痛苦之中无法自己摆脱者，都是因为陷于压力的系统问题，与通常的知识和逻辑无关。

三、普及压力系统模型很有必要

基于压力系统模型的各种实践手段，如心理压力管理（宣教）、压力咨询临床模式和压力综合评估软件等，已被证明适用于面临各种心理压力问题的正常人群、各种陷于心理压力问题不能自拔者、帮助调控心理压力的临床工作者（咨询师、医护人员）、涉及心理压力管理和宣教工作的心理学工作者、有关人群的健康管理和计划制订部门的领导者，以及好奇这方面知识和关注心理压力管理的人群。

多年来，以压力系统模型为基础，作者以讲座的形式开展心理压力管理与情绪调节的宣教活动，对象包括大中学生、教师，各类干部、职工，各类特殊群体等。受众遍及各地，仅通过浙江大学有关学院和全国干部教育培训基地等平台，就为来自全国各地的各类中层干部做了多年的专题讲座。2016 年，作者将这些讲座的 PPT 文档予以整合，并以“美篇”的形式通过网络分享，阅读量达 1.6 万人次。

本章重点介绍的这个宣教形式，其基本框架就是一个“模板”，在许多特定场合或不同专题活动中，可以很容易地转化为相应的专题，且现场感较好。读者如果有兴趣，完全可以模仿。

需要指出的是，该基础宣教将压力系统模型“拉直成 6 条直线”进行讨论，只能算是对压力系统模型的一种简化和变通，并未完整反映压力系统模型五项基本法则（即压力是多因素的，多因素之间是交互影响的，压力系统是动态变化的，认知是重要因素，人格是核心因素）。

多年来，该宣教活动模式的效果非常明显。“拉直成 6 条直线”以讨论压力系统模型，不仅容易被听（观）众理解和接受，还容易产生宣教效应。具体来说，对于那些正在遭受压力痛苦且自身无法摆脱的人，这样的讲座对其可能有“豁然开朗”的触动作用；对于正常人群，则具有压力管理教育和心理健康促进作用：对心理专业工作者，如心理咨询师、心理老师，则有助于其对临床心理评估和心理干预模式展开再思考，如果能结合参考压力系统模型临床工作模式方面的内容，将有助于建立符合系统模型的临床工作模式。

为便于读者阅读和理解，在第二节，即压力管理宣教主要内容，仍将采用幻灯片加解说词的方式。其内容较多，在不同场合宣讲，可选用其中适合的部分内容。

四、集体心理治疗（咨询）简介（教材，1988）

摘录自 1988 年出版的《医学心理学》（浙江大学出版社）第九章第七节。在同时期，作者将集体治疗（咨询）宣教模式应用于临床（如慢性病集体心理咨询，1985 年、1988 年）和团体宣教活动

（如针对癌症患者，1985 年；老年大学，1988—2008 年）。后期，压力系统模型的宣教活动主要通过集体咨询的形式进行，故将该历史资料收录于此。

集体心理治疗（group psychotherapy）指为了某些共同目的将当事人集中起来进行治疗的心理治疗方法。集体心理治疗的方式多种多样，本节仅对集体治疗（咨询）模式作总体讨论。

（一）历史和发展

集体心理治疗最早可追溯到美国医生 Pratt JH，他在 1905 年曾对结核患者采用集体教育和鼓励，以及开展集体讨论的方法，帮助患者克服抑郁情绪，树立康复信心。此后，他和另外一些人将这种方法分别应用于糖尿病、高血压、溃疡病、儿童营养不良症和精神患者群体。这是早期的集体支持疗法。

在此后的 30 年间，集体心理治疗虽未取得重大发展，仍有一些人创立了一些专门用于集体治疗的方法，为 20 世纪 40 年代集体治疗的发展创造了条件。例如，Marsh 将 Pratt JH 方法加以创新发挥，在交谈基础上增加了艺术课和舞蹈课，使之成为一种活跃的集体治疗方法。

20 世纪 20 年代，Mareno 在美国创立了心理剧（psychodrama）和社会剧（sociodrama），提出了角色扮演（role playing）和团体成员之间情感互相作用（sociometry）的概念。此后，在 1930 年，他还第一次使用了集体治疗（group therapy）这一术语。

在同一时期，Schilder P. 对门诊精神患者开始使用一种带有精神分析框架的集体心理治疗方法。

Wo1f A. 主张在集体治疗中每位患者应轮流畅谈自己的问题，而他使用的方法被称为团体心理分析（psychoanalysis of group）。

第二次世界大战期间，由于战争压力造成的心理问题骤增，进而促进了集体心理治疗的快速发展。1943 年，少数集体心理治疗家在美国成立了集体心理治疗学会（AGPA），后在 1950 年创办了集体心理治疗杂志。20 世纪 50 年代以后，专业集体心理治疗工作者大量增加，专业文献也大量增多，成为心理治疗工作中的一支重要力量。

（二）方法与种类

集体心理治疗方法大致可以分为两大类，一类是重点放在个体的集体心理治疗；另一类是重点放在团体作用方面的集体心理治疗。

前几节介绍的多种心理治疗方法（注：指原著），包括精神分析法、行为疗法、催眠疗法等，都可以在团体条件下展开。在这类集体治疗中，虽然重视利用团体内人与人关系相互作用中较为积极的一面，但主要目的是将治疗手段直接应用于团体中的每一个人。例如，集体松弛训练，目的是使每一位成员学会该技术。此外，支持疗法也可集体进行，主要采用集体教育的方式，主持人的直接目标是针对每一个体所存在的具体问题。这一类治疗方法因使用者的不同，派生出多种类型。例如，团体精神分析法有多种方式，有的方法已接近于下面一类（Ezriel，1950）。

另一类集体治疗主要通过团体成员之间的各种心理互动来实现，国外流行的各种问题小组，大部分属于此类，如T小组或训练小组（T group）、交朋友小组（encounter group）、心理剧小组（psychodrama）、格式塔小组（gestalt group），以及罗杰斯的患者中心小组等。自我帮助小组（selfhelp group）也可归入这一类。这一类治疗方法是在医生领导下，重点通过团体内部的社会心理过程，使团体成员认识并改善各种情感、人际关系，以及行为方面的问题。这类集体心理治疗特别重视医生的社会角色作用，在国外，医生往往需经过特殊的训练培养过程才能胜任此项工作。

我国目前使用的集体治疗方法一般属于集体支持法（例如，作者应用于慢性患者），或者通过集体的方式实施某些心理治疗技术，包括松弛训练、生物反馈、催眠疗法等（注：作者长期开展的基于压力系统模型的“压力管理和情绪调节”讲座也属于此类）。

（三）适用对象

早期的集体心理治疗多出于经济方面的考虑，主要为节省人力和物力。近年则较少考虑经济问题，转而将集体心理治疗作为心理治疗方法中的一种，成为某些特定群体的选择治疗措施。

目前，下列具有共同问题的特殊人群均可接受不同种类集体治疗：一是住院和门诊精神患者；二是儿童及家长（包括学校和儿童医院的儿童）；三是青年人（包括情绪紧张度过高过低、性问题等）；四是老年人（多种问题和多种形式）；五是烟瘾和酒瘾者；六是躯体疾病患者；等等。

据报道，可接受集体心理治疗的躯体疾病有：支气管哮喘儿童及家长、溃疡病、糖尿病、心血管疾病患者及配偶、妇产科患者等。通过集体治疗可解决这些患者存在的许多共同心理行为问题。集体心理治疗已成为躯体疾病“综合性生物、心理、社会帮助”的一个重要组成部分（Lubin，1983）。

（四）对集体心理治疗的评价

集体治疗较个别治疗具有许多优点。首先，具有同样性质心理问题的患者集中在一起，能使每一集体成员觉得自己的问题并不是最坏的，从而可减轻其心理方面的压力，有利于克服消极情绪。其次，在治疗过程中，团体成员可从不同角度得到关于自己对他人作用的反馈信息，这种反馈信息是治疗者很难给予。再次，通过团体成员相互间的直接帮助，以及通过社会促进作用（social facilitation），有利于迅速掌握某些治疗技术（心理技术和行为技术）。从次，集体治疗效率高、经济且影响范围大。最后，部分心理治疗只能在团体中进行，如各种问题小组。

然而，集体心理治疗也存在一些问题。首先，针对性较低。团体的成员虽有共同问题，也存在个体差异。其次，由于集体治疗时团体内部各种因素交织在一起，使得研究工作的设计、方法的实施、结果的评价等都存在一定的困难。

（注：此文撰写于1988年，作者关注的焦点在医学或心身医学领域，多年后对健康心理方面开始关注）

第 2 节　心理压力管理——基础宣教（专题，2016）

引自 2016 年“美篇”《心理压力的系统结构和多维调控》。该讲座模式作者使用了约 20 年，于 2016 年整合成该“美篇”。该系列讲座的宣讲对象，包括全国各地各行各业的干部群众，相当一部分是党政机关组织的干部心理健康教育培训，每次宣讲时间为 3 课时。

整个宣教内容为适应本文集格式，分为 5 个部分。

一、前言：待交代的几个问题。

二、举例分析：通过举例分析，心理压力实际上是由生活事件、认知评价、应对方式、社会支持、个性特征和压力反应等多种压力因素构成，并不是通常人们认为的一个原因、一个结果那么简单。

三、理论基础：介绍压力构成的理论基础，即压力系统模型。压力是压力因素通过一定的规律（法则）综合作用的结果。

四、压力调控 6 条途径：通过 6 个压力因素的干预，实现对压力的管理和情绪调控。

五、小结：主要供专业人员参考。

由于幻灯图片解说词分布不均，影响排版，故其中某些重点幻灯片的解说词，以附录的方式补充列于节后。

①

“心理健康促进”专题讲座（2016）

心理压力的管理与控制

——基于压力系统模型

浙江大学　姜乾金

②

整个讲座分四部分内容

一、前言

二、举例分析，心理压力的构成因素

三、压力构成的理论基础

四、通过6条途径调控压力与情绪

1－2.“美篇”说明

从 1986 年至今，从第一篇心理应激多因素临床设计研究文章到本篇代表性 PPT，作者 30 年心理压力（应激）理论模型与应用研究，可分为两个时期。

前期主要研究理论框架，从应激过程模型发展到应激（压力）系统模型，以及各种实证研究，在协作者和研究生的配合下，长期以来发表了不少专门研究文章、出版了相关书籍。

后期则注重从理论到实际的细化与应用，在过程模型和系统模型基础上，对所有涉及的压力因素的内涵、外延、个别与整体的关系，以及在各种实际工作（生活压力、危机干预、自杀预防、家庭压力、咨询范式）中的应用，做了反复探索、修正、充实与提升。

该 PPT 反映了后期成果的重要部分，即重点针对普通干部、群众的心理压力管理宣教。限于 PPT 的特点，仅列出框架内容及部分解说。欲进一步了解其他内容，可浏览作者个人的其他资料。

③

一、前言：需要交代的几个问题

压力是好事！

有压力，生命才有意义

压力，有利于培养抗挫折能力

压力是坏事！

压力太大，心身健康受损，甚至殒命

压力太大，各种效率下降，幸福感降低

3. 首先需要明确，一定的压力和情绪反应可能是健康的，即所谓“与天斗、与人斗，其乐无穷”。只是在“斗”的过程，需要自身具有良好的压力管理能力。

在大多数情况下，我们讨论的压力问题，是指那些严重的或持久的压力。这些压力影响心身健康，需要认真对待。

④

那么，压力到底是什么？

通常，我们认为压力是前因与后果的**线性问题**

即钱少、官小、工作量大、离婚、受罚……

实际上，复杂的压力问题是多因素的**系统问题**

需要以系统模型，多维度地去思考、去解决

4. 为了便于分析下面的案例，先简单理解一下什么是“线性思维”和“系统思维”。

线性思维即“因—果”式的思维模式，极端时就成为非此即彼式的两极思维。线性思维的特点是直线、简单、利索，是最常用的认识工具。

对于复杂的心理压力问题，如失眠、抑郁、婚姻等，线性思维会导致“犯错”。此时，需要系统思维，需要从多维度、多角度去认识。

⑤

因此，压力管理可以通过6条途径：

根据30年研究的理论模型，压力管理有6条途径

1. 以生物适应理论，管控好生活事件
2. 以认知—情绪理论，调节消极认知，改善负性情绪
3. 以应对过程理论，用好应对策略
4. 以可利用外部资源理论，提高社会支持
5. 以心身相关、平衡理论，消解压力反应
6. 以系统模型的生存法则，提升人格魅力

5. 本讲座将复杂的“系统问题”，以相对简单的6个“维度”来讲解，便于大家理解。

掌握压力系统模型内涵的读者也会看出，这里仅抽取压力系统模型法则的第一条，即“系统包含多因素（多维度）”。至于系统模型法则的第二条“因素之间互相作用”和第三条“系统内动态变化”等，本讲座并未过多涉及。

⑥

本讲座有3个目的

1. 平日里压力感小些，生活幸福感多些
2. 遇重大困难伤害小些，压力调控手段多些
3. 作为干部，为群众解难办法多些

6. 通过本讲座，希望能够实现：

普通人群在日常生活、工作中面临各种压力时，能够通过自我压力管理和情绪调节，促进生活幸福感和工作满意度。

人生难免会遇到各种困难，若能想起曾经听过本讲题，或许能多几种自我调控的手段。

各级领导干部，可利用压力管理和情绪调控技术，提升群众工作效率。

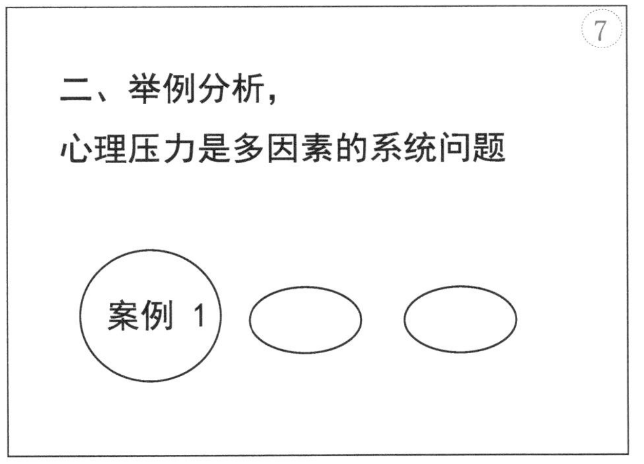

7. 首先，通过对 3 个典型案例进行分析，证明心理压力至少由 6 种压力因素构成。

案例 1：一位大学毕业 2 年仍在待业的外省青年。目前陷于严重心理压力之中，在缺少资金的情况下，被迫到作者的心理门诊求助（仅少量收费）。

8

案例1：群众的心理压力构成（潜在的“马某人”）

线性分析的结果是：

强调压力的因（压力源）与果（压力反应）

吵架 ← 大学毕业2年 ⇢ 仇恨社会

被辞退（原因）　　愤怒（结果）

线性解决压力的策略是：

消除“因”（复职）　　或消除“果”（消消气）

8. 如果以线性思维“因—果”逻辑看待案例 1，这位入职不满 1 周的保安，因与班长吵架而被辞退，结果一夜未睡，最后竟然说自己仇恨社会。

对于这样的问题，人们通常会以线性思维的“好与不好”去判断，结论自然是这个人“不好”。

但是，这样的线性判断往往无助于解决问题。

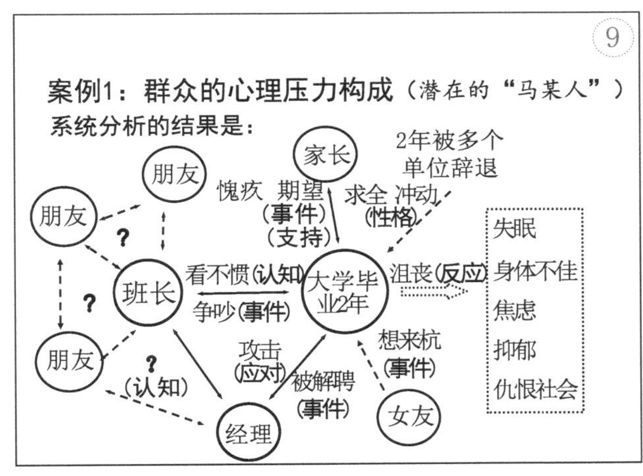

9. 如果从系统思维的多维度（途径）分析案例 1，他的压力问题是两年来经历了多种压力因素的恶性循环作用，最终形成的系统问题（括号内小黑体字是压力因素）。他的压力问题绝非“是非”“对错”所能简单概括。

如果一定要线性地判断他“好”或“不好”，甚至可以说他是有点“好”过头了。

（案例 1 故事详细情况，参见第 6 章第 3 节第二部分）

10

案例1：六大压力因素特点

生活事件——应聘问题、女友问题、家庭问题

认知特点——我不会找到工作的，社会可恶

应对方式——无效、消极的应对，导致更多事件

社会支持——社会支持系统严重缺失

人格特征——**求全、完美、标准化√**

心身反应——焦虑、抑郁、仇视社会、体弱

以上任一因素，都可以促成心理压力的形成与发展；故调控其中任一因素，都有助于压力和心态的平衡

10. 汇总案例 1 中两年来的 6 种压力因素，“吵架和辞退”环节只是压力系统最终崩溃的导火索。

这里可以总结两点。

1. 各种压力因素交互作用，恶性循环，促成了他最终的压力。

2. 如果他一路走来能够调控好各种压力因素，促成良性循环，则必然能管控住压力和情绪。

案例 1 在青年群体中具有一定的代表性。

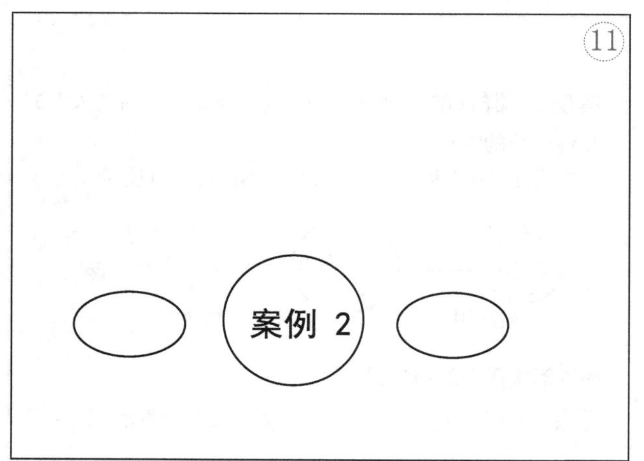

11. 案例 2 是一位中年精英干部，陷于严重的压力与情绪问题。

与第一例一样，我们不能简单地询问他是什么“前因”，导致什么“后果”，因为严重的心理压力一定是与许多压力因素交相作用的“系统”问题。

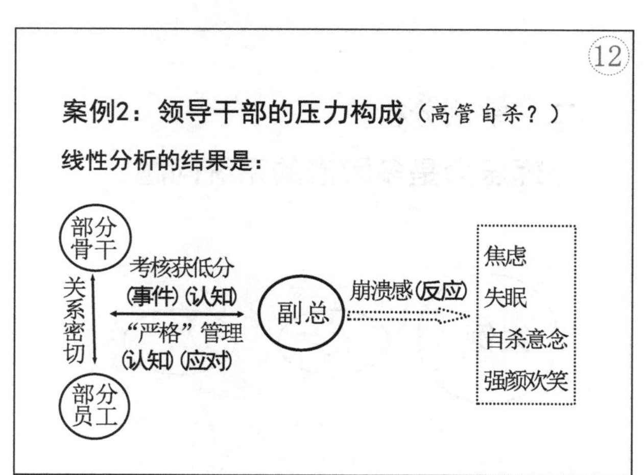

12. 同样先以线性的“因—果”逻辑来看案例 2。

一位不到 40 岁的某改制国企常务副总在接受年终群众背靠背评分时发现，有 1/3 的群众给自己评分不及格。其勉强带着笑脸苦苦挣扎 2 个星期后，出现精神崩溃症状，并伴有自杀倾向。

通常面对这样的问题时，人们会以简单的线性逻辑去判断这个人是“对”还是“不对”，是“优”还是“差”，却无助于解决问题。

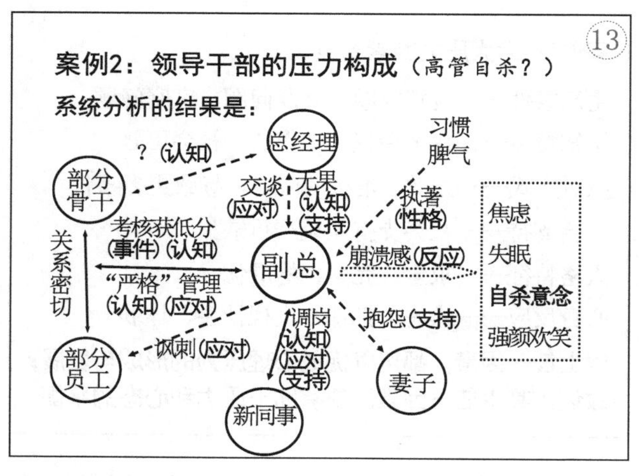

13. 如果以系统思维的多维度（途径）分析案例 2 可以发现，该中年干部 2 年来和近 2 周来，经历了多种压力因素的恶性循环作用，最后导致压力系统失平衡（括号内小黑体字是压力因素）。

案例 2 的压力问题也绝非线性的“是—非”、“好—坏”所能概括。如果一定要线性地判断，似乎是有点“好”过头了。

（案例 2 故事详细情况，参见第 6 章第 3 节）

14

案例2：六大压力因素特点

生活事件——群众评分低，有人举报
认知特点——一切工作都白做了，有人与我过不去
应对方式——无效、消极应对，越应对越失败
社会支持——社会支持系统缺失（单位、家庭）
人格特征——求全、完美、标准化、坚韧性
心身反应——焦虑、强颜欢笑、失眠

以上任一因素，都可以促成心理压力的形成与发展；
调控任一因素，均有助于压力管理和情绪平衡

14. 汇总案例 2 可以看出，其在跻身重点领导岗位的第一年就已经承受一定的压力（有人“举报”），只是当时尚能自己维持平衡。最近几个星期，累积下来的各种压力因素陷入恶性循环，最后竟然因某个人的不友好眼神而彻底崩坍。

由此可见，如果一路走来能够调控好各种压力因素，促成良性循环，必然能管控住压力和情绪。

案例 2 在中年群体中具有一定的代表性。

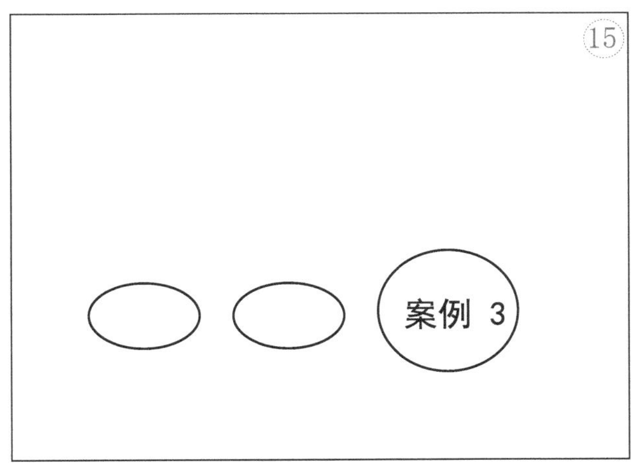

15. 案例 3 是关于婚姻家庭问题的，很有时代感和代表性。

目前，婚姻家庭的稳定性正经受到考验。通过对本案例展开系统分析，不仅有助于理解什么是婚姻家庭压力问题，还有助于理解基于系统模型的婚姻家庭和谐基本原则——接纳差异、快乐互动［具体见专著：姜乾金《压力（应激）系统模型 · 解读婚姻》（浙江大学出版社，2011 年）］。

16

案例3：婚姻家庭压力构成（家庭暴力事件前奏？）

线性分析的结果是：

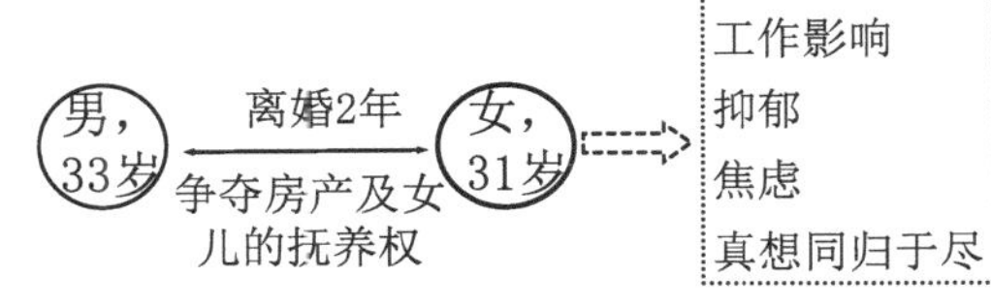

16. 如果同样以线性思维“因—果”逻辑来看案例 3，那就是离婚 2 年的男女两人（以下分别简称他和她），因为争夺女儿和房产，使得她的工作受到影响，产生严重的怨恨情绪。

面对此类问题，人们通常会以简单的线性逻辑，去判断他们的“对与错”“好与坏”。

然而，这同样不能解决问题。

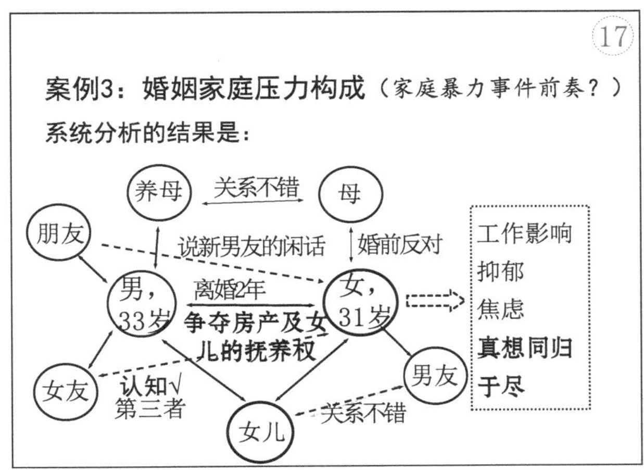

17. 如果以系统思维的多维度（途径）进行动态分析，可知他和她虽然 10 年前有梁祝和宝黛式爱情基础，但婚后因事业发展、人际变化，观念与应对方式差异越来越大，摩擦越来越激烈，最终因压力因素恶性循环，导致双方协议离婚。

离婚后，又因为争夺房产和女儿的抚养权，压力因素恶性循环加剧，最终她被压力击倒。

（案例 3 故事详细情况，参见第 9 章第 2 节案例 9–2–1）

18

案例3：（女）六大压力因素特点

生活事件——夫妻冲突、离婚、争夺女儿的抚养权、听闲话

认知特点——男方是“流氓”，**女同学是第三者**

应对方式——无效、消极的应对

社会支持——社会支持越来越低（社会、家庭）

人格特征——好强、男女平等观念强烈，坚韧性

心身反应——影响工作、焦虑、失眠、仇恨

以上任一因素，都可以促成心理压力的形成与发展；调控任一因素，均有助于压力管理和情绪平衡

18. 汇总案例 3：长期累积下来的各种压力因素，以及压力因素交互影响和恶性循环，她基本达到了心理承受极限。“争夺女儿的抚养权和房产”只是长期压力因素失衡并恶性循环的最后一个环节。

设想一下，如果她（们）一路走来能够随时调控好各种压力因素，促成良性循环，则必然能管控住压力和情绪，维护好婚姻的和谐。

案例 3 在当今也具有一定的代表性。

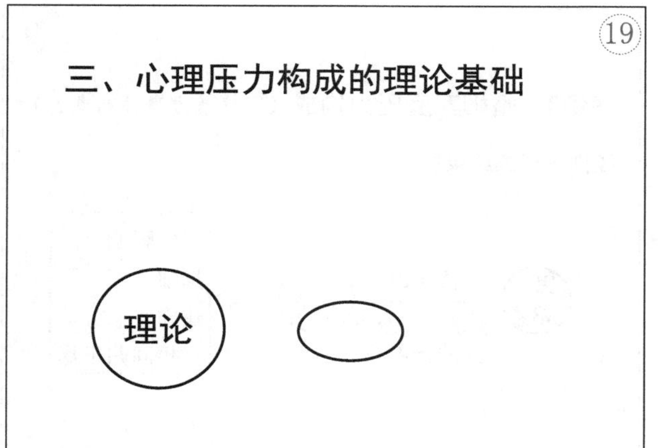

19. 在分析以上3个案例的基础上，可以通过“理论”和“动画”两种形式，介绍心理压力的理论模型。

有关压力的理论是一个演化的过程，即从一般的“刺激（强调压力事件）”或“反应（强调压力反应）”，到“刺激—中介—反应（压力事件—认知中介—压力反应）”，再到作者极力推动的“压力过程模型”和“压力系统模型”。

20

1998年，在原国家教委高等教育教材研究课题计划项目教材《医学心理学》中，心理压力被描述为多因素的“作用过程”。

压力源压力中间（介）变量压力反应压力结果

生活事件 → 认知评价、应对方式、社会支持、个性等 → 心理反应、行为反应、生理反应 → 健康、疾病

20. 20世纪80年代作者研究应激（压力）问题，一开始就是从“多因素”或“多维度”入手。

20世纪90年代，作者极力推崇压力“作用过程”模型，即生活事件作为压力原因（压力源或应激源），需要通过中间的认知评价、应对方式、社会支持和个性特征等因素的中介，最后以心理、行为和生理反应的形式影响健康。

幻灯图片代表“压力过程模型”。

21

2004年以后，作者主编的五年制、七年制、八年制全国规划教材《医学心理学》中，将心理压力描绘成是“多因素的系统”

生活事件、认知评价、应对方式、社会支持、人格特征、自然生物、心身反应、性别年龄等（压力系统）⇨ 健康、疾病

21. 21世纪初，作者逐渐倡导压力的“系统模型”，认为压力是许多压力因素之间失去平衡的系统问题。这是在长期实证研究的基础上，逐渐演进形成的理论认识。

幻灯图片代表“压力系统模型”。

“过程模型”和“系统模型”均强调压力多因素，只是过程模型更符合人们平常线性思维习惯，更容易被大家理解和接受。

22

压力系统模型基本法则：

(1) 多因素（生活事件、认知特点、应对方式、社会支持、人格特征、压力反应等）
(2) 因素互动（压力因素相互作用，互为因果）
(3) 动态平衡（系统的动态平衡即是适应和健康）
(4) 认知是关键（认知在系统失衡中起关键作用）
(5) 人格是核心（人格在系统失衡中起核心作用）

注意：系统模型强调压力的多因素与动态过程

22. 压力系统模型的5项法则非常重要，无论是个体的压力管理和情绪调节，或者群体的压力管控（如EAP），只有遵循压力系统模型这5项基本法则，才可能实现真正意义上的“系统”压力管理。

然而，在生活和工作中，除非遇到意外或不测，较难要求人们随时注意这5项基本法则（因为线性的简单是思考的常态）。因此，本讲座将重点在第1项，即讨论生活事件、认知评价、应对方式、社会支持、个性特征和压力反应等6条压力管控途径。

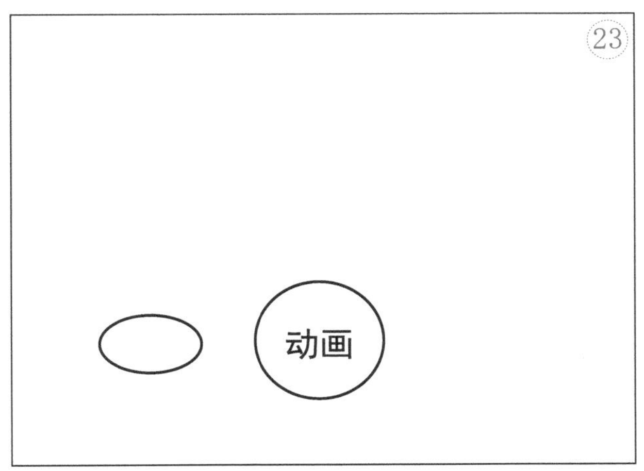

23. 压力系统模型的多维属性和系统逻辑过程，对于习惯于线性思考的人们，理解起来会有点“弯弯绕”，会感到吃力。作者发现，在每次讲座完时听众反响都很好，但过了一段时间，人们似乎又都忘了，原因就在这里。

为此，下面分别以动画（离开屏幕，也只能是平面图和文字表达）的方式，帮助理解系统模型的多维性和动态平衡属性。

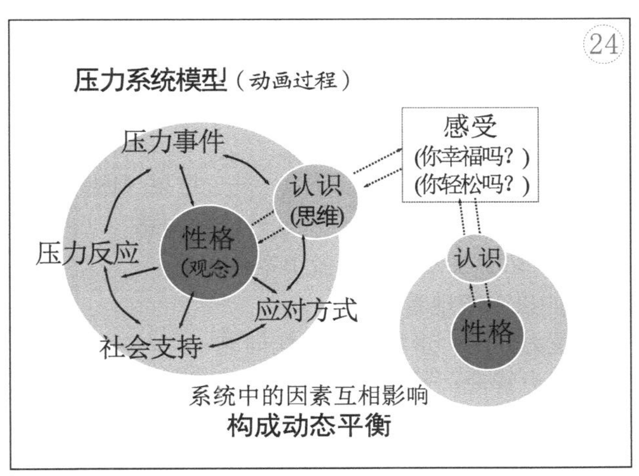

24. 系统模型相当于一个“甲鱼”。头部的喜怒哀乐受颈部认知的支配，而认知又受中央人格和周边压力因素的制约。整个人是这么多因素的动态平衡系统。两人或多人之间，也是更多因素之间的系统关系。（动画过程）

受线性思维习惯的制约，人们往往只关注颈部（认识，如认为他不对）和感受（头部，如生气），却忽略了对整个甲鱼的系统影响。

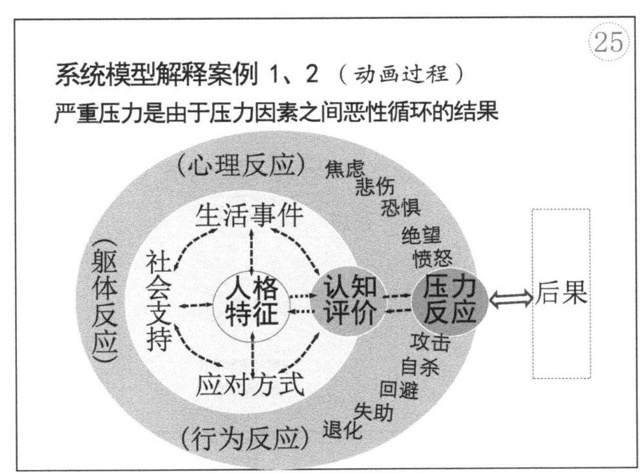

25. 案例 1 与案例 2 的压力与情绪演变过程（动画）。

案例 1 由辞退事件所引发，2 年来受各种压力因素负面影响并不断累积，最后陷于恶性循环。

案例 2 陷于崩溃状态，同样是群众打分太低所引发，后与各种压力因素负面影响在短期内不断累积并陷入恶性循环有关。

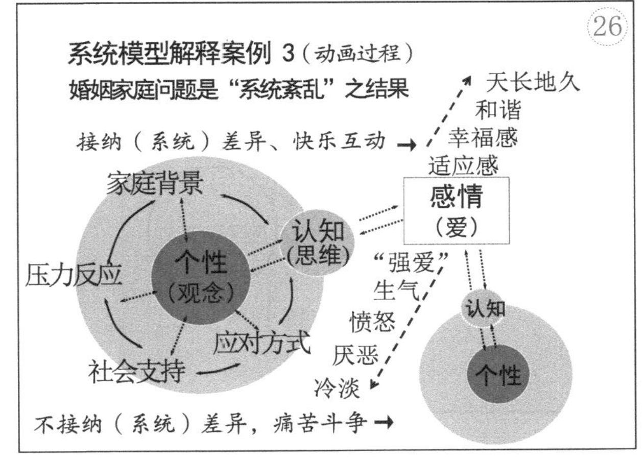

26. 案例 3 的压力与情绪动画演变过程。

如果当初双方在婚姻家庭观念中能够接受“多因素的差异”或称之为“接纳差异、快乐互动”，系统将向多因素和谐方向发展，直至“天长地久”。（右上）

然而，在双方的婚姻家庭观念中，拒绝“多因素的差异”（只承认“爱”），系统向多因素恶性循环方向发展，直至愤怒—厌恶—冷淡。（左下）

27

小结：

1. 如果线性地看
   压力问题：原因（事件）—— 结果（困惑）
   压力管理：解决事件 —— 消除困惑
   （多见于生活中的一般小事件）
2. 如果系统地看
   压力问题：多因素的系统问题
   压力管理：通过多维度的系统调控
   （多见于严重的压力问题）

27. 以上内容小结：

＊许多简单的压力问题确实只是线性的“因果”问题，去除原因，问题将得到解决。

＊许多复杂的压力问题，基本上都是压力多因素恶性循环导致的“系统问题”，不易解决。

＊思考题：压力与学历、知识、地位有关吗？为何许多高智商者却陷于压力之中不能自拔？

28

四、通过6条途径调控压力与情绪

压力事件　个人认识　人格特征　应对方式　压力反应　社会支持

夫妻吵架怎么办？
情绪低落看问题消极怎么办？
“禀性难移”怎么办？
“走投无路”怎么办？
“怒火中烧”怎么办？
遇严重灾难的人群怎么办？

28.6 种压力因素，每一种（维度）的调控，都有其独立的压力管理意义。下面分别加以讨论。

需要注意，每一个维度的调控和管理，也会通过系统多因素相互影响和动态平衡的作用（压力系统模型第 2、3 条法则），对整个压力系统产生调控作用。

以上两点都很重要。

29

压力事件　个人认识　人格特征　应对方式　压力反应　社会支持

29. 生活事件的调控。

压力事件或生活事件通常被看成是“压力源”，其种类较多。人们生活中不可能没有生活事件。严重事件或对事件处置不当也会带来负性情绪问题，甚至产生严重后果。压力管理与情绪调控的第一个途径，是管控生活事件。

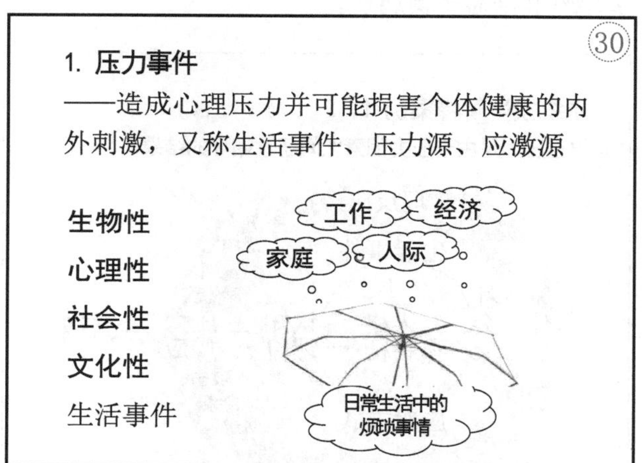

30. 根据现象学进行分类，压力事件包括：工作学习事件、婚姻家庭事件、经济生活事件和人际关系生活事件。这 4 种分类，作者常用之。

也可以分为生物性、心理性、社会性和文化性生活事件。其中，生物性生活事件很容易被忽略，如疾病等健康问题；文化性生活事件也容易被忽视，如出国、进城打工。

也可以分主观生活事件和客观生活事件，以及生活中烦琐小事等。

31

2. 压力事件的管理

（根据生物适应理论，采用：）

解决

回避（缓冲）因为“系统”是动态的（夫妻、同事）

接受（屈服）即使是“静态问题”（或系统的动态未能带来改变的契机），历史上许多成功人士都曾“接受”过各种问题，然后意图东山再起

不制造“主观事件”

31. 根据生物适应理论，生活事件有以下 3 个管理途径：解决、回避和接受（屈服）。后两者看似消极，却符合系统模型的动态平衡法则。

（关于生活事件的管理有进一步解说，参见节后附录）

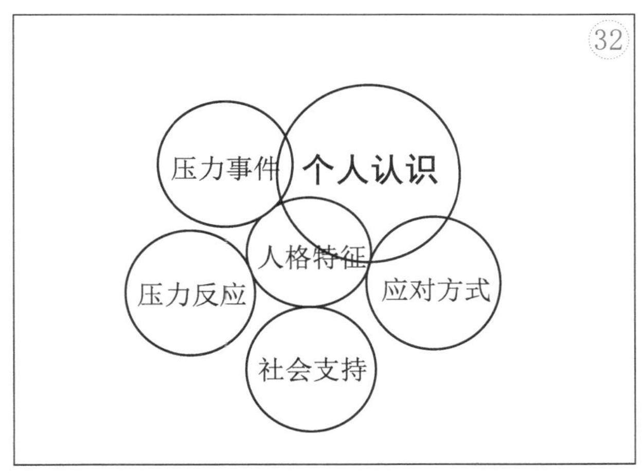

32. 认知评价的管控。

根据压力系统模型基本法则，认知是关键因素。

作为压力因素之一，认识不仅需要自身管控，同时，认识对每一种压力因素的影响都是主动的，是每一种压力因素调控时的工具。充分发挥一个人的聪明才智，是压力系统综合管理能否成功的关键。

认识调控也符合日常所说的“认识决定一切”的说法。

33. 先介绍人的认识有一种“自动化”现象。

人们总是以为知识、学历和逻辑决定认识的方向和正确与否，其实不一定。

如图，某游客在游览西湖时，他可能会“自动地”看到“金色树叶”。然后，他的记忆库里会“自动地”出现“金秋季节”景象，进而会“自动地”联想到“收获的季节”。

此时，关联的情绪可能就是“愉悦”（今天来得真是时候），行为可能变“活跃”（到处拍照）。

34

1. 个人认识的“自动性”（惯性）

——指个体对遇到的压力事件的性质、程度和可能的危害情况的认识具有“自动思维”特点。

意识层面

综合认知（认识、情感、行为）

↑↓

自动性思维（表现为执著或“钻牛角尖”）

性格层面

↑

知识图式（性格中的信念、态度等）

↑

成长经历（生活经验）

34. 同样，这位游客也可能会“自动地”看到“枯萎树叶”，然后，“自动”逻辑是“秋风扫落叶”和“冬天不远了”。此时情绪表现可能是“沮丧”，行为可能是“退缩”。

这种情况类似心理压力下的抑郁症状。

许多复杂的压力或情绪问题，往往伴随有这类“自动性思维”，反映了压力系统中认知的多维性。

认知的多维性，为多角度帮助来访者改变认知提供依据。

35

2. 认识的管理

（根据认知—情绪理论，通过认知调节负性情绪）

辨认负性自动思维 （识别歪曲的严谨）

再评价 （心理移位）（角色身份）

合理化 （系统思维：“站着死”与“能屈能伸”）

暗示 （关于失恋的“讲故事”）

祈祷

激励 （关于热血青年的意外伤残）

35. 根据认知—情绪—行为的理论，认知调控是压力管理和情绪调控的关键，并需要各种技术，特别是利用上述认知的“多维度”特点。

（对认识的调控有进一步解说，参见节后附录）

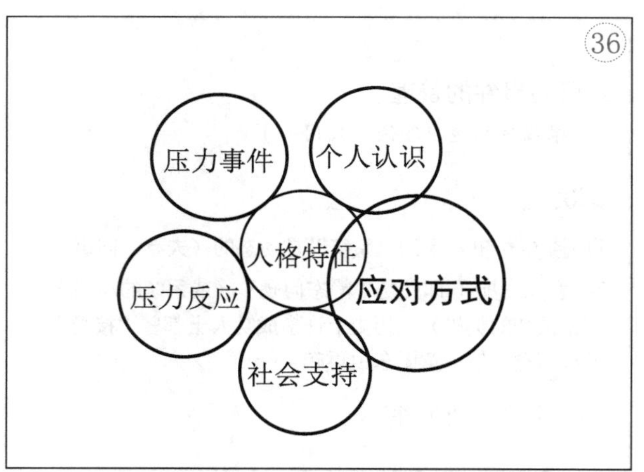

36. 应对方式的管控

应对方式是作者几十年应激理论和实证研究中的重要对象。

将应对方式作为压力调控 6 条途径之一进行讨论存在一定难度，原因是各种应对策略或手段与其他 5 个应激因素存在明显的重叠和交叉。

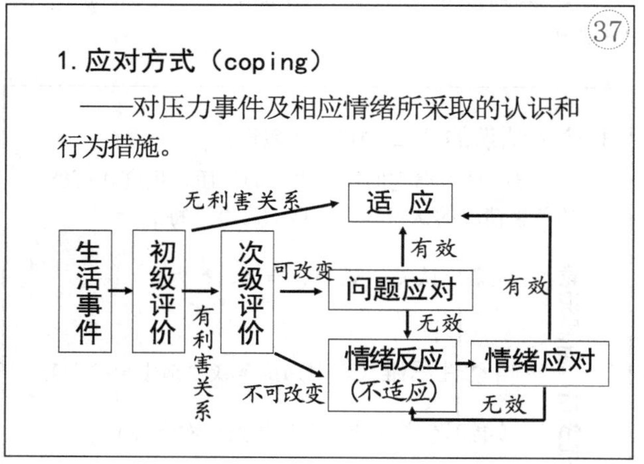

37. 这是早期 Folkman 等关于认知评价和应对方式在事件适应（也就是压力的平衡）中的关键作用，也是一种过程模型，仅涉及事件、认知、应对和反应 4 个环节，具有过程模型和系统模型的风格。作者较早将其引入国内教科书。

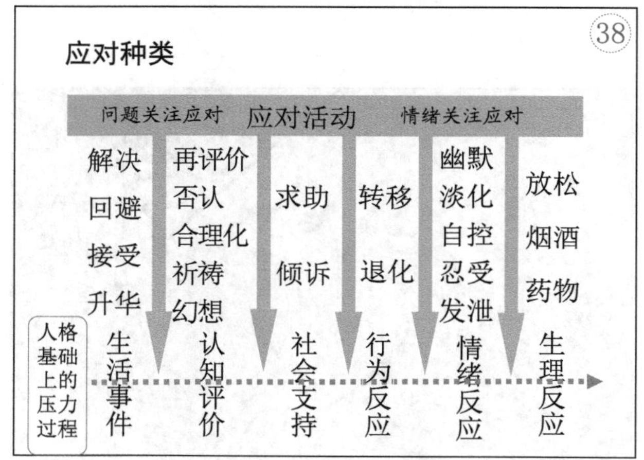

38. 应对方式是一个内涵丰富的广泛概念。国内外关于应对方式的分类五花八门（这里略去）。

在早期国外多种应对问卷中，存在名称各异的各种应对因子。作者分析发现，从生活事件到压力反应的“过程”中，存在许多可能有助于“降压”的应对策略。这是作者在书籍中关于“应对过程”的插图。

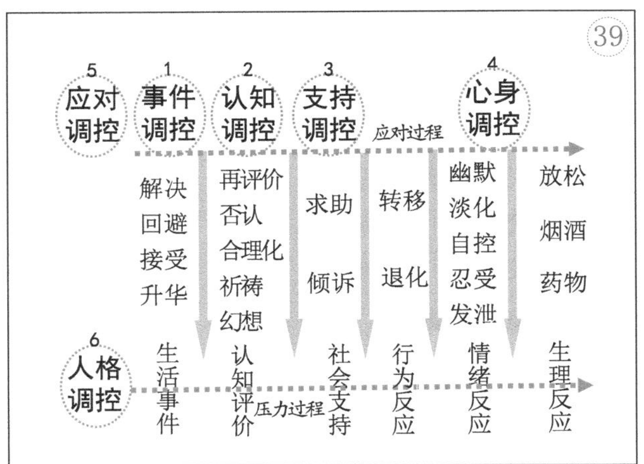

39. 许多悲剧人物在未用尽各种“应对策略”之前，就自认为已穷途末路，实属可惜。

从生活事件到压力反应全过程，都有可选用的各种应对策略。这与 6 条途径的压力调控存在重叠，但不影响将应对方式作为独立的压力因素加以讨论的必要性。

讲座至此，根据听众特点，如学生、干部、员工、残疾人、妇女、干警等，选择讲解。

40

“消极应对测验”条目举例

2. 陷入对压力事件的反复回忆中
4. 迁怒别人或发脾气
7. 将情绪压制在心里
12. 与人发生冲突，长期不理对方
13. 举棋不定，想不出办法
16. 在很长的时间里回忆不愉快的事
17. 责怪自己无能而怨恨自己
19. 遇苦恼事喜欢一人独处

40. 应对与应对策略研究，是近 30 年压力研究的重要领域，也是作者几十年的重点工作之一。

作者编制的特质应对方式问卷 TCSQ 有 20 个条目，几分钟时间就可测定一个人积极的和消极的应对特质，即应对习惯或应对风格。

幻灯片列出 TCSQ 的部分消极应对特质条目。

讨论应对方式的管控，需要特别关注“消极应对”风格。

41

2. 应对方式的管理

（根据应对过程理论，用好应对策略）

注意调动应激过程中的各种应对策略（见前）

整体上：提高积极应对，避免消极应对（可测量）

其他应对资源（如空气、阳光、森林、泥、温泉浴）

41. 根据应对过程理论，掌握各种积极的应对策略是一个人成熟的标志之一。

（应对方式的管理有进一步解说，参见节后附录）

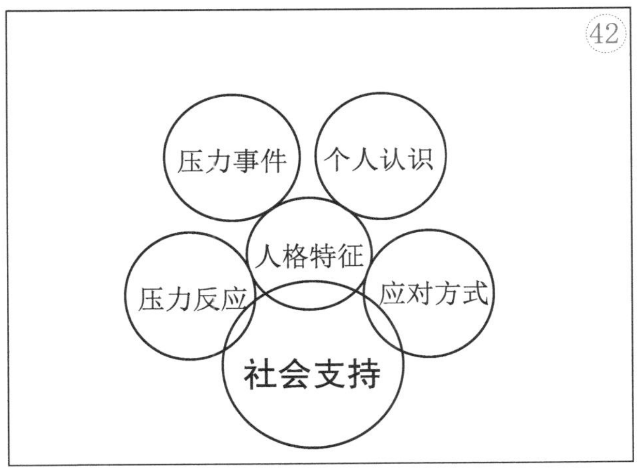

42. 社会支持的管控

社会支持是对抗压力（应激）的可利用外部资源。在心理危机如灾难现场，除了救命，提供社会支持往往是第一要务。

社会支持可通过直接降低应激反应程度，或者间接通过影响各种应激有关因素而发挥抗压力的作用。

许多悲剧人物走向毁灭，并不是物质上活不下去，而是社会支持被彻底剥夺，如某些时期的自杀行为。

43

1. 社会支持

——又称社会网络，反映了一个人与社会联系的密切程度和质量

（1）社会支持的数量、获得支持的满意程度

（2）家庭支持、朋友支持、其他人支持

（3）主观支持、客观支持、个人利用等。

（祥林嫂的致命因素）

43. 社会支持内涵丰富，分类多样。

作者引进并修订的领悟社会支持量表 PSSS，分为家庭内社会支持和家庭外社会支持两类。（家庭外社会支持原来分为朋友支持和其他支持，但内容不符合国情，因素分析不支持这种分类）

PSSS 问卷几分钟内就可完成，可快速评估个人主观体验上社会支持的程度。

44

2. 社会支持的管理

（根据应激可利用外部资源理论）

增强客观支持：

交友（多说别人“好处”）

求助（倾诉）

集体活动

亲友联络（别忘记“港湾”）

提升主观支持：

44. 青年人应学会充分利用社会支持资源，从小开始展开训练与实践，平时精心构建和维护，未雨绸缪，以便在面对压力时能够信手拈来。

同时，作为压力调控的重要手段，面对来访者或求助者时，帮助者应提供充分的社会支持。

（社会支持管控有进一步解说，参见节后附录）

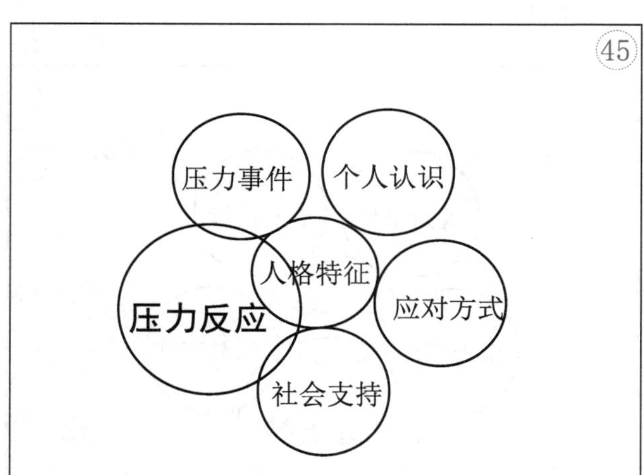

45. 压力反应（心身症状）的管控

关于心理压力反应，人们经常会将“心”与“身”对立起来。例如，某些医生偏向身体，一些心理学者偏向心理。大众则受线性思维习惯影响，对压力反应的看法容易走向两极，非此即彼。

系统模型的压力反应包括心理、社会和生物各种症状，也包含某些心身症状的热门称呼，如亚健康、耗竭等。

46

1. 压力反应

压力的心理反应

（1）情绪反应：涉及焦虑、恐惧、抑郁、愤怒等

（2）认识反应：认识能力下降，自我意识变窄等

压力的行为反应

（1）逃避（2）退化（3）敌对（4）失助（5）物质滥用

压力的躯体反应

（1）神经（2）内分泌（3）免疫3条中介途径

压力的综合反应

（1）亚健康：表现为慢性疲劳和精力低下等系列综合症状

（2）职业耗竭：由职业压力带来的心身“枯竭”状态

46. 压力反应的分类同样存在差异。图片反映了作者几十年来在书籍中对压力反应的具体分类。

作者编制的心理社会压力多维评估（问卷组合）PSSS 中的压力反应问卷 SRQ，将压力反应分为躯体反应、情绪反应和行为反应 3 类。

47

2. 压力反应的管理

（根据心身相关与平衡理论，消解心身症状）

松弛：放松、生物反馈（叹气的“学问”）

幽默：以幽默处事（“风度”）

释放：如发泄、诉说（“哭吧”的故事）

转移：如运动、音乐（注重“过程”）

药物：合理用药（情绪调节剂对抗多种症状）

47. 根据“心身相关”原理，压力反应的调控需要多管齐下。

青年人平时应学会在遇到压力的情况下能够自动地心身放松，这也是一种涵养。

此外，在某些情况下千万别拒绝药物。药物的功效会通过应激因素之间的互动起作用。

（压力反应的调控有进一步解说，参见节后附录）

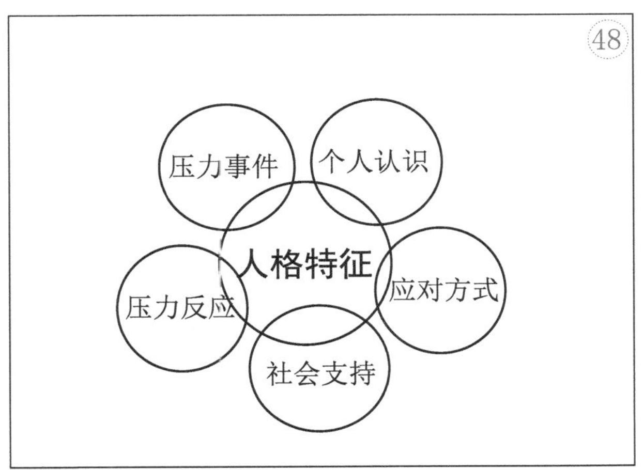

48. 人格（信念、价值观、习惯等）管控

人格因素具有影响广泛、超越意识和不易改变等特点，决定了压力系统模型第 5 条法则，即人格因素在压力系统失衡和干预中起到核心作用。

人格因素的管控不仅抽象、不易操作，且大部分需长期磨炼。瞬间领悟、立地成佛的情况虽然也有，但大多不属于人格部分。俗话说江山好改，禀性难移。

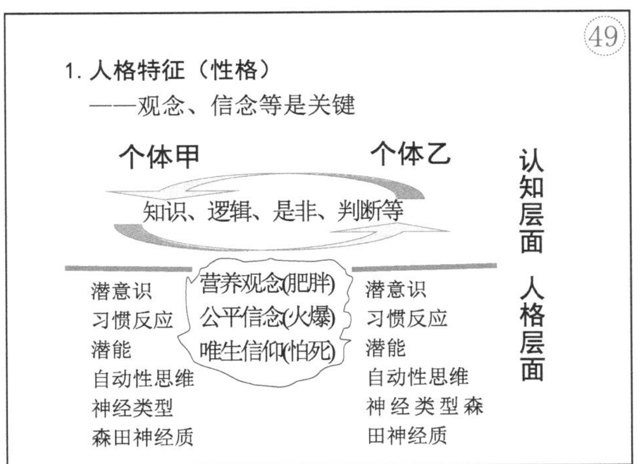

49. 这里的人格因素多指人格浅层，如各种信念、观念等。

百余年来，国外的各种心理治疗理论中，一些概念大多反映在这一层面，如潜意识（精神分析）、习惯（行为理论）、潜能（人本理论）、图式（认知理论）等。

人格因素影响面很广。例如，某些信念通过影响认识让人吃得过多而肥胖，通过影响认识让人看到“不平”就会火爆。人格因素确实是某些压力问题的核心影响因素。

50

2. 人格特征的管理

（根据系统模型的生存法则，提升人格魅力）

调整“求全、完美、标准化”的观念或信念：

如利用座右铭“接纳差异、快乐竞争”（见后）

调整某些习惯：

如注意“挫折教育”“试错训练”

心理治疗方法：

如接受认知行为疗法（心理咨询）

50. 人格管理，因为禀性难移而困难重重，但还是有些办法。

例如，郑板桥用“难得糊涂”警示人们（或自己），对付“过度认真”的性格。

作者用“接纳差异、快乐竞争”为座右铭，管控“求全、完美、标准化”的人格倾向。

此外，必要时还可以接受心理治疗。

案例 1 至 3，宣讲“接纳差异、快乐竞争”，挫折教育、试错训练。

51

***需要一个座右铭：**

接纳差异、快乐竞争（考试、恋爱、就业）

快乐的足球运动员

51.“接纳差异、快乐竞争”非常重要，需要反复举例，说深说透。

所谓“接纳差异”，就是接受不成功、不理想、不随意或被忽视、被否定、被冤枉等，但不是自暴自弃。

所谓“快乐竞争”，就是始终愉快地努力、从容地处置、积极地互动，等待或寻找压力系统的动态变化带来的各种机会。

52

插入问题：

*“接纳差异、快乐竞争”会扼杀进取精神吗？

答：不会。将才和帅才的区别。

*“接纳差异、快乐竞争”会影响人际友谊吗？

答：不会。只会加强友谊，增强友谊的延续性。有的人只有一个与自己一样的朋友，显示其并不健康。

52. 现场确实有人会提出图片中的问题。

应该从系统的角度予以解释：

“接纳差异、快乐竞争”，给人以进取精神不足、志同道合友谊不够的感觉。这只是从单一维度予以考虑。

如果从系统的角度，“接纳差异、快乐竞争”是两个相关的维度，是科学的进取、艺术的前进、帅才之间的友谊。一辈子只有一个与自己完全相同的朋友，既不可能也不健康。

53

*还需要一种信念：

“挫折锻炼”，“试错训练”

移库学习过程的“试错”训练

53.“挫折教育、试错训练”的信念需要说深说透，举例说明，这对于“压力敏感”者更重要。小孩大人都一样。（图片中“移库”学习过程的试错训练，可在门诊讲解中使用）

因为禀性难移，“挫折教育、试错训练”和“接纳差异—快乐竞争”应作为座右铭，早晚复习，反复训练，强化形成条件反射（习惯）

54

小结

（一）6个途径调控压力

（专业人员采用：心理教育　心理指导　心理治疗）

1. 管控生活事件　解决　回避　接受　避免主观事件
2. 消解压力反应　放松训练　幽默　转移　心理治疗　药物
3. 调节消极认识　辨识自动思维、合理化、暗示、激励
4. 用好应对策略　选择积极有效的应对　避免消极应对
5. 提高社会支持　交友　倾诉　营造港湾　提高主观支持
6. 提升人格魅力　接纳差异与快乐竞争　挫折教育和试错训练

54. 小结：主要供专业人员参考。

将6条压力调控途径用于临床，方法是关键。这需要专业人员具有心理教育、心理指导和心理治疗的基本技能，帮助来访者实现压力管理和情绪调控目标。效果好不好，除了对压力系统模型基本法则的掌握，关键就看这3个方面的基本功了。

55

(二)心理压力调节途径、依据、方法和目标

维度	要素	依据	管控内容	目标
生活事件	工作、人际、婚姻、经济	生物适应理论	解决、回避、接受	管控生活事件
认知评价	线性自动思维、曲解—负性情绪	认知—情绪理论	辨识线性思维、合理化、积极自我暗示等	调节负性情绪
应对方式	20多种应对策略中选择	应对过程理论	选择积极有效的应对，避免消极应对	用好应对策略
社会支持	家庭内支持、家庭外支持	“可利用外部资源”论	交朋友、多说好话，亲人陪伴等	提高社会支持
压力反应	精神、躯体、行为反应	心身相关和平衡理论	释放、转移、松弛训练、药物、环境等	消解压力反应
人格特征	完美主义信念、习惯、脾气	系统模型的生存法则	指导树立“接纳差异、快乐生活”的信念	提升人格魅力

55. 本讲座将压力调控问题分解成 6 个维度展开讨论，很有普及意义。但也再次提示，这并不是“压力系统”调控的全部。

要想完整地掌握“压力系统”调控，需要从压力系统模型的全部 5 项基本法则入手。

网络中有一个断案故事能说明问题：小偷误入洞房骗色后潜逃，开玩笑者却成死刑犯。因为多条线性逻辑（案情推论）都指向这个开玩笑者是凶手。

五、附录：若干关键幻灯图片的补充解说

（一）生活事件的管理途径（幻灯图片 31）

根据百余年前的生物适应理论，生活事件的管理技巧包括“解决”“回避”和“接受”。

① 解决。解决问题当然要有方法和技巧，最好在“接纳差异、快乐竞争”态度下进行。“世上无难事”这一类线性观念，会让一些人“死不回头”，陷于绝境。

② 回避。看似消极，其实未必。例如，争吵开始时回避一下，重聚时双方或许吵不起来。这里涉及系统模型中的一个现象——系统结构的动态平衡法则。先看物理现象，干过农活的人都知道，拿硬木棒挑重担平稳走路，是很吃力的。如果用软扁担迈着带有一定节奏的波动步伐，走起路来则省力得多。据说斗拱的作用原理也在于此。在外力，如暴风的作用下，斗拱各部分受力的动态变化可以起到维持整体平衡的作用。心理压力现象也一样，必要时的暂时回避，可为压力系统的动态变化提供时间，为动态变化过程带来再平衡的时机。所谓进退有序，均属于“适应”的特征表现之一。

③ 接受（屈服）。同样看似消极，却符合系统结构的动态平衡法则。中外许多名人的一生也多有采用。其原理同样是寻找系统再平衡的转机，只是较之“回避”，是更长和更宽时空里的动态平衡。

本讲座案例中的生活事件及其处置途径举例：

案例 1，被辞退——接受；就业——解决；女友、家庭——回避（问题）。

案例 2，群众评低分——接受；有人举报——回避。

案例 3，离婚——接受；女儿的抚养权、房子——解决；闲言碎语——回避。

（二）认知调控技术（幻灯图片 35）

根据认知—情绪—行为的理论，认知调控是压力管理和情绪调控的关键。面对复杂而严重的压力与情绪问题，知识传递和逻辑辩解常常不起作用，需要各种技术。

1. 介绍“自动性思维”概念，让来访者识别思考属于负性自动性思维，那些看似严谨实则是“歪曲”的认识。

2. 利用对事物的认识本身存在多维性，指导来访者转换身份、心理移位，选一个对己有利的维度（角度）看问题（再评价）。

3. 同样利用对事物认识的多维性，结合中外历史上各种名言警句，指导来访者找到合适的思考方向（合理化），如“大丈夫宁可站着死”与“大丈夫能屈能伸”。名言警句常具有超越意识层面的影响力。

4. 有些消极认识无法直接改变，来访者自己也知道，就是跳不出来，如失恋。此时，暗示信息反而有一定作用（因其绕过了强大的意识层）。过来人都知道，失恋的痛苦会持续相当长时间，但最终绝大多数人都会重新找到“真爱”。通过讲故事，“不经意中”将这个“道理”作为一个新的信念“传递”给失恋者。这已接近心理治疗技术的范畴。

5. 此外，某些情况下的祈祷（如有信仰者的绝望）、激励（如青年人的伤残）等不常用的手段，只要能调整消极认知，改善压力程度，均不排斥使用。

以上无论何种认知调控技术，其实都在利用认知所具有的“多维度”特点。

本讲座案例中的认知调控举例：

案例 1，我不会找到工作的——辨识负性自动思维；社会可恶——多维中找到相反的逻辑（合理化）；

案例 2，一切工作都白做了——辨识负性自动思维；有人“搞”我——合理化；

案例 3，前夫是流氓——再评价、合理化。

（三）应对方式的管理（幻灯图片 41）

应对策略是技术性的，也是人格特质性的，即许多应对习惯具有习得性成分，是所谓的“秉性”，也是作者强调的“特质应对”。

鼓励青年人在平时应学习训练各种应对策略，这也是一个人向成熟方向发展的必要条件（结合“应对过程”图示）。

在面对具体压力问题时，应对策略的指导和调控，应强调以下两点。

其一，强调应对策略的多维度和多技术性，学会针对不同情况选择不同应对策略，不能吊死在一棵树上。

其二，要努力训练积极应对风格，如升华、幽默、转移等，避免消极应对习惯，如幻想、忍受、退化、烟瘾和酗酒等。

本讲座案例中的应对方式指导举例：

案例 1，指出存在太多的消极应对，如对同事不友好语言——攻击发泄；对消极情绪——压抑、退化。引导积极应对，如升华。

案例 2，指出存在太多的消极应对，如对群众评分低——压抑；在茶话会上——讽刺；见不友好眼神——消极演绎。引导积极应对，如升华、转移。

案例 3，指出大量的消极应对，如迁怒、压抑、攻击。引导积极应对，如淡化。

（四）社会支持的调控（幻灯图片 44）

社会支持被认为是对抗心理压力（应激）的“可利用外部资源”，且在压力综合管理的多因素中，是唯一被认为是积极的抗压因素（其他因素可能存在或积极或消极的作用）。因此，压力管理和情绪调控中不能忽略社会支持的作用。在某些突发灾难面前，可能只有社会支持能够直接支撑受难者坚持下来。

1. 良好的社会支持是一个人基本品质的重要部分，青年时期应注意精心构建和维护自身的社会支持系统。例如，应鼓励青年人既要多交朋友，又能接纳差异；多说别人“好话”，少吹毛求疵等，使之成为个人的一种涵养。那种认为一生只求一个好朋友的人，或者坚持己见总是直通别人“软肋”的人，往往会严重限制自身的社会支持系统。

2. 作为社会支持的提供者，如领导者，需要注意平时关注并提供（高）员工的社会支持（水平），例如，经常组织合理的集体活动，是管理者智慧的体现。

3. 关于社会支持，亲友关系是既重要的又很矛盾的话题。许多人厌烦与“亲友”产生瓜葛，往往涉及利益问题。纵观人的一生，在许多节骨眼上面临重大压力问题时，往往亲友会成为最后的一根社会支持稻草，因此，如何建立健康的亲友关系，是值得深入讨论的话题。

4. 这里还涉及主观社会支持的概念。与主观生活事件一样，社会支持的高低有时候取决于个人的认知和体验。也就是说，有的人客观社会支持并不少，关心她的人也很多，但本人却对自身的社会支持系统很不满意，这会严重影响其抗压能力。作者引进的领悟社会支持量表（PSSS），旨在评定个体的主观社会支持水平。

本讲座案例中的社会支持指导举例：

案例 1，联系家庭和女友，取得理解和支持。

案例 2，首先是获取妻子理解和支持鼓励。

案例 3，寻求母亲、男友、原单位同事的理解和关心。

（五）压力反应的调控（幻灯图片 47）

根据心身相关原则，调控压力反应需兼顾“心、身”，多管齐下。举几个例。

1. 训练心身放松。人类与生俱来具有一种自我调控压力的本能，在疲倦、困乏、持久焦虑、郁闷等情况下，会出现叹气、伸懒腰和打呵欠等动作或表现。这是自发的条件反射放松。模仿这些本能动作，遇到紧急情况，先深深地吸一口气，入静，然后缓缓地、轻轻地吁气，顺便将全身心放松，再作决策。其效应包括缓解大脑皮层焦虑水平和降低植物神经应激性反应。平时反复练习并养成习惯，有助于预防和调控压力心身反应，长期坚持还具有提升涵养的作用。君不见，那些临危不惊的人总是在最紧要的关头，突然深吸一口气，然后守住底线。

2. 青年人学习说话轻松而幽默并养成习惯。这既是一种风度表现，又具有良好的自我抗压作用。

3. 适当、合理地释放，甚至是发泄，有助于纾解急骤的压力反应。也不宜经常“发泄”，以免养成坏习惯。例如，一个人偶尔以哭泣调控压力反应并无不妥，如果经常以哭泣对付各种压力，那就是两码事了。

4. 转移，包括通过运动、音乐、花艺等方式。这些活动也有调控压力反应的作用。这里需注意，作为减压的方法，应专注“转移”活动的“过程”，而不是“结果”，后者经常会带来新的压力。

5. 各种语言的、运作的、物质的手段，凡能降低皮层焦虑水平，或者能够降低骨骼肌张力和植物性应激反应的，都可用于调控压力反应。药物中的情绪调节剂，其功效也包含以上三方面。因此，特别提示，关于压力调控，某些情况下千万别拒绝药物。

本讲座案例中的压力反应调控指导某些要点：

案例 1，放松；

案例 2，释放、转移、药物；

案例 3，放松、发泄。

第 3 节　博文集（五）

压力（应激）系统模型是生物、心理、社会多学科交叉的理论模式，其内容看似容易理解，实则较难把握，其学术价值又主要体现在被目标人群接受和应用方面。为此，作者选取 2011—2022 年撰写的部分博文（原有链接和表情包已删掉），经组合分别列入若干章之后，旨在加深阅读者对该章内容的理解和把握，同时也为可能开展的系统模型各种主题宣讲和临床咨询等实际工作提供部分引用素材。

本节含 23 条博文，主要涉及与心理压力自我管理和网络宣传活动相关的一些话题。

头顶撑着黄罗伞，后面跟随百万兵——民间故事一则（2015-06-15 20：18：04）

晚上，正闲聊着名人取得成就之前的个人特质问题，突然记起儿时夏天在天井乘凉时，母亲讲的一则民间故事。

据说当年朱元璋在还未做皇帝时曾是一位私盐贩子，且满头瘌痢。因为天热，头上苍蝇成群，无奈摘取一片大荷叶遮盖在头顶上。有一天，朱元璋贩卖私盐一整天后感到疲倦，傍晚时挑选一条板桥，在桥中央横着扁担作枕头，四肢伸展仰天睡起觉来。当时，正好有一位叫刘基算命先生路过此处，看到朱元璋这个睡相，顺口就说出一个“天”字。由于路被阻挡无法通过，刘基就用脚踢了朱元璋一下，没想到朱元璋只是翻了个身，将扁担横到腰部，侧过身双脚微曲又睡了过去。刘基一看念出了“子”字。这是“天子”呀！刘基激动地叫醒朱元璋，想让其跟自己走。没想到朱元璋刚开步走，头顶的荷叶就随风抖动起来，一群苍蝇紧随其后上下翻飞，刘基见状大喜，惊呼这可是“头上顶着黄罗伞，后面跟随百万兵”啊！此人是未来的天子无疑。后来，刘基悉心指导朱元璋打天下并最终做了皇帝，刘基自己则成了军师。

母亲辞世已 27 年，她没有什么文化，却能讲不少故事，特别是在夏天乘凉时。多数故事是佛教方面的，间或有些鬼怪情节，像这样涉及尘世间的故事也有一些，如刘伯温藏宝留暗语等。至今想来，很为当年未曾问过母亲这些故事是从哪里“听”来的（不可能“读”来的）而惋惜和内疚。

对于朱元璋这一类型的故事，时下人们也许会认为是对历史人物有所不敬，或者是一些迷信的内容，但当年作为农村穷人家孩子，却没有一丁点儿觉得是对朱元璋的贬低。相反，觉得这是历史榜样，人穷、貌丑照样会有好运，一样可以做大事（大官）。不能否认，这类故事潜移默化地对当年某些青少年具有一定的励志作用。

（注：“讲故事”也是心理压力管理讲座活动过程中的技巧之一）

心理压力—基于压力系统模型的构成与调控方法：（2015－10－14 20：38：11）

“心理压力—基于压力系统模型的构成与调控方法”。这是博主在浙江省委党校和浙江大学法学院等平台开展的各类干部培训班讲题 PPT，其中全面介绍了博主倡导的压力（应激）系统模型和压力（应激）作用模型，包括理论要点、构成因素、系统结构和调控方法。

出身极贫，潜意识里就极贪？（2015－12－4 23：31）（微博）

近期有种说法，出身极其贫穷者，因天生贪欲，很容易成为大贪官，并从精神分析理论找到证据，似乎这是心理学问题。其实，这是典型的线性因果思维的说辞。

一方面，精神分析理论未必就是“潜意识缺什么，意识就去贪什么”的因果线性逻辑，至少还有诸如“反向”（那就不是因贫而贪，而是因贫而廉）、“转换”等之类的说法。另一方面，通过从现象学的角度展开分析，似乎只有通过心理、社会、环境多因素共同作用，才更有助于分析其中的原因。例如，贫穷出身的官员，在原生社会环境中会有更多的穷亲友，这些穷亲友又有更宽的“穷人脉”，这些人缺少社会资源，都想借亲友脱贫，于是，涓涓求助细流（开后门的、求情的、求照顾的）都以环环相扣的系统链汇集到贫出身官员身上。这些官员需有更高觉悟、更强毅力，且还要付出伤及“人之常情”的代价，才能抵御诱惑，保持初心。

博主并无要帮贪官洗白的意思，触犯红线该怎么办就怎么办。这里只是强调许多复杂问题都是多因素综合作用的系统问题，需从系统的角度去认识和解决。

“钱”性和“权”性自动思维（2015－12－9 15：35）（微博）

习惯化“钱”性自动思维（就像机器的惯性运转），会导致投机取巧、你抢我夺等行为；习惯化“权”性自动思维，会促成钩心斗角、投机钻营行为。

自动思维（钱或权），会控制一个人的情感（好恶）和行为（作为）。思维、情感、行为，三者互相影响，构成一个人的精神面貌。

以上各种自动思维的基础逻辑往往是线性的，如“钱多总是好的”“权小总是坏的”。这些线性自动思维每个人或多或少都有一些。

当一些人将自动性线性思维发挥到极致，也就成为常说的“钻”进去拔不出来之人。例如，近年在“钱”和“权”方面出问题人不在少数，一些人短短几年成为“资本邪教徒”，最终陷入深渊不能自拔；一些人不择手段经营，“官迷心窍”，最终锒铛入狱。

因此，要抵御“钱”和“权”的诱惑，识别自动性思维是第一步。

当然，矫正这类自动性思维的基础——人生观和价值观，是更深层、更艰巨的任务。

网络人、网络人格（2016-12-02 09：34：02）

网络人、网络语言、网络故事、网络人格、网络世界，别当成真实人、真实语言、真实故事、真实人格、真实世界。网络世界是现实世界的一部分，不可不信，又不可盲信（注：压力管理宣讲互动经常会波及网络，必要时要让网友明白这一点很重要）。

压力管理6条途径并未包括系统模型的全部（2017-03-11 20：01：03）

根据压力系统模型基本法则（多因素、互动、动态平衡、认知、人格），该美篇“压力管理6条途径”所讨论的，仅仅是6个线性维度的“简单叠加”，易被理解，也被证实有效，但并未包含该理论模型的全部内涵。

（注：压力调控讲座可择时告诉观众。对于更复杂的心理压力问题，除了6条调控途径以外，还要重视系统模型的后3条法则，即压力因素之间的关系是动态平衡的过程，认知是关键因素，以及人格是核心因素）

答关于如何办好心理热线（2017-07-24 13：06：30）

打热线咨询的，许多是带着求助者自认为最重要的几个症状或问题，希望接线咨询师给予与众不同的回答（其实往往并没有与众不同的答案），且是带着线性思维的期盼，希望能给出简单明了的回答（最好是或否、对或错，以及该咋办）。这些主述的症状或问题可被看成“表象”，其背后是“系统”存在失平衡或紊乱，求助者自己未必清楚或知晓。

因此，心理咨询热线工作应分两个层次。首先，回应求助者提出来的、具体的“表象”问题，其往往是线性的因果答案，说不定求助者自己也知道应该这样回答，只是第三方信息渠道更易被接受。其次，要留有机会，开展对“表象”背后“系统”问题的分析与帮助，往往是建议预约后续。这与一般的心理门诊流程差不多相同。

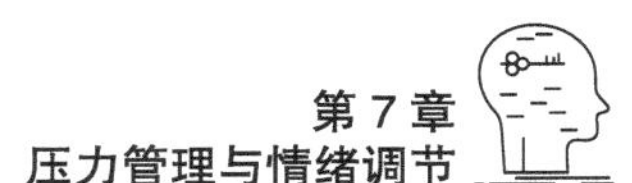

在心理咨询热线中，若只是一味使用一般的、常识的、线性的因果思维作答，兵来将挡，水来土掩，就与常人交流无异。因此，电话咨询与门诊流程一样，需要有一套系统理论框架。博主十几年前开设多年的网络咨询，就是基于压力系统模型。

未必是道德问题（2018－09－16 09：59：16）

日常生活中遇到的某些矛盾、某些争议、某些责难、某些冲突，或许不全是道德问题，有可能是文化或“微文化”差异所致。

例如，前些日子有一位教师，据说平时表现较好的教师与丈夫一起乘坐高铁。妻子进站时，丈夫在入口处却出了点问题而滞后了。当列车准备起动，妻子用身子一边挡住车门，一边叫喊后边还有人……

此事后来酿成了网络上对这位教师的全面讨伐与否定。

同类事例还有不少。

纵观这些事例及事后的“风波”，网友大多集中在对事件中人物行为的对错和好坏方面，继而对其品质的高低和优劣作现象学的线性评判。结果往往众口一词，从当事人的行为推测其平时表现会更恶劣，继而进一步推导其人品很低劣……

其实，分析这位教师的表现，除了对错，我们或许可以这样设想（只能是设想），她长期生活在“家—公共交通—学校”三点一线（这里且称之为“微”文化环境），形成了在特定环境下的行为习惯（具有条件反射或自动化性质）。这次偶然遇到前有列车要关门，后有丈夫即刻就到的特定环境时间点，她的焦虑情绪让她如同平时上公交车那样“挡车”，嚷嚷着“请等一等”，未及思考（思维与逻辑）现在面对的是“不能等”的新地铁列车……

同类事件还有“虎园下车”女主等。

或许，他们的情境行为是错了，但由此推导其平时必定恶行累累，进而判定其品质必然低劣，甚至展开攻击谩骂，实在有失公平。

以上分析本质上是基于系统模型。

养生，是“系统问题”（2018－11－05 17：15：22）

网上，经常出现顶级名医们的保健忠告。为了增强权威性和说服力，网文作者往往将不同名医的保健忠告称为“养生秘籍”，集中起来发表。

应该说，这些名医大伽各自报告的“养生秘籍”都有一些道理，许多还是大众的共识，如不吸烟少饮酒，将这些“秘籍”汇集起来，也更有道理。但也应看到，有时候大伽也是“被逼”才回答这类“养生秘籍”类绝对化线性问题的。就如请马云回答创业成功的秘诀，或请百岁老人回答长寿的关键一样，人家总得告诉你点什么。

实际上，关于如何保健、如何养生，完全是“系统问题”，不存在单一的“秘籍”。

生活中的线性思维，有时也会损害人（2019-01-08 08：14：30）

某老太太几年前去银行购买理财，银行理财经理却推荐了一款股票基金。这里不去谈论该经理是否故意将基金与理财产品混淆，单说推荐理由，就是利用了客户的线性思维。

经理说：“这个产品3年来收益都很高呢！看！这位的收益就达到50%。”她指向旁边窗口的一位大娘说。那大娘还点了点头。经理的潜台词是：注意了，都3年了，股票基金的收益都很高，按线性延伸，后面自然也会是高的。当然，她没有直说，也未从非线性的或系统的角度给老太太分析，后面或可能风险反而更大（根据抛物线原理）。一切都让老太自己去理解，似乎这些老太太应该都懂（这也是目前一些客户经理、营销专家常用的手段）。

结果，老太太购买了20万元的该产品。不久后，其净值就开始缩水。老太太马上去追问，经理说：“有起有落，就放着吧。”再去问就被告知经理“调走了”。目前，20万只剩下5万净值。

自然，这个风险老太太要自己承担，谁让她不懂金融。但也不能否认，老太太在几十年与银行打交道过程中训练成的线性思维——即“前面”的人都赚了那么多，我在“后面”至少也能赚点，大家都在一条线上——才是自身的原因。

生活中，此类情况太多见了！

……

八年制大学生点赞：

这是数学模型没有建对……

博主：

是啊！各种数学模型不断涌现，并试图避开线性思维去寻找真谛。然而，在日常生活中，哪怕如你这样的高才生，也不可能事事处处先建个数学模型再生活。在许多情况下，你的认识和行为仍然会带有强烈的线性思维倾向。

克制不如说服（2020-04-02 13：56：37）

简评：网文“成人再大的自律，就是克制自己去纠正别人的欲望”。

如文中所说，“克制”自己，确实是好策略。

但是，“说服”自己，或许是更好、更根本的策略。

凡是能引起反复争议的事，往往是系统的、多维度的问题，自然有时会无法说服别人，那就说服自己——承认差异、接纳差异。

附网聊考图（略）

最愚蠢的是讲道理？（2020-04-23 09：46）

简评：“世上最愚蠢的行为，就是‘讲道理’”。

如果按照讲理和不讲理这个线性维度去理解，这个说法就是极端化的、消极的。

如果是从系统的角度去理解，那意思就是世界是多极的，意见是多维的，坚持讲理容易陷入一个特定的维度而不能自拔，最好就是兼顾多个维度的思路，然后采取接受差异、快乐竞争的生存态度，这就是积极的。

议“成功的人生需要两次失败”（2021－04－02 17：50：44）

有网文断言，成功的人生需要历经两次失败，一次是无知，一次是膨胀。

这个说法有一定的可信度，也可以从现今的社会生活中找到许多个案予以佐证，这确实反映一个人从成长、成熟到成就的一些基本规律（未必一定是两次）。

但是，在中西方文化背景下，也有一些家族的后代，他们的人生好像未必需要出现几次失败以后才会成功。

还未见到有人总结这些家族有哪些普适的教育后代的方法和途径。或许，上述“无知”和“膨胀”所导致的两次失败，在这些家庭教育环境中已经被提前化解掉，即在孩子成长过程中，已经历过和风细雨式的“挫折教育和试错训练”。

一个人的成长需要各种“试错”，这种试错可以是自然的（即上述网文断言），也可以是人工的（即作者强调的“挫折教育和试错训练”）。

古人自相矛盾的话，可用于咨询指导（2021－05－23 09：41）（微博）

有网友转发了一些古人说过的自相矛盾的话，如“清者自清”与“人言可畏”，“细节决定成败”与“成大事者不拘小节”，“好马不吃回头草”与“浪子回头金不换”等。认为古人很会安慰自己，无论做什么都会有一定的道理。

实际上，系统问题中本来就有无数的线性两极思考，只要使用得法，古人便能用于安慰自己，心理咨询（认知指导）的效果也可由此而来。一个社会适应良好的人，其实也是一位天然的心理师。

类似的作者常用的还有“大丈夫宁可站着死”（奋斗时）和“大丈夫能屈能伸”（遇挫时）。

转某网友笔记—“心理压力管理”讲座（2021－12－06）（微博）

心理压力系统模型，都讲些什么?

4 月 11 号，浙江大学姜乾金教授莅临我公司，举行了一场以“心理压力管理”为主题的心理健康讲座。在讲座过程中，姜教授深入浅出、幽默风趣地为大家介绍了压力系统模型，并指导大家在工作生活中如何进行压力综合管理。现小编将讲座笔记分享给大家，希望每个人都能从中收获一二。

主题：心理压力管理——基于压力系统模型

内容：

一、压力是系统问题：压力与权力、金钱没有必然关系，也不仅仅是“线性”的因果逻辑关系

二、压力系统模型——多因素关系的失衡，导致压力

1. 压力的结构包括压力事件、个人认识、应对方式、社会支持、性格特点、压力反应等，称之为压力因素

2. 各种压力因素需要保持动态平衡

3. 个人认识是关键因素，性格特点是核心因素

三、压力综合管理——需要对各种压力因素进行综合调控

1. 调控压力事件（略）

2. 调整认识（略）

3. 提高应对能力（略）

4. 合理调动可利用社会支持（略）

5. 关注性格深层问题（略）

6. 减轻压力反应（缓解心身症状）（略）

附集体照（略）

（注：这位网友笔记是网上偶然发现的，经查是 2014 年 4 月 11 日作者在浙江福莱新材料公司讲座后上传的）

说说领导者的“和稀泥”原则（2022-01-04 14：22：49）

一些受群众欢迎的领导，在感观上却有点“和稀泥”（没有雷厉风行）。他们往往不急于对下属或群众提出的棘手问题下结论，也不厌恶下面的人找他的“麻烦”。

这些领导知道，人的背景、需求、体验和认识各有不同，有不同的声音反映人与人之间的各种差异，反对声音也未必就是错的。于是，这些领导者能够在系统的差异中寻找动态平衡的时机与途径，最终解决问题。现在看来，这些领导天然熟知“动态平衡”和“接纳差异”等压力系统模型的基本法则和技术。

拓展一下，在诸如家庭及某些群体中，那些带头人在面对一些矛盾和棘手问题时，也应稍微遵从一点“和稀泥”原则（注：该内容在领导干部的压力管理讲座中常有提及）。

“自信美”更重要（2022-01-28 20：25：12）

大家注意到了吗，现在的电视剧里，演员的脸型往往都差不多，几乎分不清谁是谁。编导人员为了在头面部区分角色身份，唯有在化妆上下功夫，而眉毛、眼眶和胡子则是区分角色的重点。像我这样只是粗略扫过一眼的观众，仍然感觉区分度不高。

这一现象的源头恐怕在于戏剧院校。其在招生时，或许对考生外形美的要求太“标准”了。这与几十年以前明显不同。那时的影视剧中，各种脸型的演员都有，也都演得很精彩，所塑造的各种

角色也很容易被观众区分清楚，更贴近生活。

说到“标准”的外形美，离不开“大眼睛”，偏偏自身又较欠缺。于是，为了让影视剧中的眼睛“大”起来，只能是首先选一些大眼睛的演员（有的似有健康问题，如突眼，能看到眼白上布满血丝），然后是手术“割出来”的（我早年实习时做过好多例，但那是为了矫正老年人的倒睫问题），其他的只能借浓墨画出来（周圈描黑、黑白反衬、视觉上自然变大）。

也只能跟崇尚美丽的青年们说，在生活中年轻人应明白，秉持“接纳差异、快乐竞争”理念的自信美或许更重要。自然，这话更应该跟编导者说，因为是他们在引导青年人（注：该内容在青年受众的压力管理讲座中曾经提到过）。

社会反制也是一种“挫折教育”（2022－07－04 08：39）（微博）

近日，曾提到人格障碍。诊断人格障碍有好几个指标，其中一项指标是从小开始，另一项指标是反复难改。还要补充一些说法，一些患者在经历反复的社会挫折后，其进入成年期后症状会有所收敛。这也说明，除了生物学因素的变化，社会给予的“挫折教育”可能也在缓缓地起作用。

人格障碍虽然被认为难治，但社会反制却有一定的“治疗作用”，这一点很值得家长们注意——不要人为阻断这种效应。可惜好多“熊孩子”的家长不懂得，只是一味地护着，却无视了社会所给予的“挫折教育”带来的好处。

走得太近也易伤情（2022－07－08 13：24）（微博）

根据压力系统模型，人际关系充满了多方面的差异，如接纳差异、快乐互动，让时间引导良性循环，才是与人之道。

走得越近，接触会越深，互动就越频繁，双方显现的差异也越多，客观上增加了双方接纳差异的难度。此时，如果不是完全的“志同道合”者，或者不是自然的“接纳差异”高手，一旦进入拒绝差异、痛苦竞争的恶性循环陷阱，伤害就会更甚。爱之越深，恨之越切，说的就是这个道理。

故青少年应多交朋友，相互以诚相待，也可适当保持一点点距离。俗话都说距离产生美嘛！

祝贺你，人生又走向一个新阶段（2022－07－24 12：37）（微博）

你已经入职了，祝贺你，人生又走向一个新阶段！

青年人有一种积极向上的精神，还有一种不肯认输的韧劲。俗话说不想当将军的士兵不是好士兵！

同时，青年人走向社会，需要有接受“挫折教育，试错训练”的准备。因为面对复杂的社会和职场，本身就是一个学习、熟练、不断克服困难、逐渐走向成熟的过程。在这个过程中，既有成功的体验，也有不成功的教训，这些都会成为人生宝贵的财富。

因此，要有“接纳差异、快乐竞争”的生活观念。就像一位快乐的足球运动员，其运动生涯就是一个愉快的过程，所有的努力和付出都是快乐竞争的体现，其中出现的失分和输球，都是愉快生涯中的不可或缺的部分。

竞争，是人生通则（2022-07-26 06：39）（微博）

竞争，是人生通则！

但竞争会带来痛苦（辛苦），多少人都盼望着避开竞争。

结果，“避开”成功者，仍然是一种竞争的结果。

避开不成功者，试图寻找不需要竞争的地方，如入教。结果发现，“教”里也仍然存在竞争。

所以，学会竞争很重要。

因此，需要“接纳差异、快乐竞争”的人生座右铭。

从来没有过不去的坎？（2022-08-11 11：10）（微博）

偶尔发现在小视频中，有人在播讲人生励志 8 个信条。其中有一条是“从来没有过不去的坎”。

这应该是某些学者的话。学者劝人向前，对绝大多数人有鼓舞作用。这也是典型的线性思维，对那些“死磕”的人，对少数认真过头不会转弯的人，或许会被“逼迫”得更甚。或者说，对于那些始终过不去那个坎的人，你不能让他碰死在坎前，你可以动员他退出来才是正确的。天下的路不是只有一条，人生也不是一定要过这条路上的这个坎（注：心理咨询的服务对象往往就是这些少数人。在这里，体现出思想问题和心理问题的差异，也反映了心理咨询工作的尴尬）。

系统问题，解决不了，可先等等（2022-09-06 10：43）（微博）

（咨询者：儿子小学三年级，在学校与同学打闹，对方家长告状，丈夫已回复，自己因担心儿子名声受影响，一再与对方家长“沟通”。丈夫因此生气，我不知道该怎么做？）

（博主回复）有许多事情不去做，反而可能自然而然地顺了。

日常有些事情属于系统问题（如孩子之间的事情，很难分清是非，今天你动他一下，明天他动你一下）。即使不去解决，随着系统的动态变化，事情也会出现转机。告状的家长确实有点小题大做，你的丈夫已经给予回复，你却朝着一个方向不断用力，好像越是用劲就越能解决问题。实际上，对方不会被你“改造”，情况很可能相反，一旦方向不对或者能力不及，你越用力，结果可能越紊乱。或许你的丈夫就是因为这个才生你的气。

从刚才你转发的这几个截屏内容看，你确实是太用力了，反而会引对方家长的不满。然后，你又想更加努力，这就是你现在的状态。

你如果继续下去，对方可能会更生气。如果你也这样对别的家长，许多人也可能会像这个家长一样与你纠缠。这样，会真正影响你的孩子。

你明白我的意思吗？就是现在你越用力，用的力气越大，你越想用你的力气让你的孩子更舒畅，实际的结果是可能反而会影响你的儿子。你丈夫生气的原因恐怕也是这个原因。

因此，结论很简单，你目前少动、少说、少想，让你的丈夫多做一些。道理就这么简单。因为你也承认自己存在性格偏执，也确实不容易做到。

第 8 章　生活压力

本章导言

对生活压力的管理和调控，是压力系统模型实际应用的重要方面，也是所有年龄段、所有职业人士必须面对的人生问题。2011 年，作者以专著的形式，在《临床心理问题指南》一书中专门编写了“生活压力”一章。此后在各地举行的心理压力管理讲座，也以生活压力为主要范本。在心理咨询门诊，许多案例属于生活压力问题，作者一直采用基于压力系统模型的临床评估和干预模式。

心理咨询门诊遇到的各种生活压力问题，涉及面很广，如孩子教育问题、工作学习压力问题、事业挫折、家庭矛盾问题等占有相当比例。这些问题基本上都与本文集的其他主题交叉在一起，难以绝对梳理。例如，婚姻和家庭问题交织在一起，后文有婚姻家庭问题专章，但主要集中在婚姻方面，有关家庭问题也可参阅本章内容。这一类情况在作为文集的本著作中普遍存在。

本章主要摘录自《临床心理问题指南》“生活压力”一章，内容是以临床工作指南的格式展开，对面临压力的读者也有参考价值。本章末附有部分相关博文。

第 1 节　案例与分析（专著，2011）

摘录自人民卫生出版社 2011 年出版的《临床心理问题指南》第一章“生活压力”。文中涉及的图表已转换成本文集编号或者略去。

一、问题的提出

（一）案例

案例 1:（学校学习压力）

某男子，18 岁，高中学生。其父亲代诉，3 周前因考试成绩下降，老师当着全班同学的面点评该生，使其感到失面子，近两周在家睡觉，不去上学。因此，强行将其带来心理门诊。

通过临床晤谈发现，相关人员对问题的“前因后果”叙述有很大的不同。

学生认为，父亲在他初中毕业时曾经答应考上重点高中就给他买电脑，但真正考上后又以影响学习为由不予兑现（生活事件），导致自己高中阶段情绪都很坏（心理反应），近一年来经常出现头痛、焦虑、抑郁、失眠等症状（心身反应），近几周很难集中精力学习、甚至害怕去学校、怕见同学（心理行为反应）。

身为教师的父亲告诉，该生在小学、初中阶段听话、认真、成绩优良，家长、老师、同学认同，关系良好。认为问题就是因为以往太顺利了，缺乏磨炼（个性特征），如今在高中学习和高考压力之下（生活事件）容易怕苦、畏难和退却（应对方式），希望心理医生帮助做工作。

班主任介绍，该生在高中阶段不合群、要好的同学不多（社会支持），在某些问题上略显固执（个性特征）、钻牛角尖（认知评价），时有人际冲突。认为问题就在于该生太爱面子（个性特征），不能正确对待（应对方式）自己善意的批评（生活事件）。

案例 2:（家庭生活压力）

以下来自一封网络咨询来信。

我们是经人介绍结的婚，已经 3 年了。婚前恋爱时间不长，了解得不多。我是一个情绪波动较大的人（个性特点），有时与他吵完架不用他投降，我就会与他和好（应对方式），长此以后，他见我生气（压力反应）也不再紧张！由于他是家里最小的孩子（文化背景），性格方面总觉得有些自私和没责任感（个性特征），我讨厌（认知评价）他这种性格，夫妻生活应该是共同的（认知评价），因此，我常因一些小事和他吵（生活事件），有几次都和他说要离婚（生活事件），可是当他回家和我说一些好话时（应对方式），我又会心软（社会支持）。我们已经有了一个儿子，两岁了，我很担心他（生活事件）。我现在很着急，也很烦心，人都变瘦了（压力反应）。他是不可能改变自己，我也不可能去改变自己（认知评价），两个人在一起老是吵（生活事件），我到底该怎么办?

（注：括号内为作者注解的概念，供后文分析用。因为案例 2 来自网络，故下文分析侧重在案例 1）

（二）压力问题的重要性

目前，我国正处于社会转型期，不同年龄、不同群体，如中学生、农民工、大学毕业生、城市“蜗居”者等，都会感受到过高的生活压力。当个体的压力反应超越个体的承受能力时，将会引发许多心理卫生问题，其中，多是介于正常与精神疾病之间的“心理问题”，也有许多发展到严重的精神疾病状态，甚至可能诱发严重的社会后果。严重的或者长期的压力还与一些功能性躯体症状或心身障碍有关联，进一步的影响则与心身疾病，如本书中涉及的心脑血管病、肿瘤等的发病发展有关。

由此可见，从压力的心身反应到心身障碍的心身症状，再到心身疾病，其实存在内在的逻辑联系。为了防治心理疾患和心身疾病，降低人群的压力感，提高人们的生活幸福感，构建和谐社会，需要研究心理压力的构成、现状、评估和干预方法。

压力问题涉及医学、心理学、社会学等多个学科领域，其防治方法也涉及多个学科知识和技术，压力管理与控制工作需要密切结合现阶段我国不同人群特征，要重视预防和预警，更要重视可操作性。本章主要介绍生活压力的构成因素、理论解释、压力评估和管理控制等基本方法，有关职业压力与耗竭等相关问题，本书已有专章介绍。

二、压力有关因素分析

在案例 1 和案例 2 的文字中，标注有各种与压力有关的因素。这些因素都与该来访者的压力问题有关，故称之为压力因素。下文将简单介绍这些因素的定义和内涵，以便有助于对后文的进一步理解。有关这些压力因素的详细内容，建议参阅作者主编的《医学心理学》(2010 年，8 年制规划教材第 2 版)。

（一）生活事件

生活事件（life events)，是指造成压力并可能进而损害健康的各种刺激物，又称压力源或应激源（stressor)。生活事件通常包括生物、心理、社会和文化等方面的刺激。按现象学分类则主要包括工作事件、家庭事件、人际关系事件和经济事件等。此外，还有正性事件与负性事件，主观事件与客观事件等分类。

在案例 1 中，高考、父亲失约、老师批评、与同学矛盾等都属于该学生的生活事件，且多属于负性事件；有些还属于主观事件（如老师批评）。这些生活事件都与来访者目前的压力有关。在案例 2 中，包括夫妻吵架、孩子问题等。

（二）认知评价

认知评价（cognitive appraisal）是指个体对遇到的生活事件的性质、程度和可能的危害情况的认知评估。Folkman 和 Lazarus（1984）将个体对生活事件的认知评价过程分为初级评价（primary

appraisal）、次级评价（secondary appraisal）和再评估（cognitive reappraisal）。认知因素是压力系统中的重要因素，不仅直接决定或间接影响生活事件对个体的压力反应，压力管理与控制也取决于通过来访者的认知过程。

在案例1中，该生对父亲未按约购买电脑持消极认识，这种消极认识与此后两年接连出现的各种问题有关。这种要求别人遵守诺言的认知定式，并不能轻易地改变。在案例2中，该女对于丈夫的性格、行为、离婚的得失、孩子问题等，基于自身的知识、经验和现场体验，形成各种消极的认知评价。

（三）应对方式

应对（coping）或应付，被定义为个体针对生活事件（针对问题应对）和针对事件对自身的影响（针对情绪应对）的各种认知和行为策略。目前，关于应对概念的内涵、外延、性质、种类等还存在争论。作者认为，应对的含义是多维度的，例如，如果将生活事件到压力反应作为“过程”来理解，以国外应对量表中出现的各种因子作为分析对象，可以发现应对活动实际涉及的压力多因素作用过程的各个环节。

结合图2－3－1的应对过程模型可以发现，案例1和案例2在应对生活事件和应对压力反应方面，包括较多负性的或消极的应对成分。

（四）社会支持

社会支持（social support）是指个体与社会及家人之间在精神方面和物质方面的联系程度。几乎所有处于压力情况下的人都需要社会支持，有一定生活阅历的人都能理解这一点。然而，有各种心理问题的来访者却常常回避接触社会、拒绝接触他人，这等于放弃了社会支持。国内还有这样一些现象：有人因心理危机而试图跳楼，但尚处于生死搏斗与犹豫之间，一些旁观者不仅没有给予社会支持，还有节奏地叫喊“跳下来”，这是何等的无知和缺乏人性。社会支持可以分为家庭支持和家庭外支持；客观支持、主观支持和支持的利用；社会支持数量和支持满意度等。

在案例1中，来访者缺乏与家长、同学和老师间的良好人际关系，使其缺乏对抗压力的“可利用外部资源”。在案例2中，该女士虽未叙述其他家人及朋友的情况，但其夫妻间的家庭内社会支持程度是较低的。

（五）个性因素

个性或人格（personality）在压力问题中的重要性是显而易见的。个性与上述各种压力因素密切相关，个性与文化因素也密切相关。这些将在后文压力系统模型的基本特征中作进一步讨论。

在案例1中，纵观来访者对生活事件的认知评价、应对方式、社会支持等方面的具体表现，可以看出此人存在求全、完美主义和标准化（钻牛角尖）等个性倾向。案例2中除了描述丈夫的自私和缺乏责任感等性格特点外，从其自身的描述中也可以看出她有求全和情绪不稳定等性格特点。

（六）压力反应

压力反应（stress reaction or response）是指个体因各种压力因素的作用而表现出来的各种心理、行为和躯体方面的反应性症状。需要注意的是，这里指的是压力理论基础上的“压力反应”，与目前医学界特别是精神病学界存在的各种“应激反应”有一定的区别。通常在压力的心理反应方面，临床上常见的有认知偏差（固执己见）、情绪焦虑、抑郁等，个别情况下可影响自信心；在压力的行为反应方面，临床上可有动作刻板、逃避、依赖、敌对、无助及物质滥用等表现；在压力的躯体反应方面，则表现出各种躯体不适和临床症状。

在案例 1 中，来访者表现出焦虑、抑郁、学习困难、失眠、头痛等压力的心理、行为和躯体反应症状。在案例 2 中，该女士表现出焦虑、烦恼和人变瘦了等情绪和躯体症状。

当然，与压力有关的因素并不限于这些。以上几种因素对于压力的分析、评估和干预很有意义。其他有关因素在此不作详述。

第 2 节　理论剖析（专著，2011）

摘录自人民卫生出版社 2011 年出版的《临床心理问题指南》第一章“生活压力”。

一、以不同的压力理论作分析

压力（stress），在医学界长期翻译为应激，在其他领域则翻译为压力、紧张刺激等。压力或应激的概念经过长期的发展，至今并没有统一，有关压力的理论解释也有许多。

（一）反应模型

塞里（Selye）1936 年提出的应激概念属于压力反应模型（response-based model of stress）。塞里强调有机体对各种有害刺激所产生的反应，除了“特异性”的病理反应，还存在一种“非特异性”的病理生理抵御反应，他将其称为一般适应综合征（general adaptation syndrome，GAS）。反应模型容易被人们所理解，特别是在生物医学模式下，符合医学思维，并与临床症状相关联，故至今在医学（包括病理生理学、精神病学）领域仍受到重视。反应模型能很好地解释压力的表现（病理过程和症状），但从生物—心理—社会医学模式的角度，以及实际上压力包括刺激、中间因素和反应等多个环节来看，该理论模型与“整体观”和“系统论”存在一定距离。

如果以反应模型为指导，我们将可能只关注到案例 1 和案例 2 所表现出来的各种心理和躯体症状，以及考虑如何帮助消除这些症状。这也是目前临床医学中的工作模式。

（二）刺激模型

在赛里提出反应模型的同时，心理学界也在关注压力或应激，但其研究重点是社会生活中的各种紧张事件，如失业、至亲亡故、婚姻冲突及对个人的影响，较少深入研讨机体生理机制问题，故属于压力的刺激模型（stimulus－based model of stress）。刺激模型在生活中也容易被人理解，例如，谈到压力时人们很容易联想到工作量太大、经济困难、夫妻吵架等，故刺激模型至今在某些领域仍被重视。例如，国内一些心理学专家认为，“生活事件”（即压力刺激）量表就是“心理应激”量表，在近年国内心理咨询师培训教材中也有类似情况。刺激模型能很好地解释压力的原因和影响因素，但从生物—心理—社会医学模式的角度来看，该模型同样与“整体观”和“系统论”存在距离。

如果以刺激模型为指导，我们将可能只关注到案例 1 和案例 2 所报告的各种心理、社会和环境等因素，以及考虑如何帮助消除这些心理社会因素。这也是目前各类心理教育的工作模式。

（三）过程模型

作者等在 Lazarus RS（1984）应激交互作用理论基础上（也是一个逐步发展的过程），结合国内的工作，在近十几年国内医学心理学教材中综合描述了压力过程模型（process－based model of stress）。该模型将压力的刺激、反应和其他各种有关因素都考虑进云（参见压力过程模型），符合临床心理学的工作思路，即将压力解释为是由生活事件引起的，通过认知等多种中间因素的影响和制约，最后以适应的和不适应的心身反应结果表现出来的过程。过程模型符合人们通常的“因—果”逻辑思维习惯，便于解释压力的前因后果，也便于对某些疾病发生的病因做出解释。不过，从生物—心理—社会医学模式的角度来看，该模型在认识论上仍属于单维度的，不是完全的“整体观”和“系统论”。

如果以过程模型为指导，我们将可能在关注案例 1 和案例 2 的各种临床心身症状的同时，还会关注其他因素对该过程的影响，从而为临床干预提供依据。这也是作者在医学心理学门诊的工作模式。

（四）系统模型

作为本章压力问题的分析和操作理论基础的是压力系统模型。作者等自 20 世纪 80 年代开始，经过近 30 年的理论、临床与实证探讨，结合贝塔朗菲（Bertalanffy）的一般系统论，最终提出压力（应激）有关因素之间不仅仅是单维的因果关系或从刺激到反应的过程，还是多因素的系统，即压力系统模型（system－based model of stress）（图 3－3－1）。该模型强调压力是多因素相互作用和多轴向发展的系统。据此可以对压力实施多维度（轴）、多层面、从整体到因素的综合评估和综合干预，在心理学临床具有很好的指导意义。

如果以系统模型为指导，我们在临床上将可能除了关注案例 1 和案例 2 所表现出来的各种心理和躯体症状及各种影响因素，还可关注这些因素本身的问题及因素之间的动态关系，为压力的临床综合评估与干预提供依据。

二、压力系统模型基本法则分析

压力系统模型对压力问题有一个整体的认识，包括压力多因素之间的相互作用及规律，个体在压力状态下的心理、行为和躯体表现形式，由压力发展到身体疾病的多因素机制，以及相应的压力评估和干预策略的制定等。概括起来大致具有以下 5 项基本原理（法则）。理解这些原理，将有助于指导临床心理压力问题的解释和具体处置。

（一）压力是多因素的系统

一个人无论是健康或疾病状态，本质上都处于一个多因素的系统之中。系统中包括生活事件、认知评价、应对方式、社会支持、个性特点和压力反应等生物、心理、社会因素。因此，不能单因素地看待与压力有关的问题。也就是说，在认识和处理压力问题时，需要关注各种压力因素问题共存于“系统”之中的情况。

在案例 1 中，该学生存在生活事件（老师批评、家长失信）；心身反应（头痛、焦虑、抑郁、失眠）；认知（看问题偏执、学习困难）；社会支持（不合群、人际冲突）；应对（对待批评）；性格（固执、钻牛角尖）等多因素问题。

案例 2 中的压力多因素，可参见案例 2 文中括号内标注部分。

（二）因素之间是互动的

系统中的各种压力因素互相影响，互为因果，其中一个环节出现变化，可能影响整个系统结构，并形成良性循环或恶性循环。来访者自己报告的感受或判断，以及家人所报告的情况，可能仅仅反映了系统中的某一部分因素的因果关系，并不代表系统的全部信息。因此，不能片面地看待压力问题。

在案例 1 中，因为事情的“起因”是老师批评，“结果”是不去上学，因此，班主任认为该生是由于不合群（社会支持）、不能正确对待批评（应对方式）；家长因怎么劝说都无效而认为孩子是由于认识问题与怕吃苦（认知与人格特征）；该生本人则认为是由于初中毕业时父亲未能兑现购买电脑的奖励承诺（生活事件），以及因此导致高中阶段的情绪很坏（心理反应）；医生则认为是由于学校恐惧症（心理疾病）。这些判断理由似乎都符合逻辑，都有道理，但不全面。实际上，此时的个体正处在各有关因素的互相作用中，且在疾病状态下，反映出来的往往是各因素作用恶性循环的结果。

在案例 2 中，各种生活事件、认知评价、应对方式、社会支持、个性特点和压力反应等因素交互作用，导致“清官难断家务事”的难题。

（三）各因素之间是动态的发展平衡

从上一原则看出，一个人其实是多种压力因素相互作用的平衡体，这种平衡体也会随着时间的推移、环境的变化而相应地发展变化。在发展变化过程中如果不能维持系统处于新的平衡，则同样会出现压力问题。因此，应动态地分析和看待压力问题。

在案例1，该生在相对单纯的小学、初中环境中，表现听话、认真，成绩优良，情绪行为积极，家长、老师、同学认同，人际关系良好。显然，当时，各种因素之间处于良好互动状态，系统是平衡的。自进入高中阶段后，在人际环境复杂化、竞争内容和方式改变、外界压力加剧（高考），以及性发展、性敏感、性变化等情况下，一旦由于某种因素的变化，很容易在各种因素之间诱发恶性循环，导致在新的历史时期不能动态地建立起新的系统平衡，最终发展到需要医学或心理学帮助的程度。

在案例2中，系统因素（生活事件、认知评价、应对方式、社会支持、人格特征和压力反应）之间正在从开始的小摩擦（小小的相互影响），向着更广泛、更复杂的多因素失平衡（多种因素之间的恶性循环）方向发展。来访者自己也感觉到问题的复杂与棘手，以及前景难以琢磨。往前追溯，在婚前的恋爱阶段（虽然时间较短，各种因素未得到充分表露），由于所处的环境和双方心境等不同，或许还存在“情人眼里出西施”或爱屋及乌等现象，他们之间的这些因素是平衡的。

（四）认知评价是关键因素

认知因素在压力系统的平衡与失衡当中起着关键的作用。至少我们人类是通过认知活动了解世界和主导自己与环境之间的适应过程。在心理临床中，无论是对心理问题的形成和发展过程的把握，对心理问题的判断和症状报告，以及对多数心理干预技术的接受、理解和执行，都离不开来访者的认知活动。

在案例1最容易看出，一方面，患者的认知特点（俗称“看问题的方式”）是其心理问题形成、发展，并最终恶化的关键因素。不少心理问题的形成都是认知评价因素所诱发的。

另一方面，在心理问题产生后，当事人因受自身思维习惯的支配，其所报告的问题性质及前因后果往往是片面的或不准确的。其中特别值得注意的是，某些在他人看来明显属于“认知偏差”的看法，来访者却在其固有观念或信念的支配下对此深信不疑。有时来访者虽然也部分知道有些想法不对，却无法说服自己加以克服，足见认知因素在心理应激临床评估过程中的重要性。

最后，在对案例实施心理干预过程中，需要采用心理指导或认知治疗以纠正其“认知偏差”，因此，认知评价在整个应激系统失衡问题的解决过程中起到关键作用。

在案例2中也可以看出，来访者的认知特点（俗称“看问题的方式”）是其心理问题形成、发展并最终恶化的关键因素。

认知评价的关键作用还表现在一旦认知因素启动了各种压力因素之间的恶性循环，并导致系统失衡，再回过来试图通过简单的认知调整去解决问题，就未必能成功。因为系统已经发生变化。

（五）人格特征是核心因素

性格、脾气、习惯、观念等人格因素在系统失衡中起核心作用。其中，观念或信念的作用更值得关注，其影响认知（如认知治疗中的“自动思维”“认知偏差”，从而使患者自己即使聪明、有才智，也对心理问题奈何不得），并直接或间接影响其他压力因素（参见前文），在心理压力多因素系统的平衡和失衡中起到核心作用。

在案例 1，该学生在小学、初中阶段表现出的“听话、认真”和高中阶段表现出的“固执、钻牛角尖”，其实都反映了他的某种共同人格特质。通过临床观察发现，这些人不能简单地用“好”和“坏”来划分，他们往往在观念和态度上存在完美主义和标准化倾向。在不同生存状态下，当应激多因素系统处于平衡时，这种人格特质会促使系统中各因素互相作用而形成良性循环，该学生在小学、初中阶段即如此，认知积极、生活顺利、应对积极、人缘不错、心身平和；一旦诱发平衡的失调，这些人格特点又会加剧因素间的恶性循环，该学生在高中阶段即如此，认知偏执、事件增多、应对消极、人际恶化、心身症状。

在案例 2 中，从来访者的认知和行为变化过程的描述中，可见其某些婚姻观念和价值观念，以及求全性格的特征，这些都与整个问题的起因和发展产生了核心性的影响和作用。

在以上介绍的 5 个原则中，最重要的是关于压力因素之间的动态平衡原则。

第 3 节　压力评估（专著，2011）

摘录自人民卫生出版社 2011 年出版的《临床心理问题指南》第一章“生活压力”。

根据压力系统模型，无论来访者主诉如何（如有的强调生活事件，有的强调压力反应，也有的强调社会支持问题等），整个过程是评估压力因素、评估压力层次、评估压力系统。

一、评估方法

（一）晤谈、观察与调查

与临床心理学工作一样，对压力问题可以采用晤谈、观察和调查等评估手段。

为了能准确把握来访者的压力问题，评估者需要对压力系统模型有最基本的了解，熟知各种因素的概念和内涵，并需要一定的实际工作经验，以免被某些表面现象所蒙蔽。例如，某些家庭问题压力巨大的来访者表现得很轻松，语言也很积极，其实却有可能存在情感反应被压制（suppression）的情况。相反，也有被迫来诊的厌学学生，介绍自己上课非常非常紧张，其实仅仅是偷懒。此时需要根据主诉、表情和生理反应三项情绪内容做出评估。

半结构式晤谈是初学者完成此项评估工作的重要手段。以评估上述情绪反应为例，除了在开放式晤谈（即让来访者不加限制地开放地诉述）中获知来访者存在紧张情绪，按照情绪反应的三项内容（主诉体验、外部表情、生理反应）的内涵和外延，按次序以半结构的方式打成腹稿，一一展开补充询问，以免遗漏。

在案例 1 中，通过对本人、家长、班主任等的晤谈和调查，获得了有关生活事件、认知和应对特征、社会支持、个性特点和压力反应（含心理、行为反应、躯体反应）等方面的信息。在案例 2 中，只能通过对文字资料内容的分析来归纳各种压力因素信息。（见案例文中括号标注）

（二）量表的使用

目前，国内已有的各种生活事件量表、应对方式量表、社会支持量表、人格量表和心身症状量表等可供选择使用。其中，作者从1987年开始尝试以生活事件、应对方式和情绪反应三个方面评估心理社会压力，1993年开始研制多种压力有关因素评估量表，先后编制包括评估生活事件、应对方式和情绪反应的团体用心理应激调查表（PSSG）、特质应对方式问卷（TCSQ）、领悟社会支持量表（PSSS）、医学应对问卷（MCMQ）、老年应对问卷及压力反应问卷（PRS）等多种压力因素测评量表，供选择使用。

在选用评定量表时，应注意在量表内容方面尽量符合压力系统模型中“各自相对独立”的因素概念。例如，在目前国内某些应对（应付）量表中，往往包含生活事件和社会支持的内容；在某些社会支持量表中，也包含一定的生活事件和应对策略。这种因概念上的重叠而造成内容交叉的情况，其评估结果将影响对压力多因素系统的综合分析。对此，建议使用特质应对方式问卷（TCSQ）和领悟社会支持量表（PSSS），这两个量表的设计是基于压力多因素模型，在概念上与其他压力因素之间有相对清晰的界限。例如，为了评定压力反应通常会使用症状自评量表（SCL－90），又因为该量表已经包含抑郁和焦虑因子，故不必再使用抑郁自评量表（SDS）和焦虑自评量表（SAS）。

为了避免出现以上情况，这里介绍作者等经过长期反复修订，并在自然科学基金的资助下，编制的一套含4项主要压力因素的心理社会应激调查表（psycho－social stress scale，PSS）。其中，生活事件问卷（LEQ）包含应激性事件和对事件的认知评价；应激反应问卷（SRQ）包含生理反应、心理反应和行为反应；特质应对方式问卷（TCSQ）包含消极应对和积极应对，领悟社会支持量表（PSSS）包含家庭支持和家庭外支持。各因素问卷在内容上界限相对清晰，有利于开展压力因素的综合分析和判断（图8－3－1）。

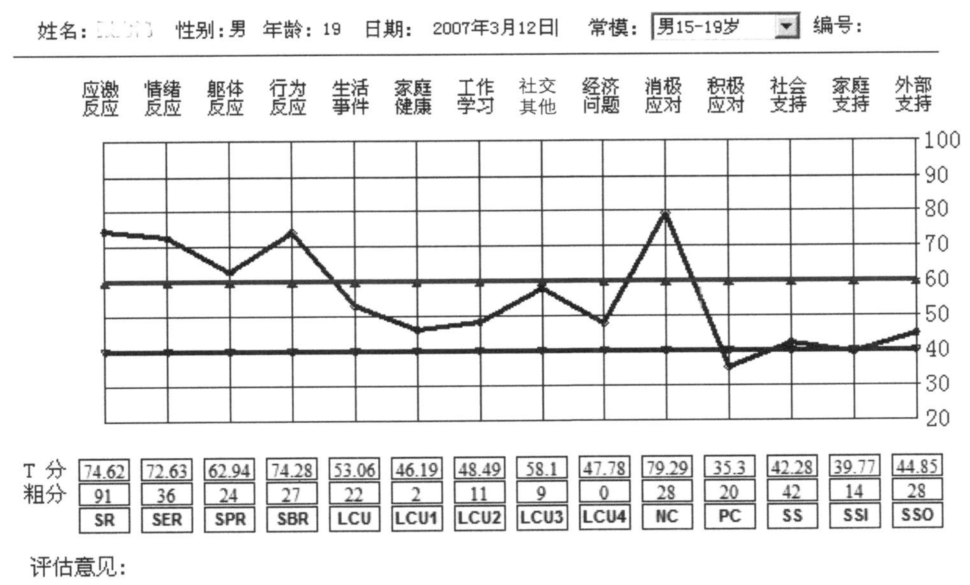

图8－3－1 PSS测量结果剖面图

有关 PSS 等有关压力因素量表的详细情况，可参阅作者主编的《医学心理学》（2010 年，8 年制规划教材第 2 版）的配套光盘。

在实际工作中，如果条件限制或选择合适的各种压力评估量表存在困难，就不必勉强，可以通过晤谈和调查等手段做出评估。

在案例 1 中，通过使用 PSS（图 4-3-1）及 SCL-90 和 MMPI 量表，获得压力各因素测验 T 分简况：人际事件 58；压力心理（情绪）反应 73，躯体反应 63，行为反应 74；消极应对 79，积极应对 35；家庭内支持 40，家庭外支持 45。SCL-90 的 F1（躯体化）58；F3（人际敏感）58；F4（抑郁）69；F5（焦虑）70；F9（精神病性）65。MMPI 的 Pd（偏执）75；Pt（神衰）63。

（三）实验

有时候涉及生物学因素，如压力的生理反应特点，压力心身中介机制的某些生化和神经电生理指标等，可结合临床实验指标。

二、压力因素评估

压力评估首先涉及对各种压力因素的分别评估。案例 1 的压力因素评估结果如表 8-3-1 所示（注：本节段各种压力因素评估已予删减，仅摘录结果）。

表 8-3-1　案例 1 的压力因素评估结果

压力因素	特点描述（根据晤谈、调查、观察和测验）
生活事件	父亲失约（启动因素）、同学矛盾、成绩下降、班主任批评（多种家庭、学习、人际生活事件，包括负性生活事件和主观生活事件）
认知评价	敏感、偏执和绝对化等认知倾向，消极的自动性思维和功能不良假设（参见第六章）（关键因素）
应对方式	消极应对明显（重要因素），积极应对缺乏（特质应对方式问卷 TCSQ 测查结果：消极应对 T 分 79；积极应对 35）
社会支持	家庭内和家庭外的支持均缺如（领悟社会支持量表 PSSS 测查结果：家庭内支持 T 分 40；家庭外支持 T 分 45；总社会支持 T 分 42）
人格特征	求全、偏执和容易疲乏的人格特点（MMPI 测查 T 分结果：Pd75，Pt63）（核心因素）
心身反应	有明显的情绪反应、行为反应和躯体反应（压力反应问卷 SRQ 测查 T 分结果：躯体反应 63；心理反应 73；行为反应 74）

三、压力的层次分析

按照系统模型，各种压力因素在整体上是个集合（即系统）。为有利于临床分析和实施干预，进一步将个体的压力问题分三个层次进行综合评估（图 3-4-1）。

第一层评估患者的心身症状，也就是压力的心身反应，即压力反应。由于本章定位在正常和疾病之间的那些“心理压力问题”，故通常以现象学的方式记录主要的“问题”（如疲惫、学习困难、失眠、回避行为等）。同时，注意准确诊断和排除精神疾病，这些病例应采用临床医学的诊治程序。

案例 1 和案例 2 可以排除精神病性疾病诊断，可以考虑焦虑、抑郁、厌学等现象学判断。

第二层评估生活事件、认知评价、应对方式和社会支持程度，分析和确定这些因素在“问题”发生和发展中的作用，以及因素间的互动关系。

案例 1 和案例 2 都存在第二层次的压力因素之间的恶性循环，即生活事件、认知评价、应对方式和社会支持互相影响，使得问题变得复杂。

第三层评估与分析人格特点，特别是求全、完美主义人格倾向，确定这些因素在整个“问题”中的作用。

案例 1 在人格特点方面，表现出较高的特质性消极应对和偏执，案例 2 在个性特质上则表现为情绪不稳定性及可能的婚恋观和家庭观方面的问题（需要进一步开展婚姻家庭评估）。

四、压力的整体评估

整体综合评估时，多项压力因素或多个层次的异常，往往较单项因素异常更有实际意义。在临床上，来访者可单独显示较高的心身症状（压力反应），也可兼有 MMPI 测查的高 Pd 分和 Pt 分，或兼有较高的消极应对（NC）量分，甚至还包括生活事件的高分和家庭内或家庭外社会支持的低分（如案例 1）。这几种不同的组合往往体现出来访者压力系统不同存在失衡或者紊乱，据此可制定不同的控制和管理方法。

案例 1 整体上显示出有较高的心身症状（第一层次压力反应），同时兼有 MMPI 测查的高 Pd 分和 Pt 分（第三层次人格特点），更有较高的消极应对（NC）量分、生活事件高分和家庭内或家庭外社会支持低分（第二层次）。这几个层次的资料组合为多种压力因素评估的异常（表 8-3-1），显示虽然来访者的人格特征是核心因素或首发因素，但已经诱发和形成整个系统多因素、多层次的恶性循环，导致整个系统失衡。这种情况下的一个重要特征，就是当事人即来访者与相关人员如父母、班主任，在说法上往往南辕北辙，根本说不到一块。即使是面对不同心理咨询师，也很可能对心理问题的说法“差之毫厘失之千里”。

第 4 节　压力干预（专著，2011）

摘录自人民卫生出版社 2011 年出版的《临床心理问题指南》第一章“生活压力”。

压力干预，需要以压力因素评估和综合层次分析为基础，以心理教育、心理指导、心理治疗和药物等为手段（注：此处删去压力干预基本手段，参见本文集第 5 章），分别在压力系统、压力层次

和各种压力因素等不同水平上展开。（注意在做法上与压力评估正好相反，即先整体干预，再分层次策略，最后各因素干预）

一、整体的干预

首先，需要实施对压力系统的整体水平的干预，即针对来访者的整体压力系统特点，做好宣教与指导工作。

有针对性的整体宣传与指导，能促使来访者明白自身压力问题的系统特点，调整原有的认知，接受进一步的干预指导，最终促使其整个“系统”向动态平衡的方向发展。

具体方法是，在对来访者实施压力因素与压力系统的整体评估（约 30 分钟，需另外预约）基础上，分析和判断来访者压力系统结构的整体特点（图 8-4-1）。运用压力系统模型基本原理，结合来访者压力系统结构特点，制定相对应的压力管理与控制策略，对来访者做反复的宣传与指导。

作者总结临床中来访者的压力系统结构某些共性特点包括：人格（信念、观念）方面的求全、完美、标准化倾向，以及心身的敏感性；认知方面的过分认真、执着和坚持真理，以及偏执、固执和钻牛角尖倾向；情绪情感反应（体验）方面的焦虑、抑郁、恐惧、人际敏感、躯体症状等。案例 1 和案例 2 均存在以上特点。

如图 8-4-1 所示，在宣讲时，应设法让来访者很快明白自身的压力问题在于多因素的失衡，而不是单一因素的问题（例如，案例 1 认为是父亲失信于自己，案例 2 认为是丈夫的自私）。宣讲过程，既要说明认知因素（龟颈）对症状（龟头）的重要性，也要说明人格因素（龟甲）对认识的影响作用，还要说明症状对认识的反作用。

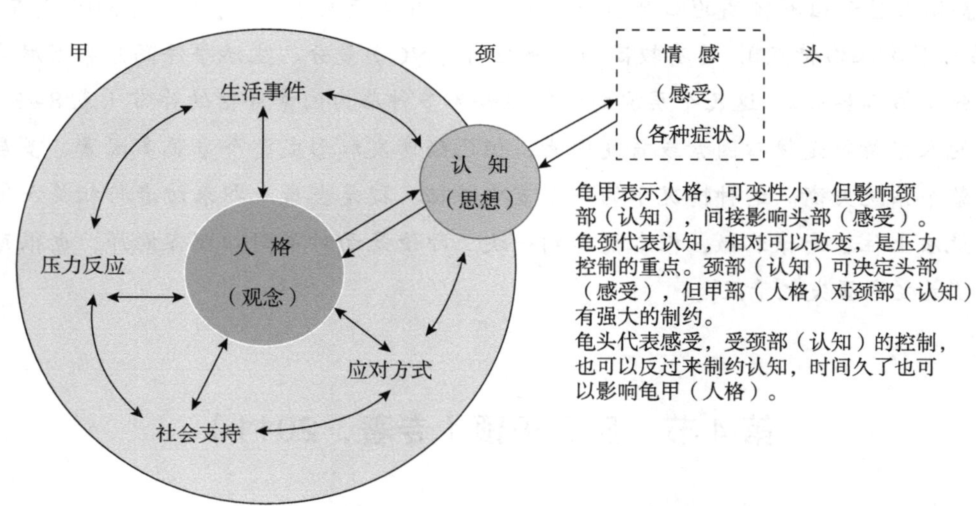

图 8-4-1　压力系统模型——多因素的平衡

整个宣讲指导一般需要 15 ~ 20 分钟，约占门诊预约会谈时间的 1 / 3。期间要思路清晰，言简意赅，按图示指引，让来访者能够轻易领悟并接受所做的分析与判断。

这种有针对性的整体分析与指导，既有理论思路，又有来访者本人情况的反馈，往往会超越来访者原有的思维模式或预期。一些学历高、自觉聪明、身份地位突出的来访者，往往也会感受到明显的思想冲击和难得的情感反响。

不过，来访者的这种思想和情感冲击效果往往并不持久，也许在第二天甚至刚从咨询门诊回到家，原有的思维和情感模式就会又占上风。这与人的思维模式受制于人格层面的认知图式有关。因此，这种整体压力系统分析与指导，需要在每次预约咨询会谈开始后的前 1 / 4 ～ 1 / 3 时间里不断复习。通过反复的压力系统整体分析与指导，部分心理问题中病理成分（如强迫思维）较少的来访者，往往会收到较好的干预效果。

对案例 1 的整体系统分析与指导主要包括三个方面：指出人格特点求全、完美和标准化，认识特点认真、固执和钻牛角尖，情感反应包括各种心身症状；说明三者互相影响、恶性循环，导致生活事件增多、应对方式消极、社会支持缺乏，恶性循环的结果是自身压力系统的失衡；告知必须正确认识自身性格方面的原因，调整认识，症状将会相应地减轻。案例 2 类同，但应结合压力系统模型的婚姻家庭咨询原则（可参阅相关章节内容）。

二、分层次的干预策略

实施整体水平分析与指导后，在进入对各种因素的分别干预之前，应首先结合层次评估结果，设计相对应的层次干预策略，因为压力因素的干预需兼顾整体。

对于第一层面的某些心身症状，可以设计采用一定的心理行为或药物治疗方法对其实施直接的干预，例如，采用放松训练或生物反馈、药物或理疗等，用于降低焦虑、疼痛或失眠等症状。需要注意的是，来访者第一层面的各种心理行为症状，如认知偏差、情绪抑郁、行为退缩等的改善，往往取决于第二、第三层面各种干预方法的最终效果，也就是说对第二、第三层面的各种心理指导和心理治疗手段，会直接或间接促进第一层面各种心身症状的改善。

案例 1、案例 2 第一层的临床症状均未达到需要使用情绪调节剂的程度，主要是指导和建议来访者调整其某些生活和行为方式。例如，案例 1 需要先调整作息节律，案例 2 需要先关心一下孩子和自己的体格。

对于第二层面的生活事件、认知评价、应对方式和社会支持等方面的问题，主要考虑采用心理教育和心理指导等方法。例如，通过分析和具体指导，帮助来访者解决、缓冲或回避生活事件；通过再评价、暗示、安慰、激励、调整思想方法等，帮助来访者改变消极认知评价；通过指导转移、发泄、升华、放松、利用自然环境等，帮助来访者提高应对效能；通过提供客观支持、改变主观支持、加强家庭支持，帮助来访者改善社会支持水平；通过压力系统分析和讲解，使来访者在平时生活中重视对自己人格（如完美观念）的修正等。

案例 1、案例 2 的生活事件、认知评价、应对方式和社会支持特点已在前文分析，这也是压力管理的重点。读者可以结合自己的特长，设计有针对性的第二层次干预策略。

对于第三层面即与个性相关的问题，特别是与认知密切相关的信念和观念方面的问题，除了教育和指导，往往需要实施心理治疗，通常采用认知行为疗法。

案例1、案例2的个性特点都存在求全、完美、标准化倾向，在整个压力干预过程中，始终需要遵从认知行为治疗基本规律。

三、压力因素的干预

根据上述分层次干预策略的设计，选择多种干预手段，对来访者逐步（按照咨询预约进程）、逐项（按照各层次中有关因素的轻重缓急）实施相应的各种压力因素管理与控制。

（一）针对生活事件（压力源）的管理与控制

目的：通过分析和具体指导，帮助来访者解决、缓冲或回避某些生活事件，特别是主观生活事件。

方法：根据评估获得的生活事件性质、程度和影响情况，针对其中的关键事件，或者在压力结构中与其他重要因素密切关联的事件，可分别选择“解决、缓冲、回避”三种不同的生活事件管理策略。

1. 解决

指导来访者解决压力事件，如同事间的冲突与误会，重大的考试等。

2. 缓冲

指导来访者暂时回避压力事件现场，以利于其内部转机的出现，例如，劝导当事人先离开剧烈争吵现场，指导生活负担过重者短期旅游。

3. 回避

让当事人与压力事件隔离，如引导某些受难者离开地震现场等。

4. 重视主观生活事件

大量事实证明，生活事件往往与来访者的主观评价密切有关，如事业不遂、婚姻不理想、没有升入理想的大学等。对于这些主观事件，往往需要更有技巧性的认知指导。由于涉及许多信念系统的差异，故还可能需要心理治疗。

在临床上，一些特别执着的人往往会不断地“制造”主观生活事件。一位身患糖尿病且血糖控制不好的离休干部，为了主持公道，对单位改制导致某老干部（其老部下兼老同事）的相对待遇降低问题，反复上书或亲自走访各级组织部门，甚至获取早已分散各地的原单位老干部的逐个签名，然后再向更高的上级反映。然而，非但问题没有解决，反而产生许多“麻烦”。他自己也认为，这种事目前较为普遍，几乎不能解决，但就是没法控制自己。这种连当事人都知道却又解决不了的生活事件，显然与其人格特征有关，需要心理治疗的干预。

上述有关生活事件（压力源）的管理与控制技术，结合前文对案例1、案例2的生活事件分析，读者可以尝试设计具有针对性的且适合自己操作的生活事件干预策略。

（二）针对认知评价的管理与控制

目的：通过再评价、暗示、安慰、激励、调整思维方式等认知改变方法，帮助来访者改变消极的认知评价。

方法：在临床上，来访者常见的认知问题往往是“过分认真”，用临床心理学的术语就是轻度的“认知偏差”，且本人并不察觉。在干预策略方面，可根据不同程度分别选择一般或带有心理治疗成分的认知指导。

1. 一般认知指导

可采用多种影响认知过程的技巧，促进当事人的认知改变。例如，可以指导来访者做心理移位（包括知识的介绍和心理技术的运用）；可以指导来访者进行角色身份的转换（包括介绍原理和举例说明）；可以对来访者实施他暗示或指导其进行自我暗示（包括学会讲各种“故事”）；有时则需要采用安慰（同情、通情）或采用激励（激将法）的心理学技术。

例如，一位大学毕业生应聘于某公司客服岗位，因无法忍受“挨骂”而情绪低落，压力感较重。此时可以向他解释社会角色及角色转换的原理，广泛举例说明“挨骂”是某些人在某些环境下的正常的角色内容，指导其学习角色身份的转换。

几天来，一位失恋的大三学生处于精神“崩溃”状态。用暗示法给他从侧面讲述一位友人的“故事”。该友人年轻时曾因失恋而行为失态（每天边冲冷水边放声高歌《洪湖水》），十年后他的人生进入辉煌期，当朋友们就此事调侃他时，他用带着自嘲的口吻反问道：“我当时挺有意思的呵！”如果将这个故事的“道理”直接告诉该失恋学生，说“失恋是暂时的，以后会好起来的”，相信谁都不会认为有效果。

在长期临床工作中，作者总结出使用“接纳差异、快乐竞争”的认知指导原则，对轻度认知偏差的来访者实施一般性指导。具体过程为：通过举例说明世界万物差异是永恒的，一致是暂时的；“接纳差异”可以维持自己的情绪稳定，有利于进入“快乐竞争”；“快乐竞争”又会给系统带来与环境的新的动态平衡，如此实现良性循环。用一个优秀足球运动员在比赛中的行为表现演绎这八个字，有更好的效果。

2. 带有“认知治疗”成分的认知指导

临床上某些来访者所表现出来的“认知偏差（或认知歪曲）”可能相当顽固，这并不能说明来访者缺乏知识或不讲道理，而是由于他的人格浅层的“负性自动性思维”和深层的“功能不良性假设”在起作用。此时，需要采用带有认知治疗技术成分的各种管理和调控手段，或使用正规的认知治疗程序。

3. 针对缺乏求助动机的认知指导

这里有必要说一下有关如何“动员”有心理压力的人接受心理帮助的问题，其实，这才是压力管理与控制的最大难题。有经验的临床工作者都知道，许多聪明人承受着巨大的心理压力，但他们往往将问题看得很透彻，认为不是自己需要帮助，而是别的人或环境需要帮助，因为是别的人或环境造成了问题，导致了他的痛苦。同时，他们又明白别人是不会改变的，环境也不会改变。导致产生以下心理压力发展路径为：抗争—失望—再抗争—再失望—直至绝望（如自杀）。

例如，一位长期感受家庭生活压力、情绪低落的知识分子给作者打来电话，诉说自己的不良情绪完全是由于妻子悟性太差、不可理喻造成的，而他长期反复告诫妻子应改变轻轻松松、自由自在的行事方式，可妻子却总是不能改变。显然，这个丈夫用系统中一个因素解释整个压力问题。因此，他除了继续找人帮助改变他的妻子，自己并没有求助动机。此时，对他的认知指导并不是试图说服他“你错了、你有问题、你有病”，而是为了调动他的求助动机，应采用简单举例说明的方法，说明在我们人类中，并不是越聪明的人之间越容易取得共识；相反，聪明人之间的思维方式越有可能是不一样的。这样的认知指导往往会有一定的作用，经常可以推动当事人愿意到心理门诊就诊。

上述有关认知评价的管理与控制技术，结合前文对案例 1、案例 2 的认知评价分析，读者可以尝试设计具有针对性的且适合自己操作的认知评价干预策略。

（三）针对应对方式的管理与控制

目的：通过指导来访者选择使用转移、发泄、升华、放松、转换环境等与其自身压力问题相对应的各种可能有效的应对方式，从而促进压力系统的平衡。应对策略指导是心理临床工作中实施压力管理的重要手段。

方法：这里按照过程应对与特质应对分别讨论。

1. 过程应对

在熟练掌握图 2-3-1 中所列各种应对策略的概念、内涵、使用对象和具体案例的基础上，结合来访者的具体情况，可以将这些应对策略作为有效的应对管理手段。例如，用语言引导来访者否定、漠视、淡化压力事件的存在，或降低其评估的严重性（否认应对机制）；指导来访者开展更有意义的活动，或开展具有补偿作用的修复性工作（升华）；让来访者相信，人们对任何事物都可能有不同的认识（再评价）；引导来访者自圆其说（合理化）；对于某些特定对象，如弥留患者，可支持其利用祈祷以降低情绪反应（祈祷）；有针对性地介绍苏格拉底等名人的幽默故事，使具有同类压力问题的来访者降低压力反应（幽默）；指导开展各种宣泄、运动等应对活动，宣泄来访者的压力（发泄或转移）；在专业指导下的呼吸放松技术，经常被用于应对各种心身症状（放松）。

2. 特质应对

如果在压力评估时使用特质应对方式问卷（TCSQ），发现来访者存在明显的消极应对，则可结合其在各消极应对条目上的应答情况，开展相应的应对指导与训练。例如，针对“将情绪压在心底里不让其表现出来”，可给予合适的情绪释放（发泄）应对指导。

上述有关应对方式的管理与控制技术，结合前文对案例 1、案例 2 的应对方式分析，读者可以尝试设计具有针对性的且适合自己操作的应对方式干预策略。

（四）针对社会支持的管理与控制

目的：通过提供客观支持、改变主观支持和加强家庭支持，帮助来访者改善社会支持水平，促进压力系统向良性循环方向发展。

方法：在压力研究历史上，虽然也有类似作者（姜乾金，1991）的调查结论持否定态度，但学术界一般认为社会支持具有单向的减轻压力的作用，是“个体可利用的外表资源”，不像生活事件、应对、人格等压力因素，往往具有减轻或加重压力的双重作用。故在压力干预临床方面，对那些家庭内或家庭外社会支持水平过低，或社会支持的利用度不足，或主观社会支持贫乏的来访者，应在提高其社会支持水平上多给予手段和途径方面的指导。

1. 急性压力

对于类似地震等自然灾害或重大事故现场的受难者，其面临巨大的压力，在社会支持的管理与控制方面可采取以下措施。

一是及时联络受难者的亲友到现场，可以起到家庭社会支持的作用。

二是调动更多的热心人到现场，人多力量大，可以增强当事人的客观社会支持水平。但可以想象，如果动员来的人们是来看热闹的、评头品足的、甚至是起哄的，那结果当然只能是更坏。

三是对于严重灾难事件中处于精神崩溃的人，也许任何话语都是多余的，此时的亲人、有权威的长辈和领导，简单地、长时间握着他（她）的手，就是在提供一种有力的社会支持。

2. 慢性压力

对于某些承受慢性压力的当事人，如体弱多病、贫穷、家庭矛盾、社交困难等来访者，可采取以下一些社会支持管理措施。

一是指导其积极参与社会活动，多与人交往，以提高其家庭外社会支持水平。

二是建议其加强亲友之间的定期活动或联络，以拓展其家庭内社会支持水平。

三是通过促进来访者对相关当事人的“再评价”，以增强其主观支持水平。

四是通过对来访者的交往技巧指导，如对家庭成员要多说话、说好话，形成良好的家庭氛围，有助于改善家庭内的支持程度。

五是建议组织定期或不定期的集体活动，以增强团体成员间的主观支持程度。

六是某些团体心理训练或心理治疗活动，也可以产生伴随的社会支持效应，相当于社会强化（social reinforcement）作用。

七是指导来访者别忘记社会支持的可利用性，提醒其“家庭是你的港湾”；也可以提醒其别忘记“世界很大，路很多”，以促进其主动获得必要的社会支持。

上述有关社会支持的管理与控制技术，结合前文对案例 1、案例 2 的社会支持分析，读者可以尝试设计具有针对性的且适合自己操作的社会支持干预策略。

（五）针对个性特征的管理与控制

目的：个性或人格因素具有一定的不可改变性。通过对来访者实施压力系统的整体分析和讲解，使其相信自身的性格在压力中起到核心作用，则能让来访者重视在平时的生活中，对自己人格中的某些成分（如完美主义观念）的及时识别与不断修正，从而推动压力系统的平衡。

方法：由于个性与各种压力因素密切相关，是压力系统模型中的核心因素，也是压力管理的核心对象，故对各种压力因素的干预，其实也会对人格因素产生一定影响。至于直接针对个性特征的管理，在更大程度上是促使来访者对自身人格因素的清晰认识和注意趋利避害，以及对某些行为习惯做自我矫正训练，突出的人格方面问题则需要心理治疗。

1. 改变观念

例如，向来访者讲解，他（她）的某些人格特征（如价值观、爱情观、人生观方面的问题）在其心理问题的产生与发展中起核心的作用；告知目前行为上的“求全、完美”倾向，来源于自身的人格原因；也可告知这种人格特征违背“接纳差异、快乐竞争”的系统适应原则。临床实践显示，不少来访者接受了这样的讲解和指导，在认识上产生“领悟”，出现“减压”效果。其效果虽持续时间不长（因为人格中的信念或观念系统具有稳定性），但促使其反复出现这样的“领悟”，有利于某些人格弱点的矫正。

2. 自我矫正训练

人格是经过长期心理社会行为塑造后的一种“定型”，欲使其改变，光嘴上说是不够的，需要经过反向的塑造或训练过程。因此，对存在明确的人格和行为问题的来访者，需要告诉他，个性虽然难改变，但对于某些不良的观念（如绝对化和极端化）、兴趣（如网瘾）与行为习惯（如自我中心、好高骛远）等，只要自己能坚持进行心理行为矫正训练，也是可以改变的。例如，对网络聊天习惯，需要制订和执行严格的时间控制计划，做自我矫正训练。自我矫正时，家庭支持非常重要，能起到正向强化的作用。同时，行为改变的成就，也反过来促进家庭支持水平的提高，以及其他压力因素的改善。又例如，指导学生开展面对“挫折”的各种训练，有利于塑造学生的坚韧性格。

3. 心理治疗

人格因素问题的干预，归根结底需要有较长期的心理治疗程序。各种心理治疗策略建立在各种理论框架基础上，其中，兼有认知和行为理论优势的认知行为治疗是目前常用手段。

上述有关个性特征的管理与控制技术，结合前文对案例 1、案例 2 的个性特征分析，读者可以尝试设计具有针对性的且适合自己操作的个性特征干预策略。

（六）针对压力反应的管理与控制

目的：采用各种心理和医学技术，降低来访者第一层次的各种心身症状。

方法：根据压力的心身反应特点，即心理（情绪）反应、行为反应（特别是回避与退缩）和躯体反应，可选择多种心理、社会与生物学的干预手段。

1. 释放

指导来访者通过倾诉、移情等正当途径，宣泄消极情绪反应症状。但需要注意，类似南京的“哭吧”及拳击沙包等宣泄方式，应掌握一个“度”。例如，长期反复甚至一辈子都是通过哭泣来宣泄消极情绪的人，往往与其性格的脆弱性形成有关。宣泄时还应注意伴随的“心理内容”，即在你咬牙拳击时应当想象着你所痛恨的对象呢，还是应当想象着你能够用无穷的力量摧毁一切障碍。前者可培养你对具体人的敌意（战争时期常用于对敌），后者可培养自身抗压力的能力。这些都得告诉来访者。

2. 转移

可指导来访者通过各种运动、音乐等“玩物不丧志”的活动形式，转移对负性生活事件的注意，缓解消极情绪反应。

3. 松弛

可以通过在专业指导下的放松训练以缓解压力的心身症状，如各种放松训练、音乐松弛训练和生物反馈。还可以通过给来访者介绍并指导其学会简单的“叹气”动作，从而缓解压力的紧张症状。此时向来访者指出，那些很有“绅士”风度的人，在遇到紧急压力反应时，也能在瞬间完成深吸气、缓缓地自由呼气、心身放松，一气呵成的自动“叹气”动作。告诉来访者，有了此等“功夫”，将一辈子受益。

4. 药物

在压力反应症状明显时，可合理用药，但必须向来访者讲解透彻其中的原理及注意事项（防止这些来访者通常会出现的依从性问题）。

5. 大自然

空气、阳光、森林、泥、温泉浴、海洋等，都属于压力“大系统”中的因素，都可能有降低压力反应的作用。我国当前正处在经济发展和社会转型期，许多人开始愿意接受更宽阔的生活观念，为心理医生采用此类干预手段提供了良好的客观条件。

上述有关压力反应的管理与控制技术，结合前文对案例 1、案例 2 的压力反应分析，读者可以尝试设计具有针对性的且适合自己操作的压力反应干预策略。

第 5 节　博文集（六）

压力（应激）系统模型是生物、心理、社会多学科交叉的理论模式，其内容看似容易理解实则较难把握，其学术价值主要体现在被目标人群接受和应用方面。为此，作者选取 2011—2022 年撰写的部分博文（原有链接和表情包已撤去），经组合分别列入部分章之后，旨在加深阅读者对该章内容的理解和把握，同时，也为可能开展的系统模型各种主题宣讲和临床咨询等实际工作提供部分引用素材。

本节含 12 条博文，主要涉及某些生活压力事例及与生活压力相关联的话题。

评最牛婆婆给儿媳信中的“道理”（2015－11－23 12：53：10）

信中通篇是道理（逻辑），其实，这些道理人人都懂的。历朝历代同样的问题不断，显然这些“道理”本身就有问题。

借此推销一下“接纳差异、快乐互动”这个“道理”，或许对婚姻和家庭，对人际、工作，直至个人生活和工作均有益（注：婆媳关系是常见的生活压力问题，仅凭几条线性道理根本无法解决问题）。

对“如何改善我与儿子关系”的回复（2016-01-16 14：12：27）

你父亲对你的教育方式，反映了那个时代的特征，如严父慈母。现在的父子模式则代表当今时代之特征，强调人本、去价值化、无条件积极关注。其实两者都有点极端。

父的“严”，过多的是线性的“是非”，缺乏系统的“爱”。老人们以为，表现出“爱”，似乎就冲淡了“是非”，所以宁可表现出“严”，也不愿表现出“爱”，其实他们的内心里都留着“爱”，到后来你成年了，他的爱也只能继续留在内心，其实他也很痛苦。

你从自己童年的不愉快感受中吸收了经验和教训。现在，你给孩子以“爱”，自然没有错，至少父子俩都是愉快的。但不能无原则地、不受限制地一直只是“爱”下去。如责任感、自控力等属于“是非”的内容，不能忽略。

由于过度的“爱”，“最苦也不能苦了孩子”的观念流行，现在已出现不少“自我中心”的孩子。你的孩子随意妨碍你干活，要什么就一定会得到什么，这就是具体的表现，甚至到了让你担心的程度。

孩子的问题与你童年的问题，虽然原因和结果似乎不同，甚至是一条线上的两个极端，但本质上都属于系统的问题。如要进一步了解我的有关观点，可翻一翻我送你的《医学心理学：理论，方法与临床》（人卫版 2012 年）第八章有关“挫折教育与试错训练”等章节内容。供参考（注：育儿矛盾也是常见的生活压力问题，涉及许多因素，只取其中一个维度的逻辑，看似有理，实则偏颇）。

从“千夫所指的父亲”看婚姻家庭系统中的各种因素（2016-01-22 17：35：42）

转发“千夫所指的父亲”故事，感觉较为真实，耐人思考。将此文团一团，可以写一本文艺小说，其中充满了人性、人情、人欲、人生之矛盾和无奈，会很感动人。梳理一下，可以实证压力系统模型下的婚姻家庭系统（见《压力（应激）系统模型·解读婚姻》浙江大学出版社，2011 年），这项国家科技支撑计划项目分课题成果，值得婚姻家庭问题当事人阅读参考。

这个故事里涉及生活事件与各种次生事件；当事人的认知评价与各阶段各种负性思维；各种积极应对策略被废弃，而坚持下来的大都是消极应对方式；全剧充斥着社会支持“问题”，特别是家庭支持的消解；当事人存在各种情绪、行为和生理的压力反应及如何处置的问题；当事人的性格、家庭文化背景，以及不同的爱情、家庭、价值观念。合起来就是压力系统模型中的生活事件、认知评价、应对方式、社会支持、人格特点和压力反应这 6 种压力因素。

特别是以上这些压力因素之间动态的互相作用，是问题的核心。在这种系统理论模型下，即使从常识角度，也能提出各种进一步的，有实际意义的解决措施

附：《千夫所指的父亲》（略）

案例札记，对家族冲突中的中年人说：要系统地看问题（2017-02-24 12：39：03）

你作为中年人，向上看，老年人空闲，自己忙。孩子需要照顾，老人正好有事可做。

向下看，孩子还小，各方面需要照顾，老年人正好可以帮忙。

你看自己，上有老，下有小，自身负担很重，迫切需要帮助，老年人正好可以出力。

然后，作为中年人的你也在变老，孩子们也会进入中年期，下有下代新生，如此循环。结果，许多人在人生的最后阶段会留下感叹、缺憾，不论其目前处于什么年龄段。

自古留下的尊老爱幼观念，从线性直观地看，似乎中年吃亏了。其实，对于人生，须从更大的角度、更宽的维度，系统地思考。

案例札记，事业成功家庭失败（2017－02－24 13：10：59）

事业成功，家庭受挫，案例不少，其遭遇更令人同情与深思。

在事业上能充分发挥自身的各方面优势者，往往在家庭生活中，也容易把配偶、下一代、上一代当成事业中人，其后果往往是严重的。

其中关键的问题，是当事人未把社会（单位）和家庭分开，未能在不同的社会岗位转换不同的社会角色，只以同样的线性道理和视角（如好坏、对错、美丑）看待一切，就不能体会“接纳差异、快乐互动”这一适应原则在社会上和家庭中的区别。在事业上成功的认识和做法，在家庭生活中未必能够成功。

这样的道理看似简单，那些习惯于线性思维的“强人”，实际上往往做不到。这里同样涉及在社会角色转换中需要采用不同的系统思维。

个案札记，崽卖爷田不心痛（2017－02－26 15：53：59）

老家有俗语“父卖田园不心痛”，(即“崽卖爷田不心痛”，当地方言带有古味，经常动宾倒置)，指的是下代人贱卖掉上代人的财产远比卖出自己累积的财产更不心疼。

为何？因为获得财产的过程，意味着个体有历经艰辛的痛苦，有财富到手的愉快，这种“痛”与“快”的情感，就依附在这些财产上（通过认知学上的记忆、联想等，行为学上的强化、泛化等过程），从而进一步影响以后对财产的认知（如这份财产的重要性）和行为（如是否轻易下决定贱卖掉这份财产）。

理论上，这里涉及情感、认知和行为三者的“系统”关系。

在实际意义上，经过自己努力获得，是孩子健康成长的必需条件。

案例随笔，“坐不下来”的初中生——学习问题的系统分析（2017－08－27 13：09：48）

孩子晚上七八点钟还坐不下来，时不时要看看手机。对此，许多家长会简单地根据线性因果进行推断，是因为孩子“不懂事”“贪玩”（虽然也有玩的吸引力）。通过系统分析发现，孩子在学习与休息、兴奋与抑制方面，整体上陷于“逆周期”的系统紊乱状态。

（对于家长、孩子）这里的“逆周期”，即在应该兴奋、来精神的晚七八点钟时，反而抑制成没精神，疲倦、嗜睡、不想动，此时，家长看到的是孩子磨叽、时不时会忍不住玩手机，因此认为孩子是不懂事；到了应该抑制并逐渐趋于休息的11点钟时段，反而意识变得清醒，能坐下来，效果也可以，但时间已太迟，来不及了，后逐渐陷入焦虑；到了第二天应该兴奋提精神的白天时段，由于前一晚兴奋或焦虑到太迟，此时上课嗜睡、听课吃力、效果变差，需要一再振作才能不至于睡着，“振作”是吃力的，感觉很辛苦，老师则认为是学生注意力不集中；再到晚上七八点钟时，由于白天吃力，此时又陷入疲倦、不想动，只得“玩着”以等待11点以后来精神。

这样的“逆周期”，是条件反射的逆周期。

（对于孩子）这时候必须用毅力先纠正几天，新的兴奋—抑制作息周期形成后，也就形成了新的学习和生活习惯，其他问题就容易一一解决。如果想顺其自然来解决，则逆周期的兴奋与抑制条件反射始终存在，由于存在恶性循环，问题将越来越难解决。

（对于家长）不使用说教、训斥、惩罚、培训、找辅导老师等手段，而是先协助扭转“逆周期”问题。

随笔——小结

家长的线性因果思维：

每晚先玩手机，磨磨叽叽坐不下来，必然是孩子不知道读书的重要性，不懂事。批评，再批评。

老师的线性因果思维：

上课注意力不集中、嗜睡，必然是学生缺乏上进心、不用功。

孩子的线性因果思维：

我很吃力、很刻苦，白天黑夜地在读书，仍然成绩一般，家长老师不满意；这里不适合我读书，或者我不行。

师长的线性解决办法：

教育、训斥；提醒，再提醒；辅导，再辅导。各种教训、多种辅导老师、各种学习方法轮番上阵，都需精力去适应，反而更吃力、更疲倦、更恶性逆周期，家长老师就更看不懂。

学生的线性解决办法：

在这里读书太吃力，我要去一个读书不吃力的地方，换学校、出国——认识和行为上的回避。

其实真正的原因是系统的：

即兴奋与抑制的逆周期，学习与休息乱了套。低效率—吃力—成绩上不去—师长施压—不开心—行为松散—更加低效率，从而形成恶性循环，是系统问题，当然其中也有关键因素或核心因素。

解决方法也应是系统的：

恶性循环的各个环节都可以调节，例如，逆转作息周期，改善学习方法，提高成绩，让自己愉快，抓紧时间，老师辅导等。首先是扭转作息周期，其影响各个环节，且自己辛苦3天就可以初步做到，接下来其他环节反而容易一个个地解决。

（注：这是系统模型应用储备实例，但一千名学生的“学习问题”，有一千个样式）

浏览“生活压力”，了解压力系统模型和应用（2018－11－11 19：47：04）

近日将 2011 年出版的《临床心理问题指南》的“生活压力”一章分解成 16 篇博文进行连载（16 篇链接，略）。

该章内容的构架完全以作者的“压力系统模型”为基础，可以作为对部分朋友“什么是压力系统模型”提问的回应。

附，关于“压力系统模型”。

在当前国内某些医学心理学教本中，应激（压力）的理论构架和内容，似乎回到 30 年前。即：在构架上，主轴是从应激原因到应激结果的“线性”逻辑，即“刺激—反应—临床”；在内容上，存在概念的堆砌或重复现象，如应激与挫折、应对与防御，且应对方式和社会支持这样重要的两个压力相关因素，只在其他环节下一带而过，其中，应对只作为应激后果的处置环节，社会支持似不被看成属于医学而被忽略；在应用上，侧重精神病学临床应用。

相对而言，“压力系统模型”在构架上，是“系统”的，涉及玉力的多因素、多维度和动态变化；在内容上，压力有关因素之间的关系脉络清晰，内容重复不多。在应用上，除了医学临床，同时重视心理门诊、社会干预等多方面应用。本连载“生活压力管理”，就属于心理健康领域的应用。其他领域的应用，如危机干预、家庭婚姻咨询、特殊人群压力管理等，在博主主编的《医学心理学：理论，方法与临床》《压力（应激）系统模型・解读婚姻》等书中也有一些反映。

附：“压力系统模型”讲座幻灯片

小学生行为问题，认知指导须兼顾情绪和行为（实例）（2020－10－21 07：31：23）

（注：该博文立足于“生物、心理、社会”系统模型。在作者以前的一些著作中，该模型与“压力系统模型”一起讨论。两者因素不同，但法则相同）

一位小学四年级男生，个子全班最高，但不太成熟，经常被同学孤立。有一次体育课排队时，有同学“故意”踩了他一脚，他给予回击，导致两人推搡起来，老师发现后将他叫到一边罚站。课后回到教室，该学生突然情绪失控，打自己的头，做出要跳楼的姿势，被同学拉住。事后老师电话告诉家长，让其领孩子回家，看是否需要到医院就诊。

初步了解孩子回家后各方面均正常，以往也无类似发作。经解释安慰，孩子同意第二天回学校。期间有以下“网聊”内容。

一、与家长聊

人具有认知功能、情绪功能和行为功能。认知、情绪、行为三者互相影响。一般的家长及教育工作者仅注意到认知和认知调整的作用，往往忽略了认知影响情绪、情绪影响行为、行为反过来又影响认知，三者综合作用、交叉产生影响。

在一般的教育环境里，认知的指导也足够，因为大多数人在认知的基础上，通过社会生活环境的互动过程可以实现自我调整。但对于十一二岁处于第二叛逆期的孩子，家长注意到了孩子的认知，却忽略了孩子的认知反过来影响其情绪和行为，以及行为和情绪反过来又影响认知这个系统规则。更重要的是，老师对此也往往是忽视的，所以就出现了上述情况。对于这些小学生，你说最多的话、最多的道理，他们也听不进去，对此，家长也没有办法，老师也经常觉得没有办法。心理咨询师需要学会在三者之间去寻找打破恶性循环的办法。

然后说说如何调控认知、如何改善情绪、和如何促进行为这三个方面的具体工作。这不是一件很容易的事情。一方面，孩子的问题本身交织着认知、情绪和行为三因素，是一个综合性且复杂的问题；另一方面，教育工作者或家长本身往往容易陷于认知决定一切的误区里，把认知看成是解决一切问题的关键，很难真正针对认知、情绪和行为三个方面全方位地展开工作。

以下，就如何进行认知指导、如何帮助调控情绪、如何促进小孩子的行为向正常方向发展，从三个方面大致地谈一谈（虽然本来是一体的）。

（一）

从认知指导的角度，上午已经说过了，十一二岁小孩子在认知过程的因果逻辑往往是比较短的，这里不妨称之为“短”逻辑。以运动会排练时遇到的问题为例，什么人踩你一脚是因，你被踩疼了是果，踩你的人很坏必需被报复是结论，从原因到结果，再到结论很短、很现实，其逻辑却很难被直接推翻，其“道理”也很难被说服。成年人或比较成熟的孩子则不同，同样的问题在逻辑上会被延长，甚至可以延长得很长、很久、很远，我们不妨称之为“长”逻辑，结果会让许多问题变成了不是问题。例如，此例中，从原因往前延长，踩你一脚的学生或许是因为你昨天曾经无意中惹了他，他才踩你，这就拉平了；或者因为当时他正在集中注意力进行训练而不经意踩了你一脚，这是无意中的行为，“原因”就没什么了不起；从结果往后延长，如果（像你孩子那样）做出严重的反应，如马上踩回来，且离开了排练队伍，结果就会带来整个队伍的混乱，导致老师没有办法将训练进行下去，而老师就会让你离开队伍靠边，这样一来，“结果”就会变得很严重，且变得很“没道理”，因此，不能这样做。然而，孩子的逻辑却不会那么“长”，他不会考虑得那么多，也就是说他不考虑前面的和后面的，只考虑刚刚发生的这件事情和结果，这样会给其他人一个印象，即这孩子很固执、很钻牛角尖，或者脾气犟。确实，十一二岁小孩子容易出现这种情况，才会出现这个年龄段“第二叛逆期”的说法。

这个时候给孩子作认知指导，如果跟着他的“短”逻辑去解释，就很难解释通。你说被踩一脚有啥了不起，这说不通呀，怎么可以踩人呢？你又说被踩一脚又不疼的，这也说不通，他明明觉得疼呀！所以，用你的“短”逻辑试图说服他的“短”逻辑，虽然是许多家长和老师的做法，但对某些已经陷于问题之中的孩子是永远也说不通。总之，对这些孩子做认知指导，还是要慢慢地、逐渐地把问题拉长、拉远，用“长”逻辑让孩子逐渐体会到，许多事情的前因后果并不是当时的那一种“道理”，会涉及前面的和后面的，很广、很远。通过这样的指导，让学生慢慢体会生活中遇到的一些问题，从更远、更宽的角度去看待问题，其实大多是可以忽略不计的。当然，学生也确实较难做到忽略不计，因为他仍然会以“短”逻辑坚持去计较，这就需要坚持教育引导。

需要指出，在用“长”逻辑去说服“短”逻辑，说服孩子将各种遇到的问题由短引向更长、由近引向更远、由窄引向更宽时，教育指导者自身需要避免受“短”逻辑习惯的支配（往往是线性思维习惯），教育者需要树立“接受差异、快乐竞争”的精神风貌，才有可能把你的意思传递给小孩子。

在小孩子逐渐接受“长”逻辑并有了一定认知改变后，还要进一步向其传递认知、情绪和行为三者之间是互相影响的，这种影响会使人的认知更加消极且改变更难。例如，你要报复别人，你的报复行为一定会给你带来不愉快，你的报复行为会让老师找你麻烦，会让同学冷落你，这些不良情绪反过来让你看人看事越负面，自己越难受，你就越会有出格的行为，最终，认知、情感、行为这三者陷入恶性循环。这个大道理应慢慢地告诉孩子。

在认知指导环节，前面说过难度很大，因为小孩子的接受能力不足，且已经经过一段时间恶性循环的磨炼，其已经构成自动化的思维，或称之为自动性思维。他只要遇到不满的事情，马上就得出一个恶劣的结论，这已经成为他的习惯，因此，这个时候指导效果经常是比较差的，必须不断地、反复地给他施加影响。通过施加影响的过程，慢慢地调整他的认知、行为和情绪习惯，而不是通过一席话就能打开天窗，他就明白了。这对于个别成年人都是有一定困难的，别说是孩子了，特别是已经成为问题的孩子。

在说服的过程中，还有很重要的一点，需举例说明。特别是引导小孩子“接受差异、快乐互动”时，举例说明就很重要。指导者如果自己是比较固执的，那么举例子就会变得很困难，因为想不出有什么例子。此时，成年人其实也跟小孩一样，同样也会陷入一个“短”理由当中，自己都跳不出来，更别说对小孩。

小结一下，前面关于认知指导说得多一些，其过程是缓慢的、复杂的，并且需要许多具体的技术，要举例说明，反复渗透以影响小孩子。

（二）

下面再简单说一下情绪调节。恶劣的情绪会让小孩子认识更消极、更极端，使孩子表现得行为冲动或退缩、回避。同时，情绪的消极和行为的冲动、退缩和回避，老师和同学们都会感受到，也必然会有态度上和行为上的反馈，这又会让孩子感到有更多的人甚至觉得所有同学都在“欺负”他。这种情绪—环境—情绪的影响是一种恶性循环，会让问题随时间的延长变得越来越严重、复杂。因此，情绪调节是很重要的环节。

帮助小孩调节情绪，前面说的认知调控是重要的办法，也有其他较为直接的方法，即直接改善孩子的情绪。例如，在孩子遇到困难时，在家里、在周围的生活环境里，给孩子创造一些能带来愉快情绪体验的情景（人与事），让小孩子能觉得生活里充满了阳光。愉快的情绪体验能够在一定程度上阻断学校里所带来的负性情绪（不是老说没意思吗）。在良好的情绪下，他可能更容易去完成作业，到学校里去可能更容易忘掉昨天不愉快的事情。当然，严重时需直接用药物来调控情绪，多数孩子还没达到这个程度。

（三）

最后说说行为。对于问题学生的行为表现，老师和同学都看得到。由于存在恶性循环，会严重恶化孩子的认知和情绪。通过前面认识调控和情绪调控，可以慢慢改善行为，使孩子变得符合大众的行为模样。直接对行为的指导也很重要，例如，明天可能有什么活动，或者在上学之前你就要跟他说说可能会出现什么样的情况，应该怎样处置，事先打好预防针，让他带着思想准备去，并加强良好行为的训练。此外，在出现积极行为时，及时鼓励也很重要。

二、与小学生聊

下面是给小孩子的、大概的现身说法。

我在小学时，与你差不多年龄，因为老师前一天答应第二天队日活动让我扛少先队的小三角旗，可是在第二天活动开始排队的时候却没有让我扛，我当时认为老师欺负我（认知），所以就非常生气、非常恼火（情绪），然后非常不合群，到了活动的山上我就去爬竹子（行为）。这时，我的表现变得非常出格，爬到竹子顶上就摔了下来，摔得老半天也没有爬起来，脊椎骨还受到损伤，一辈子受影响。也就是说，由于我当时没能将事情往远处看，结果既没能实现扛旗子的愿望，也未在队日活动中跟同学们一起感受到愉快，还伤了身体，一辈子受影响。因此，一定要积极地看待一些小事情，这次老师说话不算数其实就是一件小事情，或许老师有另外的原因。同样道理，小朋友也要知道，无论是人家踩你脚，还是老师将你拎出来给予批评，这些都是小孩子成长过程中出现的、很正常的小事情，如果能往远处看，不影响自己的情绪，不影响自己的行为，这件事情很快就真的过去了，忘掉了，老师和同学们也会忘记。前些年，这位小学老师还在村子里吹嘘说乾金也是他教出来的，得意之情溢于言表。这说明从长的时间来看，老师还是喜欢我的，以我为骄傲。

实际上，我后来的经历，离开小学，读了初中、高中、大学，每一个阶段也都会遇到一些"被欺负"或者不愉快的事情，后来我就吸收经验，我知道人是发展的，这个阶段是初中，但很快就会过去；到了高中，高中也会很快过去；到大学……所有的矛盾，都会成为过去。对于生活中遇到的各种事情，没有必要给予那么重的认识、那么大的难受、那么强烈的对抗行为。我一路走过来，现在都70多岁，觉得走得挺成功的。所以，小朋友是不是可以看看我、学学我、听听我的经历？

要记住，无论发生什么事情，遇到什么样的困难，或者有多么难受，都将其看成是你成长过程中各个阶段的一件小事，当你到了22岁、32岁、52岁、72岁的时候会发现，这些事情小得不能再小。所以，小朋友一定要愉快地、高兴地、做自己的作业、上自己的学、读自己的书、做自己的事情，不要太在乎周围别人的态度。

（注：这是针对特定对象的网络语言指导的翻录，体现了作者的系统思维模式，有一定普适性，但更多的只是策略，也不是问题儿童的心理咨询工作理论与方法的教科书式的全部。因为，问题儿童一定是系统的问题）

小学生家长的烦恼，"比富"和其他（2022-04-29 18：38）（微博）

有家长抱怨，读小学的孩子班里建有"家长班委会"，成员自然包含有老师喜欢、不上班又作风张扬的那类家长。说是协助搞好教育，实际上也带来一些负面影响——如"比富"。"班委家长"张扬地带自己孩子和要好同学到酒店里去"庆生"，让别的孩子跟着眼馋。为此，个别家长也不得不跟风。这种"比富"的行为热起来，老师又转过来公开批评后面这些家长把风气搞坏了。

要我来说，对于"家长班委会"等大问题，恐怕不是你或我能安排的。对于你目前的烦恼，这里可以说一说。

在“再苦也不能苦了孩子”的环境下，某些小学或幼儿园里确实存在一些比富（炫富）家长，在一些“先富起来”的特定区域和某些高价私立学校可能更突出。但是，你不可能改变世界上所有的妈妈，个人也不可能影响老师，是吧？

再则，时代在变化，自然也会伴生“比富”和“比穷”的交替现象。处于“比富”时期，人们会倾向于露富、炫富或装富。“比富”确实会给贫穷的学生和家长带来压力，也会给类似你这些担心带坏孩子的家长带来不快，就像电影《包氏父子》中的高中生小包和他所处的环境那样。处于“比穷”时期，人们会倾向于不露富、不炫富。例如，在我们上高中大学时，一些富裕家庭出身的同学，他们有手表，甚至也不太愿意带在手上。“比穷”其实也会给富家学生带来些许压力。对此，你不可能左右时代的交替。

由此可见，社会是一个动态变化着的系统，处于系统的某一阶段，不知道去“适应”（接纳差异、快乐竞争），总是想去“改造”（拒绝差异、痛苦斗争），确实会“吃亏”的，会弄坏自己的心情，也无助于孩子的成长（搞砸与老师关系）。

至于孩子，与其方方面面都要比得上别人，追赶时髦和排场，还不如引导其“挫折教育和试错训练”，以利于其将来能够适应社会。

线性思维和系统思维结果不同（2022－11－13 19：36）（微博）

线性思维的结果举例：你认为做了好多工作，可总是被人家平均，或者总是没有被人家看到。多做—多吃亏，你用了线性思维，结果愤愤不平，不仅影响心情，还会引发矛盾，因为存在恶性循环，导致更不好的结果。

系统思维的结果举例：同是这个例子，你多做了，也似乎吃亏了，只要不是极端情况，你选择了系统思维，结果心境平静，不仅未影响情绪、未影响工作、也未诱发矛盾。然后，因为你持久地多产和“吃亏”，还是会引起系统内的再平衡的。例如，总有一天会引起周围人和上级的关注，或是新来的领导要改革，或是某一天偶然的机会，上面要创新，在考虑选拔人才却无从入手时，综合考虑发现你是合适者。于是，你的系统思维帮助你最终实现了公平（其实是系统的动态平衡的结果）。

第 9 章　婚恋家庭问题（一）解读婚姻

本章导言

婚恋家庭问题，是压力系统模型实际应用的又一重要方面。

基于压力系统模型，作者提出了一种跨文化的全新婚姻家庭理论：认为婚姻家庭成员之间是各种因素的系统结构，系统中的多因素相互作用及因素间的动态平衡过程，决定了婚姻家庭的是否和谐。其中，认知起关键作用，人格起核心作用。这是作者长期心理门诊中处理各种婚姻家庭问题的理论基础，收效甚好。同时，这也是作者长期开展婚姻家庭宣传教育的理论基础，受众甚广。

基于压力系统模型的婚姻家庭理论，在作者主持的国家科技支撑计划项目分课题“压力系统论模型在家庭评估和干预中的应用研究与示范”（项目编号：2009BAI77B05）的成果中，得到了全面体现，包括浙江大学出版社 2011 年出版的纸质版《压力（应激）系统模型·解读婚姻》，浙江电子音像出版社 2013 年出版的光盘版《压力（应激）系统模型·婚姻揭秘》。

通常，国家科技支撑计划项目兼有研究和示范两方面任务。就此，作者在相当大范围和较长时间段里，开展了包括理论成果学术交流、网络宣传和讲座报告示范，以及临床技能培训等活动（将分别在本章、下一章和第 20 章予以介绍）。

本章侧重理论成果，除了简单介绍课题情况，重点摘录《压力（应激）系统模型·解读婚姻》核心内容，体现基于压力系统模型的婚恋家庭基本原理，概括起来就是“爱＋适应”和“和而不同”。

第 1 节　国家科技支撑计划项目分课题概况

一、压力系统模型下的课题设计和成果

清官难断家务事，婚姻家庭问题历来就是一本“糊涂账”。

自 1993 年正式开展专家心理门诊起，作者注意到一个特别现象，带着婚姻家庭问题的来访者中，不少是有知识、有文化、有身份、有地位，既讲道理又坚持“规则”（来访者语）的人。按道理，知识和逻辑是解决许多问题的钥匙，婚姻家庭问题应该也是一样的。这么多高学历来访者陷于婚姻家庭问题不能自拔，且一旦遇到一位是非分明却缺乏同理心（不会以己推人及以人推己）、行事决断却不考虑后果（不去推测事情发展的可能导致不同结果）的来访者，则问题就会更加难办。深究其中缘由，盖因当事人的线性思维决定其不相信人与人之间存在差异，对此，作者则采用压力过程模型或压力系统模型为主导的婚恋咨询应答模式。

21 世纪初（2002—2007 年），作者开展了免费的网络心理咨询活动。在上千个涉及婚姻家庭问题的网络咨询案例中，情况与上述门诊情况类似。此时，如果用一般的婚姻家庭大道理，如“珍惜爱情”“互相体谅”“各自做自我批评”“让一让海阔天空”等去回复，根本就不起作用，因为这些道理他们自己都懂得的，对此，作者仍采用的是系统模型下的分析和解说（见后文）。

纵观婚姻家庭问题，当事人面对的其实并不是是非、对错、好坏这些线性问题，他们面对的是多因素交互作用动态发展中的系统问题。在婚姻家庭问题中，所有成员都各自经历不同的生活事件，有不同的认知特点、不同的应对风格、不同的社会支持系统、不同的人格特质，也有不同情绪和躯体表现的压力反应，甚至连爱情和亲情、也存在差异。差异，以及如何管理好这些差异，就成为认识和解决婚姻问题的关键。这一点却长期被线性思维主导下的大众（包括当事人）所忽视。

作者开展了几十年的心理应激或心理压力理论和实践研究，涉及的压力因素越来越多，这些多因素和压力（应激）问题的多维性逐渐构成了压力系统模型。经过实践不断验证，越是复杂的问题，越需要以系统的视角去寻找解决途径。压力系统模型的最核心的五项法如下。

一是多因素。

二是因素之间互相影响。

三是因素间的互相作用是动态的过程。

四是认知是关键因素。

五是人格是核心因素。

压力系统模型的这些法则，已经被作者等施用于解释和解决心理健康领域许多复杂的临床心理问题，如生活工作压力问题、自杀和心理危机的认识和干预、心身疾病的心理社会防治等，其中也包括前述心理门诊和网络咨询中的婚姻家庭问题。

正是在以上理论研究和临床工作储备的基础上，恰逢2007年国家科技支撑计划项目“心理疾患防治研究与示范”启动，作者在担任项目建议书、可行性论证研究报告和申报指南的全程执笔过程中，在心理压力和家庭问题两大课题设计中，纳入了压力系统模型的研究设计思路。最终在该项目支持下，作者主持了其中的“压力系统论模型在家庭评估和干预中的应用研究与示范”分课题，使得压力系统模型在婚姻家庭问题中的应用获得了实证研究和示范工作的资助。

姜乾金该课题最终获得以下两项示范成果（图9-1-1）：①《压力（应激）系统模型·解读婚姻》，浙江大学出版社，2011年；②石志道，许涛，顾成宇，《基于压力系统模型·婚姻揭秘》，浙江电子音像出版社，2013年。

图9-1-1　基于压力系统模型的家庭婚姻课题示范成果

二、《压力（应激）系统模型·解读婚姻》简介（专著，2011）

（一）扉页内容提要

《压力（应激）系统模型·解读婚姻》是姜乾金教授近30年有关压力（应激）研究成果在婚姻家庭问题中的应用，也是国家科技支撑计划项目“心理疾患防治研究与示范”之“压力系统模型在家庭评估和干预中的应用研究与示范”分课题的核心内容。

作为国家科技支撑项目课题研究示范材料，本书的读者群包括单身青年男女、中青年夫妇和关注婚姻家庭问题的人们。他们可以从本书中汲取一种全新的婚恋理念，以指导自身或亲友处理好婚姻家庭问题。

作为一种新的学术理论与临床方法，本书反映了交叉学科的自主创新性理论模型与本土化操作技术。本书的读者群包括心理咨询师、临床心理专家和医学心理学工作者等相关专业人员，他们可以从本书中参考一种全新的婚姻家庭门诊咨询模式。

（二）卷首语两则

①“妈，我想死您了……您不在家，爸总是闷闷不乐……我奶奶呀，只要我和爸高兴，她就高兴……您不在家，我和爸都不高兴，奶奶也就高兴不起来了……（母：那我们一起接你姐回家!）不，我不高兴，自从姐回来，你就只关心她……”

上述是热播电视剧《养父》中男孩与离家母亲的对话。短短几句台词，反映了夫妻、母子、父子、祖孙、婆媳、姐弟等婚姻家庭关系的复杂、困惑与无奈。本书试图解答这些问题（详见案例 9-2-11）。

②“专家您好！我是一名已离婚的男性。我在网上找到了你们的网站，看了以后很受启发。我利用了整整一个下午的时间，看了您回复的将近 1000 份帖子，从中找到了答案，现摘抄下来，与大家分享。”

以上摘自一位网友的帖子。他被压力系统模型的网络婚恋答疑所感动（注：该网友的帖子很动情，也深刻，但文字过长，收入文集时已删去。可参阅原著）。

（三）开篇判断题

婚姻中有太多的难题，并不是许多人所说的，只需“双方让一让”。其实，只有陷于婚姻家庭问题的当事人才能体会到，这“让一让”真不是那么容易的。以下为判断题（括号里是正解）：

① 清官难断家务事，“爱”（爱情、亲情）是抚平婚姻家庭矛盾与创伤的唯一途径。

（婚姻家庭是多因素的系统，里面充满了差异。根据压力系统模型，在婚姻家庭矛盾与创伤问题中，除了“爱”，更需要接纳差异、快来互动的“适应”原则）

② 对于婚姻家庭问题，“坚持正确、改正错误”是最基本的解决办法。

（这与“双方各让一步”的说法一样，属于常识性线性思维，具有普遍意义。那些陷于家庭问题而不能自拔者，仅凭是非、对错、好坏等线性标准去改造自己或改造对方，并不能化解婚姻家庭问题。只有各方都能执行“接纳差异、快乐互动”的适应原则，才能达成真正的、动态的和谐）

③ 门当户对，婚前经济、家庭、认识方面的一致，是婚姻和谐的保证。

（人是多因素的系统，婚姻家庭是更大的系统，系统中充满各种差异。因此，婚恋双方不存在绝对的一致。只有“接纳差异、快乐互动”的适应原则，才是婚姻和谐的保证）

④ 没办法，谁叫我娶（嫁）了她（他）。说这话的人其婚姻已经“适应”。

（这是在“改造”自己，或属于“屈服”，会带来痛苦，不算“适应”）

⑤ 现代人个性凸显，两口之家独立门户，是避免出现婚姻家庭问题的最佳办法。

（因为两口之家的各种因素差异要少于大家庭，所以，独立门户确实有利于夫妻双方的适应。不过，系统是多因素动态变化的，夫妻双方迟早需要实现与“更大系统”之间的适应）

⑥ 发生家庭问题，其中必然可以找出一个需要负责的人，一个主要的原因，一项主要的解决途径。

（其实未必，主要还是多因素交互影响的缘故，经常是因果颠倒、一因多果、一果多因，适合使用系统的解决方法）

⑦ 夫妻天然地存在各种差异，故意味着结婚是爱情的坟墓。

（这种观点不对。因为有差异，所以需要“接纳差异、快乐互动”，实现婚姻和谐——爱 + 适应）

⑧ 林黛玉与贾宝玉，梁山伯与祝英台，如果都能双双结婚，那一定是最和谐的婚姻。

（这种观点未必。我们只看到了梁祝之间的爱情，即没有注意到他们在压力因素方面的较大反差，结婚后还得看他们的家庭系统的动态过程，看在各个时段，是否能始终达成“适应”）

⑨ 在家庭中说话也得坚持一定的原则，多余的话应少说。

（在家中，多余的话往往显示关系和谐，可以缩短心理距离，是“家庭社会支持”的表现。在良好的氛围下，有助于各种压力因素之间实现良性循环）

⑩ 婚姻失败是因为恋爱时失察，未能在婚前发现问题，如对方是否在欺骗自己。

（主要还是“系统”动态发展的失衡）

⑪ 公说公有理、婆说婆有理，其中必定有一个人的“道理”是错误的。

（不一定，也许都对，人与人之间存在“认知差异”很平常）

⑫ 某人说婚姻是人生的乐事，一段时间后又说婚姻是人生的苦海。此人“有病”。

（这种观点不科学，动态的“系统”，其平衡与否，决定苦与乐）

第 2 节　压力系统模型，认识婚姻家庭问题（专著，2011）

摘录自浙江大学出版社 2011 年出版的《压力（应激）系统模型 · 解读婚姻》，第一章。标题有改动。文中涉及的图表等已转换成本文集编号或略去。

凭感觉，很难将甜蜜的婚姻与痛苦的压力放在一起讨论。没错，绝大部分婚姻是从“甜蜜”开始的，并最终迈向家庭完美。也有相当一部分婚姻从“甜蜜”开始，在迈向家庭过程中，由“很小的分歧”逐渐转为“痛苦”，最终家庭分离。在这个过程中，就涉及压力系统模型的基本法则。

一、典型案例

婚姻和谐是人类最关心的话题之一。但这个话题很沉重，也很无奈。千百年来，人类一直在寻找准确答案，而婚姻家庭悲剧却代代不息。人类继续在盼望着和谐幸福的婚姻家庭关系。

作为本节开头部分，我们先提出一个假设性问题，如果梁山伯与祝英台能冲破阻力终成眷属，他们的家庭能保持和谐幸福吗?

梁祝或宝黛的爱情故事，几乎是家喻户晓。其实，在真实的生活中，即使如梁祝式或宝黛式的爱情，也未必能确保此后婚姻的和谐。

下面以一对曾经历过梁山伯、祝英台式刻骨铭心爱情故事的青年男女为例，尝试解读婚姻家庭和谐到底需要具备哪些条件。

案例 9-2-1：梁祝式爱情也难保婚姻和谐

一对青年男女已经离婚两年，他们双方目前正面临着复杂的人际关系和困境（图 9-2-1）。可谁能想到，他们在结婚之前曾演绎过现代版的梁山伯与祝英台的故事。由于婚后未能形成“和谐”，才最终导致婚姻失败。

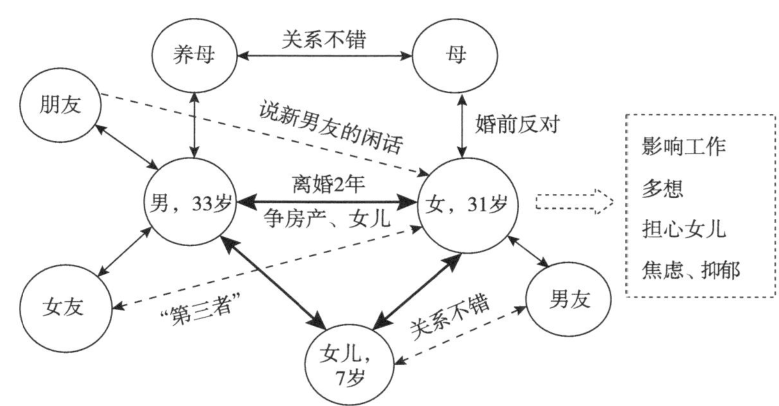

图 9-2-1　梁祝式爱情也难保婚姻和谐

历史追踪：婚前，他们曾经历过疾风暴雨式的爱情过程。男方是农村户口，单身进城开店，不富裕但很能干，且相貌堂堂，老家有众多同学和亲友。女方是城市户口，独生女，有工作，且容貌出众，还有一位家境殷实且退休的母亲。偶然机会，女方爱上了男方，且爱得很疯狂。由于女方母亲坚决反对（嫌男孩“三无”：无城市户口、无企事业单位工作和无自有房子，而自己女儿则“三有”），很有个性的女方离家出走与男方结婚。生米煮成熟饭后，母亲妥协，花钱将小两口的新房安置在自家里。逐渐地，均属单亲的亲家母之间，关系也变得不错。

时来运转，正处开放年代，几年间，小夫妻努力打拼，居然将五金小店升级成连锁店，资产几千万。在这个过程中，随着产业的顺利发展，妻子也辞职一起参与创业，丈夫的农村同学纷纷加盟，双方的亲友逐渐介入，本市各界各种关系人也慢慢地增多，孩子出生和成长改变了原来的两人世界，丈夫也逐渐蜕变成当地的名人。总之，原本两个人的婚姻“系统”，在不知不觉中变成了婚姻、家庭、实业和社会四位一体的“大系统”。

面对这个大系统中动态变化的各种事件、认识、应对方式、社会关系和人格特点的差异，双方未能“接纳差异、快乐互动”，而是始终坚持“分清是非、痛苦竞争”。终于，双方的情感逐渐由开始的不愉快，到生气、愤怒、仇恨（打斗受伤），再到厌恶，直至最后的冷淡。最终，原本带有浪漫色彩的“爱”被彻底终结。正如俗话说的爱之越深恨之越切，他们之间最终发展成为势不两立、互相仇恨，争夺孩子和房子，以及区分刑事责任的双方“当事人”。

目前情况：男女双方早已没有“爱”只有“恨”。双方为争夺女儿和房产，正在打一场“为争一口恶气”的官司（协议离婚时商定由女方护养女儿，男方每周可探望一次，但男方发现女儿称前妻男友为“爸爸”，盛怒下将女儿藏到老家去；答应划给女方的两套房子，男方也未能兑现）；曾经关系不错的一对亲家母也陷入了尴尬（男方养母与女方母亲原本关系不错）；女儿的社会角色错乱（因为双方都有了同居男女朋友，出现谁是孩子“爸”和“妈”的纠葛）；亲友们也卷入是非之中（城市精英朋友多站在男方一边，让原本强势的女方倍觉屈辱）；双方建立新的家庭并遇到对方的影响或干扰（主要涉及社会舆论等）；女方心理与身体严重不支（焦虑、失眠）。

以案例 9-2-1 为起点，《压力（应激）系统模型·解读婚姻》第一部分分别讨论以下两个指南性问题。

其一，根据压力系统模型，婚姻家庭和谐的全部条件是“爱”（love）和“适应”（adaptation），缺一不可，即婚姻和谐 = “爱” + “适应”。

其二，对婚姻家庭系统中的压力因素实施动态调节，是促进“爱”和“适应”，即促进婚姻家庭和谐的关键，即实现“和而不同”。

二、婚姻家庭中的每个人都是多因素系统

每个人都是一个生物、心理、社会多因素的“系统”。根据压力系统模型，每个人都是生活在各种压力因素（包括生活事件、认知评价、应对方式、社会支持、个性特征、压力反应等）构成的“系统”之中。“系统”平衡，就是幸福；“系统”失衡，就是压力。由此可见，生活带来幸福感，生活也带来压力感。

（一）“压力系统模型”如何看一个人

压力系统模型（system-based model of stress，SMS）是作者经过近 30 年的理论和实证研究，提出的一种本土化压力（应激）理论模型。

根据压力系统模型，每一个人都是由多种压力因素构成的“系统”。这些压力因素包括：生活事件、认知评价、应对方式、社会支持、个性特征、压力反应等（图 9-2-2）。

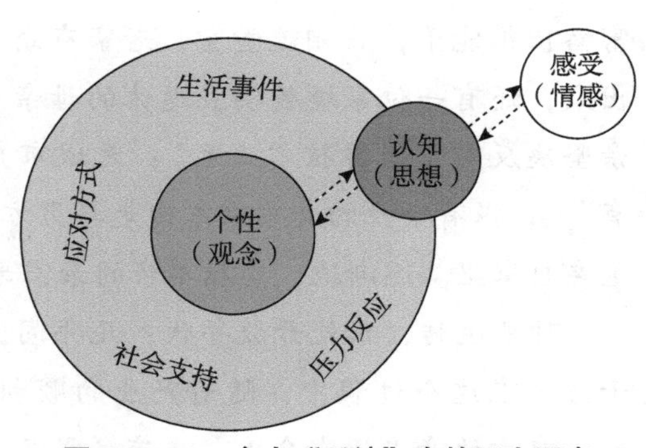

图 9-2-2　个人“系统”中的压力因素

（二）需要从多个角度看待婚恋和家庭中的人

从“系统”的角度来看，处于恋爱中的男女朋友或婚姻中的夫妇，不能只关注对方的一个侧面，而忽略这个人的其他侧面（因素）。例如，只关注对方的语言（认知），只听对方说什么，不关注对方的情感反应、人格特点、价值观念和文化背景等这些系统中的有关因素；或只关注对方外在的容貌和气质，而忽略了内在的各种因素。

（三）“系统”是否平衡，决定幸福与压力

“系统”中的各种压力因素（如生活事件、认知评价、应对方式、社会支持、人格特点和压力反应）如果是平衡的，也就是和谐的，这个人就是幸福的（没有压力）；“系统”中各种压力因素不平

衡，也就是不和谐，那就是痛苦的（有压力）。由此可见，“系统”的和谐与幸福，并不决定于系统成员有多高尚、多正确，而是决定于系统中各种因素的平衡。

由于平衡与不平衡只是相对的，因此，人生的“幸福”与“压力”就像天平的两端，需要个人主动去调控。

案例 9-2-2：双喜临门却幸福和压力同在

一位博士毕业不久就结婚的新娘倾诉，她对刚结束的婚礼规格、新郎表现、婚房布置等都算满意，也感到新婚的幸福（感受）。为了今天拥有的这些，在过去这一年，除了要准备自己的博士论文，还在按揭购房等经济上颇费周折（生活事件），在结婚细节方面与新郎争执过（认知评价和应对方式），在生活方式的选择上与父母及未来公婆矛盾过（文化背景和社会支持），也失眠过（压力反应），也对接下来会面临什么感到迷茫（感受）。她总结说，今年可谓是双喜临门（博士学位和结婚），但其实是幸福和压力同在。

三、婚姻和家庭是更大的系统

婚姻是由两个独立的个人“系统”组合而成的“更大系统”（图 9-2-3）。在这个“更大系统”中，各种压力因素更具有多样性和差异性。具体来说，夫妻之间或一家人之间，在情感反应、认知评价和人格特征等方面都是不同的，充满了“差异”。

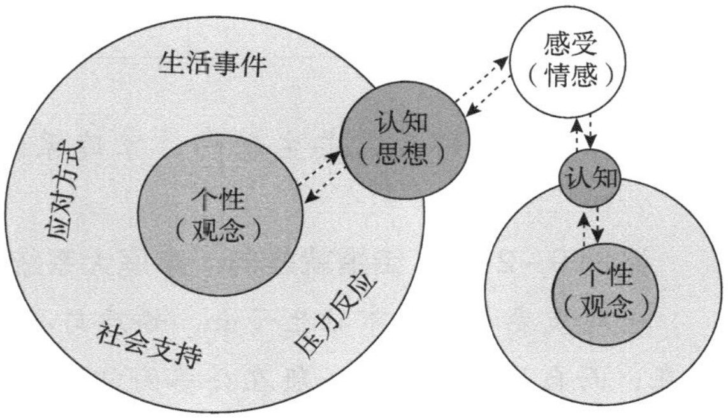

图 9-2-3　婚姻这个“更大系统”中的压力因素

（一）婚后组成“更大系统”

结婚以后，除了夫妻两个人的“系统”，公婆、岳父母，甚至兄弟姐妹等个人“系统”也会不同程度地牵扯进来，构成了更大的系统。

案例 9-2-3：简单的恋爱与复杂的婚姻

岳母有“整洁”的习惯，并与妻子相似，也能被丈夫接受。与岳母不同，婆婆比较“随便”。不幸的是，他们当中恰恰有一个人有“认真”的认知特点，另一个人有“易受伤”的情感特点，还有一个人有“易冲动”的行为特点。反正，一家人各有特点、充满了“差异”。结果，原本在结婚之前男女双方都挺和谐的恋爱关系，在结婚以后却转化成了极不和谐的婚姻家庭关系。由于男方母亲的介入，谁也不知道是什么原因，从什么时候开始，反正整个家庭系统逐渐陷入严重的“生活事件”之中。这就是清官难断家务事的背后原因。

这个案例说明，人与人之间的差异，在更大的系统中会变得更复杂。恋爱中两个人的和谐，未必就能自然转化为结婚以后家庭关系的和谐。

（二）“系统”中充满了更多的差异

结婚以后形成的“更大系统”中，交叉地充满更多的差异。除了夫妻双方这两个关键人物，公婆、岳父母和其他亲友，都或多或少地介入。根据压力系统模型，婚姻中的压力因素差异，如表 9－2－1 所示。

表 9－2－1　婚姻系统中压力因素“差异”举例

压力因素	差异举例
认知评价	理性与感性；求全与宽松
应对方式	认真与马虎；幽默与严肃
社会支持	喜动与喜静；交际与清高
文化背景（生活事件）	富出身与穷出身；重大家与重小家
观念	重子女与重自己；重理想与重生活
性格	利己与利他；勤劳与懒惰
习惯（行为）	喜新异与喜平淡；高调与低调
情感反应性	情感细腻与粗糙；情欲之爱与依附之爱

（三）夫妻婚后需要主动向“家庭系统”过渡

案例 9－2－4：结婚就是向“家庭大系统”过渡

一对夫妻都是城市独生子女，婚后与公婆同住。妻子看见丈夫整天在公婆面前有说有笑，十分自在，而自己犹如客人一般在公婆面前相对拘谨，处处赔着小心。丈夫有了喜事也是先到妈妈那里汇报，母子共享喜悦，妻子因此而不满。小夫妻独处时经常发生争执，“你应该和你妈结婚！”夫妻争斗逐渐由地下发展到公开，婆婆看到儿子占下风忍不住会站出来帮儿子说几句。逐渐地，双方婚姻家庭关系越来越疏远。（石志道提供此案例）

显然，本案例中的有关人员，对夫妻结婚以后原有关系已经变成“更大系统”的事实缺乏认识，他们还在按原来家庭“系统”的关系行事。

（四）“一致”是相对的，“差异”是绝对的

在现实生活中，我们经常会有意无意地说“都是一家人”，好像在一家人当中，各方面就是一致的，都可以统一的。

有这种认识倾向的人，往往容易忽略家庭系统的多面性，以及对家庭大量存在的各种“差异”缺乏正确和清醒的认识。其中，特别是深层次的差异，如人格特点、生活观念、价值取向、认知和行为习惯等不易被发现。等到事情发展到成为“问题”时，再反过来去探讨、解决问题，难度就大大增加。因此，恋爱男女和新婚夫妇沉浸在幸福中时，也得对双方可能存在的差异或将来会出现的差异有一定的认识。

四、婚姻家庭中各种因素交互作用，互相影响

在婚姻家庭这个“更大系统”中，生活事件、认知评价、应对方式、社会支持、人格特征和压力反应等压力因素是互相影响、互相制约的（图9－2－4，请注意图中的各种箭头方向）。婚姻家庭生活是否和谐，往往取决于多因素相互作用的结果。

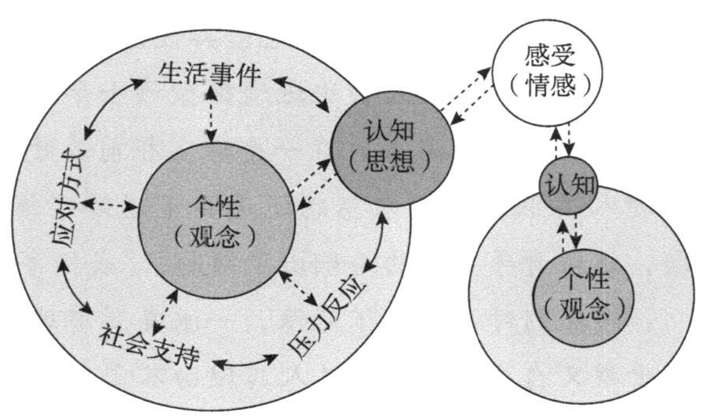

图9－2－4 “系统”中的各种压力因素互相影响

（一）“系统”中的因素互相影响

一方面，个人的压力因素之间是互相影响、互相制约的。另一方面，婚姻家庭中的各种压力因素也是互相影响、互相制约的。

案例9－2－5：一个结果总是由多因素促成的

一段时期以来，某位丈夫因生活艰难和劳动压力（生活事件）而心身疲惫（压力反应），已经影响到他对妻子和孩子的“爱”（情感反应），也影响其个人的处事能力（应对方式），反映出他的个人压力因素存在不良的互相影响。

某一天，丈夫一上午在半饥饿中劳动，又被领导当众羞辱（生活事件）。正当他心身疲惫（压力反应）回家吃午饭时，妻子由于丈夫长期的冷落（家庭社会支持缺损）也情绪不佳，又因没有“看到”（认知评价）丈夫今天发生的生活事件，就很自然地用刺激性语言（应对方式）将白天在家被人逼债之事（生活事件）告诉了丈夫。已经缺乏应对能力的丈夫瞬间崩溃，奔向河边跳入河中，原本熟悉水性的他几分钟内即沉入河底。以上是作者亲眼所见的历史事件，反映了家庭系统中多种压力因素共同作用并致人死亡的情形。

当然，也可以列举相反的例子，说明婚姻家庭系统中各种因素之间的良好交互作用，可以促进家庭和谐。

（二）人格和观念是“系统”中的重要影响因素

婚姻家庭“系统”中的各种压力因素会相互影响，其中，最重要又最容易被忽略的就是人格和观念方面的差异。这种差异会影响对某些事件的认知评价，不同的认知评价又会影响不同的行为反应，并影响夫妻不同的生活感受。这些互相影响的各个环节如果处理不好，将会影响整个婚姻家庭系统的和谐。

案例 9-2-6：价值观念差异往往是婚姻和谐的“隐秘杀手”

一位农村老太太初次进城探望硕士毕业后留城工作的儿子和儿媳，城里人出身的媳妇很热心地陪婆婆逛商店。老太太在一个珠宝柜前喜欢上一只百元假戒指。媳妇因经济不宽裕本不想买，心想农村人真低俗，后来想想还是买下送给了婆婆。后来，因为各种类似的差异和矛盾逐渐堆积和发酵，该对青年男女的婚姻出了问题，“戒指事件”也被传到了网上。

网友们对此分成了两派，一派臭骂婆婆及男方家人死要面子又贪小，另一派则臭骂媳妇不懂人情世故又自恋。骂男方的人其理由不言而喻，即一般城里人认为的农村人“自私、小气、要面子”。骂女方的人也有理由，他们质问倾向于女方的网友：“你们知不知道，婆婆其实是为媳妇才买这个假戒指的（读者对这理由能理解吗？）。”

在案例 9-2-6 中，且观念不同（包括网友），导致认知、应对方式和情绪反应等也不同，后者又通过多因素之间的相互作用，使整个家庭成员之间一团乱麻。买戒指事件仅仅是表面现象而已，观念上的差异才是根本性的且不容易被多当事人注意到的差异。

（三）多因素交互作用导致“因果颠倒、是非不分”

由于婚姻家庭中各种因素是互相影响的，当遇到家庭问题时，当事人和相关人员经常会难以分清事情的缘由，甚至会把“原因”和“结果”颠倒，在许多问题上也难以判断谁是谁非。

案例 9-2-7：婚姻家庭问题“因果”难分

在前面的案例 9-2-4 中，妻子后来患上了“失眠症”。丈夫认为，妻子因为失眠、脾气变坏、经常发火导致双方矛盾和家庭问题，故动员妻子来进行心理咨询。但妻子认为，是丈夫和婆婆的行为共同伤害了她，才导致自己失眠症状。在这个案例中，丈夫一方显然认为妻子的失眠是原因；妻子则认为丈夫和婆婆的行为才是原因。在他们各自看来，其中的“因、果”是分明的，却也是颠倒的。

经过综合评估，实际情况是丈夫与同住一处的父母关系过密而冷落妻子（导致妻子社会支持缺损），妻子与其经常争执（产生各种生活事件），争执时婆婆又会插上一手（婆婆的应对方式显然是消极的），使得家庭关系不和谐（婚姻家庭系统失去平衡），妻子失眠（属于压力反应），脾气变坏，看问题偏执（认知评价），应对方式被动而消极（应对方式），使得夫妻关系摩擦不断（生活事件）。

由此可见，这里的“失眠症”不是问题的原因，也未必是结果，或者是一个中间因素。这里的是与非，也难以做出绝对的判断。实际上这是多种压力因素互相作用的结果。

五、婚姻家庭系统内的各种因素关系是动态变化的

知道为什么会有婚姻“七年之痒”一说吗？那是因为婚姻“系统”中各种压力因素不仅互相影响，还表现在婚姻的不同阶段，如婚前、婚后、产后，这种影响会随着时间和空间而动态变化。“七

年之痒”是因为结婚新鲜期已过，各种差异的磨合却迟迟未形成，心力快速消耗，矛盾和争吵增多，此时的感情累积却还不足以抵御，离婚也就成为必然。也就是说，“系统”因素之间是动态平衡或良性循环时，就意味着婚姻家庭“和谐”；动态失衡甚至恶性循环时，则意味着“失和谐”。

关于婚姻“系统”中各种压力因素之间的关系是动态变化的，这一点很容易被处于热恋中的人所忽略，因此，应提前帮助他们认识这种动态的发展的婚姻家庭现象（图9-2-5，请注意大箭头方向）。

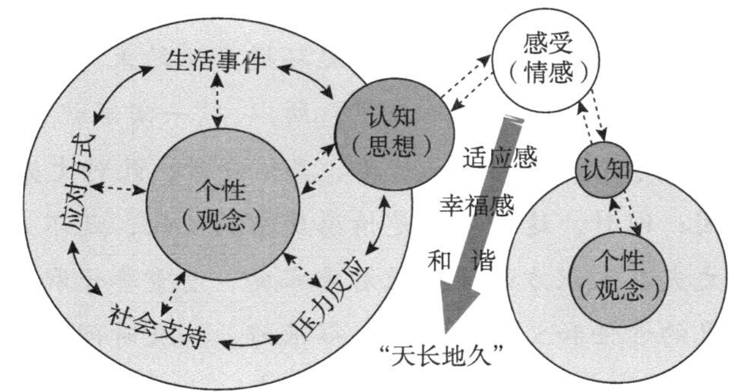

图9-2-5 “系统”因素之间的关系是动态的

（一）压力因素的动态变化

临床经验证明，在婚姻的不同阶段，家庭中突出性的压力因素会有动态变化。这也符合通常所说的主要矛盾会随时间变化而变化的规律。例如，在婚姻早期，以感情出轨、双方背后家庭成员介入之类的生活事件较多；后期则以子女赡养、家务质量不满意等方面的生活事件较多。如“多年的媳妇熬成婆”，反映了女方由妻子到婆婆的角色变化过程中，其社会支持系统也在动态变化。

（二）压力因素之间关系的动态变化

临床经验证明，在婚姻的不同阶段，各种压力因素相互影响的结果，也可能会发生动态变化。例如，在婚姻早期，媳妇“活泼”的性格与“好交往”的社会支持系统等因素的相互影响，可以导致良性循环，带来家庭幸福和满足感的结果。进入婚姻中后期，同样是这些“活泼”的性格与“好交往”的社会支持特征，如果未能改变，它们之间的相互作用可能会引发恶性循环，带来一系列的婚姻家庭问题。

（三）婚姻是否和谐取决于动态变化的结果

一个婚姻（家庭）是否和谐，往往取决于长期以来婚姻家庭系统因素之间的关系呈“良性循环”还是“恶性循环”。

在实际生活中，一对夫妻婚前或恋爱阶段非常和谐，说明当时他们之间各种压力因素的关系是良性循环的。在婚后，例如有了孩子以后，夫妻关系却不再和谐，这常常是因某种因素变化，刺激或激发压力因素之间的关系进入恶性循环的结果。有趣的是，外部的人（有时也包括当事人）往往会凭直觉认为，既然夫妻以往曾经很和谐，而现在却这样不和谐，其中一定是因有一个人“变心”而引起的。

案例9-2-8：婚姻和谐，动态变化

在某对中年夫妻中，妻子埋怨丈夫“一回家就给一个黑脸孔”，不像当初那样有说有笑，认为是丈夫变心了。

实际上，自从进入中年以后，双方的志趣有所变化，工作事件、人际来往、对日常生活的认识等方面的差异加大，导致平日里互相埋怨和不满。越是这样，妻子就容易由不满发展到怀疑，甚至不由自主地开始追踪丈夫的动向。丈夫则认为妻子在监视自己，心中长期不快，对妻子不知不觉中有所厌恶，并发展到对家庭环境产生约束感。由于丈夫对妻子，以及对与妻子相伴的家庭环境的厌恶，当初的“爱”不在了，所以，“一回家就一个黑脸孔”，这只是丈夫不由自主的情感反应，而不是妻子所解读的故意行为。具体分析，此时丈夫在情感反应方面确实“变了”，但那是结果而不是原因；同时，这种变化是情感反应的变化，还不是丈夫认识的改变或责任感的消失。在实际生活中，丈夫在认识方面还是很看重家庭、看重妻子和孩子的；在责任感方面，则对妻子、家庭中各种看得见的责任和义务也能完成得很好，如及时问询是否需要换煤气，妻子咳嗽时会追问是否感冒了，妻子去医院必定陪伴等。这样一来，丈夫的情感与责任感、认识和行为等因素之间的关系是矛盾的，压力感就大。长此以往，将会因为各种因素之间的恶性循环，最终导致丈夫的责任感和认识也发生变化。由此可见，目前，妻子埋怨丈夫“一回家就给一个黑脸孔”的问题还只是系统中各种因素恶性循环的一个表面现象，或是多因素作用的一个中间环节。

这是很常见的有关婚姻家庭问题“原因”方面的认识误区。

六、“适应”是婚姻家庭和谐的关键

既然差异客观存在、不可避免，那么，面对婚姻中夫妻之间的多种差异，以及差异的动态变化，仅仅依靠“爱”，或“各自让一点”，或“AA制”，显然是难以保证夫妻之间的持久和谐的。根据压力系统模型，为了推进婚姻家庭系统的动态平衡和良性循环，实现婚姻家庭和谐，成员之间不能采取绝对“公平原则”，而是必须执行“接纳差异、快乐互动”的“适应原则”（图9-2-6）。

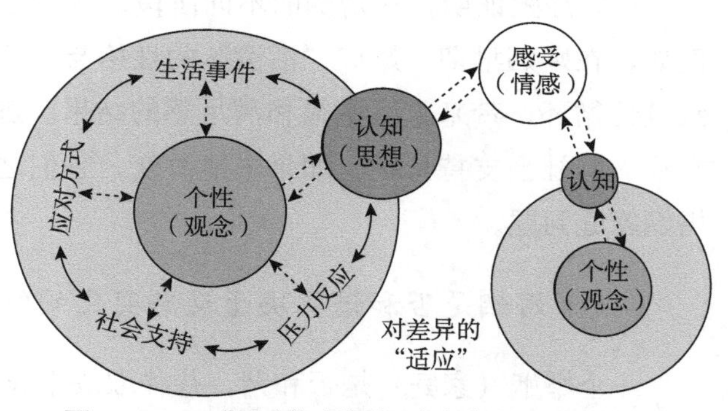

图9-2-6 “适应”是婚姻（家庭）和谐的关键

（一）所谓“适应”，就是“接纳差异、快乐互动”

“适应”是生物界的普遍现象。

从字面来看，适应（adaptetion）一词兼有动词（动态）和名词（静态）属性。动词也有主动和被动（自然选择即天择）之分。为此，在不同学术领域存在认识方面的差异。例如，由思政工作出身的心理卫生工作者不赞成人与环境是“适应”关系的提法，显然这是将“适应”看成是被动的和静态的缘故。

一些生理学家和心理学家将“适应”看成是个体不断变化并与环境取得平衡，其中包含一定的主动或动词成分。

例如，20 世纪 20 年代，生理学家坎农（Cannon WB）提出的稳态说或自稳态（homeostasis）和应急（emergency）概念，指出个体在环境系统变化当中，会以“战或逃”（fight or flight）的方式实现新的平衡。

病理生理学家塞里（Selye H）1936 年提出一般适应综合征（general adaptation syndrome，GAS）概念，认为 GAS 是机体通过下丘脑—垂体—肾上腺轴（HPA 轴）对有害刺激做出防御反应的普遍适应形式。

发展心理学家皮亚杰（Piaget J）提出的适应是指有机体不断运动变化并与环境取得平衡的过程，包括同化与顺应两个方面。同化是指把客体（外界事物）纳入主体已有的行为图式中；顺应是指主体改变已有的行为图式或形成新的行为图式以适应客观世界变化。两者相辅相成，适应状态就是这两种作用取得相对平衡的结果。

有意思的是，生理学和心理学中都有“感觉适应”的概念。例如，一个人从强光下进入暗处，开始什么也看不见，需等待片刻才能逐渐看清暗处物品，这是暗适应。这里的“适应”概念，就包含一定的被动成分。

作者提出的压力系统模型中，强调人与人、人与环境之间，婚姻和家庭结构，都应是主动和被动结合的“适应”。

在婚姻家庭和谐问题上，“适应”就是“接纳差异、快乐互动”。

（二）“接纳差异”是婚姻家庭“适应”的基础

所谓接纳差异，即主动承认和接受家庭系统中各种差异（多样性、不一致、不平衡和冲突等）的客观存在，这样可避免产生负性情绪影响双方的进一步互动。

案例 9-2-9：婚姻家庭中互相“接纳差异”最不容易

文艺作品《孔雀东南飞》中的焦母，怎么看儿媳妇的言行举止都觉得不顺眼，包括与自己儿子的恩爱表现也看不惯。因为“不接纳”儿媳妇，不接纳儿媳妇与儿子的关系，最终演化为婚姻家庭悲剧。

相对于焦母看不惯儿媳妇，现代生活中也有一些青年夫妇，则往往看不惯对方的父母。由于“不接纳”公婆或岳父母，甚至其他相关亲友，无意中伤及配偶的情感体验，致使家庭纠纷不断，并通过系统因素的相互作用和恶性循环，最终导致婚姻家庭悲剧。例如，妻子不接纳婆婆，使丈夫长期在夫妻和母子关系中左右为难，逐渐由无奈产生厌恶，感情受损，损及对妻子的“爱”，再转化为“恨”。

由此可见，没有坦然地承认差异、主动地接纳差异这个基础，更难以谈什么双方进一步的健康互动，也就难以实现婚姻家庭持久的和谐。

人们习惯于“自以为是”，认为自己是正确的（否则会失去自我），习惯于“坚持正确、改正错误、疾恶如仇”。在婚姻家庭问题中，接纳差异又是适应的基础，是婚姻和谐的起点。两者的矛盾和冲突明显，要让婚姻家庭成员承认差异、接纳差异，其实挺有难度的。

（三）“快乐互动”是“适应”的手段

所谓快乐互动，是指互相进行愉快的解释、说明、调侃、讨论和争辩等一切生活内容的互动，但不强求一致和统一，不追求绝对的公平和输赢。这是前述主动“适应”的核心内容。

显然，主动适应的“快乐互动”，需要以“接纳差异”为前提。这有点像优秀的足球运动队和运动员。足球运动本身就存在竞争，竞争过程中有许多因素可以成为“差异”的来源，如判罚不公、被对方球员伤害、遇到黑哨、被教练报复不能上场、运气不佳射失必进之球、队友的不配合等，这些“差异”都可以成为压力从而诱发情绪过度反应，导致某些球队和球员动不动就要爆发，球场上冲突不断。由此可见，不能接纳这些差异的球队或球员，将很难“快乐互动”（也就是“快乐竞争”），也难以称之为优秀运动员。反过来看，对于优秀球队或优秀运动员，我们看到的“快乐竞争”是这样的，他们遇到“不公”也会呐喊、瞪眼、争论甚至咄咄逼人，一旦结果已定，他们又会很快进入状态，好像刚才的事情从未发生过。我们似乎也可以从是否“接纳差异、快乐竞争”的人格角度，去分析判断一支球队、一名球员是否“适应”这个职业。当然，这些不是我们讨论的主题范围。

案例 9-2-10：“磨合”就是“快乐互动”

假设《孔雀东南飞》中的焦母是现代人，她应当首先承认媳妇行为与自己要求不相符的事实，即存在差异的事实，并接纳这种差异，然后才能在儿子和媳妇之间进行互动。由于接纳的态度能给自己带来良好和积极的心态，因此，在互动过程中能够从容、自然地表达自己的态度、喜好，但不强求改造对方，这就是“快乐互动”，在婚姻里应叫作“快乐磨合”。双方在“快乐磨合”的过程中，认识和习惯上的差距会慢慢地缩小，说不定还会让媳妇向自己所希望的方向逐渐转变；更多的情况下，则是婆媳双方差异依旧，但情感互相靠近。所有结果都是促进家庭系统的适应与和谐。

同样，现代青年夫妇应首先承认并接纳对方父母在观念、认识、习惯方面与自己存在差异；然后通过家庭生活中的互动，通过表达、说明和调侃等途径，显示自己的认识、喜好和习惯。在交互作用中，一般情况下会使各方的差异逐渐缩小，更多情况下则是情感上的相互靠拢。

再次强调，“快乐互动”是在“接纳差异”基础上的互动。缺乏互动的婚姻是难以持久和谐的。此外，在“接纳差异”基础上的“快乐互动”，做起来是很有难度的。原因不是当事人愚钝，而是没有真正“接纳差异”。

由此可见，接纳差异是“适应”的前提，快乐互动是“适应”的原则和手段。

（四）君子和而不同

通过“接纳差异、快乐互动”的“适应”过程，可使夫妻及家庭成员进入古语所说的“君子和而不同”之境界。结果是逐渐缩小甚至消除各方面的“差异”（取得一致），或部分缩小“差异”，或达成对“差异”的持久接纳（和平共处）。不论何种结果，都属于系统内部的动态平衡与“和谐”。

（五）注意事项

注意之一！“接纳差异”不是忍受、屈服或回避。这些不是接纳差异，相反是拒绝接纳差异的表现。“快乐互动”也不是严厉批判和改造对方，更不是强制追求双方的一致和统一，也不是真正的“快乐互动”，而是“痛苦竞争”，是“不接纳”的结果。

注意之二！“接纳差异、快乐互动”的“适应”原则，需要婚姻双方或家庭全体成员的遵守与实践。如果有个别家庭成员与这一“适应”原则严重相违，将会给坚持这一原则的成员增加很大压力，使家庭和谐变得很困难（见案例 9－2－11）。

案例 9－2－11：“和谐”需要全员参与

张国立主演的电视剧《养父》第 39 集中有一段精彩对话，将以上情况演绎得淋漓尽致。现摘录于下。

背景：金奶奶喜欢儿子金大鹏和孙子金宇飞，但厌恶曾被她丢弃后又找回的孙女小语。金大鹏与文芳夫妻尊敬金奶奶也关爱两个儿女。金宇飞嫉妒父母将爱分给小语，并与奶奶一起冷落和虐待小语致使其受伤跑回养父家，文芳因此离家出走。于是就有了金宇飞要求居住在宾馆里的妈妈回家的台词：

金宇飞：“妈，我想死你了。你不在家，爸爸总是闷闷不乐。我奶奶呀，只要我和爸爸高兴，她就高兴；你不在家，我和爸都不高兴，奶奶也就高兴不起来。

文芳：那我们去接小语回家。

金宇飞：不，我不高兴，自从她回家，你就只关心她。

在这个虚拟的案例里，奶奶和孙子两人是属于不接纳差异，也不能快乐互动的角色。婚姻家庭系统中有一些与“适应”原则严重相违背的成员，其他成员即使采取非常“适应”的态度，也难以阻挡家庭系统的恶性循环，从而酿成错综复杂的夫妻、母子、父子、祖孙、婆媳、姐弟等婚姻家庭关系问题，也让观众对他们一家产生理解上的困惑，让剧中当事人，如文芳陷入左右为难的境地，也让愿意帮助他们的人也感到爱莫能助。

七、“适应”和“爱”不矛盾，且互相促进

婚姻中的“接纳差异、快乐竞争”的“适应”原则与至高无上的“爱情”，两者并不矛盾。虽然说没有“爱情”就没有婚姻，但在现实生活中，没有“适应”则难以维系“爱情”，也难以维系婚姻家庭的和谐。

因此，压力系统模型解读婚姻：婚姻（家庭）和谐 ＝“爱”＋“适应”，如图 9－2－7 所示。

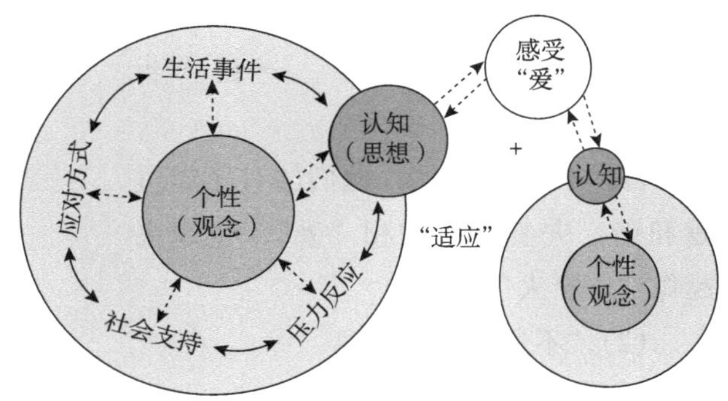

图 9－2－7　婚姻（家庭）和谐＝“爱”＋“适应”

（一）“爱”至高无上，决定一切吗？

前面已经整体强调了婚姻家庭和谐的核心条件，是“爱”和“适应”的有机组合。但在现实生活中，人们总是强调“爱”（love）在婚姻中具有至高无上的作用，却忽略了夫妻双方各方面差异的“适应”（adaptation）问题。这种情况更容易发生在某些青年男女身上。

让我们通过多维的逻辑分析，探究一下经典艺术偶像“宝黛”之间的爱情和差异问题。

案例 9-2-12：宝黛爱情掩盖下的差异

从爱情和美学的维度，观众可以感受到林黛玉和贾宝玉之间伟大、纯洁和感人至深的爱情，但观众却鲜少从《红楼梦》剧情发展过程中双方的认知习惯、应对方式、压力反应类型、家庭背景和人格特征等维度方面，关注两人的差异。相反，观众不但不会关注这些差异，这种差异越大，剧情就会越跌宕起伏，更具有可欣赏性，观众自然也就越喜欢。

观众们根本不会现实地去思考，如果林黛玉和贾宝玉最终结婚，双方带着这么多差异，而且是戏剧化的巨大反差，在此后家庭生活中能否“适应”，能否保持婚姻家庭的持久和谐。

答案是“未必”。

（二）“适应”决定“爱”的方向

实际上，没有“适应”的婚姻，最好的“爱”也会出问题。临床实践中大量事例证明，若对婚姻家庭系统中出现的各种“差异”处置不当，通过压力因素的互相作用与恶性循环，可以放大“差异”或形成新的“差异”，最终会损害“爱情”。

反之，坚持“适应”，“爱”与“适应”之间可以形成良性循环，婚姻家庭关系可由此维持在积极动态的平衡状态。

如图 9-2-8 所示，能否“适应”决定了婚姻发展的方向。

（1）“适应”的结果

“爱”→承认“差异”→“接纳差异、快乐互动”→良性互动→增强“爱”→缩小“差异”→进一步“和谐”。

许多美满的婚姻，他们的日子越过越和谐，夫妻越来越相“爱”，也越来越像“一个人”。

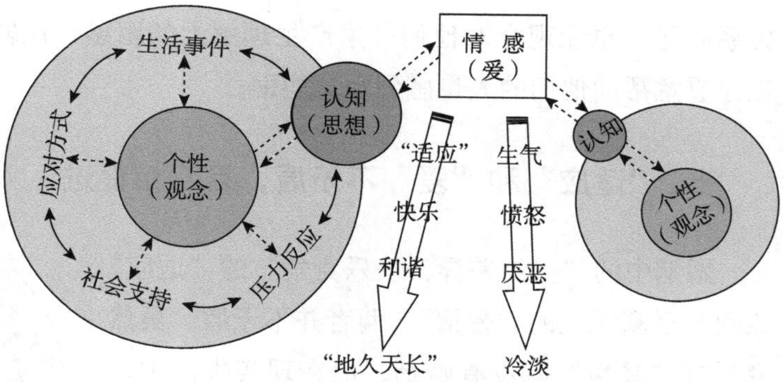

图 9-2-8 “适应”决定婚姻走向

（2）“不适应”的结果

只强调“爱”→忽视“差异”→不承认差异→ 试图改造对方→导致“痛苦竞争”→“爱”被削弱→扩大“差异”→恶性循环→由“爱”转为“恨”。

由此可见，“爱”+“适应”的原则，不是一个感性的口号、一句不假思索的承诺，而是关于真实的长期的生活过程。

在本节开头已详细介绍了案例 9–2–1，以及人物错综复杂及变化的关系。案例中，年轻夫妻双方就是因为婚后没能“接纳差异、快乐互动”，不能“适应”各种差异（因为双方分别来自农村和城市，在成长环境、人际关系、生活观念等方面存在大量差异）的动态变化，继而陷入恶性循环，最后发展到完全破坏原有梁山伯祝英台式的“爱”，甚至变成了刻骨铭心的“恨”。

案例 9–2–1 强烈地说明，在婚姻和谐问题中，单单强调“爱”是远远不够的，还必须强调双方对各种差异的“适应”。

在此顺便指出，案例 9–2–1 中的女方性格比较倔强，也就是通常所说的“有个性”，具有执着、认真等优秀品格。这些品格导致她在婚前以逃婚方式对抗母亲，成就了与男友的爱情，但也是这种品格导致婚后在各种矛盾面前难以选择“接纳差异、快乐互动”的适应原则。这也符合前面讨论过的有关压力因素之间关系是动态变化的规律。

对于这一类相对优秀的热恋中人，如果在婚前能够接受一定的婚恋适应指导（作者也短时间与有关婚恋机构尝试过），相信会有助于两人婚后的婚姻和谐和家庭适应。

（三）注意事项

从恋爱到后来的家庭，“适应”有一个过程，不能操之过急。如果没有各方主动地去适应，往往需要几年到十几年。

其中，两口之家较复合家庭（夫妻、父母或岳父母、子女）适应得快，有的甚至一结婚就能适应，因为有恋爱阶段双方的“半适应”基础。但可惜的是，国内许多青年在恋爱过程中，要么不愿意轻松暴露双方的差异，而是刻意掩盖差异（表现“好的一面”），这是最常见的；要么是陶醉在“爱”之中，没时间暴露差异。例如，作者曾在一次婚恋问题讲座中进行现场调查，结果显示：一些恋人总喜欢选择在茶楼、歌厅见面，是因为这些地方充满着“爱意”，且为了避免因为“庸俗”而冲淡了“高雅”，故见面时也很少谈及现实生活。这些恋人因未能充分利用恋爱过程实现对双方差异的了解，故在结婚后需要付出一定的代价，作重新“补课”。

也有婚后立即组成复合家庭且能很快适应的，例如，夫妻与公婆一起生活也算“太平”。这时有几种可能，或是这个复合家庭中的所有成员的压力因素差异本来就比较小，或是他们都能够自觉地遵从“爱”和“适应”的基本原则。也有许多情况是属于“假适应”，仅仅是由其中的某一方（通常是上一代人，也有相反的）做出“让步”“忍耐”或者甚至是“牺牲”。

即使是两口之家很快能够适应的，根据系统模型，这其实是将更大的适应任务在时间上往后推移。因为自然规律和人伦决定，随着年龄的增大，双方父母总有一天会以某种形式“介入”两人（或三人）的家庭小系统之中。

因此，为了促进婚姻“适应”，实现家庭和谐，各方成员都需要熟悉和掌握这部分原理，并通过对各种家庭压力因素的主动调控来促进“和谐”。将在下一节予以介绍。

（请为你们夫妻和家庭成员之间的“爱”和“适应”程度，分别按 1 ～ 10 分打分）

第3节　压力系统模型，促进婚姻家庭和谐（专著，2011）

摘录自浙江大学出版社2011年出版的《压力（应激）系统模型·解读婚姻》第二章，标题有改动。文中涉及的图表等已转换成本文集编号或略去。

上一节基于压力系统模型，介绍了婚姻家庭和谐 = “爱” + “适应”。违背这一原则，将导致各种婚姻家庭问题。

这一节将进一步讨论如何促进婚姻家庭的和谐。这里仍基于压力系统模型，但增加一个情感因素（爱情或亲情），继续讨论合理调控“爱”“生活事件”“认知评价”“应对方式”“社会支持”“个性特点”和“压力反应”等压力因素，可以直接或间接促进婚姻家庭的和谐。

一、爱（爱情、亲情）也需要调控

压力系统模型所指的“压力系统”，应该是开放的。在婚姻家庭压力主题下，除了6种压力因素，还有“爱”（包括爱情、亲情）这个重要因素。

人们常说“爱”是没有理由的，并且是决定一切的，即所谓大爱无痕，润物无声。拷问什么是爱、什么是爱情、什么是亲情，即使是热恋中的人或幸福和谐家庭中人也未必能说得清楚，更多地只能是自己去感受。

然而，“爱”确实是有理由的，也需要理由。“爱”属于一种情绪情感，由需要的满足引起，具有个人体验，也伴随有一定的行为，还有一定的生理反应。值得注意的是，上述与“爱”相关的需要、体验、行为和生理诸多方面，在婚姻家庭中的不同人身上存在差异；“爱”还会与各种压力因素互相作用、互相影响，共同影响婚姻家庭和谐。因此，在婚姻家庭问题中，需要正确认识“爱”与合理调控“爱”。

（一）“爱”的差异或多样性

“爱”是一种感受和情感反应。必须认识到，夫妻对“爱”的理解、感受和反应可能是不同的，或者说双方的“爱”其实也是有差异的；生活中不同阶段的“爱”，也可能存在差异。关于这一点，在婚姻家庭问题中特别重要。

1. 个人对“爱”的理解和体验可能不同

婚姻双方及不同家庭成员之间，对爱情（亲情）的理解和感受可能是不同的。例如，与性相关联的爱（侧重于性爱）；与浪漫情景相关联的爱（如追求恋爱体验、互相给予惊喜）；依恋之爱（依偎、信任、忠诚）；责任与感激之爱（如一方的无私关照与另一方的感激）；友谊之爱（类似知心朋友）；与个人痛苦经历相关联的爱（类似患难与共之感）；夫妻之爱、家庭之爱和家族之爱的分量与比重等。

案例9－3－1：“爱”的差异导致家族灾难

一个6口的小康家庭，在父亲暴亡后陷入几十年的“爱”“恨”交加的情感深渊。

起初，11岁的大儿子被送到亲戚家做学徒（其实年龄还太小）。13岁的大女儿送去当童养媳，9岁的二女儿送进尼姑庵（后还俗嫁人），7岁的小儿子到市场卖茶水并与到米厂做粗工的母亲一起生活。

期间，两个女儿虽然自身命运悲惨，但勤劳和懂事的她们更关爱母亲和小弟，长期以来经常来娘家探望并参与管事，与母亲和弟弟建立起深刻的亲人依恋之“爱”和患难与共之“感”。大儿子随着年龄增长，自立后找了一位“二婚”妻子，夫妻相爱和谐，并生育了下一代，可以说他们一家有夫妻之“爱”和家庭之“爱”，但确实缺乏家族之“爱”。两姐妹由于与大兄弟接触很少，又由于上述情感上的差异导致对嫂嫂在情感上的不接纳，逐渐地，她俩成为哥嫂与母亲、弟弟之间各种矛盾的导火索和助燃剂。此时，弟弟也已经长大，同样因条件限制娶了一个“富农”女儿，但因为对母亲的深深的“爱”（依恋之爱和亲情之爱），而将夫妻之爱排挤到了对立面，加上两个姐姐护着弟弟和母亲，夫妻关系极度冷冻。弟弟还因为哥哥与母亲对峙而对其生“恨”，逐渐演变成兄弟之间长期的情感纠葛。这一家母女、姐弟、兄弟、夫妻、家庭、家族之间的“爱”与“恨”，一直交织并延续到第三代，前后近50多年。

纵观起来，包括两姐妹在内他们其实都是“好人”，她们都不缺“爱”（只是爱的对象、内涵、体验、行为有区别），也反复地讲道理（当然是各自不同的道理，且坚持自己的道理），也有勤劳、奉献、责任感和疾恶如仇诸多正面的品质，但由于不了解人的情感的多样性，更不能接纳包括情感在内的各种压力因素的差异，在恶性循环之下，本来应有的患难见真“情”，却演变成为严重的婚姻家庭悲剧。

由此可见，夫妻或家庭成员应认识到人与人之间的“爱”是有差异的，需要在“接纳差异”的基础上，加强成员之间的情感交流，通过认识和行为的互动促进婚姻或家庭成员在“爱”的差异上的适应与和谐。

2. 生活不同阶段，人的“爱”可能不同

在家庭生活的不同阶段，个人对“爱”的侧重也可能不同。例如，产后妻子对孩子的爱可能胜过对丈夫的爱；中年男子对朋友的爱，可能胜过对妻子的爱；创业后期对事业的爱可能超过对家庭的爱；老人对孙子的爱，可能胜过对儿子、对老伴的爱等。

对这些不同阶段情感上的差异，夫妻双方及家庭成员都需要有正确的认识，接纳差异，并通过良性互动达到和谐。

另外，人类的“爱”随着婚姻的延长，总体上有从早期浓烈的“爱情”向泛化的“亲情”方向发展的趋向。在这个潜移默化的转换过程中，当事人的体验也会在不知不觉中发生变化，此时加以一定的自我调控是必要的，有利于避免感情在转弯时“出轨”，防止意外不和谐事件的发生。

（二）“爱”与压力因素互相影响

婚姻和家庭成员都应认识到，“爱”作为“压力系统”中的一个情感因素，与生活事件、认知评价、应对方式、社会支持、个性特点、压力反应及文化背景等压力因素相互作用，共同地、动态地影响婚姻家庭和谐（图 9-3-1，平面图只能显示部分因素之间的相互作用）。

1. 各种压力因素会影响“爱”

有许多现实证据证明，各种压力因素都可以影响爱情（情感）的性质和强度，并影响爱情和情感的发展方向（图 9-3-2）。

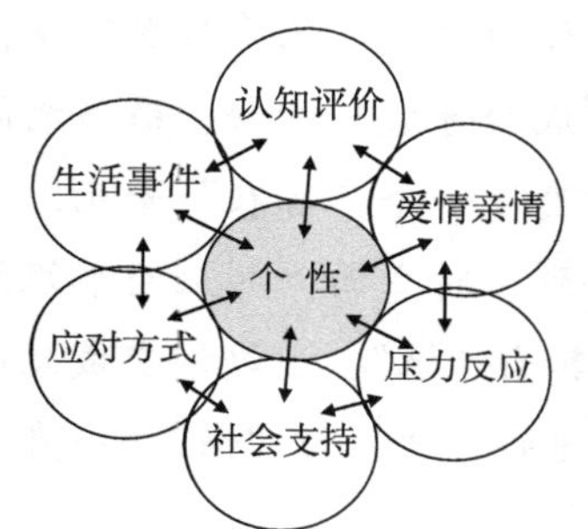

图 9-3-1 “爱”与其他因素交互作用

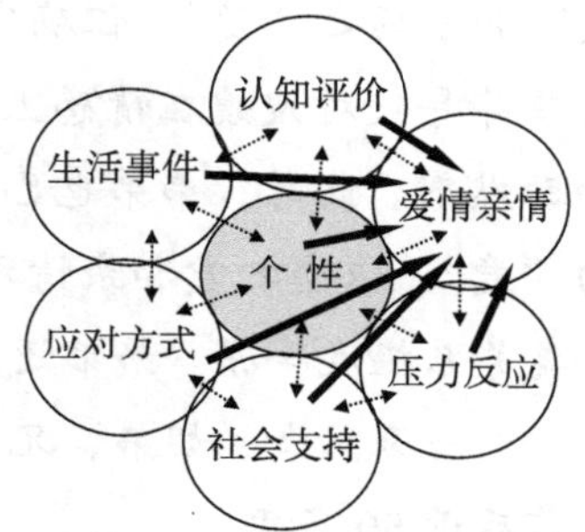

图 9-3-2 压力因素对“爱”的影响

在生活事件方面。柴米油盐，过多的客观生活事件确实容易衰减“爱情”。作为夫妻之间常见的主观生活事件之一，对另一方总是抱怨（坚持“规则”的人更明显，其实有些事情不需要经常反复地说），会削弱另一方的爱情和亲情体验。

在认知评价方面。横看成岭侧成峰，从不同角度“看”对方可直接影响对爱人的情感体验。现实婚姻生活中总是有不少人基于“标准化”，喜欢从消极的角度去看待配偶，从而让自己始终无法体会到生活的“甜蜜”。

在应对方式方面。例如，夫妻当中豁达的一方，总是能够在一些小事情面前将小矛盾转化为双方的轻松感受，至少不至于将矛盾激化并直接冲击双方的感情。

在社会支持方面。那些无事不谈甚至“废话”较多的夫妻，通常情感较深。因为这里涉及家庭内社会支持水平。

在个性方面。谁都知道个性是影响双方情感（感情）的因素，即使离婚时人们也常使用“性格不合”导致“感情破裂”作为理由。实际上，夫妻双方最容易忽略的偏偏就是这个方面。因为人格层面的某些信念或观念差异，是最不容易被双方发现的、影响情感的因素。（参阅后文）

在压力反应方面。心身舒畅时总是容易引发对亲人的积极情感，反之则亦然。

更重要的是，当上述各种压力因素总体上处于动态平衡之中，则最容易发现、培养、促进和维持与配偶及家人的爱情和亲情。反之，当个人的各种压力因素持续处于失衡状态，将会增加对“爱”的损害的可能性。这种情况在生活中经常出现，在门诊也经常见到，当事人则未必能够清醒地意识到这一点，现举一个例子。

案例9－3－2：动态的压力系统会改变“爱”

一位男子在年轻时，对妻子和岳父母很是关爱，表现出很深的情感并很自觉地为岳父母家做事。进入中年以后，不知从何时开始，他对妻子和岳父母的情感逐渐淡化，岳父母家许多事情没有进入他的脑海，所做的事也较少且不主动。当然，这些导致妻子不满，属于婚姻家庭和谐的问题。

通过评估与分析发现，年轻时与他有关的各种压力因素是良性的和动态平衡的，从而加深了爱情和亲情。这些因素包括：婚前女方经济条件优越而不离不弃，故对妻子和岳父母评价积极（正性事件与认知评价）；妻子和岳父给予自己家人的尊重和经济上的帮助（正性事件和社会支持）；家族成员经常性的交往（社会支持）；知恩图报和敢作敢当的观念与行事方式（人格特点与积极应对方式）；身体健康、精力充沛（压力反应小）等。

中年以后，由于家庭的演变，各种压力因素之间关系渐趋向恶性循环、系统失衡，导致爱情和亲情逐渐淡薄。这些因素包括：妻子经常贬低自己年老的父母（负性事件）；妻子家族成员对自己家庭的偶发事件支持不力（认知消极和社会支持缺乏）；家族内部纠葛及交往逐年减少（家庭内社会支持降低）；恩怨分明的观念与行事方式（人格特点与应对方式）；工作负担重和心身疲惫（压力反应大）等（在现实中，对婚姻和家庭的责任感往往会部分抵消或掩盖这种情感缺损）。

2.“爱”也会影响各种压力因素

反过来，缺失情感基础的婚姻，将会产生连锁反应，引起各种压力因素结构方面的问题，如认知变得消极、应对方式变得极端、压力反应加重和生活事件增多等（可以将图9－3－2的红色箭头反过来看）。

案例9－3－3：“爱”没了，压力因素也会随之改变

（一位婚姻咨询来访者倾诉）由于自己的婚姻因故失去了“爱”的基础，近年来导致夫妻和家庭中的许多问题。包括：主观生活事件，如争吵增多，客观事件，如外来异性对配偶的渗透；自己的认知活动和应对方式变得消极，看问题绝对，解决问题能力降低；家庭支持程度降低，双方家庭人员之间原有的密切程度大大降低；心身健康不佳等。

而家庭生活事件过多，认知偏执，应对方式消极和完美主义的性格，以及心身健康不佳等，又反过来导致亲情（情感）的削弱。恶性循环的结果最终使得爱情和亲情都彻底消失。

我们可以反过来设想，如果此案例的这位来访者能够保持婚姻中的“爱情”，上述因素之间的关系就可能不是这种恶性循环，而是良性循环，从而进一步不断加深“爱”（爱情、亲情），最终促进婚姻家庭进一步和谐。

许多影视作品都是从这个角度宣扬人类爱情的巨大力量。现实生活中，一些有经验的婚姻调解人，也只是反复启发当事人去回忆去体验曾经的“爱”和爱情，有时候也能实现婚姻双方的和解，重新实现婚姻和谐，其作用机制就是启动“爱”对婚姻关系中其他因素的良性影响所致。例如，对生活事件的再认识、应对方式的调整、社会支持关系的改善，以及压力反应如负性情绪的消除等。从这里可以看出，我们并不否定“爱”或爱情是婚姻和谐的基础。

（三）如何促进“爱”

通过前面的讨论我们相信，正确认识“爱”和积极调控“爱”，是促进和维持婚姻家庭和谐的重要方面。在具体的有关“爱”的调控方法和技术方面，各种社会科学及文学著作中有大量的描写。作者几十年来通过以下两个理论模型开展工作。

1. 调节压力因素

根据压力系统模型，有针对性地对婚姻中表现突出的压力因素予以积极调控，可以通过因素间的良性循环，间接促进并提升双方的感情。为加深理解，以下再举一个例子。

案例 9－3－4：体贴对方长辈，会提升夫妻感情

一位城里的媳妇，只是顺便将来自乡下暂住的公公使用过的痰盂拿到厕所里去，自己也忘了此事。多年后，早已回乡的公公在乡亲们中间赞叹起媳妇这件不怕“脏”、看得起咱乡下人的“壮举”，略显得意。此情景正好被回乡的丈夫看到，丈夫回城后的当天晚上，禁不住给妻子投去了难得的一次激吻，反映了妻子对乡下公婆的尊重给丈夫带来复杂的情感提升。

在这里，夫妻双方能恰当处理双方父母在价值观、风俗习惯等与人格相关的各方面差异，特别是注意采取“接纳差异”的态度，常常会因此引起配偶对自己的强烈敬意，通过压力因素之间的积极互动，这种“敬意”最终会转化为对其他因素的积极作用，有利于增进夫妻双方的“爱意”。

但可惜的是，临床经验显示，当前，许多新婚青年男女婚姻“问题”的发展路径，往往是这样的：他们的起点是未能正确对待双方父母在价值观和人格方面与自身的差异，理由也很简单充分，即配偶的父母与我何干？然后导致配偶情感受损，最终以夫妻关系恶化并彻底反目为终结。

此外，夫妻在家庭生活中多说对方的“好话”，如恭维话，通过给对方更多的家庭内社会支持，也有增强双方感情的作用。

2. 调节认知、环境和生理

根据 20 世纪 70 年代沙赫德（Schachter S）情绪心理生物学的三因素论，即情绪情感（在这里就是“爱”）决定于认知、环境和生理三因素，结合情绪和情感与需要动机的密切关系，合起来是 4 个方面，用于指导婚姻家庭中的爱情和情感调控。

（1）认知调整

坚持在认识上强调“接纳差异、快乐互动”的“适应”原则——即使是夫妻，在“爱”的理解和感受方面也是不同的，这就是“爱”的差异，应充分予以重视，随时提醒自己承认和接纳这些差异，再通过快乐互动、交流感受，逐渐缩小差异，增加共性。

案例 9－3－5：认知调整，差异无处不在

某对夫妻中的一方，他（她）认为爱情是甜言蜜语和温情脉脉；而另一方则认为爱情是直截了当和疾风暴雨，不喜欢“弯弯绕”。

此时，双方应首先在认识上加以调整，以平常心态认识这是正常的差异（接纳差异），再创造各种活动，交流双方的心得，逐渐获得共同的感受（快乐互动），慢慢地促进双方情感反应的接近和适应。

（2）需要和期望的调整

适当降低对配偶和家庭的追求目标，有利于平静心境，有利于促进系统因素间的良性循环，有利于家庭内社会支持水平的提高，最终反而有助于获得更高的“爱情”感受。

案例 9–3–6：不追求标准化的爱情

某大龄未婚女孩寻找爱情十余年，交往过多位男友，但都没能找到“真爱”。总结其原因，大致包括男方不够帅气、不够细腻、缺乏情趣、没有激情等。

最近经人介绍又与一位新男友交往近半年。男友是湖北人，某大公司业务员，来浙江发展，一米六八的个子，收入较高，后来还为女孩家庭解决了两个重要的社会事务性难题，说明能力强。女孩父母、亲友对他很满意。父母为了帮助女孩培养感情，将他接入家中居住。几个月下来，男友对她虽有温存，但从不强求于她，因此，她承认男友有责任感。鉴于父母的原因，女孩也试图努力从男孩身上“找感觉”，但总是找不到。她说原因是男友容貌不出众，身高没超过一米七，头发也较少，而自己脑子里的理想形象应该是头发浓密且有摩丝造型的那种。她也知道，男友在健康、能力、经济、责任感等方面条件都不错，如果放弃今后很难找到更好的；还承认自己经济、身体等条件并不突出，以前曾与一位男子约会，自己看对方一眼就觉满意，可对方却看不上自己。

尽管如此，由于始终无法“找”到对男友的“感觉”，故来咨询是否顶着父母压力放弃这个男友。

显然，案例中的女子对于“爱情”的追求是过于理想化且抽象化。当前像这样的大龄青年男女数量正在大幅度地增加，指导其调整婚恋生活的期望值成为首要任务。

（3）改善环境

“爱”作为一种情感，可以通过改善家庭环境来提升其内涵，丰富其感受。实验和实践都证明，一个人的情绪或情感与环境因素密切相关。

案例 9–3–7：小环境和小惊喜，促进“爱”

从老年大学访谈中获得，许多中老年夫妻不注意家庭“情感”环境氛围的营造，认为都是过来人，平平淡淡就是真。其实，婚姻生活中需要养成某些习惯，例如，恰当的卧室格调布置和经常变换，逢生日制造一点小惊喜等，有助于促进夫妻和家人之间的“爱”的感受。

（4）身体保健

“爱”的情感属性，离不开个体健康的生物学基础，这也是经过实验证明的。促进身体健康的任何措施（包括改善性功能），都有助于提高夫妻间“爱”的情感。

（注：在系统模型框架下，读者可尝试补充更多的“促进爱”的方法）

二、调控婚姻家庭中的“生活事件”

通常认为，婚姻家庭出现问题，都是由各种具体“事件”引起的。这仅仅是反映人们线性思维习惯下的“因一果”判断。根据压力系统模型，生活事件往往是与其他压力因素互相作用、恶性循环，才逐渐影响婚姻家庭和谐，导致婚姻危机直至破裂的，甚至生活事件本身都有可能是压力因素恶性循环所引发的。

因此，生活事件的调控，也是一个系统的问题。

（一）生活事件的多样性

1. 生活事件的定义与分类

（1）生活事件定义

是指生活中出现的社会、文化、心理和生物的各种变故。

（2）按现象学分类

可以分为家庭事件、工作学习事件、人际关系事件和经济事件等。

（3）按当事人的体验分类

可以分正性生活事件（快乐的事件，如结婚）和负性生活事件（痛苦的事件，如夫妻不和）。

（4）按事件的主、客观属性分类

可相对分为客观事件和主观事件。客观事件是指生老病死、天灾人祸等客观存在的各种变故。主观事件是指因为个人认识的原因而将某些平常现象觉察为“事件”或“制造”出事件。

2. 婚姻家庭中生活事件的某些特点

第一，婚姻家庭事件是人类重要的生活事件，其中又以家庭成员之间的各种矛盾对家庭和谐的影响最大。同时，家庭外生活事件也会直接影响或投射到家庭内。

第二，夫妻之间由于各自具有不同的文化背景和成长过程，所经历的生活事件往往不同，对家庭生活事件的评价和感受也不同，其中特别需要注意主观生活事件。

第三，在婚姻的不同阶段，涉及婚姻家庭的生活事件内容和性质不同，不同时期家庭成员对家庭内出现的生活事件的认识和体验也可以各不相同。总体来看，随着婚姻的延长，夫妻双方对生活内容的关注会发生一些变化，如妻子变得在乎丈夫与别的女人的交往，丈夫变得将妻子的家务劳动与别人家比较从而品头论足。这样就会出现不同于以往的各种生活事件，特别是主观生活事件。

3. 婚姻家庭中主观生活事件的危害

婚姻家庭中的主观生活事件是婚姻家庭和谐的大敌，往往与当事人的人格和观念有关。

案例 9－3－8：主观生活事件的背后

某丈夫很希望自己能有一个招牌式的交际夫人。虽然他也承认，自己妻子脾气温和，能忍辱负重，也很辛劳。但平日里他总会不由自主地从妻子温和的脾性和行为背后联想到某些艳星的刺激，从妻子尽职尽责劳作背后联想到某些美女的浪漫。因此，不管贤惠的妻子做什么、怎么做，对他而言都感觉不满意，都是负性“主观事件”。其原因是这位丈夫具有完美主义的人格特征和极端的审美观念。（此类情况也可见于女性）

（二）生活事件与其他压力因素互相影响

婚姻家庭中的生活事件，会与认知评价、应对方式、社会支持、个性特点、压力反应及文化背景等压力因素交互作用，共同地、动态地影响婚姻家庭和谐。

所谓交互作用，意味着生活事件影响各种压力因素，压力因素也反过来影响生活事件。以下仅从各种压力因素影响生活事件的角度，作进一步讨论（图9-3-3）。

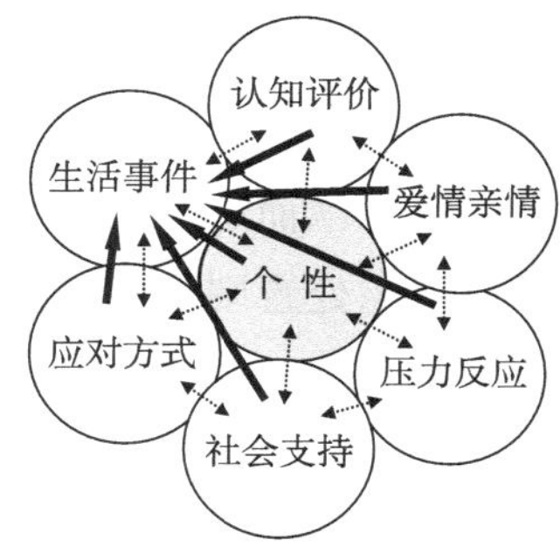

图9-3-3　压力因素对生活事件的影响

在生活中，我们可以举出大量例子说明各种压力因素可能影响生活事件的发生和性质，也可以影响生活事件的发展方向。以下综合列举一个例子。

案例9-3-9：事件为何越来越多

一位年轻已婚女子因心身疲惫、情绪低落，失眠等症状一周而来心理门诊求助。

经过询问获知背后的缘由：城里的岳父母花钱给新婚夫妇购买轿车（事件）。作为妻子的来访者认为（认知），这车实际上是父母为自己的丈夫买的，也确实是丈夫在使用。乡下的公婆几次进城探望博士儿子和新媳妇，多次说到（认知），“汽车是好，就是有点费油钱（其实可能是强调车子好，只是表述方法有差别）”，还说到“城里有空气污染，孩子不宜带出门（其实可能是强调自己也懂得现代事物，也在关心孙子）”。妻子认为（认知），公婆不仅不感谢自己的父母买车，反而责怪买车浪费了他儿子的油钱（主观事件），还指责自己不会带孩子（主观事件），于是就冷言指责婆婆（应对），结果与婆婆关系冷淡（事件），并与婆婆吵了起来（事件），于是找丈夫诉苦（应对）。丈夫反复解释，到后来还几次求她就算是“让”他的父母，不要再抓住不放（应对），但无效。结果丈夫多日里沉默无语、冷若冰霜（负性事件）。几周下来，妻子终于病倒了（反应）。

在这个案例中，虽然来访者的求助目的是看“病”（即压力反应），我们却可以从事情发展的过程中寻找到多种压力因素，例如，认知评价、应对方式、社会支持，实际上还包括来访者的人格特点等的反复作用，引发和强化了各种“生活事件”，使得与她有关的事件越来越多、越来越复杂、越来越说不清楚，最后只得将注意力关注到“疾病”方面去。

（三）如何控制生活事件

控制和管理生活事件、可以采用多种方法和手段。这里仅采用生物适应理论的原理，将事件控制策略简明地分成解决、回避和缓冲（接受或暂时屈服）三类。

1. 解决

生物界解决问题的一种积极适应方式是“战斗”。但对于人类婚姻家庭中的生活事件而言，需要避免一味强调“天下无难事，只怕有心人”的线性两极思维。我们必须将这里的“解决”，演绎成是理智的认识调整和系统的问题处置。

“接纳差异、快乐互动”的原则是认知调整的利器，反复训读、讲解或思考这一原则，有利于消除大量的主观生活事件（在和谐家庭中各种主观事件就比较少），也有助于消除许多误解，协调好某些关系，继而解决某些客观现实生活事件。

问题处置则是指小事要及时解决或说明清楚，不让其发展为大事；大事要在接纳差异的基础上理智地处理，即使最终处理结果不佳，也得接纳差异。

案例 9－3－10：解决生活事件有技巧

在外经商的丈夫因为性格原因，对妻子与婆婆因一些小事而引发唠叨，往往“包容”下来不作表示，也不去协调解决，因为他认为这种小事总是难免，理智的人都应自己能够处理。

同样一起在外工作的妻子却是个直性子。丈夫对于妻子的评价是能干，对生意起了很大的作用，但情绪易激动。

时近年关，住在乡下的婆婆问放寒假来玩的孙子，今年到哪里过年。7 岁的孙子顺口说到外婆家过年。奶奶认为媳妇瞒着儿子私自与孙子“商量好”到娘家过年，因而产生不满。妻子深感委屈，但丈夫却认为妻子小题大做，并发展为争吵。妻子认为丈夫“恋母”，丈夫认为妻子“坏脾气”。妻子带着孩子出走住到旅馆，丈夫也没有去劝。到了年三十，妻子转念，开车带着丈夫和孩子一起来到婆婆的村前路口。停下车，妻子坐在驾驶室没有动身，已经下车的丈夫将妻子的东西重新放回车上，自顾自走向家门。妻子没有将车子开往并不远的娘家，而是带着孩子一路哭着将车开回到已经空荡荡的旅馆，过了一个“刻骨铭心的年”（妻子语）。

这类案例现实中也较普遍。如果丈夫能够尽早与妻子商量如何过年（双方都是独生子女，可以双方轮流过年，门诊晤谈中婆婆显得并不封建落后），或及时解决妻子和母亲的“误会”（丈夫可以在了解事情原委后向母亲解释与妻子并未“商量好”），或在妻子外住时过去安慰一下（男女角色使然，男方似乎应当主动些），或在年三十下车之时能与妻子说句话和扶一把（事后妻子认为丈夫应该拉自己下车，因为此前是因吵架才分开的），都不会将这个事件恶化成后来这个样子。

2. 回避

生物界另一种主动适应方式是“回避与逃避”。在人类婚姻家庭生活中，同样应学会对某些负性事件的回避。

对于一些应激性家庭冲突事件，应及时地、无条件地先离开现场。某些人受“世上无难事，只怕有心人”线性思维的控制，在婚姻中“讲究规则”“坚持原则”，一味地“针尖对麦芒”，只会扩大事件范围，甚至改变事件性质，个别情况甚至会导致足以饮恨终身的重大生活事件。

回避或离开以后，往往为问题自然地向好的方向发展创造条件（如对方“想通了”，或事情已过去，或新的因素介入）。请记住，压力系统模型认为多因素的系统是动态变化的。

举一个相对正面的例子。夫妻吵架后，妻子又提起前几天丈夫在某件事上对自己父母态度恶劣，眼看妻子即将展示历史上一桩桩、一件件的“不满”，丈夫知道很多事情的原委已多次被证明难以辩说清楚，看妻子越说越激动，马上找借口离开了现场上班去了。傍晚回来，原本以为妻子还会生气，继续与他论理。然而妻子却告诉丈夫，刚才儿子回来，说老师表扬了他的图画作业，还把老师批上五角星的画纸给妈妈看，说话间难掩内心的愉悦。原来，儿子的这个作业是昨晚在丈夫的耐心帮助下完成的。此例中，可以简单梳理一下其中的逻辑：中午妻子生气，是因为回想起以前丈夫的不好；晚上回来高兴，是因为看到儿子回来被表扬的高兴；而儿子的高兴，又是因为丈夫昨天晚上的辅导……系统中的逻辑并不全是线性的，也不是静态的。随着系统的动态变化，上午和下午的夫妻关系，不知不觉中发生了变化。

3. 缓冲（接受）

生物界也有对外部事件取“接受”之态的，发生在弱小动物面对强者的“战”或“逃”皆失败之时，那就是屈服、投降。相信现代人类婚姻家庭中很少发生这样的动物界的情况。但是我们可以演绎出一种“缓冲”的概念，在某些生活事件中，如对方要求太高又暂时无退路，可先接受，再采取迂回或分步的方式慢慢解决，类似前述寄希望于系统的动态变化。

当然，对于某些绝对无法解决和回避的客观生活事件，如生老病死、天灾人祸，则必须学会“接受”。在感情基础良好的婚姻家庭问题中，接受某些生活事件是必须的，在人生奋斗问题上更是如此。在中外历史中，无数伟大人物在成长过程中无不经历过各种无法克服、难以回避，只能接受的生活事件。

早期的挫折教育有助于培养一个人对灾害事件的接受。

（注：在系统模型框架下，读者可以尝试补充更多的“调控婚姻家庭生活事件”的方法）

三、调控婚姻家庭生活中的“应对方式”

根据压力系统模型，应对方式是促进婚姻家庭系统中各种因素趋于动态平衡的重要因素。婚姻家庭中有一位或多位成员具有良好的应对风格，则往往预示有一个和谐的婚姻家庭系统结构。

应对方式（或应对策略、应对风格）的调控，也是一个系统的问题。

（一）应对方式的多样性

1. 应对方式的定义

所谓应对（coping），是个体针对各种生活事件及事件引起的情绪反应而采取的各种认识和行为努力。

例如，一方恶语伤人，另一方会采用抗议、辩驳等认知和行为活动，以对付对方的言语挑衅（这是针对生活事件的应对）。同时也会采用自嘲、叹气等认知和行为活动，以对付因对方言语引起的自身愤怒与无奈（这是针对情绪反应的应对）。

2. 应对方式的种类

如果将压力系统中的各种压力因素延展为一个维度，即由“因”到“果”的作用过程，则应对方式贯穿于整个压力作用过程。作者汇总了国内外资料，列出不同的应对方式有几十种之多（参阅图 2-3-1 应对方式种类）。

3. 应对方式对家庭和谐的重要性

个人的应对方式与个性（性格）、能力、训练等因素有关。有些应对方式是积极的，如幽默。家庭中有一个会调侃的成员，往往会带动整个家庭关系的和谐。如图 9-3-4 所示，家庭事件经过积极应对（粗体部分），最终会促进“适应”。

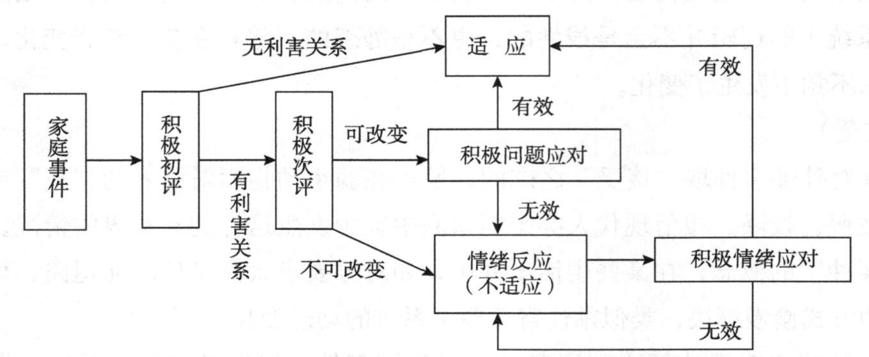

图 9-3-4 家庭事件经过积极应对最终达到“适应”

（二）应对方式与其他压力因素互相影响

婚姻和家庭成员都应认识到，应对方式与生活事件、认知评价、社会支持、个性特点、压力反应及文化背景等其他各种压力因素交互作用，动态影响婚姻家庭的和谐。

所谓交互作用，意味着应对方式影响各种压力因素，压力因素也反过来影响应对方式。以下仅从各种压力因素影响应对方式的角度，分别举例说明（图 9-3-5）。

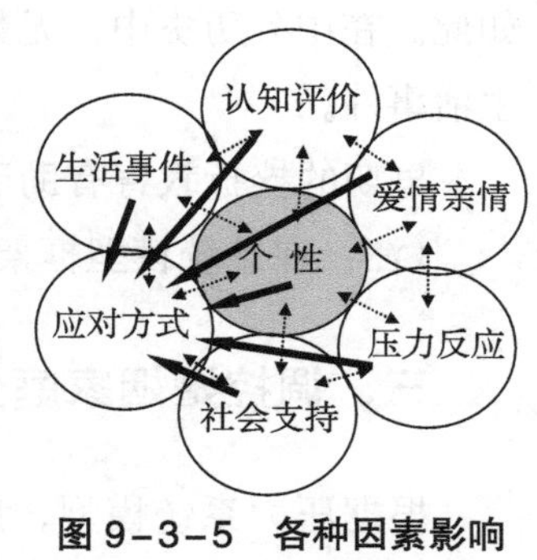

图 9-3-5 各种因素影响应对方式

生活事件的属性不同，可引起不同的应对方式，所谓“兵来将挡，水来土掩”是也。

认知评价策略，如再评价（即换一个角度看问题），本身就是一种应对方式。社会支持良好的人，在问题和困难面前会有更积极的应对方式。个性冲动的人，往往会破坏自身的应对能力。

压力反应，如抑郁情绪，会使个人的应对方式由积极转向消极。

（三）如何改善应对方式

各种应对方式都可能有助于（也可能有害于）压力系统的平衡，以下仅作选择讨论。

1. 针对事件的应对

针对不同事件，通过训练养成采用不同应对策略的处事习惯，可参考前面有关生活事件调控中的“解决”“回避”和“缓冲”的方法。此外，“升华”也是某些人解决重大事件的良好应对策略，如遇重大客观事件无法解决时，不能被击垮，而是向更有意义的方向去努力。

案例 9－3－11：“升华”应对，不是一句空话，要行动

一对在大城市安家的高学历年轻夫妇，经济刚有起色，事业才开始还尚未进入正道，双方父母分别远在南、北方农村。此时，男方发生了重大的经济损失事件，使他们“一夜回到解放前”。他们没有纠缠，也没有放弃，经过权衡，此处不留人，自有留人处，一起搬到男方老家县城，缩减生活开支，从最小的买卖做起，利用自身的知识和技能，开始艰苦创业，最终逐步建立起属于他们的事业新局面。

这就是“升华”应对的例子。

2. 认知调整

认知调整包括许多技巧，除了再评价（主要是树立“接纳差异、快乐互动”的思想），理论上还包括必要的否认（当作没发生、没看见），合理化（采用实用的自我解释），某些人可采用祈祷等。

案例 9－3－12：认知调整“锦囊”

在一份新婚指导手册草案里，包含了一些与婚姻和婚后生活相关的应对策略指导，其中特别强调必须认识到婚后新组家庭时，两代人和来自不同家庭背景的人员之间（父母与岳父母），由于文化背景、价值观念、社会阅历、认识和行为习惯等方面存在较大差异，需要相互采取适当的“睁只眼闭只眼”（否认）和“向好的方面想”（合理化）等涉及认知改变的应对方式。

这类认知应对策略指导，有助于婚后家庭系统的适应与和谐。

3. 求助

求助是应对方式与社会支持的结合，在概念上是交叉的，是对付压力的重要手段。

求助包括寻求家庭内成员的互相支持，即利用家庭成员平时已经建立起来的信任、安慰、理解与帮助，使之成为一种家庭文化。

求助也包括寻求家庭外的支持，如向要好的朋友诉说某些内心的压力反应等。

但是，寻求社会支持的应对方式需要注意对象和内容，避免出现“祥林嫂”现象，即反复诉说一个话题以获得同情和支持，结果反而导致社会支持的丧失。

4. 加强“情绪导向应对”

对生活中各种原因引起的负性情绪反应，包括焦虑、愤怒、抑郁及伴随的身体不适等，应能随心所欲地采用诸如转移（通过某种活动转换成另一种积极情绪）、幽默（自嘲或调侃）、发泄（体操房内练习拳击等）、放松（深吸气后的放松习惯）等应对方式，并通过平时训练才能达到得心应手的程度。

此外，也有人通过烟酒、药物和上网聊天的方式应对情绪问题，有一定效果，但往往由于因素间的交互作用也可能带来许多负面问题。

（注：在系统模型框架下，读者可以尝试补充更多的“改善应对方式”的方法）

四、提升婚姻家庭中的“社会支持”水平

根据压力系统模型，社会支持是促进婚姻家庭系统结构中各种因素动态平衡的重要因素。通过正确认识和合理调控家庭内社会支持，有助于推动婚姻家庭和谐建设。

（一）社会支持的多样性

社会支持种类很多。必须认识到，同一个婚姻家庭系统中的不同成员，其各自背后的外部社会支持系统是不同的。在家庭内，各自对家庭支持的感受也往往不同。

1. 社会支持的定义

社会支持又称社会网络，是指一个人来自家庭、亲属、朋友、同事、伙伴、组织的精神上和物质上的关注、帮助和支援，反映了个人与社会联系的密切程度和质量。

2. 社会支持常见的分类

（1）客观支持、主观支持和支持的利用度

（2）家庭内支持和家庭外支持

（3）社会支持的数量和质量（个人领悟的支持水平）

其中，家庭支持是一个人心身健康和一个家庭和谐的重要因素。

3. 婚姻家庭中社会支持的动态变化

在婚姻生活的不同阶段，夫妻双方除了共同的家庭社会支持系统，各自的家庭社会支持系统会发生一些动态变化。例如，前面提到的“多年媳妇熬成婆”现象，就反映了婆婆的社会支持系统已经发生变化，而新媳妇的社会支持系统还面临一些挑战。

（二）家庭内社会支持与其他压力因素互相影响

婚姻家庭成员都应认识到，社会支持与生活事件、认知特点、社会支持、个性特点、压力反应及文化背景等其他各种压力因素交互作用，共同地、动态地影响婚姻家庭的和谐。

所谓交互作用，意味着社会支持影响各种压力因素，压力因素也反过来影响社会支持。以下仅从各种压力因素影响社会支持的角度，作进一步讨论（图 9－3－6）。

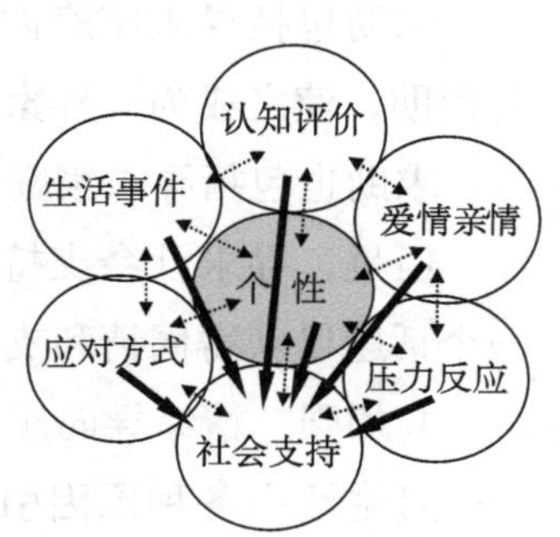

图 9－3－6　各种因素影响社会支持

1. 各种压力因素影响社会支持的例子

夫妻经常争吵（生活事件），会导致家庭内支持降低；

对亲人的正确认知和理解，可使家庭主观支持程度增强；

积极的应对方式，可加强人际联系，从而促进社会支持；

个性活跃和热情的人，可获得更好的社会支持；

压力反应会提高人与人之间的主观支持水平，但长期压力反应会使个人生活圈变小而影响客观社会支持等。

2. 压力反应影响主观支持举例

人类在面临压力反应时，具有向周围群体获取社会支持以对抗压力的天性。

案例 9－3－13：寻求社会支持是天性

当人们处在黄山顶峰时，由于高处引起的压力反应（有点紧张，有点兴奋和恐惧），会使人与人之间的距离感缩小，互相之间会感受到亲切、友善和乐助，也会显得话多，互相获取主观社会支持。但同样是这些人，如果此时正处在平常的市区街道上，则人与人之间的这种感受会大大降低，甚至显得有一点点冷漠。同样，婚姻家庭中的一些压力反应，特别是外在事件引起的负性压力反应，也可以缩短成员之间的心理距离，互相依赖，增强主观社会支持水平，有利于度过困难期。

但是，当婚姻家庭中的一方长期承受的压力反应（烦恼、孤独等）来自另一方时，其主观社会支持水平自然会随之降低。此时，来自婚姻家庭外人士的任何示好也容易被当事人感受为良好的社会支持。这种主观社会支持水平的提高，个体压力感虽然降低，却也容易给婚姻家庭和谐带来隐患，在后文网络答疑部分的案例中就有一些是因为婚姻（或恋人）内部出现压力反应而不经意间出现了“第三者”。

（三）如何提高家庭内社会支持水平

在多种压力因素中，社会支持是唯一被认为具有单向减轻压力的作用。因此，增强社会支持水平，特别是家庭内支持程度，是建立和谐婚姻家庭的重要方面。以下是一些值得注意的环节。

1. 家庭内多说好话

婚姻家庭成员间不仅需要多说话，还需要多说好话，说调侃话，也就是“废话”。除非双方性格使然，那种寂静无言的婚姻或家庭结构就不是很理想的。

有时候，夫妻一方由于性格上的原因不善言语，但他（她）希望另一方能多说话，以便带动整个家庭氛围。

案例 9－3－14：“说真话”和“说假话”的作用

老年独居夫妻往往先生“休闲”，女士“忙碌”。这没什么不可以，只要双方愿意。作者在早年老年大学课堂常听到一些老夫人的抱怨，说老先生总是一边吃着自己每天辛辛苦苦烧的饭菜，一边唠叨着这个菜太咸，那个菜缺味，还总不忘评论一下你这辈子是不可能学会做菜的等。但老夫人又说，我们一起生活了几十年，他也说了几十年，习惯了。

也许老先生说的是真话，但试想一下，既然都几十年了，再强制要求改造对方显然是不可能的，那为何不做个“顺水人情”，边吃边表扬、边肯定、边鼓励。虽然大多数是废话。但这样一来，老夫人开心了，灵感也来了，几十年不变的手艺或许真的变了。

2. 集体活动

定期或不定期地组织全家活动，包括一起外出活动，有利于增强家庭内支持（客观支持和主观支持）。那种一方自得其乐，另一方无所事事的情况不一定很好。

3. 亲友联络

家庭支持在概念上还可以波及各种亲属关系。适当的家族亲友之间的联络有利于改善家庭内的社会支持水平。那种忽略亲友的“现代”做派不一定正确。

案例 9-3-15：“亲友联络”的反面事例

某新娘出身城市知识分子家庭，独生女。新郎出身山区，硕士毕业后留在城市内工作。两人婚前相恋一年，属郎才女貌型，并共同按揭购买婚房一套。春节结婚首次去公婆家。夫家的叔伯亲友较多，连续多日轮流宴请，还组织全家族几十人聚会、拍照、游玩。新娘感觉穷于应付、劳累不堪，遂拨电话向母亲诉苦。母亲认为，自己也有许多兄弟姊妹，逢年过节不过发个短信祝贺一下，像女婿家族这样折腾，将来女儿如何吃得消。于是指点女儿，让她告诉女婿并通过他向公婆提出，今后小两口不与他们家的亲友有过多联系。对此要求，向来活跃的新郎在剩下的三天假期中始终沉默不语。

事例中，两个原生家庭在生活观念和习惯方面的差异暴露无遗，如果处理不当，例如，完全按新娘母亲的意见去做，可能会破坏丈夫原有的家庭支持系统，也会削弱新建立起来的家庭支持水平，这就涉及如何去“接纳差异、快来互动”。

4. 利用社会支持

既要自己别忘记，家庭是一个“港湾”，也要让全家所有成员都认为，家庭是一个“港湾”。

加强家庭内支持，共同培养一种习惯，只要某一方在工作生活中遇到风浪，家庭就能成为他（她）的“避风港”。

当然，也别忘记世界很大，“路很多”。

加强家庭外支持，万一遇到严重或不可逆家庭事件，各种社会成员、机构都是你的“求助”对象。绝对不能像近年来某些家庭中的当事人那样，走向极端或走向死胡同。

（注：在系统模型框架下，读者可以尝试补充更多的“提高家庭内社会支持水平”的方法）

五、正确对待家庭成员的“个性差异”

根据压力系统模型，个性（人格、性格）是压力因素之一，而且是压力系统的核心因素，个性因素通过对其他压力因素的交互作用，最终影响婚姻家庭是否和谐（注：作者在这里讨论的个性与人格同义，与性格近义，但更多涉及个性倾向性，包括信念和价值观。在作者的认识里，许多观念，如家庭观念，与信念甚至态度之间也存在类似性，都是个体长期认知和行为习惯固化的结果，接近于人格浅层，左右着认知活动，且不易被改变，是个体心理压力的深层原因。详见《医学心理学：理论，方法与临床》第一章第一节）。

实际生活中，人们在讨论各种婚姻问题时，都会提到双方“性格不合”的问题，就是通常所说的双方性格是否“般配”。但到了婚恋中的具体某一个人，他们又往往只注意到对方的思想（认识），却忽略在不同思想背后的个性（人格）差异。

在案例 9－2－12 中也已提到，人们在欣赏艺术美的同时，却很少去关注贾宝玉与林黛玉的性格是否“般配”，以及结婚以后能否“适应”的问题。

由此可见，现实中需要特别重视夫妻双方及家庭成员之间的个性差异问题，并做好相应调控，可有助于促进婚姻家庭和谐。

（一）家庭成员个性的多样性

1. 个性的本质就是多样性

所谓个性（或人格），是指一个人各种心理特征（如性格、气质、能力、信念等）的总和。一个人的个性就是他（她）在心理行为方面与别人不同的地方，也就是说世界上没有两个人的个性是完全相同的。

个性的形成和决定因素，包括生物遗传、成长环境（家庭、学校、社会）和个人的努力等。

每个人的个性具有“多样性”和“稳定性”，故也“难以改变”。

总之，婚姻家庭系统中的不同个体，如夫妻之间，存在大量个性方面的差异。

2. 个性中信念和观念的多样性

在婚姻家庭系统中，影响和谐的最隐蔽因素往往是信念或观念方面的差异。

案例 9－3－16：潜在的人生观差异

某一对夫妻双方都赞成“丁克”，并不准备要孩子时，结果与双方父母在家庭观念上产生分歧，导致严重的家庭“适应”问题。

在解决了与父母的“适应”问题之后（家长接受了不要孩子的决定），夫妻双方在接下来的共同生活中却继续出现不“适应”的问题。也就是说没有孩子牵挂的这对夫妻，在长期生活中并不能自动地构成和谐。经过评估发现，原来双方当时虽然都赞同“丁克”，但其中一方的理由是“人生应该属于奋斗，属于享受，没时间和精力养孩子”，另一方的理由却是“人生磨难太多，我们何必去再制造一个苦难的孩子”。说明在他们的关于生育问题的背后，是深层的人生观和生活观念上存在显著差异。这种差异必然导致系统中其他多种压力因素之间关系的失衡，并形成恶性循环。

（二）个性与其他因素互相影响

婚姻和家庭成员都应认识到，个性（性格）直接和间接影响各种压力因素。反过来，长期的家庭压力系统失调（如家庭氛围压抑），也会“激活”个人的某些性格特点，如变得更加刚愎自用、更敏感和更宿命论等（图 9-3-7）。

这里只重点讨论个性对其他各种压力因素的潜在（因表现不明显而不被注意）的影响。

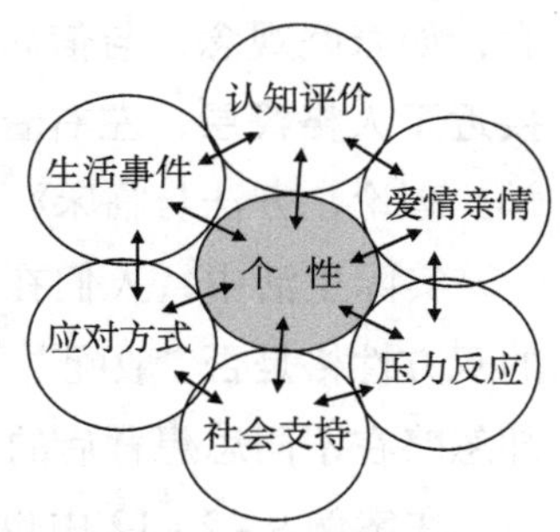

图 9-3-7　个性与其他因素交互作用

案例 9-3-17：又是个性和行为习惯差异所致

一个北方小伙子与一个南方小家碧玉型女孩（文化背景导致个性差异）在杭州幸福安家（正性生活事件）。婚后首次在新房开伙，小伙为了讨好主动要求掌勺（应对方式），女孩则旁边辅助，双方都希望营造一个“温馨”的氛围。但女孩却发现小伙在灶台操作时多次不爱惜新家的设备（动作粗放，认知评价），经她当场指出小伙立即虚心接受（双方应对方式）。但在接下来几天的其他家庭生活中，包括打扫、洗涤，小伙子“恶习不改”。例如，扫地以后没有将扫把挂回原来用于固定的钩子上，而是随手歪斜在门后。慢慢地她认为自己无论怎么说他都不会听，“他不在乎我”，最后认为小伙婚前的顺从表现都是“装出来”的，是“欺骗了自己”（认知评价）。双方由开始的拌嘴到后来的争斗（负性生活事件），并形成恶性循环。由于双方均是外地人（社会支持缺乏），只能自己解决，逐渐地双方由初始的“爱”演变为间断性的生气，再到愤怒，再到厌恶（情绪反应），最终导致婚姻“系统”崩溃。

案例中的小伙粗放、豪爽，对应的女孩则细腻、周全。这种个性和行为习惯方面的差异在花前月下的热恋中较难发现，但进入锅碗瓢盆小家庭生活立马暴露出来。如果没有很好地调控，随着压力因素之间的恶性循环，最终会损毁婚姻家庭。

（三）如何正确对待个性差异

有人说过，世界上有几十亿人，就有几十亿种个性。婚姻中当事人之间的个性肯定是不同的。因此，要想建立和谐婚姻，就不能回避如何对待和处理夫妻双方个性差异的问题。但个性差异是多方面的，以下有选择地展开讨论。

1. 婚前注意双方个性的“般配”

因个性差异导致的婚恋问题，往往解决起来较为困难。其中，常见的有偏执型和冲动型等极端性格，还有极端自我中心和偏移的价值观等。故提倡婚前就注意双方的个性差异及缺陷，也就是通常说的双方性格是否般配的问题。

不过，按照压力系统模型，人与人之间存在各种因素的差异是不可避免的。所谓般配，不应追求双方个性的绝对相同或完全一致，而是在差异的基础上能够接纳的程度，即所谓青菜萝卜各有所爱（注：如果展开介绍，这里还包括婚姻和家庭观念、生活态度和人生观等）。

2. 认知调控以改变观念

对于婚姻家庭中某些个性浅层的差异，如前述“丁克”夫妇的生育观念方面的差异，应积极进行认知调整。此时，可深入讨论分析双方在观念上的差异，用系统模型的“爱”与“适应”原则，促使其“接纳差异”，通过“快乐互动”达成新的平衡。

3. 自我训练和矫正

个性难改变，但在庞大的个性概念里，还是有许多可以改变的地方，如个性倾向性中的兴趣、态度、信念、信仰、人生观、价值观等不是不可改变。对于某些确实不好的人生观念（如重男轻女、大男子主义）、兴趣（如网聊）与行为习惯（如过度细琐又好高骛远）等，应通过自我训练予以矫正。例如，通过严格的时间控制和生活工作计划的执行，对网络聊天习惯做自我矫正训练。

自我矫正时，家庭支持非常重要，能起到正向强化的作用。同时，行为改变的成就，也反过来促进家庭支持水平的提高，以及其他压力因素的改善。

4. 提前注意个性背后的文化差异

夫妻双方原生家庭的差异，会导致某些信念（或观念）和行为习惯方面的巨大差异。这些往往会被热恋中的年轻人所忽略。其实，只要能够提前注意这个问题，一般年轻人往往都能自己妥善处理。

5. 接受专业帮助

当今世界，临床心理学技术日趋丰富。许多专业理论和技术（如本课题中的“压力系统模型与压力管理技术”），就可用于帮助改善与个性因素相关的适应问题，其中也包括大量婚姻家庭问题。

此外，人们应认识到，专业心理学技术并不是专门处理“有病”的案例。实际上，越是精英人物，越需要心理学服务。

（注：在系统模型框架下，读者还可尝试补充更多的“影响婚姻家庭和谐”的个性因素和“正确对待婚姻家庭成员个性差异”的办法）

六、及时消解婚姻家庭成员生活中的“压力反应”（烦恼）

根据压力系统模型，婚姻家庭系统中各种因素之间如果失去平衡，陷入恶性循环，个体将会产生压力反应（主观上俗称“烦恼”），并出现心理和身体方面的各种症状，故又称之为心身反应。

正确认识并及时和合理调控家庭成员的压力反应，也是婚姻家庭和谐建设的重要内容。

（一）压力反应的多样性

压力反应，基于压力系统模型，大致可以界定为“因为压力系统失衡导致个体相应的各种心身变化”。压力反应包括心理反应、行为反应和躯体反应。许多婚姻家庭出现问题的当事人，会诉说各种各样的“苦衷”，通过仔细分析，基本就属于这几个方面的反应症状。

心理反应：如出现焦虑、抑郁、愤怒等情感方面的反应；多想、偏执、钻牛角尖等认知方面的反应等。

行为反应：如冲动、敌对、退缩、回避、成瘾等。

身体反应：如疲惫、疼痛、失眠、心脏或消化道症状、性功能障碍等。

所谓压力反应的多样性，是指在同样家庭事件中，个人可以表现不同程度的压力反应，也指个人的压力，反应侧重于心理方面，或者是侧重于身体方面。

（二）压力反应与其他因素互相影响

压力反应可算是生活事件、认知评价、应对方式、社会支持、个性特点等压力因素交互作用的一种结果。

案例 9－3－18：抑郁，压力因素恶性循环的结果

一对郎才女貌的夫妻。丈夫是金融高层，妻子是白领。因妻子在乎婚后的丈夫仍有各种女朋友的短信息联系，夫妻之间也曾反复采用各种认知讨论，尝试各种应对策略，也寻求过家庭（亲友）的社会支持，但十几年来丈夫虽疏远了许多婚前婚后的女性朋友，却不能同意彻底封闭某女士（一位金融工作圈中的关系人物），最终导致妻子抑郁症状（压力反应）发作。该案例中，几乎所有的压力因素都掺和了进来。

在该案例中，抑郁症状就是多因素恶性循环的结果。同时，抑郁症状又加重其他压力因素的紊乱。

如果从压力系统模型的角度，压力反应也是众多压力因素交互作用动态平衡中的重要因素，或者说压力反应对压力系统各因素也有反作用，并动态影响婚姻家庭和谐（图 9－3－8）。

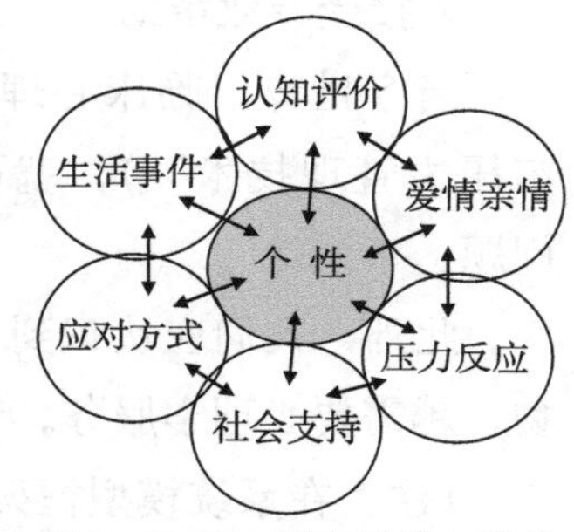

图 9－3－8　压力反应与其他因素交互作用

（三）如何调控压力反应

压力反应的调控，重在预防。在婚姻家庭生活中，谁都不可能没有烦恼，一旦出现各种心理和身体症状，应及时加以调控，以免诱发新的恶性循环。

压力反应的调控，有两个角度。一个是针对各种压力因素的调控，通过因素间的良性循环，间接调控压力反应（参考前文）。

另一个是直接针对压力反应的调控。

1. 释放

将焦虑、愤怒、悲伤等消极情绪通过倾诉、移情等正当途径发泄出去。例如，曾有人在南京创办“哭吧”，专供来客释放消极情绪。但需要注意的是，在采用释放手段平息烦恼时，应避免经常使用而成为不良习惯。

2. 转移

可以通过开展活动、转移注意力，以运动、音乐、玩耍等“玩物不丧志”的形式，转移消极情绪。

3. 松弛

通过专业指导下的放松训练可缓解压力的心身反应症状。作为个人，最好能掌握“叹气的学问”，通过平时训练让自己像“绅士”那样，遇到紧急压力反应时可以自动地深吸气、缓呼气、心身放松，一气呵成。有了此等放松功夫，将一辈子受益。

4. 药物

在某些压力反应严重的具体情况下，也可在专业指导下合理用药。

必须明白，一个人的压力反应，包括心理的烦恼，行为的退缩或攻击，身体的疲惫和痛楚，都是在人体生物学的基础上发生的。因此，正确认识某些必要药物的使用，也是符合心理生物学的。

5. 别忘了大自然

感受自然界之博大，通过空气、阳光、森林、泥、温泉浴等，有助于调控压力与心身反应。

目前，随着我国经济发展和社会转型，已经有越来越多的夫妻接受更宽阔的生存观念。除了原来的物质和精神，还延伸到社会和环境中。

（注：在系统模型框架下，读者还可尝试补充更多的“调控婚姻家庭成员情绪反应、身体反应和行为反应”的办法）

第 10 章　婚恋家庭问题（二）应用示范

本章导言

许多婚姻家庭出问题，往往有一个现象，那就是一方总是试图“改造另一方”。

试图改造另一方只是表象，真正的原因是不承认人与人之间存在价值观、人生观和生活态度（包括婚姻观念和家庭观念方面）的差异，存在认知、情感、行为习惯和性格方面的差异，存在原生家庭、成长环境和生活经历和体验的不同。“不接纳差异”，自然会导致痛苦斗争。不接纳差异的背后，是因为自己是“唯一的正确”。线性的“唯一正确”，其背后又是“求全、完美、标准化”倾向，以及缺乏共情（同理心）。越往后挖，越接近一个人的人格（个性）层面，自然较难改变，即使自己是知道的。

因此，有人私下问，找对象要注意什么？我略带调笑地说，在其他各方面都觉得合适的情况下，在接触过程中可以考察一下对方有没有强烈的试图改造你的倾向。

以上文字摘自作者的博文。

前一章，是关于压力系统模型基础方面的婚恋家庭理论，核心是“爱+适应”和“和而不同”，这些只是基本原理。在实际应用中，由于婚恋家庭问题涉及的因素多，具体表现五花八门，即使以系统模型基本法则，操作起来也相当复杂，甚至在短时间内掌握起来具有一定的难度，需要浏览大量的实际案例。作者在门诊咨询和网络咨询过程中，收集了较多的具体案例，作为国家科技支撑计划分课题成果的示范资料。

本章资料包括《压力（应激）系统模型·解读婚姻》中的各种婚恋家庭问题实际案例、课题成果的宣传示范活动情况、婚姻家庭问题大众化专题讲座典型课件，以及部分相关博文案例。

需要指出，第 9、第 10 两章重心在支撑计划分课题成果方面，标题虽然是婚姻家庭问题，但重点是婚姻问题（家庭问题也可参阅第 8 章生活压力）。另外，有关婚姻家庭问题的门诊咨询操作模式，参见第 20 章。

第 1 节　婚姻家庭问题网络专栏案例（专著，2011）

摘录自《压力（应激）系统模型·解读婚姻》（浙江大学出版社，2011 年）第三章（压缩篇幅）。文中涉及的图表已转换成本文集编号或者略去。

这部分案例可体现压力系统模型在婚恋家庭方面的应用。

作者于 2005 年至 2007 年，基于压力系统模型，在“浙江都市网心理频道”开通网络免费心理咨询专栏，其中有大量婚姻家庭问题的案例（注：实际上，作者在 2002 年就已开始网络咨询并存储资料，后 2005 年转到浙江都市网）。这里选取其中的一部分，旨在加深对前一章有关婚姻家庭问题系统模型的进一步理解和把握。

压力系统模型网上答疑确实有良好的现实效果，例如，文末有一位离婚网友，花费了一个下午的时间，从作者的上千条回复资料中收集信息并上传，声称此举是为了让其他网友也从中获益（注：因篇幅过长，收入本文集时已删去该文，可参阅原著）。

网络咨询由于缺少与来访者面对面的晤谈和观察，缺乏适当的心理量表的测查，难以像门诊咨询那样对来访者做出压力因素的全面评估和判断，并根据评估做出全面的干预决策。网络咨询只是根据网友来信描述，专家以自身的知识和临床经验，对问题做出大致的分析和判断，并提供相应的回复。因此，这种答疑方式可能存在判断不全面和回答不准确的问题。这与作者长期以来对“信件咨询”部分地抱否定态度是一致的。

不过，由于压力系统模型是一种多维度的思维模型，在专家讲解（书本）与听众（读者）理解之间，存在“听得懂、用起来难”的现象，也就是说听懂或读懂容易，用来解释和解决具体问题时较为困难。本节介绍的各种案例，是网友们根据各自存在的问题，从各种不同的角度（或维度）叙述婚恋问题中的不同情境和内容，作者也针对不同情境和主诉，按压力系统模型分别做出一定的分析和答复。通过对这些分散的众多案例的分析，有助于读者加深对压力系统模型在具体婚姻家庭问题咨询中的整体理解和把握。

一、压力系统模型解释的典型案例

（一）案例 10－1－1，网友提问（2011－08－09 22：10：32）

（注：以下案例简况也见于第 8 章）

教授：您好！

我俩经人介绍结婚，至今已有 3 年。婚前恋爱时间不长，了解不多（爱、爱情）。我是一个情绪波动较大的人（个性特点），有时与他吵完架不用他投降，我就会与他和好（应对方式）。长此以往，他见我生气（压力反应）也不再紧张。由于他是他家里最小的孩子（家庭背景），性格上让人觉得有些自私和没责任感（个性特点），我讨厌（认知评价）他这种性格，夫妻生活应该是共同的（认知评价），因此，我常因一些小事和他争吵（应对方式、生活事件），有几次都和他说要离婚（生活事件），可是当他回家和我说一些好话时（丈夫应对方式），我就又会心软（社会支持作用）。如今我们有了一个2岁的儿子，我很担心他（生活事件），我现在很着急，也很烦心，人都瘦了（压力反应）。他是不可能改变自己，我也不可能去改变自己（认知评价），两个人在一起时老是争吵（生活事件），虽然争吵完后就没什么了，可我觉得时间久了不好，我到底该怎么办？（括号内为作者标注）

（二）归纳该案例的压力因素

根据来访者叙述内容，采用压力系统模型，分析来访者的压力因素。

1. 生活事件：总是吵，说要离婚，担心儿子（许多是继发事件和主观事件）

2. 认知评价：夫妻生活应是共同的，我们都不可能改变，争吵久了以后怎么办

3. 应对方式：有时不用他投降我就会主动与他和好；他不用紧张，他和我说些好话（我心就软）

4. 社会支持：（他对我说些好话）我心就软

5. 个性特点：我情绪易波动；他自私没责任感

6. 压力反应：着急、烦心、变瘦了

7. 文化背景：他是家里最小的孩子，恋爱时间不长

8. “爱”的基础不深

（三）用系统模型的5个法则进行分析

1. 多因素

该例的各种压力因素如上。

2. 因素间互相影响

该案例中的各种生活事件、认知评价、应对方式、社会支持、个性特点和压力反应等因素交互作用，导致“清官难断家务事”的难题。

3. 因素间关系动态变化

该案例中的系统因素（生活事件、认知评价、应对方式、社会支持、人格特征和压力反应）正在从开始的小摩擦（小小的相互影响），向着更广泛、更复杂的多因素失平衡（多种因素之间的恶性循环）方向发展。来访者自己也感觉到问题的复杂与棘手，以及前景的难以琢磨。但往前追溯，在婚前的恋爱阶段（虽然时间较短，各种因素未得到充分表露），由于所处的环境和双方心境等不同，或许还存在“情人眼里出西施”或爱屋及乌等现象，他们之间的这些因素却是平衡的。

4. 认知是关键因素

从该案例描述的大致情况可以推断来访者的认知特点（俗称“看问题的方式”），是其整个问题形成、发展，并最终恶化的关键因素。

5. 人格是核心因素

从该案例的认知和行为变化过程的描述中，也可见其某些婚姻观念和价值观念，以及求全性格的特征，这些都与整个问题的起点和发展有着较为核心的影响作用。

压力系统模型的 5 个法则，对于认识生活压力、评估生活压力、调节生活压力，都具有指导的作用（否则容易走偏），且需要特别关注其中的第三点，即压力因素间动态平衡之法则。

（四）以“爱”＋“适应”的原则简答

您好！

总是争吵，就说明你们之间存在明显的、难以折中的各个方面的差异。例如，他的性格是“自私”，你的要求是“公平”。虽然争吵过以后你可以主动求和，好像你放弃了要求，其实你是在用认识“说服”自己：或者觉得坚持下去可能会危及整体婚姻；或者对方也有别的优点可以“摊平”，如他向你说一些好话（也是一种间接的“公平”）。但是，随着你人格深层的“公平”要求一次一次地打破，你们之间在情感层面的“爱”也会因此而越来越少，最后可能只剩下一次次用理智来说服自己，活得会比较累。

如果这种“公平”总是达不到，感受（情感）会越来越差（“爱”受损），理智也越来越难以“说服”自己，终于有一天会突然提到离婚，这将进一步让对方的情感向差的方向发展——尽管过后通过调整仍可以像以往那样实现再次的暂时平衡。

所以，我们会发现许多新婚后夫妻之间的情感变化路径往往是：最先是“爱”，到后来由于不能接纳差异、快乐互动，进而痛苦斗争，甚至总是无法适应“差异”，不知什么时候就会开始产生“不满”（唠叨），再到“爱恨交加”（经常小吵）、“厌恶”（偶然还可以大吵），再到“冷淡”（心死，视若陌路人）。这个路径的后面几步你不应该涉及，因为往往不能回头——所谓哀莫大于心死。

从这个角度分析，你可能发现应该怎么做（但作为当事人往往需要下定决心去做）：告诉自己，“接纳”两个人的差异（不要总是试图改造对方的某个缺点），将对方所有的缺点当作“差异”先接纳之（俗话说应接受他整个人而不是只接受优点），然后就会有“快乐互动”，也会有机会通过幸福的生活影响对方，有助于部分“改变”对方。

当然，也可能根本改变不了对方，那也得“接纳”这个“差异”，而不应总是将其看作是自己的“失去”，因为很可能对方还有另外的“差异”可以让你感觉是一种“获得”。

如果所有的“差异”都被证明是你的“失去”和他的“获得”，那么，离婚也是一种“接纳”，要用“适应”原则对待。

（注：这一类网络咨询，只是作者在系统模型框架下对网友提问的简单答复。相信读者对此类提问，根据自己累积的学识和掌控的理论，也可以做出各种答复。后续案例亦与此类同）

二、恋爱与失恋问题案例

案例 10-1-2，怎样把“变得爱钱”的女友变回来

问：我女友以前是个不怎么在乎金钱的人，现在她变得很现实，眼里只有金钱，她的为人也变得很坏，不会做人，整天就知道玩，花钱……她变了好多。我很喜欢她，我该怎么办……我想她变成以前的样子。

答：人是许多因素构成的“系统”。对金钱是否喜好，取决于其价值观念、生活态度和行为习惯等因素。人与人在这些观念和习惯方面存在差异。更重要的是，因为受“系统”中的其他因素的相互影响，这些观念和习惯可以随之而动态变化。随着外部环境的变化和个体自身（包括内部生理）的变化，人们完全可以在不同的时间段里，在一些心理行为方面表现出不同的特点。因此，主张男女之间由建立恋爱关系到爱人关系，应通过互动相互了解，找到彼此间差异小一些、容易“适应”一些的对象。差异过大，双方是根本不能“适应”的，即使其他方面很诱人，如很喜欢（爱），也不可勉强。这是基本的原则。

当然，问题细化以后，还有一些值得讨论的地方。例如，你的女友变得“整天就知道玩和花钱”，这是从什么时候开始的，有哪些因素可能促成了这种变化，中间经历过哪些调控手段而没有成功等。如果能够通过系统的、多因素的分析，找出其中多维度的原因及动态变化的过程，可以尝试在这些维度上加以促进或解决。

值得注意的是，有些人一旦价值观向“坏的”方向变，再变回来的难度就很大。就像学会吸毒容易，戒除毒瘾却难一样。

案例 10-1-3，QQ 谈女朋友应直接点还是含蓄点

问：我一个好同学为我介绍一个女朋友，但只给了我她的 QQ 和名字。虽然素未见面，但我很想认识她，就当作朋友来相处。但是，就是因为有了“介绍女朋友”这个门槛，让我有了很多顾虑。我不知道在 QQ 要怎么说？直接点呢，还是含蓄点，真的不知该怎么办？

答：谈女朋友与交一般朋友一样，放松一些，自然一些。那些总是惦记着这是在谈女朋友的人，反而让自己带着假面具相处，不能表露真实的自己，即使有效也是暂时的。因为结婚以后婚姻是否和谐，在相当程度上决定于恋爱阶段对双方的真实差异是否有充分的了解和接纳。

顺便谈谈 QQ 谈朋友的问题。近年来，有不少单纯通过网络 QQ 交往的恋人，甚至连面都没有见过，对方住在何处，从事何种工作都不清楚，就进入现实婚姻中，但其结局往往并不和谐。因此，通过 QQ 交朋友应当与现实面谈相结合。原因在于交朋友是为了双方在多个方面相互了解，包括对认知、情感、行为、性格和文化背景等方面差异的了解，还包括对压力系统和压力因素（生活事件、认知评价、应对方式、社会支持、人格特征和压力反应）方面差异的了解，并最终考验在这些差异方面双方是否能接纳、适应。通过 QQ 交往容易使人陷在虚拟世界，所交流沟通的信息往往局限在数字信息方面，从而忽略人与人在现实世界中的各种真实差异，不利于找到真正“适应”的婚姻。

案例 10－1－4，他是因为我条件很好才爱我的吗？

问：我有个男朋友，我知道他很在乎我，不可能舍我而去，因为我的条件很好。有的时候，我觉得他很爱我，爱得很深、很浓；可有的时候在有些事情上又感觉他在敷衍我、搪塞我，让我感觉他对我是假情假意的。刚开始我并不中意他，他也不是我理想的对象，但他很诚实、很真诚，我就给了他机会，后来渐渐地我发现有点喜欢上了他。

他到底是不是真的爱我？喜欢我？还是因为我条件比他好不肯错过我，其实并不喜欢我？如果喜欢我，他能始终喜欢我吗？我很苦恼，您能帮我分析分析吗？谢谢您！打搅了。

答：其实，所谓的条件是相对的，一个人不可能把世上的所有好条件都占有了，例如，活泼与文静不可能在一个女子身上同时存在。一个人也未必一辈子富裕，例如，有的人结婚时穷，到中年时就很富裕。

同样，所谓的爱也是相对的，有的人爱钱，有的人爱相貌，有的人爱品行，有的人就仅仅是重“感觉”。一个人的爱还可能是短暂的或长久的，还可以是动态变化的，因为爱还受其他各种心理社会因素（包括压力因素）的影响。

因此，最好不要猜测你的男友是否看上了你的条件才爱你。即使他告诉你不是的，你也未必相信。恋爱中还得相信一点“跟着感觉走”的道理，此时此刻的爱都应当作真实的。有时候过多的计较，会影响双方的轻松互动，可能在无形之中导致对方不断地掩饰，影响对真情的判断。

当然，由于“爱”存在差异，恋爱过程中确实需要了解对方是怎样的一种爱，例如，他是因为哪一个“我的条件”而爱的？只有相互了解对方的爱，并互相接纳，才符合婚姻基本条件之一——“真爱”。但也不能只集中于寻找“真爱”，恋爱过程还要对双方在心理社会方面，特别是压力因素方面（生活事件、认知评价、应对方式、社会支持、人格特征和压力反应）的特点和差异方面有所关注，逐步探索双方互相“接纳差异、快乐竞争”的“适应”程度。

因为，只有“爱”＋“适应”，才能构建和谐婚姻。

案例 10－1－5，前男友请我看他的新女朋友，怎么办？

问：前段时间我和男朋友分手了，可是到现在还依然忘不了他。昨天他叫我去看他的新女朋友，我虽然很难过，还是答应了，我希望自己的郁闷可以不表现出来，而且我也想忘了他，不要再郁闷难过，我怎么才能做到？

答：最好是将交朋友（即恋爱过程）理解成为是相互之间交流的过程，是对包括爱在内的各种差异的释放、理解和选择。当各种差异都能被双方接纳，就水到渠成，实现婚姻目标——适应。当各种差异最终不被双方接受，分手也是一种“接纳差异”，才不至于因为这种变换而陷入情感困境，影响新的“适应”。

也许你的前男友对于你们以前的感情经历采用的就是这种“适应”态度，他才能将你当成朋友，邀请你看他的新女友，是其“适应”（接纳差异、快来互动）的具体表现。

现实中许多人做不到，那就选择回避，“眼不见为净”。在时间的和空间的系统动态变化中，会逐渐实现自身的重新适应的。要知道，失恋的人无论陷入多深，只要经过时间的沉淀和环境的变迁，随着系统的动态变化，最终都能摆脱郁闷。

案例10-1-6，可能永远都无法挽回了!

问：我很后悔，但可能永远不能挽回了，帮帮我吧！

我和男朋友是在高三时认识的，至今已有5年。我们曾经闹过分手，但最终还是在一起了。现在我们之间又出现了问题，他忙了两周的期末考试，我好不容易等到他考完，可他却去睡觉了，留我一个人看电视，我一生气就走了。晚上打电话时说话的语气也重了点，我说什么都完了，然后就把电话挂了。过了两天，我给他电话承认我的言语过激，是我不对。可他的态度还是很生气，他有分手的意思，然后就挂断了我的电话。我们这样已经三次了，我不知道我们的缘分是不是尽了，也不知道该怎样说他才能原谅我，又或是我们要分手？我不想这样！教授，我现在只想好好学习、考研，我希望我和他能够开开心心的，每天一起努力。教授，我该怎么做呢？

答：算来双方该都是大四了，又到了人生的一个新转折点，无论是年龄阶段或是近年来的社会转型，这种转折对当事人各方面的震撼都是比较大的。例如，在社会竞争预期和就业压力下，个人的“压力系统”可能会出现一些变化，如认识上变得更理性、情绪容易波动、心身容易疲倦，甚至生活观念和人生追求也有所变化，与大学中低年级时会有所不同。由于双方的差异变大，原来看似双方已经“适应”的关系，逐渐变得不适应了，导致许多大四阶段的男女学生恋人因此选择分手。

在以前的不少回帖中谈到，婚恋的核心除了相爱，就是对双方各种差异的“适应”(接纳差异、快乐互动)。如果通过努力双方总是不能适应，则不一定非要修改自己或逼迫对方改变，以达到一种勉强的“适应”。因为，恋爱是为了将来能一起放松地生活，一旦放松就意味着双方会“原形毕露”。在恋爱阶段没有适应的情况下，原形毕露就意味着有一天双方还是会陷入互不适应的状态，会活得很吃力。因此，不提倡这样的勉强婚姻。

当然，你并未提供各种详细的背景信息，对你们来说，以上分析或许只是一种可能，仅供参考。但需要指出的是，咨询婚恋问题时来访者往往会以自己的线性判断就事论事地提供问题的“原因”与“结果”。实际上，由于问题往往是系统性的，这种来访者报告的因与果或许是颠倒的，或者有更多的系统因素的影响。例如，你说是自己耍小脾气（因）导致男友要分手（果），其实这个因果也可以是颠倒的，即男友是“因”（不想谈了），态度的变化导致你生气是“果”。甚至是其他因素在不知不觉中交互作用的结果，如上述谈到的压力因素的变化影响了男友的认知和情感，进而影响了男友的行为。

我们说，和谐的婚姻=爱+适应。这里的适应，是指许多心理社会因素的差异，能够被互相接纳，并能快乐互动。

从你提供的信息里，似乎有一个“差异”在反复暴露，那就是你多次因小事发脾气、说重话，两人还多次分手。而他呢，也许“受够了”“忍无可忍”（我给他假设的话），也许还有别的问题没告诉你，这里就存在多条线性因果不断交替形成恶性循环的可能。最终就是你们之间某些重要差异互相不能被接纳，属于严重的不适应。要想消除这些重要差异，实现双方的适应，要么让对方接纳你的小脾气，要么你自己能够改变不发脾气，或许还需要改变别的什么问题。只是这恰恰属于双方性格或人格层面的差异，改变都较为困难，即使勉强改变也可能会给双方带来痛苦。你这次说服了他，让他“原谅”你，你也很难真正改变，仍难以避免再次出现同样的情况，除非你能够改变这种人格特点，或是他真正改变，但难度会比较大。

综上所述，建议量力去做，用“爱”＋“适应”的正确婚恋观，先稳定一下情绪，尽量平心静气地与男友交流，真心探讨双方在各方在面的差异（不满意），包括表露出来的和未表露出来的，研究差异能否缩小，不能缩小的部分能否互相接纳，看能否重新建立“适应”关系。如果确实仅仅是因为你的小脾气，则不妨多用关爱影响对方对你的情感体验，说不定小脾气也会变成为一种“美”（现实中确实存在）。但也不用勉强，即使不能成功，也应接受前述介绍的道理，说服自己，尽可能从容地接受分手，实现新的“适应”。

案例 10－1－7，恋爱中，我应该怎么做?

问：我和他是相亲认识的，我们相处了几个月的时间。刚开始都是他给我打电话，我很少主动给他打过电话，因为当时我以为自己不会喜欢他。可到了后来他就很少给我打电话，我才发现我喜欢上他了。再后来，我要是不找他，他就很少找我。我生气时问过他，你还愿意和我相处下去？我们俩是什么关系？问了半天他才问我愿不愿意做他女朋友？我答应他的问题，我对他说你不能再像以前那样对我，无视我的存在。他说：那你希望我怎么做？我什么话都没有回答他。过了些日子，我出了一点意外，我的包和手机被人抢了，还摔伤了，我也一直都没和他联系，他也没来找过我。过了一个月，我在上班的时候看到了他，他开车路过时都不和我打招呼。我当时有点生气，就发短信问他，我们是仇人吗？你怎么连招呼都不和我打。他说当时没有看到我。又过了几天，我又看到他，他停车下来和我打了招呼，还说，你别说我又不和你打招呼了，就没有再说什么，我真的有点难受。就这样我们已经有 3 个月没有说过话了。但是看到他，总是会觉得心里不好受。我也知道自己和他不可能了，但心里就是老想着他，怎么办？如果现在我还想和他在一起，我应该怎么做？

答：看得出，你的恋爱相当吃力。

一般来说，恋爱过程应该是幸福的，是双方轻松地暴露各自的特点，在互动之间加深爱意，并感受双方在诸如压力因素（生活事件、认知评价、应对方式、社会支持、人格特征和压力反应）等心理社会方面的差异，寻找彼此对各种差异的接纳程度，最终确定是进一步发展还是友好地分手。

但你好像在期盼着对方按照你的理想男友标准去转变，如主动、热情、给你爱情，但他可能还没有这种爱意，甚至感觉也没有，也就难以自发地表现出来，除非装作（这里暂且不谈是否你开始时的被动和冷漠，使他没了感觉）。此时，如果你希望通过“改造”来迫使他如你所愿，那就更是一种失败的尝试。那样只会让他为难，让他有被控制感，让他对你产生厌恶而不是喜欢（爱意），除非他因为某种原因而勉强为之，声明很愿意为了你而改变自己。

在以前许多帖子说过的，虽说婚恋需要以爱为基础，但更需要对多种差异的了解和适应。恋爱过程就是寻找双方的适应点，越多越好。“人工”制造适应点越多，越不利于婚后的适应（和谐），因为结婚以后双方都以为可以放松地享受，结果那些“不适应”的东西就会露出马脚，造成婚姻家庭系统中各种因素之间的恶性循环，婚姻和谐也就无从谈起。

至于你还是想与他联系，当然可以，而且要积极、勇敢、大方或原生态一些，说出自己的感受，再看看对方的反应。始终要记住婚恋的适应原则，即“接纳差异、快乐互动”（就像踢“快乐足球”）。也许随着快乐互动的增加，爱意出现并增强，各方面差异逐渐显露甚至部分缩小并最终相互适应，则婚姻水到渠成，也可能最终无法实现适应，那也应顺其自然。记住，恋爱是过程，不是目标，不合适者，放弃也是很好的“适应”。

案例 10-1-8，不清楚我现在真正期望的是什么？

问：我早就想找一名心理医生面对面地交流一下，可一直没有勇气。恳求你能看完我下面的叙述，帮我分析并给出意见，真诚期待并万分感谢！

我是步入工作岗位才一年的打工族，我和他是同事，在同一个办公室。

在我之前，他曾有一个感情发展到可以谈婚论嫁的女朋友（大学时代的，他早我两年毕业），后由于家境和现实社会生活的压力，他们选择了分手。

而我之前也已有过两次恋爱。第一次是在大学里，一个同班的男生，虽然他还比我小一岁，但他很会照顾我、体贴我，事事以我为中心，也许是他依赖我，我的脾气变得越来越差，他稍有不周到我就不高兴，后来在毕业时我选择了离开他，我想那样对大家都好。再后来，我与高中时的暗恋同学交往了（我们早前彼此都有好感，但我进大学后失去了联系）。我们的感情很好。我是个感情一投入就很深的人，也可以说是为了感情不要面包的人。他家境非常不好，我唯一看重的就是与他的感情。可后来我无意中发现他却经常半夜三更同另一名女孩子联系。他解释说那是一个有恩于他的人，他不能不理。我想，以我的性格如果与他继续下去肯定得不到快乐的，于是再次选择了离开。离开他时我心痛得都快要碎了，因为我为他付出了很多。

我和现在这位“男友”的开始是在我同第二任男友分手后最孤独的时候。我这人一旦谈恋爱，总是极其投入，这次更是，都到了跨越禁区的程度。令我痛苦的是，我一方面心里很清楚他有很多我不喜欢的缺点，觉得他不适合做我未来的老公；另一方面，我又很舍不得他，他也是如此。我们分分合合了多次，现在名义上已分了好几个月，可我对他依旧很依恋，心里也接纳不了新的人。

我一度想离开他的身边，换个工作环境也许会有所改观，可他又挽留我。他现在除了不肯承认我们是男女朋友，其他都基本与我们谈恋爱时一般。我始终觉得他对我还是有感情的，不然就不会我一有事他就第一个出现，可他却说我们做男女朋友是铁定不可能了。我很纳闷，也很郁闷、很不甘心！总是间隔性地一次次发作撕心裂肺般的痛苦，情不自禁地泪流满面。其实，我心里在正常思考时也清楚我和他是不可能的，他这样不值得我托付一生。可我总是控制不住不时地悲伤一通，有时甚至会恨他，可见他了就只想关心他，只想与他在一起。这已经影响了我的工作，影响了我再开始的勇气与能力。我都不知道自己到底想要得到什么样的结局？极度迷惘！

答：从你的描述中，显示你的爱情观存在绝对化倾向。你真正期盼的是理想化的和绝对完美的爱情，其实这种“爱情”连你自己也说不清楚，因为它并不存在于这个世界。

绝对化的爱情观，背后是极度求全和完美主义的人格倾向。你“一旦谈，总是极其投入”，但越是投入，越会求全，越是祈求绝对完美的他，越是会发现他的各种缺陷（不接纳差异）。在不满意的基础上，你必然会出现态度和行为上的排斥，而他则必然会感到受伤，在对你的态度和行为上出现排斥反应，这又反过来又刺激到你。如此多因素的恶性循环，结果就是双方关系变得冷淡。或许最后只剩下责任，就像目前这位，你一有事他就出现，但却告诉你恋爱是不可能的。到此时，完美主义的你又会从已经过去的事实当中，找到了对方那些好的东西，因为失去而感觉痛惜，久而久之，出现郁闷和抑郁也就难免。总之，有极度完美主义人格倾向的人，恋爱时会期望各方面的绝对完美，在处理其他重要事情上，也会反复计较，就像菜场里正在挑选鸡蛋的大娘，仔细、认真，反复较量，秋毫误差都不会放过，结果反而难以找到理想的鸡蛋。

婚恋的本质是两个充满差异的个体之间的互相寻找。不论在情感，或认知、行为、性格、脾气、观念等方面（后期注：或者生物心理社会文化方面，或者压力系统模型的各种压力因素），人与人之间总是存在许多差异，恋爱过程就是在这种差异中，逐渐建立起“爱”和实现对各种差异的“适应”，且两者是互相促进的（但你的情况属于互相“促退”）。建议尝试在系统模型的“爱”+“适应”婚恋观基础上，以平常心态与对方展开讨论，感受双方的“爱”（或发现存在差异，需要接纳），探讨双方在各方面的差异及能接纳差异的程度，确定是否可以重新来过，并慢慢达成适应。如果已经失去了重新开始的机会，也应以接纳差异的态度接受现状，如保持与对方互相帮助的同事关系，在现有岗位上重新开始适应性的工作和生活等，这也是在考验你的适应能力。

当然，通过网络咨询的方法，对于全面了解类似你这种婚恋系统问题中的各种信息，存在客观上的局限，对于帮助消除恋爱过程出现的烦恼，特别是这种烦恼与人格因素有关且涉及压力因素的失平衡，其作用比较有限。因此，如果朋友的帮助无效，也不要忘了去请求临床心理工作者的帮助。

三、婚姻与家庭问题案例

案例 10－1－9，真想跟婆婆吵，又怕老公夹在中间为难

问：人家说婆媳间的问题是最难处理的，两者之间也是最难相处的，说得一点没错。

我婆婆没啥文化，也是个很不讲道理的人。我试着与她好好相处，她不讲理我就让着她，她无理取闹我就忍着她。我和我老公这几年做生意都在亏钱，她就和别人说我在偷偷存私房钱，这钱不是亏了，而是我拿走存成私房钱了。可是我老公说他自己心里明白，叫我别管他妈怎么说，那我也就这样忍了。

可是最近婆婆做了件让我忍无可忍的事。我和我老公在扬州做生意，她说我老公天天出去玩，她来管着他，不让他出去玩。一开始我还挺开心的，觉得我自己管不了我老公，他妈来管也不错。有一天，我出去办事，回来的时候我老公告诉我说他和婆婆两人吵架了，问他原因，他就是不说。当天婆婆便气冲冲地回老家了。过了几天一个朋友告诉我，原来当天婆婆趁我出去的时候，在我的衣柜里翻了所有的包，发现我的包里有几百块钱，就和我老公吵，说我真的会藏私房钱。我老公告诉她我不是这样的人。她竟然说我老公傻，这样的事都护着我。

我晕，想不到怎么会有这样的婆婆。我真想和她吵架，又怕我老公夹在中间为难。可是这事又不能这样不了了之，因为她更会得寸进尺的。老师，你教我该怎么去做。

答：你说婆婆是个很不讲道理的人。这话当然是有道理的，道理来自你说的内容。

可是，如果她认为（注意这是一个人的认知）媳妇是不能在自己的包里存钱的，这是否也有她的道理呢？因为她当媳妇的时候就是这个道理。她当初在这个道理上也许做得很好，也许她当初有过这种行为，还遭受了惩罚，是后来“改正”了之后才接受了这个道理的。不管怎样假设，她现在要接受“我们”的道理，就必须先改变她已经接受的道理。有时候，这样的改变对有些人是有些难度的，会给她带来痛苦，特别是以前有过生活经历磨炼的人。这就叫作你与婆婆之间这个道理上存在认知上的差异。

我们说婚姻家庭和谐，需要家庭成员之间能“接纳差异、快乐互动”，称之为互相“适应”。因此，为了实现婚姻和家庭成员之间互相“适应”，可以让我们这一方先做起来，因为我们的文化程度高一些，思想也新潮一些，做起来也许会相对容易一些。我们可以先接纳婆婆有这种只有她自己坚信的道理，接纳这个差异，然后婆媳之间甚至夫妻和婆婆之间“快乐互动”起来，随着婚姻家庭系统中多因素的动态良性循环，差异会逐渐缩小。如果能这样处理，也许就能真正的“好好相处”了，也不需要你“让”着她、“忍”着她，因为她也许逐渐地接受你。由于接受了你，以及因素之间的交互作用，反而可能让婆婆改变她长期坚持的道理，“媳妇也可以藏私房钱”。要想改变一个人的观念，最好是在温暖的环境氛围下。而你现在的“让”和“忍”，本质上是“不接纳差异”，是“痛苦斗争”，让婆婆也感觉痛苦，反而可能强化婆婆自己的“道理”，更加对你不放心，无限循环之后会进一步加重你们之间的差异，直至势不两立。退一步说，即使她有偏执方面的心理疾病，那也是没有办法的事，毕竟她是有心理疾病，更要为她做出点“贡献”，接受她，也是接纳差异。你老公说的也对，他自己心里明白，叫你别管他妈怎么说。

退一步说，她连你的老公（也就是她的儿子）也要管着，不让他出去玩。这比起那些只认儿子，不认媳妇的婆婆不知道好了多少倍，至少说明你婆婆的“道理”虽然与你不一样，但她至少是“公平”的。所以，你不用“晕”，这样的婆婆也不错，更不用和她吵架，也不用使老公夹在中间为难。倒不如试试看，来个一百八十度的大转弯，套个近乎，并与她一起来“管”一下丈夫，看她是怎样的反应，再做下一步打算。

如果你们真的能按我建议的去做，很大的可能是几个人之间在认识、态度、体验及各种压力因素方面会形成良性循环，家庭和谐可期。

案例 10-1-10，我太多疑了

问：我太多疑了，不知道该怎么办！

我和老公的感情很好，但结婚前发生过一件事，对我以后性格影响很大。

他以前做生意，有一次为了一笔单子不得不去和客户吃饭。客户在吃饭时叫了服务人员作陪，中间发生的事情我不清楚，只知道他回来时带着满脸的口红印，我打了他，他说当时他提前装醉才回来的。我相信他，他不会做对不起我的事，但是看到眼前的事情我还是控制不住情绪。他心里也很难过，陪了我整整两天，把带有口红的领带也丢掉了，他怕我看到会伤心。过了好一阵儿我才好转。

以后我们结婚了，我发现我变得多疑了。只要老公的电话一响，我会偷听，他一出去我会故意打电话问他在哪里。一开始不严重，但现在我发现自己越来越痛苦，觉得自己活得好累。

昨天我们又吵了一架，因为他的一个女同学叫他去吃饭。这个女同学是离了婚的，我见过她，也能看出来她不喜欢我，我也曾跟老公说不要和这个女生走得太近。但是这位女生总是找我老公，那天老公接到她的电话生怕我听到没说几句就挂断电话，他说是那个女生叫他去吃饭，我和他打了一架。他说自己不会经常和她联系，每次通电话没说几句就挂了，他很在意。但我想，如果真的像他说的这样，如果我是这个女生的话，我绝对不会再打电话找他，为什么老公说他很冷淡地对她，而她还是给他打电话，还约他吃饭。我实在想不出是什么原因，是这个女生的脸皮太厚，还是老公骗我？我不在时，老公会和她聊得很投机。

但是我知道老公很爱我，我也很爱他。打完架后，老公说以后再也不与她来往了，还说我太多疑了。我现在也不知道该怎么办，难道真是我太多疑了？我也想相信老公，活在猜疑的生活里太累。我爱他，很爱很爱，爱得好累，他也很累，可是我如何才能放下包袱。我的血型是 AB 型的，很开朗，我不知道该怎样从这个怪圈里出来。请您指点一下，谢谢！

答：“我爱他，很爱很爱，爱得好累，他也很累”，请先多念几遍。

暂时没有时间多回复，但你可以参阅以前的不少回帖，特别是关于良好的婚姻不仅仅需要爱，更需要对双方多方面差异的适应。

请你注意，你们这样的“爱”，反而会慢慢地使你们之间压力因素（生活事件、认知评价、应对方式、社会支持、人格特质和压力反应）方面的差异不断扩大，相互之间越来越不接纳、不适应。长期不适应，不仅不能维系爱情，反而反过来还会损害爱。例如，丈夫慢慢会因为压力而感觉心身疲惫（压力反应）、因为长期吃力地应付你而使应对能力下降（应对方式）、因为社交圈子缩小而影响社会功能（社会支持）等，一旦形成恶性循环，终会在某一天他对你的感觉（注意是感觉，而不是想到）“不爱”了。那时，你就真的比较被动。

所以，你再反复多默念：“爱不是占有，而是对差异的接纳和适应”。

当然，你自己也知道太多疑，如果具有明显的强迫性或偏执型思维，且情绪恶劣又会影响工作和生活，也可以考虑接受一定的药物治疗。

案例 10－1－11，丈夫手机里有个电话号码

问：丈夫手机里有个电话号码，我该怎么办？

我和丈夫相识快 5 年了，今年 5 月份结了婚。虽然有时两个人也会吵吵嘴，但我很爱他，也感觉到他很爱我。在同事朋友眼里我是个很幸福的女人，因为我嫁了个好丈夫，我也很高兴。常常听到同事说某某的老公和别的女人怎么怎么样了，听到这我心里暗暗地高兴，我的丈夫肯定不会这样，对这一点我深信不疑。

但就在3天前，我无意中发现他的手机里有个天天都在联系的号码，即使在我们出去旅游的时候也没间断过。在我的强烈追问下，丈夫告诉我，这是他的一位网友，就在我们结婚前，也就是4月份的时候他们见过面，还开了房间，在关键的时刻因为紧张他们没有发生关系。丈夫解释说，他是为了寻求一时的刺激，因为心里有我，情绪太紧张了所以没发生那样的事情，也从心里觉得对不起我。听到这里我真的快发疯了，心从来没这样痛过，觉得我的天塌了，想立刻就死掉，真不想再活下去了。这两天里我吃不下睡不着，满脑子都是他们在一起的画面。

丈夫一个劲地求我原谅他。想着他们毕竟没有发生关系，我想给丈夫一个机会，便答应原谅他，从此不再提起这件事。可我总会有意无意地想到这件事，还会问他们之间说过的话、做过的事，然后说出一些很伤他心的话。我真的不想这样，就想彻底忘掉这件事，回到从前的日子。请问我该怎么做？请你们帮帮我！

答：类似的问题本专栏前面帖子里也曾出现过。

发现这样的问题，对谁都不能轻松地说无所谓，双方的难过和被损方的愤怒当属正常，给丈夫一点点“惩罚”也符合行为学规律。

但静下来想一想，在生活中，谁都可能会在某些诱惑面前出格，需要本人随时提醒和克制，以及相关人员的理解和补偿。从压力系统模型来说，整个婚姻系统中的各种压力因素是动态变化的，夫妻双方都需要动态地去“适应”，也就是承认差异、接纳差异、快乐互动，进而创造良性循环，实现再适应。

建议给丈夫一次机会，让他表现出从现在开始的对你的忠诚和关爱；也让你自己有一次理解丈夫的锻炼机会，以及宽容美德的表现机会（这些都是和谐婚姻中当事人所必须具备的）。

许多人“有意无意”地会想到不愉快的事（有的人比较容易“忘记”不愉快）。这里有个性层面的原因，往往当事人比较求全、执着，有标准化倾向；也有心理防卫（应对）方式的原因，某些习惯化的消极应对策略（如钻牛角尖）往往导致与预期相反的结果。这样看来，你要适当地学一学“马大哈”。这种提示虽然苍白，但反复的自我提醒还是有一定的自我暗示的作用。

四、离婚与“出轨”问题案例

案例10-1-12，丈夫反复出轨

问：丈夫反复出轨，茫然彷徨的我该怎么做？

大我2岁的老公是我的初恋，他爱我，我也爱他，算是一见钟情的那种吧。

出于对未来充满希望，18岁的我便跟他去外地做生意。从那刻起就改变了我这一生，也完全失去了自我。

一年后，我们去了另一个城市做生意，却不知道那时不该发生的事就发生在我身上。原来，他认识了一个女子，关系非常要好，我却被他蒙在鼓里，因为我是对他那么相信。后来这名女子的闹上家门，说怀上他的孩子，去做了人工流产，现在弄得一身病；还说要他在这个城市里买套房子，要和他结婚。

他跪在地上求我原谅，说他知道错了，以后再也不会做对不起我的事了。痛苦的我就那么轻易地原谅了他，希望他以后能好好过日子。

后来我怀孕了。在我怀孕的期间，他又闹了许多绯闻。想到孩子，我都当他是逢场作戏。伤心的我只能为自己找个借口：为了这个家。

几年后，因为生意上的需要，他在这个城市做生意，我回老家帮他打货。却不知道这期间发生了一件让我永远觉得羞耻的事，也让我感到了绝望。

我认识了一个朋友，她和我老公在同一城市做生意，我们挺聊得来，所以我们决定要结为金兰之交。就是她，让我感到这个世界上什么叫作刻骨铭心的痛。是她自己亲口告诉我，说和我老公有了那种关系。我一下子就傻了。虽然不清楚她告诉我到底是什么目的，是对我老公有什么想法，还是看到我一下子就受到了良心的谴责。当时我的心里想得最多的是为什么是她？为什么？如果是别人的话，我就不会这么难受。我不怪她，因为我知道没有她，还会有别的女人出现的。

我想到了离婚。可一想到了小孩，我又选择了容忍。我在等待他回心转意。可是我却改变了自己，学会了抽烟，学会了酗酒，变得麻木不仁，完全失去了自我。我伤心、绝望、不知所措，却不知道该怎么办。现在的我就像是站在十字路口，没有方向，不知该何去何从。

答：首先，深表同情和理解。

只是，你应该考虑的是现在和将来，而不是过去。

你目前的伤心、绝望、抽烟、酗酒及麻木不仁和失去自我，都是一个人在承受长期婚姻生活事件情况下出现的各种压力反应。抽烟、酗酒也可以说是消极的应对方式。应对越消极，认识也会更消极，社会支持水平降低，通过这种压力因素间的互相作用、恶性循环，长期下去还会出现心理或心身疾病。因此，应努力解决当前的婚姻压力问题。

婚姻是一种“适应”的关系，也就是接纳对方在各方面的差异，构筑双方的良性互动。你也曾单方面地努力地去适应对方。但事实显示，你没能适应对方在性、家庭和婚姻方面的观念或态度。这是你的人格层面发出的要求，也是你的权利，不应该有一种力量非得要你改变自己的这些观念和态度去适应他。

但就现在和将来来看，生活中的其他方面因素，如身后的父母辈、膝下的孩子、自身的生活等，也是“适应”话题中需要讨论的重要因素。如果你在权衡这么多因素的基础上，最终选择改变自己在婚姻中的性观念，接受对方这种看来改变无望的性观念和行为，那么也算是一种“适应”（尽管很不愿使用“适应”二字）。还可指望因为你做出的“牺牲”而获得的夫妻良好互动的机会，通过各种压力因素之间的良性循环，或许能够促进婚姻系统的积极改变。例如，你的从容态度、孩子的欢乐、丈夫对你的感激之情，最终让你丈夫发生改变，双方原先的差异反而变小。这样的事例在现实中也是有的。

如果你既不能改变自己去协调与丈夫的“适应”关系，又不能离开他去寻找新的适应生活，那么你今后就会始终处于这种不适应的生活状态。对你来说这是最差的结果。

为什么孩子就能决定母亲的一辈子？其实孩子很快也会自己去独立适应社会，而不是适应你或者父母的家庭。

经验也证明，你丈夫的这种生活态度和性观念一旦形成，改变是比较困难的，至少在没有进入老年期之前，或者没有遭遇到重大挫折之前会一直是这样（当然也不排除有个别“顿悟”或“立地成佛”）。其实，他自己也很痛苦，因为他也许“认识到”不该这么做，但总是会被“感觉”所控制（也就是被他那与你其实不一样的“爱”所控制），就会出轨。因此，还是这句话，如果你能改变自己的观念，看到除了这个问题之外的其他好的方面（例如，他从来不打你、骂你），那就可以在不改变对方的前提下，接纳这个差异，适应这个生活；否则，就要另外去“适应”，中间的路没有。

案例 10－1－13，同居者分手也难

问：相识两年，俩人也同居过，现在很想分手。

你好，我有一位男朋友，从相识到现在已经有 2 年了，并走到了一起，也曾有过同居。但是我觉得男朋友不值得我托付终身，他学历低、能力差，没有经济基础，每个月的收入只能维持他自己的生活，根本不可能让我得到幸福。我现在很想分手，但是顾虑到我们这两年来的感情，请问有什么方法，能让我们顺利分手，对双方的伤害程度降到最小？

答：这恐怕是谁都无法完美回答的难题。

积极一点的办法是当面与之交谈，指出自己找不到对他“爱”的感觉，以及在许多压力因素（生活事件、认知评价、应对方式、社会支持、人格特质和压力反应）方面的差异自己无法接纳，无法达成“快乐互动”关系，难以在两个人之间构建起相互“适应”的关系（见我前面的一些帖子），为了双方的将来，希望友好地分手，友好分手也是一种“适应”。你既想分手，又想双方伤害程度降到最小，最理想的途径是设法通过沟通说教，让双方都接受压力系统模型的“爱”+“适应”婚恋观。

当然，对方如果反应强烈，则可以适当地回避一段时间试一试。

顺便需要指出的是，已经发展到这个程度你才发现他有这么多不被你接纳的缺陷或“差异”（应该原来就存在的吧），你不认为自己的婚姻观念或生活观念存在一些问题？其实，双方事前就应该在各方面的差异上有所观察和考虑。差异过大，自身可能难以接纳，对婚后双方的“适应”会造成困难，当时就不应深陷进去。

话说回来，既然你们在一起两年了，也曾同居过，期间应能感受过某些“爱”的体验，在人性的多因素当中，如在他的脾气、态度、行为表现方面，是否也曾经感受过那些能被你接纳的方面，如诚恳、勤劳和热情等。既然你还能顾及这两年来的感情，那你如果能多找找这些情感性记忆，也许对他会产生不同的感受和判断。

毕竟人是由多种因素构成的系统，认识和接纳一个人，必须注意避免“抓住一点、不及其余”的认知倾向。

案例 10－1－14，继续过下去，还是离婚？

问：我和老公认识 7 年，也在一起 7 年了。可结了婚后我才知道，他对他家看得太重。他有事的时候，无论大小都不与我商量，只与他妹妹商量。又因为以前我家里人反对我们的婚姻，他现在好像报复一样，对我家人很不好。

我们在这个问题上总是不能顺畅地沟通，我觉得可能从骨子里我们性格就不和吧，而且他也说，这个是不能改变的。我觉得我这样过下去会很累的，不想过了。

你说我是离婚呢，还是就这样过?

答：先与丈夫努力沟通一下。

根据压力系统模型，和谐婚姻需要“爱”和“适应”两方面的条件。你们是有“爱”这个基础的（还在家人反对中得到加强），但在承认差异、接纳差异、互相“适应”这个条件上却出现了问题。这个问题是婚后才发现的，因为婚前你们并未注意到在“爱”以外还需要面对“接纳差异、快来互动”之类问题，也许当时你家里施加的压力让你们未意识到还有这个问题。这种情况太多见了，恋人总是专注于爱情，对双方的各种差异及差异能否适应并不太在意。

你已经部分谈到了你们的性格特点，也许你们的性格都有点以自我为中心。如果是这样，婚前的苦苦追求就包含了这种性格因素，婚后也更自然地从认知上反映出来——丈夫是我的，丈夫的家庭就不是我的；反之妻子是我的，妻子的家庭不是我的。

如果是这样，你俩在对他的原生家庭方面的认识和感受上就会出现严重差异，且不“适应”。因为他有自己的心理系统，各种心理结构因素包括家庭观念不可能都与你一样，例如，他有亲情或责任感，使他会关照或倾听家人包括妹妹的意见，可你却没有。这就会使你对丈夫居然与妹妹“亲近”而反感，先是使丈夫处于两难境地，继而导致丈夫的“一意孤行”，扩大了双方的差异，加重了不“适应”。

同样的道理。你俩在对你的原生家庭的认识和感受上也不“适应”。由于婚前你丈夫面对的是来自你家庭的反对，他当时还来不及探究将来对你的家庭所需承担的责任和义务，现在结了婚，他只需要你一个人就可以了。但这是你不能忍受的，你有自己的家庭观念，理所当然地认为丈夫必须对你的家人充满责任感与道德感。这样一来，两人在这些问题上的差异会形成恶性循环。

如果是这样，显然需要双方重新沟通，看看能否就这样的问题找到互相“适应”的理由，即将对方看成是独立的心理结构系统和社会结构系统，在许多方面互存“差异”，需要通过接纳差异，包括接纳对方的心理系统和社会系统的各方面差异，达成新的接纳和“适应”，度过“七年之痒”，实现婚姻和谐。

如果双方总是无法找到说服自己去“适应”上述差异，或者一方不愿意，那就是不“适应”，离婚也是一种“适应”。

附：跟帖

姜老师，我也遇到了和上面一样的问题。我公婆不太关心我们，也不帮忙，我们两个工作都很忙，每天都焦头烂额。我希望丈夫能够说句公道话，并适时地对其父母表达一下不满情绪，但他看见父母时连一句重话都不敢说。我总觉得是因为他太软弱，才会被他父母看不起。有时候觉得父母不关心倒不是真正让我伤心的，反而是这个我让充满希望的丈夫的表现才是真正让我伤心的。现在如何处理公婆矛盾呢？当公婆在我们生病、出差时都不来帮忙，但逢年过节又一定要我们回去，到底该怎么办呢（2012-4-13 00：49）（注：此跟帖是后来整理时才发现的，未回复）。

案例 10-1-15，怎么说服对方放弃无望的婚姻

问：我跟妻子结婚 6 年，有一个快 3 岁的儿子。我们的婚姻已无可挽回，但她却怎么也不同意离婚。她是个依赖性极强的人，两年来，我一直态度鲜明地要求离婚，每次我们谈话时她不是哭就是歇斯底里，不然就是要死要活。当我给她时间考虑时，她又会若无其事地继续上班、打麻将，就像离婚的事情不存在一样。

我们在同一个单位工作，虽然起诉可以解决问题，但我真的很想劝她面对现实。她现在完全没有自我、不讲尊严，反复说的一句话就是“想不通我为什么要抛妻弃子”。实际上，我们之间有很多矛盾，我对她的自私和反复无常感到厌烦甚至是怨恨，根本不可能继续在一起生活。她不能清楚地认识到这个问题，只是一味地觉得自己不能没有老公。

我想我们都还年轻，不想这样互相耽误下去，但无论怎样劝说，她不是威胁要自杀，就是去找我的父母哭闹。请问对于她这样的心理，该怎么说服？是否是病态？需要去看医生吗？

答：在婚姻里难言对与错。不愿意离婚也不是什么疾病。

根据系统模型，婚姻需要有双方的“爱”和对其他方面差异的“适应”，但这更多地应该是婚前的准则。例如，婚前对双方的性格应有所了解，对于性格差异过大（如情绪不稳定或爆发性冲动，以自我为中心或过分自私），要估计到婚后自己能否接纳这种差异，以及不能接纳时可能出现的“适应”问题，在最终选择上应有所考虑。似乎你们开始时并没有这方面的准备，或者你后来因为自身系统变化而有所改变。

一旦结婚后，而且有了孩子，情况就变了。一个人是一个多因素的结构系统，恋爱时就是两个人的系统，婚后涉及更多人员（夫妻、孩子、双方父母、亲朋好友等），整个社会的各种责任和义务也开始介入，也就成了更大的系统。此时，婚姻其实已经不再只是一个人或两个人的问题，而是更大、更复杂系统的问题。

这时候考虑离婚，除了要根据自己的感受和认识，还得关注其他相关人员的感受和认识，尽可能在许多人和许多因素构成的大系统中，寻找到能够被多数人接纳的相对“适应”方式，否则容易成为没有社会责任感的自私者。

当然，如果比较利弊后（包括系统中的各种因素各个方面），确实发现还是离婚为上，那么就属于不得已择其次的问题了，但也算是一种“适应”。

至于如何说服她离婚，这应该是你自己的事。理想的途径是结合上述多因素的分析方法，说服她接受离婚也是一种“适应”（如离婚对她来说好的因素多于坏的因素）。

第 2 节　媒体关注（博文，2011）

国家科技支撑计划项目有“研究和示范”的要求。2011 年，作者的《压力（应激）系统模型·解读婚姻》纸质版及音像版相继出版发行，并在一定范围进行了“示范”宣传，受到各媒体的关注。有的是新闻采访，有的是根据书籍或学术报告材料，分别刊登了关于“婚姻、家庭、离婚、和谐”等方面的报道，并迅速被国内各种网站所转载。其中，一些文章基本符合作者本意，包括“压力系统模型”“婚姻和谐＝爱＋适应”及某些具体的案例等，也有部分文章内容和观点与作者存在差异，甚至有些观点是错误的，但这并不影响相关媒体对作者的压力系统模型婚姻原则持支持态度。当时，作者也在网上对相关媒体的响应表示感谢。以下选择介绍部分媒体报道或转载的情况，资料是当时通过网络搜索获得，并以博文形式转发。

一、中国新闻网：婚姻和谐＝爱＋适应

中国夫妻关系较以往更趋紧张，婚姻家庭的不稳定性日趋增加。在浙江省心理卫生协会 20 周年庆典暨第九届学术年会上，浙江大学医学院教授姜乾金总结了近 30 年来的研究成果，针对家庭婚姻和谐维护提出相关建议和对策。他认为，婚姻家庭光有爱是不行的，并提出“婚姻家庭和谐 ＝‘爱’＋‘适应’。”

《2009 年民政事业发展统计报告》显示，2009 年，中国有 264.8 万对夫妻离婚，较上年增长了 8.8%，离婚后同居、两女争一夫或一女嫁三人的闹剧时常上演，当事人不怯场、不罢休，把当代人内心的焦躁难平展现得淋漓尽致。

浙江省的情况也值得关注：据该省《2009 年民政事业发展统计报告》，在 2000—2009 年的 10 年中，每年结婚数在 38.12 万对～42.76 万对，2009 年为 42.76 万对。而离婚率从 2000 年的 2.05 对 / 万对逐年上升，到 2009 年为 8.29 对 / 万对，10 年增长了 4 倍，翻了两番。婚姻家庭和谐俨然已经成为一大社会课题（注：2021 年在已经有离婚冷静期的情况下，全国办理结婚登记的有 764 万对，办理离婚的有 283 万对）。

每个人都是多因素的“系统”

专家指出，每个人都是生活在生活事件、认知评价、应对方式、社会支持、人格特征、压力反应等各种压力因素构成的“系统”之中。“系统”平衡，即是幸福；“系统”失衡，即是压力。个人与家庭相比，个人相对容易调整与适应。

婚姻家庭是“升级系统”。婚姻家庭是不同个人“系统”组合而成的“升级系统”。大系统中的各种压力因素更具有多样性和差异性；夫妻之间或一家人之间，在情感反应、认知评价和人格特征等方面都是不同的，充满了“差异”已成为不争的事实。

在这个“升级系统”中，生活事件、认知评价、应对方式、社会支持、人格特征和压力反应等压力因素之间是互相影响、互相制约的。婚姻和家庭生活是否和谐，往往取决于多因素相互影响的结果。

案例一：文化和观念差异往往是潜伏着的重要影响因素。一位农村婆婆初次进城探望儿媳，儿媳妇很热心地陪其逛商店。婆婆在一个珠宝柜前相中一只百元假戒指。媳妇因经济不宽裕不想买，暗想农村人真低俗，但思量之后 还是买下送给了婆婆。后来，因为各种类似的矛盾与差异逐渐堆积，婚姻出了问题。

“戒指事件”被传到网上，网友分成了两派，一派臭骂婆婆及男方家人死要面子又贪小便宜，另一派则臭骂媳妇不懂人情世故又自恋。前者理由不言而喻，后者理由据说婆婆其实是为媳妇才买这个假戒指的，这理由引起了极大的争议。

在此案例中，首先是观念的不同，导致认知、应对方式和情绪反应等的不同，后者又通过因素间的相互作用，构成了整个家庭问题的一团乱麻，而买戒指事件仅仅是表面现象而已。

婚姻和谐 ＝“爱”＋“适应”

不过，“系统”因素之间的关系又是动态变化的。在婚姻的不同阶段，如婚前、婚后、产后，各种压力因素之间的关系是动态变化的。

案例二：婚姻是否和谐取决于动态变化的结果。在某对中年夫妻中，甲埋怨乙“一回家就给一个灰脸孔”，不像当初那样有说有笑，认为乙已经变心。实际上，自从进入中年以后，双方的志趣有所变化，工作事件、人际来往、对日常生活的认识等方面的差异加大，导致平日里互相埋怨、不满。

如此一来，甲从不满到产生怀疑，并不由自主地出现追踪乙的倾向。乙认为甲在监视自己，心中长期不快，对甲不知不觉中有所厌恶。故冷脸相对，这只是系统因素恶性循环的一个表面结果。

“‘适应’是婚姻家庭和谐的关键。”姜乾金表示，动态变化的结果，决定婚姻关系是否和谐。但局外人通常会凭直觉认为，夫妻以往和谐，现在失和，一定是其中某一个人“变心”了。

为了推进婚姻家庭系统的动态平衡和良性循环，实现婚姻家庭和谐，必须在家庭成员之间推行“接纳差异、快乐互动”的“适应”原则，即“接纳差异”是 “适应”的基础，而“快乐互动”则是“适应”的手段。通过这一过程，进入古话说的“君子和而不同”之境界，则可以逐渐缩小甚至消除各方面的“差异”，乃至达成持久接纳和平共处。

准确地说，如果没有“爱”确实没有婚姻，至少没有好姻缘，但没有“适应”则难以维系婚姻家庭的和谐。由此可见，“适应”与“爱”并不矛盾，婚姻和谐 ＝“爱”＋“适应”。

“爱”未必能决定“适应”

案例三：“爱”不能决定一切。观众只注意到林黛玉和贾宝玉之间的美好爱情，却很少关注《红楼梦》剧情发展过程中宝黛之间在认知习惯、应对能力、压力反应方式、家庭背景和人格特征方面的巨大差异。观众们更不会去思考如果宝黛结婚，生活中该如何适应这些差异，能否保持婚姻家庭和谐等问题。相反，宝黛之间各种差异越大，剧情就越跌宕起伏，观众就越过瘾。

专家解析，人们往往强调“爱”在婚姻中的至高无上作用，却忽略了双方差异的“适应”问题。“适应”决定“爱”的方向，不“适应”决定婚姻走向，由“爱”转为“恨”。

反之，只有“爱”没有“适应”的后果将是双方经历了由开始的不愉快到生气，到愤怒，到仇恨，到厌恶，再到冷淡的情感变化过程。如男女结婚后，双方亲友介入，各种关系人增多，原有的婚姻“系统”变成了婚姻、家庭、实业三位一体的“大系统”。由于对这个大系统中交织的各种事件、认知、应对策略、社会关系和人格差异不能“接纳差异、快乐互动”，双方进入恶性循环的恶果中。

姜乾金最后指出，一个婚姻从恋爱到后来家庭的“适应”有一个过程，不能操之过急。如果没有各方主动地去适应，通常需要几年到十几年。所以，为了促进婚姻“适应”，实现家庭和谐，各方成员都需要熟悉和掌握这一部分有关婚姻家庭适应的基本原理，并通过对各种家庭压力因素的主动调控来促进“和谐”。（记者　沈兰　通讯员　施水泉）

（注：经当年网上搜索，据不完全统计，上文分别被人民网、新民网、中国网、新华网、华数在线、金融界、中国军网、西部网、凤凰网、中国广播网等众多网站转载）

二、钱江晚报：光有“爱”不解决一切婚姻问题

新婚姻法的司法解读出台之后，家庭关系问题重新成为社会热点。我们还有爱情吗？我们的家庭会面临危机吗？这种危机到底来自哪里？该如何保证婚姻的和谐与稳定？浙江大学医学院教授姜乾金日前公布了他近 30 年来的研究成果，即如何解决婚姻家庭中的各种问题，提高婚姻幸福感。记者就此采访了姜乾金教授。

采访中，姜教授介绍了婚姻和谐的基本原则，即“爱” + “适应”。所谓“适应”，即“接纳差异，快乐互动”。

关于如何促进婚姻关系的适应？姜教授与记者探讨了几个婚姻中的误区。

1.“爱”能解决婚姻中的一切问题吗？

姜教授：不一定，如果不能彼此适应，就难以维持。

2.“坚持正确、改正错误”就能解决婚姻危机吗？

姜教授：也不一定，看能否真正彼此适应。

3.“门当户对”是婚姻成功的必要基础吗？

姜教授：只强调物质基础，没有强调婚姻和谐的心理要素，也不一定会成功。

4. 婚姻是爱情的坟墓？

姜教授：基础不好的婚姻是这样。

5.“宝黛”如能结婚，婚姻一定是幸福的吗？

姜教授：不一定。贾宝玉与林黛玉两个的性格差异十分明显，增加婚后彼此接纳差异的难度。

6. 知识与文化是高质量婚姻的要素吗？

姜教授：不一定，没有知识或文化的人，也有不少成功的婚姻，老一辈的人就是这样，关键是双方的爱与相互间不断进行的适应调整。

（注：据不完全统计，上文分别被中国新闻网、网易、中原网、杭州网、文新传媒、凤凰网等网站转载）

三、浙江在线健康网："适应"是婚姻和谐的关键

在最近召开的浙江省心理卫生协会20周年庆典暨第九届学术年会上，浙江大学医学院教授姜乾金公布了他近30年来的研究成果，即用压力（应激）理论和实证研究，解决婚姻家庭中的各种问题。他认为：婚姻家庭生活里，光有爱是不行的，"适应"才是婚姻和谐的关键。

姜教授认为：婚姻家庭光有爱是不行的。我们每个人都是生活在各种压力因素（包括：生活事件、认知评价、应对方式、社会支持、人格特征、压力反应等）构成的"系统"之中。"系统"平衡，就是幸福；"系统"失衡，就是压力。个人与家庭相比，个人相对容易调整与适应。

婚姻是不同个人"系统"组合而成的"更大系统"。大系统中的各种压力因素更具有多样性和差异性；夫妻之间或一家人之间，在情感反应、认知评价和人格特征等方面都是不同的，充满了"差异"。这是现实。

在婚姻这个"更大系统"中，生活事件、认知评价、应对方式、社会支持、人格特征和压力反应等压力因素之间是互相影响、互相制约的。婚姻和家庭生活是否和谐，往往取决于多因素相互影响的结果。

为了推进婚姻家庭的动态平衡和良性循环，实现婚姻和谐，必须在家庭成员之间推行"接纳差异、快乐互动"的"适应"原则，即承认和接受各种差异多样性、不一致、不平衡和冲突等的客观存在，这样可避免产生负性情绪影响双方的互动，家庭成员间互相进行愉快的解释、说明、讨论、争辩、调侃等一切生活内容的互动，但不强求一致和统一。

婚姻从恋爱到后来家庭的"适应"有一个过程，不能操之过急。如果没有各方主动地去适应，通常需要几年到十几年。所以，为了促进婚姻"适应"，实现家庭和谐，各方成员都需要熟悉和掌握这一部分有关婚姻（家庭）适应的基本原理，并通过主动调控各种家庭压力因素来促进"和谐"。

专家认为，根据压力系统论模型，可以通过认识和调控各种压力因素，促进婚姻（家庭）关系的适应与和谐。这些促进对策与建议包括以下几个方面。

一是正确认识和调控"爱情"（亲情）；二是预防和处理好家庭"生活事件"；三是提高家庭成员的"应对能力"；四是改善和巩固家庭内"社会支持"；五是正确对待家庭成员的"个性差异"；六是及时消除每个家庭成员的"烦恼"（压力反应）。

专家最后指出，这项科研成果反映了交叉学科的自主创新理论模型与本土化操作技术，为临床心理工作提供了一种新的婚姻家庭门诊咨询模式。同时，该成果也对普通人群处理自身或亲友们的婚姻家庭问题具有示范意义。

四、中新浙江网：婚恋指导书《压力（应激）系统模型·解读婚姻》面世

社会转型时期婚配困难，以及越来越高的离婚率让不少单身男女对婚姻充满了迷茫。为了帮助年轻人正确认识婚姻，中国红娘网携手中国知名心理学专家、浙江大学教授姜乾金编著了《压力（应激）系统模型·解读婚姻》一书。

据悉，《压力（应激）系统模型·解读婚姻》一书是姜乾金近 30 年来有关压力研究成果在婚姻家庭问题中的具体应用，也是国家科技支撑计划项目“心理疾患防治研究与示范”之“压力系统模型在家庭评估和干预中的应用研究与示范”分课题的核心内容。本书的读者群包括单身青年男女、中青年夫妇和关注婚姻家庭问题的人们。他们可以从书中汲取一种全新的婚恋理念，以指导自身或者亲友们处理好婚姻家庭问题。

“和谐的关键是‘爱’+‘适应’，‘适应’的原则是接纳‘差异’，快乐互动。这是本书的核心理念。”姜乾金认为，这也与中国红娘网一直倡导的理念相符合。

姜乾金说：“相亲和征婚的目的始终是走进婚姻的殿堂，那些为了相亲而去相亲的人一定会有所迷失，因此，相亲的目的和婚恋价值观一定要有正确的引导。”

据悉，受全球化和信息化的影响，当代中国人的生活方式和价值观念发生了深刻而巨大的变化。这种变化在婚姻恋爱方面体现得非常明显。市场经济在中国迅速推进，在一定程度上冲击甚至颠覆了传统的人生幸福观、婚恋价值评判体系和婚恋家庭形态。传统的婚恋家庭价值观正接受着史无前例的挑战。在 2011 年的情人节，中国红娘网就相关问题，通过网络及线下渠道对男性婚恋观进行了深入调查，有效回收问卷 1430 份，并编制成《2011 年“情人节”婚恋调查报告》。报告显示，“裸婚”“试婚”逐渐被年轻人认可，新的社会现状导致当下年轻人形成新的婚恋观，亟须正确引导。

第 3 节　清官难断家务事（专题，2018）

摘录自 2011—2018 年课题成果示范活动的几十场专题讲座幻灯片。期间，因为对象不同，内容会有所变动，但中心内容不变。这是最近一次在“三八”妇女节给女干部的讲座（部分幻灯片制作者：石志道）。

（注：本组幻灯图片未加解说，可在阅读第 9、第 10 两章内容的基础上，根据幻灯片文图，加深理解）

1

2018年3月8日

清官难断家务事！

——“线性的道理”解决不了“系统的家事”

姜乾金 浙江大学

3

要点：

一、为何清官难断家务事

二、因为婚姻家庭中充满差异

三、婚姻家庭工作原则是“适应”

4

一、为何清官难断家务事

现象举例

离婚率越来越高，至今每天有3700个家庭解体。他们都是没有知识、不讲道理的人吗？

丈夫跳楼，妻子查看死去的丈夫后，也爬上同样高的楼层跳下去。他们都是情感脆弱者吗？

某电台友人说，婚姻问题不用讨论，只要双方让一让。但“让一让”容易吗？

5

可见

婚姻家庭问题未必是是非、对错、好坏的问题，故清官也难以判断。

那种在婚姻家庭工作中，只强调分清是非，批评教育，改正错误的方法，都属于线性思维，不一定都适用，其效果往往不好也不持久。

因此，需要新的科学解释和办法。

6

二、因为婚姻家庭中充满了差异

案例：“梁祝”爱情基础上的失败婚姻

* 当初，男方农村户口，进城开店，能干。女方城市户口，独生女，有工作，有单身退休母亲。

* 偶然机会，女方疯狂爱上男方，母亲坚决反对，于是离家出走，与男方同居。

* 生米煮成熟饭，母亲为他们安置了新房。

7

* 时来运转，五金店开成了连锁店，资产千万。

* 期间，女方停薪留职，丈夫同学加盟，双方亲友介入，各界人际关系变复杂，最终形成了婚姻、家庭、实业“三位一体”的“大系统”。

* 在“大系统”中，各种差异越来越大，包括：生活事件、观察角度、应对方式、社会网络，性格观念的差异。即使“爱”，也有差异。

8

* 但双方始终未能接纳这些差异，反而不断试图改造对方。越是改造，差异越大，最终婚姻失败。

* 协议离婚后，双方都有了同居朋友。但男方女友正是离婚前女方认为的“第三者”，且男方借口女方男友与女儿太亲昵，将女儿藏到老家去。女方则不但被赖掉了房子，女儿也找不到，还要承受男方朋友传闻的“闲话”……

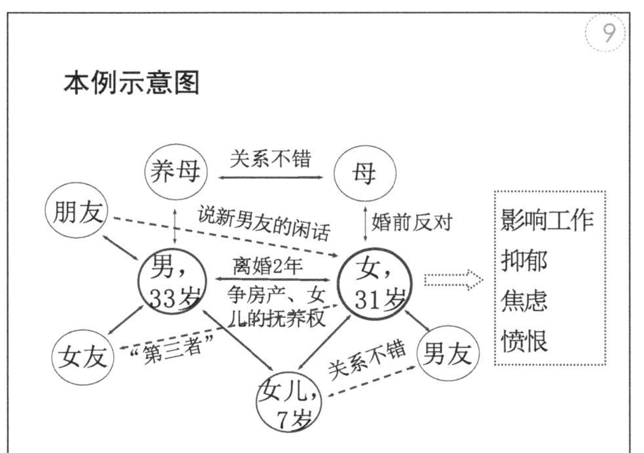

10

本例各阶段的差异

不同阶段	不同问题(表象)	不同个体	不同角度(维度)
恋爱阶段	与母亲的冲突	男 女 母	爱情 世俗 现实
前夫妻阶段	谁为主的矛盾	夫妻 同学	爱情 民风 时尚
后夫妻阶段	打斗冲突	夫妻 友人	公平 争气 家庭
离婚阶段	孩子、房屋纠葛	夫妻孩子母官员	公平 人品 孩子
离婚后	精疲力尽	前夫前妻孩了奶	孩子 人品 争气

11

婚姻家庭中通常的各种差异

情感（爱）	细腻与粗糙，情欲之爱与依附之爱
认知评价	理性与感性；求全与宽松
应对方式	认真与马虎，幽默与严肃
社会支持	喜动与喜静，交际与清高
文化背景(生活事件)	富出身与穷出身，重大家与重小家
观念	重子女与重自己，重理想与重生活
性格	利己与利他，勤劳与懒惰
习惯（行为）	喜好新异与喜好平淡，高调与低调

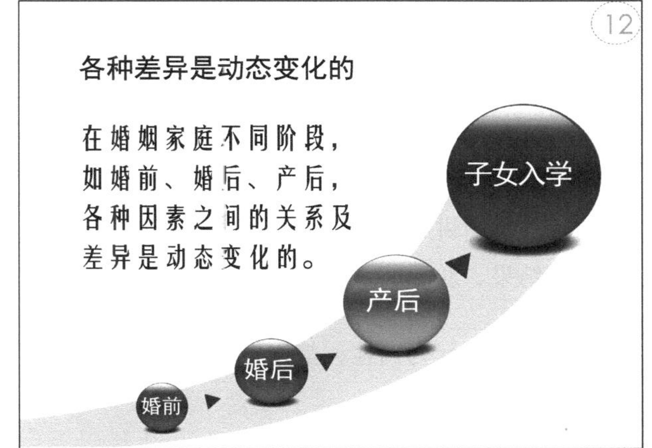

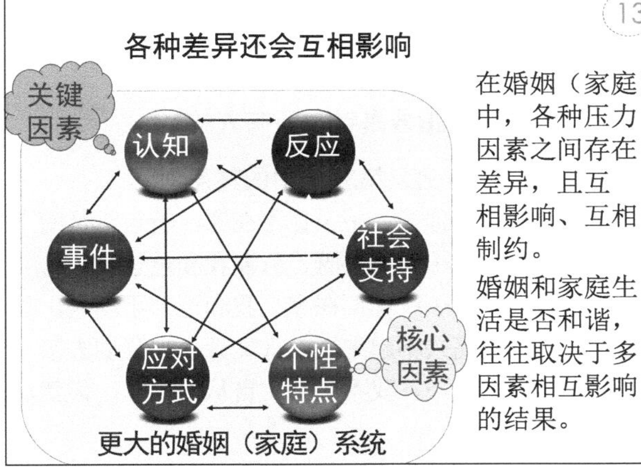

14

由于各种差异及互相影响，导致公说公有理，婆说婆有理。

当事人互相诉说的“因—果”也不同，甚至“因—果”颠倒。

15

三、婚姻家庭工作原则是“适应”

（清官不能解决，各位可以试试）

1. 说服

说服婚姻家庭问题中的当事人，面对各种差异，又无法统一，不能急于改造对方，必须接纳差异 + 快乐互动。这叫做“适应”

注意：接纳差异是基础，快乐互动是手段！

16

“适应”的理由

“适应”是良性循环：

爱→承认差异→接纳差异、快乐互动→良性互动→增强爱→差异缩小→进一步和谐

“不适应”是恶性循环：

只强调爱→忽视差异→不承认差异→试图改造对方→导致痛苦竞争→爱被削弱→差异扩大→恶性循环→由爱变恨。

17

2. 帮助

帮助当事人实现适应 **接纳差异 快乐互动**

语言技术：讲解原理、分析差异、利弊分析、类比结果、劝导演示、暗示警告等（略）

操作技术：行为调整、策略指导、环境设计等（略）

18

“适应”决定婚姻走向图示

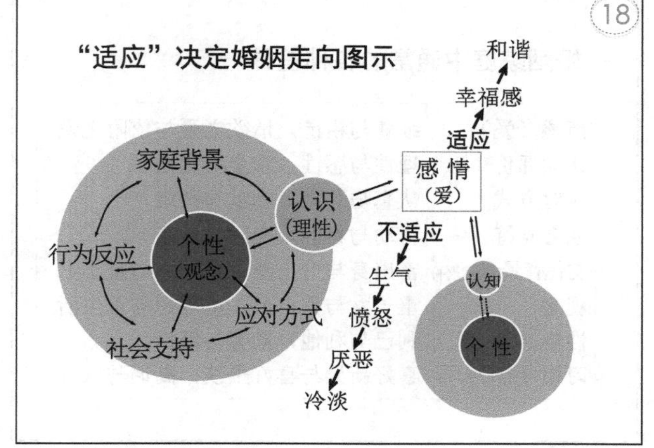

19

小结：

一、清官难断家务事，是因为许多婚姻、家务事是系统的问题，线性的道理讲不清。

二、婚姻家庭中充满差异，用一方的“是非”认识去改造另一方，经常会加大差异。

三、婚姻家庭工作原则，可以促进各方“接纳差异、快乐互动”，形成良性循环，从而缩小差异，增进情感，实现“大系统”的适应与和谐。

20

附：若干注意事项

1. “适应”指导是针对所有人的！

电视剧《养父》第39集中的精彩对话

妈，我想死你了。……你不在家，爸爸总是闷闷不乐。……我奶奶呀，只要我和爸爸高兴，她就高兴；……你不在家，我和爸都不高兴，奶奶也就高兴不起来了。（文芳：那我们去接小语回家）不，我不高兴，自从她回家，你就只关心她”。

21

2. “接纳差异”不是忍受、屈服或回避
“快乐互动”也不是改造或强求一致

22

3. “爱”不能决定“适应”

人们在欣赏林黛玉和贾宝玉的爱情时，很少关注《红楼梦》剧情发展过程中，宝黛在认知习惯、应对能力、反应（情感表现）方式、家庭背景和人格特征方面的巨大差异，更不会去进一步思考宝黛如果结婚，他们能否保持婚姻（家庭）和谐。

23

4. 婚姻“适应”要有一个过程

即使感情最好，婚后双方也要有个适应的过程。双方如果没有主动去适应，有时可能需要几年到十几年，还有个**“七年之痒”**。

复合家庭（夫妻、父母或岳父母、养子女），适应更慢一些。

另外，以“忍受”或“牺牲”的方式，不属于“适应”。

24

5. 本案例各阶段的“适应”问题

阶段	问题表象	“适应”问题所在
1.恋爱阶段	与母亲的冲突	只看“爱”，不看“差异”
2.前夫妻阶段	谁为主的矛盾	不承认“差异”，改造对方
3.后夫妻阶段	打斗冲突	不接纳“差异”，痛苦斗争
4.离婚阶段	孩子、房屋	面对“差异”，要绝对摆平
5.离婚后	双方筋疲力尽	“差异”扩大，要惩处对方

25

请各位尝试回答以下问题：

1. “清官”为何难断家务事？
2. “旁观者清”适用于婚姻家庭问题吗？
3. “爱”能解决婚姻家庭问题吗？
4. “坚持正确，改正错误”是婚姻和谐之道？
5. “门当户对”是婚姻家庭和谐的保障吗？
6. “结婚是爱情的坟墓”吗？
7. “宝黛”和“梁祝”如果结婚定会一生和谐吗？
8. “知识和文化”为何不能保证婚姻和谐？

26

各位可为自己的婚姻(家庭)，
在“爱”与“适应”方面打分！

第4节　博文集（七）

压力（应激）系统模型是生物学、心理学、社会多学科交叉的理论模式，其内容看似容易理解实则较难把握，其学术价值又主要体现在被目标人群接受和应用方面。为此，作者选取2011—2022年撰写的部分博文（原有链接和表情包已撤去），经组合分别列入若干章之后，旨在加深阅读者对该章内容的理解和把握，同时也为可能开展的系统模型各种主题宣讲和临床咨询等实际工作提供部分引用素材。

本节含20条博文，主要选取与婚姻家庭相关的一些话题。

（作者在2002—2007年先后在西陆和浙江都市网开展免费网上咨询活动，咨询案例中大部分属于婚恋家庭问题，有少部分收集在本章第一节，可以结合本节博文一起体会）

这里的文字，或能帮助减少婚姻悲剧（2011-07-05 00：03：28）

媒体又报告婚姻悲剧——夫妻吵架，男的跳楼，女的在查看死去的丈夫后，也爬上同样高的楼层跳了下去。

忍不住到书店看了一下上个月出版的拙作《压力（应激）系统模型·解读婚姻》，发现该书正静静地躺在书架角落里，而书店大堂则是琳琅满目各种畅销书的世界。博主深有感触，并糊里糊涂地开了这个博客，就算抒发一下自己的感受吧！

婚姻是“竞技场”吗？（2011-10-30 08：08：11）

今日与电视人兼友人小聚，谈及本人所著《压力（应激）系统模型·解读婚姻》一书。他不无反对之意地调侃：你将婚姻看成“竞技场”。他说，婚姻中的矛盾只要双方互让一点，即可解决，何来那样复杂的竞争和平衡之说。

毕竟是友人的诚恳之言，令我反思。

仔细想来，作为电视人的这位朋友，他的思维方式和见解原来与一般老百姓是一样的。这又回到我在书中反复强调的现象：为何那些有知识、有品位、有地位的人，其婚姻问题始终不比老百姓少。一旦出现，往往更难解决。这个问题恐怕永远都不会有人去认真回答。

现在看来，改变婚姻观念，路还很长。

失败婚姻的轨迹：生气>愤怒>厌恶>冷淡（2011-11-07 18：18：39）

博主的门诊经验显示，不成功的婚姻往往遵循着“强爱—生气—愤怒—厌恶—冷淡”的轨迹。

也就是说，婚姻从出现问题到失败的过程可分为“勉强爱”“生气”“愤怒”“厌恶”和“冷淡”几个阶段。处于不同阶段的婚姻当事人，对此不能不予以注意。

讲座中经常有听众会问，根据你这个“阶段论”，是否意味着当婚姻进入“愤怒期”，就必须尽快离婚，以免造成更大的伤害。我的回答是，愤怒期恰恰是防止“镜破”的最后阶段，也就是趋向于好合还是离婚的分水岭，是挽救婚姻的最后机会。过了这个阶段，进入厌恶和冷淡阶段，那就“破镜难圆”了。

在愤怒期，因为婚姻一方对另一个往往还存在着“爱”，甚至有爱之越深，恨之越切之说，此时，如果能在婚姻的“爱” + “适应”基础上，做出相应的调整，重回“和谐”是完全有可能的。

因此，某些婚姻问题的好事者，千万别被某些夫妻之间的大吵大闹表面现象所蒙蔽，觉得那一对夫妻经常争吵，调解无效，就认为他们的婚姻已经走到尽头了，从而说出不正确的话（你们还是离婚吧）或做出不正确之事（对某一方予以道德审判），结果帮了倒忙不说，弄不好还会被双方不讨好，自己粘上“一身毛”。

七年，你痒了吗？（2015－10－21 09：15：03）

这是博主 2015 年 10 月 10 日在浙江省科技馆专题报告幻灯片的标题，是基于“压力系统模型”的婚姻家庭问题理论和应用探索，是博主前几年结题的“国家科技支撑计划项目分课题”成果，受浙江省科技馆邀请在国际精神卫生日活动中予以展示。

家也是讲道理的地方，就看讲什么道理（2016－04－29 09：43）（微博）

读网友微文“家不是讲道理的地方”。一番读下来，通篇都是讲“道理”。由此可见，关于婚姻家庭，道理还是要讲的，只是需要“另类”道理。作者根据压力系统模型，提出一个“道理”——“爱” + “适应”，后者解读为“接纳差异、快乐互动”。该讲题前几年在各界有过大量讲座。

“多年的媳妇熬成婆”是过去式？（2017－10－08 10：48：30）

网上出现媳妇和婆婆互怼、有理有据、几乎是字字血、声声泪的两封“婆媳互怼信”，看似虚构，但在现实中却也会不同程度地存在。对此，人们的评论往往是：要相互尊重，要懂得爱，但又说不清理由，往往只用一句“爱是没有理由的”表示。

其实，这两封信对照读来，对于有知识、懂道理的人是有现实参考价值的，且不限于婚姻、家庭问题。因为所有复杂的问题，包括婆媳问题都不是“线性”的，而是“系统”的。

婆媳间“互怼”现象存在几千年了，还会延续下去。只是人们特别是女孩们，从少到老不太注意而已（注：这里聊女孩，是因为“婆媳互怼”主角是女性，与男女平等无关）。

在传统尚未完全退出之前，经典的“系统”动态变化，简略如下。

初期，“父母家”自然是我的，“丈夫家”不是我的；中期，双方家看似都是我的，但又似乎都不是；后期，“丈夫家”才变成我的［公婆去世、姑娘嫁出、叔嫂分出、成立的子女认“自家”（甚至寻找自家的千年祖宗）］，“父母家”却成别人的［父母去世、嫂子上位、成年的侄子认“自家”（甚至寻找自家千年祖宗）］。

由此可见，人类社会的不合理之一，是对女孩的不公。一生需要多次改变身份角色，那将是多么吃力！这才有了民国初年以来妇女先锋的拼死抗争。然而，从现有记录来看，第一批妇女先锋的命运并不好。然后前赴后继，终于取得了几十年的平等。但这种平等背后，仍普遍存在文中这类情况，严重的后果也比比皆是。有啥解决的方法？除了没有理由的“要相互尊重”“要懂得爱”，只有无奈地“分开住”。可是在长期的临床案例中，许多也都是“分开住”的呀！由此可见，“分开住”也不一定是有效的办法。

显然，在未能完全颠覆人类性别差异之前，女性、婚姻、家庭问题，需要一种有效且能普及的理由（理论）。

博主曾提供一种理论，即“压力（应激）系统模型·解读婚姻”。

附：“婆媳互怼书”（注：文章太长，略）

“三八”讲座现场等待时的趣想（2018－03－08 11：30：26）

解决婚姻家庭问题的办法：

法律工作者：让大家遵纪守法

媒体工作者：劝双方都让一让

心理工作者：要系统地看问题

农村老太太：孩子啊！到僻静处先坐坐，太阳西斜烧饭时就没事了。

“悍妇”也可以有幸福家庭（2018－03－31 08：36：20）

转一则笑话：有两口子结婚50年从没吵过架。记者为此采访这位丈夫。50年来你们是怎样做到夫妻这么恩爱的？丈夫答：我媳妇进门第一天，家里的狗对她吼，她平静地说：这是第一次；又过了几天，媳妇倒水时从狗旁边经过，狗又对她吼，她平静地说：这是第二次；又过了几天，媳妇正在院子里劈柴，那狗又对她吼，媳妇回手一斧子便把狗头砍掉了。我看着她把狗砍死了，就骂了她一句：神经病！媳妇平静地说：这是第一次。第二天中午，媳妇说改善生活，我一看是一锅狗肉，又骂了她一句：真神经，我媳妇拿着菜刀，平静地对我说：这是第二次。从此以后，我们过上了幸福生活……

然而，笑话中也隐含着家庭“系统模型”的法则之三——动态平衡。即“动态”过程如果是良性循环，即使一方是“悍妇”，也可建立幸福家庭。只是现实中以失败的居多，且多发生在前几“板斧”期间。

至于笑话的作者，好像是讽刺故事中的这种幸福是假的，显然是通常的线性思维的结论。

家庭（婚姻）咨询中的两个注意点（2018－11－21 21：46：44）

今日又讨论了家庭（婚姻）问题，其中涉及家庭（婚姻）问题咨询的两点注意事项。

第一、不要将其中的一个人作为“患者”，另外的则是“正常人”，而应该将其都作为家庭系统问题中的一环。

第二、不要指望采用“坚持正确、改正错误”的线性原则，而是通过系统模型的分析与讨论，让所有成员接受“接纳差异、快乐互动”的原则。

《压力（应激）系统模型·解读婚姻》出版 8 年有感（2019－01－30 12：44：44）

8 年前出版了《压力（应激）系统模型·解读婚姻》一书，该书基于压力系统模型，涉及“婚姻和谐＝爱＋适应”话题，包括人民网、中国新闻网、中国广播网、新华网、新民网、中国网、中关村在线、中原网、西部网、杭州网、新疆天山网、中国军网、凤凰网、网易、搜狐等众多媒体引载讨论，并从十几万字文本中，浓缩出简单易懂的三个标题：每个人都是多因素的系统、婚姻和谐＝爱＋适应、爱未必能决定适应。

8 年后，没有出现国家支撑计划项目目标中的“示范”效应。较之前 10 年，近 10 年的离婚率和伴随的婚姻家庭问题似乎更甚（例如，杭州市 2018 年前 11 个月结婚登记 63810 对，离婚登记 22330 对）。这至少证明，一直以自然科学为重的原科技部，于 2007 年同意将“婚姻家庭问题”作为国家科技支撑项目研究课题是有先见性的（2009 年立项）。

系统思维的婚姻“秘诀”未产生理想的预期示范效应，原因之一或许是理论上的系统多维思维较难攻克大众习惯上的线性因果思维。

实际上，“婚姻＝爱＋适应”这个“秘诀”，虽然在社会大众层面的“示范”效果不明显（大众面也太大了！），但在特定人群中还是有一定市场的。例如，博主长期成功应用于临床心理咨询门诊的婚恋家庭问题案例，使许多陷入婚姻家庭痛苦之中的来访者获益；某些长期困惑于婚姻家庭问题之中的网友，获得了思想上的解脱。以下就是当年的一位受益网友所写的网文《婚姻的根本》（发布时间 2007－03－20，发布人 yqc yqc）。文章的最后一段写道：“借用姜教授的一句话作为文章的结尾：祝愿许多婚姻出现问题或危机的夫妻，能够浏览一下这些文字，相信可以使不少夫妻进入或重新进入幸福生活！”

婚姻中有一条虽无奈但可试之路（2019－08－16 07：48：32）

（题前话：人类文明将爱情神化，爱情却不能保证婚姻和谐。婚姻问题难住了清官，自然也可能难住“情感师”或心理师）

见过一些婚姻关系，由于种种原因一方始终难以改变，另一方只好“听”他（她）的，也就是屈就（只能说是部分符合“接纳差异、快乐互动”原则）。然而，后来却发生了奇迹，他们慢慢地变得挺“合得来”。

原因可以用“系统模型”推演如下。

“屈就”的时间久了，因为系统中的另一种或几种新平衡关系逐渐形成，如良好的婆媳关系、亲家关系、母子关系、父子关系或夫妇责任关系等爱情以外因素（维度）的平衡，一种全新的大系统平衡就在不知不觉中形成。随之，因为因素之间的良性循环，处于大系统中的夫妻之间的融合度也在不知不觉中提升，原来的差异和对立反而缩小了。

这种情况多见于旧时代的婚姻，特别是女方弱势于男方时，即古时“先结婚后恋爱”。现代人们自然追求平等和解放。但在现实中，在反复考虑离婚却下不了决心时，特别是权衡离婚可能带来新的甚至更严重的系统问题时，如孩子问题、亲人问题，甚至是生存问题，以上情况不妨作为一种思路。

这条路最终能否走通，取决于许多因素。重点是能否专注于上述爱情之外的各种因素的再平衡。即使这样，最终仍得不到好结果的历史例子亦不在少数。

合适的人却无法接纳他（2020－10－30 10：50：38）

问：离婚后单身3年，今年认识了一位男士，性格好、人品好，相处几个月后觉得作为再婚对象很合适，但情感上怎么也无法接纳他，很是苦恼。如果放弃，我真的要孤独一生。这是不是我原来的心里问题导致的？

复：应该与原来的问题有关联，理性上（认识上勉强说服自己）是好的，感性上（情感上没体会）没觉得好。应该逐渐将理性的好引向感性的好，并融合起来。

建议：通过认识调整（降低要求，寻找真正的“好”），通过多接触（不要只说话，要多亲密感受），通过社会人群之间的互动（别人对此人的良好态度，会潜移默化影响你）实现这种融合。

或许在某一刻，你突然产生情感冲动，此时要选择模糊，避免过度清晰，即适度放得开。但是，也要避免刻意或者操之过急。

网络答询仅供参考。

（注：这也是婚恋中常有的问题，认识和情感两个要素，有时候有前者缺后者，有时候有后者缺前者）

“接纳差异、快乐互动”是家庭婚姻和谐的关键要素（2021－03－05 16：40：56）

实例：

妻，作为大媳妇，她关注的是自己的家（夫，子女）；夫，作为大儿子，他关注的是一大家（父母、弟妹、妻、子女）。都是好人，却“闹”了一辈子，还影响了下一代。

系统分析：

传统的家庭和婚姻结构是大系统，相对复杂，问题较多，有的问题可能影响几代人，但也承载了不少传统文化；时尚的家庭和婚姻结构是小系统，相对简单，问题较少，但也会失去不少传统的传承。

其实，两种家庭和婚姻都有“和谐”的案例。其中必有共同的要素，是知识？阅历？良心？道德？经济？法律？似乎都不全是。

通过观察发现，家庭婚姻中人人遵循“接纳差异、快乐互动”原则，才是家庭婚姻“和谐”共同的、关键的要素。

现在你怎么对待上代人，然后……（2021－03－21 08：49）（微博）

你现在怎么对待上一代人，往往意味着以后你的下代怎样对待你。至于为什么，建议别去追究其中线性的理由！因为这是系统问题，只有系统的理由，即多因素互相动态作用的结果。

婚姻中的人，差异在哪里？（2021－08－24 23：36）（微博）

根据压力系统模型，婚姻（家庭）和谐的关键，首先是承认差异，然后是快乐互动，最终接受或逐渐缩小差异，参见《压力（应激）系统模型·解读婚姻》一书。

那么，婚姻中有哪些差异呢？有大有小，大的不谈，书本里有，这里举一个小得几乎看不见的差异。

某男，原生家庭习惯把饭桌擦得很干净，然后进餐时如有食物不小心掉落在桌上也会直接拾起来吃掉，至于掉到地上时则不会拿起来放在桌上，而是直接放到垃圾桶。

某女，原生家庭习惯是把饭桌作为一个支撑面，在进餐时如果有食物不小心掉落在地上，就拾起来放在桌上，与桌上的食物残渣一起待饭后清理掉，自然不会将掉在桌上的食物放进嘴里。

以上某男家庭的饭桌是食物盛器的延伸，某女家庭的饭桌则是临时垃圾盛器的延伸，这种情况严格来说，两者并无绝对的正确与错误之分，至多算是两个家庭的亚文化甚至“微”文化的差异。然而，对于当事人来说，从各自的角度，即使以最包容友好的态度，至少也会觉得对方的习惯行为有一点“奇怪”，能够感受到双方细节上的差异。

当两人成婚后，遇到这样的细节差异，如果没有遵循“承认差异、快乐互动、接纳、缩小差异”原则，也有可能会演化成一次不愉快，或者可能引发恶性循环。各位不妨自己推演一下。

家庭生日宴，关于“小”与“老”两则（2021－11－28 14：44：35）

（一）孩子的感性认识和理性认识

父亲生日前一天，小女孩在去幼儿园的路上悄悄问保姆阿姨，你是否给爸爸也送点生日礼物，意思意思就行，像个小大人的样子。

当晚，家长对小女孩的这个可爱举动，谈笑风生，孩子也感性地表现出骄傲和得意之色。

第二天，在许多亲友面前，再次谈到了小女孩昨天的可爱表现，随着大家哈哈大笑，孩子继续略显感性地得意，但理性上似有被讥笑之感，于是初显尴尬，但大人们并未察觉。

晚上，生日宴现场，人更多了，大家围着酒桌又一次谈起小女孩前一天的可爱行为，又是哈哈大笑。但此时女孩的感性得意没了，理性的被讥笑占了上风，故而略显恼怒。此时，大人们知道不宜再议下去了。

小孩成长，感性认识逐渐减弱，理性认识逐渐增强，直到成年，理性占优，感性退其次。

就前面这类小事，只要没有严重地且经常地伤到小孩自尊，就属于孩子从感性认识向理性认识发展过程中的“挫折教育”范畴，是好事。较之全方位无条件不分场合满足孩子的一切心身需求（“最苦也不能苦了孩子”），适度的“不随意”有助于孩子以后对非标准环境的适应。

现实中，正、反事例都有。

（二）对尊老的线性认识和系统认识

一桌丰盛的生日宴，中年家长请长辈先上座，然后大家入座。

线性认识角度：老人自己都认为没有这个必要，中青年和少年往往也认为是多余的，为父母者也会觉得此举可有可无。

系统认识角度：自古就有某些规矩，里面有着系统的逻辑。中年人的尊老看似为了老人，其实也是为了自己、为了后代。待到少年长成中年，中年变为老年，那时的中年人也会善待上一代人。

见过一位亲友少年，做客时恶劣地对待亲戚家的爷辈老人，桌子上父母一辈却没有任何反应，或许未发现，或许习以为常。几十年后，同样的待遇果然轮到了其父母自身。虽然是个案，但现实中同类情况并不少见。

言传（理性的明白）身教（感性的领悟），代代相传，是为传统。

在婚姻问题中，“你就改一改”和“最苦也不能苦了孩子”（2021-12-12 17:54:57）

“你就改一改”。当小两口因为婚姻矛盾无法调和而陷于恶性循环并最终进入死胡同时，“你就改一改”是一些相关人士对弱势一方的反复劝说。

可是，改一改容易吗？特别是这一代人，他（她）可是在“再苦也不能苦了孩子”的大背景中成长起来的，在父母身边生活了20余年，养成的价值观念、行为习惯、情绪调节方式、思维运转倾向，无不打着原生家庭的烙印，且已成为人格的一部分，让他（她）改变，自然是很难也是很痛苦的事。

一旦小两口的婚姻问题发生于强势的三世同堂之家，则情况会更复杂。当今虽说让年轻夫妻尽量独立生活也是共识，由于社会经济形势的变化和个人条件的限制，仍然有不少年轻人婚后难以组成独立小家庭。这时候，除了夫妻双方，婚姻中的问题往往与强势的一方原生家庭有关。当事人总是倾向于认为自己才是正确的一方，许多人的“正确”自然让“不正确”的人难以招架。或者出于无奈，人们会劝说陷入死胡同的一方，“你就改一改”。说者容易，这时候的“改一改”其实更难。

所以，“最苦也不能苦了孩子”的大道理没有问题，但对某些运气不佳的孩子来说，其将来的消极作用也不可忽视。对于孩子来说，必要的“挫折教育与试错训练”不可缺少，有利于将来面对差异化的世界；培养“接纳差异、快乐竞争（生活）”的婚姻和人生理念更值得推崇，这是在人生道路上面对各种困难并走向成功的法宝。至少，“接纳差异”总比“改一改”少一些痛苦，多一些快乐。

两个维度看压岁钱（2022-1-28 10：18）（微博）

快过年了，谈谈压岁钱的两个价值维度——金钱和亲情。

在经济大潮中成长起来的一代父母，对金钱价值的线性认识，会影响其对待孩子压岁钱的态度。

如果上一辈亲友给孩子成千上万元的压岁钱，父母自然不会忘记教导（教育和引导）孩子表示感谢，提示这是上辈对你的关爱，从而线性地提升孩子对上辈的亲情感。

反之，上辈亲友只给孩子几十甚至几元压岁钱（即便明知是为了不惯坏孩子），做父母的还是会“忘记”教导孩子表示感谢，甚至还表现出鄙视态度，线性降低孩子对上辈的亲情感。

其实，做父母的应该明白，未经教、育、悟的孩子，对价值的认识也是单一的、线性的，“礼轻人意重”之类的多维认识和系统认识是在成长过程逐渐形成的。父母大可以将压岁钱的多少和亲情的厚薄，分成两个维度对孩子施加影响，以帮助孩子健康成长。只是父母自己要先有过这样的历练。

忘了，传统的过年，不只重金钱，更重亲情。

家庭咨询——从其中的线性逻辑开始（2022-05-13 18：48：54）

系统模型下的家庭咨询，是从寻找家庭“问题”中各方秉持的不同逻辑（往往是线性逻辑，且自认为应该怎样、不应该那样的逻辑）开始的。

在家庭问题中，各方持有的线性逻辑（直线的或曲线的）是不同的。各方又基于人们的共识，试图找到一条大家都认可的线性逻辑，这自然难度非常大（家庭婚姻问题难解决的关键点）。特别是当各方都具有强烈的“规则”意识（就是自认为很讲究原则，实际上是坚持自认为的线性逻辑）时，则这样的家庭“问题”解决起来难度更大。这也是家庭“问题”在系统模型视角下的症结所在。

因此，解决复杂的难度很大的家庭“问题”，不是去判断各方的对错，也不是找一条大家都接受的共同的线性逻辑（这是找不到的），而是说服各方以“问题一方”的姿态参与（不是证明自己是对的，或者证明对方是错的并试图改造对方），让各方认识到家庭问题中总是充斥着许多“有道理的”线性逻辑，必须接受基于系统模型的“家庭适应”系统逻辑，承认差异，接纳差异、快乐互动，则家庭问题在各方的聪明才智下，会自觉调整、自行解决。

以下从一个事例中举几条线性逻辑。

父子各自掌控有相当规模的独资企业，以父子冲突为核心的矛盾却波及整个家族，成为严重的家庭问题。此案例中可获取 3 条主要的线性逻辑（简称“主线逻辑”），其中父 2 条，子 1 条，且父子都还有许多支线逻辑可以支持各自的主线逻辑。

父 2 条主线逻辑

主线 1，现代的事业心：当过中层干部，下海后成功办厂几十年，有强烈的发扬光大愿望，可举出许多例子证明自己高瞻远瞩、从无失败（支线 1）。以这一主线逻辑，即使到了耄耋之年，承认自己也很难真的会放手退出。

主线 2，家族的传承：出身于农村，只有一个儿子，且认为儿子能力有限，办事不成熟。例如，近期差一点就要多交几十万元的环保费（支线 2）。插问，不成熟怎能搞成与你一样大的企业。答曰，那是十几年前在自己的支持下才办成的（支线 3）。现在我老了，应该把子女统一管理起来，让家族事业能够后继有人（类比汉武帝、唐宗之家国传承）。

结果，两主线结合，有强烈愿望也有充分理由（逻辑），认为需要整合家族内的两个企业，同意让儿子为主（大股东），女儿为次（小股东），答应自己退出。结果却遭儿子“耍弄”（弄了一半，儿子退出了），致使近期无法入睡（痛苦极）。

子 1 条主线逻辑

主线 3，父亲强势，无法合作：承认父亲的工厂和自己的工厂都办得很好，但父亲很强势，管得太多，十几年前曾因此大吵过（支线 4），姐姐向着父亲（支线 5），现在如果跟父亲合并，父亲不可能如他所答应放弃不管，到时候两败俱伤。还不如父亲自己继续把厂办下去，到了终点，我自然会接手的。如此看来，中年的儿子对老一辈的家族传承之急迫根本无感。

结果，认为父亲应继续办父亲的厂，我办我的厂，相安无事岂不是更好？父子冲突加深，以致近期越加厌恶父亲（痛苦剧）。

其实，父子的认识都没问题（否则就不是成功人士），只是因人格因素和以往经历，使其选取了系统中的一条线性逻辑，且所有的支线逻辑都支持他认定的主线逻辑。虽然在知识上他们也认同系统问题中还有其他主线逻辑，但基于常人习以为常的线性思维习惯，以及对过去成功经历的自信和对认定主线逻辑的前瞻的坚信，还是会试图改造对方，以接受自己的主线逻辑。

因此，系统模型下的家庭咨询适用于面临复杂问题并陷于痛苦不能自拔的聪明人（精英们的压力）。并且，经常以首先告诉来访者系统模型的一个核心道理——凡是反复强调自己是坚持“规则”者，几乎没有一个家庭能够保持和谐（因为系统里有许多“规则”），以打破来访者的理直气壮（因为来访者总是理直气壮而来），并作为咨询的开始。

附，压力系统模型要点：

系统问题中存在许多因素（维度）；

因素（维度）之间互相影响；

因素（维度）之间的关系是动态变化的；

认识起重要作用；

人格起核心作用。

网恋靠谱吗，为什么？（2022－06－30 12：15）（微博）

赞同网友评论，“网恋的人能把不好的一面给隐藏起来，包括容貌、性格、家庭等各种因素。虽然开始谈的时候未发现不合适，等到真的出现矛盾时，碰到了一些性格比较固执、偏激的人，可能会被对方纠缠不清，甚至暴力相向而走极端。”

互联网、大数据、手机……让网恋更容易、更多见。但网恋有一项重要缺陷，即难以显露双方各方面的差异，自然无法发现差异，也就谈不上接纳差异，违背“接纳差异、快乐互动”的婚恋原则。

第 11 章　心理危机（自杀）问题

本章导言

心理危机，人的一生中一不留神就会碰上，但又不太受平日的关注，多少人因为对危机的线性认识而陷入深渊、无法摆脱。自杀则是更严肃而沉重的话题，排除精神疾病（后面有所论述），多少人因为缺乏系统认识，没能跳过那一道坎，等不到雨过天晴。

对于心理危机或自杀问题，人们习惯于从线性的两端去找原因。实际上，不论是生物心理社会模式，还是作者的压力系统模型，都是从系统的角度认识危机和自杀问题的。

压力系统模型能很好地解释心理危机及自杀的发生发展逻辑，为危机援助和自杀干预提供理论支持，通过对有关危机因素进行系统分析与评估，从而设计具体的危机监测和救助计划。

作者特别强调，要想使危机援助和自杀干预工作有效，需要通过普及压力系统模型基本法则，在相关人群中培养有针对性的防范和化解危机意识。

本章资料集中反映作者倡导的压力系统模型在心理危机和自杀防控方面的意义，包括危机的概念、评估和干预方案，灾难援助和自杀分析案例，以及部分与危机相关的博文等。

第 1 节　心理危机两种概念和系统模型干预策略（专著，2012）

摘录自《医学心理学：理论，方法与临床》（人民卫生出版社，2012 年）第八章第八节。文中涉及的图表已转换成本文集编号或略去。

一、用案例看“危机”

案例 1：地震现场透出的现象

通过各种信息汇集看大地震灾难现场的一些特殊现象：在灾难人群中，有人向前冲，也有人向后跑（坎农的生物稳态学说解释：那是个体在应急时或“战”或“逃”的反应）；有人躁动，也有人麻木（高级神经类型说解释：那是“兴奋”与“超限抑制”）；有人呼天抢地，也有人不承认、不接受（精神分析理论的心理防御说解释：那是个体防御机制的“退行”与“否认”）；还有人哭着责备一位刚被挖出后立即死在担架上的受难青年为何不能再坚持一会儿（临床医学解释：那可能是挤压综合征，离开压迫物后极易迅速死亡）。此外，还出现所谓灾民们应该“哭”还是“笑”的争论；有个别灾民居然“怕”心理援助者（或许她遇到的是“不对口”的心理专家）；等等。

所谓危机（crisis），最早由 Lindemann E.（1944，1956）提出，是指个体面临突然或重大生活事件，不能回避又无法解决时所出现的心理失平衡状态。按照这个概念，“危机”的前提条件包括重大事件、应对失效和心理症状等三项条件。显然，这种危机首先强调的是严重事件的刺激（打击）。案例 1 中地震灾民就符合这种经典的“危机”。

以上信息中所反映出的灾难人群有五花八门甚至互相矛盾的危机表现，看来还需要从多因素多层次的“系统”角度去解释。

案例 2：“怕死”危机

男 62 岁，退休不足 2 年。两天前开始日夜连续惧怕自己死去，开始还能自己顶着，没有告诉别人，今天终于难以忍受而悄悄告诉夫人，说自己控制不住地害怕死亡，让她帮忙找个心理医生。夫人非常奇怪，平时表现威严又坚强的丈夫到底怎么了。

来访者原是某企业的高级会计师，平时工作认真，自我感觉良好，但人际交往不多，退休后也很少参加各种活动。有高血压病史但用药能够控制；心电图曾有过 ST 段压低，故近年来反复到医院检查，对是否会发展成冠心病存有疑虑，担心较多。8 年前患大肠癌，手术治疗效果良好，平时也很少关注。前两天突然获知某位一直挺健康的同事因心肌梗死而猝死，当天自己想了很多，特别担心自己患有心脏，到后来就觉得非常害怕，曾试图摆脱这种恐惧感却不成功，又不好意思对人说，坚持到昨天晚上，实在难以自己摆脱，才很不好意思地请求夫人找心理医生（图 11－1－1）。

案例 2 符合目前在一些领域出现的另外一种心理危机的概念，即个体出现心理严重失调、激烈的心理矛盾或心理面临崩溃等危机情况。与 Lindemann E. 的概念有些不同，这些危机不一定由“严重事件”引起，也许只是“小”事情，甚至是在别人看来“没有”的事情。同样，当今所谓学生心理危机，是将有轻生念头者及有严重自杀倾向者也包含进去，但未必有重大事件。很显然，这里的“危机”强调心理崩溃等心理反应。

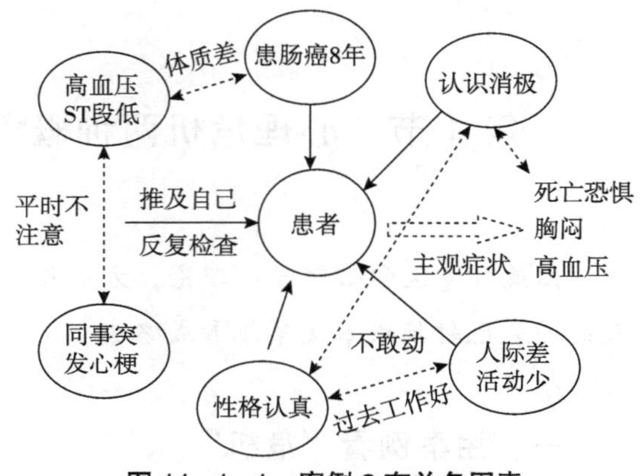

图 11-1-1　案例 2 有关各因素

“怕死”，其实每个人都必须面对，但来访者却陷入了心理崩溃。很显然，与一般人比较，来访者只是无法控制地注意到“可能也会死”的事实，而正常人则总是“忘记”这个事实。对于此例，用一般的劝说也是无济于事的。

二、用压力系统模型认识危机

压力系统模型强调人是多因素的动态平衡系统，所谓心理危机，就是这个系统的严重失平衡（图 11-1-2）。按照 Lindemann E. 建立的概念，危机由严重事件打击所引起，但个体的认知、应对和心身反应等压力因素也都反映在危机定义之中。由此可见，Lindemann E. 的定义并不排斥事件打击之外的多种因素。同样，按照压力系统模型的压力反应概念，严重的心理反应（心理崩溃）就是一种心理危机，不论引起这种心理崩溃的刺激（生活事件）是否达到“严重”程度，其他各种压力因素的共同参与导致了这种“崩溃”（心理危机）的发生。

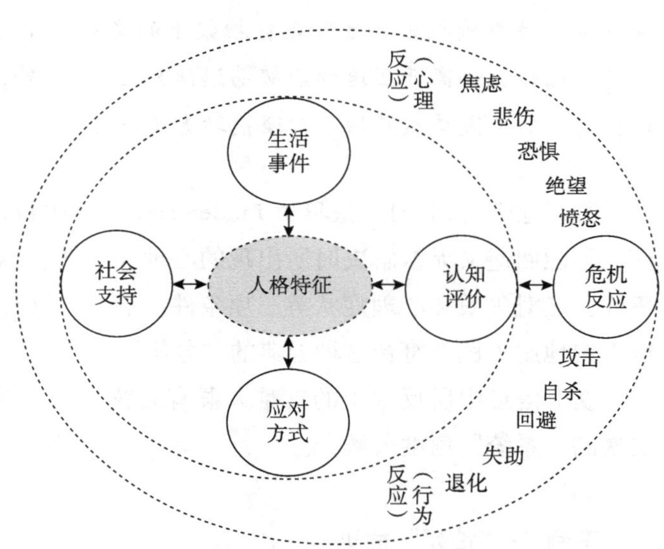

图 11-1-2　心理危机的压力系统模型分析

据此，作者（2007）在《心身医学》一书中提出，处置心理危机，首先必须对来访者的压力系统做综合的评估与分析。危机救助策略应包括解决、缓冲和回避生活事件（危机事件），认知改变策略，设计应对策略，提供社会支持，减压技术等各种措施。

三、压力系统模型的危机评估

使用晤谈、观察和调查等评估方法（灾难引起的危机往往难以实施量表测定）。

如图 11－1－2 所示，评估心理危机不仅要注意个体显示出的严重危机反应，特别是心理行为方面，如自杀、攻击等“危机行为”，同时也应特别注意评估危机反应背后的各种相关因素，以及这些因素对于“危机行为”的影响作用。这种影响可能加剧危机行为或产生不良后果，也可能被我们利用用来降低其危机水平，从而实现危机干预。

危机评估往往采用简化的方法，压力因素和压力系统的评估往往融合到压力层次评估之中，以尽快做出判断，为迅速干预争取时间。

评定患者的压力反应和心身症状情况，做出问题的第一层次的评估，如意识谵妄、死亡恐怖、自杀意向、攻击行为。

分析重点的生活事件（危机事件），以及认知评价、应对方式和社会支持程度等因素，做出问题的第二层次的评估，确定各因素在“问题”中的地位及因素之间的互动关系，为危机干预寻找更佳的切入点。

通过分析人格倾向，特别是人生观、价值观，各种信仰、信念和观念，以及性格上的求全、敏感倾向，并做出对问题的第三层次的评估，以确定人格因素可能在整个“问题”系统中的核心作用。

四、压力系统模型的危机管理与控制方案

根据危机评估，从三个层次中找出首要的和重点的压力因素，制定心理危机援助程序。其中，需综合考虑各种可能的途径、多因素的切入点，以及采用各种可能的心理学技术与方法。

（1）解决或回避危机事件

例如，搀扶当事人离开地震现场以避开血肉模糊的亲人尸体。

（2）认知策略

例如，暗示跳楼者如果跳楼不死并导致伤残，将长期地比现在更痛苦。

（3）应对策略

如图 2－3－1 所示的某些应对策略可供选择，如分散注意、祈祷、倾诉、发泄，甚至烟酒等。

（4）社会支持

如面对绝望而极端者，让其最亲的人出面可能有奇效，但应注意避免对该亲人的伤害。

（5）控制压力（危机）反应

例如，对某些精神崩溃患者，在严格掌握适应证的情况下可使用镇静剂等药物。

（6）注意人格因素

在设计援助策略时，需结合考虑当事人的人格特点（重点是信念或观念系统）。

当然，在某些心理危机状态下，没有更多的时间和充足的条件可供选择。但有了以上关于危机管理和控制的策略框架，并在此框架下制定现场援助方案，总比在现场手忙脚乱地乱“救助”要更合理些。

五、案例：心理危机门诊评估与干预

1. 评估

案例 2 因为不属于灾难现场的心理危机者，在排除精神疾病和躯体疾病基础上，其门诊评估仍采用压力分级评估方法（参见第 3 章）。

压力因素评估：结果见表 11-1-1。

压力层次评估：虽然第二层次显示，危机问题是由同事猝死事件引发（启动因素），以及来访者平日里有认知消极和应对失据等特点，但第三层次人格特点中的生死观和绝对化的健康观念，或许是来访者心理危机的重要因素（也是压力系统模型的核心因素）。

压力系统评估：来访者平时通过自身的应对方式（反复检查心电图），尚能维护压力系统的平衡。这次同事因心脏病致死事件，在来访者的人格基础上（生死观）诱发系统失衡，并在短时间内陷入强烈的恶性循环。

表 11-1-1　案例 2 来访者的压力（危机）因素评估

压力因素	特点描述（根据晤谈、调查、观察和测验）
压力事件	同事心肌梗死（启动因素），高血压与心电图 ST 段压低，8 年前肠癌（已康复）
认知特点	大量负性自动思维都指向自己可能“死亡”（重要因素），责怪自己平时太不注意
应对方式	平时反复查心电图、不敢多运动，转移恐惧失败，消极应对明显
社会支持	家庭外支持低（朋友不多），家庭内支持尚可，
人格特征	内向、执着、看问题消极、生死观（信念）问题（重要因素）
危机反应	恐惧、崩溃

2. 干预

根据分级评估，与心理危机有关的“首要因素”和“重要因素”是门诊紧急干预的切入点。此例包括以下几个方面。

（1）解释人格因素在这次心理危机中的核心作用，指出其与生死观（信念、信仰）有关，并直面宣传大众的生死观——有点类似冲击疗法（此例如果选择回避这个话题，效果恐怕不佳）。同时指出，平时的执着和敏感性格的两面性，在这次事件中也有影响，让来访者将心理危机尽量客观化（注：作者认为，对某些案例甚至不要回避宗教信念和终身发展观的话题）。

（2）理性解释危机事件，促使认知改变。用概率反驳同事猝死与自己风险之间的必然关系（来访者是会计专业），引导理性思维。同时还需解释心电图 ST 段压低的病理生理意义及概率。对于 8 年前肠癌一事，与此次危机无关，但主动向来访者提出，肠癌其实也存在术后复发的概率问题，你却多年未予以关心，这恰好反证了你现在对心血管病应持的态度。同时，在整个晤谈过程中要多给予理性的“保证”。

（3）在提高应对策略，改善社会支持方面也提出一些建议，例如，近日可找几个亲友外出游玩几天，既用于转移应对，也能提高社会支持水平。

（4）对于危机反应，如惊恐情绪，在晤谈干预 45 分钟快结束时，观察来访者的症状，再决定是否给予适当的药物。

第 2 节　与灾难心理救助有关的若干心身医学原理（专题，2008）

摘录自 2008 年 6 月在浙江省医学会心身医学分会第 6 届学术年会暨（地震）灾后心理救助专题研讨会（温州）所做的专题报告，题目为“与灾难心理救助有关的若干心身医学原理”。当年 5 月发生汶川大地震，作者随即有针对性地开展有关工作，试图推动压力系统模型在心理危机干预和心理援助方面的应用，本讲是首推专题。此后，这个讲题曾在多个学术场合报告展开。

整个专题分两个部分，幻灯图片＋解说和有关资料。

一、幻灯图片＋解说

①

浙江省医学会第6届心身医学学术年会
暨灾后心理救援专题研讨会

与灾难心理救助有关的若干
心身医学原理

姜乾金
2008年6月温州

1. 汶川地震，全民震惊，人们踊跃参与抗震救灾。面对灾民各种矛盾的心理危机症状（例如，有的向前冲，有的麻木，后者往往被解读为思想觉悟不高），到底该如何解释，以及该如何科学地展开心理救助（例如，该引导灾民“哭出来”，或者鼓励其要坚强），都需要有理有据。否则看似热闹，实则乱套。

为此，作者就有关灾难心理救助的心身医学原理问题，制作了这个 PPT。

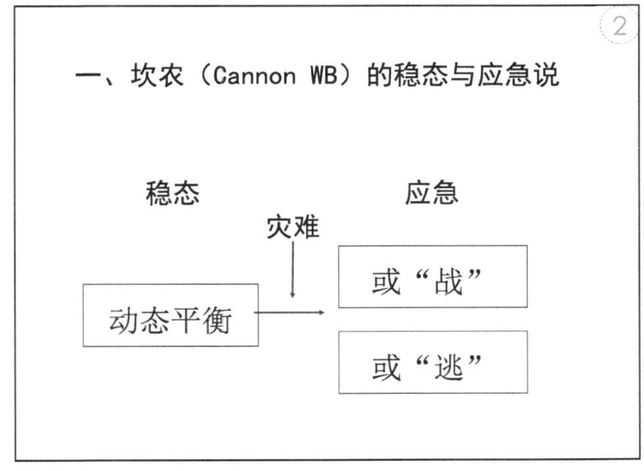

2. 人体功能活动通过各种自我调节（self-regulation）机制，与内、外环境中保持着动态平衡。20 世纪生理学家坎农（Cannon W B）将其称为稳态（homeostasis）。

这种稳态在遇到严重干扰性刺激时会出现应急（emergency）即“战”或“逃”（fight or flight）反应。

评论：在灾难打击下，不同个体不论“战”或“逃”，都是为了保持“稳态”。

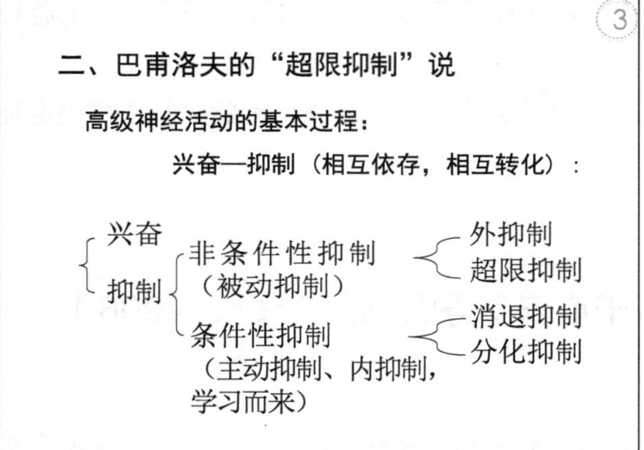

3. 机体活动的基本过程：兴奋—抑制（相互依存、相互转化）。

当刺激作用过强、过多或作用时间过久时，如遭受灾难，神经细胞不仅不能引起兴奋，反而会使抑制发展，称为超限抑制。

此时，大脑皮层神经细胞的兴奋性降低甚至进入保护性抑制状态。

评论：灾难打击所致的人体超限抑制，是一种自我保护机制。

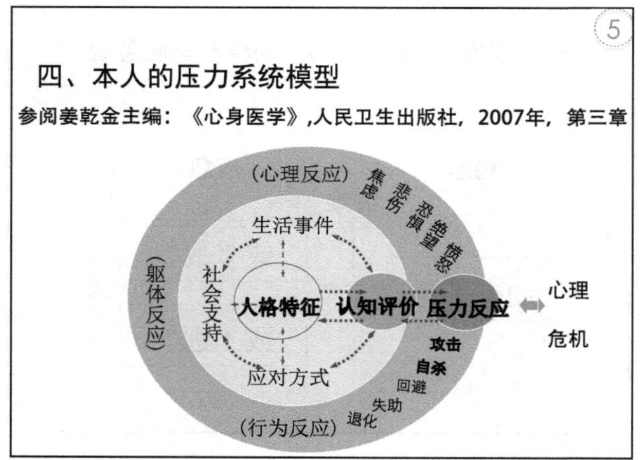

5. 作者认为应激（或压力）是多因素互相作用的“系统”，心理危机是“系统”失衡，以压力反应的形式表现出来。

评论：灾难中的不同个体，其心理危机的发生与系统中各种因素交互作用恶性循环有关。危机干预策略可以从系统中的任何因素作为切入点，如解决与回避生活事件、认知策略、应对策略、社会支持、减压措施等，还得注意“系统”的再平衡。

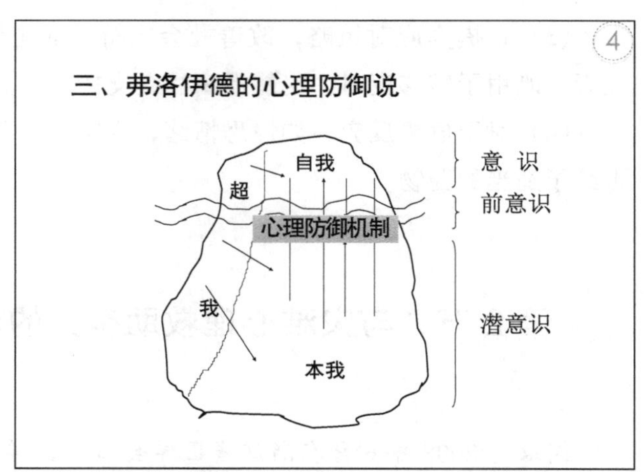

4. 心理防御机制是潜意识的防卫，包括压抑、否认、投射，退化、隔离、抵消转化、合理化、补偿、升华、幽默、反向形成等。

这些防御方式如果得当可减轻痛苦，帮助度过心理难关，防止出现精神崩溃；而过度则可能表现出病态心理症状。

评论：多种文献特别强调，“否认”机制在特定条件下（如心肌梗死急性期）有自我保护作用。在现实中，许多人却线性地认为，只有直接面对、勇往向前，才算正确。

6

有关参考资料

资料一、伤残与心理危机

资料二、外伤病人的心理反应

资料三、否认机制与心肌梗塞病人

资料四、美国人谈灾难后

资料五、日本人谈灾难后

6. 大地震发生后，有关危机救助和心理援助的各式各样方法的报道很多。对此舆论褒贬不一。例如，强制引导受灾群众“倾诉”（即引导其哭出来、说出来等，或者在现场开展心理测验等）的问题，作者就不太认同。

为此，作者收集了与危机救助相关的资料，通过专题报告和在不同场合与专业人员交流，分享，试图为抗灾活动尽一点绵薄之力。

（见附录）

二、有关资料[①]

资料一：伤残与心理危机

（摘录自作者 1988 年主编的《医学心理学》，浙江大学出版社，第 24 章）

突发伤残，由于心理上的防卫机制，不少患者会产生“否认”心理。否认心理对情绪危机有一定好处。

对突然致残的心理危机，Fordyce WE（1971）建议：

1. 分散注意力，争取时间等待其积极心境的出现

可鼓励患者进行一些对康复计划有意义的简单操作训练。

2. 将患者注意力吸引到……

资料二：外伤患者的心理反应

（摘录自作者 1993 年主编的《医学心理学》，北京科技出版社，第 15 章）

外伤初期的“情绪休克”。

急性外伤者，若神志清楚，常可以表现为出人意料的镇静和冷漠，被称为“情绪休克”。这是一种心理防卫反应，实际上也是一种超限抑制。这种心理反应有时可以持续数天，直至转变为其他心理反应。

资料三：否认机制与心肌梗死患者

[摘录自王守谦、姜乾金《否认机制在心肌梗死疾病中的临床意义》，中国实用内科杂志，1992（6）：287]

所谓否认（denial），是指否定、漠视、淡化和回避应激事件的存在或其严重性的一种心理应对方式 。

在 MI 临床上：

否认机制在入院前易导致就诊的延误；

否认机制在急性期有利于心身的适应；

否认机制在康复期又产生不利的影响。

资料四：美国人谈灾难后

（引自 http：//www.sina.com.cn，2008 年 6 月 9 日 9：38，东方网 — 文汇报）

美国纽约州立大学水牛城分校的马克 · 西里等在 6 月号的《咨询和临床心理学杂志》上发表报告认为，治疗心理创伤一定需要倾诉的观点可能并不全面。对于部分患者来说，也许不倾诉是更好的选择，心理治疗的关键是根据各人特点制定不同的治疗方案。

资料五：日本人谈灾难后

（引自：http：//www.sina.com.cn，2008 年 6 月 9 日 5：16，新京报）

前不久，日本心理援助支援队队长发来邮件，提出了两条灾后心理援助中的基本原则。

① 注：这部分内容原为幻灯片，现摘录其中文本。

第一，不能促进恐怖情绪的表现。例如，让孩子绘画或写作文描绘地震时的情景，可能会导致对孩子的二次伤害。

第二，仅仅实施心理创伤的评估，容易给灾民造成二次心理创伤。因此，一定要是能持续援助的人。

第3节　心理危机干预策略（专题，2008）

引自作者2008年8月在教育部和国家自然科学基金委主办的全国研究生心理援助暑期学校（杭州紫金港），以及2008年8月在中华医学会心身医学14届学术年会（北京）所做的专题演讲（幻灯片），题目为“压力系统分析与心理危机干预策略”。当年5月发生汶川大地震后，作者随即有针对性地开展了有关工作，试图推动压力系统模型在心理危机干预和心理援助方面的应用，本讲题是其中之一。此后，该讲题还曾在多个学术场合，例如，2009年8月中华医学会心身医学第15届学术年会（太原），以及前后几年间多地学术活动中报告。这个主题演讲一直延续多年（受众较多）。

①

教育部和国家自然科学基金委主办
全国研究生心理援助暑期学校（杭州，2008年7月）

压力系统分析与心理危机干预策略

姜乾金　浙江大学

1. 以压力（应激）系统模型思考灾难和危机问题，会让我们跳开习惯了的线性思路，从地震等灾难现场看到的许多不解现象中找到多维的系统的认识，随之也就能帮助我们找到多种介入方法。

本专题讨论的不单单局限于这次地震灾难心理援助问题，而是拓展开来，涉及各种灾难和各种心理危机问题的干预策略。

②

目录

一、两种“危机”的概念

二、用压力（应激）系统模型看“危机”

三、系统模型的心理危机评估策略

四、系统模型的心理危机干预策略

五、案例要略

2. 本专题涉及面较广，包括前言、心理危机概念、心理危机的压力系统模型分析、系统模型基础上的危机评估、危机干预和案例等部分。

3

前言　从这次救灾中出现的一些问题说起

* 为什么他不能再“坚持”一会儿？医学：“挤压综合征”
* 为什么有人向前冲，有人向后跑？稳态说：“战”或“逃”
* 为什么有人躁动，有人麻木？神经类型说：“超限抑制”
* 为什么有人呼天抢地，有人不承认事实？心理防御说：“退行”与“否认”
* 他到底应该“哭”，还是应该“笑”？或许都可以
* 她为什么“怕”心理援助者？　或许她遇到的都是“不对口”的心理专家

现在看来，灾难或危机中的人是复杂的问题，或许是“系统”的问题。本讲仅讨论心理危机的系统分析与干预策略

3. 针对汶川大地震救灾现场出现的一些“怪异”现象，本专题将给予答案。灾难中的心理危机往往是“系统”的问题，救助者需要结合心身理论，从多因素、多维度、综合和系统的角度去认识，才能找到相应的干预方法。

4

一、两种“危机”概念

4. 讨论一个综合的复杂的问题，厘清概念非常重要。通常出现的一些争论和矛盾，往往是由于参与各方并不是在同一个概念下的认识。危机或心理危机问题，尤为如此。

5

心理危机（崩溃、自杀）
身体危机（病危）
其防与治，都不简单

对心理危机（含自杀、伤人）
线性的“因果”“是非”道理劝说往往无效
系统的“多因素”“再平衡”干预或有效

5. 心理崩溃是“危机”，身体病危也是“危机”。两种危机都属于综合的复杂的系统问题，认识不简单，干预自然也不简单。

心理危机在许多情况下不被人们所理解，是因为人们往往是根据自己的线性“因—果”逻辑去认识和理解，其本质上属于综合的和系统的问题。

6

1.“危机”概念之一

危机（crisis）最早由林德曼（Lindemann E.）于1944年提出：是指个体面临突然或重大生活事件，不能回避又无法解决时所出现的心理失衡状态（含自杀和伤人）

这个概念强调危机的“因—果”线性关系

因 ——→ 果
地震灾难 ⇒ 心理危机

6. 以通常的线性思维习惯，心理危机似乎有线性的两个端点，一个是原因，一个是结果。对这两个端点的重视程度不一，就出现了不同的“危机”概念。

林德曼关于危机概念，“原因—结果”明确，如这次地震。这个概念相信很容易被大多数人接受。

⑦

2. “危机”概念之二

危机是指个体出现心理的严重失调、剧烈的心理矛盾，或心理面临崩溃等危机情况。如毫无征兆的自杀和杀人事件。

这个概念未强调“突然或重大生活事件”

因 -------→ 果

多因素或“无”因 → 心理崩溃

7. 还有一种心理危机的概念，轻“原因”重“结果”，如“找不到原因”的心理崩溃。这个概念不容易被线性“因—果”思维习惯者所接受，却较容易被系统思维习惯者所认同。

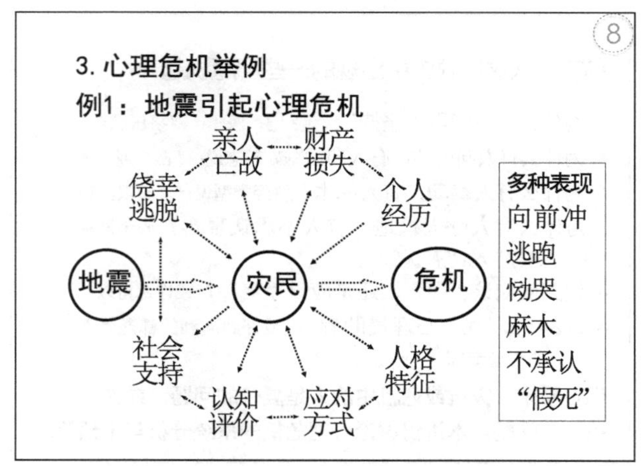

8. 以下 3 个案例，分别显示“危机”的不同侧重点。

例 1 符合第一种危机概念，图示为地震灾难现场的心理危机。虽然地震是原因，但个体是否出现心理危机及影响因素和临床表现，却是受众多社会环境因素的影响，也受心理压力诸因素的制约，并无统一标准。

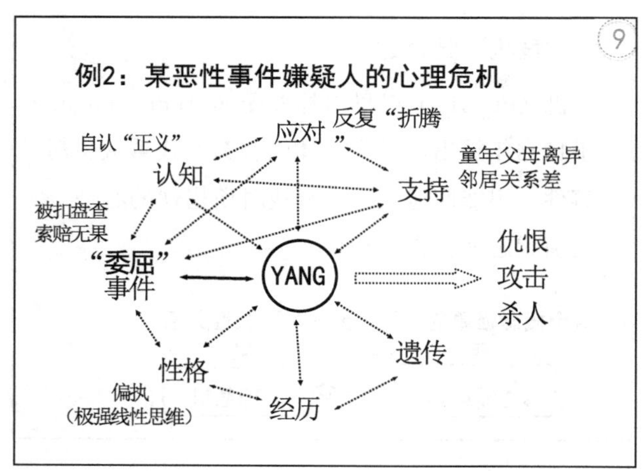

9. 案例 2 是恶性事件中的当事者，原因是“委屈事件”，结果则攻击伤人，“因—果”分明。

很明显，除了委屈事件这个“危机源”，其他的心理压力有关因素，对于危机结果的发生起着重要甚至是关键的作用。包括认知偏差（坚持自己是正义的）、应对消极无效（反复折腾）、社会支持缺乏（童年母离异、邻居关系差），以及性格偏执（极强线性思维）、经历（曾有索赔成功的经历）和遗传（母亲也斤斤计较）等。

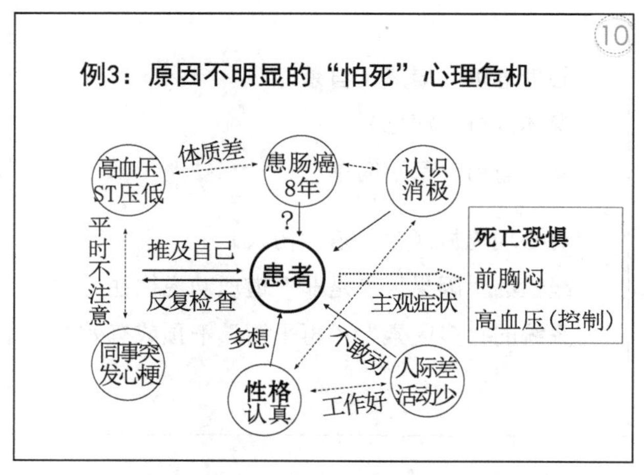

10. 案例 3 符合第二种危机概念。新近退休老人因“怕死”难以承受，几近崩溃，不得不放下平时的威严恳求老伴尽快寻找心理医生。

该例的原因不是很清晰，其结果则鲜明，似乎与图中各种相关因素都有关系。

类似这样的心理危机现实中还有不少，包括某些自杀、攻击案例。

11

4. 小结：两种“危机”概念

线性认识：重大生活事件（因）引起的心理失衡状态（果）。

这一概念因果清晰，但无助于问题的解决。

系统认识：是一种心理危机情况，涉及许多压力因素（自然也不否认“因”）。

这一概念，更反映了危机本质。

11. 概念和定义是学术上的事，在现实生活中，更重要的是如何判断和解决面临的“危机”问题。

12

二、用压力（应激）系统模型看“心理危机”

12. 与简单线性的因果思维不同，基于压力系统模型的系统性思维，能帮助我们真实了解什么是心理危机。

13

1. 分析案例3中的压力因素

生活事件——同事病故、有高血压、曾患肠癌、退休
认知特点——由同事推及自己，有基础病，前景不妙
应对方式——反复检查验证，不敢动，说服自己无恙
社会支持——社会活动少、亲友不多
人格特征——认真、仔细、敏感、思维标准化
心身反应——焦虑、前胸闷、死亡恐惧

各种因素综合作用，导致危机发生，调控任一种因素，都有助于危机管控。

13. 限于篇幅，这里只选择案例 3 作为分析对象。

案例 3 中出现不明原因的心理危机，根据压力系统模型，结合前面的图示，可以分析出来访者的心理危机与其面临的诸多压力因素有关。

系统模型还告诉我们两点：

一是这些因素都可能与危机的发生有关；

二是危机干预或可以从这些因素入手。

14

2. 心理危机的系统模型（动画）

(心理反应)
焦虑 悲伤 恐惧 绝望 愤怒
生活事件
社会支持
人格特征
认知评价
压力反应
⟺
危机 自杀
(躯体反应)
应对方式
攻击 自杀 回避 失助 退化
(行为反应)

14. 这个动画表示这些因素互相影响的可能径路及过程。

在具体发展演示过程中，或许是多种或全部压力因素在一起的作用，或许是其中某一种因素起到更大的作用，要看具体个体和具体案情。

15

3. 小结
“心理危机”是心理压力的特例，完全服从压力（应激）系统模型基本法则：
(1) **多因素**（危机是多因素的系统问题，包括生活事件、认知特点、应对方式、社会支持、人格特征、压力反应等）
(2) **因素互动**（各因素之间相互作用，相互影响）
(3) **动态失平衡**（恶性循环或系统失平衡，导致危机）
(4) **认知是关键**（认知因素在危机中起关键作用）
(5) **人格是核心**（人格因素在危机中起核心作用）

15. 借此可以复习一下压力（应激）系统模型基本法则，这些法则完全符合并适用于各种心理危机案例。

16

三、系统模型的心理危机评估策略

16. 既然心理危机与诸多压力（危机）因素有关，与因素之间相互作用动态发展过程有关，心理危机评估也得从各压力因素入手，分层次判断。

17

1. 危机评估难点
其一，不能正确认识“危机”；
其二，根本无法提前知道谁存在“危机”或自杀动机；
其三，心理问题需要从多层次、多因素进行系统判断。

17. 评估不容易：

受线性因果思维惯性的影响，不易接受或不能正确理解和操作系统模型基础上的量化评估。

因为危机发生前，自然无从入手；危机发生后，又面临各种主客观因素的制约。

此外，较之理化指标，抽象的压力因素和压力层次都不是轻易能够被准确测量的。

还涉及危机个体的合作与配合问题。

18

2. 评估基本方法

18. 与临床心理门诊工作中的心理评估方法一样，晤谈、观察、调查、测量和资料引用是基本技能，需要熟练把握。现场条件会制约评估活动，需灵活把握。

19

简释：

A 晤谈 观察：

避免自己平时习惯化的“前因—后果”思维逻辑（避免想当然）。从压力多因素系统、多角度去掌握当事人的“系统问题”。

B 调查 座谈：

应避免偏听亲友或旁观者的习惯化的线性思维论述；应听取各种说法，分主次、分先后、有层次地了解有关“系统因素”。

19. 晤谈、观察是基础，需要掌握基本知识并理解相关理论，再“熟能生巧”。

调查、座谈是补充。不同于大样本问卷调查，危机干预现场的调查对象往往是亲友、旁观者和在场工作人员。此时需要辨识和过滤信息，避免受线性因果思维的影响。

另外，在评估过程应牢记“系统模型”的 5 项法则，使整个过程“有条不紊”。

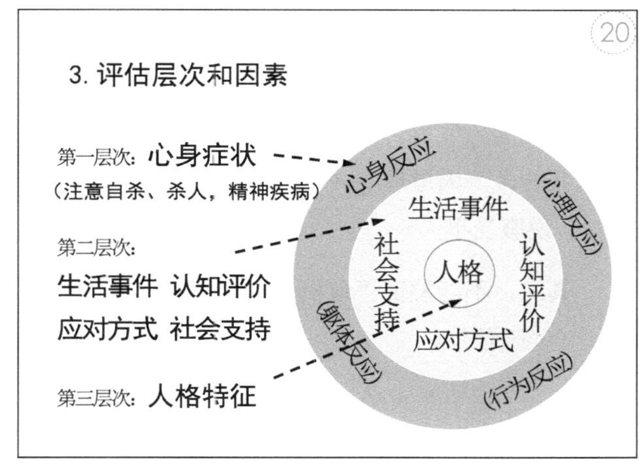

20. 压力系统模型要求在压力因素评估基础上，还要重视层次的评估（判断）。

第一层最直接也最重要，该评估决定了紧急情况下首先需要做的干预措施。

第二层涉及心理危机的直接起因和影响因素，将成为涉及多因素干预的依据。

第三层是危机个体的深层人格因素。许多陷于危机的个体，存在人格方面的问题，如案例 2 和案例 3。评估将为后续干预工作提供依据。

21

4. 系统模型的危机评估策略小结：

(1) 基本方法包括晤谈、观察，调查、座谈，量表、测验，资料调研等。

(2) 从系统模型出发，评估压力层次，压力因素（生活事件、认知评价、应对方式、社会支持、人格特征、心身症状）。

(3) 特别注意第一层次，甄别自杀、伤人倾向及精神疾病患者

21. 注：与本专题陈述稍有不同，在《医学心理学：理论，方法与临床》一书第四章第九节，作者将心理压力（包括危机）的评估分为压力因素评估、压力三个层次评估和压力综合评估。

22

四、系统模型的心理危机干预策略

22. 既然心理危机与诸多压力（危机）因素有关，与因素之间相互作用、动态发展过程有关，与个体承受的整体压力有关，心理危机的干预也得从这几个方面入手。但特别需要注意区分主次，掌握轻重缓急。

23

1. 危机干预也有两难

其一，“大道理”（往往是线性认识）无法说服当事人。

其二，不能发现“危机”自杀，也就无从谈“干预”。

23. 危机干预不容易

如没有深刻理解和掌握系统模型思想，很容易陷于“讲大道理”而不起效。

与评估一样，不能发现危机个体，无法开展危机评估，自然也无从谈危机干预。

24

2. 干预的基本手段

对症处理（注意自杀、伤人者）

心理教育

心理指导

心理治疗

心身反应
（心理反应）
（躯体反应）
（行为反应）
生活事件
社会支持
人格
认知评价
应对方式

简释……

24. 与临床心理门诊工作中的心理干预方法一样，对症处理、心理教育和心理指导、心理治疗和药物治疗是基本技能，需要熟练把握，得心应手。

25

简释：

对症处理——重点是安抚情绪，监控暴力或危险行为。

心理教育、心理指导——通常来说，对危机者讲各种平常的道理往往不起作用，但基于压力系统模型的教育和指导，会让危机者有**出乎意料之感**，从而愿意听下去，继而愿意接受。

心理治疗——针对压力第三层次，信念等。

25. 危机干预较之压力管理，对症处理更显紧迫，特别是防止人身伤害和暴力事件的发生。紧急情况下，哪怕只是扬汤止沸，也得先行予以考虑。

心理教育和心理指导，通常针对压力的第二层次，起到釜底抽薪的作用，的确需要厚实的功底。

注：危机干预的心理教育和心理指导技术，可参阅本文集第 5 章及有关章节。

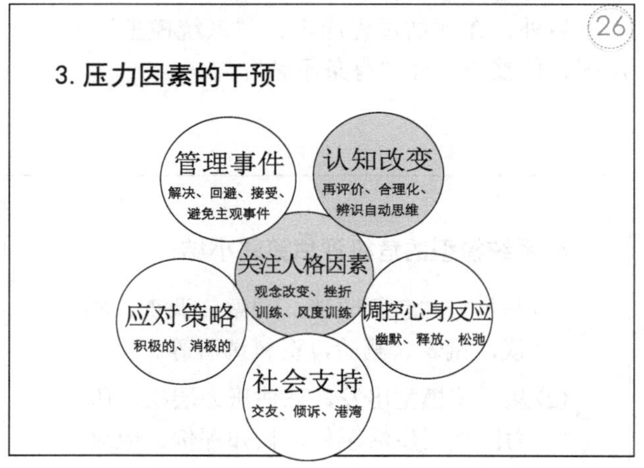

26. 根据压力系统模型，任何压力因素因为干预而松动，通过“系统”内部因素之间的良性循环，都可能起到缓解危机的作用。

注：此处有各种干预方法的链接，限于篇幅，且在本文集中已多有介绍，可参阅。此处略去。

27

4. 系统模型的危机干预策略小结

(1) 基本手段：**对症处理、心理教育、心理指导、心理治疗、环境调整**等。

(2) 压力因素干预：**回避事件、认知指导、增加社会支持、应对指导、对症处理**（行为、药物）、**心理治疗**（暗示、认知、团体）、**环境改变**等。

(3) 特别重视：**安抚情绪，防范自伤伤人**。

27. 注：基于压力系统模型的危机干预自成体系，独具一格。经常有受众反映，听起来挺有道理，实行起来却无从入手。实际上，由于该模型的思路有别于日常，只有在深刻理解系统模型的全部内涵，并且在实践中逐渐累积，才能得心应手。

28

五、案例要略

28. 系统模型虽然更接近系统问题的本质，但实行起来却并不容易。在某种意义上，不比学会使用一台进口新检查仪器更容易。

举例学习与案例实践，是学会到熟练的必由之路。

29

案例1：地震灾难心理危机，应根据第一部分案例中表述的不同情形，采用不同理论指导下的相对应的措施。在“情绪休克期”，首先需要重视并给予强大的社会支持。

案例2：涉案，略。

案例3：“怕死”的心理危机，涉及许多压力因素和因素之间的系统模型法则，需要采用系统的压力干预策略，**下文重点总结**。

29. 案例 1 因伤害导致的“情绪休克”问题，可参阅本文集第 19 章。

案例 2 作为案例学习，很契合本专题。其“危机源”其实也算“小事”，但所有压力因素都“齐备”，相互作用、动态发展、恶性循环，最终以“危机”方式暴发。

案例 3 中的评估和干预方法，可作为临床代表性案例，在该专题幻灯中有较详细的显示，前文已有介绍，为减少重复，此处略去。

第4节　遭灾人群心理健康研究设计（资料，2008）

摘录自2008年作者起草的“灾后心理救助和心理疾患的防治研究”项目建议书草案。

2008年5月12日发生汶川地震。5月28日晚，科技部有人来电，让作者立即拟一份关于地震灾难心理健康方面的重大项目（后来定为863项目）建议书草案，要求3天完成。作者当时承担国家科技支撑计划项目“心理疾患防治研究与示范”建议书和可行性研究报告的执笔工作已1年，来电者正是牵头领导。随即作者用3个通宵，完成了5万多字的名为“灾后心理救助和心理疾患的防治研究”的项目建议书草案。其中设置的9个课题中，就包含“灾后人群心理压力、情绪问题的评估、预警与干预示范研究”。后者的设计理念，体现了压力系统模型（此时期作者在各项工作中都有意将其渗入系统模型，该建议书一直贴于个人网页中）。国家大项目的正式建议书需经过专家反复论证，作者参加了该项目初始几次专家会议，项目建议书也几经转手易名，按照会议建议，作者于6月25日完成“遭灾人群心理压力”课题的修订稿（原文也一直贴在个人网页）。至于项目后续运行，作者未再参与。

一、项目立项的必要性及需求分析

突发的灾难性生活事件在生物、心理、社会层面严重破坏了个人心身原有的平衡，破坏了个体与其所处的环境之间的原有平衡，使个体陷入严重的心理压力状态，从而使一些个体出现灾难后严重应激反应和应激性疾病，如强烈的情绪反应、急性应激障碍（ASD），也使部分个体出现迟发的心理生理疾患，如典型的有创伤后应激障碍（posttraumatic stress disorder，PTSD）、抑郁症、各类神经症、失眠、慢性疼痛综合征及各类心身疾病。因此，对灾难后迟发心理生理疾患的预测和预防、干预是灾后心理救助的重要部分，我国目前还缺乏对灾难后一段时间内人群可能出现的迟发心理生理疾患的预测研究，也缺乏对迟发心理生理疾患进行有针对性的预防与干预研究。

姜乾金等通过长期的理论与实证研究，提出人是由生物、心理、社会、文化等多因素构成的压力动态平衡系统。其中，生物因素包括体质、遗传、基础疾病等；心理因素包括认知、感受和人格等；社会因素包括生活事件、社会支持等；文化因素包括文化程度、宗教信仰、经济地位等。已经证明，系统中的任何因素在特定条件下都可能诱发因素之间的恶性循环，从而使系统失衡，导致心理生理疾患。同时也证明，定式的压力心理辅导具有减轻压力反应的作用。

本研究将通过预先检测人群的生物心理社会各种压力有关因素，通过一定时间的追踪，评定心身健康的变化和各种心理生理疾患的发生概率，在现代计算分析的基础上筛查不同遭灾人群中迟发心理生理疾患发生的敏感因素及权重，创建“遭灾人群心理压力与迟发心理生理疾患预测模型”（以软件的方式），使之成为今后同类灾难事件中迟发心理生理疾患的预测工具，为有针对性地防治灾后迟发心理生理疾患提供科学方法。同时采用对照研究的方式，探讨定式压力心理辅导对于缓解遭灾人群迟发心理生理疾患的作用，使之成为今后抗灾工作的一个有用的心理援助工具。

二、项目目标及主要任务

研究目标

① 建立灾后不同群体心理压力与迟发心理生理疾患的多因素综合预测模型。

② 形成可推广的灾后不同群体心理压力与迟发心理生理疾患的多因素综合预测应用软件。

③ 研究及时压力干预技术对灾后高危人群迟发心理生理疾患的预防作用。

研究内容

① 在压力系统模型各因素的基础上，增加一定的文化和身体基础指标，确定与灾后人群迟发心理生理疾患可能相关的生物、心理、社会和文化因素。

② 分层取样，采用生物检测、结构式会谈、标准化问卷和设计调查表，现场采集各种数据并做临床判断。

③ 首次现场甄别心身健康状况和疾病状态；对发现的疑似压力高危样本开展压力心理干预并设置未做压力干预的对照组（压力高危样本的甄别暂采用浙江省常模；压力心理干预技术采用定式的面对面辅导方式）。

④ 第二次、第三次现场追踪心身健康和疾病状态；确定各种迟发心理生理疾患。

⑤ 数据录入计算机，分析筛查不同遭灾人群中迟发心理生理疾患发生的敏感因素及权重。

⑥ 比较分析压力干预组与对照组之间的迟发心理生理疾患发生的差异，确定该定式压力心理干预方法对于高危人群迟发心理生理疾患的预防作用。

⑦ 创建可示范的“遭灾人群心理压力与迟发心理生理疾患预测模型”（以软件的方式）。

考核指标

以软件形式创建可示范的遭灾人群心理压力与迟发心理生理疾患预测工具模型，形成可推广的定式压力心理干预方法。

与项目总体目标的关系

该研究是项目总目标的重要组成部分，通过一年期前瞻性追踪研究，全面筛查压力系统中的各种因素在灾后个体迟发心理生理疾患发生过程中的作用，建立预测模型，可应用于今后灾难事件发生时对高压力人群做早期判断，指导有针对性的及时危机干预决策，具有重大的科学意义和社会意义。

三、相关领域国内外技术现状、发展趋势及国内现有工作基础

国外方面（略）

国内方面（部分）

姜乾金等自 1980 年代以来，对应激有关因素与心理健康及疾病的关系做了大量的理论探索与实证研究。其中，比较突出的创新方面在于证明应激不仅仅是从生活事件到应激反应的“过程”，还是

应激有关因素交互作用的系统，并提出具有我国文化特色的压力（应激）系统模型。该系统模型包括以下几个方面。

1. 证明压力（应激）是多因素交互作用的系统

主要涉及6个方面。

其一，生活事件不仅是应激源（传统上的认识），即导致应激反应的原因，在长期的社会生活中，生活事件本身的发生频度与严重程度，也受其他应激有关因素，如个体的认识评价、应对方式、社会支持、应激反应甚至是个性特征的影响。

其二，认知评价是应激反应的重要中介因素（认知应激理论），其本身也受应激反应和生活事件、应对方式、社会支持、个性特征和等其他应激有关因素的影响。

其三，应对方式是应激反应的另一项重要中介因素（Folkman 等），其本身也受生活事件、认识评价、社会支持、个性特征、应激反应等其他应激有关因素的影响。

其四，社会支持是应激的“可利用的资源”因素（社会支持理论），其本身也受生活事件、应对方式、个性特点、应激反应等其他应激有关因素的影响。

其五，个性可以影响生活事件的形成；个性中的态度、价值观和行为准则，以及能力和性格等因素，都可以不同程度地影响个体在应激过程中的认知评价；个性影响应对方式，特别是情绪关注应对（emotion-focused coping）或者特质应对（trait coping）；个性特征间接影响客观社会支持的形成，也直接影响主观社会支持和社会支持的利用度水平；个性与应激反应的形成和程度有关。同样，长期的应激因素的综合作用（如慢性疼痛综合征），可以改变某些个性特征。

其六，应激反应决定于各种应激有关因素的综合作用，应激反应同样反过来可影响生活事件、认知评价、应对方式、社会支持和个性特征等其他各种应激有关因素。

因此，心理应激（或压力）不仅仅是简单的因—果或刺激—反应过程，也是多因素相互作用的系统（图 11-4-1）。

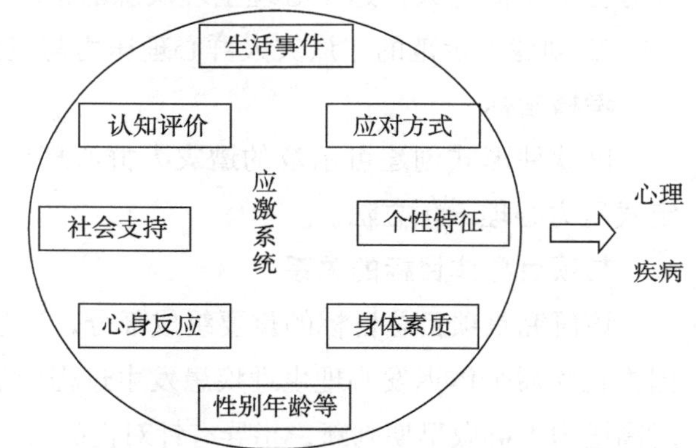

图 11-4-1　心理应激系统模型

2. 阐明应激系统模型的基本特征

应激系统模型的基本特征包括以下几个方面。

（1）应激是多因素的系统

作为具有生物、社会属性的人，无论是健康或疾病状态，本质上都是处于多因素的系统之中。

（2）各因素之间是互动的

个体所涉及的各应激因素之间均处于互为因果状态，其中的一个环节出现变化，将可能影响系统结构，且易形成良性（健康）或恶性循环（压力或心理疾病）。

（3）各因素之间是动态的发展平衡

人的一生是发展变化的过程，在不同年龄阶段和不同处境下，各因素之间处于动态平衡中，并维持健康适应状态。一旦这种平衡被打破，不能建立新的平衡，则会出现不适应，并产生心理疾病。也就是说，昨天心理健康的人，今天可能因为某种压力因素的触动而导致系统平衡失调；进而出现心理疾病。

（4）认知评价是关键因素

认知因素在系统平衡和失衡中具有关键性的意义，是个体可以操作的因素。

（5）个性特征是核心因素

或个性因素中的性格、脾气、习惯、观念等，特别是观念上的问题，往往直接影响认知评价，也直接或间接影响其他应激因素，并在心理应激系统平衡和失衡中起到核心的作用。

另有一些作者对人格因素、躯体生理、应对应激的策略（运动和各种应激预处理）对压力状态下的心理与生理指标的改善和心理健康水平的提高进行了多年的系统性、实证性研究，证明了上述因素是影响机体应激的强度和诱发心理与躯体疾病的因素。

3. 制定压力综合评估工具

在浙江省自然科学基金等资助下，姜乾金等已经制定了包括生活事件、特质应对方式（含部分个性特征）、领悟社会支持、应激反应等多个分量表的综合压力评估工具，并建立了地区常模。

4. 构建实用的、程序化、立体式临床压力综合评估与干预模式

建立在压力多因素系统模型基础上的压力综合干预技术，已经在个体心理压力干预、团体压力管理、心理危机干预及婚姻指导方面，取得良好的应用效果。

（1）应用于个体压力评估与干预

该技术首先根据应激系统模型对个体的心理压力相关因素做出综合测量（包括补充会谈）。在此基础上，程式化地分析个体的应激反应和心身症状情况，做出问题的第一层次的评估，可能符合医学临床诊断（如环境恐怖症），或者以现象学做出“问题”诊断（如工作负担过重、人际关系紧张、失眠、行为退缩、心理问题）。通过进一步分析生活事件、认知评价、应对方式和社会支持程度，做出问题的第二层次评估，确定应激各因素在“问题”中的地位及各因素之间的互动关系。通过分析个性特点，如求全、完美主义倾向，可做出问题的第三层次评估，以确定个性因素在整个“问题”系统中的作用（图 11－4－ 2）。

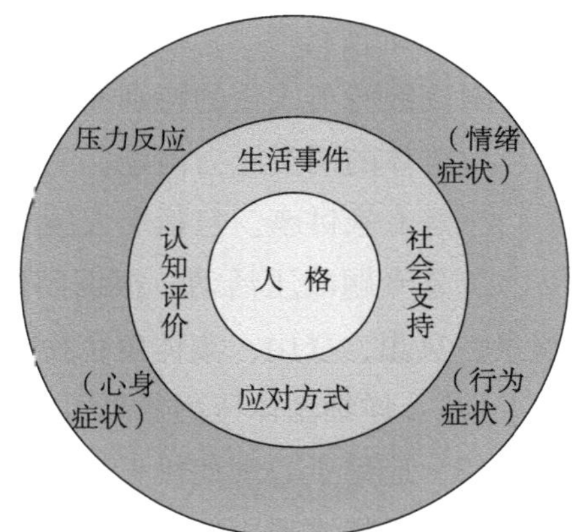

图 11－4－2 压力分析与干预决策

然后，据此制定程式化的具体压力干预策略，决定采用心理教育、心理指导、心理治疗等心理干预技术，或结合使用药物等方法。其中，心理教育和心理指导的干预方法主要针对上述第二层面问题，包括通过分析和具体指导，帮助来访者解决、缓冲或回避生活事件；通过再评价、暗示、安慰、激励、调整思想方法等，帮助来访者改变消极认知评价；通过指导转移、发泄、升华、放松、利用自然环境等，帮助来访者提高应对效能；通过提供客观支持、改变主观支持、加强家庭支持，帮助来访者改善社会支持水平；通过压力系统的分析和讲解，使来访者在平时生活中重视对自己个性（如完美主义）的修正。通过长期的实践，形成一种定式的压力心理干预模式。至于第三层面的问题，则需要在有关心理理论指导下实施系统心理治疗（如认知行为疗法），而改善第一层面的各种

症状往往是心理干预或药物治疗的最终目标。

（2）应用于团体压力管理

就个体而言，其处于应激多因素系统之中；就社会群体而言（如工作单位），是由各种个体的亚系统所构成的更大系统；个体应激系统的平衡受制于单位系统的平衡，又影响单位的平衡。在社会转型期，人们普遍感受到压力（应激）。当事人往往总是以自以为正确的认知方式去生活、工作、待人，难免会出现系统的失衡，且容易产生压力反应的感受（或症状），使许多人诉说现在的压力太大了，因而出现了所谓的压力管理（stress management）的说法。

团体压力管理过程也是程式化的，包括以下几个方面：

第一，压力评估。

首先，对该群体成员分层实施定期压力综合评估，分析该单位整体压力水平和变化特点（与常模比较），分析各种压力有关因素在该群体中互相影响的规律。

其次，筛查高压力个体。

最后，建立单位人群的压力管理档案，定期复查、追踪，及早发现问题，及时干预。

第二，压力管理。

根据压力评估与分析，针对群体压力状况及高压力个体情况，向主管部门提出具体的报告和预防性建议。

对高压力个体实施相应的心理干预：对筛查发现的高压力个体，实施心理干预（同上文个体压力评估与干预）。

对高级精英人物的特别管理：重点建档，追踪服务，定期提供压力管理建议。

对群体的同类压力问题，实施集体干预。包括以下两个方面。

一是专家讲座。包括个人压力管理策略、单位团体心理健康、管理中的减压措施等。

二是专题减压活动。根据团体和成员的条件，分别实施不同级别的运动、短期放松旅游，包括温泉、冥想、登山、集体角色扮演等组合内容。

（注：详细团体压力管理可参阅本文集第 12 章）

（3）应用于心理危机干预

心理危机本质上是基于严重生活事件基础上，在个体的认知评价、应对方式、人格特点、社会支持等压力因素参与下，所出现的严重压力反应，是心理压力系统的严重失衡。心理危机干预应从以上多种因素入手，采用各种心理技术。

对于心理危机个体，应在判断其在各种压力因素的基础上，根据不同个体，采取一种或多种有针对性的干预措施。对于群体心理危机，则可以在系统理论基础上，取其共性部分，以定式的系统讲座的方式，对其进行集体干预。

长期的应用实践证明，无论个体或群体，压力心理干预措施对于缓解心理危机具有积极意义。

（4）应用于婚姻适应指导（注：此处略，可参阅第 9 章、第 10 章）

婚姻不仅是双方两个压力（应激）多因素系统的平衡体系，实际上还包括家庭背景中各种人组成的共同的“大系统”。由此可见，婚姻涉及多因素系统问题。应激系统模型显示，婚姻的基本条件虽然是当事人情感上的“爱”，还需要在双方心理应激有关因素差异方面的“适应”。这里的“适应”不是对对方差异的忍受，也不是统一、改造，而是在接纳差异基础上的快乐互动，最终缩小差异，部分改变了对方或自己，或达成了对差异的永久接纳。如果处理不好这种涉及多因素的“适应”问题，那么“爱”的感受也会慢慢地被破坏，最终导致第一个基本条件“爱”的感受也消失。这是大部分婚姻变质的常态。

以压力系统模型为基础，提出婚姻问题的“爱”与“适应”指导原则，用于恋爱问题，婚姻问题、离婚后问题、家庭问题，均有良好的效果（注：2011 年作者出版了《压力（应激）系统模型 · 解读婚姻》一书）。

以上国内有关压力理论、综合评估与干预实际工作研究，具有较高的自主创新性，有必要在本次地震灾害中开展研究和推广，并应用于遭灾人群迟发心理疾病的防治方面。

应激研究一直以来是国家科技研究的重点方向，资助对象主要是有关应激的分子生物学基础研究，其中大多数研究应激的是生物学中介机制，仅少数涉及应激的心理实验刺激。至于涉及应激的生物、心理、社会的多因素系统研究，尚未有获得国家资助的。

除了浙江大学，山东大学、上海第二军医大学、天津师范大学、苏州医学院、哈尔滨医科大学等高等院校有关专家也对心理压力（应激）的多因素展开系统的或局部的研究，并取得丰硕的成果（后文略）。

第 5 节　关于学生自杀问题

一、讲座——关于学生自杀——给非专业工作者（专题，2016）

摘录自 2016 年作者关于学生自杀问题的专题讲座幻灯片。相对长时间里，这是一个沉重而又敏感的话题。天之骄子，享尽荣耀，为何与自己过不去？多种职业人士、各级领导部门为此倾尽关注，但问题似乎始终存在。其实，这是一个系统的问题，需要从系统的角度去探讨。作者曾多次受邀就这个话题给相关人群作专题报告。

作者以系统的角度，就这个问题开设讲座，听众较为认可，反馈认为有助于厘清思路，对工作有帮助，故在许多高校进行演讲，前后持续多年。作者也坚信，自杀者存在心理压力，即使认知上不告诉他人，在其他压力因素方面也会露出端倪，关键是怎么识别。采用压力系统模型的思路，综合地、间接地梳理（筛查）压力因素，较直接去询问潜在自杀者是否要自杀，更有理论和逻辑上的意义。

（一）幻灯图片＋解说

1

2016-12-14

关于学生自杀——给非专业工作者

这个话题只能“悄悄地”讨论
避免可能的消极暗示作用

姜乾金

1. 这是基于压力系统模型的有过自杀防治的宣教课件，主要面对非医学专业的有关管理人员，包括学校辅导员、心理教师和行政主管，以及部分高年制学生，同时也是心理危机干预培训班的辅导讲题。

本课件用于讲座时间较久，曾上传至网络，由幻灯改制的“美篇”浏览量也很大。

2

目录

一、哪些人可能会自杀?

二、如何判别

三、如何处置

2. 举一个例子。某大三学生几年来虽反复努力却无法摆脱困境，挂科、缺课，随之坚决要求退学。

经过多次激烈交锋，家长提出开个亲友会，如果大家觉得有理，就同意你。可是亲友会还未来得及开，孩子就已“走”了。

家长的线性逻辑是亲友一起说理作用大。实际上，亲友会意味着在极度压力的基础上，再加上“压垮骆驼的最后一根稻草”（丢脸）。

3

一、哪些人可能会自杀

1. 精神疾病
多由抑郁症（情感障碍）、精神分裂症、边缘型人格障碍(美国比较喜欢这个诊断，往往长期有自伤行为)、癫痫，或躯体疾病等导致，压力可促发。

2. 正常人的“压力”问题
压力过大、过急导致。

3. 正常人的“自我意识”问题
多由“自我空洞化”“超级价值观”“自我拒绝”等所致。前两者可周密筹划，隐秘性高；后者可由压力诱发。

3. 如果自杀先兆能够被识别，防范工作也就成功了一半。显然这是较难完成的任务，哪怕是专业工作者。

自杀者可能来自患有这些疾病或特定人群，但不等于这些人群都会倾向于自杀，那是一种线性思维。

另外，这里的种类和排列次序，仅供参考，并未有严格的调查研究数据佐证。

4

二、如何判断（一）：简单识别精神疾病

抑郁症——知、情、意“三低”
精神分裂症——心理、社会、自我“分裂”
边缘型人格障碍——“边缘人格”
癫痫——学校少见
躯体疾病——学校少见

4. 准确诊断精神疾病是精神病学的任务，非专业人士大致了解一些，有助于自杀防范工作。

“三低”，即认识消极、情绪抑郁、兴趣降低。

“分裂”，包括幻觉、妄想，精神运动性兴奋、抑制，突然出现的“不可理解”症状等；社会严重不适应；自知力缺损。以上三者不协调。

边缘型人格障碍，即人际关系、自我意识与情感的不稳定，冲动性和自伤行为（被抛弃感而哭闹自虐以解脱或快感），多由童年开始。

5

二、如何判断（二）：正常人的压力系统

生活事件——学习、经济、感情、人际等
认知偏差——表现认识消极或极端等
应对消极——应对无门，苦于挣扎
社会支持缺乏——家庭支持欠缺或畸形等
求全人格——或会表现过度“自强”
压力反应——心身症状，睡眠问题常见

5. 通过晤谈、调查、观察，分析“心理压力因素”，或使用作者的“心理压力多维评估量表PSS”，综合判断心理压力性质和程度，力争及时发现心理危机。

应特别指出的是，这些压力因素列表中，有时候某一因素，如继发性事件的冲击，社会支持遭剥夺（如幻灯片 2）等，会成为压垮骆驼的最后一根稻草。这时候，会引导师长和同学的线性判断，以为这就是此人自杀的原因。

6

二、如何判断（三）：青年人的“自我意识”

“自我空洞化”——某些青年人虽一路优秀却不知再活下去的目标在哪。自杀多来自内部动力。

“超级价值观”——如修炼成仙，极少。自己不认为是自杀。

“自我拒绝”——现实“我”与理想“我”距离太远，无法自我认同。可由压力诱发自杀。

6. 还有一种情况是只有结果，没有“原因”。事后调查发现，无论从哪一条线性维度去寻找，都找不到能够让人自杀的理由：学校高档、成绩优秀、性格“开朗”、经济良好……

问题很可能出在“自我意识”方面。

7

三、如何处置（一）：疑似精神疾病

及时转诊，把责任和监控任务转移给家长、医生，避免将疾病当作思想认识问题而抱住不放。

同时，如学生还在校内需注意：

* 与正常人一样施行压力管理指导，因为自杀往往也是由压力诱发，这算是辅助治疗，有助于降低压力因素导致的症状加重。
* 调动其服药动机，这属于帮助医生的范畴。
* 需注意“心理治疗”方法中某些技术，如“面质”、暗示等反而诱发或加重其自损可能，故以正面宣传为主。

7. 在座各位虽大多不是精神病学工作者，也应了解一些在面对疑似精神病症状，又怀疑有自杀倾向的学生时应该怎么做。

8

三、如何处置（二）：正常人压力问题

进行压力系统管理（见后图）

咨询老师可以学会一种能综合评估个体压力的知识体系，如压力系统模型，并在此基础上掌握“压力管理与情绪调节的6条途径”

8. 压力调控是一个包罗万象的话题。各种各样的心理学方法似乎直接或间接都具有降低心理压力的效用，如目前流行的焦点解决、团体技术等。

压力问题的处置，如医生看病一样，要在对疾病整体把握基础上，再考虑选择使用各种治疗技术。

作者推荐基于心理压力系统模型的压力管理方法（可参见本文集第 7 章）。

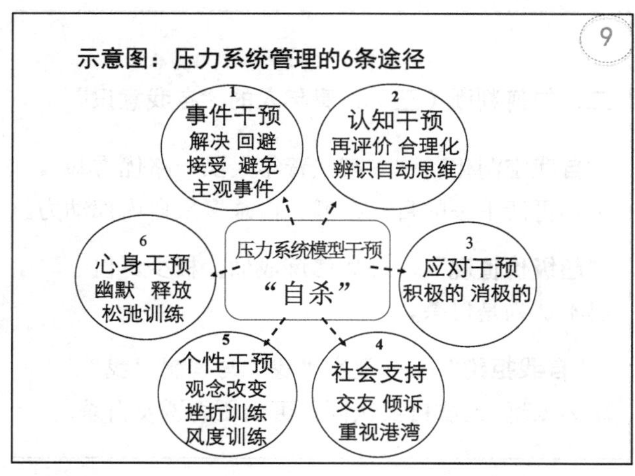

9\. 基于作者心理压力（应激）系统模型的压力管理，涉及多因素、分层次、动态发展的操作模型，主要用于平常人群的压力管理和情绪调节、灾难和心理危机的干预、婚姻家庭问题的再和谐等。对于学生自杀问题，作者多年来也极力给以推荐。

这里介绍的压力管理，只涉及压力的 6 个维度，应用于自杀防范工作已是足够的。

> 10
>
> **三、如何处置（三）：青年自我意识问题**
>
> **需要“人格塑造”影响技术**
>
> 人格层面的人生观、价值观念是长期形成的，并非思想问题，也不算疾病。办法确实不多，压力调控指导有些皮毛作用。
>
> “自我空洞化”和“超级价值观”，可试讲人本主义的价值条件性关注与自我发展的关系。越是优秀的人越需要“另类”的道理。
>
> “自我拒绝”可宣讲自我发展中对理想“我”与现实“我”的探索和认同过程，其中，“挫折与试错训练”及“接纳差异、快乐竞争”是重要手段与目标。

10\. 因自我意识问题而出现的自杀属于少数，但发现不易，处置更难。因为这属于人格层面的问题，是成长过程综合影响的结果。

一般宣教作用不大，但值得探讨如何提前发现。

如果从预防的角度，则涉及整个大环境，包括家庭、学校、社会。

压力调控指导或有一定的作用，值得尝试。

> 11
>
> **三、如何处置（四）：危机识别与危机干预**
>
> ***安全监护措施**（陪伴、安抚、安全手段）
>
> ***危机干预技术**（基于系统模型的危机干预）

11\. 无论是精神疾病、严重心理压力或个人自我意识方面的问题导致的自杀案例，相当多是在事后才被发现出了问题（否则周围的也不会轻易让其离去），也有部分案例会显示出危机状态。此时，即进入危机干预环节。

（二）同期相关话题博文三则

其一，2016 - 3 - 23 23：20

人们线性地认为自杀是个结果，一定能找到原因；只要解决这个原因，即可避免自杀。然后，继续线性认为自杀之因，就是有人“想不通”；只要教育人想通了，即可从根本解决问题，所以，自杀是个教育问题。然而，自杀总是出人意料地、不断地发生着……

其二，2016 - 3 - 24 08：35

自杀是系统问题，应从系统失衡的角度去思考，去研究，去综合监测、预警、干预。采用教育（特别是传达知识的上课）的方法，即能使多数人长知识、树立正确人生观，也未见有证据可以降低自杀的发生。这确实是个问题。

其三，2016 - 3 - 24 09：26

决绝自杀者（不是寻死觅活者）的内心一般是“自我拒绝”。其对外界的观察、思维逻辑、行为举止都会“很”正常，事后分折，只能说是“掩饰”“面具”。既然出口处就被掩饰，也就难以有什么预警讯号，也就无从交谈帮助——只能从“出口”前的压力系统中去寻找综合监测办法（如各种压力因素单独或组合高分之结构规律）。

二、督导——“大大咧咧”女生自杀个案（资料，2016）

学生自杀基本上都是在掩饰情况下发生的。采用直接询问的方法是无法发现和预防的。这里也谈不上事前教育。教育可以宣传心理健康知识，可以提升心理健康水平，但没有证据证实能够降低自杀发生的概率，那不是同一个性质的问题。不过，人作为多因素的系统结构，即使在认识和行为上再怎么掩饰，在自杀之前也会在各种压力因素方面露出一些蛛丝马迹。此时，如果遇上压力多因素团体测评，或者有经验的心理老师基于压力系统模型，采用结构式晤谈、观察和调查等综合评估方法，或有可能提前筛查或甄别出那些潜在的自杀者，并及时给予心理援助。

以下是 2016 年某大学两名学生自杀案例的基本情况，以及作者基于压力系统模型给有关学校的督导意见资料。

（一）H 同学个案情况

H，女，大三，父母一直在外打工，家境贫寒，有一哥哥。2 月某日突然自杀身亡。

同学们反映她平日性格开朗、大大咧咧、会开玩笑、有几分“逗比”气质，在学生会部门会议中常第一个发言，会打趣，善于活跃气氛。有才华，文笔好，也是某学院学生会新闻部部长，喜欢摄影，学院里一些大型活动的照片多是由她负责拍摄，故出事后同学们都无法相信。室友也反映，出事前一个月其几乎整宿失眠，白天补睡至下午 4 时。

班主任反映，其大一成绩不理想，找她谈话时会撒娇讨巧，很聪明，给老师留下深刻印象。大二时，她的成绩有了明显改观，也获得了老师们的喜欢。

家属称，其从小与奶奶、哥哥一起生活，小学由父母接到外地一起生活，初中因学籍等问题，转回老家一直住校。从小就很懂事，很独立，不用家人操心，学习非常自觉，成绩优秀，且很善良。但父母经常争吵，妈妈常常忍气吞声，其多向着妈妈。中学时曾为另一位同学的医药费而发动全班同学到街上募捐。高考成绩高出当地重点线 50 多分。

查阅校咨询室资料。其在大一下学期约过两次心理咨询，是关于人际困扰的。自述在别人眼中像女汉子，其实自己很在意他人的看法。还提及一位大二学长曾评价其性格开朗，其实是一个“易被外物影响、小事也会让你不开心、在乎我们的看法、活得挺累的人”。自认对家没什么感情，说友谊高于亲情。

查新生普测资料。条目“自己的过去和家庭是不幸的”选“是”；“我的父亲是一个好人”选“否”；“有时我非常想离开家”选“是”；“家庭内部有矛盾”选“重度影响”；“遭父母打骂”选“重度影响”。

查病历本记录。高二曾因耳鸣、心烦等症状在当地医院诊断为抑郁状态，开始服用抗抑郁药，自述有心烦、不开心等症状 4 年，由此推断初二从外地转学回当地时已有上述症状。高中期间曾就诊多次，以抗抑郁和抗焦虑治疗为主。进入大学后多次前往医院就诊，主诉耳鸣、心情不好及睡眠不良。病历显示，服用抗焦虑、抑郁药物未见明显好转。由于该生有意隐瞒，且表现一直较好，学校老师未发现其患病情况。

（二）H 同学个案的督导意见

自杀问题，关键是提前发现，也就是预警。这是最难办到的。我们平时讲要重视自杀预防，实际上在做的内容，大多仅仅是停留在教育、再教育层面上。

本例从事后资料来看，可以从以下三方面分析。

第一，该例自杀无疑与抑郁症状有关。长期的抑郁症（双相？轻躁狂？）未被有效控制，出现病理性自杀意念会较难改变。该例长期使用药物治疗，但效果不佳，且老师对其全然不知。

第二，该例自杀的完成，显然与其一直以来的掩饰倾向有关。掩饰倾向屏蔽了周围人可能提供的各种帮助，至少未能让周围人及时发现最后的危机。总是快乐面具示人是社会因素使然，因为社会认同快乐的优秀者，这又与其成长环境中形成的人格特质，如自强伴自卑有关。表面维持快乐、在一定程度确实能维持社会支持水平，却也有瑕疵，如让人感觉“有几分逗比”，专业人员应提升能力并学会发现这种快乐背后可能存在的问题。

第三，该例自杀的最终实施，应与越来越高的心理压力有关，或者压力是压垮骆驼的最后一根稻草。试想，如果有人发现她快乐的表象后面隐藏着越来越巨大的压力（包括多种压力因素方面的问题，如生活事件的无奈、认知的极端化、应对的无效、社会支持的缺乏、个性行为方面的掩饰倾向和完美主义、压力的心身反应趋于极限），那么，不论是同学、老师、家长，特别是心理老师，就可能从许多蛛丝马迹中发现这位同学的风险，甚至可以通过自己认为可行的方法（尽管可能是各种线性的介入）给以帮助，延缓其自杀进程，为寻找或发现可能根本解决问题的更好办法创造时间条件。

以上是事后的分析。这种出事以后才发现曾经有许多与自杀相关的蛛丝马迹可循的情况，其实很常见。在没出事前，这些蛛丝马迹会被周围人看成是日常的一些特殊情况或例外情况，例如，认为是性格特点，或者感觉不过是偶然的失态。因为在通常情况下，我们总是习惯于使用线性的简单逻辑看待问题。这种情况不仅出现在有病理性症状的本案例中，还存在于许多不存在病理性症状的自杀案例中。

从自杀预防或监测的角度，本例的抑郁症、掩饰性人格（面具）和一系列压力因素的异常是关键。这里也涉及三点内容。

第一，如果老师能提前发现该学生患有情感障碍疾病，正在服用药物，则可以将其纳入重点监测对象。当然，也理应会给予各种心理援助。例如，给予生物—情绪—认知关系的指导，促使其配合医嘱（这类患者对药物在认识往往较常人忌讳更多，经常影响正确服药影响疗效）。

关于如何发现隐瞒情感障碍病情的学生，这也是系统的问题，涉及家庭、学校、医院的信息沟通。对于心理老师来说，则必须在提高观察和识别诊断能力上下功夫。

第二，如果能较早发现该学生掩饰性人格（面具），即性格开朗的背后存在着掩饰倾向，掩饰真正的压力和痛苦，就会引起心理老师的特殊关注。或许能进一步发现更多的自杀预警信号，自然也能及时有针对性地施加心理援助。

关于如何发现这类存在掩饰倾向的表面坚强、实质脆弱的学生，除了多接触、多关心，还需要有观察、测评等临床和实际工作技能。

第三，如果能较早发现该生存在一系列压力因素的异常情形，也就是发现其有越来越严重的心理压力（如发现该生睡眠的改变），就会引起老师对其情绪恶化直至出现自杀的警觉。通过压力管理技术，或能缓解其恶劣心境，阻止自杀的发生，为药物治疗等有效措施留下宝贵的时间。

关于如何发现学生存在严重压力问题，可以采用基于系统模型的心理压力多因素评估方法，综合判断学生的心理压力水平（该案例在入学测评就已经有不少“发现”，因其零碎，不可避免地被忽视），帮助早期发现各种指向自杀风险的压力因素，为综合判断提供依据，可作为预防性的自杀监测和筛查手段。

这里涉及心理压力的多因素综合（系统）评估方法，较之单一的问卷，不仅可以发现更多的压力因素，且有利于降低因为个人掩饰倾向对评估结果的影响。自杀是系统问题，对其进行多因素的综合评判，会优于单一寻找自杀预警线索。

对于心理老师，建议在工作中训练自身系统地、多维度地看待自杀问题的能力。以现有条件，对于重点人员，建议以压力系统模型提出的几个方面，采用结构式访谈和调查的评估方法，积累经验，识别潜在危机对象，并集中予以关注和帮助。

精湛的技艺是专业人员的追求，而战略性的统筹是解决许多复杂问题的关键。就像英勇的战士和有全局观的指战员一样，对完成复杂战役都不可或缺。从事心理健康和自杀预防的职业老师，显然需要两者兼而有之，除了要掌握如 CBT、焦点技术等类具体知识和技能（目前热情不减），还应关注对复杂问题的综合（系统）评估和干预策略，克服单一（线性）的因果分析习惯。

该例的心理压力因素及假设，可采用的压力管理措施汇总于表 11–5–1。

表 11-5-1 H 同学个案的压力（危机）因素分析

压力因素	基于督导资料（正规工作应根据晤谈和观察、调查、测验和资料）	简单的压力管理
压力事件	疾病（启动因素），贫穷，大三（临近毕业），家庭不幸，父亲打骂，转学、学业（历史上）	解决、回避、接受
认知特点	承认易受伤害（重要因素），强烈自杀意念，其他信息不多	认知指导和认知治疗
应对方式	掩饰性防御（投射或反向作用，对外人开朗、对家人懂事），求医寻咨询（积极的），压制情感（消极的）	指导和促进积极应对策略
社会支持	家庭内支持低，家庭外支持不足（因为掩饰）	提升社会支持水平
人格特征	敏感（在意别人的看法或评价，易被小事影响），面具人（要强、自信背后的自卑），有同情心	树立“接纳差异”的信念
危机反应	焦虑、抑郁、失眠（崩溃）	帮助消解压力反应

三、督导——“目标远大”男生自杀个案（资料，2016）

（一）Z 同学个案情况

Z，男，大三，独子。父在外经商，回家较少。母陪读，母子关系密切。家庭经济拮据。1 月某日自杀身亡。

根据提供的日记和请求督导资料，大致情况如下。

初中阶段，其担任班级班长，日记中有大量做班委的心得，责任心强，对于管理好班级的意愿很强烈，是老师和家长眼中的好学生、好儿子。

考入重点高中后，母亲进城陪读。以子为荣，后来儿子是村里唯一的重点大学学生，对儿子寄以极大的期望。自己目标远大，“只为一个理想而奋斗——走进清华!”，对成绩不满意，确实呈逐渐下降趋势。高二时虽然感觉吃力但仍然觉得自己是“王者”，目标仍是清华。高三时认为“光环早已在不知不觉中褪去，傲气也被泪水洗刷得干干净净”，日记中自我肯定的力度越来越小。最后仍然考上了重点大学。

大学阶段，大一时在日记中曾表示：“专业课学习吃力”，“厌学心理导致恶性循环，有点自闭的样子”；大二结束时表示：“茫然四顾心枉然的感觉”，“产生厌学的心理，在恶性循环中学业越发艰难”，“并且要学会逼自己”。显然，大学期间的学业使得他心力交瘁。

大三，即出事之前一段时间，据同学回忆，Z“挂科”很多，且基本放弃补考，对学业表现不在乎，不与别人接触，玩网络游戏至半夜之后，第二天中午才起床，看网络小说，小说基调灰暗。2 个月前班主任告知家长其学业情况，家长严厉地批评了他。

（二）对 Z 同学个案的督导意见

此例我们只从压力角度进行分析。

从该例男生的日记描述中和事后整理的资料中，我们隐隐约约看到了一个人拼命地往山上爬，最后精疲力歇摔下来的形象。

这个过程涉及亲友过高的期望，以及学生自身人格层面的超现实自信和完美主义追求，同时又缺乏“挫折教育”。在此基础上，从高中开始到大三，期间不断产生不可解决的生活事件（从学习吃力到严重挂科，以及老师告诫、家长批评等），从积极的认知（仍然是“王者”）到伴随努力应对失败后的认知（自感光环褪去），进而演变成消极的认知（茫然四顾心枉然），无效或消极的应对（回避补考、打游戏等），社会支持系统随之缩小（不与外界接触），压力反应越来越强大（“在恶性循环中学业越发艰难”和心力交悴），冲击自幼形成的理想“我”（一直未能实现理想“我”与现实“我”的统一，无法自我认同），出现自我拒绝，终止于最后整体的崩塌。很可惜，这些都只是事后的觉察。

该例的心理压力因素及假设，可采用的压力管理策略如表 11－5－2 所示。

表 11－5－2　Z 同学个案的压力（危机）因素分析

压力因素	仅依据督导资料（正常应根据晤谈和观察、调查、测验和资料）	简单的压力管理策略
压力事件	从学习吃力到严重挂科，老师告诫，家长批评，大三关键期	解决、回避和接受，接受是其必须面对的
认知特点	思维深刻而线性，从“仍然是王者”到“自感光环褪去”，再到“茫然四顾心枉然”	认知指导和认识治疗，改变极端化的线性的奋斗观念，辨识负性自动性思维
应对方式	从自我激励、回避（宅在寝室）、转移（打游戏）直到屈服（自言“恶性循环”无法摆脱）	指导和促进各种积极应对策略（如再评价、合理化、倾诉、放松、变换环境）
社会支持	家庭内支持有限，家庭外支持缺乏	帮助提升社会支持水平，包括家庭内的和家庭外的
人格特征	超现实的自信，完美主义的价值观	促使其树立“接纳差异、快乐竞争”的人生信念，（补上挫折教育和人本主义的自我认同教育）
危机反应	厌学、累、心力交瘁，崩溃	随时帮助消解压力反应（必要时可采用药物）

（三）从自杀预防和监测、预警的角度谈一谈

此类崩溃于学业压力之下的案例在“健康”学生群体中是存在的。假如，该例处于这样的学校心理健康工作环境中，4 年中有心理老师积极介入，并能在不同时间段监测学生的心理压力多因素系统及其动态变化情况（集体者可采用前例提到的压力综合评估工具，个体者可由心理老师采用符合压力系统模型的结构式晤谈、调查或测评方式），通过筛查各种压力因素异常的个体，或能发现本例属于需要心理援助的重点对象，阻止后续的走向。同时，还可以通过发现群体中带有共性的某些压力因素的集中异常情况，结合其他与自杀危机相关的心理社会和生物检测指标，做进一步的筛查，可望组成事实上的自杀风险预防网。

顺便提一下，对学生开展普遍的心理压力系统分析和调节教育，以及关于现实我与理想我发展统一的自我认同教育，至少在理论上有助于预防学生意外风险。

四、关于编制学生心理危机识别调查问卷的答复（博文，2019）

（网友咨询过程略）

你好，我的压力系统模型是一个思路，这一点，你们已经基本把握了。

现在，你们要将其运用于对学生的危机筛查，首先，就涉及问卷编制的基本技术，不知你们是否具备这方面技能。

由于涉及压力系统模型的 6 个维度，在编制条目、因素分析、条目和问卷效度检验等方面，都是非常复杂的问题。

其次，是研究目的。你们的目的是识别学生的危机状态。但这个问题就有点难办。已经发生自杀，那就已经过去了；未发生自杀，又没有办法预知他会自杀。这样一来，怎样才能作为一个自杀危机的校标变量（用于验证有效性的指标），应成为一个首要问题。有人用一个人是否有自杀意念报告作为危机的校标变量，我曾举办过一个讲座，提到了用一个人的自杀意念作为这个人可能会自杀的一个变量，在逻辑上是不太可靠的。

如果用一个人自杀意念的强度作为研究的目标变量，那么影响这个目标变量的因素有哪些？你们选用了压力的 6 个方面，这一点很好。

最后，就是具体设计 6 个方面的条目。这里涉及内容效度，也就是变量之间的关系。在这里，我需要给你们说明一下。

在我的著作里，关于压力的 6 个维度的定义有较详细的说明。这些变量之间是有一定内容交叉的（注：我们编制压力问卷时已经考虑并尽量避免过度重复）。你在提问里面所提到的应对方式和压力反应，在内容上确实存在交叉。

如果作为一个问卷编制，可以编成 6 个问卷，分别检测压力的 6 个方面。如果说要整体去筛查自杀危机，这些条目之间的关系重复很多就没有必要，可以精选一部分内容。

说到人格因素，这是一个独立的变量，并且是非常复杂的变量。现在你作为筛查危机的一个变量，就应该选取对危机可能会产生影响的那些人格特质，这需要你去具体思考。

例如，说有人提出来可能存在一种脆弱的人格特质，或许对自杀危机有影响，那就选用进去。

然而，有好多人格因素跟自杀是没有关系的，作为你的研究目标，就没有必要将其带进去。

现在如果你选择列出许多对自杀可能有影响的人格因素，那你怎么先取名字，这是一个问题。如“与自杀有关的人格特质”，这就成为另外需要证明的一项研究课题。

说了那么多，如果你的研究只是想选择有哪些条目可能会影响学生自杀，而不是编制问卷，那你可以简单思考：先找出可以反映一名学生有自杀威胁的变量，将其数量化。然后，按照压力 6 个方面的维度理论，结合你对理论的理解，选择编制一些条目，展开大样本调查，与自杀变量有关系的条目予以保留，把那些与自杀变量条目无关的条目予以删除，剩下的就不过分去区分生活事件、应对方式等 6

个方面，而是从整体上作为自杀筛查的一个调查表。这样处理可能会容易些，但难度也是不小的。

关键还是自杀的校标变量，前面讲过，难以确定。你唯一能用的或许就是自杀意念。当然，更科学、更理想化又是不可能的，就是把所有人用你列出的 6 个方面的条目都问一遍，记录在案。然后经过几十年的观察，有些人自杀了，把那些自杀的人留下来的条目资料作分析，自然可以找出与自杀关系大的那些条目。

第 6 节　关于企业员工自杀（资料，2010）

摘录自 2010 年作者给某企业员工自杀后的心理援助和咨询指导资料。

2010 年，沿海某城市某外企某员工突然自杀，有关主管紧急联系作者，希望提供有关危机心理援助方面的指导。以下是作者以压力系统模型为基础，对该例自杀者相关成员和企业员工开展的危机干预督导有关资料。

自杀者和密切接触人群的基本信息收集，需要通过邮件补充询问和现场调查。根据对自杀者的各种心理压力因素进行分析，以及对整个事件发生发展过程等情况的了解，才能制定危机心理援助方案。

一、某自杀员工心理压力基本情况

1. 企业有关主管邮件

8 月 5 日上午，我们公司 IT 经理助理将进行工作的最后交接，当时我们还未找到合适的人选，于是从一个相熟的公司借调了一名 IT 人员，与 IT 经理助理进行工作交接。从早上 9 时起，IT 经理就没有找到他的助理。开始时以为助理去了车间，可到了 11 时还是没找到他。大家都觉得很奇怪，开始为 IT 经理助理担心起来。11 时许，公司生产副经理在帮忙查找时发现一间平时不常用的会议室门被反锁。这间会议室平时是不上锁的，于是让行政部管钥匙的人帮忙打开，随后发现 IT 经理助理躺在血泊中，我们打了 120 和 110，警察和医生到现场后发现他是割脉自杀的。

这名员工平时在公司没有什么特别说得来的朋友，平时吃饭（公司提供午餐）也总是最后一个去，但自杀这件事情却是所有人都料想不到的。

我们公司的组织结构比较简单，办公室人员架构总共三层，即总经理、中层经理、职员，平时大家相处也比较融洽，没有大的矛盾冲突。

这次请您来主要是想针对目击了现场的几位员工做一下心理辅导，看看他们是否对此事留有阴影，如有则帮他们开导一下。

如您对事件有其他问题的话，请告知。

2. 企业有关主管再回复邮件

就您的问题回答如下。

第一，该IT经理助理属于“员工”层次？年龄？家人情况？入职时间？

该IT经理助理属于员工层次，今年28岁，陕西老家有老父亲，有弟弟和妹妹（或姐姐），有即将结婚的女朋友。2007年六七月间入职，在公司工作3年。

第二，其离开公司的原因，是自己要求离开？还是被辞退？为何辞退？

离开公司的原因是因为想换个环境（离职报告上好像这么写的），可能南方的房价太贵。5月份左右在合同到期续签的时候提出不续签，后又改变主意与公司续签；之后提出公司假辞退自己这样就可以将本人的公积金全部提出，因其涉及法律问题，公司没有同意这样做。前一个月左右说自己得了强直脊柱炎，小时候也得过。公司建议他积极治疗。2周前他又提出辞职，公司让他有2周的交接期。

第三，出事前其是否存在某些异常的心理表现？周围的人是否能够回忆起他的某些异常？

有同事回忆说他出事当天从家里出发特别早（公司为员工提供班车），心情特别好；我回忆起他出事前一天若有所思，有愣神的情况出现。

因为信息来自不同的方面，我这里也是简单地就我所知的综合一下，个别细节可能不是很准确。

3. 现场调查（座谈）

经过对自杀现场接触人员和部分未接触现场但平时一起上下班车的同事的访谈，初步显示：

第一，该IT经理助理性格较内向，朋友不多，曾为许多同事安装、修理电脑等，人缘还可以。对个别人有意见（但又不善于诉说或表达）。存在压力控制问题及社会竞争和生活适应问题。

第二，自杀前无明显异常，事发后有人觉得当天的轻松表现好像有些变异，且当天是“离职交接日子”。由此判断，其自杀意念是在长期挫折感中逐渐形成，可能与事业发展困难、经济问题、家庭需要建造房子等多种因素有关，但核心问题恐怕是性格上的“完美主义”倾向，应对乏力、社会支持不足，到最后本人的自杀意愿应当已相当坚决。

二、心理危机援助情况及建议

（一）提供调研简报，总结经验教训

结合人事经理报告和现场调查，分析该员工的心理压力情况（表11-6-1）。

表11-6-1　该例员工的压力（危机）因素分析

压力因素	根据有限信息	怎么做（压力管理的经验教训）
压力事件	辞职；经济困难，长兄身份，家庭要建房，待婚女友；疾病（可能患有颈椎病）；或与关键人产生矛盾	对于客观事件难以回避，需要外力帮助其接受和解决
认知特点	（缺乏交流，信息不多）	某些心理压力管理指导有助于改善消极的认知定势
应对方式	消极应对并失败（离职报告—不续签—续签—辞职整个过程，尝试假辞提取公积金）；掩饰性防御（投射或反向作用，如平时不表露，当天心情特好等）	具有消极应对风格的员工是自杀监测的重点，提早发现问题是关键

续表

压力因素	根据有限信息	怎么做（压力管理的经验教训）
社会支持	家庭内支持低（长兄身份），家庭外社会支持不足（朋友不多，总是一人去餐厅）	须增加人文关怀，提升员工社会支持水平
人格特征	性格内向，不善于诉说和表达，助人，完美主义	求全完美主义性格的员工，是动力也可能变阻力，须引导建立“接纳差异、快乐竞争”的信念
危机反应	未知抑郁症状（即使有也以外源性可能大），掩饰，愣神、行为有些变异（出事前）	须关注、发现和及时帮助消解员工出现的心理压力心身反应

向管理层指出，该员工的心理压力系统结构存在严重的恶性循环而失衡，其很可能由于经济压力下，认知消极（可能）、应对无门或无效、社会支持缺失、个性内向和压力反应感巨大，以及由于以上压力因素之间的持久恶性循环，最终挺不住而选择自杀。对于公司来说，该员工压力因素中的应对失败和社会支持缺失这两项，在后期至关重要，如能及时发现并提供帮助，是成本不高且又能暂时救命的切入点，可惜未获得重视。今后，建议公司在原有福利待遇方面，加强对员工心理健康，特别是心理压力水平的动态监测，及时提供心理支持和心理援助（表 11－6－1 右列）。

（二）对现场目击者、同科室者和部分自愿者的紧急心理援助

1. 与现场目击者和同科室者等重点人群座谈

了解他们的心理危机水平，并做适当的现场疏导。

访谈对象近 10 人，存在两种情况：第一种情况是部分接触过现场的人开始几天出现影响睡眠和工作思维的情形，个别人存在“闪回”的情形，但后几天已缓解。第二种情况是包括部分接触现场者和部分未接触现场者，存在心理上的“纠结”，即脑子里涌现死者平时的音容笑貌，对突发事件深为感叹，个别人对人生有“新”的（消极）认识等，但也基本属于个人可控范畴，从应激多因素角度来看，尚属于正常人范围内的一般性应激心理行为反应。总体判断属于有心理问题但不严重的情形。

2. 座谈现场作行为和认知调整指导

对上述第一种情况，即与现场有关的应激行为反应，以“倾诉”及“淡化、回避、转移、转换”等行为学方法为主，除了分别给予当场解释和安慰，并建议根据条件组织部分直接接触者外出“转移减压”（如海疗）。

对上述第二种心理上的纠结，则对每一位对象分别给予认知指导，重点是自杀发生的“不可预测和不可帮助性”，将个体的内疚、感叹、同情、自责等模糊情感予以具体化、客观化（即事件的必然性和偶然性）。简单的要点就是“真可惜”但“也无奈”。

3. 小范围讲座

针对现场目击者、同科室者和部分自愿参加者，开展“心理危机干预讲座”系统讲座（时间 1.5 小时，幻灯片及内容可参考前文资料）。

（三）对公司心理健康促进和员工心理压力管理工作的建议

1. 当下建议

尚不适宜做全员心理压力和心理健康集中辅导（讲座）。理由如下。

从现场目击者的座谈结果来看，这次事件波及面并不大，影响也有限。目前的一些教育讲座往往是引导听众向好的方面想。线性地看，这种方法似乎有好处，但如果系统地看，一次授课并不会改变所有人的生死观，反而因为现场充满与“自杀”相关的词汇和氛围，可能通过多因素互相影响，反而产生负面的暗示作用或强化作用，对于某些已经自动采用回避或淡化自我心理防御机制（此时属于积极应对）的人带来困惑。说明白一点，自杀也有“示范”作用，自杀信息对某些人的自杀意念有唤醒作用（前文两例相近时间自杀就存在这一情况）。

因此，对应激事件本身，建议表面上采取淡化和转移的应对措施，实质上则增强对员工的人文关心，以增强员工之间的群体社会支持水平，有利于抗击各种心理压力的冲击。例如，组织适当的娱乐休闲活动，安排能增加员工之间交流的互动，如参与讨论问题、发放鼓励、祝贺性质的礼品等。

2. 中期建议

第一，建议观察 3 个月，注意是否有人出现类 PTSD（创伤后应激障碍）。如果有发现，及时治疗。从目前来看应该问题不太大。（企业不是很大，建议由人事部门安排人员接受简单的培训，学习识别 PTSD 要点）

第二，建议做员工压力管理教育。毕竟在自杀意念还未巩固前，当事人的心理压力系统是可以调整的，这涉及青年人的人生压力控制和管理能力的问题。压力综合管理教育和训练，有助于预防同类事件的发生。建议鼓励员工自愿学习作者的压力系统综合调理网络讲座。

3. 长期建议

开展一年一次全员心理压力综合测评。其中，一个或多个心理压力因素超过全员平均值两个标准差者（相当于每百人中取两位最高分者），作为某些压力因素方面存在一定问题的筛查者。对于压力总分（6 项压力因素得分的加权分）超过全员平均值的两个标准差者，作为整体压力水平筛查标准。对筛查出来的可疑心理压力者，预约个别晤谈。这也是员工援助计划 EAP 的组成部分。

一年一次全员“心理压力综合管理技术与方法”的讲座（集体咨询），降压增效。

4. 注意事项

第一，注意避免过多“操作”（如经常议论这个问题）导致的示范效应。

第二，避免部分人借机放大应激反应而谋利。

第三，整体上应将已经发生的不幸事件淡化，即使进一步展开进行心理疗养，或将来进行全员心理压力管理指导讲座活动时，也应尽可能不过多地与本次事件挂钩。

注：该例自杀员工事前存在较为明显的心理行为异常，但未能引起有关方面的关注。即使事发后，人事主管也只是提出要给现场员工心理帮助，公司并未注意到企业的整体压力管理问题。这说明目前企业员工的心理健康还只能寄望于自身的调控能力（见第 7 章），要想通过 EAP（见下一章）实现企业和员工的高度契合，路还很长。

第 7 节 博文集（八）

压力（应激）系统模型是生物学、心理学、社会多学科交叉的理论模式，其内容看似容易理解，实则较难把握，其学术价值又主要体现在能否被目标人群接受和应用方面。为此，作者选取 2011—2022 年撰写的部分博文（原有链接和表情包已撤去），经组合分别列入若干章之后，旨在加深阅读者对该章内容的理解和把握，同时也为可能开展的系统模型各种主题宣讲和临床咨询等实际工作提供部分引用素材。

本节含 18 条博文，主要涉及心理危机和自杀相关一些话题。

危机干预的理论和经验（2015-11-21 15：41：24）

（缘于某地爆炸事件“危机干预”的微信）近期因故翻阅了一下几年来许多国内外“危机干预”相关的书籍。写得比较好的毫无例外是依托于一种或几种理论而展开。那种建立在经验基础上的宣传资料，虽符合大众的因果思维习惯，但难以经受住系统的推敲。这方面国内还有很长路要走，就像真正的“心理咨询”，许多人勇敢尝试的精神可嘉，却不宜过分挑剔。

关于自杀问题的师生微信对话（2016-02-28 17：20：19）

陈老师问：最近发生了中学“天才”学生（出版了几本很“专业”的著作）患抑郁症半年跳楼自杀事件，由于其半年来经医生治疗，估计是心理医生治疗无效，引起了心理专家的广泛讨论。我看了一些讨论，总体感觉是“推卸责任、胡说八道”。其中，尤以某大学心理专家提出抑郁症患者脑中 5-HT 增加最“专业”。按照他的说法，反腐后一些官员脑中 5-HT 都有所增加，导致跳楼者增加。有一位记者提出，由于该学生曲高和寡，导致在周围群体中被孤立的说法，较为切中要害。针对此事件，我认为对心理医生治疗手段确实需要反思（注：陈老师作为资深生理学教授，并否认抑郁症与脑内神经递质的关系，而是怀疑该生自杀未必是其患有抑郁症）。

博主（学生）答：

世上有些问题属于系统问题，单用“因—果”线性思维（维度）未必能反映问题本质。例如，针对自杀这个“问题”，可有许多线性因果（维度）予以解释。精神病学对其常有的解释是抑郁症（医学标签，但您提到的是心理医生?），其因果机制涉及脑内神经递质 5-HT，这也是有科学实验证据的，且能证明这会导致认知功能倾向消极化，即思维带有消极色彩但未必影响思维严密度，其结果就可想而知，故此时确实需要使用能影响 5-HT 等脑神经递质的抗抑郁药。

自杀“问题”还可从压力的心理行为多维度，即“系统”角度来解释，主要涉及生活事件、个人认知、应对方式、社会支持系统、人格特点、压力反应等各种压力因素（维度），当然也不排斥

5-HT这类生物因素，这也是我昨天在浙大紫金港专题培训班上讨论过的“压力系统模型”，也算是心理学方面的一种解读（之所以“算”，其实我是脚踏医学和心理学两只船的，所以才叫作“医学心理学”）。

您指出的记者解释也挺有道理，这涉及压力“系统”中的社会支持因素（维度）。社会支持的缺乏，即使不是直接促成抑郁症自杀，也是有很大的影响因素的。自然，这里的社会支持缺乏也离不开其他因素或维度（如生活事件、个性特点）的共同作用。

此例不知其具体过程，不太好评论。我的直观感受是，此例应动员其服用抗抑郁药，同时以心理学方法作全方位的压力因素综合干预。

自杀预防是系统问题，应从系统失衡角度入手（2016-03-24 08：35）（微博）

自杀是系统问题，应从系统失衡的角度去思考，去研究，去综合监测、预警、干预。教育（特别是传达知识的上课），即使能使多数人长知识、树立正确人生观，但也没有证据证明可以减少自杀。因为线性因果思维弥漫，还有其他各种因素的影响，系统模型尚难以被自杀研究者接受。

决绝自杀者的“预警”问题（2016-03-24 09：26）（微博）

决绝自杀者（不是寻死觅活者）的终极敞口，一般是“自我拒绝”。此时，其对外界的观察、其思维逻辑、其行为举止都会“很”正常。事后分析，只能说是“掩饰”“面具”或“彻底想通了”。既然出口处就被掩饰，何来直接的预警讯号，又何来交谈帮助、侃侃而谈，岂不是娱乐？——只能从“出口”前的系统中去设想并寻找各种综合监测办法。

学生自杀不全是抑郁症（2016-04-04 20：47：06）

徐教授（著名精神病学家和医学心理学家）的邮件

姜教授：您好！

前些时间D教授来信，提起一位“天才”高三学生自杀事件，在当地被诊断为“重性抑郁症”，D教授认为不典型，我从其所述和学生遗书来看，其自称是“精神洁癖”，没有情绪低落，只有厌烦；没有自我评价降低，对自己的学问颇为自负；没有内疚、自责，却有对老师、其父和社会的不满；没有抑郁症常见的失眠、厌食等症状。遗书中有“没意义活下去”“未来没有吸引力”等言语。抗抑郁药服用较长时间，没有效果。我觉得“抑郁症”的诊断是很可疑的，不知当地咨询师和医师的诊断依据是什么？其自述中还提到某大学的年轻教师自杀。网上都从抑郁症的角度讨论，精神科医师则强调及时做“正规”的药物治疗。我联想到过去弗兰克尔的论著，重读并写了一篇议论稿，想说明严重抑郁症是自杀的常见原因，但自杀者未必都是抑郁症，也不是药物都能解决的问题。现将这篇短文发送给您看看，请予赐教。

博主回复：徐教授，您客气了！

我也认为不能将学生自杀都看成是抑郁症（前几天因为督导过几例自杀案例，因意见分歧我还发了几条微信）。一些学生，如您文中所说是因为自感找不到生存的意义（那个历史精英青年也许属于此类）；也有一些可以用人本主义理论来解释，是现实“我”与理想“我”之间不能统一，出现自我拒绝。当然，这些问题较难实证研究。您这篇文章应该发布出去，对社会上的不正确认识会有推动作用。同时，如果您同意，我会将您给我的信及我的回复发到我的微博上（当然阅读面不广），您的附件文章也可以发布“老专家联谊会”网页。请明示。

徐教授回复：

谢谢您将我的这份议论稿发布到联谊会网页，我国大中学生中出现自杀、弑母等现象，一些年轻教师也有自杀行为，很多人都以抑郁症进行解释，我看了一些信息，觉得将自杀都归于抑郁症是存在问题的，故写了这篇议论文稿，恭请诸位朋友赐教。

附：“重读弗兰克（V.E.Frankl）的《无意义生活之痛苦》兼论当代青年人的使命感”（略）

议“作女”的“犯傻”（2016－08－03 20：26：27）

早就想对老虎咬“作女”事件议论几句，又觉得说不清还不如不说。

今见网络上该“事件”闹得离谱，受害女子几乎成为千夫所指的“垃圾人”，忍不住向一些“疾恶如仇者”谈谈有一种常见心理行为现象叫“犯傻”。谁都有可能因为瞬间的误判、忽略、忘记、震惊而“犯傻”。此女的行为用此解释最好，不宜用那么多的“理性”来解读。这就像老太被撞倒却指认扶她的学生一样，其实未必就是理性推导出来的“讹诈”（对此我也多次欲言又止）。

朋友甲：

我同意姜兄的观点。我们自己也有犯傻的时候，因此，处事一定要冷静，这还是一门学问叫作《情绪管理学》，请姜兄讲讲！

姜回复朋友甲：

随便谈谈。

情绪因素确与“犯傻”（出错）有关，除网上一般人猜测的因“吵架”导致“虎园开门”外，“开心”也可能犯傻，即“乐极生悲”，而在激情状态下，修养最好的人也可能犯傻。所以，兄提到的“情绪管理”主要靠平时训练，且仍难以保证一辈子不犯傻。

注意记忆因素也与犯傻（出错）有关。我们平时不小心、忽略了、注意被分散等，往往就会出错，做了傻事也很常见。至于影响注意力和记忆精准性的因素很多，并不是如网友所认为的一定是“涵养问题”（作死），这就成了道德审判。

人格（个性）因素也与犯傻有关。但不宜线性地认为“好性格”就一定不会犯傻。实际上，过分严谨的人也许更易犯傻，因为人的心理动能是限量的，对某些事情过度关注，对另外的事情反而容易被忽略，这里面也许就会隐藏着最大的危险。捡了芝麻丢了西瓜，骑自行车越是试图用心避免撞上前方的石子，反而越是容易撞上去，诸如此类都很常见。

朋友乙：

刚才有朋友转发相关信息，说“作女”已死于伤口感染、肺部感染、继发败血症。通过描述、分析和推导“作女”各种恶劣的任性结果，亲人和网民应汲取教训。最后特别奉劝天下男性，选择另一半时学历、美貌都不是最重要的，性格、内涵和素养才是硬道理。

姜回复朋友乙：

其实，此女的坏脾气、任性、人渣等诸多帽子，是网友用线性思维推测和演绎出来的。因为只要智力正常的人，是断不会拿自己的生命到虎口去“任性”的，只有一种可能，她“犯傻”了。

令人寒心的是，一个妙龄女子遭此不幸，获得的居然全是幸灾乐祸、冷嘲热讽、污名演绎，被作为“人渣”受到鄙视。其实，我们这些旁观者和审判者真需要扪心自问一下。

眼见未必为实（续“作女”）（2016-08-04 10：33：31）

其实，连“作女事件”的起点“吵架”也可能是演绎出来的。因为母亲已死，丈夫未开口，女子自己重伤，而小车现场就只这几个人，外人如何知道那么多“真相”？

退一步说，即使事发前真的与丈夫发生争吵，则恰恰说明“犯傻”虎园开门的可能性更大。

整个舆情发展过程虽然奇怪，但其线性逻辑应该是：虎园开门——定是与驾驶员丈夫吵架了——此女脾气很坏——平时一定很任性——丈夫长期忍气吞声——培养任性女子的一定也都很任性——一家人都是“人渣”……

事例札记：“接纳差异、快乐竞争”优于“难得糊涂”（2017-03-26 20：40：35）

又有学生出事了，在一定程度可归为生存压力所致。

压力千头万绪，其中，人格因素很重要。人格因素对于压力，以及其中的观念（信念）因素又是关键。特别是人生观念是生存压力的核心因素。

记得幼年时，老师上门动员农村孩子上学，有家长却回应“我的孩子是背锄头的，用不着识字”。在当时个别人的人生观念里，“不公平”是自然的。

接受“不公平”的大人和小孩，夏天晚上乘凉时，也会津津有味地大谈城里的富人花钱怎样大手笔，演艺名人怎样用牛奶洗脸等。说话间，好像这些都与自己无关，更不构成生活压力。

这里当然不是宣传落后赞扬不公，而是指当前一些学生在承受着严重压力的背后，往往是其人格因素中的“绝对公平信念”，即分数不能低于别人，钱不能少于别人，位置不能低于别人，吹牛不能输于别人。在压力系统管理的多条途径中，设法疏导这类绝对公平信念是管理人格维度的要点之一。我的“接纳差异、快乐竞争”恐优于郑板桥的“难得糊涂”。

决绝自杀与发现异常（2017-06-19 13：14：01）

网上信息：一名 17 岁考生在考试后与家人游览华山时自杀身亡。有两点信息，其一，找到了考生生前文字“吾去也……”；其二，家人事前未发现异常。

评：

吾去也……属于“想通了！”但要“想”多长时间才想“通”的？

家人未发现异常，说明整个“想通”过程中，所有的想法自认都是“正常”的，家人自然没有“发现异常”。

还是看看博主上传的“学生自杀防治概要”吧！

又见女孩坠亡（2017－09－18 10：58：14）

又有 15 岁女孩在高档小区坠亡。

对此，家长、老师或外人总是基于线性思维：因为玩手机被骂——所以跳楼。其实对这样的女孩，往往需要分析她是处于怎样的“系统失衡”状态，不被表面的点（现象）或线（因与果）所框定。

浏览《学生自杀防治概要》或有参考价值。

冤有头，债有主？（2017－11－15 12：21：33）

某供电局退休局长被退休职工杀害了。

网上评论一边倒：“逼到人起了杀你的动机，证明那局长做事非常缺德，被杀死了也应该！”“冤有头，债有主，凶手为何单单找到你？”……

这些评论显然是基于有其“因”必要其“果”的线性思维。

案情还没弄清楚，评论却出现了一边倒的叫好声，同情惋惜死者的少见，赞扬杀人者众多。让人无语。

但也见到唯一的异议评论：

“杀人肯定是错的。至于为什么要杀他，对正常人来说肯定有宿怨，而这宿怨太大太深，又自认无法解决，于是乎就……若是这位死者在过去工作中人品较好，就是不能满足个别人的过分要求而导致日复一日的更大矛盾呢？难道这昔日领导就该死吗？倘若这凶手有神经病乱杀人，我们也为凶手叫好吗？我们在发布信息前必须了解真相。”

这是典型的系统思维，值得点赞。

不是所有恶性事件都适宜开展应急演练（2018－03－21 14：36：11）

有朋友征求博主意见，想搞防止伤害医生事件发生的演练——“伤医”应急演练，就像火灾演练、反恐演练等灾难应急演练那样？乍一听，前因后果似乎合情合理，转而系统一想，似乎弊端不少。虽然朋友解释只是在医院内进行演练，但仍不能完全消除我的疑虑。

“伤医”事件频发，确实让人揪心。我也通过微博或微信就“伤医”事件有过多次讨论，认为“医”（我是看诊又不是看你的人）“患”（我花多少钱你就应治好我多少病）双方线性思维盛行，导致戾气充斥，这也是重要的心理层面的原因。作为对策，医院为保护医务人员免受伤害，筹划开展

"伤医"应急演练，立意实属难能可贵，设计和方法也是可行的，只是理由（逻辑）似乎也是线性的，即"兵来将挡，水来土掩"，没有考虑"兵水"和"挡掩"之外的因素。

并不是所有"严重问题"都适合通过演练来预防或解决的。演练，意味着许多人参与，针对的是许多负面剧情，具有很强的心理和行为上的示范效应（即社会行为学习论的Modelling）。"伤医"应急演练，意味着其剧情集中在"争吵""伤医""逃避""智斗""讨价还价"等负面（负能量）环节，即使是在医院内进行，由于信息渠道较多，知道的人不在少数，无论对医生或患者及家属，除了希望提高警惕性和处置能力，同时也会带来更多消极的心理行为层面的示范效应（具体很容易分析）。总之，有些问题，演练带来的信息扩散，其负面作用或许更具危害性。

同样，对于自杀、失眠一类问题，公开宣传的信息越多，如宣传问题有多重要，介绍问题对健康有多大影响，广告宣传某些手段和药物有多有效，或者演练现场有多逼真，结果对某些潜在自杀、失眠者，可能负面影响反而越大。类似的实操演练越多，或许会有更多的自杀情形发生，或者失眠症状更严重。这与"伤医"问题类似。

复杂问题总是系统的，某个维度的思考最严密、合理，也未必涵盖其他维度的理由。

至于"伤医"问题的对策，重心应放在医患关系的微观和宏观等相关维度方面，从系统的多角度入手，寻找综合治理之法。

戾气，各有理由（2018-08-06 15：49：19）

一个镜头，一名红发中年妇女大骂一位男子（某位孩子的父亲），后者正拿手机对着前者拍下视频。

在系统的大世界里，每个人都有一个自己独特的小世界。即个人是以自己的认知镜头对着外部世界，并以此刻他（她）认可的理由（往往是线性的）认识所面对的情境，然后是独特的喜怒哀乐情绪和伴随的行为……（认知、情绪、行为）

男人生气是因为女人不牵狗绳，这对自己的孩子具有潜在威胁；女人却振振有词"我的狗不咬人"，直至态度野蛮……

女人生气，其实也有她的理由，或许主要是男人用手机拍了她，终于让她怒不可遏……

吃瓜群众生气则更多是看到女人发怒和语言粗鲁，且不牵狗绳，边上还有她的孩子——如此素质……

戾气背后是各自为是、不承认差异、缺乏同情心和同理心……

问题在于这类戾气往往是危机发生的前奏。

读不懂的自杀理由——认知、情感、行为铁三角关系（2018-10-26 10：25：07）

面对年轻博士自杀，人们总是线性地通过因果逻辑、是非判断等，试图去读懂其中的认知、情感和行为变故原因。

例如，在某些分析文章中经常出现“我们无法知道他经历了什么……”，然后对为什么要自杀做出许多推测和分析。推测当事人可能遇到的各种困难；判断其会产生多大的心理压力；分析其中的是非、对错……实际上，一些没有原因的自杀“原因”，往往是抑郁症本身。

抑郁症患者表现出来的消极“知、情、行”，或许根本就找不出“经历了什么”。有时虽然能说出一些“原因”，如因为工作上遇到困难，实际上也许就是抑郁症的结果（抑郁症的“知、情、行”，导致了许多“不良经历”）。

认知、情感、行为，是铁三角关系，是互相影响的系统结构。心理工作者更倾向认知（障碍），医学工作者倾向于情感（障碍），行为学者（当今很少）则倾向行为（问题），但抑郁症却是三者都“有问题”，并互相影响。

同样，对以上“知、情、行”三者中的任一种做有效的帮助，都有助于促进另两种的改善，进而促进铁三角的稳定（抑郁症的理想治疗）。

某些人会坚信以上三者的其中一种是正确的，除有助于某种理论的发展（如认知理论、心理生物理论、行为理论），同时也体现了单维度的线性思维。

后记：持“是或否”线性思维者，或质疑此文。是的，自杀问题很复杂，可参阅《学生自杀防治概要》

人间悲剧，往往是系统问题恶化的结果：（2020－09－13 15：17：20）

网络让我们知道了更多的人间悲剧。许多悲剧（如命案）其实起源于普通的系统问题，是系统中多因素恶性循环的结果。

撇开情绪因素，许多系统问题的开始，往往各方在出发点上并元大的差异，如都是出于好心，或都是为了更好的目标，却因为情绪因素的介入，各方对事情的认识距离会越来越远，行为上逐渐走向极端，导致越到后来双方越意气用事。情绪成了关键因素，甚至到了某方触犯法律的地步，也就是激情犯罪。

由此可见，一个人成年后，需要懂得情绪、认知和行为三者是相信影响、互相制约的道理，学会有效的压力管理和情绪调节更重要。

一个人的幼年教育和成长环境中充满“接纳差异、快乐竞争”的氛围，则是更重要的。

用 20 万张照片记录其成长，孩子却自杀了（2021－03－21 14：42）（微博）

网文“那个用 20 万张照片，记录孩子成长的博主，孩子自杀了……”简评

这是系统的问题，包括教育环境因素，甚至生物因素……导致或情绪抑郁，或自我“空洞”，或其他未知状况，自杀可能是多因素系统作用的结果。

但网友们的思维基础却是线性的：父亲的努力如果是正确的，孩子必定会成功。父亲用 20 万张照片记录孩子成长，孩子却自杀了，一定是其父的教育出了问题，20 万张照片也都是罪证……

所谓热点话题，往往就是在系统问题中寻找线性答案。

精神疾病患者与杀人罪犯，为何会有争论（2021－09－26 19：01：31）

网文“姜某东人生的最后 5 年，由精神分裂症患者到 20 岁的杀人罪犯”

对以上这一类新闻报道事例，阅读者往往会存在不同维度上的认识并引起争论……

博主浏览后，关注了其中的三个维度。

首先，是文中人物，这位母亲的“执着”，她坚持带着儿子一起维权，这对患有偏执性精神病儿子最终犯罪是有影响的，甚至看似这是个小维度，或许是很重要的维度。

其次，姜某东的精神疾病是否由老师罚站引起？从这个维度考虑，许多人会认为是的。但有临床经验的人知道，常人对精神疾病起病原因的判断，经常是将“因”与“果”颠倒的。在此例中，或许是姜某东的早期精神疾病病理表现是因，老师因为不能辨识而做出惩戒是果。在全案中，这个维度亦很重要。

最后，多数人关注的是“判决是否正确”这个主线维度，其受上述两个维度及其他更多亚维度的影响，需要分别加以关注，或能使最终判断得更准确一些。

总之，这是一类多维度（多因素）交织着的系统话题，极易引起阅读者在认识上的分歧和争论，而参与的争论者其实也都有道理——各自从某个维度上去认识。

医学心理学临床上和日常生活中的许多争议问题，无不与此类似。

看这个子杀父事例，“接纳差异、快乐竞争”太重要了（2022－01－10 12：39：43）

网络转载，“因洗澡时间太久引争吵，儿子枪杀了父亲”简评

我们中的许多人，在“是非”分明的基础上，往往伴有较为强烈的绝对线性两极思维倾向（非对即错、非好即坏）。

回过来说此例。

儿子一方，洗澡两小时不出来，在“是非”上，一是为了干净，二是习惯了，三是作为父亲你再等儿子一会儿有何不可，晚上又没有什么急事。

父亲一方，在“是非”上，一是一再向你指出要节省用水，你就是不听；二是我已经等了两个小时了，一天都很劳累，作为儿子你怎不体谅；三是……

二人在面对同样一个小事时，在不同观念基础上的各种坚决的“是非”判断，都不在同一个维度上，“接纳差异”谈不上，“快乐竞争”更谈不上。怒火中烧之下，悲剧就发生了，事后理智地后悔也已于事无补。

所以，压力系统模型下的“接纳差异、快乐竞争”，太重要了。

第 12 章　员工援助计划（EAP）

本章导言

所谓员工援助计划（employee assistance program，EAP），是指企业（组织）为员工提供的一种新型福利。企业聘请专业人员（机构），对员工和企业组织进行评估，提供专业指导，帮助员工解决心理问题，提高企业绩效，改善组织管理。EAP 的服务内容较广，包括工作生活压力、灾难与危机事件、婚姻和家庭问题、心理健康问题等。据资料显示，世界 500 强企业中多数建立了 EAP。这是心理卫生工作的重要方向。

压力系统模型在员工援助计划（EAP）方面的应用有过一些尝试，取得了很好的实践效果。

本章资料包括压力系统模型的团体压力管理模式、在 EAP 实践工作中形成的部分资料、协作团队初步编制的“基于 EAP 工作的压力综合筛查评估问卷”等。

第 1 节　团体压力与管理（专著，2012）

摘录自《医学心理学：理论，方法与临床》（人民卫生出版社，2012 年）第八章第八节。

当今，有一些单位被普遍认为是高压力单位。因为不断地出现意外、伤亡事故或其他严重事件，遭到舆论的一致谴责。有人认为，这是因为员工的工作时间太长、产品要求太高；有的人认为是环境太封闭、限制太多；有的人认为是因为员工远离故乡、人际生疏；有的人认为是员工文化素质太低、心理太脆弱、缺乏竞争信念；有的人直指待遇不公、工资太低；有的人则指责老板黑心、血汗工厂。而老板方面对此则深感委屈，有苦难言，因为单位提供的工资不低于同行业的均值，工作环境都是现代的建筑和设备，管理都采用国际通行的规则等。

从压力系统模型角度来看，以上各方所提出的理由（或因素）都有一定的道理，都应考虑，也许还有更多因素需要考虑，如社会文化与亚文化因素和心理方面的暗示因素等，容易被一般人忽略。通过团体压力管理计划，以系统模型的理念入手，从多因素的角度决策，或许有助于部分缓解这些单位的压力问题。

一、理论与策略

根据压力系统模型，就个体而言，人人处于压力多因素系统之中；就团体而言（如工作单位），则是各种个体的亚系统所构成的更大系统；个体的系统平衡受制于团体系统的平衡，又影响团体的平衡。

在社会转型期，个人普遍感受到压力，而社会团体的压力也非常突出。由 Walsh D.（1982）首次提出，至今在国内也已逐渐成为流行的员工援助计划（employee assistance program，EAP），其核心内容之一就涉及团体内员工压力综合管理问题。

制定差异化的团体压力管理方案，需要密切结合该单位的团体性质和特色，即该单位所有关于压力问题的系统因素。

以下介绍以压力系统模型为基础制订的团体压力管理计划大致流程，包括基础调查、发动阶段、评估方案、控制与管理方案制定与实施。

二、基础调查

对意向单位有关岗位的部分员工、部分领导、若干特殊部门，如工会等，分别登门拜访，作晤谈调查，为将要实施的该单位团体压力管理计划提供修订依据，如是否需要补充一些压力量表以外的特殊量表等。

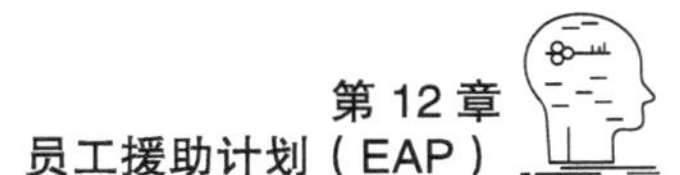

三、宣传动员——团体讲座

进驻签约单位后，首先通过现场团体讲座或单位内部局域网，向员工宣讲压力有关的基本知识。以下是压力系统模型基础上的团体压力讲座 PPT 提纲。

1. 压力举例

人生充满了压力（既可促使进步，也可影响健康），举例加以说明。

（1）工作压力

（2）生活压力

2. 压力的系统分析

世界充满差异，差异导致失衡，失衡导致压力。分两部分介绍。

（1）举例介绍各种压力因素

（2）动画介绍压力的系统结构和基本特征

3. 压力的管理与控制

分别举例说明各种压力因素的管理与控制。

以上具体内容可参阅第 3、第 7 章。

上述工作，一方面为了提高员工对于压力管理的认识，其本身是团体心理卫生宣传的一部分；另一方面，可以提高领导和员工对此项工作的重视程度，配合做好下面的调查和评估工作。

四、评估方案

1. 心理压力量表调查

采用心理压力系列量表，包括压力反应、压力源、应对方式、社会支持，以及人格量表、工作满意度等配套问卷。采用单向匿名法，即匿名填写问卷，每份问卷有一个编号，要求员工记下自己的问卷编号，既提高问卷的真实性，又保证结果能够匿名反馈到员工个人。建立包含各种心理压力因素的团体成员个人心理压力数据库。

2. 评估压力因素

与地区常模比较，评估本单位各种压力因素的整体水平及群体分布特点。评估因素之间关系的单位特点，为提供特定服务做依据。

3. 评估整体压力程度与主要影响因素

与地区常模比较，评估本单位员工压力反应水平，包括躯体反应、情绪反应、行为反应和总压力反应。通过多种统计分析，重点筛查影响压力的主要因素。

4. 筛查高压力个体

将那些压力反应远超地区常模的样本挑选出来，通过单独晤谈，做进一步分析与判断。其他有关因素得分异常者，也在关注之列，如社会支持过低者等，可能需要提供单独晤谈和帮助。

5. 追踪

根据签约期限，可能需要再次调查和评估，同样输入数据库。

五、控制与管理方案

1. 压力分析报告与建议

向团体首长重点报告本单位首次调查结果，包括本单位压力水平、特点，以及主要的影响因素，并提出团体压力管理的某些具体决策建议。

2. 个别咨询

对调查中发现的高压力个体（或其他因素分数异常者），在个人同意下开展个别晤谈，做进一步心理评估与干预。

3. 不定期开展团体心理健康讲座

以通俗化和举例的方法，针对本单位的实际，进一步介绍压力有关因素的管理和调控，如生活事件管理、社会支持促进、应对方式训练、情绪情感调节等，推动团体成员自觉管理各种压力因素，从而提高整体压力管理水平。

4. 追踪

随着团体压力管理工作的进展，根据定期调研的效果和出现的新情况，向单位提出调整压力管理计划的建议。获同意后再实施。

5. 总结

如签约时间足够，在再次压力评估的基础上，编写年度总结（包括效果与分析报告），制订下一年度计划。

这种压力团体管理模式，在作者的支持下，某管理公司曾在有关单位施行，效果较好。

六、团体压力管理的分析报告

以下是某管理公司人驻签约单位后第一次向管理者提出的专家调研报告提纲。

1. 本单位压力水平及建议

通过与同行业或同地区比较，报告本单位员工压力的躯体、心理和行为反应，以及总压力反应。根据结果，从心理卫生角度，建议管理者在决策时关注员工的整体压力水平。对发现的部分压力过大员工，建议给予心理帮助（往往在分别晤谈后再做进一步建议）。

2. 本单位压力源的结构特点及建议

通过与同行业或同地区比较，报告工作压力源、人际压力源、经济压力源、家庭压力源水平。根据结果，从心理卫生角度提出管理建议，特别是管理、人事、环境、娱乐、工会等方面的改进建议。

3. 本单位社会支持水平及建议（同上）

4. 本单位压力的影响因素分析及建议

通过多因素统计分析，详细报告主要影响员工心理压力反应的各种因素，以及分别和整体的影响程度（如回归分析中的 R^2）。根据结果，建议从这些因素入手，采取措施改善本单位员工的心理压力水平。

5. 分部门的分析及建议

针对本单位的不同科室、岗位，比较分析报告并提出建议。

（注：对于特别庞大的单位，可以抽样实施本计划，再予以推广）

七、小结

图 12－1－1 是作者 2014 年 5 月 6 日在浙江省机关事务管理局做关于团体心理压力管理专题报告中的一张主题幻灯片。类似报告在各地针对不同的团体（机关、企业、事业单位等）多有举行。因压力管理的系统模型基本理论、策略和技术有一定类同性，本文集不再过多收集。

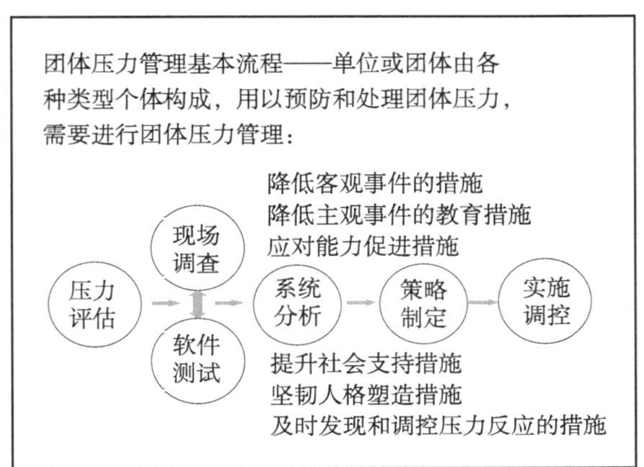

图 12－1－1　团体压力管理流程

第 2 节　压力系统模型与 EAP 实操（资料，2008）

摘录自 2008 年孙国强等对浙江某中心开展的员工援助计划（EAP）项目资料。

一、浙江某中心 EAP 项目建议书（摘要）

为促进员工健康，提高幸福感，进而更好地保证企业调度工作安全稳定，某中心工会提出引入 EAP 服务，特别是压力管理项目。

（一）认识 EAP（略）

（二）项目任务

目标：

1. 促进员工健康、提高幸福感。
2. 评估员工压力水平，促进团体压力管理。
3. 充实企业文化，提升企业形象。

方法：

1. 定制压力评估等测试量表，全员测试，结合个别晤谈。
2. 统计分析，报告本单位员工整体压力水平。
3. 提供有针对性的企业压力管理建议。
4. 职业健康和压力管理讲座。
5. 提供特定对象的面询。

（三）项目方案

EAP 项目方案如图 12-2-1 所示。

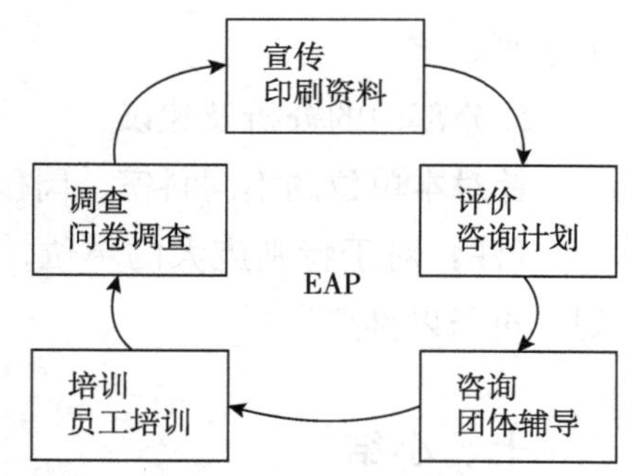

图 12-2-1　EAP 项目方案

（四）项目实施

EAP 项目实施流程如图 12-2-2 所示。

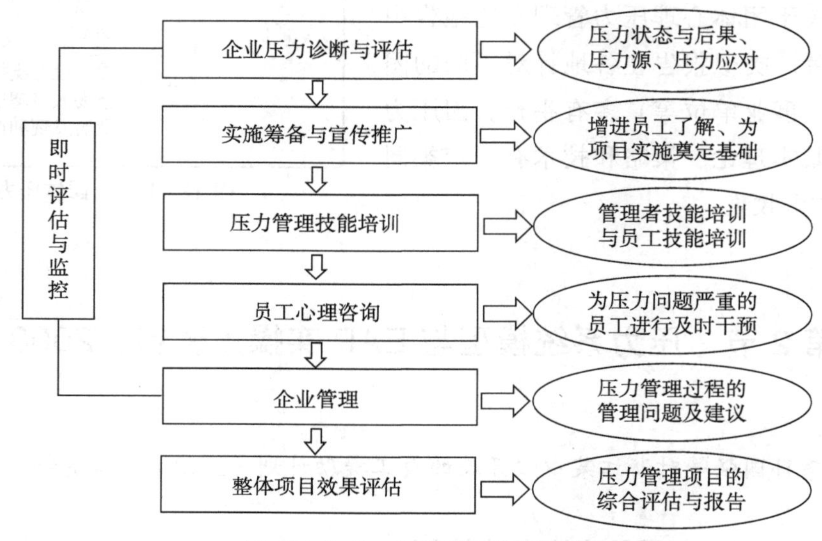

图 12-2-2　EAP 项目实施流程

（五）项目用时（略）

二、浙江某中心 EAP 调查报告（摘要）

目的：浙江某中心（以下简称中心）接受本次心理健康与压力水平调查的员工 159 人。本次调查的目的是研究该中心员工心理健康状况、心理压力状况及压力系统的多个影响因素，试图从中发现影响员工压力的主要因素及心理支持上的薄弱环节，用心理学方法探索有效缓解中心员工心理压力的措施，为管理层制定相关决策提供科学依据。

方法：主要使用姜乾金教授编制的心理健康、心理压力系列量表，分别考查压力水平、压力源、压力应对方式、社会支持、人格结构、工作满意度，对 141 份有效数据进行统计分析。调查方式采用单向匿名法，即问卷全部匿名填写，每份问卷有唯一的编号并一一对应，员工记下自己的问卷编号，从而既能提高问卷的真实性，又保证结果能够匿名反馈给员工个人。

结果：相关分析结果显示，压力与生活事件、应对方式、社会支持及与工作满意度等因素显著相关；进一步开展多元回归分析结果显示，主要影响中心员工心理压力反应的因素有消极应对方式、工作压力生活事件、人格特点、家庭支持等因素。

结论：中心员工总体压力水平保持在良好的状态，个别员工存在压力过大的情况，需要进一步给予心理帮助。

（一）背景

1. 什么是心理压力

所谓心理压力，通俗地说是指一个人在生活和工作中，由于各种因素所导致的心理和身体感受情况，如“感到吃力、生活很乏味”，不想参与社会活动等身体、心情和社会行为方面的综合表现失常等。

压力既是一种消极、负面的体验，也有积极正向的作用。压力过小，人的积极性会不足，工作绩效反而可能下降；压力过大，会影响员工的身心健康，工作效率下降并会降低工作安全性。从姜乾金教授的压力系统论出发，本次调查较为全面地分析了压力系统中的相关因素。

2. 什么是压力系统

根据姜乾金教授的压力系统模型，压力是由许多压力因素构成的动态平衡系统，简称压力系统。影响个体压力水平的压力因素很多。其中，既有比较固定的人格因素，也有随时变化的，如来自工作、家庭、社会的各类生活事件（或压力源），以及相对变化的社会支持因素。有个体可控的因素，如面对压力的认知评价和应对方式，这两个因素若调控得法，可以提高抗压能力；也有个体自己不可控的，如企业、社会环境因素。后者作为压力系统的重要部分，企业决策尤其需要给予关注。本次调查分析基本包含以上这几个方面。

3. 调查工具

本次调查采用的问卷均是经过多年反复修订的成熟量表，信效度均较高。

（1）压力反应问卷（stress response questionnaire，SRQ）

由浙江大学姜乾金教授编制，用于评估个体对压力的相应心身反应程度，分为心理反应（FER）、躯体反应（FPR）和社会行为反应（FBR），共 28 个条目，以条目总分表示压力水平（SR），内部一致性 α 系数为 0.902，重测信度为 0.913，与 SAS 和 SDS 的相关性分别为 0.585 和 0.574。

（2）工作压力源问卷

参考 Dail L. Fields 在工作组织方面的研究结果而编制，包括工作本身（FW）、工作角色（FR）、职业发展（FJ）、组织运行（FO）和工作人际（FL）5 个方面压力源。工作压力源总分（FT）由前 5 项合计。α 系数为 0.70 ~ 0.83。

（3）领悟社会支持量表（perceived social support scale，PSSS）

由姜乾金教授等编制，共 12 个条目，评估个体所获得家庭内支持（SSI）和家庭外支持（SSO），两者之和社会支持总分（SS）。α 系数分别为 0.87、0.91 和 0.88，重测信度分别为 0.85、0.75 和 0.85。

（4）特质应对方式问卷（trait coping style questionnaire，TCSQ）

由姜乾金教授编制，共20个条目，评估个体特质应对方式，分压力消极应对方式（NC）和积极应对方式（PC）两个维度。α 系数分别为0.69和0.70；重测信度0.75和0.65。

（5）大五人格问卷

美国心理学家Costa和McCrae在1992年编制。从外向性（E）、宜人性（A）、严谨性（C）、神经质（N）、和开放性（O）5个方面描述一个人的人格。严格来说，人格并无好坏之分，但人格会影响个体与环境的互动方式，影响压力管控和环境适应。

（6）工作满意度量表

明尼苏达满意度量表（minnesota satisfaction questionnaire，MSQ），由明尼苏达大学Weiss等设计。包括工作内在满意度（IS）、工作外在满意度（ES）和一般满意度（GS），共20个题目，α 系数为0.85～0.91。

（二）员工的总体健康水平

1. 生理健康状况的自我评估

该中心员工159名，按“很健康、健康、亚健康和不健康”4个等级自评题，有29份自评亚健康，无人自评不健康，见表1（略）。

7个部门的健康状况自评直方图见图1（略），可以直观看出调度科和自动化科的员工自评级别较高，是生理健康较好的；其他部门的评级中未出现“很健康”的评级。

2. 躯体压力反应总体状况

141份问卷的躯体压力反应指标（FPR）见表2（略），高分指躯体反应过高。大于60分表示轻度偏高，大于70分为明显偏高。

从躯体压力反应频数分布（表3，略）中可以看出，大于60分以上的偏高得分者为13人，只占总体的9.22%。说明该中心员工总体的躯体压力健康还是较为良好的。需要注意的是，有5人高于70分，显示躯体压力明显过高，有调整必要。

考查各部门的躯体压力反应状况，见图2（略）。从图中未发现明显的部门间差异，与前述生理健康得分的部门差异不符，并进一步检查年龄、健康、躯体压力三者间的相关性。

对年龄、健康、躯体压力反应的皮尔逊积矩相关分析见表4（略）。结果显示躯体压力反应得分与健康呈负相关，即越健康，躯体压力反应得分越低，躯体承受压力能力越强。而年龄因素和躯体压力反应之间的相关性没有统计学意义，从部门年龄和工作性质的结合来推测，从事调度工作的年轻员工身体素质在中心总体员工中有优势。同时，其从事的调度工作对体力的要求也是比较高的，所以，年轻的体质优势并没有让调度员在躯体压力反应得分比其他部门的员工低。从另外一个角度分析，调度工作的身体开销还是比较大的。根据中心管理层一贯的经验，不允许一点失误的调度岗位是一个压力大，体力和脑力消耗均高的职位，这与数据分析相符合。

3. 心理压力总体状况

表 5（略）显示中心 141 名员工的心理压力水平（SR）为 47.83 ± 9.63，低于浙江省的普通人群的心理压力反应水平（50.00）。说明中心员工的工作、生活状况总体不错，没有显示员工整体上存在过高的心理压力反应的情况，可能与中心的工作条件和管理层对员工心理健康和压力的重视有关。

心理压力的频数表（表 6 略）显示，141 人中高于总体均值 1 个标准差（60）的有 16 人，其中有 4 人大于 2 个标准差。说明在中心员工中，有 4 人心理压力明显过高，亟须一定的措施以帮助其消除压力。为保护好员工的隐私，本次调查采取不记名方式，也不提供高压力员工的细节资料，并将结果匿名反馈到员工个人，并提供进一步的心理帮助以减压。

各部门的压力见表 7（略）和图 3（略），性别分组见图 4（略），供管理层作整体决策考虑。从表 7 中可以看到，作为中心核心部门——调度科室的总体压力其实并不高，这个责任重大且绝不允许操作失误的岗位之所以能保持这样好的压力水平，与管理层的高度重视有关，推测在人员挑选、配备、工作条件、职业训练及薪水待遇等多个方面都有较好的控制。

各部门中，办公室的员工的压力相对最高，可见管理人员的压力感受其实在该中心是最高的。而中心最年轻，身体素质最好的调度科的压力排在第二位。与调度科一样身体素质优良的自动化科室在总体压力得分是最低的，推测自动化科室来自工作本身的压力应小于调度科。

同时，还对性别分组进行了压力考查（图 5 略），显示女性员工的压力水平稍低于男性员工的压力。也许压力较大的部门（如调度科）的女性职员较少。

（三）员工压力源分析

1. 工作压力源总体分析

工作压力源测试结果显示（表 8，略），其中，来自工作本身（FW）的压力相对稍高，说明中心的各方面工作，如工作角色（FR）、职业发展（FJ）、组织运行（FO）及工作人际（FL）较为完善。与某国家大型一类企业的数据进行比较，总体上该中心员工的工作压力事件带来的压力水平控制良好。当然，由于行业不同，比较结果仅供中心管理层参考。

2. 工作压力源部门差异分析

各部门的工作本身（FW）压力源、工作角色（FR）压力源、职业发展（FJ）压力源、组织运行（FO）压力源、工作人际（FL）压力源和工作压力源总分（FT）的直方图见图 6 – 11（略）。比较部门之间的压力源，如图 6（略）显示，调度科 FW 得分较高，分析与该科工作条件有关。图 10（略）显示，各部门 FL 的得分都不高，说明本中心的人际条件佳。

3. 部门员工工作外压力源状况

压力源包括工作内和工作外两部分，上面针对的是工作中的压力事件，下面再分析工作以外的压力。鉴于量表的总题量有限，本次调查把压力源的考查主要放在了工作压力事件方面，对工作以外的压力源测量主要通过第 30 条目来实现（30. 工作以外的生活压力比工作压力更大？分值越高，说明工作外压力事件的影响更大）。在表 9（略）中总结了各个部门的工作外压力源，最高为办公室部门，其次是年轻员工比例最高的调度科，而工作压力源高的自动化部门和运方科的分值较低。进一步的分析见后文。

（四）员工的压力应对方式特点分析

该压力应对方式问卷，包含积极应对方式和消极应对方式两个量表分，用以评估个体日常相对稳定的、具有一定的跨情景一致性、与个体的人格特质有相关性的应对策略。结果见表10（略），消极应对方式（NC）得分低于50分，积极应对方式（PC）得分大于50，显示中心员工较普通人群更为积极地对待压力体验，这也是中心员工整体压力控制良好的一个重要因素。

（五）员工的社会支持分析

中心员工的社会支持测查结果见表11（略），总体显示，员工所获得的家庭内支持（SSI）和家庭外支持（SSO）的社会支持总分（SS）是比较良好的，高于普通人群的社会支持水平。

进一步分析了各部门的社会支持，发现个别部门的个别员工存在社会支持严重过低现象，推测可能存在家庭不幸福等情况，将在个别结果反馈中给予明确指出，建议单独辅导帮助解决，以解除潜在的压力问题。由于这些仅仅是个别现象，且分散在几个部门，不具有部门特性，故而未给出各部门的单独分析报告，以维护这几位员工的隐私和避免不必要的猜测。

（六）员工的人格特点分析

中心员工的人格特点见表12（略）。内部一致性 α 系数，神经质（N）为0.835，外向性E为0.617，宜人性为A0.624，严谨性为C0.777。开放性O的 α 系数不到0.40，该维度信度不够。

中心员工的神经质（N）得分与中国人常模比较偏低，说明中心员工的情绪稳定性好，面对压力环境能比高得分者更好地承受压力。神经质（N）维度得分高的人更容易体验到诸如愤怒、焦虑、抑郁等消极的情绪。其对外界刺激反应较一般人强烈，对情绪的调节能力比较差，经常处于一种不良的情绪状态下。相反，神经质维度得分低的人较少烦恼，较少情绪化，比较平静。

严谨性（C）维度的得分与常模相比偏高，统计得出共有10名员工超过常模2个标准差。显示管理层在人才录用方面存在倾向性，该人格维度得分高的员工往往做事认真负责、绩效高，但得分特别高的员工也比普通人群更易出现强迫行为，值得注意。

其余3个维度测试得分与常模一致，无特点。

（七）员工工作满意度状况

对工作的满意度测量采用了明尼苏达满意度量表，包括工作内在满意度（IS）、工作外在满意度（ES）和一般满意度（GS）3个分量表，结果见表19（略）。三者的 α 系数分别为0.78、0.79和0.86，信度还是比较高的。

中心员工的3个满意度分量表得分均高于某地某企业，可见中心员工的工作满意度在同行业还是相当不错的。

（八）总体压力的原因分析

使用多元逐步回归的统计分析方法，获得的结果见表 13（略）。结果显示，对总体心理压力有增强作用的因素从高到低依次主要有压力消极应对方式（NC）、人格神经质维度（N）和工作本身（FW）。降低压力的因素主要有家庭支持（标 SSI）、工作内在满意度（IS）。上述因素可以解释一个人的心理压力的 58.6%，即这几种因素可以影响一个人心理压力的 58.6%。

根据本研究结果，中心领导可以考虑从这些因素入手，以改善员工的心理压力水平，特别是调整好工作岗位安排以降低工作本身压力源，改善员工家庭条件以提升其家庭内支持水平。压力消极应对方式、神经质维度都是人格层面的内容，在成年以后这些人格特质是较难改变的。作为中心管理者，需要掌握员工队伍在这些维度上处在正常人群中的哪个水平，对属于高分组的员工，将在个人报告中单独给予指出，并提供一定的自助抗压改善建议。此外，建议安排有针对性的团体辅导，宣讲一些调控压力的实用技巧，从而提高员工的抗压能力。

（九）部门总体压力的影响因素分析

单独对调度科做了多元逐步回归分析，看是否存在部门特点。结果见表 14（略），显示主要的几个因素里并不包含人格的神经质（N）维度，反而是外向（E）维度呈现负影响。在实地调研时观察了调度科工作场景，在很宽大的调度控制室里，数位调度员每人一个很大的工作台，面对几个电脑屏幕和电话，工作中人际交流很少，且内容几乎都是调度工作内的信息。这样持续 8 小时的工作，可以理解，这对于一名偏外向的员工来说无形中有一种不小的压力，这是管理工作中可以参考的一项因素。挑选偏内向的员工进入调度科工作或是一个不错的倾向。鉴于调度科的员工大多很年轻，可以适当地做些性格调试性的团辅，效果应该不错。

那么，神经质（N）维度在调度科工作压力中的影响真的不显著吗？进一步分析了分列总体压力第一和第二高的办公室及调度科员工的人格组成及其他相关影响因素对比，结果见表 15（略）。可见调度科神经质（N）维度得分比中心的均值还要低，进一步比较了总体压力最高的办公室部门的相关因素。

把调度科和办公室的相关因素对比发现，增加压力的几个因素，如压力消极应对方式（NC）、神经质（N）都是办公室得分明显高于调度科，说明在人格层面上调度科员工比办公室员工的抗压力更强；而减低压力的家庭支持（SSI）指标也是调度科偏高，这也可以解释为什么表面上看压力应该更大的调度科员工压力总体得分（SR）却比办公室低。

然后，又分析了压力总体得分（SR）最低的自动化部门的影响因素。结果见表 16（略），很明显，自动化部门的员工抗压力是最强的，这可以解释自动化部门压力得分最低的现象。至于自动化部门员工为什么在这几个方面都表现较好，推测与部门的员工招聘倾向、工作文化等因素有关。

（十）结论和建议

1. 整体方面

中心员工的总体心理压力反应水平处于较为良好的健康范围内，少数员工的压力水平过高。

在工作压力源方面，中心总体方面表现出较好的控制。在工作本身、工作角色、职业发展、组织运行、工作人际共 5 个方面的工作压力源方面都比国内一流的某集团公司低，考虑中心工作安全运行第一的出发点，维持相对较低的压力以保证安全运行是完全必要的。

中心员工的低压力消极应对得分和高积极应对得分特点，对于压力的承受和消化有较大的意义。

在社会支持方面，中心员工的得分也较高，包括家庭内和家庭外的社会支持，生活水准还是比较高，这与中心的薪水待遇、社会地位、员工知识水平较高有关系。

中心员工的人格特点是低神经质、高严谨性。这样的特点既是抗压力强又是高绩效的组合。

最后，中心员工的工作内在满意度、外在满意度、一般满意度均较同地区同行业高，这与中心优雅的工作环境、合理的人员配备、运作良好的组织、员工职业发展内部消化的传统、以人为本的企业文化等都有直接关系。

经过多元回归分析，发现中心员工压力水平与压力消极应对方式、人格特点、社会支持和工作压力事件等因素均有相关性。以上研究结果与近年以其他样本展开的系列研究结果有一定的类似性。

2. 部门间比较

办公室和调度科是压力最高的两个部门。实际分析显示调度科的压力应是各部门中承受压力最大的科室。调度科年轻员工比例最高，身体素质最好，学历也是最高的，更有特色的是调度科员工的人格特质是抗压力较强的低神经质。办公室员工在这些方面的抗压力都要低一些。调度科作为核心的部门，目前的人员结构是很科学的配备，至于如何达到这样的效果值得总结。推测在人员招聘和选拔上有较好的经验可以归纳和继续保持。当然，年轻也有劣势，分析表明，来自家庭的压力可能会高一点，工作与家庭的平衡需要，在调度科表现得更明显。此外，需要注意的是，逐年新老调度员的更替，这批员工年龄结构会变化，到时候压力水平会上升，就会明显表现出管理层担忧的高压力现象。建议最好是每年定期监测一次。其他几个部门的压力相对都要小一些，相对问题少一点。

3. 在个体方面

上述几个方面有个别员工存在较严重的问题，如个体总压力过大、家庭问题、人格显著偏离正常等，需要进一步通过心理帮助解决已有或潜在的问题。

三、浙江某中心 EAP 对管理层、对于员工的课程设计

项目开始后，经过系统地调查分析（见前文），建议中心开展一定的、有针对性的辅导课程。以下是其中之一。

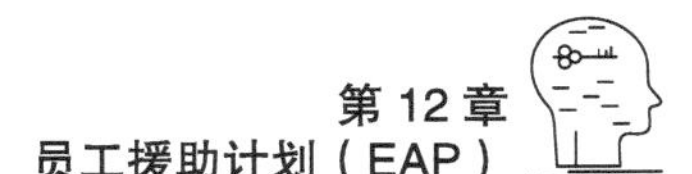

（一）“员工心理压力评估与管理”课程（对管理层，提纲）

课程目的：

① 认识员工群体的心理压力与团队绩效的关系；

② 明确员工心理压力由多因素构成、因素之间的作用及原理；

③ 掌握心理压力的整体评估要领；

④ 学会分析本系统员工的心理压力结构特点、存在的问题；

⑤ 根据压力的系统特点，制定相应的人性化管理策略，促进员工群体心理健康并提高团队绩效。

课程大纲：

心理压力问题在团队管理中的意义：

① 心理压力的概念；

② 心理压力与团队绩效关系的案例；

③ 工作量不等于心理压力；

④ 建立人性化的团队管理理念。

员工心理压力的基本构成要素：

① 压力源；

② 认知评价；

③ 应对方式；

④ 社会支持；

⑤ 性格特征；

⑥ 压力反应；

⑦ 其他因素。

员工心理压力要素之间的基本作用法则：

① 心理压力是多因素的系统；

② 压力因素之间互相作用、互相制约；

③ 压力因素的动态平衡；

④ 认知因素在压力平衡中起重要作用；

⑤ 性格因素在压力平衡中起关键作用。

员工压力综合评估要领：

① 心理压力多因素评估的实施技术；

② 心理压力多因素评估结果的分析技术；

③ 心理压力多因素评估的报告和问题发现；

④ 员工心理压力动态档案建立。

在员工压力特点基础上的人性化管理：

① 针对压力源问题的管理建议；
② 针对认知评价问题的管理建议；
③ 针对应对方式问题的管理建议；
④ 针对社会支持问题的管理建议；
⑤ 针对性格特征问题的管理建议；
⑥ 针对压力反应问题的管理建议；
⑦ 针对其他压力因素问题的管理建议。
不同性质员工心理压力的指导方法（略）。

（二）“白领心理压力自我调控”课程（对员工，提纲）

课程目的：
① 认识心理压力调控与人生成就的关系；
② 明确自身心理压力是多因素的系统；
③ 了解自身心理压力程度和压力特点；
④ 根据自身特点，调控心理压力，促进心理健康，提高工作绩效和生活幸福度。
课程大纲：
心理压力问题与人生成就：
① 心理压力的概念；
② 心理压力案例分析；
③ 财富、地位、聪明不能抵消心理压力；
④ 心理压力的自我调控与成就和幸福的关系。
心理压力的基本构成：
① 压力源；
② 认知评价；
③ 应对方式；
④ 社会支持；
⑤ 性格特征；
⑥ 压力反应；
⑦ 其他因素。
心理压力因素之间的基本法则：
① 人生是多因素的压力系统；
② 压力因素之间互相作用、互相制约；
③ 压力因素的动态平衡；
④ 认知因素在压力平衡中起重要作用；
⑤ 性格因素在压力平衡中起关键作用。

了解自身心理压力特点基础上的自我调控：

① 压力源的自我调控；

② 认知评价的自我调控；

③ 应对方式的自我调控；

④ 社会支持的自我调控；

⑤ 性格特征的自我调控；

⑥ 压力反应的自我调控；

⑦ 其他压力因素的自我调控。

四、浙江某中心 EAP 项目执行过程中的个体咨询摘录（实例）

在某中心 EAP 运行过程中，管理层委托心理专家对两位长期互相“不太对付”的中层干部 Mr.L 和 Mr.S 提供心理咨询服务。

先后通过单独和共同心理咨询，并根据测验、晤谈、观察和综合分析，发现两人在人格方面存在差异，导致其看问题的方式存在不同，并引发双方的消极感受。随着工作冲突不断出现，并形成了恶性循环，使得双方的正常合作被影响。

Mr. L 方面，其具有一定的工作经验和能力，但人格方面表现有些自负恃强的成分。这样一来，如果安排在“独当一面”的工作岗位上，易发挥更好的作用；如果安排在多层面、多岗位互相合作、互相制约或单向制约的岗位上，容易引发人际协调的问题。且这类人格的人往往容易与单位中的某一位同事产生不协调关系，对其他人则较少矛盾，从而坚信自己没有问题，是对方的错。

Mr. S 方面，其人格方面同样存在一定的求全倾向，在问题的发生和发展过程中起到一定的消极作用，其对人际差异的接纳程度稍好。在本次咨询过程中的认识转变方面，相对要积极主动一些。

对于这一类职场压力中都是好人却长期无法协作的案例，背后的原因是人格因素存在求全、完美、标准化倾向。“全”“美”“标准”，这种人格因素很难让其“接纳差异”，结果自然只能“痛苦竞争”，且很容易形成恶性循环。心理咨询就是尝试通过技巧性的心理指导逐渐消除双方的求全、完美、标准化倾向，然后实现“接纳差异、快乐竞争”。对于人格方面的原因，单纯宣讲是困难的，通常的方法是讲故事（含有暗示治疗成分）。作者在讲解时，经常用足球队之间的关系进行类比。足球队之间既是同行又是竞争对象，其足球生涯只能是“接纳差异、快乐竞争”。

以下记录了对 Mr. L 和 Mr. S 两位经理的个别咨询大致过程。

时间：2008 年 6 月 10 日

项目：Mr. L 个别咨询

全套测验心理压力系统结构显示，其具有一定的敏感性，人格外向，恃强。测验 F 分偏低，对测验的准确性稍有影响。

交谈内容为分析个人心理特点，介绍人与人之间关系的多因素系统模型原则。强调敏感人格往往在人际关系上导致不相容，指导“接纳差异、快乐竞争”的人际适应原则。

最后 Mr. L 承认自己的人格特点，表示会加以注意，合作程度较高。

时间：2008 年 6 月 17 日

项目：Mr. S 个别咨询

全套测验心理压力系统结构显示，其人格结构较 Mr. L 更趋平行，但同样存在“过分认真”的倾向。

交谈内容为其分析心理特点，介绍人与人之间的适应原则。强调过分求全人格对于接纳人际差异的不利倾向，指导“接纳差异、快乐竞争”的人际适应原则。

最后 Mr. S 表示分析合理，同意需要人际关系的自我调整。合作程度较高。

时间：2008 年 6 月 26 日

项目：人力资源部某经理个别咨询

向该部门经理简单介绍两位中层干部的咨询情况和积极进展，提出某些可能有利于问题解决的建议（但应从信息控制和有利于所有个人和集体的角度）。

时间：2008 年 7 月 6 日

项目：Mr. L、Mr. S 同时咨询

第一部分为心理剧角色演练，以两人分别扮演希拉里和奥巴马的“智囊团高参”，对两方面力量的良好合作提出自己的建议并互相沟通。双方进入角色较好，但 Mr.L 在中间阶段和最后阶段流露出自负和标准化思维的倾向，显示其虽然能力、经验和事业心较强，但在人与人平等合作的身份下，恐不太容易完全做到“接纳差异、快乐竞争”的人际原则。

第二部分引导双方谈谈对对方的感受，试图通过面对面交流，有利于在“接纳差异、快乐竞争”的认知基础上，实现双方感受、情绪上的切实改变。结果进程良好，但 Mr.L 显示出“坚持原则”的人格倾向，不利于双方进一步实现真正的相互接纳，也容易在未来引发新的冲突，故而临时决定在第二天再次单独与 Mr.L 咨询一次。

最后安排双方在近一两周内有一定的工作外的接触，保持情感沟通，以实现上述咨询过程中反复强调的“接纳差异”和感受上的愉悦。双方都表示接受，Mr. S 的主观意愿表现得更积极些。计划 1～2 周后再一起咨询一次。鉴于咨询中 Mr. L 的转变有一定难度，计划次日再单独咨询一次。

时间：2008 年 7 月 7 日

项目：Mr. L 个别咨询

本次咨询的中心是分析 Mr. L 人格层面上的标准化倾向，并因此导致接纳差异的困难，以及导致情绪的消极发展。

采用大量举例分析，并结合 Mr. L 交谈过程中暴露出来的“非白即黑”思维倾向，进一步强调在某一社会平台上相关人员之间的角色适应原则（即接纳差异、快乐竞争）。同时，重点指出 Mr.L 消除对 Mr. S 不良感受的重要性，最后建议两人在近一两周内有一次非工作层面的接触，寻找双方接纳差异基础上的积极感受。

虽然 Mr. L 在交互过程中承认自己人格上的求全倾向，但较难通过认知的调整达到感受上的改变。

最后再次直接指出 Mr. L 人格特点和可能对社会适应的不利影响，建议其回去后再次体会本次咨询的内容，要求从“感受”上消除双方互相接纳的障碍。效果有待下次共同咨询予以判断。

简评：

此两位的咨询活动取得一定的调和矛盾的效果。人格是心理压力系统的核心因素。在 EAP 过程中，要求解决涉及人格因素的人力资源问题，确实存在一定的难度。压力调控方法中的人格管理成为解决这类问题的关键。推动“接纳差异、快乐竞争”的人际观念，很有现实意义。

第 3 节　基于 EAP 工作的压力综合筛查评估问卷初步修订（资料，2016）①

作者：南菲菲[a] 傅素芬△　邢赛春[a]　张琦[a]　赵毅[b]　郭芳[c]

（[a]浙江省大众心理援助中心；[b]杭州市红十字会医院；[c]杭州职业技术学院；

△通讯作者：傅素芬，杭州师范大学心理系）

【摘要】目的：在姜乾金教授的心理压力综合调查表（PSS）基础上进行问卷修订，以期形成新的、更适用于企事业单位的压力综合筛查评估问卷，并探索其在员工援助计划（EAP）工作中的应用价值。方法：采用因素分析、信效度检验、相关分析和逐步回归分析对 307 例 EAP 成人被试的问卷调查数据进行研究。结果：其一，修订的问卷具有良好的信效度。其二，修订的各问卷的 α 系数在 0.764 ~ 0.895 之间。其三，压力反应与消极应对、生活事件、3 种人格特质呈现正相关，与社会支持呈现负相关。其四，消极应对、工作事件、家庭外支持和敏感对压力反应的决定系数为 0.409。结论：修订后的压力综合评估问卷满足心理学信效度的要求，符合姜乾金的压力系统模型（SMS）的理论构架，可用于评估员工压力状况。本组被试的压力反应决定于消极应对、工作事件、家庭外支持和敏感。

【关键词】压力综合评估问卷；问卷修订；压力反应；员工援助计划（EAP）

① 本节直接引用论文内容。

The Reliability and Validity of the comprehensive evaluation questionnaire of stress based on EAP

Nan Feifei，Fu Sufen，Xing Saichun，Zhang Qi，Zhao Yi，Guo Fang

【Abstract】Objective：To develop the comprehensive evaluation questionnaire of stress based on Jiang Qianjin' s psycho-social stress scale（PSS） and to explore its application value in EAP work. Methods：The data of 307 cases of adults were studied by factor analysis，reliability and validity test，correlation analysis and stepwise regression analysis. Results：① The questionnaire revised has good reliability and validity. ② The alpha coefficient of the questionnaire revised is 0.764 ~ 0.895. ③ The stress response is positively correlated with negative coping style，life events and three kinds of personality traits and negatively correlated with social support. ④ The coefficient of determination of stress response was 0.409. Conclusion：The revised comprehensive evaluation questionnaire showed the satisfactory reliability and validity and it was consistent with Jiang Qian jin' s system-based model of stress（SMS） and suitable to be used to assess the stress of employee. The stress response of participants was determined by negative coping style，work events，external family support and the sensitive personality.

【Key words】the comprehensive evaluation questionnaire of stress；revision；stress response；EAP

压力系统模型（system-based model of stress，SMS）认为，压力因素包括生活事件、认知评价、应对方式、社会支持、人格特征和压力反应。这些压力相关因素相互作用、多维度全时空发展，构成动态平衡系统，当由于某种原因导致系统失衡，就是心理压力[1]。其中，以“过程模型”解读，则生活事件通过以上各种压力因素的作用过程，产生压力反应，最终影响个体的身心健康。因此，心理压力的诊断和评估，需要涉及上述各种压力因素。姜乾金等自 20 世纪 80 年代以来随着理论的发展陆续编制了多种心理压力综合评估量表，包括生活事件问卷（LEQ）、特质应对方式问卷（TCSQ）、领悟社会支持量表（PSSS）和心理应激反应问卷（SRQ）等[2]，并长期应用于压力研究与实践工作。鉴于该类量表更倾向于医学方向，对于企事业单位员工的适用性稍弱。本研究的目标是在原量表的基础上进行部分修订，以期形成新的、更适用于企事业单位的压力综合筛查评估问卷，并探索其在企业职工心理服务工作中的应用价值。

一、对象和方法

（一）压力有关问卷的初步修订

在姜乾金团队历年编制的压力有关问卷的基础上，结合 EAP 工作特点，首先由 4 位应用心理学硕士毕业的团队成员，通过查阅大量相关文献、量表及对于企事业人群的问卷调查和访谈经验，对原各量表分别进行适当的条目修订，形成条目初稿，然后由医学心理学和心理卫生专家对初稿条目作内容效度评判，删除部分内容含糊或可能歧义的条目，再通过小样本初步因素分析删去因素负荷不理想的条目，最终形成修订后的压力反应 18 个条目、生活事件 39 个条目、特质应对 21 个条目和社会支持 8 个条目。以上所有条目以 1 ~ 5 五级计分。

（二）敏感特质问卷的编制

根据压力系统模型，某些人格特质是压力的核心影响因素，故增加编制了一份“压力敏感人格特质”简称“敏感特质问卷”（sensitive traits scale，STS），即指那些不利于抵御压力和有损健康的人格特质。具体方法：由上述研究根据压力系统模型的设计要求，结合 EAP 工作实践经验，参考几种重要人格问卷中与心身健康关系可能密切的条目，列出问卷条目初稿 51 个条目，经资深专家几次讨论修改，再经小样本因素分析删去因素负载不理想条目，保留 25 个条目。该问卷条目采用 1、0 两级计分。

（三）问卷施测

对开展 EAP 工作的浙江省企事业单位 315 名职工进行匿名测评，同时引入艾森克人格问卷的神经质分量表（EPQ－N）作为新编敏感特质问卷的效标关联指标。调查由专业的施测人员进行，当场收回有效问卷 307 份。期间，充分考虑被试的年龄、性别、职业、文化程度等一般项目的随机性，被试平均年龄 31.80 岁，平均工龄为 7.11 年。其中，男性 164 人，女性 129 人；未婚 78 人，已婚 211 人。

（四）统计方法

利用 SPSS19.0 社会科学软件包做统计分析。

二、结果

（一）因素分析

对 307 例样本的压力反应、应对方式、社会支持和敏感特质 4 个问卷分别做因素分析，以特征根结合碎石图法（scree plot）并参考原问卷选取主成分，经最大旋转后获取因素载荷值[5-8]。结果，修订后的压力反应问卷（SRQ－R）包含 3 个主成分，即躯体反应 8 个条目（因素负荷 0.532 ~ 0.724，下同）、心理反应 6 个条目（0.570 ~ 0.753）和行为反应 4 个条目（0.522 ~ 0.739），共 18 个条目；特质应对方式问卷（TCSQ－R）包含 2 个主成分，即积极应对 12 个条目（0.489 ~ 0.797）和消极应对 9 个条目（0.565 ~ 0.643），共 21 个条目；领悟社会支持量表（PSSS－R）包含 2 个主成分，即家庭内支持（0.647 ~ 0.735）和家庭外支持（0.725 ~ 0.857）各 4 个条目，共 8 个条目；敏感特质问卷（STS）包含 3 个主成分，分别命名为敏感 Sens（Sensitive）9 个条目（0.461 ~ 0.723）、压抑 Supp（Suppressive）7 个条目（0.575 ~ 0.591）和被动 Pass（Passive）9 个条目（0.454 ~ 0.595），共 25 个条目。前 3 个问卷因素数和名称与原量表相同。因素筛选和因素载荷结果与问卷理论设计一致，显示本套问卷符合筛查问卷的结构效度要求。

生活事件问卷（LEQ－R）与原量表相似，根据现象学分为家庭事件、工作事件、人际事件和经济事件，共计 39 个条目，统计显示各条目平均得分 0.01 ~ 1.19，未出现 0 选勾条目。

（二）信度检验

相关问卷的 α 系数、分半信度如表 12-3-1 所示。

相关问卷的条目—因素相关情况：躯体反应 0.516 ~ 0.758，心理反应 0.696 ~ 0.781，行为反应 0.593 ~ 0.803；积极应对 0.531 ~ 0.761，消极应对 0.571 ~ 0.631；家庭内支持 0.661 ~ 0.765，家庭外支持 0.778 ~ 0.840；敏感 0.459 ~ 0.681，压抑 0.425 ~ 0.656，依赖 0.508 ~ 0.721。

表 12-3-1　相关量表的 α 系数和分半信度

指标	压力反应	积极应对	消极应对	社会支持	敏感特质
α 系数	0.895	0.876	0.764	0.821	0.842
分半信度	0.835	0.849	0.670	0.689	0.726

（三）敏感特质问卷（STS）的效度分析

1. 条目效度

STS 各条目与压力反应和消极应对量表分的相关系数如表 12-3-2（1）至表 12-3-2（3）所示。以往研究已反复证明，压力反应和消极应对最能直接和间接反映压力的消极面 [3]，表 12-3-2 结果显示新编的 STS 有条目效度，符合问卷编制目标，即筛选那些具有压力敏感人格特质属性的条目。

表 12-3-2（1）　STS 的“敏感 Sens”主成分条目效度（n=306）

条目号	R7	R10	R12	R19	R20	R21	R23	R27	R31
压力反应	0.449**	0.445**	0.326**	0.307**	0.246**	0.316**	0.263**	0.300**	0.292**
消极应对	0.412**	0.401**	0.420**	0.366**	0.339**	0.307**	0.195**	0.347**	0.358**

注：** $P < 0.01$，* $P < 0.05$。下同。

表 12-3-2（2）　STS 的“压抑 Supp”主成分条目效度（n=306）

条目号	R6	R9	R13	R39	R47	R50	R51
压力反应	0.277**	0.218**	0.098	0.180**	0.305**	0.084	0.164**
消极应对	0.211**	0.193**	0.146*	0.238**	0.315**	0.225**	0.194**

表 12-3-2（3）　STS 的“被动 Pass”主成分条目效度（n=306）

条目号	R18	R33	R34	R36	R37	R38	R43	R45	R46
压力反应	0.252**	0.135*	0.121*	0.209**	0.174**	0.187**	0.097	0.152**	0.258**
消极应对	0.210**	0.203**	0.172**	0.165**	0.317**	0.132*	0.120*	0.246**	0.294**

2. 效标关联效度

STS 及 3 个因子与 EPQ-N 分的相关性如表 12-3-3 所示。以往研究表明，神经质对心理健康具有负面作用 [4]。本结果在一定程度显示新编的 STS 能反映对“压力敏感”的人格特质。

表 12-3-3　敏感特质问卷（STS）与 EPQ-N 分的相关性

指标	敏感	压抑	被动	STS
EPQ-N 分	0.633**	0.410**	0.395**	0.629**

（四）相关分析

EPQ-N 分与压力反应（r=0.66）、消极应对（r=0.58）、生活事件（r=0.36）及 3 种敏感特质（r=0.40 ~ 0.63）呈现正相关，与社会支持（r= -0.25）呈现负相关。

压力反应与消极应对（r=0.53）、生活事件（r=0.43）、3 种人格特质（r=0.32 ~ 0.52）呈现正相关，与社会支持（r= -0.32）呈现负相关。

躯体反应、心理反应和行为反应之间具有较高的正相关关系（r=0.48 ~ 0.66），因此，压力反应总分由三者相加是合适的；同样，家庭支持和家外支持也具有较高的正相关关系（r=0.53），社会支持总分由家庭支持和家外支持之和计算也是合适的。

生活事件之间具有较高的正相关关系（r=0.21 ~ 0.51），说明四者之间相互影响，也是一个动态的平衡系统，可以做相加处理；

敏感、压抑和被动 3 种人格特质因素之间（r=0.26 ~ 0.40）以及与生活事件（r=0.15 ~ 0.41）、消极应对（r=0.37 ~ 0.55）、压力反应（r=0.32 ~ 0.52）有高正相关，与社会支持（r= -0.17 ~ -0.28）呈现高负相关。

（五）回归分析

以压力反应为因变量，各种压力因素为自变量做多元逐步回归分析，结果共导入消极应对、工作事件、家外支持和敏感 4 个自变量（表 12-3-4）。该结果显示，除了认知因素已体现在有关因素中（如生活事件的评估、特质应对和领悟支持），压力系统模型所涉及的 6 种压力因素（或 6 个维度：事件、认知、应对、支持、人格、反应），都分别在企事业员工的压力系统评价中得到反映，证明基于 EAP 工作的压力综合筛查评估问卷具有很大的 EAP 应用价值。

表 12-3-4　影响压力反应的多元逐步回归分析

自变量	R^2	β	SE	t 值	P 值	标准化的 β
消极应对	0.28	0.59	0.13	4.48	0.000	0.30
工作事件	0.35	0.34	0.09	3.61	0.000	0.22
家外支持	0.39	-0.75	0.22	-3.46	0.001	-0.20
敏感	0.41	0.64	0.28	2.27	0.024	0.16

三、讨论

（一）问卷编制

姜乾金教授自 20 世纪 80 年代开始研究压力（应激）理论与应用，先后编制了各种基于相关理论的压力因素评估问卷，在长期临床与实践经验基础上，于 21 世纪初先后提出压力过程模型和压力系统模型。本研究修订后的压力系统综合筛查评估问卷具有良好的信效度，量表因素分析的结果与压力系统模型理论完全相符。压力各因素之间存在不同程度的相关关系，说明压力因素之间是相互影响、相互制约的，个体实际上处于多种应激刺激和中间影响因素相互作用的动态平衡过程中，佐证了压力系统模型的理论。

（二）实际意义

压力系统模型指导 EAP 工作的理论表述为：员工心理压力取决于事件、认知、应对、社会支持、人格、心身反应等压力系统因素。本文结果显示，样本所涉及的企事业单位员工的各种压力因素之间存在相关，压力反应则决定工作事件、消极应对、家外支持和人格的敏感性。其中，消极应对、生活事件和人格敏感程度增加，压力反应也会增加；家外支持对压力反应的影响是负的，即随着家外支持的增加，压力反应减少。这与实际工作经验是一致的。该结果符合压力系统模型的理论构架，并对今后 EAP 工作的设计、开展和干预，提供理论依据和实际指导价值。修订的压力综合评估问卷应能适用于企事业 EAP 工作的员工压力综合筛查评估工具。

（三）未来研究方向

本研究的样本量仅为 307 份，为初步修订结果，未来研究还有待于扩大样本量，继续对问卷修订的重测信度等相关数据进行补充，并与心理健康水平、职业倦怠等进行相关研究，在更广泛的样本中进行应用筛查等。

参考文献

[1] 姜乾金. 医学心理学：理论，方法与临床［M］. 北京：人民卫生出版社，2012.

[2] 姜乾金，等. 医学应对问卷、特质应对方式问卷、老年应对问卷、团体用心理社会应激调查表、领悟社会支持量表［J］. 中国行为医学科学，2011，10（特刊）：34-41.

[3] 钟霞，姜乾金，钱丽菊，等. 医务人员压力反应与社会支持、生活事件、应对方式的相关研究［J］. 中国临床心理学杂志，2005，13（1）：70-72.

[4] Komarraju M，Karau S J，Schmeck R R，et al. The Big Five personality traits，learning styles，and academic achievement［J］. Personality & Individual Differences，2011，51（4）：472-477.

[5] 高志华，杨绍清，Margraf J，et al. Wagnild-Young 心理弹性量表（RS-11）中文版的信效度检验［J］. 中国健康心理学杂志，2013，21（9）：1324-1326.

[6] 袁立新，曾令彬，YuanLixin，et al. 生活事件、社会支持、应付方式及自我效能感对心理健康的影响［J］. 中国健康心理学杂志，2007，15（1）：33-36.

[7] 张炜. 大学生恋爱心理压力源量表的编制与检验［J］. 中国健康心理学杂志，2007，15（2）：179-180.

[8] 韩建涛，邹长华，信中贵，等. 自主支持感量表在初中生中的初步修订［J］. 中国健康心理学杂志，2012，20（3）：466-469.

第 13 章　儿童与学生心理健康

本章导言

对于学生心理健康问题，往往会倾向于用某一种理论或某一种专业规则做线性的思考和处置。例如，人本理论倡导无条件积极关注，可以开发孩子的潜能，于是就有了“再苦也不能苦了孩子”这样的养育理念，却未考虑这样的养育理念是否过度，是否还有其他影响孩子成长的因素需要考虑。单一理论如果过了头是否会影响孩子的健康成长？此外，孩子自杀，上下揪心，往往会从正常和疾病的方向去考虑，更多指向抑郁症，却很少考虑是否存在各种心理社会因素的致命影响。此外，诸如临床医学对轻微行为问题孩子倾向药物治疗和贴“疾病”标签，心理教育和管理部门定期开展“你是否有过自杀念头”等问卷调查，对解决学生心理健康问题是否有效果？对孩子的健康成长是否存在负面影响？教师、家长和专业人员的意见和体验经常不同，也缺乏系统（跨学科）的研究。

多年来，作者在学生心理健康方面有不少工作经验。后期相当一部分是在压力（应激）理论基础上开展学生心理健康讲座和临床工作技能培训。学生心理危机的问题则收集在心理危机这一章。

本章资料引自以上工作中的一部分，分别涉及青少年和青年学生的心理特点和问题、压力系统模型与中小学（含学前儿童）和大学（含研究生）学生的心理健康问题、考试压力和临场紧张问题、幼儿教育若干问题，以及部分博文。

第 1 节　儿童少年心理特点与问题（专著，2012）

摘录自《医学心理学：理论，方法与临床》（人民卫生出版社，2012 年）第八章。本节内容是前几十年作者主编的教材内容不断修订和发展的结果。文中涉及的图表已转换成本文集编号或略去。

一、儿童少年心理特点

儿童和少年心理卫生是专门的学科，涉及许多领域的知识，发展心理学中也有许多叙述。少儿心理卫生的任务是研究少儿童年的心理发展特点，并相应地对少儿进行教育和训练，以促进并培养其健康的心理、良好的人格和社会适应能力，为德智体全面发展打下牢固基础。

（一）心理发展

1. 条件反射的建立

新生儿大脑皮质活动还很弱，依靠皮质下中枢无条件反射活动与外界发生联系，如呼吸、吞咽、防御反射活动。出生后两周左右，随着外界不断的条件刺激，婴儿脑细胞间的联系和神经纤维的髓鞘化也在逐渐发展，条件反射开始建立。例如，母亲抱起孩子喂奶，最初是乳头触及唇才引起吮吸反射。之后，母亲把婴儿抱在怀里，婴儿就会寻找乳头，并作吮吸动作。随着大脑皮质的逐渐成熟和外界刺激的不断增加，建立的条件反射也越来越多、越复杂。同时感觉越复杂、情绪越分化。

2. 情绪分化

新生儿的情绪仅表现为激动状态，然后开始分化为两类：愉快，代表生理需要的满足；不愉快，代表生理需要未满足或其他不适。我国心理学家林传鼎提出，从出生到 3 个月，可以有欲求、喜悦、厌恶、愤怒、惊骇、烦闷 6 种情绪反应。到 2 岁时，大约有对人的亲爱、尊敬、同情；对事物的好奇、羡慕；关于评价的惭愧、失望；否定性的厌恶、愤怒及恐惧等 20 多种情绪反应。

3. 人格特征

近代心理学认为人格的健全与否在 3 岁左右就已奠定基础。在婴幼儿时期，由于与外界接触和受成人影响越来越多，心理发展也特别迅速。美国布鲁姆追踪研究指出，5 岁前是智力发展最快的时期；和 17 岁做比较，4 岁时的智力就约有 50%，4～8 岁可获 30%，最后的 20% 是在 8～17 岁时获得。印度狼孩卡玛拉 4 岁时被狼叼走脱离了人类社会，17 岁时被发现，但其智龄只相当 4 岁左右，被认为是一个实际例证。

3～7 岁这段时期，儿童的人格正在形成，情绪不稳定，具有易感性。父母影响特别重要，教育不当会形成病态人格。例如，一名 5 岁女孩，其母患有癔病，喜怒无常，发作时打滚哭闹。不久，这个女孩也有了类似症状发作。病态人格是在个性发展上的畸形表现。

（二）若干心理问题

1.“爱动”

儿童在3岁以后，大脑内抑制过程发展较以前加快，使儿童有可能形成更复杂的条件反射，从而能较好地分析、综合外界事物，控制和调节自己的行为。此时的抑制过程还比较弱，兴奋过程仍占优势，容易兴奋、激动和喧闹。要求他们较久地静坐或长时间集中注意力较为困难。

“爱动”是儿童时期的一种正常特点。爱动的过程，其实也是试错训练的过程（见下文），有助于活动能力的综合和协调发展，减少感觉统合障碍的发生。

2.“反抗”

3岁左右，由于自由活动能力加强，知识增多，探索欲望增强，儿童希望自己独立地去完成一些事。如果成人强行干预，容易出现抗拒和哭闹，这也是自我意志形成的表现。这种3岁左右出现的不听话，甚至执拗表现，在心理学上叫做第一反抗期。幼儿以反抗的形式，要求占有和扩大生活范围，以表达其独立性，是一种有积极意义的心理状态。反抗心理程度较强的幼儿，成长后往往意志较坚强，有主见，能独立分析和判断事物，承担责任，做出决断。相反，有的“标准儿童”（normal child）并不是健康的表现。

因此，对于这种反抗，父母要因势利导，帮助幼儿实现那些可以做到的事，不要包办代替和过分保护，否则，不利于培养健全人格；要注意保护和指导，否则，遇到困难、挫折容易产生疑惑与羞怯感；也不要因幼儿完不成自己的设想而加以讥讽，以免形成胆怯和自卑感。

对于无理哭闹者，不可迁就或无原则地爱抚。儿童无理哭闹的动机是为了引起别人对他的注意，如任其满足，就会形成习惯性行为，以后很难纠正。

3. 睡眠习惯

儿童睡眠习惯要从小训练，对于培养有规律的生活很重要。其中，需要引起年轻家长注意的常见问题包括以下几个方面。

基一，不能把上床睡觉当作对儿童的一种惩罚，否则会产生厌恶甚至对立情绪，形成对睡眠的不良情绪性条件反射。

其二，不要在睡前用威吓的话逼迫儿童入睡.否则易导致做噩梦，或发生夜惊。夜惊表现为睡眠中突然哭喊、惊叫、双眼紧闭或直视、表情紧张。这是一种恐惧性情绪体验，在白天遇到可怕事故，睡前看了惊险电视或听了恐怖故事，都容易引起夜惊。

其三，睡眠也应尽量避免讲条件，点灯就是条件，催眠曲、摇晃动作等也是条件。

4. 玩具和游戏

玩具和游戏具有增长儿童知识、培养儿童思维、想象力和促进人格发展的积极作用。玩具最好是可装可拆的，可以发挥其想象力和训练其技能。玩沙、泥土、积木、球类、牛皮筋、剪纸和工具玩具等也是不错的选择。成年人应避免将自己的价值观念通过玩具带给孩子，例如，有的玩具很贵，其实并不具备上述各种玩具功能。

儿童游戏不只是一种单纯的娱乐，还孕育了丰富的科学思维。童年时的游戏有时是科学探索的前奏。据说数学物理学家麦克斯韦把他童年时喜欢的陀螺和活动画筒这两种玩具的原理，都用于科学发现。这种智力和技能操作实践是儿童智力和技能发展的基础，应多创造各种条件，让儿童愉快地玩，并尽可能与他们一起玩，给予诱导和启发。

5. 不良行为（品行）

儿童的孤僻、胆怯、固执、说谎、自我中心等不良行为和品行特点，往往模仿自父母。父母的言传身教和有无良好家庭环境，对儿童的成长和健全人格的形成十分重要。

父母言行对孩子心理健康的影响涉及面很广，例如：

母亲对自己孩子在小朋友间的偶然“吃亏”显得很愤怒，并穷追不舍，务必寻求一个绝对公平与公正，孩子有可能通过示范机制逐渐变得以自我为中心，或初步形成求全、完美的性格倾向，可能使其在成年后不能适应“差异化”的世界。

父母占了便宜便沾沾自喜，溢于言表，孩子也有可能形成占有的行为习惯，甚至发展为价值观念的扭曲或偷盗行为。

父母失信于孩子，或用谎话来搪塞，会使孩子学会说谎。

父母对孩子不许这，不许那，出门怕车压，游泳怕淹没，孩子会形成性格上的胆怯。

父母遇事不愉快而迁怒于孩子，孩子可能以做坏事进行报复，或形成冲动性人格。

父母面对孩子走路摔跤，不是向孩子指出下次要小心，而是责怪地面不平，蹬着路面安慰孩子且谩骂养路工人，孩子易养成归罪于人的习惯。例如，考试不及格怪学校、怪老师、怪家庭，就是不怪自己。

父母面对孩子考试成绩不佳，总是怪孩子“笨”，会影响孩子的自尊心和自信心。自信心对一个人来说是很宝贵的，没有自信心的人什么事也做不成。

少数儿童受社会上不良风气影响，表现出好斗、吸烟、盗窃、放荡等危害社会秩序的错误行为（品行问题），也都是少儿心理卫生领域的重点。

关于从小培养儿童的良好行为（为将来的健全人格打下基础），其实是很难一概而论的。例如，对儿童的生活、游戏、学习活动都要关心，但又要管教适当。管束过严，可形成抗逆悖理或冷淡无情之性格；溺爱迁就，百依百顺，又可形成依赖、软弱、任性、违拗、固执的性格。在生活环境中，好的、坏的风气和习俗，也对少年儿童有潜移默化的影响，由于家庭是幼儿期的主要生活环境，家庭成员之间的关系和家庭氛围对孩子来说具有特殊的敏感性。父母及其他成员的价值观念和生活习惯，对孩子的品德培养和人格形成有重要意义。从小就要向孩子示范如何正确对待和处理生活中遇到的各种矛盾，养成开朗、活泼、坚强、富有毅力的良好性格。

另外，在少儿心理卫生领域，除了重视环境和教育方式的影响，父母自身的心理病理因素，如抑郁症等也与儿童行为问题的形成和发展有关（Connell AM & Goodman SH，2002）。然而，如何防止父母自身心理问题对孩子产生影响，在国内却被长期忽略。

二、挫折训练与试错训练

以下是作者的挫折训练（教育）与试错训练（教育）团体指导要点。

（一）概念

所谓挫折训练（教育），是指孩子面临一定困难情景时（也可以特意设置困难任务），训练自己探索并解决问题，或在面对某些难以解决的问题时，培养其挫折容忍力。所谓试错训练（教育），是指让孩子进行正确操作的同时，适当尝试错误的操作，以培养更自主，更准确的操作能力。

（二）现状

近年来，随着国内独生子女比率不断增高，以及与社会文化大环境相关的家长教育观念的变化，导致众多家长总是想方设法创造条件，避免孩子遭遇各种挫折（其口号就是“再苦也不能苦孩子”）。典型的现象包括送孩子上幼儿园到大门还不算，需直达教室才放心（注：近年不能送进大门，但保护意识更强烈）；教师组织学生在中午时间参加社会庆典活动被谴责，理由是担心影响孩子的休息和健康；面对孩子之间的互相“欺负”（实为打闹），大人们强势出动，要求绝对摆平，认为只有这样强势才可以培养孩子将来维权的能力；考试时学生家长自发组织纠察队，以保护孩子免受街道上过往汽车杂音的干扰等。与此类似的是，家长总是想方设法创造条件，不惜包办代替，让孩子在学习、玩耍等活动中总是一次性顺利过关，以保证孩子不出错、不失败为基本行为目标。

这种缺乏挫折和试错训练（教育）的结果，使孩子在独自面对真实困难时容易手足无措，缺乏挫折容忍力，反而容易遭受重大挫折；成年后在遇到突发事件时，可因挫折应对技巧的缺如，并产生严重的心理行为问题或社会适应问题。国内近期有一位据说平时很“懂事”（说明不缺知识）的青年，在开车撞伤人后却又拔刀将伤者砍死，类似幼儿遇到挫折时本能的掩耳盗铃行为，与其成长过程缺乏合理的挫折与试错训练有关。

（三）原理

人的身体结构和功能是一个综合系统。例如，各种感觉功能看似先天就已独立存在，实际上却需要经过后天的统合训练。感觉综合障碍就是由于成长过程中缺乏对各种感觉功能和运动功能的协调性训练和试错训练所致。人的社会功能同样是一个大的系统。吸收更多的知识和训练更多的技能，并不意味就能提高孩子将来的整体社会功能（上述某青年的危机应对能力缺损就是现实的证据），而是需要通过社会综合训练，包括试错训练才能形成。

具体到人的认识和行为活动，行为并不总是由认识所控制（注：见原著第二章），而是对内外环境因素的综合反应，往往包含大量的具体训练的成分。由此可见，认知或知识不能代替综合的行为训练，即使孩子学得很多，琴棋书画都会，也不能代替社会环境适应能力的综合训练。其中包括挫折训练和试错训练。这里以学习驾驶为例，认知或知识（知道如何开车）对开车过程起着指导作用，但熟练的操作还需要更全面的训练过程（反复练习开车）。作者的体会是，在场地训练各科目中总是一次通过的学驾者，较之反复尝试错误（如左偏和右偏）然后成功的人，在实际路考时可能反而成绩不佳。同样，从来都是一次通过的满分学生，较之反复琢磨错误答案的人，在复杂考试时未必占优。

（四）方法

1. 心理“挫折”与“试错”训练要点

第一，在以正强化为主的行为训练基调上（奖励为主已是我国大多数家长的共识），间或穿插取消强化（取消奖励），并给予认识指导。例如，孩子弹琴，家长给予褒奖是主基调，间或可以“忘了”褒奖。

第二，在满足孩子合理要求的基调上（“再苦也不能苦孩子”已经成为我国家长们的共识），间或对孩子某些看似合理的要求也不予满足，或者制造一点小挫折，在讲清道理后哭闹也没有用，以提高其心理承受能力。

第三，遇到困难，让孩子自己去处理，解决不了（犯错）时家长轻松对待，反复出错才给予帮助，间或还会让问题存在而不予理睬（轻微挫折）。例如，孩子诉说被幼儿园里的某孩子欺负了（如打我的头）。一般情况下，家长指出对方做得不对即可，不应大惊小怪；如果再次发生，告诉孩子再遇此事，当场告诉老师。面对这些小问题小挫折，家长不应大包大揽。

2. 身体“挫折”与“试错”训练要点

在保证孩子身体健康所需的基本环境条件基础上，适当制造一点物质和环境方面的“欠缺”。例如，多年前曾有一些勇敢的护理工作者对一群幼儿园的孩子展开两年期实验追踪研究（注：见原著第二章第八节），实验组坚持早上先揭开被子后穿衣、穿袜子，天气不好（大雨例外）照常外出活动等管理方式，结果两年后孩子们在身体素质、行走平衡（脚跟对脚尖直线行走）、感冒次数、医药费总值等身体和行为实验指标方面，较普通保护方式的对照组孩子表现要好。

以上心理和身体两方面的“挫折”训练，通过心、身之间的互相影响，最终有助于提高孩子的整体心身健康水平（身体健康、情绪稳定、个性健全、环境和社会适应）。

（注：作者提出“挫折教育和试错训练”理念，是因为近几十年人本主义无条件积极关注教育理念在国内盛行，有不少“出偏”案例，也算是作者的一种对抗性独立思考，实际上，两者应是相辅相成，极度偏向哪一边都可能出问题）

三、行为学原理与行为问题实例

（一）正强化机制与行为问题

1. 门诊案例

男孩，11 岁，小学四年级。家长在 9 月份到门诊咨询，主诉男孩开学后没几天即开始逃学。

事情起于上一学期开学不久，因男孩长期作业拖沓，成绩全班倒数，家长想尽办法最后决定采用奖励法（在行为学习理论中属于正强化）。在与男孩约法三章以后，双方确认，如果这个学期能够认真做作业，只要成绩由全班倒数提高到后 10 名以内，暑假就购买某品牌游戏机作为奖励。当时男孩非

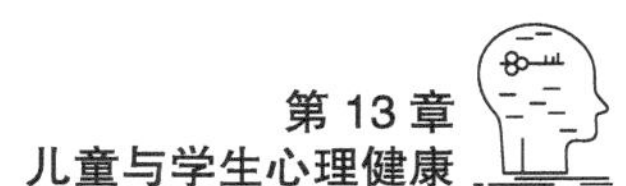

常高兴，并明显提高了做作业的认真程度，无奈只有 3 天热度，又恢复原状。到了学期结束暑期即将开始，因成绩比上学期的全班倒数第二向上提升了几位，在孩子软硬兼施下，家长购买了游戏机。不料，整个假期孩子沉迷于游戏机，连暑期作业都不能完成。9 月勉强上学，不久便发现逃学。

2. 理论分析

结合前面章节内容，这里有认知（逻辑思维中的对与错、好与坏）、行为（认真做作业与拖沓）和感受（愉快与痛苦）三个层次的问题。当孩子预期到（认知）做作业（行为）可以带来游戏机的愉快（感受），于是决定认真做作业。但毕竟落后太多，越是认真做作业（行为），越是带来直接的痛苦（感受），而游戏机的愉快感受却是“期货”，即预期奖励，于是作业行为受到了痛苦感受的现场惩罚，故仅维持 3 天热度。到了暑期，情况发生逆转，玩游戏机（行为）带来的是直接的现场愉快（感受）。这样一来，愉快的感受给“玩”的行为以正强化，随之玩的行为被强化并固定下来。此时，虽然男孩也知道作业的重要性（认知），但不敌现场愉快感受对“玩”行为的正强化，没能制约玩的行为，也不能启动作业行为。经过整个暑期“对玩的行为的奖励”和“对作业行为的惩罚”，终于导致开学以后的逃学行为。整个过程和结果与父母当初的设想完全相反。

3. 方法指导

此案例的重点是向父母解释清楚为何出现事与愿违的结果。问题的核心在行为学机制方面。这里存在一个儿童与成人的差异问题。在该案例中，如果是成年人，在获知只要认真做作业就能在将来获得游戏机时，这种预期的愉快感受，自然足以对当前作业行为产生正强化。就像农民一年的辛勤劳动，其日晒雨淋忍受痛苦的行为动力，全部来自对年终好收成的期待。儿童则不同，为了奖励（正强化）儿童的良好行为（包括此例的认真做作业），不能采取预期奖励的方式，而应坚持在良好行为（做作业）表现的当场给予正强化。孩子越小，预期奖励的作用越小，越需要现场奖励，随着年龄的增长，预期奖励的作用会慢慢地显现，直至达到成年人水平。

由此可见，儿童行为问题需要采用行为学方法去解决，成人则主要通过逻辑教育的方法（也有行为学机制）去解决（注；由于行为发展和认知发展存在“时差”，故作者一直强调行为学习理论更适用于儿童，认知理论更适用于成人）。

（二）言传身教（示范机制）与行为问题

1. 门诊案例

男孩，7 岁，小学一年级。母亲代诉，上课插嘴离开座位，老师拉其就座则骂老师。多次与同学打架，其中一次是因为有一名男生欺负一名女生，属打抱不平。

家长多次与之说道理，也经常骂他，甚至打他。当时也会认错，向父母套近乎。事后让他复述家长教训他的各种道理，他都能够将这些道理复述得比家长还清晰，但问题却依旧。

其家境富裕，父自办公司，母全职太太，双方脾气较急躁，时有粗口互骂，但对孩子都关爱有加。

在门诊，医生与孩子有一个对话片段：

医：你上课守纪律吗?

孩：我不太遵守纪律，还骂老师。

医：这样好吗？

孩：这样很不好。

医：你知道为什么要遵守纪律吗？

孩：因为不遵守纪律很不好。

医：你喜欢爸爸妈妈理睬你吗？

孩：喜欢。

医：那明天开始你要遵守纪律好吗？

孩：好的。

医：如果你做得好了，回家爸爸妈妈就会理睬你、关爱你；如果做得不好，爸爸妈妈虽然不再骂你打你了，但会不理睬你。以后都要这样做，好吗？

孩：不理我，我就哭。

医：哭也不理你。

孩：那我就倒在地上。

医：倒在地上也不会理睬你。

孩：那我就声音哑了，喉咙痛了。

显然，孩子平时对父母还有最后一招，那就是“生病”，利用父母疼爱他的漏洞，最终一次次地制服父母（但要向其父母指出，这不是孩子有意识的操控，而是父母平时训练出来的结果）。

2. 理论分析

在这个案例里，医生向家长指出存在以下两方面问题。

家长将孩子的问题完全看成是“意识”可控的认识问题，就像对待成人一样（其实成人的问题也不全是认识问题），没有看到“非意识”的行为习惯问题（操作条件反射和示范作用的结果）。这样就出现两个问题。其一，是父母平时存在斗嘴的习惯，特别是母亲对父亲的强词夺理，以及父母对孩子不断地讲道理和唠叨，不仅没有达到行为改变的目的，反而通过示范作用，使孩子学会了像母亲那样的能说会道和强词夺理。

其二，是即使父母打骂男孩，根据操作条件反射原理似乎应产生惩罚作用，对行为改变有用。事实上，这种打骂并未达到惩罚的目的，反而因为每次总是以父母的失败与退让而告终，导致这种打骂仅仅起到另类的强化作用，因为无意中给孩子提供了理睬与关注的奖励。

3. 方法指导

在讲解上述问题之后，指导父母采用如下方法。

在平时向孩子作必要的言语教育时，不要过多重复、唠叨（其实孩子早就听懂了），且尽可能说到做到，以免产生适得其反的效果。当然，父母自身平日的言行一致更重要。

将重点放在改变以往对孩子的过多关注方面。在事先与孩子达成口头协议的基础上，坚持将父母的关注（理睬）与孩子的良好行为表现挂钩，使之产生正强化作用；将撤销关注（就是上文的不理睬）与孩子的不良行为表现挂钩，包括孩子以生病作武器之时，使之产生惩罚作用，以代替原来的打骂。（其实打骂教育早已不被认同了）

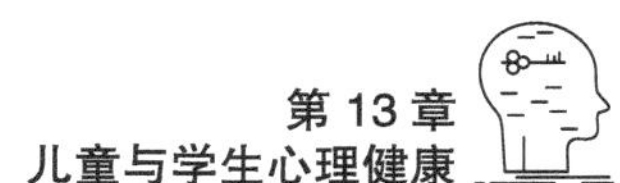

最后强调，孩子问题的形成、强化与发展本身，与父母的认识、行为及养育方式有关。这个案例的重点在于父母。

第 2 节　青年（学生）心理特点与问题（专著，2012）

摘录自《医学心理学：理论，方法与临床》（人民卫生出版社，2012 年）第八章。本节内容是前几十年作者主编的教材内容不断修订发展的结果。文中涉及的图表已转换成本文集编号或略去。

一、青年（学生）心理特点

青年期一般指个体从不成熟到成熟的过渡时期，起点与青春后期重叠，延后至 35 岁。下文按照知、情、意和人格的不同维度，分别介绍青年期主要心理特点及对策。

（一）认知旺盛，但易脱离实际

青年人的认识和思维能力迅速提高，求知欲旺盛，追求新颖刺激，善于探索，是最具创新精神的年龄段。同时，由于具有以上认知特点，并伴随要求有更宽阔的生活领域和社会活动空间。又因为青年时期缺少经历或历练，且自我意识过分强烈，看问题容易主观、片面甚至极端，容易有许多脱离实际的幻想，也可能有自以为是的倾向。

根据青年人的认知特点，应指导他们：其一，正确认识自己在认知功能方面的优缺点，训练理性思维和感性思维相结合，线性思维和系统思维相结合的观察事物的习惯。其二，充分发挥自身认知优势，多吸收各方面知识，避免死啃书的习惯。其三，尊重、聆听别人（特别是年长者）的意见，养成辩证分析问题的习惯。其四，周围的人特别是师长，应针对青年人的认知特点加以引导，避免粗暴对待青年人的各种看法或观点。

（二）情感丰富，但易波动、易受挫

青年是情感最为丰富的年龄段，虽然对自己感情的控制力有所增强，但仍好动感情。青年人缺乏情感的稳定性，情绪起落大，易致激情，遇到诸如恋爱挫折等很容易造成抑郁和情绪波动，甚至出现心因性反应及其他严重后果。

根据青年人的情感特点，应引导他们：其一，针对自身情感既丰富又易波动的特点，重点学习和训练压力和情绪的系统调节（注：参见本文集第 7 章），培养成熟的情感类型。其二，树立正确的友谊观和人生观，助人为乐，认识个人在社会中所处位置，为集体、为社会做有益的工作以获取情感上的满足。其三，针对恋爱挫折等容易造成情绪波动的特点，需要学习与接受正确的婚恋观（注："爱 + 适应"原则，参见本文集第 9、第 10 章）。其四，周围的人特别是师长，应针对青年人特点，更多地关注并创造丰富的生活内容，以满足青年群体的情感需求。

（三）意志坚强，但易“出格”

青年人的意志品质也在发展，在克服困难中往往表现较强的毅力。纵观世界上的许多冒险性和挑战人性极限的活动，其参与者多数是青年人。例如，各种世界纪录被打破，高山、海洋和江河被征服，也都离不开青年人。除了由于青年人有前文的认知旺盛和善于探索认知特点外，还在于青年人具有突出的意志力。然而，青年人的毅力表现是个双刃剑，还要看其具体的动机和行为内容，一旦这种意志力是表现在诸如“为朋友两肋插刀”时，或者投入到过分脱离现实的活动中时，则对个体是消极的和有害的，对社会也可能具有严重的破坏作用。国内曾有多位勇士，在物质条件还相对落后的情况下，执意进行黄河源头漂流，结果遭到致命的失败。

根据青年人的意志特点，应引导他们：其一，正确认识自身在意志方面的优缺点，培养在各种活动中的感性冲动与理性控制相结合的良好意志品质。其二，明确只有在目标方向正确的地方使用意志力量，才是正当的。其三，明确良好的意志力需要通过行为训练和社会实践来培养，而不单单凭逻辑思辨或语言口号（参考前文的“挫折教育”内容）。其四，周围的人特别是师长，应教育和引导青年人的意志发展，使他们的意志力主要指向学好本领、掌握技术、为社会多做贡献的方向。

（四）人格上渐趋自我认同，但易出现自我拒绝

青年时期的活动范围和生活领域不断扩大，同辈人的相互影响大于父母。因此，在道德观念、社会规范、行为方式等方面，不愿受上一辈人传统的限制，并在同辈人中探求共同认可的行为标准。这种两代人之间的心理差异即代沟（generation gap）。

人格特征包含认知、情感和意志心理过程的某些心理特点。由于前面已经介绍了青年人在知、情、意三方面的心理特点，故这里主要讨论青年人人格中的自我和自我意识。

青年人的自我意识进一步发展，开始尝试评价别人和自己，并逐渐缩小“理想我”和“现实我”的距离，最后成熟至自我认同。不少青年人往往“好胜心强”，可能高估计自己的能力，形成超越理性的“理想我”；对外部社会的差异属性不能认同，缺乏经验，容易对“现实我”评价过低。结果导致“理想我”与“现实我”之间不仅没有缩小距离，反而不断扩大，终致感受到挫折和创伤，甚至出现自我认同障碍，直至自我拒绝（自杀）（图 13-2-1）。

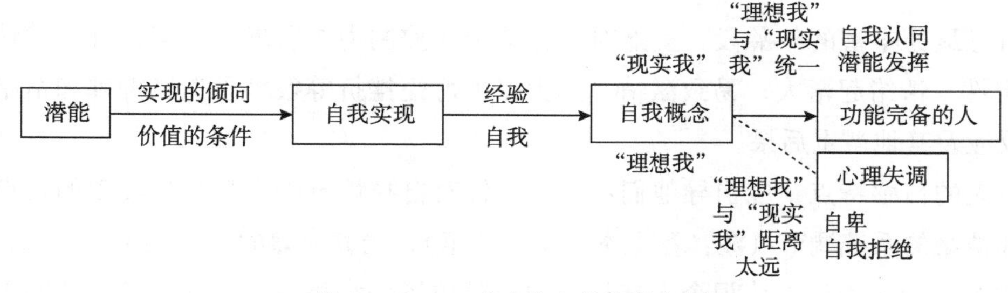

图 13-2-1　人本主义的自我实现

根据青年人的人格特点，应引导他们：其一，认识自身在认知、情感和意志方面的心理特点，通过相应的认识调整，不断地实践和行为训练，促进人格健全。其二，认识在“理想我”和“现实

我”之间一致是相对的，差距是绝对的，认识自我认同对于人生发展的重要性，从而努力促进自我认同。其三，认识自然界和人类社会存在天然的差异性，培养和训练“接纳差异、快乐竞争”（或“差异化”）的人生观念。其四，周围的人特别是师长，应当克服偏重视知识教育的现实倾向，积极关注青年人的人格发展及出现的问题，发现问题及时处置，避免恶化。

二、青年（学生）主要心理问题

（一）常见的心理问题

作为特殊群体，青年（学生）的常见心理问题包罗万象。例如，近些年出现的一些的问题，包括失眠、焦虑、失恋、离家出走、网络依赖、逃学（在寝室睡觉）、自杀、违法行为、杀母事件等。这些都是表象，是现象学的，可以供老百姓了解，在学科上将其分类则比较困难。作者的体会是将青年的主要心理问题分为以下 4 类。当然，即使这样分类，也存在症状上的交叉，因为这些问题其实都是“系统”的问题。

1. 适应问题

包括学习障碍、人际交往困难、择业迷茫等（往往表现为焦虑、抑郁等情绪症状，还有失眠、学习效率降低等行为症状，以及自我评价降低和自卑）。

2. 情绪问题

包括焦虑、抑郁、恐惧等情绪症状等（表现为情绪症状，往往还存在自我认同障碍甚至自我拒绝问题）。

3. 人格问题

包括失去目标、自我拒绝、信念（观念）冲突、反社会行为等（往往表现为焦虑、抑郁、愤怒、恐惧等情绪症状，可以有社会适应困难，部分人接近于人格障碍）。

4. 性有关的问题

包括对性的困惑、幻想、罪错；恋爱中遇到问题、失恋等（往往表现为焦虑、抑郁、愤怒、恐惧等情绪症状，也可以有失眠、行为退缩、学习障碍、敌意和攻击等行为症状，严重者有自我评价的降低和自卑）。

（二）对策

（注：以上罗列的问题，均会以压力问题表现出来。专业上的压力管理和调控，既是控制压力和调节情绪，也是对背后这些问题的挖掘和解决，否则压力管理不会成功）

由于以上所述的各种心理问题往往是多因素交互作用的结果，作者一般采用压力系统模型基础上的分级评估和综合系统干预的方法。

以上述学习障碍导致适应问题为例。学习困难有时与个体的人格因素（如求全性格，读书的价值观念偏离）有关，继而会出现各种情绪和行为症状，反过来进一步导致学习困难；有的则是由于进入大学新环境后，因人际困难和各种事件导致学习困难，继而影响情绪；也有的是情绪问题，如焦虑和失眠导致学习困难，又进一步影响事件，影响人际关系，与人格因素共同起作用，使个体整体陷入心理问题。无论哪种因素首先起作用，最终都涉及压力系统模型中的几乎所有因素。

因此，通过晤谈（问诊）、观察、调查（同学、老师和家长）和必要的压力相关量表测查，分级评估来访者的生活事件、认知评价、应对方式、社会支持、人格特征和心身症状等压力因素，评估压力层次及评估压力整体结构，再确定从何处（主要的压力因素或整个系统）入手，使用何种方法（心理教育、心理指导和心理治疗）进行干预（注：参阅第3、第5、第6章）。

第3节　中学生心理特点、常见心理问题与应激干预模式（专题，2004）

摘录自2004年作者在杭州市教育局直属中学校医讲习班的专题演讲，题为“中学生心理特点、常见心理问题与应激干预模式”。

压力系统模型在中学生心理健康方面的应用，根据对象和目的的不同，讲座内容和举例方面会有所区别。在框架结构上，则基本围绕学生心理特点、常见心理问题、系统模型解读心理问题、系统评估方法和综合干预策略4个方面。

本专题的对象是中学校医院（医务室）医生，根据职业工作对象特点，重点放在对学生心理问题的系统认识和综合干预方面。

①

杭州市教育局直属中学校医讲习班
（2004.12.1）

中学生心理特点、常见心理问题与应激干预模式

浙江大学医学院　　姜乾金
个人网站：www.medline.com.cn

1. 校医院的医生是筛查和处置学生心理健康问题的重要岗位。

本讲座的目的是向学校医生介绍压力系统模型的基本原理和工作技能，以及中学生的某些心理特点、常见心理问题和临床处置方法。

②

一、中学生心理特点

* **认知**旺盛，但不全面或幻想较多
* **情感**丰富，但激情多、起落大，易产生情绪障碍
* **意志**力较强，目的不正确易造成危害
* **自我意识**发展和自我认同，易出现认同危机，社会适应不良。
* **性心理**基本成熟，但敏感
* **社会行为**以社团为中心，独立性增强，易产生亲子冲突。

2. 从系统的角度看待学生的心理特点和心理问题，是校医首先应具备的能力。

这里先从“认、情、意和个性”的系统角度讨论中学生的心理特点和常见问题，目的是便于理解和记忆。

3

二、中学生常见心理问题

学习障碍

人际困难

性心理问题

自我意识危机

综合性问题

3. 幻灯图片中罗列的各种中学生心理问题，按临床医学的角度来分析，是难以找到诊断“标签”的，因为这些都没有进入医学临床诊断的各种“金标准”，对于学生心理健康却是很重要的内容。

4

三、以应激（压力）理论探索中学生心理问题

一个人出现心理问题，可以被看成是其自身功能系统（心理、生理）与生存环境（社会）之间的一种失衡。这种“失衡”应使用某种理论加以说明，并用以指导实际的心理保健工作。

4. 如果从系统的角度，还是可以从这些不同的心理问题中找到一些共同的东西，用于临床诊治。

以下 9 张幻灯片，逐一介绍不同压力（应激）理论对心理问题的解释。

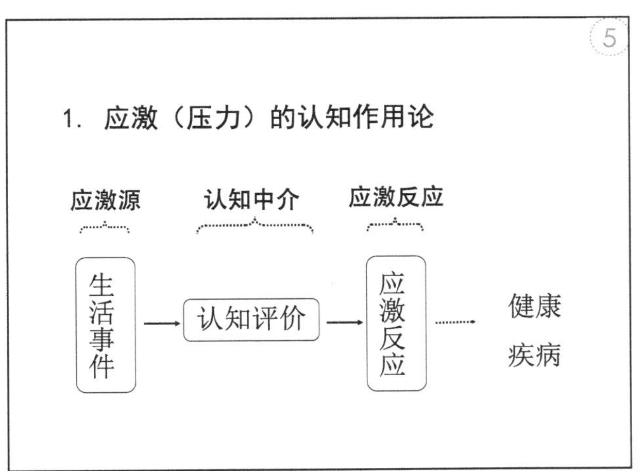

5. 这是应激理论较早的认识，认为生活事件之所以引起应激反应（即各种心身症状），是认知评价因素在发挥着中介作用。

因此，调节好认识，自然有助于解决应激反应的症状，简单明了。

许多临床经验丰富的医生，会在遇到学生出现某些心理问题时，给予一些常识性的指导。但这显然还不够。

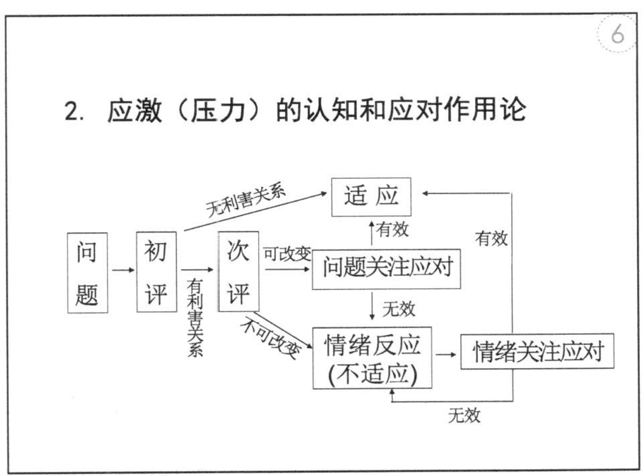

6. 后来，Lazarus 和 Folkmen 等研究应对方式，提出认知评价和对应方式共同中介生活事件和应激反应。

图示：

问题——应激源（生活事件）

初评——初级评级（判断问题是否与己有关）

次评——次级评价（判断问题是否可以改变）

适应（不适应）——应激的结果，临床工作目标

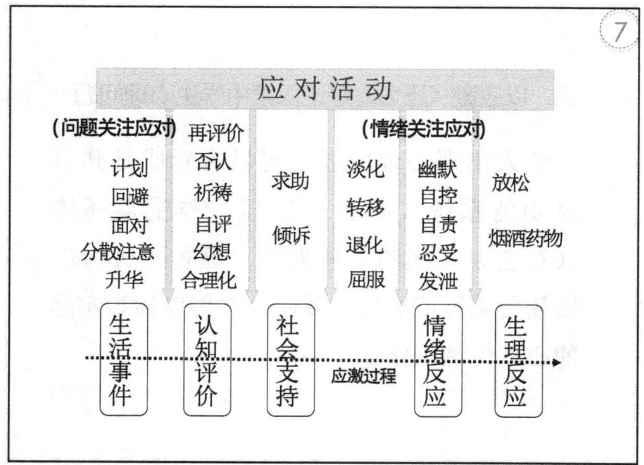

7. 于是，应对方式成为解决问题的重要概念。从图中可以看到，从应激源（生活事件）到应激反应（心身症状），过程中都有各种应对的参与。

这些应对方式可能影响应激的发展和结果，可以用于指导学生解决心理健康问题，具有临床价值。

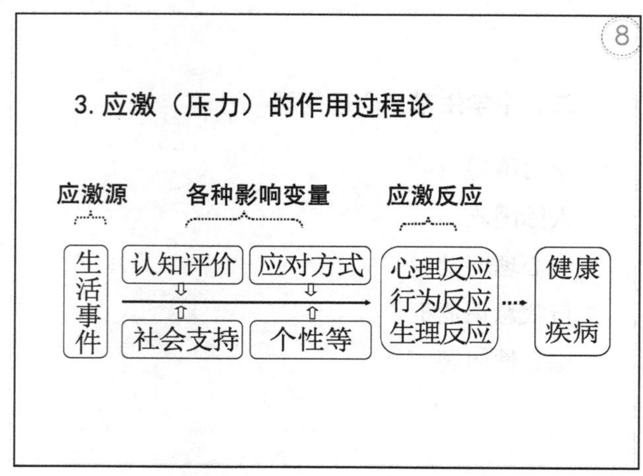

8. 作者逐渐推崇图中的“应激作用过程模型”。即应激源（生活事件）是否最终产生应激反应（临床症状）是一个过程，过程中受认知评价、应对方式、社会支持和个性特征等因素的影响。

9

4. 应激（压力）的作用系统论

多年来，我们在心理疾病病因、心理干预、心理健康研究中发现，在心—身相关问题中，各压力因素之间并不总是一种前因后果的直线关系，而是相互之间均存在相关性。

9. 近些年，作者通过反复理论与实证研究，逐步证明生活事件和应激反应及所有上述中介影响因素一起，都存在动态的相关性，即互相影响、互相促进或衰减。

以下逐一介绍证明过程。

10

例如：

从考试（生活事件）到失眠（应激反应），认知是中介因素，但考试和失眠同样也影响个人对考试的认知。

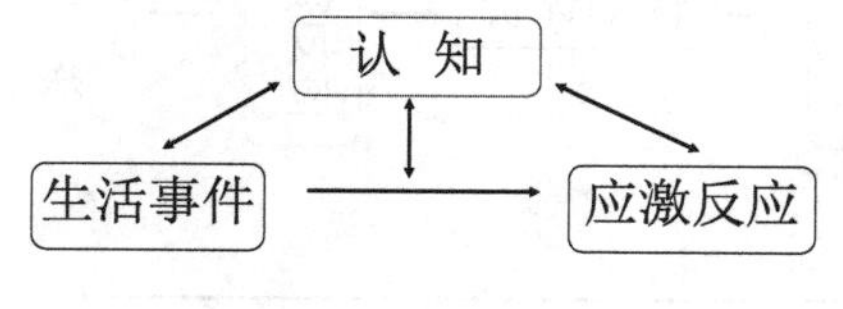

10. 生活中，生活事件和应激反应虽然被看成是一对“因—果”关系，认知评价只起中介作用，但实际上，三者之间存在交互影响的作用，即认知影响生活事件，生活事件也影响认知……（注意图中是双箭头）。

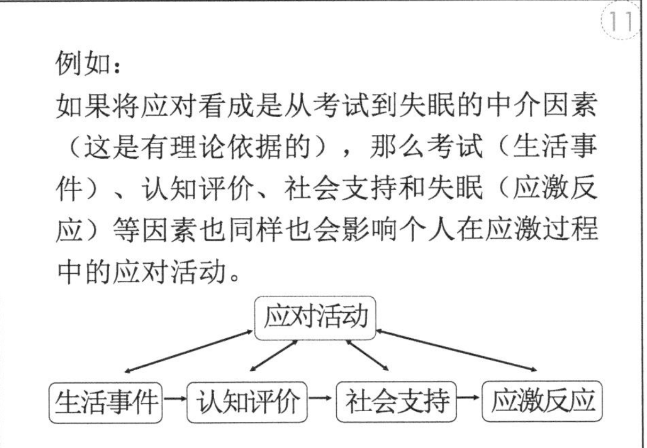

11. 进一步举例说明，应对虽然也被看成是应激中介因素（更多情况下还被看成是应激的结果因素），但在实际中，应对与应激各种因素之间存在交互影响的作用（双箭头）。

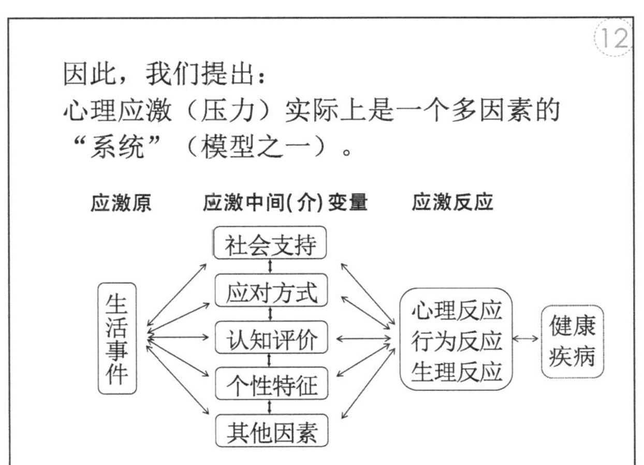

12. 基于这些理论思考和实证研究，作者指出，应激是一个多因素相互作用的“系统”。

附注：这个图示虽然强调了应激系统的多因素特征，也包含了前面提到的各种应激因素的相互作用，但示意图采用人们容易理解的多条“线性”逻辑的叠加，只是为了契合人们的线性因果思考的习惯。

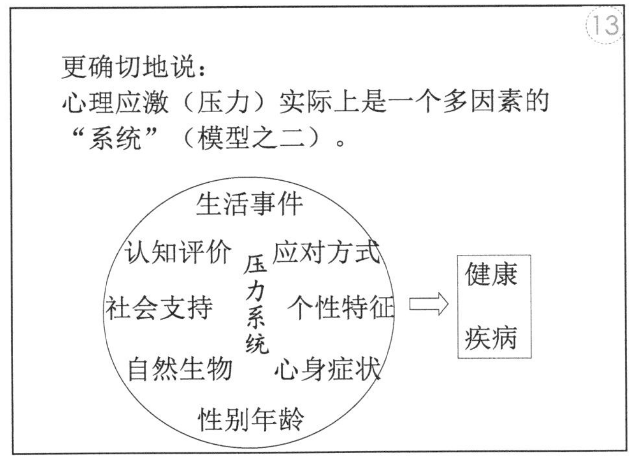

13. 应激是一个多因素相互作用的“系统”的另一种图示，强调了应激多因素之间“平等”的相互作用关系。

附注：实际上，虽然该图示超越了前图的“线性”叠加，但也仅仅表达了“平面”的关系，仍然无法准确以图示的方式表达系统因素之间的“立体”的关系。

14

四、应激（压力）干预策略

压力系统理论对于认识心理病因具有指导意义，对于心理干预（心理咨询、心理评估、心理治疗）工作更有实际指导意义。

14. 有了系统模型的理论支持，很容易想到面对学生心理问题时，在各种策略方面该如何开展工作。

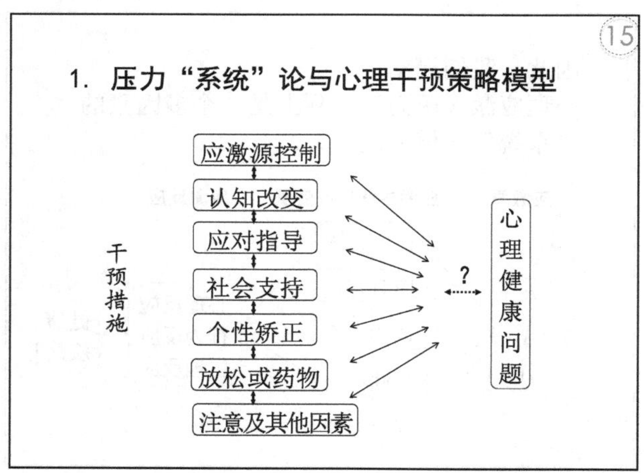

15. 如果从上述多条线性逻辑的叠加角度考虑压力干预问题，凭借丰富的临床和生活经验，各位医生应能大致想到，面对学生的压力问题，可以有图中的7条心理压力干预途径（7条线索的叠加）。

16

2. 应激（压力）系统论与可选择的心理干预措施

*控制应激原——解决、缓冲、回避
*改变认知——再评价、辨认负性自动思维、观念调整、暗示与安慰、激励
*社会支持——提供客观支持、改变主观主持
*应对指导——应激无害化指导
*个性改变——各种心理治疗方法
*缓解心身症状——倾诉、移情；活动、转移注意；松弛、反馈；药物治疗
*利用自然因素——空气、阳光、森林、泥、温泉浴

略去超链接

16. 这7条心理压力干预途径的具体技术是非常丰富多彩的，需要慢慢地学习、吸收、引用和熟练掌握。

（注：已撤销原幻灯片中的许多链接，其是分别介绍各种压力干预的具体措施和技术。本文集有许多可参阅的资料）

第4节　大学生一般心理健康问题及处理（专题，2011）

摘录引自2011年作者在浙江省大众心理援助中心组织的教师培训班的专题幻灯片。

本专题以系统模型为基础，内容包括以下几方面。

第一，介绍基于系统模型的整体健康的概念。

健康包含心理功能的健康和身体功能的健康，即心身健康，或基于系统模型的大健康概念。其中，心理健康又包含“知、情、意”的协调和社会的适应；身体健康则包含各生理系统的协调和对自然环境的适应。更重要的是，所有这些因素之间都具有相关性。整合起来称为“心身相关”，强调心身相关原则。

第二，从系统模型的角度分析学生由中学进入大学以后，随着环境系统的变化，其在认知、情感、行为及观念（信念）等方面可能出现一些适应问题，以及由此带来心理压力，少数会发展为“一般心理问题”（指尚未达到精神疾病诊断的心理健康问题）。

第三，详细介绍压力系统模型对这些一般心理问题的评估方法，以及几种量表的使用方法。

第四，详细介绍以压力综合干预的方法，帮助学生面对一般心理问题，包括压力系统干预，压力层次的干预及压力因素的干预技术。

（注：专题时间一天，幻灯图片较多，已有所删减，特别是幻灯图片中的各种链接。本组幻灯图片未加解说，可直接浏览阅读图文，如能结合前文青年心理特点和本文集第 5、第 6、第 7 章等基础知识，则更容易理解）

①

大学生心理健康工作培训班

大学生一般心理健康问题及处理

浙江大学 姜乾金

2011/12/29（大众心理援助，临安）

②

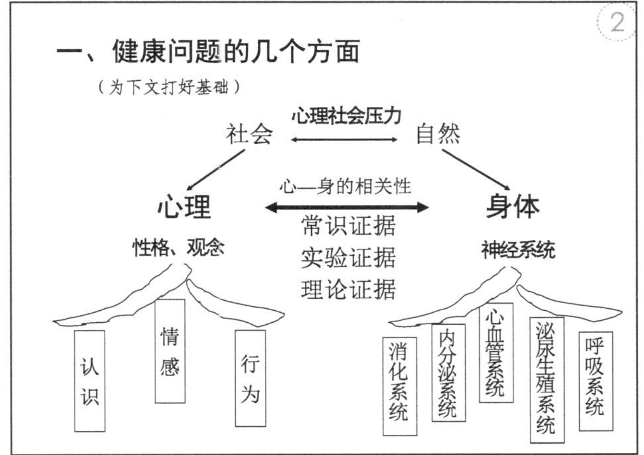

③

二、大学生的心理转型问题

（相当于症状，突出了就是心理问题，主要为不适应、不平衡）

1. **认知：（由中学生的标准化转换到认真与变通的平衡）**
   常见问题——对人对己追求完美，遇到问题过度引申，看问题走极端、不能适当糊涂、过多的不安全假设等。
2. **情感：（由中学生的烂漫转换到外露与含蓄的平衡）**
   常见问题：收敛内控、情感压制、害羞胆小、不能适当表达情绪，对周围环境及事件不感兴趣等。

④

3. **社会行为：（由中学生的服从或自我，转换到竞争与合作的平衡）**
   常见问题：依赖、被动、过度谦虚、自卑、缺乏社会支持。
4. **文化、观念：（由传统的“教育文化”，转换到“现实文化”）**
   价值观念上传统的偏“物质型”与现实的“精神型”的冲突；
   人性观上传统的“为名”与现实中“为利”的冲突；
   道德观方面的“三纲五常”与现实的“牛仔文化”的冲突。

⑤

三、几种经验性的“一般心理健康问题”

（未达精神医学诊断“标签”，且不包括危机）

1. **情感困惑**
   是否交友，恋爱中问题，失恋（玉泉例子），性的困惑（少）等
2. **人际关系问题**
   缺乏朋友，与人交往紧张，人际矛盾（兰州例子）等
3. **学业压力问题**
   缺乏监督导致学习落后，失去目标导致松懈（北京例子）等
4. **就业压力问题**
   应聘困难（河南例子），标准化求职（安徽例子）

⑥

四、以上问题实质上是“压力问题”——解释

（压力系统模型可以解释、诊断和干预以上问题）

以下先简单介绍压力系统模型之“压力”有关因素：

生活事件
认知评价
应对方式
社会支持
人格特点
压力反应

以下略去超链接页面

7

五、以上问题实质上是“压力问题”——诊断

（压力系统模型可以解释、诊断和干预以上问题）

（一）评估与诊断方法

晤谈

调查

量表

测验

实验

以下略去超链接页面

8

心理压力调查表（PSS）（评估几个主要的压力因素）

生活事件问卷（LEQ）

特质应对问卷（TCSQ）

领悟社会支持问卷（PSSS）

压力反应问卷（SRQ）

明尼苏达多相人格调查表（MMPI）（与临床衔接）

90项症状清单（SCL90）（与临床衔接）

9

六、以上问题实质上是“压力问题”——干预

（压力系统模型可以解释、诊断和干预以上问题）

包括压力整体指导和压力因素指导

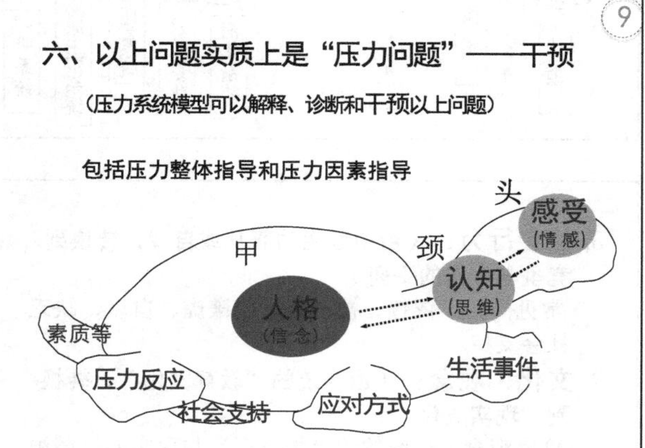

10

（一）用系统模型对心理问题作整体指导

龟甲：表示人格，相对变异性小，始终影响颈部（认知），间接影响头部（感受）。

龟颈：代表认知，相对易改变，是压力控制的重点。人们总认为颈部（认知）决定头部（感受），却忽略了龟甲（人格）对颈部（认知）的制约。

龟头：代表感受，受颈部（认知）的控制，可以反过来制约认知，时间久了也可以影响龟甲（人格）。

11

（二）以系统模型对心理问题做因素指导

1. 调控压力事件；
2. 调整认识；
3. 提高应对能力；
4. 合理调动和利用社会支持；
5. 关注性格深层次问题；
6. 减轻压力反应（缓解心身症状）；
7. 考虑是否需要药物治疗；
8. 其他可用资源（自然、环境因素的利用）。

以下略去超链接页面

第 5 节　考试压力自我管理（专题，2005）

摘录自 2005 年作者对高考前学生的短时程讲座幻灯片，题为“考试压力与对策”。

考试紧张是典型的生活工作学习压力。人们通常会认为，考试（事件）是原因，紧张是结果（反应），这只是简单的线性问题，并认为管控住这两端就可以（注：一直流行的中学高考前举行誓师大会，对大多数人或者对总平均成绩的提升或许有效，越鼓劲，越努力，成绩越好，大众行为在一定范围内确实服从这一“线性”规律。但对于少数，如有 2% 的学生则未必，因为这些少数学生面临考试紧张问题，越鼓劲，越紧张，越影响成绩。因此，从学生心理健康工作角度，应将考前誓师和降压指导同步进行）。

实际上，考试紧张是系统的压力问题。除了事件和反应，个人的认识、应对、社会支持和个性特质诸多压力因素都与考试紧张相关联。因此，压力系统模型对认识考试紧张的发生原因，以及如何评估和处置考试紧张，具有重要指导意义。

本专题根据简短和应用的目标要求，从多个方面介绍降低考试压力的原理和方法，供学生临时对照使用。如果从理论和专业应用的角度，本专题内容的着眼点，有的在事件（考试），有的在认识；有的属于应对方式，有的在社会支持；有的在压力反应，也有涉及个体特质的，虽然未必完全符合系统模型，但也足可以供有兴趣者的专业工作者梳理参考。

本专题的对象是高三学生及部分教师。

（注：本组幻灯图片未加解说，可直接浏览阅读图文，如能结合医学心理学和心身医学知识，以及系统模型法则更容易理解）

①

考试心理行为讲座（2005年）

考试压力与对策

浙江大学医学院　姜乾金
个人网站：http://www.medline.com.cn

②

1. 中等紧张最好；
2. 缺乏紧张的原因；
3. 解决失助状态的建议；
4. 解决观念问题的建议；
5. 过高紧张的原因——；
6. 解决过高紧张的建议——；
7. 过高紧张怎办？——具体化；
8. 不同学生的区别 ——；
9. 小结。

3

1. 中等紧张最好

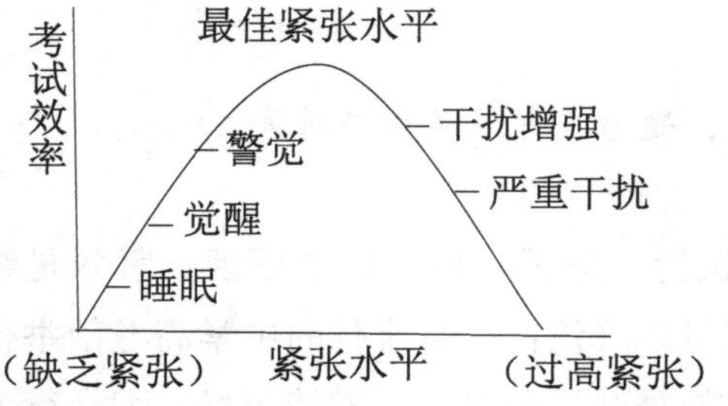

4

2. 缺乏紧张的原因

实际上就是没有兴趣或动机，其影响因素很多，主要有长期挫折所致的失助状态和消极观念等。

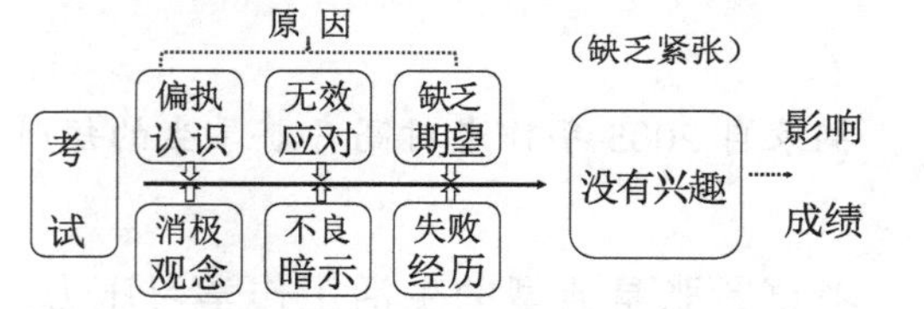

最后集中在：
失助状态（反复挫折无法逃脱之感）
形成特殊的观念（读书无用或对自己无用）

5

3. 解决失助状态的建议

一个故事：爱因斯坦当初并不是“最优秀”的；

一个事实：成功的人生轨迹不是完整的直线。

4. 解决观念问题的建议

一个忠告：价值观念不能距离社会主流太远。

6

5. 过高紧张的原因——考前紧张是大脑、植物神经和全身肌肉系统之间相互作用的表现形式

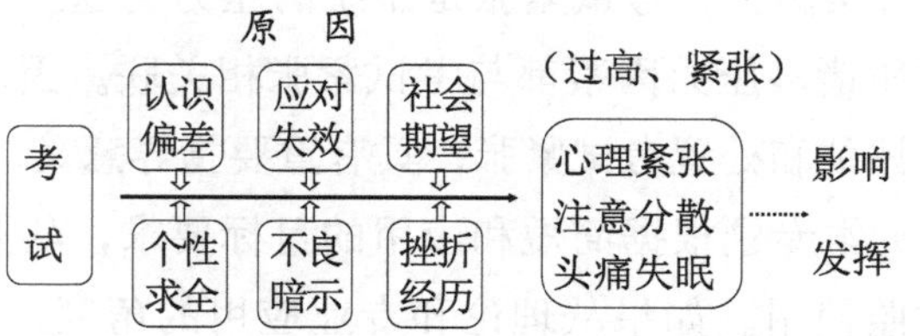

最后集中在：
自动性失败假设（认知）
反射性心身紧张（行为）

7

6. 解决过高紧张的建议——是对大脑、植物神经和肌肉系统的系统减压工程

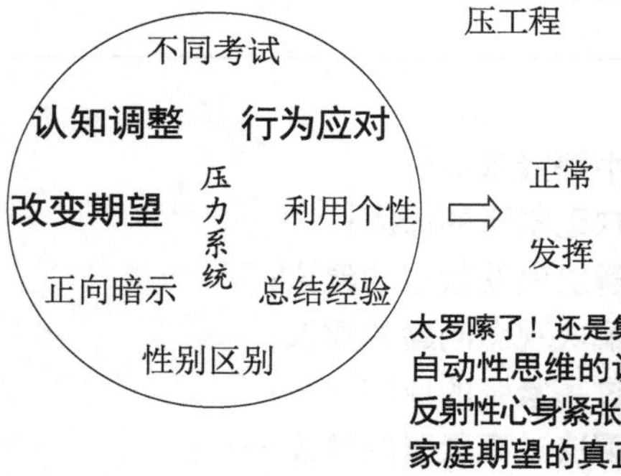

太罗嗦了！还是集中到：
自动性思维的认知调控
反射性心身紧张的行为应对
家庭期望的真正改变

8

7. 过高紧张怎办？——具体化

1. 自动性思维的认知调控
2. 反射性心身紧张的行为应对
3. 家庭期望的真正改变

（1）复习阶段

有节奏地循环复习（行为）
“又忘记了”也正常（认知）
“以前学过的还”也正常（认知）

（2）考试阶段

反复告诉：允许“部分失败”（认知）
停顿5秒+深吸一口气（行为）
交卷后快速回家（行为）

（3）家庭

真正接受以上说法
被动地执行以上指令
监督执行情况

（4）药物（少数人）

9

8. 不同学生的区别 ——

（1）高分学生：
高紧张
中紧张
低紧张
（2）中分学生：
高紧张
中紧张
低紧张
（3）低分学生：
高紧张
中紧张
低紧张

（1）复习阶段：
有节奏地循环复习（行为）
“学过的还是不懂”很正常（认识）
“又忘记了”也正常（认知）
（2）考试阶段：
反复告诉：允许“部分失败”（认知）
停顿5秒+深吸一口气（行为）
快速回家（行为）
（3）家庭：
真正接受以上说法
被动地执行以上指令
监督执行情况
（4）药物（少数人）

10

9. 小结

* 考前中等压力（或紧张）最合适
* “想当然”的负性自动性思维是有害的，应使用认知治疗基本技术
* 用更多的“脑子”并不能控制紧张，而应用简单的行为方法往往有效
* 家庭行为是重要影响因素，且与家长的知识和智力无关
* **注意，过多的面对面讨论考试紧张，反而可能不利于缓解紧张，这就像过多讨论失眠反而影响睡眠的道理一样。**

第 6 节　如何保持良好的临场心理状态（专题，2006）

摘录自 2006 年作者在某银行业务比赛前对参赛代表集中培训动员讲座幻灯片，题为“如何保持良好的临场心理状态”。

临场紧张也是一种典型的生活工作学习压力。

通常人们会认为，临场（事件）是原因，紧张是结果（反应），这只是简单的线性问题。压力调控，只要管控“因果”两端就可以了。

实际上，临场紧张是系统的压力问题，除了事件和反应，临场紧张还与个人的认识、应对、社会支持和个性特质等诸多压力因素相关。因此，压力系统模型在临场紧张的发生、判断、干预各方面具有指导意义。

本专题的对象是银行技能比赛参赛代表，主要提供基于压力系统模型的若干“降压”方法，适当展开原理讲解，以利于参赛代表自己实操掌握，争取临场保持良好心态。

（注：本组幻灯图片未加解说，可直接浏览阅读图文，如能结合医学心理学和心身医学知识，以及系统模型法则，则更容易理解）

1

某银行业务比赛动员会（2006年9月）

如何保持良好的
临场心理状态

浙江大学医学院　姜乾金

2

开会的目的是为了引起大家的“注意”，加以“重视”，做到临场“不紧张”，取得“最高的成绩”。

实际上，最好的状态是对结果“不过分关注”，只有“不过分重视”才能临场“中等紧张”，并取得“比别人高一些的成绩”。

3

一、为什么会临场紧张

实际上，临场紧张，
认识是关键（要看看有否绝对化的认识）；
人格是核心（要克服求全完美主义动机）。

感受
紧张

认识
万无一失

人格
过强动机

4

二、动机越强烈、效率越高吗？

实际上，中等的动机强度效率最高。

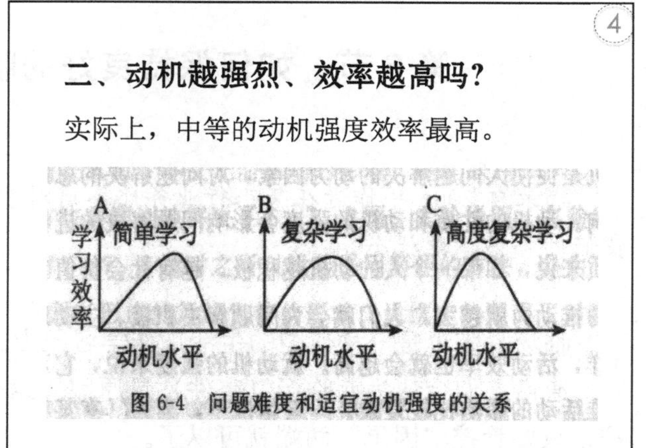

图 6-4　问题难度和适宜动机强度的关系

5

三、紧张程度会越来越高吗？

实际上，临床紧张程度是逐渐降低的。

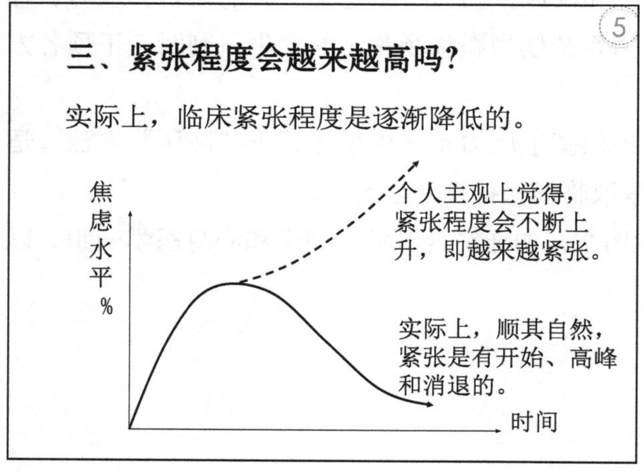

6

四、能100%防止失误吗？

实际上，不接受“失误”，反而会增加失误。

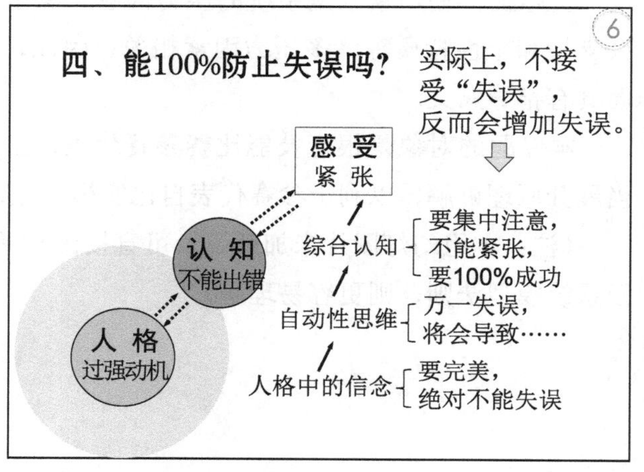

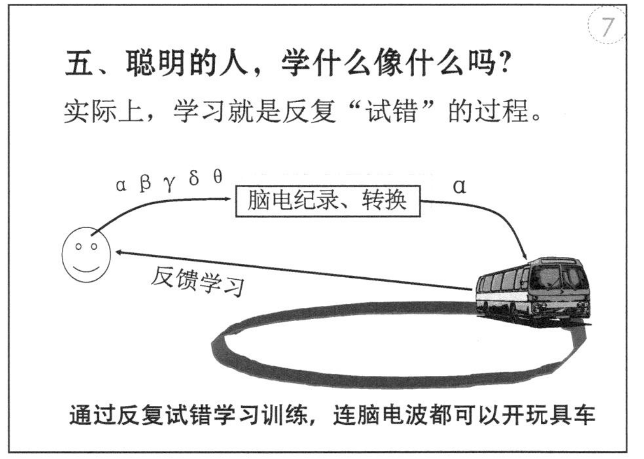

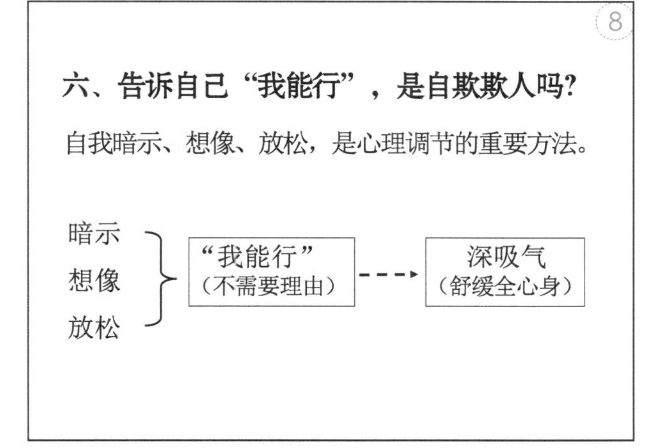

9

七、总结提示

1. 应付临场紧张，关键是认识调整（背后的核心是人格）；
2. 要相信，保持中等程度的紧张度就是最高效率的保证；
3. 要相信，紧张程度其实是会自动降低的；
4. 不要担心临场失误，因为“失误”是正常的，别人也一样；
5. 开展轻松的“试错”训练，有利于应付技能考核；
6. 加强放松训练，提高临场良好自信心暗示。

第 7 节　如何让孩子爱上学习——行为理论的应用（专题，2012）

摘录自 2012 年作者在以浙江省团委名义组织的一次亲子活动中的专题幻灯片。基础知识来自作者 1986 年、1988 年、1993 年、2012 年主编的《医学心理学》行为学习理论章节。

自古以来，人们认为学习就是“苦”的，才有刻“苦”学习之说。这种认识也融入许多老师和家长的基本观念中。本专题基于压力系统模型，利用行为学习理论基本原理，讨论如何让孩子的学习变得不那么“苦”，甚至逐渐爱上学习的可能性。

说到行为学习理论，需要追溯到一百年前。那时候先后出现两种重要的心理学理论，一种是精神分析理论（强调潜意识），一种是行为学习理论（强调反射和学习）。两者既斗争又互相促进。这两种理论客观上是对经院式心理学一直强调认识（意识）功能的再思考。因为在现实中，许多心理（精神）问题实际上通过认识是无法解决的。这两种理论寻找认识（意识）以外的心理（精神）问题的原因。但是，这两种理论却忽略认识（意识）的作用，使之成为这两种理论的“原罪”。随之，20

世纪30年代以来，人本主义理论作为“第三势力”出现，强调个体发展的潜能和无条件积极关注，此后逐渐成为西方的重要教育理论。我国流行多年的“再苦也不能苦了孩子”的教育理念，恐怕就与人本主义理论有关。再后来，又重视起“认知”的作用，就是近几十年出现的认知理论。以上就是几个重要心理学理论的大致发展脉络。

作者对以上各种理论的认识，持系统分析的接受、反对线性的“是与否”态度。这也是作者在教材编写过程中始终坚持的原则。

本专题的对象是参与亲子活动的家长，其实更适合小学和学前儿童的家长和老师。

> ①
>
> 浙江省团委活动（20120627）
>
> **如何让孩子爱上学习**
>
> **——行为理论的应用**
>
> 浙江大学 姜乾金
> 个人网址：www.medline.com.cn
> 邮箱：jqj@zj.com

1. 与许多心理学理论不同，行为学习理论是通过生物实验提出来的。因为否定了认知，一开始被经院心理学批判，后来逐渐变强大而被接受，20世纪80年代以后，随着“回归”认知，在学界又有被淡化的趋势。

本专题在一定程度上反映了作者对该理论被淡化的惋惜态度。更主要的是，作者认为孩子成长是由动物性向人性发展的过程，越早期越需要遵循行为学规律。

> ②
>
> 教育失败实例，原因是多方面的：
>
> * 反社会人格（“杀人与杀鸡有什么区别？”）
> * 偏执型人格（“绝对化的道理”）
> * 神童问题（“只要求用现金在北京购房子”）
> * 自我中心（“妈妈不理我，我就哭，喉咙哑了”）
> * 观念偏差（“人怎么能做自己不想做的事情？”）
>
> **本讲座只围绕“爱学习”命题，且只论及行为理论**

2. 当今，教育失败的例子不少，如反社会的人、偏执型的人、不遵守社会规范的人、以自我为中心的人等。原因应是系统性的。其中，某些养育理念发挥着一定的引领作用，如“再苦也不能苦了孩子”。今天所谈的厌学，算是其中的一种。

3

内 容

一、行为理论要点与应用

二、复杂的实例

三、现场讨论

3. 行为学习理论主要包括经典条件反射、操作条件反射、示范作用等。

行为学习理论的应用涉及许多方面。行为学习理论所及的，除了行为，还包括认知、情感和人格发展等。那种认为行为学习理论只适用于“行为”的认识，是肤浅的。

4

（一）经典条件反应（反射）

1. 实验依据

巴甫洛夫经典条件反射实验，铃声（中性刺激）通过反复与食物（无条件刺激）相结合的强化过程，最终铃声成为条件刺激，从而引起了原本只有无条件刺激（食物）才能引起的条件反应（流口水）。

刺激		反应
（1）食物	——→	唾液分泌（无条件反应）
（2）铃声（中性） 食物	} ——→	唾液分泌（反复**强化、泛化**）
（3）铃声（条件）	——→	唾液分泌（条件反应）

4. 最早的是一百年前的巴甫洛夫经典条件反射实验。从今天的角度看，实验是挺简单的。即铃声与食物反复结合，通过铃声也能让实验狗流口水，这叫（经典）条件反射。

5

2. 经典条件反应的几个重要现象

* **强化**：环境刺激对行为反应产生促进作用的过程

* **泛化**：反复强化，某些与条件刺激相近的环境刺激也引起该条件反射。

（泛化实例：注射青霉素反应经历—怕青霉素瓶子—怕青霉素纸箱文字—怕青霉素声音—怕医药公司）

* **消退**：取消强化，条件反射可逐渐消失。

5. 经典条件反射有 3 种重要现象，很有实际应用价值：即强化、泛化和消退。

具体到上述实验：强化，就是实验中的铃声和食物反复结合，形成唾液分泌条件反射的过程；泛化，就是在反复强化实验中，与铃声相近的刺激（如变频铃声）也会成为条件刺激（也能引起条件反射流口水）；消退，就是长时间不再强化，实验中已经形成的条件反射会消失。

6

3. 理论意义——“训练”孩子爱学习

经典条件反应重视**环境刺激**对行为形成的影响，重视**强化和泛化作用**。可以解释多种行为习惯或症状的形成，也可以用于帮助培养良好行为反应，矫正不良行为问题。

通过强化和泛化，训练孩子“爱上学习。”

4. 实例——

6. 既然通过强化、泛化和消退等机制，能让中性的刺激变成有条件的刺激，那就有可能利用经典条件反射原理，让“任何中性的刺激”变成“某种需要的刺激”，以满足人类的需要，解决人类的某些生物性行为问题（也包括部分社会性行为问题）。

以下介绍两个相反的例子——爱学习和厌学的行为学原理。

⑦

实例1. **强化**（形成）和**泛化**（发展）“**爱学习**”

创造某种**愉快环境**，在这种环境中做作业，使做作业与这个愉快环境反复结合（**强化和泛化**），最终做作业可以产生**愉快感**（条件反应即“**爱学习**”）。

刺激　　　　反应

(1) **愉快情境** —— 愉快感（无条件反应）

(2) 作业（中性）+ **愉快情境** —— 愉快感（反复**强化和泛化**）

(3) 作业（条件）—— **愉快感**（条件反应——**爱学习**）

7. 实例1，强化。大家知道，轻松的环境氛围（无条件刺激）可带给人愉悦感（无条件反射）。那么，将做作业（中性刺激）与轻松的环境氛围（无条件刺激，通常指温馨人际氛围而不是音乐或闹腾）反复结合，使作业变成条件刺激，也能获得愉悦感（条件反射）。经过泛化，形成“做作业”带给人“愉悦感”的条件反射（爱学习）。

⑧

实例2. **强化**（形成）和**泛化**（发展）“**厌学**”

——（强化）——出现做作业有紧张的感觉——（泛化）——厌恶作业、书本——（泛化）——厌恶书桌——（泛化）——厌恶课堂——（泛化）——厌恶开口闭口说“作业”的老师、家长——（泛化）——厌恶校园（**厌学**）

8. 实例2，强化和泛化。压抑的环境氛围，如家长训斥（无条件刺激）可带给人厌恶感（无条件反射）。通过将做作业（中性刺激）与家长训斥（无条件刺激）反复结合，使作业变成条件刺激，也能带来厌恶感（条件反射）。经过反复泛化，作业、书本、老师、同学、学校逐渐成为给孩子带来厌恶感的“条件刺激”（厌学）。

经典条件反射的现实意义，除了以上两例，读者还可以进一步拓展。

⑨

（二）操作条件反应（反射）

1. 实验依据

* 斯金纳（SkinnerBF）1953年操作条件作用实验：

饥饿（S'）→ 动作1 压杠杆（R）→ 食物奖励（S）（+，反馈至动作1）；动作2 乱窜（R1）；动作3 乱咬（R2）

* 回避操作条件作用实验：

电击（S'）→ 动作1 回避（R）→ 取消电击（S）（+，反馈至动作1）；动作2 乱窜（R1）；动作3 乱咬（R2）

9. 实验比较简单，小鼠压到杠杆时，立即给予奖励（食物，或者刺激“愉快中枢”），通过反复训练，小鼠学会压杠杆。这被称为操作条件反射。

还有一种叫作回避操作条件反射，小鼠进入某个区域，立即给予电击，通过反复训练，小鼠学会了回避这个区域。

作者童年也从乞讨艺人那里见过一种“狗稻米”，即经过训练的小狗，能够用前爪操作杠杆敲打锣鼓，帮助乞讨艺人讨米。只是乞讨艺人没能力提出理论解释。

⑩

2. 操作条件反应的类型

* **正强化**（positive reinforcement）
  行为活动导致积极刺激增加，该行为逐渐增强。
* **负强化**（negative reinforcement）
  行为活动导致消极刺激减少，该行为逐渐加强。
* **消退**（extinction）
  行为活动导致原有的积极刺激减少，该行为反应逐渐减弱。
* **惩罚**（punishment）
  行为活动导致消极刺激增加，该行为反应减弱。

10. 具体解释一下这4种类型：

正强化：上述老鼠碰到杠杆立即给予积极刺激，反复进行，老鼠趋向于形成压杠杆行为。

负强化：卧床行为导致疼痛刺激降低，反复进行，患者趋向于形成卧床行为（依赖）。

消退：上述实验不再给予刺激，反复实验，已形成的行为趋向于减弱。

惩罚：上述老鼠进到某区域立即给予消极刺激（电击），老鼠趋向于形成回避该区域的行为。

11

3. 理论意义

操作条件反应重视**行为结果对行为本身的影响**。可以解释人类许多正常或异常行为习惯的形成或改变，如吸烟、依赖等。

用**正强化**和**惩罚**等，**训练孩子“爱上学习”**。

4、实例——

11. 操作条件反射原理可以解释和解决人类的许多社会性行为问题，具有重要的理论意义和现实意义。

这里仅讨论在学生学习行为习惯方面的某些意义。

12

实例3. **“爱学习”**行为的**正强化**

做作业行为带来**奖励**（他奖励和自我奖励），对做作业行为产生**正强化**作用，使**做作业**行为固定下来（**“爱”**学习）。

最简单的**他奖励**是给予温暖的**关注**（也可由物质奖励开始）。

自我奖励可间接获得，做完作业的结果可获得**成就感**。

+（正强化）

创造条件 ——→做作业——— 奖励（他奖励）
（自我奖励）

12. 实例 3，正强化。对孩子做作业的行为立即给予奖励，反复实施，从而产生正强化作用，形成良好的学习习惯。

这里的奖励可以是关注、语言、物质或引导自我奖励，且奖励应“立即”执行，“预支”或“期货”的奖励效果较差。

正强化是一个循序渐进的过程。

13

实例4. **“不爱学习”**行为的**“惩罚”**

使用暴力等手段对付不爱学习的孩子，会使其对学习产生**厌恶感**，更加**回避**学习（除非是通过学习获得成就感，间接获得正强化）。

故对于孩子的“不爱学习”或“调皮捣蛋”，通常使用**“撤销关注”**作为惩罚。

（惩罚）

有时候 —— 调皮捣蛋 —— 痛苦（咒骂）
（训讽）
（撤销关注）

13. 实例 4，惩罚。理论上，对于孩子“偷懒”的行为立即给予惩罚，反复进行，以降低其不良学习行为，这是惩罚的作用。实际上，这种方法是存在争议的。

惩罚，可以是各种具有痛苦体验的任何刺激，如批评、打手心。对于成长中的孩子，采用“撤销关注”作为惩罚较合适。且惩罚同样要“立即”执行，“预支”或“期货”的惩罚效果较差。

顺便举例：负强化、消退（略）

14

（三）示范作用

1. 实验依据

班都拉（Bandura A）的社会示范作用（modelling）实验证明，孩子通过对攻击行为（model）的**观察和模仿**，可以很快学会并发挥这种攻击行为。

班杜拉示范作用社会学实验（视频）

14.1961 年班杜拉提出社会学习理论，或称之为示范作用、模型作用。班杜拉的社会学习实验其实也很简单。

在实验（视频）中，孩子们先围着观看一名青年（模型）对充气塑料假人表现出各种暴力袭击行为。然后，孩子们纷纷上场，除了能模仿刚才“模型”的攻击行为，还有“创新”，如对准塑料假人的眼睛和鼻子实施拳击，骑上假人的身体再拿着玩具手枪攻击模特的肚脐等。

15

2. 理论意义

周围人（父母、同伴）的行为习惯，通过示范作用（**观察和模仿**），可以影响孩子的行为。

具体过程：①**注意**：引导孩子观看某一模型，注意辨认其中的特征；②**记忆**：引导孩子记住这些特征行为；③**行动**：引导孩子透过记忆，表现出这种行为；④依据**强化**原则，促使孩子增加或减少这种行为再发生的次数。

3. 实例——

15. 示范作用过程包括四步：观察模型、记住模型特征行为、表现这种行为、不断强化。

示范作用是孩子学习成长的重要途径。通过示范作用，孩子学会周围人的各种行为（好的、不好的）。

用于解释和解决人类的某些社会性行为，也是示范作用的理论和现实意义。

16

实例5. 父母（模型）的不良示范作用例子

* 父母惯于振振有词（孩子易强词夺理——达不到目的就“声音哑”）
* 父母对于孩子的偶然“吃亏”，极愤怒，穷追不舍（孩子易以自我中心和偏执）
* 父母占了便宜沾沾自喜（孩子易形成自私的表现）
* 父母说谎或用谎言搪塞孩子（孩子易形成说谎的表现）
* 父母总是担心孩子出门（孩子易形成胆怯的表现）
* 父母遇事迁怒于孩子（孩子易形成冲动性人格）
* 孩子摔跤，父母责怪地不平，咒骂养路工人（当孩子成绩不好时，易归罪于学校，责怪老师）
* 父母职业打麻将（孩子不爱学习）

16. 实例 5，父母的不良行为对孩子的示范作用，例子比比皆是。现实中，许多父母、长辈即使知道这方面原理，也因为各种主客观条件的限制，难以关注这个重要的育儿注意事项。

17

实例6. “用功”的**父母**，是孩子**“爱”学习**的良好模型。

实例7. 认真学习的**同学**，也是**“爱”学习**习惯的良好模型。

以上都需要：①注意；②记忆；③行动；④强化。

以上都有先决条件——情感上不排斥。对立排斥情绪状态下，很难有示范效果。

17. 实例 6、实例 7，父母的良好行为对孩子的示范作用，如孜孜不倦、努力学习，只要家庭氛围是良好的，就会对孩子产生示范作用，孩子也会慢慢形成这些行为。同样，在融洽的氛围中，与那些喜欢学习的同学经常在一起，孩子也能通过示范作用学会喜欢学习的行为习惯。

18

内　容

一、行为理论要点与应用

二、复杂的实例

三、现场讨论

18. 前面介绍了经典条件反射、操作条件反射和示范作用 3 种理论，还简介了各自的原理和在本专题的现实意义。接下来需要介绍这些理论的综合应用问题，特别是在面对复杂实例时。

19

实例8. 答应只要本学期成绩提升，期末就奖励一个任天堂游戏机，为何结果适得其反

用将来的任天堂游戏机，**奖励（强化）现在**做作业。这种“期货”式奖励，对孩子学习行为强化作用有限。第一天可能认真做作业，其实也很辛苦。这种辛苦感对后来的做作业行为反而产生**惩罚作用**。

到了暑期，游戏机却能立即**强化（奖励）**玩耍行为，却不能**强化**远期的读书。

（注：“期货式奖励”对成年人则有用）

19. 实例 8，复杂案例。同样采用奖励，却因为对孩子采用“期货”的奖励方式，结果适得其反。（注：该例在本章第 1 节有详细介绍，可参阅）

20

实例9. 现场监督做作业，为何效果适得其反

孩子成绩不佳——父母反复说教（唠叨）——站在孩子身后现场指导（像个“恶煞”）——致使孩子做作业时感受到背后的压力——消极刺激增加——害怕做作业（反而减弱“爱学习”行为）——**惩罚机制**

（惩罚）

特殊条件 —— 做作业 —— 厌恶刺激（说教唠叨）（背后恶煞）

20. 实例 9，复杂案例。对于厌恶作业的孩子，家长的意愿是不断地给予教育、批评或鼓励，且平时因为忙，家长会较少提及此事。到了孩子开始完成作业时，家长才想起这个烦心事，于是喋喋不休地开始“指导”（语气多带训斥），且喜欢站在孩子的背后（生物属性中，来自背后的威胁更揪心）。结果是对孩子完成作业行为产生惩罚作用。在这里，奖励和惩罚各种常识性的手段都使用，但结果却适得其反。

21

实例10. 过度的“正强化”实为“放纵”

某幼儿期，母亲对孩子**过度正强化**，导致孩子在小学阶段不能约束自己，开学第一周就“指点江山”“主持正义”，但在起点上却输给了别人。

（这也是对人本主义理论“无条件积极关注”的过度解读）

21. 实例 10，复杂案例。过度的正强化（奖励），养成孩子任性的性格和不能自我约束行为。此类例子现实中非常普遍。

22

实例11.“挫折教育、试错训练”也需注重行为学机制

当前盛行“再苦也不能苦了孩子”的教育观，导致一些问题，将来更不可预期。故需提倡一定的**“挫折教育”“试错训练”**。（浙江省某幼儿园曾实验研究过）

试错训练应精心设计，让“挫折”和“试错”的结果最终能**感受到愉快（正强化、示范等作用）**。

22. 实例 11，复杂案例。八九十年代，某幼儿园老师曾做过一个厅级实验课题。对象是住宿制幼儿园的孩子，实验班设计一定程度的“挫折刺激”，如寒冷天气要求在被窝外穿袜子等。通过 2 年的实验，用多项行为测量作为结果指标，显示这种“挫折教育”对于培养孩子心身健康有较好的效果。

这种“挫折教育”必须遵循行为学习理论的各种原则，例如，“挫折刺激”必须结合乐趣（正强化）等。

23

实例12. “狼爸”使用惩罚，为何能促进孩子学习

“虎妈”“狼爸”在**惩罚**“不良行为”的同时，也起到“启动”（初始化）的作用，必须紧跟着通过学习成绩实现**正强化**。

（古代“棍棒之下出孝子”也是一样道理，掌握难度较大）

23. 实例 12，复杂案例。与通常采用“正强化”的方法促进良好行为的养育方式不同，虎妈、狼爸采用的是“惩罚”方法，用以消除孩子的不良行为，间接促进良好行为。有一些成功的案例。

然而，如果过度的惩罚或无原则的惩罚，会导致孩子性格胆小、退缩，如果家庭氛围恶劣，惩罚更易致孩子亲情淡漠。因此，“虎爸”“狼妈”的成功案例应同时结合行为学上的正强化、良好的示范等各种方法。即使这样，一般也不主张。

24

实例13. 反复“指出”孩子的问题，为何效果不佳

反复给孩子“讲道理”，指出其行为问题（如作业时小动作），但因为认识控制行为的功能不完备，效果不佳。同时，这种“讲道理”可能产生**“关注奖励”**作用，对不良行为产生强化和泛化。（类似的例子有很多）

此时最好是耐心并反复给予直接矫正，或在良好的氛围下给予行为示范。（不是依靠说教）

24. 实例 13，复杂案例。父母“讲道理”是希望孩子“听”进语言逻辑，但幼小的孩子对逻辑还没有概念，对父母“讲道理”时的“关注”却有体验。“关注”强化了孩子正在进行的“不听话”行为。结果导致父母反复讲道理而孩子的不良行为更厉害。

（因此，作者强调对于越小的孩子，行为学习理论越重要。认知理论更适用于有一定理解和自控能力的大孩子和成年人）

25

实例14. 父母不应针对学习说孩子笨（即使真的笨）

父母总是**怪孩子“笨”**，会起到**惩罚**作用，影响**与“笨”相关的行为**（如完成作业）。

此外，还会影响孩子的**自尊心和自信心**。自信心对一个人来说是很宝贵的，没有自信心的人什么事也做不成。

25. 实例 14，家长说孩子“笨”，在认识上或许是正确的（确实不聪明），但在行为上则属于负性刺激。家长说孩子“笨”，往往发生在孩子正在做某件事情却效果不佳之时（如完成作业），这样就实实在在起到“惩罚”完成作业行为的作用，作业完成得更差，也与家长的目标背道而驰。

26

实例15. 对差生的奖励和强化，应逐级提升

对于基础差的孩子，对其学习行为的**“强化”需要分级进行**，且有耐心，利用良好的**情感**“氛围”。

操之过急，压力必大，必然**难受**，也会导致对现场的学习行为产生**惩罚**作用。

26. 孩子学习跟不上，已经成为国内大量家长日常生活中的“头痛病”。

这些都是系统的问题，解决这类问题需要基于系统思维，掌握问题的关键，采用包括行为学习理论在内的各种科学方法，逐步实现目标。

27

题外话

本命题除了行为理论，还涉及：

人本理论（强调无条件积极关注）

压力系统理论（强调多因素综合调控）

其他

有兴趣的听众，可以参阅作者新书——姜乾金：《医学心理学：理论，方法与临床》，人民卫生出版社，2012年6月出版，66万字

27. 本专题仅围绕行为学习理论，就孩子的喜欢学习话题，做部分分析和讨论。

实际上，孩子的学习兴趣和习惯的形成和发展，受多种因素的影响和制约，多种心理学理论涉及这个话题。

（注：以下略去两张幻灯片，为“人本主义理论”和“压力系统模型”示意图）

28

内　容

一、行为理论要点与应用

二、复杂的实例

三、现场讨论

28. 这是一次亲子游戏活动，现场未设提问环节，如果是问题儿童家长或相关专业工作者研讨会，注重实用，聚焦问题，应该是重要环节。

第8节　博文集（九）

压力（应激）系统模型是生物学、心理学、社会学多学科交叉的理论模式，内容看似容易理解实则较难把握，其学术价值主要体现在被目标人群接受和应用方面。为此，作者选取2011—2022年撰写的部分博文（原有链接和表情包已撤去），经组合分别列入若干章之后，目的是加深阅读者对该章内容的理解和把握，同时也为可能开展的系统模型各种主题宣讲和临床咨询等实际工作提供部分引用素材。

本节含22条博文，主要涉及各年龄段学生心理健康相关话题。

孩子需要“挫折教育”与“试错训练”（2013-06-23 00：09：27）

以下是作者的挫折训练（教育）与试错训练（教育）团体指导要点。

所谓挫折训练（教育），是指孩子面临一定困难情景时（也可以是特意设置困难任务），训练其探索解决问题，或在面对某些难以解决的问题时，培养其挫折容忍力。所谓试错训练（教育），则是指让孩子完成正确操作的同时，适当尝试错误的操作，以培养更自主、更准确的操作能力。

（摘自《医学心理学：理论，方法与临床》第九章）

“苦”“逼”孩子（2015-11-25 19：06：41）

微评：“父母逼迫孩子学习会带来巨大危害”

有见地。但不跟着别人走也不行，否则在现实环境下，孩子有被群体排斥的风险，不小心也会导致人格发展的问题。许多家长也是基于这个原因才不得不“逼”孩子。当大家都一起“逼”自己的孩子时，就成了全体家长“你追我赶”无尽头，也就成了大环境问题。

于是，有老师向家长们指出，哪有什么愉快学习，都是骗人的，必须让孩子们明白，读书应该是痛苦的，否则怎么叫刻“苦”学习。结果，那些刻“苦”不了的，或虽刻“苦”了但成绩仍排在后段，家长就有更大的动力“逼”孩子，孩子就更加“苦”上加“逼”。

这就是一些孩子的“苦”“逼”宿命。

应该从系统的角度，从行为科学角度，探讨是否能够及如何能够让孩子愉快学习、健康成长的问题。

案例札记，“愉快”学习是可能的（2017-02-24 10：54：26）

个案札记

学习是“苦”的，俗语中的“刻苦学习”“艰苦奋斗”“吃尽苦中苦”等，都体现了一个“苦”字。对此，孩子相信，家长相信，一些名师也相信。为了提升孩子的名次，不得不说服孩子更加去“苦”。然而，作为孩子，特别是经历了占其已有人生一半时间痛苦学习体验的“差”孩子，很难让其继续甚至更甚地“苦”下去。

如何让小孩学习过程变得愉快，虽听起来如天方夜谭，但行为学原理及派生出来的手段，例如，环境刺激的调整，强化、泛化、消退的运用，示范机制的把控等（注意这里包括语言等认知工具的应用，许多人将认知与行为分开并不合适），为实现此目标提供了可能。其实，在生活中也存在许多现象，如愉快地踢足球、高兴地斗智斗勇、津津有味地猜谜语，说明实现某一目标未必一定是痛苦的。

避免让孩子成为高分学生的“陪衬”或“垫脚石”（2017-05-09 08：49：07）

我也不太支持某些家长揠苗助长式地把孩子挤到“绞肉机”学校里。因为差距太大（注意，是指差距太大），一旦不能跟上（其概率不小），很容易形成恶性循环，不仅在压力中痛苦挣扎，成绩也越来越差，还会成为“先进”学生的陪衬和垫脚石（因为反差效应，先进学生动力更足，落后学生更自惭形秽），更加影响自信……有的甚至发展成不幸案例。痛苦的经历还会影响人格的健全（不自信等）。

投入与产出比，在企业家做生意与家长培养孩子方面，既类似又有区别。最大的区别是“永不言败、重来过”适合做生意，并不适合培养孩子。

实例札记："买进一流学校"合算吗？（2017－05－17 10：03：55）

这里指心身上有明显不足的孩子家长，对一般孩子家长也有参考价值。

先看看特殊教育学院，有各种心身缺陷的学生，较少发生意外，看上去学生的自我意识也不比普校学生差，自信、平和、满足，一般人以为的自卑也不明显。原因包括互相之间能够接纳，国家给的政策预期暖人心等主客环境条件。

这倒不是说应尽量降格选择进入这类学校。相反，能创造条件升格进正规学校，能融入进去，应是最佳结果。而欲望是无限的，进入正规学校后，就会向上比和向下压，慢慢地被逼上你追我赶之道，此时如忘记自己的特殊之处，很容易成为其他学生的陪衬、优等生的反衬，自身严重受伤，甚至毁掉孩子。

这就是人的多维性。提醒一些家长，慎重考虑花大力气、大价钱，非得将孩子"挤进一流学校"。一般首先会问，如果孩子追（或跟）不上会怎么样？

然而，很多家长并不接受这种提醒，因为大家的思考都是线性的。

有一种四海皆准的学习方法？（2017－05－25 07：21：00）

有一位优秀校长总结（概括）出一套学习方法。所有的校长都总结有一套学习方面，所有的高分学生都有一套学习经验，无疑他们都是对的，特别是对于他们自身来说。

但合起来，这巨量的学习方法和学习经验，对不少学生好像又等于什么也没有说。有些人几乎把所有书店里的指导书都买了一遍，却也无济于事。何也！因为古今中外仍未找到一种普适的"关键"学习方法（除了最简单的"刻苦"）。

每个人的问题（如成绩不佳）往往是系统问题，除了认知（学习方法），还涉及情绪（如厌学）、行为（如不良习惯）、人格（如人生观和价值观出偏）和环境（如各种干扰）因素；如果从压力系统的角度，则涉及各种压力因素的恶性循环的问题。

若能综合地、系统地考虑，才更有针对性。

用"扫兴"的方法改变不良行为？（2017－07－30 11：32：53）

用"扫兴"的方法试图改变一个人的行为，往往是不会成功的。例如：

孩子正面对香喷喷的食品手舞足蹈时，父母却冷不丁借机指责他平时太懒。"扫兴"的结果可能以后还是懒。

出发旅游前，孩子正高高兴兴地计划着，父母却不失时机针对孩子以往各种错误给予算账和指责。"扫兴"的结果可能是孩子情绪失控。

成人也一样，两人正忘乎所以地亲热，一方借机指出另一方生活中或历史交往中有什么不对的地方，"扫兴"的结果有可能是很难治好的"亲热障碍"。

这里的操作行为学习原理是用“扫兴”（或惩罚）改变孩子的不良行为，要在不良行为出现时给予，而不是提前或延后给予的“扫兴”。要想产生作用，需要当事人的认知中介（到时候能想到应该怎样、不应该怎样），成人可以，越小的孩子越难实现。

“高兴”（奖励）也一样，在良好行为（如勤劳、认真作业）的当时给予“高兴”，会促进（强化）良好行为；提前或延后的高兴刺激，需求当事人的认知中介，成人可以，孩子越小效果越差。

教育，由“线性”到“系统”（2017－12－17 12：25：14）

一个孩子主动要和我“分享”她在历史课上收获。昨天，老师介绍历史上某人上位后清除功臣，功臣死得很惨。她说，以前一直感觉“很好”的人，原来是那么“不好”。

我就从千百年来的理论、理想，国际、国内，青年、老年，个人、派系……“大系统”地糊弄（也只能糊弄）她一下，然后给她一个结论，不能就一个事情、一个时点，去给系统中的人下“好”或“坏”的结论，那只是线性的认识。

她听后似有所悟，但显然不能真正理解。

孩子接受教育，基本上是从线性认识开始的，师长从一件事情开始，由某一事情结果倒推其原因，再回过来下判断。这样的判断自然倾向于要么是好事（好人），要么是坏事（坏人）。

无数次的线性“因—果”结论的叠加，孩子逐渐接近认识这个真实和系统的世界。

同时，孩子成长过程也会不断地感受周围发生的一切，包括物事、人事、世事……从而获取对各种事物的感性认识，最终因为许多体验和认识之间显现某类一致，导致一些人对世界的认识由模糊变清晰。

师长的说教和自身对周围的感受两者结合，是“教育”的不二选择。青年人的“顿悟”和中年人的“知天命”，或与此有关。

进行辅助训练治疗时，须注意心理功能的统合属性（2017－12－25 12：24：49）

对心理功能明显落后于同龄人的孩子，以及因 Sc 导致心理功能明显退化不能适应社会的青年，在进行辅助训练治疗时（如沙盘、情景、团体等），应认识到心理功能是系统的功能，不是碎片化的，也不仅仅是单一某维度的功能缺陷，包括设计、运作、互动、启发、总结各环节，均应注意把握训练的整合性。

认知功能：构思、逻辑、语言之间的统合训练（第一阶段的重点）。

情感、意志功能：需要、指向、体验、行为表达之间的统合训练（第二阶段须加强注意）。
认知、情感、行为、环境之间的统合训练：如协调性、准确性、适应性、道德准则等（全过程都要把握，但越是后来，越重要）。

以上值得家长参考。

转自 NB 的评论：

老师所言极是！在咨询工作中遇到的个案是很复杂的，如不能用“系统模型”之类的多轴系统的角度进行观察，难免陷入“头痛医头、脚痛医脚”的状态，这也许就是老师所批评的“线性思维”吧！

转自 XL 的评论：

姜老师说得真好，我在做厌学相关研究时，确实需要对成长经历、社会成熟度、道德发展、家庭的社会学习等做综合考虑。有些问题外在看似差不多，但实际上差别很大的；从线性思维来看差不多，但在实际操作时差别很大；困难程度和努力方向是完全不一样。

碎片化的辅导与学生的自主性（2018－06－03 09：04：21）

由各科教师轮流上门定期开展个别辅导。

线性地看，怎么也是孩子知识和技能的不断累积过程。(1＋1＋1＝3)

系统地看，一个看不见但很关键的负面结果，会影响孩子自三性和全局把控能力的形成和发展。这种自主性和把控能力才是优秀高分学生的基本特质。

因此，在决定大量聘请各科教师为孩子服务时，需预先设法主动防止这种负面影响，剩下的才是满满的收获。

从“哭不抱，不哭才抱”说起（2019－01－05 20：11：13）

N 君转发来《娃“哭就不抱，不哭才抱”的创始人，他的孩子长大怎样了？真讽刺》一文。

博主简评：

该文的意思是，著名行为主义心理学家华生将自己创立的理论应用于自己的孩子，结果孩子长大出问题了，所以“真讽刺”。这是一种线性思维的绝对化结论。

影响孩子成长因素很多，是系统的问题。孩子哭时，抱或不抱，只是关于孩子成长系统问题中的一个维度。即便华生将其理论用于自身孩子身上失败了，也只是个案，不能因此就认为他的行为理论谬误，得出“真讽刺”的结论，更不宜否定行为主义心理学。

其实，用同样的两极线性思维，也可以从一些个案中得出相反的绝对化结论——“多抱”孩子，会使后代行为（人格）出问题。

N 君：

婴幼儿的成长实际上是很复杂的，不管是依恋理论、行为理论、人本理论，还是其他的理论，其目的实际上都是帮助婴幼儿通过社会学习的方式获得与他人的正确的沟通经验，并在此过程中完成该阶段的心理发展主题。正如老师所说，这方面是需要随机应变的。其中，随机应变成功的保证是建立在合格的共情的基础之上，对当下的亲子沟通状态的认识和掌握，此时，理论还是很有用处的。

博主：

说得对！

话说回来，华生是20世纪初早期的行为主义者，其提出的“给我一打健全的婴儿，把他们带到我操控的独特世界中去，我可以保证，在其中随机选出的一个，训练成我所选定的人物，不用考虑他的天赋、倾向和能力……”这是行为主义的誓言，也是线性的，绝对化的。

在西方的理论（科技）发展史上，一旦提出某一种理论，经常是从这种理论的角度把问题阐述到极致。也就是说，用人类线性思维工具，把自身创造的理论说“透”。越极端，越容易推动该理论的扩散。就像足球场上两支队伍拼命对攻，最终获得最佳临场效果，还促进了足球运动的发展。

作为早期行为主义者首领，华生当时处在经院心理学和精神分析等对立理论的“围攻”之中，他的言论和极端化也是理论发展的需要（包括小艾伯特实验）。如果以我们习以为常的“批判思维”（其实也经常包含线性思维）和折中看问题（就像80年代初刚开始接触各种西方心理学理论时总是设法批判他们的不足），后来的行为学习理论很难发展到70年代的顶峰（此后被认知理论收纳，其实CBT的人有许多也是行为学的人）。

至于行为学习理论的应用、行为疗法，也结合了其他理论，如认知理论。上期我在“社会心理服务平台”博文中，就有关于20世纪80年代“行为综合纠正减肥”的内容。

N君：

看来老师您提到的传播学效应（即只有将某种理论说得惊世骇俗一点，才能让世人注意到并流传下来，心理学中将之称为“白乌鸦效应”或“蓝狐狸”效应）是很难避免的。

博主：

是的，“矫枉”才能“过正”也是这个道理。

在人类理论的发展过程中，各种对立的认识必须通过线性维度过左、过右（非白即黑）的碰撞、折中，终于发现系统里的某些真相，即新的认识、新的理论。而新理论的起点，又往往是在新的线性维度方面的。行为论者关于行为原理可以解释解决现实问题也是如此，后来的认知论者关于认知疗法可以代替药物治疗抑郁症的说法其实也是如此。

这种效应对于现实中的人，不应去“避免”，而应当去“适应”。

附：与华生行为主义有关的行为学习理论见《医学心理学：理论，方法与临床》第二章第二节

留级生获诺贝尔奖背后的“歪理”（2019-02-22 22：57：00）

简评网文“大学时留级的上班族大叔，在得了诺贝尔奖后的16年……”

失误、懒惰、异想天开、不合群，甚至有点病态……这些显然都属于“坏”的。可是有这些特征的人，有时却表现出意外的“好”的结果。虽然概率极小，却也不能主动地去培养这些人，毕竟古今中外没少见到这个现象。因此，如果依据线性的好坏去判断，去全面地、一刀切地清除他们，岂不是毁了什么？

多年前在某重要专家座谈会上我也谈过，试图用心理测验筛查掉所有“偏态”的考生，或是一个危险的想法。因为真正的创新者在未被确认和接受之前，或许其个人心理行为特点就属于“偏态”

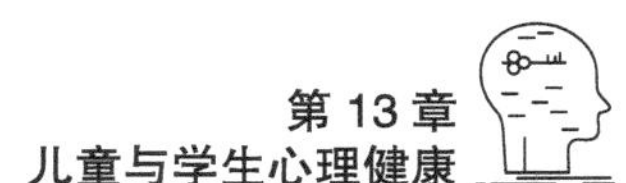

（异端）的。就像许多年以前，有人捣鼓着希望能够飞上天，有人幻想着存在人类肉眼看不到的小生物，如果当时将这些“偏态”的人全部提前“删去”，岂不是灭杀了那些伟大的“创新者”？

抉择难……（2019－04－03 10：58：23）

人生抉择当然应该多维度（多角度）考虑，几乎所有关键点的决定，往往都是在系统基础上的无奈决断，因为总是有几个维度不理想。

从历史发展的角度看，许多良好的结局经常是闭眼的选择；许多不好的结局却往往是在线性思维基础上苦思冥想的选择。

许多因考不上理想大学陷入痛苦，甚至寻死觅活的学生，我就是这样跟他（她）讨论的。

以其喜欢的方式长大，是废掉孩子？（2019－06－08 07：48：54）

简评《废掉一个孩子最好的方法，是让他用喜欢的方式长大》一文

这或是“优教”从业人员写的，国内教育普遍遵从此文观点，不能说没有一点道理。此文有一小部分符合我提出的“挫折教育和试错训练”原则，但违背了人本主义理论。

世界上的道理不是线性的非此即彼，过头、极致就成了谬误，因此而“逼死”人的例子也有。作者“以其喜欢的方式就是废掉孩子”的说法是线性思维的极端反应。

“以孩子喜欢的方式”最后成功的例子，在现实中也不少（特别是符合人本主义和行为学习理论基本原则时），不须一一举例。

N 君：

教育学和教育心理学并不是如此简单的，片面的理解必出问题。由此来看，这又得用到老师您提倡的“系统思维”予以理解。

孩子，你需要“包容性”（2019－07－31 09：42：51）

孩子，你需要养成“包容性”。包容性就是接受差异，不生气；快乐互动，好心态。

包容性的核心，是对外面各种不理想的人和事，觉得都是正常的差异，因而从内心接受他（它），就不会觉得难受、生气或发脾气；然后才会有快乐的交往、良性的互动。

但需要具体应用到生活细节上。

例如，说昨天在车上，一个孩子把脏东西掉在你的腿上，孩子小不懂事，难以沟通，这是一种差异（存在），所以你不会生气。如果觉得有必要提醒对方，那就愉快地告诉他的父母，你的孩子把我的衣服弄脏了，孩子的家长就会去管。结果你不受生气的折磨，他家人也不会与你发生冲突（注：事实是昨天她生气了）。

例如，你正在说话，可是有人却在插话，没有理睬你，你觉得被人家忽视了，这种情况在人多的情况下很常见，也很正常，正所谓七嘴八舌也是一种差异。此时，你的包容性会让你不生气，会

等一等再说。如有必要，则可以提醒对方，我正在说话，对方一定会听你的。这样一来，你不生气，对方也自然没关系。今后，你就会更喜欢人多话多热闹，也不会离群（注：事实是当时他生气了）。

再比如说，昨天你爸摸了一下你的头，因为你大了不喜欢大人这样对待你。可大人出于对孩子的疼爱，他就摸了。这时候你的包容性会使自己承认这种父子之间的差异，也就不会生气。如果有需要，也会提醒大人不要老是摸自己的头。相信所有的长辈都会接受你的提醒，这样一来，父母对孩子的爱得到了满足，孩子的要求也得到了父母的尊重。这是一种良好的父子关系（注：事实是他生气了）。

辅导时，请把“成就感”留给孩子（2020－10－22 16：51：53）

家长辅导孩子学习是系统工程，其中就有如何帮助孩子解决疑难题目的问题。这时，家长的认识和操作方式可分为两种，其效果会不一样。

一类是家长想方设法自己去将难题一个个解出来，然后告诉孩子，并认为破解的难题越多，孩子的成绩就越好。

其实，此时破解难题后的成就感被家长所占有，孩子只是被动的接受者，缺乏自己解题后爆发出来的成就感。长期没有解题成就感的经历，孩子在下次面对疑难题目时会感受痛苦而不是挑战，其学习动机会逐渐被侵蚀，对学习的态度也会变得无所谓，直至出现厌恶感、畏难感和回避行为。

另一类是家长引导孩子“解出”一个个难题，家长表现出不会做或不全会做，这时突破难题后的成就感就属于孩子。这对于维持和促进孩子的学习动机，逐渐使其在学习中形成认知、情绪和行为上的积极互动，是至关重要的。

从连轴转的培训班说起（2021－11－21 21：05：16）

当今，发现一些年轻父母特别是妈妈们，把孩子的课外兴趣或技能培训活动安排得满满当当，日夜连轴转。这些妈妈的理由很简单，方方面面的技能学得越早越多，孩子将来的机会就会更多，前景就越好（有点线性思维）。

然而，孩子的课余时间被各种培训班全部占用，其他活动时间和空间就少了，这会影响孩子的社会能力的发展（如亲友之间的互通互动、生活环境的应变应对）。

知识和技能重要，独立适应于复杂多变社会系统的能力更重要。在临床中，因为早期成长环境因素导致孩子缺乏社会适应能力，成年后会出现各种适应问题，甚至出现严重的心理健康问题的案例并不少见。课堂知识学习重要，适度的兴趣爱好培训班也需要，这些都看得见；多接触社会和环境，潜移默化地形成对社会和环境的适应能力，虽然不太看得见，却是更重要。因为，前者可能影响一个人的社会位置，后者有时候却能决定个别人的生死。

也谈“不能塑造孩子的未来”（2021－12－05 11：10：33）

大致赞同网友转发的《美国心理学教授妈妈：为什么父母不能塑造孩子的未来》一文中的各种发现。这至少佐证了一种现象，即当今中外有多种的理论和方法被认为可用于培养孩子的成长，却无人能告诉哪一种是确定的最好的方法。也就是说，至今还没有一套确定的方法，可以培养孩子，使之“优秀、更优秀”，以遂当今广大家长所愿。

原因在哪，或许可以在系统模型中找，在混沌学中进行理解。

根据系统模型，培养孩子之类的问题大多是“系统问题”，是现代科学实证方法尚未能完全阐明的问题。就像现代科学倾向于寻找研究对象之间因果关系的数学表达，却难以科学地实证“蝴蝶翅膀和南美风暴（属于非线性的混沌学）”之间的因果数学关系，对于“父母能否塑造孩子的未来”及“是否有一套培养孩子‘优秀，更优秀’的方法”这类非线性的近似混沌学问题，才会出现如今的科学研究要么不断地得出各种不同的因果结论，要么综合分析（如元分析）以后发现没有因果结论。

总之，“系统问题”受系统内多因素的制约，因素之间还相互影响，且这种相互影响还是动态变化的，以现有的科学研究手段，还难以清晰解读内在运行规律，也得不出能被习惯于线性思维的人们简单理解、直接使用的因果结论，甚至暂时只能通过哲理思考来阐述。当然，这并不应意味着将来也是这样。

关于如何培养孩子“优秀、更优秀”，现在可以做的恐怕只能针对已被证明能影响孩子成长的系统中的各种因素（生物、心理、社会、文化的），分别加以线性管控。

关于心理学理论与孩子的养育（2021－12－27 16：11：40）

与许多现代学科不同，心理学里有一门叫《心理学史》的课程，罗列了100多年来（当然也包含一些古代的）不断出现的五花八门的心理学理论。实际上，也就是不同作者对人的心理的不同看法。

西方的各种心理学理论，是在西方社会人文背景基础上提出来的。心理学理论毕竟是关于人的理论，而人具有非常鲜明的文化背景方面的差异。这一点与自然科学有些不同，物理、数学、化学、机械工程是不分文化的。

我在医学心理学著作中列出5大理论，按时间顺序是心理动力（精神分析）理论、行为学习理论、人本主义理论、认知理论，以及近年来越来越被重视的心理生物学理论方向。如果从孩子养育的角度出发，简单一点说，精神分析理论强调幼年创伤，行为学习理论强调奖、惩和示范，人本主义强调无条件积极关注，认知理论强调个体的自动思维和认知图式，心理生物学方向自然把注意力集中在神经生物学机制方面。

单凭简单的字面理解，也可以看出以上各种理论在一定程度上从各个侧面反映了个体发展的规律和可以采取的某些方法。

如果从文化差异的角度，最好我们对之要有一定的分析。在西方社会形态中，一种理论一旦提出，就会反复地、充分地去论证、推广。各种理论分别形成自己的学派，相互之间会放开来展开争论或辩论，却不易引起老百姓们对某一种理论的过分的偏执。到了我们这里，由于线性思维和是非对错分明，看到一种理论，如果觉得是对的，就很容易认为别的理论是错的——即这个对的，自然那个是错的。

随着时代变化，人本主义理论的“无条件积极关注”已成为教育工作者和家长们的最爱。国产的教育箴言“再苦也不能苦了孩子”也应运而生。

经过几十年的“无条件积极关注”或“再苦也不苦了孩子”，全民教育是否因此获益尚未可知，不断出现的一些严重学生问题甚至自杀案例，分析其成长过程往往不缺这一些理论或认知。

深入研究此类问题恐怕还有一定困难，但至少可以从简单的逻辑去理解——人生面对的是社会系统，在各维度、各因素方面充满了差异（困难、痛苦），养育孩子的目的是将来去适应（面对）这些差异。虽然人本主义的“无条件积极关注”，以及国内的“最苦也不苦了孩子”是需要的，但一定的行为学习理论的“奖励、惩罚和示范”同样也需要，心理动力理论的“避免早期创伤”也需要，认知理论的“关注良好的认知模式（图式）”也需要，自然，生物学的保证也需要。最后，一定的“挫折教育和试错训练”似乎也不是多余的。

X（现某重点中学心理健康教师，从业多年）简评：

姜老师这篇小文真的把我观察到、体会到、思考到的予以精炼总结出来。随着心理学在大众中的普及，不少人喜欢用某一种理论或某一种技术去养育自己的孩子，特别是“爱、接纳、尊重、包容、无条件积极关注”等人本主义在新时代家长家庭教育思维觉醒中特别受欢迎，却忽视了中国式教育理念中的学会吃苦、尝试中试错的挫折教育。的确看到很多问题学生家庭教育里不缺乏民主、尊重与包容，但缺少规则与敬畏之心与意志力。因此，人是世界上最复杂的生物，生活的环境也是一个多维系统，还是要保持开放的心态，多方位灵活运用各种方法，似乎更合适一些。

（注：总结本文、学习和应用国外心理学理论，一是注意文化差异，一是注意各种理论的综合引用）

“培养”和“成长”（2022-1-27 22：18）（微博）

“培养”（外面培植）和“成长”（里面发生）是系统中的两个维度，现实中很容易走偏。当今偏向前者，忽视后者。

青少年成长，“面子工程”和“炫富文化”（2022-4-17 07：57）（微博）

刚才与友人说到了某地饭桌文化中讲究面子这一现象。在某地，特别是在礼尚往来、喜庆排场和春节还乡等时间段里，以饭桌为中心，排场、炫富、吹牛等“面子工程”得到了充分表达。

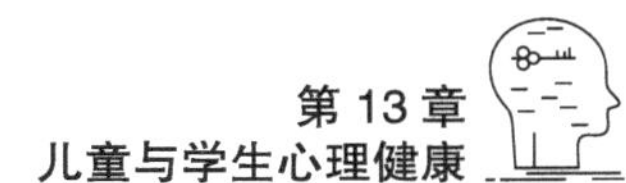

如果一个成长中的孩子，总是在这样的时间点受这类“面子工程”或“炫富文化”的熏陶（如长居外地，年节才回乡的孩子），其人生观和价值观会受到潜移默化的影响，久而久之，会错误地以为这就是某地的全部，这就是世界，甚至这就是自己要追求的。那就成为问题。

人生“必修课”和“座右铭”（2022－07－24 07：01）（微博）

挫折教育，试错训练——成长的必修课。
接纳差异，快乐竞争——取胜的座右铭。
勉励刚入职的毕业生。

第 14 章　离退休与“失独”人群心理健康

本章导言

作者在老年心理健康方面有一些工作经历，包括连续 20 多年给省市区老年大学开设老年心理保健课程，针对老年群体开展压力理论的实证调查研究，以及后期对“失独”工作人员的理论和技能培训等。应激理论特别是后来的压力系统模型是这部分工作的理论和技术基础。

本章资料包括中老年心理特点和问题、基于压力系统模型的老年群体心身健康问题的一组调查研究论文、老年大学心理健康课程和“失独”家庭心理压力特点和干预问题等。

第 1 节　中老年心理特点与问题（专著，2012）

摘录自《医学心理学：理论，方法与临床》（人民卫生出版社，2012 年）第八章第四、第五节，这部分内容一直是作者各版本著作中的专列章节，且在不断修订过程中；1988—2008 年浙江省老年大学讲题。文中涉及的图表已转换成本文集编号或略去。

一、更年期心理特点与问题

更年期是指人在 50 岁左右或更早一些，从中年向老年过渡的阶段。这是在生理上和心理上呈现衰老的起点，是人在一生中变化比较剧烈的时期。

（一）身心变化

生、老、病、死是自然规律。从中年进入老年的“更年”期，对每个人来说迟早都会到来，只是由于生物、心理、社会各方面条件的差异而有所不同。这一时期的持续时间也有所差异，一般来说，男性比女性开始得晚一些，症状表现也不像女性明显。在有些人身上，这个时期是在不知不觉中度过的，但也有人不能适应这种生理和心理的变化，假如此时正好遇上患有什么疾病，或受到某种心理社会因素影响，就有可能因此精神萎靡、一蹶不振，健康状况急转直下，衰老征象日趋明显。

（二）更年期综合征

进入更年期，内分泌系统的功能下降使得某些激素分泌减少，大脑功能的某些方面开始衰退，并可引起记忆力减退、知觉迟钝和动作缓慢，特别是性器官开始萎缩和性功能渐趋衰退。这些变化过程对大多数人来说是缓慢而不明显的，可以通过神经系统的调节、代偿及相应的行为改变来适应。有些人因变化较快而突然，以致不能很好地适应，因而发生各种躯体和心理功能方面的紊乱。在这种情况下，个体对各种轻微的躯体疾患和精神刺激都比较敏感，容易产生焦虑紧张，这就是更年期综合征（climacteric syndrome）。

少数人可形成更年期抑郁症（involutional depression）。主要是由于机体衰弱、精力不足、皮肤松弛、姿色减退，特别是社会环境因素的不良影响，易造成心境不佳、情绪抑郁、焦虑烦躁、坐立不安、多愁善感，常常带着消极悲观的情绪考虑问题，总想着一些令人不愉快的事情，疑病、自责甚至产生轻生意念和自杀行为。这是一种严重的心理疾患，应及时诊治。

更年期综合征和抑郁症的发生机制，可以简单地用图 14－1－1 表示。根据图中的线路，可以考虑在各有关环节展开相应的心理和药物综合干预。

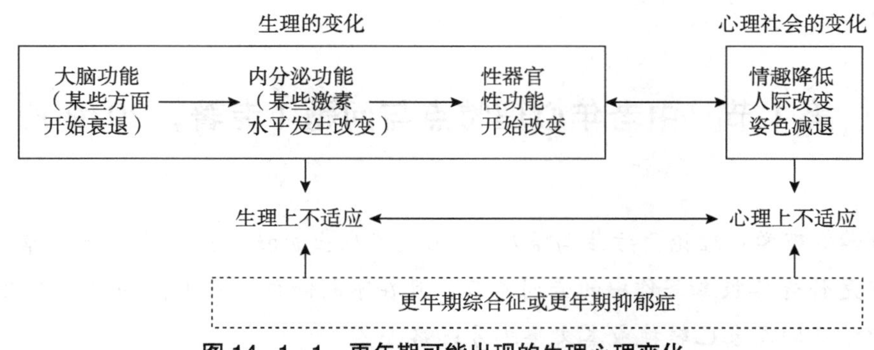

图 14-1-1　更年期可能出现的生理心理变化

死亡的直接原因，往往并非单纯由于衰老，健康的心理、乐观的情绪，常常是战胜疾病延缓死亡的有力武器。许多事例表明，平稳度过更年期后，还会迎来第二个春天，还能为家庭、社会作出有益的贡献。

（三）［附］更年期心理健康指导提纲

1. 更年期心身健康策略指导

第一，介绍更年期心身症状形成的医学心理学原理（图 14-1-1）；

第二，在生物、心理和社会三方面展开相应的自我调整（举例）。

2. 更年期心理压力管理指导

第一，简单介绍压力过程理论模型；

第二，举例分析更年期各种压力因素的特点；

第三，更年期各种压力因素分别管理与调整方法。

二、老年期心理特点与问题

随着人类健康条件逐渐变好，寿命随之延长。目前，我国人口中 65 岁以上老年人的比例正在不断增加，许多地区已进入老龄化社会。因此，重视我国老年心理卫生工作具有深远的意义。

20 世纪 80 年代初，在国内刚刚编写的医学心理学教材中，曾预计 20 ~ 30 年以后，老龄化肯定会成为我国的一个突出问题。据武汉市的统计资料显示，按当时的发展速度，10 年以后老年人将占总人口的 7% 以上，达到联合国老龄化社会的标准。现在回过来看，一切都已成真。

（一）身心特点

老年人组织器官的老年性变化可引起生理机能的衰退，导致机体整体调节功能减弱；抗病能力下降，以致体弱多病；骨质疏松，容易骨折；心脏负荷功能减弱，血管弹性消失，外周阻力增加、肺功能下降，以及泌尿、消化、生殖系统的机能改变等，都容易产生相应的症状或疾病，并直接、间接影响心理社会功能。

（二）感知觉减退

老年人的感知功能整体上逐渐减退，如视力下降、听力衰退、味觉减退。一般来说，视力下降较早。由于听力开始衰退，常常出现听觉失真而影响言语交流，或影响对外界信息的接收。不过，也有一些老年人的内脏感觉反而是增强的，特别是老年早期，容易出现类似躯体化的症状，可以算是生理因素引起的心身症状。随着年龄继续增长，内脏感觉最终还是会趋于下降。作者早年临床工作中就遇到一例腹腔感染高龄患者，由于痛感觉的迟钝，且一直卧床，直到发展为严重腹膜炎，家属仍一无所知。

由于感知觉减退，随着年龄的增长，外部环境的兴奋性刺激也在不知不觉中趋于减少，这会影响个体内外环境之间的系统平衡，容易产生衰老感或丧失感。

针对老人的感知觉特点，应创造条件，让老年人多接触外部环境，多接受各种积极的感知刺激，有助于延缓衰老，促进老年期心理健康。

有趣的是，许多孝顺的中青年子女们往往会参照自身的生存压力，会尽量创造条件将老人送到一个清静的居所去。作者在门诊曾接待过一位来访者，是电台的原老领导，在离休后按儿子的建议，将城市中心的房子让给儿子一家，自己高高兴兴地入住远郊的一个大套房，还准备了钓竿，盼望着每天垂钓式的田园生活。可是仅过了几个月，老人就开始天天盼望周六下午儿子一家的到来。每当儿子一家来到，老人非常开心，可是仅仅几个小时，当孙子一句“爷爷再见”之声响起时，就会忍不住地掉眼泪，最后只好求助心理门诊。

（三）记忆力下降

老年人的机械记忆能力下降，意义记忆相对较好；远期记忆较好，对往事的回忆准确而生动，但近期记忆较差。总的来说，老人的记忆能力是下降的。

由于老人具有远期记忆的特点，加上当前的生活环境单一，缺少新鲜刺激，使得老人喜欢回忆往事，并且是一些消极的经验或负性的情感。这种回忆的内容往往非常清晰、逻辑严密、是非鲜明，导致老人忍不住要给子女们“上课”，控制不住地话多，让年轻人觉得 唆、厌烦，甚至引起亲子冲突，进一步影响老人的情绪。这种情况在心理门诊经常可以见到。

针对老年人的记忆特点，可采取以下对策。第一，指导年轻人认识老年人的记忆特点，促使其给父母更多的理解。第二，劝导老人积极投身眼下的生活，多关心子女们的事业。第三，劝告老人避免对过去过多地消极回忆，即使回忆也应主动寻找一生中的积极方面，以保持良好心境。

（四）智力特点

一般认为，老年人智力减退明显的是记忆力、注意力、反应速度和灵活性。例如，智力测验中有关数字广度、相似性、数字符号、木板图等项目分数偏低。由于老年人经验多，考虑问题比较全面深入，故有关常识、领悟、填图、图形拼凑等智力测验项目分数反而较青年人高。也有认为人在45 岁以后思维能力、判断能力还有所发展，大脑储存的知识也有一定的增长。总之，老年人的晶化智力（与累积知识及经验有关的习得性智力）随年龄增长而增长，例如，对词汇和语言的理解能力所提高，而液化智力（指直接依赖于生理结构的智力功能）则随年增长而有所下降，如思维的敏捷性等。因此，应指导老年人扬长避短，充分发挥自身智力和能力的优势方面，如维护和修理家具、写回忆录，有助于维系老年期的自信，保持心身系统的平衡，保持心理健康。

（五）情绪改变

由于内部生理功能衰退和外部刺激减少两方面原因，老人的情绪整体上偏低落（抑郁），以及普遍存在的早醒现象可能与此有关。同时，老年人一旦陷入消极情绪，其体验往往更深刻也更持久。例如，小孩子受委屈大哭以后，可在短短半小时破涕为笑，但老年人一旦受委屈导致哭泣，则需很长时间才能慢慢平复。此外，心理应对能力较差的老年人常会表现出无端的沮丧，易被小事激惹，一旦产生强烈的情绪体验需要较长时间才能平息。还有部分老年人由于长期情绪抑制，也容易陷入抑郁。

针对老年人的情绪特点，情绪管理策略方面应包括：第一，设法让下一代人认识到老年人的情绪特点；第二，宣传情绪调节技术，例如，根据情绪的心理生理理论，可采用认识调整、体育锻炼、改善环境和建立新的生活情趣等手段（可参阅原著第三章第四节）。

（六）操作能力下降（意志行为特点）

老年人的外周神经和脑内神经纤维传导速度减慢，中枢信息处理延缓，感受阈提高，肌束减少，故老年人的反应时包括简单反应时和辨别反应时随年老而延长（据研究显示，80～90 岁老人尺神经传导时较 20～30 岁要慢 2.3 米 / 秒）。老年人的视听敏感度下降，触觉和运动觉的灵敏度也同时下降，腱反射减弱，神经中枢的兴奋性降低而抑制过程减弱。以上整体导致老年人行为操作活动迟缓，动作不利索。由于行动迟缓，活动范围缩小，反过来又会降低外部刺激，从而影响老年人操作能力的保持。

因此，作为相应的心理卫生措施，应建议老人尽量保持每日身体活动和适当体力劳作，在高龄期也尽可能生活自理，避免过早依赖他人（如过早使用拐杖），可延缓神经肌肉系统的老化速度，以利于自身行为和操作能力的延续。

（七）与个性（人格）相关的某些问题

老年人可出现一些与个性特征（如性格求全、行为刻板、适应力差、社会角色强化等）密切相关的心理问题。例如，退休在家，几十年形成的生活习惯需要改变；让出权力、失去原有的社会地位等，容易产生老朽感、末日感、被遗弃感和安全感的丧失；子女成人后各奔东西、同辈亲朋亡故，易产生孤独、寂寞和无聊感，严重者可出现空巢综合征（empty nest syndrome）或患上抑郁症。多年形成的行为习惯可能导致固执、刻板、恋旧，容易与新的生活环境不相适应。具体分述如下。

① 在健康或经济上有不安全感，也可能对下一代有不必要的担心。

② 由于老年期生活不适应而产生持续焦虑。

③ 由于活动范围缩小和兴趣减少而产生寂寞感或孤独感，严重者可出现“空巢综合征”。

④ 对身体的不适感增加，性冲动减少，既有身体上的原因，也有心理和社会上的原因。

⑤ 对新情景的学习和适应能力下降。

⑥ 对外部的猜疑心、嫉妒心加重，如怀疑少了东西、有人与自己过不去（并非妄想）。

⑦ 变得保守或顽固，固执己见，典型者会被年轻人称为“老顽固”。

⑧ 喜欢回忆往事，常以往事作为是非标准，从而喋喋不休或好发牢骚，严重者可使“代沟”加深，并形成恶性循环。

⑨ 不修边幅，以老年角色的要求来限制对自己的修饰。

⑩ 喜欢收集破烂，有怀旧倾向，也包含叶落归根情结（注：以上 10 条经验性陈述整合自 20 世纪 80 年代有关各种医学心理学资料）。

此外，严重者还可能出现疑病、抑郁、歇斯底里、妄想等病理心理。

针对老年人上述人格特点，应按照所列细节，分别采取对策，包括：对老人及其子女的认识指导；开展生活内容和行为方面的调整；增强社会支持；排除精神疾病并加以适当治疗。

这里需要指出，老年人虽然存在某些共同心理问题，但不同个体之间差异很大，躯体衰老和心理衰老之间也不是平衡的。例如，有的人未老先衰；有的人古稀之年却能保持旺盛的精力、较强的生活和工作能力。为此，国内一位老专家提出，应从“本人主观上是否觉得已经老了”来判定老年期的开始。

三、老年团体心身健康指导

根据老年期心理生理特点，作者曾连续20年对老年群体（老年大学、老年社区、老干部局等），开展一系列老年心理健康讲座，内容包括老年心理特点与心理卫生（见前文），心身相关知识与老年心身疾病防治、老年期的压力构成与调控、老年情绪问题与控制、心理年龄与衰老（见后文）和老年期心身保健指导等，现场效果较好。

以下仅介绍“老年期心身保健”。老年期心身保健绝对是系统工程，在举例介绍老年期心理特点的基础上，重点讲解若干综合管理措施。

（一）坚持“动、静、乐、寿”的原则

这里的“动、静、乐”，是对传统含义的新解读，是老年心理行为保健的基本准则，“寿”则是目标。

1.“动”

就是坚持活动，避免无所事事。生命在于运动，老年人应根据自身健康状况，适当进行必要的体力、脑力活动，热爱生活，兴趣应广泛一些。例如，参加街道社区的公益活动，抚育子孙，参加适宜的文体活动等。随着外部刺激信息的越来越少，必然会产生孤独之情、抑郁之感。因此，要避免无所事事。

这里需要特别指出，作者在多年的老年大学教学中发现，许多老年人虽然“积极”参加社会活动，但其主要目的和行为表现，其一是为了延续原有的社会身份与地位，即继续扮演中年期的社会角色（领导者、被人关注等）；其二是延续原有的劳动价值观，即继续重视行为的结果（金钱、成就等）。表面看他们是“适应社会”了，实际上是人为制造中年期的生存态势，将老年期的适应问题往后延迟。到了终于做不动不得不退出时，则为时已晚，此时再去适应老年期生活将非常困难，一些人很快就不能支撑下去。

因此，必须强调老年期“动”的两个要领。

其一，要转变社会角色身份，最好学会做“老小孩”。

作者早年曾目睹过一位义务参加交通管理的白须老人，每天英姿勃勃地指挥着十字路口一侧的自行车流。只见他挥舞着小红旗一丝不苟地令行禁止，但无奈的是，一些骑自行车的小女孩不把他放在眼里，遇到红灯时往往会冲过白线直到他的面前才停住。此时，他会反复用小红旗敲打着自行车把手，要求她退回线内。遇到不听指挥的，就用力倒推她的自行车，但车后其实已被车流塞满根本无法后退，弄得老人满脸通红。争执中，绿灯已经开通，自行车流将尴尬的老人淹没在车流之中不能动弹，直到下一次红灯。作者在一次老年大学讲课时提到这位老人，并为他的健康担忧，结果学员中有知情者告诉，这位老人原是一位中层领导，不久前已经因脑中风去世。此例说明，老年人要在转变角色身份的基础上去“动”，而不能将指挥交通作为原来领导角色行为的延续。

其二，要学会重视活动过程，在活动过程中体会生活，感受乐趣，而不能像对待其他年龄段的那样总是重视活动的结果。

在门诊出诊时，一位老太太诉说，她的老伴是一位离休老人，退下来后决心培养新的生活情趣，花费了大量时间和精力去学习养花。终于，一棵据说很珍贵的花苗在阳台的花盘里开始成长。由于需要外出几天，他将护花的任务交给老伴，叮嘱她要注意隔壁的花猫。但不幸的事情还是发生了，当他回来发现花苗果然被隔壁的花猫踩折了时，一种无名的怒火让其不能自制——脑血管病突然发作。该例说明，年轻时形成的重视结果的价值观念还潜留在老年人身上，需要通过长时间的生活磨炼才能改变，在此磨炼适应过程中应利用好正强化机制。

还有一种“动”的误区，是对“动”的目标在认识上的偏差。许多老人每天一早就去公园锻炼，但持续的时间往往有限。由于有了“今天已锻炼”的自我认知，接下来一整天就心安理得坐在沙发里。其实这样的“动”在“活动筋骨”上确实起了作用，但在促进代谢与消耗，增加外部环境接触和信息接收方面，效果远比不上那些整天在走动的老年人（如参与家务劳动）。因此，对老年人应提倡细水长流式的生命活动，做到“忙而不累”，不搞疾风暴雨式的运动锻炼。

2.“静”

含有两种含义，一是注意休息；二是保持心境平静、不急躁。对于老年人过去经历和缺憾、目前的地位和待遇等，都要看谈一些、客观一些，少发牢骚，少发脾气。这样可以从根本上消除情绪的大幅度波动和心境低落，通过心身良性循环促进整体的健康。对于老年期当前生活中遇到的新烦恼，则需要善于使用情绪调节法和压力管理法（参阅原著第三、第四章）。

要想让老年人能够对过去的经历看得淡一些，首先，需要对过去的经历“想得通”一些。这种“想通”，需要从调整人格层面的价值观、信念和自我意识上入手（图 14－1－2）。为达到这一目标，可以通过认知理论基础上的再认识指导，或接受认知行为治疗。其次，需要通过训练和强化机制，帮助养成新的积极应对习惯。这需要在行为学理论基础上进行。

图 14－1－2　人格层面若干概念示意图

3.“乐”

就是保持乐观，寻找快乐。首先，老年人应接受终生发展的观念，应认识到衰老也是自然规律，多想着如何在老年期做出另类的“贡献”，树立既正视老年期的特殊问题，又有不怕老、不服老的健康自我意识，从而使自己能够保持积极的情绪和生活情趣。其次，不被老年角色的标准所制约，自己去寻找乐趣，在新的生活内容中培养情趣，向“老小孩”的方向靠拢，而不能寄希望于年轻一代的给予。最后，注意仪表打扮，保持良好形象，有利于融入社会，有利于产生积极的社会和人际信息反馈，也有利于促进良好的生活感受。

（二）养成良好的饮食行为习惯

主要指不吸烟、少饮酒、不偏食、不过度饮食等生活和行为习惯。

关于不偏食，其实是老年期较普遍的问题。年轻时期形成的饮食习惯，在老年期会被保存下来。但对于年轻人和老年人来说，偏食的后果却是不一样的。前者的人体系统平衡能力强，偏食导致的部分元素之间的不均衡容易被系统再平衡；后者的人体系统平衡力降低，偏食容易导致营养系统失衡，不利于老年期身心健康。与此类似的还有部分老人过度“进补”的问题，其实质也属于另类偏食的范畴。

关于老年期具体行为问题的矫正，学习理论和强化机制是行为改变的重要促进技术。（参见原著见第二、第六章）

（三）要有和睦的家庭

老年生活大部分在家庭，创立融洽的家庭生活氛围对老年心理健康至关重要。这方面需要个人、家庭成员和社会共同努力。

从个人的角度，老人应主动搞好与老伴的情感交流，注重晚情，“年轻夫妻老来伴”是符合生命规律的。支持丧偶者再婚，个人也应大胆地追求。老人还应主动与年轻一代进行心理沟通，表现出宽容、关心和理解的态度，减少指责，避免唠叨、猜忌和固执，有利于缩小两代人之间的差异。

从下一代和社会的角度，首先，应能理解老年人的心理特点；其次，为老人创造各种合适的生活条件。例如，对于单身老人再婚的问题，应持鼓励、支持和促进的态度。

（四）保持用脑和回归社会

秉承“用进废退”的用脑原则和终身发展观，老年人应争取在社会生活各个领域发挥合适的作用。甚至可以用以下的信念支持自己，即中外不少历史名人都是在老年期间做出重大的贡献。许多老年人退休后当顾问，指导生产经营；老年学者著书立说；老革命者写回忆录，这些都值得提倡。当然，正如前文案例中所提到的，用脑与回归社会的活动，应在转变角色的基础上，以重视过程的方式进行。

作为下一代和社会，也应为老人创造必要的社会和精神环境，以促进老人回归社会。

四、心理衰老问题

个体随着年龄的长进，其结构和功能逐渐发展，并最终走向不可逆转的衰退过程，这就是衰老（aging）。衰老包括生物衰老（生物年龄）和心理衰老（心理年龄）。一般情况下，两者是相辅相成的。同时，个体的心理衰老会起到关键性的作用。从某种意义上来说，衰老的大部分麻烦不在生理方面，而是在心理上的危机方面。

本节主要讨论心理衰老及调控。

（一）心理年龄与衰老

所谓“年龄”，除了通常熟知的以出生后随年度增长的历龄，还可以根据个体的生物、心理、社会特性，派生出生物年龄、心理年龄和社会年龄等概念。

1. 历龄（chronological age）

按身份证推算从出生开始至今的生存时间。这个年龄与衰老之间存在很大差异。最大的可相差10～20年。即一个40岁的人可以衰老似60岁，而一个60岁的人可以像40岁的中年人一样年轻。这种情况在中老年人群中普遍存在，即使在青少年时期也部分存在。

2. 生物年龄（biological age）

根据躯体各部分的结构和功能衰老状况所做的判断。其指标包括血压、呼吸量、握力、皮肤弹性、视觉、听觉、血液等。生物年龄与心理年龄往往是不一致的，“未老先衰”就是例子。

3. 社会年龄（social age）

指一个人所处的社会角色（社会地位和作用）被他人主观上接受的成熟程度。社会年龄与其他年龄也不一致，例如，据传历史人物甘罗12岁拜上卿；相反，一些游手好闲者即使历龄不小但其社会年龄很低。社会年龄与衰老之间的关系也不可靠。

4. 心理年龄（mental age）

个体通过自我意识和对自身心理（知情意）活动程度的判断，推导出在适应环境的能力上所能达到的阶段，反映出一个人心理衰老的程度。

在以上各种年龄中，心理年龄在心理健康中是最为重要的。一个身体健全的人，可以表现出心理年龄上的“衰老”，其一旦在主观上“确信”自己衰老了，那么这个人就难以保持正常的活动，也不会有正常的心态和信心。通过心身相关性可以影响生物年龄，通过行为退缩可以影响社会年龄，最终影响心理健康。因此，向老年群体介绍心理年龄及影响因素和对策，具有现实意义。

（二）心理年龄的影响因素

心理年龄的影响因素是系统的。除了生理（如脑和心血管疾病）、心理（如认知消极、情绪抑郁）等素质方面和心理压力因素的影响，这里主要讨论暗示因素和社会角色转换的影响。

1. 衰老的他暗示

“时间不饶人啊!”“你老多了!”“死老头!”等语言信息的传入，以及周围人的异样眼神，或他人对自己的关注度明显减少等非语言信息，都可以产生衰老的暗示效应——我大概是老了。相反，那些不服老，关注自身服装、气度的老人，容易让人另眼相看，反馈回来的往往是积极的他暗示（heterosuggestion）信息。

2. 衰老的自我暗示

如果个体持有衰老就是生命归零，而不是终生发展的信念（见原著第八章第一节），则在进入老年期以后，容易在任何细微的自身感觉变化时，如怕冷、掉发、白发、坏牙、皮肤皱纹、眼花、耳背、腰疼等，产生衰老的自我暗示（autosuggestion）作用。这在临床来访者中表现得非常明显。此外，从自我暗示的角度，那些不断重复感叹自己“老了”的人更容易出现心理衰老。

3. 社会角色转换对衰老的影响

老年期社会角色的转换可以从纵向和横向两个维度加以讨论。

第一，就纵向来说，大致可将离退休过程分为准备阶段、初始阶段和稳定阶段。准备阶段个体开始关注衰老，易产生消极的暗示作用；初始阶段往往会导致心理上的“动荡”，更易产生衰老的自我暗示；稳定阶段才算角色转换成功。据估计，人生的低潮在 65 岁左右，部分人往往心理衰老很快，甚至过不了这一关；70 岁左右重新达成平衡，部分人会进入人生“第二春”，其实就是角色转换成功。

第二，就横向来说，Reichard 等（1962）将人分为以下几种类型。

成熟型：人格上角色统一；态度上对自己的过去、别人、环境满意；行为上积极活动；情绪上乐观、正视衰老。这种人往往角色转换正常，不易产生不良衰老暗示，故心理年龄不易衰老，随之生理年龄也不易衰老。

铠甲（防御）型：强迫自己通过活动来取得像青壮年那样的满足感，以抑制退休后的不安。这种人压力较大，易伤身（生物年龄），但心理年龄似不易衰老。同时，这种人因为角色转换不正常，对衰老的他暗示信息敏感，并将角色转换时间往后推移。

安乐型：很快进入“老年”角色，不苟言笑，接受照顾，行为被动因而缺少活动。这类人压力虽小，但角色转换不正常，易产生衰老的自我暗示，本身也反映了心理衰老。

愤怒型和自恨型：两种类型都属于不适应型，本身就易致衰老。

（三）延缓心理衰老的策略

1. 加速离退休后的角色适应

在离退休过程中，努力缩短“振荡期”，促进角色转换；认识和掌握退休后自身的心身特点，根据不同的类型，有针对性地做好自身的调整（见前文）。在这一方面，树立终身发展观显得更重要（见原著第八章第一节）。

2. 加强良性的自我暗示

做好以下各点有利于加强良好的自我暗示，同时也能促进良好的他暗示，形成良性循环：少说自己“老了”；多穿年轻化的衣饰（不修边幅时的自我暗示和他暗示都不佳）；多想积极情境，少想衰老或过去不幸事件；多活动（培养兴趣、不怕成老小孩、参加舞蹈等均可反馈年轻化信息）；强化“第二青春”信念。

3. 对不良他暗示的反暗示

被人说“老了”或不被人理睬了，可能反映自己衣着不整或仪态松弛，或者说明对方对“老”的判断失误（如 20 多岁的人会将 40 多岁的人看成是老者）（见前文）。

4. 保持与性有关的各种正常活动

均能产生积极的自我暗示和他暗示。

第 2 节　退休老人心理健康与心理社会应激因素（论文，1999）

摘录自《中国行为医学科学》1999 年第 8 卷第 2 期，作者闻吾森、朱解琳、祝一虹、姜乾金。

目前，我国城镇的退休人员数量已进入高峰期，他们的心身健康情况已越来越引起社会的重视。退休群体的心身健康水平受多种因素影响，身体疾病固然是重要的影响原因，但与心理社会应激有关的因素，包括生活事件、应对方式、个性特征和社会支持等，对老年人的心理健康具有重要作用。例如，已有报道消极应对是导致抑郁产生的危险因素，应激性生活事件引起血压升高等。为探索退休老年群体心身健康的综合影响因素，特作本研究。

一、对象与方法

对象：在萧山老年大学取样 298 例，均为本市镇的退休人员，平均退休年限 8.83 ± 5.13 年，平均年龄 62.24 ± 6.86 岁。其中：男 66 例，女 232 例；健康 41 例，患病 257 例，主要有高血压疾病 91 例、冠心病 75 例、胆道疾病 51 例、胃肠疾病 45 例、呼吸系统疾病 33 例、糖尿病 18 例和癌症 7 例。

资料：

1. 艾森克人格问卷（成人）

陈仲庚修订，分为 P（精神质），N（神经质），E（内外向），L（掩饰性）4 个量分。

2. 特质应对问卷

姜乾金编制，分 PC（积极应对）和 NC（消极应对）两个量分。

3. 生活事件量表

张明园修订，选取其中 54 条与老年人相关的条目，按常模计算每人的生活事件变化单位（LCU）。

4. 90 项症状自评量表（SCL－90）

记录 9 个因子分（F1 ～ F9）及总分（total），本文以总分代表个体的心身健康水平。

5. 一般项目

记录年龄、性别（男＝1，女＝0）、文化程度（小学＝1，初中＝2，高中＝3，大学以上＝4）、已退休年限和患病种数（健康者为 0，患者按患病种数计最多为 5 种）。

统计：所有量表请被试者读懂、指导后独立完成，核查问卷，统一评分，资料在微机上用 SPSS 软件包处理。

二、结果

（一）心身健康水平及其与一般项目的关系

本组 SCL－90 测定结果与国内各年龄段常模无大的差异，其中，总均分为 1.47 ± 0.36（常模为 1.44 ± 0.43），说明老年大学的退休老人总体心身健康水平较高。退休老人的 SCL－90 总分与各一般项目及与患病种数均无相关性，见表 1（略）。后一结果可能与本组样本来自老年大学且虽然往往一人多病但症状均为慢性等因素有关。

（二）心身健康与心理社会应激因素的相关性

退休老人心身健康各指标与心理应激有关因素间的相关关系见表 2（略）。SCL－90 总分和 9 个因子分与除 EPQ－P 分以外的大多数心理社会因素基本上均有相关性。

（三）心理社会应激因素间的相关性

各因素之间的相关系数见表 3（略），部分因素之间有相关性（如 NC 和 N，$r=0.47$，$P < 0.01$；PC 和 E，$r=0.40$，$P < 0.01$），显示应做进一步分析。

（四）心身健康水平的多元逐步回归分析

以 SCL－90 总分为因变量，年龄、性别、退休年限、文化程度、病种数、LCU、NC、PC、P、N、E、L 分别为自变量，做多元逐步回归分析，结果如表 4（略）。结果显示，仅 EPQ 的 N 和 E 量分进入回归方程。

三、讨论

本文结果显示，在所测查的几种与心理社会应激有关的因素中，除 EPQ-P 量分外，其余各种量分都与 SCL-90 总分有相关，与文献报道 SCL-90 总分与生活事件、应对方式、个性有相关的结果相一致，反映出老年期心身健康水平同样受多种应激因素的影响。为探明各心理社会应激因素与心身健康的相关是否存在共变关系，考查各心理社会应激因素间的两两相关性，结果显示各因素间存在相关性。为进一步探讨在心身健康的影响因素中究竟哪种因素起主导作用，以 SCL-90 总分为因变量做多元逐步回归分析，结果发现个性中的 N 和 E 进入回归方程，表明在老年群体中，个性可能是影响心身健康的最重要应激中间因素，相同的生活事件可能因个性不同而使个体采用不同的应对方式，最后对健康产生不同的影响。因此，针对退休老年群体中的不良个性因素，开展相应的老年心理卫生工作，将对老年心身保健起重要作用。

第 3 节　中老年人的应对方式初探（论文，2000）

摘录自《中国心理卫生杂志》2000 年 14 卷第 2 期，作者卢抗生、姜乾金、祝一虹。

一、中文摘要

目的：寻找适合中老年群体使用的应对问卷，并探索中老年人的应对特点。

方法：修订 Folkmen 的应对问卷并证明其信、效度。

结果：①修订后的应对问卷包括积极应对（PC）和消极应对（NC）2 个因子，44 个条目，其中，PC 又分为“面对”（F1）、“淡化”（F2）和“探索”（F3）3 个亚因子；NC 分为“幻想”（F4）和“逃避”（F5）2 个亚因子。效度、信度分析表明该修订问卷适用于中老年人群。②中老年人随年龄增大“淡化”应对增多，而“幻想”和“探索”应对减少；中老年妇女消极应对较男性多。

二、前言

应对方式的定性颇有争论，有非特质论与特质论之分。非特质论认为应对随情景变化而变，无好坏可分；特质论认为应对具有个性特质成分，有一定跨情景一致性；某些应对方式对健康有好坏之分。目前，一些研究倾向于支持后者。

Folkman 曾认为她的应对方式问卷（Ways of Coping—R）用于评定“应对过程”而不是“应对特质”。本文作者尝试以特质论的角度对该问卷进行修订，并将其应用于老年人群，以探讨老年人的应对方式及与老年抑郁和健康的关系。

三、对象与方法

1. 对象

老年大学学员 344 人，全部为城市退离休干部职工。平均年龄 65.73 ± 5.62 岁，最低 55 岁，最高 85 岁；男 124 例，女 220 例。

2. 方法

（1）应对问卷

原文由 Folkman 本人提供，含 66 条目，1 ～ 4 四级计分。根据有关背景资料，结合国情，由 3 位医学心理工作者分别翻译，再集中逐条确定形成中文本。指导语按特质论修订为：“下列条目是描写人们在遇到各种生活事件或非常糟糕的问题时所使用的各种应对方式，请您认真阅读每一条，再选择后面符合您平时实际情况的一个答案并划上圈。应对方式并无好坏之分，请每条都回答。”对该问卷的信度、效度做出论证后，再参与全文的统计分析。

（2）老年抑郁量表（GDS）

共 30 个条目，代表了老年抑郁的核心症状，以总分参加统计分析。

（3）一般项目与统计

性别按男 = 1，女 = 0；自评健康状态按“ 好”“一般”“较差”和“差”1 ～ 4 四级计分。各项数据在 SPSS 支持下由微机做统计分析。

四、结果

1. 应对问卷的信度、效度

（1）因素筛选和效度分析

与 Folkman 原筛选策略不同，本文同时采用因素分析、条目内容以及与心身健康指标的相关性 3 项效度指标进行条目分类，并据此确定其积极和消极性质。

初步对 66 条目做因素筛选获两个因素。第一，因素各条目内容多属积极主动应对活动且与 GDS 总分的相关系数多为负值；第二因素各条目内容多属消极被动应对活动且与 GDS 总分的相关系数也多为正值。故将这两个因素确定为“积极应对（PC）”和“消极应对（NC）”。由于其中有 4 个条目因素负荷太低，另有 10 个条目与 GDS 的相关性和相应的因素含义不一致（如“积极应对”因素的条目应与 GDS 呈负相关）应予剔除。对保留的 52 个条目重做因素分析，结果条目分布情况不变。

以上述相同的原则，进一步对 PC 和 NC 条目分别作因素筛选。结果从 PC 的 30 个条目中筛选出 3 个亚因素，从 NC 的 22 个条目中筛选出 2 个亚因素。其中也有 8 个条目由于亚因素负荷值低或与亚因素的含义不一致而被剔除。对留下的 44 个条目再作因素分析予以验证，结果条目分布情况不变。根据这 5 个亚因素的条目含义，分别取名为“面对”（F1）、“淡化”（F2）、“探索”（F3）、“幻想”（F4）、“逃避”（F5）。前 3 个属“积极应对”，后两者属“消极应对”。

因素筛选最后结果列于表 1（略）。PC 和 NC 因素分及 F1 – F5 各亚因素分均以各自所属条目分累计获得，并分别参加下文分析。

（2）信度分析

F1～F5、PC和NC的克伦巴赫a系数分别为0.87、0.66、0.74、0.63、0.74、0.89和0.76。42例被试间隔4周F1-F5、PC和NC的重测相关分别为0.71、0.80、0.64、0.70、0.78、0.78和0.78。

2. 中老年应对方式的特点分析

中老年应对方式与性别、年龄、健康和抑郁程度的相关关系见表2（略）。

3. 中老年应对方式测查结果

344例中老年人的应对方式各因素平均分值列于表3（略）

五、讨论

第一，实际上，Folkman在该应对问卷的背景资料中并不否认个体应对可能存在跨情景一致性或特质性。本文作者采用的是特质应对思路，在指导语中要求被试者回答在各种生活事件而不是在特定生活事件中的应对方式；在因素筛选和条目分组时，以因素负荷和条目内容为基础，结合条目与GDS的相关性，选取那些因素负荷值高、条目内容能反映积极或消极意义且对健康具有相关性的条目入组。因而这是一类具有跨情景一致性、有个性特质属性且与健康有关的特质应对方式。本文结果与作者以往的工作一样，也获得“积极”和“消极”两大类应对方式，并利用相同原则进一步将其分为5个亚因素。此项工作本身显示出该应对分类有多种效度基础。克伦巴赫α系数和重测相关也显示该量表有信度基础。故本修订问卷值得在中老年群体中作进一步验证使用。

第二，应对是多侧面的行为综合体，准确分类较困难。现有的应对条目分类研究有两种：一是围绕理论上的若干种应对类型设计条目，再以因素分析证明之；二是广泛收集人类各种有代表性的应对活动条目，再通过因素筛选找出某些应对类型。Folkman的应对问卷条目大致属于后一种情况。Folkman曾用其在学生（考试）和社区成年人（近期的应激事件）两组样本中各筛选出8个应对因素，但两者的因素差异很大；国内也有同样情况。本文先将该问卷条目分为“积极”和“消极”两类，再进一步分为5个亚因素，作为对应对分类的一种进行探讨。

第三，本文结果显示，中老年人积极应对包括“面对”“淡化”和“探索”，与老年抑郁有负相关；消极应对包括“幻想”和“逃避”则相反。中老年人应对方式与自我报告的躯体健康水平也有相似的关系。本文还显示，中老年妇女消极应对较男性为多，其抑郁症状也更明显。刘贤臣曾报道，青年女性更多采用消极应对方式；Hanninen-V也有类似的报道；本文结果提示，这种分化依然存在于中老年人群。这可能与女性在社会中常扮演弱者角色，较多采用回避、幻想的应对方式有关。另外，中老年人随年龄增大“淡化”应对增多，而“幻想”和“探索”应对减少，这可能与年龄越大生理机能越下降，以至争强好胜之心减弱，淡泊名利之念占上风有关。以上结果对老年心理卫生工作有一定的参考意义。

第 4 节　老年抑郁程度及与应对方式关系的探讨（论文，2001）

摘录自《国际中华心身医学杂志》2001 年第 3 卷第 1 期，作者祝一虹、姜乾金。

一、中文摘要

目的：探讨老年群体抑郁量表分分布情况及与应对方式的关系。

方法：对 246 名老年大学学员（年龄 64.50 ± 6.92 岁）使用老年抑郁量表（GDS）和老年应对问卷，数据由 SPSS 支持做统计分析。

结果：GDS 各条目与总分的相关较高；老年大学学员的 GDS 量表分女高于男、年龄低于 61 岁组较高、各健康状态组之间差异非常显著；各积极应对量表分与 GDS 量分有显著负相关，而消极各应对量表分则相反。

结论：GDS 内部一致性良好；老年人抑郁程度在性别、年龄和健康水平方面有差异；老年期积极应对有利于保持良好情绪。

二、前言

抑郁是老年群体中存在较多的一种情绪状态，往往受多种因素，如性别、年龄、应激、应对方式、情绪状态等的影响，并对健康起消极作用。本文着重考查老年群体中的抑郁量表分分布情况及与应对方式的关系，以预防、减少老年抑郁的发生。

三、对象与方法

1. 对象

老年大学学员 246 人，全部为城市离退休干部职工。其中，男 87 例，女 159 例。平均年龄 64.50 ± 6.92 岁，最低 55 岁，最高 85 岁。

2. 老年抑郁量表（GDS）①

各条目按“是”“否”记分 0 ～ 1，有反评题，以总分反映抑郁情绪水平。

3. 老年应对问卷

该问卷由 Folkman 的 Ways of Coping（R）修订，含 44 条目，按“积极应对”和“消极应对”分类计分，其中，积极类又可进一步按“面对”“淡化”和“探索”分 3 类应对方式计分，消极类可进一步按“幻想”和“逃避”分两类应对方式分别计分。各条目 4 级记分。

① 汪向东 . 心理卫生评定量表手册［J］. 中国心理卫生杂志增刊，1993：183.

4. 统计

记录一般项目。将各项数据输入微机由 SPSS 支持做统计分析。

四、结果

1. 老年抑郁量表（GDS）的条目一总分分析

GDS 是 1982 年 Brink 等编制，专用于老年人的抑郁筛查。30 个条目包括：情绪低落、活动减少、易激惹、退缩、痛苦的想法、消极的评价等症状。本组 GDS 测查，其条目一总分相关分析结果见表 1（略）。结果除条目 14“你是否觉得记忆力比前差”外，各条目与总分的相关较高，显示 GDS 内部一致性良好。

2. 老年大学学员抑郁量分分析

学员抑郁量分结果见表 2（略）。经 t 检验，表 2 中 GDS 分女高于男，年龄低于 61 岁组 GDS 分较高，均为 $P < 0.05$；经方差分析，各健康状态组之间 GDS 分差异非常显著，$P < 0.01$。

3. 老年应对方式与老年抑郁量分的关系

本组积极和消极应对总分，以及 5 类应对方式分与老年抑郁量分的相关系数见表 3（略）。结果显示老年期积极应对有利于保持良好情绪。

五、讨论

本文结果显示，老年抑郁问卷有一定的内部一致性。

在向参与问卷调查的老年群体中，老年抑郁程度情况女高于男，与 Nolen 等的结果一致，推测可能与目前女性老年人更多地参与家庭生活，社会交往少，更多地暴露于慢性负性环境有关。年龄低于 61 岁组 GDS 分较高，可能与该年龄组刚遭遇离退休的应激事件，同时正处在适应期有关。Chambers 等也报道应激是抑郁发生的高危因素。各健康状态组之间差异非常显著，健康状况好的人抑郁程度较轻，提示老年期的各种躯体疾病是困扰老年人生活，导致抑郁情绪产生的原因之一，但也可能是抑郁情绪导致健康状况变坏。

与 GDS 呈负相关的应对方式是“面对”“淡化”和“探索”，均属“积极应对”类；而与 GDS 呈正相关的应对方式是“幻想”和“逃避”，属“消极应对”。据文献报道，无效的逃避不仅与现症抑郁有关，也与潜在的抑郁也有很高的相关性。因此，在不同的年龄阶段，“逃避”都是一种较差的应对方式。此外，本文显示，老年群体淡化应对方式与老年抑郁量分有很高的负相关，是有利的应对手段；而幻想则与老年抑郁量分有很高的相关性，是不利的应对手段。较之青年人，这些均符合老年群体的特定现实环境。

第 5 节　离退休老人心理社会应激因素与身体健康关系（论文，2002）

摘录自 2002 年全国老年心理卫生学术会议（内蒙古）论文的摘要和讨论部分，后发表于《中国行为医学科学》2002 年第 11 卷第 3 期，作者卢抗生、姜乾金、闻吾森。

一、中文摘要

目的：探索退休老年群体心理社会因素与身体健康的关系。

方法：对 298 例退休老人施测艾森克人格问卷、特质应对问卷、生活事件量表和 90 项症状自评量表，并施行有关躯体和血液生化学检查。统计和分析心理应激因素与身体健康水平的相关性。

结果：情绪不稳定性（N 分）、消极应对和 SCL90 总分等心理社会指标与血小板功能、血甘油三酯和载脂蛋白 B 等指标有部分相关；患心血管病、糖尿病和慢性支气管炎等疾病的退休老人存在较多的消极心理社会因素，包括内向和情绪不稳定、心理痛苦症状和消极的应对方式等。

结论：消极心理社会因素可能对老年心血管系统有直接和不良的生化学影响，与老年身体疾病也可能存在互为因果的关系。

二、前言

心理应激理论研究显示，应激是多因素的作用过程或作用系统。各应激有关因素，如生活事件、应对方式、个性特征和社会支持等与心身健康之间存在广泛的相关性。对于老年群体，除了应重视各种心理应激因素对健康的影响，还应注意老年人往往患有不同的身体疾病，由于症状、期望和治疗的不同可能会给老人带来不同的心理体验，直至对整个心理环境造成不同的影响。近年来，有关老年人心理社会因素与躯体生物学指标的关系已引起人们的关注。为了初步探索我国目前退休老年群体的心、身健康多因素相互作用规律，特作以下研究。

三、对象与方法

1. 对象

在省、市、区级老年大学共取样 298 例，平均离退休年限 8.83 ± 5.13 年，平均年龄 62.24 ± 6.86 岁。其中，男 66 例，女 232 例。

2. 方法

（1）一般项目

记录年龄、性别（男 = 1，女 = 0）、文化程度（小学 = 1，初中 = 2，高中 = 3，大学以上 = 4）和退休年限（年）。

（2）艾森克人格问卷（成人）

记录P（精神质）、N（神经质）、E（内外向）、L（掩饰性）4个量表分。

（3）特质应对问卷

记录PC（积极应对）和NC（消极应对）两个量表分。

（4）生活事件量表

按常模计算每人的生活事件变化单位（LCU）。

（5）90项症状自评量表（SCL-90）

记录总均分（即总症状指数GSI），按常规以总均分表示个体的心理健康水平。

（6）检测身体健康情况

通过问卷和病历分别调查被试的患病情况；利用健康体检测定被试血脂等生化指标。

3. 统计

所有量表请被试读懂指导语后自己完成，核查问卷，统一评分，所有数据在微机上用SPSS软件包处理。

四、结果

1. 本组退休老年群体身体健康情况

疾病情况调查结果为健康41例，患病257例。其中，主要有高血压91例、冠心病75例、胆道疾病51例、胃肠疾病45例、呼吸系统疾病33例、糖尿病18例和癌症7例，每人患1至5种病不等，说明老人患病情况较严重。各种血液生化检查结果基本符合老年群体情况，未有特殊发现。

2. 不同身体疾病在心理社会应激因素方面的差异

不同种类疾病的心理社会因素比较见表1（略），其中，某些疾病患者与健康人群存在心理社会因素方面的差异。在个性方面，气管炎（$P < 0.05$）和冠心病（$P < 0.05$）有较低的E分，即内向特征，而冠心病（$P < 0.01$）、糖尿病和高血压（均为$P < 0.05$）有较高的N分，即情绪不稳定特征；在心理症状方面，冠心病（$P < 0.01$）、高血压和糖尿病（均为$P < 0.05$）有较高的SCL90总均分，即心理症状较多；在应对方式上，糖尿病和冠心病有较高的NC分，即多消极应对和较低的PC分，少积极应对（$P > 0.05$）。此外，不同疾病患者之间也存在各种心理社会应激因素方面的差异。上述结果的因果关系有待深入研究。一般的认识是因为不同身体疾病的长期影响造成心理环境的损害，再导致上述各种测定量分的变化，后者反过来又影响躯体疾病的康复。这里也不排除首先因为个体心理社会应激因素方面的差异而诱发导致身体疾病的发生、加重和难以痊愈。

3. 血液生化指标与心理社会应激因素的关系

部分血液生化指标与各心理社会应激因素的相关系数见表2（略），其中，血小板功能、血甘油三酯和载脂蛋白B等与情绪不稳定性（N分）、消极应对和SCL90总均分等心理社会指标有部分相关。其余如血压、血细胞、血蛋白、血糖、肝功能，以及高、低密度脂蛋白等生化指标与心理社会因素均未见有相关性，故未列入表中。这一结果显示，消极的心理社会应激因素可能对老年身体的生理生化过程有影响，其中，对心血管系统的影响可能最为直接。

五、讨论

本项工作结果显示，目前，退离休老人的身体健康水平较差。

患有不同疾病的老人在各种心理社会应激因素方面存在一定差异，特别是患有心血管病、糖尿病和慢性支气管炎等疾病的离退休老人存在较多的消极心理因素，包括内向和情绪不稳定、心理痛苦症状和消极的应对方式等。这种身体疾病和心理社会因素之间的具体因果关系尚待进一步探讨，一般的认识是因为不同身体疾病的长期影响造成心理环境的损害，再导致上述各种测定量分的变化，后者反过来再影响躯体疾病的康复。这里也不排除首先因为个体心理社会应激因素方面的差异，从而诱发或导致身体疾病的发生、加重和难以痊愈。

消极的心理社会因素，如消极应对、不稳定个性和较低的心理健康水平，与退离休老人的血小板功能、甘油三酯和载脂蛋白 B 等血液生化指标有部分相关，显示消极的心理社会因素对老年心血管系统的影响可能更为直接，从而可以部分解释本组冠心病与较多的消极心理社会因素之间的联系。

本工作提示，针对退离休老年群体中的不同疾病患者及个体不良的心理社会应激因素，开展相应的老年心理卫生工作，将对老年心身保健起重要作用。

第 6 节　退休老年群体睡眠质量影响因素分析（论文，2003）

摘录自《中国行为医学科学》2003 年第 12 卷第 4 期，作者徐晓燕、冯丽云、姜乾金。仅录入摘要和讨论部分。

一、中文摘要

目的：探讨影响退休老年人睡眠质量的心理社会因素。

方法：对目标人群施测 90 项症状自评量表（SCL–90）、艾森克人格问卷（EPQ）、特质应对条目（TCI）和生活事件量表（LES），最后做相关 / 回归分析。

结果：退休老年群体睡眠质量与其心身症状、人格特征、特质应对及生活事件具有显著相关性；多元逐步回归显示影响退休老年人睡眠质量的主要因素是焦虑、躯体化、偏执、敌意、强迫、人际敏感、消极应对和神经质。

结论：及时对退休老年人的负性情绪进行疏导，对其睡眠质量的改善和生活质量的提高具有重要意义。

二、前言

世界人口老龄化发展，我国退休老年人的队伍越来越庞大，其心身健康状况也越来越受到人们的关注。国外研究显示，老年人的睡眠质量与其心身健康状况密切相关；国内则尚未见较系统的分析研究，因而，关于这一群体睡眠质量的研究值得人们的重视。本文旨在研究影响退休老年人睡眠质量的心理社会因素，为改善其睡眠质量、提高生活质量提供参考依据。

三、对象与方法

1. 对象

在杭州市萧山区老年大学取样 298 例，均为本市镇的退休人员，平均退休年限 8.83 ± 5.13 年，平均年龄 62.24 ± 6.86 岁。其中，男 66 例，女 232 例；健康 41 例，患病 257 例；主要包括患高血压 91 例、冠心病 75 例、胆道疾病 51 例、胃肠疾病 45 例、呼吸系统疾病 33 例、糖尿病 18 例和癌症 7 例。

2. 方法

（1）量表

采用以下标准化量表，由被试者读懂、指导后独立完成。

艾森克人格问卷（成人）：陈仲庚修订，分为 P（精神质）、N（神经质）、E（内外向）、L（掩饰性）4 个量分。

特质应对问卷：姜乾金编制，分 PC（积极应对）和 NC（消极应对）2 个量分。

生活事件量表：张明园修订，选取其中 54 条与老年人相关的条目，按常模计算每人的生活事件变化单位（LCU）。

90 项症状自评量表（SCL－90）：记录 9 个因子分（F1 ~ F9）及总分（total)，抽出其中关于睡眠的 3 个条目（第 44、第 64、第 66 项），分别是：Y1：难以入睡；Y2：醒得太早；Y3：睡得不稳不深，作为本研究的睡眠质量指标。

一般项目：记录年龄、性别（男 = 1，女 = 0）、文化程度（小学 = 1，初中 = 2，高中 = 3，大学以上 = 4）、已退休年限和患病种数（健康者为 0，患者按患病种数计最多为 5 种）。

（2）统计

资料用 SPSS 软件包处理，采用单因素相关分析（Pearson 相关系数）和多元逐步回归分析，检验水准 $\alpha = 0.15$。

四、结果

1. 退休老年人睡眠质量与各研究变量的关系

退休老年人睡眠质量与各变量的相关系数见表 1（略）。从表 1 可见，退休老年人的睡眠质量与 SCL－90 各因子之间均呈高度显著的正相关（$P < 0.01$）；退休老年人的 Y1、Y2、Y3 与其人格特征

中的测查情绪稳定性的神经质维度（N）有高度显著的正相关（$P < 0.01$），Y2、Y3 与内—外向维度（E）有显著负相关（$P < 0.05$），3 个睡眠质量条目均与精神质维度（P）、掩饰维度（L）无显著的相关性；在代表退休老年人睡眠质量的 3 个条目中，只有 Y1，即难以入睡与生活事件有显著相关性（$P < 0.05$）；Y1、Y2、Y3 都与积极的特质应对（PC）呈显著的负相关，与消极的特质应对（NC）呈显著的正相关（$P < 0.05$ 或 $P < 0.01$）。

2. 影响退休老年人睡眠质量的多因素分析

为了探讨哪些因素对退休老年人的睡眠质量有更独立的作用，分别把 Y1、Y2 和 Y3 作为因变量，把影响睡眠质量的 16 个因子作为自变量，进行多元逐步回归，结果见表 2（略）、表 3（略）。

从表 3 的标准化偏回归系数的大小可见，对退休老年人"难以入睡"（Y1）影响最大的是躯体化，其次依次为偏执、人际敏感、焦虑和敌意，影响程度为 82%；影响退休老年人"醒得太早"（Y2）的主要因素是强迫和焦虑，影响程度为 15%；对退休老年人"睡得不稳不深"（Y3）影响最大的是人际敏感，其次依次为躯体化、偏执、消极应对和神经质，影响程度为 32%。

五、讨论

退休老年人的睡眠质量受多种心理社会因素的影响。本文研究结果显示，退休老年群体睡眠质量与其心身症状、个性特征、特质应对及生活事件具有显著相关性。

退休老年群体的心身症状越多，其睡眠质量越不好。本文单因素和多因素分析结果均显示，焦虑、敌意、偏执、强迫、人际敏感和躯体化等心身症状对睡眠质量有显著影响，且对入睡难、早醒和睡眠不深等不同的睡眠质量方面影响不同，尽管其机制尚难以说明。本文结果还证明，人格特征，特别是神经质，即情绪不稳定性对退休老年人睡眠质量影响显著，说明稳定的情绪对睡眠有积极作用。此外，应激有关因素中的重要中间变量，代表习惯性应对方式的特质应对，特别是消极应对方式，在本文中显示其对睡眠也有一定的作用。以上结果提示，改善心理症状，及时疏泄负性情绪，对提高退休老年人的睡眠质量有重要作用。同时，积极鼓励退休老年人根据自己的身体状况跳出家庭圈子，多参与一些社会活动，为其开设一些讲座，让他们知道保持情绪稳定性的重要性及如何保持自己情绪的稳定性，可能对提高其睡眠质量有重要意义。

同时也应看到，本文结果尽管表明了影响退休老年人"难以入睡"的 82% 的解释因素，对"醒得太早"和"睡得不稳不深"却分别还有 85% 和 68% 的影响因素尚未考虑到，需要进一步深入探索。

第 7 节　老年心理健康（专题，2005）

摘录自 2005 年作者汇总的老年心理健康课程幻灯片，内容来自作者前 10 多年在浙江老年大学等校教学时使用的教材，其中，老年心理健康部分由作者编写。

（本组幻灯片未加解说，可结合前文内容和系统模型法则，根据幻灯文图加以理解）

1

老 年 心 理 健 康

（浙江老年大学 2005.12.17再制作）

2

目　录

3

前 言　心理健康对老年群体越来越重要

* 心脑血管病、肿瘤、糖尿病等对老人的威胁
* 以上均属于心身疾病，与心理和行为因素有关
* 社会转型时期，出现更多心理和行为问题
* 社会发展，老年人的健康要求也提升了

4

第一节　心理与身体的相互联系

这里说的是心—身相关

* “心”影响“身”的**常识**证据
* “心”影响“身”的科学实验证据
* “心”影响“身”的理论证据：

心理→神经→全身器官和功能
心理→神经→内分泌→全身器官和功能
心理→神经→内分泌→免疫→全身器官和功能

5

这里说的是身—心相关

* 慢性疾病对老人心理和行为的影响
* 增龄对老人心理和行为的影响
* 神经系统疾病对老人心理和行为的影响
* 冠心病、肿瘤、糖尿病、慢性疼痛、痴呆等老年病对心理和行为的影响

6

因为人是一个系统，需要身体健康＋心理健康

（1）**心身统一性**

健康是生理活动和心理活动的互相协调和平衡（图中间部）

（常识、实验和理论三方面的证据）

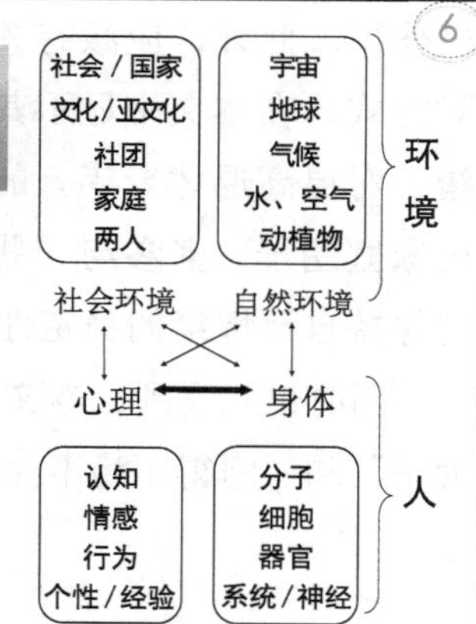

7

（2）内外统一性

健康的人与环境是密切联系的，人不仅是自然的人，也是社会的人（图中上部，几十年社会不断“转型”的考验）

（3）系统性

健康的人是一个完整的系统，通过神经系统保持全身各系统、器官、组织、细胞活动的统一（图下部，常导致多种主诉）。

（4）主观能动性

健康的人在调节和适应的功能活动中有主动调节和适应的能力（全图，这里存在两种极端）。

8

第二节　心理健康有哪些的标志

老年心理健康的标准：

* 积极的情绪（愉快稳定）
* 健全的个性（扬长避短）
* 良好的适应（社会行为）

以“空巢综合征”为例

- 生活退缩（社会）
- 感到孤独（心理）
- 过早衰老（生物）

9

心理健康=积极的情绪+健全的个性+良好的社会适应

例1，从社会适应的角度分析

“范进”心理健康吗？

例2，从个性特征的角度分析

“林黛玉”心理健康吗？

例3，从生物心理社会角度分析

您知道“空巢综合征”吗？

10

一、健全的个性（标准很多，这只是一种说法）

* 安全感
* 兴趣广
* 乐观
* 不逃避现实，也不钻牛角尖
* 办事果断
* 待人随和，不归罪于人
* 不自我中心
* 外向
* 少做白日梦
* 不过分侵犯，也不过分服从

11

二、积极愉快的心境（心境愉快很重要）

* 心境有体验、表情、生理三方面内容
* 心境与需要有关
* 心境影响认知，影响生活质量
* 心境具有渲染性，影响人际关系和适应
* 心境影响生理活动，与心身疾病有关

（如何保持积极愉快的心境，见后面压力调控一节）

12

三、良好行为习惯（以下是不良行为）

* 烟瘾
* 酒瘾
* 偏食、多食
* 不喜欢运动
* 非治疗用药（如买保健品成瘾）

13

第三节　心理压力，怎么管理

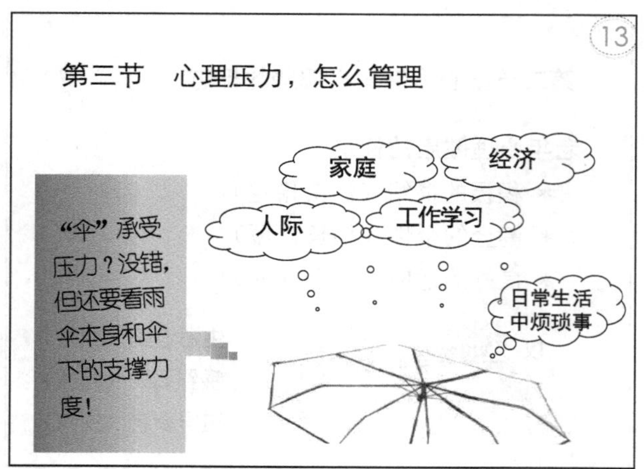

14

一、讨论题——压力到底是什么？

* 压力是心理和身体上的痛苦吗？
* 压力是生活中遇到的各种打击和困难吗？
* 压力是内心与外部环境冲突的吗？

案例

隋炀帝（晚期）与乞丐，谁的压力大？
某高校不断上告的老教授
南星桥某老工人（患有高血压）的一生
省医院某患有肾上腺髓质瘤的农民患者

15

压力是……

* 压力是社会的、文化的、经济的、环境的、心理的、行为的、生物的综合结构体
* 压力涉及的因素有：生活事件、认知评价、应对方式、社会支持、人格特点、压力反应等压力因素。

16

总结提示：

* 压力是多因素的结构系统；
* 任何一种压力因素都受到其他有关因素的制约；
* 各种压力因素在个体间存在差异，但个体适应的标志是压力系统结构与环境的平衡；
* 不同年龄阶段、不同职业、不同发展时代、不同文化环境下，个体的压力系统结构有很大的差异；
• 压力和情绪调节与管理涉及认识的改变等多种综合方法和实际训练。

17

第四节　老年心理行为特点

民间有"老人18反"之说

一、感知觉减退

* 各种视、听、味、触感觉随年龄增长不同程度**衰退**
* 对外界信息接收减少容易产生**丧失感**和衰老感
* 作为代偿可出现的内部感受性增强导致**病感**增多
* 个别情况因内外感觉均迟钝可能导致疾病延误
* 故老年人"静养"未必良策，似乎更需要"**刺激**"

18

二、记忆能力下降

* 近期记忆差，近事易忘；远期记忆好，对往事回忆准确生动
* 机械记忆力降，速记、强记困难；有意记忆和逻辑记忆不差
* 这种记忆特点常导致部分老年人多思多想和做"白日梦"，**好回忆过去**，并以过去的准则评判现在的人与事，导致其心理健康出现问题。故应给老年人提供更多的现实生活内容

19

三、 情绪低落、不稳定、深刻

* 由于生物和心理原因，情绪**趋于低落**，抑郁是老年常见的症状
* 情绪趋向**不稳定**，易表现为兴奋、激动、唠叨、与人争论
* 老年人**情绪深刻**，往往激动后需要较长的时间才能恢复
* 以上情绪特点对健康的影响最直接、最明显

20

四、 操作能力下降

* 神经系统结构和功能改变导致
* 缺乏运动所致

21

五、性格改变

* 缺乏安全感（对健康、经济和下一代等方面缺乏安全感、导致焦虑感和孤独感）
* 兴趣减少，学习新情景，适应新事物困难
* 办事固执、变得刻板、保守、求全(完美)
* 猜疑和嫉妒心加重；喋喋不休，爱发牢骚
* 好回忆往事；怀旧，喜收集破烂
* 不修边幅、甚至邋遢

22

第五节　老年期生活中的心理行为保健

一、新“动、静、乐、寿”原则

动——**“忙而不累”**
“重视过程，不重结果”（这很重要）
静——**压力和情绪调控**，保持淡泊、乐观（见后）
乐——**“寻找乐趣”**，而不是等待；
“打扮”得稍年轻些

23

附：随着社会转型，心理冲击增加，需要转变价值观念，客观看待人生，提高积极心理应对能力

应对活动coping

事件	认知	社会支持	行为	情绪	生理
解决 回避 接受 升华	再评价 否认 合理化 祈祷	求助 倾诉	转移 娱乐	幽默 淡化 自控 发泄	放松 药物

24

二、良好饮食习惯与和睦家庭环境

* 不吸烟，少饮酒
* 食量适中，不偏食
* 不追求“灵丹妙药”，不依赖补品
* “年轻夫妻老来伴”
* 理解子女、婿、媳心理特点，消除“代沟”

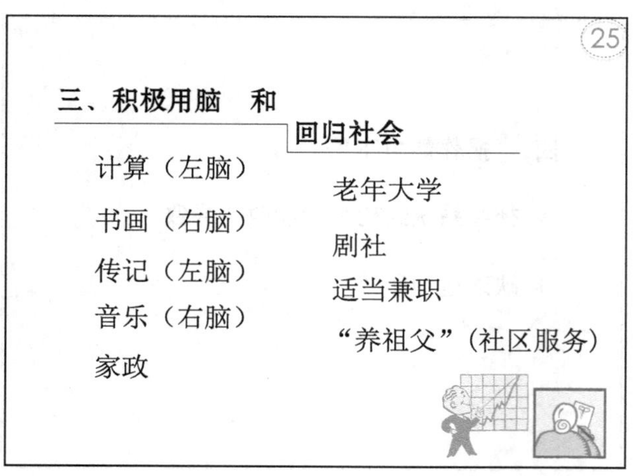

第 8 节 “失独”家庭的心理健康工作（专题，2016）

作者在 2016 年前后参与有关“失独”家庭的心理健康问题的调研和宣教工作，重点是压力调控。期间，对民政、社区领导及相关职业人员开展培训讲座。相关工作引起过有关上层的重视。下文是各种讲座中的一个简版，讲座对象是杭州市某街道社区主管计生工作的领导们。

这里有两点需要关注。

首先，虽然讲座标题是压力系统模型的压力调控问题，但鉴于讲座受众的职业特点和条件限制，本讲座内容实际上是局限于压力系统模型基本法则中的第一条，即讨论对 6 个压力因素的评估和干预，并未涉及压力系统模型基本法则中的其他项，如动态平衡法则。这一点需要读者予以注意。

其次，“失独”是特定时代特征现象。“失独”家庭，除了失去唯一子女，以及父母大多已经是中老年人这几个共同点外，其他方面几乎都不相同。所以，讨论“失独”家庭的压力管理，必然也需要无数具体的方法，这在群体培训时是难以做到的。好在大多数受众都熟知鲁迅笔下的“祥林嫂”这个典型人物，作者就借此作为“失独”家庭压力因素的评估和干预方法的人物模型。相信读者会根据自己的理解和经验做出合理的解释。

（注：本组幻灯未加解说，可结合前文内容和压力系统模型基本法则，根据幻灯文图，加以理解）

1

(2016-11-2)

失独家庭的心理健康工作
(压力调控)

姜乾金　浙江大学公共卫生学院
浙江省大众心理援助中心

2

A 对“失独”的线性思维和系统思维

线性思维：因果的、好坏的（自动、简单）
系统思维：综合的、系统的（系统模型）

线性的：“失独”导致“忧伤”
系统的：“失独”伴生“压力系统问题”

3

B 失独家庭的压力分析

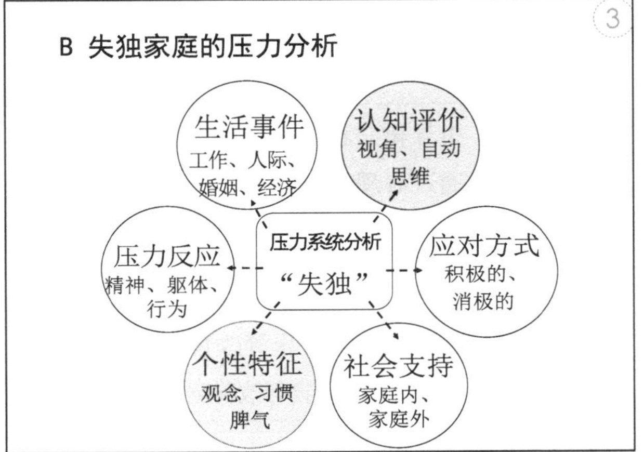

4

压力分析（以失去“阿毛”后的祥林嫂为例）

生活事件	失去独子 丈夫亡故（此前前夫亡故，被抢亲） 贫困 被东家和工友排斥
认知评价	消极的宿命认知（负性自动思维） 认为罪孽导致不幸，需要赎罪 容易接受暗示信息

5

（续表）

应对方式	通过倾诉获取同情（失败） 拼命工作争取获得认同（失败） 想方设法筹款捐门槛（失败）
社会支持	家庭支持缺失 家庭外支持缺失 渴望并寻求社会支持（失败）

6

（续表）

个性特点	信念中的宿命论(未见传宗接代信念) 自我意识方面的自卑 性格上的善良、坚韧、勤劳
压力反应	情绪上抑郁（未知是否失眠） 行为上失助（走投无路） 躯体上的羸弱（后期）

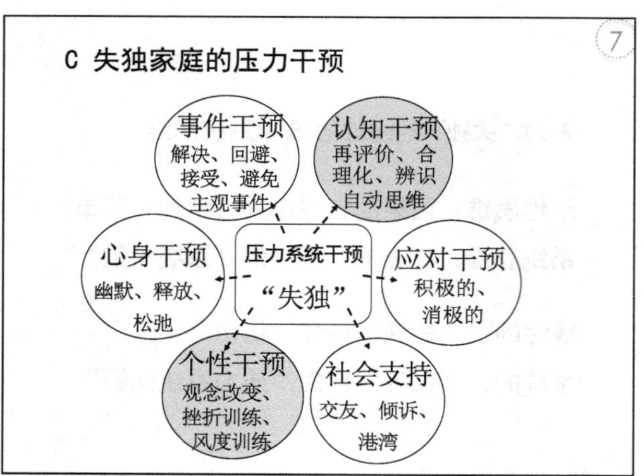

8

压力干预（以失去“阿毛”后的祥林嫂为例）

事件干预	研究再生育、再嫁(解决) 改善经济，给予资助(解决) 斗倒地主、找到新的岗位(解决) 帮助其接受现状(回避、接受)
认知干预	生儿育女只是人生一部分(再评价) 改变宿命认知(辨认负性自动思维) 讲解某些类似家庭的良好生态(暗示) 相信善心定有好报(祈祷)

9

（续表）

应对干预	指导适当倾诉，注意对象(倾诉、发泄) 寻找体现自我价值的工作(问题解决) 将捐门槛改为乐善好施(积极应对) 建议到名山大川旅游(其他应对资源)
社会支持	引导融入各种老年活动组织(交友) 大胆合理地向有关部门寻求帮助(求助) 多组织集体活动(社会促进) 增加亲友之间的联络(亲友联络)

10

（续表）

个性干预	引导树立科学人生观(观念、信仰) 通过心理治疗改善自卑(自我意识) 将勤劳、坚毅(性格)引导到公益活动中
心身干预	心理指导、药物等改善抑郁(情绪) 通过运动、音乐等改善无助(行为) 放松训练、药物等改善躯体症状(身体)

11

D 汇总（失独家庭的分析与干预）

生活事件	失去独子 丈夫亡故(前夫亡故，被抢亲) 贫困 被东家和工友排斥	研究再生育，再嫁(解决) 改善经济，给予资助(解决) 斗倒地主、找到新的岗位(解决) 帮助其接受现状(回避、接受)
认知评价	消极的宿命认知(负性自动思维) 认为罪孽导致不幸，需要赎罪 容易接受暗示信息	生儿育女只是人生一部分(再评价) 改变宿命认知(辨认负性自动思维) 讲解某些类似人群的良好生态(暗示) 相信善心定有好报(祈祷)
应对方式	通过倾诉获取同情(失败) 拼命工作争取获得认同(失败) 想方设法筹款捐门槛(失败)	指导适当倾诉，注意对象(倾诉、发泄) 寻找能体现自我价值的工作(问题解决) 将捐门槛改为乐善好施(积极应对) 建议到名山大川旅游(其他应对资源)

12

社会支持	家庭支持缺失 家庭外支持缺失 渴望并寻求社会支持(失败)	引导融入各种老年活动组织(交友) 大胆合理地向有关部门寻求帮助(求助) 多组织集体活动(社会促进) 增加亲友之间的联络(亲友联络)
个性特征	信念中的宿命论及传宗接代 自我意识方面的自卑 性格上的善良、坚韧、勤劳	尊重并引导树立科学人生观(观念、信仰) 通过心理治疗改善自卑(自我意识) 将勤劳、坚毅性格引导到公益活动中(性格)
心身反应	情绪上抑郁(未知是否失眠) 行为上失助(走投无路) 躯体上的衰弱(后期)	通过心理指导、药物等改善抑郁(情绪) 通过运动、音乐等改善无助(行为) 通过放松训练、药物等改善躯体症状(身体)

第三篇

系统模型在心身健康领域的应用

压力（应激）理论与实证研究，最早的对象始于心身疾病或心身问题。

20世纪80年代，由于工作安排的变化，作者离开正在从事的生物化学和电生理学的实验研究工作，并主动转而开展针对高血压（1986）、癌症（1987）和外科手术（1988）等的心理社会因素的探索。这一时期的文章，大多涉及疼痛、住院患者心理特点、外科手术、癌症、高血压、冠心病、伤残与康复等（21世纪以来才较多涉及不同人群和各类群体的心理健康问题，见第二篇）。

作者的压力（应激）系统模型完整描述，也是首见于2007年主编的《心身医学》（人民卫生出版社），以后才渗透至各个版本的《医学心理学》和《护理心理学》等书籍之中。

作者对心身疾病和心身医学的认识，也存在一个过程。早期，心身医学被看成是“大”医学心理学的分支学科。后来，随着国内学术队伍的发展（如心身医学学术组织的壮大）和学科构架的完善（如《心身医学》等著作的出版），以及基于现实情况，逐渐将医学心理学和心身医学看成是交叉重叠的两个学科。

无论对学科定义有何种变化，作者始终关注心理社会多因素（后来的心理压力系统模型）与疾病发生发展和康复过程的关系。

本文集主题是压力（应激），其与心身医学和心身疾病的关联毋庸置疑。以下各章某些早期资料，涉及的心理应激或心理压力等概念，也是基于前期的认识。换句话说，如果用后期的压力（应激）系统模型重新梳理一下这些内容，对这些心身疾病和心身问题的心理病因学、临床评估和心理干预等方面的认识，可能会有较大的提升。

以下第15～第19章，分别围绕心理社会因素及心理压力系统模型与各类心身疾病和心身问题的关系展开。

第 15 章　心身医学（一）概述

本章导言

作者早年从事临床医学和生理学工作，20 世纪 80 年代初逐步接触医学心理学、心身医学、心身疾病，以及心身问题和身心问题等，感觉这些均与医学和医学临床密切相关，但医学界对此却比较漠视，原因就是生物医学模式。被“强迫安排”进这个领域的作者，出于喜欢追根究底的性格，开始对这些内容产生浓厚的兴趣，并逐渐全身心地投入其中。因此，在作者这里，心理压力系统模型与心身医学关系密切。

心身医学的“心”，含义其实非常广泛，综合起来就是心理社会文化诸多因素。作者最早关注的就是心理社会多因素与心身医学和心身疾病的关系，并最后演绎出压力（应激）系统模型。系统模型的实证研究和应用，从作者的角度来看，首先是心身医学领域。

由于这方面资料较多，被分成 5 章。本章类似“概述”，资料包括心身医学和心身疾病的概念和变化、心理社会因素及心理压力模型与部分心身疾病和心身问题的关系，以及相关部分博文等。至于心理社会因素及心理压力模型与心血管疾病、癌症、外科手术和伤残康复的关系，则分别汇编入后面 4 章。

此外，本篇章专题幻灯片未加解说的较多，非专业人员如能在阅读前面章节内容的基础上，会更容易领会和理解。专业人员如对系统模型有兴趣，则可以直接利用这些专题幻灯模板。

第 1 节　早期对心身医学和心身疾病的认识

本节资料摘录自 1993 年以前国内医学心理学和心身医学初始发展阶段的 10 年间，各版教材中涉及的心身医学、心身疾病、心身障碍和心身问题等内容，反映了作者早期对心身医学和心身疾病的认识。文中涉及的图表已转换成本文集编号或略去。

一、心身医学（讲义，1982）

摘录自 1982 年编写的《医学心理学讲义》（浙江医科大学内部教材）第二章第一节。这是作者最早对心身医学和心身疾病的描述。

（一）什么是心身医学

心身医学（psychosomatic medicine）是医学心理学的一个分支，是研究对健康和疾病起作用的生理、心理和社会因素之间相互关系的科学。

随着生物心理社会医学模式的出现，人们对心理社会因素在健康和疾病中的影响作用逐渐重视。正如前面指出的，人们已经认识到不良的心理社会因素（即心理社会紧张刺激 psychosocia1 stress）通过中介机制可造成多种疾病。美国某些研究指出，许多躯体疾病就医者的真正原因是社会适应不良和情绪障碍。20 世纪 50 年代起，人们还发现单独心理社会因素并不能致病。疾病的发生是由于心理的、遗传的、生物的等多种因素综合作用的结果。心身医学从广义上说，包含的内容相当广泛，有许多问题值得探讨，具体包括如下几方面的内容。

一是为什么人们对特殊的社会情景、生活实践，具有特殊的心理生理表现。

二是面对同样的情景，为什么有的人感知较为紧张，而另一些人则不太紧张。

三是什么样的心理社会因素将预示着一个人患病，什么时候患病，患什么病。

四是人的遗传素质、人格特征、行为习惯方式对疾病的发生、发展起什么作用。

五是各种紧张刺激，通过什么途径，以什么机制在人身上触发疾病。

六是什么样的心理社会因素，最能促进人们的身体健康、预防疾病。

七是如何纠正人们的某种行为、态度和情绪反应，以及如何改善社会环境刺激，以预防疾病。

现在，新的心身医学又称为行为医学（Behavioral Medicine）（见第三章），Weiss 和 Levy 都同意这一名称。

由于心身医学内容如此广泛，各家的认识也不甚统一，因而有人提出，使用心身医学这一名称似乎并不恰当。我们在这里仅从一个有限的范围出发，探讨心理社会因素和生物因素间的相互作用，以及如何对人类健康和疾病的发生、发展起作用，主要讨论心身疾病问题。

（二）心身医学的发展方向

1. 心理动力学方向

心身医学首先是在弗洛伊德心理分析学派的影响下产生的。在20世纪40和50年代，探索心身医学主要还是以心理分析的方法，即心理动力方向。

十九世纪末叶，医学科学冲破中世纪宗教势力黑暗统治以后已得到了迅速发展。当时，人们注意力集中在使用物理、化学的方法逐步深入研究形态结构基础的方向上，人成为一个细胞王国。但对脑和精神现象则很少有人研究。在那种情况下，奥地利医生弗洛伊德（Freud S，1856—1939年）用催眠疗法治疗精神患者时，发现患者能把很早以前早已遗忘的某一件事再述出来，在清醒后症状得到缓解。他认为这种早年的事实实际上并没有遗忘，而是潜抑在意识之下（潜意识）。只有从患者的潜意识里挖出早期的精神创伤并加以疏导，疾病就能得到有效治疗。他认为这种潜意识里的心理冲突是无法客观证实的，只能通过谈话，让患者加以自由联想和深入分析，才能找出这种致病的心理冲突来。这就是心理分析学说对某些疾病发生和治疗的认识（心理分析治疗法见第四章）。此后，受心理分析理论的影响，以阿勒森（Alexander）为代表的心理动力学派提出，被压抑的心理冲突还能引起躯体疾病。这与细胞病理学派形成对照，精神分析学派似乎已经看到心理冲突的致病作用。但这种理论在相当长一段时间只作为精神病科的一种基本理论被重视。由于该学派过分强调性本能的压抑，在理论上也过分强调潜意识领域里心理冲突的作用，以及限于当时条件，对心理冲突如何引起疾病的机制不清，使得这一理论显得有点神秘之感。但在当时忽视心理因素对人体疾病的影响的情况下，强调心理因素对机体功能的重要作用，对于推动心身医学的发展无疑具有积极的意义。

2. 心理生理学方向

近几十年来涌现出大量的生理学研究成果，如生理学家Cannon关于情绪对生理机能影响的实验和巴甫洛夫学派的皮层内脏相关学说等，逐步揭示了人体生理和心理活动的联系过程，为心身医学的心理生理学研究奠定理论和实验基础。1949年，苏黎世大学Hess WR首创用刺激脑内特定区域的方法研究行为，并发现轻度电刺激猫下丘脑某些区可引起恐惧、发怒和其他生理反应，从此也引起了一系列电刺激对行为和生理变化的实验研究。20世纪60年代以来，心身医学转向研究疾病的预防、治疗、康复等临床方面。20世纪70年代以后，转向以心理生理的方法研究心理社会因素致病的发病机制（即中介机制），心身医学内容因此越来越丰富。心理生理学方向逐渐占据一定的地位，并不断得到加强。

心理生理学研究需要精细的科学和实验设计及数理统计，从心理因素与生理过程之间互相影响的中介机制研究中，探索心理和社会因素在人类疾病中的作用。这对近20年来的心身医学发展具有决定性的影响。

由于基础学科的迅速发展，特别是微电极、电子计算机和脑组织化学技术的应用，使心理生理的研究可以深入脑细胞甚至分子水平，从而为深入阐明心理过程的生理机制提供了可能性。今后对心身医学的研究将会提出更高的任务和要求，由此可预期，心身医学在生理心理学方向的研究必将取得更大的进展。

当然，心理生理学研究方向，对全面阐明人的整个复杂的心理过程也存在某些局限和缺陷。只能通过今后不断地对其进行充实和完善，并结合使用传统的分析方法予以解决。

（注：早年作很崇拜心理生理学方向的研究。40 年后来看，心理生理方向确实在继续深入研究中，但应用于临床的成果仍然有限，反而心理行为科学方向对于临床的意义很值得关注）

二、心身疾病（协编教材，1986）

引自作者 1986 年主持编写的《医学心理学》(国内五校合编教材)，在第十二章“心身疾病”，作者较全面地介绍了高血压、冠心病和癌症等心身疾病。以下仅摘录该章前言部分。

心身疾病是指心理因素在疾病发生、发展中起重要作用的，具有躯体症状和器官损害的一类疾病。心身疾病与躯体疾病的相同点是两者都有明显的受累器官并伴随有躯体症状，但躯体疾病的病因中没有明显的心理因素的作用。心身疾病与神经官能症也有区别，后者虽然也有心理因素为发病的诱因，但没有明显的器官损害。

心身疾病的范围尚不统一，一般认为可包括以下各系统的一些疾病。

① 循环系统：原发性高血压、冠心病、心律失常、雷诺氏病等。

② 呼吸系统：支气管哮喘、血管过敏性鼻炎、过度换气综合征等。

③ 消化系统：消化性溃疡、溃疡性结肠炎、神经性厌食、神经性呕吐、习惯性便秘、幽门痉挛等。

④ 神经系统：偏头痛、植物神经功能失调症、痛觉过敏等。

⑤ 肌肉骨骼系统：类风湿关节炎、痉挛性斜颈、紧张性头痛等。

⑥ 泌尿生殖：神经性多尿症、阳痿、月经不调、痛经、经前紧张综合征等。

此外，癌症也常被作为心身疾病来认识。

随着近年来疾病结构的变化，心身疾病在医学临床中所占比重越来越大。据国外一些发达国家调查，综合医院门诊患者中约有 1/3 的患者患有心身疾病，另有 1/3 为官能症、1/3 多一点为躯体疾病。我国原上海第一医学院（现复旦大学上海医学院）等在大城市综合医院门诊的初步调查也有类似结果，心身疾病占 33.2%。虽然我国目前乡村医院门诊心身疾病比例未必有如此之高，但可以预见，随着今后社会经济条件的变化，心身疾病在我国医学临床的地位将会更突出。医学心理学的相当一部分工作，应放在如何协助处理心身疾病的问题方面。

本章将就心理社会因素在部分心身疾病（高血压、冠心病、癌症、其他疾病）的发病发展、治疗、康复、预防中的作用，进行一些尝试性的讨论。某些涉及面较广或具有特殊范围的心身问题［包括心身疾病和所谓的心理生理失常（Psychophysiological disorders）］，将在下一章专题讨论。

三、心理社会因素与临床医学（教材，1988）

作者 1988 年主编《医学心理学》(浙江大学出版社)，设“心理社会与临床医学”篇，包含心身疾病 12 章。以下仅摘录该篇目录。

“心理社会因素与临床医学”篇目录

第 2 节　三十年前作者笔下的心身疾病总论（教材，1993）

摘录自 1993 年作者主编的《医学心理学》（北京科技出版社）。这版教材设有“心身疾病”一章，这里仅摘录第一节“心身疾病总论”。从这时起，作者确定了心身疾病的概念、范围及诊疗原则等，并向此后各本版著延伸。文中涉及的图表已转换成本文集编号或略去。

一、心身疾病的一般概念

（一）定义

心身疾病（psychosomatic diseases）或心理生理疾患（psychophysiological diseases）有时也称心身障碍（psychosomatic disorders）或心理生理障碍（psychophysiological disorders）。心身疾病和心身障碍在目前文献中有时被混合使用。但从严格角度来看，两者还是存在一些差异的。

为了有助于说明问题，暂且以绝对的方式将疾病种类列于图 15－2－1。图中所示的躯体疾病由生物因素起重要作用，并表现出躯体组织损害，如骨折、感染性疾病。图中的精神病和神经症由心理社会因素起重要作用并主要表现心理症状，如抑郁症、强迫症。狭义的心身疾病则是指心理社会

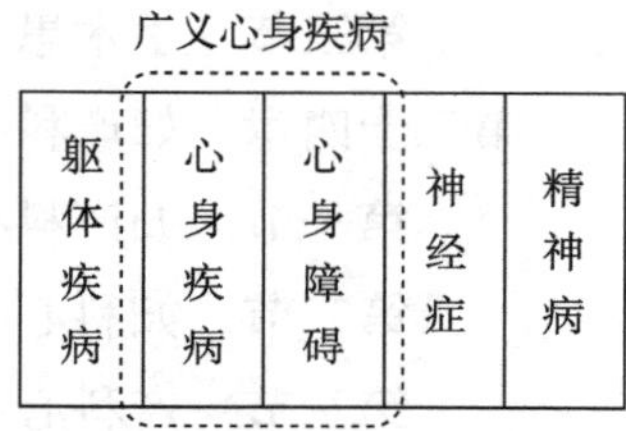

图 15-2-1 疾病种类

因素在其疾病发生、发展、治疗、预防过程中起重要作用的一类躯体组织损害性疾病，如原发性高血压、溃疡病。狭义的心身障碍则是指心理社会因素起重要作用的一类躯体生理功能紊乱，但未见明显组织损害，如神经性呕吐、偏头痛。

但是，根据我们已学过的心身相关知识，这种对疾病进行绝对化分类是不准确的。人是心、身的统一体，任何疾病都有影响其病因、发展、表现、病程和预后的生物因素和心理社会因素，疾病总是包括心、身两个方面，躯体疾病和精神疾病之间的区别也只是相对的，至于上述心身疾病和心身障碍之间更是存在交叉和重叠。因此，目前，普遍使用广义的心身疾病概念，是指心理社会因素在发病、发展、治疗、预防中起重要作用的躯体疾病和躯体功能障碍。本书也基本采用这种广义的概念。值得注意的是，一些著作中提到的心身障碍有时会笼统地包括一部分心身疾病和一部分神经症，故广义的心身疾病和广义的心身障碍又几乎是同义词。

（二）心身疾病与心身医学的联系

心身疾病与心身医学有密切的联系，是心身医学研究的主要对象。实际上，心身疾病的概念之所以不太明确，是与心身医学的发展过程有关。

20 世纪 20 年代是心身医学诞生时期。早期心身医学是精神分析理论的产物。以 Alexander F. 为代表，他们用精神分析理论解释一些躯体疾病的病因学，认为潜意识心理冲突和器质性原因并存，通过植物性神经系统的过度活动，造成躯体功能障碍和损害。这是心身医学的心理动力学方向。1939 年，美国《心身医学》杂志创刊是这一研究方向的重要结果。这一时期对心身疾病的概念和范围的认识，总体来说还是比较局限的。

20 世纪 50 年代以后，随着对心身关系的心理生物学研究，亦即心身医学的心理生物学方向的深入发展，以及其他一些理论派系，例如，行为学习理论等对心身研究的介入，使心身医学的研究方法、对象和内容有了不断扩展，人们对心理社会因素在躯体疾病发生发展中的作用也有了更深入的认识。这样一来，心身医学研究的主要对象、心身疾病的概念和范围也随之发生了变化。目前，美国的《心身医学》杂志内容也已完全反映了这种时代性的变化，对心身关系的各种理论体系和各种方法的研究文章在该杂志上都可找到。这也标志着目前的心身医学和心身疾病概念与早期的精神分析理论中的概念已有很大的不同。

但是应注意到，国外目前仍有一些学者将心身医学和心身疾病看成是精神分析理论的概念，因而在其著作中不提或很少提到心身疾病的概念。特别是在某些学派思想浓重的作者中表现较为明显。

（三）心身疾病的发病率和范围

近 50 年来，心身疾病已成为严重危害人类健康和导致人类死亡的主要原因，许多久治不愈、长期影响人们心身健康的疾病多属于心身疾病；人类死亡的主要原因，如心脑血管病和肿瘤也大部可归入心身疾病的范畴。据国内外各种调查统计，心身疾病目前占综合性医院门诊患者的 1 / 3 左右。

由于心身疾病的概念和诊断标准尚不统一，以及调查研究的条件不足，心身疾病真实的发病率尚难以估计。

目前一般认为，以下各系统的一些疾病可归入心身疾病范围（为便于理解，将各系统的狭义心身疾病置前，心身障碍置后）（略）。

（四）心身疾病的发病机制

虽然许多研究已证明心理社会因素与心身疾病的发病学有密切联系，但其发病学机制仍是目前医学心理学领域亟待深入研究的中心课题之一。综合一下，大致有以下几方面理论或学说。

1. 心理动力理论（略）
2. 心理生物学理论（略）
3. 学习理论（略）

二、心身疾病的诊断

大部分心身疾病在现有的临床各科中都有具体的诊断标准。我们这里要强调的是诊断过程中对心身疾病有关心理和生理特征性要点的观察和认定。这不仅能够帮助我们将一些目前临床诊断还不明确的病症确定为心身疾病，也有利于在预防和治疗工作中对各种心身疾病采取相应的心理学手段。

（一）心身疾病的某些特征性诊断要点

1. 以躯体症状为主

这种症状有明确的病理生理过程或器质性病变基础，即使一时难以发现具体的损害或确定病理生理过程，但也必须是相对固定而局限的躯体症状。那种躯体症状主诉游移不定或反复无常者，往往不是心身疾病的表现，而可能是精神疾病或其他心身反应。

2. 病因中存在心理社会因素

可能发现某些心理社会因素与疾病的发生、发展和疾病的症状发作在时间上有密切的联系，也可能发现患者存在特定的个性特点和对某些疾病易感的心理素质。由于心身疾病多呈现慢性过程，因而虽然不一定能找到疾病起点时的心理社会原因，但经过仔细检查应该能发现那些可能引发或加重症状的心理刺激因素，以及心理素质方面的缺陷。

3. 疾病症状与应激情绪的生理反应有相似性，但表现强烈而持久

根据心理生物学研究观点，心身疾病是心理应激作用的一种严重结果。在心理因素引起躯体生理变化的初始阶段，躯体反应如血压升高、肌紧张增高，呼吸急促等在心理因素消除后会随之消失，此时仅称为心身反应（psychosomatic response）。当这种心理因素长期反复发生作用时，躯体的生理反应开始向病理反应转变，表现出躯体功能的障碍或紊乱，且持续时间较长，但仍未见出现组织病理损害，此时的心身变化过程即为心身障碍。当上述情况进一步发展时，机体出现病理性损害，这就是狭义的心身疾病。由于在发生机制方面有一种延续的逻辑过程，因此，心身疾病（包括

心身障碍和狭义的心身疾病）的症状发作或加重，不仅在时间上与心理社会刺激因素同时存在，且所表现出来的症状也与应激情绪情况下的心理反应有某些类似性。例如，一个人在激动和焦虑时产生头部肌紧张和头胀，以及血管跳动等心身反应，在焦虑消失以后这些反应也消失；一位紧张性头痛发作患者不仅可能找到发病前某一件引起焦虑的心理社会刺激因素，且目前仍有头胀、头痛等症状。不少心身疾病症状表现也都存在类似的情况。

4. 神经症相鉴别

心身疾病，特别是心身障碍，应区别于焦虑性神经症、癔病、疑病症等神经症。神经症患者的总体特点包括以心理症状为主，即使有躯体症状，也往往有多系统多器官性质且反复易变或呈现一过性，无实质性组织损害，病因中心理社会因素的成分较大，以及可能有社会适应不良等情况。而心身疾病与神经症有时较难区别。

（二）心身疾病的诊断程序

1. 病史采集

除与临床各科病史采集完全相同之处以外，对心身疾病还应注意收集患者心理社会方面的有关材料，例如，心理发展情况、个性或行为特点，社会生活事件，以及人际关系、家庭支持等，从中初步寻找与心身疾病发生发展有关的一些因素。

2. 体格检查

与临床各科体检相同，但要同时注意体检时患者的心理行为反应方式。有时可以从患者对待体检的特殊反应方式中找出其心理素质方面的某些特点，如是否过分敏感、拘谨等。

3. 心理学检查

对于初步疑为心身疾病者，应结合病史材料，采用交谈、座谈、行为观察、心理测量直至使用必要的心理生物学检查方法，对其进行比较系统的医学心理学检查，以确定心理社会因素的性质、内容和在疾病发生、发展，恶化和好转中的作用。本书许多章节已就这些心理学方法作过专论，此处不再赘述。

4. 综合分析

根据以上程序中收集的材料，结合心身疾病的基本理论，对是否患有心身疾病、患有何种心身疾病、由哪些心理社会因素在其中起主要作用和可能的作用机制等问题做出恰当的估计。

三、心身疾病的防治原则

（一）治疗原则

在明确诊断的基础上，针对心身疾病应采取心身相结合的治疗原则。在具体治疗时，则应各有所侧重。

对于急性发病且躯体症状严重的患者，应以躯体对症治疗为主，辅之以心理治疗。例如，对于急性心肌梗死患者，综合的生物性救助措施是解决问题的关键，同时也应对那些有严重焦虑和恐惧反应的患者实施床前心理指导；又如，对于过度换气综合征患者，在症状发作期必须及时给予对症处理，以阻断恶性循环，否则将会使症状进一步恶化，呼吸性碱中毒加重，出现头痛、恐惧甚至抽搐等。

对于以心理症状为主、躯体症状为次，或虽然以躯体症状为主但已呈慢性经过的心身疾病，则可在实施常规躯体治疗的同时，重点安排好心理治疗工作。例如，针对更年期综合征和慢性消化性溃疡患者，除了给予适当的药物治疗，还应重点作好心理和行为指导等各项工作。

根据诊断过程中所发现的各种特殊心理社会因素对疾病的影响情况，针对心身疾病应采用不同层次、不同方法、不同目的的心理干预手段。支持疗法、环境控制、松弛训练，生物反馈、认知治疗，行为矫正疗法和家庭疗法等心理治疗方法均可被选择采用。将在以后各章分别讨论。

对心身疾病的心理治疗主要围绕以下 3 个目标。

1. 消除引起疾病症状的各种心理社会因素

这属于对症处理。例如，因某一事件引起焦虑继而使紧张性头痛发作的患者，通过心理支持、认知治疗、松弛训练或催眠疗法等，使其对这一事件的认识发生改变，减轻焦虑反应，进而在药物的共同作用下，缓解疾病的发作。

2. 消除心身疾病的心理学病因

例如，对冠心病患者，在其病情基本稳定后，指导其对 A 型行为和其他冠心病危险因素进行综合行为矫正，帮助其改变认知模式，改变生活环境以减少心理刺激，从而从根本上消除心理病因学因素，逆转心身疾病的心理病理过程，使之向健康方面发展。

3. 消除心身疾病的生物学病因

这主要是通过心理学技术直接改变患者的生物学过程，提高身体素质，促进疾病的康复。例如，采用长期松弛训练或生物反馈疗法治疗高血压患者，能改善循环系统功能，降低血压。

（二）心身疾病的预防

心身疾病的发生是心理因素和生物因素综合作用的结果，因而心身疾病的预防也应同时兼顾这两方面。一般来说，在心身疾病的预防工作中，心理因素和心理学方法起更重要的作用。

心理社会因素大多需要相当长时间的作用才会引起心身疾病（也有例外情况），故心身疾病的心理学预防也应从早着眼。一旦心身疾病已经出现，预防问题也就无从谈起。因此，对那些具有明显心理素质方面弱点的人，例如，有易暴怒、抑郁、孤僻及多疑倾向者，应及早通过心理指导加强其健全个性的培养；对于有明显行为问题者，如吸烟、酗酒、多食、缺少运动及 A 型行为等，应利用心理学技术指导其进行矫正；对于工作和生活环境中存在明显应激源的人群，应及时帮助其进行适当调整，以减少不必要的心理刺激；对于出现情绪危机的正常人群，应及时帮助加以疏导。至于某些具有心身疾病遗传倾向的人群，如高血压家族史或已经有心身疾病的先兆征象（如血压偏高）等情况者，则更应注意加强心理预防工作。

总之，心身疾病的心理社会方面的预防工作是多层次、多侧面的，这其实也是心理卫生工作的重要内容。

（注：关于心身疾病防治，虽强调多层次的心理社会因素，但未涉及“系统模型”）

第3节　对心身医学和心身疾病认识的拓展

为了进一步反映作者对心身医学和心身疾病认识的发展过程，本节摘录近20年作者在心身医学和心身疾病认识方面和拓展方面的部分资料。

一、心身医学—医学模式转变的需要（专题，2000）

2000年，作者给某医院作“综合性医院若干心身医学问题”专题讲座，突出心身医学在综合性医院的应用。这里摘录第一部分“心身医学——医学模式转变的需要”文本，突出心身医学对推动医学模式转变和临床医学发展的意义。另两部分内容是“心身医学的重要研究对象——心身疾病”和“临床各科的心身医学问题”，略去。

（一）什么是心身医学

在我国中医界，传统医学向来强调心和身的双向性和互相作用，并通过心、身整合研究心和身的关系及疾病。这其实就是一种心身医学。由此可见，“心身医学”思想在我国早已存在。

在西医界，心身医学经过了百年变迁，目前，其概念、研究范畴和隶属关系仍有分歧和争论，并且存在广义和狭义的心身医学概念。对此，这次浙江省心身医学学术会议提出，尽管概念尚不统一，但有一点应予肯定，就是心身医学强调在医学工作各环节，特别是在临床工作过程中要重视“心”和“身”的统一。

（二）医学模式转变与心身医学

18世纪以来，随着自然科学的发展，西方医学把人作为单纯自然客体进行研究，于是便产生了近代生物医学模式（即以生物学的角度研究疾病）；以及在生物医学模式指导下的心身分离的躯体医学（即医学只关注患者的躯体结构，而不关注患者的心理和行为）。这种“躯体医学”在过去的200年取得了举世瞩目的成就（特别是抗生素的发现、免疫学和分子生物学的发展）。由此可以肯定，躯体医学在今后还将深入发展并将取得更大的成就。

但是，近几十年世界疾病谱已发生重大变化。21世纪初造成人类死亡的首要原因是各种传染病，而现在造成人类死亡的首要原因已变为心、脑血管病和肿瘤等所谓的心身疾病。各种研究也证明，心脑血管病和肿瘤这些疾病虽然是躯体疾病，但其发生、发展过程与心理、社会及行为因素有密切的联系。例如，长期紧张的工作环境、消极的情绪状态、各种不良的行为习惯等都被证明与这些疾病的临床过程有关，而躯体医学对此常常感到束手无策。因而需要有一种兼有躯体和心理功能的新的医学模式，也就是以生物、心理、社会医学模式来取代原来的生物医学模式，这也促使心身医学在近些年又重新被人们所认识和重视。

另外，在近代社会，一方面，引起人们紧张的各种应激源已日益增多，使得心身疾病的发病率也越来越高；另一方面，随着人们的物质生活水平不断提高，人们对身、心的舒适要求也随之提高。这同样促使人们追求一种“心身医学”，使之能综合解决临床患者的心和身两方面问题。

同样，心身医学经过百年发展，特别是近几十年大量的有关心身相关的研究证据，无可辩驳地向医学界显示，医学离开对心理和行为的研究将是不完整的医学。这些研究证据越多，要求改变原有的生物医学模式的呼声也就越高。

上述分析说明，医学模式转变与心身医学的产生和发展具有双向促进作用：医学科学的发展促使医学模式的转变，并出现心身医学；心身医学的产生和发展又促进医学模式的改变，最终促进医学的进步。

（三）心身医学与临床医学的发展

疾病虽然有精神病、神经症、躯体疾病等之分，但是把精神与躯体、心理与生理、心与身分开是不大可能的，即便是单纯躯体疾病也有继发心身问题。因此，心身医学必须进入临床应用，临床医学也必须吸收心身医学并促进其发展。

在心身医学思想指导下，要改变临床医学的指导思想，在临床工作中强调医学、生物学、心理科学、行为科学、社会科学知识和方法的结合。

在心身医学思想指导下，在病因学研究中，要重视生物、社会、心理因素的综合性多层次的研究方法，为深入了解人类疾病原因和促进心身健康，提供合乎客观规律的科学依据。

在心身医学思想指导下，在疾病诊疗过程中，既要注意躯体的生物反应，又要重视心理效应，根据心身相关观念，提出躯体和心理治疗相结合的综合防治新概念。

二、应激系统模型的较早版本（教材，2007）

摘录自 2007 年《心身医学》（人民卫生出版社）第 3 章第 3 节“应激的系统论模型与心身医学”。这是压力（应激）系统模型的较早描述版本，相同内容也曾以“应激系统模型较早版本”为题发布在新浪博客（2015-08-28 23：13：15）。为减少文集内容的更多重复，删去原文中的一个案例。文中涉及的图表已转换成本文集编号或略去。

（一）应激因素的相关性

应该说，将心理应激看成是作用“过程”是符合人们因果逻辑思维习惯的。实际上，应激所涉及的各种有关变量之间普遍存在交互的作用。

1. 生活事件与其他应激因素的关系

根据应激作用过程论，生活事件作为应激源导致了应激反应直至心身疾病，而许多生活事件本身也受各种应激因素的“反作用”。除了上述的认知因素影响外，应对方式、社会支持、人格特点等因素也会影响生活事件的发生、发展和程度。目前，许多研究也正在转向探索生活事件是如何与其他多种心理应激有关因素相互作用、通过何种机制而影响健康和疾病的。

2. 认知评价与其他应激因素的关系

认知评价本身也受其他各种应激有关因素的影响，例如，社会支持在一定程度上可以改变个体的认知过程，个性特征也间接影响个体对某些事件的认知，而生活事件本身的属性不能说与认知评价无关。因此，在近年来的许多实际病因学研究工作中，虽然仍将认知因素作为应激的关键性中间变量来对待，但毕竟还要考虑其他有关应激因素的综合作用。

3. 应对方式与其他应激因素的关系

各种研究证明，应对与各种应激有关因素存在相互影响和相互制约的关系。应对与生活事件、认知评价、社会支持、个性特征、应激反应等各种应激因素相关，还与性别、年龄、文化、职业、身体素质等有关。

4. 社会支持与其他应激因素的关系

个体的社会支持程度与各种应激因素也都存在交互关系。例如，许多生活事件本身就是社会支持方面的问题；认知因素影响社会支持的获得，特别是影响主观支持的质量；社会支持与应激反应程度也有关系。Sarason 等（1981）发现社会支持数量（SSQN）与艾森克个性问卷的外向分呈正相关，而社会支持数量（SSQN）和社会支持满意程度（SSQS）二者均与神经质分呈负相关，说明社会支持与个性有一定的联系。

5. 个性与其他应激因素的关系

个性可以影响个体对生活事件的感知，偶尔甚至可以决定生活事件的形成。

个性影响认知评价。态度、价值观和行为准则等个性倾向性，以及能力和性格等个性心理特征因素，都可以不同程度影响个体在应激过程中的初级评价和次级评价。个性有缺陷的人往往存在非理性的认知偏差，可以导致较多的心身症状。

个性影响应对方式。前文已述及个性特质在一定程度上决定应对活动的倾向性，即应对风格。作者近年来的资料显示，个性中的情绪不稳定性和内外向维度与特质应对问卷中的条目有相关性。Folkman 曾根据“情绪关注”类应对的跨情景重测相关高于“问题关注”类，认为情绪关注类应对更多的受人格影响。Glass 等（1977）的研究发现：当面对无法控制的应激时，A 型行为模式的人与 B 型行为模式的人相比，其应对行为更多地显示出缺乏灵活性和适应不良。而 Vingerhoets 和 Flohr 的研究却提示：面临应激环境时，A 型行为模式的人较 B 型行为模式的人更多地采用积极正视问题的应付行为，而不是默认。同时，还发现 A 型行为模式的人不像 B 型行为模式的人那样易于接受现实，对问题的起因，其更多地强调自身因素而不是环境。

个性特征间接影响客观社会支持的形成，也直接影响主观社会支持和社会支持的利用度水平。一个人在支持别人的同时，也为获得别人对自己的支持打下了基础。

个性与应激反应的形成和程度有关。同样的生活事件，在不同个性的人身上可以出现完全不同的心身反应结果。作者曾通过多种研究样本，利用多因素分析方法，证明个性确与其他应激因素互有相关性，并共同对应激结果（如疾病、心身症状）做出“贡献”。

6. 应激反应与其他应激因素的关系

“应激作用过程模型”总体上反映了各种应激因素最终导致应激反应。实际情况中，应激反应同样反过来可以影响生活事件、认知评价、应对方式、社会支持和个性特征等其他各种因素。例如，国外曾有报告，长期病痛（如慢性疼痛综合征）可使患者的人格某些方面发生改变。

（二）应激是多因素的系统

作者等自 1986 以来，对应激有关因素与健康的关系做了一系列的探索，并在 20 世紀 90 年代重点开展应对及其他应激有关因素的综合评估研究；2000 年以后转向心理社会应激因素之间相互关系的实证研究。大量研究结果显示，应激不仅仅是从生活事件到应激反应的“过程”。例如，按“过程论”来说，生活事件是“应激原”，不同患者对其可以做出不同的认知评价，不同的评价结果趋向于采用不同的应对方式，从而也会有不同的反应结果。反之，上述因素也会影响生活事件本身。认知评价、应对方式和社会支持等作为“过程论”的“中间因素”，同样也分别受其他各种因素的互相影响和制约，既可以是“原因”，也可以是“结果”。

因此，心理应激（或者压力）不仅仅是简单的因—果或刺激—反应线性过程，还是多因素相互作用的系统（图 15-3-1）。

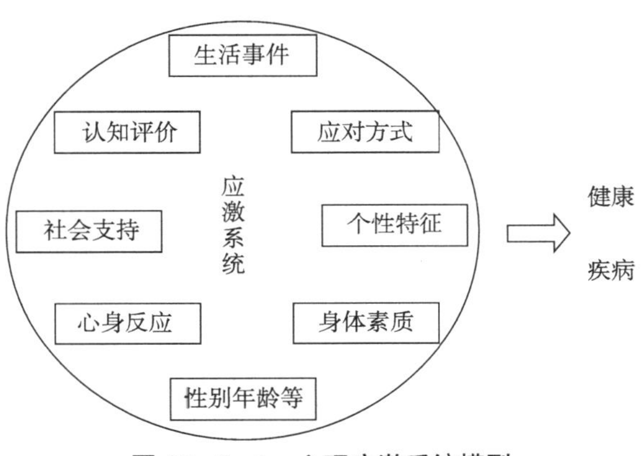

图 15-3-1　心理应激系统模型

（三）应激系统模型基本特征

结合大量实证研究，心理应激系统模型具有一些最基本的特征（法则）。

1. 应激是多因素的系统

作为具有生物、社会属性的人，不论是健康或疾病状态，本质上都是处于一个多因素的系统之中。在文后案例中，慢性疼痛综合征患者存在各种应激因素问题，概括起来同样包括心身症状、生活事件、认知评价、应对方式、生活支持和人格特征等。

2. 各因素之间是互动的

个体所涉及的各应激因素均处于互为因果状态，其中，每一个环节出现变化，都可能影响系统结构，且易形成良性或恶性循环。个体通过自己的感受和判断所报告的问题，或别人通过认知对其所观察到的，往往只是系统中的某一部分因素之间的因果关系。

在案例中，慢性疼痛综合征患者可以报告疾病的系列症状，也可以报告社会支持出现的问题，他不会也不可能提供系统中的全部因素。即使报告疾病症状，也可能只报告心理的痛苦，或只报告身躯的困难。该例的应激各因素间存在恶性循环的互动作用。

3. 各因素之间是动态的发展平衡

人的一生是发展变化的过程，在不同年龄阶段和不同处境下，各因素之间处于动态平衡之中，并维持健康适应状态。一旦这种平衡被打破，不能建立新的平衡，则会出现不适应，并产生心身健康问题。

在案例中，慢性疼痛综合征患者在不同病期的各种生物心理社会表现，反映了各应激因素间的在不同病期的不同失平衡状态。

4. 认知评价是关键因素

认知因素在系统平衡和失衡中具有关键性的意义。认知应激理论强调认知因素在生活事件到应激反应过程中起中介作用。在临床实际工作中，无论是患者对自身健康问题的判断和症状的报告，还是患者对于大多数心理干预技术的接纳、理解和执行程度，患者的认知“机器”都起着关键的作用。

在案例中，患者所报告的各种问题和原因，都是其认知活动的结果。在他人看来某些明显属于“认知偏差”，但患者本人却在深层信念（观念）的支配下有其自己的认知方式，以及在其自身体验的基础上的认知结论，有时虽然有部分患者知道一些想法不对，但却无法说服自己加以克服。在实施心理干预过程中，无论是心理指导的认识教育，还是认知治疗的纠正“认知偏差”，最终都是需要通过患者的认知加工过程实现。

5. 人格特征是核心因素

人格因素在系统是否失衡中起核心作用，包括性格、脾气、习惯、观念等，其中，观念方面的问题往往更值得注意，影响认识（如认知治疗中的“自动思维”“认知偏差”，从而使患者再有聪明才智也对心理问题奈何不得），也直接、间接影响其他应激因素（参见前文），并在心理应激系统平衡和失衡中具有核心作用。

在案例中，慢性疼痛患者是否存在某些人格特征的病因因素在学术界尚无定论，但慢性疼痛患者常显示疑病和抑郁等人格倾向。即使这仅仅是疼痛出现后所导致的人格特征，由于其可以影响所有应激因素，故在病情的发展和进一步恶化方面同样起到核心作用。

附案例：

一位由急性疼痛转化而来的慢性疼痛综合征患者的主要心理、社会和躯体问题，按压力系统模型予以整理，如表 15－3－1 所示。

表 15－3－1　急性疼痛和慢性疼痛综合征的心身压力情况比较

压力因素	急性疼痛期的心身特点 （伤后 3 个月之前情况）	慢性疼痛期的心身特点 （伤后一年以后情况）
认知特点	对预后看法积极，对治愈有信心，关注工作和外部世界	“痛”成为核心关注点、看问题悲观，专注于痛体验和先兆症状
应对方式	相信医生、求医与合作，使用止痛药，积极活动	祈祷、不断变换医生，寻求各种良方、药物依赖，卧床时间多
社会支持	亲友探视，友善待人	社会交往中断，容易怨恨别人

续表

压力因素	急性疼痛期的心身特点 （伤后 3 个月之前情况）	慢性疼痛期的心身特点 （伤后一年以后情况）
生活事件 （疾病以外）	生活事件少（工作责任消除，家人理解融洽，获经济补偿）	家人冲突，工作事件，经济事件
人格特征	原有的人格特征（稍有求全、敏感倾向）	宿命观念、自卑、丧失信心，依赖，疑病量表分高
心身反应	焦虑、害怕、情绪行为积极，内脏生理觉醒（心率快等），局部或全身肌张力增高	情绪抑郁、波动、缺乏兴趣，回避现实，消瘦、肌萎缩、无力，嗜睡、失眠

（四）应激系统模型在心身医学应用

应激系统论模型及基本法则，已被作者成功应用于心身医学工作中的临床心理咨询（治疗）程式、压力管理和家庭婚姻咨询等方面。（下略）

三、心身医学——绪论和理论基础（课件，2011）

摘录自 2011 年作者在浙江省复合型公共卫生人才骨干培训班开设的“心身医学”课程的幻灯课件，取其中的“心身医学概述”和“心身医学理论基础”两部分内容。

从这个课件中可以看出，作者将压力（应激）系统模型和传统心身医学理论，看成是心身医学的基础理论，且应激系统模型在解释心身相关关系和心身疾病防治方面，更具有说服力。

（注：本组幻灯未加解说，可直接阅读浏览图文，如能结合前文和有关医学心理学和心身医学基础知识，则更易于理解）

1

浙江省复合型公共卫生人骨干培训班
（2011，4.25-5.29）

心身医学——绪论与理论基础
(Psychosomatic Medicine)

浙江大学　姜乾金

2

教 材：

* 姜乾金主编：《**心身医学**》原卫生部“十一五”规划教材，人民卫生出版社，2007

参考教材：

* 姜乾金主编：《**医学心理学**》（第2版）全国八年制规划教材，2010
* 姜乾金、张宁主编：《**临床心理问题指南**》人民卫生出版社，2011
* 姜乾金著：《压力（应激）系统模型・解读婚姻》浙江大学出版社，2011

3

绪论　心身医学概述

4

一、心身疾病概念

狭义定义：指心理社会因素在发病、发展过程中起重要作用的躯体器质性疾病，例如，原发性高血压、溃疡病。

广义定义：指心理社会因素在发病、发展过程中起重要作用的躯体器质性疾病和躯体功能性障碍。包括了狭义的心身疾病和狭义的心身障碍。

5

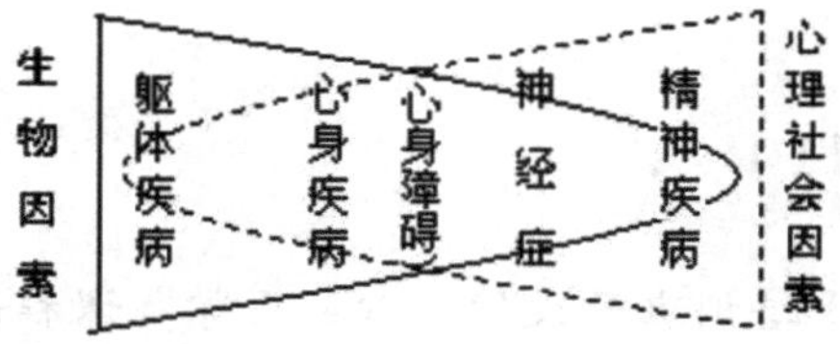

图 7-1　心身疾病示意图（修自姜乾金，1993）

6

二、心身医学概念

狭义概念：是研究心（心理）与身（躯体、器官）之间的相互关系及在疾病发生、发展和转归中的作用，其主要实际研究领域是心身疾病。

广义概念：是研究心理与生理之间的相互作用，从而为疾病的多因素发病机制提供科学的理论基础和研究方法。因此，心身医学是医学和心理学等的交叉学科。

7

- **国外**

德国及日本等国对心身疾病很重视。日本心身医学会(1992)经过修订，把心身疾病定义为“**躯体疾病中，其发病及经过是与心理社会因素密切相关的、有器质或机能障碍的病理过程，神经症（如抑郁症）等其他精神障碍伴随的躯体症状除外**”。

8

三、扩展——身心反应

那些被普遍认为具有最大威胁的疾病，其心理反应也最为明显。目前，容易引起患者严重心理反应的疾病是所谓的各种“绝症”。

9

四、心身医学重要性

* 死亡原因越来越与心理因素有关
* 心身相关的认识越来越深入人心
* 社会发展导致心理压力越来越大
* 人们对心理服务的需求越来越高
* 医务人员利用心身知识越来越有利于工作

10

五、心身医学临床操作原则（操作过程）

1. 通过观察、测量、调查、实验收集心身资料 → 2. 作出“心身”诊断 → 3. 制订心身防治计划和实施 → 4. 观察、测量、调查、实验评价心身整体效果 → 1.

11

六、心身疾病诊断原则

1. 确定躯体症状。这种症状有明确的病理生理过程或器质性病变基础。

2. 寻找心理社会因素，明确其与躯体症状的联系。可能发现心理社会因素与疾病发生发展在时间上或逻辑上有密切联系。

3. 心身疾病症状发作或加重往往与心理社会因素引起的心理应激反应有类似性。

4. 排除躯体疾病和神经症的诊断。

12

七、心身疾病的预防原则

* 对明显心理素质上有弱点的人，如易暴怒、抑郁、孤僻及多疑倾向者，应及早帮助健全个性的培养；
* 对明显行为问题者，如吸烟、酗酒、多食、缺少运动及A型行为等，应指导其进行矫正；
* 对那些工作和生活环境里存在明显应激源的人，应及时帮助其进行压力管理；
* 对那些出现情绪危机的正常人，应及时疏导；
* 对具有心身疾病遗传倾向，如高血压家族史或已经有心身疾病的先兆征(如血压偏高)等情况者，则更应注意加强心理预防工作。

13

八、心身同治原则

1. 消除心理社会应激。例如，因某一事件引起焦虑，继而使紧张性头痛发作的患者，通过心理支持、认知调整、松弛训练或催眠疗法等，减轻焦虑反应。

2. 消除心理学病因。例如，针对冠心病患者，在其病情基本稳定后指导其对A型行为和其他冠心病危险因素进行综合行为矫正。

3. 消除生物学症状。主要是通过心理学技术直接改变患者的生物学过程，提高身体素质，促进疾病的康复。例如，较长期的松弛训练或生物反馈疗法，急性而又躯体症状严重的患者，应以躯体对症治疗为主，辅以心理治疗。反之，则重点安排好心理治疗。

14

第一章　心身相关理论基础

15

一、心身相关的常识性证据

1. 戏剧冲突的提示（悲剧角色遭受心理打击而“昏厥”，因为心血管功能的改变）。

2. 考试焦虑的提示（有人考前不断要小便，是因为心理因素影响排尿功能）。

3. 长期不规则倒班的夜班医务人员（消化系统易受影响损害）。

4. 历史故事的提示（连毛发也受心理因素的影响）。

16

二、心身相关的医学心理学证据

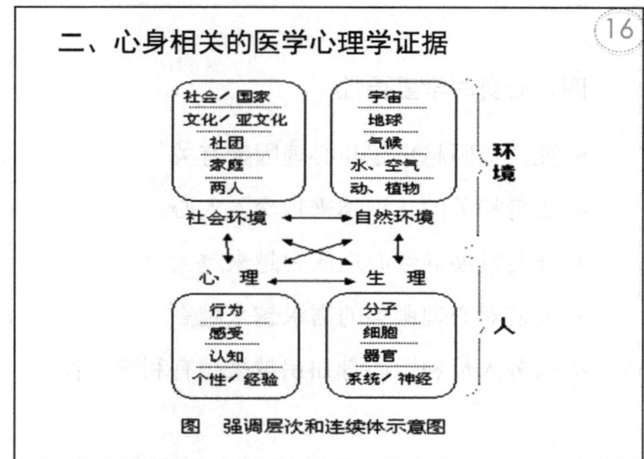

图 强调层次和连续体示意图

17

三、心身相关的心理生物学证据

＊ 心身相关的实验和临床证据

1. 操作的猴子（紧张与消化系统功能的关系，链接略）。
2. 无法选择的老鼠（抑郁与免疫功能受损，见后）。
3. 行为习惯影响身体的证据（A型行为与血液功能、心血管病的关系）。
4. 癌症患者的临床心理问题。

18

实验：无法选择的老鼠——习得性失助与免疫

不可逃避条件反射装置 → **形成习得性失助** → 抑郁症 免疫功能受损

可逃避条件反射装置 → **形成回避条件反射** → 健康的行为反应能力

19

＊ 心身相关的心理生物学机制

1. 社会——心理——皮层——植物**神经**系统（也包括随意神经）——躯体健康
2. 社会——心理——皮层——下丘脑——垂体——**内分泌**——躯体健康
3. 社会——心理——皮层——下丘脑——垂体——肾上腺皮质——**免疫**——躯体健康

20

＊ 附 心理生物学研究的局限性

由于心理活动是生物—社会和多种其他因素交互作用的产物，试图以心理生物学的研究结果和生物学的理论观点全面解释复杂的心身关系具有很大的局限性。

21

四、心身相关的精神分析理论依据

* 精神分析的心理结构（图略）

1. 意识（Conscious）。人们当前注意到的清晰的感知觉、情绪、意志、思维等的心理活动。

2. 潜意识（Unconscious）。不能被人感知到的那一部分心理活动，包括人的原始冲动、本能活动和被压抑的愿望、被意识遗忘的童年经历等。

3. 前意识（Preconscious）。介于意识和潜意识之间的心理活动和过程。

22

* 精神分析的人格结构

1. 本我（id）。潜意识深处的性本能和破坏欲等，即“性欲或欲力”（libido），是人类本能的内驱力，其控制机制是“快乐原则”。

2. 超我（superego）。人们在社会生活过程中将社会规范、道德观念等内化而成，通俗地是指人类的良心、良知、理性等，大部属意识，按“至善原则”行事。

3. 自我（ego）。自我的动力来自于本我，即为了满足本能的冲动和欲望；自我又要按“超我”的要求，按“现实原则”调节和控制“本我”的活动。其是人格的执行部门。

23

* 精神分析的心理因素与躯体症状

1. 强调个人的早期生活经验对心身健康发展的影响。
2. 强调潜意识冲突“转换”（躯体化）症状。
3. 经典“心身疾病”的故事。

Al exander最早提出7种心身疾病，包括溃疡病、溃疡性结肠炎、甲状腺机能亢进、局限性肠炎、类风湿性关节炎、原发性高血压及支气管哮喘，且与早年特定心理冲突有关。例如：
原发性高血压与“冲动、怒火”；
溃疡病与“压制、内敛”；
支气管哮喘与“母爱、依赖”等。

24

五、心身相关的行为学习理论依据

* 经典条件反射与皮层内脏相关

1. 巴甫洛夫经典条件反射的强化、泛化和消退3个行为学现象，与心身医学和心身疾病许多机制关系密切。

2. 巴甫洛夫学派早期通过大量实验，用条件反射理论解释皮层内脏相关——皮层内脏病理学。

25

* 操作条件反射与心身相关

斯金纳操作条件反射的4个行为学现象，与心身医学许多机制关系密切：

正强化：行为的后果是积极刺激增加，则该行为逐渐增强。

负强化：行为的后果是消极刺激减少，则该行为逐渐加强。

消退：行为的后果是原有积极刺激减少，则该行为反应逐渐减弱。

惩罚：行为的后果是消极刺激增加，则该行为反应逐渐减弱。

26

* 内脏操作条件反射与心身相关

Miller NE 1967年通过内脏学习实验揭示的操作条件反射现象，可以解释一定的心身相关机制。例如，某些心身疾病症状的产生，如心跳加快、肠蠕动增加、哮喘等可能与个体的意识性条件操作有关；生物反馈、气功治病等的原理可能与内脏学习有关。

27

＊ 综合行为学习理论案例分析

1. 抗癌药物的条件性反应症状形成：

经典条件反射，使原本无关的刺激（如药物、环境）导致呕吐等条件性症状；

回避操作条件作用，使得患者紧张感被负强化；

内脏操作条件作用，使得条件性症状中包含心跳、难受、恶心、头痛。

2. 作业：请你分析以下心身症状的形成原理：

“习惯性社交障碍”

“习惯性考试紧张”

“习惯性晕车”

28

六、心身相关的应激（压力）理论依据

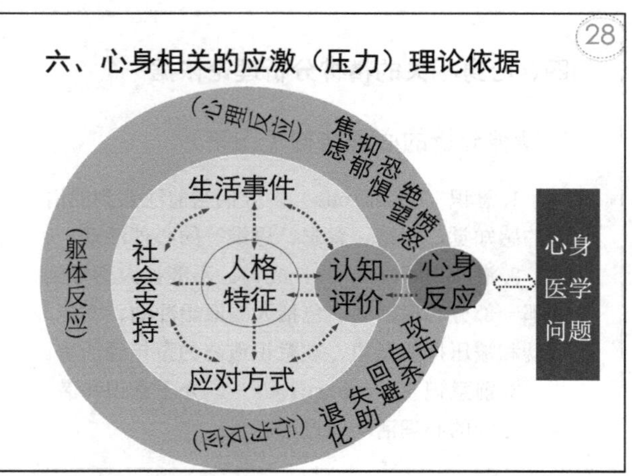

29

＊ 应激（压力）与心身医学

压力（应激）是多学科关注的概念，也是目前神经科学研究的前沿部分。医学、心理学、社会学、人类学均以此为重要研究课题。由于研究的领域不同，研究的侧重点和目的也各异，结果导致不同时期和不同领域的应激概念存在较大差异，不同学科出于其不同的研究和应用目的，对应激和心理应激理论的认识和关注程度也不同。

30

＊ 应激（压力）反应与心身疾病

1. 应激的心理反应：涉及“知、情、意”，甚至个性，与心身医学密切有关。

2. 应激的行为反应：涉及逃避与回避、退化与依赖、敌对与攻击、失助与自怜及物质滥用等，与心身医学密切有关。

3. 应激的生理反应：以神经解剖学为基础，最终可涉及全身各个系统和器官。通过神经、内分泌和免疫3条心身中介机制，解释心身疾病的发病、治疗和康复（见后）。

31

＊ 心理—神经—内分泌中介机制：

昼夜节律
应激刺激
大脑皮层
行为适应
γ-氨基丁酸/苯二氮桌
5-烃色胺
乙酰胆碱
PVN CRH-AVP
LC/NE 交感系统
CRH
弓状核
阿黑皮素原
镇痛
NE
CRH
AVP
P物质
神经肽Y
交感神经节
ACTH
垂体
去甲肾上腺素
肾上腺素
糖皮质激素
肾上腺
外周适应

参照Tsigos（2004）应激（反应）系统的中枢和外周示意图重绘。

黑实线代表激活

黑虚线代表抑制

32

＊ 应激反应与心身健康

应激反应是个体对变化着的内外环境所作出的一种适应，这种适应是生物界赖以发展的原始动力。

从应激的心身反应到心身障碍的心身症状，再到心身疾病，在逻辑上显然存在某种联系。这就是病因心理学的重要研究领域，也是心理应激理论和实际研究中的重要课题。

第 4 节 部分应激和应对研究论文

作者通过几十年应激和应对理论和应用研究工作，累积了一些资料，其中，心身医学和心身疾病是重要的研究对象。因心血管病、肿瘤和外科手术等方面的研究资料已经另列章节，故本节只有少部分资料列入。

一、应激和应对方式与非溃疡性消化不良（论文，1998）

本文 1998 年刊于《中国行为医学科学》第 7 卷第 4 期，作者沈贵林、华德林、姜乾金、钱致礽、赵梅。以下为该文摘录（摘要部分采用原稿）。

（一）中文摘要

目的：探讨应对方式在心理应激各因素与非溃疡性消化不良关系中的意义。

方法：测定 100 例非溃疡性消化不良（NUD 组）患者及 100 例健康人（对照组）的生活事件单位（LCU）、积极应对方式（PC）、消极应对方式（NC）和艾森克人格问卷 4 项量分（EPQ－P、EPQ－E、EPQ－N、EPQ－L），并对结果作多种统计学分析。

结果：① t 检验，NUD 组的 LCU、NC、EPQ－N 3 项量分明显高于健康组（$P < 0.01$），其中，以 NC 为最明显；②多元逐步回归分析（以 NUD 为因变量，所有 7 项应激因素为自变量），6 项心理社会因素进入回归方程，但第一个进入方程的因素是 NC；③再做多元逐步回归分析（以 NUD 为因变量，LCU、NC、EPQ－N 为自变量），EPQ－N 被排除在回归方程之外，第一个进入方程的因素还是 NC；④综合分析各因素间的相关系数矩阵和回归分析结果，显示 EPQ－N 和 LCU 在 NUD 的病因学方面的作用，在很大程度上可以由 NC 的作用来反映。

结论：应对方式在应激原（生活事件）、应激中间影响变量（个性）与应激结果（NUD）的网络关系中可能起关键的中介作用。

（二）前言

生活事件（life events）作为一种心理应激原因素，与心身健康的关系一直受到人们的关注。但生活事件是否引起心理应激反应及是否致病，除取决于事件本身属性外，还受制于个体对事件的认知评价（cognition）、应对方式（coping）、个性（personality）等应激中间（介）因素。非溃疡性消化不良（NUD）作为一种心身疾病，其发病可能与各种心理应激因素有关。其中的应激作用机制有待进一步研究。本文试图通过对特质性应对方式、生活事件单位、个性特征与 NUD 的多因素分析，探讨应对方式在应激原到应激结果之间的作用和机制。

（三）对象与方法

1. 对象

（1）NUD 组

1996 年 10 月—1997 年 10 月门诊 NUD 患者，男 45 人，女 55 人，平均年龄 41 ± 13.82。

NUD 诊断符合以下标准：其一，上腹疼痛、腹胀、早饱、反酸、嗳气、烧心、恶心、呕吐等上腹症状超过 4 周；其二，胃镜检查未发现溃疡、糜烂、肿瘤等器质性病变，也无食道炎及上述疾病史；其三，排除肝胆胰及肠道器质性病变；其四，无糖尿病、结缔组织疾病、精神疾病等全身性疾病；其五，无上腹手术史；其六，2 ~ 5 年内二次胃镜检查，未发现有器质性病变。

（2）健康对照组

为同期来院健康体检者，无消化不良症状，体检也未发现异常。其中，男 49 人，女 51 人，平均年龄 39 ± 12.12。

2. 评定工具

（1）特质性应对量表

由姜乾金编制，共 16 项。其中，积极应对 8 项，消极应对 8 项。符合一项得 1 分，计算积极应对分（PC）和消极应对分（NC）。

（2）生活事件量表

由张明园等编制，共 66 个项目，根据常模计算过去 1 年内总的生活事件单位（LEU）。

（3）艾森克人格成人问卷（EPQ）

由陈钟庚等修订，测定个性中的精神质（EPQ－P）、内外倾（EPQ－E）、神经质或情绪不稳定性（EPQ－N）及掩饰（EPQ－L）4 个量分。

3. 评定方法

向被测试者简要说明必要性，由被试者根据各量表标准指导语的提示，在单独环境中完成。

4. 统计处理

数据资料输入计算机，以 SPSS 软件包做统计分析。

（四）结果与分析

① 比较 NUD 组和健康组的各项心理测验结果均值与标准差于表 1（略）。

其中，LCU、NC 和 EPQ－N 3 项因素在两组被试之间有非常显著统计学意义的差异，提示生活事件、消极应对方式和情绪不稳定的个性特点等心理社会因素分别有诱发 NUD 之可能。其中，以 NC 与 NUD 相关最高。

② 为排除因素间的内在联系对单因素分析的影响，探索 7 项心理社会因素在 NUD 病因学中的综合作用，做多元逐步回归分析。

以疾病状况为因变量 y（NUD 患者赋值为 1，健康人赋值为 0），分别以 LCU、PC、NC、EPQ－P、EPQ－E、EPQ－N、EPQ－L 量表分为因变量 x_1－x_7。多元逐步回归分析结果如表 2（略）所示，除 PC 外，所有 6 个变量都进入方程，有显著和非常显著统计学意义，反映出本文所列绝大部分心理社会因素对 NUD 可能有综合的致病作用。方程 $F=10.30$，复相关系数 $R=0.49$，$R^2=0.24$，说明在 NUD 疾病的总变异中能由 6 项心理社会因素总体估计的可占 24%。在表 1 中无显著差异的 EPQ－E 和 EPQ－L 在本回归方程中位居前列，说明个性因素在心理社会因素的综合作用过程中确有其重要性。另外还意外发现，EPQ－E 和 EPQ－L 的回归系数均是正值，显示性格外倾和掩饰倾向在 NUD 病因学中可能有增强作用。这一结果虽与癌症等研究报告不同，却符合 NUD 临床实际情况，那些工作繁忙、交际广、性子急而又追求完美的人，NUD 也较多。值得注意的是，第一个进入回归方程的变量仍然是 NC。

③ 为进一步分析表 1 中 LCU、NC 和 EPQ－N 这 3 项有显著性差异的变量在 NUD 病因中的综合作用情况，再做多元逐步回归分析。

以疾病状况为因变量 y，赋值同上；以 LCU、NC 和 EPQ－N 为自变量 x_1-x_3。多元逐步回归分析结果如表 3（略）所示，NC 率先进入方程，而 EPQ－N 则被排除在方程之外，显示在这 3 个 NUD 重要影响变量之间，本质上是 NC 最为重要，而 EPQ－N 的作用则可以由另外 2 个变量所包容。

④ 为从另一个角度探索本文所有心理社会因素之间的相关性及在 NUD 病因学中的意义，将各心理社会因素之间的相关系数矩阵列于表 4（略）。

表中应对量分（NC 和 PC）与个性各量分之间有较高的相关性，并以 NC 与 EPQ－N 的相关最高（0.49），显示特质性应对方式具有个性成分，与原作者的结果一致。由于 NC 与 EPQ－N 有密切的相关性，结合表 3 结果，即第二次回归分析中 EPQ－N 量分被排除出方程这一现象，由此可以推断，作为消极的个性因素 EPQ－N 在 NUD 病因学方面的作用，大部分可由消极应对方式 NC 的作用来反映。同样，生活事件在表 4 中与 NC 和 EPQ－N 有较高的相关，结合分析生活事件与 NUD 的关系在表中位居NC之后，显示生活事件虽是应激原，也是致病原，但其致病作用不是最直接的，可能通过应对方式的中介作用而被放大或缩小。这也就是说，在一定程度上，生活事件对人体的最终影响也是通过消极应对方式表现出来。

（五）讨论

NUD 是有消化不良的上腹症状而无明确器质性病变的一组消化系统症候群，又称功能性消化不良。Pauli 等认为心理因素，主要是焦虑和不健康行为（illness behavior）可能引起 NUD。Haug 等研究发现，与十二指肠溃疡及健康人比较，NUD 患者焦虑状态、情绪低落、心理异常明显增多，过去 6 个月内负性生活事件明显增加。有人研究还发现，青年学生考试紧张可诱发 NUD 症状。但关于各种心理社会因素与 NUD 之间的交互作用机制问题，特别是关于应对方式在 NUD 的心理病因学中的意义，国内外尚少文献报告。

本研究单因素分析证实，生活事件、消极应对方式和情绪不稳定性与 NUD 有关。多元逐步回归分析和多因素相关的综合分析则提示，在各项心理应激因素中，消极应对方式起着关键的作用。对此，分别做如下进一步讨论。

从心理病因学角度，生活事件在发生后是否导致心理生理反应，进而影响心身健康，除取决于生活事件的刺激强度、发生频率、持续时间外，还受个体对事件的认知评价和应对方式的影响。本文结果显示生活事件对 NUD 有作用，但这种作用在很大程度上受应对方式的制约。

个性特点也是以往心理病因学研究的重点。Alloway 等认为，良好的人格可以在生活事件对健康的冲击中起缓冲作用。许崇涛也认为，低神经质人格在生活事件—心理健康关系中具有一定的缓冲作用，表现为高生活事件 / 低 EPQ－N 组比高生活事件 / 高 EPQ－N 组，SCl－90 总分阳性低。本文肯定了个性特征在 NUD 的心理病因学中有意义，且与一般文献不同，发现性格外向和掩饰倾向对此也有增强作用，更主要的是证明某些消极的个性成分如 EPQ－N 的致病作用很大程度上可通过消极对方式来反映。

应对方式在心理病因学研究中已越来越被重视。积极的应对可以减缓生活事件的应激，有利健康；消极的应对则加重应激，不利于健康。姜乾金等研究发现，特质性消极应对与 SDS、SAS、SCL－90 评分呈显著正相关。本研究各项分析证明，消极应对量分（NC）在生活事件和个性特征诸因素对 NUD 产生作用的过程中很可能处于重要的中介作用位置。

总之，本研究显示应对方式在心理应激各因素与 NUD 的症状之间可能起主要的中介作用，因而在临床上对 NUD 患者的心理治疗主要是加强应对指导，而不是对生活事件的预防或个性的改变。

二、“应对”研究近况（专论，1999）

本文刊于 1999 年《中国临床医生》1999 年第 27 卷第 11 期，主要供临床医生，特别是基层医护人员参考，希望在心身医学临床工作方面产生一些效果。从 20 年后应用效果来看，情况并不乐观。

（一）心理应激与应对

在讨论应对之前，应先介绍心理应激的概念。所谓心理应激，与俗称的精神紧张或精神压力有近似性。现已证明，应激时的生理和心理反应会以症状和体征的形式表现于临床，成为人们身体不适和精神痛苦的根源。根据综合性医院中的相关统计，约有 2 / 3 的患者症状与应激有关。现代人类主要的死亡原因，如心脑血管病、癌症及意外伤害等的发生发展就与心理应激有密切关系。心理应激与现代人类生活中的一些不良行为方式，如吸烟、酗酒、药物滥用、多食、缺少运动及对社会压力的不良反应等有密切联系，从而影响人类的生命质量。随着工业化的发展，现代化程度越高，竞争越激烈，人际关系越复杂，人对环境改变更不易适应，心理应激问题在人类疾病病因和治疗中的重要性已越来越受重视，并引起对社区卫生服务工作的重视。

所谓应对（coping），则是指个体为了对付应激而采取的各种相应的认识活动和行为活动，是重要的心理应激因素。

心理应激其实是一种过程。生活事件是原因，故又称应激源；由此引起的心理不适或身体症状是结果，故称之为“应激反应”。应对就在应激源和应激反应中间起着重要的调节作用，故是“中间（介）影响因素”。应对在应激与健康关系中的作用已越来越引起人们的关注。目前认为，应对是决定生活事件是否影响健康的决定性因素。例如，个体遭遇到亲人病故、夫妻离异、事业受挫、遭受歧视等生活事件时，只有在其应对无效的情况下，才会产生悲哀、抑郁、孤独等负性心理反应，进而还可通过神经内分泌和免疫中介途径，使原有的疾病复发或形成新的疾病。作者等近年的分析研究也证明，生活事件的致病作用（如非溃疡性消化不良），是由应对方式在其中起中介作用的。

（二）应对的分类及测量

应对的直接目标是解决生活事件或减轻因事件而产生的情绪不平衡状态。因此，根据应对目标可以将其分为针对问题应对和针对情绪应对两类。

根据应对活动的内容也可将其分成许多种类，如再评价（对生活事件做出重新认识和评价）、问题解决（通过思想上或行动上的活动解决或克服困难）、回避（从思想或行动上避免与之接触）、顺从（使自己接受或适应事件本身）、幻想（通过幻想消除痛苦或满足欲望）、求助（寻求社会支持或各种补助）等。

根据研究角度的不同，还可将应对分为过程应对和特质应对。过程应对主要指个体在具体的生活事件过程中所采用的应对策略。由于个体在不同生活事件中往往有不同的应对活动，因此，过程应对缺乏跨情境一致性，上述针对问题应对多属于此类。特质应对是指个体在各种不同的生活事件中存在某些相对稳定的、具有习惯化倾向的应对方式，或称应对风格，并带有一定的个性特质成分，故有一定的跨情境一致性。上述针对情绪应对多属于此类。

国内应对测量工作业已逐渐开展。目前使用的有：医学应对量表（MCMQ），将患者对疾病的应对方式分为面对、回避、屈服 3 种；Folkman 和 Lazarus 修订的应对方式量表，将应对方式分为对抗、淡化、自控、求助、自责、逃避、计划和自评 8 种；作者编制的特质应对问卷，分为积极应对和消极应对两类（注：此表即 TCSQ，须注意积极应对和消极应对是两个维度的变量），初步证明消极应对与癌症、男性十二指肠溃疡、睡眠质量下降、小学生流行性癔病等病症有关。

（三）应对与有关因素

应对活动与情景有关。人们遇到不同生活事件时，常采用多种应对策略。有研究认为，最多用的应对策略是能消除内心积怨的倾诉与发泄；效果最好的应对策略是具有显著抚慰心理创伤作用的消遣和倾诉；不少人则认为烟可提神、酒可浇愁、药可带来安宁。

应对活动与个性有关。不同个性类型的人在面临应激时会表现出不同的应对活动。例如，日常生活中某些人习惯于幽默，而有些人习惯于回避（借酒消愁）。A 型行为模式的人与 B 型行为的人相比，其应对行为更多地体现出缺乏灵活性和适应不良。

应对机制与年龄有关。研究证明，随着年龄的增长，其应对方式会逐渐改变。作者发现，老年人与青年人不仅应对方式不同，相关的应对方式对心身的影响也不同。

（四）应对指导

在生活中，经常会有考试、评比、检查、比赛等事件发生，使人感到精神紧张或有一定压力，这其实就是心理应激。在其推动下，人们会更好地工作或学习，故具有积极意义。但在许多情况下，对于一些过强或持久的紧张或压力，特别是已引起心身症状或已导致疾病恶化时，就必须通过应对指导等心理干预方法加以控制或预防。以心理应激理论为基础的应对指导原则如下。

1. 控制应激源

指导个体通过“问题解决”应对的方法，从根本上消除应激源，这是最理想的控制应激办法。若想以完全消除应激源的办法来防止心理应激是无法做到的，也是无益于心身健康的。还可以指导个体采用“回避”应对的办法，使之远离应激源以减少某些心理应激的发生。例如，在发生争吵时，劝说一方暂时离开现场；对年老体弱的人，建议避免过多参加遗体告别仪式等。

2. 改变认知评价

可指导个体进行“再评价”应对，例如，换一个角度去认识生活事件，以减轻应激反应。

3. 寻求社会支持

指导个体从组织、单位、家庭、同事、亲友那里得到精神方面或物质方面的支持，即采用“求助”应对方式，对控制心理应激具有十分重要的作用。例如，在临床工作中，不可低估患者家属、同事、领导及医务人员对患者的支持作用。

4. 分散注意

指导个体参加适当的体育活动，即采用“转移”应对方式，除了能调节血压，改善血液循环，促进消化和吸收外，还可转移个人对应激源的注意力，解除焦虑、抑郁等不良情绪。

5. 松弛训练

指导个体通过一定的放松训练即“松弛”应对，有助于控制与应激有关的不良心身反应（症状），包括降低皮层的紧张度，从而减轻焦虑和抑郁等心理症状；降低交感神经张力，从而改善内脏症状。例如，降低血压，调整骨骼肌系统功能，如降低头颈部肌紧张（以上 3 个方面是互动的）。松弛训练的方法较多，最简单的被称为松弛反应。其要点有三，其一，舒适的体位；其二，全心身入静；其三，随着深而慢的呼吸主动放松全身。在反复训练过程中应积极想象和体验放松时的“心身舒适”感受。松弛训练时间按需而定，对急性应激可仅几分钟，对慢性症状则应每次 20 ~ 30 分钟，每天 1 ~ 2 次，持续 3 ~ 6 个月或长期使用。

三、继发不孕妇女的心身健康与心理社会因素（论文，2000）

摘录自 2000 年《中国心理卫生杂志》第 14 卷第 4 期，作者应佩云、姜乾金。

（一）中文摘要

目的：探索继发不孕妇女的心身健康状况、心理社会特点及影响因素。

方法：对 78 例 24 ~ 36 岁的继发不孕妇女施测了 90 项症状自评量表、特质应对问卷、社会支持问卷和艾森克人格问卷，并分析心身症状与各项心理社会因素的相关性。

结果：继发不孕妇女有较高的焦虑、抑郁和躯体症状，且与职业、婚否等一般因素无关，与应对方式、社会支持和个性特征等心理社会应激有关因素有一定的相关性。

结论：在继发不孕症的诊治和护理工作中，应根据这一群体的特定心身特点，制定相应的心理干预策略。

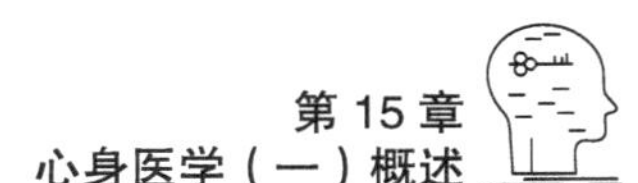

（二）前言

近期有国内作者指出，某些行为因素，如初婚年龄、环境接触等可能是造成不孕症的原因。但对继发不孕症患者这一特定群体的心理社会特征的系统研究，国内外尚不多见。

本文根据现代心理社会应激理论，将不孕症的“不孕”看成应激原，将患者的心身症状看成是应激结果，则应对方式、社会支持和个性特征等因素就是可能影响到应激结果的心理社会应激中间/介因素（以下简称心理应激因素）。本文试图以此思路对继发不孕患者的心身症状及各方面的心理社会影响因素展开系统调查研究。

（三）对象与方法

对象：1998 年 2 月至 12 月，来院接受理疗和“通液”的继发不孕症患者 78 例，平均年龄 27.82 岁（24 ~ 36 岁），平均流产 1.32 次（1 ~ 3 次）。继发不孕症诊断依据是有流产史、配偶健康、同居和未避孕一年以上未再次怀孕者，经妇检、B 超和造影等检查证实输卵管炎性阻塞（粘连）。本组大多数有未婚先孕史、多有下腹胀痛、腰酸、白带增多等体诉，以及焦虑、抑郁、恐惧、痛苦、悔恨和担心等心理症状，被试来理疗前均已经过抗炎等治疗。

方法：

使用量表及调查表如下。

1. 一般项目

调查并记录年龄、婚否、学历、职业、自我估计家庭经济、估计本人在家庭中的地位等。

2. 90 项症状自评量表（SCL－90）

记录 9 个因子分及总均分，本文以总分代表个体的心身健康水平。

3. 特质应对问卷

姜乾金编制，分 PC（积极应对）和 NC（消极应对）2 个量分。本次使用经原作者修订并经信度、效度检验的问卷，条目以 1 ~ 5 级计分。

4. 社会支持量表

肖水源修订，记录客观支持量分（SSO）、主观支持量分（SSS）、社会支持利用度分（SSU）和社会支持总分（SST）。

5. 艾森克人格问卷（成人）

陈仲庚修订，记录精神质（P）、神经质（N），外向（E）和掩饰（L）等 4 项个性特征量分。

（四）结果

1. 心身症状水平分析

本组 SCL90 测定结果与该问卷的女性常模比较见表 1（略）。表 1 中继发不孕患者的多数心身症状因子分远高于国内常模，显示继发不孕患者总体心身健康水平较差，且其症状以焦虑和抑郁及躯体化不适症状为主。

2. 心理应激因素分析

本组应对方式测定结果与问卷作者的地区性常模比较于表 2（略）。无论 PC 或 NC，本组均高于常模中 345 例同龄女性健康组或 251 例同龄女性躯体疾病组，显示继发不孕患者的应对活动，特别是消极的应对相当活跃。本组社会支持总分 SST 为 35.76 ± 7.32，与问卷作者的 100 例正常人测定结果 35.55 ± 4.73 相近。本组艾森克人格问卷测查结果与该问卷的地区常模无显著差异。

进一步考查农民组和非农民组之间应对方式、社会支持和个性特征共计 10 项因素分的差异，结果除了农民组 SSU 低于非农民组（$P < 0.05$），农民组 P 分高于非农民组（$P < 0.01$）外，其余因素均无显著差异。此外，按婚否、文化程度、流产次数、经济条件、家庭地位等分组，上述各因素测定结果也均无显著差异。

3. 心身症状水平的各种影响因素分析

本组心身症状总均分和各因子分与年龄、婚否、学历、经济状况、家庭地位、流产次数等均无显著相关性（表略）。本组心身症状总均分和各因子分与心理应激中介因素包括应对方式、社会支持和个性特征等的相关关系见表 3（略）。结果显示继发不孕患者的心身症状与这些因素均有一定的相关性。从表 3 可以发现：其一，主要是患者的焦虑、抑郁和躯体症状 3 项因子分与各应激因素有相关性，这与表 1 结果一致；其二，具体到心理应激因素的种类，可见心身症状与积极应对（PC）、社会支持（SSS、SST），以及个性方面的外向（E）和掩饰（L）呈负相关，与个性方面的精神质（P）和情绪不稳（N）呈正相关。

（五）讨论

本组继发不孕症患者尽管其经济状况较好，在家庭里的地位也较高，在其他方面也与常人无异，但作为应激结果的心身症状（主要是焦虑、抑郁等情绪及躯体不适症状）却明显高于正常人，作为应激中介因素的积极应对和消极应对活动也相当活跃。此外，本组患者的心身症状与年龄、婚否、学历、经济状况、家庭地位、流产次数等一般因素均无显著相关性。上述结果可能与本组被试面临特定的应激原——“不孕症”有关。我们在临床调查中证实，不孕症患者对这一生活事件给自己带来的威胁普遍估计过高，远超过其他经济或社会一般因素的影响。

本组继发不孕症患者的心身症状分别与心理应激因素包括应对方式、社会支持和个性特征等有一定的相关性，并显示那些较少积极应对、缺乏社会支持（特别是主观支持），以及有较高的精神质、内向和情绪不稳定等个性特征的患者，“不孕症”对其心身健康影响较大，与国外的某些报告相一致。因此，以心理应激理论为基础，通过加强应对指导、增强亲友的理解和支持，改变不良的行为习惯等，将有助于降低继发不孕症患者的心身症状程度。

此外，本文农民组与非农民组之间存在社会支持方面的一定差异，这与现阶段的城乡差别有一定关系；本文已婚组与未婚组之间在心身症状和所有涉及的心理社会因素方面均无显著差异，这可能与现实中婚姻观念的变化有关。

根据本文结果所示，继发不孕症的诊治和护理工作中，如能了解这一特定群体的系统心身特点，并制定相应的心理干预策略，将会对患者的心身康复起到重要作用。

第 5 节　部分专题幻灯片

作者长期宣传和推广应激和应激系统模型，医学界（医院）是重要对象（其次是社会各界人士），讨论的内容则大多属于心身医学和心身疾病范畴。不少讲题往往长期反复在各地宣讲过，下面选其三。

（注：这几组幻灯片均未加解说，可直接浏览阅读图文，如能结合前面章节内容，特别是心身医学基础知识和压力系统模型基本法则，则更易于理解）

一、压力系统论与心身疾病干预策略（专题，2008）

摘录引自 2008 年作者在宁波医学会心身医学分会成立大会上的专题报告。其中，压力的评价方法和干预技术，原课件均有详细的链接，考虑本文集前面已有这方面的内容，故予以略去。

1

祝贺宁波市医学会心身医学分会成立

压力系统论与心身疾病干预策略

浙江大学医学院　姜乾金

2

第一部分

心身疾病与压力系统失衡

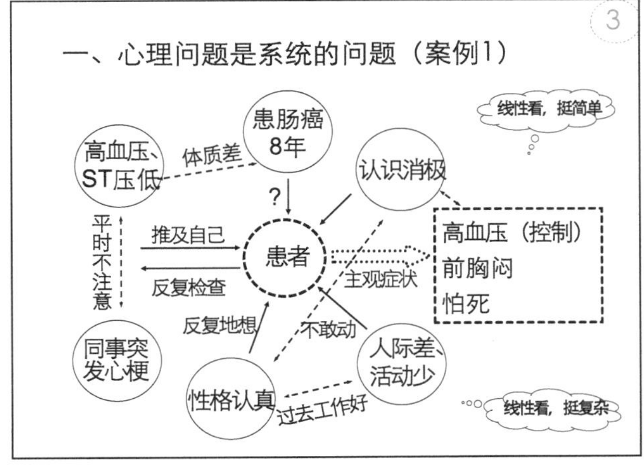

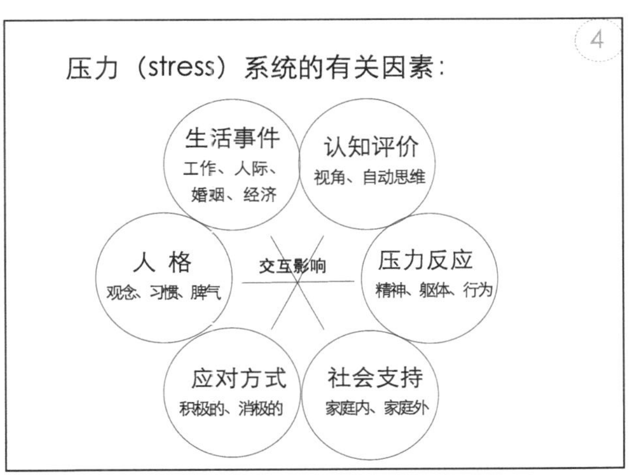

5

“慢性疼痛综合征”（案例2）

某男，50岁，建筑工人。一年前因腰部外伤导致急性疼痛，经过积极的治疗，其组织病理改变在3个月之内就已逐渐消除，但此后疼痛仍继续存在，并出现许多习得性的消极行为症状。目前，患者的症状越来越复杂，被诊为慢性疼痛综合征。下表是患者在受伤后两个不同病期的心身状态综合描述。

6

慢性疼痛综合征多因素系统描述

	急性疼痛期的心身特点（伤后3个月内）	**慢性疼痛期心身特点**（伤后一年以后）
认知特点	对预后看法积极，对治愈有信心，关注工作和外部世界	痛成为核心关注点、看问题悲观，专注于痛体验和先兆症状
应对方式	相信医生、求医和合作，使用止痛药物，积极活动	祈祷、不断变换医生，寻求各种良方、药物依赖，卧床时间多
社会支持	亲友探视，友善待人	社会交往中断，容易怨恨别人

7

慢性疼痛综合征多因素系统描述（续）

	急性疼痛期的心身特点（伤后3个月内）	**慢性疼痛期心身特点**（伤后一年以后）
生活事件	生活事件少（工作责任消除，家人理解融洽，获经济补偿）	家人冲突，工作事件，经济事件
人格特征	原有的人格特征（稍有求全、敏感倾向）	宿命观念、自卑、丧失信心，依赖，疑病量表分高
心身反应	焦虑、害怕、情绪行为积极，内脏生理觉醒（心率快等），局部或全身肌张力增高	情绪抑郁、波动、缺乏兴趣，回避现实，消瘦、肌萎缩、无力，嗜睡、失眠

8

二、压力系统论的基本法则

1. **多因素系统**（人生活于多因素的压力系统）
2. **因素的互动**（多因素之间互为因果，且易形成良性或恶性循环）
3. **动态的平衡**（系统的动态平衡即是适应和健康）
4. **认知的作用**（认知因素在系统失衡中的关键作用）
5. **人格的作用**（人格因素在系统失衡中的核心作用）

有关认识已部分反映在新的各版规划教材之中

9

三、用压力系统结构模型看案例

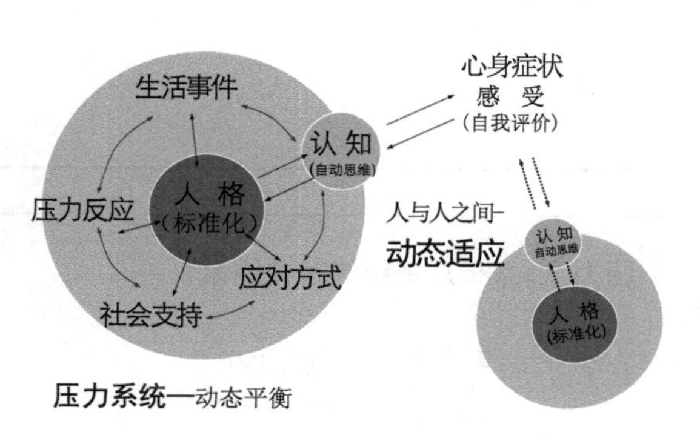

压力系统—动态平衡

10

第二部分

压力系统的评估方法

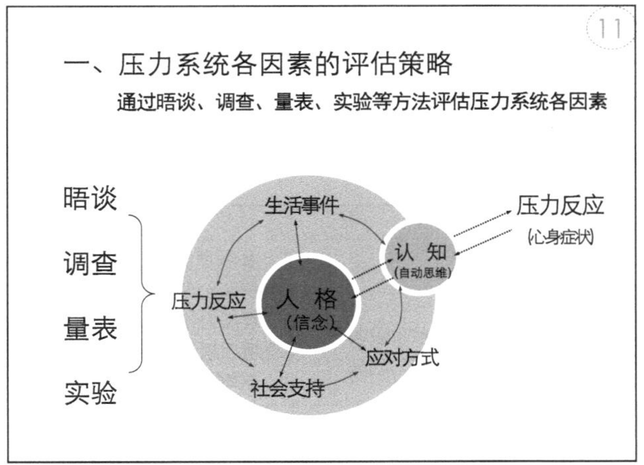

12

二、晤谈与调查

1.生活事件：生物性、心理性、社会性和文化性刺激。

2.认知评价：标准化图式—自动性思想—认知歪曲。

3.应对方式：积极应对、消极应对。

4.社会支持：家庭支持、家庭外支持。

5.人格特征：性格、习惯、观念等。

6.压力反应（心身症状）：心理反应、行为反应、生理反应。

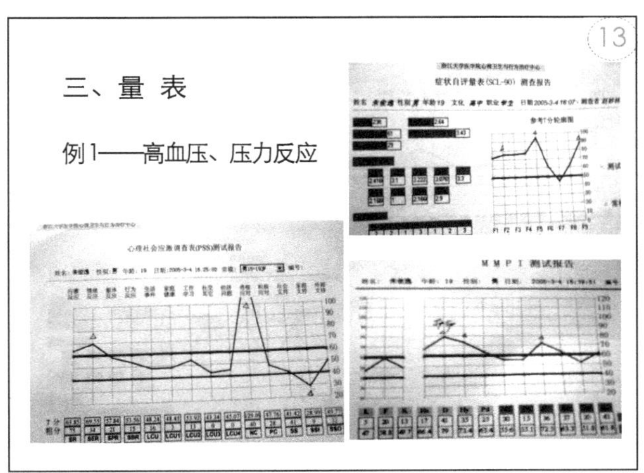

14

第三部分

压力系统的干预策略

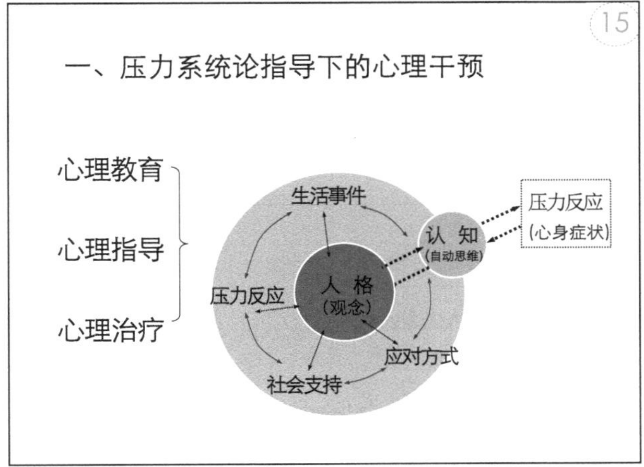

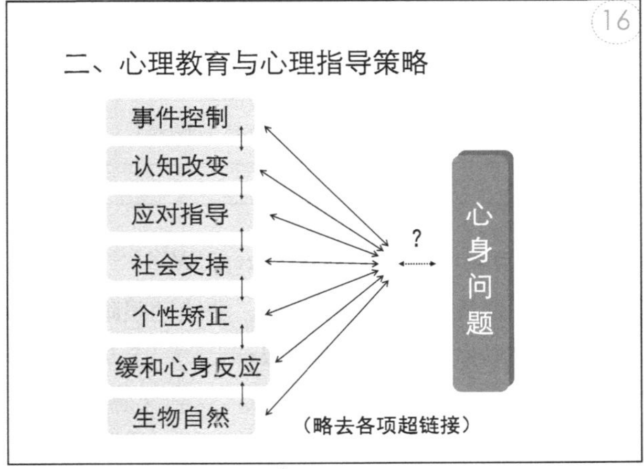

二、睡眠与失眠（专题，2016）

摘录引自2016年在浙江省某康复医院的专题讲座。讲座对象为医护工作者和残疾人自助组织成员。

1

20160412浙江某康复医院

睡眠与失眠

姜乾金 浙江大学教授 主任医师

2

内容提要

一、关于睡眠的某些认识误区
二、睡眠节律（周期）与临床
1.什么叫睡眠节律；
2.慢波睡眠；
3.快波睡眠；
4.睡眠周期与临床现象。
三、其他睡眠研究与意义
1. 睡眠剥夺实验；
2. 梦的研究和解释。
四、失眠的类型
五、失眠原因——
1.疾病和生理因素；
2.心理压力（应激）因素；
3.环境因素和生活节律改变。
六、失眠干预——
1.养成良好的习惯；
2.安眠药物使用；
3.心理压力综合管理（应对）
4.心理治疗和其他干预方法。
七、其他睡眠觉醒障碍
1.梦呓；
2.睡行症；
3.梦魇。

3

一、关于睡眠的某些认识误区

- 睡眠是自动化心理生理过程
（**过分主动操控**，反易导致失调）
- 睡眠的需要量个体差异相当大（5～9小时）
（认为**非要8小时睡眠**，并不正确）
- 睡眠时间估计不准确
（“整夜未睡”之说，**并不能反映真实**情况）
- 做梦是正常的生理心理现象
（**不必为梦而紧张**）
- 睡眠的重要性有被**过度渲染**的倾向
（喜欢听这方面教导的，恰恰是失眠者）

4

二、睡眠节律（周期）与临床

1. 什么叫睡眠周期

根据人在睡眠过程中的脑电图（EEG）、肌电图（ENG）和眼动电图（EOG）变化特征，可将睡眠划分为慢波睡眠和快波睡眠。

5

2．慢波睡眠（slow wave sleep, SWS）

又称浅睡眠、同步睡眠、非快动眼睡眠。在慢波睡眠，没有快速的眼球运动，全身肌肉张力下降，仍保持一定张力。以副交感神经活动占优势，心率减慢，血压下降，胃肠蠕动增加。生长激素在S_4期明显分泌增加，可能与生长和体力恢复有关。脑电图依睡眠深度变化不断变慢，按脑电图变化特点，将慢波睡眠又区分为4期。

6

附：慢波睡眠脑电

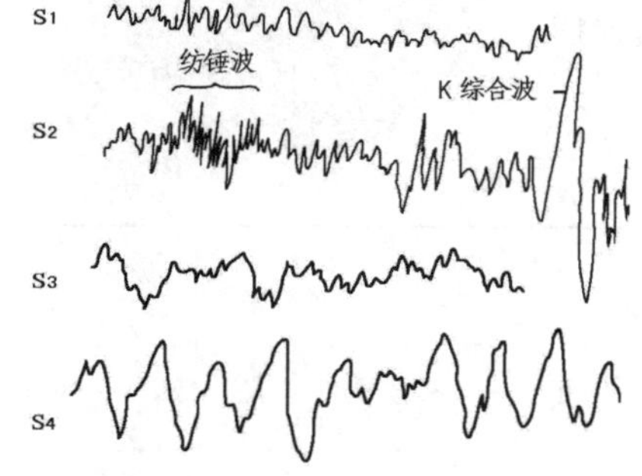

7

3．快波睡眠（fast waves leep, FWS）

此期较慢波睡眠更为深沉，又称深睡眠，但脑电活动的特征却与清醒相似，所以亦称异相睡眠；快波睡眠期眼球出现水平快速移动，故又称快动眼睡眠（REM）。此期眼电活动显著增强，肌张力进一步下降，肌肉完全松弛，肌电明显减弱，交感神经活动增强使心率加快、血压上升，呼吸加快而不规则，胃肠运动停止，故临床上支气管哮喘和心绞痛的发作易在此期出现。如在快波睡眠期被唤醒，并询问是否做梦时，74%～95%的人都会报告他正在做梦，并能记起梦境的内容。

8

附：两种睡眠时相的心身状态“兴奋性”模拟图

	慢波睡眠(SWS) 非快动眼睡眠 正相睡眠 浅睡眠	**快波睡眠**(FWS) 快动眼睡眠 异相睡眠 深睡眠	
皮层(清醒度)	↓	↓↓	
随意神经(肌张力)	↓	↓↓	
植物神经(内脏)	↓	∿	快波动眼、腺分泌，心血管、呼吸、生殖、梦

注：↓下降，↓↓进一步下降，∿ 活动异常

9

4．睡眠周期与临床现象

- 入睡后，首先进入慢波睡眠，再转入快波睡眠，然后两种睡眠进行交替和循环，直至觉醒。**越是早晨，越是快波睡眠为主。**
- 早晨容易发生**心血管意外。**
- 后半夜容易发生**哮喘发作。**
- 后半夜多梦，**清晨做梦不要紧张。**
- 清晨**起床应缓慢。**

10

三、其他睡眠研究与意义

1.睡眠剥夺实验

睡眠剥夺有3种形式，即全部睡眠剥夺、选择性睡眠剥夺、部分睡眠剥夺。

通过睡眠剥夺实验研究表明，睡眠的作用不仅是恢复体力精力，且与人的心理生理功能密切相关。**（因此也导致许多人过度看重睡眠）。**

睡眠剥夺实验还证明，**只需要较少时间的补充睡眠即可恢复正常。**

11

2.梦的研究与解释

（梦主要出现在快波睡眠）

体位和环境刺激

心理活动和记忆痕迹：俗话说“日有所思，夜有所梦”。

弗洛伊德《梦的解释》：潜意识欲望和冲动。

12

四、失眠的类型

1. **入睡困难型。**这类失眠受心理应激因素的影响较为明显，临床上多见于有重要生活事件者，如考试或神经症患者。
2. **保持睡眠困难型。**这类失眠表现为夜间易觉醒，或觉醒后不能再入睡。从睡眠实验室研究中发现，这类失眠者在一夜中的觉醒时间达15～25%，而睡眠正常者只占5%，多见于具有紧张个性心理特征的人。
3. **早醒型。**多见于抑郁症患者和老人。

13

五、失眠原因——

1. 疾病与生理因素

- 各种疾病痛苦所致
- 饮茶、咖啡、可乐饮料、中枢兴奋剂、酒精依赖
- 长期使用安眠药，停药后可能引起失眠
- 其他药物，如抗癌、抗癫痫、口服避孕药物、甲状腺制剂、糖皮质激素等

14

2. 心理压力（应激）因素

（1）生活事件（以及**失眠成为重要压力源**）；

（2）消极的认知（以及**不良的自我暗示**）；

（3）消极特质应对倾向；

（4）社会支持缺乏；

（5）敏感性格；

（6）心身症状（以及**抑郁、焦虑**等情绪）。

15

3. 环境因素和生活节律改变

- 卧室环境
- 噪声
- 气候变化
- 生活规律
- 饮食习惯

16

4. 附：作者等（徐晓燕，2003）对老年人睡眠障碍的回归分析结果显示：

“难以入睡”影响最大的是躯体化，其次为偏执、人际敏感、焦虑和敌意，影响程度为82%；

“醒得太早”主要因素是强迫和焦虑，影响程度为15%；

“睡得不深”影响最大的是人际敏感，其次为躯体化、偏执、消极应对和神经质，影响程度为32%。

17

六、失眠干预——

1. 养成良好的习惯

睡前愉快，但不激动

温水洗脚

尽量养成节律的作息习惯

不强迫自己入睡（顺其自然）

18

2. 安眠药物

①作为急性心理应激引起失眠的临时性用药；

②对于严重失眠者，可考虑短期服用安眠药，以解除患者的紧张情绪，打断害怕失眠的恶性循环；

③对于慢性失眠者，应强调睡眠卫生和进行各种心理治疗，安眠类药物尽量不用；

④安眠药产生耐受性的处理（当今常见）。

19

3. 心理压力综合管理（应对）

（1）生活事件管理
（2）认知调整
（3）建立社交圈子（家庭内，家庭外）
（4）调整人生观念
（5）压力反应（情绪、行为、身体）的控制

20

4. 心理治疗和其他干预方法

* 改变对失眠的认识，减低对失眠本身的压力；
* 反暗示法，控制不良的自我暗示；
* 放松训练、生物反馈等疗法减轻紧张、焦虑；
* 安慰剂的应用，对暗示性高的轻度失眠者；
* 剥夺睡眠或限制睡眠的方法，治疗抑郁症患；者的情绪和失眠（作为一种尝试）。

21

七、其他睡眠觉醒障碍

1. 梦呓。又称说梦话，即梦中自言自语，所言内容大多与白天活动有关，更具戏剧性的是有时可以与别人进行简单的对话，醒后绝大多数不能回忆。梦呓出现在**慢波睡眠较浅期**，可单独出现也可并发于睡行症中。

22

2. 睡行症。又称梦游症，只见于慢波睡眠的S 3和S 4期。并多在夜间睡眠的前三分之一期间。儿童多于成人，在睡眠过程中以一种刻板的动作从床上起来，穿衣、到室外徘徊或做一些简单的劳动如扫地、挑水做饭等，活动后可自动回到床上睡觉也可以就地而睡，次日醒来对夜间的所做所为完全遗忘。
3. 梦魇。又称睡眠焦虑发作，多发生在快波睡眠时期。

三、心理压力（应激）与心身健康：系统分析与综合管理（专题，2021）

摘录自2021年作者在山东潍坊心身医学分会“心理科学论坛”的专题报告。

1

心理学科技论坛
（2021.10.15，心身医学，潍坊）

心理应激（压力）与心身健康
——系统分析与综合管控

浙江大学　姜乾金

2

第一部分　　系统分析

敬请注意！
本讲座中应激和压力同义(stress)。

3

问题：

为什么用“是非”“对错”等大道理帮助别人解决心理压力问题，往往无效？

为什么心理压力程度，与学历、知识、地位并没有什么关系？

回答：

这是因为心理压力往往不是简单的“线性问题”，心理压力是“系统问题”。

4

心身疾病：心理压力与身体疾病的关联

图 7-1 心身疾病示意图（修自姜乾金，1993）

5

心理压力因素在一些特殊的疾病中……

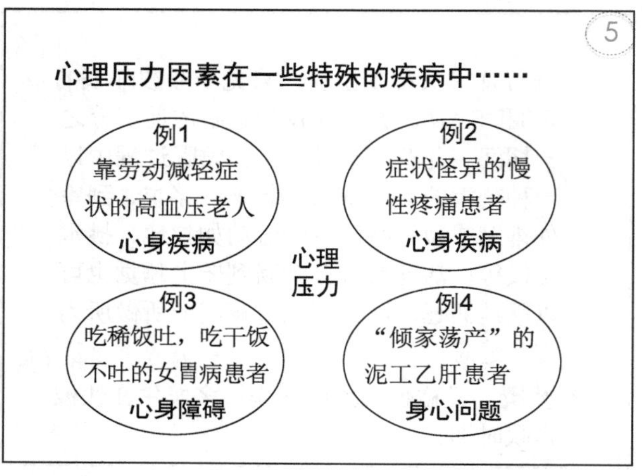

6

以例1高血压老人的心理压力状况为例

线性地看，是生活事件与身体疾病的因果关系；
系统地看，是多种压力因素之间的交互作用。

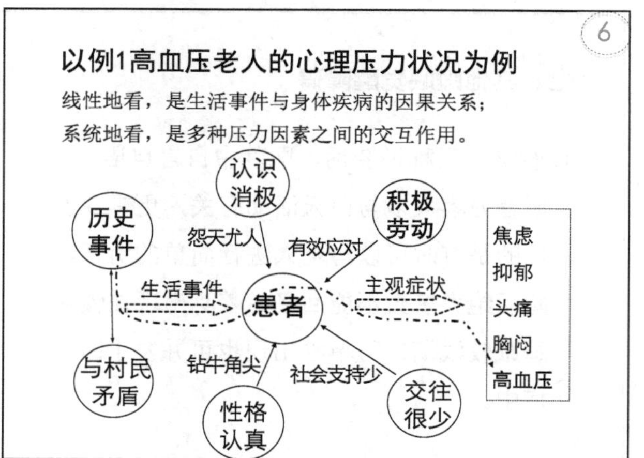

7

老人属于心身疾病患者，其心理压力因素如下：

生活事件：历史事件、与村民矛盾、单身困境

认知评价：社会不公、自己作孽、没有前途

应对方式：通过劳动可忘却冤屈，避免头痛症状

社会支持：社会支持系统严重缺失

个性特点：求全、完美、标准化、“钻牛角尖”

压力反应：焦虑、抑郁，高血压，身体不支

8

小结　如何看待心理压力（应激）

如果线性地看：

心理压力就是生活事件引起心身症状，这是线性的“因果”关系（简单的问题确实如此）。

压力调控，只需要通过线性思维去控制“因”即可。

9

但如果系统地看：

心理压力包括许多压力因素，这些因素相互影响，多因素之间恶性循环，最终影响个人心身系统平衡。（严重的压力问题大都如此）

压力调控，需要通过多维度的、综合的、灵活的调控手段，促进心身的再平衡。

10

附：心理压力（心理应激）系统模型（system-based model of stress）的发展过程 ……

（作者团队35年来的理论和实证研究）

11

“刺激与反应模型”

早期，关于应激，无论心理学界和医学界……

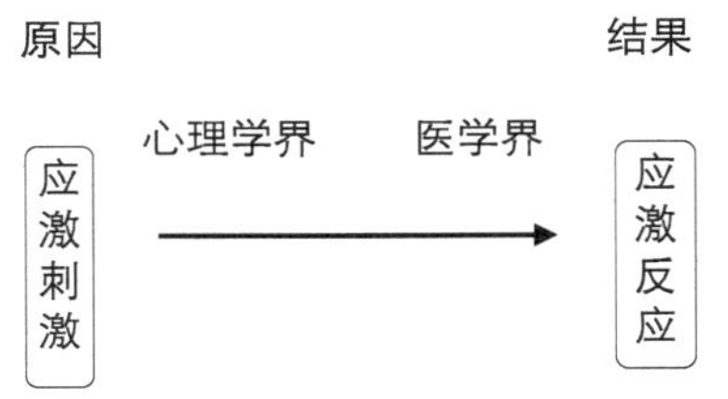

原因　　结果

心理学界　　医学界

应激刺激 → 应激反应

12

“过程模型”（系统模型的过渡型）

1998年，在我的原国家教委课题项目教材中，压力是……

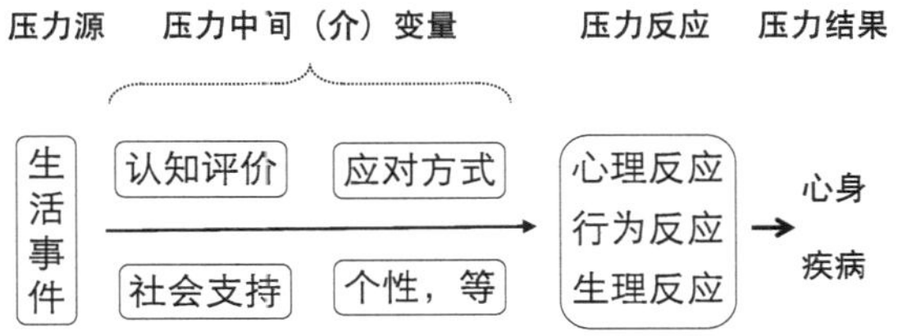

压力源　压力中间（介）变量　压力反应　压力结果

生活事件 → 认知评价　应对方式　社会支持　个性，等 → 心理反应　行为反应　生理反应 → 心身疾病

13

“系统模型”

2004年以后，全国五、七、八年制规划教材中，压力是……

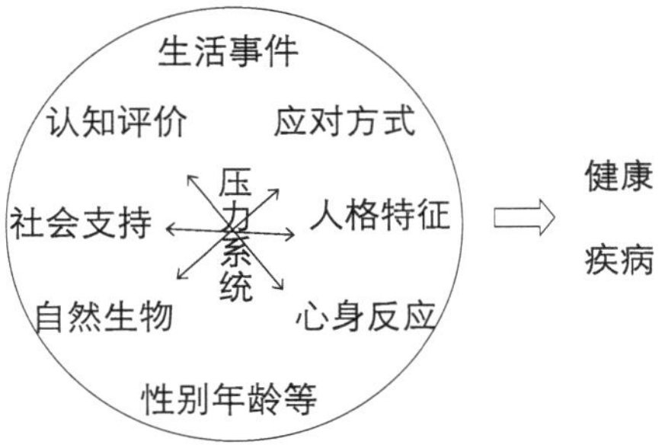

生活事件　认知评价　应对方式　社会支持　压力系统　人格特征　自然生物　心身反应　性别年龄等 ⇨ 健康　疾病

14

“压力系统模型基本法则”

见2012年《医学心理学：理论，方法与临床》（人卫版）
见2015年，全国八年制规划教材《医学心理学》（人卫版）

1. **多因素**（生活事件、认知特点、应对方式、社会支持、人格特征、压力反应等）；
2. **因素互动**（压力因素互相影响，形成良性或恶性循环）；
3. **动态平衡**（系统的动态平衡即是适应和健康）；
4. **认知是关键**（认知因素在系统失衡中的关键作用）；
5. **人格是核心**（人格因素在系统失衡中起核心作用）。

15

第二部分　多维度综合管控

16

我们的理论重点在系统模型，为便于理解，以下根据过程模型，讨论压力因素（维度）的管控

压力因素（过程模型）	生活事件	认知评价	社会支持	压力反应	人格基础
管控内容	管理生活事件	消除消极认知	加强社会支持	纾解压力反应	训练健全人格

注：本节不讨论应对策略

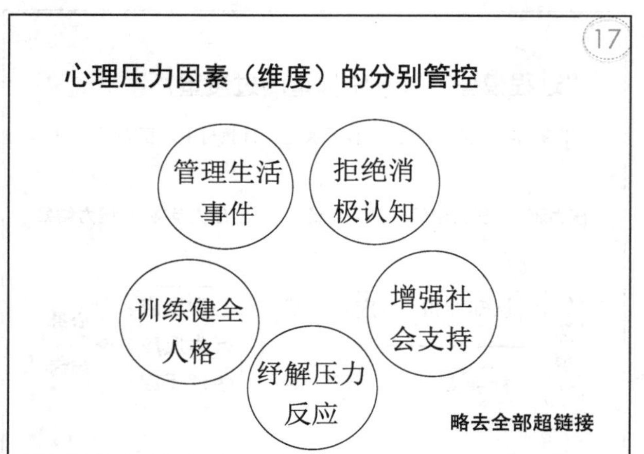

18

例1高血压老人心理压力管控汇总：

维度	要素	依据	管控内容 *	目标
生活事件	工作、人际、婚姻、经济	生物适应理论	解决、回避、接受	管控生活事件
认知评价	线性自动思维、曲解—负性情绪	认知—情绪理论	辨识线性思维、合理化积极自我暗示等	调节负性情绪
应对方式	20多种应对策略中选择	应对过程理论	选择积极有效的应对，避免消极应对	用好应对策略

* 基本方法与技术：心理教育、心理指导、心理治疗、药物、环境等

19

例1高血压老人心理压力管控汇总（续）：

维度	要素	依据	管控内容 *	目标
社会支持	家庭内支持、家庭外支持	“可利用外部资源”论	交朋友，多说好话，亲人陪伴等	提高社会支持
压力反应	精神、躯体、行为反应	心身相关和平衡理论	释放、转移、松弛训练、药物、环境等	消解压力反应
人格特征	完美主义信念、习惯、脾气	系统模型的生存法则	指导树立“接纳差异、快乐生活”的信念	提升人格魅力

* 基本方法与技术：心理教育、心理指导、心理治疗、药物、环境等

20

通过这次课堂互动，希望我们……

今后在心身医学工作中

在帮助别人解决压力问题时

在调整自己不良心态时

能够随时记起，心理压力不是简单的“线性”问题，心理压力是系统的问题！

四、心身医学20年随想——纪念中华医学会心身医学分会成立20周年（专题，2015）

2014年，中华医学会心身医学分会成立20周年，作者应邀写下这篇随笔。此文收集于心身医学分会纪念文集，并在2015年浙江省医学会心身医学分会学术年会上做专题报告。

1

浙江省医学会心身医学分会年会
（2015.09.12,金华）

心身医学20年随想

中华医学会心身医学分会成立20周年纪念文稿

姜乾金　浙江大学

2

20年，在历史长河中弹指一挥间；作为一个交叉学科，从建立到发展，反映了一代人的坚持和努力。

3

一、我与心身医学分会

4

20世纪90年代初（1994），在某些见解和操作层面存在较严重分歧的情况下，中华医学会心身医学分会在大连成立。

5

本人是全国分会第一届委员，在第二届（1998年）和第三届（2006年）由无记名投票当选为三名副主委之一。期间有较多的专题报告等。2010年在全国第十六届学术会议（武汉）做最后一次专题报告后宣布退出。

6

在浙江省内，全国分会成立当年，与传染科、外科、儿科、内科、神经精神科等有志者一起，促成省医学会在次年同意建立国内较早的“心身医学学组”。

7

省内“心身医学学组”连续举办了规模100人以上的心身医学学术会议，1998年还与全国分会合办了一期200余人的心身医学学术研讨会。

8

省内“心身医学学组”在走过10年漫长筹备之路后，于2005年成立浙江省医学会心身医学分会，本人首次也是最后一次担任主委。

9

2012年，我将刚出版的《医学心理学：理论，方法与临床》100余册，驱车送到全国学术年会现场，证明我“身”虽不再参与，但“心”仍维系于心身医学。

10

二、交叉学科

11

从历史发展的角度来看，作为交叉学科，心身医学和医学心理学类同，要想实现扎根和稳定发展，需要有**“先发者”**和**“基本盘”**。

12

先发者或许就是那些不安分的人，自以为是的人，喜欢新异探索或标新立异的人。
基本盘或许就是精神病学领域的视觉开阔者们。
处理好**先发者**与**基本盘**的关系，是交叉学科发展的“艺术”问题。

13

在**先发者**中，人们从“心身”的“心”字，各自找到了不同的解读和自我定位。因此，许多学科中的人员参与了早期各阶段本分会的学术活动。

14

其中，有行政、哲学、思政、护理、基础医学、非精神科临床医学、中医、药学、教育及大中小学校等各种专业或领域的有志者。

15

这种参与人员的广泛性，为学科宣传和发展带来了积极的影响。但能够沉积下来的人员却较少，也不利于心身医学学科在我国的定位和发展。

16

由于我们是非常讲究条块管理的，交叉学科特别是“均衡交叉”的学科（即交叉学科与各母学科均等地关联），则越是难以找到自己的定位。

17

近年来，已有更多精神病学专家成为学会活动的“**基本盘**”，他们轻车熟路，从容驾驭，使心身医学学科越稳定，发展更迅速。

18

在这里，也需注意避免内、外、妇、儿、基础医学、预防医学、护理学、心理学、教育学、政工等与之“交叉”领域的先行者和热心者的流失。

19

希望我国、我省心身医学的基本盘和交叉参与者之间形成稳定、互动的学术预期关系。这对学科是福，对国家也是福。

20

三、值得记忆的人

21

刘增垣教授：我国医学、哲学界的学者，对心身医学和心身关系有其独特的宏观思考和认识，是中华医学会心身医学分会首届、第二届主委。

22

刘教授所代表的医学哲学学者，可以成为心身医学的先发者、领导者，其所代表的学界最终难以成为心身医学的基本盘。

23

国内许多其他相关学界出身的心身医学开拓者，情况亦相同。

24

因此，我们有必要记住刘增垣教授等曾经为建立中华心身医学分会做出贡献的学者，记住其他早期为心身医学分会的发展长期耕耘过的国内各科的老专家们。

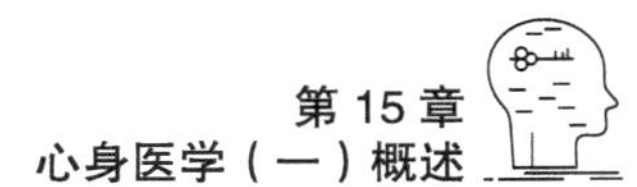

25

同时，有必要了解浙江省内钱美宝主任医师（肝病科）、叶圣雅教授（外科）等十几位坚持浙江省心身医学学术组织创建活动的专家。

26

我国及浙江省心身医学今后的发展，要相信当前精英团队的智慧。祝福他们继往开来，实现曾经的“先发者”们有关建立我国独特心身医学学科的宏愿。

27

注：本人对我国医学心理学的态度与心身医学一样。

28

（2014年5月18日随笔）

谢谢！

第 6 节　博文集（十）

压力（应激）系统模型是生物心理社会多学科交叉的理论模式，其内容看似容易理解实则较难把握，其学术价值又主要体现在被目标人群接受和应用方面。为此，作者选取 2011—2022 年撰写的部分博文（原有链接和表情包已撤去），经组合分别列入若干章之后，旨在加深阅读者对该章内容的理解和把握，同时也为可能开展的系统模型各种主题宣讲和临床咨询等实际工作提供部分引用素材。

本节含 12 条博文，主要选取与心身医学和心身疾病（癌症已另列章节）相关的一些话题，其中有些本身就是心身问题，或者身心问题，或与压力多因素有关的健康问题。

从“做产”规矩看人的多维性（2016－4－3 18：30）（微博）

重庆人吃辣没事，沿海人吃辣则会“热”，部分人可引起胃病、口疮、痔疮发作。

民间传统中，宁波产妇需要喝稀粥，杭州产妇喝白煮鱼汤，温州产妇吃炒焦的米和大量生姜、红糖，三地虽同在浙江，但“做产”规矩恐怕难以调和。如果让温州产妇吃稀粥，喝白煮鲫鱼汤，有可能会“寒”坏了产妇。

这不完全是思想问题（心理作用），其中有地域饮食文化差异，有行为学问题（长期生活在特定环境形成的身体上的习惯反应或条件反射），有系统平衡问题（人是多因素、多维度的系统平衡体，如周围人群态度和行为对产妇的影响）。

颈椎病的“局部反向矫正训练”（2016-5-6 09：35）（微博）

对某些颈椎病，特别是其发生与工作体位有关者，不妨先试试局部反向矫正训练，即对引起颈椎病的长期固定动作，做相反方向的对抗性矫正训练。例如，因为长期在书桌上使用电脑，手肘位置过高→可导致项背部肌肉紧张、痉挛→更广泛的躯体、心身症状→颈项部肌肉神经的更紊乱（恶性循环），此时可考虑放低手肘位置作训练。

博主20年前因日夜在书桌上使用鼠标，导致颈椎病，X片显示颈椎曲度变直，用过牵引等手段无效。后考虑采用反向纠正训练。办法是将鼠标下放到板凳上，比座位还低几厘米，使操控鼠标的右手处于自然向下伸直状态，带动项肩部下压放松，如此坚持工作几个月，不知不觉中颈曲回归自然（注：这或许也算“系统思维”的应用，但只是个案，是否具有普遍性，待验证）。

“患者满意度”话题（2016-08-09 21：39：47）

几十年前，在某县医院有种说法，即医生即使真的存在失误，患者及家属也未必知道，反而可能对失误医生感恩戴德，因为医生补救操作行为会给人以认真负责的感觉。相反，许多患者及家属大吵大闹说医生失误，实际上医生并无失误，反而是受了委屈的医生态度变恶劣，成为“坏”医生的证据。

多年前在乡下某医院，见到一位会摆“名医谱”的医生，诊室内外患者如云，内外妇儿各类患者都往内挤，因为他会开刀、态度好、名声响，群众喜欢，其实水平却有限。至少我亲见一例，本村一位择期胃切除术患者，死于术后搬运过程中。事后患者亲友觉得死在这位医生手里，那就是命（更别说现在的“医闹”）。

以上显然与患者及家属不懂医学知识和医疗技术有关，属于“外行”。

当今，医学知识广泛普及，但医疗是“系统工程”，以“线性”思维如“花钱多疗效就好”“活人进去怎会死人出来”去判断医疗，本质上也属于“外行”。

这就有了话题，医疗“服务态度”还重要吗？当然重要。如果仅培养出一批既能拍患者马屁又不顾患者死活的“心身医学”专家，怎么办？因此，服务态度背后的医德更重要。

医患关系问题，实在是尚待解决的系统问题。

产妇因疼痛跳楼的“因”与“果”（2017－09－08 21：30：50）

发生了产妇因疼痛要求剖宫产而不得，然后跳楼的突发事件，惊动了有关部委，引沸了舆情。目前，舆论多倾向责难其家属（特别是丈夫），口水汹涌。

然而，对于许多复杂的问题，有时候也许谁都没有“错”，或者只是小错。谁都没有“错”却死了人的现象也是存在的。“有其因必有其果”或“有其果必有其因”，这种线性的认识并不全对。顺带提一下，这种线性认识也是当今某些地方医患关系陷于水火的重要原因之一。

在这次事件中，因突发事件且死了人，舆论普遍责难家属恐怕有失公平。从报道来看，家属平时待媳妇不薄，为何事发现场家属（包括医务人员）表现“冷漠”？恐怕与我们许多人一样，因为“线性”思维：生孩子“都”要痛的；大家都“差不多”；忍忍“就过去”了；特别叫痛（包括几次痛得蹲下来）那是“脆弱”……

生产作为生理过程，产妇的疼痛感知受到多种生物、心理、社会、文化和环境因素的影响，存在极大的个体差异。对此，博主在 1982 年（集美）中国心理学会医学心理学学术会议上作过一项关于疼痛和疼痛情绪反应的综述报告。人类生产，有人像生个鸡蛋，有人痛得刻骨铭心。也许，当时现场所有人包括亲属和医务人员都没有恶意，都以为该产妇的疼痛问题没那么严重（也许是“脆弱”或“娇弱”），只有产妇本人面对难以忍受的疼痛却又无能为力时，瞬间选择跳楼。所以，同意一些网友说的，是产妇感到“绝望”才导致跳楼。但这“绝望”的原因却难以直接算到家属或医生身上（医务人员虽学过医学心理学，经历长期躯体医疗工作也早已忘了疼痛的心理社会影响因素）。

顺便指出，网友对事件中丈夫的种种恶语也属于“线性”思维。其实，丈夫也是其中最受伤的人，他更“没想到”会死了夫人又背恶名。

（注：不掌握该事件全部信息，仅作一种现象评论）

探讨：医护人员无法与患者亲属一起悲痛（2017－09－29 08：52：38）

现实生活中，不少人理想化地希望，医护人员在面对濒死的患者时，能够与患者亲属一样地悲痛，甚至觉得不这样就是缺乏“医德”，缺乏同情心。

网上有一篇文章，题为《与死亡打交道 10 年，我明白了》，文中说到，一位临终关怀志愿者第一次面对青春友人安乐死时，悲痛及各种复杂情感可想而知，致使自己也因创伤后应激障碍（PTSD）需要接受长时间的心理治疗。对照一下，我们如何能够要求经常面对各类濒死患者的医护人员一次次地保持与患者亲人同样的悲痛！直至也成为 PTSD 患者！

当前，心理咨询有一流行用词叫“共情”，一些人对此作直观理解，觉得医生与患者也应当共情，实际上对这个词的理解是存在差异的。30 多年前，我们在翻译 empathy 时用“同理心”（或同情理解）似乎更合适，即医护人员包括心理医生应有的一种职业角色行为（认识和态度），用语言描述就是在现场表现出同情、理解、尊重、庄严、肃穆与平和，而不是真的与患者亲属“共”悲痛（情）。

既然面对濒死患者医护人员需要具有一种职业角色行为，那这类行为必定是需要训练养成的，不很恰当地类比，就像优秀艺人的舞台角色艺术（即医疗角色艺术）。

骨科简单……敲敲断，再接上（2018－05－21 08：08：02）

“骨科简单，骨折了，给接上；接歪了，敲敲断，再接上”。这是当年一位骨科医生经常对患者、也对医大毕业同学说的玩笑话。作者近日住院，儿子的一批年轻骨科医生朋友来看望我，我一高兴，向他们复述这句玩笑话，让他们一脸迷茫。

“骨科简单……敲敲断，再接上”。当年，这显示的是这位骨科同学在当地医术上的自信和霸气，也体现了当地患者对他的信任和崇拜。在那时那地，医患关系显示的是某种“正能量”：你得相信我会尽力去做的，万一不理想，我会及时矫正的……这种医患良性互动，对医患双方都有好处。随着技术的引入，这位骨科同学在当地几十万民众中的影响变得独一无二，自己也最终坐上院长位置。

“敲敲断，再接上”，这种明显的玩笑话，如果真的出自当前骨科医生之口，恐怕完全是“负能量”。因为以目前的医疗环境和盛行的“线性”解读：骨怎么可以接歪了，这说明你医疗技术不精，说明你不负责任，说明你良心黑，说明你该打……这种医患关系背景下，只能让医生越来越拘谨，越来越自我保护，越来越理性，更别说对患者开玩笑了；患者则越来越警惕，越来越易受损害，越来越有怨气甚至戾气，更别说对医生的信任和崇拜。

医患关系恶化怪圈，完全是系统问题。即使从医生对患者不苟言笑这个小维度上，也能反映一二。

续议“表演型”和“探究型”医风（2018－05－23 11：39：16）

前面的博文议论了“表演型医风”和“探究型医风”的区别。几十年观察下来，其中似乎前者假定疾病是已知的，后者假定疾病是未知的。

“表演型医风”假定患者所患的疾病是已知的，医生和医院就是判断来院患者患有什么疾病，然后按规则处置。因此，医生掌握了多少疾病知识，累积了多少经验，就是医生和医院的水平。自然，医生也很在乎自己在这些方面被认同。同时，这里的医生各自“称霸一角”，个人单打独斗，科室内少有交流和争议，缺乏领军人物，较少进行病案讨论，即使是面对形式上的大查房也是走过场的居多，缺乏“快乐竞争”的氛围。

“探究型医风”假定患者所患的疾病是未知的，是混沌的系统问题，医生和医院不仅要判断来院患者患有什么疾病或未知的疾病，还要探索同一疾病与不同患者的不同，以及不同的处置方法。因此，医生掌握了多少疾病知识，累积了多少经验，以及面对不同患者情况始终以疑问出发，能提出多少问题并研讨问题，这才是医生和医院的综合水平，医生也很在乎自己在这些方面被认同的程度。自然地，这里的医生虽也自信满满，却愿意交流和争议，甚至通过交流和争议提升自身水平，一些患者也因此获得好处。这样的探究、争论、竞争环境易出领军人物（虽然也有歪风）。较多疑难或典型病案讨论，较多读书报告或专题讨论，在争论中拓展知识和经验，以及大查房也成为医生呈现自己水平和促进医院档次的场所。这里的争斗虽也有“文人相轻”成分，但整体上大家能接受“快乐竞争”原则。

手术金标准里的科学与不科学（2018－05－30 20：50：53）

（一位患者要接受癌肿手术。“金标准”说部分切除，但“残留的可能性”又让其犹豫是否还是选择根治切除。于是，作为医生，也陷入纠结……）

“金标准”来自科学，科学讲究研究和严密的数字逻辑，但数字逻辑只代表多数。

从执行者角度，执行金标准是对的，是保护了绝大多数目标对象的利益。

对于少数目标对象来说，“金标准”对其意味着未必“科学”（这就是系统模型对“金标准”的态度——支持但不是线性地盲从。同样，“金标准”也来自“科学”的“线性”思维）。

举例来说，部分切和根治切的统计结果都是 5 年死亡率 20%，即“科学”数据认为两者一样，故定下“金标准”，推荐部分切（因为 80% 的患者生存期将超过 5 年，与根治切一样）。

但对那些 5 年内将死去的 20% 个体来说，部分切和根治切的 5 年死亡率数据虽然是一样的，但其导致复发的基础条件却是不同的。部分切或是由于残留或播散，根治切或是由于手术创伤大对人体整体的影响，但两者结果被拉平了。

此时，对于 20% 的具体个体，不仅“金标准”没有用，个体复发致死的原因也值得具体分析。例如，根治切的功能影响在功能储备（即适应力）范围之内，其与部分切比较损失在可控范围之内，而获得的好处（减少残留和播散）却是客观的，则有“科学”理由选择根治切。反之，当然执行“金标准”。

所以，我支持科学研究型的医生，那是高端医生的标志之一。

但也不是只要是高品牌单位或名专家，就一定是“科学的”，因为“线性”思维也广泛存在于医疗界。

作为患者，从个人利益角度，科学地看待“金标准”、名专家、自身系统信息，综合分析多因素关系后，如果没有理由不执行“金标准”，那就执行“金标准”。

心脑血管患者的敌意，是怎么“炼”成的？（2018－08－07 18：05：07）

“敌意 hostility”，是医学心理学和心身医学的重要概念，是冠心病 A 型行为的重要成分。在压力概念里，其与情绪应对（应付）、社会支持、人格特质和情感反应等压力因素关联。在日常生活中，敌意二字也是常用词，一般理解没有问题，但要解释清楚却并不容易，说明其具有复杂的内涵。

20 世纪 50 年代，弗里德曼等通过对几千人在 8 年半时间内的前瞻性研究，发现敌意（以及时间匆忙感）与 45 ~ 55 岁白领的冠心病发病率有关。这符合西方某些历史记载，也与我们的常识一致。

敌意，可以产生心理和生理反应，直接与血液动力学有关，故与冠心病发生关联可以理解。

但问题是，好好的，尤其是许多优秀的成功人士，为何会怀有敌意，且明明知道对自己身体健康也不利，却无法“说服”自己少些敌意。一些老年人，社会责任已尽，但中青年期形成的敌意倾向却依然存在，成为特有的社会现象。最终，不论正当中年也好，或已步入老年期也罢，面对自己顽固的敌意倾向，人们也只能无奈地自嘲——没办法，禀性难移。

分析敌意的“炼”成，应从多维的角度入手，因为这也是系统的问题。通过对敌意成因的系统分析，或有助于寻找克服敌意的途径和方法。

首先，是个人认知特点中的“线性”两极思维使然。人类成长过程须接受大量的对错、好坏、优劣等标准的教育，接受得越多、越彻底，“成才”的机会越大。但这类标准基本上是线性的，且这种“线性”两极思维往往越到后来越接近前意识，甚至潜意识的自动化，不需要“经过脑子”。成才后，当个体面对“不符合标准”的周围环境（话语、氛围）时，瞬间判定是“错”“坏”“劣”的，自然就有了“愤”“恨”“厌”等不良情绪反应和相应的行为表现。

其次，是行为学上条件反射的形成，即习惯使然。“线性”两极逻辑下的瞬间“不良情绪和行为”表现，在同类的情境下经常反复出现，会逐渐得到强化，然后通过泛化，成为一个人心理行为品质的构成部分，由此可以不自觉地表现出一股“戾气”，但自己或觉得是一股“正气”。

再次，认知和行为两者互为催化剂和促进剂，促进“敌意”进一步内化、固化。

最后，是社会促进（强化）。由于“敌意”经常发生在竞争较激烈的职业群体人士的身上，与当事人的文化和地位一起，成为精英的一种符号，这类符号的社会含义是“干练”和“干劲”，是正面的。通过社会互相促进，又巩固了个体的敌意倾向。

关于保健，“糊涂地活着”与“明白地死去”（2018-08-29 09：54：40）

（方君转来“中医让你糊涂活着，西医让你明白死去”一文，文中虽多属个案，也有些道理，略评……）

个案，我亲身也有。

约十三四岁，初中住校，因腹痛腹胀恶心症状加重，教导主任连夜将我背到区卫生院，在当地10万人口中“刀功”显赫的某医师诊断我患了肠梗阻，需要手术，宣称不开刀会死人。

病危信息捎到家，家父连夜赶来卫生院，二话不说，背起我就往家走，除了不相信需要开刀，家贫如洗也是重要原因。5公里的路程，一路气喘吁吁（家父患有结核病史，是帮吐血友人看病时染上的，肺功能极差，这也是我学医后才明白的），我在背后明显感觉他快支不住了。

然后，终于回家，躺在床上，十三四岁的人第一次来感受什么叫“等死”——因为某医师亲口宣称的。

父亲购来萝卜籽，炒熟捣碎让我分次连油带渣带水喝下，这或许是基于菜籽的油和渣有顺滑肠胃作用的中医原理。母亲则在绝望中坐在旁边一遍又一遍地念《大悲咒》，这或许歪打正着起到心理治疗作用，给迷迷糊糊无助的我带来至少是“救命稻草”的安全感。同时，母亲还在父亲指导下吃力地（因患有骨结核病，母亲中年驼背体力有限）通宵用掌心反复从上向下轻推我的肚子，始终不停歇，也算是物理或穴位治疗吧。

最后，一天一夜后，我终于活了下来。

我这个案，有西医有中医（甚至宗教），有科学有经验（甚至信念），有生理有心理，有药效有运气，有理性有感性。除了我个人，很难说是哪一方的胜利。

回归文题，“中医让你糊涂活着”，其实反映了中医虽经验丰富，但也有某些“系统”思维的支撑；“西医让你明白死去”，反映了西医虽科学，其实也存在某些“线性”思维的欠缺。

中西医包容，路还很长，因从表到里差别和隔阂太大了。

医疗决策中的概率因素（2021－03－09 09：35）（微博）

从我等非决策论专业人士的角度，面对一个两难甚至是多难的医疗选择，总是希望做出的决定能够尽善尽美。即使采用多维度的信息收集及“系统”地思考（包括多科室会诊），做出的决策也很难达到尽善尽美。其中一个重要原因，是目标事件的性质。因为医疗上存在许多的未知因素，不同医生也有一定的职业性思维习惯，其提供的信息本身也不可能完全准确……故患者和家属做医疗选择时，不得不考虑加入另一个变量，就是概率因素。相当于在决定前尽量多听多分析，审慎决定但不求全，决定后不纠结、不后悔、不埋怨。面对这样的家属，医生也会放开施展自己的知识和技能，实现医患双赢。

疾病诊治过程中的“线性思维”和“系统思维”（群聊片段）（2021－09－11 09：38：20）

原标题：《系统思维让人虚心》

面对疑难病症，优秀的医生，有各自的思维和操作策略，最后都会殊途同归，达到认识问题的目的。但在整体上，还是一种系统的多维度的梳理，如果坚持经验化的“线性”思维，往往难以找到问题的症结，也难免会出现误诊、错治。接下来我举个例子。

去年，我兄三次突发寒战、高热入院。第一次医生诊断为细菌感染（肺部），因化验白细胞值和C反应蛋白值都比较高，使用抗生素第二天即基本退热，经过十几天抗菌素治疗白细胞也正常，逐出院。但在出院第二天晚上，又突然出现同样的寒战、高热，甚至迷糊，再次急诊入院。结果与上一次一样，也是因为白细胞值极度升高和C反应蛋白值，诊断细菌感染复发，抗菌素，也是第二天退高热，抗菌素巩固治疗十几天后出院。第三次同样发生以上症状，消息传到我这里，我通过老同学、老院长，向呼吸科某主任打招呼。这次，通过上海的院外检测霉菌感染情况，发现有轻度的念珠菌感染迹象，但被主任否定了，或因为抗菌素治疗第二天即已退高热，应为有效，故继续抗菌素治疗，“痊愈”出院。出院几天后，居然再次寒战、高烧、意识模糊。侄儿一边连夜送医院急诊，一边给我来电话。我估计医生会再次线性思维下诊断，继续输注抗菌素，在现场的侄子电话问我，说化验结果已出，现场医生要注射抗菌素，我坚决不同意，要他马上送杭州来。来杭州以后，建议医院暂不使用抗生素，只对症处理，几天后，居然体温和白细胞也有所下降。然后经肺冲洗检验和其他一系列排除检验，最后决定使用大剂量抗真菌药物，经较长时间，包括带药回家治疗，几个月后终于停药，至今近一年未再发。

试想，患者在那个医院已经反复使用抗菌素几个月，身体已消瘦几十斤，如果再来第四次第五次，恐怕会送命的。丢命以后，或许还会感谢医生的帮助和孜孜不倦。

这里之所以一再误判，是因为陷入线性的因果思维（逻辑）：发热——白细胞值和c反应蛋白值升高——判断细菌感染——用抗菌素后即退热（其实假象）——对因治疗有效——证实细菌感染之诊断结果正确。

线性思维来自经验、自信和线性思维习惯，站在系统角度可以克服。基于系统思维基础上的，首先会有对自己未知的东西的尊重，自然就会听听别人的看法。

第 16 章　心身医学（二）心血管病

本章导言

心脑血管疾病患者是作者最早关注的医学心理学和心身医学临床问题之一，重点关注的是心理社会因素与心脑血管病的发病、发展、诊断、治疗和康复过程的关系。同时，作者有关压力（应激）理论和应用研究，有些是围绕心血管病例中展开的。

本章资料包括心理社会因素与高血压和冠心病的发生、发展，基于应激和应对理论的部分心脑血管病临床综述和实验研究等。

第 1 节　心理社会因素与高血压临床（综述，1986）

摘录自 1986 年《应用心理学》第 3 期和《医学心理学》五校合编教材，此后 20 多年一直被引入作者主编的各个版本教材中，且随时有所修订。文中涉及的图表已转换成本文集编号或略去。

下文关于心理社会因素和心理压力（应激）等的认识，属于早期形成的，如果采用后来的压力（应激）系统模型重新梳理高血压病的心理病因学和心理干预方法，相信在理论和应用上会有较大的提升。

一、心理社会病因问题

一般认为，当成人静坐时的血压超过 160 / 95 mmHg 时，可称为高血压（hypertension）。当血压在 140 ~ 195 / 90 ~ 94 mmHg 之间，可称为边界性高血压（borderline hypertension）。根据这一标准，美国估计有 2400 万成年人，即成人的 15% ~ 27% 患有高血压，外加 1700 万人患有边界性高血压。我国 1980 年抽查证明，患高血压人数虽较西方低，但也约占成人的 3% ~ 10%。高血压患者并发其他器官疾病的机会也相当高，如冠心病、脑血管疾病等。因此，高血压是一种严重危害人类健康的心血管疾病。许多原因可以造成高血压，如肾脏疾病、内分泌疾病、妊娠等，这些属继发性高血压。大多数高血压尚找不出明确的原因，属于原发性高血压（essential hypertension）

科学家从各个角度展开了大量的研究，虽然发现生物因素在高血压的发病中具有重要的意义，如内分泌激素、肾脏、代谢过程，以及遗传、年龄、性别等因素，但社会因素和行为因素通过中枢神经系统的作用，可能在高血压的发生中处于主导的地位（Keefe，1982）。

1. 社会环境应激因素

流行病学调查证明，高血压发病率存在城市高于农村，发达国家高于发展中国家，黑人高于白人等差异。此外，超体重、摄盐量过高、大量吸烟者，其高血压发病率较其他人群高。1976 年在美国调查了十几万成年人，发现黑人高血压发病率和死亡率较白人高，而美国黑人大多生活于高应激区。所谓高应激区，是根据社会经济条件、犯罪、暴力行为、人口密度、迁移率、高离婚率等所区分的。类似的调查如下。洛杉矶国际机场附近的学校长期遭受噪音的影响，这里的学生血压比其他安静学校里的学生高 Cohens（1980）；航空交通控制人员由于其工作长期高度紧张，患高血压的危险性比对照组人员高（Jenkin，1978）；在不发达国家，高血压发病率比较低，若这些国家的人民移居到发达的西方国家后，却容易犯高血压（Keefe，1982）。这些事实证明，社会心理压力与高血压的发生具有内在联系。

动物实验也在一定程度说明这一问题。人为的制造环境紧张刺激，使动物长期处于应激状态，据报道动物可因此患上高血压。Benson（1970）证明，恶劣的环境条件，可使猴子血压维持在较高水平。

2. 行为因素

高血压发病率与体重过重、食盐偏多、缺少运动及大量吸烟等因素有关，但应注意到，这是所谓的行为因素直接或间接的受社会环境因素的影响。

环境应激因素虽然被证明与高血压有关，却不是单独能发生作用的。明显的例子是，同样条件下仍有许多正常的人群。

3. 人格因素

心理因素，特别是人格特点对高血压发病的影响，是行为学家注意的另一重要问题。然而，研究发现，高血压患者的人格特征往往是多方面的。Wolf（1977）对一组 114 位患者调查结果认为，高血压患者没有一种基本的人格类型，但有趋向好斗和过分谨慎这些特征。国内的心理所曾对 16 位高血压患者进行研究，发现急躁易怒、好奇任性、要求过高、过急的患者有 10 位，而孤僻、敏感、易生气、多疑的患者为 6 位。Harris 和 Singer（1976）报道了一组应激环境中患有高血压的妇女，分析她们存在敌意、凶狠好斗和体格健壮等特点。这说明个性特点在心理社会应激造成高血压的过程中可能具有相当重要的作用。

高血压患者的人格特点，以及上述一系列社会行为因素，与高血压的前因后果关系问题尚存在争论。Weiner（1977）总结文献认为，社会环境和行为因素在高血压的发生中互为因果。社会不公、混乱和分裂、躯体损害、暴力、婚姻不和、贫困等会导致高血压的发生，同时伴随出现害怕、愤怒情绪；社会稳定者利于保持一生的血压稳定，同时也能保持情绪的稳定。

4. 遗传因素

遗传因素在心理社会因素致病中的作用不容忽视。根据对孪生子和家庭组合的调查，证明有 60% 人群的血压变异与遗传因素有关（Fernleib，1978）。单纯的遗传因素难以完全解释高血压的发生。一般认为，有遗传素质的人，生活事件中各种紧张刺激引起的情绪，较易通过中介机制导致高血压。Lawler（1981）使用父代有一方是高血压的子代鼠做紧张刺激实验，这些子代鼠都有高血压素质，表现为边界性高血压。经过 15 周的环境紧张刺激，该子代鼠均发展为严重高血压。较之对照组有显著差异。10 周后这些诱发的高血压仍然存在。他认为没有高血压素质的机体之所以对紧张刺激不起反应，是由于心理刺激在开始时，虽然反应性的使血压升高，但很快被动物所适应，即所谓习惯化（habituation）。这类实验证明，心理社会因素是在一定的机体素质基础上发挥致高血压病的作用。

（注：作者早期注意到，紧张刺激或环境应激与高血压之间的关系，与其他生物心理社会行为因素存在交互作用）

二、心理社会因素致病机制

1. 精神分析学派

高血压是将愤怒压抑在潜意识之中造成的。对高血压患者的调查部分说明，其心理冲突（psycho－conflict）特征突出，在过度紧张刺激的同时，常伴有诸如家庭不和、人际关系障碍等心理冲突。Hakamson 和 Burgess（1962）曾让被试者遭受挫折而极其愤怒，其中一组被试者可以口头说出愤怒，任其发泄；另一组则不让其发现，结果表明后者血压较高。

2. 行为学习理论

研究者以完全不同的概念，提出心理社会因素在高血压发病中的机制，认为学习机制可能是高血压患者血压升高的原因。核心是内脏操作学习过程（operant visceral learning）。简单来说，外部刺激能反应性地引起心输出量增加及血管收缩，造成血压升高，在某些因素不断强化下，高血压症状可能被固定下来，成为原发性高血压。

3. 从心理生物学角度

血压是一项波动很大的生理变量，其高低决定于所有影响心输出量和血管紧张度的生理因素，因而几乎全身所有器官的活动都能直接或间接影响血压。由于中枢神经系统支配着全身脏器的活动，又担负着对环境刺激做出反应的任务，因此，所有心理社会和环境因素，如冷、热、噪声、运动、疼痛、情绪等都能通过植物神经系统、内分泌系统和躯体运动神经系统影响血压。例如，实验发现在痛苦和愤怒情绪下，体内去甲肾上腺素增加较多，血管外周阻力增加，使舒张压明显上升（Ax，1953；Funkenstein，1955）。

实验还发现，在激烈心算等紧张心理刺激条件下，颈动脉窦减压反射敏感性减弱，从而有利于血压的升高（Sleight，1978）。通常情况下，心理社会紧张刺激一旦消除，影响血压的各项生理变化都会很快自动恢复正常；如果社会紧张刺激强烈、反复长期存在，就可能影响某些具有特殊敏感素质的人，影响其神经系统活动过程，机体对血压的系统调节过程遭到破坏，经过神经、内分泌等生物性中介机制，出现高血压早期症状。这种系统论的解释，已被越来越多人所重视。虽然在高血压的病因问题方面，有关应激源、个性行为特征与躯体生理过程的联系，以及关于这种联系的详细中间环节还不很清楚，有待今后深入研究（Weder，1985）。高血压心理生理学过程如图 16－1－1 所示。

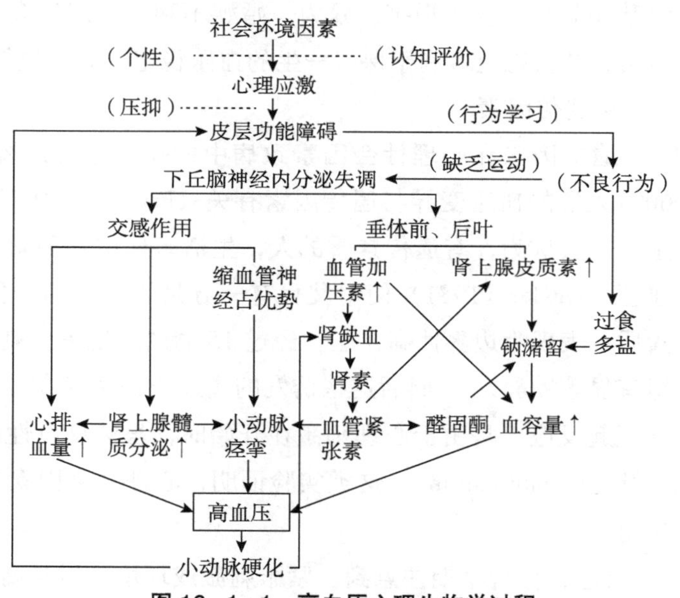

图 16－1－1　高血压心理生物学过程

三、诊断时应注意的某些社会行为因素

血压是一项多变的临床指标，一个人的血压在 24 小时内有明显的波动。机体的紧张度，包括情绪状态等直接影响血压水平。临床中虽然强调测血压前应让患者安静 5 分钟以上，避免引起患者情绪紧张的任何因素，但人们在实际估计一个人血压时，又往往不太注意测血压的时间、体位、情

绪、环境、使用的测量工具甚至讲话等因素对血压的影响（Lynch，1980）。Kaplan（1980）建议，为确定一个人真实的静息血压，最好每天测两次，连续测几天；也有人建议，为避免“安静”时对测血压的干扰（主要是心理因素的作用），有时为了取得严格的数据（如科研），可采用一些相反的方法，如在踏车条件下测血压。此时，心理因素的作用可最大限度地被具体活动所掩盖，而后者则比较容易实验控制和记录。

四、高血压的心理行为治疗

1. 药物治疗

药物一直以来是高血压临床最常用的有效方法。一年半时间的对照研究证明，重症高血压患者，接受药物治疗可以明显地降低高血压并发症，如急性死亡、肾损害、中风、心肌梗死、心力衰竭、恶性高血压等的发生（2/73：27/70）。然而，对于中度高血压，特别是年龄低于 50 岁者，或未见心血管和肾脏异常者，药物治疗未见有多少益处。Smith（1977）经过 10 年研究发现，虽然药物治疗组患者较安慰剂组心电图和 X 线阳性结果少一些；但严重并发症，如死亡、心肌梗死、中风发生率，两者并无差异。同时，药物治疗组不少患者由于对药物不适应而放弃治疗。对于边界性高血压，药物治疗的效果究竟如何则更难肯定，然而，这些人较同年龄正常人的死亡率却高得多。

根据这些实际情况，可以认为单纯强调药物治疗高血压未必妥当，况且药物本身也可以产生一些消极的结果，部分患者可出现诸如性欲减退、嗜睡等反应。也有的患者使用药物根本不能降低血压，或因其他疾病而无法使用降压药物等。近年来，许多辅助性高血压治疗方法就是在这种情况下发展起来的。对于边界型高血压，这一点显得很重要。目前，高血压辅助治疗方法除强调低盐、减轻体重、加强运动锻炼等一般行为改造方法外，行为疗法具有较大的应用潜力。

2. 心理治疗

既然高血压具有一定的人格特质，且社会环境因素可能通过情绪活动作用于心血管系统，那么，利用传统的心理治疗方法似乎应该是有效的。但这方面的报告较少，实际效果也不是很理想。Wolf（1977）曾给高血压患者实施精神分析疗法。在治疗过程中，医生始终用支持的态度帮助患者探索早期的生活经历，为患者释梦，发掘潜意识里的心理冲突，让患者发泄情绪和敌意，结果在 114 位高血压患者中，有 14 人血压下降至正常。但也存在无效甚至相反的结果（Titchener，1959）。由此可见，传统的心理治疗方法在高血压患者中的应用具有一定的局限性。

3. 松弛疗法

松弛疗法是目前治疗高血压比较常用的一种行为治疗方法。松弛疗法的种类和方法很多，除各种冥想训练（meditation）、瑜伽训练及我国的气功，都或多或少包含着松弛反应成分。在此基础上，近现代所创立的渐进性松弛训练法（progressive relaxation，Jacobson，1938）、节拍器条件松弛法（metronome conditional relaxation，Brady，1974）、自生训练（autogenic training，Luch，1969），以及简单的心理放松训练（psychological relaxation，Beson，1976）等，都集中了一个共同特点，即全身放松和入静训练。

尽管各种松弛训练法的含义和理论各不相同，但对治疗高血压来说，以下几种共同的训练特点很有针对性：排除杂念、全身放松、深慢呼吸、反复训练，这些都直接针对高血压的发病原因。近年来的临床和实验结果初步证实了这种设想。Benson（1974，1977）证明，松弛训练在降低血压的同时，还伴随有一系列的生理指标变化，如氧耗量、心率、呼吸率、动脉血乳酸盐均下降，同时，轻度增加骨骼肌血流量等。这些变化不同于普通静坐和睡眠时的变化。Hess 曾利用刺激下丘脑的方法（实际上是副交感神经有关中枢部位），引起一系列与这种松弛反应训练所出现的相类似的生理变化。当时他认为，这些反应与 Cannon 所报告的应急反应相反，是对过度应激的一种保护机制。很明显，如果下丘脑在环境应激的病例中起重要作用，能够抵消下丘脑这种病例反应的松弛训练法，就可以预防和治疗这些病理过程的发生。Stone 和 Deled（1976）曾对一组高血压患者进行每天两次，每次 15 分钟，持续 6 个月的松弛训练。训练时患者静坐于舒适的椅子上，在顺序进行全身松弛放松的同时，默数自己的呼吸。结果患者平均血压从 110 mmHg 下降到 98 mmHg（卧位）和从 112 mmHg 降至 100 mmHg（立位）。对照组则无任何变化。与此同时，实验组患者血浆多巴胺贝塔羟化酶（DBH）显著下降，较之对照组及本人实验前水平均有显著统计学意义。血浆 DBH 水平直接反映了外周交感神经活动功能，故能说明松弛训练降低血压很可能与外周交感活动张力水平下降有关，因为高血压的主要病理过程中外周阻力增加，与交感活动张力增加有直接关系。

要想阐明高血压松弛训练疗法的详细机制，并不是很简单的问题。在日常生活中，有许多活动可以造成血压暂时升高，如运动、对刺激的觉醒、心算等，但这些都不是高血压疾病。生活中也有许多活动可以降低血压，如安静、睡眠，但也决不能说这些方法能够治疗高血压。另外，我们（1986）在工作中也发现，使用音乐松弛训练能使高血压患者产生即时降压效应，下降幅度具有显著统计意义。这一组实验是在患者休息 45 分钟后，血压已处于低水平时进行的，并且连续每 3 分钟测一次血压，故基本排除休息和环境因素的影响。但在停止训练后 10 分钟，血压的回升幅度已达到下降幅度的 40%。由此可见，松弛疗法治疗高血压一定还有其他某些中介机制。从松弛训练法需要反复长期的训练过程来看，行为学习过程和内脏学习过程可能是不容忽视的因素。患者通过长期反复训练，反复强化，掌握了全身主动放松时的个体体验，并逐渐做到能够很容易地再呈现这种心身状态，结果血压成为一种能被患者“随意”操作的内脏行为，降压目的就能达到。

一般认为，松弛疗法用于边界性高血压和不稳定性高血压时其效果最好，可以代替药物使用；对于严重高血压，松弛疗法也可与药物一起使用，以减少药物使用量和副作用；对于有高血压倾向的人，松弛训练可作为一种预防手段被应用（Benson，1977）。

松弛训练虽然简单方便，但其也有其两面性。对某些特殊患者，认为有时也可能出现一些副反应，如幻觉、失眠等心理现象的紊乱，其原因尚难估计。总体来说，松弛训练毕竟是一种安全、简便、有效的辅助行为疗法（高血压松弛训练疗效部分文献列表，略）。

4. 生物反馈疗法

生物反馈治疗高血压较早的病例报告者是 1972 年的 Miller。他的研究对象是一位 4 个月前曾中风的 33 岁女性高血压患者。他使用自动装置间接记录患者的舒张压，并将其转换成音乐反馈给患者。这样一来，患者能够随时获得有关自己血压水平的信息。开始时，患者血压稍微降低就可以予以音乐奖励，然后改成血压上升时给予奖励，直至患者能够成功地在一个小范围内（5 ~ 6 mmHg）随意控制血压的升降。在这里，插入一项血压上升训练项有助于患者随意对控制能力的训练。接下去的训练则要求患者加大自主降压的幅度。结果患者在反馈治疗前的血压平均为 97 mmHg，且服用降压药后，反馈治疗开始后血压开始下降；当血压降至正常水平时，再停用降压药。此时，血压虽然在开始三天上升了一些，但随后又下降，直至维持在平均 76 mmHg 左右的水平（注：平均血压是 1 / 3 收缩压 + 2 / 3 舒张压，正常为 70 ~ 105 mmHg）。

近年来，生物反馈应用于高血压的研究越来越多。被记录和反馈的生物信息各有不同，反馈装置、训练程序和指导方法等也都不一样。目前，记录的生物信息常选用收缩压、舒张压或者脉搏波速度；使用的装置一般采用带用有麦克风的特制血压记录仪。也有进一步使用闭路电视系统的，其反馈的信号分别为声音和屏幕图像；患者一般接受住院训练，也有在家里进行的；在实施过程中，均由医生展开一系列的指导活动。许多方法究竟何种为好，专家们的意见不同。多数人主张使用收缩压作为反馈信息为好，也有人主张使用脉搏波速度作为信息反馈（Walsh，1977）；选用的设备则各有其利弊；住院较门诊效果好些（Elder，1975），但不方便；医生随时对患者的正确反应给予鼓励和赞赏，或通过许多人一起训练，互相鼓励和比赛，将明显有利于良好结果的获得（Elder，1975）。

另一类应用于治疗高血压的生物反馈方法是间接的，患者反馈训练的直接目的不是降低血压，而是全身放松。这种方法训练时记录的信息往往是肌电、皮肤电、皮肤温度、呼吸率、脑电波等，从而达到随意控制自身紧张度的目的。因此，该类方法不同于上述直接的血压反馈，反而类似于松弛反应训练，只是利用反馈学习原理使个体更容易学会松弛反应而已，被称为生物反馈辅助的松弛训练。

使用生物反馈疗法治疗高血压，在理论和实验方面都是成功的，但临床应用结果往往不太一致，这可能与具体使用对象、方法等因素的差异有关（高血压生物反馈疗效部分文献列表，略）。

关于高血压治疗中的松弛疗法和生物反馈法比较问题：许多研究证明，从治疗效果来看，目前，生物反馈法并未明显优于松弛疗法（Pomerleau，1979），而后者不需要复杂的设备，费用省，是现阶段首先应在我国临床提倡使用的行为疗法。但生物反馈毕竟有其特殊的地方，如配备有仪器设备，具有可体验性和可操作性，在其他一些疾病中的应用也已越来越普遍，随着今后研究的进一步深入、方法不断完善，生物反馈在高血压治疗中的作用，很可能会有新的发展。

第 2 节　心理社会因素与冠心病（教材，1993）

冠心病作为一种心身疾病单独成节，始自 1986 年《医学心理学》五校合编教材，本节摘录自 1993 年北京科学技术出版社出版的《医学心理学》。1998 年，《新医学》第 29 卷第 9 期还发表了针对临床医生的专论“心理社会因素与冠状动脉粥样硬化性心脏病”，与本节有一定重复，不予收集。原文图表已转换成本文集编号或略去。

下文关于心理社会因素和心理压力（应激）等的认识，属于早期形成的，如果采用后来的压力（应激）系统模型重新梳理冠心病的心理病因学和心理干预方法，在理论和应用方面会有较大的提升。

一、心理社会因素与冠心病发病发展

冠状动脉粥样硬化性心脏病（简称冠心病）的原因至今未明。通过对流行病学、心理学和生物学方面的大量研究，提示冠心病的发生、发展，与许多生物、行为和社会因素有关，包括遗传、高血压、高血脂、大量吸烟、肥胖、活动过少、A型行为类型、社会关系不协调和焦虑抑郁等心理社会应激因素。这些因素中有许多被称为冠心病的危险因子（risk factors）。其中，有些看起来虽并非属于心理或行为范畴，仍间接地受心理社会因素的支配或与之有一定的联系。冠心病是另一种严重危害人类健康的内科心身疾病。

（一）行为类型

Friedman M. 等（1959）把人的行为特征分为A、B两型。A型行为（type A behavior pattern）的表现特点是好胜心强、雄心勃勃、具有竞争性，努力工作而又急躁易怒，即具有时间紧迫感（time－urgency）和敌对倾向（hostility）等特征。相反，表现为心地坦荡、不争强好胜，从容不迫地做事者属B型行为类型。

西部协作组研究计划（western collaborative group study project）自1960年起对3000多名中年健康男性雇员展开近十年的追踪观察，这些研究对象分别属于A型和B型行为者。结果发现，A型行为者在整个观察期间冠心病总发生率，以及各种临床症状，包括心肌梗死、心绞痛等的出现率二倍于B型行为者（图略）。他们的研究还说明，A型行为类型是冠心病发生的一种危险促进因素，而不是发病以后产生的行为改变，故有人将其称为“冠心病个性”（coronary－prone individuals）。

美国国家心肺和血液研究所（NHLBI）1978年对A型行为与冠心病关系问题研究进行了评价，认为A型行为对冠心病发生的作用超过年龄、血压、血脂和吸烟等危险因素。目前，已经确认A型行为属于一种独立的冠心病危险因素。

国内近年来使用问卷式A型行为调查表（参见原著第四章）进行临床研究初步证明，我国冠心患者的A型行为较正常人明显。

A型行为的产生原因至今未明。有不少人注意到焦虑、抑郁，不能摆脱的困扰，不良工作和生活环境，对外部的攻击性反应习惯和不安全感等因素，但还不能肯定这些就是A型行为的产生原因（Friedman，1982）。

（二）人格特点的研究

许多人使用 MMPI 进行调查研究（Jenkins，1976），结果发现，冠心患者发病前 Hs、（疑病）、D（抑郁）、Hy（癔病）量分较高，即神经质（neurotic trait）量分偏高。另一些人使用卡特儿 16 因素人格量表对冠心患者人格展开调查，发现因素 O 和 C（分别测定焦虑和情绪稳定性）与冠心病有关（Cattel，1970）。在一组研究中，因患心肌梗死致死者比救活者表现较高的 O 因素量分（Caffrey，1970）。Ostfeld AM（1964）在芝加哥对近 2000 名男性雇员展开研究。其中，患心绞痛者的 C 因素量分特别低，说明有过分担忧和疑病等人格特质。同时，男性冠心患者的 L 和 Q2 量分也较正常人高，说明冠心患者在社会上更具独立性和对别人的怀疑，以及呈现更大的内部紧张性。

冠心患者之间存在很大的个体差异，虽然上述一些调查结果能说明一些问题，却不能因此认为存在冠心病特征性性格。此外，国内有关冠心病的人格研究也不多。

（三）社会环境因素

社会生活应激因素，如亲人死亡、环境变化等被认为是冠心病的重要病因之一。在某医学中心，曾对 44 名心肌梗死患者展开病因调查，让患者指出自己的病因条目，结果有 56%选择“某些形式的应激”，其余依次为超体重（27%）、吸烟（＜ 20%），饮食（18%）、过度劳动（14%）、遗传（14%）。在其他许多回顾性调查中，心肌梗死患者出现症状前的 6 个月内，其生活变故事件明显地增多（Theorell，1971）。邹之光等（1984）调查 40 例心肌梗死患者发现，在患病前 6 个月内患者经受的社会生活事件明显高于对照组。

在冠心病发病率调查中曾发现，西方发达国家人民发病率高于东方发展中国家；城市居民高于农村；脑力劳动者高于体力劳动者，这些结果间接证明社会因素与冠心病的发生可能有密切关系。虽然有人提出上述差异可能是因饮食方式不同而发生作用的，但也有许多跨文化调查结果不完全支持这一点。例如，世界冠心病发病率最高的地区之一芬兰和最低的爱斯基摩，都是以肉类为主食的。对同一种族具有相同饮食习惯的移民进行研究也有相类似的结果，处于应激环境中的移民较原籍同等条件居民冠心病发病率高。

（四）行为危险因素

行为危险因素，如吸烟、缺乏运动，过食与肥胖，以及对社会压力的适应不良与冠心病的发生有密切关系。这些因素往往是在特定社会环境和心理环境条件下行为学习的结果。例如，一定的经济条件、饮食习惯、文化背景易造成肥胖，特定的工作条件和技术的进步常造成运动的缺乏等。行为危险因素则又进一步通过机体的生理病理作用促进冠心病的形成。由此可见，社会因素与行为危险因素对于冠心病是两类既相互联系，又相互独立的致病危险因素。认识这一点，对于如何预防冠心病具有重要的意义。

40 ~ 70 岁男性吸烟者，且每天超过一包，其各类心脏病的发生率两倍于非吸烟者，因而烟是冠心病的危险因素（Simborg，1970）。如果同时存在高血压或高胆固醇血症，这种危险性更大。据研究，吸烟对冠心病发生的影响主要是尼古丁和CO的作用，两者都能加速动脉粥样硬化的发生并损害动脉管壁以致增加血浆成分的渗透。

许多研究证明，经常性锻炼能减少冠心病发生的危险性（Keefe，1982）。相反，缺乏运动者冠心病发病率较高。

肥胖与许多疾病有关系，在心血管病方面尤其明显。Kannel（1974）认为，中年男性如果存在一种或多种危险因素，随着身体的超重，罹患心脏病的危险性明显增加，主要包括动脉硬化、高血压、心绞痛、突然死亡和心肌梗死等发生增多。

（五）心理生物学机制问题

冠心病的发病机制尚未完全阐明，脂质代谢紊乱、血液动力学的改变和动脉管壁本身的变化三者是直接因素。心理社会因素通过神经内分泌中介机制能够影响这3种过程，从而影响冠心病的发生发展，这已被许多心理生物学的研究所证实。

Friedman（1958）对财会人员展开的研究发现，在每年例行的两次业务紧张季节（即社会心理紧张刺激最强烈），其血液中胆固醇含量上升，并形成两个高峰，说明心理社会紧张刺激可升高血脂。后续还发现A型行为者血脂水平较B型高。无论正常人还是冠心患者，心理紧张刺激都能使血小板聚集加速，这已被实验所证实（Haft，1976）。国内杨菊贤对冠心患者调查也显示，A型行为与血小板聚集、冠状动脉狭窄之间有相关。Lown（1977）用电生理实验证明，不同形式的环境应激能降低室颤阈，并可在冠脉阻塞的动物身上引起室上性节律紊乱，直至造成猝死。有人还观察到，生活因素的改变可引起许多被试体内儿茶酚胺水平升高（Keefe，1983），多应激引起的交感神经直接兴奋可使冠脉收缩、造成缺血等。这些生理生化改变对冠心病症状的发作都有直接影响。

上述各种研究结果虽然仅仅是一些零星的片段，但有关心理社会因素致病的心理生物学中介机制由此已可见一斑。Hartel将心理社会因素与冠心病的心理生物学过程总结如图16-2-1所示。

（注：作者早期注意到，紧张刺激或应激因素与冠心病之间的关系，与其他生物心理社会行为因素存在交互作用。在后文也有所显示）

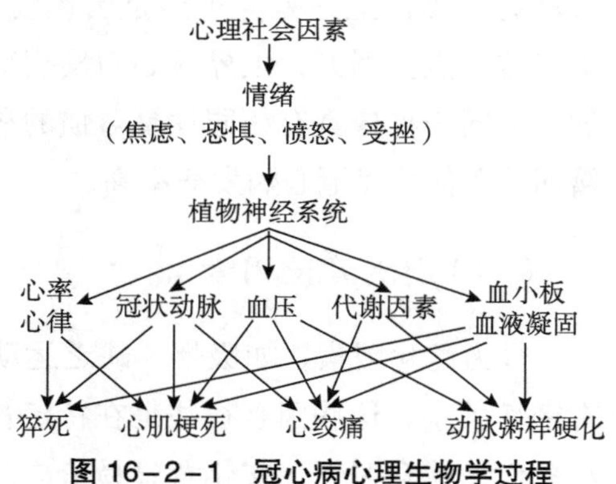

图16-2-1 冠心病心理生物学过程

二、心肌梗死患者的心理反应特点

（一）急性期患者的心理反应

心肌梗死（myocardial infarction，MI）急性发作时，患者会出现一系列心理学问题，这些心理因素又对疾病的发展起着重要作用（Doehrman，1977）。由于人们都知道MI发作有生命危险，因此，担心生命安全而出现的害怕和焦虑是患者最主要的情绪特点，并转而出现抑郁倾向。Hackett TP

（1968）对冠心病监护病房（CCU）患者的研究发现，至少 80%的患者有不同程度的焦虑，有 58%患者出现抑郁情绪，22%的患者产生敌对情绪、16%的患者表现不安。

焦虑主要是由于担心突然死亡、被遗弃感，以及各种躯体症状的影响等。严重焦虑者甚至会出现情绪混乱。国外有关于在 MI 患者住院开始几天就邀请心理学家进行心理咨询的报道（Cassem，1973）。患者在入院 1 ~ 2 天时以焦虑为主，进入第 3 ~ 5 天，则转为抑郁为主。我们（1986）对住院患者进行的心理行为反应调查结果与此有类似性。

抑郁情绪虽然随着病情稳定一般会有所减轻，但也有一些人会重新变得严重起来。其主要表现为悲哀的面容、漠不关心的态度、睡眠差、悲观失望、心理活动迟钝、食欲减退等。内疚、受挫和愤怒情绪也常常能够从患者自言自语中表现出来。许多患者则担心丧失个人独立性，担心收入和地位改变，担心性功能及躯体活动方面受影响，这在年轻患者群体中有时表现得更为突出。根据这些现象，Cassem 等（1973）曾将某些 MI 患者称为自我梗塞（ego infarction），以说明情绪变化对患者的严重影响。

在 CCU，由于患者突然处于一个新的陌生环境，并被当作一样“物体”固定在床上接受治疗。一系列监护仪器又连续记录其身上的各种数据，并以此评价患者的医学状态，这一切都控制在进进出出的医护人员手中，患者则觉得无法控制自己的任何医疗过程，因而常产生自我意识丧失感。

患者为了适应 CCU 环境和疾病，常常会采取一些心理防御机制，最普通的防御是否认机制。据认为，约 20%的患者在被告知患 MI 后采取了否认的态度（Croog，1971）。轻狂躁（hypomania）是患者以过多的躯体和精神活动对付应激。据认为，这种应对方式只要不造成躯体的损害和不影响医疗的实施，也是一种有利的应付应激的方式。

经济条件、年龄和其他有关的因素，包括种族、受教育程度、精神病史、原来心脏的状况和 CCU 特点等，都能影响急性期 MI 患者的心理反应情况。

（二）恢复期和康复期心理反应

MI 的恢复不像其他疾病一样有较严格的指标，久病的衰弱感觉在恢复早期就易出现（Klein，1967）。出院后 2 个月内患者最常见的主诉包括顾虑、忧郁、无力、对性生活的担心、睡眠障碍、不敢恢复工作等。上述表现有时会很顽固，除非经过特别解释。患者如不能及早地认识和处理这些问题，将会影响后续的康复。其中，最重要的问题是因衰弱感造成的长期活动减少和肌肉萎缩，这又反过来加重无力感，无力感又常被理解为心脏损害的症状，如此形成了恶性循环。因此，对大多数病例，主张在恢复早期就指导其进行渐进性活动锻炼。

康复期是躯体的、社会的和心理的各方面生活方式的调整和适应阶段。许多患者还需要行为的，心理的和医学的帮助，包括医生的各种嘱咐如禁烟、减食减体重，医疗卫生，适当休息和有规律的锻炼等。但是，Wishnie HA 等（1971）报告显示，在其研究的患者中仍有 88%患有焦虑和抑郁心境、有 55%患有睡眠障碍、有 38%因心理原因未能恢复工作，有 83%感觉无力。另外还证明，康复期心理调整和适应的成功与否，还受年龄、性别、职业、经济等多种因素影响。由此可见，即使在康复期，冠心患者的心理社会问题仍然是相当重要的。

三、否认机制在冠心病临床的意义

否认（denial）是指否定、漠视、淡化和回避应激事件的存在或其严重性的一种心理应对方式（见原著第三章），可伴有一系列认知、情感和行为等方面的相应表现。在 MI 临床，否认机制在入院前易导致就诊延误，在急性期有利于心身的适应，而在康复期又产生不利的影响。（下略。可参阅第 7 节）

顺便指出，前文提到的 MI 康复期患者常见的一些心理行为问题，如依赖、抑郁、缺乏活动、难以恢复工作、性功能问题等，与此处提到的因否认机制而出现的行为问题有本质的不同。前者多发生在缺乏否认机制的患者身上，因此心理指导方法也不同，必须加以注意。

四、冠心病的心理防治

（一）心理支持和心理咨询

在冠心病临床治疗和康复过程中，医护人员要给患者以更多的支持，要让患者倾诉内心的体验和感受，避免压抑发生，同时要做好家属的心理支持工作。在不同的临床阶段，针对患者不同程度的否认心理倾向，做好应对指导工作。为了实施下面各项心理防治措施，应提倡对冠心患者及家属开展心理咨询，特别是集体咨询法常被国外专家所采用，收到了良好效果。

（二）A 型行为的矫正

A 型行为是一种长期生活中形成的个性定型，不能轻易被改变。且 A 型行为在社会上（特别西方社会）较易得到人们的赏识；患者在未发现自己有冠心病以前，即使明白 A 型行为是一种冠心病危险因素，也总是期望这种事实不会发生在自己身上。由于存在这种社会和心理上的原因，使许多人没有下定决心主动改造自己的 A 型行为。Roskies（1978）等研究证明，使用行为训练法虽然能使无器质性心脏病的 A 型行为者的某些生理指标改善，但经过综合评价，被试者的外显行为改变并不明显。

患者一旦发生心肌梗死以后，A 型行为的改变将会变得容易些（Friedman，1979）。这是由于患者真正患病以后，侥幸心理不复存在，且发病后的 A 型行为，如过分的竞争、敌意，有时可能会增加或加重心悸、胸闷、乏力等症状，结果患者直接体会到 A 型行为的危害，易产生较强烈和持久的行为改造动机。

矫正 A 型行为一般采用在医生指导下的以认知行为矫正疗法为中心的综合矫正方法。其中包括冠心病知识和 A 型行为知识教育（常以分发小册子或集体讲课的方式进行）、松弛训练（要求将松弛反应泛化到日常生活中）、认知疗法（帮助患者进行认知重建和实施自我控制），以及想象疗法、行为演练、社会支持和运动锻炼等。Powell（1984）等使用集体定期咨询的方法对 1012 名患者进行了 2 年期的行为矫正对照研究，由患者、配偶、同事及根据录像对结果进行估价，证明患者的 A 型行为得到了明显改变。

（三）危险行为的矫正

吸烟、酗酒、过食和肥胖、缺少运动，以及对社会刺激所做出的 A 型行为反应等“行为危险因素”的改变，需要一定时间和毅力，并配合一定的心理学方法，特别是各种行为矫正疗法。

在从事具体的行为改变工作之前，首先应帮助患者掌握一些行为规律，使之对此有兴趣和信心。据认为，进行集体心理咨询可以达到该目的。在顺利完成第一步后，接着应分析每一位患者的具体情况，包括心血管功能状况，以便有选择地实施各种行为改造计划。

烟酒瘾和过食行为被认为是一种社会习得性行为。改变这些行为是较困难的。近年来，行为学家们寻找了不少具体的行为矫正训练方法，包括自我管控训练法（self－management），主要根据对错误行为实行“惩罚”和对良好行为实行奖励的强化原理（Ince，1980）。训练是否成功取决于多种因素，包括个人毅力、方法的正确、指导者与患者之间的协调，以及环境因素等。

（四）克服依赖性

对于冠心患者，医生都有义务向患者解释采取维持还是改变他的日常活动方式。某些患者原来就具有缺少运动的行为特点，患病后有可能会变得更加具有依赖性，活动减少。这样一来，用行为训练技术逐渐克服患者的依赖性，直接达到正常人的日常活动水平，具有重要意义。Baile 使用分阶段康复训练计划，指导冠心患者在住院后期就开始活动，直到最后完全恢复工作。这一计划突出了患者个人动机的作用，并在医生的指导下，根据患者的客观记录资料决定什么时候增加运动，增加多少，因而被认为较有特色。另一特征是在计划实施过程中，始终掌握好正、负强化的应用（Basmajian，1983）。

与依赖性直接有关的一个问题是不能恢复工作。据国外资料估计，康复期冠心患者约有 50%在 3 个月以内、80%在 6 个月以内，90%在 1 年内才恢复工作（Williams，1978）。不能恢复工作的病例中约有 10%～50%属于心理方面的原因，主要是焦虑和抑郁反应。年龄、梗塞的严重性、经济、心理创伤程度等也是影响恢复工作的因素。故对应该恢复工作而未能工作的患者，应积极给予心理行为帮助。

（五）婚姻和性生活的问题

据认为，不少冠心患者配偶的心理也会受到影响，主要表现为顾虑和忧郁。配偶有时还会夸大医生在患者出院时的嘱咐，加上担心疾病复发，结果就过分地对患者加以保护，助长了患者的依赖性、无用感，影响患者康复。因此，要注意加强对配偶的教育帮助，特别是集体咨询法效果较好（Adsett，1968）。

另一项重要问题是性生活困难。许多患者在心肌梗死 1 年以后，其性生活次数仍远较患病前少。分析其原因：缺乏兴趣（39%）、配偶不愿意（25%）、抑郁（21%）、担心身体（18%）。根据临床分析和实验研究证明，对大多数康复期患者来说，只要症状不复杂，应恢复正常的、有规律的性生活（Scheingold，1974），这样会更有利于心身康复，也可以鼓励用变换体位的方法以减少患者方面的体力负担，从而获得更满意的效果。

（六）文体活动

充实的生活可以促进成功康复。疾病造成的心理和身体限制会相互发生作用。不少患者在患病后长期不参加一般的文体活动，这种不正常的现象往往会影响患者的情绪，影响自我评价和自信心。此时，家庭和朋友的支持和鼓励（即社会支持）对患者的娱乐活动有强化作用。

（七）生物反馈和松弛训练在冠心病中的应用

根据某些患者能够通过生物反馈法学会控制自己的心血管反应的情形，国外有人进行了不少尝试，试图用生物反馈或操作条件反射法治疗和纠正冠心病某些症状，如各种心律失常、高血压等，并在许多小样本临床实验中取得一定成功。长期松弛训练对于冠心病的预防可能有一定作用。Suinn RM（1964）给 10 位患者使用自我松弛训练法，证明患者血胆固醇含量下降。有些人主张在急性期指导患者开展松弛训练，有利于减轻患者的心血管系统的负担，也有利于安定患者的情绪并克服无助感（Pranulis，1975）。我国的气功对冠心病的康复也有一定作用。例如，胡祖文（1986）研究发现，气功能降低冠心患者的血液稠度和血小板聚集率。

第 3 节　音乐松弛训练对高血压患者即时降压作用的实验研究（论文，1986）

摘录自 1986 年《应用心理学》第 1 期，实验研究论文，作者姜乾金、吴春容。这是作者首次在心血管病方面开展的血压心理干预实验研究。1985 年，作者放弃血液生化学和神经电生理学等热门科研工作，设计了这个从设备到指标都不合“潮流”的心身医学实验，并成为由临床到生理最终全身进入医学心理学和心身医学领域的分水岭。

一、前言

松弛训练（relaxation response），近年来作为一种重要的行为治疗方法，应用于多种心身疾病的治疗。由于单纯自我松弛训练比较单调且意识活动不易控制，故一般采用指导语或音乐帮助患者放松入静。前者类似催眠术，后者又有点类似音乐治疗。目前，收录机在我国城乡已相当普及，这为上述三者（个人主动放松、录音语言指导、音乐旋律对情绪的感染）结成一体创造了便利的条件。本实验将三者相结合，以语言指导加音乐诱导帮助患者进入空幻放松状态，从而对高血压患者进行即时降压效果实验研究。

二、方法

1. 音乐与指导语原则

根据高血压患者特点，选用了较为轻松舒畅的钢琴曲《天鹅》（圣桑曲）和《少女的祈祷》（巴特朗斯基曲）作为诱导乐曲；指导语则围绕乐曲内容展开，逐渐引导患者进入乐曲所描写的清新静柔境界（稍有夸张），并顺次反复指导患者主动松弛全身各个部分和放慢呼吸节律。整套内容录入磁带备用，时间约 18 分钟。

2. 被试者

高血压患者 17 例（男 7 例，女 10 例），平均年龄 51 岁（40 ~ 65 岁），平均病程 11 年（1 ~ 20 年）。自我报告最高血压达 174 / 111 mmHg（150 / 100 mmHg ~ 220 / 120 mmHg）。

3. 实验过程

实验地点设在温暖安静的室内。患者一进入实验室立即测量血压、心率 1 次，为原先血压、原先心率。接着，患者静坐 45 分钟，在此期间，一方面，向患者介绍心—身联系和治疗原则、原理等知识；另一方面，使患者安静下来，让血压自动下降到接近基础水平。此后，开始每 3 分钟测量血压 1 次，直到前后 3 次血压水平基本接近。这样安排的目的是为了尽量排除安静情况下血压自然下降因素的影响，同时，也使患者适应反复进行的血压测量操作。取 3 次相近血压中的最低一次数值作为基础血压。大约在进入实验 1 小时后，正式放录音进行松弛训练。最后，立即测定血压作为第一次松弛训练结果。再原位静坐 10 分钟，血压已有所回升，重复做第二次实验，并以第二次实验前后两次血压值作记录。全体患者分两次集体进行。每位患者的血压由一位医务人员测量。由于参与测量血压的医务人员数量多，可避免由于个人主观因素对测量结具值判断的影响。

三、结果与分析

1. 总体结果

在长时间静坐血压已自然下降到基本稳定水平的条件下，音乐松弛训练仍能明显降低收缩压和舒张压。（表 1，略）

2. 病程对结果影响

高血压病程长短与收缩压下降幅度关系不大（表 2，略）。但病期超过 12 年较病期短于 5 年者，其舒张压下降幅度较小（$P < 0.05$）。从生理学角度来看，这可能由于高血压病期越长，血管壁弹性降低，外周阻力增加，舒张压受到明显影响，因而要使舒张压下降就困难一些。

3. 音乐素质对结果的影响

自编音乐素质问卷，内含 5 个与音乐有关的问题，让患者视个人情况回答，满分为 5 分，表示音乐素质佳。初步结果音乐素质问卷得分较高者（4 分），其训练后的降压效果比只有 1 ~ 2 分者为好，但因病例数较少，尚无统计学意义（表 3，略）。以上可以部分证明，松弛训练疗法加上适当的音乐作诱导是有好处的，对于有一定音乐修养的患者，这种诱导作月更加明显。

4. 近期服用降压药物的影响

近期服用降压药物者与 3 天内未服药者进行比较，音乐松弛训练同样可以产生降压效果（表 4，略）。近期未服药者收缩压降幅稍小，而服药者舒张压降幅稍小，两组均无统计学意义。这在某种程度上可以说明，服用降压药物者同样可以使用音乐松弛训练，达到进一步降压的作用。

5. 音乐松弛训练对心率的影响

训练前后，患者的平均心率变化不明显，仅减少 0.63 ± 4.58 次 / 分（$P > 0.05$）。这与血压下降幅度相去甚远，说明音乐松弛训练降低血压可能主要以外周血管作用为主，对心脏的作用则较小。事实上，在松弛入静条件下，体内减压反射敏感性要较心理紧张时为高。此时，即使松弛训练具有某些抑制心脏的作用，也会被外周血压下降所抵消。

6. 无效病例分析

经过训练血压反而有所上升的患者有 3 例。其中，1 例军人干部中途退场，未列入总体病例中。分析发现一些共同特点：病史长达 20 年，文化程度初中以下，非教师、音乐素质分数低（以上均 3 例），以及不愿训练（1 人）等。根据上述一系列结果说明，这些因素很可能是失败的原因，但尚待进一步探索。

四、讨论

1. 关于松弛反应

在世界诸多文化中，存在许多复杂的传统健身治病的方法，中国的气功、印度的瑜伽等就是其中的几种。松弛反应方法（relaxation response）就是在汲取这些传统训练方法的共同成分，即放松入静，从而重新创立起来的一种非文化训练程式。其主要特点是全身顺序放松和入静。据研究，这种简单而容易掌握的训练方式能够产生与其他复杂的静默训练方法相同的低代谢生理变化，同时，应用于高血压患者也可产生类似治疗的效果。能够引起全身放松的松弛技术是多种多样的，其理论依据也不尽相同。其中的一些松弛技术对高血压患者的治疗作用，很早就已被人们所注意到。在国内，这方面还未见有较系统的研究报告。

2. 关于松弛反应治疗高血压的机制

有人通过 3 ~ 6 个月的松弛反应训练，证明患者外周肾上腺素能活动力下降（血浆多巴胺 β 羟化酶活力降低），一部分人的肾素——血管紧张素——醛固酮系统作用减弱。分析认为，松弛反应训练主要是通过降低交感紧张性而使血压下降。

3. 关于音乐与松弛反应的结合

音乐治疗历史已久，虽然音乐对生理唤醒水平的影响如何尚无一致意见，但音乐特别是旋律曲确能使人产生欣赏反应，出现美感的幻想，能使躯体动作减小和轻松。用一定的乐曲与自我松弛训练有机地结合，将有利于诱导全身放松，增加降血压的效果。上述实验结果也部分证明了这一点。同时，音乐与松弛训练相结合，使松弛反应有了新的内容而不易陷于枯燥，便于松弛训练方法能够长期坚持。对于喜爱音乐及文化程度较高的高血压患者，这种方法更容易被接受。

4. 关于方法和适应证

本实验是一种即时降压效应观察。在患者已适应环境、适应测量血压操作，同时又经过长时间静坐休息的条件下，音乐松弛训练平均即时降压作用仍相当明显。停止训练后，平均血压又上升，再次训练，再次下降。这就更进一步证明，这种降压作用有别于普通安静条件下的血压自动下降，是一种松弛效应。从中可以看出，通过松弛训练降压是短时的，10 分钟后血压回升幅度已达降压幅度的 40% 左右。对于达到防治高血压病的目的，这种即时的降压效应是不够的。根据文献，类似的松弛训练方法如能坚持达 3 ~ 9 个月，其降压作用能在停止训练后的 1 ~ 12 个月内仍予以维持。参考这些结果，音乐松弛疗法应长期使用才可能取得满意的效果，这有待于进一步深入探讨。本实验还提示，病期长的患者，即使降压效果相对差些（尤指舒张压），但也是有一定作用的。上述文献认为，松弛反应主要使用于早、中期高血压，甚至可代替药物。对于严重稳定型高血压患者，松弛反应可与药物发挥协同作用并减少用药剂量，这与本实验结果是一致的。

五、小结

音乐松弛训练可使高血压患者出现即时降压效应，其收缩压和舒张压平均下降幅度可由安静时的基础水平再下降 9 mmHg 和 6 mmHg。这种降压效应并非由于单纯休息所致。患者的心率在训练前后没有明显改变，提示可能主要是通过降低外周血管紧张而发挥作用的。初步提出：音乐素质好，病期短者音乐松弛训练降压效果更好些；服用降压药物者仍可产生降压作用，因而该方法可与降压药物协同发挥作用。

回顾和讨论松弛反应的产生，某些机制及高血压适应证问题。提出音乐松弛训练不需复杂设备，易于掌握和训练，值得我国高血压病临床进一步探讨和推广应用。

第 4 节　心肌梗死康复期性生活若干问题（专论，1988）

摘录自 1988《中国康复医学杂志》第 3 卷第 5 期。

心肌梗死（Myocardial Infarction. MI）在康复期仍存在许多心理行为方面的问题，患者可不同程度存在焦虑和抑郁心境，并有睡眠障碍、依赖性高、衰弱和无力感等。此外，性生活方面的困难也是 MI 患者康复期常见的问题。

一、原因分析

性功能障碍虽然取决于身体和心理两方面因素，但往往以心理原因占主导。综合起来，MI 患者在康复期的性生活困难，有以下一些原因。

1. 对性和性功能认识上的问题

其一，长期以来，人们认为性生活与心脏病是不相容的，担心由于性行为而损害身体，怕因此引起 MI 再发和猝死。患者受这种认识的影响，对性行为会产生恐惧心理。

其二，冠心病患者往往年龄相对较大，而一般人总是以为老年人的性活动趋于退化、消失，因而这一问题常不被重视。反映到患者心理上，易使其对性兴趣产生抑制。

其三，医务人员重病不重人。因此，患者从医生处虽然可获得有关食物、工作等方面的行为指导，但不易得到性生活方面的指导。

2. 无力感

根据研究，MI 患者在康复过程中特别容易出现久病的衰弱感。这是造成患者活动减少的直接原因，并使患者的依赖性增高。由于缺少活动造成肌肉萎缩无力，反过来又加重主观上的衰弱无力感，进而影响建立正常性功能的信心。由于性功能活动的减弱，又可加重患者的衰弱和无用感，从而形成恶性循环。

3. 抑郁情绪

MI 患者的抑郁情绪反应是由发病第 3 ~ 5 天时的焦虑反应直接发展而来的。随着病情好转，这种抑郁情绪会有所减弱。但在出院以后，一些人又往往变得严重起来。抑郁心境能影响自我评价和自信心，降低性兴趣和性驱力，对性生活具有直接的抑制作用，严重者可完全抑制康复期 MI 患者性活动的恢复。Stern 指出，无抑郁心境的康复期 MI 患者中，有 93% 能够成功的恢复性活动能力；而具有抑郁心情的患者中，只有 58% 左右能恢复某种水平的性活动。

4. 配偶的影响

MI 患者的配偶在心理方面也常常受到影响。她（他）们往往片面地理解或夸大医生在出院时的嘱咐，对患者过分地加以保护。康复期患者配偶的这种影响，易助长患者的依赖性和无用感。同时，配偶由于担心而有意无意地避免与患者的性接触，或在情感和行为方面阻碍了患者正常性兴趣的发生，且即使有了性行为，患者也可能由于配偶的焦虑表现而容易降低兴奋程度，甚至影响性行为的正常完成。

5. 其他因素

MI 常用的多种药物，往往能影响性活动。例如，神经节阻断药、α 受体阻断药、β 受体阻断剂、可乐亭等，是抗高血压性抑制剂；麻醉剂、酒精、胆碱能阻断剂、单胺氧化酶抑制剂等属于中枢性抑制剂。

此外，能否积极参加社会和文体活动、能否成功的逐渐恢复工作等，也在一定程度上与性功能的恢复有联系。

二、解决的策略

对大多数康复期 MI 患者，只要其症状不复杂，心功能已恢复正常，应指导他（她）们逐渐恢复正常的、有规律的性生活。此举既不会对病情产生不良影响，还更有利于患者的心身康复。有人通过临床分析和仪器实测研究证明，康复期 MI 患者正常性生活时的生理变化与一般人登上二层楼梯时的生理改变类似。因此，医生除了对康复期 MI 患者做药物、食物、活动和工作等方面的常规指导外，也应适时做好性生活方面的个别指导，帮助患者解除某些不必要的顾虑，建立起恢复性活动的信心。

医生应主动鼓励患者根据自身条件逐步恢复性生活。有人建议 MI 患者从发病到开始恢复性生活应有 6 ~ 8 周的观察时间，然后由医生根据性活动时是否有心脏症状来制定具体的处理方案。医生应指导患者注意性生活的“正常”和“有规律”。所谓“正常”，即应避免在劳累、暴食、酒后、烦恼和焦虑时，或服用某些作用于心脏的药物，或环境条件不正常或非婚性行为等情况下进行性生活。因为在这些条件下性生活极易发生心绞痛、再梗塞，直至猝死的可能性增加。据报道，性交时发生急死的病例中，约 80% 有上述不正常因素存在。所谓“有规律”，即是指次数应适当。对某些患者，为了减轻患者一方特别是男性患者的体力负担，可使用改变体位的方法，如女上位或双侧位，据认为可有良好效果。

为了进一步减少某些患者性活动时发生心绞痛及再梗塞的可能性，可指导患者适当增加运动锻炼，或预防性地服用硝基甘油以增加心脏血液供应。

做好配偶和家属方面的咨询工作也是很重要的。可采用集体咨询的方式，分期对她（他）们进行宣传和指导。

此外，应指导患者开展充实的文体活动和社交活动，积极参加某些自我心身锻炼，如气功康复训练。通过这一类间接的心身调节措施，能提高患者的自我评价水平和增强其自信心，有利于帮助克服抑郁情绪。

总之，有关心肌梗死以后性功能问题的研究虽仅仅是近些年来的事，且能深入研究者更少，但对 MI 患者及时开展系统的性心理咨询活动，促进患者恢复正常的性功能，则无疑是有益的。这应成为心脏病康复过程的一项常规工作内容。

最后，附“心肌梗死后性活动指南”，可供医生进行性咨询或患者个人参考。

心肌梗死后性活动指南

以体力消耗而言，婚内性生活只相当于爬 1 ~ 2 层楼梯或进行一次轻快的步行。故一般来说，心肌梗死后 6 ~ 12 周开始恢复性生活是安全的。由于每人疾病恢复过程有差异，因此，应当接受医生的具体指导。

因为你的心脏目前正处于恢复阶段，为了减轻体力消耗，以下指南对你会有帮助。

第一，在过饱、醉酒或疲劳时应避免性生活。

第二，在过冷、过热或陌生环境里应避免性生活。

第三，疾病恢复期进行性生活时，你可以设法选择某一种较省力的体位，包括双侧位或者让患者处于仰卧位。这样不仅较省力气，还可使双方都增加快感。

第四，如果性行为后呼吸和心率增快在 15 分钟内未恢复，应将情况告诉医生以便得到指导。

第五，如果你在性生活时有胸痛感，那么在下次发生性行为前夕，可服用硝酸甘油。如果这样仍感胸痛，应请医生指导。

第六，男性在心肌梗死后，可能短期内会发生自发的勃起障碍，这很可能是因为机体紧张和精神耗竭所致。随着具体活动水平的增加，此问题能很快得到解决。

第七，应该坦率地与医生讨论你所关心的任何有关性活动的问题。

第5节　A型行为的改造（专论，1990）

摘录自1990年《应用心理学》第5卷第2期。作者在文中提到，希望此文对国内深入开展A型行为矫正研究的同道们能有所参考。然而多年以来，并未见到有类似的深入研究。按线性逻辑，30多年前的国外资料应该早已过时，但重新审视这篇综述，似乎对我们的现实研究仍有参考意义。

A型行为的反应特征是时间匆忙感和竞争、敌意倾向。研究证明，具有A型行为特征的人，其生理机能也有相应的变化，例如，血液胆固醇、三酸甘油酯和血压水平偏高；同时据推测，A型行为者由于其特殊的行为类型，往往会进食较多的含胆固醇食物、吸较多的烟，以及缺少体力活动等。这样一来，A型行为类型除了本身是一种冠心病危险因素外，还间接地使其他冠心病危险因素增多，故又被称为冠心病倾向行为（coronary-prone behavior）。因此，为了防止冠心病的发生或复发，除了应强调改变诸如吸烟、高胆固醇饮食及纠治高血压的危险因素外，同时还应强调矫正A型行为。

一方面，A型行为是一种人格定型，是在一定的物质和社会基础上形成的，有意识的也有潜意识的决定因素，故矫正较为困难，需要经历较长的时间。为了节省时间，一般采用集体治疗法。Rosenman（1977）认为，集体治疗还能更好地促进被治疗者对A型行为特征的自我观察、自我认识、自我控制和自我训练（注：均属于当年的行为治疗技术）。另一方面，由于A型行为是综合性的不良行为，涉及面广，使用单一的某种心理治疗技术难以奏效，故到目前为止，通常采用多种方法进行综合的矫正治疗。Nunes（1987）总结了近年来许多作者的资料，发现绝大多数人同时使用3种以上的心理治疗手段（见附表）；且数理统计显示，心理治疗对矫正A型行为确实有效，却不能肯定究竟是何种心理治疗效果最好。

本文逐项介绍A型行为综合矫正治疗中常用的一些心理治疗方法。

一、冠心病知识的教育（EC）和A型行为知识的教育（ET）

此类方法的目的，是促使A型行为者建立牢固的行为改造动机。以Friedman的见解，造成A型行为矫正的困难，主要是由于当事人不易建立起强烈而持久的改造动机。特别是未发生冠心病的A型行为者，由于其行为特点有较直接的社会和经济效益，例如，易受到别人的赞赏、易得到较多的物质利益等，其结果反过来对A型行为产生社会强化作用（social reinforcement）。相反，A行为对身体的消极作用却是一种长期的效应，当事人对发病的危险性无紧迫感，或存在侥幸心理，故其改变行为习惯的动机不强烈，也不易接受长期的指导和监督。据研究，发生心肌梗死以后，患者的侥幸心理消失，且此时的 A 型行为反应，如竞争、敌意，有时会直接增加心脏的症状，如胸闷、气短等，促使患者对矫正行为产生了紧迫感。自然也有许多 A 型行为患者在心脏症状消失以后，便很快地希望恢复原来的行为方式，他们常错误地认为这是完全康复的标志。由此可见，如何帮助 A 型行为者确立治疗动机，是 A 型行为矫正治疗中的不可缺少的一步。通过 EC 和 ET，就是为了使被治疗者对 A 型行为有哲理上的认识，使他们认识到自己的行为类型并不能真正促进个人的社会经济地位，实际上还可能产生相反的结果，且极有可能带来心脏病损。

在具体做法方面，首先，医生可以用集体讲课或发小册子的方式，向被治疗者进行有关冠心病危险因素的教育，向其强调危险因素中包括心理因素，A 型行为就是一种。其次，医生应向被治疗者解释 A 型行为的各种现实表现，解释为什么将 A 型行为称为冠心病倾向人格，其中的机制如何等。在上述教育的基础上，为了提高心肌梗死患者的认识，Freidman 主张应进一步做如下解释：即使你今后一点也不吃胆固醇食物，或者永不吸烟，或者每天锻炼几小时，如果你仍保留 A 型行为，那么你发生第二次梗塞的机会并不比那些虽然未改变饮食和运动习惯却没有 A 型行为的患者低。

上述“教育干预”方法须因势利导、顺序进行。开始可每周集中 1 次，时间约 90 分钟，以后时间间隔可以逐渐延长，并逐渐结合其他的治疗方法，约每 2 ~ 3 周 1 次，直至总计达 20 次左右（9 月 ~ 2 年）

二、松弛训练（RT）

这一训练程序是作为 A 型行为矫正过程中的一种有效应对（coping）策略。通过松弛训练，使被治疗者能逐渐学会对交感神经的反应有较强的自我控制能力，以便在生活应激中，个人能自如地使用放松反应以减轻机体的唤醒水平。具体可选用渐进性松弛训练法（progressive - relaxation training）或深度呼吸放松法，也可用 Yoga（或放松气功）。松弛训练必须坚持贯穿于行为矫正的全过程。初始阶段，应集中进行训练指导。为了增强松弛训练效应及加快学习进度，可结合生物反馈训练。当集中训练一定时期后，被治疗者已能自己控制训练过程，应逐渐将心理活动转移到家庭和工作场所。医生要自始至终反复强调，松弛训练是 A 型行为矫正的一种手段，不应将其作为一般的休息。

Suinn 和 Roskies 分别对健康 A 型行为者和康复期 A 型行为型心脏病患者施行松弛训练，均取得良好效果，表现为被治疗者对抗焦虑的能力提高，时间紧迫感向好的方向发展，同时，血胆固醇含量有所下降。

松弛训练一般每天 2 次，每次 15 分钟左右。在松弛训练技术熟练以后，应在任何能引起 A 型行为反应的场合都自觉使用。

三、认知行为治疗（CT）

认知行为治疗（cognitive behavior treatment）主要包括两方面内容，一是使用认知重建技术；二是使用自我控制技术。

1. 认知重建技术

是在EC、ET基础上，进一步帮助被治疗者在个人的认知、理想、信念、态度、归因手段、目的等方面做出再评价和进行自我矫正，以便能从根本上消除产生A型行为的心理基础。

例如，针对A型行为的速度和节奏过快（即时间匆忙感）的特点，可通过对自我认知的调整使之放慢速度。可以要求被治疗者将日常生活中往往强调行为目的这一特点，转变为强调行为过程。当一个人去办理某一些事情时，应将“我必须尽快到达那里”改为“我这样赶去已足够快了”；一个人在发展业余兴趣和爱好时，应强调自己是“为了愉快”而不是为了“收获”。

A型行为的被剥夺感往往导致个体的放纵、任性和攻击，从而产生竞争性（A型行为的另一种特征）。正如一位A型行为者所谈的：“我吃饭的确很快，像是担心有人将我吃的东西收走一样。”此外，A型行为的敌意，往往使个体表现出易怒。针对这种行为特点，认知重建技术同样要求被治疗者自己去辨认和估价这类竞争性行为和挑战性情绪的原因。劝其用认知策略加以回避和纠正。下面是一位A型行为者面对某个武断而又挑剔的领导，所实施的认知策略过程。

“某领导正在我后面。但是我能够使其不对我产生影响。我正处在控制自己的情绪状态。我正在放松，（深呼吸）放松、（停顿）放松、（停顿）放松。对我来说，放松比愤恨更好些。尖锐的批评并不意味着我就不称职，也许仅说明我需要做某种工作上的改进而已。让我来考虑问题的每一个细节，慢慢地，一件一件地来。嗨！我将今天的事处理得很漂亮。愤恨已不再能折磨我了。我正在处于自我放松和自我控制状态。”

2. 自我控制技术（Self－control procedures）

一般包括对环境的控制和对个人行为的调节。

对环境的控制又称环境重建术。被治疗者应尽可能改变以往的工作和生活环境。例如，改变工种以避免与原有的能触发A型行为反应的情境接触；不与其他A型行为者过多来往以减少社会暗示作用。此外，环境控制也包括应适度减少每天的实质性活动内容。

对个人行为的调节包括两方面。首先，要做好“自我观察和自我监督”，主要是写行为日记。让被治疗者坚持每天注意自己主观的紧张度并加以记录（冠心患者应记录与情绪有关的胸闷、胸痛次数），特别要注意根据上述ET介绍的典型A型行为表现，记录由于社会应激造成的具体A型行为活动。其次，记录个人所采用的应对策略。通过行为日记，除了能有直接的行为矫正作用外，还为个人行为调节的另一项工作——“自我处理”做准备。自我处理技术主要是对每天的良好行为表现给以自我奖励（正强化），例如，进行自我心理安抚；对每天的A型行为表现进行惩罚，例如，进行想象厌恶（aversive imagery）。

四、想象（IM）

例如，指导被治疗者想象自己正在通过交通拥挤的街口，或想象正在排长队，以激发个人的 A 型行为体验。同时，使用认知重建和松弛训练等技术，调整自己的体验。上述对待“挑剔领导”的认知策略过程，开始训练阶段也是采用想象的方法。

五、行为矫正技术（BM）

在集体治疗时，可以通过角色表演（role playing）排练 B 型行为反应技巧。角色表演的内容，主要围绕 A 型行为的时间匆忙、竞争性和敌意三方面进行设计，通过一定的表演程序，训练被治疗者对情境刺激做出 B 型行为反应。此外，在集体治疗期间，医生可根据具体情况给被治疗者开具各种“行为处方”，例如，请他们利用示范作用（modelling）或“塑造作用”（shaping）原理，对 B 型行为反应特征进行仔细观察并加以模仿学习。行为矫正技术也应执行奖励和惩罚原则。

六、情况支持（ES）和心理动力学阐释（PD）

前者强调在融洽的、相互信赖的医患气氛中，鼓励被治疗者谈出个人的各种痛苦感受和体验，医生同时给予支持。后者即精神分析治疗，对 A 型行为产生的基础，即潜意识动机和冲突进行心理动力学阐释。据认为，A 型行为反映童年期可能存在爱和情感的缺乏，结果长大后表现情绪急躁、被剥脱感和竞争性等 A 型行为特征。因此，A 型行为有其人格里的根深蒂固的基础。可以通过精神分析的阐释过程加以解决。Roskies 对正常 A 型行为者施行精神分析治疗，取得了相当明显的矫治效果。

七、社会支持

社会支持包括同事、朋友、家庭成员的注意、帮助和监督，对于鼓励和维持个体进行 A 型性行为改造具有独特的意义。这种支持还能够给被试提供有关行为矫正的成功或失败的反馈信息，从而有利于矫正程序的顺利进行。

八、运动锻炼

运动锻炼是否有利于 A 型行为改造，各项研究结果尚不一致。Gillespire（1982）通过心理和生理测量证明，长期参加运动锻炼，可使 A 型行为得到一定改善。另有一些结果效果不明显（Rechnitier，1983），或因为 A 型行为者不愿长期进行锻炼而失败（Oldridge，1978）。近年来的一项研究则显示，运动锻炼不仅能使 A 型外显行为得到改善，还改善了 A 型行为体内原有的生理变化（Rejeskl，1984）。

总之，A 型行为因其与冠心病关系密切，已成为国内外许多学者十分关注的课题。国外已进行了各种矫正方法的探讨，但尚无一种专一的方法能发挥肯定的作用。其原因在于 A 型行为是涉及社会、心理、身体诸因素的复合体，决定了对其矫正不可能类同于对某一种疾病的治疗，必须有多方面的、综合的措施才能解决。文后附表也在一定程度上反映了这一点。

A 型行为综合矫正的研究工作在国内尚刚刚开始，作者就此综述，旨在为准备开展 A 型行为矫正工作的同行提供一些参考（注：30 多年后，国内冠心病的发生率如早年所预期大幅提升，却并未见预期的 A 型行为矫正等方面的系统研究）。

最后，应强调在整个行为矫正程序中，无论以哪几种治疗方法相结合，也不论时间安排上何者为先何者为后，均重视医生本人行为特征的影响作用。很难设想，一位有严重 A 型行为类型特征的医生，能够顺利指导患者完成漫长而又复杂的 A 型行为矫正任务。

附表：A 型行为的综合矫正

作者	时间（分组）	EC	ET	RT	CT	IM	BM	ES	PD
Ibrabim	1974						+	+	
Sunni	1978			+		+	+		
Jenni	1979（1）			+		+			
	（2）				+	+			
	（3）				+	+			
Rahe	1979	+	+				+	+	
Roskies	1979（1）		+					+	+
	（2）		+	+			+		
	（3）		+	+			+		
Langosch	1982（1）		+		+	+	+		
	（2）			+					
Levenkron	1983（1）		+	+	+	+	+		
	（2）	+	+				+	+	
Friedman	1984（1）	+							
	（2）	+	+	+	+		+	+	
Hart	1984		+	+		+			
Gill	1985	+	+	+	+		+	+	

注："+"号表示使用了该方法。字母代号见本文。

第 6 节　"否认"机制在心肌梗死疾病中的临床意义（专论，1992）

摘录自 1992 年《实用内科杂志》第 12 卷第 6 期，期刊专论，作者王守谦、姜乾金。

一、否认的概念

所谓"否认"，是指否定、漠视、淡化、回避应激事件的存在或其严重性的一种心理应对方式，可以有一系列认识、情感和行为方面的相应表现。临床上，患者面对威胁性疾病，如心肌梗死

(MI)、癌症等诊断现实，首先采用的心理应对机制往往是“否认”。这是患者努力否定或低估疾病的严重性以降低焦虑反应水平，同时可以相应地伴有对疾病信息的不关心，不能很好地配合医疗等心理行为的变化。

由于不同的人具有不同的“否认”倾向（这属于个性特质），对不同性质的事件有不同的否认水平（这属于情境性），由于环境、社会支持程度、个人经历、期望等因素也影响个人的“否认”机制，因此，面对同样的应激事件，不同的人的“否认”水平有很大差异。同样，在不同条件下，“否认”机制在客观上也并不一定都有利于个体的心身健康。在 MI 临床中，“否认”在入院前易造成就诊延误；在急性期有利于心身的适应，在康复期又有不利的影响。

1. 入院前期

及时就医是降低 MI 病死率的重要前提。有资料证明，MI 患者从出现先兆症状到入院就医的时间间隔，平均约需 3 小时；有一组报告显示，至少有 50% 的患者在 24 小时以后才入院就诊。造成这种延误的很大一部分原因是心理方面的。其中，患者的“否认”倾向起到重要作用。先兆症状出现时，“否认”倾向使患者虽然能感受到症状，但否定其重要性，也不相信自己会患 MI，甚至将某些心脏不适症状理解成消化系统症状。有资料显示：只有 1 / 3 的患者在一开始就想到自己的症状是急性 MI 的表现；甚至在部分有过 MI 的患者中，当再次出现 MI 先兆症状时也会否认。总体来说，那些较担心生命受危险、对疾病体验较深，以及以往有 MI 病史的冠心病患者，其“否认”倾向往往较弱，因而利于减少延误。

为了降低因“否认”倾向而造成 MI 诊治的延误，一般主张对冠心病患者（特别是有否认倾向者）及亲属应开展常规的有关冠心病知识的教育指导，以缓冲“否认”机制的影响。例如，告诉患者胸痛是急性 MI 最常见的症状，在遇有不明原因的呼吸困难、恶心、无力、向手臂放射痛等现象时，不能轻易放过，应及时就医等。

2. 急性期

许多研究已证明，“否认”机制在 MI 急性期具有保护意义，属于适应性应对策略。那些缺乏“否认”机制的患者，则往往会表现出较高的焦虑和抑郁反应，并影响病程和病死率。Levine（1987）的一组资料显示，MI 患者的“否认”水平，与患者在住院期间的焦虑、抑郁和心身症状严重度，以及与住院时间、房性心律不齐、窦性心动过速和充血性心力衰竭的发生率等动态指标，都有明显负相关［$r = -(0.35 \sim 0.50)$］。在同一组资料中，(否认）水平与入院时的病情严重度、住院期间的用药方式，以及其他一些社会人口学指标之间并无显著性相关，从而排除了因病情等因素影响而导致上述结果的可能性。

然而，MI 毕竟是一种严重疾病状态，据估计，仅有 20% 的患者在被告知病情后采取“否认”的态度。绝大多数患者在 MI 急性期会出现较严重的焦虑和抑郁等心理应激反应。有资料指出，至少 80% 的 MI 急性期患者有焦虑反应；58% 的患者有抑郁反应。焦虑来自对死亡的恐惧及各种具体症状和医疗活动的影响。严重焦虑者可出现情绪紊乱并明显影响病情发展。焦虑在入院的 1 ~ 3 天最为明显。焦虑进一步发展会逐渐转为抑郁，一般在入院 3 ~ 5 天可达较高水平。严重抑郁患者表现出悲哀、冷漠、自责、失眠等一系列心理行为症状，因而有人将这一类有严重情绪反应的患者称为

“自我梗塞”（ego infarction）。由于“否认”机制可降低急性期的焦虑和抑郁反应水平，因此，主张在住院期间应及时对 MI 患者进行心理应对指导。特别是对那些缺乏“否认”机制的患者，应加强“否认”心理应对知识的介绍和引导，帮助减轻或转移对自身的过分关注，阻断额外的心理应激的影响，使其顺利度过急性期。

3. 康复期

对于出院以后的 MI 康复期患者，其“否认”机制已成为非适应性应对策略。康复期患者的“否认”机制会降低对自身疾病的注意，在认识、情感、动机诸方面都可影响对医嘱的服从，包括有关康复期的摄生指导、关于运动锻炼的合理安排和各种不良行为的改造计划等。因此，康复期的“否认”机制不利于整个康复过程。在上述 Levine 这组资料中，患者的“否认”水平与出院后一年期间的复发住院天数呈正相关（$r=0.38$）就是明显的例证。

因此，对于 MI 康复期患者，应注意鉴别其是否存在“否认”倾向。对于那些有明显“否认”倾向的患者，应在出院时及在门诊随访过程中，不断给予相应的心理指导，以抵消“否认”对康复的影响。这里顺便指出，MI 康复期患者常见的一些心理行为问题，例如，依赖、抑郁、缺乏活动、难以恢复工作、性功能问题等，与此处提到的因“否认”机制而出现的行为问题有本质的不同。前者多发生在缺乏“否认”机制的患者身上，因此，心理指导方法也不同。

二、否认的判定

“否认”机制是一种综合的心理行为现象，严格的定量有赖于完善的量表。测量“否认”的量表不很多，但对 MI 患者来说，其中心是对心脏疾病的态度问题，这里简介 1987 年已经过信度、效度检验的 LDIS（Levine Denial of Illness Scale）供参考。方法是与住院患者做半定式交谈，根据患者的反应程度逐一对下列 24 项条目做 7 等计分，各项不符合者计 1 分，极端符合者计 7 分，以 24 条累计得分作为患者的“否认”水平。

① 对医疗措施不以为然；
② 对医生不以为然；
③ 不承认睡眠影响；
④ 将一些症状看成是心脏以外的原因；
⑤ 淡化自己病情；
⑥ 缺乏对 MI 诊断情况的了解；
⑦ 缺乏对预后的了解；
⑧ 对深入了解病情无兴趣；
⑨ 对讨论健康问题不感兴趣；
⑩ 入院时曾有过延误；
⑪ 情绪乐观；
⑫ 不承认有焦虑；

⑬ 无焦虑的客观表现；
⑭ 不承认有抑郁；
⑮ 不承认对死亡的害怕；
⑯ 不承认有愤怒或怨恨；
⑰ 夸大自信心；
⑱ 专心于其他事情；
⑲ 不喜欢继续治疗；
⑳ 不切实际的乐观；
㉑ 对目前的治疗不顺从；
㉒ 没有依赖性；
㉓ 对疾病持超然姿态；
㉔ 幽默。

Levine 以此方法评定 45 位患者的平均得分为 54.2 ± 16.8，此法也可用于评定其他严重疾病。

上述测定方法虽复杂，使用者只需经过一定的尝试是可以保证其信度的。为了简便，有的医生仅通过询问患者的一个方面的问题，根据患者回答的内容、语气等判别其大致的“否认”水平。例如，“你自住院以来，曾在什么时候感到过害怕，有过危险感或有过担心吗?”“否认”水平高者会回答“从来没有过”；低者会回答“谁要是说自己不紧张，那他一定是说谎者”。实际上，有经验的医护人员根据对某一患者的医护经历（如护理记录），也可大概判断其是否存在“否认”机制。例如，一组根据护理记录所估计的结果，与上述 LDIS 所测定的结果之相关系数达到 0.46，说明凭经验估计的结果也有一定效度。

第 7 节　应激与应对深入研究的例子：否认机制与冠心病临床（专题，2010）

摘录自 2010 年在中华医学会心身医学分会第 16 届（武汉）学术年会上的专题报告。本讲题于 2007 年在浙江省台州等地也曾经报告过。

（注：本组幻灯片未加解说，可直接浏览阅读图文，如能结合前文相关章节内容特别是心身医学基础知识和系统模型基本法则，则更容易理解）

心理应激因素与冠心病之间的关系，在 20 世纪 80 年代引起国内医学心理学界和临床医生的关注。然而，几十年过去，关于心理应激因素与冠心病之间系统的深入研究还是非常欠缺。因此，在十余年前，作者告别心身医学分会的最后一次学术报告，选择了这个讲题，希望能给后来者一个探索方向的启示。

1

中华医学会心身医学分会第16届学术年会
（2010年，武汉）

应激与应对深入研究的例子——

否认机制与冠心病临床

浙江大学医学院　姜乾金

2

提 要

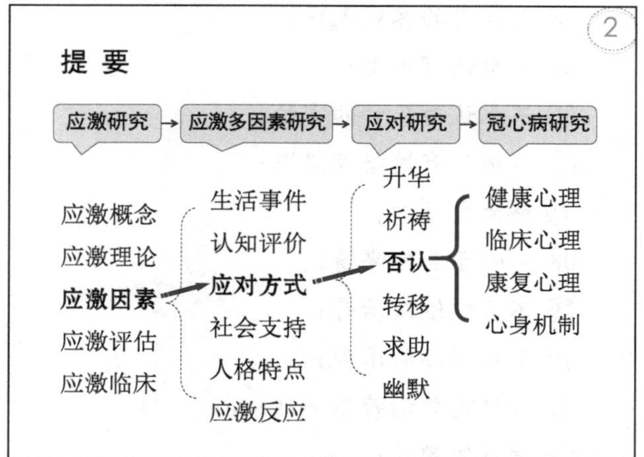

3

一、从应激模型到应对方式

＊ 人是由生物、心理、社会多因素构成的综合体。

＊ 应激是多因素的结构，包含应激原(生活事件)、认知评价、应对方式、社会支持、人格特征、应激反应等。其中，**应对方式**是很重要的应激因素。

4

（一）应激过程模型
（process-basedmodelofstress）

应激源　各种影响变量　应激反应

生活事件　认知评价　应对方式　社会支持　人格因素　心理反应　行为反应　生理反应　健康　疾病

20世纪90年代，在各种应激多因素理论模型的基础上，我们设想的心理应激包括应对方式的多因素“作用过程”，并反映在各种著作之中。

5

（二）应激系统模型（1）
（system-based model of stress）

生活事件　认知评价　应对方式　社会支持　人格特征　心身反应　健康　疾病

近30年来，我们对应激有关因素与健康的关系作了大量实证研究，结果显示，心理应激不是简单地从生活事件到应激反应的“过程”，实际上是多因素相互作用的“系统”，其中包括应对方式。

6

应激系统模型（2）

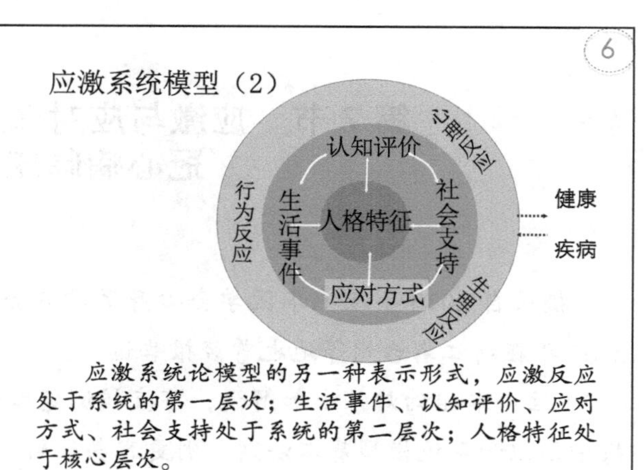

应激系统论模型的另一种表示形式，应激反应处于系统的第一层次；生活事件、认知评价、应对方式、社会支持处于系统的第二层次；人格特征处于核心层次。

7

应激系统模型（3）

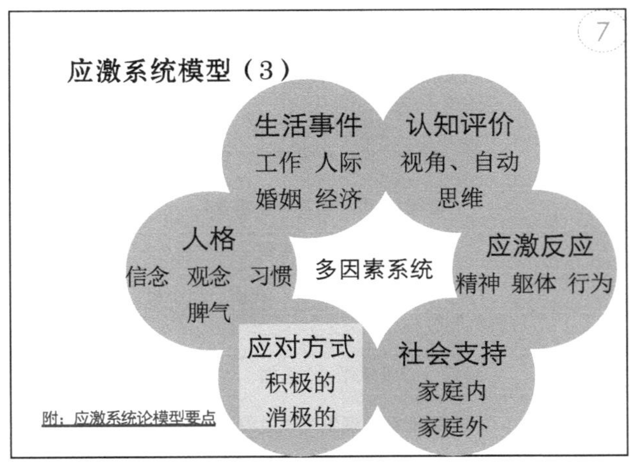

8

二、从应对方式到否认机制

人类的应对活动，包含多种应对策略。“否认”就是其中的一种应对机制。

9

（一）应对是多因素的作用过程

2002年《医学心理学》七年制规划教材中，将文献中大量的应对因子，按“过程应对”模型排列，“否认”是其中之一。

问题关注应对		应对方式			情绪关注应对
计划 回避 面对 升华	再评价 **否认** 祈祷 幻想 合理化	求助 倾诉	转移 退化 屈服	幽默 淡化 自控 忍受 发泄	放松 烟酒 服药
生活事件	认知评价	社会支持	（人格基础）	情绪反应	生理反应

10

（二）“否认”概念

所谓**否认**(denial)，原是精神分析理论的概念，是一种心理防御机制。潜意识心理冲突可诱发焦虑，否认机制则在潜意识里就加以否定，从而避免意识层面的焦虑。

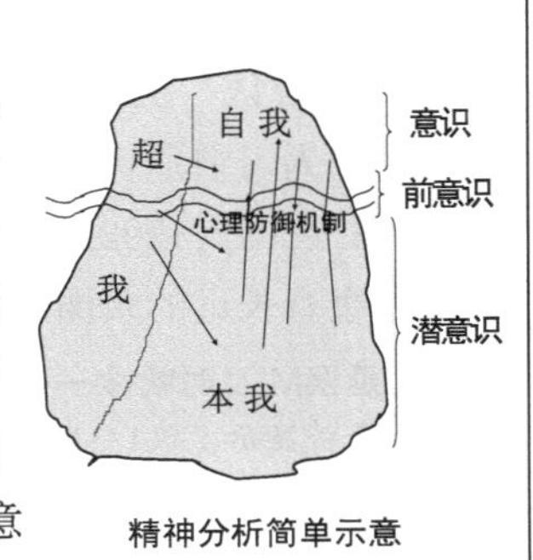

精神分析简单示意

11

近年来，应对（coping）研究显示，否认也可以在一定程度上是意识性的，是重要的应对方式之一。

否认，目前特指个体通过认识的或潜意识的途径，**否定**、**漠视**应激事件或**淡化**心理冲突，从而否定应激事件的存在或严重性。

12

（三）“否认”的影响因素

人格中的特质性否认倾向——

有研究认为，**否认**人格特质来自儿童发展时期父母行为模式方面的过于严谨、批判性和不安全感，或成人时期长期的工作压力和从事低控制性的工作。

环境、社会支持、经历、期望等——

13

三、从否认机制到冠心病临床

研究证明：

否认机制中的某些类型有益于心血管健康，有些则是有害的；否认机制对疾病不同阶段有不同的影响。

14

（一）否认机制是冠心病临床心理社会因素之一

心理社会因素

（个性、行为方式、社会环境、**否认机制**）

↓

情绪（焦虑、愤怒、抑郁等）

↓

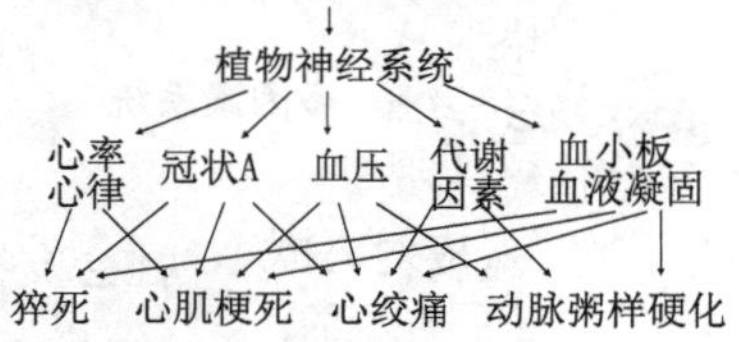

冠心病心理生物学过程示意图

15

（二）对冠心病的预防，否认有负面影响

"否认"机制影响生活方式管控、影响对行为习惯危害的认识、影响对疾病的态度。Sirous（1992）认为，**否认**可能对心血管健康有长远的负面影响。

延误MI及时就诊——

资料显示，仅1/3患者开始就想到MI。多数患者虽能感觉到先兆症状，但**"否定"**其重要性，例如，将某些心脏症状理解成消化系统症状。有报道显示：有50%的患者在出现先兆症状24小时后才去医院求诊。

16

（三）对心肌梗死（MI），否认有积极作用

否认机制可以缓解MI急性期情绪、行为和躯体反应，有利于心、身的适应。缺乏**否认**机制的患者往往表现出较高的焦虑和抑郁反应，甚至表现"自我梗死（ego infarction）"，影响病程和病死率。这种作用主要在MI**的前3天**。

例如，Levine的资料显示，**"否认"**与急性MI病人的焦虑、抑郁和心身症状严重度，以及住院时间、房性心律不齐、窦性心动过速和充血性心力衰竭的发生率等有显著负相关（ $r=-0.35\sim-0.50$ ）。

17

（四）对于康复期，否认又有负面影响

否认在MI康复期属于非适应性应对策略，在认知、情感、动机诸方面影响患者的服从性，对康复摄生、运动锻炼和各种不良行为的改造计划等医嘱，往往不屑一顾。

否认还会降低康复期对自身疾病的注意。

例如，上述Levine资料中，**"否认"**水平与出院后一年内复发住院天数呈现正相关（ $r=0.38$ ）

18

四、"否认"的临床评估、干预与研究

自1987年Levine J.发表LDIS以来至今，有关否认机制与冠心病临床关系的深入研究不少，可供国内心身医学界参照。

（编注：实际上，除了本报告当年有一组对血透病人的研究，至今已10余年，国内未见有对冠心病的研究）

19

（一）否认的临床评估

否认量表——

Levine有一份已经过信度、效度检验的否认量表LDIS（Levine Denial of Illness Scale），比较简便，含24条目，采用半结构式会谈法，按7级评分（见后）

交谈分析——

临床上，可以与患者作关于疾病问题的交谈，根据患者回答的内容、主动性和态度等大致判别其否认水平的高低。据报道，经过一定实践，这种判别与使用量表的结果可有相当的一致性。

20

Levine疾病否认量表（LDIS）

1. 对医疗措施不以为然；
2. 对医生不以为然；
3. 不承认睡眠影响；
4. 将一些症状看成是心脏以外的原因；
5. 淡化自己病情；
6. 缺乏对MI诊断情况的了解；
7. 缺乏对预后的了解；
8. 对深入了解病情无兴趣；
9. 对讨论健康问题无兴趣；

21

10. 入院时曾有过延误；
11. 情绪乐观；
12. 不承认有焦虑；
13. 无焦虑的客观表现；
14. 不承认有抑郁；
15. 不承认对死亡的害怕；
16. 不承认有愤怒或怨恨；
17. 夸大自信心；
18. 专心于其他事情；
19. 不喜欢继续治疗；

22

20. 不切实际的乐观；
21. 对目前的治疗不顺从；
22. 没有依赖性：
23. 对疾病持超然态度；
24. 幽默。

［LEVINE J, et al. The ro le of denial in recovery from coronary heartdisease［J］. Psychosomatic Medicine，1987（49）:109-117.］

23

附：否认量表（LDIS）因子分析

Jacobsen等通过对LDIS做统计分析，24个条目的α系数为0.83（Levine报告为0.76）。因素分析获得5个因子：

因子1 对疾病的认知否认
因子2 对前景影响的否认
因子3 对医疗照顾过度期望（仅3个条目，剔除）
因子4 对医疗照顾需要的否认
因子5 情感否认

4个因子（1、2、4、5）之间互有正相关；
4个因子（1、2、4、5）与焦虑、抑郁、敌意和状态焦虑均呈现轻度负相关（其中，因子5最高，因子4最低）

［JACOBSEN B，LOWERY B. Further analysis of the psychom etric properties of the Levine denial of illness scale［J］. Psychosomatic medicine，1992（54）:372-381.］

24

（二）否认机制的临床指导

不同病期、不同对象，采用不同的否认应对指导：

1. 为降低“否认”而导致MI诊治的延误，需在平时对有否认倾向的冠心病患者及家属进行常规的冠心病知识教育和指导。提醒**冠心病患者**，胸痛是急性MI的最常见前驱症状，遇到不明原因的呼吸困难、恶心、无力、向手臂放射痛等现象时，应及时就医。

25

2. 为降低心理应激反应对MI患者的不良影响，对缺乏“否认”的**急性MI患者**（约占80%），需加强应对知识的介绍和诱导（如暗示），帮助减轻或转移对自身的过分关注。

3. 为降低“否认”对**MI康复期患者**的不利影响，需在出院及随访过程中，给予有否认倾向的患者以间断的心理指导。

26

（三）否认与冠心病关系的近期研究举例

2008年，NarushimaK等研究显示，**否认**机制与中风患者临床过程的执行功能（executive function）有关联。

［NARUSHIMA K, MOSER D，ROBINSON R. Correlation between denial of illness and executive function following stroke: a pilot study［J］. J neuropsychiatry clin neurosci，2008（20）: 96-100.］

27

小结

一、从应激模型到应对方式

人是由生物、心理、社会多因素构成的综合体。应激多因素模型包涵了这些因素，应对方式则是其中的一个因素。

二、从应对方式到否认机制

应对活动包含多种应对策略，“否认”就是其中一种。

三、从否认机制到冠心病临床

研究证明：否认机制中的某些类型有益于心血管健康，有些则是有害的；否认机制对疾病不同阶段有不同的影响。

四、否认的临床评估、干预与研究

自1987年Levine J 发表LDIS以来至今，有关否认机制与冠心病临床关系的深入研究不少，可供国内心身医学界参照。

第 17 章　心身医学（三）癌症

本章导言

癌症患者也是作者最早关注的医学心理学和心身医学临床问题之一，重点是心理社会因素与肿瘤发病、发展、诊断、治疗和康复过程的关系。作者有关压力（应激）理论和实证研究工作，许多是围绕癌症病例而开展的。

本章资料包括作者及合作者展开的一系列工作，包括癌症发病中的心理应激因素、癌症相关的心理神经免疫学综述、基于应激和应对理论的癌症患者临床心理问题等研究，以及与癌症话题相关的部分博文。

第 1 节　心理社会因素与癌症（教材，1993）

作者将癌症作为心身疾病单独设置一节，始自 1986 年《医学心理学》五校合编教材，这里选取的是《医学心理学》（北京科学技术出版社，1993 年）第六章第四节。

文中对心理社会因素和心理压力（应激）的认识还属于相对早期。阅读者如果能用压力（应激）系统模型重新梳理一下，相信会有更清晰的体会。

近几十年的行为医学研究显示，心理社会因素是癌症形成的重要影响因素之一。同样，癌症患者的不良心理行为反应，也会严重影响病情的发展和患者的生存期。

关于心理社会因素与癌症之间的关系，Lucas（1982）分析了大量文献后总结出以下四点结论。其一，具有某些心理特征的人，较容易患癌症；其二，癌症的发展和转归与内分泌和免疫防卫功能有关，后者又受本人情绪和行为反应的影响；其三，表现某种心理行为反应特点的癌症患者，其生存期较短；其四，采用情绪支持和行为干预等心理治疗方法，可使癌症患者的平均生存期延长一倍。由此可见，癌症的发生、发展，转归与心理社会因素有密切关系，被认为是又一种严重危害人类健康的心身疾病。

一、心理社会因素与癌症的发生发展

（一）生活事件与癌症的发生

国内外不少研究发现，癌症患者发病前的生活事件发生率较高，其中尤以家庭不幸等方面的事件，例如，丧偶、近亲死亡、离婚等为著。Leshan（1966）指出，肿瘤症状出现前的最明显心理因素是对亲密人员的感情丧失。作者（1987）调查发现，癌症患者发病前的家庭不幸事件发生率比普通患者对照组高。类似的研究报告还非常多。在一组接受心理治疗的癌症患者中，大多数患者在发病前半年到 8 年期间曾遭受过亲人（配偶、父母、子女）丧亡的打击，而对照组则少得多。此外，寡妇的肿瘤发病率相对较高；独身妇女乳癌发生率较高等。这些都证明，负性生活事件与癌症的发生有联系。

（二）应对、情绪反应与癌症的发生

进一步的研究还证明，生活事件与癌症发生的关系，取决于个体对生活事件的应对方式。那些不善于宣泄生活事件造成的负性情绪体验者，即习惯于采用克己、压抑的应对方式者，其癌症发生率较高。例如，Grossarth（1980）指出，不愿表达个人情感和情绪压抑是癌症发病的心理特点；作者（1987）和高北陵（1989）等也证明，癌症患者对挫折的消极情绪反应比对照组明显。

（三）个性特征与癌症的发生

某些个性特征，例如，过分谨慎、细心、忍让、追求完美、情绪不稳而又不善于疏泄负性情绪等，往往使个体在相同的生活环境中更容易“遇到”生活事件；在相似的不幸事件中也容易产生更多的失望、悲伤、忧郁等情绪体验。这些个性特征被证明与癌症的发生有联系。例如，作者通过EPQ 测查发现癌症患者的 E 量分较低和 N 量分较高，这与上述个性特征有一致性。近年来，行为医学界已将上述个性特征概括为“C 型行为”，并正在探讨 C 型行为与癌症发生的关系。

（四）心理社会因素与癌症的发展

前面讨论的关于生活事件、应对、情绪、个性特征等因素与癌症发生的关系，其资料大多来自回顾性研究。能否肯定这些因素就是癌症发生的原因而不是结果（即因为患癌症才报告较多的消极因素），目前尚难定论。相比之下，关于肿瘤的生长和扩散过程及癌症的发展和转归是否受患者的心理行为特征的影响问题，结论则比较肯定。不少作者（如 Stoll）证明，具有以下一些心理行为特点的癌症患者，平均生存期明显延长：其一，能始终抱有希望和信心；其二，能及时表达或发泄自己的负性情感；其三，能积极开展对个人来说是有意义的、有快乐感的活动；其四，能与周围的人保持密切人际联络。这些都从反面说明患者的消极心理行为反应会加剧癌症的恶化过程，其性质与消极心理社会因素易致癌症是相同的。因此，结合癌症患者具体的心理行为问题，及时给予必要的心理干预，提高其生活质量，增强其信心，改善其心身反应过程，具有重要的临床意义。

（五）心理社会因素影响癌症发生发展的机制

近年来的心理神经免疫学（psychoneuroimmunology，PNI）研究获得的一些证据（Baker，1987）说明，心理社会因素主要通过免疫中介机制而影响癌症的发生和转归。不少人体和动物研究证明，负性情绪反应可影响机体的内分泌和免疫功能，从而削弱个体对癌症的抵御能力。例如，紧张刺激使人陷于抑郁；沮丧时，ACTH 及肾上腺皮质激素分泌增加，乃至抑制免疫系统的正常功能；Bartrop 调查表明，丧偶者的淋巴细胞转移功能明显低下，说明经历不幸事件者的免疫备用状态不良；小鼠实验也证明，在紧张的回避条件反射实验环境中，其多项免疫功能受损，致使皮下接种6G3HED 淋巴肉瘤细胞的成功率和生长率提高。

心理社会因素在癌症发生发展中更详细的作用过程尚未完全阐明，其可能的环节包括：心理社会因素（例如，失去亲人等不幸事件）作用于具有独特人格特征的个体，个体根据以往经验做出认知评价，大脑皮层的认知兴奋灶与边缘系统联系，产生相应的消极情绪；下丘脑将上一级电信号转变为化学信号（激素），经过垂体直接或间接地抑制甲状腺功能和增强肾上腺功能。后两者的变化抑制了机体的免疫机能。目前，已发现淋巴细胞膜上存在不同的激素受体（如胰岛素、组胺和前列腺素等受体），激素间和激素与受体间的相互作用可能是免疫中介机制的最终环节。此外，也有人认为可能存在中枢神经与免疫系统直接联系的途径。

二、癌症患者的心理行为问题及处置

癌症患者的心理行为问题复杂而多变，否认、焦虑、抑郁、丧失信心、敌意、失眠、行为退缩等均可出现，且受多种因素，包括病种、病情、个人经历、个性特点、家人态度、医疗措施等的影响。医务人员深入、仔细地了解每一位癌症患者的具体心理行为问题，并相应地给予及时而准确的心理帮助，这是目前医学心理学在癌症临床最为迫切的实际工作任务。

（一）癌症患者心理行为问题的评估方法

癌症患者不同于其他一般躯体疾病患者，也不同于精神疾病患者。一般躯体疾病患者多愿意谈自己的心理感受，精神疾病患者则表现出一些异常行为，癌症患者大多不愿表达自己的真实情感。因此，为了掌握癌症患者的真实心理问题，单凭简单的几句提问或以一般的外部观察是较为困难的。Lucas R.（1982）主张必须通过详细的晤谈来评估癌症患者的心理行为问题，在晤谈中还要掌握“停、听，看，触”4个要点。

“停”是指与患者交谈时要维持一定的时间，有人建议应超过10分钟。那种随便问几句或一边走过床前一边提问的方式是不可能了解到患者心底里的真实信息的。

“听”的本身也是一种心理支持，能使患者感到被关心、被重视，从而减轻无用感、孤独感和被抛弃感（这些情感反应往往是癌症患者体验最深，又不愿轻易表达的）。

“看”是指晤谈时对患者要有一定的眼神接触，除观察患者的行为反应外，还应以“看”传达医生对患者的坚定、理解、支持等非语词性信息。医务人员应绝对避免在眼神中流露出对患者的怜悯等异常情感，也不应总是回避患者的目光接触，以免使其产生误解并加重心理反应。

“听”专心听取患者的诉说，必要时稍加引导，然后对已发现的一些心理问题线索做深入提问，详细了解问题的性质、背景、影响因素等。

“触”是指医生对患者的直接接触，一定的触摸动作可缩短患者对医务人员的心理距离，有助于从晤谈中获取真实信息。

从晤谈中评估患者的某种心理行为问题，应包括以下各方面详细情况：其一，这一问题受患者过去哪些思想、情感和经历的影响；其二，问题的性质和严重程度；其三，问题第一次出现时的背景和问题发生的时限、方式；其四，患者所采取的应对方式及效果；其五，医务人员方面已实施的治疗措施和效果等。例如，某一位癌症术后患者的心理行为方面情况包括：早年曾亲眼目睹过晚期癌症患者的疼痛惨象，使其对自己的病情是否会发展到这种地步感到非常担心和害怕；这种担心和害怕在诊断开始时就已出现；有时因考虑到自己的病种不同，可能不会产生严重疼痛而使害怕情绪有所减轻，但到夜深人静时害怕情绪又占上风，多名医生曾对他的害怕心理进行过一般安慰，但作用不大等。

除了晤谈法，其他可以使用的心理行为评估方法有：使用症状量表，如SCL90和MMPI等；指导患者对日常心理行为情况进行自我记录（如活动情况），形成行为日记。这些有助于为评估提供参考依据。

（二）告诉患者真实的信息

癌症诊断本身就是对患者的一种沉重的心理打击。随之，有关癌症的进展和预后问题，例如，是否会产生疼痛、是否会因手术造成形体的损害、是否会威胁到生命等，都成为患者关注的中心，同时也不可避免地使患者产生一系列情绪反应。后者又会影响机体的抗病力，不利于康复。因此，为了防止患者出现强烈的心理反应，不少人主张对患者实行信息封锁。在目前实际工作中也确实有不少医生是按这一“保密”原则处理癌症患者的。

然而，由于“保密”会使医务人员有意无意地在心理上与患者保持距离，而患者对医务人员的任何信息包括语气、表情、态度等都非常敏感，结果在实际中很少能做到真正保密。一旦患者（特别是有一定文化素质的人）通过各种信息渠道领悟到部分真相后，反而会产生严重的被抛弃和被蒙骗感，孤独、抑郁、绝望等情绪反应就会特别深刻。因此，目前多数学者主张应给癌症患者提供真实的信息。

提供真实信息的原则是“热忱加诚实”，既要对患者实行信息开放，又要避免“残忍的诚实”。

在具体做法上，医务人员应在了解患者的具体心理条件，如在承受能力的基础上，有计划地告诉患者的病情及相应的各种真实信息，同时又要始终注意保护患者的期望和信念。例如，提供癌症诊断信息时要同时指出：“同样的疾病对不同的人的影响是难以预测的（意即你的情况不一定是最坏的）。”有条件时还可向患者介绍某一位同类患者最终是如何康复的，现在情况良好。当诊断已明确的癌症患者担心或询问今后是否会出现疼痛、呕吐（化疗）、伤残（手术）时，医务人员在提供真实信息的同时，应指出这些结果有时不会出现，即使出现也可能不严重。在这里，患者的期望始终受到保护，因此有利于患者在心理上做出调整，以积极的心理条件配合医疗手段。

总之，告诉真实信息不等于权威式的“宣判”，同时也要避免反应迟钝，闪烁其词或表现出无能为力的态度。

（三）否认机制和情感压制

否认机制（denial mechanism）：心理学中的“否认”是指个体无意识地将不幸现实或经历“忘掉”，从而避免产生焦虑等情绪反应。有否认心理的癌症患者往往表现否定诊断、照常工作、保持相对的心理平衡。因此，否认心理有时可降低癌症患者的心理压力，应属于有用的防卫方式（不过也可能因此影响个人的正确判断，影响治疗计划的执行）。

情感压制（suppress feelings）：实际上，癌症患者很少有真正意义上的“否认”，最多只在某些场合下有短暂的表现。Dansak（1979）等指出，在许多情况下，癌症患者只不过是有意识地强行控制自己的情绪，仅在外表上表现无所谓的样子。这类患者很常见，实际上并不是否认，而是情感压制。情感压制的患者虽然也愿意谈论一些肿瘤问题，却不愿涉及自己的真实情感问题，包括是否有害怕和孤独感，是否希望获得他人的支持等。情感压制的结果往往会进一步恶化患者的心理环境，产生更多更复杂的心理反应。

因此，医务人员要善于识别患者是真正的“否认”还是压制，并对那些有严重情感压制的患者及时进行有关情感表达或宣泄的心理指导。具体的作法包括：其一，平时对患者多表示关心和理解，与患者形成一种忠诚的人际关系，患者才愿意表达自己深层次的负性情感体验；其二，有意识地向患者指导或示范公开表达情感的方式；其三，对患者偶尔的情感表达做出从容、理解和友好的反应，并以言语、表情或触摸立即加以强化，促使其进一步表达；其四，对患者暂不愿讨论的情感问题表示理解，欢迎随时再讨论；其五，认真分析患者每次表达的问题，及时提供正确的心理指导，从根本上减少负性情绪的产生，增强患者的期望和信心；其六，其他医务人员及家属也应用同样的方式对待患者。

（四）焦虑、抑郁和敌意

焦虑：焦虑和恐惧是癌症患者很常见的心理反应。癌症“很难”治愈的观念已深入人心，据分析，癌症恐惧已成为目前最常见的恐怖症之一。在临床中，癌症患者有时主诉自己脾气改变是由于头晕、头痛和身体不适所造成。通过深层分析往往可以发现，是由于对死亡、疼痛或残疾等后果的担心和恐惧所造成，是一种焦虑反应。

解决焦虑的办法，首先，应辨别患者思想认识上的具体原因（焦虑是特定认知评价活动的结果），然后通过认知疗法与患者进行公开讨论，并提供一定的保证，以降低其恐惧程度，再通过放松训练和其他应对技巧指导，可在一定程度上减轻患者的焦虑反应。

抑郁：焦虑反应较易被发现，这也是患者寻求医生帮助的主要原因。然而，抑郁反应常需要经过更深入的晤谈或使用一定的症状量表才能被发现。抑郁也是癌症患者常见的心理反应，是严重影响癌症康复的一种负性心理因素，严重者可产生自杀动机或行为。抑郁的产生有身体上或医学上的原因，例如，体弱、代谢紊乱、药物的毒副反应等。癌症患者抑郁反应更重要的原因是心理社会因素。抑郁通常是绝望、悲伤和失助（helplessness）的反映，并表现出孤独、活动减少或敌意倾向，这些又可进一步加重抑郁体验。

指导患者进行积极的想象（想象疗法或冥想），用鼓励或强化的方法强化患者进行力所能及的活动，增加新异刺激，提高社会支持程度（如帮助配偶与患者保持以往的亲密关系），这些都有助于降低患者的抑郁反应程度。个别严重抑郁患者可使用抗抑郁药物。

敌意：对于敌意倾向明显的患者，医务人员与家人不应采取压制的方法，也不应持疏远或讨厌的态度，这样反而会加强患者的敌意。医务人员可帮助患者直接谈出敌意情绪体验，医生的倾听和理解态度有助于降低患者的失助感，从而降低其敌意倾向。有研究证明，有敌意倾向的患者预后要比抑郁者好。

（五）疼痛、呕吐和失眠等症状问题

疼痛：McCorkle 等（1978）认为，癌症患者疼痛的一个重要问题，是疼痛伴随的害怕、绝望和孤独感等心理反应使患者无法忍受。

因此，医务人员应向患者解释疼痛的实质，并在可能时使用催眠或其他想象技术，以减轻疼痛程度。也有人报道用抗焦虑药物可降低癌症疼痛。Saunder（1975）强调，对癌症患者首先要考虑尽量避免疼痛的出现，然后才考虑疼痛出现后的其他心理行为问题。因为疼痛一旦出现会加剧害怕情

绪，后者又加剧疼痛的痛苦体验程度。因此，对晚期癌症患者应及早用药控制疼痛，不必过多考虑止痛药的各种禁忌。

恶心呕吐：消化道症状常见于接受化疗或放疗的患者，焦虑和失望情绪可明显加重这些症状。部分患者的症状还受医务人员和家人的注意、治疗环境，药物性状等因素的强化，因此具有习得性成分（即条件反射性）。

在恶心呕吐等消化系症状的行为医学处置方面，可以指导患者少量多次进食无刺激而又令人愉快的食物，可以降低这些症状的频度和强度。此外，愉快的想象、放松训练和其他带有催眠性质的行为技术（如音乐诱导下的自我放松训练音带），也能在一定程度上降低上述肠胃反应，但一般应在治疗实施之前教会使用。

凡是肠胃反应与医疗活动的强化明显有关的病例，Redd（1980）建议可用条件反射消退法。具体方法是当患者肠胃反应不明显时，医务人员在患者身旁可多停留一些时间，愉快地与之交谈 10 分钟以上，从而增强患者的愉快体验（正强化）；当患者肠胃反应明显时，则医务人员在患者身旁只完成该完成的操作任务后立即离去，并不与之交谈（消退或惩罚）。如此反复，部分患者的反应症状会逐渐消失。

失眠：癌症患者的失眠通常是心理反应的一种结果，继而又导致白天精神不振，甚至昼夜颠倒，进一步加重心理反应。除了支持性心理治疗以外，放松训练、劝阻白天睡觉，以及鼓励参加各种人际活动等行为学方法，对某些患者的失眠有一定疗效。

第 2 节　癌症患者发病史中心理社会因素的临床对照调查分析（论文，1987）

摘录自 1987 年《中国心理卫生杂志》创刊号，作者姜乾金、刘小青、吴根富。这是作者最早的心理应激多因素临床研究。虽然限于当时内外条件，如各种工具的缺乏，用后来的目光来看，工作有些粗糙，但探讨应激多因素作用的立意已经非常明确，为此后几十年的压力（应激）理论和应用研究打下了思想基础。

一、方法

癌症的发生与心理社会因素之间内在联系虽有大量的观察和研究，但结果仍不一致。本文收集某医院恶性肿瘤患者 86 例，采用我院自编的心理社会应激史自我估价调查表，陈仲庚等修订的 Eysenck 人格问卷（EPQ）开展调查，并以年龄、性别、职业条件柜似的普通住院患者为对照，探讨癌症患者发病史中的心理社会因素及人格特点。

1. 调查对象

恶性肿瘤患者 86 例（男 40 例，女 46 例），包括手术后和晚期不能手术者。病程分别是：半年及半年以内者 14 例；1 年以内（含 1 年）者 36 例；2 年以内（含 2 年）者 17 例；5 年以内（含 5

年）者15例；5年以上者4例。肿瘤类型：乳腺癌21例；胃癌12例；鼻咽癌10例；肺癌、肠癌各9例；膀胱癌3例；淋巴肉瘤、食道癌、子宫癌各2例；其他肿瘤疾病16例。

对照组88例（男46例，女42例），是在230例住院患者中按肿瘤年龄组比例随机选取。其年龄、性别、职业等项均与癌症患者组类似，经过检验和 x^2 检验差异不显著，因而具可比性（表1，略）。该对照组绝大多数是内科患者（90%），其中，心血管疾病占36%，心身疾病占20%，曾2次以上住院者占58%。

2. 调查表

采用自编的发病史心理社会应激调查表（见附件，略）。调查表内容如下。

（1）由患者自我估计发病前是否有可体验的情绪变化史。

将应激情绪分为紧张焦虑、抑郁悲伤和“狂欢”三类，为便于各种患者理解和避免遗漏，分别用14个词列表供自由选择。

（2）由患者判定并报告发病前是否有重要生活事件

劳累过度、家庭不幸（包括失去亲人、家庭不和2项）、人际关系不协调（包括工作单位人际矛盾、邻里纠纷和失恋3项）、工作变化（包括离退休、调动2项）、经济困难、事业和学业受挫（2项）、犯法受罚（含冤假错案）、个人显著成就。总计8类共13项问题供选择。

（3）评定患者对待挫折的心理应付方式

将心理应付方式分为积极和消极两类，共有9项问题供选择。另列一项心理社会应激时间调查由患者估计心理应激开始到发病的时间。调查表使用统一的指导语。在调查时只要患者认为对他（她）是合适的词汇或句子，都可以打钩。在分析结果时，同类内容出现几个肯定答案只算一个。此外还用Eysenck人格、量表进行人格测定。

3. 用多元逐步回归法对心理社会变量试行多因素统计分析

24个变量代表因素及数值化见表2（略）。将数据输入电子计算机，应用逐步回归计算程序进行计算。

二、结果与讨论

1. 心理社会应激史调查结果

（1）应激情绪

90.7%（78例）癌症患者发病前有可体验的情绪变化。普通患者仅为51.1%（45例），两组差异显著（$X^2=14$，$P<0.005$）。在应激情绪种类方面，无论是癌症患者组还是普通患者组均为紧张情绪最常见（分别占78.8%、73.3%），抑郁情绪次之（分别占65.4%、51.1%），再次是“狂欢”（分别占9.0%、8.9%）。癌症组抑郁情绪所占比例稍高于普通患者组（65%：50%，$X^2=2.4$，$P>0.05$）。Thomas的追踪研究曾表明，癌症患者在病前常有不易表露感情的特点，我们的结果与之类似。

（2）生活事件

本组癌症患者占 73.3%（63 例），有明确的患病前生活事件打击者，而普通患者为 51.1%。（$X^2=10.00$，$P<0.005$），表明癌症患者中发病前生活事件发生率比普通患者为高。就生活事件种类而言，癌症组报告最多的 63 例中，依次为劳动过度 35 例（55.6%），家庭不幸 22 例（34.9%），人际关系不协调 18 例（28.6%），工作变化 14 例（22.2%），经济困境 6 例（9.5%）。普通患者 45 例依次为劳动过度 19 例（42.2%），人际关系不协调和经济困难各 7 例（15.6%），工作变化和家庭不幸各 6 例（13.3%）。这里值得注意的是“家庭不幸”事件（如失去亲人、配偶、离婚、不和等）一项两组之间差异显著，分别占 34.9% 和 13.3%（$X^2=6.38$，$P<0.025$）。Miller 对 1400 对夫妻的观察研究指出，配偶中有一方身患癌症或死于绝症，另一方也易患癌症。我们的调查结果与此一致。

（3）应付（对）方式

个人对待生活事件的应付方式与肿瘤发生的关系：癌症组患者（68 例）对待挫折的习惯心理应付方式与对照组不同，往往以消极应付为主（76.5%）；对照组（47 例）正好相反，积极应付占 72.3%。Derogatis 等在对转移性乳腺癌患者的心理应付方式与生存期研究中指出，容易知觉和外泄负性情感及心理创伤的患者的生存期，较那些常常采取压抑、克己的应付方式的患者要长。Sklar 等曾就有关应激、应付和肿瘤发生的关系做过小鼠实验，结果发现，能进行积极主动应付的一组小鼠，在接种瘤细胞后，肿瘤发生和生长速度较之不能主动应付的小鼠缓慢，且小鼠的病死率也低。本文的结果同样说明心理应付方式与肿瘤的发生发展可能也有一定关系。

2. Eysenck 人格调查

艾森格人格调查表（EPQ）测定结果（表 3，略），男女癌症患者的 E 分较普通患者均偏低。另外，女性癌症患者 N 分高。这一结果与前述癌症患者几项调查结果一致，说明癌症患者内向性格较明显。为进一步探索上述差异的内在关系，我们将病史为 1 年以内和 2 年以上的两类肿瘤患者及第一次和多次住院的普通患者人格特点分别比较（表 4，略），结果显示，病期超过 2 年的肿瘤组和多次住院的普通患者组的 N 分，分别较病期短于 1 年的肿瘤组和初次住院的普病组为高，说明 N 分在不同病期里有所不同，即病程长者 N 分似有升高趋势，从一个侧面说明上述女性癌症患者的高 N 分未必与癌症的发病有联系，很可能是患癌症后的演变。但对 E 分分析却没有这种结果，故 E 分低可能与癌症患者病前行为有关。患肿瘤患者与普通患者之间是否存在明确的性格差异，目前仍有较大争议，尚待有更多的调查结果。

3. 微机多因素统计

运算显示，各变量 X 与 Y（癌症）之间的相关系数（选择 $r\geqslant 0.2$ 者），抑郁情绪（X_8）0.37、消极应付（X_{18}）0.36、家庭不幸事件（X_{14}）0.26、E 分（X_{22}）-0.20 与 Y（癌症）的相关系数相对较高，与上述各项统计分析结果一致。此外，紧张情绪（X_7）0.35 和心理应激时间（X_{20}）0.32 与 Y 相关也比较高，似乎也说明这两种因素对癌症的发生有一定关系。“心理应激时间”在本研究里的含义是指患者发病前能体会到的心理应激持续了多久，故这一结果如能进一步被证实，则其意义是可以理解的，也就是说癌症患者可能在患病前经历了更多、更久的心理应激。

各因素进入回归方程的顺序及其 F 值及相关系数见表 5（略）。根据回归分析结果，仍可证明各种情绪体验，特别是负性情绪、消极的心理应付方式和内向人格对癌症患者较之普通患者有更显著意义，基本与前面各项结果相印证。社会生活事件各因素未被全部选入方程或出现细微负相关，可能与本文的对照组也是患者有一定关系，即因为心理社会应激致病的特异性本不高。此外，前述结果显示“家庭不幸”事件等在癌症患者中比例较高，并且与 Y 的相关系数也较高，但未在方程中出现，这可能与回归分析本身性质有关。回归分析适用于独立变量，本文的各项调查因素分属于心理社会应激这一整体概念的 3 个层次，例如，有“家庭不幸”事情的患者，往往有“抑郁”情绪，（但反之则不尽然），因而这两种因素虽然在心身研究中是两个概念，但有一定的依存关系，却可能是造成“家庭不幸”因素在筛选过程中落选的原因。其他一些变量之间可能也存在类似情况，因而对本文回归分析结果应做具体分析。凡在前文中表现有明显意义的各项因素，在这里仍多数首先被选入方程，表明这些因素不失为估计心理社会因素的相对独立变量，反过来也说明，使用逐步回归分析法在本文工作中具有一定的意义。此外，EPQ 测定结果 L 分与癌症具有一定负相关，其临床意义尚待进一步探讨。

4. 关于心理社会应激调查方法的讨论

由于心理社会因素具有复杂性，特别是个人认识评价具有不可忽视的作用，这些都给定量研究带来一定困难。Holmes 的社会再适应量表及以后发展起来的各种自我报告调查表在许多国家被广泛使用，但也不同程度地存在一些问题。我们认为，社会心理应激虽然往往是生活事件的结果，但仅从一件件生活事件的累积去估计一个人的心理应激程度也存在不足。首先，在生活中，我们可见到有的人对自己一段时期的情绪体验（即心境）印象很深，而对为什么造成这种心境的原因却未必全说得清楚。其次，生活事件对不同的人也未必都产生同样的心理应激，这是人人皆知的。最后，心理社会因素对人体的损害程度又必然受个人心理应付能力的影响。因此，要想衡量一个人的心理社会因素与疾病的关系，应从个人应激情绪体验、具体的生活事件和心理应付方式 3 个层次进行综合考查。本工作是根据这一设想而设计的。在方式上，我们使用以患者个人估计为主的调查表法。当然，本文的重点是对两组相似条件的癌症患者和普通患者进行较为严格的对照研究，试图寻找这两类患者发病史中某些心理社会因素方面的差异。至于如何认识情绪体验、生活事件和心理应付三个层次的详细关系特别是定量关系，以及性格特点对这三方面的作用，则有待深入的研究工作。

本校数学教研室毛宗秀老师提供了回归分析方面的帮助，特致谢。

（注：这是作者等最早的涉及应激多因素的调查研究，其理论认识、评估手段、统计分析方法，以及对于后续工作的意义，需从当时的历史角度去看待，如当时用于统计分析的微机还是 DOS 窗口）

第 3 节　心理神经免疫学研究近况（综述，1990）

摘录自 1990 年《浙江医科大学学报》第 19 卷第 1 期 42 ~ 44 页。心理神经免疫学与肿瘤的关系密切，当年这个领域尚不成熟，作者基于对癌症心理社会病因学研究的关注，特地发表了这一篇综述。

心理神经免疫学（psychoneuroimmunology，PNI）研究中枢神经系统生物学、行为与免疫系统之间的可能联系。这是心身医学（psychosomatic medicine）心理生物学方面的一个新领域。目前，研究工作主要集中在阐明心理行为因素对免疫功能的影响方面，部分研究则探讨了正常和异常免疫功能对行为的作用。

近年在心理因素对免疫系统作用方面的研究已获得一定成果。国外在 20 世纪 80 年代已有这方面的专著。不少作者对“情绪与免疫”的相关内容，以及创立“心理免疫学”展开了激烈的争论，说明这一领域已引起人们极大的关注。

一、心理应激与免疫动物实验

有许多实验条件可以看作是心理应激模型。在这种实验条件下，观察动物各项免疫功能的变化，将有助于了解心理因素对免疫功能的影响。虽然目前这些应激条件对免疫系统影响的规律性尚未阐明，但已发现急性应激可激活免疫系统，而慢性应激最终可损害免疫功能。

淋巴细胞在植物血凝素（PHA）等有丝分裂原刺激下出现增殖反应，已有不少实验证实，重复、持久的心理应激会逐步抑制大鼠淋巴细胞这一功能，即使在切除肾上腺后，在应激下这一效应仍然发生，说明应激对 T 细胞功能的影响并不一定是皮质激素水平变化所致。但是，如果动物可以逃避所给的“心理应激”（例如，训练动物通过行为操作逃脱应激实验中的电刺激），即使所受理化刺激剂量与不能逃避的应激组动物相同，也不出现 T 细胞功能受损。这也证明应对（coping）在心理因素改变 T 细胞功能过程中起着关键作用。

Ader 以免疫抑制剂（环磷酰胺）与特殊味感的饮料反复结合，使动物形成条件反射，之后，仅给单一的味觉刺激，同样对绵阳红细胞的抗体反应减弱。有人用同一方法，使樟脑气味产生与化学抗癌药物一致的作用。根据皮层内脏相关学说，这些都是高级皮层功能改变对免疫功能产生影响的直接证据。

用母子隔离作为实验性心理应激手段。初步的研究显示，幼年时的短期母子隔离所致对 PNA 反应的抑制可长达 5 年之久。使用禁锢（restraint）应激实验，可以使动物对伤寒杆菌 H 抗原的抗体反应降低。如果同时使用氯丙嗪或安定，这一作用就不明显。禁锢是使用物理方法限制动物自由的一种心理应激模型。氯丙嗪等由于使动物进入安静状态，而致禁锢的心理应激作用减弱。

外科创伤对免疫功能的影响包含有相当部分的心理因素，因此，近年来引起了人们研究的兴趣。目前认为，外科创伤可导致免疫功能的双向改变，即细胞免疫抑制，而抗体反应增强。

二、人类生活事件与免疫

人的心理状态对免疫功能的影响已早有报道。Bartrop 首次将 26 位丧偶者与相同年龄、性别和种族的 26 位非丧偶者做比较研究。结果显示，虽然两组的淋巴细胞数、自身抗体及氢化可的松、甲状腺素等激素水平未见差异，但丧偶组淋巴细胞对有丝分裂原的反应明显低下。丧偶者多心理抑郁，因而上述结果可看作是抑郁对免疫反应的影响。目前，研究证明，严重抑郁症往往存在免疫反应明显抑制，而一般性的抑郁倾向与精神分裂症、疝修补术一样，并不会引起免疫功能改变。

Cottschalk 发现严重抑郁且兼有敌意倾向者易有免疫抑制，且与可的松水平的变化无关。抑郁的生化基础研究显示，抑郁伴有躁动不安者，其淋巴细胞的 β 腺素能受体敏感性降低。

学校考试应激对个体免疫功能影响的研究发现，参加重大考试并表现紧张的被试者，其淋巴细胞对有丝分裂原的反应受到损害。观察牙科学生在一学年中不同时期的唾液 IgA 分泌，发现在考试前抗体分泌受抑制。使用主题统觉测验（TAT）也证明，具有抑制权力动机（inhibited power motive）人格特点者，在整个研究期间抗体分泌低于合群倾向者（relaxed affiliative）。

许多研究还证明，变换工作、睡眠剥夺、心肺复苏等生活事件或应激刺激，均可造成淋巴细胞对 PHA 反应的明显损害，及其他各项免疫功能指标的改变。有人证明，老年妇女如果缺乏社会支持，可影响其淋巴细胞功能，此影响与年龄、体重、烟酒等无关。

三、情绪免疫与疾病

临床及动物模型研究证明，许多疾病的发生发展可能与心理社会因素对免疫系统的影响有关。

1. 感染性疾病

感染性疾病的发生，有时与精神状态有很大关系。例如，“战壕口炎”往往发生于紧张的战斗期间，据认为是高度精神紧张影响了口腔免疫防御功能，致口腔的共生菌侵入齿龈而引起的。也有人证明链球菌感染与长期的紧张有关。经受巨大心理压力者患单核细胞增多症的机会增多，由于心理因素影响了免疫功能，使得病程延长并影响康复。Friedman 最早在动物模型上观察心理因素对感染性疾病发生的影响，发现单独给予紧张刺激或接种柯科萨奇 b_2 病毒，均不引起小鼠发病，但两种因素同时存在时，却可使之感染病毒。

2. 肿瘤

心理因素与肿瘤的关系，往往因经过时间较长而影响对这种关系的正确认识。近年来，国内外已有不少报道，但多属回顾性研究。Shekelle 在对 3000 多名工人展开 17 年的长期随访中发现，其中 18.8% 有抑郁情绪者因癌症而死亡的人数比正常人群高一倍。据分析，这一差异不能归因于年龄、烟酒、家族史、职业等因素。另一些前瞻性研究，有的报告癌症患者组 MMPI 测定未见有抑郁倾向；有的报告丧偶之后 5 年癌症发生率无变化。国内尚未见前瞻性研究，但一些回顾性研究支持心理社会因素与癌症发生有关的观点。还有些关于癌症患者的心理状态对预后影响的研究，认为具“否认”和“战斗”心理的患者预后较好；相反，有抑郁和“失助感”的患者预后较差。进一步的研究显示，这些保持积极心理状态的患者，其 IgM 或 IgG 水平较高。

对动物的研究，由于实验条件严格控制，似乎更容易说明心理与癌症之间的某些关系。将一组乳房肿瘤自发倾向很高的小鼠分别饲养在不同应激水平的环境里，其肿瘤发生率甚为不同。在另一实验中，将动物饲养由群体移向单独，或由单独移向群体，均使移植的乳腺瘤生长速度增快。禁锢应激也会加快骨髓瘤的生长，并影响其化学治疗效果。

3. 自身免疫性疾病

Baker 发现类风湿性关节炎患者发病前 3 个月生活事件明显较多，患者对这些事件的反应往往是焦虑、激怒，而不是抑郁。其他研究也显示，社会环境应急或情绪因素与类风湿性关节炎的发病有联系。Hendric 曾发现 22 名近期发病者中免疫球蛋白升高的有 9 人。在这 9 人的病史中都有明显的生活事件。Rekola 在一个综合研究中观察到：类风湿性关节炎患者较其他患者有更多的情绪障碍。该病的发生、恶化、改善与人际关系有联系。Johansson 发现，用暖和气候对类风湿性关节炎患者进行疗养和治疗，以转移患者对个人生活问题的注意力，疗效甚佳。大笑作为治疗手段，疗效亦好。

使用某种特殊物质，如骨胶原（coiiagen）等注入大鼠体内可以制造实验性多关节炎。再将这些大鼠分成三组，第一组不予打扰；第二组定期移至猫前使产生应激，每天 4 次，每次 10min，共两周；第三组定期移动如第二组，但不暴露于猫前，故应激程度较轻。结果第一组有 40% 发展成关节炎，第二、第三组分别为 3% 和 10%。对此，结果作者认为虽然慢性应激可能增加关节炎发病率，但重复的急性应激反应，反而有保护作用。

总之，心理因素与类风湿性关节炎的关系还有待进一步查明。

四、神经免疫调节

近年研究证明，免疫系统与神经系统有着解剖学和生理学上的联系。例如，已知淋巴结接受交感神经纤维支配；胸腺受肾腺能和胆碱能双重神经纤维支配；淋巴细胞表面具有上述两类神经递质的受体；下丘脑视前区的损害可导致胸腺退化和脾脏淋巴细胞减少；海马的损害会引起 T 淋巴细胞增加；ACTH、脑啡肽、α 内啡肽可直接减少抗体产生等。

Rogers 提出，心理社会因素通过免疫系统影响健康，可能有以下三条途径。第一，下丘脑—垂体—肾上腺皮质轴。多年来已知，应激会造成暂时性皮质醇水平升高，而后者对细胞免疫有损伤作用。然而，这一现象是复杂的，因为长期的应激与短时应激不同，有时可使细胞免疫功能增强。第二，植物神经系统。淋巴细胞上有 β 肾腺能受体，因此，交感神经纤维末梢释放的儿茶酚胺类可能影响淋巴细胞的功能。第三，中枢神经可能直接与免疫系统有联系。这可用以解释前述 Ader 等实验中的条件反射性免疫功能的改变。Besedovsky 发现，免疫大鼠可立即增加其下丘脑腹内侧核的电活动，因而推测抗原刺激与下丘脑功能之间可能有某些传入联系。这一设想得到另一实验的支持，即刺激下丘脑部位，有防止过敏性反应的作用。

第 4 节　癌症患者应对特点研究（论文，2000）

以下几篇文章以癌症患者为对象，分别就压力（应激）和应对问题，展开理论和实证分析研究。

本文摘录自 2000 年《中国行为医学科学》第 9 卷第 6 期，作者朱丽华（七年制医学生）、姜乾金、祝一虹。该文倾向于将应对看成是应激过程的中间（介）因素，探讨癌症患者应对特点（包括过程应对和特质应对）及影响因素。

一、中文摘要

目的：研究癌症患者的应对特点（包括过程应对和特质应对）及影响因素。

方法：对 168 名在近三年内参加杭州市癌症康复俱乐部的癌症患者进行问卷调查，包括医学应对问卷（MCMQ）、特质应对方式问卷（TCSQ）、心身症状自评量表（SCL90）、自编心理社会因素问卷，并由 SPSS 做相关回归分析。

结果：MCMQ 中的屈服与 TCSQ 中的消极应对、心身症状和其他多项心理社会因素有相关性；多元回归分析显示，影响癌症屈服应对的主要因素是信心不足、平时的消极特质应对和病期短。

结论：屈服是最影响癌症患者心身健康或康复的一种应对策略；提高癌症患者的康复信心是心理干预的主要手段。

二、对象与方法

应对方式是影响应激事件结果的重要中间因素，在近年来已受到国内心身医学界的重视。应对活动直接或间接与癌症的发生和发展也有联系。本文旨在研究癌症患者患病前的习惯性应对（即应对风格或称特质应对）和患病后对疾病的应对方式（属过程应对）的特点，以及影响应对活动的有关因素，为癌症临床的心理干预工作提供依据。

1. 对象

1996—1999 年参加杭州市癌症康复俱乐部的各类癌症患者 168 名，其中，男女各 84 例；平均年龄 58.4 ± 10.32 岁；手术 146 例；曾化疗者 96 例、正在化疗者 27 例、将化疗者 3 例、无须化疗者 32 例；其中，患乳腺癌 47 例、胃癌 25 例、肺癌 12 例、结肠癌 10 例、直肠癌 10 例、鼻咽癌 9 例、膀胱癌 9 例、淋巴癌 8 例及其他肿瘤疾病 37 例。

2. 方法

（1）医院应对量表（Medical Coping Modes Questionnaire，MCMQ）

用于测定患者对癌症的过程应对情况，分面对（con）、回避（avo）和屈服（res）三种量分。

（2）特质应对条目（TCI）

用于测定患者患病前对于平时各种生活事件的习惯性应对风格，或称特质应对方式，包括积极应对（PC）和消极应对（NC）两种量分。

（3）90 项症状自评量表（SCL90）

用于测定癌症患者现在的心身症状，分为 9 种量分：躯体化、强迫、人际关系、抑郁、焦虑、敌意、恐怖、偏执、精神病症。

（4）自编调查问卷

主要包括以下各部分：其一，性别、年龄、病种、病期等一般项目；其二，目前的病情和主要症状，如疼痛、食欲、睡眠等情况；其三，目前的精神状况，如对康复的信心、对生活的幸福感、情感表达的难易程度等；其四，对癌症的各种最重要后续问题的认知特点，如对症状复发、出现疼痛、生命危险、后遗症等的担心程度；其五，社会支持程度，包括对家庭、朋友和医务人员所提供支持的满意程度。各个问题由患者按等级选择回答，并按 1 ~ 5 计分。

（5）统计

以 SPSS 软件包，在微机上进行统计分析。

三、结果

1. 癌症患者的两类应对水平

将本组癌症患者两类应对水平分别与本地区常模比较于表 1（略），显示癌症患者两类应对与普通患者相仿，过程应对中的屈服（RES）还低于普通患者。

2. 癌症患者过程应对与其特质应对的相关性分析

患者对癌症的应对方式与其特质应对方式的相关系数见表 2（略），显示患者对癌症的应对与其特质应对方式有相关性，其中，RES 与特质应对 PC 有负相关，RES 和 AVO 与特质应对 NC 有正相关。本结果显示癌症患者的特质应对可能影响患者对当前疾病的应对方式。

3. 癌症患者两类应对与其心身症状的相关性

癌症患者特质应对和过程应对与 SCL90 因子分和总分的相关系数见表 3（略），显示患者病前的特质应对 NC、病后的过程应对 RES 与患病后的心身症状分别有高度正相关，AVO 与心身症状也有较高的正相关。

4. 癌症过程应对的影响因素分析

癌症患者过程应对量分与自编问卷中有显著相关性者列于表 4（略）。其中，RES 与病期、食欲、睡眠、对康复的信心、生活幸福感、情感表达、对家庭支持满意度，有显著负相关 [$r = -(0.16-0.49)$，$P < 0.01$]，与疼痛、担心复发、担心以后疼痛、担心生命威胁、担心后遗症、担心经济困难，有非常显著正相关（$r = 0.18-0.31$，$P < 0.01$）。

5. 影响“屈服”应对的因素分析

从表 3 可以看出，对癌症的屈服（RES）应对与患者的心身症状存在很高的相关性，显示其是癌症患者的一种重要不良应对活动。为了探讨有哪些因素影响患者的屈服应对，我们以 RES 量表分为因变量 Y，以调查表中所有与 RES 存在单因素间显著相关性（$P < 0.05$）的各项条目变量，以及两项特质应对量表分共 17 项为自变量 X，做多元回归分析。结果仅“康复信心（缺乏）”“消极的特质应对方式（NC）”和“病程（短）”3 项进入方程，其 β 值分别为 0.49、0.27 和 0.23，方程的 $R^2 = 0.47$，显示这 3 种因素是众多有关因素中对癌症患者屈服应对（RES）影响最密切的。

四、讨论

作者（1987）曾证明平时的消极应对方式（即特质应对）与癌症的发病学有联系，也曾证明特质应对与心身症状及多种疾病存在稳定的相关性。本文显示患者对癌症本身的应对方式（属于过程应对）也与其心身症状有联系（表 3，略），且患者的两种应对方式存在内在的相关（表 2，略）。

由此可做如下解释：一个人的特质应对方式与其个性特征有关，自然也会影响作为具体生活事件的癌症的应对过程。因此，重视对患者平时的应对风格的研究，与对癌症患者在疾病过程中的应对研究，是同样重要的、具有理论和实际意义的工作。

本文工作显示，癌症患者的屈服（RES）应对是最不利于其健康或甚至康复的一种应对方式，回避（AVO）应对虽也不利于心身健康，但也不是最明显的，通常被认为是较具积极性质的面对（CON）应对却与心身健康关系不大（表 3，略）。在屈服应对的影响因素方面，本文的患者“信心不足”是其最重要因素，显示患者对癌症预后的消极认识与屈服应对关系最大，这与过程应对受生活事件性质、个体对事件性质的认知和个性特征等因素制约的理论认识相一致，也与认知和信心因素影响癌症患者手术后的康复的研究结论有一致性。上述结果显示，对于癌症患者的临床心理指导，应重点通过各种解释、安慰甚至暗示支持的方法提高其信心，而不一定指导患者去做各种“面对或奋斗”。

第 5 节　心理社会应激因素与癌症患者睡眠质量的相关性（论文，2000）

摘录自 2000 年《国际中华临床医学杂志》第 1 卷第 2 期 65 ~ 67 页，作者姜乾金、廖贻农、朱丽华。

一、中文摘要

目的：探讨心理社会应激有关因素与癌症患者睡眠状况的关系。

方法：对 168 名癌症患者进行问卷调查，包括睡眠状况评定、医学应对问卷（MCMQ）、特质应对方式问卷（TCSQ）、心身症状自评量表（SCL－90）、自编其他心理社会因素问卷，并由 SPSS 做相关 / 回归分析。

结果：癌症患者 TCSQ 中的消极应对、MCMQ 中的屈服、心身症状和其他多项心理社会因素与睡眠状况均有相关性；多元回归分析显示，心理健康水平、情感表达、屈服、食欲、体质等心理应激有关因素是影响癌症患者睡眠状况的主要因素。

结论：心理应激有关因素是影响癌症患者睡眠质量的重要方面。

二、前言

人的一生约有 1 / 3 时间在睡眠中度过，睡眠状况的好坏对人的生活和健康有着重要的影响。在影响恶性肿瘤患者生命质量的因素中，睡眠显得比较突出。以往，作者曾以应激理论为指导，通过一项回顾性调查研究证明了生活事件、应对方式和认知情绪反应等心理应激有关因素与癌症发病学有关，本文则试图探讨心理应激有关因素与癌症患者睡眠状况的关系，为临床癌症患者的心理干预提供参考依据。

三、对象与方法

1. 研究对象

杭州市癌症康复俱乐部各类癌症患者 168 名，其中，男女各 84 例；平均年龄 58.4 ± 10.3 岁；开展手术 146 例；曾化疗 96 例、正在化疗 27 例、将化疗 3 例、无须化疗 32 例；其中，患乳腺癌 47 例、胃癌 25 例、肺癌 12 例、结肠癌 10 例、鼻咽癌 9 例、膀胱癌 9 例、淋巴癌 8 例及其他 37 例。

2. 研究方法

（1）睡眠粗评

全部被试者完成一个简明睡眠评价条目，该条目要求被试者根据自己目前睡眠优劣程度在 5 种睡眠程度（很好、较好、中等、较差、很差，五级计分）中做出选择。

（2）医院应对量表（medical coping modes questionnaire，MCMQ）

评定患者对癌症的过程应对情况，包括面对（con）、回避（avo）和屈服（res）3 种量分。

（3）特质应对方式问卷（TCSQ）

评定患者对于平时各种生活事件的习惯性应对风格，或称特质应对方式，包括积极应对（PC）和消极应对（NC）两种量分。

（4）90 项症状自评量表（SCI－90）

评定患者现在的心身症状，分为 9 种量分：躯体化、强迫、人际关系、抑郁、焦虑、敌意、恐怖、偏执、精神病性。

（5）自编调查问卷

主要包括其他应激有关因素：其一，性别、年龄、文化程度、病种、病程等一般项目；其二，目前的一般症状，包括疼痛、食欲、情绪、体质等情况；其三，目前的精神状况，包括对康复的信心、对生活的幸福感、情感表达的难易程度等；其四，对癌症的各种最重要后续问题的认知评价，包括对症状复发、出现疼痛、生命危险、后遗症等的担心程度；其五，社会支持程度，包括对家庭、朋友和医务人员所提供支持的满意程度。各个问题由患者按等级选择回答，并按 1 ～ 5 计分。

（6）统计

以 SPSS 软件包，在微机上进行统计分析。

四、结果

1. 癌症患者的睡眠状况及与一般项目的关系

将睡眠粗评条目得分与 SCL－90 的“难以入睡”“醒得太早”“睡得（不稳）不深”3 个与睡眠有关的条目得分一起，作为本组患者的睡眠状况，其得分分别为 2.97 ± 1.04、1.92 ± 1.13、2.26 ± 1.17 和 2.18 ± 1.13，彼此之间存在显著相关性（$P < 0.05$）。本组患者的睡眠状况与其年龄、性别、文化程度、病程等一般项目均无相关性（$P > 0.05$）。

2. 癌症患者的睡眠状况与应对方式的相关性

分析患者的睡眠状况与其平时的应对风格，以及对疾病的应对方式的相关性，其中，过程应对的 RES 与睡眠粗评、难以入睡和睡得不深 3 项均有高度显著正相关性（$P < 0.01$），AVO 与睡得不深有显著相关性（$P < 0.05$）；特质应对的 NC 则与难以入睡有高度显著相关性（$P < 0.01$）（表 1，略）。

3. 癌症患者的睡眠状况与其心身症状的相关性

患者的睡眠状况与 SCL－90 各因子分和总分大多有高度显著正相关（$P < 0.01$）（表 2，略）。

4. 癌症患者睡眠状况与其认知及有关因素的相关性

患者的睡眠与其认知评价和社会支持等的大多数应激有关因素存在显著或高度显著相关性（表 3，略）。

5. 癌症患者睡眠状况的多因素分析

分别以反映患者睡眠状况的睡眠粗评、难以入睡、醒得太早、睡得不稳不深 4 个条目分为因变量，把与各因子存在单因素间显著相关性（$P < 0.05$）的前文各项变量作为自变量，做多元逐步回归分析，所得 4 个方程具有高度显著意义（$F=8.75 \sim 27.21$，$P < 0.001$），下列为 4 个标准回归方程。

睡眠粗评＝0.337 抑郁－0.318 食欲－0.27 体质；难以入睡＝0.78 恐怖＋0.467 抑郁－0.275 情感表达＋0.087 屈服应对；醒得太早＝－2.676 人际关系敏感＋2.106 恐怖＋1.816 躯体化＋1.247 抑郁；睡得不稳不深＝0.655 抑郁＋0.519 躯体化－0.206 情感表达。

五、讨论

本研究结果显示，癌症患者的睡眠状况与其应对方式、心身症状、社会支持、认知评价等心理应激有关因素存在显著相关性。

应对方式方面。NC 高分（遇事易迁怒、性情和态度沉闷、常抽闷烟喝闷酒或独处苦思而不愿向人诉说和求助等应对特质）、RES 高分（对癌症显得丧失信心、无能为力、觉得生活上没有希望）和 AVO 高分（对所患疾病漠不关心、不注重科学治疗、极力回避）的患者，其睡眠不是很好。这也显示，平时的特质性消极应对（NC）、对疾病的屈服应对（RES）和回避应对（AVO）均有消极性。

心身症状方面。对癌症患者睡眠影响最大的是心身症状（可看作应激反应），患者的心身症状与其睡眠自我体验有高度显著相关。显示抑郁、焦虑、敌对、恐怖、偏执等和强迫倾向、敏感人际关系等心理症状对睡眠影响显著。

认知评价方面。理论上，认知评价在应激作用过程中始终起到关键性作用。本研究采用多个自设条目反映患者对疾病的认识评价情况。结果显示，各认知评价条目与睡眠状况均存在相关性。患者受患癌事件的打击，导致生活幸福感、康复信心缺乏，情感表达困难，对婚姻生活、后遗症、症状复发、经济困难过分担心，睡眠质量普遍差。

社会支持方面。本研究显示主观评价的社会支持数量越少，对家庭、社会支持满意度低的癌症患者，睡眠质量也较差（表 3），证实社会支持在应激反应中具有缓冲作用。

本文结果显示，对癌症患者进行癌症防治的积极认识教育，帮助树立战胜癌症的信心和决心，进行应对指导和训练，并扩展其生活网络，家庭、社会给予多方的关心和支持，从而提供治疗和生活上的希望，即通过综合的心理应激干预，将能改善其睡眠质量，对促进其身心健康有重要意义。同时，还要注意食欲、体质等客观因素的影响。

第 6 节　癌症应对研究与应激作用理论（专论，2002）

摘录自 2002 年《中国行为医学科学》第 11 卷创刊 10 周年专刊（3–5 页），作者姜乾金、朱丽华。

一、问题的提出

应对（coping）是心理应激作用过程中的重要中介变量，理论上认为良好的应对策略具有缓冲应激、提高心身健康的作用。

然而，应对的概念实际上至今仍不统一，在讨论应对的内涵、外延、性质、种类、与个性及其他心理社会因素的关系、在应激过程中的地位等问题时，均易引出歧义和异议，是应激研究中颇具争论性的问题。作者曾认为（并不断试图证明），应对应是多维的，其内涵非常丰富。例如，从应对活动的主体角度看，应对涉及个体的心理活动（如再评价）、行为操作（如回避）和躯体变化（如放松）；从应对活动与心理应激作用过程的关系看，应对涉及应激各个环节，包括生活事件（如面对、回避、问题解决）、认知评价（如自责、幻想、淡化）、社会支持（如求助、倾诉、隔离）和心身反应（如放松、烟酒、服药）；从应对活动的指向性看，有针对问题的应对和针对情绪的应对；从应对结果与健康保持的关系来看，应对可能有好、坏之分；从应对行为与个性的关系来看，可能存在特质应对方式；等等。因此，作者认为有关应对的研究也应从多方面、多角度入手。例如，可以从“广义”的角度展开应对研究，Folkman 的 Ways of Coping 及各种修订本就是；也可以从“狭义”的角度展开应对研究，作者的特质应对问卷算一种，还有为特定事件而进行的“特定”应对研究，如医学应对问卷（MCMQ）和心肌梗死患者的否认问卷等。

在应对研究领域，除了少数单纯理论探讨和实证研究，许多研究都是围绕特定疾病（如癌症）患者等群体而进行的。以癌症研究为例，其发生、发展明显受到包括应对因素在内的心理社会因素的影响。由于癌症本身作为一种严重的生活事件，患者往往采用更多的应对策略，癌症的转归、预后、患者的生活质量、康复等（可看作应激结果）也明显受患者各种应对策略的影响。因此，通过对癌症患者应对活动特点、影响因素和作用规律的研究，除了可以为癌症临床制定和实施应对干预手段提供科学依据以外，也可以通过对癌症患者应对策略及与应激有关因素相互关系的认识，从临床实际研究的角度，揭示应对和应激之间的理论关系。

二、从癌症患者常见应对策略及对预后的影响看应对性质的“好坏”

由于研究者采用的评价策略和工具不同，有关癌症患者存在哪些具体应对策略的研究结果并不统一，但总体来说，患者在患病阶段采用某种应对策略对转归、康复、生活质量等的影响不是有益便是无益的。在此，我们不妨暂且将有关报道里对心身健康有益的应对策略称为积极应对，将无益的应对策略称为消极应对。

1. 癌症患者的积极应对

总结有关癌症应对研究资料提示，常见的积极应对策略有积极寻求信息、面对、寻求社会支持，有计划的解决问题、战斗的精神、积极再评估、自我控制等。例如，Halstead（1994）等使用 Jalowiec 应对量表（JCS）及主观信息表格（SIS），对 59 名存活期大于 5 年、非治疗阶段亦非终末期的患者展开一项描述性调查。发现乐观、面对、支持的应对策略对于这些长期癌症存活者来说是有效的。而 Fredette（1995）及其同事亦研究发现，寻求信息、工作、信教等应对策略常见于乳腺癌妇女长期存活者，提示采用这些应对策略可能与延长存活期有关。

2. 癌症患者的消极应对

研究显示癌症患者常见的消极应对策略有失助（绝望）、宿命、屈服等。例如，Temoshok（1987）曾以淋巴细胞浸润肿瘤的多少，肿瘤分裂率的高低作为转归的指标，从而评价患者应对策略对其疾病转归的影响，发现较多情感表达的患者转归亦较好，而表达情感的困难、失助或绝望使癌症进展更迅速；Lampic（1994）的研究发现，癌症患者失助 / 绝望的应对风格与心理社会健康状况有负相关；Chaturvedi（1996）及同事调查了 50 名口腔及喉部癌症患者所关注的事情、应对策略及生活质量，发现其主要采用的无效应对策略是失助及宿命，这种应对策略不能完全解决患者关注的问题，从而降低了患者的生活质量。作者等也证实，屈服应对方式不利于癌症患者的心身健康。

上述有关癌症患者应对策略对临床结果有不同影响的研究结果，以实际事例说明了应对是应激作用过程中重要中介因素，其中，某些应对方式在性质上存在好与坏、消极与积极之分。

三、从癌症患者应对策略的影响因素看应对含义的广泛性和多样性

癌症患者的应对策略固然可以影响癌症的转归，包括作者在内的许多研究已证明应对策略本身亦受多种心理、社会、生物学因素的影响。了解这些因素在应对策略中的作用，对于改善患者的应对策略，从而增进健康显然有实际意义。同时，对认识应对在应激多因素作用过程中的地位，也有重要的理论意义。各种研究显示，影响癌症患者应对策略的因素很多，包括人格、情绪、年龄、发病史、复发率、存活期、社会背景、对病因的认知和癌症的控制程度等。其中，主要的影响因素有以下几个方面。

1. 认知评价

对癌症的认知是癌症患者进行应对的必要前提，这些认知包括对疾病、身体健康状况、治疗的认知，以及对疾病适应好坏的评价。对癌症的了解是否确切、对自己的健康状况是否了解、对治疗方案是否有信心、对自己的表现是否认同，均可导致癌症患者的应对相应地偏向更积极或更消极。

Wimmer（1991）研究发现，对手术治疗有信心的癌症患者术后有清晰的目标，并努力去达到其目标；对治疗无信心的患者则没有这种应对行为；Buddeberg（1990）等对 107 名乳腺癌患者进行前瞻性研究显示，其对癌症的认知态度更能影响患者的应对过程；Catania（1988）对乳房切除术的妇女的心理适应情况展开调查：第一组患者在切除前告知癌症确诊信息；第二组在手术后才被告之，结果第一组患者有积极应对模式，并较好地接受身体残缺的后果；Caver 及同事（1996）研究发现，自我评价适应癌症较好的患者，往往表现出面对癌症、寻求医疗信息、寻求更多的医学治疗选择，失助行为较少。作者等的调查情况也与上述结果相一致。

2. 情绪

心理行为活动在一定的情绪、情感背景上进行，因而情绪、情感能直接影响人的一切行为，包括应对活动。善于表达情感、性情乐观的患者，社会支持程度较高，易有积极的应对策略；而存在情感障碍的患者倾向于使用消极的应对策略，如否认、屈服、回避等。Behen（1994）调查了 130 名癌症患者，发现情绪障碍预示着患者将使用否认、屈服等应对策略；Friedman（1992）等通过对 94 名癌症患者的调查，发现乐观的性情与患者的积极行为应对呈正枆关，而与回避应对呈负相关。作者的工作也有类似的结果。

3. 社会支持

社会支持具有缓冲应激的作用，是癌症患者的基础应对资源。Krishnasamy（1996）认为癌症这种应激源带来了强烈的情感变化（恐惧和耻辱感），而社会支持帮助患者应对此类情感变化；Guidry（1997）指出，社会支持为患者提供信息和（或）情感支持，有助于患者针对癌症采取积极的应对策略。

4. 个性特征

个性特征与癌症患者的应对活动有关。关于癌症的个性问题有两种认识，一种是指某些个性行为特征与癌症发生有关，即追求完美、克制等所谓的癌症倾向行为或 C 型行为。由于多数结论来自回顾性研究，故有人怀疑这些行为特征或许仅是面对癌症的一种应对结果，Faller 等通过研究认为，癌症患者的这类个性确与患者的不良应对和情绪障碍有关。另一种是指个性特质或应对风格，往往是指个体面对癌症所表现出的带有个性特质成分的应对行为。Pugliese 等在一项癌症化疗的心身因素研究中，就将患者的应对行为作为个性变量来研究。Temoshok 提出，带有 C 型行为属性的个性特质或应对风格，与情感表达困难及无助状态等心理因素，均促进癌症的发展，并在综合起作用。

5. 疼痛

疼痛是一种多因子的现象，包括感觉、认知、情感、动机、行为等多种维度，众多研究表明，疼痛性质、疼痛位点的数目、对疼痛意义的认知与患者的应对有相关性。Dalton（1989）等在研究恐惧、焦虑、情感障碍、家庭因素、应对在癌性疼痛中的作用时发现，癌性疼痛患者使用的应对策略较少；Barkwell（1991）通过对 100 名终末期的癌症患者的调查发现，患者对疼痛意义的认知（挑战、惩罚、敌对）极大地影响了患者的应对。

6. 年龄

年龄影响患者的应对风格，应对风格再影响癌症患者的心理适应。Schonoll（1998）认为，与年长者比较，年轻的妇女较多使用战斗的应对策略，较少使用绝望、失助、宿命、预期性焦虑等应对策略，且年轻妇女的应对结果往往呈现出比较好的心理适应。

从上述影响癌症患者应对策略的各种因素中可以看出，其中几乎包括了所有应激作用理论的中间因素（认知评价、社会支持、个性特征，以及作为生活事件的性质，如疼痛和作为应激反应的一部分如情绪等）。通过分析这些实际研究工作结果可以证明，应激的确是受多因素制约的综合的作用过程，应对与各种应激因素，如个性之间的确存在交互相关性。由此看来，学术界要想建立一种独立的应对概念、纯粹的应对内容和统一的应对研究方法，似乎既不现实，也无必要。

四、从癌症患者应对策略的干预研究看多角度应对研究的必要性

近年来，尽管应对概念并不统一，但应对策略干预已逐渐成为癌症治疗的一部分。上文提到的各种心理社会因素，都可以影响癌症患者的应对策略。不过，通过干预而提高患者的应对能力的主要有认知因素、社会支持和疼痛等。对这些因素的干预能够改变癌症患者的应对行为，从而可有助于癌症向好转归、延长患者的存活期和提高生活质量。如 Cunningham（1993）等让 400 名癌症患者参加了一项简短的提供社会支持及应对技巧训练的活动，并调查了其生活质量，发现该活动提高了大部分癌症患者的生活质量，改善了患者的精神状态。

五、结论

通过对癌症应对的临床研究资料和作者多项工作的分析，从理论上推导：

应对在应激过程中是重要中介因素，但其本身是多维度、多侧面的；

应对在特定条件下有好坏之分；

应对与各种应激有关因素存在广泛的相关性；

应对研究应是多样化的。

第 7 节　影响癌症患者屈服应对策略的心理社会因素（论文，2003）

摘录自 2003 年《中国心理卫生杂志》第 17 卷第 9 期。作者徐晓燕（七年制医学生）、冯丽云、姜乾金。本文偏向于将应对看作独立应激因素（而不是应激过程的一个中间因素），探讨癌症患者"屈服"应对策略及影响因素。

心理社会因素与癌症的发生发展和康复有密切关系。在影响癌症康复的心理社会因素中，应对显得较为突出，因此，对癌症患者应对的研究已越来越受到人们的重视。前文作者利用医学应对量表（MCMQ）探讨癌症患者的面对（CON）、回避（AVO）、屈服（RES）三类应对方式与心身症状

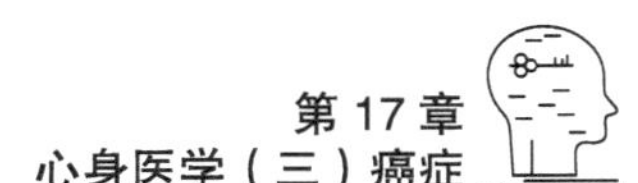

和睡眠的关系，结果显示 AVO、RES 对心身症状和睡眠的影响较为显著，其中又以 RES 与心身症状和睡眠的负相关性最为突出，因而将极大地影响癌症的康复。

但是我们也注意到，在前文及过去其他多种理论和临床研究中，往往总是将应对方式作为应激多因素作用过程中的一个影响因素来看待，较少关注应对方式本身在这种多因素作用过程中受哪些因素的影响，而认识应对的影响因素却有利于直接提高对癌症患者的临床心理干预水平。

本文旨在尝试探讨影响癌症患者 RES 应对策略的有关因素。

一、对象与方法

癌症康复俱乐部的各类癌症患者 168 名，男女各 84 例；年龄 32 ～ 81 岁，平均年龄 58 ± 10 岁。采用：其一，医学应对量表：用于评估癌症患者对疾病的应对策略。本研究选择其中的屈服（RES）量表分；其二，特质应对问卷：分积极应对（PC）和消极应对（NC）两种量表分，评估患者在生活中对各种事件应对方式；其三，自编调查问卷：包括患者的人口学特征、对康复的信心、生活幸福感、目前的身体状况、对疾病相关问题的认知和对社会支持的自我评估。其中，“对疾病相关问题的认知评价”包括担心后遗症、担心经济困难、担心事业、担心婚姻生活、担心生命危险、担心传染、担心症状复发和担心将来疼痛 8 个问题条目；社会支持满意度则包括对家庭支持满意度、对朋友支持满意度和对医生支持满意度 3 个条目。各条目按等级 1 ～ 5 计分。统计分析方法采用单因素相关分析（Pearson 相关系数）和多元逐步回归分析。

二、结果与分析

1. 患者的人口学特征和身体状况与其屈服应对策略的相关分析

患者对待疾病的 RES 应对方式与病期（－0.238，$P < 0.05$）、体质（－0.258）、食欲（－0.241）和睡眠状况（－0.291）呈负相关（后 3 项 $P < 0.01$）；与其经济困难程度（0.191，$P < 0.05$）和疼痛程度（0.219，$P < 0.01$）呈正相关；与年龄、性别、文化程度及婚姻状况无相关性。提示身体状况较差的患者可能较多采用屈服应对策略。

2. 患者的认知特点、应对方式和社会支持与其屈服应对策略的相关分析

结果见表 1（略），RES 应对方式与“对疾病相关问题的认知评价”几乎所有条目、特质应对方式和社会支持程度各条目均有相关性，显示患者对待疾病的屈服应对策略受其对癌症的各种不良或不正确的认知评价的影响，也与其个性特质中的消极应对习惯有关，还与其社会支持的缺乏有一定的联系。

3. 患者屈服应对策略的多因素分析

为了探讨哪些因素对患者屈服应对策略有更主要的影响，以 RES 为因变量，取单因素分析时有统计学意义的因素为自变量，进行多元逐步回归分析，反复拟合，当 $\alpha = 0.1$ 时，得到相应预测概率的最佳状态，结果见表 2（略）。

得到回归方程：RES =－0.0129 病期 + 0.3106NC －1.2879 对康复的信心 －0.5254 生活幸福感 + 14.9072，方程决定系数 $R^2 = 0.4931$。提示患者屈服应对策略受病期、NC、对康复的信心、生活

幸福感等的影响程度为49.31%。标准化偏回归系数的大小可见，对患者屈服应对策略影响最大的是对康复的信心，其次为病期、NC、生活幸福感。

三、讨论

本文以单因素结果表明，患者屈服应对策略与其病期、经济状况、身体状况、认知特点、应对方式和社会支持等多方面因素存在显著相关性。

多因素分析结果表明，患者病期越长，越较少采用屈服应对策略（负值），可能的解释是随着病期的延长，死亡威胁逐渐淡化，康复的期望随之升高，故屈服应对策略使用减少；NC量分越高（正值），屈服应对策略使用得越多，说明患者平时个性中的消极应对习惯可能会影响对癌症的应对策略；患者在面对癌症这一具体生活事件时，如果在认识上缺乏康复信心，或者生活幸福感减少，则会促使其更多地采用屈服应对策略，这与认知评价在应激作用过程中始终起到关键性的作用的观点是一致的。

从理论探讨的角度，以往的应激作用理论往往关注或强调的是生活事件与心身反应之间的因果过程关系，本文结果则显示，应对方式同样可以作为应激多因素研究中的一个结果或“目标”因素加以探索和认识，这似乎提示关于应激是一种单向作用过程的理论认识不一定是全面的。

第8节　癌症患者心身症状影响因素的通径分析（资料，2003）

摘录自2003年未发表资料，由徐晓燕（七年制医学生）在访问学者冯丽云教授指导下完成。因该生到期转出，该文未投刊物。近期翻出，发现其有一定理论意义，特摘录收入本文集。

一、中文摘要

目的：初探癌症患者心身症状的直接和间接影响因素及数学模型。

方法：采用90项心身症状自评量表（SCL－90）、医学应对问卷（MCMQ）、特质应对条目（TCI）及自编心理社会因素问卷，调查168名癌症患者，采用SAS软件进行因子分析和通径分析。

结果：影响癌症患者心身症状的主要直接因素是消极特质应对、屈服应对、对疾病的担心和社会支持（$P < 0.01$），解释程度为29.32%。

结论：初步建立癌症患者心理应激模式。

对结果的解释较满意，建议在临床心理干预中着重考虑上述因素。

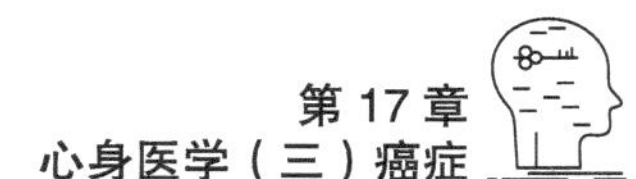

二、前言

在心身医学领域，现有的心理应激理论认识是以心身健康为核心，将其他多种因素看作是指向这个核心的单向因果作用过程。然而，近年来的不少研究证据表明[1-2]，心理应激各因素与心身健康之间并非单纯的线性关系，很可能是一个多因素交互作用的整体。本研究旨在尝试探讨癌症患者这一特殊群体的应激理论模式，并为临床干预提供参考。

三、资料和方法

1. 研究对象

癌症康复俱乐部的各类癌症患者 168 名，其中，男女各 84 例；平均年龄 58 ± 10 岁；手术 146 例；曾化疗 96 例、正在化疗 27 例、将化疗 3 例、无须化疗 32 例；其中，患乳腺癌 47 例、胃癌 25 例、肺癌 12 例、结肠癌 10 例、直肠癌 10 例、鼻咽癌 9 例、膀胱癌 9 例、淋巴癌 8 例及其他 38 例。

2. 研究因素

以应激作用理论为依据选择和设计问卷，主要涉及生活事件（癌症）、对疾病的认知特点、对疾病的应对方式、社会支持程度及特质应对方式等。具体使用以下方法。

（1）医学应对量表（MCMQ）

用于评估癌症患者对疾病的应对策略，分面对、回避和屈服 3 种量表分[3]。

（2）特质应对条目（TCI）

评估患者在生活中对各种事件的习惯性应对风格（或称特质应对方式，与个性特征有关），该问卷包括积极特质应对（PC）和消极特质应对（NC）两种量表分[3]。

（3）90 项症状自评量表（SCL－90）[4]

记录 9 个因子分（$F1$ ~ $F9$）及总分（total），本文仅取总分作为研究对象。

（4）自编调查问卷

主要评估癌症患者对疾病有关的各种具体问题的认知评价及对社会支持的满意度。各项问题由患者按等级选择回答，并按 1 ~ 5 计分。有关因素赋值（略）。最后共得到 18 个影响因素。

3. 数据处理和因素筛选

采用 SAS6.12 版软件处理，为避免自变量间多重共性线性关系存在，对自编调查问卷的 13 个变量进行因子分析，找出共性因子，然后对共性因子和其他量表的变量做通径分析[5-7]。

四、结果

1. 主要因子分析结果及变量命名见表 1（略）

2. 通径分析

（1）应激模型通径图

根据研究目的和客观实际，参考以往研究资料和专业知识，初步建造癌症患者心理应激模型的通径图，如图 17－8－1 所示。

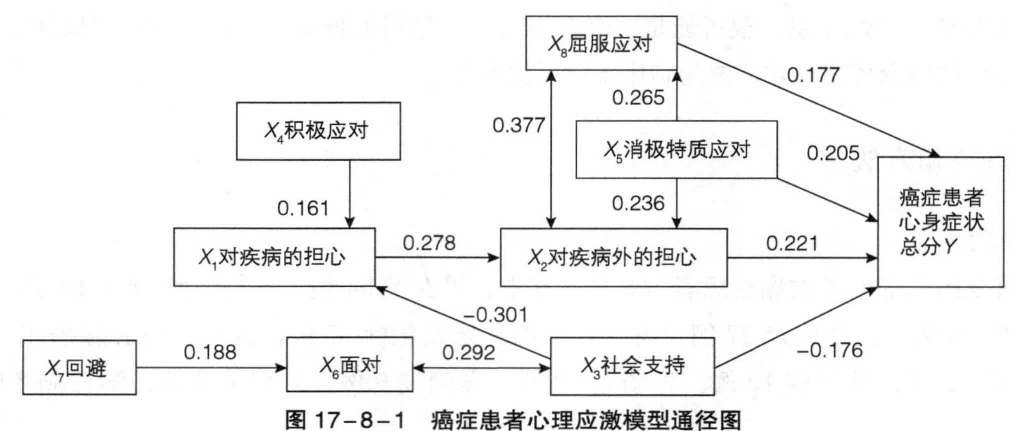

图 17－8－1　癌症患者心理应激模型通径图

（2）计算通径系数

影响癌症患者心身症状的通径系数见表 2（略）。其中，因变量 Y 的回归方程为：$Y=0.221x_2-0.176x_3+0.205x_5+0.177x_8$，决定系数为 0.2932，说明 4 个自变量对 Y 的影响程度为 29.32%（$P<0.01$）。

五、讨论

心理应激各因素与心身健康之间的关系很复杂，采用通径分析可全面考察个性、认知、应对方式等因素及对心身症状的相互关系，包括直接作用和间接作用。

从图 17－8－1 可以看出，影响癌症患者心身症状的主要直接因素是消极特质应对、屈服应对、对疾病的担心和社会支持，涵盖了个性、认知、社会支持等各方面，说明患者的心身症状确实受到心理应激各因素综合影响。从直接通径系数的大小来看，对心身症状影响最大的是消极特质应对，其次依次是对疾病外的担心、屈服应对和社会支持。其中，社会支持的通径系数是负数，说明对心身症状的发生发展起缓冲作用。

本研究显示，社会支持不仅可以直接影响癌症患者的心身症状，还可以通过影响其对疾病的担心程度而对心身症状产生间接影响。获得较多的社会支持可以减少患者对疾病担心，及疾病所引发的生活事件问题的担心，从而减少症状发生，促进心身健康。

与个性有关的消极特质应对，既可以直接对人们的健康产生不利影响，也可以通过影响患者对癌症的具体应对过程，间接导致症状的产生和发展，同时也提示了患者平时习惯性应对风格与心身症状密切相关。因此，重视对患者平时应对风格的研究，具有重要的理论和实际意义。

在 3 种医学应对方式中，屈服应对对心身症状的影响最大，证明了癌症患者的屈服应对是最不利于其健康或康复的一种应对方式，与前文研究相一致 [1]。另外，本研究发现，对疾病本身担心，如担心感染复发生命危险不会直接影响心身症状，而是通过影响对疾病所引发生活事件的担心程度而对健康产生作用。提示在对癌症患者进行心理干预的临床实践中，在重视改变其对癌症本身的不良认知的同时，还要注意加强对疾病所引发的生活事件问题的认知的引导，从而促进其身心健康。

本文的研究结果也为在实践中对癌症患者进行心理干预提供了基本思路，即在对癌症患者进行癌症防治和其他卫生保健知识教育时，还要注意对患者上述有关因素进行重点引导，特别是改变其不良或不正确的认知，降低其不良的应对方式，并给予各方面的关心和支持，帮助树立战胜癌症的信心，及对治疗和生活的希望。

此外，从决定系数来看，X_2、X_3、X_5、X_8 对 Y 的影响仅占解释因素的 29.32%，说明还有 70.68% 的因素和误差没有考虑到，有待进一步探索。

参考文献

[1] 朱丽华，姜乾金，祝一虹，等．癌症应对特点研究．中国行为医学科学［J］，2000，9（6）：438－439.

[2] 徐晓燕，冯丽云，姜乾金．影响癌症病人屈服应对策略的心理社会因素．中国心理卫生杂志［J］，2003，17（9）：644－645.

[3] 汪向东．心理卫生评定量表手册［J］．中国心理卫生杂志增刊，1993：31－36.

[4] 金华，吴文源，张明园．中国正常人 SCL－90 评定结果的初步分析［J］．中国神经精神疾病杂志，1986，12（5）：260－263.

[5] 郭志刚．社会统计分析方法［M］．2 版．北京：中国人民大学出版社，2001.

[6] 冯丽云，李克均．通径分析在大学生神经症危险因素研究中的应用［J］．郑州大学学报 .2003，38（2）：239－242.

[7] 洪楠，侯军．SAS for Windows 统计分析系统教程［M］．北京：电子工业出版社，2001.

第 9 节　博文集（十一）

压力（应激）系统模型是生物心理社会多学科交叉的理论模式，其内容看似容易理解实则较难把握，其学术价值又主要体现在被目标人群接受和应用方面。为此，作者选取 2011—2022 年撰写的部分博文（原有链接和表情包已删），经组合分别列入若干章之后，旨在加深阅读者对该章内容的理解和把握，同时也为可能开展的系统模型各种主题宣讲和临床咨询等实际工作提供部分引用素材。

本节含 6 条与癌症相关的博文，特别是与压力多因素有关的癌症临床和康复等问题。

癌症患者的情感压制与疾病文化（2013－01－04 08：24：01）

实际上，癌症患者很少有真正意义上的“否认”（即指患者无意识地忽略自己患有癌症）。在很多情况下，癌症患者只不过是有意识地强行控制自己的情绪，仅仅在外表上表现无所谓的样子，即情感压制（suppression），且 C 型行为癌症患者更易出现情感压制。

为何是癌症患者容易出现情感压制而不是冠心病，这可能与“疾病文化”有关。疾病也有文化，是指人们在长期生活中形成的疾病观念方面的差异。例如，有人庸俗地咒骂别人“患癌症”，但不会骂人“患冠心病”，好像癌症“罪恶”而冠心病“光荣”一样，其实两者都可以致命。与此类似的还有早年的肺结核、当代的艾滋病，这些疾病也容易被“疾病文化”所贬低，患者容易产生“羞耻感”。因此，当一个人患了癌症以后，自我意识（如自信、自尊）也会受到冲击，情感压制则是对这种冲击的一种自动的（非意识性的）应对。

情感压制的结果往往进一步恶化患者的心理环境，产生更多更复杂的心身反应。

[摘自姜乾金著《医学心理学：理论，方法与临床》（人民卫生出版社，2012）第 299 ~ 300 页]

告诉癌症信息，保护患者期望（2016－03－27 21：21：42）

作者 1993 年主编出版的《医学心理学》（北京科技出版社），首次系统地介绍了为何要告诉癌症患者真实信息及如何告诉的问题。

癌症患者必然关注自己疾病的进展和预后，同时又会因为疾病进展的负面消息而产生消极情绪反应，影响治疗和康复。因此，对患者信息采用保密的方法，曾经是家属们的一种“共识”，医生也尊重患者家属的这种要求。

但“保密”会使医务人员在心理上与患者保持距离，患者迟早会通过各种间接信息渠道察觉真相。这时候反而容易加重患者的被抛弃感和被蒙骗感，加重孤独和绝望的情绪。故作者在教材中介绍了“热忱加诚实”的癌症患者信息告诉方法。

所谓“热忱加诚实”，是指医务人员应在了解患者的具体心理条件，如承受能力的基础上，有计划地告诉患者的病情及相应的各种真实信息，同时又要注意始终保护患者的期望和信念（期望和信念可以逐渐变动，应尽可能有理有据地力争保留哪怕一根“稻草”）。

总之，告诉真实信息不等于权威式的“宣判”，同时也要避免反应迟钝，闪烁其词或表现出无能为力的态度。

癌症患者的“宁可信其有”现象（2018－06－26 17：08：23）

有早期肾癌患者在手术切除后，关于是否从理论的角度采用干扰素作为预防复发的治疗手段，在查阅临床实证研究文献发现，其结果很不一致，也就是“效果不确定”，而许多副作用和相应不良结果却是肯定的。

对此，临床专家的意见也莫衷一是（拷屏略）。

患者也一样，我们平时习惯于“线性（单维度）”思考，当突然要面对“要命”的系统问题时，就会陷于抉择困难。此时，会有一维模糊的逻辑占上风——“宁可信其有”。

“宁可信其有”是人们遇到难以梳理清楚的系统问题时常用的思维逻辑。

早期肾癌患者是另一类“生意人”，明知干扰素是否有效是未知数，但还是要“供”一下，“宁可信其有”。

一些癌症患者到处找名医、单方，也是出于“或许”“宁信其有”的心理，有人还因此花光一切。

不过，对于注射干扰素的患者，不论是否有效，各种副作用和“不良事件”却是实实在在存在的。

在这种情况下，谁算聪明？还真难判断。

有朋友问此类问题的处理方案：

患者面对“宁可信其有”的难题时，有条件时就按“有”去做；无条件时就按“无”去做。关键是要“说服”自己，让自己“理直气壮”。

医者在面对“宁可信其有”的患者时，有条件时那就尽量按“有”去做，并让自己理直气壮；在无条件时，在按“无”去做之前，关键是要“说服”患者，让其也“理直气壮”。此时，医者思维更需要“系统模型”。

探望癌症晚期患者，应注意什么（2019－08－04 06：38：28）

癌症晚期不能进食、形神枯槁、康复无望。到了这种程度，亲属之外的同学、朋友、同事不断去病房探视，既不能降低其死亡恐惧，也不能保护其精神尊严（有某些信念者例外）。但基于“人之常情”的观念，大家还是带着各不相同的心态争相去看望。

由此又涉及“社会支持”的话题。社会支持是调控个人心理压力的外部资源，具有降低心理压力的作用。博主将社会支持分为家庭社会支持和家庭外社会支持。一个人与亲属的联系并保持质量，属于家庭社会支持。在人生的终末期，家庭社会支持才是社会支持的主要形式，需要予以重视。

“绝症”患者的“世上无难事，只怕有心人”心态（2019－10－13 07：59：07）

癌症患者、慢性患者、躯体化障碍患者……这些患者群体中的一些人，包括患者自己或亲友，往往有一个认知特点，即觉得在这个世界上，只要认真地着力地想方设法地去寻找，总会首先遇上别人尚未使用过的特效治疗方法或救命药。于是，一些人会不惜一切代价，甚至拆屋卖房去实现这种愿望，最后的结果甚至是人财两空。对于这种现象，我们既不能讥笑，也不能纵容，应抱以同理心，在“系统”思维基础的上给予解释和引导。

究其原因，一是生存期望，二是“线性”思维。

就期望来说，这是人的生命延续器。我们在博文中曾经说过，对于癌症患者，需要在提供真实信息的同时，不要注意保护其期望值。

就“线性”思维来说，就是平常的“有多少付出，就应有多少收获”的逻辑在起作用。类同于传统语言中的“世上无难事只怕有心人”和“世上没有跨不过的坎”之类的“谎言”（平常情况下这是励志内容），且这些“谎言”就普遍存在于认知理论所说的人类“共同感受”或“自动性思维”之中。

心理因素致使某青年患中晚期肺癌？（2019-12-30 10：16：39）

某报刊有“心理因素致28岁青年患上中晚期肺癌”的报道，老师将其拍照，问我看法，我简单回复如下。

癌症的发生是多因素多维度的系统性问题，其中许多至今还是未知的，除了烟、酒、食物、心情等心理行为因素，还有环境和生物因素（其背后许多也是未知的）。但是，人类习惯于“线性”思维，总是希望面对一个复杂的系统问题，能够从中找到一些简单的“是”或者“否”的答案。这种“是”或者“否”的答案有利于大众的理解和接受，也有利于经营者，故社会上有许多语不惊人死不休的报道信息。对此，参考而已。

第 18 章 心身医学（四）外科和手术

本章导言

外科患者和外科手术也是作者较早关注的医学心理学和心身医学临床问题，重点是对心理社会因素与外科患者和外科手术康复之间关系的理论探讨，以及压力（应激）理论模型主导下的外科手术和疼痛的各种心理行为学干预技术。

本章资料包括心理社会因素与外科和手术的关系、心理社会因素与痛情绪反应、作者及合作者开展的有关心理应激因素与外科手术患者的临床研究，以及外科手术的应激心理干预技术等。

第 1 节　外科临床心理（专著，2012）

摘录自《医学心理学：理论，方法与临床》（人民卫生出版社，2012 年）第七章第七节。

作者将外科和手术中的心身问题独立成章始自 1986 年五校合编的《医学心理学》教材，此后各版本著作中均有修订，这里选取的是 2012 年版本。期间，开展了一系列相关工作，包括参与 1990 年徐斌、王效道主编的《心身医学》（中国医药科技出版社），编写“外科心身医学问题”（第一、第二节）；2000 年徐斌、王效道、刘士林主编的《心身医学——心理生理医学基础与临床》（中国科学技术出版社），编写“外科领域的心身障碍”第一、第二节等，此处未予收录。

一、外科心身问题

心理社会因素在外科领域的作用是引人注目的。患者面临手术的“威胁”，总会不同程度地产生各种情绪反应。同样，医护人员也总是被患者的各种强烈情感所包围。因此，外科领域有不少医学心理学问题，也是作者长期关注的一个点。本节修订自作者（1985a）“外科手术患者的辅助行为治疗”一文，以及五校合编教材（1986）中作者自撰部分。

（一）心理社会因素在外科疾病发病中的作用

1. 外伤

一般认为，原发外科疾患的发病基础与心理因素关系不大。例如，现在公认的心身疾病中并不包括外科疾病。但据调查，外科中常见的外伤发生率仍与心理社会因素有一定关系。在调查车祸肇事者的心理特点时发现，多数人有轻率、任性、积极、热情、不愿受约束，以及有强制性、偏执性和攻击性等特点，即所谓“事故倾向个性”。调查还发现，心理社会刺激与车祸的发生关系密切。国外资料显示，在 214 名因车祸受伤的司机中，伤前有较多的心理社会刺激；97 例因车祸致死的司机中，有 20%在事故前 6 小时内有急性情绪问题，如与家人争吵等。在其他伤亡事故中，同样存在类似情况。用社会再适应量表调查证明，骨折的发生与生活事件有关，因此，也有人将骨折看作与心理社会因素有关的疾病。不良行为，如酗酒与外伤之间的关系，则是人尽皆知的。

2. 外科感染

外科感染性疾病的直接原因是致病菌，但致病菌往往只有在躯体防御功能低下时才繁殖致病。心理应激能够降低机体的免疫功能，在外科感染疾病中起到间接的致病作用。在史籍中，因遭遇强烈精神刺激后而“疽发背死”的案例比比皆是，项羽的谋士范曾就是一例。由此可见，心理刺激与痈疽等外科感染的发生是有一定的内在联系的。

3. 内科转外科病例

许多外科患者来自内科，由于病情发展的需要而求助于手术治疗。诸如，溃疡疾病的胃切除术；冠心病的冠状动脉架桥术和支架术（目前一般在心内科完成）；高血压及脑血管病的脑部手术等，其原发病就属于心身疾病，因而心理社会因素在其发病中的作用是不言而喻的。

（二）外伤患者的心理反应

发生意外事故的原因往往是多样的，包括工伤、车祸、斗殴、戕伤等。由于受伤者往往原来身体健壮，加之事发突然、后果严重，因而造成严重心理冲突，有一些相同的心理反应模式。

1. 外伤初期的“情绪休克”

急性严重外伤者，若神志清楚，有时可以表现为出人意料的镇静和冷漠，被称为情绪休克(emotional shock)。这是一种心理防卫反应，实际上也是一种超限抑制（巴甫洛夫学说）。伤者的反应阈值提高，反应速度迟钝，强度减弱，结果表现答话简单，对治疗的反应也很平淡。这种心理反应有时可以持续数天，直至转变为其他的心理反应。情绪休克可以暂时减少因焦虑和恐惧而造成的过度应激反应，因而在一定程度上可对个体起保护作用。但医生应注意到，受伤者的这种“安静”行为表现，并不意味着伤势不严重，应防止被表面现象所迷惑，以致延误抢救时机。实际上，相关经验表明，在一大批受伤者中，那些不喊不叫的人有时反而比某些叫声响亮者伤势更重些。

2. 外伤造成的焦虑和抑郁反应

由于缺乏思想准备，休克期一过，伤者可能因面临一系列身体、生活问题而表现得焦虑不安、心情恶劣而易激动。此时，应给予理解并进行必要的解释和指导，严重者应给抗焦虑药物，以减轻其对治疗操作的不良影响。

焦虑和抑郁常可同时存在或交替出现。抑郁来自突发事件后的“丧失感”，如毁容、残疾、影响工作、学习、婚姻、家庭生活，担心事故责任等；伤者可能因深感悔恨，发展成自责自罪。此时，给予社会支持极为重要。

（三）外科手术应激对免疫反应的影响

手术期间的激素变化可能是麻醉药的作用，也可能是对手术的应激反应所致。手术前后的心理和生理应激因素会通过生物学机制抑制免疫功能而致癌肿切除术患者病情恶化（Ben－Eliyahu S，2007）。Walton（1978）早前就已指出，药物对激素的影响是微弱而短暂的，而手术应激引起的皮质类固醇水平增加会持续好几天。非手术性创伤，如烧伤后常有巨噬细胞的吞噬活动受抑，可能也与类固醇水平有关。

大多数动物研究表明，个体对植物凝集素（PHA）及刀豆球蛋白（Con－A）的体外免疫反应，在麻醉和手术后都受到抑制。Walton 认为，此时应激反应中的激素效应要比麻醉剂本身的短期效应来得重要。

上述发现有一定的现实意义。据估计，约有 15%的外科患者在住院期间发生细菌感染，病毒感染也颇为常见，烧伤患者及实验动物手术时也容易引起感染。抗感染能力下降的主要原因可能是手术应激反应而不是手术中使用的药物。

（四）外科手术后患者常见的病理心理反应

一些研究认为，手术患者的焦虑反应并不仅局限在手术前，也不一定终止于手术完毕时，许多患者在手术后仍有高水平的焦虑体验。此外，某些患者在手术后还可能出现一系列病理心理反应，从而影响手术预后。据认为，存在以下心理学因素者可能影响手术预后：一是智能欠佳；二是社会适应能力差；三是术前焦虑过高或过低；四是对手术不了解；五是对疾病缺乏信心；六是对康复的动机不足；七是对手术有不切实际的期望等。

手术后的病理心理反应有以下 3 种表现：一是手术后意识障碍。在术后 2 ~ 5 天突然意识混乱或谵妄，大多在 1 ~ 3 周消失，少数可继发抑郁。发生的原因主要是躯体症状，如创伤疼痛、失血缺氧、代谢障碍、继发感染等。以往有心理障碍者，发生机会较多。二是术后精神病复发。三是术后抑郁状态。后两种表现多由于心理方面的丧失感或心理压力所致，如妇女盆腔手术、乳房手术及其他造成脏器功能缺损的患者等。

因此，探索手术前后身心反应规律，减少术后心理反应和促进康复，是心身医学的重要研究课题。作者等（1985a）、叶圣雅等（1999a，1999b）曾对此进行各种探索，取得与国外类似的结果。

（五）社会支持对外科手术患者的影响

社会支持是一种信息，其令人相信他受到关心、爱护和尊重，并且是一个相互尽义务网络中的一员。

Nuckollz 等（1972）在一项对 170 名孕妇的研究中发现，在高生活事件及低社会支持的妇女中，有 91%的孕妇在分娩时遇到并发症；在高生活事件，也有高社会支持者中，分娩时出现并发症者只有 33%；在低生活事件中，高社会支持者为 39%；而低生活事件及低社会支持者为 49%。该结果说明，社会支持可能是中介生活事件的一个因素。Rahman（2003）也证明，某些发展中国家产妇患抑郁症与高生活事件和低社会支持有关。

Ray 和 Fitzgibbon（1981）针对手术住院的男女患者中，分析了社会支持对降低应激的作用，指出由不同角色提供不同形式的支持可产生不同的效应。其让患者对医生、护士、配偶、病友 4 种社会支持角色所提供的信息、保证、行动方向、消遣、自我增强 5 种不同社会支持逐个做出评价，并对患者与这 4 种角色相互唤起的情感做评分。结果发现，角色的差别在于所提供的心理支持的性质而不是程度。外科医生是提供信息、保证和方向的主要角色；护士、配偶及病友则主要满足患者的社会定向需要，这方面的作用在某种程度上可超过外科医生。其同时还发现，在相互作用中，相似的支持行为对患者的焦虑体验产生不同效应。在与病友及外科医生的相互作用方面所报告的焦虑最多，与护士及配偶相互作用时几乎没有焦虑报告。然而，当外科医生向患者提供信息、保证与方向的角色时，则体验不到焦虑；护士在提供方向、消遣与自我增强时，患者的焦虑分也相应降低。外科医生的信息及对预期的保证要比其他角色人物所提供的更有效。

由此可见，广义的社会支持有利于改善外科手术的应激反应，且社会支持可以通过广泛的角色形象从许多途径来提供。

对手术患者提供社会支持，主要是通过术前的心理指导和教育（或心理咨询）来实现。

（六）外科手术患者康复期的心理治疗问题

手术后短期内根本的问题是躯体恢复，心理因素常被忽视。但随着时间推移，心理行为问题也会随着躯体恢复的不同而逐步突显出起来，并开始影响躯体的进一步恢复。

根据行为医学理论，许多慢性病（包括某些手术后康复期患者）的行为症状，如丧失信心、愁眉不展、慢性疼痛、对药物的依赖、长期卧床、活动迟钝、局部或全身肌肉紧张和废用性肌萎缩等，可能部分或全部是由急性期的各种反应性行为症状，经过强化和发展过程而固定下来，却很难找到产生这些行为症状的生理依据。不消除有关的不良心理行为因素，患者常难以用生物医学的治疗手段获得康复。

当患者进入手术后的康复期，行为因素在某些患者身上会成为决定手术最终结果的最重要影响因素。Norton（1982）认为，这一段时期的行为治疗至少将能起到与术前行为指导同样重要的作用。

我国的一些类似行为训练法，如气功、太极等应用于一些大手术后恢复期患者，也具有一定的积极作用。除了运动本身产生的躯体锻炼效果外，可能与整套训练程式对患者心身起到平衡调节作用有关。

二、手术焦虑反应

临床上因急性医疗操作引起的患者焦虑和恐惧反应，除了外科手术，还包括其他各科的诊断和治疗手术，如内窥镜检查、牙科检查和治疗，以及某些特殊医学程序，如分娩等。本节集中讨论患者在即将接受各种医疗操作程序时所产生的焦虑、恐惧反应。

（一）手术前焦虑反应的原因

手术前焦虑反应因手术性质和患者心身条件不同而存在程度方面的差异。杜小欧（1984）发现，100 例手术患者中术前有顾虑的占 76%，多数为择期手术和病情较稳定者；有 24%主诉顾虑较小者，多为不得不手术或病情较严重者。

手术焦虑的原因是多方面的。Ramsay（1972）对术前恐惧的研究发现，有 62%的患者是怕麻醉、有 15%的患者怕开刀、有 23%的患者属于“其他”原因。由此可见，对于大手术来说，麻醉对患者是一个重要的心理应激源。实际上，对麻醉的恐惧主要是由于患者的不了解。

国内资料认为，造成手术焦虑的直接原因可包括以下几方面。一是患者对手术缺乏了解，包括对麻醉的不了解。二是怀疑手术效果，这主要取决于病情的严重程度。不得不手术的重病患者，此项原因相对要次要一些。但整形外科患者情况则有所不同。三是对医生进行挑剔者；打听医生的年龄、技术和经验，并为此而感到焦虑。四是怕术中疼痛者约占 30%。手术越小，患者往往越怕手术期间的疼痛。五是其他方面，包括家庭关系、单位人际关系、工作情况、环境等。

一些个体差异因素也会影响手术焦虑反应。一是年龄。如年龄大且属于再次手术者，焦虑反应较轻；年龄小和小手术者反而可能较重。二是性别。术前恐惧存在性别差异，可能与自我暴露（self-disclosure）的性别差异有关。三是职业。如知识分子有时顾虑较多。四是心理因素。内向而不善言语或既往有心理创伤者（早年与父母分离、遭人虐待和歧视等），往往可能触景生情而导致焦虑等。

（二）手术前焦虑反应的机制

患者对各种手术（包括各种应激性医学操作）的焦虑反应，可能与以下心理行为机制有关（Shipley，1982）。

（1）不可预见、不可控制感

对医务工作者来说，手术室或检查室、医疗器械、白大衣等都是习以为常的场所或工具。在医疗操作过程中，医务人员关心的是如何给患者以正确的诊断和合理治疗。但对患者来说，医疗环境却具有不可知性和威胁性，手术或检查器械则是产生害怕和疼痛的原因。患者对医疗操作过程所关心的是“医生正在干什么？”“我的疼痛感觉会如何？”等。这种对医疗操作活动的不可预见、不可控制感越强，患者产生的焦虑和害怕情绪就越强烈。

（2）经验与条件反射

一些患者因以往有医源性疼痛的经历，或生活中的痛苦经历，由于条件反射机制，会使其他许多医疗操作也变为一种条件刺激。例如，曾因牙科手术而经历过疼痛的患者，以后可能对所有医院里的手术刀、针筒、钻子、钳子，甚至是白大衣、诊疗室等产生焦虑反应。一些敏感者甚至在联想起医疗手术活动过程时都会有恐惧感。

（3）示范作用

有的患者曾因现场观看过别人接受医疗手术时的痛苦景象，通过示范作用，自己也产生了对各种医疗操作的恐惧和害怕。

（4）失助感

某些医疗手术或检查过程使患者处于一种被强制服从的状态，如心导管检查需捆绑固定等，患者产生失助感，也增加了焦虑反应。

关于最后一点，French（1979）曾根据对312名手术患者的焦虑原因所做的分析认为，患者的恐惧反应有55%是由于“失去独立性”（包括本来可以自己做的事情，得由别人来帮助）。他指出，“患者似乎不愿意放弃独立性而躺着受控制”。

（三）手术前焦虑和手术结果的关系

患者术前的恐惧和焦虑反应，往往能降低痛阈及耐痛阈，结果在手术中和术后可产生一系列的心理生理反应，如感觉疼痛和痛苦、全身肌肉紧张、对止痛药的依赖及长期卧床不起等，从而影响手术预后。临床上，不少患者由于心理方面的不适应，虽然手术顺利成功，但术后自我感觉却不佳。

近几十年发表的许多实验性研究报告，大多集中在寻找术前焦虑反应与术后心理生理适应之间的内在联系方面。

1. Janis 的经典研究

Janis（1958）首先采用晤谈及独立的临床评价方法，研究手术应激的心理生理效应。他提出，术前焦虑程度与术后效果之间存在“U”字形的函数关系。具体来说，那些术前表现出高度焦虑和恐惧，以及很低焦虑的患者，手术后都会有较高的心身反应，包括术后焦虑和躯体康复过程延缓等。相反，术前表现中等程度焦虑的患者，术后结果最好。针对这一现象，Janis 做如下解释：由于中等焦虑的患者在心理上对手术及其可能带来的影响有比较现实的认识和准备，因而能正确对待手术，也能适应手术及手术带来的一些问题，结果术后个人体验较好，躯体恢复过程也较顺利。相反，对手术有高度焦虑者往往表现为神经质样的害怕（neurotically determined fears），因而在术后仍有类似的高度焦虑和紧张；而术前低焦虑反应者则由于在心理上对手术采取了简单的回避和否认（denial）机制，对手术过程和结果缺乏心理准备，在实际经历手术后就容易将手术体验为一种严重的打击。

2. 后续的研究

在 Janis 以后，许多临床心理学研究集中在证实或否定 Janis 的理论。由于手术结果受多种因素，如手术种类、患者心身特点、术前心理准备等因素的影响，使得各种研究难以获得一致的结论。Wallace（1986）将其归纳成 5 种假设，大致可以反映手术前后心理生理反应关系的研究现状。

（注：以下略去后文的 5 种假设。因为此后研究结果也并不一致，这也恰恰说明，这是一个多因素影响的系统问题，研究者选取的样本不可能完全排除混杂因素，结果总是不一致，也印证了多年后作者的压力系统模型）

为了对上述 5 种假设进行综合验证，Wallace（1986）选择两组妇科择期小手术患者为对象，并使用多元回归分析法对众多的变量进行筛选研究。结果发现，术前焦虑和术后焦虑之间的确存在线性关系，但术前焦虑和手术效果（包括疼痛程度、恢复速度等）之间并无线性关系。此外，术前焦虑与应对类型之间未见相关，也未发现术前焦虑对《术前指导手册》（用于指导患者做术前心理准备的小册子）的使用效果有多少影响。

虽然上述有关手术前后心身反应的关系未完全阐明（在此介绍也是希望为国内有兴趣者提供研究思路）。但有一点是可以肯定的，手术前实施心理干预，如心理指导和行为训练等，对多数患者来说是有益的。

三、手术心理干预

早期，作者（1985）介绍了国外有关心理行为因素对手术的影响及对手术心理干预的研究情况。其中，重点介绍 Egbert（1964）和 Melamed（1977）等多种术前心理行为干预研究工作。此后十几年，作者等（1988）、叶圣雅等（1999a，1999b）和沈晓红等（2001）的团队也曾设立较严格的对照组，在各种外科手术患者中研究术前心理干预的效果，结果与前述基本一致。

综合各种文献，手术心理干预技术有以下几类。值得再次强调的是，这些心理干预技术除了适用于各种外科手术和某些侵入性医疗程序，也适用于社会生活中许多应激情景，如灾难、激烈比赛等。

（一）提供信息

有一种信息理论或称准确期望（accurate expectancy）理论认为，当一名患者知道了他希望知道的各种真实信息后，对各种应激性医疗程序的害怕情绪就会相对较轻，忍耐性增强。据此，主张给各种手术患者事先提供有关手术的真实信息。有两种提供信息的模式，即客观信息或真实过程信息（objective or procedural information）和主观信息或感觉信息（subjective or sensory information）。

客观信息就是在术前向患者讲解手术的实际过程。例如，关于全麻下胆囊切除手术完成后的情况："你将被送到观察室，在那里你会逐渐地清醒过来，护士将每15分钟检查你的脉搏、呼吸和血压；她们会告诉你如何活动、呼吸和咳嗽，以排出咽喉部黏液防止发热和肺炎，同时定时给你使用止痛药。"

主观信息是向患者提供有关手术时的各种主观真实感受，以及患者可以提出的要求和医生采取的相应措施。按照该方式，上述例子改为："你在逐渐清醒时可能会感到昏睡和暂时记忆不清，对环境和时间感觉暂时有点昏昏然。待完全清醒后，你会感觉到右上腹有一种脆弱之感，可能有受压、受拉、新异或灼痛感，这种痛感也可能会稍加重，这是完全正常的。你也可能感到喉头干燥和轻微刺痛感，这是手术中插管造成的。为了增强你对痛的耐受性，医生会定时或临时使用一些止痛药。护士会定时检查你的脉搏、呼吸……"。

通过对胆囊切除等上腹部手术、盆腔检查、矫形外科石膏拆除和上消化道内窥镜检查等患者的对照研究，证明主观信息较客观信息有更好的效果。

进一步研究还证明，这种提供信息的心理准备方法使用于信息敏感者（sensitizers）更有效。信息敏感者是指平时喜欢寻找各种医学信息的患者，如向医护人员提出各种问题，喜欢看医学书，以及探索医院环境等。相反，信息压制者（repressors）将自己的一切都交给了医生，自己对信息不感兴趣，此时提供信息的心理准备方法效果不好。因此，应根据患者的不同心理状况决定采用具体的信息提供方法。

（二）示范作用

儿童手术前的心理干预可采用示范法（modelling）。一些国外研究者采用术前电影教育（替代示范法）取得良好的效果。Melamed（1977）使用儿童影片，内容反映了一名小男孩（模型）从入院、术前准备、等待手术、麻醉，到术后康复全过程的各种良好行为表现。结果，接受示范干预的4～12岁儿童，较观看另一部中性电影的对照组儿童手术效果好得多，包括有利于情绪调节和躯体功能的恢复，也减少了术后"行为问题"的出现概率。对这一研究结果的一种解释，与Janis的观点一致，即认为通过电影示范，可以使没有心理准备的儿童产生中等程度的焦虑，使因不了解情况而对手术感到神秘莫测或极度恐惧的儿童减轻焦虑反应，因此，两者都能促进患儿对手术的心理适应。示范法也可采用生活示范，即请做过类似手术并且现在恢复良好的患者进行现身说法（注：见原著第六章）。

示范作用的其他条件：模型和对象之间要尽可能在年龄、性别、手术种类等方面有类似性；采用的方式可以是现场、电影、录像视频或木偶剧等；示范作用也可用于成年人。

（三）松弛训练

松弛训练（relaxation training）是作为对手术刺激的一种行为应对策略，通常使用简单松弛反应法。腹式深呼吸是最简便，也是最常用的方法。

通常认为，患者的焦虑会导致呼吸急促并以胸式呼吸为主，胸式呼吸又反过来刺激胸腔迷走神经，引起更高的焦虑反应。通过腹式呼吸可以阻断上述循环，使全身紧张性下降、焦虑程度减轻。

常用的术前腹式深呼吸松弛训练指导如下：坐或卧位，一手置于胸部，一手置于腹部，逐渐放慢呼吸速率；嘱深吸气，要能觉察到置在腹部的手抬高而胸部的手基本不动，停留片刻后自然呼气，呼吸时一边心中默念 1、2、3，一边感觉置腹部之手自然回落，并感受到全身肌肉自然放松和舒适宁静的感觉。如此反复指导训练，直到患者基本操作自如，并嘱其在手术中和手术后自觉使用。

（四）认知疗法

认知疗法（cognitive therapy）是一种效果较好的心理准备方法，在此又称为“应激无害化训练”。其根据是患者的应激性焦虑反应取决于患者对应激事件的感知和思考，因此，通过帮助患者改变认知结构，焦虑即可减轻。

手术心理准备中的认识疗法通过交谈形式进行，主要包括以下一些要点。

第一，设法使患者明白一个人对手术的某些极端化思考过程可以引起焦虑反应。例如，虽然多数人手术效果都很好，但万一我运气不好，结果就可能很差。

第二，设法使患者辨认自己有哪些思考和暗示因素引起了紧张和焦虑，如担心疼痛、担心医生失误，以及屏气、双手用劲等都可引起焦虑。对这些需予以重新认识。

第三，设法使患者辨认自己有哪些思考具有减轻紧张和焦虑的作用。通过正确思考可加以强化、鼓励和肯定。

第四，指导患者假设已处于手术应激场合，反复使用上述适应性的思考过程，避免不良的思想和暗示因素的影响。要求在正式手术中继续保持这种适应性思考方式。

对于认知疗法，医生需按照具体问题灵活掌握，其中，有极大的理论性和技巧性（注：参见原著第六章）。

（五）刺激暴露

刺激暴露（stimulus exposure）的依据是条件反射现象，是常用的一种行为治疗手段（注：见原著第六章第三节）。以往的研究证明（Rachman，1977），对医疗操作的害怕有些是因过去的厌恶经典条件反射所引起，这种条件反射性害怕可通过反复暴露于能引起害怕的刺激之中而得到消退。就像医学生对尸体解剖的体验一样，第一次接触尸体可产生焦虑和恶心反应，如果只接触一次，这种反应会保持下来。通过一段时期的反复接触，医学生可以一边观察尸体一边安静地吃中餐。因此，利用刺激暴露法可以克服患者对医疗操作或其他应激场面的焦虑反应。

具体方法按情况而定，例如，接受内窥镜检查患者可早一天熟悉检查器械（或反复看录像），以及直接带领患者熟悉环境。

刺激暴露法和提供信息法一样，对信息敏感者效果较好。

（六）分散注意

分散注意（distract）特别适用于短时的应激，如注射、牙科操作、分娩等。分散注意的手段可由医生掌握，也可指导患者自己掌握。举例如下。

谈话：有经验的护士在注射时和牙医拔牙时都普遍使用谈话分散患者的注意。

听音乐：有人让患者自己控制音量收听音乐，嘱患者在牙科操作引起疼痛时，自己可将音量调得高一些。结果由于分散注意和患者产生“自我控制感”，焦虑和疼痛体验减轻。这种方法曾被误称为“音乐止痛法”。

计算、设计购物计划和美好的幻想：指导患者在接受医疗操作时自己主动地进行上述心理操作，以分散注意力。

（七）家庭支持

社会支持（social support）是个体对抗应激的可利用外部资源。在若干医疗操作程序中，只要有可能，应允许患者的家庭成员在场，可降低患者的焦虑反应。如主张妇女分娩时应让其丈夫在场；儿童摘除扁桃体时母亲应在场等。

但是要注意家庭成员可能产生负性示范作用或负性暗示作用。例如，家人如果表现极度恐惧和不安，对患者无疑是雪上加霜。因此，一般主张家人应和患者一起接受术前教育，表现良好者才可担当起社会支持重任。

（八）催眠

对手术患者曾建议可采用催眠暗示法（hypnotic suggestion），以降低其心理应激程度（Marshall，1978）。由于医院缺乏专门的催眠人员，而短期内使患者学会自我催眠又不容易，故限制了催眠法的应用。

不过，在日常医疗操作过程中，医护人员可以在对患者实施麻醉的基础上，适当增加一些带催眠暗示性质的良性暗示语，以增加患者安全感而不会产生什么坏的影响。例如，对一位局部麻醉下正在接受手术的女孩可进行放松、舒适和无痛无害的催眠暗示：“小兰（患病小孩名）躺的体位正好合适……闭着眼……看上去很安静……看，她多安静、疲劳……小兰正越来越深地呼吸……快睡着了。”有研究认为，即使患者处在意识消失的全麻状态，催眠暗示语仍可产生良性作用。

（注：以上手术心理干预技术，符合压力系统模型的应激多维管理思路）

第 2 节 心理社会因素与痛和痛情绪反应（专题，1982）

摘录自 1982 年心理学会第二届全国医学心理学学术年会（集美）大会报告，题为“略谈痛觉和痛情绪反应问题”，收入本文集时删减部分内容，增加部分标题。

疼痛是临床常见的症状，内外各科类似。疼痛与心理因素有关，在 1982 年，这方面资料缺乏，作者尝试通过生理与心理相结合，以此解读疼痛的医学心理学本质。期间还发生了一件趣事，在大会提问环节，国内某著名心理学家质疑文中关于慢性疼痛患者出现人格变化的论述（她认为人格不可改变）。

此后，该文成为作者编写或主编各种书籍时的一份基础资料。原文为蜡纸刻印文本，经计算机扫描辨认转换成 word 文档。

摘要：慢痛产生痛情绪反应；痛情绪反应具有自我体验、外部表现和内部生理改变等内容；在临床症状学、诊断学和治疗学等方面需重视痛觉的情绪反应问题。

一、慢痛产生痛情绪反应

疼痛是一种主观体验，除了感觉特性，还伴有复杂的情绪反应。例如，医生检查腹痛患者，会看患者的痛苦面容，按压腹部观察患者是有否皱眉头等痛苦行为表现，以及局部肌肉出现的防卫反应等（均为痛情绪反应的表现），医生据此判定疼痛位置和程度。然后，医生突然将手放开，如果伴随有患者全身肌肉紧张，脸部表情扭曲，医生可判断为“反跳痛”……疼痛的诊断有相当一部分是由观察疼痛情绪反应获得的。

此外，有经验的医生都知道，患者对痛的主诉和疼痛引起的情绪反应不尽相同；痛情绪反应还影响患者的生理和心理过程，有时这种影响很重要等。由此可见，痛觉和痛觉伴随的情绪反应与临床的关系相当密切，是一个值得重视的问题。

（一）快痛和慢痛

痛觉神经通路，特别是中枢传导通路还不是很清楚，有许多证据证明，中枢的某些传导束和某些神经核团与痛的关系相当密切。根据现有的生理学知识，痛觉的感受器是一种游离的神经末梢，任何内外环境不良刺激，包括温度、触压、化学、甚至光的、声的刺激，只要超过一定强度，都可激发神经末梢产生传入神经冲动，冲动沿着痛觉纤维向中枢传入引起疼痛，致痛原理尚不很清楚。疼痛根据产生的部位大致可分为躯体痛和内脏痛。

躯体痛以外伤为例：当肢体局部受损伤，立即产生一种快速、针刺样的痛感觉，这时个体知道该部位损伤了。这种痛感觉定位明确，持续时间短，故称为快痛。

快痛一般认为是由 Aδ 神经纤维向中枢传入的冲动引起的。这种纤维的直径较粗，有髓鞘，故传导速度也较快。在传导通路上交换两次神经元后，即到达丘脑后腹核，再交换 一次神经元后即定点投射到大脑皮层第一体感区，因此，其产生的痛感觉的特点是快速，定位明确。虽然痛感觉在丘脑水平即进入意识阶段，但立体关系、刺激强度的辨别，有赖于第一体感区完成。

躯体的快痛过后约 0.5 ~ 1 秒，个体可以觉得一种缓慢、持续较久、定位不明的灼痛觉，称为慢痛。

慢痛主要是 C 类神经纤维传入冲动引起。虽然 C 类纤维神经冲动与 Aδ 纤维一样也起源于受损伤的局部，但 C 类纤维直径细，无髓鞘，传导速度慢，在传导过程中要经过多次交换神经元。我们知道，神经冲动在神经元之间要通过突触传递，造成时间延误。经过的突触越多，延搁的时间越长，故 C 类纤维传入传导到达中枢的时间明显落后于 Aδ 纤维。

慢痛的另一个特点是定位不明确，这可能是由于大脑皮层第二体感区与慢痛有较大的关系。而第二体感区与第一体感区不同，属于双侧投射点对点的定位关系不明显，有较大程度的重叠。

（二）痛情绪反应

C 类纤维在传导痛觉过程中与脑干网状结构、丘脑髓板内核群、边缘系统及下丘脑有广泛的多突触联系，使得慢痛具有第三个明显特点，即伴有明显的相当不愉快甚至难以忍受的情绪反应。“情绪中枢”虽然尚未肯定，但是上述网状结构、丘脑、下丘脑、边缘系统与情绪有密切关系是确定无疑的，有大量的近代实验结果可以证实，其是情绪的结构基础，或称谓“情绪中枢”。C 类纤维传入冲动产生慢痛的同时，也会引起痛情绪反应，这种结构上的联系，并不难理解，虽然细节不很清楚。

痛的情绪属于痛苦品质。“痛苦中枢”据认为分散于上述各神经结构不同部位，彼此连成一个统一的系统，故常被个体体验为不易区别的消极不顺心状态。大脑皮层对情绪（包括痛情绪）也起着调节和制约的作用，这一点下文还要述及。

（三）内脏痛与痛情绪反应

内脏痛也是慢痛，内脏痛主要也由 C 类纤维传入，一般混在交感神经内。其传入通路也通过旁中央上行系统到达脑干网状结构、下丘脑、边缘系统，进行多突触的联系。因此，内脏痛觉伴随的情绪反应更多一些，更普遍些。

关于痛觉和痛的情绪反应，可以用图 18－2－1 简单地表示。

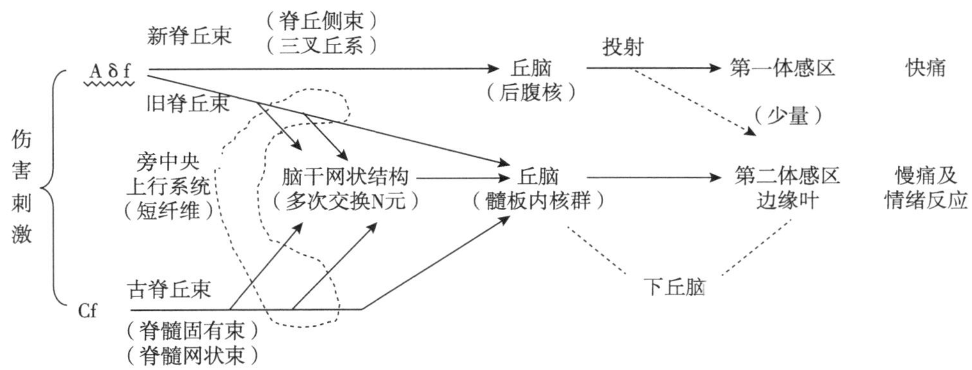

图 18－2－1　快痛和慢痛传导机制（根据生理学资料整合）

二、痛情绪反应的表现及临床意义

（一）痛情绪反应内容

痛情绪反应表现复杂。患者感觉一种难言的不快，可伴有头晕、甚至恶心呕吐等，同时出现皱眉、撇嘴及全身蜷曲、辗转不安等外部表情。例如，偏头痛、牙痛、胃肠、输尿管、输卵管绞痛，就兼有上述一系列反应。部分产妇的痛情绪，往往表现为呕吐；而心脏痛（如心肌梗死）患者可有一种濒死的恐惧感。其他如躯体痛、关节痛，也可有不同的情绪反应。

总之，与心理社会因素引起的情绪一样，躯体疾病的痛情绪反应也可分成三部分内容：其一，自我体验，这是一种主观上的体验，是对情绪的感知。其二，行为表现，即表情的变化。其三，生理变化（即唤起状态），如前述的呕吐、出汗、肌张力增高等。

（二）痛情绪反应对患者生理的影响

从生物进化角度来看，疼痛是有其积极意义的。动物在遇到伤害时会产生各种应激情绪反应，以战胜或逃避外界对它的伤害。此时，其机体内部的“唤起”也使某些生理机能处于新的高活动的平衡水平。痛觉和痛的情绪反应对人也有其积极的一面。可以设想，如果一个人没有痛觉也没有痛情绪反应，当他患病时，或受损伤时，必将耽误疾病的诊断。前文提及的心理学专家就研究过无痛觉儿童，他们的生活能力和适应能力就相对地差些，不断受伤以至残疾。

但强烈的痛觉和痛情绪反应，也会给患者带来消极的影响。

强烈的痛情绪反应会通过交感—肾上腺素系统和血管紧张素—醛固酮系统和下丘脑—腺垂体—内分泌系统，可以影响心脏、呼吸、消化、泌尿、肌张力等一系列生理功能，同时还有血凝和纤溶系统活性增高，血小板聚集功能改变等血液系统之变化，还可以影响体温，一个人经历强烈的情绪变化，足以使体温暂时上升 1 度。

急性的痛情绪反应对生理的影响可以很严重。例如，心脏痛患者，强烈的痛情绪反应反过来影响心血管系统的功能，而心血管功能的改变对本来已有病变的心脏是一个不良的刺激，往往使病情加重甚至猝死。造成这种猝死的原因是情绪反应通过交感神经作用于心脏 β 受体，引起心脏电生理的改变致使心脏停搏。

长期的消极情绪还可造成内分泌紊乱和免疫机能低下，如癌性疼痛、慢性关节炎、慢性胆囊炎胆石症、顽固性溃疡病痛等。长期的痛情绪反应使患者营养状况更差，免疫力下降，结果又使病情恶化，对痛的敏感性增加，耐受力下降，如此恶性循环。故此类患者的情况往往越来越差，其中，情绪反应也是一个重要原因。

（三）痛情绪反应对患者心理的影响

慢性的痛情绪反应往往带有较多的焦虑、抑郁成分。除上述主观体验、外部表情和生理反应三方面痛情绪内容外，强烈的痛情绪反应还可以影响其他心理活动。

在强烈的痛情绪反应下，一个人的心理过程和个性特征也可发生改变。有的患者人格约束力下降、脾气变坏，甚至摔打杯子、训骂人。强烈的痛情绪体验，如肝癌患者的剧痛，可致患者思想消极抑郁直至可能产生自杀动机。强烈的应激情绪状态也可使一个人感觉、记忆错误，思维局限，指向困难，注意、知觉范围缩小，并有注意分配与转移上的困难。一些慢性疼痛患者，则可有感知觉过敏、意志消沉，表现抑郁、沉默，性格孤僻，丧失自信心等。Lipton 指出，患者的人格都会出现变化，只是预计短期内肯定会痊愈的患者这种变化很小；而慢性疼痛，则足以影响最坚强的个性。

痛情绪反应及其与生理、心理之间的联系如图 18-2-2 所示。

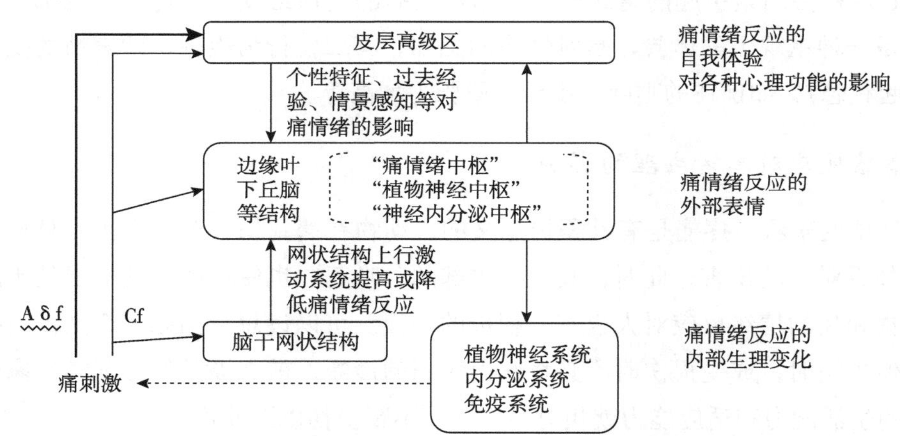

图 18-2-2　痛情绪反应及其与生理、心理之间的联系

（四）患者心理生理条件对情绪反应的影响

对病痛的严重焦虑和持悲观态度（特别指可预计的疼痛），可增加疼痛感，这种患者感觉到的疼痛较之乐观患者要严重得多。Ryan 也指出，自我中心和抑郁的人极易发生心理性头痛。Wardle 的报道也说明，高级心理活动对牙科手术疼痛具有突出的影响和作用。

对特定情景的感知、注意的集中与否等也能影响一个人对痛的情绪反应。我们可看到这样的镜头，一位具有正义感的战士，处在同伴的鼓励声和喊杀声战斗情景之中，对创伤的痛情绪反应较小。拳击家和足球运动员也有类似情形。此时，创伤的痛觉和痛情绪反应受到皮层的强烈抑制，这是高级心理活动控制痛情绪的一个较典型的例子。相反，一些性格较脆弱或过于敏感的人，在一般性的痛刺激下产生强烈的情绪反应。某些产妇分娩时表现出大喊大叫，出现很强烈的情绪反应，而另有一些产妇则可能表现完全不同。

个体的生理条件影响痛觉和痛情绪反应。不同年龄、性别、体质的人所产生的痛情绪反应可能不同，这是一种生理上的个体差异（部分也包含心理因素）。作者早年临床中曾接触过一位老年病例，内脏穿孔引起继发腹膜炎多时却未被家属及时发现，这种情况如果发生在一些较年轻人身上，强烈的痛情绪反应早已引起旁人的注意。这些高龄老人却往往由于痛感不强烈、情绪反应也缺如，以至掩盖症状，造成延误，易导致漏诊或误诊。

个体心理生理条件影响痛觉的例子还可举许多例子。20 世纪 50 年代早期，在（作者所在的）浙南农村某些地区还保留着一种带迷信色彩的娱乐活动，叫作“扎肉灯”，一盏相当重量的灯笼，通过上面一枚弯钉子，扎挂在青壮年男子上臂内侧皮肉里，左右两侧各一盏，里面点上蜡烛灯，然后平展双臂，挂着灯笼进行长时间的游行活动。这些扮演者并没有接受麻醉，却也没有什么痛苦反应，是他们的坚强信念（尽管由迷信精神支持）、外界情景的激励及体质特点等因素在起作用，并最终战胜了疼痛，也没有痛情绪反应。相反，有的人对外伤疼痛特别恐惧，特别是有以往经验史者，即使在他手上轻轻刺上一针，或者见到一滴血，也可造成极强烈的情绪反应，导致植物神经系统功能紊乱，甚至当场昏倒。

三、痛情绪反应的临床评估和干预

由此可知，痛的情绪反应是一个复杂的心理、生理过程。其由机体的病痛引起，反过来又影响机体生理过程；其可能影响一个人的高级心理活动，又受高级心理活动的影响。这样一来，痛的情绪反应对疼痛患者就具有不可忽视的重要性，我们不能只重视病情，而不重视人，也不能只重视患者的病痛而不重视痛引起的情绪反应（注：40 年前作者已开始关注疼痛问题的生物心理社会多因素交互作用）。

下面粗略地谈谈如何在临床上注意该问题。

（一）临床诊断中要注意痛情绪反应

开始已经提到，医生判断病痛的程度，除了主诉外，还要观察患者的痛情绪反应（包括行为上和生理上的反应），在把表情和行为的变化作为一个诊断依据时，特别应注意个体差异。上述老年人腹膜炎的诊断，就不能单凭腹部症状及脸上痛苦表情的程度判定病情，而应对全身生理情况综合考虑，以免漏诊。

诊断时，还应注意不同性质、不同部位病损引起的痛情绪反应程度之不同，临床医生都有经验，诸如胆道、胃肠道、输尿管等管腔脏器的痉挛痛可引起强烈痛情绪反应，尽管这时的病情不一定很严重。

（二）临床治疗中应重视痛情绪反应

总原则是减轻患者的痛情绪体验，降低痛情绪反应对康复过程的消极影响，或创造条件，培植患者的积极情绪，以积极的情绪对抗消极的痛情绪反应，促进“向营养性反应系统”功能，改善生理条件，加快康复过程。

1. 人格和经验

既然痛情绪反应受到外界情景（信息输入）的诱导，也受个体人格特征、知识水平、过去经验等心理素质的影响，因此，医生在为患者治疗时，对这些应有全面的了解。Ryan 在头痛治疗宗旨中提到，除了与头痛有关的患者生理状况应了解外，医生还应懂得患者的个性（人格），认为这样将有利于建立正确的治疗方案。

2. 生物处置

针对痛情绪反应由痛觉引起，首先要积极治疗病灶，消除病源，必要时还应使用镇痛剂，或者根据有关条件选用镇静剂、亚冬眠疗法等以抑制脑干网状结构上行激动系统，抑制皮层活动及直接抑制痛情绪中枢，阻断恶性循环，减轻症状。针刺镇痛法也能明显减轻由痛引起的不快情绪和其他躯体和植物性的痛反应（注：来自当年的热门报告资料）。有的情况还得考虑提前使用止痛药，如癌痛，以尽可能降低出现疼痛以后伴随痛情绪反应和消极认知预期之间的恶性循环。

3. 环境

病室的环境布置、色调、气氛，包括医生的态度、家属的态度等情景刺激，通过信息输入可影响一个人的心境，从而间接影响痛的情绪反应。应根据患者个体心理和生理特点，建立良好的合理的环境情景，促使患者建立积极的心理过程，从而减轻痛的情绪体验，降低痛情绪的生理反应。例如，医务人员对患者应亲切而态度又坚定不移，环境包括医疗设备应布置应尽量有条不紊，病室色调柔和，有条件时周围不应有类似的重危患者等。

4. 语言、暗示、分散注意

某些急性危重患者，突然听到（或被暗示）可能发生的严重结局，如心脏可能突然停跳等，会加剧其痛情绪反应，造成不测后果。因此，某些病例需要采取一定的保护性医疗制度。患者总是关心自己病痛的原因与结果，针对这一心理特点，对一些明显情绪不稳定、敏感而又脆弱的急性疼痛患者，医生还可以利用一定的语言暗示，以充满信心、坚定有力的语气解释病状和预后中好的方面，诱导患者的心理活动，激发其积极情绪，抵消部分痛情绪反应。这类患者用分散其注意力的方法，也可以在一定程度上减轻情绪反应。

5. 心理治疗

Rahe 指出，严重创伤或疾病，与诸如患者死亡等严重事件一样，同属于“生活转折因素”，一个人同时发生这类生活转折，可能使冠心病患者突发心肌梗死。在这种情况下，应采取精神支持法，在告知病理、病情、病程的同时，重点从心理治疗角度多做工作。针对不同对象，医生通过自身的语言、表情、姿势、态度和行为，使其增强抗病的信心，减轻或消除恐惧、忧虑等消极情绪，减少痛情绪反应。

6. 预防

Egbert 等对外科手术患者采用事先的语言鼓励和具体指导，即向患者解释术后可发生些什么，然后指导他们如何放松、如何深呼吸、如何移动等，结果患者术后止痛药用量大为减少，并可提早出院。他还认为这种方法应成为麻醉师在病房里的另一份工作。由此可见，某些疼痛和痛情绪反应也是可以预防的。妇产科无痛分娩法就是其中的一种。

本文谈到的一些问题，其实也适用于某些非疼痛患者的情绪问题，只是侧重点有所不同而已。

（注：40 年前，文中对心理干预和心理治疗的阐述尚显粗糙，虽涉及了多种心理社会因素，但尚无应激理论方面的认识）

第 3 节　外科手术患者的辅助行为治疗（综述，1985）

摘录自 1985 年《外国心理学》第 2 期：42 ~ 43。这是作者早期关注的临床心理问题之一。当时除了外科，还关注心血管疾病和癌症等领域，但在心身关系方面，尚侧重生物医学。

一、手术应激的行为反应对手术结果的影响

外科手术对患者躯体有一定的损伤，因而对多数接受手术的患者来说，会引起一定的情绪反应。甚至连“外科”二字本身就足以成为某些患者的强烈心理刺激因素，使得他们宁愿要求保守治疗而不愿接受手术。手术患者的情绪反应通常表现为明显的恐惧和焦虑，这种心理上的变化能降低痛阈。患者对痛的耐受力下降，结果在手术时，特别在手术后会产生一系列的心理和行为方面的反应，如感到疼痛和痛苦，全身肌肉紧张，术后对止痛药的依赖，以及长时期卧床不想活动等，从而影响整个手术的效果。不少临床手术患者由于心理上不适应，虽然手术本身是成功的，但手术后个人感觉却不是很满意，恢复过程也长。由此可见，如何减轻手术患者的心理行为反应，促进手术治疗实现更大成功，也是医学心理学在外科领域的一项任务。

面对同样一种手术，有的患者泰然处之，有的患者却极度恐惧；同样两次手术，虽然对医生来说都是成功的，但手术后两位患者躯体和行为上的反应却不一定相同。为了探索行为反应特点与手术结果之间的相互关系，Janis（1958）经过研究提出了一条关于手术前恐惧程度和手术后心理生理反应关系的“U”字形曲线。该曲线显示，手术前“很小焦虑”和“高度焦虑恐惧”这两种患者，都较只有中等程度焦虑的患者更容易出现术后痛苦。他们把这种现象的原因解释为中等焦虑的患者，由于在心理上对手术有一种现实的、恰当的预料和准备，因而能较好地适应手术，手术后个人体验良好，躯体恢复过程也往往比较顺利。“很小焦虑”的患者，由于其对眼前的手术事实在心理上采用简单的拒绝或回避（注：相当于心理防御中的“否认”），当其接受手术时，就容易将手术体验成是遭受强烈的不愉快的打击。高度恐惧的患者同样也存在心理方面的回避，只是采用回避的形式不同而已。其往往对手术的良好结果和医生的权威性作用寄以过分的希望，结果不可避免地增加对手术的痛苦体验。

类似的调查报告见于 Auerbach（1973），手术前患者的焦虑与手术后患者的个人满意程度之间有“U”形曲线关系，即术前高焦虑高害怕和低焦虑的患者都将对手术结果表示更多的不满意，与 Janes 结论的不同之处在于，这里强调的因果关系主要表现在患者个人主观评价方面。心身医学理论认为，这种心理上的自我评价无疑会影响躯体功能的恢复。

对上述这些结果也有争论。例如，Johnson（1970）小组报告，手术前的恐惧程度和手术后的体验成线性函数关系，即手术前越恐惧，手术后也越害怕，反之亦然。

虽然这个问题尚待进一步研讨，但有一点应该是肯定的：手术前焦虑反应是影响手术效果的重要因素。由于焦虑影响个人对手术的评价及伴随出现各种不良行为反应，如肌肉紧张、活动减少等，使手术不能达到最理想的结果。

二、手术前后的行为指导

由于手术前焦虑与手术结果有关，近年来，一些人通过术前心理指导和一系列的行为训练程序，主要包括给患者介绍一些有关手术的基本情况，指导患者进行特殊行为训练（各种行为治疗技术）、给患者以情绪方面的支持等方法，在一定程度上起到调节患者焦虑情绪，帮助患者尽快地在心理和行为上适应和促进手术后躯体和心理康复的作用。

首先，是松弛训练方法的应用。松弛训练法在近年已经成为相当流行的一种行为治疗方法。在世界诸多文化中，存在许多种类传统的训练治病方法。松弛训练就是在汲取这些传统方法中的共同特点之一——松弛成分，重新创立的一种训练程式，其主要特征是全身顺序放松入静。松弛训练法已被用于治疗多种功能和器质性疾病，如高血压、哮喘及许多心理生理失常如失眠等。一些人曾用类似松弛训练的程序。其次，结合一些其他的心理指导方法，用于手术患者，取得了较好的效果。Egbert 等（1964）曾对一组上腹部手术患者展开研究。实验组 46 名患者除了给予常规术前指导，还在术前向他们介绍手术后疼痛情况，并解释疼痛的原因主要是肌肉痉挛造成的，用全身顺序放松的训练方法可以使疼痛减轻，并指导其进行具体的松弛练习，主要通过一种缓慢的深呼吸和有意识地放松腹肌。最后，还告诉患者，如果需要，止痛药也是有效的，也可以使用。在手术结束后，再重复有关这些心理行为训练指导。51 名对照组患者则仅给以常规的术前指导，仅在手术前晚上给患者讲解麻醉过程，但不涉及手术后疼痛等问题。结果，手术后实验组比对照组住院时间短了一天、止痛药总用量实验组仅为对照组的一半。通过观察估计，证明实验组的疼痛较对照组轻。

Healy（1968）也有类似的研究结果。在 181 名手术患者中，除术前给予介绍手术情况外，还给以特别的行为训练指导，包括深呼吸放松、指导在床上翻身、以尽量不引起疼痛的程度进行轻轻的咳嗽。手术后继续加强这一套行为训练指导。结果在 181 名患者中，有 135 人提早出院。相比之下，对照组 140 名患者中，只有 3 人相对较早出院。实验组有 160 / 181 人在第四到第六天即已停止使用止痛药，而对照组人手术第六天以后直至出院还在使用。实验组术后并发症较少。出院后家庭访问评定，实验组 176 / 181 结果“良好”，对照组仅 45 / 140 结果“良好”。

儿童外科患者由于缺乏有关医院和医疗方面的知识，因而对手术往往抱有过分的恐惧，或者相反，对手术毫无心理上的准备，结果均易产生较多的手术后“问题”。如何对儿童外科患者进行行为指导因此显得相当必要。一些研究者采用术前电影教育的办法，收到一定效果。Melamed（1977）和她的小组使用名为“Ethan Has an Operation”（伊森接受手术）的影片作为术前教育手段，影片内容包括一个 7 岁白人男孩患者入院、术前准备、诱导麻醉、康复室处理和治愈出院等整个住院过程的各个情节。另外用中性电影“Living Things Are Everywhere”（处处有生命）作为对照。实验结果显示，使用行为指导性电影教育有利于 4 ~ 12 岁儿童对手术的情绪调节，有利于躯体功能的恢复。与观看中性电影的对照组比较，实验组手术后 4 个星期家访时，家长报告的“行为问题”出现率也较低。对这一研究结果的一种解释是与上述观点相一致，通过观看“手术”电影，可以使没有心理准备的儿童产生“中等程度”的焦虑，使由于不了解情况对手术感到神秘莫测而极度恐惧的儿童减少恐惧程度，因此，两者都可以促进对手术的心理适应。后来还发现，一周前入院，年龄大于 7 岁的儿童，上述手术电影对他们更有帮助。

三、手术后恢复期的行为治疗问题

手术后短时期内，躯体恢复是根本的问题，心理因素的作用不太受到注意。随着患者逐步恢复，心理行为问题亦随着各人结果的不同而逐渐凸显出来，并开始明显影响进一步的躯体恢复过程。

根据行为医学理论，许多慢性疾病的行为症状，如丧失信心、愁眉不展、慢性疼痛、对药物的依赖、长期卧床、活动迟缓、局部或全身肌肉紧张和废用性肌萎缩等，可以是部分地甚至全部地由急性期的各种反应性行为症状，经过强化和发展过程而固定下来。在这些患者身上，往往很难找到产生这些症状的生理依据。不消除有关心理行为因素（例如，通过各种行为治疗手段进行行为纠正和改造），患者常常难以用生物医学治疗手段获得康复。

当手术后进入康复阶段，对某些患者来说，行为因素甚至也能成为决定手术最终结果是否理想的最突出的影响因素。Norton 认为，这一时期的行为治疗至少将起到与手术前行为指导同样重要的作用。关于这段时期的行为训练问题，国外的系统研究报告则相对较少。

实际上，我国的一些类似行为训练方法，如气功、太极拳等，应用于一些大手术后恢复期患者，具有一定的积极作用。除了运动本身产生的躯体锻炼效果外，应该说一整套训练程式对于调节心身平衡也能起到良好的促进作用。但是，我国西医学界对此类问题的重视不多，未给以更多的临床研究，故发展也相当缓慢。

第 4 节　集体心理咨询和行为训练对手术康复的影响（论文，1988）

摘录自 1988 年《心理科学通讯》第 2 期，作者姜乾金、郭安娜、翁焕兰、孟朝霞、沈雅芬、孙贤林。本文是作者等首次在外科进行手术应激干预的临床实验研究。

一、中文摘要

通过对50例上腹部手术患者的临床实验观察，证明集体心理咨询和简单的松弛训练方法相结合，能降低外科患者对手术的紧张心理反应，减轻手术后疼痛程度，因而也减少了止痛和镇静药物的使用量；患者起床时间提早，手术后肠道开始排气时间提前，同时还在一定程度上使患者术后住院时间缩短和术后并发症减少。上述结果说明，心理行为技术在外科手术患者中具有一定的应用价值。

二、前言

近年来，随着心理行为科学研究取得进展，心理社会因素对健康和疾病所产生的影响已越来越被人们所重视，心理学方法和技术被广泛应用于临床疾病防治和康康复过程。国外曾有人使用各种心理教育或行为训练等方法，应用于外科手术患者，取得了较满意的效果。但国内未见有类似的系统观察研究报告。本文使用心理指导和自我松弛训练相结合的方法，以探索行为技术在临床外科康复中的应用。

三、对象与方法

1. 对象

胃、胆囊疾病为主的上腹部择期手术患者。按入院先后顺序随机分为实验组和对照组各25名。两组的性别、年龄、文化程度、职业和手术种类经统计处理无明显差异、具有可比性。

2. 方法

（1）集体心理咨询模式

在入院后对患者做心理指导，重点介绍心身联系基本知识，阐述手术对个体心身影响情况，解释手术后疼痛的主要原因是局部肌肉紧张，强调心理调节和自我松弛训练可使之减轻。指导患者事先进行松弛训练练习，要求在手术中和手术后积极配合实施。

（2）松弛训练模式

用类似气功的放松功做松弛训练，包括入静（即排除杂念，适当进行愉快的联想），利用缓慢的呼吸有意识地把自身各部位顺序放松，并反复进行自我训练。

（3）行为反应评定标准

一是根据患者主观报告和睡眠、食欲、表情、语言、态度、活动等客观行为表现，将患者的心理反应分为1～4个等级。二是手术后疼痛程度分级采用类似的四级评估方法，即患者主观报告和行为反应观察（包括表情、呻吟程度、躯体症状如出汗不止等）相结合。以上两项标准经参考Egbert（1984）工作事先制定。患者行为反应等级由实验人员按标准逐个商定并随时记录。

（4）实施

实验组患者入院后除接受常规术前指导外，同时还要接受心理指导，并被要求进行具体的松弛训练练习。在手术进行时和手术后患者要坚持进行自我放松训练，实验人员术后重复上述有关的心理指导。对照组患者仅给予常规术前指导，不提及疼痛问题。分别记录两组患者的术后心理反应等级、术后疼痛程度、起床活动时间、术后肠道开始排气时间、住院时间、使用过的镇静止痛药物剂量等主客观指标做统计比较。主治医生不参与本实验过程，以尽可能消除医生主观因素对治疗过程的影响。实验目的也不告诉患者知道。

四、结果分析

1. 行为反应情况

实验组和对照组入院时的焦虑心理反应评定结果平均等级分别为3.00和3.08（对数均数，下同），差异不显著（$P > 0.05$）。但手术后心理反应评定均值两组分别为2.07和2.82，差异有显著意义（$P < 0.05$）。结合下述实验组术后镇静药用量也较小的结果，说明心理指导和松弛训练能有效地帮助患者克服对手术的焦虑心理，从而减轻术后心身反应程度。这将有助于手术后的康复过程。

手术后疼痛程度分级评定均值。两种分别为2.68和3.35，差异有显著意义（$P < 0.05$）。由于手术后使用止痛药物也存在差别，故可以认为实验组手术后疼痛程度较轻。

2. 术后过程

手术后止痛、镇静药物使用情况见表1（略）。实验组使用量明显较少，差异有显著意义（$P < 0.05$）。手术后整体康复过程见表2（略）。其中，肠道开始排气时间和起床活动时间，两者差异都有非常显著意义（$P < 0.01$）。此外，实验组术后需要导尿的例数较少（2/25和6/25）；平均住院时间也较对照组短3.12天。上述结果说明，实验组较之对照组，其术后康复过程相对顺利。

五、讨论

外科手术由于对躯体有一定损伤，因而对多数外科患者来说，极易引起一定的焦虑性心身反应。据研究，手术患者的严重紧张焦虑，或者相反，术前有明显的心理否认（denial）机制，即心理上对手术采取回避和否认，都会影响个人对手术结果的评价，且还会与术后心身康复过程密切有关。因而在术前做好集体心理咨询工作，以及使用各种心理行为技术，以帮助患者减少焦虑反应，提高心身应付能力，增加手术成功率，成为目前康复心理学（rehabilitation psychology）领域感兴趣的课题。Egbert曾在60年代着重使用语言鼓励并结合放松训练方法，对上腹部手术患者进行观察研究，结果患者手术后躯体和行为状态都较对照组好。Healy也有类似研究，经过一系列行为训练指导的患者，能有效减少镇静止痛药物的使用量，减少了术后并发症的发生概率。20世纪70年代，Melaned进一步用电影教育的手段，对儿科手术患者进行模型教育训练（modeling），她们将一位能够顺利度过手术治疗全过程的儿童表现拍成电影，供新入院病儿观看，研究结果也比较满意。本研究与上述各项工作结果具有一致性。

近年来，行为疗法（behavior therapy）中的松弛训练法（relaxation training），在国外某些地方已被应用于多种功能和器质性疾病，包括早中期高血压、哮喘及其他心理生理失常，如慢性疼痛、焦虑、抑郁、失眠等病症的康复治疗。其中，松弛训练对高血压的作用研究较多，并被证明是一种相当有意义的辅助行为疗法。松弛训练对心身的作用有其特定的生理机制，主要是可以有效降低外周肾上腺能活力。例如，实验测定使血浆多巴胺贝塔羟化酶活力下降。这一机制对于外科患者手术前后的心身调节同样是有利的。

传统的松弛训练技术，其方法和种类很多，一般常带有各种民族或宗教的色彩。近年来，Benson 等经过总结各种松弛训练方法的共同特点，创立了一种非文化的松弛反应（relaxation response）方法，使松弛训练变得简便而易于掌握，同时又能产生与其他复杂的静默松弛训练方法相同的低代谢生理变化和治疗效果。这种松弛反应方法的特点是入静，即排除杂念，默数呼吸和反复在深呼气中进行自我全身顺序的放松。在本文中使用的松弛反应方法与此相似。实践证明，大多数患者能够很快地接受和掌握这一简单的行为训练程式，因而适宜于外科择期手术患者在术前短时间内学习和掌握，值得在外科临床进一步应用探讨。

当然，我们认为松弛训练在外科患者中应用之所以能够发挥良好作用，其机制是多方面的。除了外周肾上腺能活力下降等生理机制外，心理上的支持和自我暗示作用也是很重要的积极因素。因此，为了充分发挥个体的主观能动作用，应结合实施集体心理咨询。

集体心理咨询在我们这一场合与集体心理治疗具有相似的含义，目前已成为躯体伤残和慢性患者的重要康复手段。本工作进一步证明其对外科手术患者的短期康复过程具有重要意义。集体心理咨询早在 21 世纪初由 Pratte 等开始在躯体疾病患者中使用。当时，其集中相同躯体疾病患者，通过讲课和讨论的方法，在情绪和行为方面给患者以支持和鼓励。经过几十年的发展，这些独特的心理学方法在内容方面已大大丰富，除了交谈法，还结合使用各种具体的心理行为技术。在使用对象方面，除了被广泛应用于社会各类特殊群体，躯体疾病患者仍然是使用对象之一。由于具有相同问题的人集中在一起互相之间可产生心理上的促进和支持作用，集体心理咨询有利于集中解决患者因疾病而存在的某些共同心理行为问题，如焦虑、抑郁、康复中的生活适应等，同时也有利于某些心理行为技术或康复训练计划的实施。较之个别咨询法，在这些方面其显得较为经济、高效。

本组外科患者的咨询内容主要围绕手术患者具有共性的紧张焦虑心理，用心身联系等心理科学知识给以指导，在情绪上给以支持，结果减轻了焦虑程度，增强了康复信心，并使松弛训练发挥出尽可能大的客观效果来。即使是某些具有“否认”机制，因而在手术前很少焦虑的患者，通过集体咨询也有利于帮助其认识问题，面对现实，克服心理上的“回避”，以正确的心理姿态应对手术。在做好心理说服的基础上，我们在具体指导患者进行松弛训练时，同时还强调应进行某种空幻式的联想、回忆愉快的情绪体验等，使心理得到进一步放松，转移对疼痛的注意力，此举反过来又有利于松弛肌肉，使整个松弛训练达到理想的要求，从而促进术后心理和生理功能的恢复。

第 5 节　心理社会因素与手术康复的关系（一）：临床调查与理论探讨（论文，1999）

摘录自 1999 年《中国行为医学科学》第 8 卷第 3 期，作者叶圣雅、沈晓红、姜乾金、徐乒、任小琴。

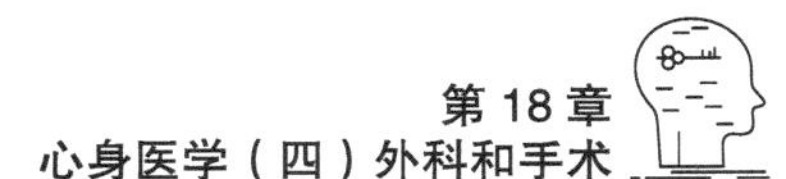

一、中文摘要

目的：探索心理应激因素与外科手术后心身康复的相关性。

方法：以 40 例择期上腹部手术患者为对象，在手术前一天测定其认知评价、应对方式、社会支持和个性特征等心理应激因素，在术后分别测定和记录其状态焦虑量分、肠道排气时间、止痛剂用量及对手术经历的痛苦体验程度等心身康复指标，在 SPSS 软件包支持下做统计分析。

结果：相关分析结合回归分析显示，术前的不良认知评价、屈服应对特点、社会支持程度和精神质个性特性等心理应激因素与手术后各心身康复指标有显著相关（$P < 0.05$）。

结论：心理应激因素影响手术康复，术前的心理行为指导和应激干预工作应予加强。

二、前言

认知心理应激理论（以下简称应激理论）提示，个体的认知评价、应对方式、社会支持和个性特征等应激有关因素都可能影响应激事件的结果。就外科手术而言，除了生物学因素的影响，各项应激有关因素可能影响患者术后的心身康复。本文旨在从临床调查和理论角度探讨心理应激有关因素与外科手术患者康复的机制，并为下一步开展外科临床心理干预研究提供依据。

三、对象与方法

1. 对象

1997 年 5 月—1998 年 10 月，随机选取普外科上腹部首次择期胃或胆囊手术患者 40 例，其中，男 23 例，女 17 例，平均年龄 52.9 岁。手术分剖腹和腹腔镜两种途径，并作为刺激变量参与分析。有关手术操作及日常临床处置均按双盲原则进行。

2. 术前 1 天完成以下问卷测查

（1）自编《术前认知问卷》

BQ1 我对本次手术有信心；BQ2 我对本次手术的性质和结果很了解；BQ3 我害怕手术疼痛；BQ4 我担心手术出现意外；BQ5 我担心手术后遗症；BQ6 我担心医疗费用。各条目由患者从“不是”到“完全是”分四级回答，并按 1 ~ 4 计分。

（2）Feifel 编制的医院应对量表（medical coping modes questionnaire，MCMQ）

分面对（con）、回避（avo）和屈服（res）3 种对于疾病的应对方式量分。该量表由 Feifel 提供，在国内已多次使用有一定的信、效度。

（3）Zimet 编制的领悟社会支持量表（PSSS）

分家庭支持、朋友支持、其他人支持 3 种量分，本文以支持总分（psss）参加分析。该问卷也已多次在国内使用。

（4）艾森克人格问卷（EPQ）

分精神质（epq－P）、外向（epq－E）、神经质（epq－N）和掩饰（epq－L）4 种量分。

3. 术后第三天完成状态—特质焦虑问卷（STAI）中的状态焦虑问卷（SAI）测查

记录患者术后状态焦虑量分（sai）；并完成自编《术后评价问卷》：AQ1 你对本次手术结果是否满意（由不满意到很满意）；AQ2 你在这次手术后的疼痛程度（由不痛到很痛）；AQ3 你对这次手术经历总的感受（由不痛苦到很痛苦）。各条目 4 等计分。

4. 术后至出院前记录

分别记录患者的肠道开始排气时间（time）、创口愈合质量、并发症情况，止痛剂用量（analg）及住院时间。因本组患者术后身体均恢复良好，仅能分析 time 和 analg 两项。

5. 统计

以 SPSS 软件包，在微机上做统计分析。一般变量赋值：文化程度小学＝1，初中＝2，高中＝3，大学＝4；性别男＝1，女＝0。剖腹组＝1，腹腔镜组＝0。

四、结果

1. 相关性分析

分别以患者的认知评价、应对方式、社会支持和个性特征等应激有关因素及一般因素，与手术后状态焦虑量分、肠道排气时间、止痛剂用量、对手术的满意度和痛苦度等主客观康复指标做相关分析，结果见表 1（略），显示各应激有关因素确与手术后心身康复有关。

2. 多元回归分析

分别以表 1 中各项心身康复指标为因变量 Y，因受样本数的限制，仅按相关系数由高到低的循序，从一般因素和应激因素中选取与因变量有显著意义者为自变量 X（不超过 8 项），做多元回归分析。结果见表 2（略），进入方程的变量除了手术方式外，心理社会因素主要有 BQ1、res、BQ5 和 psss 等。这进一步显示了认知、应对和社会支持等应激有关因素在外科康复中的重要性。

五、讨论

作者曾针对上腹部手术患者的心理干预开展临床研究（参见 1988 年《心理科学通讯》第 2 期），本文则就心理应激有关因素在外科手术中的系统作用及其理论意义做深入探讨）。

应激理论认为，认知因素在应激事件作用过程中起着导向作用。本文结果显示，患者术前认知特点与术后焦虑程度及心身康复过程确有密切关系，且只有直接涉及手术本身的消极认知，如对后遗症和手术意外的担心等才是术后康复的重要影响因素，与手术无关的消极认知如经济问题则影响较小。

应激理论认为应对方式在应激作用过程中起着中介作用，直接关系着应激事件最终影响个体心身健康的程度。本文结果不仅显示外科患者的应对特点确实影响术后焦虑和满意度等心身康复指标，且进一步证明其中的“屈服”应对特征是外科患者的一种消极应对方式，“面对”和“回避”应对方式则与手术结果关系较小。

社会支持被认为是个体的一种对抗应激的“外部资源”。本文结果与此相一致，证实社会支持对外科患者的心身康复具有积极的意义。

个性因素也被认为是应激过程的中间影响因素，本文结果与此相一致，且发现不利于外科患者康复的个性因素主要是精神质（epq－P），而不是通常认为的神经质（epq－N）。

本文结果全面显示，加强对外科患者的术前有关知识教育，改变其对手术的认知偏差，增强患者的应对能力，积极调动其社会支持系统等干预方式，有利于患者顺利度过手术期和术后康复期。

第 6 节　心理社会因素与手术康复的关系（二）：气功的干预作用（论文，2001）

摘录自 2001 年《中国行为医学科学》第 10 卷第 2 期，作者沈晓红、姜乾金、叶圣雅。

一、中文摘要

目的：探索气功放松训练在外科心理应激及术后心身康复中的干预作用。

方法：随机选取择期上腹部手术患者 82 例，其中，42 例从入院起全程进行气功放松训练（干预组），与之相匹配的另 40 例仅做一般处置（对照组）。术前一天对两组患者进行有关认知、行为、状态焦虑等的测量，术前 1 小时测定心率、收缩血压均值及与入院时的差值，术后则分别测量或记录疼痛程度、痛苦体验、状态焦虑、肠道排气时间、止痛剂用量等心身康复指标，在 SPSS 软件包支持下做统计分析。

结果：干预组术前对手术的消极认知较少，焦虑较轻，睡眠差、食欲减退等心身症状也较不明显；手术后疼痛体验较轻，焦虑较少。在肠道排气时间、止痛剂用量等康复指标方面，两组没有显著性差异。

结论：气功放松训练有助于患者术前、术后的心理适应，可作为有效的心理行为干预措施应用于外科临床。

二、前言

前文证明个体的认知评价、应对方式、社会支持和个性特征等应激有关心理社会因素会影响手术应激事件的心身结果。根据中医理论，气功作为传统的保健术具有提高个体抵抗应激的功用，但气功在外科手术应激中是否具有缓冲作用尚缺乏系统的科学研究。本研究旨在通过严格的对照设计，探讨气功对心理应激的调适作用及在外科手术患者心身康复中的意义。

三、对象与方法

自 1997 年 5 月至 1999 年 10 月，随机选取普外科上腹部首次择期胃或胆囊手术患者 82 例，其中，40 例为对照组，42 例为气功干预组。平均年龄 52.67 ± 13.01 岁。手术分剖腹（45 例）和腹腔镜（37例）两种途径。气功干预组与非干预对照组在年龄、性别、文化程度、术式上均没有显著差异（表1，略），是相匹配的。有关手术操作及日常临床处置均按双盲原则进行。

四、方法

1. 干预组

在入院第二天分别通过听气功放松训练录音带及现场指导，教会简单气功放松方法，并要求在待术期间（平均3.7天）及手术期和手术后每天继续自己训练，要求尽量多做，至少术前每天3次，术后5次。气功放松训练录音带的制作在中医气功师的指导下完成。

2. 对照组与干预组患者在术前1天完成以下测查

（1）自编《术前患者评价问卷》

对术前患者的认知特点和心身症状做自评：BQ1我对本次手术有信心；BQ2我对本次手术的性质和结果很了解；BQ3我害怕手术疼痛；BQ4我担心手术意外；BQ5我担心手术后遗症；BQ6我担心医疗费用；BQ7我担心手术会影响劳动能力；BQ8我近几天睡眠差；BQ9我近几天胃口差。各条目由患者从“不是”到“完全是”分四级回答，并按1～4计分。

（2）自编《术前医务人员评价条目》

对患者术前的心身症状做他评：BE1患者近几天的睡眠不佳；BE2患者胃口不佳；BE3患者情绪紧张；BE4患者不合作。各条目由医生和护士根据双盲原则对近几天患者的各项表现，从“不是”到“完全是”做出评定，并按1～4计分。

（3）状态一特质焦虑问卷（STAI）中的状态焦虑问卷（SAI）测查

记录患者术前状态焦虑量表分（sai1）。

3. 生活指标

对照组与干预组患者在入院时测定卧位心率和收缩血压各3次，求得平均值P1和BP1，在入手术室前1小时内测定卧位心率和收缩血压各3次，求得平均值P2和BP2，再求得dP（dP＝p2－p1）、dBP（dBP＝BP2－BP1），以dP和dBP作为术前焦虑反应的生理指标。

4. 对照组与干预组患者在术后第三天完成以下测查和记录

（1）自编《术后患者评价问卷》

对术后的体验和感受做自评。AQ1你对手术结果是否满意（由不满意到很满意）；AQ2你在手术后的疼痛程度（由不痛到很痛）；AQ3你对这次手术经历总的感受（由不痛苦到很痛苦）。各条目按1～4计分。

（2）自编《术后医务人员评价条目》

对患者手术期间和术后的表现做他评：AE1患者在手术期间和术后的合作程度；AE2患者手术期间和术后的痛苦表现；AE3患者手术后的整体康复程度。各条目由医生和护士根据双盲原则对手术期间和术后的患者表现按1～4计分。

（3）状态焦虑问卷（SAI）测查

记录患者术后状态焦虑量表分（sai2）。

5. 临床康复指标

术后至出院前分别记录患者的肠道开始排气时间（time）、创口愈合质量、并发症情况和止痛剂用量（analg）。因两组患者术后身体均恢复良好，仅能把 time 和 analg 作为临床客观康复指标。

6. 统计

以 SPSS 软件包，在微机上做统计分析。（一般变量赋值：文化程度小学＝1，初中＝2，高中＝3，大学＝4；性别男＝1，女＝0；术式剖腹术＝1，腹腔镜术＝0）

五、结果

1. 气功干预组与对照组基本状况

气功干预组与对照组基本状况列于表 1。年龄、性别、文化程度和术式，两组差异无显著意义。

2. 气功干预对外科手术患者术前认知特点和心身症状的影响

详见表 2（略）和表 3（略）。表 2 和表 3 显示，根据患者自评或医务人员他评，以及状态焦虑量表测评和焦虑生理指标测定，气功干预组与对照组患者在术前的认知特点和心身症状的多方面存在差异，这些差异具有统计学意义。气功干预组患者与对照组相比，其更理解手术的性质和结果，对手术疼痛较少害怕，对手术后遗症及手术是否会影响劳动能力较少担心，睡眠、胃口较好，情绪较不紧张，焦虑较少。

3. 气功干预对外科手术患者术后心身康复的影响

表 4（略）显示，根据患者自评或医务人员他评，以及状态焦虑量表测定，气功干预组患者与对照组相比，在手术后自我感觉疼痛较轻，焦虑较少，且差异具有统计学意义。两组患者在肠道排气时间和止痛剂用量这两项临床客观康复指标方面不存在差异。

六、讨论

作者曾对上腹部手术患者的心理干预做过临床研究，并就心理应激有关因素在外科手术中的系统作用及其理论意义做过探讨。本文就气功放松训练在外科手术中的干预意义进行多因素的研究，重点在于探讨气功放松训练能否对外科应激中的心理应激成分产生缓冲作用，并通过对心理应激的缓冲进而改善临床症状、促进心身康复。

应激理论认为，认知因素在应激事件作用过程中具有导向作用。前文结果显示，患者术前认知特点与术后焦虑程度及心身康复过程有密切的关系，且只有在直接涉及手术本身的消极认知，如对后遗症和手术意外的担心等才是术后康复的重要影响因素，与手术无关的消极认知，如经济问题则影响较小。本文结果显示，气功放松训练具有改善外科手术患者术前认知状态的作用。气功干预组术前的心态较积极稳定，对将来信心较足，担忧较少，同时焦虑、睡眠差、食欲减退等心身症状也较不明显。

应激理论还认为，应激性事件对人体健康的影响是一种作用过程。在整个发展过程中，各种心理社会因素通过心身中介机制最终会对身体的生理生化机能产生影响。由于气功放松训练对心理行为的调节功能较为明显，而其抗生理应激作用过程较慢，而本文研究对象处于强度较大的生理性应激即外科手术之中，故本文结果显示气功干预组在手术后心理适应较好，但其临床康复指标没有明显改善。

总之，根据本文结果，简便易行的气功放松训练在手术前有助于增进外科手术患者对手术的积极认知，降低焦虑，减少心身症状，在手术后能促进患者更好地进行心理适应，以减轻疼痛。因此，气功放松训练不失为外科临床上一种有效的心理行为干预方式，对帮助患者顺利度过手术期和术后心身康复具有积极意义。

第 7 节　绝育术后神经症与心理应激有关因素的关系（论文，2001）

摘录自 2001 年《中国心理卫生杂志》第 15 卷第 4 期，作者童蓉、姜乾金、沈颖婕。

一、中文摘要

目的：探索心理应激有关因素与绝育后神经症的相关性。

方法：以绝育后神经症患者和绝育后正常人各 60 例为对象，测定其认知评价、应对方式、社会支持和个性特征等心理应激有关因素及一般项目，在 SPSS 软件包支持下做统计分析。

结果：单因素比较分析显示，神经症组术前有较多的对后遗症和劳动力影响方面的担心、平时易体验到较多的对生活事件的消极情绪和易采用消极的应对方式、主观社会支持较低、个性中的情绪不稳定性较高（均 $P < 0.01$）；多元逐步回归分析显示，不良的认知体验、消极的应对方式和不稳定个性特性等心理应激中介（间）因素与绝育术后神经症有最主要的关系（$R^2 = 0.53$）。

结论：绝育术后神经症的发生很可能与患者平时对待各种生活事件的不良的认知、应对和个性等内部心理特征有关。

二、前言

生活事件作为一种心理应激原，与心身健康的关系一直受到人们的关注。生活事件是否引起心理应激反应及引起的应激反应强度，除取决于事件本身属性外，还受个体对事件的认知评价、应对方式、社会支持、个性特征等心理应激有关中间因素的影响。本文试图将绝育手术作为生活事件，绝育术后神经症作为应激事件后的心理、生理反应，以上述认知应激理论为基础，较系统地探讨绝育术后神经症与各项心理应激有关因素的关系。

三、资料与方法

1. 对象

绝育术后神经症组（简称神经症组）和绝育术后健康对照组（简称对照组）各 60 人，平均年龄分别为 44.65 ± 5.70 和 43.84 ± 5.54，患者组平均病期 14.30 ± 7.44 年。神经症诊断符合有关标准，且发病和主诉与绝育手术在时间上一致。每组除了各有 2 位不信宗教外，其余全部信仰佛教或耶稣教。

2. 评定工具

（1）自编调查问卷

主要包括以下两部分：其一，一般项目包括学历、术前经济状况、宗教信仰、产次等；其二，回顾手术前有关认知特点：Q1 担心手术意外，Q2 担心手术疼痛，Q3 担心后遗症，Q4 担心影响术后劳动，Q5 担心术后夫妻生活。各个问题由被测试者按等级选择回答，并按 0 ~ 2 三级计分。

（2）心理社会应激调查表（PSSG）

由姜乾金制定，共 44 个项目，用于评估团体样本近 5 年中的生活事件（L）、认知和情绪反应（PE 和 NE）、应对方式（PC 和 NC）及应激总分（TS）。

（3）社会支持量表

由肖水源编制，共 10 个项目，根据常模计算过去 1 年内客观支持（SSO）、主观支持（SSS）、支持的利用度（SSU）及总的社会支持程度（SST）。

（4）艾森克人格问卷（EPQ）

由陈仲庚编制，反映个人的 4 个人格维度，即精神质（epq－P）、外向（epq－E）、神经质（epq－N）和掩饰（epq－L）量表分。

3. 评定方法与统计

向被测试者简要说明必要性，由被测试者根据量表提示，在单独环境中完成。数据资料输入计算机，以 SPSS 软件包做统计分析。

四、结果与分析

1. 比较两组有关一般因素和认知因素条目测定结果于表 1（略）

表中显示，经济和部分认知因素在神经症组和对照组中存在差异，具有显著和非常显著的统计学意义。

2. 比较两组的 PSSG 各项测验结果均值与标准差于表 2（略）

表中神经症组的消极应激因素，包括对生活事件的消极情绪体验（NE）、平时消极的应对方式（NC）及应激总分（TS）均高于对照组，而积极应激因素即对生活事件的积极情绪体验（PE）低于对照组，以上差异具有非常显著的统计学意义。

3. 比较两组的社会支持各项测验量分均值与标准差于表 3（略）

表中神经症组的主观支持量表分（SSS）低于对照组，两组之间有非常显著的统计学意义的差异。

4. 比较两组艾森克人格问卷测验量分均值与标准差于表 4（略）

其中，神经症组反映情绪不稳定性的神经质量分（epq-N）明显高于对照组，反映了不成熟倾向的掩饰量分（epq-L）低于对照组。以上差异有非常显著的统计学意义。

5. 为探索各项心理社会因素在绝育术后神经症病因学中的综合作用，做多元逐步回归分析

以疾病状况为因变量 y（患者赋值为 1，健康赋值为 0），分别以年龄、学历、经济、产次、Q1-5、L、PE、NE、PC、NC、SSO、SSS、SSU、epq-P、E、N、L 各量表分为自变量 $x_1 \sim x_{21}$。多元逐步回归分析结果如表 5（略）所示，epq-N、PE、NE、PC 和 NC5 个变量进入方程，方程 $F=24.77$，复相关系数 $R=0.73$，$R^2=0.53$。

五、讨论

关于绝育术后神经症的心理社会因素，国外未见有研究报告，国内的研究也不多，特别是从心理应激理论体系角度做系统探讨者更未见到。本文对此做了初步探索。

表 1 显示，神经症组的经济情况差于对照组；在认知方面，神经症组对术后后遗症和劳动力影响等方面的担心程度较高，对手术本身的担心较小，提示患者组对绝育手术存在特定的认知偏差。

表 2 显示，神经症组和对照组比较，除了生活事件 L 因素以外，大部分心理应激有关因素 PE、NE、PC 和 NC，以及应激总分 TS 均存在明显差异。说明神经症组平时对生活中出现的事件倾向于用比较消极的认知，从而容易体验到较多的消极情绪，同时对生活中所出现的事件，较习惯于采用消极的应对方式而不是积极的应对。

表 3 显示，神经症组主要表现在主观支持 SSS 较低，说明这些患者的客观社会支持系统并没有什么缺陷，而是个体自身的原因，特别是认知方面的原因造成了社会支持的不足。

表 4 显示，神经症组在个性特征方面也与对照组存在差异，主要表现在情绪不稳定性量表分（epq-N）高于对照组，掩饰量表分（epq-L）低于对照组。

以上单因素分析显示，神经症组与对照组在多种心理社会因素方面存在差异，几乎涉及所有现有研究的心理应激中介（间）作用因素，即认知评价、应对方式、社会支持和个性特征等。

为探讨多种应激因素与绝育手术后神经症的整体关系，本文尝试采用多元回归分析方法。表 5 数据进一步显示，当以上各种心理社会应激因素共同起作用时，某些与平时个人的认知、应对、个性有关的因素即应激中介（间）因素与绝育术后神经症有最主要的关系。

本文结果的临床意义，在于绝育术后神经症组的发生，很可能与患者平时对待各种生活事件的消极认知、消极应对和不良个性等内部特征有关，与事件的直接打击（如绝育手术本身）和社会关心程度等个体外部因素关系较少。该结果还提示，为防止绝育术后神经症的发生，应把工作重点放在提高受术妇女的认知水平及改善其消极的应对风格方面。对于已经发生绝育术后神经症的妇女，也应花费一定的人力和物力用于改善患者的认知和应对水平。

本文结果的理论意义，在于再次证明了生活事件作为致病的应激源决定于应激中介（间）因素变量，即在应激作用过程中，中间影响变量具有重要的病因学意义。

（注：作为回顾性研究，其缺陷显而易见。如对术后后遗症和劳动力影响等方面的担心，神经症组得分较高，或含有神经症本身对认知的影响成分）

第 8 节　心理应激有关因素与女性绝育术后心身症状的相关性（论文，2001）

摘录自 2001 年《中国行为医学科学》第 10 卷第 3 期，作者童蓉、姜乾金、沈颖婕。

一、中文摘要

目的：探索心理应激有关因素与绝育后妇女心身症状的相关性。

方法：以 120 例绝育后妇女为对象，测定其心身症状及认知评价、应对方式、社会支持和个性特征等心理应激有关因素，以及一般项目，在 SPSS 软件包支持下做统计分析。

结果：单因素相关分析显示，心身症状与以下个体心理素质因素有关，包括术前有较多的对后遗症和劳动力影响方面的担心、主观社会支持较低、个性中的情绪不稳定性较高和内向、平时易体验到较多的对生活事件的消极情绪和易采用消极的应对方式等；多元逐步回归分析显示不稳定个性特性、不良的认知体验因素和宗教信仰与心身症状有最主要的关系。

结论：绝育术后神经症样症状的发生很可能与个人平时对待各种生活事件的不良的认知、情绪、应对和个性等内部心理特征有关。

二、前言

从许多研究来看，绝育术后心身健康和满意程度与多种因素有关。从实际工作中接触到的一些绝育术后心身不适对象来看，其症状往往明显带有神经质成分。本文旨在探讨绝育术后心身症状与个体各种心理应激有关因素之间的关系，试图阐明绝育手术后某些神经症样症状的发生可能原因和机制。

三、资料与方法

1. 对象

绝育术后妇女 120 人，平均年龄 44.25，最小 32，最大 66 岁。平均术后时间年。

2. 评定工具

（1）项症状自评量表（SCL90）

用于评估个体心身症状程度，记录其中的 SCL 总分和躯体化、强迫、人际敏感、抑郁、焦虑、敌对、恐怖、偏执、精神病性 9 个因子分。

（2）自编调查问卷

主要包括以下两部分：其一，一般项目，包括学历、术前经济状况、宗教信仰、产次等；其二，回顾手术前有关认知特点：Q1 担心手术意外，Q2 担心手术疼痛，Q3 担心后遗症，Q4 担心影响术后劳动，Q5 担心术后夫妻生活。各个问题由被测试者按等级选择回答，并按 0～2 三级计分。

（3）社会支持量表

由肖水源编制，共 10 个项目，根据常模计算过去 1 年内客观支持（SSO）、主观支持（SSS）、支持的利用度（SSU）及总的社会支持程度（SST）。

（4）艾森克人格问卷（EPQ）

由陈仲庚编制，反映个人的 4 个人格维度，即精神质（epq－P）、外向（epq－E）、神经质（epq－N）和掩饰（epq－L）量表分。

（5）心理社会应激调查表（PSSG）

由姜乾金制定，共 44 个项目，用于评估团体样本近 5 年中的生活事件（L）、认知和情绪反应（PE 和 NE）、应对方式（PC 和 NC）及应激总分（TS）。

3. 评定方法与统计

向被测试者简要说明必要性，由被测试者根据量表提示，在单独环境中完成。数据资料输入计算机，以 SPSS 软件包做统计分析。

四、结果与分析

1. 心身症状与一般因素和认知因素条目测定结果的相关性见表 1（略）

表中显示，经济和部分认知因素与绝育术后妇女心身症状量分有相关性。

2. 心身症状与社会支持和人格问卷各项测验量分的相关性见表 2（略）

表中显示，主观支持和多项个性因子分与绝育术后妇女心身症状量分有相关性。

3. 心身症状与 PSSG 各项测验量分的相关性见表 3（略）

表中显示，应激总分和多项负性应激因素量分与绝育术后妇女心身症状量分有相关性。

4. 多元逐步回归分析

以心身症状总分为因变量，分别以年龄、学历、经济、产次、信教、Q1－5、SST、SSO、SSS、SSU、epq－P、epq－E、epq－N、epq－L、TS、L、PE、NE、PC、NC 各量表分为自变量，做多元逐步回归分析。结果进入方程的自变量（及其 β 值）分别是 EPQ－N（0.46），PE（－0.23）和信教（－0.20），方程复相关系数 $R=0.57$，$F=20.26$。

五、讨论

表面来看，绝育手术作为一种应激性事件，是影响受术妇女术后心身健康，甚至导致术后神经症的直接原因，本文结果提示，各种与应激有关的心理社会因素都与手术后心身健康水平有关。其中，在认知方面有对术后后遗症和劳动力影响等方面的过多担心；在社会支持方面表现为主观支持

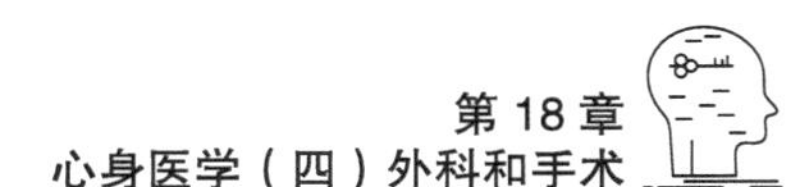

偏低；在个性特征上表现为情绪不稳定、内向和精神质；在平时生活中有较多的消极情绪体验和易采用消极应对方式等，均反映了个人内在素质方面的问题。对此，今后应加强绝育手术前的心理辅导，提高受术妇女的认知水平并改善其消极的应对风格，以提高术后心身健康水平。

本文结果再次证实，在应激作用过程中，中间影响变量具有重要的病因学意义。

第 9 节　外科手术及应激心理干预技术（专题，2012）

摘录自 2012 年作者在宁波市心身医学学术年会上的专题报告，在作者涉及压力（应激）与外科手术的一系列专题报告中，此次侧重于压力系统模型下的各种心理行为干预技术。

（注：本组幻灯图片未加解说，可直接浏览阅读图文，如能结合前文相关章节内容及心身医学基础知识和系统模型基本法则，则更易于理解）

①

宁波市心身医学学术年会
（2012.9.22）

手术及应激心理干预技术

姜乾金
www.medline.com.cn
jqj@zj.com

②

前　言

研究证明，心理指导和行为训练程序，在一定程度上可以调节手术患者的焦虑情绪，增强应对能力，促进心理和行为适应，有利于术后的躯体和心理康复。

这里简要介绍几种干预技术。这些技术除了适用于各种外科手术，也适用于各种侵入性医疗程序、社会生活中许多应激情景，如激烈的比赛、考试、灾难等。

③

内　容

一、提供信息
二、示范作用
三、松弛训练
四、认知疗法
五、刺激暴露
六、分散注意
七、家庭支持
八、催眠

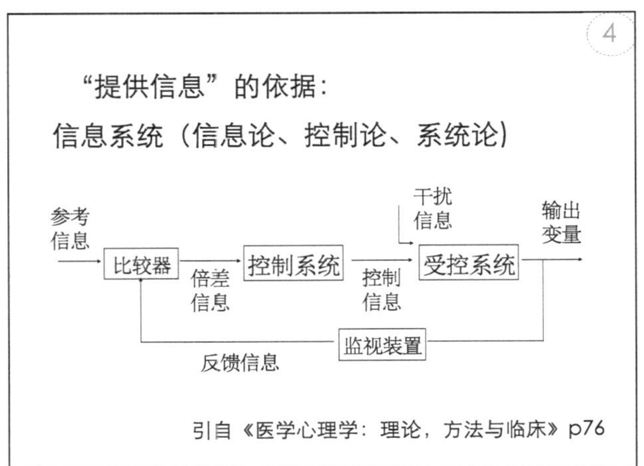

5

一、提供信息

准确期望（accurate expectancy）理论认为，当患者知道其希望知道的各种真实信息后，对各种应激性医疗程序的情绪反应就会较轻，忍耐性增强。据此，主张给手术患者事先提供有关手术的真实信息。

有两种提供信息的模式，即**客观信息或真实过程信息**（objectiveorprocedural information）和**主观信息或感觉信息**（subjective or sensory information）。

6

客观信息就是在术前向患者讲解手术的实际过程。

例如，关于全麻下胆囊切除手术完成后的情况："你将被送到观察室，在那里你会逐渐清醒过来，护士将每15分钟检查一次你的脉搏、呼吸和血压，她们会告诉你如何活动、呼吸和咳嗽，以便于排出咽喉部粘液、防止发热和肺炎，同时定时给你使用止痛药。"

7

主观信息是在术前向患者讲解手术时的各种主观感受及患者可以提出的要求和医生采取的相应措施。

上例改为："你在逐渐清醒时可能会感到昏睡和暂时记忆不清，对环境和时间感觉暂时有点昏昏然。在完全清醒后，你会感觉到右上腹有一种脆弱感，可能有受压、受拉、新异或灼痛感，这种痛感也可能会稍加重，这是完全正常的。你也可能感到喉头干燥和轻微刺痛感，这是插管造成的。为了增强你对痛的耐受性，医生会定时或临时使用一些止痛药，护士会定时检查你的脉搏、呼吸……"

8

通过对胆囊切除等上腹部手术、盆腔检查、矫形外科石膏拆除和上消化道内窥镜检查等患者的对照研究，证明主观信息比客观信息有更好的效果。

9

进一步研究还证明，这种提供信息的心理准备方法使用于信息敏感者更有效。

信息敏感者（sensitizers）就是指平时喜欢寻找各种医学信息的患者，如向医护人员提各种问题，喜欢看医学书，以及探索医院环境等。

相反，信息压制者（repressors）将自己的一切都交给了医生，自己对信息不感兴趣，此时提供信息的心理准备方法效果并不好。因此，应根据患者的不同心理状况决定采用具体的信息提供方法。

10

"示范作用"的依据：
班杜拉示范作用社会学实验录像片段

引自影视资料

11

二、示范作用

儿童术前可采用示范法（modelling）。一些国外研究者采用术前电影教育（替代示范法）取得了良好的效果。

Melamed BG（1977）使用儿童影片，内容反映了一 名小男孩（模型）从入院、术前准备、等待手术、麻醉，到术后康复全过程的各种良好行为表现。结果显示，接受示范干预的4～12岁儿童，较观看另一部中性电影的对照组儿童手术效果好得多，既有利于情绪调节和躯体功能的恢复，又减少了术后行为问题的出现几率。

12

示范作用的一些条件：模型和对象要尽可能在年龄、性别、手术种类等方面有类似性。

示范的方式：可以是现场、电影、录像视频或木偶剧等。

示范作用也可用于成年人。

13

“松弛训练”的依据：

1. “叹气”的学问

2. 松弛训练降低应激反应的心理生物学机制：

（1）通过随意神经（骨骼肌）、皮层（心理）、自主神经（内脏）三线一体，张力下降。

（2）松弛条件反射形成。

14

三、松弛训练

松弛训练（relaxation training）是作为对手术刺激的一种行为应对策略，通常使用简单松弛反应法。腹式深呼吸是最简便，也是最常用的方法。

通常认为，患者的焦虑会导致呼吸急促，并以胸式呼吸为主，胸式呼吸又反过来刺激胸腔迷走神经，引起更高的焦虑反应。通过腹式呼吸可以阻断这种循环，使全身紧张性下降、焦虑程度减轻。

15

常用的术前腹式深呼吸松弛训练指导：

一手置于胸部，一手置于腹部，逐渐放慢呼吸速率；嘱深吸气，要能觉察到放置在腹部的手抬高而胸部的手基本不动，停留片刻后自然呼气，呼吸时一边心中默念1、2、3……，一边感觉置腹部之手自然回落，并感受到全身肌肉自然放松和舒适宁静的感觉。

如此反复指导训练，直至患者基本能操作自如，并嘱其在手术中和手术后自觉使用。

16

“认知疗法”的依据：

认知理论——为何“看法”会不一样？

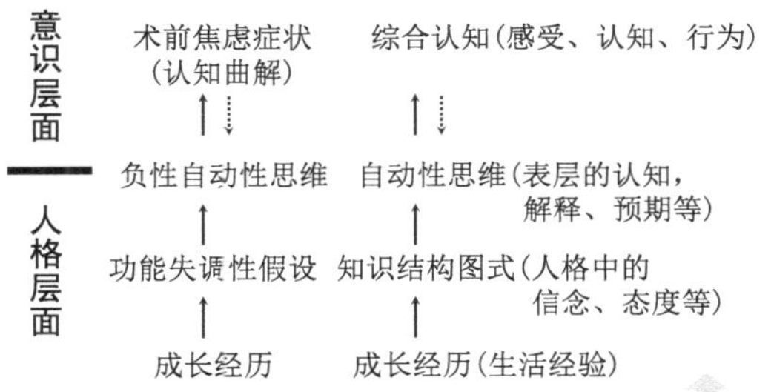

意识层面
术前焦虑症状（认知曲解）　综合认知(感受、认知、行为)
↑⇣　↑⇣
负性自动性思维　自动性思维(表层的认知，解释、预期等)
人格层面
↑　↑
功能失调性假设　知识结构图式(人格中的信念、态度等)
↑　↑
成长经历　成长经历(生活经验)

引自《医学心理学：理论，方法与临床》 p71

17

四、认知疗法

认知疗法（cognitive therapy）是一种效果较好的心理准备方法，在此又称为“应激无害化”训练。其根据是患者的应激性焦虑反应取决于患者对应激事件的感知和思考，因此，通过帮助患者改变认知结构，焦虑可减轻。

手术心理准备中的认识疗法通过交谈形式进行，主要包括以下一些要点：

18

（1）设法使患者明白，一个人对手术的某些极端化思考过程可以引起焦虑反应。例如，虽然多数人手术效果都很好，但万一我运气不好，结果就可能很差。

19

（2）设法使患者辨认自己有哪些思考和暗示因素引起了紧张和焦虑，例如，担心疼痛，担心医生失误，屏气、双手用劲等都可引起焦虑。对此应加以重新认识。

20

（3）设法使患者辨认自己有哪些思考具有减轻紧张和焦虑的作用。对这些正确的思考应加以强化、鼓励和肯定。

21

（4）指导患者假设已处于手术应激场合，反复使用上述适应性的思考过程，避免不良的思想和暗示因素的影响。要求在正式手术中继续保持这种适应性思考方式。

认知疗法具有极大的理论性和技巧性。

22

“刺激暴露”依据：
“刺激”与条件反射

医学生在尸体解剖课第一次接触尸体时，可能产生焦虑和恶心反应。如果只接触一次，这种反应会保持下来。通过一段时期的反复接触（刺激暴露），医学生可以一边观察尸体，一边安静地吃中餐。这是条件反射中的“刺激暴露”现象。

23

五、刺激暴露

刺激暴露是常用的一种行为治疗手段。一些研究证明（Rachman，1977），对医疗操作的害怕有些是因过去的厌恶经典条件反射所引起，这种条件反射性害怕可通过反复暴露于能引起害怕的刺激之中而得到消退。

因此，利用刺激暴露法可以克服患者对医疗操作或其他应激场面的焦虑反应。

24

具体方法按情况而定，例如，接受内窥镜检查患者可提前熟悉检查器械（或反复看录像），以及直接带领患者熟悉各种环境刺激。

刺激暴露法和提供信息法一样，对信息敏感者效果较好。

25

“分散注意”的依据：
音乐有止痛作用？分散注意是重要的原因。

26

六、分散注意

分散注意（distract）特别适用于短时的应激，如注射、牙科操作、分娩等。

分散注意的手段可由医生掌握，也可指导患者自己掌握。主要包括谈话、音乐、计数等，举例如下。

27

谈话：有经验的护士在注射时和牙科医生拔牙时普遍使用谈话分散患者的注意。

音乐：Gardner等1960年在《科学》杂志上报告5000名牙科手术患者研究，让患者自己手握小型声音控制器，在牙科操作疼痛时，患者可将音量调高一些。结果因分散注意和产生“自我控制感”，焦虑和疼痛体验减轻。该方法曾被称为“音乐止痛法”。

28

计算、设计购物计划和美好的幻想：
指导患者在接受医疗操作时自己主动地进行上述心理操作，以分散注意力。

29

“家庭支持”依据：
压力系统模型

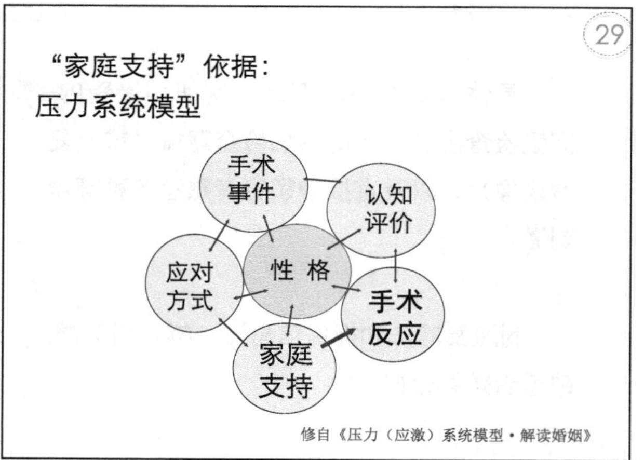

修自《压力（应激）系统模型·解读婚姻》

30

七、家庭支持

社会支持（social support）是个体对抗应激的可利用外部资源。在若干医疗操作程序中，只要有可能，应允许患者的家庭成员在场，可降低患者的焦虑反应。例如，主张妇女分娩时应让其丈夫在场；儿童摘除扁桃体时母亲应在场等。

31

然而，应注意避免家庭成员的负性示范作用或负性暗示作用。例如，家人如果表现出极度恐惧和不安，无疑会对患者是一种雪上加霜。

因此，一般主张家人应和患者一起接受术前教育，表现良好者才可担当起社会支持重任。

32

“催眠”依据：
催眠表演图（略）

33

八、催眠

由于医院缺乏专门的催眠人员，短期内使患者学会自我催眠也不容易，故限制了催眠法在手术干预中的应用。

不过，在日常医疗操作过程中，医护人员可以在患者麻醉的基础上，适当增加一些带催眠暗示性质的良性暗示语，以增加患者（特别是孩子）的安全感而不会有什么副作用。例如，对一位局部麻醉下正在接受手术

34

的女孩进行放松、舒适和无痛无害的催眠暗示：

“小兰（患儿名）躺的体位正好合适……闭着眼……看上去很安静……看，她多安静、疲劳……小兰正越来越深地呼吸……快睡着了。”

有研究认为，即使患者处在意识消失的全麻状态，催眠暗示语仍可产生良性作用。

第 19 章　伤残与康复

本章导言

伤残、残疾、康复、康复医学、康复心理学等方面内容，特别是与心理社会因素密切相关的一些话题，也是医学心理学和心身医学的关注点。其中，压力系统模型的理论的基本法则，以及相应的各种评估和干预技术，在这些领域也能发挥作用，作者在这些方面有过一定的工作经验。

本章资料包括伤残、残疾、康复、康复医学、康复心理学等的基本概念、伤残的各种心理行为干预、压力系统模型在伤残心理健康工作中的应用等。

第 1 节　心理社会因素与康复医学（教材，1988）

以下一、二、三摘录自 1988 年作者主编的《医学心理学》（浙江大学出版社）第二十四章“康复心理”。文中涉及的图表已转换成本文集，编号或略去。

一、康复医学与康复心理学

康复心理学（rehabilitation psychology）几乎是与康复医学（rehabilitation medicine）同时出现的一门医学心理学分支学科。

“康复”一词原意为躯体功能的恢复。第一次世界大战时期，战伤造成了大量残疾人群。在西方政府有关机构的支持下，开始出现许多康复服务机构，目的是帮助伤残者尽可能恢复工作和生活能力。因此，早期的康复服务机构主要使用矫形手术和各种理疗的方法，其服务对象主要是因伤致残者。二次大战期间，在 Rusk 等的努力下，康复医学成为美国医学中的一个独立专科。由于伤残者往往存在心理行为问题需要心理学家的帮助，因而在战后，同时出现了康复心理学的工作机构和组织，成为心理学的一个部门。

目前，康复医学的概念已明显扩大。从工作目的来看，康复医学需解决患者的躯体功能、心理功能、社会功能的恢复或适应；从工作手段来看，包括手术的、理疗的、体育的、环境的、心理行为的各种技术的应用；从工作对象来看，除因病、因伤而导致的躯体或心理功能障碍患者外，还包括慢性患者的身心恢复过程和老年人的某些心身问题。康复心理学就是要研究解决上述医学中的各种心理行为问题。因此，康复心理学又可被看成是康复医学的分支。

国外从事康复心理学工作的心理学家，其知识结构是属于混合型的，并来自各种心理学机构。Ince（1974）认为，康复心理学家主要从事的工作是促进患者适应工作，适应生活和适应社会的过程，从而最大限度地减轻患者终生残疾的程度。

康复心理学的研究内容可包括以下几个方面。

（1）行为和伤残的关系

包括行为因素对伤残发生的影响和伤残对个体心理行为的影响及适应过程。例如，研究哪些心理、社会、环境及行为因素易造成伤残；如何改造环境、改造行为模式以减少缺陷、失能和残疾的发生；研究伤残者或慢性患者的心理行为反应及适应过程，从而及时正确地为其提供心理学依据等。

（2）对伤残者和慢性患者开展综合性的社会服务即临床咨询工作

该项工作重点是给患者以心理支持，特别是帮助其克服紧张、焦虑、抑郁等常见的心理问题；还要帮助患者进行认识重建，即认识个人、认识社会，协调人与人、个人与社会之间的关系，从而使其能在新的起点上适应工作、生活和环境，减少因伤残而造成的痛苦和不安。对某些急性致残者，心理咨询的重点是危机干预（crisis intervention），以帮助某些患者度过短期内出现的情绪危机。

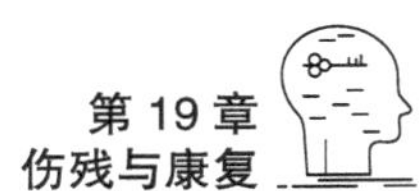

（3）开展各种心理行为治疗技术的应用

各种心理治疗技术几乎都可以在康复医学中得到应用，其中，行为技术的应用最为普遍，如自我调整疗法、松弛训练，生物反馈、运动疗法、气功疗法等。生物反馈技术在康复治疗中应用潜力很大，许多躯体功能损害有希望通过生物反馈训练得到不同程度的康复。

集体心理治疗在康复医学中有特殊的意义。许多具有类似问题的伤残者，集体或定期集中接受心理治疗，患者在治疗过程中互相交流治疗经验和心得，有利于获得良效。更重要的是集体环境中的社会支持作用和社会促进作用，即每一位成员都可以得到其他成员心理上的支持和鼓励，此举有利于患者在整个治疗过程中保持稳定的情绪和坚定的信念。对于慢性患者和老年人的康复问题，集体治疗也具有同样的积极意义。

（4）康复心理学还负责康复的心理评定工作

这项工作需使用各种心理测量手段，包括各种智力测验，各类人格测验、态度测验，以及职业指导方面的各种测定等（Martin，1980）。

康复心理学在我国具有广阔的前景。我国各地现有大量疗养和康复机构，中国传统医学中又包含有丰富的行为康复内容，这些都为我国今后康复心理学的发展提供了雄厚的基础。在我国社会主义制度下，随着我国人民对健康要求的提高，具有中国特色的康复心理学体系一定会在不久的将来出现。

康复心理学的工作内容与医学心理学在许多方面有交叉，有关章节已做了较系统的介绍。下面两节仅集中讨论伤残的行为问题和康复运动锻炼的心理作用问题。

二、伤残的心理行为问题及处理

伤残是由具体的病损所造成。同时，伤残本身又会使个体在生活、工作、学习上发生困难，影响家庭，影响个人理想和前途，伤残人还面临周围人们对他（她）态度的改变（如同情、怜悯、讥笑等），伤残本身也会产生一系列心理行为方面的问题。然而，康复心理学认为，上述病损、伤残、行为问题，三者之间并不是简单的直接因果关系，而是一种互相作用、互相影响的交叉因果关系。Martin（1980）将这种关系以简单的模式加以表示（图 19－1－1）。

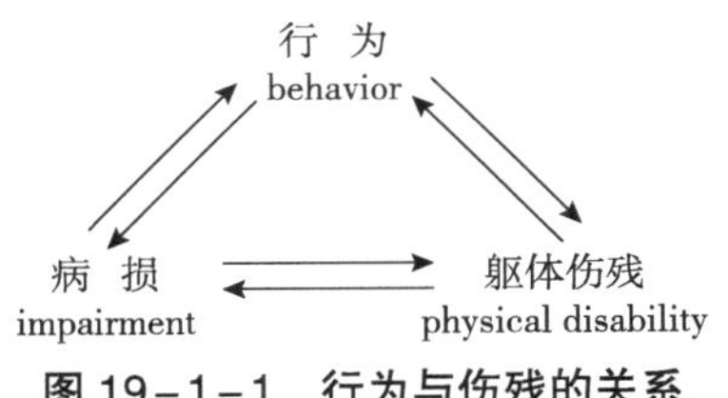

图 19－1－1 行为与伤残的关系

例如，一般来说伤残造成了行为问题，前者是因，后者是果，但是许多行为因素也可以是机体病损和伤残的原因，此时的因果关系已倒置过来。在某些情况下，例如，大脑病损既出现躯体功能的丧失，如平衡障碍；又出现行为方面的改变，如记忆丧失，此时躯体伤残和行为改变（心理上的伤残）同属病损的直接结果。同样，病损和伤残也并非是平行的关系，同样程度的病损、伤残程度有的较轻，有的较重，且伤残作为结果，在一定程度上会反过来影响病损的发展，例如，因活动不便，肌肉废用性萎缩，会加重关节病变的发展。

（注：以下内容是关于心理行为与伤残的交互作用，以及伤残患者某些行为问题的处理，可参阅下一节，此处略去）

三、运动锻炼的心理康复效应

运动锻炼（exercise training）是一种常用的积极康复手段。研究证明，合理使用运动锻炼程序，对许多伤残患者具有良好的心身康复作用。即使是内脏疾病，如高血压、冠心病、糖尿病、慢性肾脏疾病等康复期患者，运动锻炼也有一定的改善脏器功能和调节心理行为障碍的作用（McMahon，1985）。下文集中讨论康复运动锻炼对心理行为的调节作用。

（一）运动锻炼的抗紧张、焦虑作用

根据近些年的研究证明，不论正常人还是患者，运动锻炼都能减轻紧张焦虑症状，可以通过个人主观上的报告和客观观察记录结果得到证明。

Tharp（1975）使用行为和心理问卷的方法证明，运动锻炼能使个人主观上的紧张焦虑体验减轻。de Vries（1972）则使用肌电活动记录等指标，证明中等强度的散步、慢跑、骑车、登高运动 5～10 分钟，可从客观上降低个体的躯体紧张性，这种作用可以持续至少 1 小时。同样，A 型行为类型的个体在经过较强烈的骑车运动后，其脑电 θ 波也有短时的增高。Bolog（1983）分析认为，上述现象是由于运动锻炼后使中枢神经产生了松弛反应，并非疲劳现象。

Schwartz（1978）曾对运动锻炼和冥想训练（meditation）做了对比研究，结果每周慢跑 3 小时、共达 6 个月的被试其躯体紧张降低较明显；与此对应的冥想训练者，其焦虑的认知症状即烦恼程度改善较明显。这一结果指示，某些以躯体症状为主的焦虑患者，可选用运动锻炼的方法，而以自我感觉症状为主的患者，也许选用冥想训练更合适（Collingwoog，1983）。

此外，Falkin（1981）认为，由于运动的抗焦虑作用，因此，可以将其作为一种积极的心理应对方法使用。

关于运动抗焦虑的机制尚不清楚。有人用注射乳酸盐的方式诱发了焦虑神经症患者产生恐惧症状，似乎说明运动锻炼造成的乳酸盐升高对焦虑症状不利。实际上，Margan（1979）用强烈运动锻炼方式使被试血中乳酸盐升高 10 倍，也未能使正常人或有焦虑倾向的人产生恐惧症状。相反，使用长期慢运动锻炼法却能治疗恐惧症（Driscoll，1976）。目前普遍认为，运动抗焦虑的原因可能与以下几方面因素有关：其一，运动锻炼过程能分散个体对焦虑原因的注意；其二，运动能对抗焦虑症状的知觉过程；其三，促进对引起焦虑症状的原因进行再评价（Walsh，1980）。总之，运动锻炼抗焦虑作用的机制主要属于心理行为方面。

（二）运动锻炼的抗抑郁作用

目前认为，中等强度的长期运动锻炼能治疗非精神患者的抑郁症状，患者在锻炼期间抑郁症状的减轻可与躯体康复过程相一致（National et al.，1984）。有不少人认为，这种抗抑郁作用可以与心理治疗或心理咨询的作用相媲美。Jeffersn（1982）认为，由于运动锻炼不会使抑郁症状变复杂，没有其他心理方面的副作用，故是一种安全的对付抑郁的康复手段。

许多研究证明，心肌梗死康复期所出现的抑郁倾向通过运动锻炼可得到减轻，虽然这种作用可能是暂时的，但也有人证明这种抗抑郁作用可以持续 2 ~ 4 年（Stern，1981；Kavanagh，1977）。运动锻炼也有利于克服外科疾病伴发的抑郁症状。Griest（1979）甚至还认为，跑步锻炼可以治疗精神患者的抑郁症状，在一年随访中，患者基本保持疗效，而对照组使用心理治疗法，却有半数人需重新接受治疗。

运动锻炼抗抑郁症状的主要原因是通过运动提高了患者对自己身体的自信，以及克服了久病造成的依赖性（Ewart，1984）。由于运动锻炼通常在门诊处方，故运动锻炼期间广泛的社会接触，也有利于发挥社会强化（social reinforcement）作用。此外，患者对良好结果的期望等，也可能与运动锻炼的抗抑郁作用有关。

（三）运动锻炼的其他心理行为效益

中等强度的运动锻炼能改善老年人的认识功能，这与上述有关运动抗紧张、焦虑、抑郁，以及改善自我评价等方面作用没有联系。

Spirduso（1983）测定经常参加运动锻炼的老年人的反应时和反应速度，结果较同等条件的静居老人快得多。经常参加中等强度运动锻炼者，其职业操作也有明显改善（Fielding，1982）。

中度运动锻炼还可有主观感觉上的睡眠增加（Baekeland，1970），以及客观测量方面的慢波睡眠增多（Horne，1981）。

Gillespire（1982）通过生理和心理测量方法研究证明，A 型行为可通过长期运动锻炼在一定程度上得到改造。最近一个研究认为，运动不仅使 A 型行为得到改善，且这种改善与体内代谢过程变化相一致（A 型行为伴有相应的生理生化改变）（Rejeski，1984）。由于至今还没有关于运动锻炼反而增加 A 型行为特征的报告，故目前倾向于将运动锻炼作为心肌梗死康复期 A 型行为改造的一种手段。

经常参加运动锻炼还可以产生欣快的自我体验（Berger，1983）。这是一种积极的心境，对康复非常有利。据经常跑步锻炼者报告，他们之中至少有 10% ~ 78% 在运动时产生欣快感。造成欣快体验的原因可能是综合性的。上述提到的运动锻炼造成心理生理性松弛反应可能是基本原因；运动使身体外周温度升高也促进松弛反应；各种激素和神经递质的变化，也可能与欣快感的产生有关（Dishman，1985）。由于欣快感是一种体验，故还与其他心理和社会因素的相互作用分不开。

总之，康复运动锻炼虽然尚在深入研究之中，但其对心身的积极作用则是肯定的。作为疗养康复计划的一部分，其特别适用于那些与心理行为有联系的临床症状的纠正。此外，运动锻炼也有一个适应证和运动剂量的问题，在指导和实施运动治疗时都必须予以注意。

四、气功的心理康复效应

下文最早录入1986年作者等五校合编《医学心理学》第十章第五节。1987年以“对气功心理治疗成分的探讨”为题刊载于《中国气功》杂志，1988年以“医疗气功与心身医学”编入1988年《医学心理学》（浙江大学出版社）第二十二章。

气功在我国历史悠久，至少已有2000年以上的历史，与世界上许多民族的某些训练程式，如印度的瑜伽Yoga等一样，是一种自我心身锻炼方法。气功的某些特点是深呼吸训练，意守“丹田”及全身放松达到入静，并用意念引导“内气”使之按“经络”循环，以调整“阴阳”，更新“气血”，达到“有病治病、无病健身”之目的。

气功的种类很多，从姿势上分有站功、坐功、卧功等；从训练时的动静角度可分为动功和静功。太极气功、五禽戏、鹤翔桩等属于动功，练功时具有肢体运动动作之特点；内养功、丹田功、站桩功等属于静功。这只是相对而言，且现在出现的新气功大多同时具有动静结合的特点。

气功是一种流传很广的民间治病方法，近年来的一些研究证明，气功治病是有其一定的物质基础的。目前，尽管气功疗法的研究还不够，对其原理的了解得也不多，但从医学心理学角度来看，其可能既属于自我调整疗法中提到的松弛疗法，也类似于生物反馈疗法，还可能还涉及自我暗示因素，总之可归属于行为疗法（或心理治疗）的范畴。

下面主要将气功与某些心理治疗方法进行一些比较，以探索彼此之间某些可能的联系。

（一）气功与松弛疗法

在世界诸多种文化中，存在许多带宗教色彩的活动仪式。这些仪式活动有的长期被延续下来，有的则不断地得到补充和转换，其中，有的还逐渐演化成为当地人民强身治病的手段。如14世纪存在于某些地区基督教徒中的一种祈祷活动，就有一系列固定的程式，包括单独静坐、低头闭目，放弃杂念、轻轻吁气，想象着注视自己的心脏，将思想从头部移向心脏，在呼气时轻动嘴唇或从心底里默念某一句话，如此反复进行。此外，如公元前1世纪，在犹太人中有一种神秘主义早期活动形式，印度公元前即已有记载并且现在很为流行的瑜伽术，以及由我国传往日本的佛教禅宗等活动形式也都具有上述类似的活动程式。这些带有宗教色彩的训练程式有几个共同的特点：都要求进行某种重复的精神活动，多要求保持沉静姿态，降低全身紧张度，具有安静的训练环境。

有人利用上述宗教训练程式中的共同特点，即全身松弛反应（relaxation response），创立了一种新的非文化的松弛训练程式。其中，主要内容是轻装、舒适静坐、闭目、顺序放松全身肌肉、排除杂念、默数呼吸等（Benson，1977）。每次训练10～20分钟，每天两次，持续3～6月。使用这种松弛反应训练已证明能够治疗多种功能和器质性疾病。如早中期高血压、哮喘、心理生理失调，如抑郁、失眠等（Ince，1980）。不少人还对其中的作用机制，采用现代科学方法进行了较为系统的研究，证明松弛训练法确能改变体内的某种生物学过程，从而缓慢地、有效地、主动地达到治病目的（Pomerleau，1979）。

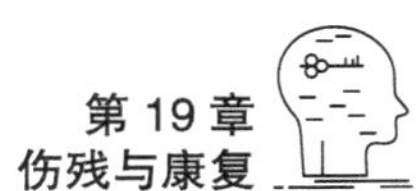

拿气功与松弛疗法稍加比较就可以发现，两者之间有许多类似之处，例如，气功也强调放松入静。气功的特点是静中有动，从直接松弛效果来看，气功的全身松弛程度相对地要较松弛训练法差一些。但我们知道，人体的一些疾病往往并不是简单的全身性功能活动紧张过度，而是首先由于机体某些局部功能活动失调所致，如早期高血压，溃疡病等。从这一点来看，气功的"动静结合、以静为主、静中有动"，或许更有利于促进全身功能的重新协调。在临床上，气功对诸如高血压、溃疡病、哮喘、焦虑、失眠等患者能取得较好的疗效，这与上述松弛疗法的疗效报告是一致的。

（二）气功与生物反馈

生物反馈是近年来很引人注目的一种行为疗法，实际上也可以看成是一种内脏学习（visceral learning)。所谓内脏学习，是通过操作条件反射使动物或人学会控制那些原本不属于意识控制的脏器活动，如心跳、呼吸，脑电波等。训练的基本过程就是不断地对个体出现的正确反应给予奖励(如血压下降)。这样一来，个体就会不断地努力体会这种正确反应。经长期训练学习，个体能够"学会"在一定范围内对这种内脏生理活动进行定向操作。生物反馈则通过仪器记录和转换，将人体内的某些生理活动信息，如血压水平、肠蠕动幅度等反馈到本人的意识之中，经过本人有意识的主动学习训练，(从而形成操作条件反射）学会控制这些脏器的活动。

气功是具有一定程式的操作过程，虽然没有明确的生物信息反馈，但是体内、体表都有不同程度的反应感觉，强调根据这种感觉，用"意念"参与控制躯体各部分（包括内脏）的活动。经过长期反复"练功"，"意念"就有可能通过对自身内部活动的积极体验和感受，代替上述信息反馈，最终在一定程度上学会控制部分脏器的活动。某些疾病，如胃肠功能紊乱、内脏下垂等，通过气功训练能获得明显改善，可以认为是这种"意念"控制训练的结果。国外对印度瑜伽术师的研究也证明，类似气功的瑜伽术的确能使部分人学会控制某些身体部位的生物活动过程，如随意调节手掌两侧的皮肤温度差、改变心率等。由此可见，气功具有生物反馈性质也是比较肯定的。

（三）气功与想象疗法

所谓想象疗法（imagery therapy)，即患者主观想象体内某一部位或某种病理生理活动，并积极设想机体最终战胜疾病的过程。通过此类积极的空幻想象，以增强抗病能力。例如，为了治疗肿瘤患者，可想象体内白细胞如何奋起，并和抗肿瘤药物如何协同作战，并最后消灭肿瘤细胞的过程。在想象过程中还可以伴随进行绘画，将想象过程形象地绘出来。

想象疗法并不是无中生有的神话，有一个简单的实验事实，当一个人想象用力蹬自行车时，下肢血流量就相对增加，这是心身反应的具体表现。国外在临床中使用想象疗法治疗肿瘤患者也取得了一定的效果，其存活期较对照患者相对延长。

气功训练过程存在明显的想象疗法成分。例如，患者想象着"贯气"，想象着将"蚀气" 从百会穴至涌泉穴排出体外。经过训练，多数患者能做到"贯气"就放屁，如原来便秘者获得通畅。此外，患者可想象将"气"集中到患病部位，如肿瘤所在处，以便加强对病变部位的作用。用气功治疗肿瘤，同样包含着这种想象"贯气"的训练内容。对照上述国外的相关研究，应该说这是肿瘤患者获得疗效的原因之一。

（四）气功的心理暗示和情绪调节作用

临床上的暗示疗法、支持疗法等心理治疗手段之所以能发挥一定的作用，其主要原因是通过内部或外部语言作用，使患者产生并保持积极的情绪反应。积极情绪能改善人体内部生理活动过程，这对许多患者，特别是慢性患者，具有重要的临床意义。松弛训练的研究也证明，该治疗方法还产生一些心理方面的良好作用，如训练后患者报告有一种愉快的感觉，有的人还表示有一种发热感和轻度性觉醒，更多的人则报告有一种舒畅的休息感。Patel 指出，持续地进行松弛训练可减少患者每天由于情绪激动所造成的血压升高程度。所有以上心理上的良好感受都有利于患者的康复。

气功是一种实在的、具有一整套训练程式，并有其本身的系统理论作解释的一系列操作活动过程。作为参与练功的人，在操作训练过程中，会产生一种良好的感受，产生一种向往、一种希望，因而患者能够保持良好的情绪状态和增强抗病意志力。通过对患者的临床调查也证明，凡是坚持参加气功训练的患者，均报告有此类良好的心理感受。这些心理条件无疑会对促进身体健康具有积极的作用。

然而，气功的心理作用往往具有两面性。例如，研究松弛训练发现，除了多数人有松弛愉快的感觉，也有少数人报告训练后出现幻觉、失眠等心理方面的紊乱。其原因尚难估计，据认为可能与感觉剥夺（sensory deprivation）有关。这种情况在气功训练中也时有发生，即所谓"气功偏差"。因此，在气功训练中也应引起注意。

第 2 节　伤残患者康复期心理行为问题（综述，1989）

摘录自 1989 年《中国康复》第 4 卷第 1 期。文中标题有改动。

伤残患者的康复过程，实质上主要不是躯体形态的复原，而是功能的补偿和心理行为方面的适应，后者是康复心理学的主要研究内容。

一、心理行为与残疾的关系

行为与残疾的联系是多方面的。一般来说，伤残对个体是一种打击，轻者会使患者的心理行为活动发生波动，重者会造成行为障碍。因此，伤残是因，行为问题是果。反过来，行为问题也可以是伤残的部分或全部原因。行为与伤残的关系也可以是双向联系，即互为因果关系。

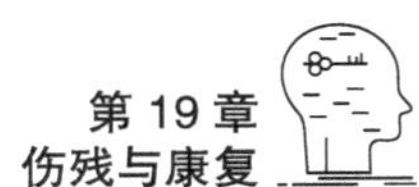

（一）行为对伤残的影响

伤残可由遗传、疾病、事故等各种原因所引起，因而行为因素在伤残发生中的作用也各不相同。某些伤残的发生可直接因患者的心理行为问题而引起，某些伤残的发生则与行为因素有一定的联系。例如，一个人因生活事件造成的抑郁情绪可导致自杀自伤行为，最终造成了颅脑或肢体伤残。此处，行为因素是直接原因。有研究发现，在具有某些人格特征，如暴躁、神经质的个体中，因伤致残的发生率较高，此时，行为因素是伤残的间接原因。值得引起注意的是，在伤残以后，这些行为有可能继续存在，甚至因伤残而变得更为严重，此时，行为问题又成为伤残的结果。

此外，对行为活动的正强化（奖励）和负强化，也可以直接或间接影响机体病损造成的伤残等级。例如，一名患者表现出的疼痛行为，包括呻吟、痛苦表情等，总是能够得到亲友们的注意、通情和关心（正强化），或者总是因此而避免了一些必要的劳动，如洗衣服、扫地、自己穿衣服（负强化），则这种行为特征很可能通过“学习模式”而固定下来，结果又会加重伤残程度。此外，卧床患者要上厕所总是遭到拒绝，而要用便盆总是得到赞同，结果依赖行为得到正强化，而独立行为却受到负强化，使得原本能够部分康复的目标不能达到。

（二）伤残对心理行为的影响

伤残对个体的生活活动，包括工作与学习、理想与前途、文体与社交活动，以及对整个家庭均可带来广泛的影响。同时，伤残患者还将面临周围某些人群对他的各种不良态度，如讥讽、怜悯等。因此，伤残作为一种严重的应激源，使患者不可避免地出现不同程度的心理行为反应。

个性心理特征、社会支持等有关的心理社会因素，对伤残的心理行为反应程度和种类及适应过程均有明显影响。个性乐观、情绪稳定，且能不断得到社会支持和鼓励的伤残患者，其心理行为问题较少；反之，则行为困难较明显，也不易纠正与克服。

某些突然发生严重伤残的病例，可能产生巨大的心理压力，以致出现心理危机。此时，个体对前途极度恐惧，怀疑自己的适应能力，觉得自己无法克服所面对的各种困难，继而贬低自己，情绪明显低落并可能进入抑郁状态，严重者可能发生自伤和自杀行为。

（三）伤残的心理适应过程

伤残患者的心理行为问题，在经过一定时期以后，可以不同程度地得到改善，从而能够面对现实，重新达到适应。有人认为临终患者的心理反应阶段论也适用于急性伤残患者，即伤残患者的心理反应过程可划分为否认、愤怒、协议、抑郁、承认和接受这几个阶段，只是最后阶段与临终患者不同。

对伤残患者的心理行为阶段分析是人为的划分，而伤残类型、伤残原因、环境影响，以及个性特征等因素对此都有影响。这种阶段论的认识，对于如何帮助伤残患者尽快地顺利完成心理适应过程，具有一定的指导意义。

二、对某些伤残心理行为反应的处理

对伤残的心理行为反应必须采用综合性对策。这里仅就部分问题的处理做简要介绍。

无论何种心理行为问题、何种对象，康复工作者充满活力的角色行为都非常重要。主要是指医生的保证、支持、引导、咨询和激励，对于维持患者及家属坚韧的毅力和良好的情绪状态，增强其心理应对能力，从而顺利度过心理行为上的困难，均有积极的意义。这应成为常规。

（一）心理危机的处理

意外发生的伤残，在心理上给患者以严重的打击，可造成所谓的情绪危机（emotional crisis）。Fordyce 认为，对这类患者及其家属应采用以下三项处理策略。

第一，应设法分散或吸引患者的注意，以便赢得时间，等待患者积极心理应对机制的出现。为此，可鼓励患者进行既简单又能吸引其注意力的各种训练作业（最好是属于今后整体康复训练的准备部分）。例如，截瘫患者可在床上进行加强臂力的动作训练。

第二，将问题分解成为切实可行的各个部分，引导患者将注意力集中在经过努力可以得到解决的部分方面。例如，右手残疾可鼓励患者用左手吃饭。当这一具体问题被顺利解决后，患者可以因此产生一种成功感，并可能因此获得他人的“关注”正强化，有利于患者度过心理危机阶段。

第三，处于心理危机状态的伤残患者，较正常人更容易受到他人的影响，并且倾向于模仿其行为表现。因此，医护人员在患者面前应始终表现出安详、有信心的状态。同样，在患者的亲友未能控制自己的情感之前，应尽量限制其对患者过多的探视，以免亲属的负性情绪加重患者的心理危机。

（二）抑郁和自杀倾向的处理

轻微的抑郁和焦虑一样，通过个人在一段时间内的心理调整，一般均能予以克服。严重的抑郁状态甚至合并有自杀倾向，则需要给予积极的处理（包括药物）。

判明患者的自杀倾向，不能单凭患者自己口头言语，因为这不一定是患者的真实意愿。如果一个人经常讲这类话，并在语调上表现出绝望、有行为孤独等情绪存在，则应特别予以注意。此外，有些严重抑郁者还会对其自杀动机进行掩饰，此时应主要根据其外部表现进行判断。

为了帮助患者消除自杀倾向，应设法使患者维持战胜伤残的动机，或至少在伤残情况下也能创造最好的生活前景并保持信心、让患者与已经顺利克服问题的同类患者互相接触，例如，集中同类患者，组成病房小组（ward groups）或互相帮助小组（mutual self-help groups），可以提高患者的上述动机水平。

由于自杀动机往往是抑郁的进一步发展，因此，防治抑郁对预防自杀至关重要。首先，应做好解释工作。医生应针对患者的各种问题，告诉患者哪些功能丧失通过治疗和训练可以恢复，哪些功能丧失会持续存在，鼓励患者面对现实、提高信心。其次，环境气氛也很重要。无论是病房、门诊，还是家庭病床，温暖和活跃的灯光、音乐、鲜花、图片等都有利患者消除割裂、隔离和禁闭的感觉。

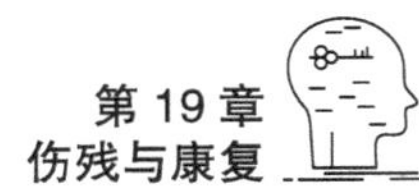

（三）攻击行为的处理

愤怒和敌意的重要性仅次于焦虑和抑郁。患者似乎将个人的伤残看成是人为造成的不公，并因此将情绪向周围的人和事进行发泄，直至发生攻击行为，如咒骂、砸物品等。由于发泄对象常常可能是周围的医务人员或亲属，因而又可能间接影响康复过程。

对这种行为的处理，主要是要保持忍耐姿态，并多与患者接触，帮助患者分析行为反应的原因，向患者讲清道理，在患者态度明显好转时及时给以支持和鼓励；组织患者进行有目的的康复训练，并控制可以激发或加强敌意和攻击行为的因素；控制疼痛、镇静和安眠药物的使用、治疗其他合并症以改善患者的社会环境、条件等。

（四）依赖性和夸张自主性的处理

伤残后短时的依赖是无害的，一般在短时期内会随着病情趋于稳定而逐渐消失。部分患者会随着病程的发展，其依赖性反而增强，并成为一种相关性行为反应形式。此时，患者除了生活上依赖别人外，还表现为对康复训练不感兴趣，对康复目标没有追求，对自身健康不负责任。

如果想先通过满足患者的各种要求来促进其康复，然后再克服其依赖性，实际上不大可能。因为随着满足程度的不断提高，患者的要求也随之提高，永远无法满足，而克服由此产生的依赖性会越来越困难。相反，对已经形成的依赖性，采用简单的拒绝患者要求的办法也是不可取的。因为这样只会加剧患者的敌意。正确的方法应及早制订全面的计划。工作人员在不抱敌意的情况下，态度应坚决，随时对患者行为给予指导，将管理和督促相结合，经过缓慢的行为强化过程，有利于防止和克服依赖性。

与依赖性具有某些相同性质，而表现完全不同的一种行为反应方式，即所谓夸张自主性（exaggerated independency）。患者可能表现过分“积极”“自主”和“合作”，但康复训练计划不能坚持到底，或者总是停留在一个水平上，结果导致康复效果不佳。实际上，这是另一种依赖形式。对这类患者，应不断给予康复训练临场指导，特别应对其进行心理指导，使其认识到产生这种行为特征的原因和结果。

第 3 节　康复心理学（专题，2014）

摘录自 2014 年作者在浙江省残联举办的康复业务培训班的专题讲座，参加培训的有各市、县（市、区）残联康复部部长和康复中心主任，省残疾人康复指导中心、听力语言康复中心和辅助器具资源中心有关人员。

（注：本组幻灯未加解说，可直接阅读浏览图文，如能结合前文康复心理学等相关知识和压力系统模型基本法则，则更易于理解）

1

浙江省残疾人联合会康复业务培训班
（2014.11.11）

康复心理学

姜乾金
浙江大学

2

目 录

3

一、伤残者的康复过程

伤残患者的康复过程，实质上不是躯体形态的复原，而是：

功能的补偿

心理行为方面的适应

（包括生活压力的自我调控能力，后者是康复心理学的主要研究内容）。

4

二、心理行为与伤残的关系（互为影响）

1.心理行为对伤残的影响

伤残可由遗传、疾病、事故等引起，但心理行为因素在伤残发生中也会有不同的作用。

（1）某些伤残的发生可直接由于患者的心理行为问题引起。例如：

生活事件→抑郁情绪→自杀自伤→颅脑或肢体伤残

5

（2）某些伤残的发生部分与行为心理行为有关。例如：

暴躁、神经质的个体（伤残的原因）→致残事故发生率高→伤残后暴躁可能更高（伤残的结果）

（3）行为学机制，如正强化、负强化的作用可以影响伤残程度。例如：

疼痛行为→亲友的过度关注、同情（正强化）→影响自己洗衣、穿衣等适应行为→加重伤残（功能）程度

要求自己上厕所→遭到拒绝；使用便盆→得到赞同→依赖行为获得强化

6

2.伤残对心理行为的影响

（1）伤残→对工作、学业、理想、前途、文体、社交、家庭地位、周围人不良态度的影响；

（2）伤残→对不同个性特征、社会支持的影响不同；

（3）突发严重伤残→心理危机（对前途极度恐惧，怀疑自己适应能力，贬低自己，情绪极度低落，有自杀意念）。

7

三、伤残的心理行为适应过程

伤残→（不同时间）→心理行为问题改善（面对现实、达成适应）

伤残患者的适应过程可能有五个阶段：

否认→愤怒→协议→抑郁→承认和接受

以上过程受伤残类型、伤残原因、环境影响、个性特征的影响存在差异。

这种认识对于如何帮助患者达到适应有一定指导意义。

8

四、某些伤残心理行为问题的处理

1. 心理危机
2. 抑郁与自杀
3. 攻击行为
4. 依赖于夸张自主性

9

1. 心理危机的处理原则

意外伤残→情绪危机（另有“心理危机干预”课件）。这里仅提部分行为学策略。

(1) 设法分散或吸引患者注意，以赢得时间，等待积极心理应对机制的出现。

可帮助鼓励患者进行既简单又能吸引其注意力的各种训练作业（**最好是属于今后整个康复训练的准备部分**）。

例如，截瘫患者可在床上进行臂力动作训练。

10

(2) 将问题分解成为切实可行的各个部分，引导患者将注意力集中在那些经过努力可以得到解决的方面上。

例如：右手残废可鼓励用左手吃饭，成功后→患者可产生成功感→获得他人的关注→有利于渡过危机阶段。

11

(3) 施加他人积极态度影响，避免消极影响

危机状态的患者更容易受到他人情绪的影响，并倾向于仿效他人行为表现。因此：

* 医护人员应始终表现得安详、有信心；
* 避免亲友探望时消极情绪的影响。

12

2. 抑郁和自杀的处理原则

抑郁判断：

不能单凭口头语言进行判断，如果经常讲这类话，并在语调上表现绝望，伴有行为孤独等，则应引起注意。

注意严重抑郁者对自杀动机的掩饰。此时需要根据外部表现来判断。

13

帮助抑郁患者：

(1)设法维持其战胜伤残的动力，至少在伤残情况下也能创造最好生活前景并保持信心。

(2)多接触已经克服同类问题的患者，建立病房小组或互助小组，可提高上述动机。

(3)预防抑郁：

＊ 告诉哪些功能可以通过那些治疗和训练可以恢复；哪些功能丧失将会持续存在。

＊ 鼓励面对现实、提高信心。

＊ 消除环境的隔离、禁闭感，如温暖、活跃的氛围，音乐、鲜花、图片。

14

3. 攻击行为的处理原则

愤怒与敌意，其对象往往是周围人或医护人员，原因是因为“不公”等。

攻击行为的处理：

＊ 保持忍耐姿态，多接触，多讲解，在态度好转时及时给与支持和鼓励。

＊ 组织患者进行有目的的康复训练。

＊ 控制疼痛、镇静，治疗合并症，改善社会环境、条件等。

15

4. 依赖性和夸张自主性的处理原则

依赖性

部分患者随着病程发展依赖性反而增强→成为习惯性行为反应模式（生活依赖别人，对康复训练不感兴趣，对康复目标没有追求，对自身健康不负责任）。

试图通过满足其要求来促进康复，然后克服依赖性往往是不现实的（依赖性会越来越高，克服起来更困难）。

对已经形成依赖性，试图简单地拒绝患者要求也不可取（会加重患者敌意）。

16

对待依赖性的方法：

及早制订全面的康复训练计划，在不抱有敌意的情况下，态度坚决与督促相结合，通过缓慢的行为强化过程，可防止或克服依赖性。

17

夸张自主性

与依赖性有某些相似性，表现完全不同的行为反应形式，即夸张自主性（exaggerated independence）。

表现为过分积极、自主和合作、但康复计划不能坚持到底，或者总是停留在同一个水平上。

对待夸张自主性方法：

不断地康复训练临场指导（认识、行为）。

第 4 节　压力系统模型在残障人群心理健康工作中的应用（专题，2016）

摘录自 2016 年作者在杭州市残联的专题报告。

（注：本组幻灯未加解说，可直接浏览阅读图文，如结合前文相关章节内容特别是康复心理学知识和压力系统模型基本法则，则更易于理解）

①

（2016-6-23，杭州市残联）

压力系统模型理论与技术
在残疾人心理健康工作中的应用

浙江大学　姜乾金

②

提纲

A 关于残联心理健康工作，请注意几点

其一，将“线性思维”转化成“系统思维”；
其二，将“现象”转化为“理论”；
其三，了解压力系统模型基本法则；
其四，尝试用压力系统理论模型解读心理健康。

B 残疾人的压力因素分析

C 残疾人的压力因素干预

③

A 关于残联心理健康工作，请注意几点：

其一，将“线性思维”转化成“系统思维”

线性思维：因果的（平常的、简单的）
“伤残”导致“哀伤”

系统思维：综合的（专业的、系统的）
“伤残”导致“压力系统问题”
“哀伤”与各种压力系统因素共存

④

其二，将“现象”转化为“理论”

现象：常识的（具体、物化、单一）
老乡说：**“哀伤”需要“安慰”**

理论：升华的（抽象、思辨、拓展）
专家说：**“哀伤”需要“系统干预”**

5

其三，了解压力系统模型的基本法则

1 **多因素系统**（人生活在多因素的压力系统之中）

2 **因素互动**（各因素互为因果，极易形成良性或恶性循环）

3 **动态平衡**（系统的动态平衡即适应和健康）

4 **认知是关键**（认知因素在系统失衡中的关键作用）

5 **人格是核心**（人格因素在系统失衡中的核心作用）

（本专题重点在法则第一项，即压力因素）

6

其四，尝试用压力系统模型解读心理健康

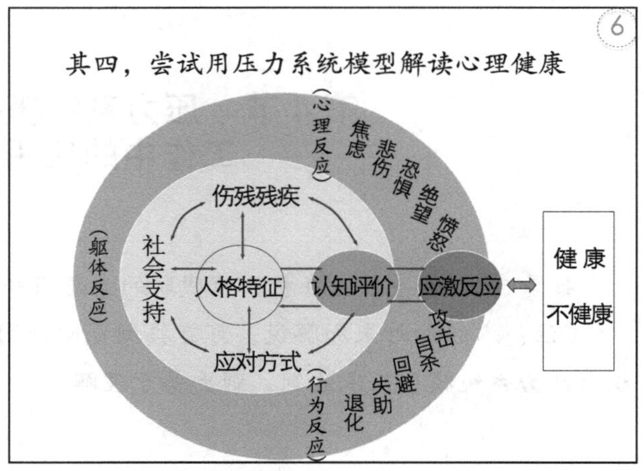

7

B 残疾人的压力因素分析

生活事件
工作、人际、婚姻、经济

认知评价
视角、自动思维

压力反应
精神、躯体、行为

压力系统分析
“残障人群”

应对方式
积极的、消极的

个性特征
观念 习惯 脾气

社会支持
家庭内、家庭外

8

1. **生活事件**——造成心理压力并可能进而损害个体健康的生物性、心理性、社会性和文化性刺激，又称压力源。

“残障人群”可能的生活事件举例：

失去身体部分功能

继发的事件（如工作受限）

导致贫困

遭受讽刺

9

2. **认知评价**——指个体对遇到的压力事件的性质、程度和可能的危害情况，从自己的角度的认识（注意：经常是“自动化”的）。

“残障人群”可能的认知举例：

多数认知积极、向上

负性自动思维

认为罪孽导致不幸，需要赎罪

容易接受暗示信息

10

3.**应对方式**——对压力事件及相应情绪所采取的认识和行为措施（可分为问题应对和情绪应对）。

“残障人群”可能的应对方式举例：

“想通了”

拼命工作

表现自己（以获认同）

自暴自弃

11

4.社会支持——又称社会网络，反映一个人与社会联系的密切程度和质量。

“残障人群”可能的社会支持举例：

家庭支持缺失
家庭外支持缺失
渴望并寻求社会支持
吸引同类人群

12

5.个性特征（人格）——指一个人的性格、脾气、习惯、观念等整个心理特征。

“残障人群”可能的个性举例：

观念与信念中的宿命论
自我意识方面的自卑
性格上的善良、坚韧、勤劳

13

6.压力反应——指个体在压力系统失平衡时所反映出来的躯体、心理和行为方面的变化（或症状）。

“残障人群”可能的心身反应举例：

情绪上的抑郁
行为上的失助（退缩）
躯体上的羸弱

14

［附］压力综合评估包括：

* 排除精神病学诊断（适时转介）
* 分析压力因素，掌握其中突出特点
* 分析压力层次特点
* 分析压力系统特点
（后两者这里略）

15

C 残障人群心理干预从压力多因素着手

16

1.事件干预——生活事件调控：解决、回避（缓冲）、接受（接受—屈服）等。

“残障人群”的生活事件干预举例：

替代功能，就业（解决）
改善经济，给予资助（解决）
帮助组织社会圈子（解决）
帮助接受现状（回避、接受）

17

2.认知干预——促进认知的改变

“残障人群”的认知干预举例：

人生无常，自己不算最差（再评价、合理化）
辨认负性自动思维
讲解某些类似人物的良好生态（暗示）
相信功夫不负有心人（“祈祷”）

18

3.应对干预——调动各种应对策略，提高积极应对能力，降低消极应对。

“残障人群”的应对策略干预举例：

指导适当倾诉，注意对象（倾诉、发泄）
找到那体现自我价值的工作（问题解决）
通过做好事体现自我、乐善好施（升华）
建议到名山大川旅游（其他应对资源）

19

4.社会支持——建立和增强社会支持
（增强客观支持；改变主观主持）

“残障人群”的社会支持干预举例：

引导融入各种组织（交友）
大胆合理地向有关部门寻求帮助（求助）
交友、多组织集体活动（社会促进）
增加亲友之间的联络（亲友联络）

20

5.个性干预——信念、观念是关键。如接受“接纳差异、快乐竞争”“挫折教育、试错训练”等积极的人生信念。

“残障人群”的个性干预举例：

尊重，也可引导树立科学人生观（观念、信仰）
通过心理治疗改善自卑（自我意识）
将勤劳、坚毅引导到公益活动中（性格）

21

6.心身干预——帮助缓解心身症状

“残障人群”的心身干预举例：

心理指导、治疗等改善抑郁（情绪）
运动、音乐等改善无助（行为）
放松训练、药物等改善躯体症状（身体）

22

[附] 实现以上压力因素干预，需通过以下基本干预手段

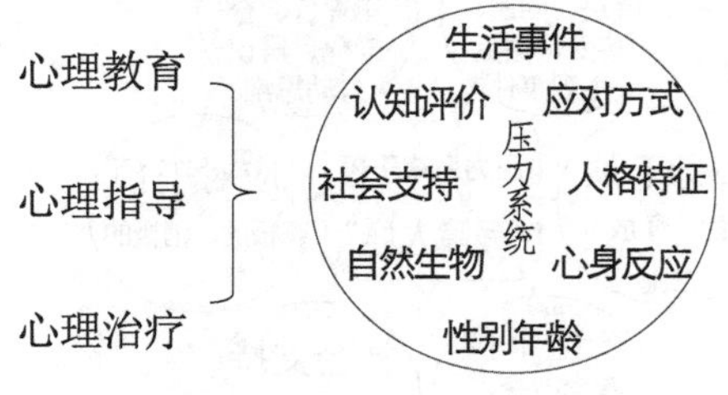

（重点是“教育”和“指导”技术）

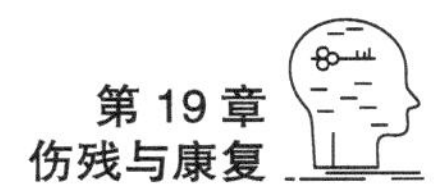

23

汇总　残障人群的心理压力因素分析与干预

因素	压力因素分析举例	压力因素干预举例
生活事件	失去身体部分功能 继发的事件(工作受限) 导致贫困 遭受讽刺	替代功能，就业 改善经济，给予资助 帮助组织社会圈子 帮助接受现状
认知评价	多数认知积极、向上 负性自动思维 认为需要赎罪 容易接受暗示信息	人生无常，自己不是最坏的 辨认负性自动思维 讲解某些类似人物的良好生态 相信功夫不负有心人

24

（续表）

应对方式	“想通了” 拼命工作 表现自己（以获得认同） 自暴自弃	指导其适当倾诉，注意对象 寻找能体现自我价值的工作 乐善好施，体现自我 建议到名山大川旅游
社会支持	家庭支持缺失 家庭外支持缺失 渴望并寻求社会支持 吸引同类人群	引导融入各种组织 大胆合理寻求帮助 多组织集体活动 增加亲友之间的联络

25

（续表）

个性特征	观念上的宿命论 自我意识方面的自卑 性格上的善良、坚韧	在尊重的基础上，引导树立科学人生观 通过心理治疗改善自卑 将勤劳、坚毅引到公益活动中
心身反应	情绪上抑郁 行为上失助（退缩） 躯体上的衰弱	通过心理指导改善抑郁（情绪） 通过运动、音乐等改善无助（行为） 放松训练、通过药物等改善躯体症状

第四篇
集　余

作者在长期的压力（应激）理论和实证研究及应用推广活动过程中，形成的其他资料收集在第四篇。包括：各种与压力系统模型相关的理论和技术培训活动，国家级继续教育项目，各种压力（应激）相关量表、软件和CAI课件，心身医学研究设计，以及与压力系统模型相关的历史资料目录等。

第 20 章　专题培训和继续教育

本章导言

当今“细分”时代，医学界的许多培训班，往往是对某一种细分新技术的培训。这时候只需要将该技术的原理讲清楚，将操作过程学会即可。大多数并不需要学员转换日常思维习惯。

以“综合”面貌出现的压力系统模型，在任何领域推广应用，都需要通过较复杂的学习和培训过程，才能真正掌握。原因就在于学员首先需要学习和训练掌握并运用“系统思维”的能力。

基于压力系统模型，作者多年来开展了多种类型的技能培训、工作坊和继续教育。所涉项目包括基于压力和压力系统模型的临床咨询工作技能、婚姻家庭问题的咨询技能、学生心理健康辅导工作技能等的培训，以及继续教育项目，对象包括心理学工作者、心理咨询师及相关领域实际工作和领导者。

对于此类研修培训班，作者也曾倾注入不少心血，将其作为推动压力理论研究和实证应用的基本方向之一。但因为培训班资料容量较大，且其中有关理论和技术在前面相关章节已有所介绍，故本章将重点放在培训班和工作坊的课程内容和框架结构方面。对于前面章节尚未涉及的内容，则尽量予以收录，至少介绍内容提纲。

本章资料适合有关专业工作者以及对压力系统模型感兴趣者参考，欢迎引用，发扬光大，造福大众。

第 1 节　程序化心理咨询技能高级研修班（资料，2005）

作者 2005 年主持“压力管理与程序化心理咨询技能”高级研修班（一、二期，杭州），2007 年主持中国心理卫生协会学术会议“压力系统模型指导下的心理咨询技术”工作坊（南昌）。两次培训内容相近，但后者较前者有所提升。培训班资料除了幻灯片，单文本文件就有 5 万字。

限于篇幅，本节只介绍研修班的培训资料目录和培训运行框架情况。未接触本文集前面章节又希望全面了解这个研修班情况的读者，建议先浏览前面相关章节，然后再接着浏览本节内容，将有助于加深理解。

一、研修班通知

近年来，国内通过专业协会及社会办学培训获国家职业资格证书的心理咨询相关人员已为数众多，但由于基础理论知识容量大，课程结构与实践有距离，受训时间短，多数为业余学习，专业技能训练不足等主客观原因，即便取得了二、三级心理咨询师资格证书，一旦碰到来访者的实际问题，常常心中无底，无法开展系统的专业咨询和心理治疗工作。

为帮助心理咨询师及其他心理工作人员能够依据一定的操作程序，独立地开展心理咨询实际服务工作，为开设心理门诊打下一个坚实的基础，我们于今年上半年（3–5 月）开办了“压力管理与程序化心理咨询技能”高级研修班。现决定在下半年（近期）再举办第 2 期，欢迎报名。

1. 目的

以姜乾金教授的心理压力系统模型为依据，学习和掌握测试心理压力事件（问题）、反应、认知、应对、支持和人格等方面的技能；根据晤谈和测试结果对心理压力做分层次的评估；学习咨询和治疗策略的制定；训练相应的心理干预技术；解剖分析具体案例；掌握一种具有实践可操作性的心理咨询模式。

2. 对象

获得国家劳动与社会保障部职业技术鉴定中心颁发的二、三级心理咨询师

从事临床医学（含精神卫生学）工作的临床医师

从事预防医学（防疫站、所）工作的医师

医学院校医学心理学和心理卫生教师

3. 时间与地点

今年春节前（具体时间待定再通知），每月双休日集中教学 2 次 4 天，共 120 学时（含带教）。

教学地点：杭州浙江大学医学院

4. 课程内容

第一部分：理论构建

压力系统结构（包括压力理论模式、发展背景、研究依据）

压力系统的平衡与适应（包括理论原理、实际案例）

程序化心理咨询中的压力分析（压力系统与适应理论指导下的咨询框架、流程）

第二部分：基本技术

程序化心理咨询中的压力系统的测验技术（相关测试问卷的形成过程、常模的建立以及使用方法）

程序化心理咨询中的三个干预层次分析（以问题为中心不同层次心理问题的特点、以适应为中心的干预选择、实例）

程序化心理咨询中心理问题的干预技术（认知行为治疗模式为主）

第三部分：实践分析

案例讲解

演练：以现场互动的方式

二〇〇五年十月三十日

二、培训资料目录

逻辑模块：压力系统与压力控制图（文本）

案例 1. 我怎样走出这段阴影（网友来信）

2. 工作压力和家庭压力案例（《压力与调适》幻灯片）

操作 1. 压力理论与干预策略（幻灯片）

2. 门诊流程框架（文本，现场）

理论 1. 压力理论（教材）

2. 压力理论历史与现状（幻灯片）

3. 对应激理论及应用的 20 年研究（文本）

4. 压力与适应（新生研讨幻灯片）

反应 1. 异常心理种类与判断（文本）

2. 压力反应三方面内容（文本）

3. 压力综合反应问题（文本）

4. 焦虑的医学原因（排除）（文本）

评估 1. 评估的信度、效度（文本）

2. 心理社会压力调查表（PSS）（文本）

3. 计算机测验简介（文本）

4. 心理社会压力调查表常模（XLS 文件）

5. 心理社会压力调查表结果剖面图（文本）

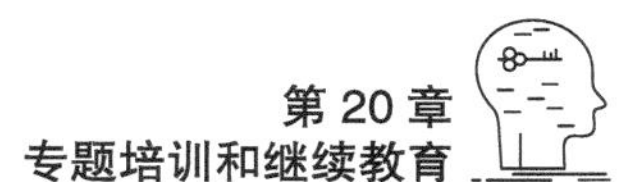

干预 1. 干预理论、角色与决策（文本）
2. 干预的 3 个层次（幻灯片，文本）
3. 认知行为干预（参考）（文本）
4. 正规心理治疗程序与方法概要（文本）

三、培训运作框架

培训运作框架如图 20－1－1 所示。

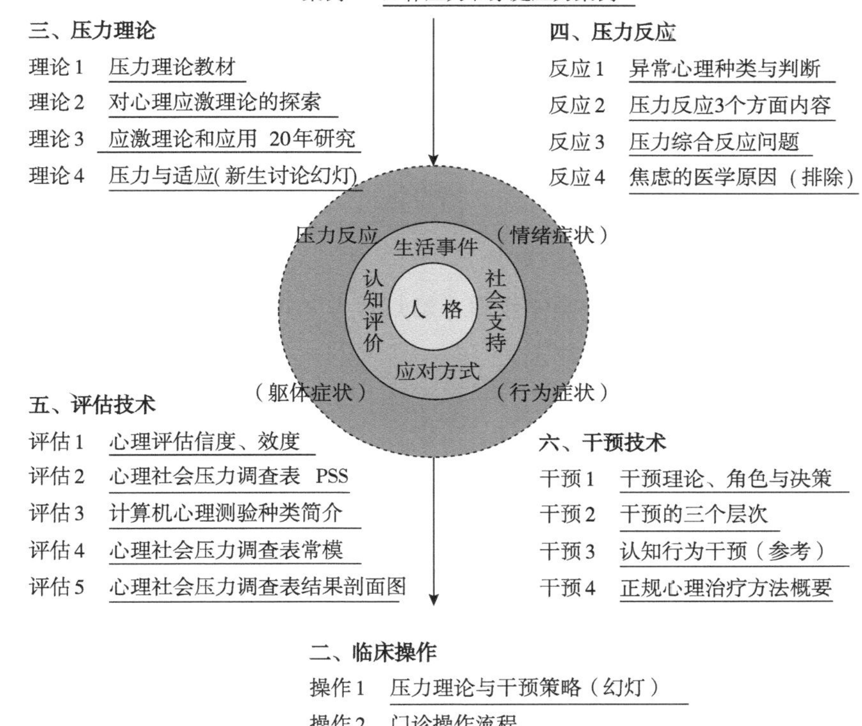

图 20－1－1 培训运作框架

第 2 节 婚姻家庭问题心理咨询技能培训班（资料，2013）

作者应邀于 2013 年在山东举办基于压力系统模型的婚姻家庭问题心理咨询技能培训班，为期 3 天，属于国家科技支撑计划项目分课题成果示范活动。鉴于课题性质，虽说是婚姻家庭咨询培训，但实际以婚姻为主，家庭问题可结合第 8 章生活压力。

限于篇幅，本节仅介绍培训资料目录中的黑体部分，即“培训大纲”“基于压力系统模型的婚姻家庭咨询操作步骤”“实例分析与问题讨论”3个部分。未浏览过本文集前面内容又希望全面了解这个培训班的读者，建议至少先浏览第9、第10章，然后再接着浏览本节内容，以利于加深理解。

另外，本节下面三组幻灯片也未加解说，读者可根据幻灯片文图，结合本文集相关章节特别是第9、第10章内容，直接浏览阅读理解。

一、培训资料目录

培训大纲（幻灯片）
压力系统模型基础知识（幻灯片）
压力系统模型之婚姻指南（之一）（幻灯片）
压力系统评估与分析（幻灯片）
压力综合评估表（PSS）（文本）
压力综合评估安装盘说明（文本）
PSS简要使用说明（文本）
压力系统干预技术（幻灯片）
压力系统模型之婚姻指南（之二）（幻灯片）
基于压力系统模型的婚姻家庭咨询操作步骤（幻灯片）
实例分析与问题讨论（文本，幻灯片）
婚姻家庭网络答疑实例（幻灯片）
附：压力系统模型的理论、评估与干预技术（幻灯片）
　　《应激与压力管理》（文本，引自《医学心理学》八年制全国规划教材第2版）
　　《婚姻揭秘DVD》（光盘）
　　《压力综合评估安装盘》（计算机辅助测验软件光盘另附）
　　《压力（应激）系统模型·解读婚姻》（浙江大学出版社，2011年。自购）

二、培训大纲

1

国家科技支持计划项目2009BAI77B05分课题成果

婚姻家庭问题心理咨询技能培训班
——基于压力系统模型

（大纲部分，三天计划）

浙江大学　姜乾金

2

杭州市2014年

2014年结婚登记
72846对
其中复婚登记4431对
2014年离婚登记
19593对

从时代和前瞻的角度，离婚也许不一定是坏事。
但目前环境下，较高离婚率，还是值得关注的。

3

前言：

生活中，有太多的青年男女，以甜蜜的爱情开始，却以痛苦的婚姻告终；有太多高学历的夫妻，以理智缜密的择偶开始，却以无法调和的家庭破裂告终。

这就是所谓的“清官难断家务事”。

4

为何会“清官难断”？

因为婚姻家庭问题不能用“是非”“对错”“好坏”“高尚与庸俗”等的线性思维来判断、来解决。（两个“懒人”可以有和谐的婚姻，而高学历的家庭结构却未必幸福）

5

该培训计划是国家科技支撑计划项目分课题示范成果，以姜乾金的压力系统模型创新理论与技术为基础，通过分层讲解，实际演练，辅以案例以及计算机软件和出版物，介绍恋爱、婚姻和家庭问题，以及解决这些问题的基本方法和手段。

6

掌握姜乾金教授的系统理论与技能，首先需要学习“系统思维”以及系统思维基础上的心理压力系统模型。实际上，当前国内大量的医疗问题，许多情况与当事人（含医学及医学工作者）缺乏系统思维有关。

7

本培训计划中的主要理论与技能，除了婚姻家庭问题，同样适用于个体心理咨询、团体心理压力管理（类EAP）和心理危机等心理咨询工作领域的各种实际问题。

8

一、婚姻家庭问题是多因素的系统问题（上午）

01压力系统模型基础知识（PPT）

自学8年制规划教材《应激与压力管理》第1～第8节

掌握：

压力因素

压力系统

压力系统模型基本法则（结合婚姻家庭）

9

02 压力系统模型之婚姻指南（PPT之一）

自学《婚姻揭秘DVD》之一

掌握：

婚姻家庭问题主题宣传讲座要领（一）

用系统模型分析婚姻家庭问题

10

二、评估技能　（下午）

03 压力系统评估与分析（PPT）

自学《应激与压力管理（8年制规划教材）》第9节

掌握：

心理评估的基本手段（晤谈、调查、量表）

压力因素、压力层次、压力系统的评估

11

04 压力综合评估PSS纸质版介绍（DOC）

05 压力综合评估安装盘说明（DOC）

06 PSS简要使用说明（DOC）

演示《压力综合评估安装盘》计算机辅助测验

掌握：

有关心理量表的使用

12

三、干预技能(一)：压力系统模型的干预技术(上午)

07压力系统干预技术（PPT）

自学8年制规划教材“应激与压力管理”10、11节

掌握：

评定问题性质（知识、认知、心理问题）

采用不同手段（心理教育、指导、治疗）

压力系统的分析指导

压力层次的干预策略

压力因素的干预技术

13

四、干预技能(二)：婚姻家庭问题的指导与咨询技术(下午)

08 压力系统模型之婚姻指南（PPT之二）

自学《婚姻揭秘DVD》之二

掌握：

婚姻家庭问题主题宣传讲座要领（二）

婚姻家庭问题的多因素及其干预技术

14

09 婚姻家庭咨询临床操作步骤（PPT）

掌握：

临床操作流程

15

五、婚姻（家庭）问题门诊实例（上午）

10 问题讨论与实例分析（PPT）

11 婚姻家庭网络答疑实例（PPT）

自学《压力系统模型-解读婚姻》一书案例

掌握：

实际应用

16

六、学员实例现场辅导及答疑（下午）

学员提供实例现场分析讨论

12 附：压力系统模型的理论、评估与预技术（PPT）

掌握：

深化实际应月

17

附录：课件、文本资料、光盘、软件、书籍目录

01压力系统模型基础知识.ppt
02压力系统模型之-婚姻指南（之一）.ppt
03压力系统评估与分析.ppt
04压力综合评估表(PSS纸质版).doc
05压力综合评估安装盘说明.doc
06PSS简要使用说明.doc
07压力系统干预技术.ppt
08压力系统模型之-婚姻指南（之二）.ppt
09基于压力系统模型的婚姻家庭咨询操作步骤.ppt

18

10问题讨论与实例分析.ppt
10问题讨论与实例分析.doc
11婚姻家庭网络答疑实例.ppt
12附：
压力系统模型的理论、评估与干预技术.ppt
《应激与压力管理》摘自八年制规划教材.doc
《婚姻揭秘DVD》浙江音像出版社，2013
《压力综合评估安装盘》(计算机辅助测验光盘另附)
《压力（应激）系统模型·解读婚姻》浙江大学出版社，2011

19

方法是人类认识客观世界和改造客观世界应遵循的某种方式、途径和程序的总和

手段也称为工具，直接作用于客观对象。

三、基于压力系统模型的婚姻家庭咨询操作步骤

1

基于压力系统模型的

婚姻家庭咨询操作步骤

浙江大学　姜乾金

2

本专题要求掌握婚姻家庭咨询基本流程：

一、启动婚姻家庭问题的解决动机

二、评估婚姻家庭系统

三、个别指导

四、团体指导

五、其中的心理治疗

六、恋爱咨询（择偶、失恋、冲突）

3

样板案例——《婚姻指南》例11

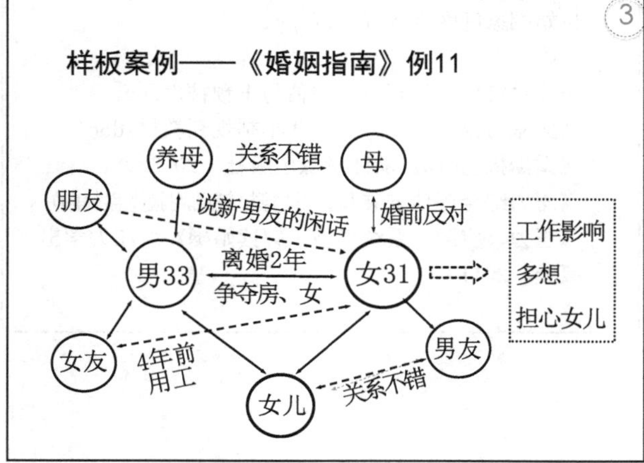

4

一、启动婚姻家庭问题的解决动机

多数婚姻家庭咨询来访者，一如普通人遇到普通问题，其目的是来证实“是、非”答案（如丈夫是错的，自己是对的）和征求解决问题的方法（如是否离婚），故需要帮助**启动或调整动机**。

5

1. 讨论婚姻当事人往往都是“聪明”的人（举例）

2. 讨论婚姻家庭问题当事各方往往都是“正确”的（举例）

3. 讨论婚姻（家庭）是个“讲另类道理的地方”

4. 介绍本工作模式及特点：系统问题需要系统思维（举例）

6

二、评估婚姻家庭系统

评估手段包括晤谈、观察、调查和测量。但要求精练、突出重点，紧紧围绕婚姻家庭的系统动态平衡情况。其中观念（信念）方面的差异是重点。

7

1. 晤谈、观察、调查：了解各成员对问题的主诉（备考）

2. 晤谈、观察、调查：了解各成员的压力因素（特别是性格、习惯、观念与价值观、文化差异）

3. 测验（计算机）：核心当事人（如夫妻）压力因素的数量化

4. 测验：婚姻质量、幸福度、父母教养等问卷（略）

8

5. 分析每一个当事人的压力因素特点，关注异常情况

6. 分析本案的系统结构特点（个人特点；夫妻特点；代际特点；家族特点）

7. 分析本案的系统动态变化特点

8. 判断核心人物，核心人物的核心因素（往往是观念、信念因素的差异）

9

三、个别指导

个别指导涉及心理咨询的所有知识与技术（有人戏称“耍嘴皮”），但目标非常明确——主要向来访者“推销”婚姻家庭系统模型、“爱+适应”原则，使之按系统模型去“接纳差异、快乐互动”，自己去改变系统结构，解决目标问题。

10

1. 指出问题的原因不是你所指出的理由，而是“爱+适应”原则的缺失，长期“系统失衡”、恶性循环的结果

2. 指出“不适应”的主要因素（特别是性格、习惯、观念与价值观、文化方面的差异）

11

3. 指出本人在该一系列“差异”中的作用（教育和指导，包括婚姻、家庭、孩子教育基本知识和基本原则）
4. 宣讲“接纳差异、快乐互动”原则（结合具体）
5. 其他“知识”的指导（如前文睡眠知识指导）
6. 用上面同样的程序，对其他成员开展指导

12

四、团体指导

婚姻家庭团体指导方法类同前一项的个体指导，但特别要注意避免不经意中使团体中的某一个人成为“病人”或“被审判者”。如果真的发生，应及时用语言技巧将会谈氛围和方向转换到正规上来。

13

1. 集中所有当事人（或根据情况先一对，再逐步增多）
2. 结合本案的测评、分析，以及个别指导结果，讲解婚姻家庭是系统结构，存在多种因素方面的差异（特别是性格、习惯、观念与价值观、文化的差异），需要“接纳差异、快乐互动”的基本原则

14

3. 指出“接纳差异”不是忍受和吃亏
4. 指出“快乐互动”不是改造对方
5. 留出时间让当事人“自我分析”

15

五、其中的心理治疗

其实在婚姻家庭咨询过程中，始终遵循着有关心理治疗原理和原则（要求较高），如行为理论、认知理论、人本理论，以及本专题的系统理论。但对于婚姻家庭系统中某位突出的成员，在被接受的基础上对其实施心理治疗。

16

1. 首次咨询（2～3小时）结束，要促其再次来访的动机
2. 延续的婚姻家庭咨询，除了继续前面的个别和团体指导外，往往还涉及对其中重点成员的心理治疗
3. 心理治疗涉及人格层面的改变（如观念、信念）
4. 一般使用认知行为疗法

17

六、恋爱咨询（择偶、失恋、冲突）

这一类来访者也不少，虽然涉及的问题方方面面，但关键仍然是压力系统模型在婚恋中的核心原则，包括承认和接纳“差异”原则、“爱+适应”原则、“多因素系统平衡”原则、以及“接纳差异、快乐互动”原则等。

18

基本原则是“系统模型”——

1. 人是多因素的系统，情感、认识和人格是三个主要层面，其中充满了差异
2. 恋爱是两个人之间对差异的选择，而差异是绝对的（甚至包括“爱”）
3. 在可以接纳的差异基础上，通过快乐互动，可以缩小差异，达到相对的和谐，就是良好的婚姻
4. 差异过大，不能接纳，就不要勉强，放弃也是一种“适应”、一种风度。

19

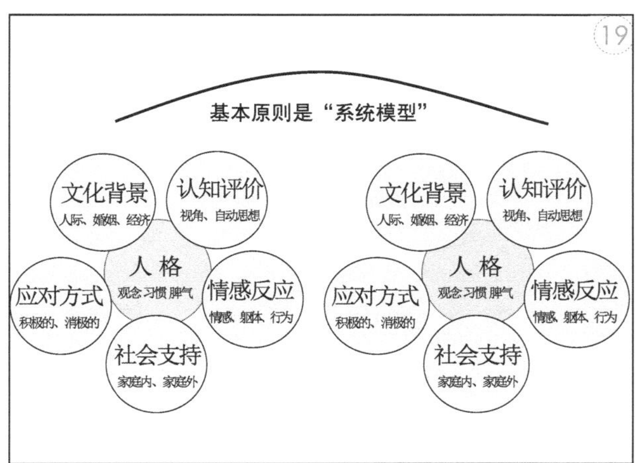

20

你已经掌握本专题的婚姻干预流程吗？

一、启动婚姻家庭问题的解决动机

二、评估婚姻家庭系统

三、个别指导

四、团体指导

五、其中的心理治疗

六、恋爱咨询（择偶、失恋、冲突）

四、实例分析与问题讨论

1

基于压力系统模型的
婚姻家庭咨询

实例分析与问题讨论

2

本专题要求学员掌握：

1. 通过实例分析和问题讨论，进一步熟悉压力系统模型的婚恋家庭问题咨询模式
2. 如有困难，则至少：

对来访者做6种因素简单评估

对婚姻家庭来访者宣讲“爱+适应”原理

针对评估中显示的突出因素做常识性指导

3

一、实例分析（目录）

实例一：来访者刘某某（新）

实例二：丈夫一句话让妻子忌恨一辈子

实例三：请学员继续提出案例

4

实例一：来访者刘某某

5

基本情况：

父亲农村出身，会做生意，性格强势，活动能力强，价值观重视金钱。从小到大经常教训子女，受到挑战或者忽略则会打骂妻子和子女。目前父母住在老家衢州（老家有农村大房子），儿子一家工作在台州（在台州和杭州均有大房子），女儿一家工作在杭州（在杭州有两套大房子），但存在以下关联的家庭系统问题，让来访者长期“难受”而来门诊：

6

刘某某家庭关系示意图

7

1. 父母关系一般，母亲家庭妇女，长期养成服从父亲的习惯，有什么不满最多在子女前面唠叨几句，看起来她还比较崇拜他。来访者对母亲充满同情。

2. 儿子从小怕父亲，经常受到贬低性的责骂，从而一直来性格懦弱，办事优柔寡断，特别在青春期和中专读书期间，但表现懦弱则又会引来父亲的进一步贬低。直到现在自己事业有成（项目经理），但在家里仍然对父亲又怕又生气。作为“长子”，随着父母年龄增大倍感家庭压力。

8

3. 女儿从小也怕父亲，也经常受指责，但会跟父亲吵架。独立工作后比儿子有魄力，但性格有些类似父亲刚愎自用，钻牛角尖，价值观也看重金钱。五年前由于父亲的逼迫，认为积蓄的钱应该钱生钱，将女儿的30万转借给自认为很可靠很有恩于他的朋友（甚至曾提到将来靠该朋友“养老”），结果朋友却跑了，至今没能追回。女儿发誓，如果不能讨回这笔钱，将永远不叫他爸爸。

9

4. 媳妇是护士，父亲从一开始就看不起这个护士，一直到今天。但媳妇性格随和，金钱上也“想得通”，认为生活过的愉快是最重要的。儿子认为父亲对自己的妻子太薄情（尽管结婚时确实是顶着父亲在外地找的对象），认为现在都结婚有了孩子，总不能用离婚来让父亲高兴吧。

10

5. 儿子和媳妇关系尚可，但因为家庭成员之间的沟通存在问题，总感觉欠缺些幸福感。

6. 姐弟俩不太说到一块，可能姐姐对父亲为弟弟在杭州购房长期有不满。

11

7. 妻舅原在内地工作，很艰苦，父亲通过自己的关系将其调回金华某医院。后来生活和工作各方面情况都变得很好。但却很少提高父亲的功劳，让父亲觉得这个妻舅不地道，关系很冷淡。

8. 孙子将要在杭州还是在台州上小学，成为难题——早先将孙子户口落在杭州（有父亲代儿子购买的房子，该房子成为父亲有先见之明的依据），由父母在杭州带养过几年，但后来发现孩子变得不善言语，就又带回台州自己抚养。

12

压力系统模型的家庭咨询，本实例的首次咨询结果：

儿子作为来访者，在整个咨询指导过程中，多次提到咨询师的说法与他原来的想法和做法不同，很受启发。例如，他和姐姐、父亲一样，总是根据“对与错”来判断家庭中各种问题；虽然明知不可为，但总是想方设法要去改变对方，结果谁也改变不了谁；等。来访者最后带着高兴的心情离去。

13

实例二：丈夫一句话让妻子记恨一辈子

14

基本情况：

丈夫曾经对妻子说，我与你的感情永远不会超过我与姐姐的感情。妻子曾经多次问丈夫，当年为何这么说，但丈夫总是不予正面回答，为此妻子长期记恨，不能忘怀。

15

“系统模型”解读：

1，一般人的看法（线性思维），人与人之间的“感情”是可以用一个尺度来测量其长短、高低的。丈夫和妻子双方其实都是这种单维度的思维。但系统模型认为，夫妻间的“爱情”和姐弟间的“亲情”是不同的情感维度。丈夫也许因为早年经历与姐姐有很深的“亲情”，但他错误地将其与妻子的“爱情”做此短彼长的比较。由于他自己并不知道其中的原理，故无法做出明确回答，加深了妻子的猜忌。

这种情况，可给予“情感”也有不同维度的宣传。

16

2，还有一种情况，就是妻子与丈夫曾长期存在婚姻系统的不平衡（即存在婚姻问题），多因素恶性循环的结果，其中的情感因素也受到伤害，导致丈夫对妻子的情感（爱情）确实变淡。

但因为双方都属于线性思维，都只是用“是非”“好坏”来评判对方，都不知道出现这种结果的背后系统原因，也无法展开深入讨论，丈夫自然也无法说清能令妻子满意的个中缘由。

这种情况，应该给予系统模型基础上婚姻家庭咨询。

17

实例三：请学员继续提出案例

（可就课件和著作中案例提问）

18

二、问题讨论（目录）

（一）为何不是首先分析和“解决具体问题”？

（二）如何促进当事人真正的“接纳差异”？

（三）如何指导具体的“快乐互动”？

（四）“接纳差异，快乐互动（竞争）”指导技巧

（五）如何面对“系统”中的单方强势者、不接纳差异者、无法调动其咨询动机者、有重要心理疾病者

（六）本课程的效用

19

（一）为何不是首先分析和“解决具体问题”？

1. 婚姻家庭成员面对持久不能解决的问题，通常不是正确与缪误的“是、非”问题，而是“系统”的问题，用通常的线性思维逻辑难以解决。

（注：所有家庭成员都是聪明人，却长期不能“统一”思想。像前面讨论的刘某某父亲，你能够让他改变吗？何况他人都没有来门诊）

20

2. 通过咨询指导，当他们真正接受“接纳差异、快乐互动”的原则以后，当事人会用自身的聪明才智解决具体的问题。

（注：明白道理后，当事人即使是来访者一个人，自己也会消除怨恨，采取“快乐互动”——例如刘某某动员姐姐一起讨论如何去要钱，不成功则与父亲商量能否赔偿一部分，确实造成损失无法挽回则说服姐姐想想财产重要还是亲情更重要）

21

（二）如何促进当事人真正的“接纳差异”？

1. 指出人与人之间各种“差异”是绝对的，“一致”却是相对的。

（注：刘某某的父亲性格和价值观不可能与所有人相同。他的某些特点既是家庭成功的因素，也是目前家庭问题的因素）

2. 指出作为系统的“人”，有其固定了的“特点”，这些“特点”不是认识到就能改变的。

（注：刘某某父亲的价值观是长期形成的）

22

3. 指出作为系统的“人”，其各种“特点”的改变往往是痛苦的，但最后往往会证明有的特点会带来正确的结果。

（注：刘某某所怨恨和反感的父亲未必是“坏”父亲，几十年后证明他固执地要买房子，结果升值了），

23

（三）如何指导具体的“快乐互动”？

（以刘某某实例）

1. 首先要说服来访者确信婚姻家庭中的差异是客观的、不可避免的，心诚口服地“接纳差异”。
2. 然后分别建议来访者用“快乐互动”的原则，说服自己与妻子、姐姐、父亲“讨论”、“商讨”某些差异很大的问题。但必须准备好心态，准备没有“结果”。告诉他没有结果也是结果，只要在整个讨论过程中没有生气，就是“快乐互动”的结果。

24

3. 使之相信，经常的“快乐互动”，看起来没有解决什么问题，但实际上家庭系统会在互动中潜移默化地变化。

4. 鼓励他，只要你按照这样去做，你自己首先会感受到对家庭成员的心情变化。凭你一人之力，也会促进家庭的某些变化。

25

（四）“接纳差异，快乐互动（竞争）”指导技巧

（讲“故事”，解说人生就像优秀足球运动员）

26

（五）如何面对“系统”中的：

单方强势者

不接纳差异者

无法调动其咨询动机者

有重要心理疾病者

27

（六）本课程的效用

婚姻家庭问题作为多维度的系统问题，本课程提供一种经过理论和实证研究的理论思路和操作流程，但涉及的各种具体技术环节需要不断的学习累积和实践训练，才能随心所欲地面对不同类型临床案例

28

你已经掌握本专题的要求吗？

1. 实际使用系统模型评估、干预各种婚恋、家庭问题

2. 如果还有困难，则至少：

*对婚姻家庭问题当事人做六种因素简单评估

*向婚姻家庭问题来访者宣讲“爱+适应”原理

*针对评估中显示的突出因素做常识性指导

第 3 节　婚姻家庭问题咨询技能工作坊（资料，2015）

作者 2015 年举办基于压力系统模型的婚姻家庭问题咨询技能工作坊，为期 3 天，是前面课题成果示范活动的延续。

一、通知和课程表

（一）工作坊通知

宗旨：婚姻家庭的是否和谐，直接影响到夫妻双方的生活质量、职场发展以及后代的健康成长，是个人幸福感的主要源泉。孩子从出生的那天起，也无时无刻不在受到父母婚姻及家庭的影响，对其以后的发展、生活幸福起着至关重要的作用。

对于心理咨询师来说，掌握一种婚姻家庭咨询及亲子教育技术，不仅能够挽救无数风雨飘摇中的家庭，更是实现自身事业平台发展的重要途径。浙江大学医学院教授、浙江省大众心理援助中心副主任姜乾金教授，将近 30 年的压力系统研究应用到婚恋关系中，并主持完成了相应的国家科技支撑计划项目分课题，出版成果图书《压力（应激）系统模型 · 解读婚姻》，构建了学术与应用的沟通桥梁。本工作坊将由姜乾金教授亲自传授基于压力系统模型的“婚姻家庭问题系统评估与咨询技能”。

面向对象：

心理咨询师

处理恋爱或婚姻关系遇到困难的夫妻或伴侣

想要学习如何获得良好亲密关系的单身人士

受父母不良婚姻影响的恐婚人士

对于恋爱和婚姻问题感兴趣的人

主办单位：浙江省心理卫生协会，浙江省大众心理援助中心。

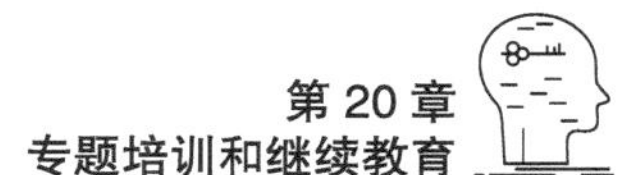

时间、地点：时间 5 月 8 日至 10 日三天，9：00－12：00；14：00－17：00。地址：浙江省委党校文一校区。

（二）工作坊课程表

工作坊课程安排如表 20－3－1 所示。

表 20－3－1　工作坊课程安排

培训时间		主题	内容简介
8 日	上午	一、基础：压力系统模型 二、基础：压力系统模型解读婚姻	00 引子——工作坊课程内容简介（PPT） 01 压力系统模型基础知识（PPT） 自学：应激与压力管理（医学心理学 8 年制规划教材） **掌握：**压力因素 压力系统 压力系统模型基本法则（结合婚姻家庭） 02 压力系统模型之婚姻指南（PPT 上） 自学：《婚姻揭秘 DVD》之一 **掌握：**婚姻家庭问题主题宣传讲座要领（一） 用系统模型分析婚姻家庭问题
	下午	三、压力评估技能	03 压力系统评估与分析（PPT） 自学：应激与压力管理（医学心理学 8 年制规划教材） **掌握：**心理评估基本手段（晤谈、调查、量表） 压力因素、压力层次、压力系统的评估 03－1 压力综合评估 PSS 纸质版介绍（DOC） 03－2 压力综合评估安装盘说明（DOC） 03－3 PSS 简要使用说明（DOC） 演示：《压力综合评估安装盘》计算机辅助测验 **掌握：**有关心理量表的使用
9 日	上午	四、干预技能：压力系统模型的干预技术	04 压力系统模型干预技术（PPT） 自学：压力管理（医学心理学 8 年制规划教材） **掌握：**评定问题性质（知识问题、认知问题、心理问题） 采用不同手段（心理教育、心理指导、心理治疗） 压力系统的分析指导 压力层次的干预策略 压力因素的干预技术。
	下午	五、干预技能：婚姻家庭问题的指导与咨询技术	05 压力系统模型之婚姻指南（PPT 下） 自学：《婚姻揭秘 DVD》之二 **掌握：**婚姻家庭问题主题宣传讲座要领（二） 婚姻家庭问题的多因素及其干预技术
10 日	上午	六、婚姻家庭问题心理咨询操作步骤	06 婚姻家庭咨询临床操作步骤（PPT） **掌握：**临床操作流程 自学《压力（应激）系统模型·解读婚姻》一书案例 **掌握：**实际应用
	下午	七、实例分析与问题讨论	07 实例分析与问题讨论（PPT） 自学：婚姻家庭网络答疑实例（PPT） 07－1 学员提供实例参加现场分析讨论 自学：压力系统模型理论、评估与干预技术（PPT 另拷） **掌握：**深化实际应用

注：为减少篇幅，下文仅收录“00 引子——工作坊课程内容简介”，其他部分仅仅列出提纲。

二、工作坊课程内容简介

（一）引子

介绍工作坊的背景情况和学员需具备的系统思维基础，并通过分析部分实例，提出工作坊的3个目标。幻灯图片未加解说，可直接浏览阅读理解，如结合本文集相关章节特别是第9、第10章内容，则更易理解。

①

国家科技支撑计划项目分课题示范成果
（项目编号2009BAI77B05）

基于压力系统模型

婚姻家庭问题咨询技能工作坊

（引　子）

姜乾金

②

背景

2011年出版

此是科技部国家科技支撑计划项目分课题示范成果，也是作者及合作者近30年的压力理论和实证研究成果。

③

2013年出版

④

家庭治疗的起源及发展

1. 1955年　家庭诊断与治疗分会（美国精神医学会）
2. 60年代　第一个家庭治疗期刊（Family Process）
3. 70年代　深入探讨阶段
4. 80年代　20几种家庭治疗期刊
5. 90年代　整合与折衷中，各理论与学派互相借鉴

动力学理论、行为理论、结构式家庭治疗理论、策略式家庭治疗理论、系统式家庭治疗理论等

——刘盈：家庭问题。见姜乾金、张宁主编：临床心理问题指南。人民卫生出版社，2011

⑤

压力系统模型强调“系统思维”

线性思维——好坏、对错、因果（自动、共同）
现实中，太多的问题来自于线性思维

系统思维——辨证、相对（系统论、弦论、缘）
专业工作往往采用的是系统思维

婚姻家庭问题，需要使用**系统思维**（即**压力系统模型基本法则**）

⑥

压力系统模型之“线性思维”	压力系统模型之“系统思维”（基本法则）
1. 双因素（单维度）	1. 多因素（至少多维度）
2. 一因一果（有其因必有其果，有其果必有其因）	2. 因素间互相影响（有其果却未必有其因，或一因多果，多因一果）
3. 因果关系是固定的（解决问题必须是消除原因）	3. 因素间的关系是动态变化的（因果随时间会转换，解决问题即是促进因素间的动态平衡）
4. 唯认识论	4. 认识是关键因素
5. 忽视人格因素	5. 人格是核心因素

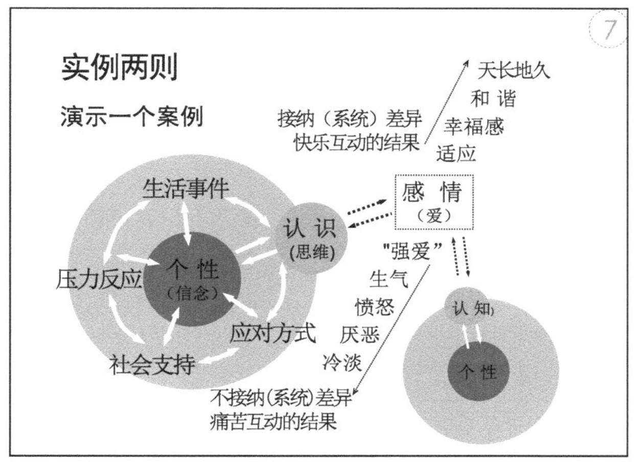

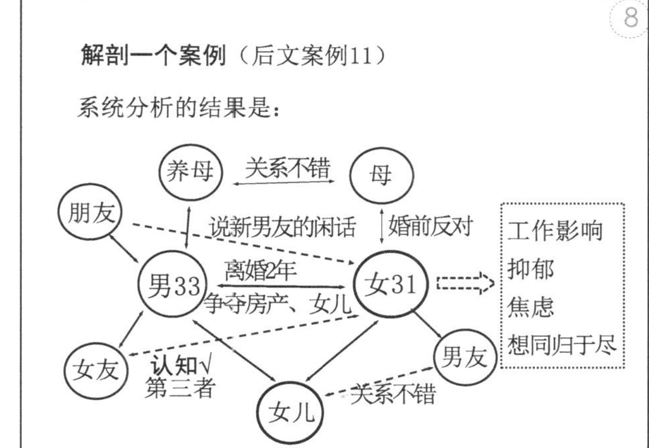

9

案例11 其中女方的压力特点：

生活事件——夫妻冲突、离婚、争夺女儿、闲言碎语

认知特点——男方是"流氓"，坚信其女同学是第三者 √

应对方式——无效、消极的应对

社会支持——社会支持越来越低（社会、家）

人格特征——好强，男女平等观念强烈，坚韧性

心身反应——影响工作，焦虑，失眠，仇恨

10

从案例11 可以提出以下思考题：

"爱"能解决婚姻家庭中的一切问题吗？

"坚持正确，改正错误"，就能解决婚姻问题吗？

"门当户对"是婚姻家庭和谐的保证吗？

"结婚是爱情坟墓"的感叹从何而来？

"宝黛和梁祝"如果结婚，家庭真的会和谐吗？

"知识与文化"为何不能保证婚姻和谐？

——婚姻家庭，一个需要讲另类道理的地方

11

工作坊目标

目标1
用压力系统模型解读各种婚姻家庭问题

目标2
用压力系统模型做团体婚姻家庭宣传讲座

目标3
系统评估和综合干预婚姻家庭问题

12

思考与作业

1. 为何一些暴富者（青云直上者）与原配的婚姻往往容易出问题？（从生活观念的变化上讨论）

2. 请学员准备一个婚姻家庭案例，备最后课堂上讨论

（二）其他部分提纲

01 压力系统模型基础知识

要求：

1. 压力因素

2. 压力系统

3. 压力系统模型基本法则（结合婚姻家庭）

目录：

第一部分 举例

第二部分 心理应激（压力）因素

第三部分 理论的发展

02 压力系统模型之婚姻指南（上）

要求：

1. 婚姻家庭问题主题宣传讲座要领（一）

2. 用系统模型分析婚姻家庭问题

目录：

一、每个人都是多因素“系统”

二、婚姻是“更大系统”

三、“系统”中各种因素是互相影响的

四、“系统”因素之间的关系是动态变化的

五、“适应”是婚姻和谐的关键

六、“适应”与“爱”并不矛盾

03 压力系统评估与分析

要求、目录：

一、各种评价基本手段（晤谈、调查、测验）

二、各种压力因素的评估（参考资料）

三、压力层次的评估

四、压力系统的评估

（结合婚姻家庭问题）

04 压力系统模型干预技术

要求、目录：

一、判定问题性质（知识或认识问题、人格问题）

二、不同干预手段（心理教育、心理指导、认知治疗）

三、对来访者做“系统”情况的分析指导

四、压力“层次”的干预策略

五、压力“因素”的干预技术

（结合婚姻家庭问题）

05 压力系统模型之婚姻指南（下）

要求：

1. 婚姻家庭问题主题宣传讲座要领（二）

2. 婚姻家庭问题的多因素及其干预技术

目录：
一、正确认识和调控“爱情”（亲情）
二、预防和处理好家庭“生活事件”
三、提高家庭成员的“应对能力”
四、改善和巩固家庭内“社会支持”
五、正确对待家庭成员的“个性差异”
六、及时消除每个家庭成员的“压力反应”（烦恼）

06 婚姻家庭咨询临床操作步骤

要求、目录：
一、启动婚姻家庭问题的解决动机
二、评估婚姻家庭系统
三、个别指导
四、团体指导
五、其中的心理治疗
六、中止（与再约）
七、恋爱咨询（择偶、失恋、冲突）

07 实例分析与问题讨论

要求：
1. 实际使用系统模型评估、干预各种心理问题、婚恋与家庭问题
2. 如有困难，则至少：
对来访者做 6 种因素的简单评估
对婚姻家庭来访者宣讲“爱 + 适应”原理
针对评估中显示的突出因素做常识性指导

第 4 节　中小学心理教师培训班（资料，2016）

摘录自 2016 年有关部门组织的中学（也有部分小学）心理教师培训班专题讲座。

相对来说，这些教师有一定的心理学基础，但是临床实操方面则未必有比较完整的“套路”。本专题重点介绍以系统模型为基础的中小学生心理辅导工作的基本操作模式。内容包括以下几方面：

① 开篇部分，简单介绍有助于认识和解决学生常见心理问题的各种心理学理论。其中小学阶段突出行为学习理论，中学阶段突出认知理论和系统理论模型。同时特别强调，通常的线性思维无助于认识和解决学生心理问题，系统思维才是。

② 解释身体健康问题和心理健康问题实质上都是“系统问题”。举例详细说明心理问题（心理压力）实质上是多因素参与的系统问题，顺带解释系统论和压力系统模型基本法则。这 5 项基本法则指导临床心理咨询工作。

③ 详细介绍 6 项压力因素的基本概念及各自与压力系统的关系。

④ 在理论和技术上，较详细介绍基于系统模型的压力评估和诊断技术，对压力因素、压力层次和综合评估技术，包括晤谈、调查和压力量表的使用。

⑤ 在理论和技术上，较详细介绍基于系统模型的压力干预技术。因为时间限制，重点介绍压力因素的干预。

（注：本组幻灯片中的所有超链接已经删去，幻灯片内容未加解说，读者可直接浏览阅读图文，如能结合文集前面各章内容，特别是压力系统模型，则更易理解）

1

（2016-7-18）

系统模型在中小学学生心理辅导中的应用

浙江大学　姜乾金

2

“中小学生”其实是一个连续体

小学初段——行为问题、情绪问题、认知问题
发展理论、**行为学习理论**、人本理论

中学高段——认知问题、情绪问题、行为问题
发展理论、认知理论、**系统理论模型**

本讲座以高年级学生为主（儿童行为问题见另课件）

3

系统模型的基础和难点在**“系统思维”**

线性思维——因果的（平常的、简单的）
厌学是因为“不懂得学习的重要性”
自卑是因为?

系统思维——综合的（专业的、系统的）
厌学是“系统失衡”的一种结果
自卑是?

4

提纲

A 系统论与压力系统模型

B 系统模型的因素分析技术

C 系统模型的评估技术

D 系统模型的因素干预技术

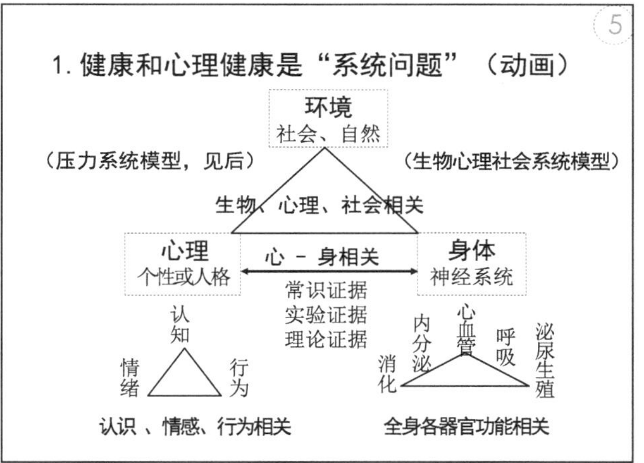

6

“身体问题”本质上是系统问题

1970年代，在临床医学工作中，遇到大量百日咳脑病。患儿症状复杂、凶险，需要对病情的各个方面做出系统的分析，采取多渠道、多手段（镇静、止痉剂、脱水剂、冬眠灵、东莨菪碱、抗菌素、激素、强心剂、呼吸兴奋剂、输液、补碱、鼻饲等）的医疗措施，才能取得疗效。

后图是姜乾金1975年关于百日咳脑病的**系统思考**。这种综合思考方式，延续于此后40年的学术生涯。

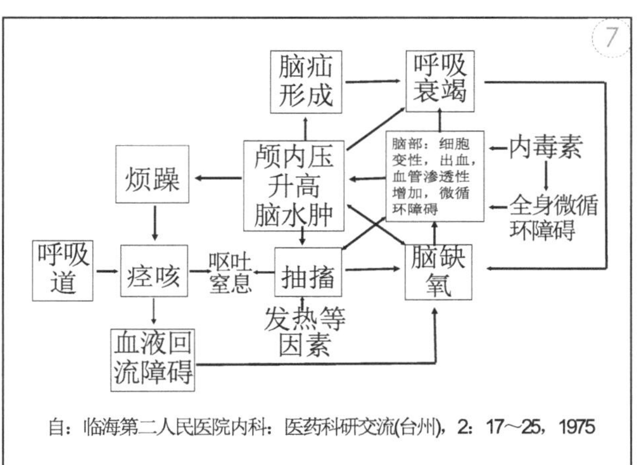

8

“心理问题”本质上也是系统问题

（一位高三重点班学生的心理问题）

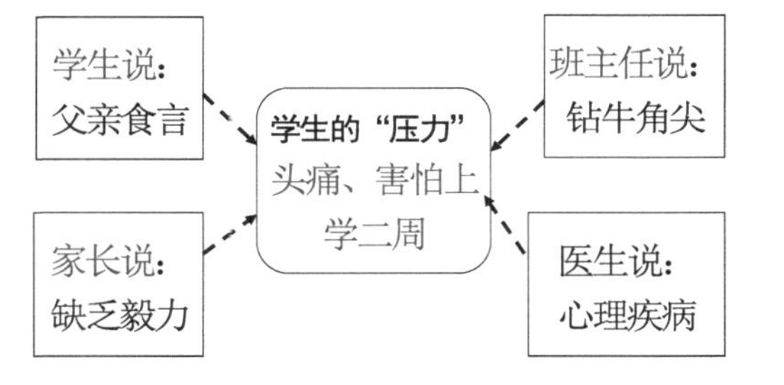

9

问题概述：

某男，18岁，重点中学高三重点班学生，成绩一直处于班级前列。三周前，因考试成绩有所下降，老师当着全班男女同学的面点名批评了该生，使该生很感失面子，因**头痛、焦虑、抑郁、失眠，学习困难，人际冲突，害怕去学校、见同学，已两周不去上学**（在家睡觉），在父亲陪伴督促下来诊。

10

学生诉说“原因”

该生认为，自己的头痛、焦虑、失眠和学习艰难、在学校特别是见到同学紧张，这些表现已一年多，曾告诉家长但被认为是思想问题而不被重视。

认为自己的问题是由于初中毕业时父亲曾经答应考上重点高中将给买电脑，但事后又以会影响高中学习为由不予兑现。**父亲的食言，使自己整个高中阶段情绪很坏，**导致学习受影响，越来越乏味，终于不能支持下去。

11

家长分析“原因”

家长报告，该生在小学、初中阶段听话、认真，成绩优良，家长、老师、同学认同，关系良好，应该很有发展前景。家长认为目前主要原因可能是孩子怕苦，**缺乏最后冲刺的毅力**，对高三阶段的冲刺学习意义不能理解、不能承受而不去上学，但怎么劝说也无效，才想到心理医生的帮助。

12

班主任分析“原因”

班主任认为，该生在高中阶段成绩一直保持在前列，但不合群、要好同学不多，在某些问题上略显**固执、钻牛角尖、太爱面子**，不能正确对待老师的正常善意批评，行为反应过度，居然不来学习。

13

2. 什么是系统论

奥地利理论生物学家**贝塔朗菲（Bertalanffy L. von，1901—1972)**

1937年就提出**系统论**的观点，1945年再次提出，1955年出版专著《一般系统论》(*General System Theory*)

14

系统论、控制论、信息论（又称“**老三论**”）是控制论的三部分内容。**系统论是其它两论的基础。**

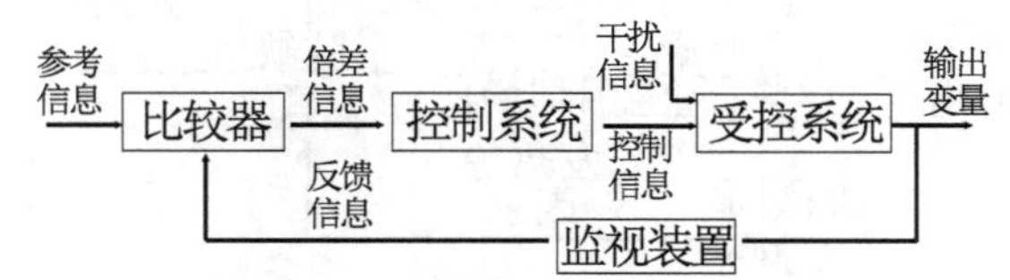

自动控制系统模式图

15

系统论认为，**身体**是由分子、细胞、器官等不同层次组成的统一体。

系统论认为，**心理**由认知、情感、意志和个性等有机地联合在一起。

系统论认为，**一个人**包括生理和心理，与自然和社会构成更大系统。

社会/国家
文化/亚文化
社团
家庭
两人

宇宙
地球
气候
水、空气
动、植物

环境

社会环境 ⟷ 自然环境

心 理 ⟷ 生 理

行为
感受
认知
个性/经验

分子
细胞
器官
系统/神经

人

图 强调层次和连续体示意图

16

3. 姜乾金的压力系统模型

心理健康是多因素作用“过程”

压力源　影响变量　压力反应

各种事件

认知评价　应对方式

社会支持　个性特征

心理反应
行为反应
生理反应

健康
不健康

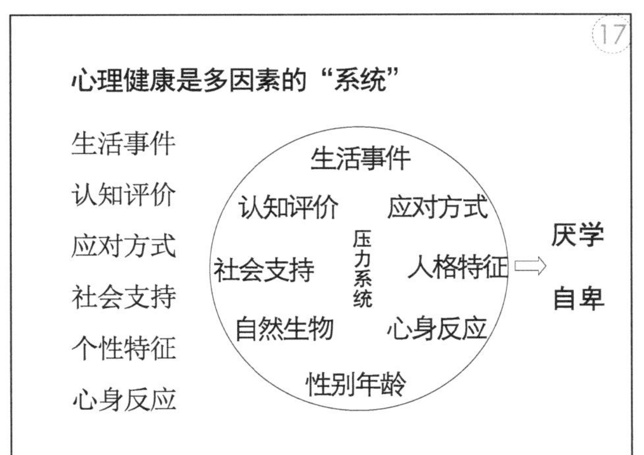

18

压力系统模型基本法则

（1）**多因素**（人生活于多因素的压力系统之中）

（2）**因素互动**（各因素互为因果，成良性或恶性循环）

（3）**动态平衡**（系统的动态平衡即是适应和健康）

（4）**认知是关键**（认知因素在系统失衡中的关键作用）

（5）**人格是核心**（人格因素在系统失衡中的核心作用）

19

提纲

A 系统论与压力系统模型

B 系统模型的因素分析技术

C 系统模型的评估技术

D 系统模型的因素干预技术

20

“心理问题”的压力因素分析

生活事件
认知评价
压力反应
压力系统模型分析
“心理问题”
应对方式
个性特征
社会支持

（略去超链接）

21

系统模型的因素因素分析列表

生活事件	
认知评价	
应对方式	
社会支持	
个性特点	
压力反应	

22

提纲

A 系统论与压力系统模型

B 系统模型的因素分析技术

C 系统模型的评估技术

D 系统模型的因素干预技术

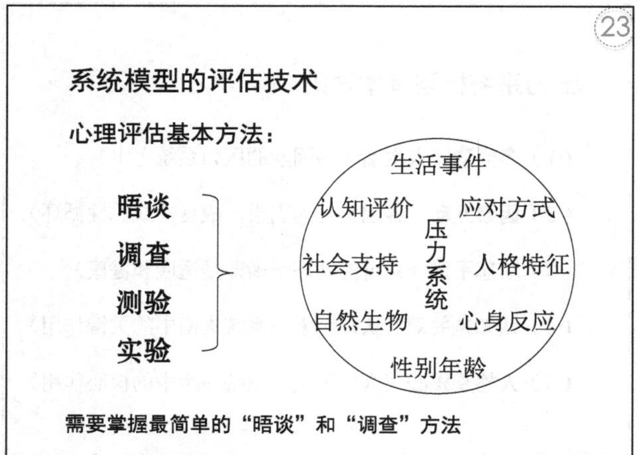

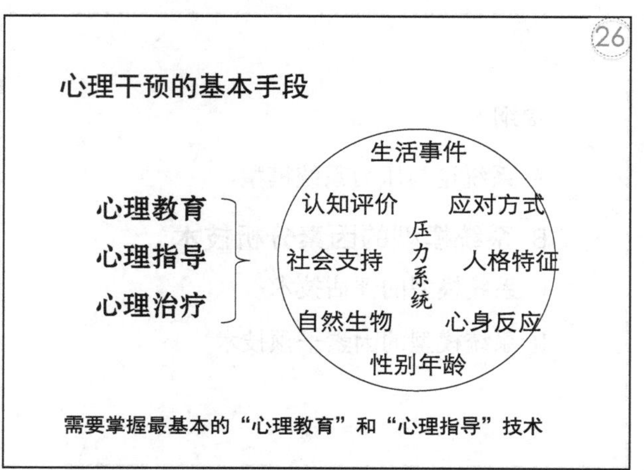

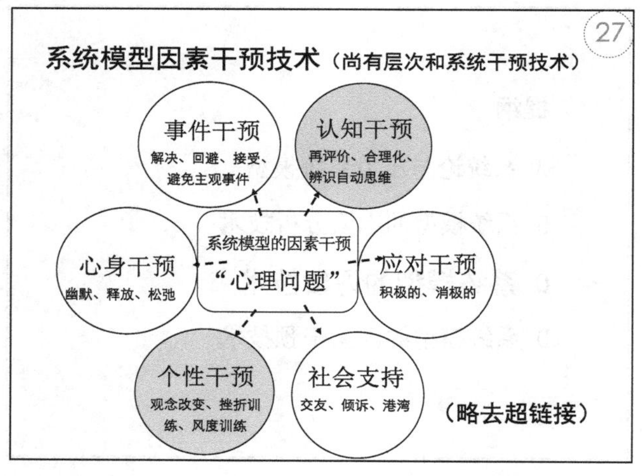

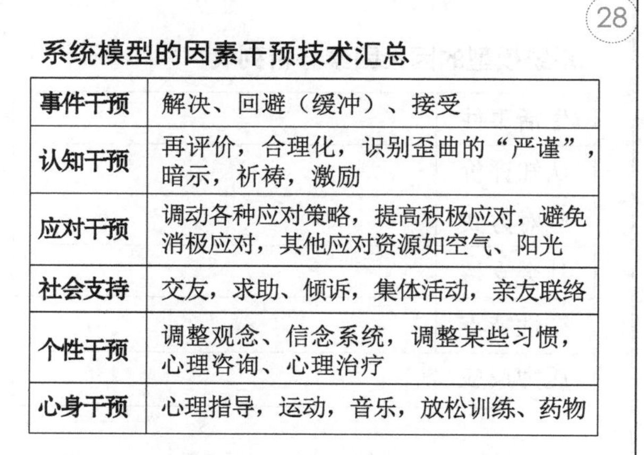

事件干预	解决、回避（缓冲）、接受
认知干预	再评价，合理化，识别歪曲的"严谨"，暗示，祈祷，激励
应对干预	调动各种应对策略，提高积极应对，避免消极应对，其他应对资源如空气、阳光
社会支持	交友，求助、倾诉，集体活动，亲友联络
个性干预	调整观念、信念系统，调整某些习惯，心理咨询、心理治疗
心身干预	心理指导，运动，音乐，放松训练、药物

第 5 节　社会心理服务平台的工作模式问题

一、社会心理服务三级平台心理咨询技术（专题，2008，2009）

摘录自 2018 年（浙江湖州）和 2019 年（贵州六盘水）作者的“社会心理服务三级平台心理咨询技术”培训讲座幻灯片。

（注：本组幻灯未加解说，可直接浏览阅读图文，但如能结合本文集第 5、第 6 章和压力系统模型基本知识，则更有助于加深理解）

该培训讲座主要体现作者基于压力系统模型的社会心理服务平台咨询操作技术模式。

1

浙江、贵州某两地培训讲座（2018、2019）

社会心理服务三级平台

心理咨询技术（范式）

（基于压力系统模型）

浙江大学　姜乾金

2

目标：

A 知道转诊（或转告）对象

精神病性症状

明显的躯体症状，特别是神经系统症状如头痛

强烈自杀意念或自杀苗头

冲动伤人意向

B 系统分析或诊断“分析问题”

C 系统干预或治疗“解决问题”

3

提要：

一、咨询策略

(一)咨询工作需要有策略

(二)心理问题多属“系统问题”

(三)两种系统模型可作为咨询策略指南

(四)系统模型的“多因素”

(五)用系统模型解释心理问题的“原因”（图）

二、咨询分析（判断问题）

(一)心理鉴别诊断的三项指标

(二)常见心理问题、心理障碍和其他医学情况

(三)信息收集方法

(四)确定医学情况，并转诊

(五)“心理问题”的系统层次分析，为干预做准备

三、咨询干预（解决问题）

(一)系统模型的干预依据

(二)干预手段

(三)系统模型的干预层次

(四)六因素的咨询干预技术

4

一、系统模型下的咨询策略

5

（一）咨询工作实践需要有一套策略

心理咨询，是来访者提出问题，咨询师针对问题，使用心理学的知识、理论和技术给以专业帮助的过程

由于问题的**复杂性**，又由于知识、理论和方法的**多样性**，不你论学到了多少、各种技术，**心理咨询实践过程需要有一套策略**

6

（二）“心理问题”多属于“系统问题”

心理咨询中遇到的各种“心理问题”，无论是什么“事情”、“问题”、“障碍”、“疾病”，除了少数确实是“前因-后果”的线性关联（那也不需要来咨询了），多属于“系统问题”

7

健康和心理健康是“系统问题”（动画）

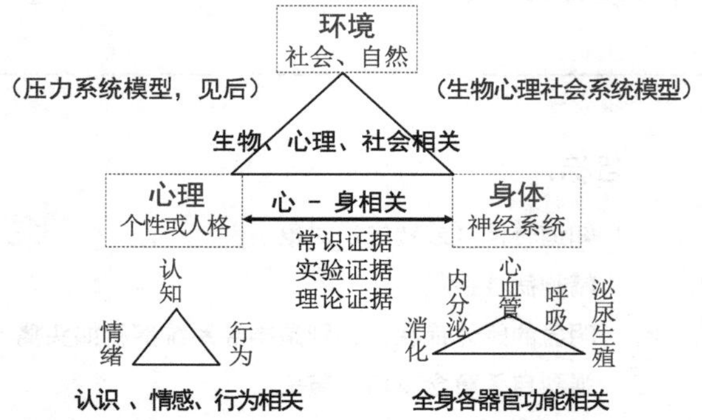

8

（三）两种系统模型可作为咨询策略指南

1. “生物、心理、社会系统模型”
2. “压力系统模型”

9

（四）系统模型中的“压力因素”介绍

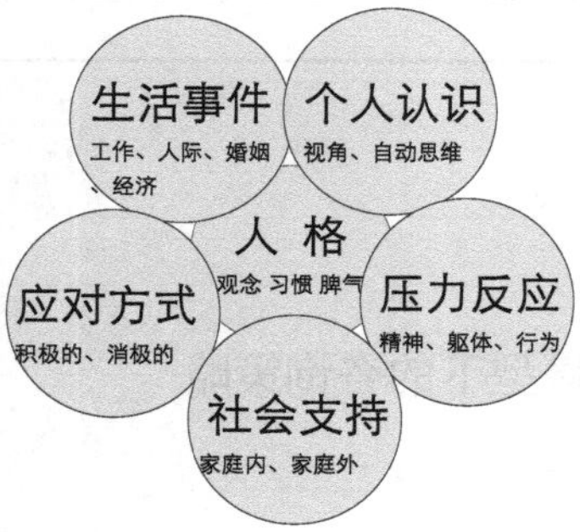

详细参见《医学心理学》和本文集相关章节

10

（五）用系统模型解释心理问题的原因

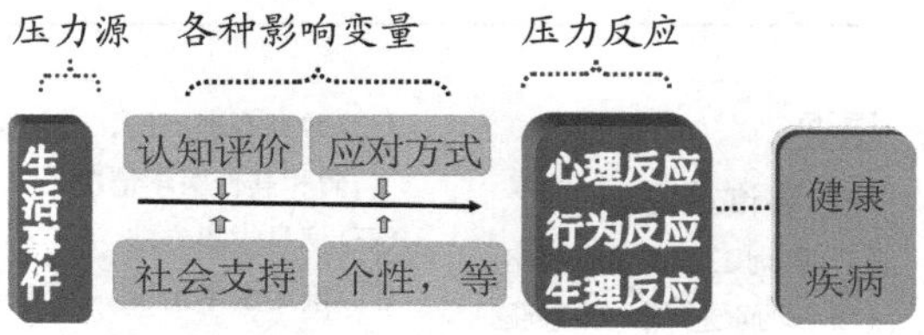

1998年，作者在国家教委课题项目教材中的“作用过程模型”：

(11)

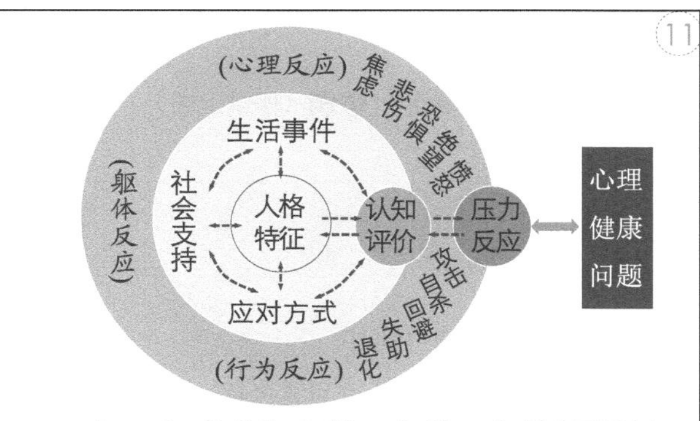

2004年以后，作者的5年制、7年制、8年制全国规划教材等著作中的“系统模型”：

(12)

二、系统模型的咨询分析（判断问题）

(13)

（一）心理鉴别诊断的三项

详细参见《医学心理学-理论、方法与临床》及本文集相关章节

*** 知、情、意的协调性**

心理现象的正常与偏离

心理过程的正常与偏离

“知情意”整体协调和统一

*** 社会适应性**

环境适应力

人际适应力

社会适应力

*** 自知力**

意识清晰度

自我意识

对人格偏离的自知力

(14)

（二）咨询中的常见心理问题

“心理问题”

“轻性心理障碍”

“心理障碍”

参见：
《医学心理学-理论、方法与临床》
《临床心理问题指南》
及本文集相关章节

心理咨询师需要学会：

判断以上三类常见问题

及时转介心理障碍

处置心理问题及部分轻性心理障碍

(15)

“心理问题”的判断

现象学评估

没有达到相应的精神病诊断标准

参见：
《临床心理问题指南》
《医学心理学-理论、方法与临床》
以及本文集相关章节

(16)

“心理问题”举例（现象学上的）

1. 情感困惑
   纠结，恋爱中问题，失恋（玉泉例子），性的困惑等
2. 人际关系问题
   缺乏朋友，交往紧张，人际矛盾（兰州例子）等
3. 生活压力问题
   学业、工作、生活等压力等（北京例子）
4. 家庭问题
   冲突、离婚等（安徽例子）等

17

“轻性心理障碍”的判断

* 思维、情感和意志行为活动基本完整和统一但存在心理活动的部分障碍
* 基本保持对环境的适应，社会功能大部存在但社会活动能力削弱
* 自知力基本存在，本人能知晓心理障碍的存在，主动求医

参见：
《医学心理学-理论、方法与临床》
以及本文集相关章节等

18

“轻性心理障碍”举例（医学上的）

1. 焦虑症
2. 强迫症
3. 恐怖症
4. 抑郁症（可重可轻）
5. 自杀意念（行为）（可重可轻）
6. 失眠

19

（三）信息收集方法

参见：
《医学心理学-理论、方法与临床》
以及本文集相关章节等

1. 晤谈
2. 调查
3. 量表
4. 测验
5. 实验

20

量表

(1) 心理压力调查表（PSS）
* 生活事件问卷（LEQ）
* 特质应对问卷（TCSQ）
* 领悟社会支持问卷（PSSS）
* 压力反应问卷（SEQ）

(2) 心理压力测试软件最新下载（扫二维码）

详细参见
《压力系统模型-解读婚姻》
《临床心理问题指南》等

21

（3）明尼苏达多相人格调查表（MMPI）
（评估几个重要的人格量分）

（4）90项症状清单（SCL90）
（与临床衔接）

22

（四）确定临床医学情况，并转诊

* 精神病性症状（如幻觉妄想、病理紧张、抑制、退缩）
* 明显的躯体症状，特别是神经系统症状如头痛
* 强烈自杀意念或自杀苗头
* 冲动伤人意向等

23

（五）“心理问题”的层次分析，为干预做准备

1. 压力因素的评估与分析

生活事件

认知评价

应对方式

社会支持

人格特征

压力反应

详细参见
《医学心理学-理论、方法与临床》
以及本文集相关章节等

24

2. 压力层次的评估与分析

生活事件
社会支持
人格特征
认知评价
心身反应
应对方式

（第一层 次评估）
心理反应 行为反应
躯体反应

（第二层次评估）
生活事件 认知评价
应对方式 社会支持

（第三层次评估）
个性特征

应激（压力）层次的评估示意图

25

3. 整体压力水平层次的评估与分析

（根据压力系统模型5项法则，做出整体性的分析与判断）

* 来访者存在哪些压力因素的异常；
* 其中的认知因素和人格因素起到多大作用；
* 系统中的各种因素之间**是否存在恶性循环；**
* 压力系统**是否整体失衡**（平衡性和稳定性，例如有的来访者一段时间能保持平衡，一段时间严重失衡）

26

三、系统模型的咨询干预（解决问题）

27

咨询干预同样要遵循理论模型：

* 生物心理社会模型……
* **压力系统模型……**

28

（一）系统模型的干预依据（示意图）

* 症状的改变
* 认知的改变
* 人格的改变

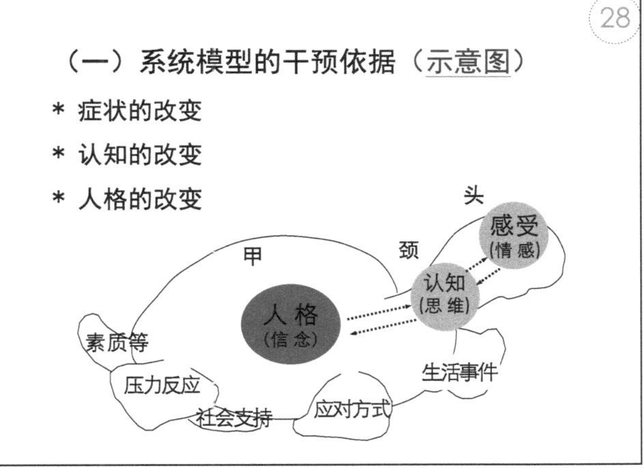

29

（二）干预手段

1. **心理教育**——讲解、说明、举例
“结构知识”和“功能知识”
2. **心理指导**——利用问题的多维性作认知指导
3. **心理治疗**——CBT、人本、动力、催眠暗示、支持等
4. 药物治疗——解释生物-心理-社会是三角关系
5. 其他方法——空气、森林、泥土、水

参见：
《医学心理学-理论、方法与临床》
以及本文集相关章节等

30

（三）系统模型的咨询干预层次

1. 系统的和整体的分析指导
2. 压力层次的不同干预技术指导
3. 压力因素的咨询干预指导（见下）

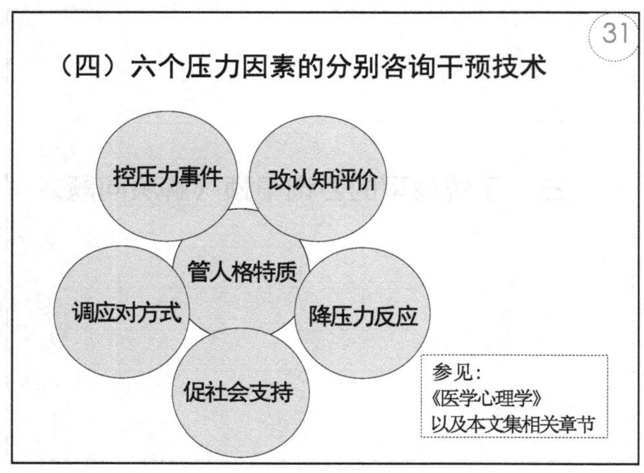

二、关于“心理服务体系建设”给某地级医院的建议（资料，2019）

作者在2019年曾接受某地级综合医院有关部门的咨询，询问如何在当地开展“心理服务体系建设”，提些具体意见和建议。作者给予回复，并将回复简况，以博文（2019-07-19 07：18：10）形式上传，希望对有相同问题的某些地区和单位有参考价值。

心理服务体系，涉及组织结构和功能。就你的医院来说：

在组织结构上，可参照目前全国提倡的社会心理服务平台建设，拟建立一个由专业及相关人员组成的心理服务中心（如原来已有心身医学或者心理卫生等科室，可以以此为基础），再吸收医院各科室有代表性的人兼职参加（大学里现在就有这样做的，班级里有心理健康“代表”，帮助校心理健康中心监测和帮助有心理危机苗头的学生，在医院就是监测和干预有心理问题的职工和患者）。

在功能上，可参照前面我发给的PPT（我给你的医学心理学关于社会心理服务平台的“三步曲”，以及具体化的基于系统模型的社会心理服务工作范式，主要是心理服务体系的功能）。

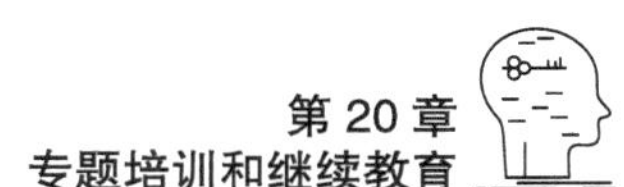

在专业功能上，就是监测、筛查、干预包括各科患者和医务人员自己的心理问题，以一般心理问题为主（发现严重心理问题或精神疾病应及时处置或转诊，以区别于精神卫生科的工作）。

在社会功能上，就是心理健康教育和宣传服务，提高群体（主要是医务人员）心理健康水平。

中心人员的技能，包括监测、干预（宣传教育、咨询治疗）技术，则需要不断培训提高。

这样的工作，其难度是能够被领导和群众接受，获得学术界的认可，以及推广应用。当然，小打小闹局限在本地区应该不会太费力，但向外推动向上推广会较费力。除了与医院等级有关，还需要通过上面各级行政上的和学术上的全方位的认可。

注：以上建议，也适用于你院更小的群体如慢病患者，或者更大的社会群体。

三、医学心理学关于社会心理服务平台的“三部曲”工作模式（资料，2018）

摘录自作者 2018－12－24 14：05：39 新浪博文。

这是对正当热门的社会心理服务工作模式的一种网络推荐。该博文后接一系列博文，分别提供“三部曲”工作模式的各种具体内容，方便专业或感兴趣网友浏览下载。因为多数博文的核心内容已经体现在本文集的相关章节，故此处未再收入。

当前正在全局推进的“社会心理服务三级平台”建设的具体工作模式，根据《医学心理学：理论，方法与临床》的学科构架，在理论和技术上可以走“三部曲”：

1 曲：心理问题、一般心理障碍、严重心理障碍的评估与甄别（可参阅本文集第 5 章）

2 曲：心理教育、心理指导、心理治疗、药物治疗的选择和实施（可参阅本文集第 5 章）

3 曲：各种心理问题，或需要心理教育和心理指导为主，如心理压力的综合调控（可参阅本文集第 7 章）、特定个体或人群（如大学生）的压力与情绪调控（可参阅本文集第 7 章、第 13 章）、婚姻和家庭问题（可参阅本文集第 9 章、第 10 章、第 20 章）等。对于一般心理障碍，或需要心理治疗（本文集略去），常用认知疗法（本文集略去）、行为疗法（本文集略去）等。

严重心理障碍，需要及时甄别并转诊。

第 6 节　国家级继续教育项目“心理应激最新理论及临床应用”（资料，2000）

作者主持的 2000 年国家级继续教育项目“心理应激最新理论及临床应用”，于 21 世纪初在各地开展了大量的培训工作，对象主要是医护人员、各类相关专业学生和健康工作者。该继续教育项目讲义分 4 讲（3.5 万字），主要理论指导思想是早期的应激过程模型，即认知心理应激理论。因篇幅限制，本节只摘录项目讲义的标题。具体内容有兴趣读者可以参阅作者此前多年里出版的各种书籍。

一、心身相关最新理论——认知心理应激理论

提要：①认知心理应激理论将应激看作是一种作用过程，有生活事件、认知评价、应对方式、社会支持、个性特征和心身反应等多种互相有关的因素参与；②对这些因素可以从“应激源”“中间（介）因素”“应激反应”3个方面进行认识，对中间因素还可从内部资源（认知、应对、个性等）和外部资源（社会支持等）来认识；③各种心理应激因素与临床各科疾病的发生发展过程有关。

（一）应激概念的演变

（二）生活事件

1. 正性生活事件和负性生活事件
2. 生活事件的定量研究
3. 生活事件与健康

（三）认知评价

（四）应对方式

1. 应对概念的发展过程
2. 应对方式研究与分类
（1）过程应对和特质应对
（2）问题关注应对和情绪关注应对

（五）社会支持

1. 社会支持与健康的关系
2. 社会支持对健康保护作用的机制
3. 社会支持的种类

（六）心理应激反应

1. 心理反应
2. 应激的行为反应
3. 应激的生理反应

（七）心理应激干预策略

1. 控制或回避应激原
2. 改变认知评价

3. 寻求社会支持
4. 改善应对水平
5. 松弛训练

二、心理应激的干预

提要：讲授和演示对心理应激过程有较好效果的心理行为干预方法（重点是生物反馈、松弛训练，以及系统脱敏法、操作条件法和集体心理治疗等在临床各科的应用）。

（一）心理干预和心理治疗的概念

1. 躯体疾病急性期
2. 慢性患者
3. 心身疾病患者
4. 各类神经症及相关患者
5. 各类行为问题及社会适应不良

（二）认知领悟疗法

（三）支持疗法

（四）暗示疗法

1. 言语暗示
2. 操作暗示
3. 药物暗示
4. 环境暗示
5. 自我暗示

（五）认知疗法

（六）集体心理治疗

1. 住院患者和康复疗养者
2. 儿童及其家长（包括学校、儿童医院）
3. 青年人（包括情绪紧张度过高或过低、性问题等）
4. 老年人
5. 烟瘾和酒瘾者
6. 躯体疾病患者

（七）行为矫正疗法

1. 行为治疗的基本过程
2. 系统脱敏法
3. 厌恶疗法
4. 操作条件法（奖励法）
5. 示范法
6. 松弛疗法
（1）渐进性松弛训练
（2）松弛反应
（3）结合暗示和想象的松弛训练
7. 生物反馈疗法
8. 药物疗法

三、心理应激因素与心身医学

提要：①讲授心身医学的核心问题是医学中的“心→身”和“身→心”的相关性；②若干心身疾病的心身相关分析；③根据各专业特点，指导学员设计一项应激因素与本科临床疾病的研究线路。

（一）心身疾病概述

（二）心身疾病的诊断

（三）心理应激因素与冠心病

1. 心理因素在冠心病病因学中的意义
2. 冠心病患者的临床心理特点及干预
（1）情绪反应
（2）否认机制
（3）依赖和退化行为
（4）行为问题及矫正

（四）心理应激因素与癌症

1. 心理社会因素在癌症发生发展中的意义
2. 癌症患者的若干心理问题
（1）告诉癌症患者真实信息
（2）情感压制问题

(3) 疼痛

(五)心理应激因素与睡眠

1. 正常睡眠、睡眠生理与梦
2. 睡眠障碍
(1) 失眠的类型：按失眠的表现形式，可将失眠分为 3 种类型。
(2) 失眠的原因：失眠是一种症状而不是一种独立的疾病。造成失眠的原因很多。
(3) 失眠的治疗
(4) 睡眠觉醒障碍

(六)心理应激因素与疼痛

1. 疼痛的心理生理内容
(1) 主观感受
(2) 行为表现
(3) 生理反应
2. 心理社会因素对疼痛的影响
(1) 社会学习
(2) 理解
(3) 注意
(4) 情绪状态
(5) 人格特征

四、心理应激因素的定量分析

提要：①临床上进行心理行为测验的要求：②重点是各种生活事件、应对方式、社会支持和心身反应等心理应激因素的最新内涵和最新测定方法；③心理应激因素等的计算机测定方法和上机练习。

(一)心理诊断的基本手段

1. 观察法
2. 调查法
(1) 会谈法
(2) 访问或座谈法
3. 实验法
4. 心理测验法

（二）心理测验的实施条件

1. 标准化的测验工具
（1）信度
（2）效度
（3）常模
（4）实施方法标准化
2. 对测试环境的要求
3. 对主试的要求
4. 对被试的要求
5. 常用心理测验

（三）智力测验

（四）人格（个性）测验

1. 明尼苏达多相人格调查表
2. 艾森克人格问卷

（五）症状评定量表

1. 九十项症状自评量表
2. 抑郁和焦虑自评量表
3. 其他症状评定量表

（六）A型行为类型评定量表

（七）心理应激有关因素的测定

1. 生活事件量表
2. 应对的研究和测定
3. 社会支持量表

（八）心理测查计算机支持系统

（注：该支持系统包括与应激有关的各种心理社会因素，如社会事件、应对方式、社会支持、个性特点、心身症状等的测验，当时已被“卫生部计算机辅助课件CAI项目”立项，且除了在本校医学院附属门诊部已使用7年，还被国内几十所院校和医院所使用，也是该国家级继续教育项目的宣传亮点）

附："心理应激最新理论和方法及其在临床应用"课程安排（衢州）

2000 年 12 月

时间		内容	教师
12 月 8 日 周五	下午	心理应激基本理论现状	姜乾金
	晚上	生活事件与认知因素在临床各科疾病中的意义	姜乾金
12 月 9 日 周六	上午	应对研究最新进展	姜乾金
	下午	社会支持因素和个性与应激过程的关系	姜乾金
	晚上	应激心身症状与临床疾病在概念和实际工作中的关系	姜乾金
12 月 10 日 周日	上午	应激因素基本测定方法及其临床应用	姜乾金
	下午	临床医学中应激因素的研究方法设计	姜乾金
	晚上	复习和考试	姜乾金

第21章　压力（应激）量表、软件和多因素研究设计

本章导言

压力系统模型是一种主导思想，倡导多因素、多维度、动态分析心身医学中和日常生活中的各种复杂的压力问题。具体到个人，如帮助门诊来访者解决面临的各种压力问题时，则有必要使用一定的量表，通过量化的分析和评估，以助于更精准地把握问题的性质，提供更合适的干预方法。

本章收集作者等多年来在压力（应激）理论模型主导下先后自编或修订的压力有关评估量表，包括综合评估问卷和压力因素问卷。需要指出的是，国内外也有不少与压力有关的量表，如生活事件量表、社会支持问卷、应对问卷、症状评定问卷等，但由于各自在编制时有拓展概念的倾向，各种量表之间往往存在较多内涵上的交叉和重叠。例如，社会支持问卷中往往包含着生活事件和应对方式等其他严格概念下的条目内容，应对方式问卷中也包含着诸如社会支持和生活事件等概念下的条目内容等。这就不适合于压力系统模型主导下的各种场合的应用（系统模型需要考虑各种压力因素之间尽可能独立）。本章量表在构思、设计和编制过程中已注意尽量避免这种内涵上的交叉和重叠，使之更契合压力（应激）系统模型。

本章同时介绍计算机心理测验软件有关资料，包括20世纪90年代基于临床心理门诊需要早期编制的问卷测查计算机支持系统、2001年卫生部重点CAI医学心理学测验和近10年编制的综合评估心理社会压力PSS独立软件。

本章最后一节收集两份涉及压力系统多因素研究设计的专题课件，合并介绍作者在心身医学和压力（应激）理论与实证研究中的设计思路。

本章资料来源：2011年《压力（应激）系统模型·解读婚姻》（浙江大学出版社）第二篇第六章；2012年《医学心理学：理论，方法与临床》（人民卫生出版社）第五章第八、第九节；2000年《中国心理卫生杂志》（增刊，王向东主编）；2005年《行为医学量表手册》（张作记主编）；2001年《医学心理学测验》CAI课件（人民卫生电子音像出版社）；2010年《医学心理学》8年制全国规划教材（人民卫生出版社）第2版配套光盘；以及其他有关课件（见该节）。文中涉及的图表已转换成本文集编号或者略去。

第1节　心理社会压力调查表（PSS）

根据压力系统模型，个体是由生活事件、认知评价、应对方式、社会支持、人格特征和心身反应等生物、心理、社会多因素构成并相互作用的动态平衡“系统”，当由于某种原因导致系统失衡，就是压力（应激）。

因此，要对压力进行整体的量表评估，问卷内容需要涉及各种压力因素。甚至还要考虑这些因素与“压力”之间的权重情况（尽管目前尚有困难）。这就是心理社会压力调查表（psycho－social stress scale，PSS）的具体构思和设计基础。由于认知因素和人格因素在压力系统模型中很重要，且影响面及所有压力因素，PSS将认知评价因素内化到生活事件和应对方式等分量表中、将人格特质反映在特质应对问卷上、将社会支持限定在个体感受到的受支持水平上。

PSS最早是20世纪80年代末作者在浙江省首届自然科学基金项目“心理社会应激调查表的制定”（题号288140）资助下的课题成果“心理社会应激调查表PSSG”，后经多次修订的PSS由4项相互关联又相对独立的压力相关量表组成：“生活事件问卷LEQ”（含工作事件、家庭事件、人际关系和经济事件4个因素）、“特质应对方式问卷TCSQ”（含消极应对和积极应对2个因素，注意两者不是线性关系）、“领悟社会支持量表PSSS”（含家庭外支持和家庭内支持2个因素）和“压力反应问卷SRQ”（含心理反应、行为反应和生理反应3个因素）。以上4项量表体现压力系统模型相关心理压力因素，作为整体考察个体心理压力水平及特点的评估依据。

作者多年来用PSS的综合测试结果作为临床分析参考（图8－3－1，最新剖面图见本章第11节附录部分）。PSS中的4个分量表，也被单独使用于评估相应某种压力因素，特别是特质应对方式问卷TCSQ和领悟社会支持量表PSSS多年来被不少作者用作压力（应激）研究的测评工具。

2016年，在PSS上述4个分量表基础上，作者与合作者还尝试增加编制了压力“敏感人格特质问卷”（sensitive traits scale，STS），含25个条目。

根据压力系统模型，人格是压力的核心影响因素，某些人格特质不利于抵御压力和有损健康。在历年发表论文中，可以发现EPQ、16PF等人格问卷中的某些条目与心身健康指标相关性较高。提取并反复讨论筛选条目内容合适者，构建51个初稿条目，经小样本因素分析删去因素负载不理想条目，保留25个条目。经过对中等样本（307例）的验证性因素分析，获3个主成分：敏感（sens）含9个条目（因素负荷0.461～0.723，下同）、压抑（supp）含7个条目（0.575～0.591）和被动（pass）含9个条目（0.454～0.595）。3种人格特质因素之间相关性为$r=0.26 \sim 0.40$。所有条目的内部一致性信度较高（α系数0.842）。敏感、压抑和被动三因素与EPQ－N量分（$r=0.40 \sim 0.63$）和压力反应分量表（$r=0.32 \sim 0.52$）的相关性，一定程度反映其压力“敏感人格特质”，可作为压力系统模型下的人格特征维度纳入PSS（注：该分量表编制详细资料，是南菲菲等对PSS最新修订工作的一部分，参见第12章第3节）。

总之，关于 PSS，前后历经二三十年，作者的关注点始终在心理社会压力的多因素系统理论构架方面，以及实际应用方面。关于具体分量表，有的已被广泛使用，证实其良好的信效度和使用价值，如 TCSQ 和 PSSS，有的还局限于初步的信效度证据，在小范围使用。但不论何种情况，都涉及一个更重要的考量，即随着社会的发展变化，涉及心理社会因素的各种心理应激测验量表本身也需要有一个随之动态变化的问题，如生活事件量表。

关于 PSS 计算机软件，参阅本章第 11 节。

第 2 节　生活事件问卷（LEQ）

一、背景

生活事件（life events）是指可能会引起压力反应的各种生物的、心理的、社会的、文化的刺激。PSS 的“生活事件问卷”（LEQ）包括 76 项事件，尽量涵盖了各种生活事件问卷的条目内容。被试者在填写时须仔细阅读和领会指导语，然后逐条回答。根据要求，被试将某一时间范围内（通常为一年内）的事件一一记录，如果被试者自己评估“有”某项事件，则根据对自己的影响程度，在后面的“极微”“小”“中等”“大”“极大”5 个等级中做进一步评估。如果没有，则选择“没有”。在对于表上已列出但并未经历的事件应一一注明“没有”，不留空白，以防遗漏。该问卷反映了个体在认知评价基础上的生活事件。

部分原始资料

① 《中国行为医学科学》2004 年第 13 卷第 5 期（560 ~ 562）；

② 《中国临床心理学杂志》2005 年第 13 卷第 1 期（70 ~ 72）；

③ 《中国实用护理杂志》2006 年第 21 卷第 12 期（63 ~ 64）；

④ 《中国行为医学科学》2006 年第 15 卷第 1 期（32 ~ 33）；

⑤ 《中国行为医学科学》2007 年第 16 卷第 12 期（1111 ~ 1113）。

二、量表

指导语：从现在开始向过去推算，近一年你遇到了哪些生活事件？

序号	生活事件	序号	生活事件
1	配偶亡故（1）	6	离婚（1）
2	父母亡故（1）	7	夫妻感情破裂（1）
3	子女亡故（1）	8	夫妻经常吵架（1）
4	其他亲属亡故（1）	9	失恋（1）
5	好友亡故（3）	10	找对象困难（1）

续表

序号	生活事件	序号	生活事件
11	子女出走（1）	44	严重差错事故（2）
12	子女行为不端（1）	45	晋升问题（2）
13	子女就业（1）	46	失业待业（2）
14	子女结婚（1）	47	事业不得志（2）
15	领养继子（1）	48	不喜欢现工作（2）
16	开除（2）	49	借债（4）
17	刑事处分（3）	50	财产损失（4）
18	行政处分（2）	51	收入显著增加（4）
19	政治性冲击（3）	52	经营亏损（4）
20	免去职务（2）	53	重病外伤（1）
21	名誉受损（3）	54	受惊（1）
22	受人歧视（3）	55	怀孕（1）
23	恢复政治名誉（3）	56	分娩（1）
24	入党入团（3）	57	流产（1）
25	突出成就荣誉（2）	58	绝育手术（1）
26	结婚（1）	59	睡眠重大改变（1）
27	复婚（1）	60	性生活障碍（1）
28	开始恋爱（1）	61	家庭成员不和（1）
29	好友决裂（3）	62	家属重病（1）
30	与上级冲突（2）	63	家属刑事处分（1）
31	邻居纠纷（3）	64	家庭行政处分（1）
32	同事纠纷（2）	65	家庭成员外迁（1）
33	法律纠纷（3）	66	家庭新添成员（1）
34	退休离休（2）	67	家庭人口过多（1）
35	入学就业（2）	68	父母离婚（1）
36	退学（2）	69	夫妻两地分居（1）
37	参军复员（2）	70	搬家（1）
38	留级（2）	71	暂去外地（1）
39	工种更动（2）	72	住处环境噪音（1）
40	工作显著增加（2）	73	业余爱好改变（2）
41	业余培训（2）	74	住房紧张（1）
42	退职（2）	75	劳累过度（1）
43	升学就业受挫（2）	76	夜班不适应（2）

注：条目后括号数字，代表该条目所属的事件分类。

三、计分方法

问卷各条目从“无”到“影响极大”分别以 0 ~ 5 等级计分。参考 2700 余例正常和患者样本的尝试性因素分析结果，主要按现象学分为 4 类：即家庭相关事件、工作学习事件、社交及其他事件和经济事件 4 个量表分（重测信度分别为 0.833，0.800，0.969 和 0.474）。1323 例健康人群生活事件问卷（LEQ）参考结果如表 21－2－1 所示。

统计指标包括：

LCU1 家庭健康事件量分（39 条目）；

LCU2 工作学习事件量分（23 条目）；

LCU3 人际及其他事件量分（10 条目）；

LCU4 经济事件量分（4 条目）；

LCU 生活事件总分（76 项）。

表 21－2－1　1323 例健康人群生活事件问卷（LEQ）参考结果

性别	样本数 / 例	性质	家庭健康	工作学习	人际及其他	经济	LCU 总分
男	618	M	7.89	6.19	1.70	0.98	16.75
		S	8.07	7.90	3.83	2.12	17.57
女	705	M	8.52	5.81	1.14	0.61	16.09
		S	8.91	6.77	2.97	1.51	16.55
合	1323	M	8.23	5.99	1.40	0.78	16.40
		S	8.53	7.32	3.41	1.83	17.03

第 3 节　特质应对方式问卷（TCSQ）

PSS 中的“特质应对方式问卷”（trait coping style questionnaire，TCSQ），其评估结果可列入 PSS 整体测验结果的剖面图之中，但更多情况下是被单独使用。

一、背景

应对概念是多维度的，有非常丰富而又不统一的内涵。例如，从应对活动的主体角度看，应对涉及个体的心理活动（如再评价）、行为操作（如回避）和躯体变化（如放松）；从应对活动与应激过程的关系看，应对涉及应激各个环节，包括生活事件（如面对、回避、问题解决）、认知评价（如自责、幻想、淡化）、社会支持（如求助、倾诉、隔离）和心身反应（如放松、烟酒、服药）；从应对活动的指向性看，有针对问题的应对和针对情绪的应对；等等。因此，应对的分类和测定绝非易事。

作者自 20 世纪 80 年代中开始尝试应对评定，至 90 年代初形成 16 项应对条目。整个过程所依据的思路是：在应对活动的多维度属性基础上，可以筛选出这样的条目，它们既具有在不同应激过程中的跨情景一致性或个性特质属性，又对个体的心身健康有比较稳定的影响。为此，作者用特质法构题、效标考察法筛选和因素分析法验证的方法，经多次修订，在国内最先报告了 16 项应对条目。具体做法是，条目的设计参考 Folkman 的方法，根据心理防御机制的内容，尽可能收集作者在各次心理病因学调查中所获得的各种相对稳定的应对行为或认知活动内容作为基础条目；通过反复预试，筛选那些与应激反应效标变量如 SCL90 等有相关的条目；最后通过因素分析确定积极应对和消极应对两类。这样形成的应对条目有以下特点：①有一定的跨情景一致性；②与某些个性特征有相关；③与心身健康有相关；④作为前三者的结果，各条目内容以针对情绪应对为主。总之，本组应对条目反映的是个体具有特质属性的并与健康有关的那部分应对方式，故称为特质应对条目（问卷）。

关于信、效度检验

早前 16 条特质应对条目已有多种小范围的信、效度报告。此后作者又以大样本做了进一步的信、效度考察。在按相同的方法增补 4 个条目，并改用 1 ~ 5 五级计分以后，将该特质应对问卷分别使用于多种人群合计 2751 例，以同样的方法通过因素分析获两个主成分，即消极应对（NC）和积极应对（PC），各包含 10 条目，所有条目在各自因素上的负荷均大于 0.45。NC 和 PC 的相关系数仅 -0.09，呈低相关性，说明两者不属于一个维度。NC 和 PC 的克伦巴赫 α 系数分别为 0.69 和 0.70；129 名被试 4 周后重测相关系数分别为 0.75 和 0.65；129 名被试在自测的同时还请其家属按条目内容另行单独对被试做出评估，结果本人与亲属测定结果的相关系数分别为 0.75 和 0.73。137 名被试同时测查 SCL90，其中 NC 与 SCL90 总分和各因子分有高度正相关（$P < 0.01$），PC 与 SCL90 总分和各因子无相关。76 名被试同时测查 EPQ，NC 与 EPQ 的 N 分有高度正相关（$P < 0.01$）；PC 与 EPQ 的 E 分有正相关（$P < 0.05$）。以上所有结果都与原 16 条目的情况一致，还增加了一些新的信、效度证据，如本人与亲属测定结果有高相关性等，显示该特质应对问卷有合适的信、效度支持，在心理病因学研究方面可推广使用。

TCSQ 是早期国内自编应对量表，由 1985 年起至今多次修订，并长期使用于压力（应激）研究，在国内被引用较多。

部分原始资料

① 《中国心理卫生杂志》1987 年第 1 卷第 1 期（38 ~ 42）（最早版本，16 条目）；

② 《中国心理卫生杂志》1993 年第 7 卷第 4 期（145 ~ 147）（进行较系统研究，16 条目）；

③ 《心理卫生评定量表手册》刊于《中国心理卫生杂志》2000 年增刊（120 ~ 122）（现版本，但文中排版有误）；

④ 《行为医学量表手册》中华医学电子音像出版社 2005 年（255 ~ 256）（现版本）。

二、量表

指导语：当您遇到平日里的各种困难或不愉快时（也就是遇到各种生活事件时），您往往是如何对待的？以下每个条目后有 5 个选框，请在各题后选一个打“√”。例如，选择“肯定是”，说明您的实际情况与这一句子极相符；选择“肯定不是”，说明您的实际情况与这一句子极不相符；选择中间各个答案，则说明您的情况介于两者之间的不同程度。

1. 能尽快地将不愉快忘掉。
2. 易陷入对事件的回忆和幻想之中而不能摆脱。
3. 当作事情根本未发生过。
4. 易迁怒于别人而经常发脾气。
5. 通常向好的方面想，想开些。
6. 不愉快的事很容易引起情绪波动。
7. 喜欢将情绪压在心底里不让其表现出来，但又忘不掉。
8. 通常与类似的人比较，就觉得算不了什么。
9. 能较快将消极因素化为积极因素，如参加活动。
10. 遇烦恼的事很容易想悄悄地哭一场。
11. 旁人很容易使你重新高兴起来。
12. 如果与人发生冲突，宁可长期不理对方。
13. 对重大困难往往举棋不定，想不出办法。
14. 对困难和痛苦能很快适应。
15. 相信困难和挫折可以锻炼人。
16. 在很长的时间里回忆所遇到的不愉快事。
17. 遇到难题往往责怪自己无能而怨恨自己。
18. 认为天底下没有什么大不了的事。
19. 遇苦恼事喜欢一人独处。
20. 通常以幽默的方式化解尴尬局面。

注：各条目后有肯定是、基本是、中等、基本不是、肯定不是 5 个选框。

三、计分方法

各条目从“肯定是”到“肯定不是”按 5 至 1 五级计分。其中积极应对（PC）由 1，3，5，8，9，11，14，15，18，20 条目累计；消极应对（NC）由 2，4，6，7，10，12，13，16，17，19 条目累计。

1305 例健康人群参考结果：

PC = 30.26 ± 8.74；

NC = 21.25 ± 7.41。

1184 例综合性医院各类患者参考结果：

PC = 30.22 ± 8.72；

NC = 23.58 ± 8.41。

四、应用和注意事项

特质应对问卷通常在生活事件问卷之后使用，但也可以作为一种独立的心理变量进行测试。多年来在各种文献中被引用，证明该应对评估方法有助于对团体应激水平的了解，在各种疾病包括肿瘤、非溃疡性消化不良、心律失常、失眠等的病因学研究中有意义。由于特质应对问卷的界定已如前述，它与个性特质以及与心身健康有关，但不反映应对活动的全貌，故可能更适宜于在有关于健康的各种研究课题中使用。另外，本问卷中消极应对 NC 的病因学意义大于积极应对 PC，与之对应的是后者的跨情景一致性也稍低于前者，在使用中也予以注意。

顺便指出，经常有人提问，积极应对 PC 和消极应对 NC 得分为何不能相加减，相抵消？简单的回答，这是两个应对维度。提问者只是习惯性线性思维从文字上去理解。自然，在因素分析时，作者就意识到这个问题，但经反复考虑，只有这两个“词汇”能正确反映事物的本质。

第 4 节　领悟社会支持量表（PSSS）

PSS 中的“领悟社会支持量表”（perceived social support scale，PSSS），其结果列入 PSS 整体测验结果的剖面图之中，但也被更多地单独使用。

一、背景

社会支持是指来自社会各方面给予个体的精神上和物质上的帮助和支援，反映了一个人与社会联系的密切程度和质量。但各类研究者从各自的理论和研究目的出发对此有不同的理解，其分类也存在多样性。目前大致可分为两类，一类是客观的、实际的或可见的支持，包括物质上的直接援助和社会网络；另一类是主观体验到的支持，指的是个体感到在社会中被尊重、被支持、被理解的情绪体验和 / 或满意程度。许多作者强调社会支持的效果与被感知到支持的程度相一致。Blumenthal 介绍的由 Zimet 等编制的领悟社会支持量表（perceived social support scale，PSSS）就是一种强调个体自我理解和自我感受的社会支持量表，分别测定个体领悟到的来自各种社会支持源如家庭、朋友和其他人的支持程度，同时以总分反映个体感受到的社会支持总程度。

信、效度检验

原作者通过因素分析将 PSSS 条目分为家庭支持、朋友支持和其他支持 3 类。在 275 例样本中（男 139 例，女 136 例），家庭支持、朋友支持、其他支持和全量表的 α 系数分别为 0.87、0.85、0.91 和 0.88，重测信度分别为 0.85、0.75、0.72 和 0.85。原作者使用本量表证明，对 A 型行为者社会支持有降低冠心病临床症状的作用，而对 B 型行为者则否。作者等将该量表试用于癌症、外科手术、慢性肝病等样本的心理应激研究工作，结果经因素分析显示各条目可分为家庭内支持和家庭外支持两类，前者包含原家庭支持条目，后者则包含原朋友支持和其他人支持条目。几项研究还显示，社会支持量表分与癌症和外科手术患者的心身症状等指标有相关性，社会支持总分与上腹部手术患者术前焦虑量表分呈负相关但与手术后多项心身康复临床指标未见明显相关等。

Blumenthal 于 1987 年报告的领悟社会支持量表由 12 条目组成，原文条目按 7 级计分。修订为中文版时，为了与另外几个量表记分方法一致，将条目改为 5 级记分。

该量表被作者长期使用于应激研究，在国内被较多引用。

部分原始资料

① Blumenthal et al.，“Social support，type A behavior，and coronary artery disease” 刊于 *Psychosomatic Medicine* 1987 年第 49 卷（331 ~ 340）（原始量表出处）；

② 《中国心理卫生杂志》1996 年第 10 卷第 4 期（160 ~ 161）（应用于应激因素相关性研究）；

③ 《中国行为医学科学》1999 年第 8 卷第 3 期（199 ~ 201）（应用于应激有关研究）；

④ 《心理卫生评定量表手册》刊于《中国心理卫生杂志》2000 年增刊（131 ~ 133）（现版本）；

⑤ 《行为医学量表手册》中华医学电子音像出版社 2005 年（206 ~ 207）（现版本）。

二、量表

指导语：以下有 12 个句子，每一句子后面各有 5 个选框，请您根据自己的实际情况在每句后选择一个答案打“✓”。例如，选择“肯定是”，说明您的实际情况与这一句子极相符；选择“肯定不是”，说明您的实际情况与这一句子极不相符；选择中间各个答案，则说明您的情况介于两者之间的不同程度。

1. 在我遇到问题时有人（领导、亲戚、同事）会出现在我的身旁。
2. 我能够与有些人（领导、亲戚、同事）共享快乐与忧伤。
3. 我的家人能够确实具体地给我帮助。
4. 在需要时我能从家庭获得感情上的帮助和支持。
5. 当我有困难时，有些人（领导、亲戚、同事）是安慰我的真正源泉。
6. 我的朋友能真正地帮助我。
7. 在发生困难时我可以依靠我的朋友们。
8. 我能与自己的家人讨论我的难题。
9. 我的朋友能与我分享快乐与忧伤。
10. 在我的生活中有些人（领导、亲戚、同事）关心着我的感情。
11. 我的家人能心甘情愿协助我做出各种决定。
12. 我能与朋友们讨论自己的难题。

注：各条目后有肯定是、基本是、中等、基本不是、肯定不是 5 个选框。

三、计分方法

通过对国内样本的因素分析获得两个主成分，其中“家庭内支持”量表分由3、4、8、11条目分累计，“家庭外支持”量表分由其余各条目分累计。“社会支持总分”由所有条目分累计。

1323例健康人群参考结果：

家庭支持：15.04 ± 4.11；

家庭外支持：25.94 ± 8.16；

总支持：40.98 ± 10.86。

第5节　压力反应问卷（SRQ）

PSS中的“压力（应激）反应问卷”（stress response questionnaire，SRQ），评估个体在应激因素作用下所表现出来的心理（情绪）反应、躯体生理反应和行为反应，以及3项相加的应激反应总分。各项统计指标和计算结果可显示在PSS的测验结果剖面图之中，作者等近年来也较多地单独使用。

一、背景

根据应激系统模型研究需要，为评估个体心理应激反应的相应心身症状及程度，参考SAS、SDS和SCL-90条目内容，按压力（应激）理论的情绪反应（FER）、躯体反应（FPR）和行为反应（FBR）3个方面，编制应激反应条目28项，按1～5等级计分。以条目总分（SR）表示压力（应激）反应程度（内部一致性α系数0.902，与SAS和SDS的相关性分别为0.585和0.574，重测信度0.913）。

部分原始资料

① 姜乾金等，“心理社会应激调查表”，来自基金项目结题内部资料1992年；

② 钟霞、姜乾金等，《中国行为医学科学》2004年第13卷第5期（560～562）（首次修订发表）；

③ 钟霞、姜乾金等，《中国临床心理学杂志》2005年第13卷第1期（70～72）（应用）；

④ 钱丽菊、钟霞等，《中国行为医学科学》2005年第14卷第7期（653～654）（应用）；

⑤ 吴志霞、姜乾金等，《中国实用护理杂志》2006年第21卷第12期（63～64）（应用）；

⑥ 任夫乔、顾成宇等，《中国行为医学科学》2006年第15卷第9期（848～849）（应用）；

⑦ 滕燕、周敏等，《中国行为医学科学》2007年第16卷第12期（1111～1113）（因子分应用）。

二、量表

指导语：从现在开始向过去推算，近一个月你的心情如何？请在以下各题目的后面选择一个框打“✓”。例如，选择“肯定是”，说明您的实际情况与这一句子极相符；选择“肯定不是”，说明您的实际情况与这一句子极不相符；选择中间各个答案，则说明您的情况介于两者之间的不同程度。

1. 容易紧张和着急。
2. 吃得比过去少。
3. 希望痛哭一场。
4. 头脑没有平常那样清楚。
5. 感到孤独。
6. 觉得做人越来越没有意思。
7. 对将来不抱有希望。
8. 比过去注意力（记忆力）有下降。
9. 觉得闷闷不乐，情绪低沉。
10. 感到担忧。
11. 相信即使个人努力，也不能获得成功。
12. 与异性密切接触时兴趣减少。
13. 因为一阵阵头晕而苦恼。
14. 觉得自己可能要发疯。
15. 容易生气和发火。
16. 抽烟或饮酒增加。
17. 懒得活动。
18. 坐立不安，自己也不知该做什么。
19. 因为头痛、颈痛或背痛而苦恼。
20. 容易衰弱和疲乏。
21. 如果有可能，真想砸碎一些东西。
22. 睡眠比以往差。
23. 心烦意乱或觉得惊慌。
24. 觉得自己是个无用的人，没人需要我。
25. 感到害怕。
26. 过去感兴趣的事现在没有兴趣。
27. 责怪自己。
28. 神经过敏，心中不踏实。

注：各条目后有肯定是、基本是、中等、基本不是、肯定不是 5 个选框。

三、计分方法

因素分析获 3 个因子，大致与构想一致，命名为：情绪反应因子分（FER）= 3+5+6+9+10+14+18+21+24+25+27+28，12 个条目；躯体反应因子分（FPR）= 1+4+13+15+19+20+22+23，8 个条目；行为反应因子分（FBR）= 7+8+11+12+17+26，6 个条目；压力（应激）反应总分 SR=FER+FPR+FBR+2+16，28 个条目。

1323 例健康人群应激反应问卷（SRQ）参考结果如表 21-5-1 所示。

表 21-5-1　1323 例健康人群应激反应问卷（SRQ）参考结果

性别	样本数 / 例	性质	FER	FPR	FBR	SR
男	618	M	19.08	15.55	12.57	51.06
		S	8.20	6.40	5.31	17.89
女	705	M	21.73	17.65	13.75	55.96
		S	10.38	7.01	5.55	19.63
合	1323	M	20.49	16.67	13.20	53.67
		S	9.51	6.81	5.47	18.99

除了上述几个量表，作者等在长期压力（应激）研究过程中，还逐渐形成一部分与应激有关的评估量表，在后文一并给予简单介绍。

第 6 节　团体用心理社会应激调查表（PSSG）

一、背景

团体用心理社会应激调查表（psychosocial stress survey for groups，PSSG），是在 20 世纪 80 年代中期癌症患者心理应激临床对照研究中的自编调查问卷基础上（参见第 17 章第 2 节），由 1990 年浙江省自然科学基金课题“心理社会应激调查表制订（课题号 288140）”资助修订完成。

作者早期在心理病因学研究中意识到，通常被作为病因因素研究的生活事件，其实只有在通过当事人的认知评价产生相应的好恶倾向（情绪体验）时才可能有病因学作用；同时，当事人针对生活事件以及伴随的情绪体验所采用的应对策略，也会影响该生活事件的病因学意义；而作为生活事件应激结果——心身健康或疾病，则必然与上述生活事件、情绪体验、应对方式等因素存在某种函数关系；评价当事人某段时期内的生活事件应激程度也同样必须以上面各因素的综合评估为基础。

调查表包含上述生活事件、情绪体验和应对方式等相互联系的 3 个评估层次。全表含 44 条目，各层次内的条目混合排列，另设“其他”一项供被试者补充填写，在统计前将其归并入相近的条目。

信效度和应用评价

资料和文献均显示 PSSG 有一定的信度和效度。

根据对 610 例样本测查结果分析，显示生活事件、情绪体验和应对方式 3 层次的条目通过率可满足一般问卷要求。对 13 个生活事件条目的因素分析显示各类事件有异质性。分别对 15 个情绪体验条目和 16 个应对方式条目做因素分析，证明 NE 和 PE，NC 和 PC 分别有很好的构思效度。条目－总分相关检验结果显示 NE 和 PE，NC 和 PC 分别有内部一致性。NE、PE、NC、PC 的克伦巴赫 α 系数分别为 0.77、0.76、0.72、0.69。62 例 4 周后重测相关系数分别为：TS 0.88，L 0.70，NE 0.83，PE 0.62，NC 0.80，PC 0.62，其重测信度能适应团体评估。

以 PSSG 各项量分与 SCL90、SDS、SAS、体质水平和疾病状态等指标分别做相关分析，结果显示：① TS 有很好的效标效度；②负性应激因素分 L、NE 和 NC 不但本身有很好的效标效度，而且还有较高的条目效度；③积极应激因素分 PE 和 PC 与上述各效标呈低相关，如作为独立变量无病因学意义。另外，十多年来许多文献也显示 PSSG 有一定的效度：首先，部分研究通过对样本的应激总分 TS 或／和负性因素分 L、NE、NC 的对照分析，发现诸如慢性肝炎、心理健康、睡眠质量、心律失常等心身问题与心理应激（因素）有关；其次，一些研究采用条目频度对照分析的方法，探索诸如癌症、癔病、慢性肝炎、类风湿性关节炎、十二指肠溃疡、心律失常等心身疾病，发现某些特征性生活事件（如癌症患者的不幸事件）、情绪反应（如关节炎患者的紧张焦虑）或应对策略（如肝炎和心律失常患者的压制情绪）的条目频度较高。由于 PSSG 整体发表较晚，故仅有部分文献涉及应激总分，实际上作者资料显示应激总分的病因学意义最明显。

总之，PSSG 所反映的是一定时期（5 年）心理压力的综合主观评估，适宜于在严格设置对照组的情况下，用作团体心理病因学分析研究。具体可以通过应激总分（TS）的对照分析来了解群体间应激总水平的差异；也可以通过各应激因素特别是负性因素分（NC、NE 和 L）的对照分析来估计群体在心理应激层次上的差异；必要时也可进一步通过对各因素的条目频数做对照分析，以发现存在于不同群体中的某些特征性生活事件、情绪反应和应对方式；或者，以上三者同时使用。虽然在某些情况下 PSSG 也可使用于个体测查，如用于快速了解咨询个体的某些重要心理应激特点等，但一般不用作个体的深入评估。

部分原始资料

① 姜乾金、刘小青等，《癌症患者发病史中心理社会因素临床对照调查分析》刊于《中国心理卫生杂志》1987 年第 1 卷第 1 期（38）（首次使用该问卷前身）；

② 姜乾金，《心理社会应激因素的综合评估初探》刊于《中国行为医学科学》1998 年第 7 卷（182）（总结十年来情况）；

③《行为医学量表手册》中华医学电子音像出版社 2005 年（252 ~ 253）（现版本）。

二、量表

指导语：下面列有一些问题，请您根据自己的实际情况，逐项做出回答。其中凡是与您的实际情况一致的或基本一致的内容、词汇和句子，都要在后面括号内打钩儿，不一致或基本不一致的，则打叉；有要补充的，请写在“其他”项下。

A 在发病以前的 5 年时间里（健康者指最近 5 年），您有过哪些较明显的生活事件？

1. 劳累过度（包括工作、学习、生活方面）（　　）；
2. 亲人亡故（包括配偶、近亲）（　　）；
3. 家庭不和或婚姻问题（包括严重矛盾、分居、离婚、失恋、求偶困难）（　　）；
4. 人际关系不协调（包括与上级、同事、邻里矛盾）（　　）；
5. 职业变化（包括退离休、退离职、转业、调动、退学）（　　）；
6. 经济上困境（包括负债、亏损、失窃）（　　）；
7. 事业和学业受挫（　　）；
8. 涉及案件（含冤、假、错案）（　　）；
9. 子女前途问题（包括上学、就业、婚姻困难）（　　）；
10. 生活环境不良（包括拥挤、噪声、迁居）（　　）；
11. 个人显著成就或喜庆（包括受奖、发明、晋升、结婚、恋爱）（　　）；
12. 家人重病（包括急病、久病、重伤）（　　）；
13. 个人健康变化（包括疾病、伤害、手术、失眠、性生活障碍、妊娠）（　　）；

其他（请写出）

B 由于各种生活事件，您在这期间有过哪些明显而又持续时间较久的心情变化？

14. 害怕（　　）；
15. 高兴（　　）；
16. 愉快（　　）；
17. 苦恼（　　）；
18. 忧郁（　　）；
19. 紧张（　　）；
20. 气愤（　　）；
21. 欢喜（　　）；
22. 兴奋（　　）；
23. 绝望（　　）；
24. 焦虑（　　）；
25. 着急（　　）；
26. 欣慰（　　）；
27. 悲伤（　　）；

28. 无助（　　）；

其他（请写出）

C 对各种不愉快事件和心情变化，您通常是如何对待和处理的？

29. 能够尽快将不愉快忘掉（　　）；

30. 容易陷入回忆和幻想之中不能摆脱（　　）；

31. 当作事情根本未发生过（　　）；

32. 迁怒于别人而经常发脾气（　　）；

33. 通常向好的地方想，想开些（　　）；

34. 烦恼的事一多，性情和态度就变得沉闷起来（　　）；

35. 喜欢将自己的情绪压在心底里，不让其表现出来，但又忘不掉（　　）；

36. 常与类似情况的人比较，就觉得算不了什么（　　）；

37. 能够迅速将消极因素转化为积极因素（　　）；

38. 对自己的烦恼，有时候很想悄悄地痛哭一场（　　）；

39. 如有必要，会立即主动求助于别人或找人诉说（　　）；

40. 抽闷烟或喝闷酒（　　）；

41. 对于不顺心的事，通常会苦苦思索，矛盾重重（　　）；

42. 换一个环境，尽量避免之，以免心情受到不必要的影响（　　）；

43. 在苦恼时喜欢一个人独处（　　）；

44. 喜欢以幽默的态度对待问题（　　）；

其他（请写出）

三、计分方法

各条目答是（打钩儿）计 1 分，答否（打叉）或不答计 0 分。各应激因素分：生活事件（L）由 1～13 各条目分累计；消极情绪体验（NE）由 14、17～20、23～25、27、28 各条目分累计；积极情绪体验（PE）由 15、16、21、22、26 各条目分累计；消极应对（NC）由 30、32、34、35、38、40、41、43 各条目分累计；积极应对（PC）由 29、31、33、36、37、39、42、44 各条目分累计。应激总分（TS）$=15+2L+3NE-PE+5NC-PC$（公式是在确立 L、PE、NE、PC 和 NC 等应激因素分以后，再以这 5 个因素为自变量，以常用的心理应激效标变量 SCL90 总分为因变量，做多元逐步回归分析，以偏回归系数整数值作为各因素的加权系数）。

610 例样本测试情况，其中 TS：

男 289 例为 33.43 ± 16.35；

女 321 例为 35.08 ± 16.75。

第 7 节 医学应对问卷（MCMQ）

一、背景

不同疾病的患者是否存在不同的应对策略，不同的应对策略是否影响疾病的进程。有关这些问题显然是心身医学所感兴趣的。Feifel 等编制的医学应对问卷（medical coping modes questionnaire，MCMQ）是为数有限的专用于患者的应对量表。国内初步将其试用于癌症、手术、慢性肝炎和妇科患者，显示有一定的分析意义。该问卷简明、扼要，所包含的 3 类应对策略——“面对（或斗争）”“回避”和“屈服（或接受）”符合人们面临危险事件时的基本反应方式，也容易解释。

但是，由于应对是多维度的概念，应对方式又受个体本身，事件性质，周围环境等多因素的制约，故 MCMQ 在上述国内不同样本中通过因素筛选形成的分类有较大差异。这就限制了 MCMQ 在国内的推广应用。为此，作者等通过分层取样，以特定的各类临床患者 650 例为对象（包括癌症 100 例、慢性肝炎和肝硬化 92 例、心、脑血管病 175 例、消化性溃疡 60 例、糖尿病 43 例、慢性支气管炎 64 例、慢性肾病 42 例、神经症 39 例和慢性皮肤病 35 例），对 MCMQ 进行标准化分析。

MCMQ 原文及背景材料由 Feifel 本人提供，原文含 19 条目。根据背景资料，由 3 位医学心理工作者分别翻译，然后结合作者以往工作中已使用的中译本，逐条加以对照讨论修正后形成正式 MCMQ 中文条目。原问卷的“屈服”因子仅含 4 个条目，这次按原意另增一条目，故中文本含 20 条目。

信、效度检验

650 例患者的 MCMQ 中文本测查结果通过因素分析获得 3 个因素。除 2 个条目互换位置外，该三因素的条目构成与原作者基本相同，故仍将其命名为面对（confronce）、回避（avoidance）和屈服（resignation），符合人们面临危险事件时的基本反应方式，也容易解释。各条目相应的因素负荷值均≥ 0.35；条目与因素相关分析显示各条目与相应的因素分有高相关而与另两个因素分则呈低相关；3 个因素的 α 系数分别为 0.69、0.60 和 0.76。各因素两两相系数均较低：“面对”与“回避”0.14，“面对”与“屈服”0.05，“回避”与“屈服” 0.03。36 例 4 周后 3 项因素分的重测相关系数分别为 0.66、0.85 和 0.69。以上所有结果结合以往文献均显示中文 MCMQ 有信、效度支持。

部分原始资料

① Fefeil，Nagy，Strack，Medical Coping Modes Questionnaire（MCMQ），1991（Fefeil 等原版）；
② 沈晓红、姜乾金，《中国行为医学科学》2000 年第 9 卷第 1 期（国内修订发表）；
③《心理卫生评定量表手册》刊于《中国心理卫生杂志》2000 年增刊（124 ~ 127）；
④《行为医学量表手册》中华医学电子音像出版社 2005 年（253 ~ 254）。

二、量表

指导语：下面列出一些问题，以了解您的某些想法，感受和行为，这些想法，感受和行为与您目前所患的疾病有关，请在每一问题后的4个答案中选取与您的实际情况最接近的一个打钩儿。

1. 你在多大程度上希望自己参与做出各种治疗决定？（－）
（1）非常希望　（2）中等希望　（3）有点希望　（4）不希望
2. 你是否经常想与亲戚朋友谈论你的疾病？
（1）不想　（2）有时想　（3）经常想　（4）总是想
3. 在讨论你的疾病的时候，你是否经常发现自己却在考虑别的事情？
（1）从不这样　（2）有时这样　（3）经常这样　（4）总是这样
4. 你是否经常觉得自己要完全恢复健康是没有指望的？（－）
（1）总是这样　（2）经常这样　（3）有时这样　（4）从不这样
5. 几月来，你从医生，护士等懂行的人那里得到多少有关疾病的知识？
（1）极少　（2）一些　（3）较多　（4）很多
6. 你是否经常觉得，因为疾病，自己对今后各方面的事不关心了？
（1）从不这样　（2）有时这样　（3）经常这样　（4）总是这样
7. 你在多大程度上愿意与亲友谈别的事，因为你没有必要老去考虑疾病？
（1）极低程度　（2）一定程度　（3）相当程度　（4）很大程度
8. 在多大程度上你的疾病使你以更积极的态度去考虑生活中的一些事？
（1）极低程度　（2）一定程度　（3）相当程度　（4）很大程度
9. 当想到自己的疾病时，你是否会做些别的事情来分散自己的注意力？（－）
（1）总是这样　（2）经常这样　（3）有时这样　（4）从不这样
10. 你是否经常向医生询问，对于你的疾病你该如何去做？（－）
（1）总是这样　（2）经常这样　（3）有时这样　（4）从不这样
11. 当亲戚朋友与你谈起你的疾病时，你是否经常试图转换话题？
（1）从不这样　（2）有时这样　（3）经常这样　（4）总是这样
12. 近几个月，你从书本，杂志，报纸上了解多少有关你的疾病的信息？（－）
（1）很多　（2）较多　（3）一些　（4）极少
13. 你是否经常觉得自己要向疾病屈服了？（－）
（1）总是这样　（2）经常这样　（3）有时这样　（4）从不这样
14. 在多大程度上你想忘掉你的疾病？
（1）极低程度　（2）一定程度　（3）相当程度　（4）很大程度
15. 关于疾病，你向医生问了多少问题？
（1）没有　（2）一些　（3）较多　（4）很多

16. 遇到患有同样疾病的人，通常你会与他谈论多少有关疾病的细节？

（1）极少　（2）一些　（3）较多　（4）很多

17. 你是否经常以看电影，电视等方式来分散自己对疾病的注意？

（1）从不这样　（2）有时这样　（3）经常这样　（4）总是这样

18. 你是否经常觉得自己对疾病无能为力？（－）

（1）总是这样　（2）经常这样　（3）有时这样　（4）从不这样

19. 亲朋好友向你询问病情时，你是否经常与他谈许多病情细节？（－）

（1）总是这样　（2）经常这样　（3）有时这样　（4）从不这样

20. 对于你的疾病，你是否经常感到自己只能听天由命？

（1）从不这样　（2）有时这样　（3）经常这样　（4）总是这样

注：（－）者为反评题。

三、计分方法和应用

各条目按 1－4 分 4 级计分，其中有 8 个条目须反评计分。“面对”（confronce）量表分由 1、2、5、10、12、15、16、19 条目分累计；“回避”（avoidance）量表分由 3、7、8、9、11、14、17 条目分累计；“屈服”（resignation）量表分由 4、6、13、18、20 各条目分累计。

701 例医学应对问卷（MCMQ）参考结果如表 21－7－1 所示。

表 21－7－1　701 例医学应对问卷（MCMQ）参考结果

性别	样本数 / 例	面对	回避	屈服
合计	701	19.48 ± 3.81	14.44 ± 2.97	8.81 ± 3.17
男	436	19.16 ± 3.80	14.38 ± 2.95	8.58 ± 3.18
女	265	19.97 ± 3.77	14.56 ± 3.00	9.20 ± 3.12

Feifel 等曾将 MCMQ 使用于致命性疾病患者和非致命慢性病患者，发现“面对”“回避”和“屈服”3 种应对策略与患者的人口统计学、疾病及心理学等多种变量有联系。例如，那些康复希望渺小的疾病患者可能更多地采用“屈服（接受）”应对策略。国内各文也显示，“回避”策略似乎有利于癌症患者的心身健康；“屈服”与上腹部手术患者术前焦虑和术后多项消极体验指标呈正相关，而“面对”也与术后肠道排气时间和止痛药用量呈正相关；住院肝硬化患者倾向于使用面对（求助 / 关注）和屈服（失望）应对策略等。对 650 例各种患者的应对量表分均值做综合分析显示：女性较男性、50 ~ 59 岁较 30 岁以下及 70 岁以上、高中以上文化较高中以下文化、糖尿病及慢性肾病较溃疡病等、病期 2 个月以下较 2 个月以上等各组别的“面对”量表分为高；39 岁以下较 39 岁以上、大学文化较大学以下文化、慢性肝病及神经症较心脑血管病等各组别的“回避”量表分为高；女性较男性、50 岁以上较 50 岁以下、小学文化较小学以上文化、农民较干部、神经症及皮肤病较溃疡病

等、病期越长较病期越短各组别的“屈服”量表分为高。（以上均 $P < 0.01$）可见 MCMQ 在临床患者的疾病应对方式研究中具有使用价值。

第 8 节　老年应对问卷（WOCS）

一、背景

老年应对问卷（ways of coping for senile，WOCS）以老年人为对象，对 Folkmen 的 Ways of Coping-R 进行修订。采用姜乾金以往筛查特质应对条目的方法，以因素分析结合条目内容以及条目与心身健康指标（老年抑郁量表分 GDS）的相关性三原则，从 66 个条目中筛选出积极应对（PC）30 条目和消极应对（NC）22 条目。在此基础上以同样的筛选原则，从 PC 组 30 条目中进一步筛选出“面对”（F1）12 条目，“淡化”（F2）8 条目和“探索”（F3）7 条目共 3 个亚因子，从 NC 的 22 条目进一步分为“幻想”（F4）9 条目和“逃避”（F5）8 条目共二个亚因子。在此过程中不断有条目被剔除，对最终保留下来的 44 条目按上述相同步骤重新进行因素分析，结果条目分布情况不变。

Folkman 曾在背景材料中认为，她的应对方式问卷用于评定“应对过程”而不是“应对特质”（具有个性特质属性的应对）。本文作者却是以特质论的角度对该问卷进行修订的，为此特将指导语修改为“各种生活事件”时的应对方式，在对条目的筛选和分类时也增加许多条件的限制，因而这种筛选出来的应对问卷很类似于作者以往编制的特质应对方式问卷（TCSQ），它显然不包括应对活动的全部。作者认为可将这种加了限制条件筛选出来的应对问卷归于“狭义”的应对范畴；而 Folkman 的问卷其原意显然是“广义”的应对范畴；相反，类似于作者修订的医学应对问卷（MCMQ）和作者以前向国内介绍过的心肌梗死患者否认机制问卷等则又应属于另类，这些是对特定事件的应对方式，可称为“特定”的应对。总之，WOCS 作为一种具有特质属性的相对狭义的应对问卷，适用于评估中老年人对各种生活事件的一般应对特点。

信效度检验

分析老年大学学员 344 例（平均年龄 65.73 ± 5.62 岁，最低 55 岁，最高 85 岁）测定结果，F1-F5、PC 和 NC 的克伦巴赫 α 系数分别为 0.87，0.66，0.74，0.63，0.74，0.89 和 0.76。其中 42 例被试间隔 4 周，其 F1-F5、PC 和 NC 的重测相关分别为 0.71，0.80，0.64，0.70，0.78，0.78 和 0.78。各因子分与老年抑郁量表 GDS 的相关性检验显示，F1、F2、F3 和 PC 均与 GDS 有显著负相关，而 F4、F5 和 NC 均与 GDS 有显著正相关。以上结果显示，本量表有一定的信度和效度证据。

老年应对方式与性别、年龄、健康和抑郁程度的相关系数如表 21-8-1 所示。

表 21-8-1　老年应对方式与性别、年龄、健康和抑郁程度的相关系数

因子	PC（积极总分）	NC（消极总分）	F1（面对）	F2（淡化）	F3（探索）	F4（幻想）	F5（逃避）
性别	-0.005	-0.267**	0.014	0.017	-0.033	-0.271**	-0.163*
年龄	0.026	-0.137*	0.030	0.133*	-0.138*	-0.141*	-0.080
健康	-0.169**	0.147*	-0.144*	-0.206**	-0.062	0.160**	0.076
GDS	-0.294**	0.318**	-0.259**	-0.230**	-0.248**	0.283**	0.244**

注：$^{**}P < 0.01$，$^{*}P < 0.05$。

部分原始资料

① Folkman S，Ways of Coping Revised（Folkman 提供的非出版资料）；

② 卢抗生、姜乾金，《中国心理卫生杂志》2000 年第 14 卷第 2 期（国内修订发表）；

③《行为医学量表手册》中华医学电子音像出版社 2005 年（256 ~ 258）（现版本）。

二、量表

指导语：下列各条目是描写人们在遇到生活事件或非常糟糕的问题时所使用的各种应对方式．请您认真阅读每一条目，再选择后面符合您平时实际情况的 4 个答案中的一个划上圈。应对方式并无好坏之分，请每条都回答。

1. 集中注意考虑下一步该怎么办?
2. 努力分析问题，以便更好地了解它。
3. 以工作或其他活动来转移对问题的注意。
4. 慢慢等待，时间会使事情发生转变。
5. 妥协或让步，从中获取有益的东西。
6. 做些不一定能解决问题的事，但至少我在做事。
7. 设法改变责任者（当事人）的意见。
8. 和某些人交谈，以便了解更多有关的情况。
9. 责怪或批评自己。
10. 尽量不把事情做绝了，而是先搁着。
11. 希望奇迹会发生。
12. 听天由命，有时我确实运气不好。
13. 就像没有发生什么事情一样继续干下去。
14. 努力把各种感情变化隐藏在心里。
15. 努力从光明，积极的方面看问题。
16. 比平时更能睡。
17. 对造成或引起问题的人表示愤怒。
18. 接受别人的同情和理解。

19. 考虑事情的有利方面，以便自己感觉好些。
20. 激励自己去干某种有建设性的事。
21. 努力忘掉整个事情。
22. 向专业人员寻求帮助。
23. 把自己改变成一个状态良好的人。
24. 等观望一阵子再做具体打算。
25. 感到内疚或以具体行动作为弥补。
26. 制订一个行动计划并执行。
27. 如没有好办法则退而求其次。
28. 适当地发泄自己的感情。
29. 觉得问题是由自己造成的。
30. 事后反而感觉轻松些。
31. 与有助于问题解决的人交谈。
32. 暂时不考虑问题，让自己休息或离开一下。
33. 吃些东西或吸烟，喝酒，吃药，使自己觉得好些。
34. 做一些冒险的尝试。
35. 不着急，按自己的感觉慢慢来。
36. 寻找新的信念或信条。
37. 保持尊严不轻易屈服。
38. 重新找到生活的重要方面。
39. 为使事情变好，积极做些事情。
40. 一般总是回避与别人在一起。
41. 不去想得太多，以免影响自己。
42. 向一个自己尊敬的亲戚或朋友征求意见。
43. 不让别人知道事情有多糟。
44. 藐视问题，不将它看得太严重。
45. 将自己的感受告诉别人。
46. 为达目的，脚踏实地，努力拼搏。
47. 向别人出气。
48. 凭个人经验去做。
49. 我知道该怎么做，所以我加倍努力。
50. 拒绝相信事情已经发生。
51. 安慰自己，下一次情况会好些。
52. 以各种不同的手段尝试解决问题。
53. 没有办法，只有接受。

54. 克制自己的感情，以免太影响其他事情。
55. 希望自己能改变事件或改变自己的感受。
56. 改变自己的某些想法。
57. 想象自己正处于比目前要好一些的某个时间或场合。
58. 希望问题会消失或有所改善。
59. 幻想事情会发生改变。
60. 祈祷老天会帮忙。
61. 准备接受最坏的结果。
62. 认真思考自己应该怎么说，怎么做。
63. 想象我崇拜的人会怎样处理问题，并模仿他。
64. 尽量以他人的观点来看待这个问题。
65. 提醒自己，问题将会非常糟糕。
66. 去散步或活动一下。

注：各条目后有“不是 0”“有点是 1”“经常是 2”“完全是 3”4 个选项。

三、计分方法

F1“面对”由 1，2，8，20，22，26，31，39，42，46，49，62 条目分累计；F2“淡化”由 13，15，16，19，23，24，35，66 条目分累计；F3“探索”由 3，7，27，36，38，52，55 条目分累计。F4“幻想”由 11，12，28，53，58，59，60，61，65 条目分累计；F5“逃避”由 6，9，29，33，34，40，47，50 条目分累计。PC“积极应对”则由 F1、F2、和 F3 因子分相加；NC“消极应对”由 F4 和 F5 相加。

344 例老年应对方式（WOCS）各因素分均值如表 21－8－2 所示。

表 21－8－2　344 例老年应对方式（WOCS）各因素分均值

因子	合计（n=344）	女性（n=220）	男性（n=124）
F1（面对）	21.22 ± 6.85	21.15 ± 7.11	21.35 ± 6.41
F2（淡化）	11.94 ± 4.48	11.88 ± 4.70	12.05 ± 4.09
F3（探索）	8.69 ± 3.58	8.78 ± 3.64	8.53 ± 3.48
F4（幻想）	8.25 ± 4.01	9.06 ± 3.98	6.81 ± 3.64 **
F5（逃避）	5.64 ± 3.15	6.02 ± 3.04	4.95 ± 3.24 **
PC（积极应对总分）	41.86 ± 12.59	41.81 ± 13.11	41.93 ± 11.68
NC（消极应对总分）	13.89 ± 5.98	15.08 ± 5.56	11.76 ± 6.13 **

（卢抗生　姜乾金）

第 9 节　心理门诊问卷测查计算机支持系统（软件）

20 世纪 90 年代，国内医学院校和综合性医院开设的心理门诊越来越多。心理门诊的关键有两点，一是高水平的心理医生，二是方便实用的心理测查手段。作者经过 8 年的不断研究和努力，形成体系性的心理咨询模式，同时逐渐开发出心理门诊专用的问卷测查计算机支持系统。同时借国家有关高等教育改革政策，将该项技术面向全国，广泛征求横向合作单位意见。经过逐年改进，以此项工作为基础，还分别获“浙江大学计算机课件专项基金（1999）”和 2000 年“卫生部计算机辅助课件 CAI 项目（2000）”的立项和资助（参阅本章第 10 节）。

该心理门诊专用的“问卷测查计算机支持系统”，除作者等在本校医学院附属门诊部使用之外，还被国内多家高等院校、综合医院和军队单位所使用，也赠送给不少有需要的专业人员。编辑本文集时再次了解，至今还有不少重点单位在使用该软件。个人网站“心理评估”栏目界面对此有所介绍（图 21-9-1），该栏目 1999 年和网站同时开通，以后逐渐有所维护和补充。

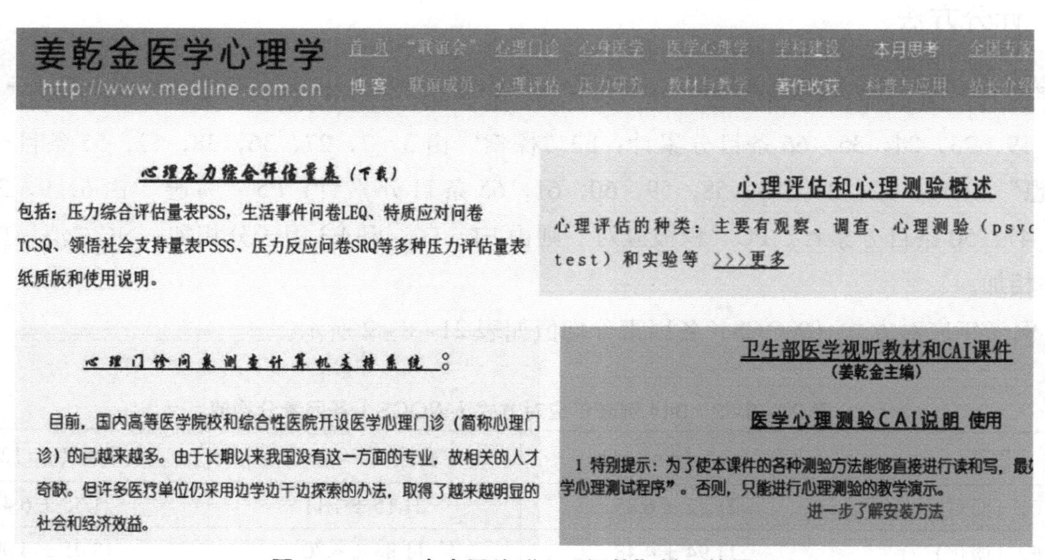

图 21-9-1　个人网站“心理评估”栏目的界面

2001 年，该“支持系统”中的部分内容作为“应激测验”纳入人民卫生音像出版社出版的《医学心理学测验》CAI 课件（参阅第 10 节）。

2010 年，该“支持系统”中一些问卷，以“应激相关量表”为题，列入《医学心理学》8 年制全国规划教材第 2 版配套光盘的第六章（人民卫生出版社出版），内容包括各应激有关的量表背景、条目、计分方法、常模等资料（图 21-9-2）。

图 21-9-2　8 年制规划配套教材中的压力（应激）相关量表

“支持系统”包含各种压力因素量表，“心理社会压力调查表 PSS 软件”的内容或形式部分也来于此（参阅第 11 节）。

第 10 节　卫生部医学心理学测验 CAI 项目介绍（2001）

该课件 2001 年由人民卫生出版社影像部出版，是国内首部正式出版的医学心理测验 CAI 教学课件，是卫生部重点 CAI 建设项目（2000）。在全国发行后，被许多院校采用。

心理测验是医学心理学教学的重要内容之一。本课件基于作者主编的《医学心理学》（1997 年国家教委高等教育教材研究课题计划项目，人民卫生出版社出版，1998 年）教材大纲内容，也与此后作者主编的全国临床医学五、七、八年制《医学心理学》统编教材大纲一致，适用于本科生和研究生的医学心理学课程教学（出版时介绍词，挂于个人网页）。

本课件主要内容包括医学心理测验总论（心理测验概念、种类、历史、对象、使用条件等）、几种有代表性的心理测验方法（个性、情绪和症状、应激有关因素）以及心理测验操作演示三大部分：

第一部分：心理测验的概念、测验种类、发展简史、适用对象、使用条件、结果判定等概述性质的内容。这是医学生在学习医学心理学时必须掌握的基础知识。通过本课件的教学，还可以使学生了解心理测验的重要性及其与临床工作的关系。

第二部分：几种典型、简便、大众化的心理测验，包括个性（气质和行为）、情绪与心身症状、心理应激因素（生活事件、应对方式、社会支持）等与教材中主要章节内容相呼应的 3 类 11 种测验。每一种测验均包含背景材料介绍、使用方法、注意事项、结果解释和数据库。这是医学生在学习医学心理学时必须了解的知识。

第三部分：演示本计算机课件的实际操作过程，包括心理测验的完成过程。

该课件立足于医学生的医学心理测验教学，也可在临床和各种实际工作中作为心理测评工具使用。出版当年，先后有几十所院校和医院采购使用。

以下左侧是课件主要界面，右侧是项目和程序逻辑。

2000 年卫生部医学 CAI 课件项目

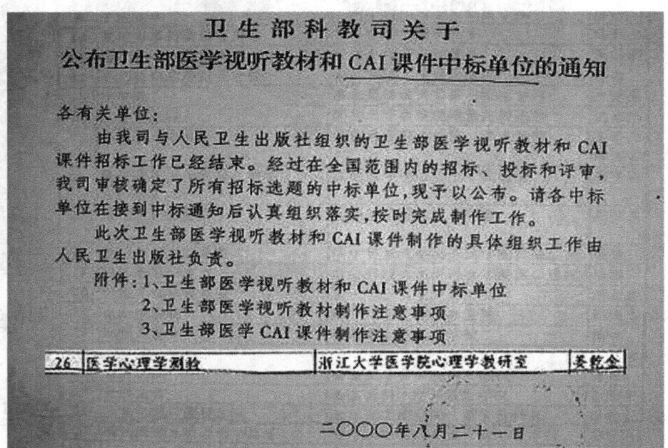

卫生部科教司关于
公布卫生部医学视听教材和 CAI 课件中标单位的通知

各有关单位：

由我司与人民卫生出版社组织的卫生部医学视听教材和 CAI 课件招标工作已经结束。经过在全国范围内的招标、投标和评审，我司审核确定了所有招标选题的中标单位，现予以公布。请各中标单位在接到中标通知后认真组织落实，按时完成制作工作。

此次卫生部医学视听教材和 CAI 课件制作的具体组织工作由人民卫生出版社负责。

附件：1、卫生部医学视听教材和 CAI 课件中标单位
2、卫生部医学视听教材制作注意事项
3、卫生部医学 CAI 课件制作注意事项

26	医学心理学测验	浙江大学医学院心理学教研室	姜乾金

二〇〇〇年八月二十一日

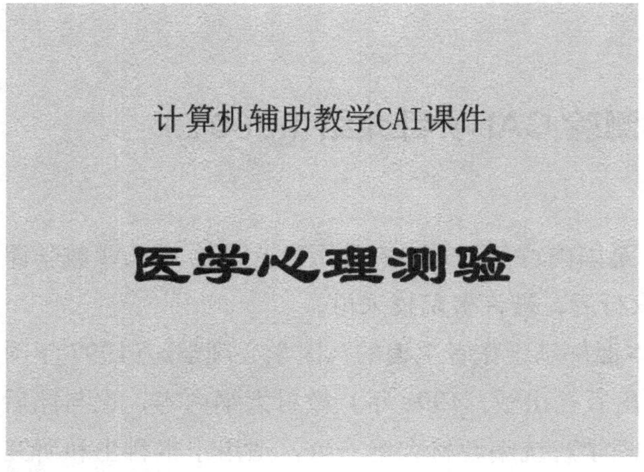

程序主干逻辑

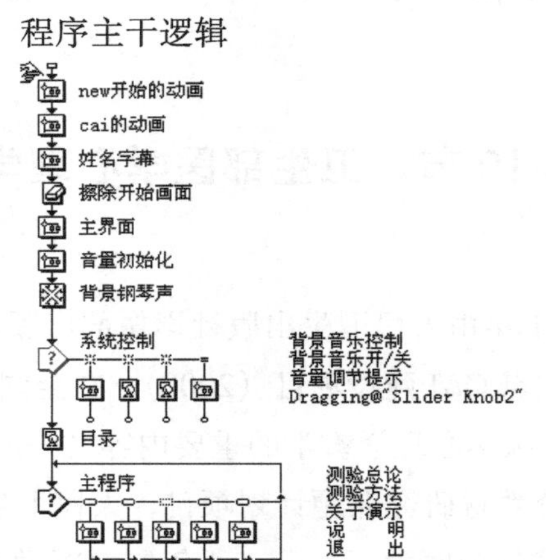

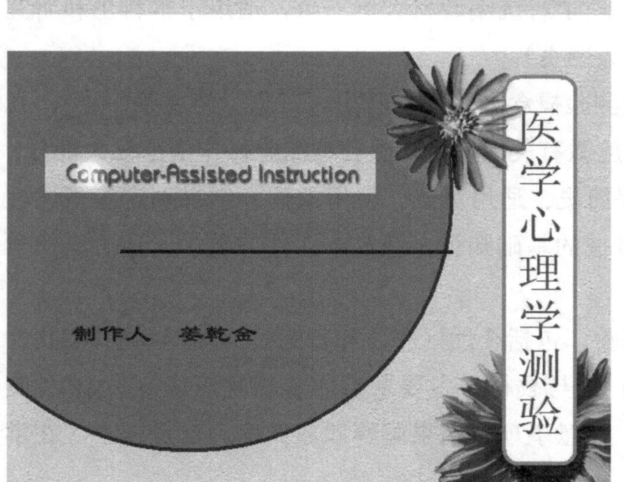

开始的动画

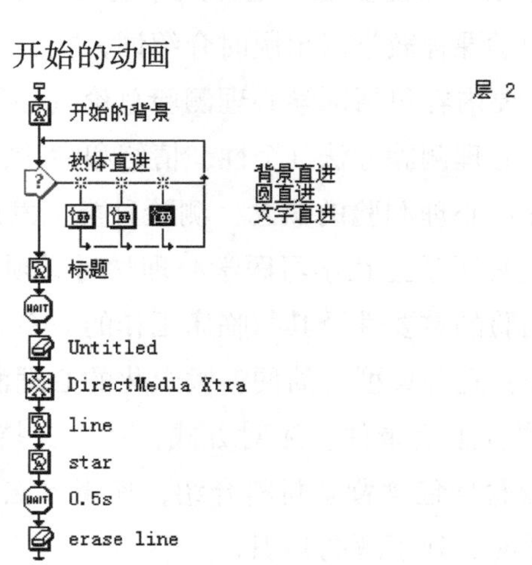

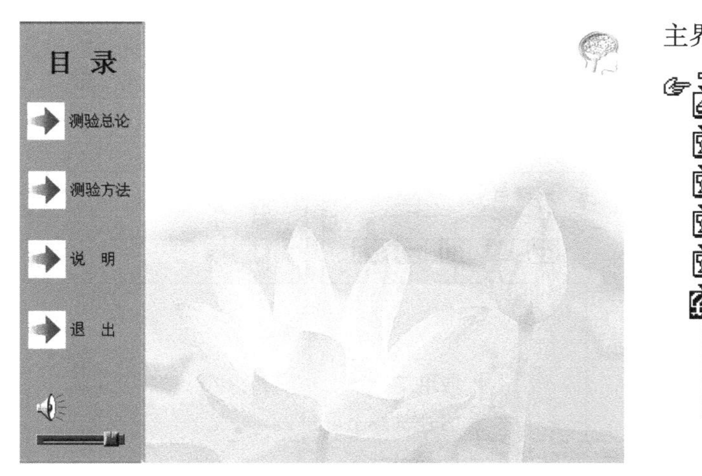

主界面

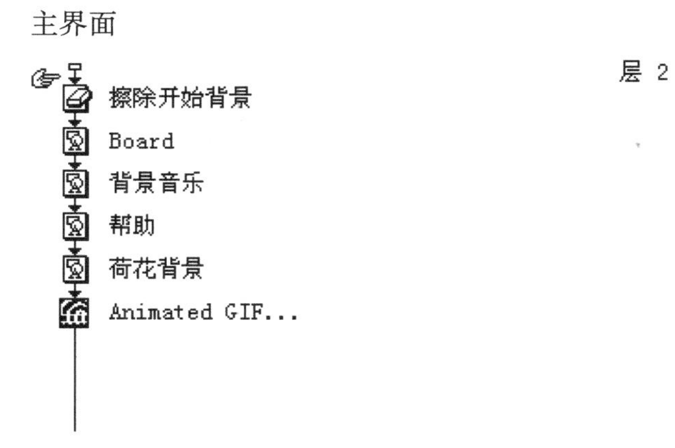

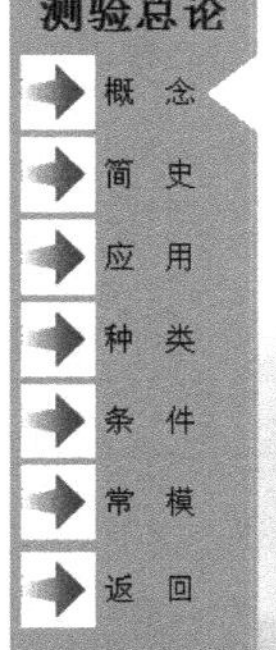

心理测验的概念

所谓心理测验(psychological tests)，就是以客观的标准化的程序来测量个体的某种行为，以判定这种行为的个别差异。

在日常生活中，人们为了判定某物的长度，使用尺码来测量。要判定某物的重量，就要使用衡器来测量。在医学中要判定血压的高低，则可以使用血压计来测量并以汞柱高度来表示。这些都是物理或生理现象的测量。对于心理行为现象，其本质与物理的和生理的现象一样，也是客观存在，因而也应可以测量。目前，已有许多心理行为现象可以通过不同的心理测验工具进行数量化测定。

测验总论－概念

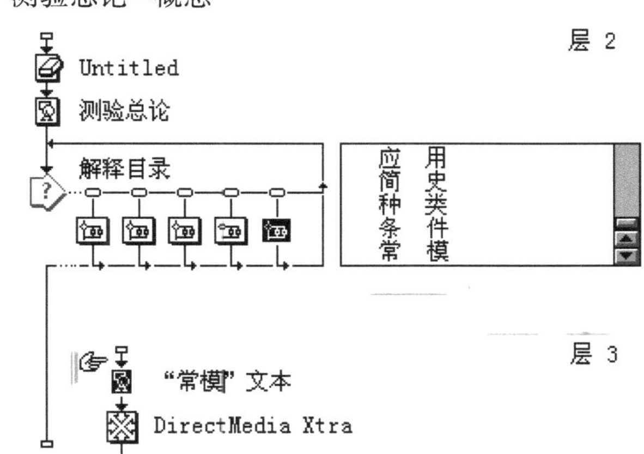

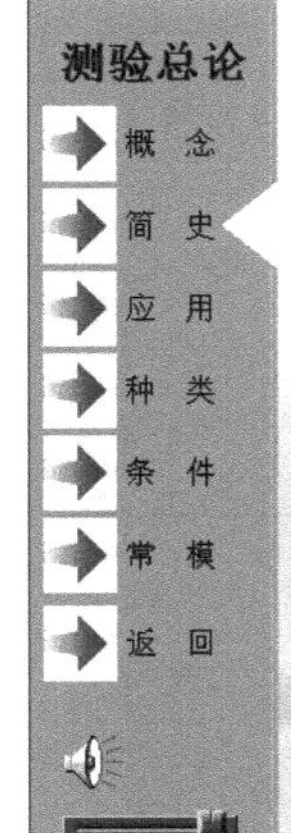

心理测验简史

近代心理测验可从1879年冯特建立第一个心理实验室算起。那时主要是感知觉的测定。

以后由于社会需要，智力测验发展较快。1905年在法国教育当局委托下，比奈(Binet A)与西蒙(Simon T)首先编制出世界第一份儿童智力量表，即比奈－西蒙量表。1916年美国斯坦福大学特尔曼(Terman LM)在此基础上修订和发表了斯坦福－比奈智力量表，并提出智商这个概念。1932年美国纽约贝勒维精神病院的韦克斯勒(Wechsler D)设计了

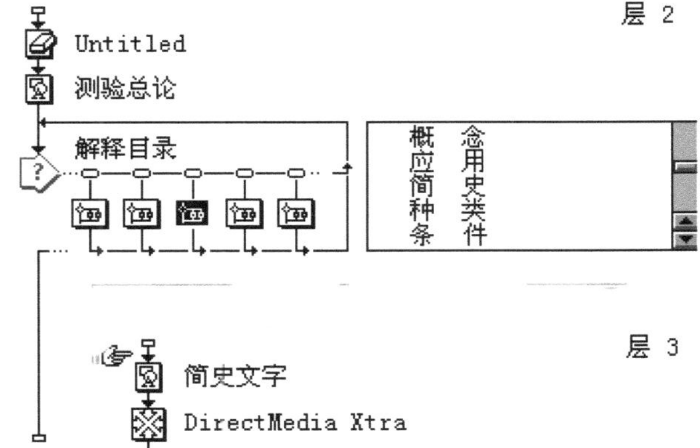

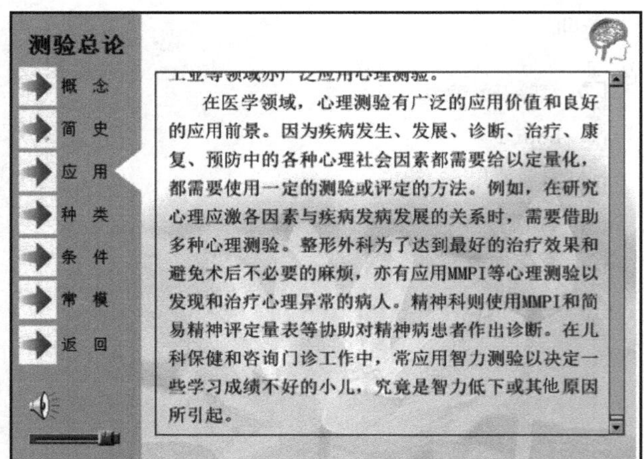

测验总论－应用

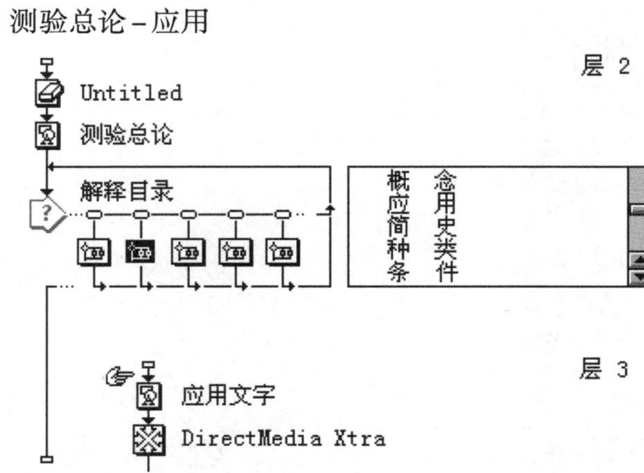

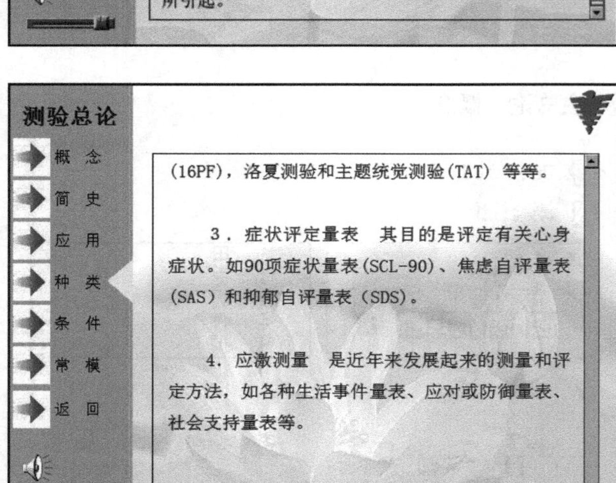

测验总论－测验种类

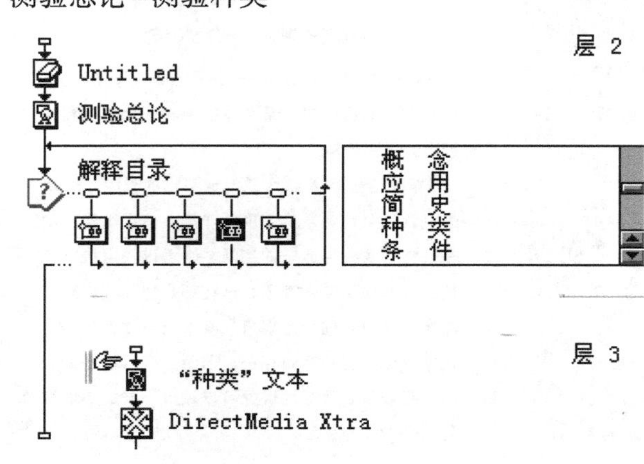

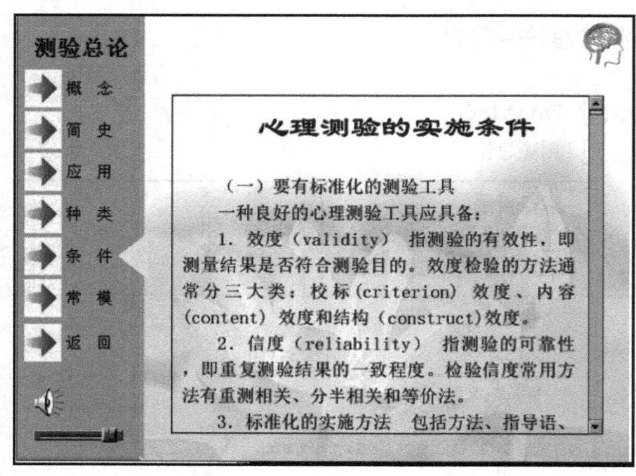

测验总论－实施条件

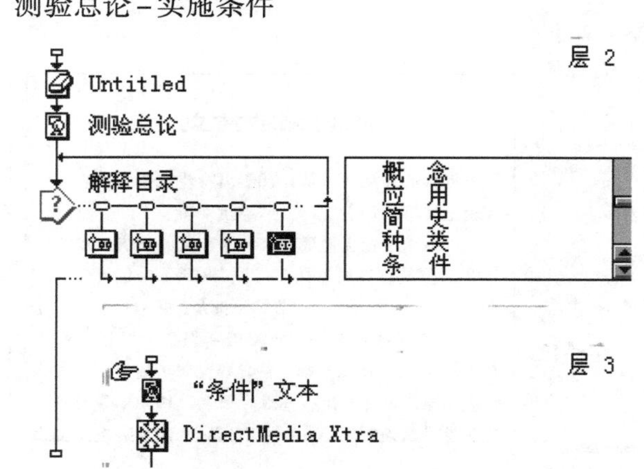

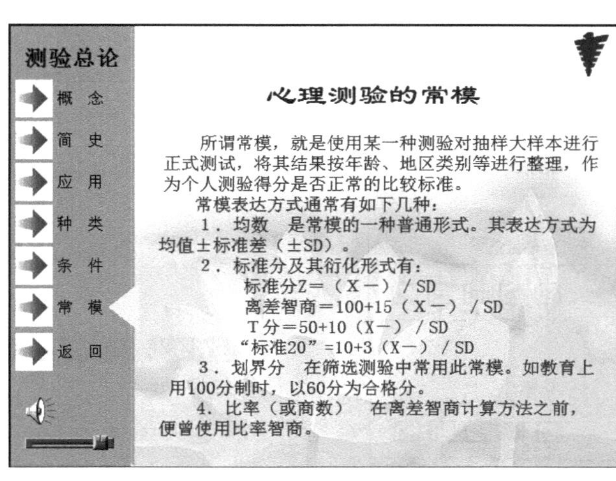

测验总论－常模

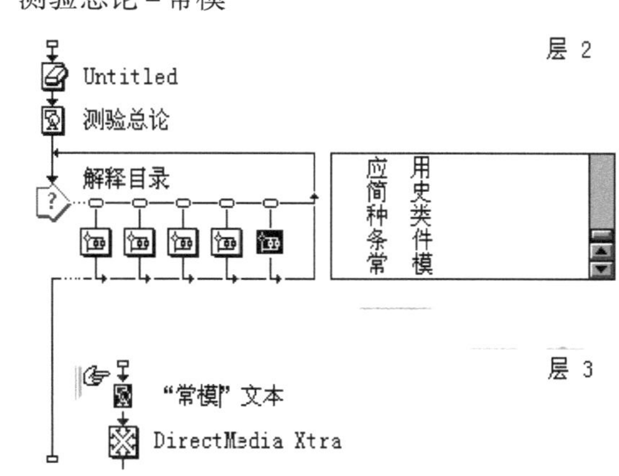

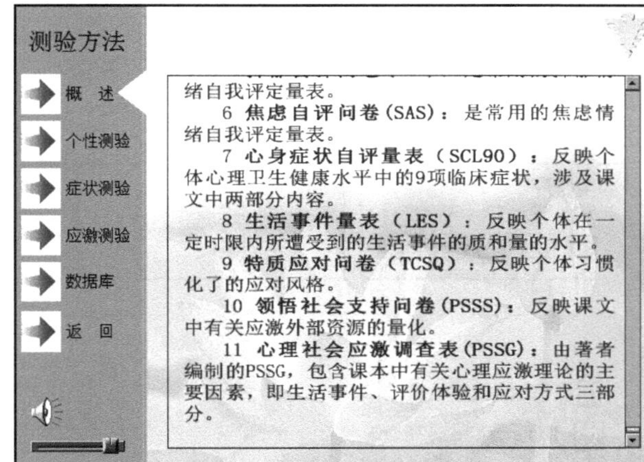

测验方法－概述

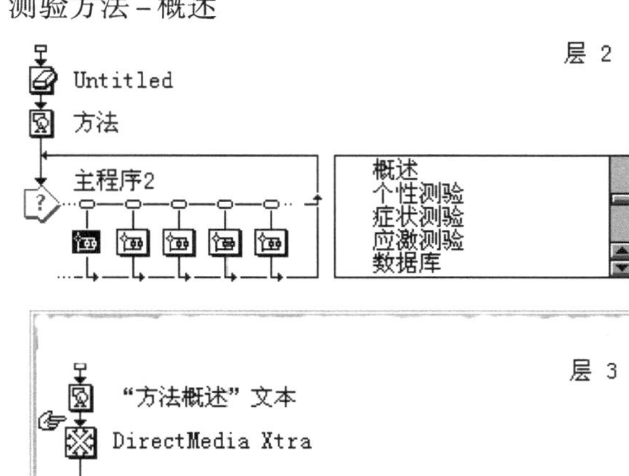

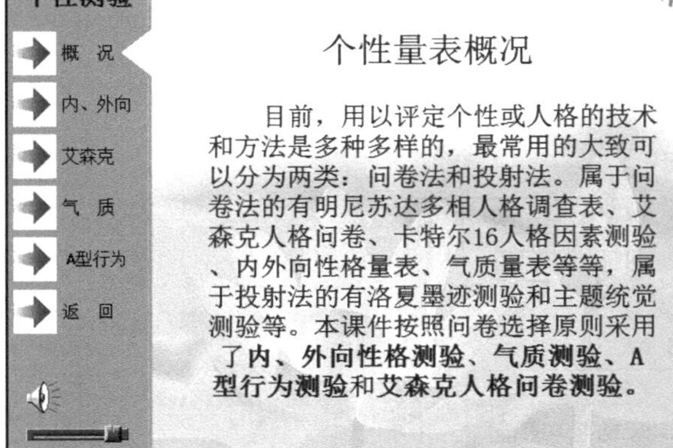

测验方法－个性测验

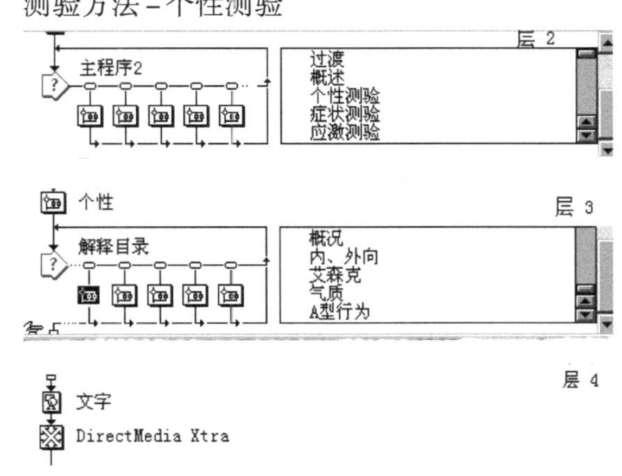

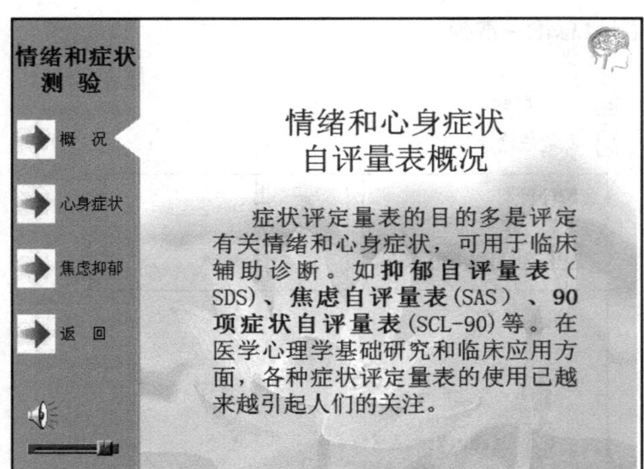

测验方法－情绪和症状量表

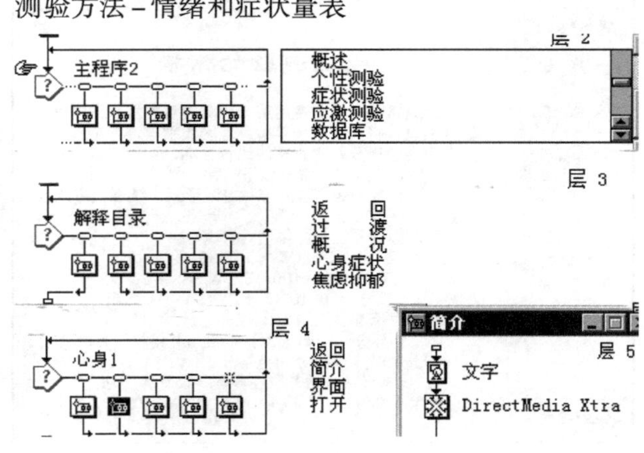

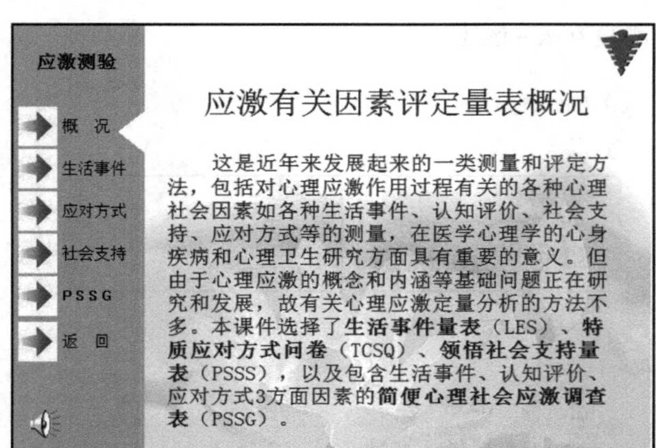

测验方法－应激测验－概况

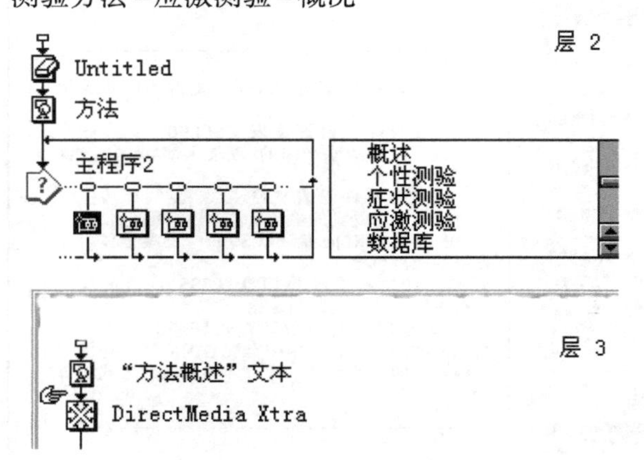

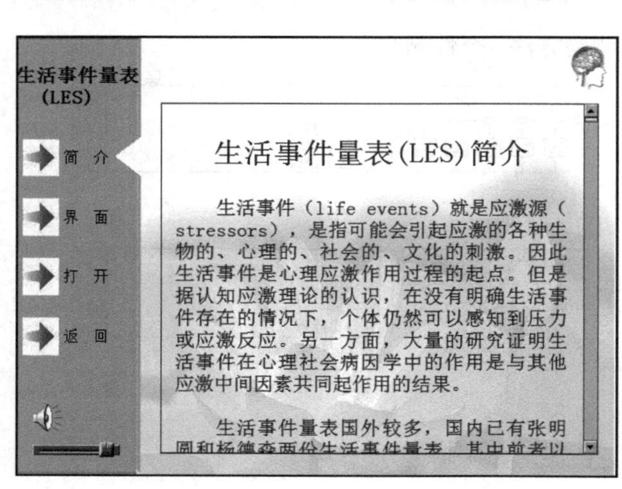

测验方法－应激测验－生活事件

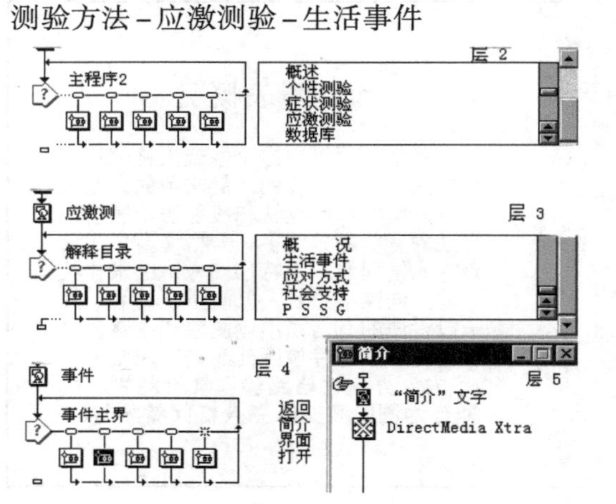

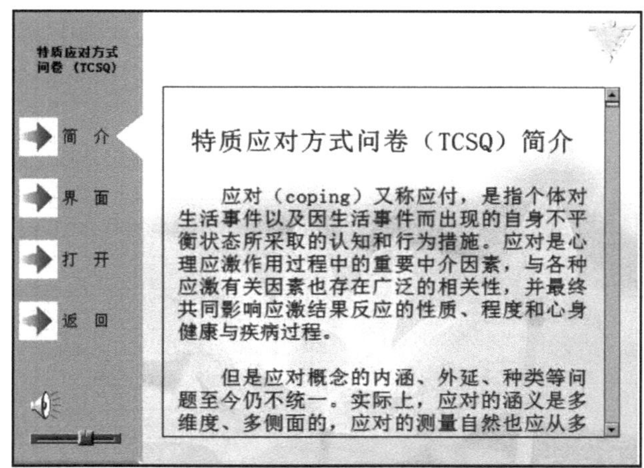

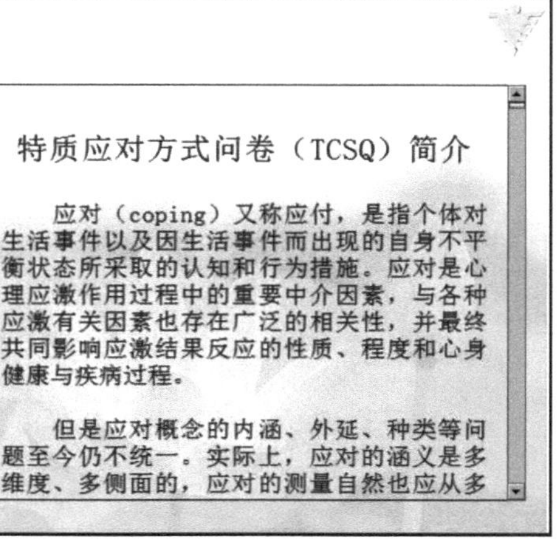

测验方法－应激测验－应对方式 TCSQ－简介

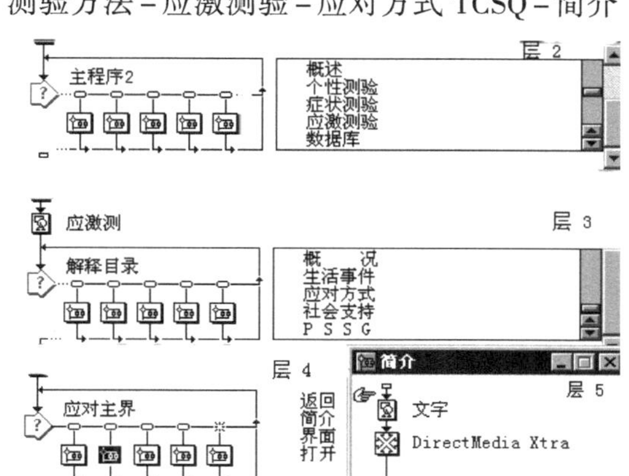

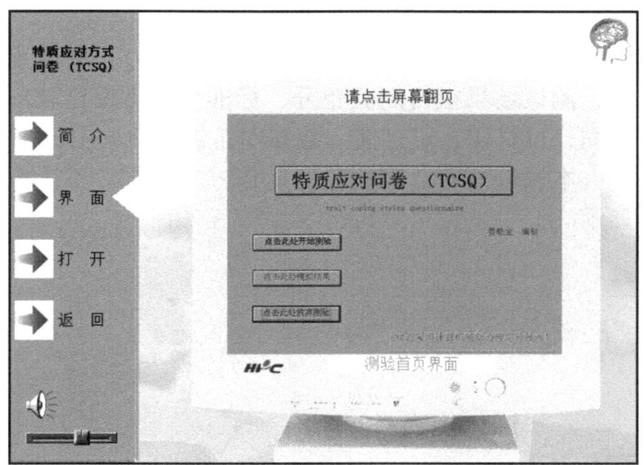

测验方法－应激测验－应对方式－逻辑

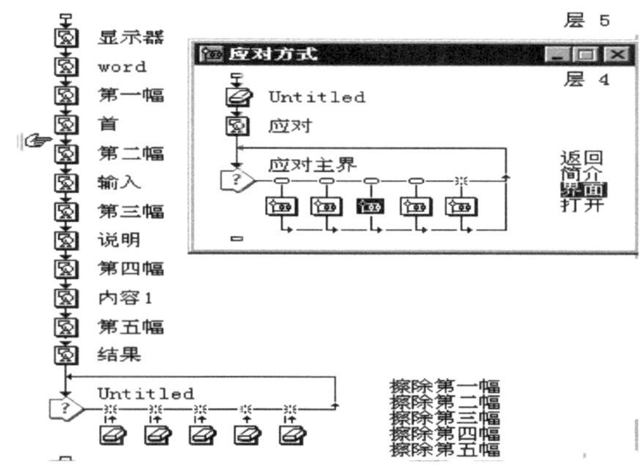

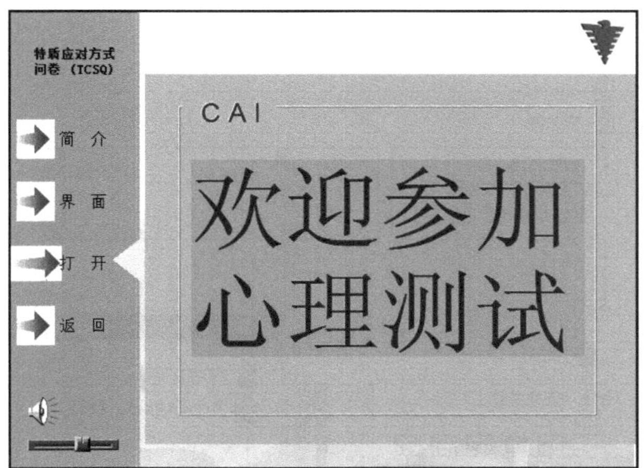

进入 PCSQ 测试，选 4 个界面

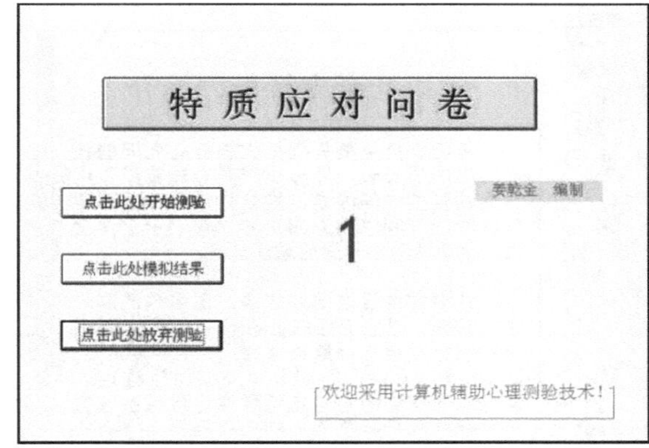

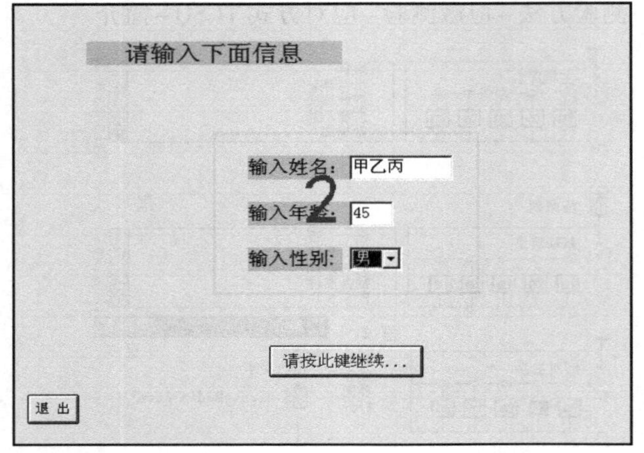

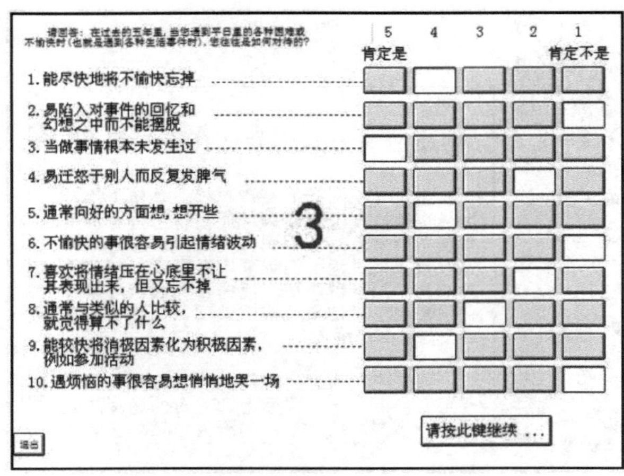

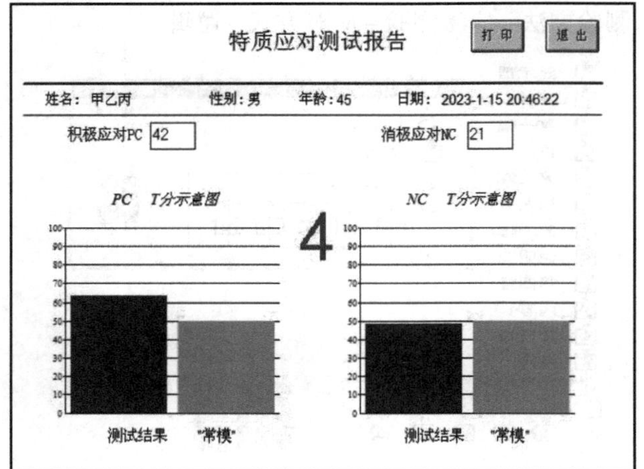

TCSQ 测试结果报告：

以应激测试－特质应对方式（TCSQ）测试为例，测试结果报告测验粗分、标准分和常模比较剖面图，可打印，可存储入数据库，供以后调用。

本课件所有心理测验的运作方式相同。不全部显示。

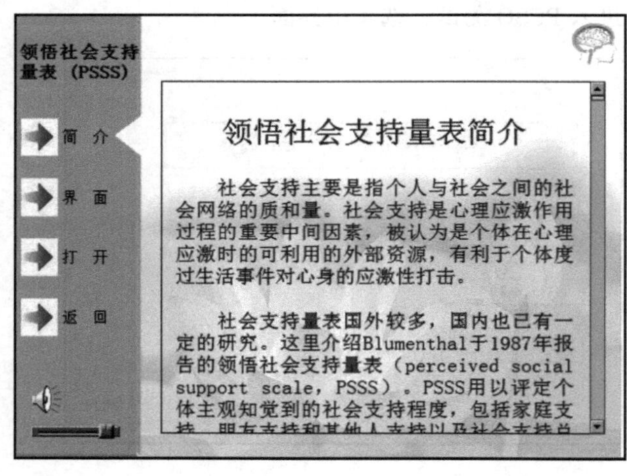

测验方法－应激测验－社会支持 PSSS

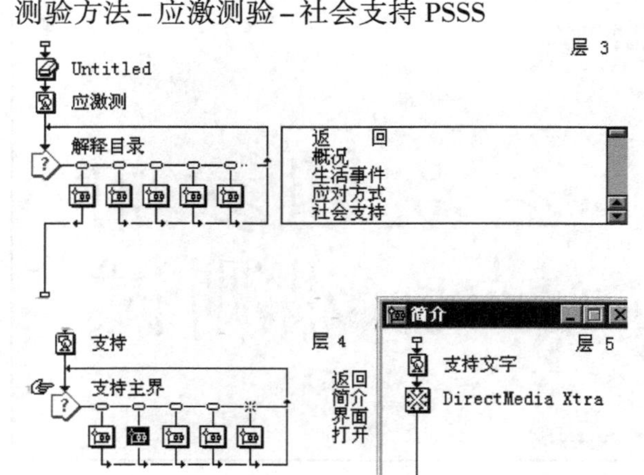

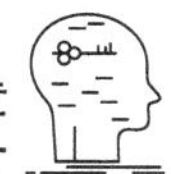

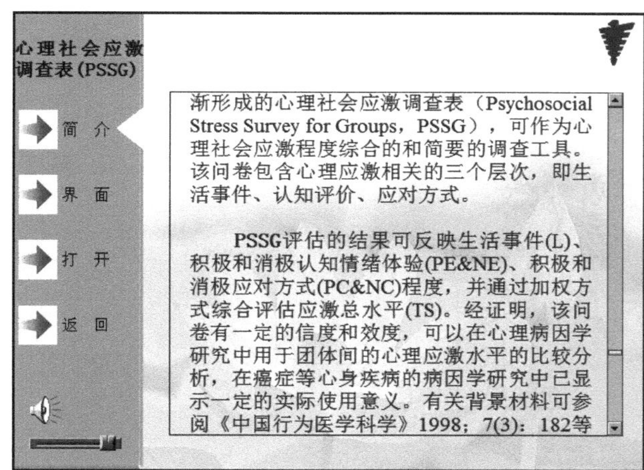

测验方法－应激测验－心理社会应激调查表 PSSG

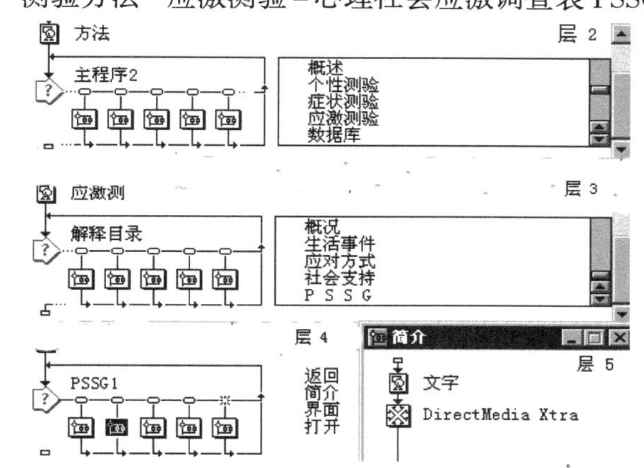

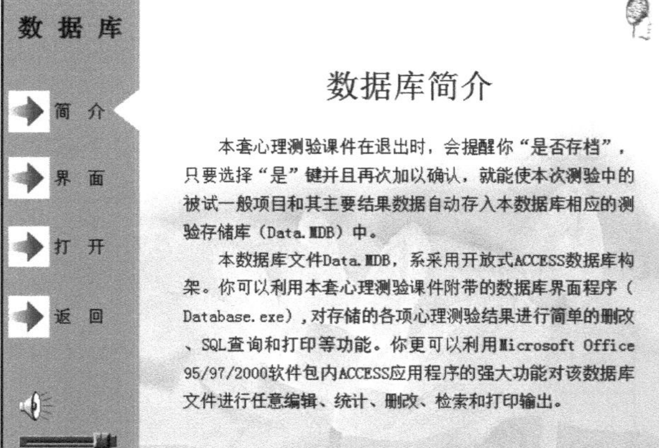

测验方法－数据库－简介

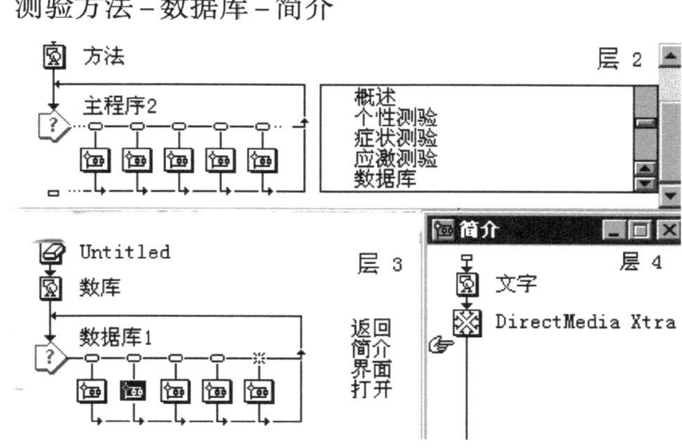

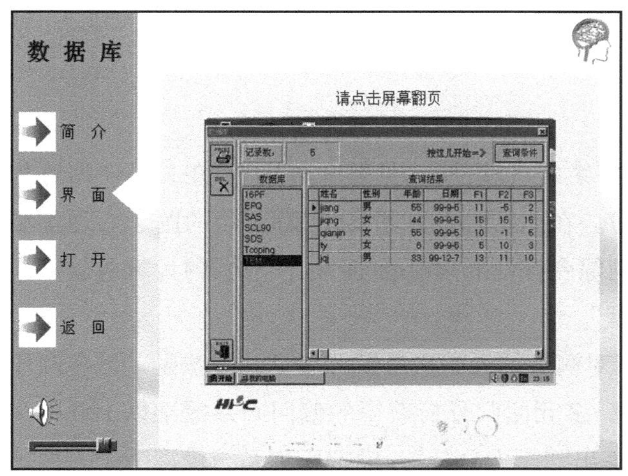

测验方法－数据库－界面

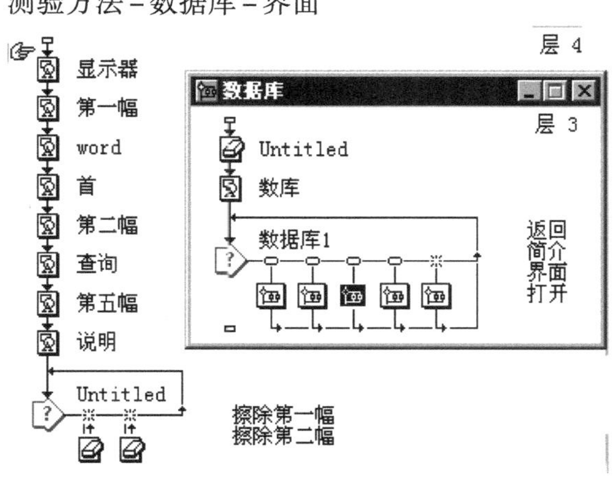

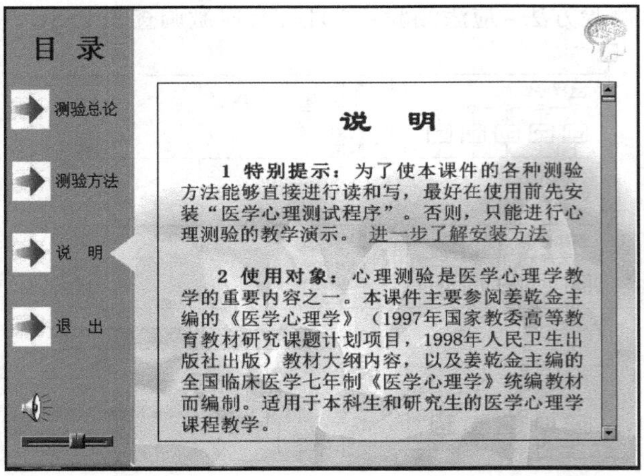

目 录

测验总论

测验方法

说 明

退 出

说 明

1 **特别提示**：为了使本课件的各种测验方法能够直接进行读和写，最好在使用前先安装“医学心理测试程序”。否则，只能进行心理测验的教学演示。进一步了解安装方法

2 **使用对象**：心理测验是医学心理学教学的重要内容之一。本课件主要参阅姜乾金主编的《医学心理学》（1997年国家教委高等教育教材研究课题计划项目，1998年人民卫生出版社出版）教材大纲内容，以及姜乾金主编的全国临床医学七年制《医学心理学》统编教材而编制。适用于本科生和研究生的医学心理学课程教学。

“说明”

（包括安装方法演示、使用对象、主要内容、制作过程，以及测验操作过程演示等）

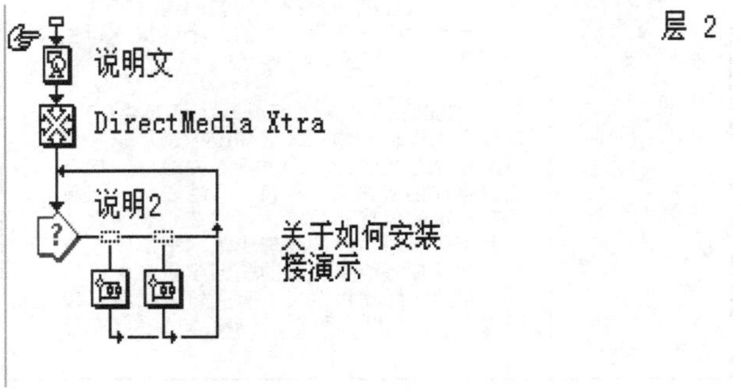

层 2

说明文

DirectMedia Xtra

说明2

关于如何安装

接演示

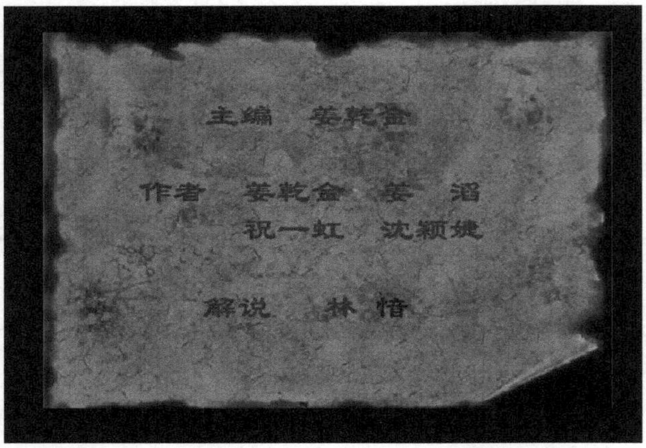

主编 姜乾金

作者 姜乾金 姜 滔

祝一虹 沈颖婕

解说 林 怡

退出

目录

主程序

测验总论

测验方法

关于演示

说 明

退 出

层 2

Quit Message Box

Untitled

结束

取消退出

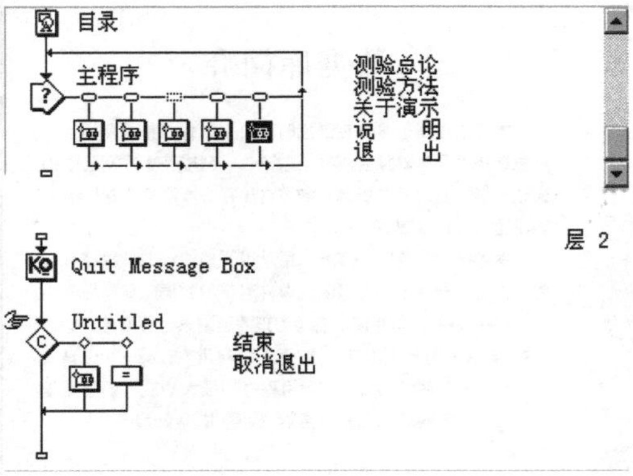

第 11 节 心理社会压力调查表 PSS 的计算机软件介绍

早年作者编制了门诊使用的问卷测查计算机支持系统（软件）（见第 9 节），并在长期使用过程中不断得到完善（许多是基于使用单位的反馈意见）。在此基础上，并有了 2001 年的医学心理学测验 CAI 的制作经验，作者在近 10 多年逐渐单独编制综合评估心理社会压力（PSS）的计算机软件。这套软件集中反映了作者最终认定的“压力系统模型”。

与以往心理测验软件的区别是，PSS 软件增加了对测验结果的参考解释意见。方法是，以各项压力因素为自变量，症状自评量表 SCL 总分为因变量，多元回归分析获得的偏回归系数乘以 100 作为各项压力因素对于压力总水平的权重系数，自动计算出“压力总分”，模拟压力系统模型下个人所承受的心理社会压力总的线性水平（算式：总压力水平 = 24 * 生活事件总分 + 56 * 消极应对分 - 15 * 积极应对分 - 24 * 社会支持总分 + 36 * 压力敏感人格总分）。在结果报告方面，除了报告各项得分的直观剖面图，同时还尝试报告各项压力因素和模拟压力总分所表达的含义，提出大致的压力管理建议，打印结果报告，使得这个软件更适合个体的压力诊断，以及群体的压力研究。

以下是该软件主要界面（左）和解说（右）。

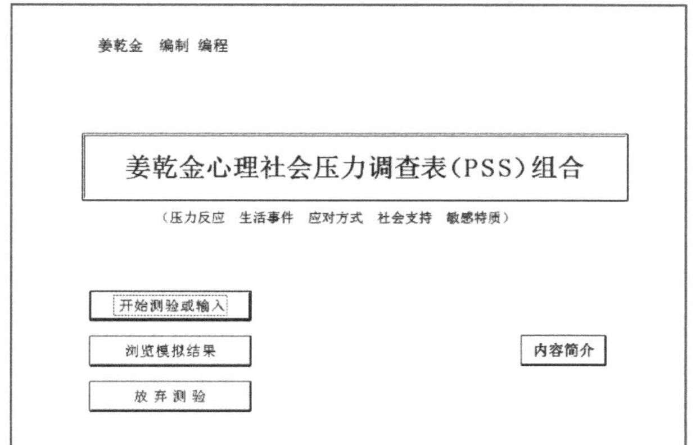

心理社会压力调查表（PSS）软件

作者于 20 世纪末开始编制医学心理学计算机心理测验软件，后受卫生部重点 CAI 项目的促进，内容和结构得到很大的提升，被国内许多医院用于临床工作，也被不少院校老师应用于科研工作。

压力（应激）有关问卷即包含在上述软件中，构成了心理社会压力调查表 PSS。

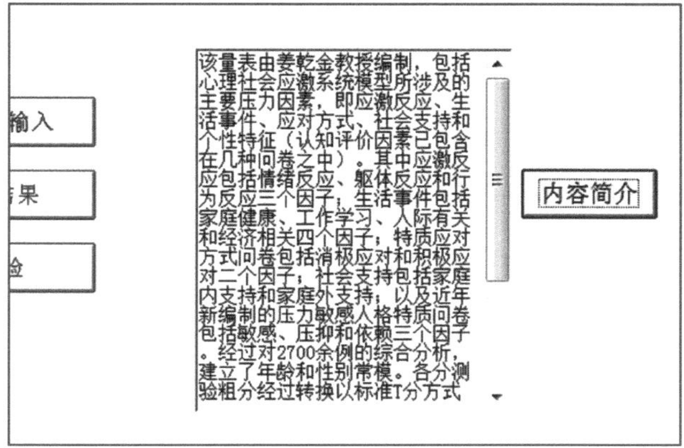

内容简介

PSS 量表包括压力（应激）系统模型所涉及的主要压力因素，即应激反应、生活事件、应对方式、社会支持和个性特征（认知评价因素已包含在几种问卷之中）。

其中应激反应包括情绪反应、躯体反应和行为反应 3 个因子；

生活事件包括家庭健康、工作学习、人际有关和经济相关 4 个医子；

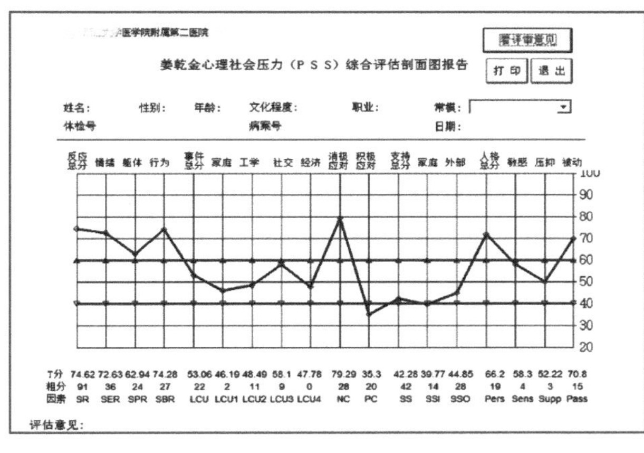

（续）特质应对方式问卷包括消极应对和积极应对两个因子；

社会支持包括家庭内支持和家庭外支持；

以及近年新编制的压力敏感人格特质问卷包括敏感、压抑和依赖 3 个因子。

经过对 2700 余例的综合分析，建立了年龄和性别常模。各分测验粗分转换以标准 T 分方式报告，并建立剖面图和简单结果解释。

（左侧为“预览结果”）

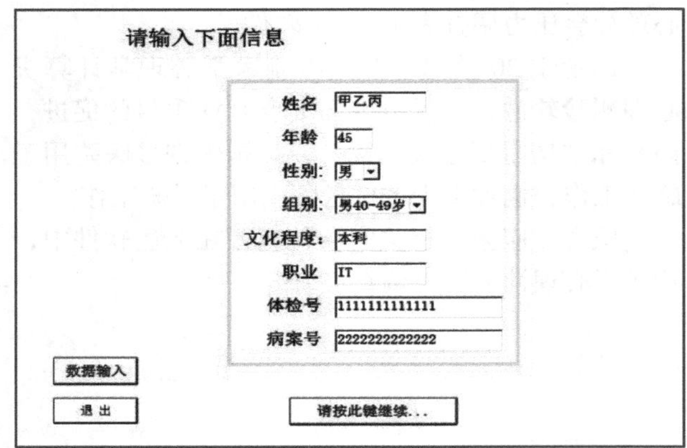

直接在计算机界面完成，也可以将纸质版问卷测验结果直接输入，获得同样的结果（有关姜乾金 30 多年来的心理压力系统模型理论与实证研究情况，可参考另外的资料，包括网络）。

（左侧为“输入界面”）

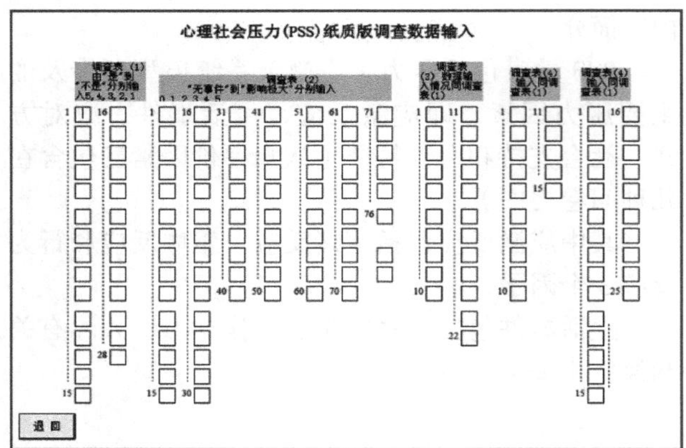

纸质版问卷测查结果输入界面

本心理测验软件除了在计算机上通过人机界面直接完成填写条目，报告和打印结果，还可以将纸质版的调查问卷结果，通过这个界面直接输入，为大样本调查工作提供极大的分别。

说明：为深入了解心理社会因素与健康之间的关系，促进问题的解决和疾病的康复，特制定本系列问卷．请您根据各问卷前的提示，逐项做出回答．这里没有对您不利的内容，各个条目也无所谓好和坏，只要求按实际情况回答．

请按此键开始 ...

退出

指导语

一 从现在开始向过去推算，近一个月你的心情如何（请选择）

	1从不	2偶尔	3有时	4经常	5总是
1. 容易紧张和着急					
2. 吃得比过去少的					
3. 希望痛哭一场					
4. 头脑没有平常那样清楚					
5. 感到孤独					
6. 觉得做人越来越没有意思					
7. 对将来不抱有希望					
8. 比过去注意力（记忆力）有下降					
9. 觉得闷闷不乐，情绪低沉					
10. 感到担忧					

请按此键继续...

退出

压力反应问卷（SRQ）（局部）

压力反应，指在压力系统多因素作用下，以躯体反应、情绪反应和行为反应的 3 个亚维度形式表现出来的心身症状。

这是作者长期修订使用的压力反应问卷（SRQ），合计 28 个条目，可参见前文。

这里只拷贝一个页面。

二 从现在开始向过去推算，近一年遇到了哪些生活事件？（请选择）

	无此事件	有此事件，影响：极微	小	中等	大	极大
1. 配偶亡故						
2. 父母亡故						
3. 子女亡故						
4. 其他亲属亡故						
5. 好友亡故						
6. 离婚						
7. 夫妻感情破裂						
8. 夫妻经常吵架						
9. 失恋						
10. 找对象困难						

请按此键继续...

退出

生活事件问卷（LEQ）（局部）

生活事件或称压力源，指个体面临的生物心理社会文化各种刺激。严格意义上压力源是指带来压力反应的那些刺激，但作为系统因素来讨论，则不论是否达到压力反应都属于生活事件。

作者长期使用的生活事件问卷，合计 76 条目，分家庭事件、工作事件、经济事件和人际事件 4 个亚维度，可参见前文。

PSS 第18页（共18页）

三 平常，当你遇到各种困难或不愉快时（例如上述生活事件时你往往如何对待的（续）

	1从不	2偶尔	3有时	4经常	5总是
13. 将情绪压在心底里不让其表现出来					
14. 旁人很容易使你重新高兴起来					
15. 对重大困难往往举棋不定，想不出办法					
16. 相信困难和挫折能锻炼人					
17. 相信自己可恨而怨恨自己					
18. 如果和同事发生冲突，宁可长期不理对方					
19. 在很长的时间里回忆某些不愉快的事					
20. 对困难和痛苦能很快适应					
21. 认为天底下没有什么大不了的事					
22. 善于将消极因素化为积极因素，例如参加活动					

请按此键继续...

退出

特质应对方式问卷（TCSQ）（局部）

特质应对，是指那些与人格特质相关、具有一定的跨情境一致性的应对习惯或应对风格。经作者筛选，TCSQ 条目还与心身症状（SCL90）具有相关性。

作者研究特质问卷始自 20 世纪 80 年代。最终形成的 TCSQ 含 22 条目，含积极应对（PC）和消极应对（NC）两个亚维度（参见前文）。

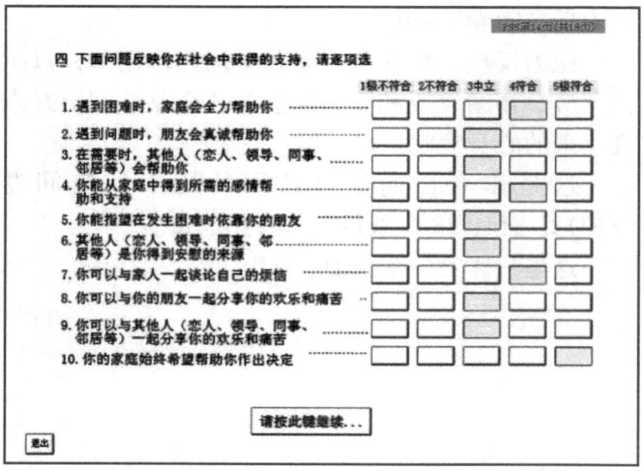

PSS第14页(共18页)

四 下面问题反映你在社会中获得的支持，请逐项选

1级不符合 2不符合 3中立 4符合 5级符合

1. 遇到困难时，家庭会全力帮助你
2. 遇到问题时，朋友会真诚帮助你
3. 在需要时，其他人（恋人、领导、同事、邻居等）会帮助你
4. 你能从家庭中得到所需的感情帮助和支持
5. 你能指望在发生困难时依靠你的朋友
6. 其他人（恋人、领导、同事、邻居等）是你得到安慰的来源
7. 你可以与家人一起谈论自己的烦恼
8. 你可以与你的朋友一起分享你的欢乐和痛苦
9. 你可以与其他人（恋人、领导、同事、邻居等）一起分享你的欢乐和痛苦
10. 你的家庭始终希望帮助你作出决定

请按此键继续...

退出

领悟社会支持量表（PSSS）（局部）

社会支持，是指一个人的社会网络。社会支持被认为是一个人面临压力时的“可利用的外部资源”，是压力系统的唯一正向作用因素（虽然作者有个案证据不支持这一点）

作者等引进的 PSSS 是指个人领悟到的社会支持程度，属于主观支持性质，含 12 条目，修订过程中增加客观支持 3 个条目。

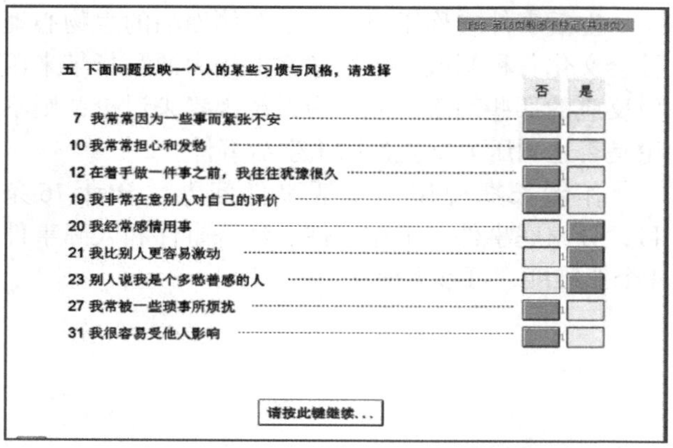

五 下面问题反映一个人的某些习惯与风格，请选择

否 是

7 我常常因为一些事而紧张不安
10 我常常担心和发愁
12 在着手做一件事之前，我往往犹豫很久
19 我非常在意别人对自己的评价
20 我经常感情用事
21 我比别人更容易激动
23 别人说我是个多愁善感的人
27 我常被一些琐事所烦扰
31 我很容易受他人影响

请按此键继续...

压力敏感特质问卷（STS）（局部）

2016 年，南菲菲等与作者合作，筛选各种人格问卷中可能会带来健康问题的条目，再以心身健康指标为校标进行筛选，获得 25 个条目，经因素分析，定义压力“敏感特质问卷”（STS,sensitive traits scale）3 个因素：“敏感”含 9 条目，因子负荷和与关联校标 EPQ-N 的相关系数分别为 0.461 ~ 0.723，0.633（下同）；

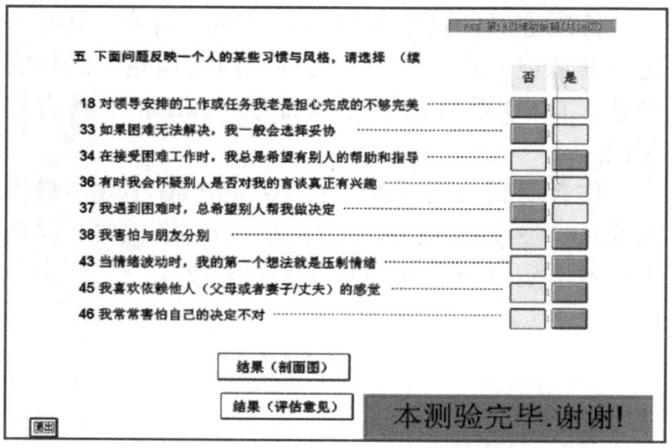

五 下面问题反映一个人的某些习惯与风格，请选择 （续

否 是

18 对领导安排的工作或任务我老是担心完成的不够完美
33 如果困难无法解决，我一般会选择妥协
34 在接受困难工作时，我总是希望有别人的帮助和指导
36 有时我会怀疑别人是否对我的言谈真正有兴趣
37 我遇到困难时，总希望别人帮我做决定
38 我害怕与朋友分别
43 当情绪波动时，我的第一个想法就是压制情绪
45 我喜欢依赖他人（父母或者妻子/丈夫）的感觉
46 我常常害怕自己的决定不对

结果（剖面图）

结果（评估意见）

本测验完毕.谢谢!

退出

（续）“压抑”7 条目，0.575 ~ 0.591，0.41；“被动或依赖”9 条目，0.454 ~ 0.595，0.395。STS 其他信效度指标也较理想，可参见前文。

作者将 STS 与 PSS 原有的压力相关问卷一起，重新计算压力因素对于压力总分的权重系数，用于这个最新的 PSS 程序的后台分析。

测验结束，选择看两种结果报告（可以互换）。

一、测验结果剖面图

压力因素的标准 T 分反映在剖面图上（图 21-11-1）。T 低于 60 表示该压力因素在正常范围，高于 60 低于 70 为偏高，高于 70 可能有临床意义。

对于各项压力因素，强调要结合压力系统模型的多因素原则综合分析。

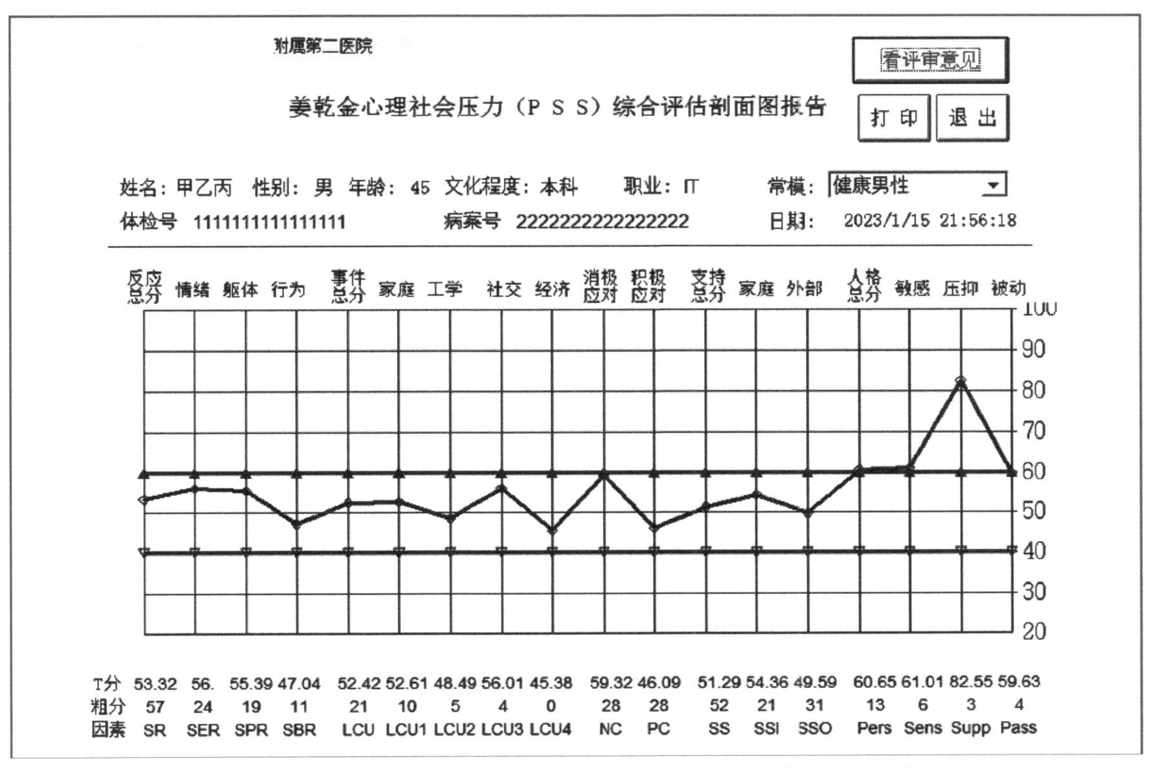

图 21-11-1　姜乾金心理社会压力（PSS）综合评估剖面图报告

二、综合评估参考意见

需要注意的是，图 21-11-2 中的各项评估意见是基于测验结果的数据，但数据的判断又是基于“一刀切”的划线，这正是作者所说的线性思维的“红线”。

评审意见中的“综合分析”，是根据大样本多元回归分析的偏回归系数作为压力因素对于压力总水平的权重系数。但结果仍然是划线而来的。

附属第二医院

看结果剖面图　打印　退出

姜乾金心理社会压力（PSS）综合评估参考意见

姓名：甲乙丙　性别：男　年龄：45　文化程度：本科　职业：IT　常模：健康男性
体检号　1111111111111111　病案号　2222222222222222　日期：2023/1/15 21:56:18

评估意见：

1.从压力反应角度：您存在一些躯体症状反应，　有一定负性情绪反应，　无明显行为反应。
综合来看，您在压力反应方面存在某些心身症状，需要给予一定关注。

2.从压力事件角度：近一年您有一些家庭或健康方面问题，　无太多工作或学习方面问题，　有一定人际关系等问题，　无太多经济上问题。
综合来看，您近一年遇到了一些生活事件，建议提升生活事件管理技术，预防压力。

3.从应对风格角度，您对困难与挫折的积极应对能力处于一般水平；
您对困难与挫折有时候会采用消极应对策略，但还处于常人水平。注：积极应对和消极应对是两个维度。

4.从社会支持角度：您的家庭内支持水平中等，　家庭外部社会支持水平中等。
综合来看，您的社会支持总水平处于中等，尚有进一步提升的空间，建议增强家庭内外社会交往。

5.从性格特征角度：您有一定的敏感不稳定的，　有一定自我压抑的，　主动和被动依赖之间的性格特征。
综合来看，您的性格特征如敏感、压抑、依赖，会增加心理社会压力，建议加强性格培养并接受专业帮助。

综合分析所有各维度测验结果，显示您存在一定压力但不是处于很高水平。

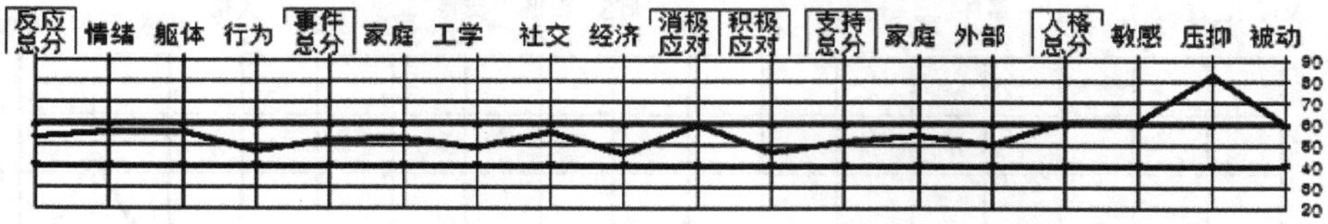

	反应总分	情绪	躯体	行为	事件总分	家庭	工学	社交	经济	消极应对	积极应对	支持总分	家庭	外部	人格总分	敏感	压抑	被动
T分	53.3	56.	55.4	47.	52.4	52.6	48.5	56.	45.4	59.3	46.1	51.3	54.4	49.6	60.7	61.	82.6	59.6
粗分	57	24	19	11	21	10	5	4	0	28	28	52	21	31	13	6	3	4
因素	SR	SER	SPR	SBR	LCU	LCU1	LCU2	LCU3	LCU4	NC	PC	SS	SSI	SSO	Pers	Sens	Supp	Pass

图 21-11-2　姜乾金心理社会压力（PSS）综合评估参考意见

三、“心理压力”多维测评免费下载（博文，2018-03-24 17：57：58）

专业软件，免费使用；压缩 32M，耐心下载（密码 4 个 0）；电脑安装，结果打印；问卷 5 个，影射六维。

根据作者倡导的“压力系统模型”，心理压力不是单维的“因-果”问题，而是多维的系统结构。在 20 年前开始编制并出版的心理应激问卷（PSS）测试软件课件（见姜乾金，医学心理测验，人民卫生出版社音像出版社，2001）基础上，经过修订，形成现在这套五维的压力综合评估问卷软件，各维内容与压力系统模型相一致。

测验软件免费下载方法：(本文集略)。

第12节　心身医学多因素研究设计（专题，2003、2013）

整合自2003年给研究生的讲座“心理社会因素的量化和多因素研究设计”和2013年浙江省医学会心身医学学术年会（江山）专题报告“心身医学研究设计漫谈”，以幻灯+解说的形式收入本文集。

依据系统模型法则，第一条就是各种心身问题的“多因素”（多维度）属性。现代科学则讲究研究量化和实证证据。本节就心身医学多因素研究设计现状（存在的问题）、系统模型研究设计中“多因素”的量化、研究手段和研究设计，做简单糅合介绍。

20世纪80年代初，作者离开了热门的生物化学和脑电生理学实验科学研究方向，转为 “非主流”（至少在医学界）的医学心理学和心身医学多因素理论和实证研究，一直面临的主客观困难不可言喻。但事情还是一点点做起来了，希望对现实的特别是今后跨界的研究工作有一定参考价值。

1

资料：
2003年研究生心理压力多因素研究设计讲座
2013年浙江省心身医学第10届学术年会专题报告

心身医学的多因素研究设计

浙江大学 姜乾金

1. 本节资料糅合自2003年和2013年的两个专题内容。时间跨度较大，但内容与作者长期对压力系统研究的主干思路一致。

在本章“量表、测验和研究设计”主题下，本节仅作为对多因素量化和研究设计的简单显示。

2

一、研究特点（现状）

2. 了解现状，利于理解本讲题。

涉及生物心理社会系统因素的研究，需要有系统思维基础和广泛知识储备。

例如，某生物医学名家，研究肠道癌症的多因素发病原因，但也只是纳入几项常识性的“行为”指标，虽然“生物”方面的研究是顶尖的，但“心理”方面明显有欠缺。只是研究成果是在“生物”条块评审的，才使其始终保持在“领先”水平。

3

（一）多学科的理论、知识和方法

涉及生物、心理、社会多学科知识

涉及多种学科理论

涉及多学科研究方法

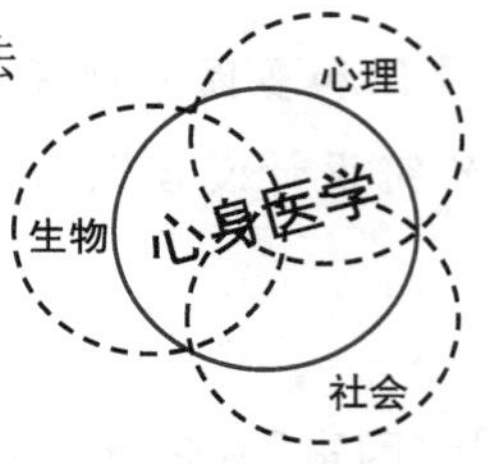

3. 完全掌握多学科的知识、理论和方法，自然存在困难，但既然开展“心身”研究，至少需要去了解涉及了“心”和“身”的哪些知识、理论和方法。

4

（二）心理行为变量的主观属性

心理现象具有**主观属性**。研究工作中的观察法、调查法，对结果的影响很大，需要注意数量化和方法学问题。

4. 具有主观属性的研究变量，潜在的影响因素很多。例如，有人试图证明抑郁情绪对癌症有致病作用，或者有促进恶化的作用。当他对来访者实施心理调查时，却将这个设想直白地告诉来访者，结果来访者由于受到“期望”和“归因”等心理因素的影响，果然报告了较多的情绪问题。显然这一结果是不可靠的。

5

（三）研究目标不易明确

科学研究某一个问题，首先应**提出假说**，然后通过**调查或实验等**，用来**证实**、**证伪**或修正这一假设。

故对于系统中的问题，不能**什么资料都想收集，什么问题都想解决**，那样反而不能确定具体可行的研究目标。这也是目前一些临床工作者在研究心身问题时经常遇到的困难。

5. 要开展多因素系统性问题的研究工作，有时候很困难。许多初入心身医学领域的有志者，热情高涨，但又限于各方面知识储备不足，会首先碰到这样的屏障。

这也应了学术界长者关于“idea”比具体研究工作更宝贵的说法。

6

例如：有医务工作者问，根据经验，许多心理社会因素影响癌症患者的心情，安排家人陪护对患者的心情有积极的促进作用。但如何研究却无从入手。

这显然是“系统”问题。可梳理出不同线索（维度），再确定不同研究目标。

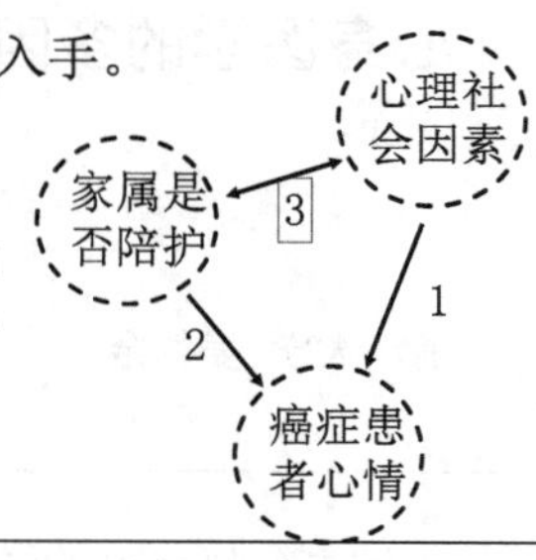

6. 对这个问题的具体线索：

（1）有哪些心理社会因素（如生活事件、社会支持等）可影响癌症患者的哪一种心情（如抑郁、焦虑等）；

（2）陪护方式（陪护与不陪护、谁陪护）与患者的哪种心情（焦虑、抑郁等）有关系；

（3）不同心理社会因素（如生活事件、社会支持等）对陪护方式（陪护与不陪护、谁陪护）临床效果的影响。

从中可以找到适合自已软、硬件的具体研究目标。

7

（四）研究方法不易把握

一定的课题目标需要一定的研究假设；一定的假设需要一定的研究方法；

一定的方法也往往仅适用于一定的研究领域。

如果方法运用不当，会降低研究结果的可信度。

7. 研究方法不易把握，用自杀研究作为例子，这是因为：

一方面，“自杀意念”不等于“自杀”。

另一方面，自卑也未必是自杀的直接原因。

毕竟，自杀是在情绪、经验、自我意识等多种心理社会因素综合作用下，特别是在压力系统多因素失去平衡的情况下，个体的认知决定和行为实施。

（接下）

8

例如，关于自杀研究目的是寻找自杀的原因；假设自杀的原因是自卑和自杀意念。

方法是量化被试的“自卑”与“自杀意念”，证明自卑是或不是自杀的原因。其可信度就有问题。

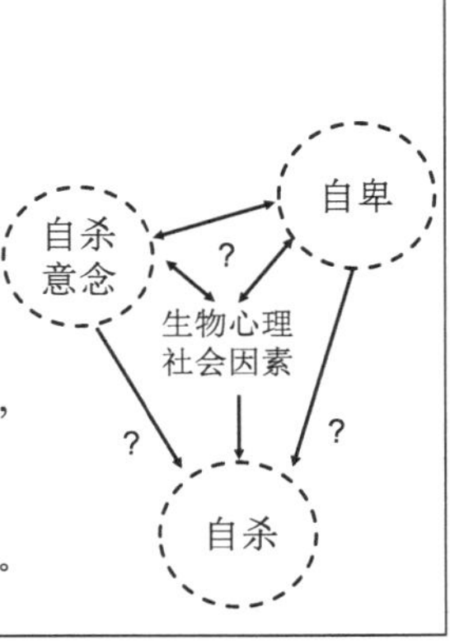

8.（接上）反过来看，人的自卑感往往不是各种心理问题的原因，反而是个体长期对抗社会压力失败后的结果。社会压力又是多种生物、社会、社会因素综合作用的结果。就是说，自卑和自杀意念其实是结果，不是原因。

显然，自卑→自杀意念→自杀结果。这样的，只是人们通常的线性认识。

9

（五）实验研究追求“高新尖”

自然科学研究，是国内一定时期内医学学术评价体系最为认可的研究方向，特别是采用各种**前沿生物学指标者**，如分子遗传学与基因组学（分子生物学）和脑影像技术等。

而心身医学的生物心理社会多因素系统研究，以及某些如哲学、艺术和宗教等**社会科学属性方面**的研究，则非常薄弱，也不受重视。

9. 前几十年，国家自然科学基金关于自杀的公共卫生课题申报书中，除了行为和社会方面的各种因素，往往会加入一点基因组学等“高新尖”指标。在自然科学科研导向下的评审者，自然会有意无意关注这样的“前沿性”。

但对于涉及生物心理社会多因素的系统问题，这种极度强调“高新尖”，会脱离心身研究的学科属性，未必有利于学科的发展。

10

（六）调查研究趋于简单与重复

不少作者在调查研究中，图方便，**为研究而研究**，对以往的研究情况并不关心，不阅读历史文献，不了解多年前是否有人做过类似的研究，导致一些研究趋于简单的重复。

10. 例如，目前一些癌症心理社会因素调查研究，在研究层次和变量设计方面缺乏新意，往往浮现在浅层的简单变量间的关系上，且与 20 世纪 80—90 年代国内已发表的一些文章相类似。

11

以应激和应对与冠心病关系的研究为例，国内30年来也未见到有深入的研究。

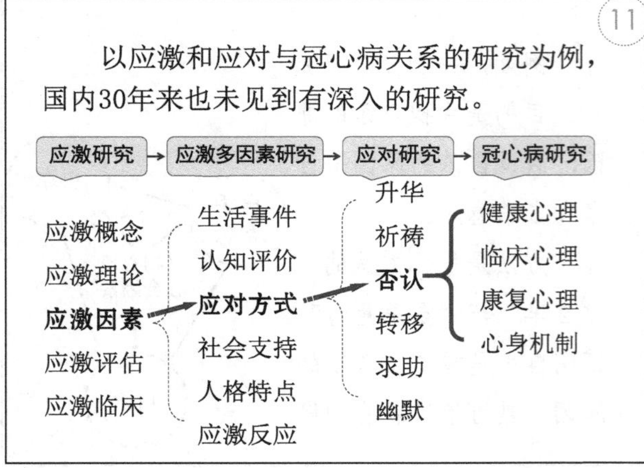

11. 再以作者（2010）在全国心身医学学术会议专题报告为例（如图）。作者曾指出，国内类似冠心病心身关系方面的调查研究，30年来并无令人赏心悦目的进步。几种心理社会变量、几项临床指标，统计分析它们的相关性，做出因素间关系的结论，便成了不变的格式。

当时以压力系统模型为例，示例介绍冠心病临床调查研究可以逐步深入的设计思路。

12

二、心理社会因素的量化

12. 心身医学的多因素研究设计，要先搞清楚各种心理、社会和行为变量的概念，然后是搞清楚这些变量的"量化"方法。

13

（一）心理社会因素的量化方法

许多情况下，心理变量的定量有一定难度。且目前也还难以使所有心理变量做到正确定量。除了概念的不确定性，还与定量方法受限有关。大致有以一下三类"定量"方法：

（1）描述性记录

（2）等级记录（序量化）

（3）量化记录（直接或间接数据）

13.（1）描述：通过科学观察和分析，描述某种心理行为特点。如对疼痛的生理、心理和为的综合描述。其缺陷是无法做统计处理。

（2）等级（序量化）：通过观察、会谈、访问或座谈，以事先制订的等级标准，对某种行为以等级记分。如将疼痛分为轻中重三级。

（3）数据记录：直接或间接（心理测验）的数据记录，要经得起信度、效度检验。

（附：作者计算机辅助心理评定的量化）

14

（二）个性量化

包括**观察、晤谈、行为评定量表、问卷法、投射测验**甚至**实验**等**方法**。每一种人格理论都假定个体差异的存在。不同情况下会采用描述、等级和数据量化加以区分。

个性评估有问卷法（即自陈量表）和投射法。人格量表有明尼苏达多相人格调查表、艾森克人格问卷、卡特尔人格测验等；投射测验有洛夏墨迹测验和主题统觉测验等。

14.（1）艾森克人格问卷（EPQ）：含神经质（N，测情绪稳定性）、内-外向（E，测内向和外向人格特征）和精神质（P，测一些与精神病有关的人格特征）3个维度；另有掩饰量表（L）。EPQ采用标准T分记分。

（2）卡特尔16项人格因素问卷（16PF）：测量16个人格根源特质。16PF结果采用标准分（标准10）。

15

（三）情绪量化

包括**观察、晤谈、评定量表**等方法。

情绪在结构上包括体验（报告）、行为表现（表情）和生理反应三方面,采用观察、晤谈、问卷等方法评估情绪时，需要兼及这三个方面内容。

研究工作中多采用情绪**评定量表**，有抑郁自评量表、焦虑自评量表、哈密尔顿焦虑和抑郁量表（他评）等。量化记录。

15.（1）抑郁自评量表（SDS）总分：将所有 20 个项目得分相加，即得到总分。总分超过 41 分（划界分）可考虑筛查阳性，可能有抑郁存在，需进一步检查。

（2）焦虑自评量表（SAS）总分：将所有 20 个项目评分相加，即得到总分。总分超过 40 分（划界分）可考虑筛查阳性，可能有焦虑存在。

研究工作中，常用 SAS 和 SDS 总分数值参加统计分析。

16

（四）生活事件量化

包括**晤谈、调查和量表**等方法。

生活事件是压力源（应激源），除了某些分析性研究报告采用晤谈调查等方法，在心身医学病因学系统研究设计中，往往需要量化的生活事件评估方法。

国内外生活事件量表很多，但因文化差异以和研究对象的不同，往往难以直接引用。

所以，在多因素研究中，需要选用合适的生活事件量表加以量化。

16. 国内杨德森编制的生活事件量表统计指标为生活事件刺激量（单项、正性事件、负性事件、总刺激量）。

作者 PSS 中的生活事件问卷统计指标包括工作学习、家庭、人际和经济事件 4 个维度量分，以及总分。

某些情况下，单一的生活事件也值得研究。

以某一生活事件下的个体作为研究对象的情况也常见到。

17

（五）认知评价量化

以**交谈或问卷的**方法加以**等级评估**。

认知评价（evaluation or appraisal）指向和内涵丰富，在应激（压力）系统模型的角度，是指个体从自己的角度对遇到的生活事件的性质、程度和可能的危害情况作出估计。其量化方法也随着目的方法的不同而定。

17. 认知评价虽然被认为是应激系统模型的关键因素，但认知评价因素却是较难定量的指标，原因是“认知”的指向和内涵太丰富了，量化难度就大。

在涉及压力的一些多因素研究设计中，可采用有针对性的（自编）认知问卷方式，以条目等级记录（序量化）逐条参加统计分析（条目设计成关键，且避免随意条目相加）。

18

（六）应对方式量化

一般采用**评定量表**加以量化。

* 应对贯穿应激全程、涉及心身各方面
* 应对分类众多，如过程应对和特质应对，问题关注应对和情绪关注应对，以及某些特定的应对（如医学应对、冠心病应对、老年应对等）
* 应对量表众多，可选择使用于量化评估。

18. 在压力系统模型下的多因素研究中，作者使用的是特质应对方式问卷（trait coping style questionnaire， TCSQ），对特质应对加以量化。TCSQ 由 20 个带有人格特质的应对项目组成，包括积极应对与消极应对（各含 10 个条目）两个维度的量分，反映被试者面对困难挫折时的积极与消极的态度和行为特征。

实际应用中，消极应对特征的病因学意义远大于积极应对。

19

（七）社会支持量化

通常使用**量表**，或通过调查采用**描述或序量化**。

社会支持（social support）是指个体来自社会各方面包括家庭、亲属、朋友、同事、伙伴、党团、工会等组织的精神和物质上的帮助和支援，反映一个人与社会联系密切程度和质量，具有减轻应激的作用，是应激作用过程中个体“可利用的外部资源”。

应对量表众多，可选择使用于量化评估。

19. 在压力系统模型下的多因素研究中，作者使用的是领悟社会支持量表（perceived social support scale，PSSS），对个体的主观社会支持水平加以量化。PSSS 由 12 条反映个体对社会支持感受的条目组成。测定个体领悟到的来自各种社会支持源（包括家庭、朋友和其他人）的支持程度，并以总分反映个体感受到的社会支持总程度。

20

（八）心理应激反应量化

关于应激反应的量化，可根据实际研究的需要，对某些指标（如心身症状、电生理和生化指标等）以**观察、晤谈、实验和量表**等方式，作出不同水平的量化评估。

症状自评量表（symptom check list 90 ，SCL-90）常被用于评估压力下的心身症状。作者后期常采用用自编的压力反应问卷。

20. 在压力系统模型下的多因素研究中，作者常使用自编的压力反应问卷（stress response questionnaire，SRQ），对个体的压力反应加以量化。SRQ 由 28 个条目组成，包括在压力下的躯体反应、情绪反应和行为反应水平 3 个维度分和总分。

在作者早期研究中，更多采用症状自评量表（symptom check list 90，SCL-90），也能较好地综合评估心身症状水平，作为压力反应指标，通常采用症状总分。

21

（九）其他心理社会因素的量化

在心身医学多因素研究中，还会涉及更多与压力有关的因素，如：

疼痛

依赖性

生活质量

A型行为等

同样要采用观察、调查、问卷、量表和实验等方法加以量化。

21. 例如，关于疼痛的量化，作者在多次研究中，是针对疼痛的三个方面，即痛情绪的主诉、表情和生理变化，通过观察、晤谈和调查，分别加以等级评估，以序量化记录。具体可参见有关章节内容。

自然，疼痛也可以选择简单的疼痛量表以等级计分。

22

三、研究手段

22. 心身医学的多因素研究设计，在搞清楚各种心理、社会和行为变量的“量化”方法后，还得搞清楚各种各样的研究手段。

目前心身医学研究，大家熟知问卷（量表）调查，然后方差分析、相关或多元分析，获得结论。但如果从整体角度，这种研究手段虽然常见，但仅仅是研究手段中的一种。最好也能了解一下其他的研究手段。

23

（一）文献法

此种研究手段很容易被忽略。

对于心身医学来说，文献法也是很重要的，只是受限于科研环境和政策导向，大家普遍不熟悉也不重视。对于某些心身医学问题，可以通过文献综述法做出综合分析，再提升到某种理论高度。笔者倡导的应激系统模型，相当部分就来自于此法。

23. 例如，某些涉及有关社会历史文化因素及其变迁（如婚俗、裹足）在健康和疾病中的作用问题，以及诸如缩阳症等特定地区文化和历史条件下的发病机制等，则大多依靠文献法，可以通过查阅诸如社群或民族历史资料、文献档案、县志或民族志中的相关资料进行分析研究。（1990 年有作者报告缩阳症，一些内容使用文献法）

（文献法多采用描述法和引用数据）

24

（二）观察法

观察法可分为：

- 主观观察和客观观察；
- 自然观察和控制观察；
- 日常观察和临床观察；
- 直接观察和间接观察；等。

观察法历史悠久，但需要在充足的知识和经验累积基础上进行，注意可信度和有效性。

24. 观察法的优点是可以取得被试不愿意或者没有能够报告的行为数据（除内省法），缺点是观察的质量很大程度上依赖于观察者的能力，以及观察活动对被观察者的影响。

25

(1)观察的目标行为

观察内容常包括仪表、体形、人际交往风格、言谈举止、注意力、兴趣、爱好、各种情境下的应对行为等。实际观察中，应根据观察目的，观察方法及观察的不同阶段选择观察目标行为。对每种准备观察的行为应给予明确的定义，以便准确的观察和记录。

25. 例如，20 世纪心理所许淑莲教授报告无痛儿童的行为特点及其对心身健康的影响，使用的是观察法，且是长时间追踪观察。

在心身医学各种综合设计研究项目中，常会结合使用观察法。作者等 1988 年在“集体心理咨询与松弛训练对上腹部手术病人康复的作用”一文中，涉及术后疼痛指标，除了主观报告和客观检验数据，还包括对患者痛苦程度的客观观察。

26

(2) 观察的资料记录

因**观察**方法不同，常采用不同记录方式（即量化方式）。一般而言，非定式观察常采用**描述性记录**方法，不仅要记录观察到的目标行为表现、频率，还要进行推理判断，例如记录“某某拳击布娃娃5次，显得很愤怒”。

定式观察有固定的记录程序和方式，只要严格**遵循**即可，往往以**等级记录（序量化）**。

26. 上述无痛儿童行为特点及其对心身健康的影响的观察研究，应属于非定式观察法，采用描述性资料记录。

前述上腹部手术病人术后疼痛的部分指标，使用定式观察法。当时由 3 位经统一培训的护士，按照疼痛表情行为的 3 个方面内容，制定观察记录标准，从侧面观察患者的痛苦程度，采用等级资料记录（序量化）。

27

（三）调查法

通过晤谈、访问、座谈或问卷等方式获得资料，并加以分析研究。其中问卷法在现实中使用广泛。

1.晤谈法（interview method）通过与被试者晤谈，了解其心理信息，同时观察其在晤谈时的行为反应，以补充和验证所获得的资料，进行**描述**或者**等级记录**。

27. 调查法之晤谈法，其效果取决于问题的性质和研究者本身的晤谈技巧。

在心理咨询工作中，形成的临床资料，需要有良好的晤谈技术和量化观念基础上的资料记录。那样就可以为以后的临床总结性研究工作，提供科学的符合不同等级量化的资料。

28

2. 问卷法（questionnaire method）设计调查问卷，一般用等级答案（也有其他方式），当面或通过邮寄供被调查者填写，然后收集问卷对其内容逐条进行**序量化记录**。

问卷调查的质量决定于研究者事先对问题的性质、内容、目的和要求的明确程度，也决定于问卷内容设计的技巧性以及被试的合作程度。

28. 调查法之问卷法，例如，调查住院患者对护理工作是否满意，哪些满意，哪些不满意，及其等级程度，分别设问。

又例如，叶圣雅等 1999 年在研究外科病人手术焦虑问题时所设计的“术前认知问卷”。根据研究目标，将“术前认知”这个操作性的概念，从对疾病的认识、对医护人员及手术的认识、对术后的预期 3 个方面分别设问，分 5 级计分。

29

（四）测验法

测验法是心理或行为变量研究的重要手段，也是目前最常用的手段。

测验法要特别注意所选用的测验工具的**信度**、**效度**等标准化指标。

目前使用很多，包括人格量表、智力量表，各种症状评定量表，应激有关量表等。

29. 心理测验的选择原则与合理使用：

（1）注意测验工具的信效度和实施要求。

（2）对测试环境有要求，避免干扰因素。

（3）对主试有要求，避免“外行”操作。

（4）对被试有要求，认知能力正常，态度认真，没有顾虑，集中精力完成测验。

30

（五）实验法

实验法（experimental method）对某些生物心理行为变量进行客观的测量，或通过“刺激-反应” 获得**量化记录**。

实验法是当今最受欢迎的研究手段，这也成了心身医学多因素研究工作的一道梗。但实验法的缺点也不少，包括实验情景对心理的影响（伦理学例子）等。

30. 在自然科学普遍受重视的情况下，现代生物科学的前沿实验技术，往往成为某些“高端”心身医学多因素研究中的“点缀”性指标。因为评审者会认为这是科学水平的高点。但这也很明显影响到学界对心理社会多因素研究的关注和重视，也影响对社会（生活）实验研究的认定（见下文谈到的幼儿园研究课题）。

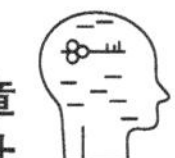

31

1. 实验室实验

控制无关变量，观察记录刺激变量与反应变量，分析其中的规律。

刺激变量：自然的如声、光；生物的如脑特定区域刺激；化学的如注射某些活性物质；心理行为的如心理紧张刺激；社会的如情景设计等。

反应变量：生物的如血压、皮肤电、脑电、核磁图像；心理行为的如记忆、情感、操作；社会的如活动功能等。

31. 举例：作者等 1986 年“音乐松弛训练对高血压病人即时降压作用的实验研究”。

音乐松弛训练为刺激变量，高血压患者的即时血压测定值为反应变量。被试进入实验室静坐 45 分钟（听讲高血压防治知识），随后开始每 3 分钟测量血压一次，直至前后 3 次结果基本接近，取该 3 次均值为血压的基础值。

结果，放松训练使血压下降，休息 10 分钟后血压回升 1/2，再训练再次下降。实验证明音乐松弛训练有即时降压。

32

2. 现场实验

(1)**临床实验**：在临床工作中进行实验研究。由于医学检查和治疗技术迅速发展，如fMRI、基因组学等的临床应用，为临床实验开拓了广阔的研究前景。

(2)**生活实验**：在生活情景中，进行实验研究。

32. 生活实验举例：浙大儿保心理科王继跃主任医师曾指导一组幼儿两年行为干预实验。实验组刺激变量包括春秋季先揭被子后穿衣袜，小毛毛雨天坚持外出活动，一系列情景挫折训练等（一系列接近于日常生活的刺激）。反应变量包括用药量、脚跟接脚尖直线行走速度、双手操作能力、平衡性、灵活性等心理、行为和身体指标。结果，该行为学方法对幼儿心身健康发展有意义。

33

四、研究设计

33. 前三部分，搞清各种心理社会行为因素（变量）的概念、各种变量的“量化”方法和各种研究手段，最后部分将集中简单讨论心身医学的多因素研究设计。

任何一门学科，总是要经过收集资料，验证假设，界定概念的系统研究过程而逐渐发展起来，这其中研究设计起了关键的作用。

34

（一）研究设计流程

1. 提出问题

2. 理论构思，假设形成

3. 框架设计，确定变量

4. 量化

5. 统计分析

34. 研究流程中，应能体现医学和心理学的基础知识和方法学。

但现实情况下，也不是越全面越好。越全面的设计，越符合心身医学，但也意味着离开成熟学科（医学、心理学及其他学科）的距离越远。作者曾主持过一个由心理专家和医学专家组成的行为学实验课题评审会议，由于参会医生不懂行为科学，且态度决绝，使课题成果未能获得公平评审。

35

1. 提出问题

课题始于“问题”，问题通常来自工作的积累和缜密的思考，问题也或者来自指令（命题）。

2. 理论构思

研究工作基于一定的理论认识，在此基础上形成研究假设，然后证实或证伪或修正假设，成为真实。

35. 提出问题，通常来自工作积累或指令任务，再经查阅资料、现场调查和专家咨询等过程，了解课题研究水平与今后发展趋势，摸清进行研究的主客观条件。最后予以确定。

理论构思和假设形成举例，以应激“多因素过程”或“多因素系统”的理论模型，假设癌症的病因中，应该包括多种压力因素，而且这些压力因素单独和整体对癌症的发生发展产生作用。然后通过设计性研究来证实这种假设。

36

3. 框架设计，确定变量：

(1)“点”设计，单变量，统计多用均数和标准差

(2)“点–点”设计，双变量，统计多用t检验和方差分析

(3)“多点–点”设计，统计多用多元回归分析等

(4)“多因素”设计，可采用多种现代统计分析技术。

36.“点”研究简例，癌症病人的抑郁水平。

“点 - 点”研究简例，癌症病人社会支持水平与其抑郁之间的关系。

“多因素 - 点”研究简例，癌症病人社会支持、应对方式等压力因素与其抑郁的关系。

“多因素系统”研究简例，癌症病人的压力因素和的疾病因素相互作用的规律。

注意，多因素也不能贪多，也不要太受自变量、因变量、控制变量的影响，且至少包含部分被各学科公认的“先进”指标。

37

4. 量化

根据不同变量，分别选用晤谈、调查、测验和实验等手段，给予描述、序量化和直接间接量化。

5. 统计分析

根据不同研究设计采用适宜的统计分析方法，相关性检验，多元回归分析，通径分析，数学建模等

37. 社会、心理、行为的量化，与生理指标不同，存在一定难度。故不论采用问卷、量表和心理测验，都应该有信效度依据。实验的数据则要保证其正确的概念含义（如血压不等于交感兴奋或焦虑）。

此外，某些变量无法定量，可在科学观察基础上加以描述。描述也是补充方法。

38

（二）个案研究和抽样研究

个案研究　是对于单一案例的研究，可以使用观察、晤谈、测量和实验等手段。个案法必须重视研究结果对于样本所属整体的普遍意义。

抽样研究　是针对某一问题通过科学抽样做较大样本的研究，例如，研究人群A型行为特征及其与冠心病的关系等。

38. 个案研究可用于某些研究的早期阶段，或者用于少见的案例，如狼孩、猪孩、无痛儿童等的全面、深入和详尽的考察研究。

抽样研究最为常见。合适的抽样很大程度上能代表总体。但毕竟抽样不等于总体，存在抽样调查误差的问题，会影响一项研究工作的质量。故需要通过抽样设计等一系列科学的方法，把抽样误差控制在允许的范围。

39

（三）纵向研究和横向研究

1. 纵向研究　又分：

(1) **前瞻性研究**　是以现在为起点追踪到将来的纵向研究方法。

(2) **回顾性研究**　是以现在为结果，回朔到过去的纵向研究方法。

在操作层面上，

39. 任何事物，包括“系统”，都是发展的，存在过去时、现在和将来时。研究事物或“系统”沿主轴的发展规律（纵向研究），可以向前研究其延伸的规律（前瞻），也可以回溯研究其历经的规律（回顾）。假如事物或“系统”是直线的，那么两种研究结果应该是一致的。但毕竟发展不是直线的，故前瞻性研究对事物发展的预测应该优于回顾研究。

40

(1) **前瞻性研究**（某前瞻性研究的设计线路图）

提出问题–理论模型–研究线路–研究方法–预试验–确定样本

样本家庭压力多因素和家庭和谐程度评估（前测）

压力多因素系统评估和家庭和谐程度评估（后测）

压力系统模型范式综合干预（教育、指导；手册、讲座）

统计分析报告压力系统模型干预效果和机制（论文）

建立家庭压力系统模型评估和干预示范体系（光盘）

统计分析报告压力因素与家庭和谐关系和机制（论文）

40. 附图是作者2013年完成的国家科技支撑计划项目分课题“压力系统模型在家庭评估和干预中的应用研究与示范”的设计线路图。

前瞻性研究科学价值高，但限于条件，难度要大于回顾性研究。在心身医学国内文献中，前瞻性研究不多。

前瞻性研究手段可以是观察法、调查法、测验法和实验法等，量化可以是描述、序量化和直接或间接数据记录。

41

(2) **回顾性研究**

分析和评价过去各种生物心理社会因素对目前心身状况的影响。

作者等1987年发表在《中国心理卫生杂志》创刊号上的一篇关于癌症病人发病史中心理社会因素的调查分析论文，属于回顾性研究。

41. 该回顾性研究：

问题（目的）：癌症的心理社会病因

理论和假设：应激多因素模型

变量和量化：量表、问卷，序量化、间接量化。

结果：多种应激有关因素如生活事件、应对方式、情绪反应、人格特征等与癌症的发生可能有关。

在心身医学国内文献中，回顾性研究最多见。

42

2. **横向研究**

通常是对相匹配的实验组和对照组被试者，使用观察、晤谈、测量和实验等手段，在同一时间内就有关变量进行比较分析研究，或者对相同背景的几组被试者分别采用不同的刺激（如心理干预），以对各组被试之间反应的差异做出分析研究。

实验组 —变量比较— 对照组

42. 任何事物，包括“系统”，存在纵向的发展轴，于是有了前面讨论的纵向研究问题。

任何事物，包括“系统”，也存在横向的不同组分。分析研究同一个横断面不同组分之间生物心理社会多因素之间的差异，就是这里的横向研究。

横向研究在临床心身医学研究中常被使用。

43

（三）系统模型的多因素研究设计

心身医学问题往往是“系统”的问题，有关命题的研究设计，常常需要考虑从**多因素**或**多维度**入手。

其中“生物、心理、社会”是最常用的三个思考维度。

“生活事件、认识评价、应对方式、社会支持、个性特征、压力反应”则是压力系统模型的六个思考**维度**。

43. 几十年来，作者多数是在压力多因素模型（过程模型或系统模型）基础上，采用多因素、多维度的调查研究设计。其实，每一维度，又包含许多亚维度。如生活事件维度中有家庭事件、经济事件、主观事件和生物事件；应激反应维度中有躯体反应、心理反应和社会行为反应。

多因素的研究设计，由于变量多，通常需采用多种统计方法进行数据处理，如相关分析、回归分析、通径分析和结构方程等。

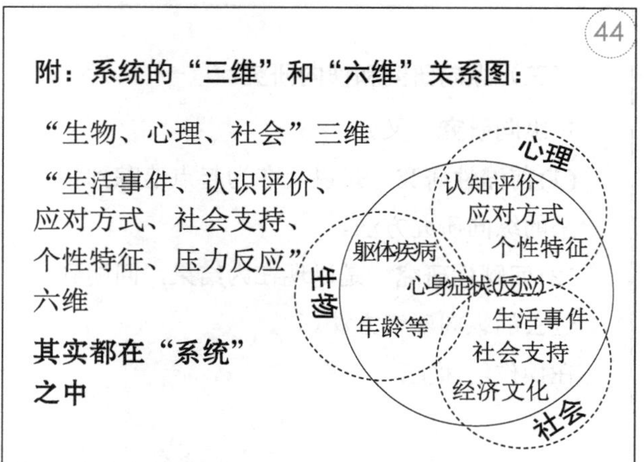

44. 临床医护人员由于工作习惯，易受“前因 - 后果”式的线性思维影响，在科研设计时，往往首先想到是什么病，用什么治疗，有什么效果，然后用方差分析等统计方法证明是否有效。对于多因素、多维度的系统模型研究设计，开始阶段往往较难把握。

但一旦成功实施一次，就可能进入一发而不可收的状态。作者的临床医学朋友中有不少这样的事例。

资料目录

资料部分只列出与作者有关的并且与应激（压力）理论形成和应用拓展有关的教材、专著、论文、综述、专题报告、讲座幻灯、研究生毕业论文等目录。

1. 吴志霞、群芳主编，姜乾金主审，《护理心理学》（国家级精品课程配套教材），浙江大学出版社（第 3 版），2023 年。

2. 姜乾金，系统论与心身医学（专题报告），浙江省医学会心身医学分会第 13 届学术年会，2016 年。

3. 姜乾金，心身医学 20 年随想（纪念专题），浙江省医学会心身医学分会第 12 届学术年会（金华），2015 年。

4. 姜乾金，30 年来我关注的应激和应对——由刺激－反应，多因素到系统（专题报告），浙江省心理卫生协会第 10 届学术会议（金华），2015 年。

5. 马辛主编，姜乾金主审，《医学心理学》（8 年制规划教材，国家“十二五”规划教材），人民卫生出版社（第 3 版），2015 年。

6. 姜乾金，《医学心理学》（列入“十二五”普通高等教育本科国家级规划教材书目），2014 年 10 月 16 日教育部公布。

7. 姜乾金，行为学习理论·解读与举例（专题报告），浙江省医学会心身医学分会第 11 届学术年会（永嘉），2014 年。

8. 石志道、许涛、顾成宇（姜乾金指导），《基于压力系统模型·婚姻揭秘》，浙江电子音像出版社，2013 年。

9. 姜乾金，心理应激（压力）系统模型及应用（大会报告），中国高等教育学会医学心理学分会第 17 届学术年会 / 中国心理学会医学心理学专业委员会学术年会暨温州市医学会心身医学年会（温州），2013 年。

10. 姜乾金，心身医学研究设计（专题报告），浙江省医学会心身医学分会第 10 届年会（江山），2013 年。

11. 姜乾金，心理压力系统评估与干预技术，浙江省心理卫生协会学术会议（宁波），2013 年。

12. 姜乾金，手术及应激心理干预（专题报告），宁波市心身医学年会，2012 年。

13. 姜乾金，外科手术的心理干预（专题报告），浙江省心身医学学术年会暨台州市精神病学学术年会（台州），2012 年。

14. 姜乾金，《医学心理学：理论，方法与临床》，人民卫生出版社，2012 年。

15. 姜乾金主编，《护理心理学》，浙江大学出版社（第 2 版），2012 年。

16. 姜乾金，压力系统模型 · 解读婚姻（专题报告），浙江省心理卫生协会第 9 届学术年会（杭州），2011 年。

17. 姜乾金、张宁主编，《临床心理问题指南》，人民卫生出版社，2011 年。

18. 姜乾金，《压力（应激）系统模型·解读婚姻》（国家科技支撑计划项目成果），浙江大学出版社，2011 年。

19. 姜乾金，应激与应对深入研究的例子：否认机制与冠心病临床（大会专题报告），中华医学会心身医学分会第 16 届学术年会（武汉），2010 年 8 月。

20. 姜乾金主编，《医学心理学》（8 年制规划教材，国家“十一五”规划教材），人民卫生出版社（第 2 版），2010 年。

21. 姜乾金，压力的控制与管理（大会专题报告），浙江省医学会心身医学分会第 7 届学术年会（宁波），2010 年。

22. 姜乾金、姜滔，《医学心理学》配套光盘（含实验和 CAI），人民卫生电子音像出版社，2010 年。

23. 姜乾金，应激（压力）系统模型·理论与应用（大会专题报告），中华医学会心身医学分会第 15 届学术年会（太原），2009 年 8 月。

24. 姜乾金，压力系统模型指导下的心理危机干预策略（专题和论坛主题发言和主持），中华医学会心身医学分会第 15 届学术年会（太原），2009 年 8 月。

25. 姜乾金，应激，见于杨志寅主编的《行为医学》，高等教育出版社，2008 年。

26. 姜乾金，压力系统分析与危机干预策略（专题报告），中华医学会心身医学分会第 14 届学术年会（北京），2008 年 8 月。

27. 姜乾金，与灾难心理救助有关的若干心身医学原理（大会专题报告），浙江省医学会心身医学分会第 6 届学术年会暨（地震）灾后心理救援专题研讨会（温州），2008 年 6 月。

28. 顾成宇、任夫乔、冯锐、姜乾金，《应激有关因素对男性服刑人员消极认知的影响》，中国行为医学科学，2007 年第 5 期。

29. 姜乾金主编，《心身医学》（卫生部“十一五”规划教材，人民卫生出版社，2007 年。

30. 姜乾金，压力系统模型与心理咨询技术（工作坊），中国心理卫生协会学术会议（南昌），2007 年。

31. 滕燕、周敏、姜乾金，《电力企业职工和管理人员心理压力状况及影响因素的比较》，中国行为医学科学，2007 年第 16 卷第 12 期。

32. 周敏、滕燕、叶子、姜乾金，《乡镇卫生院医务人员压力反应与应对方式及社会支持的相关性》，中国行为医学科学，2007 年第 16 卷第 12 期。

33. 姜乾金，压力系统论与心理干预策略（专题报告），中华医学会心身医学分会第 13 届学术年会（重庆），2007 年。

34. 韩耀静、姜乾金、夏泳，《心理及社会因素对技校生心身反应的影响》，中国行为医学科学，2006 年第 15 卷第 5 期。

35. 姜乾金，《医学心理学·临床心理问题指南》，人民卫生出版社，2006 年。

36. 姜乾金，《护理心理学》（卫生部“十一五”规划教材），浙江大学出版社，2006 年。

37. 任伟荣、吴志霞、钱丽菊、冯锐、姜乾金，《神经症患者主客观生活事件的影响因素分析》，中国行为医学科学，2006 年第 15 卷第 1 期。

38. 吴均林，《医学心理学》，高等教育出版社，2006 年。

39. 吴志霞、姜乾金、钱丽菊、任伟荣、冯锐，《负性自动思维与人格特质相关研究》，中国行为医学科学，2006 年第 15 卷第 1 期。

40. 吴志霞、姜乾金、钟霞，《生活事件、社会支持和应对方式对护士心身反应的交互作用探讨》，中国实用护理杂志，2006 年第 21 卷第 12 期。

41. 吴志霞、任伟荣、钱丽菊、冯锐、姜乾金，《人格特质影响负性自动思维的性别差异》，中国心理卫生杂志，2006 年第 20 卷第 1 期。

42. 姜乾金，心理应激多因素系统（综述）、压力系统论与应用（大会报告），中华医学会心身医学分会第 12 届学术会议（上海），2006 年。

43. 姜乾金，压力系统论与应用（专题报告），浙江省医学会心身医学分会成立暨浙江省第 5 届心身医学学术年会（金华），2006 年。

44. 姜乾金主编，《医学心理学》（8 年制规划教材），人民卫生出版社（第 1 版），2005 年。

45. 任伟荣、姜乾金、钱丽菊、吴志霞，《神经症患者压力反应与应激有关因素关系的对照研究》，中国临床心理学杂志，2005 年第 13 卷第 4 期。

46. 钟霞等、姜乾金、钱丽菊、吴志霞，《医务人员压力反应与社会支持、生活事件、应对方式的相关研究》，中国临床心理学杂志，2005 年第 13 卷第 1 期。

47. 周倩、钱丽菊、姜乾金、王俐，《不同职业人群的应对方式和社会支持比较》，中国健康心理学杂志，2005 年第 13 卷第 6 期。

48. 姜乾金主编，《医学心理学》（5 年制规划教材），人民卫生出版社（第 4 版），2004 年。

49. 钟霞、姜乾金、吴志霞、钱丽菊，《生活事件、社会支持、压力反应对医务人员应对方式的影响研究》，中国行为医学科学，2004 年第 13 卷第 5 期。

50. 姜乾金，关于如何在医学心理学教材中体现心理应激理论和推行其在临床研究中应用的问题（大会报告），中国心理学会医学心理学专业委员会第 9 届学术研讨会、中国高等教育学会医学心理学教育分会第 11 届学术研讨会（西安），2004 年。

51. 陈亚娣、陈君柱、姜乾金，《永久性起搏器植入患者心理卫生状况及相关因素》，中国心理卫生杂志，2003 年第 17 卷第 6 期。

52. 冯丽云、钟霞、闻吾森、姜乾金，《某沿海地区男性公务员吸烟 / 饮酒与高血压检出情况分析》，中国职业医学，2003 年第 30 卷第 6 期。

53. 沈晓红、姜乾金，《术前焦虑与术后心身康复的相关性及其心理社会影响因素》，中国临床心理学杂志，2003 年第 11 卷第 3 期。

54. 徐晓燕、冯丽云、姜乾金，《退休老人群体睡眠质量影响因素分析》，中国行为医学科学，2003 年第 12 卷第 4 期。

55. 徐晓燕、冯丽云、姜乾金，《影响癌症患者屈服应对策略的心理社会因素》，中国心理卫生杂志，2003 年第 17 卷第 9 期。

56. 姜乾金主编，《医学心理学》（7 年制规划教材），人民卫生出版社，2002 年。

57. 姜乾金主编，《医学心理学》（卫生部统编教材），人民卫生出版社（第 3 版），2002 年。

58. 姜乾金、朱丽华，《癌症应对研究与应激作用理论》，中国行为医学科学，2002 年第 11 卷增刊。

59. 卢抗生、姜乾金、闻吾森，《退休老人心理社会应激因素与身体健康状况关系的研究》，中国行为医学科学，2002 年第 11 卷第 3 期。

60. 姜乾金，从癌症应对研究看应对在心理应激理论中的意义（专题），中国行为医学科学杂志创刊 10 周年学术研讨会（济宁），2002 年。

61. 姜乾金，近 20 年来对心理应激理论及其应用的探索（专题），中华医学会第 11 届心身医学学术年会暨第 6 届全国心理、心身、整体护理学术研讨会论文集（广州），2002 年。

62. 姜乾金，离退休老人心理社会应激因素与身体健康关系（大会报告），中国心理卫生协会老年心理卫生专业、中国老年学学会老年心理学术年会（呼和浩特），2002 年。

63. 姜乾金，对医学心理学学科若干问题的认识（专题幻灯），全国医学心理学教学研讨会（无锡），2001 年。

64. 姜乾金，《医学心理学测验》CAI 课件（卫生部医学视听教育项目），人民卫生电子音像出版社，2001 年。

65. 姜乾金等，医学应对问卷，特质应对方式问卷，老年应对问卷，团体用心理社会应激调查表，领悟社会支持量表，中国行为医学科学，2001 年第 10 卷特刊。

66. 沈晓红、姜乾金、叶圣雅，《心理社会因素与手术康复（二）：气功的干预作用》，中国行为医学科学，2001 年第 10 卷第 2 期。

67. 童蓉、姜乾金、沈颖婕，《心理应激有关因素与女性绝育术后心身症状的相关性》，中国行为医学科学，2001 年第 10 卷第 3 期。

68. 童蓉、姜乾金、沈颖婕，《绝育后神经症患者心理应激对比分析》，中国心理卫生杂志，2001 年第 15 卷第 4 期。

69. 吴均林、林大熙、姜乾金主编，《医学心理学教程》，高等教育出版社，2001 年。

70. 祝一虹、姜乾金，《老年抑郁程度及其与应对方式关系的探讨》，国际中华心身医学杂志，2001 年第 3 卷第 1 期。

71. 姜乾金，《心理社会应激综合评估及其理论意义探讨》，国际中华心身医学杂志，2000 年第 2 卷第 2 期。

72. 姜乾金等，特质应对方式问卷，医学应对问卷（MCMQ），领悟社会支持量表（PSSS），中国心理卫生杂志，2000 年增刊。

73. 周强、姜乾金，医学生应对特点与个性健全和心身健康的关系，见于何德良主编的《中国高等医学教育研究进展》，当代中国出版社，2001 年。

74. 姜乾金，心理应激最新理论及临床意义（专题），浙江省医学会心身医学分会第 3 届学术年会（杭州），2000 年。

75. 姜乾金、廖贻农、朱丽华，《心理社会应激因素与癌症患者睡眠质量的相关性》，国际中华临床医学杂志，2000 年第 1 卷第 2 期。

76. 姜乾金，皮层内脏相关理论；外科领域的心身障碍，见于徐斌、王效道、刘士林主编的《心身医学：心理生理医学基础与临床》，中国科学技术出版社，2000 年。

77. 卢抗生、姜乾金、祝一虹，《中老年人的应对方式初探》，中国心理卫生杂志，2000 年第 14 卷第 2 期。

78. 沈晓红、姜乾金，《医学应对方式问卷中文版 701 例测试报告》，中国行为医学科学，2000 年第 9 卷第 1 期。

79. 应佩云、姜乾金，《继发不孕妇女的心身健康与心理社会应激因素》，中国心理卫生杂志，2000 年第 14 卷第 4 期。

80. 朱丽华、姜乾金、祝一虹、赵梅，《癌症患者应对特点研究》，中国行为医学科学，2000 年第 9 卷第 6 期。

81. 陈永珍、祝一虹、姜乾金，《游泳运动员心理健康状况调查》，中国心理卫生杂志，1999 年第 13 卷第 1 期。

82. 姜乾金，《“应对”研究近况》，中国临床医生，1999 年第 27 卷第 11 期。

83. 姜乾金，祝一虹，《特质应对问卷的进一步探讨》，中国行为医学科学，1999 年第 8 卷第 3 期。

84. 叶圣雅等，《心理应激有关因素与外科手术康复》，国际中华心身医学杂志，1999 年第 1 期。

85. 叶圣雅、沈晓红、姜乾金、徐乒、任小琴，《心理社会因素与手术康复的关系（一）临床调查与理论探讨》，中国行为医学科学，1999 年第 8 卷第 3 期。

86. 闻吾森、朱解琳、祝一虹、姜乾金，《退休老人心身健康与心理社会应激因素》，中国行为医学科学，1999 年第 8 卷第 2 期。

87. 姜乾金，“应对”研究近况（专题报告），全国心身相关专题学术研讨会暨浙江省第二届心身医学学术会议，1998 年。

88. 姜乾金，《心理社会应激因素综合评估初探》，中国行为医学科学，1998 年第 7 卷第 3 期。

89. 姜乾金，《心理社会因素与冠状动脉粥样硬化性心脏病》，新医学，1998 年第 29 卷第 9 期。

90. 姜乾金主编，《医学心理学》（国家教委高等教育教材研究课题计划项目），人民卫生出版社，1998 年。

91. 沈贵林、华德林、姜乾金、钱致、赵梅，《应激和应对方式与非溃疡性消化不良》，中国行为医学科学，1998 年第 7 卷第 4 期。

92. 姜乾金，多媒体测验在心身研究中应用（大会报告），浙江省心理卫生协会学术年会（富阳），1997 年。

93. 姜乾金，否认机制在心肌梗塞疾病中的临床意义，见于《中国内科专家临床经验文集》，辽宁科学技术出版社，1997 年。

94. 姜乾金、王守谦，《生活事件、情绪、应对与心身症状探讨》，中国心理卫生杂志，1996 年第 10 卷第 4 期。

95. 姜乾金、祝一虹、王守谦、黄丽、娄振山，《心理社会应激因素与多项心身健康指标的相关性分析》，中国行为医学科学，1996 年第 5 卷第 4 期。

96. 姜乾金，心理治疗总论和冠心病心理社会因素，见于梁宝勇的《医学心理学导论》，吉林大学出版社，1994 年。

97. 姜乾金，心理干预在疗养康复中的应用，见于伍后胜的《疗养康复手册》，浙江科技出版社，1993 年。

98. 姜乾金主编，《医学心理学》，北京科学技术出版社，1993 年。

99. 姜乾金、黄丽、卢抗生、娄振山、杨爱如、陈慧、毛宗秀，《心理应激：应对的分类与心身健康》，中国心理卫生杂志，1993 年第 7 卷第 4 期。

100. 姜乾金、卢抗生、吴根富，《集体心理治疗在癌症和慢性患者中的应用》，应用心理学，1993 年第 8 卷第 3 期。

101. 王守谦、姜乾金，《否认机制在心肌梗塞疾病中的临床意义》，中国实用内科杂志，1992 年第 12 卷第 6 期。

102. 姜乾金，心理治疗总论、冠心病心理社会因素，见于梁宝勇的《医学心理学》，吉林科学技术出版社，1991 年。

103. 姜乾金，《关于医学生能力培养的教学研究问题初探》，中国高等医学教育，1991 年第 4 期。

104. 姜乾金，《A 型行为的改造》，应用心理学，1990 年第 5 卷第 2 期。

105. 姜乾金，冠心患者若干性心理问题，见于邓明昱主编的《中国性学》，广东人民出版社，1990 年。

106. 姜乾金，《心理神经免疫学研究近况》，浙江医科大学学报，1990 年第 19 卷第 1 期。

107. 姜乾金，心身相关的生理病理学基础、外科心身医学，见于徐斌、王效道的《心身医学》，中国医药科技出版社，1990 年。

108. 姜乾金主编，《医学心理学（修订版）》，浙江大学出版社，1990 年。

109. 姜乾金、黄丽、戴阳，《小学生流行性癔病的心理社会因素探讨》，中国心理卫生杂志，1990 年第 4 卷第 4 期。

110. 王守谦，行为治疗方法，见于车文博主编的《心理治疗指南》，吉林人民出版社，1990 年。

111. 姜乾金，《伤残患者康复期心理行为问题》，中国康复，1989 年第 4 卷第 1 期。

112. 姜乾金，《冠心病康复期若干性心理问题》，中国康复医学杂志，1988 年第 3 卷第 5 期。

113. 姜乾金，《医学心理学》，浙江大学出版社，1988 年。

114. 姜乾金、翁焕兰、孟朝霞、沈雅芬、孙贤林，《集体心理咨询与行为训练对上腹部手术患者康复的作用》，心理科学通讯，1988 年第 2 期。

115. 施浣云、姜乾金、张荣宝，《电针厥阴俞和足三里穴位对电刺激中枢神经诱发的室性早搏影响的比较》，浙江医科大学学报，1988 年第 17 卷第 5 期。

116. 王纯炎、姜乾金，心理疗养，见于高恩显主编的《现代疗养学》，人民军医出版社，1988 年。

117. 姜乾金，慢性患者的集体心理治疗（附 517 例）（大会报告），中国心理卫生协会心身医学年会（北京），1988 年。

118. 姜乾金，《对气功心理治疗成分的探讨》，中国气功，1987 年第 2 卷第 3 期。

119. 姜乾金、刘小青、吴根富，《癌症患者发病史中心理社会因素临床对照调查分析》，中国心理卫生杂志，1987 年第 1 卷第 1 期。

120. 姜乾金，《心理社会因素与高血压临床》，应用心理学，1986 年第 3 期。

121. 姜乾金、黄丽，《住院患者的心理行为反应（218 例临床分析）》，医学与哲学，1986 年第 7 卷第 3 期。

122. 姜乾金、吴春容，《音乐松弛训练对高血压患者即时降压作用的实验研究》，应用心理学，1986 年第 1 期。

123. 浙江医科大学、广西医学院、长春中医学院、汕头大学医学院、福建医学院（五校合编），《医学心理学（含实验指导）》，浙江医科大学内部版，1986 年。

124. 姜乾金，对参加医疗气功训练的慢性患者开展集体心理咨询活动 380 例小结（会议报告），浙江省心理治疗讨论会（杭州），1985 年。

125. 姜乾金，《外科手术患者的辅助行为治疗》，外国心理学，1985 年第 2 期。

126. 姜乾金，《医学心理学的学科特点及其在医学教育中的地位》，医学教育研究，1985 年第 3 期。

127. 姜乾金，《医学模式与我国医学模式》，福建高教通讯，1984 年第 4 期。

128. 卢秀劲、姜乾金，《米曲溶纤维蛋白酶对血凝和纤溶的作用》，浙江医科大学学报，1983 年第 12 卷第 3 期。

129. 姜乾金，疼痛和痛情绪反应（大会报告），心理学会第 2 届医学心理学学术年会（厦门），1982 年。

130. 姜乾金，《医学心理学讲义》，浙江医科大学，1982 年。

131. 临海市第二人民医院内科（姜乾金），《百日咳脑病 58 例临床分析》，医药科研交流（台州），1975 年第 2 期。

后　记

医学心理学和心身医学，典型的“交叉学科”。人类面临许多问题，一些难以解决的心理问题往往是落在有关学科条块的交叉位置，如抑郁症、心理压力、自杀。“交叉学科”应该是各种已有成熟学科的补充或备胎，其重要性人尽皆知，国内也被呼唤了半个世纪，但道路还是曲折的。

本书是医学心理学和心身医学文集，记录了作者的相关工作，主要集中反映作者倡导的压力（应激）系统模型。严格来说，心理压力（应激）系统模型（简称系统模型）是作者大半辈子从事医学心理学和心身医学等交叉学科的“副产品”，虽成形于体制岗位工作的末期和退休以后，也算是作者一辈子的工作成果。

作者相信，系统模型是很有理论价值和现实意义的，如果渠道通畅，宣传到位，或将有很好的社会效益和经济效益，特别是针对那些反复难解决的心理难题。但因为系统模型“跨度”有点大，涉及不同专业条块和不同人群，对这样的“创新”事物，从关注、认识、接受，到采用、效果、评价，都会受许多因素的制约。因此，编撰完书稿后，对一些读者可能关注和期待的问题，再做适当交代。

【关于系统模型的理论价值】

系统模型在许多心理健康有关的交叉学科，如医学心理学、心身医学、行为医学、护理心理学、心理卫生等（早期我们将这些看成是大医学心理学的分支），在相对独立的学科条块，如心理学、精神病学、社会医学、思政教育等（许多是医学心理学等交叉学科的“母”学科），都应该有其理论价值。甚至可以说，只要是有人的地方，就有系统的难题，就有系统模型的价值。当然，这里也存在某些困难或障碍。

首先是系统模型涉及生物、心理、社会、文化各维度。往往涉及面越广，涉及学科越多，被关注的可能性反而越小，被接纳程度越低。其次是各条块专业人员有成熟的专业理论体系，暂时没有理由对一直不被感知，甚至感知为争夺者（文中也有所反映）的交叉学科理论有兴趣。再次是即使有兴趣，也得静下心来，整体阅读，跳出框框，全面理解，才会有所收获，自然这也是一种限制。最后是交叉学科队伍内部存在分歧，一些专家基于某一学科的倾向，一直将应激或压力问题放在刺激—反应—应对（处置）的线性维度上。

这里涉及“创新”的话题。体制内的套路是，岗位上的人在获得人力、财力、物力基础上，对某科学领域的深入探索，通过评估，成为创新。当然，纵观世界，一些创新也往往发生于非套路或不经意间，一些真正的创新甚至是“意外”的发现。系统模型产生于没有体制约束，也没有相关

条块和风格引导的环境下，且是跨学科宏观面上的东西，是否算创新，当属见仁见智。至少，系统模型的理论创新价值保留在作者和各类受益人群的心目中。

【关于系统模型的现实意义】

系统模型的应用，一个是心理健康相关专业工作者，一个是带有各种心理问题的个人和集体，两者可以采用系统模型的理念和手段，从两个方向，对“复杂的心理问题”实施破解。再一个是普通大众，他们可以通过对系统模型的浏览或接受宣教，提升抗压能力，促进心身健康。3 种应用，都有作者的历史资料可以证明。

但实际上也存在一些难点。

对于心理健康工作者，如心理咨询师和心理健康教师，当前国内“派别或门道”较多，且受行政条块的管理和控制。除了受某些成熟学科的导向和从国外各种理论和方法中寻找依据，国内出现的自主创新的一些理论和方法，不太受关注和推动。反而部分自学者或者“不入流”者，倒可能对此感兴趣，但能量有限，甚至自身都存在能否被接纳的问题。

对于各种心理问题求助者（来访者），系统模型对他们的价值已被作者长期临床工作大量案例所证实。但毕竟只限于较小范围。而在现实中，有各种复杂心理问题的读者，解决问题的倾向是不断找线性“答案”。一个答案不行，找另一个，找高级的……由于系统模型是一个全方位的认识工具，与这种带着问题找答案之间，存在连接上的困难，这有点类似患者找不到医生，医生找不到患者的现象。

也只有专业工作者使用系统模型，为找不到“好医生”的来访者提供系统的帮助，效果才会出现。这样，专业工作者和来访者在系统模型上，确实存在着同进同退的关系。这应该是一个方向，也是个难点。

此外，对于那些在人生道路上面对各种不顺畅，陷于彷徨者，作者建议争取读读本文集的有关章节，时间应许，也可系统地去读懂，相信对你会有帮助。

【关于作者与系统模型】

这里主要是给带着心理问题的读者说的，希望给他们一点参考。

文集中反复出现“系统思维”和“接纳差异、快乐竞争”，有人误以为，这就是作者自己。近日就有一位网络咨询者将作者对他的系统模型指导评价为开“金口”，“前世收福”。显然他在赞赏作者个人而不是作者使用的工具。这是一种线性认识（类似治好病的医生一定是良心医生）。

应该知道，“系统思维”和“接纳差异、快乐竞争”，是作者几十年的理论和实证研究结果，是工具。工具就意味着大家都可以使用。

实际上，作者与许多人一样，出身于颠沛环境和贫病家庭，由于生物（父母患病）、心理（父不善妥协）、社会（因战乱由城镇迁农村）、文化（外姓人）诸多因素的影响，从小形成认识上求全、完美、标准化和行为上坚韧、自负、独立等特质。这些特质虽不能线性地说不好，但也会影响个人的决策和社会适应，导致困惑。作者在几十年的工作中，由于学科性质和选择方向等主客观因素，所经历过的挫折和失败也并不比别人少。

但作者在长期论证各种压力模型和帮助来访者去适应社会的过程中，也修炼了自己。不像一些人士，他们在谈到自己的过去经历时，往往不能系统地看问题，充满计较、愤怒和记恨情绪。作者在讲解自己的童年和过去的许多艰难经历时，像是讲故事，充满趣味，甚至包括在海涂差点被潮水淹没和上山砍柴突遇大风但终于脱险等童年经历。这也一定程度反映了系统模型对于作者生活适应的积极意义。自然，作者这种调控力，除了系统模型，或者也与童年期虽困难但家庭团结、亲情浓郁及客观上接受更多挫折训练等多种因素有关。

总之，作者走过的人生路，与许多读者其实是一样的。人生的路也不全是自己的选择，不全是自己所能控制。一个人生活中遇到的问题，许多是整个生物、心理、社会、文化诸多因素综合作用的结果。系统模型可以帮助包括作者在内的所有人系统分析问题，综合平衡，合理处置，达成对自己的接纳、对社会的适应，领悟人生的价值。凭对错、好差、成败等线性维度去考量面临的各种困境，不符合系统模型，结果也往往易致失败再失败、痛苦更痛苦。

【关于“交叉学科”与“悲观派”】

这里主要是对专业圈子朋友说的，也是一种澄清和解释。

2012年由人民卫生出版社出版的60万字《医学心理：理论，方法与临床》，是作者坚持了整整30年的医学心理学教材建设的总结，包括1982—2010年的连续10多个版本教材，加上理论、实验和临床等，2006年成为国家级医学心理学精品课程。目前正由科学技术文献出版社出版的100多万字《心理压力（应激）系统模型》，则来自多年压力（应激）理论和实证研究的相关文献，是多学科交叉的一种本土化创新理论和技术，涉及生物、心理、社会、文化多方面，是以临床应用为主的理论模型。需要指出的是，以上两项都最终完成在退休之后。

几十年里，咱们这些圈子里的朋友联系密切，友情浓烈，一直延续到多数早已退休的今天，实属难得，作者很是享受。但作为学术圈，分歧、争论和排斥也是不可避免的。这里聊聊朋友们给予作者“悲观派”称号的问题。

前溯40年，国内被称为“交叉学科”的医学心理学初创阶段，自然科学的分析还原论还在继续深入人心。国内被“征召”参与医学心理学教学工作的高校教师们，大多数后来仍继续依托于原有的成熟学科。背靠主业，乐在“副业”。新兴的医学心理学等“交叉学科”未形成前，只能当作“副业”。这种选择现在来看对个人是最优的［因为离开成熟学科的庇护，在新兴“交叉学科”会面临学位点建立、研究生培养、各种评审、岗位编制、年轻人职称评定晋升、社会应用（如在医院开诊的归属）等问题……这些作者后来都有经历］

不过作者由于种种原因却是选择了另一条路，脱离了原来的学科条块（如临床医学、生理学），完全走向未成形的“交叉学科”。

为了建设交叉学科（课程、实验、临床与社会），作者几乎大半辈子都在读书当学生，学习各种交叉学科相关知识和技能，辗转于有关单位和平台；几乎干遍了临床医学（医生）、生理学（助教）、医学心理学（教授）、心身医学（主任医师）、精神病学（学科点负责人）、心理学（短暂的教育学术委员）、计算机（没名分）等学科；更是要长期面对来自某些学科条块或不理解人群的阻滞，这在文中也有所体现。

作者从建设医学心理学交叉学科的角度，发出了“危机”呼叫，无奈朋友们没啥感觉。1992年在连云港教学会议上出现学科形势“大好”还是“危机”的公开争论后，从此作者成为朋友们口中的医学心理学的“悲观派”。近日，在某“专家群”，一位教授写道：“记得姜教授20世纪80年代起，每次医心开会时，在其他教授多认为当时是医学心理的春天（发展）、夏天（繁盛）、秋天（收获）季节的时候，总是一边做研究著书立说，一边愁眉不展忧患未来。大家称他为医心界的‘悲观派’代表”。说实话，这位老师的评论友好，但不太准确。作者一直以来只是恨铁不成钢而已。“恨”是表象，是大家看到的作者那种争辩时的表情，“钢”就是交叉学科，是理想中的新兴交叉学科的建立和发展。只是，几十年以后，这个“钢”的现状和展望，似乎还是难以让人转为“乐观派”（有兴趣和条件的话，以后作为趣事再写写这些也挺有趣）。

从那时到现在，在岗期间虽然辛苦，有时候夜以继日，早期同事还称是“工作狂”，但生活基本稳定，该吃吃该玩玩，作者也都是以愉快的心境看待自己的职业经历，就像前文所说的有趣地对待自己早年走过的山峰和河流，以及得到的和失去的。另外，重过程不重结果，也是作者长期在老年大学讲座的主题，也是符合系统模型基本法则的。

以上关于作者的职业选择和生活体会的话题，对于青年读者在职业选择和人生规划，以及问题处置等方面，或也有一定参考价值。